# 交通民警执法办案
# 常用手册

中国法制出版社
CHINA LEGAL PUBLISHING HOUSE

# 图书在版编目(CIP)数据

交通民警执法办案常用手册／中国法制出版社编．—北京：中国法制出版社，2023.3
（执法办案便携手册）
ISBN 978-7-5216-3255-2

Ⅰ.①交… Ⅱ.①中… Ⅲ.①交通运输管理-行政执法-中国-手册 Ⅳ.①D922.14-62

中国国家版本馆 CIP 数据核字(2023)第 026302 号

责任编辑 欧 丹　　　　　　　　　　　　　　　封面设计 蒋 怡

**交通民警执法办案常用手册**
JIAOTONG MINJING ZHIFA BAN'AN CHANGYONG SHOUCE

经销／新华书店
印刷／三河市紫恒印装有限公司
开本／880 毫米×1230 毫米　64 开　　　　印张／16.625　字数／812 千
版次／2023 年 3 月第 1 版　　　　　　　　　2023 年 3 月第 1 次印刷

中国法制出版社出版
书号 ISBN 978-7-5216-3255-2　　　　　　　　　　　定价：58.00 元

北京市西城区西便门西里甲 16 号西便门办公区
邮政编码：100053　　　　　　　　　　　　　传真：010-63141600
网址：http://www.zgfzs.com　　　　编辑部电话：**010-63141675**
市场营销部电话：**010-63141612**　　印务部电话：**010-63141606**

（如有印装质量问题，请与本社印务部联系。）

# 目 录

## 综 合

### 一、法律法规

中华人民共和国行政处罚法 …………………………（1）
　　（2021年1月22日）
国务院关于进一步贯彻实施《中华人民共和国行政
　　处罚法》的通知 …………………………………（16）
　　（2021年11月15日）
罚款决定与罚款收缴分离实施办法…………………（22）
　　（1997年11月17日）
中华人民共和国行政许可法…………………………（24）
　　（2019年4月23日）
中华人民共和国行政复议法…………………………（40）
　　（2017年9月1日）
中华人民共和国行政复议法实施条例………………（49）
　　（2007年5月29日）
中华人民共和国行政强制法…………………………（60）
　　（2011年6月30日）
行政执法机关移送涉嫌犯罪案件的规定……………（74）
　　（2020年8月7日）
中华人民共和国行政诉讼法…………………………（78）
　　（2017年6月27日）

中华人民共和国道路交通安全法····················(96)
　　(2021年4月29日)
中华人民共和国道路交通安全法实施条例 ·········(119)
　　(2017年10月7日)
中华人民共和国公路法······························(140)
　　(2017年11月4日)
公路安全保护条例···································(153)
　　(2011年3月7日)

## 二、相关解释

最高人民法院关于审理行政许可案件若干问题的规
　　定·······································································(166)
　　(2009年12月14日)
最高人民法院关于适用《中华人民共和国行政诉讼
　　法》的解释······························································(168)
　　(2018年2月6日)

## 三、办案规范

交通行政许可实施程序规定··························(202)
　　(2004年11月22日)
交通行政许可监督检查及责任追究规定···········(216)
　　(2004年11月22日)
交通运输行政复议规定·······························(219)
　　(2015年9月9日)
交通运输行政执法程序规定··························(235)
　　(2021年6月30日)

交通运输行政执法评议考核规定 …………………（283）
（2010年7月27日）

交通运输突发事件应急管理规定 …………………（288）
（2011年11月14日）

突发公共卫生事件交通应急规定 …………………（295）
（2004年3月4日）

高速公路交通应急管理程序规定 …………………（306）
（2008年12月3日）

交通运输部关于印发路政文明执法管理工作规范的
　通知 ………………………………………………（314）
（2012年4月20日）

公共交通企业信息公开规定 ………………………（329）
（2022年2月19日）

路政管理规定 ………………………………………（333）
（2016年12月10日）

公路超限检测站管理办法 …………………………（343）
（2011年6月24日）

# 车辆与驾驶员

## 一、法律法规

校车安全管理条例 …………………………………（351）
（2012年4月5日）

报废机动车回收管理办法 …………………………（361）
（2019年4月22日）

缺陷汽车产品召回管理条例 ………………………（365）
（2019年3月2日）

3

## 二、相关解释

最高人民法院关于公安交警部门能否以交通违章行为未处理为由不予核发机动车检验合格标志问题的答复 …………（370）
（2008年11月17日）

## 三、办案规范

机动车登记规定 ……………………………………（371）
（2021年12月17日）

机动车驾驶证申领和使用规定 ……………………（400）
（2021年12月17日）

报废机动车回收管理办法实施细则 ………………（429）
（2020年7月18日）

道路运输从业人员管理规定 ………………………（441）
（2022年11月10日）

道路运输驾驶员诚信考核办法 ……………………（460）
（2022年7月20日）

机动车驾驶员培训管理规定 ………………………（465）
（2022年9月26日）

临时入境机动车和驾驶人管理规定 ………………（477）
（2006年12月1日）

出租汽车驾驶员从业资格管理规定 ………………（481）
（2021年8月11日）

机动车强制报废标准规定 …………………………（492）
（2012年12月27日）

机动车维修管理规定 …………………………………（497）
（2021年8月11日）

警车管理规定 ………………………………………（517）
（2006年11月29日）

# 交通秩序

## 一、法律法规

中华人民共和国治安管理处罚法 …………………（522）
（2012年10月26日）

收费公路管理条例 …………………………………（543）
（2004年9月13日）

城市道路管理条例 …………………………………（553）
（2019年3月24日）

国务院关于批转交通运输部等部门重大节假日免收
小型客车通行费实施方案的通知 ………………（559）
（2012年7月24日）

国务院办公厅关于交通部门在道路上设置检查站及
高速公路管理问题的通知 ………………………（561）
（1992年3月31日）

## 二、相关解释

最高人民法院关于交通警察支队的下属大队能否作
为行政处罚主体等问题的答复 …………………（562）
（2009年12月2日）

最高人民法院关于对人民法院审理公路交通行政案件如何适用法律问题的答复 ……………………（563）
（2001年2月1日）

## 三、办案规范

公路巡逻民警队警务工作规范 ……………………（563）
（2011年4月9日）
交通警察道路执勤执法工作规范 …………………（573）
（2008年11月15日）
公路监督检查专用车辆管理办法 …………………（592）
（2002年11月16日）
中华人民共和国公安部关于发布交通警察手势信号的通告 ……………………………………………（594）
（2007年8月13日）
财政部、公安部、中国人民银行关于实施跨省异地缴纳非现场交通违法罚款工作的通知 ……………（595）
（2019年12月31日）
交通运输部办公厅、公安部办公厅关于整治冲卡逃费维护收费公路运营秩序的通知 ………………（598）
（2017年5月17日）
公路安全设施和交通秩序管理精细化提升行动方案 …（600）
（2022年2月21日）

# 交通事故处理

## 一、法律法规

中华人民共和国刑法（节录）……………………（607）
（2020年12月26日）

中华人民共和国人民警察法 …………………………（631）
（2012年10月26日）

## 二、相关解释

最高人民法院关于审理交通肇事刑事案件具体应用
　法律若干问题的解释 ………………………………（639）
（2000年11月15日）

最高人民法院、最高人民检察院、公安部关于办理
　醉酒驾驶机动车刑事案件适用法律若干问题的意
　见 ……………………………………………………（641）
（2013年12月18日）

最高人民法院、最高人民检察院、公安部关于依法
　办理"碰瓷"违法犯罪案件的指导意见 …………（643）
（2020年9月22日）

## 三、办案规范

道路交通事故处理程序规定 ……………………（646）
（2017年7月22日）

道路交通事故处理工作规范 ……………………（670）
（2008年12月24日）

道路交通安全违法行为处理程序规定 …………（689）
（2020年4月7日）

道路交通安全违法行为记分管理办法 …………（706）
（2021年12月17日）

车辆驾驶人员血液、呼气酒精含量阈值与检验
　（GB19522—2010）………………………………（715）
（2017年2月28日）

7

# 交通事故损害赔偿

## 一、法律法规

中华人民共和国民法典（节录） ……………………（720）
　　（2020 年 5 月 28 日）

全国人民代表大会常务委员会关于司法鉴定管理问题的决定 ……………………………………………（725）
　　（2015 年 4 月 24 日）

## 二、相关解释

最高人民法院关于审理道路交通事故损害赔偿案件适用法律若干问题的解释 ……………………（728）
　　（2020 年 12 月 29 日）

最高人民法院关于审理人身损害赔偿案件适用法律若干问题的解释 ……………………………………（733）
　　（2022 年 4 月 24 日）

最高人民法院关于确定民事侵权精神损害赔偿责任若干问题的解释 ……………………………………（737）
　　（2020 年 12 月 29 日）

## 三、办案规范

道路交通事故受伤人员临床诊疗指南（节录） ………（738）
　　（2007 年 5 月 31 日）

道路交通事故社会救助基金管理办法 ………………（746）
　　（2021 年 12 月 1 日）

# 交通事故保险

## 一、法律法规

中华人民共和国保险法 …………………………（755）
　　（2015年4月24日）
机动车交通事故责任强制保险条例 ………………（787）
　　（2019年3月2日）

## 二、相关解释

最高人民法院关于适用《中华人民共和国保险法》
　　若干问题的解释（二）……………………………（795）
　　（2020年12月29日）

## 三、办案规范

机动车辆保险理赔管理指引 ………………………（798）
　　（2012年2月21日）
机动车交通事故责任强制保险费率浮动暂行办法 ……（817）
　　（2020年9月9日）

# 道路运输

## 一、法律法规

中华人民共和国道路运输条例 ……………………（823）
　　（2022年3月29日）

放射性物品运输安全管理条例 …………………………（836）
（2009年9月14日）

## 二、办案规范

道路运输车辆技术管理规定 …………………………（850）
（2022年9月26日）
道路运输车辆动态监督管理办法 ……………………（856）
（2022年2月14日）
道路旅客运输及客运站管理规定 ……………………（862）
（2022年9月26日）
城市公共汽车和电车客运管理规定 …………………（882）
（2017年3月7日）
道路运输服务质量投诉管理规定 ……………………（894）
（2016年9月2日）
国际道路运输管理规定 ………………………………（900）
（2022年9月26日）
农村道路旅客运输班线通行条件审核规则 …………（909）
（2014年12月24日）
巡游出租汽车经营服务管理规定 ……………………（911）
（2021年8月11日）
网络预约出租汽车经营服务管理暂行办法 …………（927）
（2022年11月30日）
网络预约出租汽车监管信息交互平台运行管理办法……（938）
（2022年5月24日）
出租汽车服务质量信誉考核办法 ……………………（942）
（2022年5月27日）

小微型客车租赁经营服务管理办法 …………………………（952）
（2021年8月11日）

道路货物运输及站场管理规定 ……………………………（957）
（2022年9月26日）

道路普通货物运输车辆网上年度审验工作规范 …………（968）
（2022年3月22日）

超限运输车辆行驶公路管理规定 …………………………（973）
（2021年8月11日）

危险货物道路运输安全管理办法 …………………………（984）
（2019年11月10日）

道路危险货物运输管理规定 ………………………………（997）
（2019年11月28日）

放射性物品道路运输管理规定 ……………………………（1010）
（2016年9月2日）

交通运输标准化管理办法 …………………………………（1019）
（2019年5月13日）

交通运输政务数据共享管理办法 …………………………（1023）
（2021年4月6日）

道路运输车辆燃料消耗量检测和监督管理办法 …………（1028）
（2009年6月26日）

交通运输部关于加强危险品运输安全监督管理的若
　干意见 ……………………………………………………（1033）
（2014年10月13日）

工业和信息化部关于加强车联网网络安全和数据安
　全工作的通知 ……………………………………………（1037）
（2021年9月15日）

11

## 实用附录

1. 机动车交通事故责任强制保险基础费率表
   （2008 版） ……………………………………（1042）
2. 准驾车型及代号 ………………………………（1044）
3. 机动车交通事故责任强制保险责任限额 ………（1046）
4. 道路交通事故索赔流程图 ………………………（1047）

# 综 合

# 一、法律法规

## 中华人民共和国行政处罚法

- 1996年3月17日第八届全国人民代表大会第四次会议通过
- 根据2009年8月27日第十一届全国人民代表大会常务委员会第十次会议《关于修改部分法律的决定》第一次修正
- 根据2017年9月1日第十二届全国人民代表大会常务委员会第二十九次会议《关于修改〈中华人民共和国法官法〉等八部法律的决定》第二次修正
- 2021年1月22日第十三届全国人民代表大会常务委员会第二十五次会议修订
- 2021年1月22日中华人民共和国主席令第70号公布
- 自2021年7月15日起施行

## 第一章 总 则

**第一条** 【立法目的】[①] 为了规范行政处罚的设定和实施,保障和监督行政机关有效实施行政管理,维护公共利益和社会秩序,保护公民、法人或者其他组织的合法权益,根据宪法,制定本法。

**第二条** 【行政处罚的定义】行政处罚是指行政机关依法对违反行政管理秩序的公民、法人或者其他组织,以减损权益或者增加义务的方式予以惩戒的行为。

**第三条** 【适用范围】行政处罚的设定和实施,适用本法。

**第四条** 【适用对象】公民、法人或者其他组织违反行政管理秩序的行为,应当给予行政处罚的,依照本法由法律、法规、规章规

---

① 条文主旨为编者所加,全书同。

定,并由行政机关依照本法规定的程序实施。

**第五条** 【适用原则】行政处罚遵循公正、公开的原则。

设定和实施行政处罚必须以事实为依据,与违法行为的事实、性质、情节以及社会危害程度相当。

对违法行为给予行政处罚的规定必须公布;未经公布的,不得作为行政处罚的依据。

**第六条** 【适用目的】实施行政处罚,纠正违法行为,应当坚持处罚与教育相结合,教育公民、法人或者其他组织自觉守法。

**第七条** 【被处罚者权利】公民、法人或者其他组织对行政机关所给予的行政处罚,享有陈述权、申辩权;对行政处罚不服的,有权依法申请行政复议或者提起行政诉讼。

公民、法人或者其他组织因行政机关违法给予行政处罚受到损害的,有权依法提出赔偿要求。

**第八条** 【被处罚者承担的其他法律责任】公民、法人或者其他组织因违法行为受到行政处罚,其违法行为对他人造成损害的,应当依法承担民事责任。

违法行为构成犯罪,应当依法追究刑事责任的,不得以行政处罚代替刑事处罚。

## 第二章 行政处罚的种类和设定

**第九条** 【处罚的种类】行政处罚的种类:

(一)警告、通报批评;

(二)罚款、没收违法所得、没收非法财物;

(三)暂扣许可证件、降低资质等级、吊销许可证件;

(四)限制开展生产经营活动、责令停产停业、责令关闭、限制从业;

(五)行政拘留;

(六)法律、行政法规规定的其他行政处罚。

**第十条** 【法律对处罚的设定】法律可以设定各种行政处罚。

限制人身自由的行政处罚,只能由法律设定。

**第十一条** 【行政法规对处罚的设定】行政法规可以设定除限制人身自由以外的行政处罚。

法律对违法行为已经作出行政处罚规定，行政法规需要作出具体规定的，必须在法律规定的给予行政处罚的行为、种类和幅度的范围内规定。

法律对违法行为未作出行政处罚规定，行政法规为实施法律，可以补充设定行政处罚。拟补充设定行政处罚的，应当通过听证会、论证会等形式广泛听取意见，并向制定机关作出书面说明。行政法规报送备案时，应当说明补充设定行政处罚的情况。

**第十二条** 【地方性法规对处罚的设定】地方性法规可以设定除限制人身自由、吊销营业执照以外的行政处罚。

法律、行政法规对违法行为已经作出行政处罚规定，地方性法规需要作出具体规定的，必须在法律、行政法规规定的给予行政处罚的行为、种类和幅度的范围内规定。

法律、行政法规对违法行为未作出行政处罚规定，地方性法规为实施法律、行政法规，可以补充设定行政处罚。拟补充设定行政处罚的，应当通过听证会、论证会等形式广泛听取意见，并向制定机关作出书面说明。地方性法规报送备案时，应当说明补充设定行政处罚的情况。

**第十三条** 【国务院部门规章对处罚的设定】国务院部门规章可以在法律、行政法规规定的给予行政处罚的行为、种类和幅度的范围内作出具体规定。

尚未制定法律、行政法规的，国务院部门规章对违反行政管理秩序的行为，可以设定警告、通报批评或者一定数额罚款的行政处罚。罚款的限额由国务院规定。

**第十四条** 【地方政府规章对处罚的设定】地方政府规章可以在法律、法规规定的给予行政处罚的行为、种类和幅度的范围内作出具体规定。

尚未制定法律、法规的，地方政府规章对违反行政管理秩序的行为，可以设定警告、通报批评或者一定数额罚款的行政处罚。罚款的限额由省、自治区、直辖市人民代表大会常务委员会规定。

**第十五条** 【对行政处罚定期评估】国务院部门和省、自治区、直辖市人民政府及其有关部门应当定期组织评估行政处罚的实施情况和必要性，对不适当的行政处罚事项及种类、罚款数额等，应当提出修改或者废止的建议。

**第十六条** 【其他规范性文件不得设定处罚】除法律、法规、规章外，其他规范性文件不得设定行政处罚。

## 第三章　行政处罚的实施机关

**第十七条**　【处罚的实施】行政处罚由具有行政处罚权的行政机关在法定职权范围内实施。

**第十八条**　【处罚的权限】国家在城市管理、市场监管、生态环境、文化市场、交通运输、应急管理、农业等领域推行建立综合行政执法制度，相对集中行政处罚权。

国务院或者省、自治区、直辖市人民政府可以决定一个行政机关行使有关行政机关的行政处罚权。

限制人身自由的行政处罚权只能由公安机关和法律规定的其他机关行使。

**第十九条**　【授权实施处罚】法律、法规授权的具有管理公共事务职能的组织可以在法定授权范围内实施行政处罚。

**第二十条**　【委托实施处罚】行政机关依照法律、法规、规章的规定，可以在其法定权限内书面委托符合本法第二十一条规定条件的组织实施行政处罚。行政机关不得委托其他组织或者个人实施行政处罚。

委托书应当载明委托的具体事项、权限、期限等内容。委托行政机关和受委托组织应当将委托书向社会公布。

委托行政机关对受委托组织实施行政处罚的行为应当负责监督，并对该行为的后果承担法律责任。

受委托组织在委托范围内，以委托行政机关名义实施行政处罚；不得再委托其他组织或者个人实施行政处罚。

**第二十一条**　【受托组织的条件】受委托组织必须符合以下条件：

（一）依法成立并具有管理公共事务职能；

（二）有熟悉有关法律、法规、规章和业务并取得行政执法资格的工作人员；

（三）需要进行技术检查或者技术鉴定的，应当有条件组织进行相应的技术检查或者技术鉴定。

# 第四章　行政处罚的管辖和适用

**第二十二条　【地域管辖】**行政处罚由违法行为发生地的行政机关管辖。法律、行政法规、部门规章另有规定的，从其规定。

**第二十三条　【级别管辖】**行政处罚由县级以上地方人民政府具有行政处罚权的行政机关管辖。法律、行政法规另有规定的，从其规定。

**第二十四条　【行政处罚权的承接】**省、自治区、直辖市根据当地实际情况，可以决定将基层管理迫切需要的县级人民政府部门的行政处罚权交由能够有效承接的乡镇人民政府、街道办事处行使，并定期组织评估。决定应当公布。

承接行政处罚权的乡镇人民政府、街道办事处应当加强执法能力建设，按照规定范围、依照法定程序实施行政处罚。

有关地方人民政府及其部门应当加强组织协调、业务指导、执法监督，建立健全行政处罚协调配合机制，完善评议、考核制度。

**第二十五条　【共同管辖及指定管辖】**两个以上行政机关都有管辖权的，由最先立案的行政机关管辖。

对管辖发生争议的，应当协商解决，协商不成的，报请共同的上一级行政机关指定管辖；也可以直接由共同的上一级行政机关指定管辖。

**第二十六条　【行政协助】**行政机关因实施行政处罚的需要，可以向有关机关提出协助请求。协助事项属于被请求机关职权范围内的，应当依法予以协助。

**第二十七条　【刑事责任优先】**违法行为涉嫌犯罪的，行政机关应当及时将案件移送司法机关，依法追究刑事责任。对依法不需要追究刑事责任或者免于刑事处罚，但应当给予行政处罚的，司法机关应当及时将案件移送有关行政机关。

行政处罚实施机关与司法机关之间应当加强协调配合，建立健全案件移送制度，加强证据材料移交、接收衔接，完善案件处理信息通报机制。

**第二十八条　【责令改正与责令退赔】**行政机关实施行政处罚时，应当责令当事人改正或者限期改正违法行为。

当事人有违法所得,除依法应当退赔的外,应当予以没收。违法所得是指实施违法行为所取得的款项。法律、行政法规、部门规章对违法所得的计算另有规定的,从其规定。

**第二十九条** 【一事不二罚】对当事人的同一个违法行为,不得给予两次以上罚款的行政处罚。同一个违法行为违反多个法律规范应当给予罚款处罚的,按照罚款数额高的规定处罚。

**第三十条** 【未成年人处罚的限制】不满十四周岁的未成年人有违法行为的,不予行政处罚,责令监护人加以管教;已满十四周岁不满十八周岁的未成年人有违法行为的,应当从轻或者减轻行政处罚。

**第三十一条** 【精神病人及限制性精神病人处罚的限制】精神病人、智力残疾人在不能辨认或者不能控制自己行为时有违法行为的,不予行政处罚,但应当责令其监护人严加看管和治疗。间歇性精神病人在精神正常时有违法行为的,应当给予行政处罚。尚未完全丧失辨认或者控制自己行为能力的精神病人、智力残疾人有违法行为的,可以从轻或者减轻行政处罚。

**第三十二条** 【从轻、减轻处罚的情形】当事人有下列情形之一,应当从轻或者减轻行政处罚:
(一)主动消除或者减轻违法行为危害后果的;
(二)受他人胁迫或者诱骗实施违法行为的;
(三)主动供述行政机关尚未掌握的违法行为的;
(四)配合行政机关查处违法行为有立功表现的;
(五)法律、法规、规章规定其他应当从轻或者减轻行政处罚的。

**第三十三条** 【不予行政处罚的条件】违法行为轻微并及时改正,没有造成危害后果的,不予行政处罚。初次违法且危害后果轻微并及时改正的,可以不予行政处罚。

当事人有证据足以证明没有主观过错的,不予行政处罚。法律、行政法规另有规定的,从其规定。

对当事人的违法行为依法不予行政处罚的,行政机关应当对当事人进行教育。

**第三十四条** 【行政处罚裁量基准】行政机关可以依法制定行政处罚裁量基准,规范行使行政处罚裁量权。行政处罚裁量基准应当向社会公布。

**第三十五条** 【刑罚的折抵】违法行为构成犯罪,人民法院判处拘役或者有期徒刑时，行政机关已经给予当事人行政拘留的，应当依法折抵相应刑期。

违法行为构成犯罪，人民法院判处罚金时，行政机关已经给予当事人罚款的，应当折抵相应罚金；行政机关尚未给予当事人罚款的，不再给予罚款。

**第三十六条　【处罚的时效】**违法行为在二年内未被发现的，不再给予行政处罚；涉及公民生命健康安全、金融安全且有危害后果的，上述期限延长至五年。法律另有规定的除外。

前款规定的期限，从违法行为发生之日起计算；违法行为有连续或者继续状态的，从行为终了之日起计算。

**第三十七条　【法不溯及既往】**实施行政处罚，适用违法行为发生时的法律、法规、规章的规定。但是，作出行政处罚决定时，法律、法规、规章已被修改或者废止，且新的规定处罚较轻或者不认为是违法的，适用新的规定。

**第三十八条　【行政处罚无效】**行政处罚没有依据或者实施主体不具有行政主体资格的，行政处罚无效。

违反法定程序构成重大且明显违法的，行政处罚无效。

## 第五章　行政处罚的决定

### 第一节　一般规定

**第三十九条　【信息公示】**行政处罚的实施机关、立案依据、实施程序和救济渠道等信息应当公示。

**第四十条　【处罚的前提】**公民、法人或者其他组织违反行政管理秩序的行为，依法应当给予行政处罚的，行政机关必须查明事实；违法事实不清、证据不足的，不得给予行政处罚。

**第四十一条　【信息化手段的运用】**行政机关依照法律、行政法规规定利用电子技术监控设备收集、固定违法事实的，应当经过法制和技术审核，确保电子技术监控设备符合标准、设置合理、标志明显，设置地点应当向社会公布。

电子技术监控设备记录违法事实应当真实、清晰、完整、准确。行政机关应当审核记录内容是否符合要求；未经审核或者审核不符合要求的,不得作为行政处罚的证据。

行政机关应当及时告知当事人违法事实,并采取信息化手段或者其他措施,为当事人查询、陈述和申辩提供便利。不得限制或者变相限制当事人享有的陈述权、申辩权。

**第四十二条 【执法人员要求】** 行政处罚应当由具有行政执法资格的执法人员实施。执法人员不得少于两人,法律另有规定的除外。

执法人员应当文明执法,尊重和保护当事人合法权益。

**第四十三条 【回避】** 执法人员与案件有直接利害关系或者有其他关系可能影响公正执法的,应当回避。

当事人认为执法人员与案件有直接利害关系或者有其他关系可能影响公正执法的,有权申请回避。

当事人提出回避申请的,行政机关应当依法审查,由行政机关负责人决定。决定作出之前,不停止调查。

**第四十四条 【告知义务】** 行政机关在作出行政处罚决定之前,应当告知当事人拟作出的行政处罚内容及事实、理由、依据,并告知当事人依法享有的陈述、申辩、要求听证等权利。

**第四十五条 【当事人的陈述权和申辩权】** 当事人有权进行陈述和申辩。行政机关必须充分听取当事人的意见,对当事人提出的事实、理由和证据,应当进行复核;当事人提出的事实、理由或者证据成立的,行政机关应当采纳。

行政机关不得因当事人陈述、申辩而给予更重的处罚。

**第四十六条 【证据】** 证据包括:

(一)书证;

(二)物证;

(三)视听资料;

(四)电子数据;

(五)证人证言;

(六)当事人的陈述;

(七)鉴定意见;

(八)勘验笔录、现场笔录。

证据必须经查证属实,方可作为认定案件事实的根据。

以非法手段取得的证据,不得作为认定案件事实的根据。

**第四十七条 【执法全过程记录制度】** 行政机关应当依法以文

字、音像等形式,对行政处罚的启动、调查取证、审核、决定、送达、执行等进行全过程记录,归档保存。

**第四十八条** 【行政处罚决定公示制度】具有一定社会影响的行政处罚决定应当依法公开。

公开的行政处罚决定被依法变更、撤销、确认违法或者确认无效的,行政机关应当在三日内撤回行政处罚决定信息并公开说明理由。

**第四十九条** 【应急处罚】发生重大传染病疫情等突发事件,为了控制、减轻和消除突发事件引起的社会危害,行政机关对违反突发事件应对措施的行为,依法快速、从重处罚。

**第五十条** 【保密义务】行政机关及其工作人员对实施行政处罚过程中知悉的国家秘密、商业秘密或者个人隐私,应当依法予以保密。

## 第二节 简易程序

**第五十一条** 【当场处罚的情形】违法事实确凿并有法定依据,对公民处以二百元以下、对法人或者其他组织处以三千元以下罚款或者警告的行政处罚的,可以当场作出行政处罚决定。法律另有规定的,从其规定。

**第五十二条** 【当场处罚的程序】执法人员当场作出行政处罚决定的,应当向当事人出示执法证件,填写预定格式、编有号码的行政处罚决定书,并当场交付当事人。当事人拒绝签收的,应当在行政处罚决定书上注明。

前款规定的行政处罚决定书应当载明当事人的违法行为,行政处罚的种类和依据、罚款数额、时间、地点,申请行政复议、提起行政诉讼的途径和期限以及行政机关名称,并由执法人员签名或者盖章。

执法人员当场作出的行政处罚决定,应当报所属行政机关备案。

**第五十三条** 【当场处罚的履行】对当场作出的行政处罚决定,当事人应当依照本法第六十七条至第六十九条的规定履行。

## 第三节 普通程序

**第五十四条** 【调查取证与立案】除本法第五十一条规定的可以当场作出的行政处罚外,行政机关发现公民、法人或者其他组织有依法应当给予行政处罚的行为的,必须全面、客观、公正地调查,收集有关证据；必要时，依照法律、法规的规定，可以进行检查。

符合立案标准的，行政机关应当及时立案。

**第五十五条　【出示证件与协助调查】**执法人员在调查或者进行检查时，应当主动向当事人或者有关人员出示执法证件。当事人或者有关人员有权要求执法人员出示执法证件。执法人员不出示执法证件的，当事人或者有关人员有权拒绝接受调查或者检查。

当事人或者有关人员应当如实回答询问，并协助调查或者检查，不得拒绝或者阻挠。询问或者检查应当制作笔录。

**第五十六条　【证据的收集原则】**行政机关在收集证据时，可以采取抽样取证的方法；在证据可能灭失或者以后难以取得的情况下，经行政机关负责人批准，可以先行登记保存，并应当在七日内及时作出处理决定，在此期间，当事人或者有关人员不得销毁或者转移证据。

**第五十七条　【处罚决定】**调查终结，行政机关负责人应当对调查结果进行审查，根据不同情况，分别作出如下决定：

（一）确有应受行政处罚的违法行为的，根据情节轻重及具体情况，作出行政处罚决定；

（二）违法行为轻微，依法可以不予行政处罚的，不予行政处罚；

（三）违法事实不能成立的，不予行政处罚；

（四）违法行为涉嫌犯罪的，移送司法机关。

对情节复杂或者重大违法行为给予行政处罚，行政机关负责人应当集体讨论决定。

**第五十八条　【法制审核】**有下列情形之一，在行政机关负责人作出行政处罚的决定之前，应当由从事行政处罚决定法制审核的人员进行法制审核；未经法制审核或者审核未通过的，不得作出决定：

（一）涉及重大公共利益的；

（二）直接关系当事人或者第三人重大权益，经过听证程序的；

（三）案件情况疑难复杂、涉及多个法律关系的；

（四）法律、法规规定应当进行法制审核的其他情形。

行政机关中初次从事行政处罚决定法制审核的人员，应当通过国家统一法律职业资格考试取得法律职业资格。

**第五十九条　【行政处罚决定书的内容】**行政机关依照本法第五十七条的规定给予行政处罚，应当制作行政处罚决定书。行政处罚决定书应当载明下列事项：
（一）当事人的姓名或者名称、地址；
（二）违反法律、法规、规章的事实和证据；
（三）行政处罚的种类和依据；
（四）行政处罚的履行方式和期限；
（五）申请行政复议、提起行政诉讼的途径和期限；
（六）作出行政处罚决定的行政机关名称和作出决定的日期。
行政处罚决定书必须盖有作出行政处罚决定的行政机关的印章。

**第六十条　【决定期限】**行政机关应当自行政处罚案件立案之日起九十日内作出行政处罚决定。法律、法规、规章另有规定的，从其规定。

**第六十一条　【送达】**行政处罚决定书应当在宣告后当场交付当事人；当事人不在场的，行政机关应当在七日内依照《中华人民共和国民事诉讼法》的有关规定，将行政处罚决定书送达当事人。

当事人同意并签订确认书的，行政机关可以采用传真、电子邮件等方式，将行政处罚决定书等送达当事人。

**第六十二条　【处罚的成立条件】**行政机关及其执法人员在作出行政处罚决定之前，未依照本法第四十四条、第四十五条的规定向当事人告知拟作出的行政处罚内容及事实、理由、依据，或者拒绝听取当事人的陈述、申辩，不得作出行政处罚决定；当事人明确放弃陈述或者申辩权利的除外。

## 第四节　听证程序

**第六十三条　【听证权】**行政机关拟作出下列行政处罚决定，应当告知当事人有要求听证的权利，当事人要求听证的，行政机关应当组织听证：
（一）较大数额罚款；
（二）没收较大数额违法所得、没收较大价值非法财物；
（三）降低资质等级、吊销许可证件；
（四）责令停产停业、责令关闭、限制从业；
（五）其他较重的行政处罚；
（六）法律、法规、规章规定的其他情形。
当事人不承担行政机关组织听证的费用。

**第六十四条 【听证程序】**听证应当依照以下程序组织：

（一）当事人要求听证的，应当在行政机关告知后五日内提出；

（二）行政机关应当在举行听证的七日前，通知当事人及有关人员听证的时间、地点；

（三）除涉及国家秘密、商业秘密或者个人隐私依法予以保密外，听证公开举行；

（四）听证由行政机关指定的非本案调查人员主持；当事人认为主持人与本案有直接利害关系的，有权申请回避；

（五）当事人可以亲自参加听证，也可以委托一至二人代理；

（六）当事人及其代理人无正当理由拒不出席听证或者未经许可中途退出听证的，视为放弃听证权利，行政机关终止听证；

（七）举行听证时，调查人员提出当事人违法的事实、证据和行政处罚建议，当事人进行申辩和质证；

（八）听证应当制作笔录。笔录应当交当事人或者其代理人核对无误后签字或者盖章。当事人或者其代理人拒绝签字或者盖章的，由听证主持人在笔录中注明。

**第六十五条 【听证笔录】**听证结束后，行政机关应当根据听证笔录，依照本法第五十七条的规定，作出决定。

# 第六章 行政处罚的执行

**第六十六条 【履行义务及分期履行】**行政处罚决定依法作出后，当事人应当在行政处罚决定书载明的期限内，予以履行。

当事人确有经济困难，需要延期或者分期缴纳罚款的，经当事人申请和行政机关批准，可以暂缓或者分期缴纳。

**第六十七条 【罚缴分离原则】**作出罚款决定的行政机关应当与收缴罚款的机构分离。

除依照本法第六十八条、第六十九条的规定当场收缴的罚款外，作出行政处罚决定的行政机关及其执法人员不得自行收缴罚款。

当事人应当自收到行政处罚决定书之日起十五日内，到指定的银行或者通过电子支付系统缴纳罚款。银行应当收受罚款，并将罚款直接上缴国库。

**第六十八条 【当场收缴罚款范围】**依照本法第五十一条的规定

当场作出行政处罚决定,有下列情形之一,执法人员可以当场收缴罚款:
(一)依法给予一百元以下罚款的;
(二)不当场收缴事后难以执行的。

**第六十九条 【边远地区当场收缴罚款】** 在边远、水上、交通不便地区,行政机关及其执法人员依照本法第五十一条、第五十七条的规定作出罚款决定后,当事人到指定的银行或者通过电子支付系统缴纳罚款确有困难,经当事人提出,行政机关及其执法人员可以当场收缴罚款。

**第七十条 【罚款票据】** 行政机关及其执法人员当场收缴罚款的,必须向当事人出具国务院财政部门或者省、自治区、直辖市人民政府财政部门统一制发的专用票据;不出具财政部门统一制发的专用票据的,当事人有权拒绝缴纳罚款。

**第七十一条 【罚款交纳期】** 执法人员当场收缴的罚款,应当自收缴罚款之日起二日内,交至行政机关;在水上当场收缴的罚款,应当自抵岸之日起二日内交至行政机关;行政机关应当在二日内将罚款缴付指定的银行。

**第七十二条 【执行措施】** 当事人逾期不履行行政处罚决定的,作出行政处罚决定的行政机关可以采取下列措施:
(一)到期不缴纳罚款的,每日按罚款数额的百分之三加处罚款,加处罚款的数额不得超出罚款的数额;
(二)根据法律规定,将查封、扣押的财物拍卖、依法处理或者将冻结的存款、汇款划拨抵缴罚款;
(三)根据法律规定,采取其他行政强制执行方式;
(四)依照《中华人民共和国行政强制法》的规定申请人民法院强制执行。

行政机关批准延期、分期缴纳罚款的,申请人民法院强制执行的期限,自暂缓或者分期缴纳罚款期限结束之日起计算。

**第七十三条 【不停止执行及暂缓执行】** 当事人对行政处罚决定不服,申请行政复议或者提起行政诉讼的,行政处罚不停止执行,法律另有规定的除外。

当事人对限制人身自由的行政处罚决定不服,申请行政复议或者提起行政诉讼的,可以向作出决定的机关提出暂缓执行申请。符合法律规定情形的,应当暂缓执行。

当事人申请行政复议或者提起行政诉讼的,加处罚款的数额在行政复议或者行政诉讼期间不予计算。

**第七十四条 【没收的非法财物的处理】**除依法应当予以销毁的物品外,依法没收的非法财物必须按照国家规定公开拍卖或者按照国家有关规定处理。

罚款、没收的违法所得或者没收非法财物拍卖的款项,必须全部上缴国库,任何行政机关或者个人不得以任何形式截留、私分或者变相私分。

罚款、没收的违法所得或者没收非法财物拍卖的款项,不得同作出行政处罚决定的行政机关及其工作人员的考核、考评直接或者变相挂钩。除依法应当退还、退赔的外,财政部门不得以任何形式向作出行政处罚决定的行政机关返还罚款、没收的违法所得或者没收非法财物拍卖的款项。

**第七十五条 【监督检查】**行政机关应当建立健全对行政处罚的监督制度。县级以上人民政府应当定期组织开展行政执法评议、考核,加强对行政处罚的监督检查,规范和保障行政处罚的实施。

行政机关实施行政处罚应当接受社会监督。公民、法人或者其他组织对行政机关实施行政处罚的行为,有权申诉或者检举;行政机关应当认真审查,发现有错误的,应当主动改正。

## 第七章 法律责任

**第七十六条 【上级行政机关的监督】**行政机关实施行政处罚,有下列情形之一,由上级行政机关或者有关机关责令改正,对直接负责的主管人员和其他直接责任人员依法给予处分:

(一)没有法定的行政处罚依据的;
(二)擅自改变行政处罚种类、幅度的;
(三)违反法定的行政处罚程序的;
(四)违反本法第二十条关于委托处罚的规定的;
(五)执法人员未取得执法证件的。

行政机关对符合立案标准的案件不及时立案的,依照前款规定予以处理。

**第七十七条** 【当事人的拒绝处罚权及检举权】行政机关对当事人进行处罚不使用罚款、没收财物单据或者使用非法定部门制发的罚款、没收财物单据的,当事人有权拒绝,并有权予以检举,由上级行政机关或者有关机关对使用的非法单据予以收缴销毁,对直接负责的主管人员和其他直接责任人员依法给予处分。

**第七十八条** 【自行收缴罚款的处理】行政机关违反本法第六十七条的规定自行收缴罚款的,财政部门违反本法第七十四条的规定向行政机关返还罚款、没收的违法所得或者拍卖款项的,由上级行政机关或者有关机关责令改正,对直接负责的主管人员和其他直接责任人员依法给予处分。

**第七十九条** 【私分罚没财物的处理】行政机关截留、私分或者变相私分罚款、没收的违法所得或者财物的,由财政部门或者有关机关予以追缴,对直接负责的主管人员和其他直接责任人员依法给予处分;情节严重构成犯罪的,依法追究刑事责任。

执法人员利用职务上的便利,索取或者收受他人财物、将收缴罚款据为己有,构成犯罪的,依法追究刑事责任;情节轻微不构成犯罪的,依法给予处分。

**第八十条** 【行政机关的赔偿责任及对有关人员的处理】行政机关使用或者损毁查封、扣押的财物,对当事人造成损失的,应当依法予以赔偿,对直接负责的主管人员和其他直接责任人员依法给予处分。

**第八十一条** 【违法实行检查或执行措施的赔偿责任】行政机关违法实施检查措施或者执行措施,给公民人身或者财产造成损害、给法人或者其他组织造成损失的,应当依法予以赔偿,对直接负责的主管人员和其他直接责任人员依法给予处分;情节严重构成犯罪的,依法追究刑事责任。

**第八十二条** 【以行代刑的责任】行政机关对应当依法移交司法机关追究刑事责任的案件不移交,以行政处罚代替刑事处罚,由上级行政机关或者有关机关责令改正,对直接负责的主管人员和其他直接责任人员依法给予处分;情节严重构成犯罪的,依法追究刑事责任。

**第八十三条** 【失职责任】行政机关对应当予以制止和处罚的违法行为不予制止、处罚,致使公民、法人或者其他组织的合法权益、公共利益和社会秩序遭受损害的,对直接负责的主管人员和其他直接责任人员依法给予处分;情节严重构成犯罪的,依法追究刑事责任。

## 第八章 附 则

第八十四条 【属地原则】外国人、无国籍人、外国组织在中华人民共和国领域内有违法行为,应当给予行政处罚的,适用本法,法律另有规定的除外。

第八十五条 【工作日】本法中"二日""三日""五日""七日"的规定是指工作日,不含法定节假日。

第八十六条 【施行日期】本法自2021年7月15日起施行。

# 国务院关于进一步贯彻实施 《中华人民共和国行政处罚法》的通知

·2021年11月15日
·国发〔2021〕26号

各省、自治区、直辖市人民政府,国务院各部委、各直属机构:

《中华人民共和国行政处罚法》(以下简称行政处罚法)已经十三届全国人大常委会第二十五次会议修订通过。为进一步贯彻实施行政处罚法,现就有关事项通知如下:

**一、充分认识贯彻实施行政处罚法的重要意义**

行政处罚法是规范政府行为的一部重要法律。贯彻实施好新修订的行政处罚法,对推进严格规范公正文明执法,保障和监督行政机关有效实施行政管理,优化法治化营商环境,保护公民、法人或者其他组织的合法权益,加快法治政府建设,推进国家治理体系和治理能力现代化,具有重要意义。新修订的行政处罚法体现和巩固了近年来行政执法领域取得的重大改革成果,回应了当前的执法实践需要,明确了行政处罚的定义,扩充了行政处罚种类,完善了行政处罚程序,强化了行政执法责任。各地区、各部门要从深入学习贯彻习近平法治思想,加快建设法治国家、法治政府、法治社会的高度,充分认识新修订的行政处罚法施行的重要意义，采取有效措施，作出具体部署，扎实做好贯彻实施工作。

**二、加强学习、培训和宣传工作**

（一）开展制度化规范化常态化培训。行政机关工作人员特别是领导干部要带头认真学习行政处罚法，深刻领会精神实质和内在要求，做到依法行政并自觉接受监督。各地区、各部门要将行政处罚法纳入行政执法培训内容，作为行政执法人员的必修课，使行政执法人员全面理解和准确掌握行政处罚法的规定，依法全面正确履行行政处罚职能。各地区、各部门要于2022年6月前通过多种形式完成对现有行政执法人员的教育培训，并持续做好新上岗行政执法人员培训工作。

（二）加大宣传力度。各地区、各部门要将行政处罚法宣传纳入本地区、本部门的"八五"普法规划，面向社会广泛开展宣传，增强全民法治观念，提高全民守法意识，引导各方面监督行政处罚行为、维护自身合法权益。要按照"谁执法谁普法"普法责任制的要求，落实有关属地管理责任和部门主体责任，深入开展行政执法人员、行政复议人员等以案释法活动。

**三、依法规范行政处罚的设定**

（三）加强立法释法有关工作。起草法律、法规、规章草案时，对违反行政管理秩序的公民、法人或者其他组织，以减损权益或者增加义务的方式实施惩戒的，要依法设定行政处罚，不得以其他行政管理措施的名义变相设定，规避行政处罚设定的要求。对上位法设定的行政处罚作出具体规定的，不得通过增减违反行政管理秩序的行为和行政处罚种类、在法定幅度之外调整罚款上下限等方式层层加码或者"立法放水"。对现行法律、法规、规章中的行政管理措施是否属于行政处罚有争议的，要依法及时予以解释答复或者提请有权机关解释答复。

（四）依法合理设定罚款数额。根据行政处罚法规定，尚未制定法律、行政法规的，国务院部门规章对违反行政管理秩序的行为，可以按照国务院规定的限额设定一定数额的罚款。部门规章设定罚款，要坚持过罚相当，罚款数额要与违法行为的事实、性质、情节以及社会危害程度相当，该严的要严，该轻的要轻。法律、行政法规对违法行为已经作出罚款规定的，部门规章必须在法律、行政法规规定的给

17

予行政处罚的行为、种类和幅度的范围内规定。尚未制定法律、行政法规，因行政管理迫切需要依法先以部门规章设定罚款的，设定的罚款数额最高不得超过10万元，且不得超过法律、行政法规对相似违法行为的罚款数额，涉及公民生命健康安全、金融安全且有危害后果的，设定的罚款数额最高不得超过20万元；超过上述限额的，要报国务院批准。上述情况下，部门规章实施一定时间后，需要继续实施其所设定的罚款且需要上升为法律、行政法规的，有关部门要及时报请国务院提请全国人大及其常委会制定法律，或者提请国务院制定行政法规。本通知印发后，修改部门规章时，要结合实际研究调整罚款数额的必要性，该降低的要降低，确需提高的要严格依照法定程序在限额范围内提高。地方政府规章设定罚款的限额，依法由省、自治区、直辖市人大常委会规定。

（五）强化定期评估和合法性审核。国务院部门和省、自治区、直辖市人民政府及其有关部门要认真落实行政处罚定期评估制度，结合立法计划规划每5年分类、分批组织一次评估。对评估发现有不符合上位法规定、不适应经济社会发展需要、明显过罚不当、缺乏针对性和实用性等情形的行政处罚规定，要及时按照立法权限和程序自行或者建议有权机关予以修改、废止。要加强行政规范性文件合法性审核，行政规范性文件不得设定行政处罚；违法规定行政处罚的，相关规定一律无效，不得作为行政处罚依据。

四、进一步规范行政处罚的实施

（六）依法全面正确履行行政处罚职能。行政机关要坚持执法为民，通过行政处罚预防、纠正和惩戒违反行政管理秩序的行为，维护公共利益和社会秩序，保护公民、法人或其他组织的合法权益，不得违法实施行政处罚，不得为了处罚而处罚，坚决杜绝逐利执法，严禁下达罚没指标。财政部门要加强对罚缴分离、收支两条线等制度实施情况的监督，会同司法行政等部门按规定开展专项监督检查。要持续规范行政处罚行为，推进事中事后监管法治化、制度化、规范化，坚决避免运动式执法等执法乱象。

（七）细化管辖、立案、听证、执行等程序制度。各地区、各部门要严格遵守法定程序，结合实际制定、修改行政处罚配套制度，确保行政处罚法的有关程序要求落到实处。要进一步完善地域管辖、职能管辖等规定，建立健全管辖争议解决机制。两个以上行政机关属于同一主管部门，发生行政处罚管辖争议、协商不成的，由共同的上一级主管部门指定管辖；两个以上行政机关属于不同主管部门，发生行政处罚管辖争议、协商不成的，司法行政部门要会同有关单位进行协调，在本级人民政府领导下做好指定管辖工作。要建立健全立案制度、完善立案标准，对违反行政管理秩序的行为，按规定及时立案并严格遵守办案时限要求，确保案件得到及时有效查处。确需通过立法对办案期限作出特别规定的，要符合有利于及时查清案件事实、尽快纠正违法行为、迅速恢复正常行政管理秩序的要求。要建立健全行政处罚听证程序规则，细化听证范围和流程，严格落实根据听证笔录作出行政处罚决定的规定。要逐步提高送达地址确认书的利用率，细化电子送达工作流程，大力推进通过电子支付系统缴纳罚款，加强信息安全保障和技术支撑。

（八）规范电子技术监控设备的设置和使用。行政机关设置电子技术监控设备要确保符合标准、设置合理、标志明显，严禁违法要求当事人承担或者分摊设置电子技术监控设备的费用，严禁交由市场主体设置电子技术监控设备并由市场主体直接或者间接收取罚款。除有证据证明当事人存在破坏或者恶意干扰电子技术监控设备、伪造或者篡改数据等过错的，不得因设备不正常运行给予其行政处罚。要定期对利用电子技术监控设备取证的行政处罚决定进行数据分析；对同一区域内的高频违法行为，要综合分析研判原因，推动源头治理，需要改进行政管理行为的，及时采取相应措施，杜绝以罚代管。要严格限制电子技术监控设备收集信息的使用范围，不得泄露或者向他人非法提供。

（九）坚持行政处罚宽严相济。各地区、各部门要全面推行行政裁量基准制度，规范行政处罚裁量权，确保过罚相当，防止畸轻畸重。行政机关不得在未查明违法事实的情况下，对一定区域、领域的公民、法人或者其他组织"一刀切"实施责令停产停业、责令关闭等行政处罚。各地区、各部门要按照国务院关于复制推广自由贸易试验区改革试点经验的要求，全面落实"初次违法且危害后果轻微并及时改正的，可以不予行政处罚"的规定，根据实际制定发布多个领域的包容免罚清单；对当事人违法行为依法免予行政处罚的，采取签订承诺书等方式教育、引导、督促其自觉守法。要加大食品药品、公共卫生、自然资源、生态环境、安全生产、劳动保障等关系群众切身利益的重点领域执法力度。发生重大传染病疫情等突发事件，行政机关对违反突发事件应对措施的行为依法快速、从重处罚时，也要依法合理保护当事人的合法权益。

（十）健全法律责任衔接机制。各地区、各部门要细化责令退赔违法所得制度，依法合理保护利害关系人的合法权益；当事人主动退赔，消除或者减轻违法行为危害后果的，依法予以从轻或者减轻行政处罚。要全面贯彻落实《行政执法机关移送涉嫌犯罪案件的规定》，加强行政机关和司法机关协调配合，按规定畅通案件移送渠道，完善案件移送标准和证据认定保全、信息共享、工作协助等机制，统筹解决涉案物品归口处置和检验鉴定等问题。积极推进行政执法与刑事司法衔接信息平台建设。对有案不移等，情节严重构成犯罪的，依法追究刑事责任。

**五、持续改革行政处罚体制机制**

（十一）纵深推进综合行政执法体制改革。省、自治区、直辖市人民政府要统筹协调推进综合行政执法改革工作，建立健全配套制度，组织编制并公开本地区综合行政执法事项清单。有条件的地区可以在统筹考虑综合性、专业性以及防范风险的基础上，积极稳妥探索开展更大范围、更多领域集中行使行政处罚权以及与之相关的行政检查权、行政强制权。建立健全综合行政执法机关与业务主管部门、其他行政机关行政执法信息互联互通共享、协作配合工作机制。同时实施相对集中行政许可权和行政处罚权的，要建立健全相关制度机制，确保有序衔接，防止出现监管真空。

（十二）积极稳妥赋权乡镇街道实施行政处罚。省、自治区、直辖市根据当地实际情况，采取授权、委托、相对集中行政处罚权等方式向能够有效承接的乡镇人民政府、街道办事处赋权，要注重听取基层意见，关注基层需求，积极稳妥、科学合理下放行政处罚权，成熟一批、下放一批，确保放得下、接得住、管得好、有监督；要定期组织评估，需要调整的及时调整。有关市、县级人民政府及其部门要加强对乡镇人民政府、街道办事处行政处罚工作的组织协调、业务指导、执法监督，建立健全评议考核等配套制度，持续开展业务培训，研究解决实际问题。乡镇人民政府、街道办事处要不断加强执法能力建设，依法实施行政处罚。

（十三）规范委托行政处罚。委托行政处罚要有法律、法规、规章依据，严格依法采用书面委托形式，委托行政机关和受委托组织要将委托书向社会公布。对已经委托行政处罚，但是不符合行政处罚法要求的，要及时清理；不符合书面委托规定、确需继续实施的，要依法及时完善相关手续。委托行政机关要向本级人民政府或者实行垂直管理的上级行政机关备案委托书，司法行政等部门要加强指导、监督。

（十四）提升行政执法合力。逐步完善联合执法机制，复制推广"综合查一次"经验，探索推行多个行政机关同一时间、针对同一执法对象开展联合检查、调查，防止执法扰民。要健全行政处罚协助制度，明确协助的实施主体、时限要求、工作程序等内容。对其他行政机关请求协助、属于自身职权范围内的事项，要积极履行协助职责，不得无故拒绝、拖延；无正当理由拒绝、拖延的，由上级行政机关责令改正，对相关责任人员依法依规予以处理。要综合运用大数据、物联网、云计算、区块链、人工智能等技术，先行推进高频行政处罚事项协助，实现违法线索互联、监管标准互通、处理结果互认。有关地区可积极探索跨区域执法一体化合作的制度机制，建立健全行政处罚预警通报机制，完善管辖、调查、执行等方面的制度机制，为全国提供可复制推广的经验。

**六、加强对实施行政处罚的监督**

（十五）强化行政执法监督。要加快建设省市县乡四级全覆盖的行政执法协调监督工作体系，创新监督方式，强化全方位、全流程监督，提升行政执法质量。要完善执法人员资格管理、执法行为动态监测、行政处罚案卷评查、重大问题调查督办、责任追究等制度机制，更新行政处罚文书格式文本，完善办案信息系统，加大对行政处罚的层级监督力度，切实整治有案不立、有案不移、久查不结、过罚不当、怠于执行等顽瘴痼疾，发现问题及时整改；对行政处罚实施过程中出现的同类问题，及时研究规范。要完善评议考核、统计分析制度，不得以处罚数量、罚没数额等指标作为主要考核依据。要综合评估行政处罚对维护经济社会秩序，保护公民、法人或者其他组织合法权益，提高政府管理效能的作用，探索建立行政处罚绩效评估制度。各级人民政府要不断加强行政执法协调监督队伍建设，确保力量配备、工作条件、能力水平与工作任务相适应。

各地区、各部门要把贯彻实施好新修订的行政处罚法作为当前和今后一段时期加快建设法治政府的重要抓手,切实加强和改进相关行政立法,规范行政执法,强化行政执法监督,不断提高依法行政的能力和水平。要梳理总结贯彻实施行政处罚法的经验做法,及时将重要情况和问题报送司法部。司法部要加强统筹协调监督,指导各地区、各部门抓好贯彻实施工作,组织开展行政处罚法贯彻实施情况检查,重大情况及时报国务院。此前发布的国务院文件有关规定与本通知不一致的,以本通知为准。

# 罚款决定与罚款收缴分离实施办法

· 1997年11月17日中华人民共和国国务院令第235号发布
· 自1998年1月1日起施行

**第一条** 为了实施罚款决定与罚款收缴分离,加强对罚款收缴活动的监督,保证罚款及时上缴国库,根据《中华人民共和国行政处罚法》(以下简称行政处罚法)的规定,制定本办法。

**第二条** 罚款的收取、缴纳及相关活动,适用本办法。

**第三条** 作出罚款决定的行政机关应当与收缴罚款的机构分离;但是,依照行政处罚法的规定可以当场收缴罚款的除外。

**第四条** 罚款必须全部上缴国库,任何行政机关、组织或者个人不得以任何形式截留、私分或者变相私分。

行政机关执法所需经费的拨付,按照国家有关规定执行。

**第五条** 经中国人民银行批准有代理收付款项业务的商业银行、信用合作社(以下简称代收机构),可以开办代收罚款的业务。

具体代收机构由县级以上地方人民政府组织本级财政部门、中国人民银行当地分支机构和依法具有行政处罚权的行政机关共同研究,统一确定。海关、外汇管理等实行垂直领导的依法具有行政处罚权的行政机关作出罚款决定的,具体代收机构由财政部、中国人民银行会同国务院有关部门确定。依法具有行政处罚权的国务院有关部门作出罚款决定的,具体代收机构由财政部、中国人民银行确定。

代收机构应当具备足够的代收网点,以方便当事人缴纳罚款。

**第六条** 行政机关应当依照本办法和国家有关规定,同代收机构签订代收罚款协议。

代收罚款协议应当包括下列事项：

（一）行政机关、代收机构名称；

（二）具体代收网点；

（三）代收机构上缴罚款的预算科目、预算级次；

（四）代收机构告知行政机关代收罚款情况的方式、期限；

（五）需要明确的其他事项。

自代收罚款协议签订之日起15日内，行政机关应当将代收罚款协议报上一级行政机关和同级财政部门备案；代收机构应当将代收罚款协议报中国人民银行或者其当地分支机构备案。

**第七条** 行政机关作出罚款决定的行政处罚决定书应当载明代收机构的名称、地址和当事人应当缴纳罚款的数额、期限等，并明确对当事人逾期缴纳罚款是否加处罚款。

当事人应当按照行政处罚决定书确定的罚款数额、期限，到指定的代收机构缴纳罚款。

**第八条** 代收机构代收罚款，应当向当事人出具罚款收据。

罚款收据的格式和印制，由财政部规定。

**第九条** 当事人逾期缴纳罚款，行政处罚决定书明确需要加处罚款的，代收机构应当按照行政处罚决定书加收罚款。

当事人对加收罚款有异议的，应当先缴纳罚款和加收的罚款，再依法向作出行政处罚决定的行政机关申请复议。

**第十条** 代收机构应当按照代收罚款协议规定的方式、期限，将当事人的姓名或者名称、缴纳罚款的数额、时间等情况书面告知作出行政处罚决定的行政机关。

**第十一条** 代收机构应当按照行政处罚法和国家有关规定，将代收的罚款直接上缴国库。

**第十二条** 国库应当按照《中华人民共和国国家金库条例》的规定，定期同财政部门和行政机关对账，以保证收受的罚款和上缴国库的罚款数额一致。

**第十三条** 代收机构应当在代收网点、营业时间、服务设施、缴款手续等方面为当事人缴纳罚款提供方便。

**第十四条** 财政部门应当向代收机构支付手续费，具体标准由财政部制定。

**第十五条** 法律、法规授权的具有管理公共事务职能的组织和依法受委托的组织依法作出的罚款决定与罚款收缴,适用本办法。

**第十六条** 本办法由财政部会同中国人民银行组织实施。

**第十七条** 本办法自1998年1月1日起施行。

# 中华人民共和国行政许可法

- 2003年8月27日第十届全国人民代表大会常务委员会第四次会议通过
- 根据2019年4月23日第十三届全国人民代表大会常务委员会第十次会议《关于修改〈中华人民共和国建筑法〉等八部法律的决定》修正

## 第一章 总 则

**第一条** 【立法目的】为了规范行政许可的设定和实施,保护公民、法人和其他组织的合法权益,维护公共利益和社会秩序,保障和监督行政机关有效实施行政管理,根据宪法,制定本法。

**第二条** 【行政许可的含义】本法所称行政许可,是指行政机关根据公民、法人或者其他组织的申请,经依法审查,准予其从事特定活动的行为。

**第三条** 【适用范围】行政许可的设定和实施,适用本法。

有关行政机关对其他机关或者对其直接管理的事业单位的人事、财务、外事等事项的审批,不适用本法。

**第四条** 【合法原则】设定和实施行政许可,应当依照法定的权限、范围、条件和程序。

**第五条** 【公开、公平、公正、非歧视原则】设定和实施行政许可,应当遵循公开、公平、公正、非歧视的原则。

有关行政许可的规定应当公布;未经公布的,不得作为实施行政许可的依据。行政许可的实施和结果,除涉及国家秘密、商业秘密或者个人隐私的外,应当公开。未经申请人同意,行政机关及其工作人员、参与专家评审等的人员不得披露申请人提交的商业秘密、未披露信息或者保密商务信息,法律另有规定或者涉及国家安全、重大社会公共利益的除外;行政机关依法公开申请人前述信息的,允许申请人在合理期限内提出异议。

符合法定条件、标准的,申请人有依法取得行政许可的平等权利,行政机关不得歧视任何人。

**第六条 【便民原则】** 实施行政许可,应当遵循便民的原则,提高办事效率,提供优质服务。

**第七条 【陈述权、申辩权和救济权】** 公民、法人或者其他组织对行政机关实施行政许可,享有陈述权、申辩权;有权依法申请行政复议或者提起行政诉讼;其合法权益因行政机关违法实施行政许可受到损害的,有权依法要求赔偿。

**第八条 【信赖保护原则】** 公民、法人或者其他组织依法取得的行政许可受法律保护,行政机关不得擅自改变已经生效的行政许可。

行政许可所依据的法律、法规、规章修改或者废止,或者准予行政许可所依据的客观情况发生重大变化的,为了公共利益的需要,行政机关可以依法变更或者撤回已经生效的行政许可。由此给公民、法人或者其他组织造成财产损失的,行政机关应当依法给予补偿。

**第九条 【行政许可的转让】** 依法取得的行政许可,除法律、法规规定依照法定条件和程序可以转让的外,不得转让。

**第十条 【行政许可监督】** 县级以上人民政府应当建立健全对行政机关实施行政许可的监督制度,加强对行政机关实施行政许可的监督检查。

行政机关应当对公民、法人或者其他组织从事行政许可事项的活动实施有效监督。

## 第二章 行政许可的设定

**第十一条 【行政许可设定原则】** 设定行政许可,应当遵循经济和社会发展规律,有利于发挥公民、法人或者其他组织的积极性、主动性,维护公共利益和社会秩序,促进经济、社会和生态环境协调发展。

**第十二条 【行政许可的设定事项】** 下列事项可以设定行政许可:

（一）直接涉及国家安全、公共安全、经济宏观调控、生态环境保护以及直接关系人身健康、生命财产安全等特定活动，需要按照法定条件予以批准的事项；

（二）有限自然资源开发利用、公共资源配置以及直接关系公共利益的特定行业的市场准入等，需要赋予特定权利的事项；

（三）提供公众服务并且直接关系公共利益的职业、行业，需要确定具备特殊信誉、特殊条件或者特殊技能等资格、资质的事项；

（四）直接关系公共安全、人身健康、生命财产安全的重要设备、设施、产品、物品，需要按照技术标准、技术规范，通过检验、检测、检疫等方式进行审定的事项；

（五）企业或者其他组织的设立等，需要确定主体资格的事项；

（六）法律、行政法规规定可以设定行政许可的其他事项。

**第十三条** 【**不设定行政许可的事项**】本法第十二条所列事项，通过下列方式能够予以规范的，可以不设行政许可：

（一）公民、法人或者其他组织能够自主决定的；

（二）市场竞争机制能够有效调节的；

（三）行业组织或者中介机构能够自律管理的；

（四）行政机关采用事后监督等其他行政管理方式能够解决的。

**第十四条** 【**法律、行政法规、国务院决定的行政许可设定权**】本法第十二条所列事项，法律可以设定行政许可。尚未制定法律的，行政法规可以设定行政许可。

必要时，国务院可以采用发布决定的方式设定行政许可。实施后，除临时性行政许可事项外，国务院应当及时提请全国人民代表大会及其常务委员会制定法律，或者自行制定行政法规。

**第十五条** 【**地方性法规、省级政府规章的行政许可设定权**】本法第十二条所列事项，尚未制定法律、行政法规的，地方性法规可以设定行政许可；尚未制定法律、行政法规和地方性法规的，因行政管理的需要，确需立即实施行政许可的，省、自治区、直辖市人民政府规章可以设定临时性的行政许可。临时性的行政许可实施满一年需要继续实施的，应当提请本级人民代表大会及其常务委员会制定地方性法规。

地方性法规和省、自治区、直辖市人民政府规章，不得设定应当由国家统一确定的公民、法人或者其他组织的资格、资质的行政许可；不得设定企业或者其他组织的设立登记及其前置性行政许可。其设定的行政许可，不得限制其他地区的个人或者企业到本地区从事生产经营和提供服务，不得限制其他地区的商品进入本地区市场。

**第十六条　【行政许可规定权】**行政法规可以在法律设定的行政许可事项范围内，对实施该行政许可作出具体规定。

地方性法规可以在法律、行政法规设定的行政许可事项范围内，对实施该行政许可作出具体规定。

规章可以在上位法设定的行政许可事项范围内，对实施该行政许可作出具体规定。

法规、规章对实施上位法设定的行政许可作出的具体规定，不得增设行政许可；对行政许可条件作出的具体规定，不得增设违反上位法的其他条件。

**第十七条　【行政许可设立禁止】**除本法第十四条、第十五条规定的外，其他规范性文件一律不得设定行政许可。

**第十八条　【行政许可应当明确规定的事项】**设定行政许可，应当规定行政许可的实施机关、条件、程序、期限。

**第十九条　【设定行政许可应当听取意见、说明理由】**起草法律草案、法规草案和省、自治区、直辖市人民政府规章草案，拟设定行政许可的，起草单位应当采取听证会、论证会等形式听取意见，并向制定机关说明设定该行政许可的必要性、对经济和社会可能产生的影响以及听取和采纳意见的情况。

**第二十条　【行政许可评价制度】**行政许可的设定机关应当定期对其设定的行政许可进行评价；对已设定的行政许可，认为通过本法第十三条所列方式能够解决的，应当对设定该行政许可的规定及时予以修改或者废止。

行政许可的实施机关可以对已设定的行政许可的实施情况及存在的必要性适时进行评价，并将意见报告该行政许可的设定机关。

公民、法人或者其他组织可以向行政许可的设定机关和实施机关就行政许可的设定和实施提出意见和建议。

**第二十一条　【停止实施行政许可】**省、自治区、直辖市人民政府对行政法规设定的有关经济事务的行政许可，根据本行政区域经济和社会发展情况，认为通过本法第十三条所列方式能够解决的，报国务院批准后，可以在本行政区域内停止实施该行政许可。

## 第三章　行政许可的实施机关

**第二十二条　【行政许可实施主体的一般规定】**行政许可由具有行政许可权的行政机关在其法定职权范围内实施。

**第二十三条　【法律、法规授权组织实施行政许可】**法律、法规授权的具有管理公共事务职能的组织，在法定授权范围内，以自己的名义实施行政许可。被授权的组织适用本法有关行政机关的规定。

**第二十四条　【委托实施行政许可的主体】**行政机关在其法定职权范围内，依照法律、法规、规章的规定，可以委托其他行政机关实施行政许可。委托机关应当将受委托行政机关和受委托实施行政许可的内容予以公告。

委托行政机关对受委托行政机关实施行政许可的行为应当负责监督，并对该行为的后果承担法律责任。

受委托行政机关在委托范围内，以委托行政机关名义实施行政许可；不得再委托其他组织或者个人实施行政许可。

**第二十五条　【相对集中行政许可权】**经国务院批准，省、自治区、直辖市人民政府根据精简、统一、效能的原则，可以决定一个行政机关行使有关行政机关的行政许可权。

**第二十六条　【一个窗口对外、统一办理或者联合办理、集中办理】**行政许可需要行政机关内设的多个机构办理的，该行政机关应当确定一个机构统一受理行政许可申请，统一送达行政许可决定。

行政许可依法由地方人民政府两个以上部门分别实施的，本级人民政府可以确定一个部门受理行政许可申请并转告有关部门分别提出意见后统一办理，或者组织有关部门联合办理、集中办理。

**第二十七条　【行政机关及其工作人员的纪律约束】**行政机关实施行政许可，不得向申请人提出购买指定商品、接受有偿服务等不正当要求。

行政机关工作人员办理行政许可，不得索取或者收受申请人的财物，不得谋取其他利益。

**第二十八条　【授权专业组织实施的指导性规定】**对直接关系公共安全、人身健康、生命财产安全的设备、设施、产品、物品的检验、检测、检疫，除法律、行政法规规定由行政机关实施的外，应当逐步由符合法定条件的专业技术组织实施。专业技术组织及其有关人员对所实施的检验、检测、检疫结论承担法律责任。

# 第四章　行政许可的实施程序

## 第一节　申请与受理

**第二十九条　【行政许可申请】**公民、法人或者其他组织从事特定活动，依法需要取得行政许可的，应当向行政机关提出申请。申请书需要采用格式文本的，行政机关应当向申请人提供行政许可申请书格式文本。申请书格式文本中不得包含与申请行政许可事项没有直接关系的内容。

申请人可以委托代理人提出行政许可申请。但是，依法应当由申请人到行政机关办公场所提出行政许可申请的除外。

行政许可申请可以通过信函、电报、电传、传真、电子数据交换和电子邮件等方式提出。

**第三十条　【行政机关公示义务】**行政机关应当将法律、法规、规章规定的有关行政许可的事项、依据、条件、数量、程序、期限以及需要提交的全部材料的目录和申请书示范文本等在办公场所公示。

申请人要求行政机关对公示内容予以说明、解释的，行政机关应当说明、解释，提供准确、可靠的信息。

**第三十一条　【申请人提交有关材料、反映真实情况义务】**申请人申请行政许可，应当如实向行政机关提交有关材料和反映真实情况，并对其申请材料实质内容的真实性负责。行政机关不得要求申请人提交与其申请的行政许可事项无关的技术资料和其他材料。

行政机关及其工作人员不得以转让技术作为取得行政许可的条件；不得在实施行政许可的过程中，直接或者间接地要求转让技术。

**第三十二条　【行政许可申请的处理】**行政机关对申请人提出的行政许可申请，应当根据下列情况分别作出处理：

（一）申请事项依法不需要取得行政许可的，应当即时告知申请人不受理；

（二）申请事项依法不属于本行政机关职权范围的，应当即时作出不予受理的决定，并告知申请人向有关行政机关申请；

（三）申请材料存在可以当场更正的错误的，应当允许申请人当场更正；

（四）申请材料不齐全或者不符合法定形式的，应当当场或者在5日内一次告知申请人需要补正的全部内容，逾期不告知的，自收到申请材料之日起即为受理；

（五）申请事项属于本行政机关职权范围，申请材料齐全、符合法定形式，或者申请人按照本行政机关的要求提交全部补正申请材料的，应当受理行政许可申请。

行政机关受理或者不予受理行政许可申请，应当出具加盖本行政机关专用印章和注明日期的书面凭证。

**第三十三条** 【鼓励行政机关发展电子政务实施行政许可】行政机关应当建立和完善有关制度，推行电子政务，在行政机关的网站上公布行政许可事项，方便申请人采取数据电文等方式提出行政许可申请；应当与其他行政机关共享有关行政许可信息，提高办事效率。

## 第二节　审查与决定

**第三十四条** 【审查行政许可材料】行政机关应当对申请人提交的申请材料进行审查。

申请人提交的申请材料齐全、符合法定形式，行政机关能够当场作出决定的，应当当场作出书面的行政许可决定。

根据法定条件和程序，需要对申请材料的实质内容进行核实的，行政机关应当指派两名以上工作人员进行核查。

**第三十五条** 【多层级行政机关实施行政许可的审查程序】依法应当先经下级行政机关审查后报上级行政机关决定的行政许可，下级行政机关应当在法定期限内将初步审查意见和全部申请材料直接报送上级行政机关。上级行政机关不得要求申请人重复提供申请材料。

**第三十六条** 【直接关系他人重大利益的行政许可审查程序】行政机关对行政许可申请进行审查时，发现行政许可事项直接关系他人重大利益的，应当告知该利害关系人。申请人、利害关系人有权进行陈述和申辩。行政机关应当听取申请人、利害关系人的意见。

**第三十七条** 【行政机关依法作出行政许可决定】行政机关对行政许可申请进行审查后，除当场作出行政许可决定的外，应当在法定期限内按照规定程序作出行政许可决定。

**第三十八条** 【行政机关许可和不予许可应当履行的义务】申请人的申请符合法定条件、标准的,行政机关应当依法作出准予行政许可的书面决定。

行政机关依法作出不予行政许可的书面决定的,应当说明理由,并告知申请人享有依法申请行政复议或者提起行政诉讼的权利。

**第三十九条** 【颁发行政许可证件】行政机关作出准予行政许可的决定,需要颁发行政许可证件的,应当向申请人颁发加盖本行政机关印章的下列行政许可证件:

(一)许可证、执照或者其他许可证书;
(二)资格证、资质证或者其他合格证书;
(三)行政机关的批准文件或者证明文件;
(四)法律、法规规定的其他行政许可证件。

行政机关实施检验、检测、检疫的,可以在检验、检测、检疫合格的设备、设施、产品、物品上加贴标签或者加盖检验、检测、检疫印章。

**第四十条** 【准予行政许可决定的公开义务】行政机关作出的准予行政许可决定,应当予以公开,公众有权查阅。

**第四十一条** 【行政许可的地域效力】法律、行政法规设定的行政许可,其适用范围没有地域限制的,申请人取得的行政许可在全国范围内有效。

## 第三节 期 限

**第四十二条** 【行政许可一般期限】除可以当场作出行政许可决定的外,行政机关应当自受理行政许可申请之日起20日内作出行政许可决定。20日内不能作出决定的,经本行政机关负责人批准,可以延长10日,并应当将延长期限的理由告知申请人。但是,法律、法规另有规定的,依照其规定。

依照本法第二十六条的规定,行政许可采统一办理或者联合办理、集中办理的,办理的时间不得超过45日;45日内不能办结的,经本级人民政府负责人批准,可以延长15日,并应当将延长期限的理由告知申请人。

**第四十三条** 【多层级许可的审查期限】依法应当先经下级行政机关审查后报上级行政机关决定的行政许可,下级行政机关应当自其受理行政许可申请之日起20日内审查完毕。但是,法律、法规另有规定的,依照其规定。

**第四十四条** 【许可证章颁发期限】行政机关作出准予行政许可的决定,应当自作出决定之日起10日内向申请人颁发、送达行政许可证件,或者加贴标签、加盖检验、检测、检疫印章。

**第四十五条** 【不纳入许可期限的事项】行政机关作出行政许可决定,依法需要听证、招标、拍卖、检验、检测、检疫、鉴定和专家评审的,所需时间不计算在本节规定的期限内。行政机关应当将所需时间书面告知申请人。

### 第四节 听 证

**第四十六条** 【行政机关主动举行听证的行政许可事项】法律、法规、规章规定实施行政许可应当听证的事项,或者行政机关认为需要听证的其他涉及公共利益的重大行政许可事项,行政机关应当向社会公告,并举行听证。

**第四十七条** 【行政机关应申请举行听证的行政许可事项】行政许可直接涉及申请人与他人之间重大利益关系的,行政机关在作出行政许可决定前,应当告知申请人、利害关系人享有要求听证的权利;申请人、利害关系人在被告知听证权利之日起5日内提出听证申请的,行政机关应当在20日内组织听证。

申请人、利害关系人不承担行政机关组织听证的费用。

**第四十八条** 【行政许可听证程序规则】听证按照下列程序进行:

(一)行政机关应当于举行听证的7日前将举行听证的时间、地点通知申请人、利害关系人,必要时予以公告;

(二)听证应当公开举行;

(三)行政机关应当指定审查该行政许可申请的工作人员以外的人员为听证主持人,申请人、利害关系人认为主持人与该行政许可事项有直接利害关系的,有权申请回避;

(四)举行听证时,审查该行政许可申请的工作人员应当提供审查意见的证据、理由,申请人、利害关系人可以提出证据,并进行申辩和质证;

(五)听证应当制作笔录,听证笔录应当交听证参加人确认无误后签字或者盖章。

行政机关应当根据听证笔录,作出行政许可决定。

### 第五节 变更与延续

**第四十九条** 【变更行政许可的程序】被许可人要求变更行政许可事项的,应当向作出行政许可决定的行政机关提出申请;符合法定条件、标准的,行政机关应当依法办理变更手续。

**第五十条** 【延续行政许可的程序】被许可人需要延续依法取得的行政许可的有效期的,应当在该行政许可有效期届满 30 日前向作出行政许可决定的行政机关提出申请。但是,法律、法规、规章另有规定的,依照其规定。

行政机关应当根据被许可人的申请,在该行政许可有效期届满前作出是否准予延续的决定;逾期未作决定的,视为准予延续。

### 第六节 特别规定

**第五十一条** 【其他规定适用规则】实施行政许可的程序,本节有规定的,适用本节规定;本节没有规定的,适用本章其他有关规定。

**第五十二条** 【国务院实施行政许可程序】国务院实施行政许可的程序,适用有关法律、行政法规的规定。

**第五十三条** 【通过招标拍卖作出行政许可决定】实施本法第十二条第二项所列事项的行政许可的,行政机关应当通过招标、拍卖等公平竞争的方式作出决定。但是,法律、行政法规另有规定的,依照其规定。

行政机关通过招标、拍卖等方式作出行政许可决定的具体程序,依照有关法律、行政法规的规定。

行政机关按照招标、拍卖程序确定中标人、买受人后,应当作出准予行政许可的决定,并依法向中标人、买受人颁发行政许可证件。

行政机关违反本条规定,不采用招标、拍卖方式,或者违反招标、拍卖程序,损害申请人合法权益的,申请人可以依法申请行政复议或者提起行政诉讼。

**第五十四条** 【通过考试考核方式作出行政许可决定】实施本法第十二条第三项所列事项的行政许可,赋予公民特定资格,依法应当举行国家考试的,行政机关根据考试成绩和其他法定条件作出行政许可决定;赋予法人或者其他组织特定的资格、资质的,行政机关根据申请人的专业人员构成、技术条件、经营业绩和管理水平等的考核结果作出行政许可决定。但是,法律、行政法规另有规定的,依照其规定。

公民特定资格的考试依法由行政机关或者行业组织实施,公开举行。行政机关或者行业组织应当事先公布资格考试的报名条件、报考办法、考试科目以及考试大纲。但是,不得组织强制性的资格考试的考前培训,不得指定教材或者其他助考材料。

**第五十五条 【根据技术标准、技术规范作出行政许可决定】** 实施本法第十二条第四项所列事项的行政许可的,应当按照技术标准、技术规范依法进行检验、检测、检疫,行政机关根据检验、检测、检疫的结果作出行政许可决定。

行政机关实施检验、检测、检疫,应当自受理申请之日起5日内指派两名以上工作人员按照技术标准、技术规范进行检验、检测、检疫。不需要对检验、检测、检疫结果作进一步技术分析即可认定设备、设施、产品、物品是否符合技术标准、技术规范的,行政机关应当当场作出行政许可决定。

行政机关根据检验、检测、检疫结果,作出不予行政许可决定的,应当书面说明不予行政许可所依据的技术标准、技术规范。

**第五十六条 【当场许可的特别规定】** 实施本法第十二条第五项所列事项的行政许可,申请人提交的申请材料齐全、符合法定形式的,行政机关应当当场予以登记。需要对申请材料的实质内容进行核实的,行政机关依照本法第三十四条第三款的规定办理。

**第五十七条 【有数量限制的行政许可】** 有数量限制的行政许可,两个或者两个以上申请人的申请均符合法定条件、标准的,行政机关应当根据受理行政许可申请的先后顺序作出准予行政许可的决定。但是,法律、行政法规另有规定的,依照其规定。

# 第五章 行政许可的费用

**第五十八条 【收费原则和经费保障】** 行政机关实施行政许可和对行政许可事项进行监督检查,不得收取任何费用。但是,法律、行政法规另有规定的,依照其规定。

行政机关提供行政许可申请书格式文本,不得收费。

行政机关实施行政许可所需经费应当列入本行政机关的预算,由本级财政予以保障,按照批准的预算予以核拨。

**第五十九条** 【**收费规则以及对收费所得款项的处理**】行政机关实施行政许可,依照法律、行政法规收取费用的,应当按照公布的法定项目和标准收费;所收取的费用必须全部上缴国库,任何机关或者个人不得以任何形式截留、挪用、私分或者变相私分。财政部门不得以任何形式向行政机关返还或者变相返还实施行政许可所收取的费用。

# 第六章 监督检查

**第六十条** 【**行政许可层级监督**】上级行政机关应当加强对下级行政机关实施行政许可的监督检查,及时纠正行政许可实施中的违法行为。

**第六十一条** 【**书面检查原则**】行政机关应当建立健全监督制度,通过核查反映被许可人从事行政许可事项活动情况的有关材料,履行监督责任。

行政机关依法对被许可人从事行政许可事项的活动进行监督检查时,应当将监督检查的情况和处理结果予以记录,由监督检查人员签字后归档。公众有权查阅行政机关监督检查记录。

行政机关应当创造条件,实现与被许可人、其他有关行政机关的计算机档案系统互联,核查被许可人从事行政许可事项活动情况。

**第六十二条** 【**抽样检查、检验、检测和实地检查、定期检验权适用的情形及程序**】行政机关可以对被许可人生产经营的产品依法进行抽样检查、检验、检测,对其生产经营场所依法进行实地检查。检查时,行政机关可以依法查阅或者要求被许可人报送有关材料;被许可人应当如实提供有关情况和材料。

行政机关根据法律、行政法规的规定,对直接关系公共安全、人身健康、生命财产安全的重要设备、设施进行定期检验。对检验合格的,行政机关应当发给相应的证明文件。

**第六十三条** 【**行政机关实施监督检查时应当遵守的纪律**】行政

机关实施监督检查，不得妨碍被许可人正常的生产经营活动，不得索取或者收受被许可人的财物，不得谋取其他利益。

**第六十四条** 【行政许可监督检查的属地管辖与协作】被许可人在作出行政许可决定的行政机关管辖区域外违法从事行政许可事项活动的，违法行为发生地的行政机关应当依法将被许可人的违法事实、处理结果抄告作出行政许可决定的行政机关。

**第六十五条** 【个人、组织对违法从事行政许可活动的监督】个人和组织发现违法从事行政许可事项的活动，有权向行政机关举报，行政机关应当及时核实、处理。

**第六十六条** 【依法开发利用资源】被许可人未依法履行开发利用自然资源义务或者未依法履行利用公共资源义务的，行政机关应当责令限期改正；被许可人在规定期限内不改正的，行政机关应当依照有关法律、行政法规的规定予以处理。

**第六十七条** 【特定行业市场准入被许可人的义务和法律责任】取得直接关系公共利益的特定行业的市场准入行政许可的被许可人，应当按照国家规定的服务标准、资费标准和行政机关依法规定的条件，向用户提供安全、方便、稳定和价格合理的服务，并履行普遍服务的义务；未经作出行政许可决定的行政机关批准，不得擅自停业、歇业。

被许可人不履行前款规定的义务的，行政机关应当责令限期改正，或者依法采取有效措施督促其履行义务。

**第六十八条** 【自检制度】对直接关系公共安全、人身健康、生命财产安全的重要设备、设施，行政机关应当督促设计、建造、安装和使用单位建立相应的自检制度。

行政机关在监督检查时，发现直接关系公共安全、人身健康、生命财产安全的重要设备、设施存在安全隐患的，应当责令停止建造、安装和使用，并责令设计、建造、安装和使用单位立即改正。

**第六十九条** 【撤销行政许可的情形】有下列情形之一的，作出行政许可决定的行政机关或者其上级行政机关，根据利害关系人的请求或者依据职权，可以撤销行政许可：

（一）行政机关工作人员滥用职权、玩忽职守作出准予行政许可决定的；

（二）超越法定职权作出准予行政许可决定的；

（三）违反法定程序作出准予行政许可决定的；

（四）对不具备申请资格或者不符合法定条件的申请人准予行政许可的；

（五）依法可以撤销行政许可的其他情形。

被许可人以欺骗、贿赂等不正当手段取得行政许可的，应当予以撤销。

依照前两款的规定撤销行政许可，可能对公共利益造成重大损害的，不予撤销。

依照本条第一款的规定撤销行政许可，被许可人的合法权益受到损害的，行政机关应当依法给予赔偿。依照本条第二款的规定撤销行政许可的，被许可人基于行政许可取得的利益不受保护。

**第七十条** 【注销行政许可的情形】有下列情形之一，行政机关应当依法办理有关行政许可的注销手续：

（一）行政许可有效期届满未延续的；

（二）赋予公民特定资格的行政许可，该公民死亡或者丧失行为能力的；

（三）法人或者其他组织依法终止的；

（四）行政许可依法被撤销、撤回，或者行政许可证件依法被吊销的；

（五）因不可抗力导致行政许可事项无法实施的；

（六）法律、法规规定的应当注销行政许可的其他情形。

# 第七章 法律责任

**第七十一条** 【规范性文件违法设定行政许可的法律责任】违反本法第十七条规定设定的行政许可，有关机关应当责令设定该行政许可的机关改正，或者依法予以撤销。

**第七十二条** 【行政机关及其工作人员违反行政许可程序应当承担的法律责任】行政机关及其工作人员违反本法的规定，有下列情形之一的，由其上级行政机关或者监察机关责令改正；情节严重的，对直接负责的主管人员和其他直接责任人员依法给予行政处分：

（一）对符合法定条件的行政许可申请不予受理的；

（二）不在办公场所公示依法应当公示的材料的；

（三）在受理、审查、决定行政许可过程中，未向申请人、利害

关系人履行法定告知义务的;

(四)申请人提交的申请材料不齐全、不符合法定形式,不一次告知申请人必须补正的全部内容的;

(五)违法披露申请人提交的商业秘密、未披露信息或者保密商务信息的;

(六)以转让技术作为取得行政许可的条件,或者在实施行政许可的过程中直接或者间接地要求转让技术的;

(七)未依法说明不受理行政许可申请或者不予行政许可的理由的;

(八)依法应当举行听证而不举行听证的。

**第七十三条 【行政机关工作人员索取或者收受他人财物及利益应当承担的法律责任】**行政机关工作人员办理行政许可、实施监督检查,索取或者收受他人财物或者谋取其他利益,构成犯罪的,依法追究刑事责任;尚不构成犯罪的,依法给予行政处分。

**第七十四条 【行政机关及其工作人员实体违法的法律责任】**行政机关实施行政许可,有下列情形之一的,由其上级行政机关或者监察机关责令改正,对直接负责的主管人员和其他直接责任人员依法给予行政处分;构成犯罪的,依法追究刑事责任:

(一)对不符合法定条件的申请人准予行政许可或者超越法定职权作出准予行政许可决定的;

(二)对符合法定条件的申请人不予行政许可或者不在法定期限内作出准予行政许可决定的;

(三)依法应当根据招标、拍卖结果或者考试成绩择优作出准予行政许可决定,未经招标、拍卖或者考试,或者不根据招标、拍卖结果或者考试成绩择优作出准予行政许可决定的。

**第七十五条 【行政机关及其工作人员违反收费规定的法律责任】**行政机关实施行政许可,擅自收费或者不按照法定项目和标准收费,由其上级行政机关或者监察机关责令退还非法收取的费用;对直接负责的主管人员和其他直接责任人员依法给予行政处分。

截留、挪用、私分或者变相私分实施行政许可依法收取的费用的,予以追缴;对直接负责的主管人员和其他直接责任人员依法给予行政处分;构成犯罪的,依法追究刑事责任。

**第七十六条 【行政机关违法实施许可的赔偿责任】**行政机关违

法实施行政许可,给当事人的合法权益造成损害的,应当依照国家赔偿法的规定给予赔偿。

第七十七条 【行政机关不依法履行监督责任或者监督不力的法律责任】行政机关不依法履行监督职责或者监督不力,造成严重后果的,由其上级行政机关或者监察机关责令改正,对直接负责的主管人员和其他直接责任人员依法给予行政处分;构成犯罪的,依法追究刑事责任。

第七十八条 【申请人申请不实应承担的法律责任】行政许可申请人隐瞒有关情况或者提供虚假材料申请行政许可的,行政机关不予受理或者不予行政许可,并给予警告;行政许可申请属于直接关系公共安全、人身健康、生命财产安全事项的,申请人在一年内不得再次申请该行政许可。

第七十九条 【申请人以欺骗、贿赂等不正当手段取得行政许可应当承担的法律责任】被许可人以欺骗、贿赂等不正当手段取得行政许可的,行政机关应当依法给予行政处罚;取得的行政许可属于直接关系公共安全、人身健康、生命财产安全事项的,申请人在3年内不得再次申请该行政许可;构成犯罪的,依法追究刑事责任。

第八十条 【被许可人违法从事行政许可活动的法律责任】被许可人有下列行为之一的,行政机关应当依法给予行政处罚;构成犯罪的,依法追究刑事责任:

(一)涂改、倒卖、出租、出借行政许可证件,或者以其他形式非法转让行政许可的;

(二)超越行政许可范围进行活动的;

(三)向负责监督检查的行政机关隐瞒有关情况、提供虚假材料或者拒绝提供反映其活动情况的真实材料的;

(四)法律、法规、规章规定的其他违法行为。

第八十一条 【公民、法人或者其他组织未经行政许可从事应当取得行政许可活动的法律责任】公民、法人或者其他组织未经行政许可,擅自从事依法应当取得行政许可的活动的,行政机关应当依法采取措施予以制止,并依法给予行政处罚;构成犯罪的,依法追究刑事责任。

# 第八章　附　则

**第八十二条**　【行政许可的期限计算】本法规定的行政机关实施行政许可的期限以工作日计算，不含法定节假日。

**第八十三条**　【施行日期及对现行行政许可进行清理的规定】本法自 2004 年 7 月 1 日起施行。

本法施行前有关行政许可的规定，制定机关应当依照本法规定予以清理；不符合本法规定的，自本法施行之日起停止执行。

# 中华人民共和国行政复议法

- 1999 年 4 月 29 日第九届全国人民代表大会常务委员会第九次会议通过
- 根据 2009 年 8 月 27 日第十一届全国人民代表大会常务委员会第十次会议《关于修改部分法律的决定》第一次修正
- 根据 2017 年 9 月 1 日第十二届全国人民代表大会常务委员会第二十九次会议《关于修改〈中华人民共和国法官法〉等八部法律的决定》第二次修正

# 第一章　总　则

**第一条**　【立法目的】为了防止和纠正违法的或者不当的具体行政行为，保护公民、法人和其他组织的合法权益，保障和监督行政机关依法行使职权，根据宪法，制定本法。

**第二条**　【适用范围】公民、法人或者其他组织认为具体行政行为侵犯其合法权益，向行政机关提出行政复议申请，行政机关受理行政复议申请、作出行政复议决定，适用本法。

**第三条**　【复议机关及其职责】依照本法履行行政复议职责的行政机关是行政复议机关。行政复议机关负责法制工作的机构具体办理行政复议事项，履行下列职责：

（一）受理行政复议申请；

（二）向有关组织和人员调查取证，查阅文件和资料；
（三）审查申请行政复议的具体行政行为是否合法与适当，拟订行政复议决定；
（四）处理或者转送对本法第七条所列有关规定的审查申请；
（五）对行政机关违反本法规定的行为依照规定的权限和程序提出处理建议；
（六）办理因不服行政复议决定提起行政诉讼的应诉事项；
（七）法律、法规规定的其他职责。

行政机关中初次从事行政复议的人员，应当通过国家统一法律职业资格考试取得法律职业资格。

**第四条** 【复议原则】行政复议机关履行行政复议职责，应当遵循合法、公正、公开、及时、便民的原则，坚持有错必纠，保障法律、法规的正确实施。

**第五条** 【对复议不服的诉讼】公民、法人或者其他组织对行政复议决定不服的，可以依照行政诉讼法的规定向人民法院提起行政诉讼，但是法律规定行政复议决定为最终裁决的除外。

## 第二章　行政复议范围

**第六条** 【复议范围】有下列情形之一的，公民、法人或者其他组织可以依照本法申请行政复议：
（一）对行政机关作出的警告、罚款、没收违法所得、没收非法财物、责令停产停业、暂扣或者吊销许可证、暂扣或者吊销执照、行政拘留等行政处罚决定不服的；
（二）对行政机关作出的限制人身自由或者查封、扣押、冻结财产等行政强制措施决定不服的；
（三）对行政机关作出的有关许可证、执照、资质证、资格证等证书变更、中止、撤销的决定不服的；
（四）对行政机关作出的关于确认土地、矿藏、水流、森林、山岭、草原、荒地、滩涂、海域等自然资源的所有权或者使用权的决定不服的；
（五）认为行政机关侵犯合法的经营自主权的；
（六）认为行政机关变更或者废止农业承包合同，侵犯其合法权

益的;

（七）认为行政机关违法集资、征收财物、摊派费用或者违法要求履行其他义务的;

（八）认为符合法定条件,申请行政机关颁发许可证、执照、资质证、资格证等证书,或者申请行政机关审批、登记有关事项,行政机关没有依法办理的;

（九）申请行政机关履行保护人身权利、财产权利、受教育权利的法定职责,行政机关没有依法履行的;

（十）申请行政机关依法发放抚恤金、社会保险金或者最低生活保障费,行政机关没有依法发放的;

（十一）认为行政机关的其他具体行政行为侵犯其合法权益的。

第七条 【规定的审查】公民、法人或者其他组织认为行政机关的具体行政行为所依据的下列规定不合法,在对具体行政行为申请行政复议时,可以一并向行政复议机关提出对该规定的审查申请:

（一）国务院部门的规定;
（二）县级以上地方各级人民政府及其工作部门的规定;
（三）乡、镇人民政府的规定。

前款所列规定不含国务院部、委员会规章和地方人民政府规章。规章的审查依照法律、行政法规办理。

第八条 【不能提起复议的事项】不服行政机关作出的行政处分或者其他人事处理决定的,依照有关法律、行政法规的规定提出申诉。

不服行政机关对民事纠纷作出的调解或者其他处理,依法申请仲裁或者向人民法院提起诉讼。

## 第三章 行政复议申请

第九条 【申请复议的期限】公民、法人或者其他组织认为具体行政行为侵犯其合法权益的,可以自知道该具体行政行为之日起60日内提出行政复议申请;但是法律规定的申请期限超过60日的除外。

因不可抗力或者其他正当理由耽误法定申请期限的,申请期限自障碍消除之日起继续计算。

第十条 【复议申请人】依照本法申请行政复议的公民、法人或者其他组织是申请人。

有权申请行政复议的公民死亡的,其近亲属可以申请行政复议。有权申请行政复议的公民为无民事行为能力人或者限制民事行为能力人的,其法定代理人可以代为申请行政复议。有权申请行政复议的法人或者其他组织终止的,承受其权利的法人或者其他组织可以申请行政复议。

同申请行政复议的具体行政行为有利害关系的其他公民、法人或者其他组织,可以作为第三人参加行政复议。

公民、法人或者其他组织对行政机关的具体行政行为不服申请行政复议的,作出具体行政行为的行政机关是被申请人。

申请人、第三人可以委托代理人代为参加行政复议。

**第十一条 【复议申请】** 申请人申请行政复议,可以书面申请,也可以口头申请;口头申请的,行政复议机关应当当场记录申请人的基本情况、行政复议请求、申请行政复议的主要事实、理由和时间。

**第十二条 【部门具体行政行为的复议机关】** 对县级以上地方各级人民政府工作部门的具体行政行为不服的,由申请人选择,可以向该部门的本级人民政府申请行政复议,也可以向上一级主管部门申请行政复议。

对海关、金融、国税、外汇管理等实行垂直领导的行政机关和国家安全机关的具体行政行为不服的,向上一级主管部门申请行政复议。

**第十三条 【对其他行政机关具体行政行为不服的复议申请】** 对地方各级人民政府的具体行政行为不服的,向上一级地方人民政府申请行政复议。

对省、自治区人民政府依法设立的派出机关所属的县级地方人民政府的具体行政行为不服的,向该派出机关申请行政复议。

**第十四条 【对国务院部门或省、自治区、直辖市政府具体行政行为不服的复议】** 对国务院部门或省、自治区、直辖市人民政府的具体行政行为不服的,向作出该具体行政行为的国务院部门或者省、自治区、直辖市人民政府申请行政复议。对行政复议决定不服的,可以向人民法院提起行政诉讼;也可以向国务院申请裁决,国务院依照本法的规定作出最终裁决。

**第十五条 【其他机关具体行政行为的复议机关】** 对本法第十二

条、第十三条、第十四条规定以外的其他行政机关、组织的具体行政行为不服的，按照下列规定申请行政复议：

（一）对县级以上地方人民政府依法设立的派出机关的具体行政行为不服的，向设立该派出机关的人民政府申请行政复议；

（二）对政府工作部门依法设立的派出机构依照法律、法规或者规章规定，以自己的名义作出的具体行政行为不服的，向设立该派出机构的部门或者该部门的本级地方人民政府申请行政复议；

（三）对法律、法规授权的组织的具体行政行为不服的，分别向直接管理该组织的地方人民政府、地方人民政府工作部门或者国务院部门申请行政复议；

（四）对两个或者两个以上行政机关以共同的名义作出的具体行政行为不服的，向其共同上一级行政机关申请行政复议；

（五）对被撤销的行政机关在撤销前所作出的具体行政行为不服的，向继续行使其职权的行政机关的上一级行政机关申请行政复议。

有前款所列情形之一的，申请人也可以向具体行政行为发生地的县级地方人民政府提出行政复议申请，由接受申请的县级地方人民政府依照本法第十八条的规定办理。

**第十六条　【复议与诉讼的选择】** 公民、法人或者其他组织申请行政复议，行政复议机关已经依法受理的，或者法律、法规规定应当先向行政复议机关申请行政复议、对行政复议决定不服再向人民法院提起行政诉讼的，在法定行政复议期限内不得向人民法院提起行政诉讼。

公民、法人或者其他组织向人民法院提起行政诉讼，人民法院已经依法受理的，不得申请行政复议。

## 第四章　行政复议受理

**第十七条　【复议的受理】** 行政复议机关收到行政复议申请后，应当在5日内进行审查，对不符合本法规定的行政复议申请，决定不予受理，并书面告知申请人；对符合本法规定，但是不属于本机关受理的行政复议申请，应当告知申请人向有关行政复议机关提出。

除前款规定外，行政复议申请自行政复议机关负责法制工作的机构收到之日起即为受理。

**第十八条** 【复议申请的转送】依照本法第十五条第二款的规定接受行政复议申请的县级地方人民政府,对依照本法第十五条第一款的规定属于其他行政复议机关受理的行政复议申请,应当自接到该行政复议申请之日起7日内,转送有关行政复议机关,并告知申请人。接受转送的行政复议机关应当依照本法第十七条的规定办理。

**第十九条** 【复议前置的规定】法律、法规规定应当先向行政复议机关申请行政复议、对行政复议决定不服再向人民法院提起行政诉讼的,行政复议机关决定不予受理或者受理后超过行政复议期限不作答复的,公民、法人或者其他组织可以自收到不予受理决定书之日起或者行政复议期满之日起15日内,依法向人民法院提起行政诉讼。

**第二十条** 【上级机关责令受理及直接受理】公民、法人或者其他组织依法提出行政复议申请,行政复议机关无正当理由不予受理的,上级行政机关应当责令其受理;必要时,上级行政机关也可以直接受理。

**第二十一条** 【复议停止执行的情形】行政复议期间具体行政行为不停止执行;但是,有下列情形之一的,可以停止执行:

(一)被申请人认为需要停止执行的;

(二)行政复议机关认为需要停止执行的;

(三)申请人申请停止执行,行政复议机关认为其要求合理,决定停止执行的;

(四)法律规定停止执行的。

# 第五章 行政复议决定

**第二十二条** 【书面审查原则及例外】行政复议原则上采取书面审查的办法,但是申请人提出要求或者行政复议机关负责法制工作的机构认为有必要时,可以向有关组织和人员调查情况,听取申请人、被申请人和第三人的意见。

**第二十三条** 【复议程序事项】行政复议机关负责法制工作的机构应当自行政复议申请受理之日起7日内,将行政复议申请书副本或者行政复议申请笔录复印件发送被申请人。被申请人应当自收到申请书副本或者申请笔录复印件之日起10日内,提出书面答复,并提交当初作出具体行政行为的证据、依据和其他有关材料。

申请人、第三人可以查阅被申请人提出的书面答复、作出具体行政行为的证据、依据和其他有关材料，除涉及国家秘密、商业秘密或者个人隐私外，行政复议机关不得拒绝。

**第二十四条　【被申请人不得自行取证】**在行政复议过程中，被申请人不得自行向申请人和其他有关组织或者个人收集证据。

**第二十五条　【申请的撤回】**行政复议决定作出前，申请人要求撤回行政复议申请的，经说明理由，可以撤回；撤回行政复议申请的，行政复议终止。

**第二十六条　【复议机关对规定的处理】**申请人在申请行政复议时，一并提出对本法第七条所列有关规定的审查申请的，行政复议机关对该规定有权处理的，应当在30日内依法处理；无权处理的，应当在7日内按照法定程序转送有权处理的行政机关依法处理，有权处理的行政机关应当在60日内依法处理。处理期间，中止对具体行政行为的审查。

**第二十七条　【对具体行政行为依据的审查】**行政复议机关在对被申请人作出的具体行政行为进行审查时，认为其依据不合法，本机关有权处理的，应当在30日内依法处理；无权处理的，应当在7日内按照法定程序转送有权处理的国家机关依法处理。处理期间，中止对具体行政行为的审查。

**第二十八条　【复议决定的作出】**行政复议机关负责法制工作的机构应当对被申请人作出的具体行政行为进行审查，提出意见，经行政复议机关的负责人同意或者集体讨论通过后，按照下列规定作出行政复议决定：

（一）具体行政行为认定事实清楚，证据确凿，适用依据正确，程序合法，内容适当的，决定维持；

（二）被申请人不履行法定职责的，决定其在一定期限内履行；

（三）具体行政行为有下列情形之一的，决定撤销、变更或者确认该具体行政行为违法；决定撤销或者确认该具体行政行为违法的，可以责令被申请人在一定期限内重新作出具体行政行为：

1. 主要事实不清、证据不足的；
2. 适用依据错误的；
3. 违反法定程序的；
4. 超越或者滥用职权的；

5. 具体行政行为明显不当的。

（四）被申请人不按照本法第二十三条的规定提出书面答复、提交当初作出具体行政行为的证据、依据和其他有关材料的，视为该具体行政行为没有证据、依据，决定撤销该具体行政行为。

行政复议机关责令被申请人重新作出具体行政行为的，被申请人不得以同一的事实和理由作出与原具体行政行为相同或者基本相同的具体行政行为。

第二十九条　【行政赔偿】申请人在申请行政复议时可以一并提出行政赔偿请求，行政复议机关对符合国家赔偿法的有关规定应当给予赔偿的，在决定撤销、变更具体行政行为或者确认具体行政行为违法时，应当同时决定被申请人依法给予赔偿。

申请人在申请行政复议时没有提出行政赔偿请求的，行政复议机关在依法决定撤销或者变更罚款，撤销违法集资、没收财物、征收财物、摊派费用以及对财产的查封、扣押、冻结等具体行政行为时，应当同时责令被申请人返还财产，解除对财产的查封、扣押、冻结措施，或者赔偿相应的价款。

第三十条　【对侵犯自然资源所有权或使用权行为的先行复议原则】公民、法人或者其他组织认为行政机关的具体行政行为侵犯其已经依法取得的土地、矿藏、水流、森林、山岭、草原、荒地、滩涂、海域等自然资源的所有权或者使用权的，应当先申请行政复议；对行政复议决定不服的，可以依法向人民法院提起行政诉讼。

根据国务院或者省、自治区、直辖市人民政府对行政区划的勘定、调整或者征收土地的决定，省、自治区、直辖市人民政府确认土地、矿藏、水流、森林、山岭、草原、荒地、滩涂、海域等自然资源的所有权或者使用权的行政复议决定为最终裁决。

第三十一条　【复议决定期限】行政复议机关应当自受理申请之日起60日内作出行政复议决定；但是法律规定的行政复议期限少于60日的除外。情况复杂，不能在规定期限内作出行政复议决定的，经行政复议机关的负责人批准，可以适当延长，并告知申请人和被申请人；但是延长期限最多不超过30日。

行政复议机关作出行政复议决定，应当制作行政复议决定书，并加盖印章。

行政复议决定书一经送达，即发生法律效力。

第三十二条 【复议决定的履行】被申请人应当履行行政复议决定。
被申请人不履行或者无正当理由拖延履行行政复议决定的,行政复议机关或者有关上级行政机关应当责令其限期履行。

第三十三条 【不履行复议决定的处理】申请人逾期不起诉又不履行行政复议决定的,或者不履行最终裁决的行政复议决定的,按照下列规定分别处理:

(一)维持具体行政行为的行政复议决定,由作出具体行政行为的行政机关依法强制执行,或者申请人民法院强制执行;

(二)变更具体行政行为的行政复议决定,由行政复议机关依法强制执行,或者申请人民法院强制执行。

# 第六章 法律责任

第三十四条 【复议机关不依法履行职责的处罚】行政复议机关违反本法规定,无正当理由不予受理依法提出的行政复议申请或者不按照规定转送行政复议申请的,或者在法定期限内不作出行政复议决定的,对直接负责的主管人员和其他直接责任人员依法给予警告、记过、记大过的行政处分;经责令受理仍不受理或者不按照规定转送行政复议申请,造成严重后果的,依法给予降级、撤职、开除的行政处分。

第三十五条 【渎职处罚】行政复议机关工作人员在行政复议活动中,徇私舞弊或者有其他渎职、失职行为的,依法给予警告、记过、记大过的行政处分;情节严重的,依法给予降级、撤职、开除的行政处分;构成犯罪的,依法追究刑事责任。

第三十六条 【被申请人不提交答复、资料和阻碍他人复议申请的处罚】被申请人违反本法规定,不提出书面答复或者不提交作出具体行政行为的证据、依据和其他有关材料,或者阻挠、变相阻挠公民、法人或者其他组织依法申请行政复议的,对直接负责的主管人员和其他直接责任人员依法给予警告、记过、记大过的行政处分;进行报复陷害的,依法给予降级、撤职、开除的行政处分;构成犯罪的,依法追究刑事责任。

第三十七条 【不履行、迟延履行复议决定的处罚】被申请人不履行或者无正当理由拖延履行行政复议决定的,对直接负责的主管人员和其他直接责任人员依法给予警告、记过、记大过的行政处分;经责令履行仍拒不履行的,依法给予降级、撤职、开除的行政处分。

**第三十八条** 【复议机关的建议权】行政复议机关负责法制工作的机构发现有无正当理由不予受理行政复议申请、不按照规定期限作出行政复议决定、徇私舞弊、对申请人打击报复或者不履行行政复议决定等情形的,应当向有关行政机关提出建议,有关行政机关应当依照本法和有关法律、行政法规的规定作出处理。

## 第七章 附 则

**第三十九条** 【复议费用】行政复议机关受理行政复议申请,不得向申请人收取任何费用。行政复议活动所需经费,应当列入本机关的行政经费,由本级财政予以保障。

**第四十条** 【期间计算和文书送达】行政复议期间的计算和行政复议文书的送达,依照民事诉讼法关于期间、送达的规定执行。

本法关于行政复议期间有关"5日"、"7日"的规定是指工作日,不含节假日。

**第四十一条** 【适用范围补充规定】外国人、无国籍人、外国组织在中华人民共和国境内申请行政复议,适用本法。

**第四十二条** 【法律冲突的解决】本法施行前公布的法律有关行政复议的规定与本法的规定不一致的,以本法的规定为准。

**第四十三条** 【生效日期】本法自1999年10月1日起施行。1990年12月24日国务院发布、1994年10月9日国务院修订发布的《行政复议条例》同时废止。

## 中华人民共和国行政复议法实施条例

·2007年5月23日国务院第177次常务会议通过
·2007年5月29日中华人民共和国国务院令第499号公布
·自2007年8月1日起施行

## 第一章 总 则

**第一条** 为了进一步发挥行政复议制度在解决行政争议、建设法治政府、构建社会主义和谐社会中的作用,根据《中华人民共和国行政复议法》(以下简称行政复议法),制定本条例。

**第二条** 各级行政复议机关应当认真履行行政复议职责,领导并支持本机关负责法制工作的机构(以下简称行政复议机构)依法办理行政复议事项,并依照有关规定配备、充实、调剂专职行政复议人员,保证行政复议机构的办案能力与工作任务相适应。

**第三条** 行政复议机构除应当依照行政复议法第三条的规定履行职责外,还应当履行下列职责:

(一)依照行政复议法第十八条的规定转送有关行政复议申请;

(二)办理行政复议法第二十九条规定的行政赔偿等事项;

(三)按照职责权限,督促行政复议申请的受理和行政复议决定的履行;

(四)办理行政复议、行政应诉案件统计和重大行政复议决定备案事项;

(五)办理或者组织办理未经行政复议直接提起行政诉讼的行政应诉事项;

(六)研究行政复议工作中发现的问题,及时向有关机关提出改进建议,重大问题及时向行政复议机关报告。

**第四条** 专职行政复议人员应当具备与履行行政复议职责相适应的品行、专业知识和业务能力,并取得相应资格。具体办法由国务院法制机构会同国务院有关部门规定。

## 第二章 行政复议申请

### 第一节 申请人

**第五条** 依照行政复议法和本条例的规定申请行政复议的公民、法人或者其他组织为申请人。

**第六条** 合伙企业申请行政复议的,应当以核准登记的企业为申请人,由执行合伙事务的合伙人代表该企业参加行政复议;其他合伙组织申请行政复议的,由合伙人共同申请行政复议。

前款规定以外的不具备法人资格的其他组织申请行政复议的,由该组织的主要负责人代表该组织参加行政复议;没有主要负责人的,由共同推选的其他成员代表该组织参加行政复议。

**第七条** 股份制企业的股东大会、股东代表大会、董事会认为行政机关作出的具体行政行为侵犯企业合法权益的，可以以企业的名义申请行政复议。

**第八条** 同一行政复议案件申请人超过5人的，推选1至5名代表参加行政复议。

**第九条** 行政复议期间，行政复议机构认为申请人以外的公民、法人或者其他组织与被审查的具体行政行为有利害关系的，可以通知其作为第三人参加行政复议。

行政复议期间，申请人以外的公民、法人或者其他组织与被审查的具体行政行为有利害关系的，可以向行政复议机构申请作为第三人参加行政复议。

第三人不参加行政复议，不影响行政复议案件的审理。

**第十条** 申请人、第三人可以委托1至2名代理人参加行政复议。申请人、第三人委托代理人的，应当向行政复议机构提交授权委托书。授权委托书应当载明委托事项、权限和期限。公民在特殊情况下无法书面委托的，可以口头委托。口头委托的，行政复议机构应当核实并记录在卷。申请人、第三人解除或者变更委托的，应当书面报告行政复议机构。

## 第二节　被申请人

**第十一条** 公民、法人或者其他组织对行政机关的具体行政行为不服，依照行政复议法和本条例的规定申请行政复议的，作出该具体行政行为的行政机关为被申请人。

**第十二条** 行政机关与法律、法规授权的组织以共同的名义作出具体行政行为的，行政机关和法律、法规授权的组织为共同被申请人。

行政机关与其他组织以共同名义作出具体行政行为的，行政机关为被申请人。

**第十三条** 下级行政机关依照法律、法规、规章规定，经上级行政机关批准作出具体行政行为的，批准机关为被申请人。

**第十四条** 行政机关设立的派出机构、内设机构或者其他组织，未经法律、法规授权，对外以自己名义作出具体行政行为的，该行政机关为被申请人。

### 第三节　行政复议申请期限

**第十五条**　行政复议法第九条第一款规定的行政复议申请期限的计算，依下列规定办理：

（一）当场作出具体行政行为的，自具体行政行为作出之日起计算；

（二）载明具体行政行为的法律文书直接送达的，自受送达人签收之日起计算；

（三）载明具体行政行为的法律文书邮寄送达的，自受送达人在邮件签收单上签收之日起计算；没有邮件签收单的，自受送达人在送达回执上签名之日起计算；

（四）具体行政行为依法通过公告形式告知受送达人的，自公告规定的期限届满之日起计算；

（五）行政机关作出具体行政行为时未告知公民、法人或者其他组织，事后补充告知的，自该公民、法人或者其他组织收到行政机关补充告知的通知之日起计算；

（六）被申请人能够证明公民、法人或者其他组织知道具体行政行为的，自证据材料证明其知道具体行政行为之日起计算。

行政机关作出具体行政行为，依法应当向有关公民、法人或者其他组织送达法律文书而未送达的，视为该公民、法人或者其他组织不知道该具体行政行为。

**第十六条**　公民、法人或者其他组织依照行政复议法第六条第（八）项、第（九）项、第（十）项的规定申请行政机关履行法定职责，行政机关未履行的，行政复议申请期限依照下列规定计算：

（一）有履行期限规定的，自履行期限届满之日起计算；

（二）没有履行期限规定的，自行政机关收到申请满60日起计算。

公民、法人或者其他组织在紧急情况下请求行政机关履行保护人身权、财产权的法定职责，行政机关不履行的，行政复议申请期限不受前款规定的限制。

**第十七条**　行政机关作出的具体行政行为对公民、法人或者其他组织的权利、义务可能产生不利影响的，应当告知其申请行政复议的权利、行政复议机关和行政复议申请期限。

## 第四节 行政复议申请的提出

**第十八条** 申请人书面申请行政复议的,可以采取当面递交、邮寄或者传真等方式提出行政复议申请。

有条件的行政复议机构可以接受以电子邮件形式提出的行政复议申请。

**第十九条** 申请人书面申请行政复议的,应当在行政复议申请书中载明下列事项:

(一)申请人的基本情况,包括:公民的姓名、性别、年龄、身份证号码、工作单位、住所、邮政编码;法人或者其他组织的名称、住所、邮政编码和法定代表人或者主要负责人的姓名、职务;

(二)被申请人的名称;

(三)行政复议请求、申请行政复议的主要事实和理由;

(四)申请人的签名或者盖章;

(五)申请行政复议的日期。

**第二十条** 申请人口头申请行政复议的,行政复议机构应当依照本条例第十九条规定的事项,当场制作行政复议申请笔录交申请人核对或者向申请人宣读,并由申请人签字确认。

**第二十一条** 有下列情形之一的,申请人应当提供证明材料:

(一)认为被申请人不履行法定职责的,提供曾经要求被申请人履行法定职责而被申请人未履行的证明材料;

(二)申请行政复议时一并提出行政赔偿请求的,提供受具体行政行为侵害而造成损害的证明材料;

(三)法律、法规规定需要申请人提供证据材料的其他情形。

**第二十二条** 申请人提出行政复议申请时错列被申请人的,行政复议机构应当告知申请人变更被申请人。

**第二十三条** 申请人对两个以上国务院部门共同作出的具体行政行为不服的,依照行政复议法第十四条的规定,可以向其中任何一个国务院部门提出行政复议申请,由作出具体行政行为的国务院部门共同作出行政复议决定。

**第二十四条** 申请人对经国务院批准实行省以下垂直领导的部门作出的具体行政行为不服的,可以选择向该部门的本级人民政府或者上一级主管部门申请行政复议；省、自治区、直辖市另有规定的，依照省、自治区、直辖市的规定办理。

**第二十五条** 申请人依照行政复议法第三十条第二款的规定申请行政复议的，应当向省、自治区、直辖市人民政府提出行政复议申请。

**第二十六条** 依照行政复议法第七条的规定，申请人认为具体行政行为所依据的规定不合法的，可以在对具体行政行为申请行政复议的同时一并提出对该规定的审查申请；申请人在对具体行政行为提出行政复议申请时尚不知道该具体行政行为所依据的规定的，可以在行政复议机关作出行政复议决定前向行政复议机关提出对该规定的审查申请。

## 第三章 行政复议受理

**第二十七条** 公民、法人或者其他组织认为行政机关的具体行政行为侵犯其合法权益提出行政复议申请，除不符合行政复议法和本条例规定的申请条件的，行政复议机关必须受理。

**第二十八条** 行政复议申请符合下列规定的，应当予以受理：

（一）有明确的申请人和符合规定的被申请人；
（二）申请人与具体行政行为有利害关系；
（三）有具体的行政复议请求和理由；
（四）在法定申请期限内提出；
（五）属于行政复议法规定的行政复议范围；
（六）属于收到行政复议申请的行政复议机构的职责范围；
（七）其他行政复议机关尚未受理同一行政复议申请，人民法院尚未受理同一主体就同一事实提起的行政诉讼。

**第二十九条** 行政复议申请材料不齐全或者表述不清楚的，行政复议机构可以自收到该行政复议申请之日起5日内书面通知申请人补正。补正通知应当载明需要补正的事项和合理的补正期限。无正当理由逾期不补正的，视为申请人放弃行政复议申请。补正申请材料所用时间不计入行政复议审理期限。

**第三十条** 申请人就同一事项向两个或者两个以上有权受理的行政机关申请行政复议的，由最先收到行政复议申请的行政机关受理；

同时收到行政复议申请的,由收到行政复议申请的行政机关在10日内协商确定;协商不成的,由其共同上一级行政机关在10日内指定受理机关。协商确定或者指定受理机关所用时间不计入行政复议审理期限。

第三十一条 依照行政复议法第二十条的规定,上级行政机关认为行政复议机关不予受理行政复议申请的理由不成立的,可以先行督促其受理;经督促仍不受理的,应当责令其限期受理,必要时也可以直接受理;认为行政复议申请不符合法定受理条件的,应当告知申请人。

## 第四章 行政复议决定

第三十二条 行政复议机构审理行政复议案件,应当由2名以上行政复议人员参加。

第三十三条 行政复议机构认为必要时,可以实地调查核实证据;对重大、复杂的案件,申请人提出要求或者行政复议机构认为必要时,可以采取听证的方式审理。

第三十四条 行政复议人员向有关组织和人员调查取证时,可以查阅、复制、调取有关文件和资料,向有关人员进行询问。

调查取证时,行政复议人员不得少于2人,并应当向当事人或者有关人员出示证件。被调查单位和人员应当配合行政复议人员的工作,不得拒绝或者阻挠。

需要现场勘验的,现场勘验所用时间不计入行政复议审理期限。

第三十五条 行政复议机关应当为申请人、第三人查阅有关材料提供必要条件。

第三十六条 依照行政复议法第十四条的规定申请原级行政复议的案件,由原承办具体行政行为有关事项的部门或者机构提出书面答复,并提交作出具体行政行为的证据、依据和其他有关材料。

第三十七条 行政复议期间涉及专门事项需要鉴定的,当事人可以自行委托鉴定机构进行鉴定,也可以申请行政复议机构委托鉴定机构进行鉴定。鉴定费用由当事人承担。鉴定所用时间不计入行政复议审理期限。

第三十八条 申请人在行政复议决定作出前自愿撤回行政复议申

请的，经行政复议机构同意，可以撤回。

申请人撤回行政复议申请的，不得再以同一事实和理由提出行政复议申请。但是，申请人能够证明撤回行政复议申请违背其真实意思表示的除外。

**第三十九条** 行政复议期间被申请人改变原具体行政行为的，不影响行政复议案件的审理。但是，申请人依法撤回行政复议申请的除外。

**第四十条** 公民、法人或者其他组织对行政机关行使法律、法规规定的自由裁量权作出的具体行政行为不服申请行政复议，申请人与被申请人在行政复议决定作出前自愿达成和解的，应当向行政复议机构提交书面和解协议；和解内容不损害社会公共利益和他人合法权益的，行政复议机构应当准许。

**第四十一条** 行政复议期间有下列情形之一，影响行政复议案件审理的，行政复议中止：

（一）作为申请人的自然人死亡，其近亲属尚未确定是否参加行政复议的；

（二）作为申请人的自然人丧失参加行政复议的能力，尚未确定法定代理人参加行政复议的；

（三）作为申请人的法人或者其他组织终止，尚未确定权利义务承受人的；

（四）作为申请人的自然人下落不明或者被宣告失踪的；

（五）申请人、被申请人因不可抗力，不能参加行政复议的；

（六）案件涉及法律适用问题，需要有权机关作出解释或者确认的；

（七）案件审理需要以其他案件的审理结果为依据，而其他案件尚未审结的；

（八）其他需要中止行政复议的情形。

行政复议中止的原因消除后，应当及时恢复行政复议案件的审理。

行政复议机构中止、恢复行政复议案件的审理，应当告知有关当事人。

**第四十二条** 行政复议期间有下列情形之一的，行政复议终止：

（一）申请人要求撤回行政复议申请，行政复议机构准予撤回的；

（二）作为申请人的自然人死亡，没有近亲属或者其近亲属放弃行政复议权利的；

（三）作为申请人的法人或者其他组织终止，其权利义务的承受人放弃行政复议权利的；

（四）申请人与被申请人依照本条例第四十条的规定，经行政复议机构准许达成和解的；

（五）申请人对行政拘留或者限制人身自由的行政强制措施不服申请行政复议后，因申请人同一违法行为涉嫌犯罪，该行政拘留或者限制人身自由的行政强制措施变更为刑事拘留的。

依照本条例第四十一条第一款第（一）项、第（二）项、第（三）项规定中止行政复议，满60日行政复议中止的原因仍未消除的，行政复议终止。

**第四十三条** 依照行政复议法第二十八条第一款第（一）项规定，具体行政行为认定事实清楚，证据确凿，适用依据正确，程序合法，内容适当的，行政复议机关应当决定维持。

**第四十四条** 依照行政复议法第二十八条第一款第（二）项规定，被申请人不履行法定职责的，行政复议机关应当决定其在一定期限内履行法定职责。

**第四十五条** 具体行政行为有行政复议法第二十八条第一款第（三）项规定情形之一的，行政复议机关应当决定撤销、变更该具体行政行为或者确认该具体行政行为违法；决定撤销该具体行政行为或者确认该具体行政行为违法的，可以责令被申请人在一定期限内重新作出具体行政行为。

**第四十六条** 被申请人未依照行政复议法第二十三条的规定提出书面答复、提交当初作出具体行政行为的证据、依据和其他有关材料的，视为该具体行政行为没有证据、依据，行政复议机关应当决定撤销该具体行政行为。

**第四十七条** 具体行政行为有下列情形之一，行政复议机关可以决定变更：

（一）认定事实清楚，证据确凿，程序合法，但是明显不当或者适用依据错误的；

（二）认定事实不清，证据不足，但是经行政复议机关审理查明事实清楚，证据确凿的。

**第四十八条** 有下列情形之一的，行政复议机关应当决定驳回行

政复议申请:

(一)申请人认为行政机关不履行法定职责申请行政复议,行政复议机关受理后发现该行政机关没有相应法定职责或者在受理前已经履行法定职责的;

(二)受理行政复议申请后,发现该行政复议申请不符合行政复议法和本条例规定的受理条件的。

上级行政机关认为行政复议机关驳回行政复议申请的理由不成立的,应当责令其恢复审理。

第四十九条　行政复议机关依照行政复议法第二十八条的规定责令被申请人重新作出具体行政行为的,被申请人应当在法律、法规、规章规定的期限内重新作出具体行政行为;法律、法规、规章未规定期限的,重新作出具体行政行为的期限为60日。

公民、法人或者其他组织对被申请人重新作出的具体行政行为不服,可以依法申请行政复议或者提起行政诉讼。

第五十条　有下列情形之一的,行政复议机关可以按照自愿、合法的原则进行调解:

(一)公民、法人或者其他组织对行政机关行使法律、法规规定的自由裁量权作出的具体行政行为不服申请行政复议的;

(二)当事人之间的行政赔偿或者行政补偿纠纷。

当事人经调解达成协议的,行政复议机关应当制作行政复议调解书。调解书应当载明行政复议请求、事实、理由和调解结果,并加盖行政复议机关印章。行政复议调解书经双方当事人签字,即具有法律效力。

调解未达成协议或者调解书生效前一方反悔的,行政复议机关应当及时作出行政复议决定。

第五十一条　行政复议机关在申请人的行政复议请求范围内,不得作出对申请人更为不利的行政复议决定。

第五十二条　第三人逾期不起诉又不履行行政复议决定的,依照行政复议法第三十三条的规定处理。

# 第五章　行政复议指导和监督

第五十三条　行政复议机关应当加强对行政复议工作的领导。

行政复议机构在本级行政复议机关的领导下，按照职责权限对行政复议工作进行督促、指导。

**第五十四条** 县级以上各级人民政府应当加强对所属工作部门和下级人民政府履行行政复议职责的监督。

行政复议机关应当加强对其行政复议机构履行行政复议职责的监督。

**第五十五条** 县级以上地方各级人民政府应当建立健全行政复议工作责任制，将行政复议工作纳入本级政府目标责任制。

**第五十六条** 县级以上地方各级人民政府应当按照职责权限，通过定期组织检查、抽查等方式，对所属工作部门和下级人民政府行政复议工作进行检查，并及时向有关方面反馈检查结果。

**第五十七条** 行政复议期间行政复议机关发现被申请人或者其他下级行政机关的相关行政行为违法或者需要做好善后工作的，可以制作行政复议意见书。有关机关应当自收到行政复议意见书之日起60日内将纠正相关行政违法行为或者做好善后工作的情况通报行政复议机构。

行政复议期间行政复议机构发现法律、法规、规章实施中带有普遍性的问题，可以制作行政复议建议书，向有关机关提出完善制度和改进行政执法的建议。

**第五十八条** 县级以上人民政府行政复议机构应当定期向本级人民政府提交行政复议工作状况分析报告。

**第五十九条** 下级行政复议机关应当及时将重大行政复议决定报上级行政复议机关备案。

**第六十条** 各级行政复议机构应当定期组织对行政复议人员进行业务培训，提高行政复议人员的专业素质。

**第六十一条** 各级行政复议机关应当定期总结行政复议工作，对在行政复议工作中做出显著成绩的单位和个人，依照有关规定给予表彰和奖励。

## 第六章　法律责任

**第六十二条** 被申请人在规定期限内未按照行政复议决定的要求重新作出具体行政行为，或者违反规定重新作出具体行政行为的，依照行政复议法第三十七条的规定追究法律责任。

**第六十三条** 拒绝或者阻挠行政复议人员调查取证、查阅、复制、调取有关文件和资料的，对有关责任人员依法给予处分或者治安处罚；构成犯罪的，依法追究刑事责任。

**第六十四条** 行政复议机关或者行政复议机构不履行行政复议法和本条例规定的行政复议职责，经有权监督的行政机关督促仍不改正的，对直接负责的主管人员和其他直接责任人员依法给予警告、记过、记大过的处分；造成严重后果的，依法给予降级、撤职、开除的处分。

**第六十五条** 行政机关及其工作人员违反行政复议法和本条例规定的，行政复议机构可以向人事、监察部门提出对有关责任人员的处分建议，也可以将有关人员违法的事实材料直接转送人事、监察部门处理；接受转送的人事、监察部门应当依法处理，并将处理结果通报转送的行政复议机构。

## 第七章 附 则

**第六十六条** 本条例自 2007 年 8 月 1 日起施行。

# 中华人民共和国行政强制法

- 2011 年 6 月 30 日第十一届全国人民代表大会常务委员会第二十一次会议通过
- 2011 年 6 月 30 日中华人民共和国主席令第 49 号公布
- 自 2012 年 1 月 1 日起施行

## 第一章 总 则

**第一条** 【立法目的】为了规范行政强制的设定和实施，保障和监督行政机关依法履行职责，维护公共利益和社会秩序，保护公民、法人和其他组织的合法权益，根据宪法，制定本法。

**第二条** 【行政强制的定义】本法所称行政强制，包括行政强制措施和行政强制执行。

行政强制措施,是指行政机关在行政管理过程中,为制止违法行为、防止证据损毁、避免危害发生、控制危险扩大等情形,依法对公民的人身自由实施暂时性限制,或者对公民、法人或者其他组织的财物实施暂时性控制的行为。

行政强制执行,是指行政机关或者行政机关申请人民法院,对不履行行政决定的公民、法人或者其他组织,依法强制履行义务的行为。

第三条 【适用范围】行政强制的设定和实施,适用本法。

发生或者即将发生自然灾害、事故灾难、公共卫生事件或者社会安全事件等突发事件,行政机关采取应急措施或者临时措施,依照有关法律、行政法规的规定执行。

行政机关采取金融业审慎监管措施、进出境货物强制性技术监管措施,依照有关法律、行政法规的规定执行。

第四条 【合法性原则】行政强制的设定和实施,应当依照法定的权限、范围、条件和程序。

第五条 【适当原则】行政强制的设定和实施,应当适当。采用非强制手段可以达到行政管理目的的,不得设定和实施行政强制。

第六条 【教育与强制相结合原则】实施行政强制,应当坚持教育与强制相结合。

第七条 【不得利用行政强制谋利】行政机关及其工作人员不得利用行政强制权为单位或者个人谋取利益。

第八条 【相对人的权利与救济】公民、法人或者其他组织对行政机关实施行政强制,享有陈述权、申辩权;有权依法申请行政复议或者提起行政诉讼;因行政机关违法实施行政强制受到损害的,有权依法要求赔偿。

公民、法人或者其他组织因人民法院在强制执行中有违法行为或者扩大强制执行范围受到损害的,有权依法要求赔偿。

## 第二章 行政强制的种类和设定

第九条 【行政强制措施种类】行政强制措施的种类:
(一)限制公民人身自由;
(二)查封场所、设施或者财物;

（三）扣押财物；
（四）冻结存款、汇款；
（五）其他行政强制措施。

**第十条** 【行政强制措施设定权】行政强制措施由法律设定。

尚未制定法律，且属于国务院行政管理职权事项的，行政法规可以设定除本法第九条第一项、第四项和应当由法律规定的行政强制措施以外的其他行政强制措施。

尚未制定法律、行政法规，且属于地方性事务的，地方性法规可以设定本法第九条第二项、第三项的行政强制措施。

法律、法规以外的其他规范性文件不得设定行政强制措施。

**第十一条** 【行政强制措施设定的统一性】法律对行政强制措施的对象、条件、种类作了规定的，行政法规、地方性法规不得作出扩大规定。

法律中未设定行政强制措施的，行政法规、地方性法规不得设定行政强制措施。但是，法律规定特定事项由行政法规规定具体管理措施的，行政法规可以设定除本法第九条第一项、第四项和应当由法律规定的行政强制措施以外的其他行政强制措施。

**第十二条** 【行政强制执行方式】行政强制执行的方式：
（一）加处罚款或者滞纳金；
（二）划拨存款、汇款；
（三）拍卖或者依法处理查封、扣押的场所、设施或者财物；
（四）排除妨碍、恢复原状；
（五）代履行；
（六）其他强制执行方式。

**第十三条** 【行政强制执行设定权】行政强制执行由法律设定。

法律没有规定行政机关强制执行的，作出行政决定的行政机关应当申请人民法院强制执行。

**第十四条** 【听取社会意见、说明必要性及影响】起草法律草案、法规草案，拟设定行政强制的，起草单位应当采取听证会、论证会等形式听取意见，并向制定机关说明设定该行政强制的必要性、可能产生的影响以及听取和采纳意见的情况。

**第十五条** 【已设定的行政强制的评价制度】行政强制的设定机关应当定期对其设定的行政强制进行评价，并对不适当的行政强制及时予以修改或者废止。

行政强制的实施机关可以对已设定的行政强制的实施情况及存在的必要性适时进行评价,并将意见报告该行政强制的设定机关。

公民、法人或者其他组织可以向行政强制的设定机关和实施机关就行政强制的设定和实施提出意见和建议。有关机关应当认真研究论证,并以适当方式予以反馈。

## 第三章 行政强制措施实施程序

### 第一节 一般规定

**第十六条** 【实施行政强制措施的条件】行政机关履行行政管理职责,依照法律、法规的规定,实施行政强制措施。

违法行为情节显著轻微或者没有明显社会危害的,可以不采取行政强制措施。

**第十七条** 【行政强制措施的实施主体】行政强制措施由法律、法规规定的行政机关在法定职权范围内实施。行政强制措施权不得委托。

依据《中华人民共和国行政处罚法》的规定行使相对集中行政处罚权的行政机关,可以实施法律、法规规定的与行政处罚权有关的行政强制措施。

行政强制措施应当由行政机关具备资格的行政执法人员实施,其他人员不得实施。

**第十八条** 【一般程序】行政机关实施行政强制措施应当遵守下列规定:

(一)实施前须向行政机关负责人报告并经批准;
(二)由两名以上行政执法人员实施;
(三)出示执法身份证件;
(四)通知当事人到场;
(五)当场告知当事人采取行政强制措施的理由、依据以及当事人依法享有的权利、救济途径;
(六)听取当事人的陈述和申辩;
(七)制作现场笔录;

（八）现场笔录由当事人和行政执法人员签名或者盖章，当事人拒绝的，在笔录中予以注明；

（九）当事人不到场的，邀请见证人到场，由见证人和行政执法人员在现场笔录上签名或者盖章；

（十）法律、法规规定的其他程序。

**第十九条　【情况紧急时的程序】**情况紧急，需要当场实施行政强制措施的，行政执法人员应当在二十四小时内向行政机关负责人报告，并补办批准手续。行政机关负责人认为不应当采取行政强制措施的，应当立即解除。

**第二十条　【限制人身自由行政强制措施的程序】**依照法律规定实施限制公民人身自由的行政强制措施，除应当履行本法第十八条规定的程序外，还应当遵守下列规定：

（一）当场告知或者实施行政强制措施后立即通知当事人家属实施行政强制措施的行政机关、地点和期限；

（二）在紧急情况下当场实施行政强制措施的，在返回行政机关后，立即向行政机关负责人报告并补办批准手续；

（三）法律规定的其他程序。

实施限制人身自由的行政强制措施不得超过法定期限。实施行政强制措施的目的已经达到或者条件已经消失，应当立即解除。

**第二十一条　【涉嫌犯罪案件的移送】**违法行为涉嫌犯罪应当移送司法机关的，行政机关应当将查封、扣押、冻结的财物一并移送，并书面告知当事人。

## 第二节　查封、扣押

**第二十二条　【查封、扣押实施主体】**查封、扣押应当由法律、法规规定的行政机关实施，其他任何行政机关或者组织不得实施。

**第二十三条　【查封、扣押对象】**查封、扣押限于涉案的场所、设施或者财物，不得查封、扣押与违法行为无关的场所、设施或者财物；不得查封、扣押公民个人及其所扶养家属的生活必需品。

当事人的场所、设施或者财物已被其他国家机关依法查封的，不得重复查封。

**第二十四条　【查封、扣押实施程序】**行政机关决定实施查封、扣押的，应当履行本法第十八条规定的程序，制作并当场交付查封、扣押决定书和清单。

查封、扣押决定书应当载明下列事项：

（一）当事人的姓名或者名称、地址；

（二）查封、扣押的理由、依据和期限；

（三）查封、扣押场所、设施或者财物的名称、数量等；

（四）申请行政复议或者提起行政诉讼的途径和期限；

（五）行政机关的名称、印章和日期。

查封、扣押清单一式二份，由当事人和行政机关分别保存。

**第二十五条 【查封、扣押期限】**查封、扣押的期限不得超过三十日；情况复杂的，经行政机关负责人批准，可以延长，但是延长期限不得超过三十日。法律、行政法规另有规定的除外。

延长查封、扣押的决定应当及时书面告知当事人，并说明理由。

对物品需要进行检测、检验、检疫或者技术鉴定的，查封、扣押的期间不包括检测、检验、检疫或者技术鉴定的期间。检测、检验、检疫或者技术鉴定的期间应当明确，并书面告知当事人。检测、检验、检疫或者技术鉴定的费用由行政机关承担。

**第二十六条 【对查封、扣押财产的保管】**对查封、扣押的场所、设施或者财物，行政机关应当妥善保管，不得使用或者损毁；造成损失的，应当承担赔偿责任。

对查封的场所、设施或者财物，行政机关可以委托第三人保管，第三人不得损毁或者擅自转移、处置。因第三人的原因造成的损失，行政机关先行赔付后，有权向第三人追偿。

因查封、扣押发生的保管费用由行政机关承担。

**第二十七条 【查封、扣押后的处理】**行政机关采取查封、扣押措施后，应当及时查清事实，在本法第二十五条规定的期限内作出处理决定。对违法事实清楚，依法应当没收的非法财物予以没收；法律、行政法规规定应当销毁的，依法销毁；应当解除查封、扣押的，作出解除查封、扣押的决定。

**第二十八条 【解除查封、扣押的情形】**有下列情形之一的，行政机关应当及时作出解除查封、扣押决定：

（一）当事人没有违法行为；

（二）查封、扣押的场所、设施或者财物与违法行为无关；

（三）行政机关对违法行为已经作出处理决定，不再需要查封、

扣押;

(四) 查封、扣押期限已经届满;
(五) 其他不再需要采取查封、扣押措施的情形。

解除查封、扣押应当立即退还财物;已将鲜活物品或者其他不易保管的财物拍卖或者变卖的,退还拍卖或变卖所得款项。变卖价格明显低于市场价格,给当事人造成损失的,应当给予补偿。

## 第三节 冻　　结

**第二十九条**　【冻结的实施主体、数额限制、不得重复冻结】冻结存款、汇款应当由法律规定的行政机关实施,不得委托给其他行政机关或者组织;其他任何行政机关或者组织不得冻结存款、汇款。

冻结存款、汇款的数额应当与违法行为涉及的金额相当;已被其他国家机关依法冻结的,不得重复冻结。

**第三十条**　【冻结的程序、金融机构的配合义务】行政机关依照法律规定决定实施冻结存款、汇款的,应当履行本法第十八条第一项、第二项、第三项、第七项规定的程序,并向金融机构交付冻结通知书。

金融机构接到行政机关依法作出的冻结通知书后,应当立即予以冻结,不得拖延,不得在冻结前向当事人泄露信息。

法律规定以外的行政机关或者组织要求冻结当事人存款、汇款的,金融机构应当拒绝。

**第三十一条**　【冻结决定书交付期限及内容】依照法律规定冻结存款、汇款的,作出决定的行政机关应当在三日内向当事人交付冻结决定书。冻结决定书应当载明下列事项:

(一) 当事人的姓名或者名称、地址;
(二) 冻结的理由、依据和期限;
(三) 冻结的账号和数额;
(四) 申请行政复议或者提起行政诉讼的途径和期限;
(五) 行政机关的名称、印章和日期。

**第三十二条**　【冻结期限及其延长】自冻结存款、汇款之日起三十日内,行政机关应当作出处理决定或者作出解除冻结决定;情况复杂的,经行政机关负责人批准,可以延长,但是延长期限不得超过三十日。法律另有规定的除外。

延长冻结的决定应当及时书面告知当事人,并说明理由。

**第三十三条　【解除冻结的情形】**有下列情形之一的,行政机关应当及时作出解除冻结决定:

(一) 当事人没有违法行为;

(二) 冻结的存款、汇款与违法行为无关;

(三) 行政机关对违法行为已经作出处理决定,不再需要冻结;

(四) 冻结期限已经届满;

(五) 其他不再需要采取冻结措施的情形。

行政机关作出解除冻结决定的,应当及时通知金融机构和当事人。金融机构接到通知后,应当立即解除冻结。

行政机关逾期未作出处理决定或者解除冻结决定的,金融机构应当自冻结期满之日起解除冻结。

# 第四章　行政机关强制执行程序

## 第一节　一般规定

**第三十四条　【行政机关强制执行】**行政机关依法作出行政决定后,当事人在行政机关决定的期限内不履行义务的,具有行政强制执行权的行政机关依照本章规定强制执行。

**第三十五条　【催告】**行政机关作出强制执行决定前,应当事先催告当事人履行义务。催告应当以书面形式作出,并载明下列事项:

(一) 履行义务的期限;

(二) 履行义务的方式;

(三) 涉及金钱给付的,应当有明确的金额和给付方式;

(四) 当事人依法享有的陈述权和申辩权。

**第三十六条　【陈述、申辩权】**当事人收到催告书后有权进行陈述和申辩。行政机关应当充分听取当事人的意见,对当事人提出的事实、理由和证据,应当进行记录、复核。当事人提出的事实、理由或者证据成立的,行政机关应当采纳。

**第三十七条　【强制执行决定】**经催告,当事人逾期仍不履行行政决定,且无正当理由的,行政机关可以作出强制执行决定。

强制执行决定应当以书面形式作出,并载明下列事项:

（一）当事人的姓名或者名称、地址；
（二）强制执行的理由和依据；
（三）强制执行的方式和时间；
（四）申请行政复议或者提起行政诉讼的途径和期限；
（五）行政机关的名称、印章和日期。

在催告期间，对有证据证明有转移或者隐匿财物迹象的，行政机关可以作出立即强制执行决定。

**第三十八条　【催告书、行政强制决定书送达】**催告书、行政强制执行决定书应当直接送达当事人。当事人拒绝接收或者无法直接送达当事人的，应当依照《中华人民共和国民事诉讼法》的有关规定送达。

**第三十九条　【中止执行】**有下列情形之一的，中止执行：
（一）当事人履行行政决定确有困难或者暂无履行能力的；
（二）第三人对执行标的主张权利，确有理由的；
（三）执行可能造成难以弥补的损失，且中止执行不损害公共利益的；
（四）行政机关认为需要中止执行的其他情形。

中止执行的情形消失后，行政机关应当恢复执行。对没有明显社会危害，当事人确无能力履行，中止执行满三年未恢复执行的，行政机关不再执行。

**第四十条　【终结执行】**有下列情形之一的，终结执行：
（一）公民死亡，无遗产可供执行，又无义务承受人的；
（二）法人或者其他组织终止，无财产可供执行，又无义务承受人的；
（三）执行标的灭失的；
（四）据以执行的行政决定被撤销的；
（五）行政机关认为需要终结执行的其他情形。

**第四十一条　【执行回转】**在执行中或者执行完毕后，据以执行的行政决定被撤销、变更，或者执行错误的，应当恢复原状或者退还财物；不能恢复原状或者退还财物的，依法给予赔偿。

**第四十二条　【执行和解】**实施行政强制执行，行政机关可以在不损害公共利益和他人合法权益的情况下，与当事人达成执行协议。执行协议可以约定分阶段履行；当事人采取补救措施的，可以减免加处的罚款或者滞纳金。

执行协议应当履行。当事人不履行执行协议的,行政机关应当恢复强制执行。

**第四十三条 【文明执法】**行政机关不得在夜间或者法定节假日实施行政强制执行。但是,情况紧急的除外。

行政机关不得对居民生活采取停止供水、供电、供热、供燃气等方式迫使当事人履行相关行政决定。

**第四十四条 【强制拆除】**对违法的建筑物、构筑物、设施等需要强制拆除的,应当由行政机关予以公告,限期当事人自行拆除。当事人在法定期限内不申请行政复议或者提起行政诉讼,又不拆除的,行政机关可以依法强制拆除。

## 第二节 金钱给付义务的执行

**第四十五条 【加处罚款或滞纳金】**行政机关依法作出金钱给付义务的行政决定,当事人逾期不履行的,行政机关可以依法加处罚款或者滞纳金。加处罚款或者滞纳金的标准应当告知当事人。

加处罚款或者滞纳金的数额不得超出金钱给付义务的数额。

**第四十六条 【金钱给付义务的直接强制执行】**行政机关依照本法第四十五条规定实施加处罚款或者滞纳金超过三十日,经催告当事人仍不履行的,具有行政强制执行权的行政机关可以强制执行。

行政机关实施强制执行前,需要采取查封、扣押、冻结措施的,依照本法第三章规定办理。

没有行政强制执行权的行政机关应当申请人民法院强制执行。但是,当事人在法定期限内不申请行政复议或者提起行政诉讼,经催告仍不履行的,在实施行政管理过程中已经采取查封、扣押措施的行政机关,可以将查封、扣押的财物依法拍卖抵缴罚款。

**第四十七条 【划拨存款、汇款】**划拨存款、汇款应当由法律规定的行政机关决定,并书面通知金融机构。金融机构接到行政机关依法作出划拨存款、汇款的决定后,应当立即划拨。

法律规定以外的行政机关或者组织要求划拨当事人存款、汇款的,金融机构应当拒绝。

**第四十八条 【委托拍卖】**依法拍卖财物,由行政机关委托拍卖机构依照《中华人民共和国拍卖法》的规定办理。

**第四十九条** 【划拨的存款、汇款的管理】划拨的存款、汇款以及拍卖和依法处理所得的款项应当上缴国库或者划入财政专户。任何行政机关或者个人不得以任何形式截留、私分或者变相私分。

### 第三节　代履行

**第五十条** 【代履行】行政机关依法作出要求当事人履行排除妨碍、恢复原状等义务的行政决定，当事人逾期不履行，经催告仍不履行，其后果已经或者将危害交通安全、造成环境污染或者破坏自然资源的，行政机关可以代履行，或者委托没有利害关系的第三人代履行。

**第五十一条** 【实施程序、费用、手段】代履行应当遵守下列规定：

（一）代履行前送达决定书，代履行决定书应当载明当事人的姓名或者名称、地址，代履行的理由和依据、方式和时间、标的、费用预算以及代履行人；

（二）代履行三日前，催告当事人履行，当事人履行的，停止代履行；

（三）代履行时，作出决定的行政机关应当派员到场监督；

（四）代履行完毕，行政机关到场监督的工作人员、代履行人和当事人或者见证人应当在执行文书上签名或者盖章。

代履行的费用按照成本合理确定，由当事人承担。但是，法律另有规定的除外。

代履行不得采用暴力、胁迫以及其他非法方式。

**第五十二条** 【立即实施代履行】需要立即清除道路、河道、航道或者公共场所的遗洒物、障碍物或者污染物，当事人不能清除的，行政机关可以决定立即实施代履行；当事人不在场的，行政机关应当在事后立即通知当事人，并依法作出处理。

## 第五章　申请人民法院强制执行

**第五十三条** 【非诉行政执行】当事人在法定期限内不申请行政复议或者提起行政诉讼，又不履行行政决定的，没有行政强制执行权的行政机关可以自期限届满之日起三个月内，依照本章规定申请人民法院强制执行。

**第五十四条 【催告与执行管辖】**行政机关申请人民法院强制执行前,应当催告当事人履行义务。催告书送达十日后当事人仍未履行义务的,行政机关可以向所在地有管辖权的人民法院申请强制执行;执行对象是不动产的,向不动产所在地有管辖权的人民法院申请强制执行。

**第五十五条 【申请执行的材料】**行政机关向人民法院申请强制执行,应当提供下列材料:

(一)强制执行申请书;
(二)行政决定书及作出决定的事实、理由和依据;
(三)当事人的意见及行政机关催告情况;
(四)申请强制执行标的情况;
(五)法律、行政法规规定的其他材料。

强制执行申请书应当由行政机关负责人签名,加盖行政机关的印章,并注明日期。

**第五十六条 【申请受理与救济】**人民法院接到行政机关强制执行的申请,应当在五日内受理。

行政机关对人民法院不予受理的裁定有异议的,可以在十五日内向上一级人民法院申请复议,上一级人民法院应当自收到复议申请之日起十五日内作出是否受理的裁定。

**第五十七条 【书面审查】**人民法院对行政机关强制执行的申请进行书面审查,对符合本法第五十五条规定,且行政决定具备法定执行效力的,除本法第五十八条规定的情形外,人民法院应当自受理之日起七日内作出执行裁定。

**第五十八条 【实质审查】**人民法院发现有下列情形之一的,在作出裁定前可以听取被执行人和行政机关的意见:

(一)明显缺乏事实根据的;
(二)明显缺乏法律、法规依据的;
(三)其他明显违法并损害被执行人合法权益的。

人民法院应当自受理之日起三十日内作出是否执行的裁定。裁定不予执行的,应当说明理由,并在五日内将不予执行的裁定送达行政机关。

行政机关对人民法院不予执行的裁定有异议的,可以自收到裁定之日起十五日内向上一级人民法院申请复议,上一级人民法院应当自收到复议申请之日起三十日内作出是否执行的裁定。

第五十九条 【申请立即执行】因情况紧急,为保障公共安全,行政机关可以申请人民法院立即执行。经人民法院院长批准,人民法院应当自作出执行裁定之日起五日内执行。

第六十条 【执行费用】行政机关申请人民法院强制执行,不缴纳申请费。强制执行的费用由被执行人承担。

人民法院以划拨、拍卖方式强制执行的,可以在划拨、拍卖后将强制执行的费用扣除。

依法拍卖财物,由人民法院委托拍卖机构依照《中华人民共和国拍卖法》的规定办理。

划拨的存款、汇款以及拍卖和依法处理所得的款项应当上缴国库或者划入财政专户,不得以任何形式截留、私分或者变相私分。

## 第六章 法律责任

第六十一条 【实施行政强制违法责任】行政机关实施行政强制,有下列情形之一的,由上级行政机关或者有关部门责令改正,对直接负责的主管人员和其他直接责任人员依法给予处分:

(一)没有法律、法规依据的;
(二)改变行政强制对象、条件、方式的;
(三)违反法定程序实施行政强制的;
(四)违反本法规定,在夜间或者法定节假日实施行政强制执行的;
(五)对居民生活采取停止供水、供电、供热、供燃气等方式迫使当事人履行相关行政决定的;
(六)有其他违法实施行政强制情形的。

第六十二条 【违法查封、扣押、冻结的责任】违反本法规定,行政机关有下列情形之一的,由上级行政机关或者有关部门责令改正,对直接负责的主管人员和其他直接责任人员依法给予处分:

(一)扩大查封、扣押、冻结范围的;
(二)使用或者损毁查封、扣押场所、设施或者财物的;
(三)在查封、扣押法定期间不作出处理决定或者未依法及时解

除查封、扣押的;

(四) 在冻结存款、汇款法定期间不作出处理决定或者未依法及时解除冻结的。

第六十三条 【截留、私分或变相私分查封、扣押的财物、划拨的存款、汇款和拍卖、依法处理所得款项的法律责任】行政机关将查封、扣押的财物或者划拨的存款、汇款以及拍卖、依法处理所得的款项,截留、私分或者变相私分的,由财政部门或者有关部门予以追缴;对直接负责的主管人员和其他直接责任人员依法给予记大过、降级、撤职或者开除的处分。

行政机关工作人员利用职务上的便利,将查封、扣押的场所、设施或者财物据为己有的,由上级行政机关或者有关部门责令改正,依法给予记大过、降级、撤职或者开除的处分。

第六十四条 【利用行政强制权谋利的法律责任】行政机关及其工作人员利用行政强制权为单位或者个人谋取利益的,由上级行政机关或者有关部门责令改正,对直接负责的主管人员和其他直接责任人员依法给予处分。

第六十五条 【金融机构违反冻结、划拨规定的法律责任】违反本法规定,金融机构有下列行为之一的,由金融业监督管理机构责令改正,对直接负责的主管人员和其他直接责任人员依法给予处分:

(一) 在冻结前向当事人泄露信息的;

(二) 对应当立即冻结、划拨的存款、汇款不冻结或者不划拨,致使存款、汇款转移的;

(三) 将不应当冻结、划拨的存款、汇款予以冻结或者划拨的;

(四) 未及时解除冻结存款、汇款的。

第六十六条 【执行款项未划入规定账户的法律责任】违反本法规定,金融机构将款项划入国库或者财政专户以外的其他账户的,由金融业监督管理机构责令改正,并处以违法划拨款项二倍的罚款;对直接负责的主管人员和其他直接责任人员依法给予处分。

违反本法规定,行政机关、人民法院指令金融机构将款项划入国库或者财政专户以外的其他账户的,对直接负责的主管人员和其他直接责任人员依法给予处分。

第六十七条 【人民法院及其工作人员强制执行违法的责任】人民法院及其工作人员在强制执行中有违法行为或者扩大强制执行范围

的,对直接负责的主管人员和其他直接责任人员依法给予处分。

**第六十八条** 【赔偿和刑事责任】违反本法规定,给公民、法人或者其他组织造成损失的,依法给予赔偿。

违反本法规定,构成犯罪的,依法追究刑事责任。

## 第七章 附 则

**第六十九条** 【期限的界定】本法中十日以内期限的规定是指工作日,不含法定节假日。

**第七十条** 【法律、行政法规授权的组织实施行政强制受本法调整】法律、行政法规授权的具有管理公共事务职能的组织在法定授权范围内,以自己的名义实施行政强制,适用本法有关行政机关的规定。

**第七十一条** 【施行时间】本法自2012年1月1日起施行。

## 行政执法机关移送涉嫌犯罪案件的规定

· 2001年7月9日中华人民共和国国务院令第310号公布
· 根据2020年8月7日《国务院关于修改〈行政执法机关移送涉嫌犯罪案件的规定〉的决定》修订

**第一条** 为了保证行政执法机关向公安机关及时移送涉嫌犯罪案件,依法惩罚破坏社会主义市场经济秩序罪、妨害社会管理秩序罪以及其他罪,保障社会主义建设事业顺利进行,制定本规定。

**第二条** 本规定所称行政执法机关,是指依照法律、法规或者规章的规定,对破坏社会主义市场经济秩序、妨害社会管理秩序以及其他违法行为具有行政处罚权的行政机关,以及法律、法规授权的具有管理公共事务职能、在法定授权范围内实施行政处罚的组织。

**第三条** 行政执法机关在依法查处违法行为过程中,发现违法事实涉及的金额、违法事实的情节、违法事实造成的后果等,根据刑法关于破坏社会主义市场经济秩序罪、妨害社会管理秩序罪等罪的规定和最高人民法院、最高人民检察院关于破坏社会主义市场经济秩序罪、妨害社会管理秩序罪等罪的司法解释以及最高人民检察院、公安部关于经济犯罪案件的追诉标准等规定，涉嫌构成犯罪，依法需要追究刑事责任的，必须依照本规定向公安机关移送。

知识产权领域的违法案件，行政执法机关根据调查收集的证据和查明的案件事实，认为存在犯罪的合理嫌疑，需要公安机关采取措施进一步获取证据以判断是否达到刑事案件立案追诉标准的，应当向公安机关移送。

**第四条** 行政执法机关在查处违法行为过程中，必须妥善保存所收集的与违法行为有关的证据。

行政执法机关对查获的涉案物品，应当如实填写涉案物品清单，并按照国家有关规定予以处理。对易腐烂、变质等不宜或者不易保管的涉案物品，应当采取必要措施，留取证据；对需要进行检验、鉴定的涉案物品，应当由法定检验、鉴定机构进行检验、鉴定，并出具检验报告或者鉴定结论。

**第五条** 行政执法机关对应当向公安机关移送的涉嫌犯罪案件，应当立即指定2名或者2名以上行政执法人员组成专案组专门负责，核实情况后提出移送涉嫌犯罪案件的书面报告，报经本机关正职负责人或者主持工作的负责人审批。

行政执法机关正职负责人或者主持工作的负责人应当自接到报告之日起3日内作出批准移送或者不批准移送的决定。决定批准的，应当在24小时内向同级公安机关移送；决定不批准的，应当将不予批准的理由记录在案。

**第六条** 行政执法机关向公安机关移送涉嫌犯罪案件，应当附有下列材料：

（一）涉嫌犯罪案件移送书；
（二）涉嫌犯罪案件情况的调查报告；
（三）涉案物品清单；
（四）有关检验报告或者鉴定结论；
（五）其他有关涉嫌犯罪的材料。

**第七条** 公安机关对行政执法机关移送的涉嫌犯罪案件，应当在涉嫌犯罪案件移送书的回执上签字；其中，不属于本机关管辖的，应当在24小时内转送有管辖权的机关，并书面告知移送案件的行政执法机关。

**第八条** 公安机关应当自接受行政执法机关移送的涉嫌犯罪案件之日起3日内,依照刑法、刑事诉讼法以及最高人民法院、最高人民检察院关于立案标准和公安部关于公安机关办理刑事案件程序的规定,对所移送的案件进行审查。认为有犯罪事实,需要追究刑事责任,依法决定立案的,应当书面通知移送案件的行政执法机关;认为没有犯罪事实,或者犯罪事实显著轻微,不需要追究刑事责任,依法不予立案的,应当说明理由,并书面通知移送案件的行政执法机关,相应退回案卷材料。

**第九条** 行政执法机关接到公安机关不予立案的通知书后,认为依法应当由公安机关决定立案的,可以自接到不予立案通知书之日起3日内,提请作出不予立案决定的公安机关复议,也可以建议人民检察院依法进行立案监督。

作出不予立案决定的公安机关应当自收到行政执法机关提请复议的文件之日起3日内作出立案或者不予立案的决定,并书面通知移送案件的行政执法机关。移送案件的行政执法机关对公安机关不予立案的复议决定仍有异议的,应当自收到复议决定通知书之日起3日内建议人民检察院依法进行立案监督。

公安机关应当接受人民检察院依法进行的立案监督。

**第十条** 行政执法机关对公安机关决定不予立案的案件,应当依法作出处理;其中,依照有关法律、法规或者规章的规定应当给予行政处罚的,应当依法实施行政处罚。

**第十一条** 行政执法机关对应当向公安机关移送的涉嫌犯罪案件,不得以行政处罚代替移送。

行政执法机关向公安机关移送涉嫌犯罪案件前已经作出的警告,责令停产停业,暂扣或者吊销许可证、暂扣或者吊销执照的行政处罚决定,不停止执行。

依照行政处罚法的规定,行政执法机关向公安机关移送涉嫌犯罪案件前,已经依法给予当事人罚款的,人民法院判处罚金时,依法折抵相应罚金。

**第十二条** 行政执法机关对公安机关决定立案的案件,应当自接到立案通知书之日起3日内将涉案物品以及与案件有关的其他材料移交公安机关,并办结交接手续;法律、行政法规另有规定的,依照其规定。

**第十三条** 公安机关对发现的违法行为，经审查，没有犯罪事实，或者立案侦查后认为犯罪事实显著轻微，不需要追究刑事责任，但依法应当追究行政责任的，应当及时将案件移送同级行政执法机关，有关行政执法机关应当依法作出处理。

**第十四条** 行政执法机关移送涉嫌犯罪案件，应当接受人民检察院和监察机关依法实施的监督。

任何单位和个人对行政执法机关违反本规定，应当向公安机关移送涉嫌犯罪案件而不移送的，有权向人民检察院、监察机关或者上级行政执法机关举报。

**第十五条** 行政执法机关违反本规定，隐匿、私分、销毁涉案物品的，由本级或者上级人民政府，或者实行垂直管理的上级行政执法机关，对其正职负责人根据情节轻重，给予降级以上的处分；构成犯罪的，依法追究刑事责任。

对前款所列行为直接负责的主管人员和其他直接责任人员，比照前款的规定给予处分；构成犯罪的，依法追究刑事责任。

**第十六条** 行政执法机关违反本规定，逾期不将案件移送公安机关的，由本级或者上级人民政府，或者实行垂直管理的上级行政执法机关，责令限期移送，并对其正职负责人或者主持工作的负责人根据情节轻重，给予记过以上的处分；构成犯罪的，依法追究刑事责任。

行政执法机关违反本规定，对应当向公安机关移送的案件不移送，或者以行政处罚代替移送的，由本级或者上级人民政府，或者实行垂直管理的上级行政执法机关，责令改正，给予通报；拒不改正的，对其正职负责人或者主持工作的负责人给予记过以上的处分；构成犯罪的，依法追究刑事责任。

对本条第一款、第二款所列行为直接负责的主管人员和其他直接责任人员，分别比照前两款的规定给予处分；构成犯罪的，依法追究刑事责任。

**第十七条** 公安机关违反本规定，不接受行政执法机关移送的涉嫌犯罪案件，或者逾期不作出立案或者不予立案的决定的，除由人民检察院依法实施立案监督外，由本级或者上级人民政府责令改正，对其正职负责人根据情节轻重，给予记过以上的处分；构成犯罪的，依法追究刑事责任。

对前款所列行为直接负责的主管人员和其他直接责任人员，比照前款的规定给予处分；构成犯罪的，依法追究刑事责任。

**第十八条** 有关机关存在本规定第十五条、第十六条、第十七条所列违法行为，需要由监察机关依法给予违法的公职人员政务处分的，该机关及其上级主管机关或者有关人民政府应当依照有关规定将相关案件线索移送监察机关处理。

**第十九条** 行政执法机关在依法查处违法行为过程中，发现公职人员有贪污贿赂、失职渎职或者利用职权侵犯公民人身权利和民主权利等违法行为，涉嫌构成职务犯罪的，应当依照刑法、刑事诉讼法、监察法等法律规定及时将案件线索移送监察机关或者人民检察院处理。

**第二十条** 本规定自公布之日起施行。

# 中华人民共和国行政诉讼法

- 1989年4月4日第七届全国人民代表大会第二次会议通过
- 根据2014年11月1日第十二届全国人民代表大会常务委员会第十一次会议《关于修改〈中华人民共和国行政诉讼法〉的决定》第一次修正
- 根据2017年6月27日第十二届全国人民代表大会常务委员会第二十八次会议《关于修改〈中华人民共和国民事诉讼法〉和〈中华人民共和国行政诉讼法〉的决定》第二次修正

## 第一章 总 则

**第一条** 【立法目的】为保证人民法院公正、及时审理行政案件，解决行政争议，保护公民、法人和其他组织的合法权益，监督行政机关依法行使职权，根据宪法，制定本法。

**第二条** 【诉权】公民、法人或者其他组织认为行政机关和行政机关工作人员的行政行为侵犯其合法权益，有权依照本法向人民法院提起诉讼。

前款所称行政行为，包括法律、法规、规章授权的组织作出的行政行为。

**第三条** 【行政机关负责人出庭应诉】人民法院应当保障公民、法人和其他组织的起诉权利,对应当受理的行政案件依法受理。

行政机关及其工作人员不得干预、阻碍人民法院受理行政案件。

被诉行政机关负责人应当出庭应诉。不能出庭的,应当委托行政机关相应的工作人员出庭。

**第四条** 【独立行使审判权】人民法院依法对行政案件独立行使审判权,不受行政机关、社会团体和个人的干涉。

人民法院设行政审判庭,审理行政案件。

**第五条** 【以事实为根据,以法律为准绳原则】人民法院审理行政案件,以事实为根据,以法律为准绳。

**第六条** 【合法性审查原则】人民法院审理行政案件,对行政行为是否合法进行审查。

**第七条** 【合议、回避、公开审判和两审终审原则】人民法院审理行政案件,依法实行合议、回避、公开审判和两审终审制度。

**第八条** 【法律地位平等原则】当事人在行政诉讼中的法律地位平等。

**第九条** 【本民族语言文字原则】各民族公民都有用本民族语言、文字进行行政诉讼的权利。

在少数民族聚居或者多民族共同居住的地区,人民法院应当用当地民族通用的语言、文字进行审理和发布法律文书。

人民法院应当对不通晓当地民族通用的语言、文字的诉讼参与人提供翻译。

**第十条** 【辩论原则】当事人在行政诉讼中有权进行辩论。

**第十一条** 【法律监督原则】人民检察院有权对行政诉讼实行法律监督。

## 第二章 受案范围

**第十二条** 【行政诉讼受案范围】人民法院受理公民、法人或者其他组织提起的下列诉讼:

(一)对行政拘留、暂扣或者吊销许可证和执照、责令停产停业、没收违法所得、没收非法财物、罚款、警告等行政处罚不服的;

(二)对限制人身自由或者对财产的查封、扣押、冻结等行政强

制措施和行政强制执行不服的;

(三)申请行政许可,行政机关拒绝或者在法定期限内不予答复,或者对行政机关作出的有关行政许可的其他决定不服的;

(四)对行政机关作出的关于确认土地、矿藏、水流、森林、山岭、草原、荒地、滩涂、海域等自然资源的所有权或者使用权的决定不服的;

(五)对征收、征用决定及其补偿决定不服的;

(六)申请行政机关履行保护人身权、财产权等合法权益的法定职责,行政机关拒绝履行或者不予答复的;

(七)认为行政机关侵犯其经营自主权或者农村土地承包经营权、农村土地经营权的;

(八)认为行政机关滥用行政权力排除或者限制竞争的;

(九)认为行政机关违法集资、摊派费用或者违法要求履行其他义务的;

(十)认为行政机关没有依法支付抚恤金、最低生活保障待遇或者社会保险待遇的;

(十一)认为行政机关不依法履行、未按照约定履行或者违法变更、解除政府特许经营协议、土地房屋征收补偿协议等协议的;

(十二)认为行政机关侵犯其他人身权、财产权等合法权益的。

除前款规定外,人民法院受理法律、法规规定可以提起诉讼的其他行政案件。

**第十三条　【受案范围的排除】**人民法院不受理公民、法人或者其他组织对下列事项提起的诉讼:

(一)国防、外交等国家行为;

(二)行政法规、规章或者行政机关制定、发布的具有普遍约束力的决定、命令;

(三)行政机关对行政机关工作人员的奖惩、任免等决定;

(四)法律规定由行政机关最终裁决的行政行为。

## 第三章　管　辖

**第十四条　【基层人民法院管辖第一审行政案件】**基层人民法院管辖第一审行政案件。

**第十五条** 【中级人民法院管辖的第一审行政案件】中级人民法院管辖下列第一审行政案件:
(一)对国务院部门或者县级以上地方人民政府所作的行政行为提起诉讼的案件;
(二)海关处理的案件;
(三)本辖区内重大、复杂的案件;
(四)其他法律规定由中级人民法院管辖的案件。

**第十六条** 【高级人民法院管辖的第一审行政案件】高级人民法院管辖本辖区内重大、复杂的第一审行政案件。

**第十七条** 【最高人民法院管辖的第一审行政案件】最高人民法院管辖全国范围内重大、复杂的第一审行政案件。

**第十八条** 【一般地域管辖和法院跨行政区域管辖】行政案件由最初作出行政行为的行政机关所在地人民法院管辖。经复议的案件,也可以由复议机关所在地人民法院管辖。

经最高人民法院批准,高级人民法院可以根据审判工作的实际情况,确定若干人民法院跨行政区域管辖行政案件。

**第十九条** 【限制人身自由行政案件的管辖】对限制人身自由的行政强制措施不服提起的诉讼,由被告所在地或者原告所在地人民法院管辖。

**第二十条** 【不动产行政案件的管辖】因不动产提起的行政诉讼,由不动产所在地人民法院管辖。

**第二十一条** 【选择管辖】两个以上人民法院都有管辖权的案件,原告可以选择其中一个人民法院提起诉讼。原告向两个以上有管辖权的人民法院提起诉讼的,由最先立案的人民法院管辖。

**第二十二条** 【移送管辖】人民法院发现受理的案件不属于本院管辖的,应当移送有管辖权的人民法院,受移送的人民法院应当受理。受移送的人民法院认为受移送的案件按照规定不属于本院管辖的,应当报请上级人民法院指定管辖,不得再自行移送。

**第二十三条** 【指定管辖】有管辖权的人民法院由于特殊原因不能行使管辖权的,由上级人民法院指定管辖。

人民法院对管辖权发生争议,由争议双方协商解决。协商不成的,报它们的共同上级人民法院指定管辖。

**第二十四条** 【管辖权转移】上级人民法院有权审理下级人民法

院管辖的第一审行政案件。

下级人民法院对其管辖的第一审行政案件,认为需要由上级人民法院审理或者指定管辖的,可以报请上级人民法院决定。

## 第四章  诉讼参加人

**第二十五条**  【原告资格】行政行为的相对人以及其他与行政行为有利害关系的公民、法人或者其他组织,有权提起诉讼。

有权提起诉讼的公民死亡,其近亲属可以提起诉讼。

有权提起诉讼的法人或者其他组织终止,承受其权利的法人或者其他组织可以提起诉讼。

人民检察院在履行职责中发现生态环境和资源保护、食品药品安全、国有财产保护、国有土地使用权出让等领域负有监督管理职责的行政机关违法行使职权或者不作为,致使国家利益或者社会公共利益受到侵害的,应当向行政机关提出检察建议,督促其依法履行职责。行政机关不依法履行职责的,人民检察院依法向人民法院提起诉讼。

**第二十六条**  【被告资格】公民、法人或者其他组织直接向人民法院提起诉讼的,作出行政行为的行政机关是被告。

经复议的案件,复议机关决定维持原行政行为的,作出原行政行为的行政机关和复议机关是共同被告;复议机关改变原行政行为的,复议机关是被告。

复议机关在法定期限内未作出复议决定,公民、法人或者其他组织起诉原行政行为的,作出原行政行为的行政机关是被告;起诉复议机关不作为的,复议机关是被告。

两个以上行政机关作出同一行政行为的,共同作出行政行为的行政机关是共同被告。

行政机关委托的组织所作的行政行为,委托的行政机关是被告。

行政机关被撤销或者职权变更的,继续行使其职权的行政机关是被告。

**第二十七条**  【共同诉讼】当事人一方或者双方为二人以上,因同一行政行为发生的行政案件,或者因同类行政行为发生的行政案件、人民法院认为可以合并审理并经当事人同意的,为共同诉讼。

**第二十八条**  【代表人诉讼】当事人一方人数众多的共同诉讼,

可以由当事人推选代表人进行诉讼。代表人的诉讼行为对其所代表的当事人发生效力,但代表人变更、放弃诉讼请求或者承认对方当事人的诉讼请求,应当经被代表的当事人同意。

**第二十九条** 【诉讼第三人】公民、法人或者其他组织同被诉行政行为有利害关系但没有提起诉讼,或者同案件处理结果有利害关系的,可以作为第三人申请参加诉讼,或者由人民法院通知参加诉讼。

人民法院判决第三人承担义务或者减损第三人权益的,第三人有权依法提起上诉。

**第三十条** 【法定代理人】没有诉讼行为能力的公民,由其法定代理人代为诉讼。法定代理人互相推诿代理责任的,由人民法院指定其中一人代为诉讼。

**第三十一条** 【委托代理人】当事人、法定代理人,可以委托一至二人作为诉讼代理人。

下列人员可以被委托为诉讼代理人:
(一) 律师、基层法律服务工作者;
(二) 当事人的近亲属或者工作人员;
(三) 当事人所在社区、单位以及有关社会团体推荐的公民。

**第三十二条** 【当事人及诉讼代理人权利】代理诉讼的律师,有权按照规定查阅、复制本案有关材料,有权向有关组织和公民调查、收集与本案有关的证据。对涉及国家秘密、商业秘密和个人隐私的材料,应当依照法律规定保密。

当事人和其他诉讼代理人有权按照规定查阅、复制本案庭审材料,但涉及国家秘密、商业秘密和个人隐私的内容除外。

## 第五章 证 据

**第三十三条** 【证据种类】证据包括:
(一) 书证;
(二) 物证;
(三) 视听资料;
(四) 电子数据;
(五) 证人证言;
(六) 当事人的陈述;

（七）鉴定意见；
（八）勘验笔录、现场笔录。
以上证据经法庭审查属实，才能作为认定案件事实的根据。

**第三十四条　【被告举证责任】**被告对作出的行政行为负有举证责任，应当提供作出该行政行为的证据和所依据的规范性文件。

被告不提供或者无正当理由逾期提供证据，视为没有相应证据。但是，被诉行政行为涉及第三人合法权益，第三人提供证据的除外。

**第三十五条　【行政机关收集证据的限制】**在诉讼过程中，被告及其诉讼代理人不得自行向原告、第三人和证人收集证据。

**第三十六条　【被告延期提供证据和补充证据】**被告在作出行政行为时已经收集了证据，但因不可抗力等正当事由不能提供的，经人民法院准许，可以延期提供。

原告或者第三人提出了其在行政处理程序中没有提出的理由或者证据的，经人民法院准许，被告可以补充证据。

**第三十七条　【原告可以提供证据】**原告可以提供证明行政行为违法的证据。原告提供的证据不成立的，不免除被告的举证责任。

**第三十八条　【原告举证责任】**在起诉被告不履行法定职责的案件中，原告应当提供其向被告提出申请的证据。但有下列情形之一的除外：
（一）被告应当依职权主动履行法定职责的；
（二）原告因正当理由不能提供证据的。

在行政赔偿、补偿的案件中，原告应当对行政行为造成的损害提供证据。因被告的原因导致原告无法举证的，由被告承担举证责任。

**第三十九条　【法院要求当事人提供或者补充证据】**人民法院有权要求当事人提供或者补充证据。

**第四十条　【法院调取证据】**人民法院有权向有关行政机关以及其他组织、公民调取证据。但是，不得为证明行政行为的合法性调取被告作出行政行为时未收集的证据。

**第四十一条　【申请法院调取证据】**与本案有关的下列证据，原告或者第三人不能自行收集的，可以申请人民法院调取：
（一）由国家机关保存而须由人民法院调取的证据；
（二）涉及国家秘密、商业秘密和个人隐私的证据；
（三）确因客观原因不能自行收集的其他证据。

**第四十二条 【证据保全】**在证据可能灭失或者以后难以取得的情况下,诉讼参加人可以向人民法院申请保全证据,人民法院也可以主动采取保全措施。

**第四十三条 【证据适用规则】**证据应当在法庭上出示,并由当事人互相质证。对涉及国家秘密、商业秘密和个人隐私的证据,不得在公开开庭时出示。

人民法院应当按照法定程序,全面、客观地审查核实证据。对未采纳的证据应当在裁判文书中说明理由。

以非法手段取得的证据,不得作为认定案件事实的根据。

# 第六章 起诉和受理

**第四十四条 【行政复议与行政诉讼的关系】**对属于人民法院受案范围的行政案件,公民、法人或者其他组织可以先向行政机关申请复议,对复议决定不服的,再向人民法院提起诉讼;也可以直接向人民法院提起诉讼。

法律、法规规定应当先向行政机关申请复议,对复议决定不服再向人民法院提起诉讼的,依照法律、法规的规定。

**第四十五条 【经行政复议的起诉期限】**公民、法人或者其他组织不服复议决定的,可以在收到复议决定书之日起十五日内向人民法院提起诉讼。复议机关逾期不作决定的,申请人可以在复议期满之日起十五日内向人民法院提起诉讼。法律另有规定的除外。

**第四十六条 【起诉期限】**公民、法人或者其他组织直接向人民法院提起诉讼的,应当自知道或者应当知道作出行政行为之日起六个月内提出。法律另有规定的除外。

因不动产提起诉讼的案件自行政行为作出之日起超过二十年,其他案件自行政行为作出之日起超过五年提起诉讼的,人民法院不予受理。

**第四十七条 【行政机关不履行法定职责的起诉期限】**公民、法人或者其他组织申请行政机关履行保护其人身权、财产权等合法权益的法定职责,行政机关在接到申请之日起两个月内不履行的,公民、法人或者其他组织可以向人民法院提起诉讼。法律、法规对行政机关履行职责的期限另有规定的,从其规定。

公民、法人或者其他组织在紧急情况下请求行政机关履行保护其人身权、财产权等合法权益的法定职责，行政机关不履行的，提起诉讼不受前款规定期限的限制。

**第四十八条** 【起诉期限的扣除和延长】公民、法人或者其他组织因不可抗力或者其他不属于其自身的原因耽误起诉期限的，被耽误的时间不计算在起诉期限内。

公民、法人或者其他组织因前款规定以外的其他特殊情况耽误起诉期限的，在障碍消除后十日内，可以申请延长期限，是否准许由人民法院决定。

**第四十九条** 【起诉条件】提起诉讼应当符合下列条件：

（一）原告是符合本法第二十五条规定的公民、法人或者其他组织；

（二）有明确的被告；

（三）有具体的诉讼请求和事实根据；

（四）属于人民法院受案范围和受诉人民法院管辖。

**第五十条** 【起诉方式】起诉应当向人民法院递交起诉状，并按照被告人数提出副本。

书写起诉状确有困难的，可以口头起诉，由人民法院记入笔录，出具注明日期的书面凭证，并告知对方当事人。

**第五十一条** 【登记立案】人民法院在接到起诉状时对符合本法规定的起诉条件的，应当登记立案。

对当场不能判定是否符合本法规定的起诉条件的，应当接收起诉状，出具注明收到日期的书面凭证，并在七日内决定是否立案。不符合起诉条件的，作出不予立案的裁定。裁定书应当载明不予立案的理由。原告对裁定不服的，可以提起上诉。

起诉状内容欠缺或者有其他错误的，应当给予指导和释明，并一次性告知当事人需要补正的内容。不得未经指导和释明即以起诉不符合条件为由不接收起诉状。

对于不接收起诉状、接收起诉状后不出具书面凭证，以及不一次性告知当事人需要补正的起诉状内容的，当事人可以向上级人民法院投诉，上级人民法院应当责令改正，并对直接负责的主管人员和其他直接责任人员依法给予处分。

**第五十二条** 【法院不立案的救济】人民法院既不立案，又不作出不予立案裁定的，当事人可以向上一级人民法院起诉。上一级人民法院认为符合起诉条件的，应当立案、审理，也可以指定其他下级人民法院立案、审理。

**第五十三条 【规范性文件的附带审查】**公民、法人或者其他组织认为行政行为所依据的国务院部门和地方人民政府及其部门制定的规范性文件不合法，在对行政行为提起诉讼时，可以一并请求对该规范性文件进行审查。

前款规定的规范性文件不含规章。

# 第七章 审理和判决

## 第一节 一般规定

**第五十四条 【公开审理原则】**人民法院公开审理行政案件，但涉及国家秘密、个人隐私和法律另有规定的除外。

涉及商业秘密的案件，当事人申请不公开审理的，可以不公开审理。

**第五十五条 【回避】**当事人认为审判人员与本案有利害关系或者有其他关系可能影响公正审判，有权申请审判人员回避。

审判人员认为自己与本案有利害关系或者有其他关系，应当申请回避。

前两款规定，适用于书记员、翻译人员、鉴定人、勘验人。

院长担任审判长时的回避，由审判委员会决定；审判人员的回避，由院长决定；其他人员的回避，由审判长决定。当事人对决定不服的，可以申请复议一次。

**第五十六条 【诉讼不停止执行】**诉讼期间，不停止行政行为的执行。但有下列情形之一的，裁定停止执行：

（一）被告认为需要停止执行的；

（二）原告或者利害关系人申请停止执行，人民法院认为该行政行为的执行会造成难以弥补的损失，并且停止执行不损害国家利益、社会公共利益的；

（三）人民法院认为该行政行为的执行会给国家利益、社会公共利益造成重大损害的；

（四）法律、法规规定停止执行的。

当事人对停止执行或者不停止执行的裁定不服的，可以申请复议一次。

**第五十七条**　【先予执行】人民法院对起诉行政机关没有依法支付抚恤金、最低生活保障金和工伤、医疗社会保险金的案件，权利义务关系明确、不先予执行将严重影响原告生活的，可以根据原告的申请，裁定先予执行。

当事人对先予执行裁定不服的，可以申请复议一次。复议期间不停止裁定的执行。

**第五十八条**　【拒不到庭或中途退庭的法律后果】经人民法院传票传唤，原告无正当理由拒不到庭，或者未经法庭许可中途退庭的，可以按照撤诉处理；被告无正当理由拒不到庭，或者未经法庭许可中途退庭的，可以缺席判决。

**第五十九条**　【妨害行政诉讼强制措施】诉讼参与人或者其他人有下列行为之一的，人民法院可以根据情节轻重，予以训诫、责令具结悔过或者处一万元以下的罚款、十五日以下的拘留；构成犯罪的，依法追究刑事责任：

（一）有义务协助调查、执行的人，对人民法院的协助调查决定、协助执行通知书，无故推拖、拒绝或者妨碍调查、执行的；

（二）伪造、隐藏、毁灭证据或者提供虚假证明材料，妨碍人民法院审理案件的；

（三）指使、贿买、胁迫他人作伪证或者威胁、阻止证人作证的；

（四）隐藏、转移、变卖、毁损已被查封、扣押、冻结的财产的；

（五）以欺骗、胁迫等非法手段使原告撤诉的；

（六）以暴力、威胁或者其他方法阻碍人民法院工作人员执行职务，或者以哄闹、冲击法庭等方法扰乱人民法院工作秩序的；

（七）对人民法院审判人员或者其他工作人员、诉讼参与人、协助调查和执行的人员恐吓、侮辱、诽谤、诬陷、殴打、围攻或者打击报复的。

人民法院对有前款规定的行为之一的单位，可以对其主要负责人或者直接责任人员依照前款规定予以罚款、拘留；构成犯罪的，依法追究刑事责任。

罚款、拘留须经人民法院院长批准。当事人不服的，可以向上一级人民法院申请复议一次。复议期间不停止执行。

**第六十条** 【调解】人民法院审理行政案件，不适用调解。但是，行政赔偿、补偿以及行政机关行使法律、法规规定的自由裁量权的案件可以调解。

调解应当遵循自愿、合法原则，不得损害国家利益、社会公共利益和他人合法权益。

**第六十一条** 【民事争议和行政争议交叉】在涉及行政许可、登记、征收、征用和行政机关对民事争议所作的裁决的行政诉讼中，当事人申请一并解决相关民事争议的，人民法院可以一并审理。

在行政诉讼中，人民法院认为行政案件的审理需以民事诉讼的裁判为依据的，可以裁定中止行政诉讼。

**第六十二条** 【撤诉】人民法院对行政案件宣告判决或者裁定前，原告申请撤诉的，或者被告改变其所作的行政行为，原告同意并申请撤诉的，是否准许，由人民法院裁定。

**第六十三条** 【撤诉】人民法院审理行政案件，以法律和行政法规、地方性法规为依据。地方性法规适用于本行政区域内发生的行政案件。

人民法院审理民族自治地方的行政案件，并以该民族自治地方的自治条例和单行条例为依据。

人民法院审理行政案件，参照规章。

**第六十四条** 【规范性文件审查和处理】人民法院在审理行政案件中，经审查认为本法第五十三条规定的规范性文件不合法的，不作为认定行政行为合法的依据，并向制定机关提出处理建议。

**第六十五条** 【裁判文书公开】人民法院应当公开发生法律效力的判决书、裁定书，供公众查阅，但涉及国家秘密、商业秘密和个人隐私的内容除外。

**第六十六条** 【有关行政机关工作人员和被告的处理】人民法院在审理行政案件中，认为行政机关的主管人员、直接责任人员违法违纪的，应当将有关材料移送监察机关、该行政机关或者其上一级行政机关；认为有犯罪行为的，应当将有关材料移送公安、检察机关。

人民法院对被告经传票传唤无正当理由拒不到庭，或者未经法庭许可中途退庭的，可以将被告拒不到庭或者中途退庭的情况予以公告，并可以向监察机关或者被告的上一级行政机关提出依法给予其主要负责人或者直接责任人员处分的司法建议。

## 第二节　第一审普通程序

**第六十七条**　【发送起诉状和提出答辩状】人民法院应当在立案之日起五日内,将起诉状副本发送被告。被告应当在收到起诉状副本之日起十五日内向人民法院提交作出行政行为的证据和所依据的规范性文件,并提出答辩状。人民法院应当在收到答辩状之日起五日内,将答辩状副本发送原告。

被告不提出答辩状的,不影响人民法院审理。

**第六十八条**　【审判组织形式】人民法院审理行政案件,由审判员组成合议庭,或者由审判员、陪审员组成合议庭。合议庭的成员,应当是三人以上的单数。

**第六十九条**　【驳回原告诉讼请求判决】行政行为证据确凿,适用法律、法规正确,符合法定程序的,或者原告申请被告履行法定职责或者给付义务理由不成立的,人民法院判决驳回原告的诉讼请求。

**第七十条**　【撤销判决和重作判决】行政行为有下列情形之一的,人民法院判决撤销或者部分撤销,并可以判决被告重新作出行政行为:

（一）主要证据不足的;
（二）适用法律、法规错误的;
（三）违反法定程序的;
（四）超越职权的;
（五）滥用职权的;
（六）明显不当的。

**第七十一条**　【重作判决对被告的限制】人民法院判决被告重新作出行政行为的,被告不得以同一的事实和理由作出与原行政行为基本相同的行政行为。

**第七十二条**　【履行判决】人民法院经过审理,查明被告不履行法定职责的,判决被告在一定期限内履行。

**第七十三条**　【给付判决】人民法院经过审理,查明被告依法负有给付义务的,判决被告履行给付义务。

**第七十四条**　【确认违法判决】行政行为有下列情形之一的,人民法院判决确认违法,但不撤销行政行为:

（一）行政行为依法应当撤销，但撤销会给国家利益、社会公共利益造成重大损害的；

（二）行政行为程序轻微违法，但对原告权利不产生实际影响的。

行政行为有下列情形之一，不需要撤销或者判决履行的，人民法院判决确认违法：

（一）行政行为违法，但不具有可撤销内容的；

（二）被告改变原违法行政行为，原告仍要求确认原行政行为违法的；

（三）被告不履行或者拖延履行法定职责，判决履行没有意义的。

**第七十五条** 【确认无效判决】行政行为有实施主体不具有行政主体资格或者没有依据等重大且明显违法情形，原告申请确认行政行为无效的，人民法院判决确认无效。

**第七十六条** 【确认违法和无效判决的补充规定】人民法院判决确认违法或者无效的，可以同时判决责令被告采取补救措施；给原告造成损失的，依法判决被告承担赔偿责任。

**第七十七条** 【变更判决】行政处罚明显不当，或者其他行政行为涉及对款额的确定、认定确有错误的，人民法院可以判决变更。

人民法院判决变更，不得加重原告的义务或者减损原告的权益。但利害关系人同为原告，且诉讼请求相反的除外。

**第七十八条** 【行政协议履行及补偿判决】被告不依法履行、未按照约定履行或者违法变更、解除本法第十二条第一款第十一项规定的协议的，人民法院判决被告承担继续履行、采取补救措施或者赔偿损失等责任。

被告变更、解除本法第十二条第一款第十一项规定的协议合法，但未依法给予补偿的，人民法院判决给予补偿。

**第七十九条** 【复议决定和原行政行为一并裁判】复议机关与作出原行政行为的行政机关为共同被告的案件，人民法院应当对复议决定和原行政行为一并作出裁判。

**第八十条** 【公开宣判】人民法院对公开审理和不公开审理的案件，一律公开宣告判决。

当庭宣判的，应当在十日内发送判决书；定期宣判的，宣判后立即发给判决书。

宣告判决时，必须告知当事人上诉权利、上诉期限和上诉的人民法院。

**第八十一条** 【第一审审限】人民法院应当在立案之日起六个月内作出第一审判决。有特殊情况需要延长的,由高级人民法院批准,高级人民法院审理第一审案件需要延长的,由最高人民法院批准。

## 第三节 简易程序

**第八十二条** 【简易程序适用情形】人民法院审理下列第一审行政案件,认为事实清楚、权利义务关系明确、争议不大的,可以适用简易程序:

(一)被诉行政行为是依法当场作出的;

(二)案件涉及款额二千元以下的;

(三)属于政府信息公开案件的。

除前款规定以外的第一审行政案件,当事人各方同意适用简易程序的,可以适用简易程序。

发回重审、按照审判监督程序再审的案件不适用简易程序。

**第八十三条** 【简易程序的审判组织形式和审限】适用简易程序审理的行政案件,由审判员一人独任审理,并应当在立案之日起四十五日内审结。

**第八十四条** 【简易程序与普通程序的转换】人民法院在审理过程中,发现案件不宜适用简易程序的,裁定转为普通程序。

## 第四节 第二审程序

**第八十五条** 【上诉】当事人不服人民法院第一审判决的,有权在判决书送达之日起十五日内向上一级人民法院提起上诉。当事人不服人民法院第一审裁定的,有权在裁定书送达之日起十日内向上一级人民法院提起上诉。逾期不提起上诉的,人民法院的第一审判决或者裁定发生法律效力。

**第八十六条** 【二审审理方式】人民法院对上诉案件,应当组成合议庭,开庭审理。经过阅卷、调查和询问当事人,对没有提出新的事实、证据或者理由,合议庭认为不需要开庭审理的,也可以不开庭审理。

**第八十七条** 【二审审查范围】人民法院审理上诉案件,应当对原审人民法院的判决、裁定和被诉行政行为进行全面审查。

**第八十八条** 【二审审限】人民法院审理上诉案件,应当在收到上诉状之日起三个月内作出终审判决。有特殊情况需要延长的,由高级人民法院批准,高级人民法院审理上诉案件需要延长的,由最高人民法院批准。

**第八十九条** 【二审裁判】人民法院审理上诉案件,按照下列情形,分别处理:

(一)原判决、裁定认定事实清楚,适用法律、法规正确的,判决或者裁定驳回上诉,维持原判决、裁定;

(二)原判决、裁定认定事实错误或者适用法律、法规错误的,依法改判、撤销或者变更;

(三)原判决认定基本事实不清、证据不足的,发回原审人民法院重审,或者查清事实后改判;

(四)原判决遗漏当事人或者违法缺席判决等严重违反法定程序的,裁定撤销原判决,发回原审人民法院重审。

原审人民法院对发回重审的案件作出判决后,当事人提起上诉的,第二审人民法院不得再次发回重审。

人民法院审理上诉案件,需要改变原审判决的,应当同时对被诉行政行为作出判决。

## 第五节 审判监督程序

**第九十条** 【当事人申请再审】当事人对已经发生法律效力的判决、裁定,认为确有错误的,可以向上一级人民法院申请再审,但判决、裁定不停止执行。

**第九十一条** 【再审事由】当事人的申请符合下列情形之一的,人民法院应当再审:

(一)不予立案或者驳回起诉确有错误的;

(二)有新的证据,足以推翻原判决、裁定的;

(三)原判决、裁定认定事实的主要证据不足、未经质证或者系伪造的;

(四)原判决、裁定适用法律、法规确有错误的;

(五)违反法律规定的诉讼程序,可能影响公正审判的;

(六)原判决、裁定遗漏诉讼请求的;

(七)据以作出原判决、裁定的法律文书被撤销或者变更的;

（八）审判人员在审理该案件时有贪污受贿、徇私舞弊、枉法裁判行为的。

**第九十二条　【人民法院依职权再审】**各级人民法院院长对本院已经发生法律效力的判决、裁定，发现有本法第九十一条规定情形之一，或者发现调解违反自愿原则或者调解书内容违法，认为需要再审的，应当提交审判委员会讨论决定。

最高人民法院对地方各级人民法院已经发生法律效力的判决、裁定，上级人民法院对下级人民法院已经发生法律效力的判决、裁定，发现有本法第九十一条规定情形之一，或者发现调解违反自愿原则或者调解书内容违法的，有权提审或者指令下级人民法院再审。

**第九十三条　【抗诉和检察建议】**最高人民检察院对各级人民法院已经发生法律效力的判决、裁定，上级人民检察院对下级人民法院已经发生法律效力的判决、裁定，发现有本法第九十一条规定情形之一，或者发现调解书损害国家利益、社会公共利益的，应当提出抗诉。

地方各级人民检察院对同级人民法院已经发生法律效力的判决、裁定，发现有本法第九十一条规定情形之一，或者发现调解书损害国家利益、社会公共利益的，可以向同级人民法院提出检察建议，并报上级人民检察院备案；也可以提请上级人民检察院向同级人民法院提出抗诉。

各级人民检察院对审判监督程序以外的其他审判程序中审判人员的违法行为，有权向同级人民法院提出检察建议。

# 第八章　执　行

**第九十四条　【生效裁判和调解书的执行】**当事人必须履行人民法院发生法律效力的判决、裁定、调解书。

**第九十五条　【申请强制执行和执行管辖】**公民、法人或者其他组织拒绝履行判决、裁定、调解书的，行政机关或者第三人可以向第一审人民法院申请强制执行，或者由行政机关依法强制执行。

**第九十六条　【对行政机关拒绝履行的执行措施】**行政机关拒绝履行判决、裁定、调解书的，第一审人民法院可以采取下列措施：

（一）对应当归还的罚款或者应当给付的款额，通知银行从该行

政机关的账户内划拨;

（二）在规定期限内不履行的,从期满之日起,对该行政机关负责人按日处五十元至一百元的罚款;

（三）将行政机关拒绝履行的情况予以公告;

（四）向监察机关或者该行政机关的上一级行政机关提出司法建议。接受司法建议的机关,根据有关规定进行处理,并将处理情况告知人民法院;

（五）拒不履行判决、裁定、调解书,社会影响恶劣的,可以对该行政机关直接负责的主管人员和其他直接责任人员予以拘留;情节严重,构成犯罪的,依法追究刑事责任。

**第九十七条** 【非诉执行】公民、法人或者其他组织对行政行为在法定期限内不提起诉讼又不履行的,行政机关可以申请人民法院强制执行,或者依法强制执行。

## 第九章 涉外行政诉讼

**第九十八条** 【涉外行政诉讼的法律适用原则】外国人、无国籍人、外国组织在中华人民共和国进行行政诉讼,适用本法。法律另有规定的除外。

**第九十九条** 【同等与对等原则】外国人、无国籍人、外国组织在中华人民共和国进行行政诉讼,同中华人民共和国公民、组织有同等的诉讼权利和义务。

外国法院对中华人民共和国公民、组织的行政诉讼权利加以限制的,人民法院对该国公民、组织的行政诉讼权利,实行对等原则。

**第一百条** 【中国律师代理】外国人、无国籍人、外国组织在中华人民共和国进行行政诉讼,委托律师代理诉讼的,应当委托中华人民共和国律师机构的律师。

## 第十章 附 则

**第一百零一条** 【适用民事诉讼法规定】人民法院审理行政案件,关于期间、送达、财产保全、开庭审理、调解、中止诉讼、终结诉讼、简易程序、执行等,以及人民检察院对行政案件受理、审理、裁判、执行的监督,本法没有规定的,适用《中华人民共和国民事诉讼法》的相关规定。

**第一百零二条** 【诉讼费用】人民法院审理行政案件,应当收取诉讼费用。诉讼费用由败诉方承担,双方都有责任的由双方分担。收取诉讼费用的具体办法另行规定。

**第一百零三条** 【施行日期】本法自1990年10月1日起施行。

# 中华人民共和国道路交通安全法

- 2003年10月28日第十届全国人民代表大会常务委员会第五次会议通过
- 根据2007年12月29日第十届全国人民代表大会常务委员会第三十一次会议《关于修改〈中华人民共和国道路交通安全法〉的决定》第一次修正
- 根据2011年4月22日第十一届全国人民代表大会常务委员会第二十次会议《关于修改〈中华人民共和国道路交通安全法〉的决定》第二次修正
- 根据2021年4月29日第十三届全国人民代表大会常务委员会第二十八次会议《关于修改〈中华人民共和国道路交通安全法〉等八部法律的决定》第三次修正

## 第一章 总 则

**第一条** 【立法宗旨】为了维护道路交通秩序,预防和减少交通事故,保护人身安全,保护公民、法人和其他组织的财产安全及其他合法权益,提高通行效率,制定本法。

**第二条** 【适用范围】中华人民共和国境内的车辆驾驶人、行人、乘车人以及与道路交通活动有关的单位和个人,都应当遵守本法。

**第三条** 【基本原则】道路交通安全工作,应当遵循依法管理、方便群众的原则,保障道路交通有序、安全、畅通。

**第四条** 【道路交通安全管理规划及实施】各级人民政府应当保障道路交通安全管理工作与经济建设和社会发展相适应。

县级以上地方各级人民政府应当适应道路交通发展的需要，依据道路交通安全法律、法规和国家有关政策，制定道路交通安全管理规划，并组织实施。

**第五条　【道路交通安全工作的管辖】**国务院公安部门负责全国道路交通安全管理工作。县级以上地方各级人民政府公安机关交通管理部门负责本行政区域内的道路交通安全管理工作。

县级以上各级人民政府交通、建设管理部门依据各自职责，负责有关的道路交通工作。

**第六条　【道路交通安全宣传】**各级人民政府应当经常进行道路交通安全教育，提高公民的道路交通安全意识。

公安机关交通管理部门及其交通警察执行职务时，应当加强道路交通安全法律、法规的宣传，并模范遵守道路交通安全法律、法规。

机关、部队、企业事业单位、社会团体以及其他组织，应当对本单位的人员进行道路交通安全教育。

教育行政部门、学校应当将道路交通安全教育纳入法制教育的内容。

新闻、出版、广播、电视等有关单位，有进行道路交通安全教育的义务。

**第七条　【道路交通安全管理的发展要求】**对道路交通安全管理工作，应当加强科学研究，推广、使用先进的管理方法、技术、设备。

# 第二章　车辆和驾驶人

## 第一节　机动车、非机动车

**第八条　【机动车登记制度】**国家对机动车实行登记制度。机动车经公安机关交通管理部门登记后，方可上道路行驶。尚未登记的机动车，需要临时上道路行驶的，应当取得临时通行牌证。

**第九条　【注册登记】**申请机动车登记，应当提交以下证明、凭证：

（一）机动车所有人的身份证明；

（二）机动车来历证明；

（三）机动车整车出厂合格证明或者进口机动车进口凭证；

（四）车辆购置税的完税证明或者免税凭证；

（五）法律、行政法规规定应当在机动车登记时提交的其他证明、凭证。

公安机关交通管理部门应当自受理申请之日起五个工作日内完成机动车登记审查工作，对符合前款规定条件的，应当发放机动车登记证书、号牌和行驶证；对不符合前款规定条件的，应当向申请人说明不予登记的理由。

公安机关交通管理部门以外的任何单位或者个人不得发放机动车号牌或者要求机动车悬挂其他号牌，本法另有规定的除外。

机动车登记证书、号牌、行驶证的式样由国务院公安部门规定并监制。

**第十条　【机动车应符合国家安全技术标准】** 准予登记的机动车应当符合机动车国家安全技术标准。申请机动车登记时，应当接受对该机动车的安全技术检验。但是，经国家机动车产品主管部门依据机动车国家安全技术标准认定的企业生产的机动车型，该车型的新车在出厂时经检验符合机动车国家安全技术标准，获得检验合格证的，免予安全技术检验。

**第十一条　【机动车上道行驶手续和号牌悬挂】** 驾驶机动车上道路行驶，应当悬挂机动车号牌，放置检验合格标志、保险标志，并随车携带机动车行驶证。

机动车号牌应当按照规定悬挂并保持清晰、完整，不得故意遮挡、污损。

任何单位和个人不得收缴、扣留机动车号牌。

**第十二条　【变更登记】** 有下列情形之一的，应当办理相应的登记：

（一）机动车所有权发生转移的；

（二）机动车登记内容变更的；

（三）机动车用作抵押的；

（四）机动车报废的。

**第十三条　【机动车安检】** 对登记后上道路行驶的机动车，应当依照法律、行政法规的规定，根据车辆用途、载客载货数量、使用年限等不同情况，定期进行安全技术检验。对提供机动车行驶证和机动车第三者责任强制保险单的,机动车安全技术检验机构应当予以检验,任何单位不得附加其他条件。对符合机动车国家安全技术标准的,公安机关交通管理部门应当发给检验合格标志。

对机动车的安全技术检验实行社会化。具体办法由国务院规定。

机动车安全技术检验实行社会化的地方,任何单位不得要求机动车到指定的场所进行检验。

公安机关交通管理部门、机动车安全技术检验机构不得要求机动车到指定的场所进行维修、保养。

机动车安全技术检验机构对机动车检验收取费用,应当严格执行国务院价格主管部门核定的收费标准。

**第十四条 【强制报废制度】** 国家实行机动车强制报废制度,根据机动车的安全技术状况和不同用途,规定不同的报废标准。

应当报废的机动车必须及时办理注销登记。

达到报废标准的机动车不得上道路行驶。报废的大型客、货车及其他营运车辆应当在公安机关交通管理部门的监督下解体。

**第十五条 【特种车辆标志图案的喷涂和警报器、标志灯具的安装、使用】** 警车、消防车、救护车、工程救险车应当按照规定喷涂标志图案,安装警报器、标志灯具。其他机动车不得喷涂、安装、使用上述车辆专用的或者与其相类似的标志图案、警报器或者标志灯具。

警车、消防车、救护车、工程救险车应当严格按照规定的用途和条件使用。

公路监督检查的专用车辆,应当依照公路法的规定,设置统一的标志和示警灯。

**第十六条 【禁止拼装、改变、伪造、变造等违法行为】** 任何单位或者个人不得有下列行为:

(一)拼装机动车或者擅自改变机动车已登记的结构、构造或者特征;

(二)改变机动车型号、发动机号、车架号或者车辆识别代号;

(三)伪造、变造或者使用伪造、变造的机动车登记证书、号牌、行驶证、检验合格标志、保险标志;

(四)使用其他机动车的登记证书、号牌、行驶证、检验合格标志、保险标志。

**第十七条 【机动车第三者责任强制保险制度和道路交通事故社

会救助基金】国家实行机动车第三者责任强制保险制度，设立道路交通事故社会救助基金。具体办法由国务院规定。

**第十八条　【非机动车的管理】**依法应当登记的非机动车，经公安机关交通管理部门登记后，方可上道路行驶。

依法应当登记的非机动车的种类，由省、自治区、直辖市人民政府根据当地实际情况规定。

非机动车的外形尺寸、质量、制动器、车铃和夜间反光装置，应当符合非机动车安全技术标准。

### 第二节　机动车驾驶人

**第十九条　【驾驶证】**驾驶机动车，应当依法取得机动车驾驶证。

申请机动车驾驶证，应当符合国务院公安部门规定的驾驶许可条件；经考试合格后，由公安机关交通管理部门发给相应类别的机动车驾驶证。

持有境外机动车驾驶证的人，符合国务院公安部门规定的驾驶许可条件，经公安机关交通管理部门考核合格的，可以发给中国的机动车驾驶证。

驾驶人应当按照驾驶证载明的准驾车型驾驶机动车；驾驶机动车时，应当随身携带机动车驾驶证。

公安机关交通管理部门以外的任何单位或者个人，不得收缴、扣留机动车驾驶证。

**第二十条　【驾驶培训】**机动车的驾驶培训实行社会化，由交通运输主管部门对驾驶培训学校、驾驶培训班实行备案管理，并对驾驶培训活动加强监督，其中专门的拖拉机驾驶培训学校、驾驶培训班由农业（农业机械）主管部门实行监督管理。

驾驶培训学校、驾驶培训班应当严格按照国家有关规定，对学员进行道路交通安全法律、法规、驾驶技能的培训，确保培训质量。

任何国家机关以及驾驶培训和考试主管部门不得举办或者参与举办驾驶培训学校、驾驶培训班。

**第二十一条　【上路行驶前的安全检查】**驾驶人驾驶机动车上道路行驶前，应当对机动车的安全技术性能进行认真检查；不得驾驶安全设施不全或者机件不符合技术标准等具有安全隐患的机动车。

**第二十二条　【机动车驾驶人应当安全驾驶】**机动车驾驶人应当

遵守道路交通安全法律、法规的规定，按照操作规范安全驾驶、文明驾驶。

饮酒、服用国家管制的精神药品或者麻醉药品，或者患有妨碍安全驾驶机动车的疾病，或者过度疲劳影响安全驾驶的，不得驾驶机动车。

任何人不得强迫、指使、纵容驾驶人违反道路交通安全法律、法规和机动车安全驾驶要求驾驶机动车。

**第二十三条** 【机动车驾驶证定期审验】公安机关交通管理部门依照法律、行政法规的规定，定期对机动车驾驶证实施审验。

**第二十四条** 【累积记分制度】公安机关交通管理部门对机动车驾驶人违反道路交通安全法律、法规的行为，除依法给予行政处罚外，实行累积记分制度。公安机关交通管理部门对累积记分达到规定分值的机动车驾驶人，扣留机动车驾驶证，对其进行道路交通安全法律、法规教育，重新考试；考试合格的，发还其机动车驾驶证。

对遵守道路交通安全法律、法规，在一年内无累积记分的机动车驾驶人，可以延长机动车驾驶证的审验期。具体办法由国务院公安部门规定。

## 第三章　道路通行条件

**第二十五条** 【道路交通信号和分类】全国实行统一的道路交通信号。

交通信号包括交通信号灯、交通标志、交通标线和交通警察的指挥。

交通信号灯、交通标志、交通标线的设置应当符合道路交通安全、畅通的要求和国家标准，并保持清晰、醒目、准确、完好。

根据通行需要，应当及时增设、调换、更新道路交通信号。增设、调换、更新限制性的道路交通信号，应当提前向社会公告，广泛进行宣传。

**第二十六条** 【交通信号灯分类和示义】交通信号灯由红灯、绿灯、黄灯组成。红灯表示禁止通行，绿灯表示准许通行，黄灯表示警示。

**第二十七条** 【铁路道口的警示标志】铁路与道路平面交叉的道

口，应当设置警示灯、警示标志或者安全防护设施。无人看守的铁路道口，应当在距道口一定距离处设置警示标志。

**第二十八条 【道路交通信号的保护】**任何单位和个人不得擅自设置、移动、占用、损毁交通信号灯、交通标志、交通标线。

道路两侧及隔离带上种植的树木或者其他植物，设置的广告牌、管线等，应当与交通设施保持必要的距离，不得遮挡路灯、交通信号灯、交通标志，不得妨碍安全视距，不得影响通行。

**第二十九条 【公共交通的规划、设计、建设和对交通安全隐患的防范】**道路、停车场和道路配套设施的规划、设计、建设，应当符合道路交通安全、畅通的要求，并根据交通需求及时调整。

公安机关交通管理部门发现已经投入使用的道路存在交通事故频发路段，或者停车场、道路配套设施存在交通安全严重隐患的，应当及时向当地人民政府报告，并提出防范交通事故、消除隐患的建议，当地人民政府应当及时作出处理决定。

**第三十条 【道路或交通信号毁损的处置措施】**道路出现坍塌、坑漕、水毁、隆起等损毁或者交通信号灯、交通标志、交通标线等交通设施损毁、灭失的，道路、交通设施的养护部门或者管理部门应当设置警示标志并及时修复。

公安机关交通管理部门发现前款情形，危及交通安全，尚未设置警示标志的，应当及时采取安全措施，疏导交通，并通知道路、交通设施的养护部门或者管理部门。

**第三十一条 【未经许可不得占道从事非交通活动】**未经许可，任何单位和个人不得占用道路从事非交通活动。

**第三十二条 【占用道路施工的处置措施】**因工程建设需要占用、挖掘道路，或者跨越、穿越道路架设、增设管线设施，应当事先征得道路主管部门的同意；影响交通安全的，还应当征得公安机关交通管理部门的同意。

施工作业单位应当在经批准的路段和时间内施工作业，并在距施工作业地点来车方向安全距离处设置明显的安全警示标志，采取防护措施；施工作业完毕，应当迅速清除道路上的障碍物，消除安全隐患，经道路主管部门和公安机关交通管理部门验收合格，符合通行要求后，方可恢复通行。

对未中断交通的施工作业道路，公安机关交通管理部门应当加强交通安全监督检查,维护道路交通秩序。

**第三十三条　【停车场、停车泊位的设置】**新建、改建、扩建的公共建筑、商业街区、居住区、大(中)型建筑等,应当配建、增建停车场;停车泊位不足的,应当及时改建或者扩建;投入使用的停车场不得擅自停止使用或者改作他用。

在城市道路范围内,在不影响行人、车辆通行的情况下,政府有关部门可以施划停车泊位。

**第三十四条　【行人过街设施、盲道的设置】**学校、幼儿园、医院、养老院门前的道路没有行人过街设施的,应当施划人行横道线,设置提示标志。

城市主要道路的人行道,应当按照规划设置盲道。盲道的设置应当符合国家标准。

## 第四章　道路通行规定

### 第一节　一般规定

**第三十五条　【右侧通行】**机动车、非机动车实行右侧通行。

**第三十六条　【车道划分和通行规则】**根据道路条件和通行需要,道路划分为机动车道、非机动车道和人行道的,机动车、非机动车、行人实行分道通行。没有划分机动车道、非机动车道和人行道的,机动车在道路中间通行,非机动车和行人在道路两侧通行。

**第三十七条　【专用车道只准许规定车辆通行】**道路划设专用车道的,在专用车道内,只准许规定的车辆通行,其他车辆不得进入专用车道内行驶。

**第三十八条　【遵守交通信号】**车辆、行人应当按照交通信号通行;遇有交通警察现场指挥时,应当按照交通警察的指挥通行;在没有交通信号的道路上,应当在确保安全、畅通的原则下通行。

**第三十九条　【交通管理部门可根据情况采取管理措施并提前公告】**公安机关交通管理部门根据道路和交通流量的具体情况,可以对机动车、非机动车、行人采取疏导、限制通行、禁止通行等措施。遇有大型群众性活动、大范围施工等情况,需要采取限制交通的措施,或者作出与公众的道路交通活动直接有关的决定,应当提前向社会公告。

**第四十条　【交通管制】**遇有自然灾害、恶劣气象条件或者重大交通事故等严重影响交通安全的情形，采取其他措施难以保证交通安全时，公安机关交通管理部门可以实行交通管制。

**第四十一条　【授权国务院规定道路通行的其他具体规定】**有关道路通行的其他具体规定，由国务院规定。

### 第二节　机动车通行规定

**第四十二条　【机动车行驶速度】**机动车上道路行驶，不得超过限速标志标明的最高时速。在没有限速标志的路段，应当保持安全车速。

夜间行驶或者在容易发生危险的路段行驶，以及遇有沙尘、冰雹、雨、雪、雾、结冰等气象条件时，应当降低行驶速度。

**第四十三条　【不得超车的情形】**同车道行驶的机动车，后车应当与前车保持足以采取紧急制动措施的安全距离。有下列情形之一的，不得超车：

（一）前车正在左转弯、掉头、超车的；

（二）与对面来车有会车可能的；

（三）前车为执行紧急任务的警车、消防车、救护车、工程救险车的；

（四）行经铁路道口、交叉路口、窄桥、弯道、陡坡、隧道、人行横道、市区交通流量大的路段等没有超车条件的。

**第四十四条　【交叉路口通行规则】**机动车通过交叉路口，应当按照交通信号灯、交通标志、交通标线或者交通警察的指挥通过；通过没有交通信号灯、交通标志、交通标线或者交通警察指挥的交叉路口时，应当减速慢行，并让行人和优先通行的车辆先行。

**第四十五条　【交通不畅条件下的行驶】**机动车遇有前方车辆停车排队等候或者缓慢行驶时，不得借道超车或者占用对面车道，不得穿插等候的车辆。

在车道减少的路段、路口，或者在没有交通信号灯、交通标志、交通标线或者交通警察指挥的交叉路口遇到停车排队等候或者缓慢行驶时，机动车应当依次交替通行。

**第四十六条　【铁路道口通行规则】**机动车通过铁路道口时，应当按照交通信号或者管理人员的指挥通行；没有交通信号或者管理人员的，应当减速或者停车，在确认安全后通过。

**第四十七条 【避让行人】** 机动车行经人行横道时，应当减速行驶；遇行人正在通过人行横道，应当停车让行。

机动车行经没有交通信号的道路时，遇行人横过道路，应当避让。

**第四十八条 【机动车载物】** 机动车载物应当符合核定的载质量，严禁超载；载物的长、宽、高不得违反装载要求，不得遗洒、飘散载运物。

机动车运载超限的不可解体的物品，影响交通安全的，应当按照公安机关交通管理部门指定的时间、路线、速度行驶，悬挂明显标志。在公路上运载超限的不可解体的物品，并应当依照公路法的规定执行。

机动车载运爆炸物品、易燃易爆化学物品以及剧毒、放射性等危险物品，应当经公安机关批准后，按指定的时间、路线、速度行驶，悬挂警示标志并采取必要的安全措施。

**第四十九条 【机动车载人】** 机动车载人不得超过核定的人数，客运机动车不得违反规定载货。

**第五十条 【货运车运营规则】** 禁止货运机动车载客。

货运机动车需要附载作业人员的，应当设置保护作业人员的安全措施。

**第五十一条 【安全带及安全头盔的使用】** 机动车行驶时，驾驶人、乘坐人员应当按规定使用安全带，摩托车驾驶人及乘坐人员应当按规定戴安全头盔。

**第五十二条 【机动车故障处置】** 机动车在道路上发生故障，需要停车排除故障时，驾驶人应当立即开启危险报警闪光灯，将机动车移至不妨碍交通的地方停放；难以移动的，应当持续开启危险报警闪光灯，并在来车方向设置警告标志等措施扩大示警距离，必要时迅速报警。

**第五十三条 【特种车辆的优先通行权】** 警车、消防车、救护车、工程救险车执行紧急任务时，可以使用警报器、标志灯具；在确保安全的前提下，不受行驶路线、行驶方向、行驶速度和信号灯的限制，其他车辆和行人应当让行。

警车、消防车、救护车、工程救险车非执行紧急任务时，不得使用警报器、标志灯具，不享有前款规定的道路优先通行权。

**第五十四条** 【养护、工程作业等车辆的作业通行权】道路养护车辆、工程作业车进行作业时，在不影响过往车辆通行的前提下，其行驶路线和方向不受交通标志、标线限制，过往车辆和人员应当注意避让。

洒水车、清扫车等机动车应当按照安全作业标准作业；在不影响其他车辆通行的情况下，可以不受车辆分道行驶的限制，但是不得逆向行驶。

**第五十五条** 【拖拉机的通行和营运】高速公路、大中城市中心城区内的道路，禁止拖拉机通行。其他禁止拖拉机通行的道路，由省、自治区、直辖市人民政府根据当地实际情况规定。

在允许拖拉机通行的道路上，拖拉机可以从事货运，但是不得用于载人。

**第五十六条** 【机动车的停泊】机动车应当在规定地点停放。禁止在人行道上停放机动车；但是，依照本法第三十三条规定施划的停车泊位除外。

在道路上临时停车的，不得妨碍其他车辆和行人通行。

### 第三节 非机动车通行规定

**第五十七条** 【非机动车通行规则】驾驶非机动车在道路上行驶应当遵守有关交通安全的规定。非机动车应当在非机动车道内行驶；在没有非机动车道的道路上，应当靠车行道的右侧行驶。

**第五十八条** 【非机动车行驶速度限制】残疾人机动轮椅车、电动自行车在非机动车道内行驶时，最高时速不得超过十五公里。

**第五十九条** 【非机动车的停放】非机动车应当在规定地点停放。未设停放地点的，非机动车停放不得妨碍其他车辆和行人通行。

**第六十条** 【畜力车使用规则】驾驭畜力车，应当使用驯服的牲畜；驾驭畜力车横过道路时，驾驭人应当下车牵引牲畜；驾驭人离开车辆时，应当拴系牲畜。

### 第四节 行人和乘车人通行规定

**第六十一条** 【行人通行规则】行人应当在人行道内行走，没有人行道的靠路边行走。

**第六十二条** 【行人横过道路规则】行人通过路口或者横过道路,应当走人行横道或者过街设施;通过有交通信号灯的人行横道,应当按照交通信号灯指示通行;通过没有交通信号灯、人行横道的路口,或者在没有过街设施的路段横过道路,应当在确认安全后通过。

**第六十三条** 【行人禁止行为】行人不得跨越、倚坐道路隔离设施,不得扒车、强行拦车或者实施妨碍道路交通安全的其他行为。

**第六十四条** 【特殊行人通行规则】学龄前儿童以及不能辨认或者不能控制自己行为的精神疾病患者、智力障碍者在道路上通行,应当由其监护人、监护人委托的人或者对其负有管理、保护职责的人带领。

盲人在道路上通行,应当使用盲杖或者采取其他导盲手段,车辆应当避让盲人。

**第六十五条** 【行人通过铁路道口规则】行人通过铁路道口时,应当按照交通信号或者管理人员的指挥通行;没有交通信号和管理人员的,应当在确认无火车驶临后,迅速通过。

**第六十六条** 【乘车规则】乘车人不得携带易燃易爆等危险物品,不得向车外抛洒物品,不得有影响驾驶人安全驾驶的行为。

## 第五节 高速公路的特别规定

**第六十七条** 【高速公路通行规则、时速限制】行人、非机动车、拖拉机、轮式专用机械车、铰接式客车、全挂拖斗车以及其他设计最高时速低于七十公里的机动车,不得进入高速公路。高速公路限速标志标明的最高时速不得超过一百二十公里。

**第六十八条** 【故障处理】机动车在高速公路上发生故障时,应当依照本法第五十二条的有关规定办理;但是,警告标志应当设置在故障车来车方向一百五十米以外,车上人员应当迅速转移到右侧路肩上或者应急车道内,并且迅速报警。

机动车在高速公路上发生故障或者交通事故,无法正常行驶的,应当由救援车、清障车拖曳、牵引。

**第六十九条** 【不得在高速公路上拦截车辆】任何单位、个人不得在高速公路上拦截检查行驶的车辆,公安机关的人民警察依法执行紧急公务除外。

# 第五章　交通事故处理

**第七十条**　【交通事故处理及报警】在道路上发生交通事故，车辆驾驶人应当立即停车，保护现场；造成人身伤亡的，车辆驾驶人应当立即抢救受伤人员，并迅速报告执勤的交通警察或者公安机关交通管理部门。因抢救受伤人员变动现场的，应当标明位置。乘车人、过往车辆驾驶人、过往行人应当予以协助。

在道路上发生交通事故，未造成人身伤亡，当事人对事实及成因无争议的，可以即行撤离现场，恢复交通，自行协商处理损害赔偿事宜；不即行撤离现场的，应当迅速报告执勤的交通警察或者公安机关交通管理部门。

在道路上发生交通事故，仅造成轻微财产损失，并且基本事实清楚的，当事人应当先撤离现场再进行协商处理。

**第七十一条**　【交通事故逃逸的处理】车辆发生交通事故后逃逸的，事故现场目击人员和其他知情人员应当向公安机关交通管理部门或者交通警察举报。举报属实的，公安机关交通管理部门应当给予奖励。

**第七十二条**　【交警处理交通事故程序】公安机关交通管理部门接到交通事故报警后，应当立即派交通警察赶赴现场，先组织抢救受伤人员，并采取措施，尽快恢复交通。

交通警察应当对交通事故现场进行勘验、检查，收集证据；因收集证据的需要，可以扣留事故车辆，但是应当妥善保管，以备核查。

对当事人的生理、精神状况等专业性较强的检验，公安机关交通管理部门应当委托专门机构进行鉴定。鉴定结论应当由鉴定人签名。

**第七十三条**　【交通事故认定书】公安机关交通管理部门应当根据交通事故现场勘验、检查、调查情况和有关的检验、鉴定结论，及时制作交通事故认定书，作为处理交通事故的证据。交通事故认定书应当载明交通事故的基本事实、成因和当事人的责任，并送达当事人。

**第七十四条**　【交通事故的调解或起诉】对交通事故损害赔偿的争议，当事人可以请求公安机关交通管理部门调解，也可以直接向人民法院提起民事诉讼。

经公安机关交通管理部门调解，当事人未达成协议或者调解书生效后不履行的，当事人可以向人民法院提起民事诉讼。

**第七十五条　【受伤人员的抢救及费用承担】**医疗机构对交通事故中的受伤人员应当及时抢救，不得因抢救费用未及时支付而拖延救治。肇事车辆参加机动车第三者责任强制保险的，由保险公司在责任限额范围内支付抢救费用；抢救费用超过责任限额的，未参加机动车第三者责任强制保险或者肇事后逃逸的，由道路交通事故社会救助基金先行垫付部分或者全部抢救费用，道路交通事故社会救助基金管理机构有权向交通事故责任人追偿。

**第七十六条　【交通事故赔偿责任】**机动车发生交通事故造成人身伤亡、财产损失的，由保险公司在机动车第三者责任强制保险责任限额范围内予以赔偿；不足的部分，按照下列规定承担赔偿责任：

（一）机动车之间发生交通事故的，由有过错的一方承担赔偿责任；双方都有过错的，按照各自过错的比例分担责任。

（二）机动车与非机动车驾驶人、行人之间发生交通事故，非机动车驾驶人、行人没有过错的，由机动车一方承担赔偿责任；有证据证明非机动车驾驶人、行人有过错的，根据过错程度适当减轻机动车一方的赔偿责任；机动车一方没有过错的，承担不超过百分之十的赔偿责任。

交通事故的损失是由非机动车驾驶人、行人故意碰撞机动车造成的，机动车一方不承担赔偿责任。

**第七十七条　【道路外交通事故处理】**车辆在道路以外通行时发生的事故，公安机关交通管理部门接到报案的，参照本法有关规定办理。

# 第六章　执法监督

**第七十八条　【交警管理及考核上岗】**公安机关交通管理部门应当加强对交通警察的管理，提高交通警察的素质和管理道路交通的水平。

公安机关交通管理部门应当对交通警察进行法制和交通安全管理业务培训、考核。交通警察经考核不合格的，不得上岗执行职务。

**第七十九条　【依法履行法定职责】**公安机关交通管理部门及其

交通警察实施道路交通安全管理，应当依据法定的职权和程序，简化办事手续，做到公正、严格、文明、高效。

**第八十条　【执行职务要求】** 交通警察执行职务时，应当按照规定着装，佩带人民警察标志，持有人民警察证件，保持警容严整，举止端庄，指挥规范。

**第八十一条　【收费标准】** 依照本法发放牌证等收取工本费，应当严格执行国务院价格主管部门核定的收费标准，并全部上缴国库。

**第八十二条　【处罚和收缴分离原则】** 公安机关交通管理部门依法实施罚款的行政处罚，应当依照有关法律、行政法规的规定，实施罚款决定与罚款收缴分离；收缴的罚款以及依法没收的违法所得，应当全部上缴国库。

**第八十三条　【回避制度】** 交通警察调查处理道路交通安全违法行为和交通事故，有下列情形之一的，应当回避：

（一）是本案的当事人或者当事人的近亲属；

（二）本人或者其近亲属与本案有利害关系；

（三）与本案当事人有其他关系，可能影响案件的公正处理。

**第八十四条　【执法监督】** 公安机关交通管理部门及其交通警察的行政执法活动，应当接受行政监察机关依法实施的监督。

公安机关督察部门应当对公安机关交通管理部门及其交通警察执行法律、法规和遵守纪律的情况依法进行监督。

上级公安机关交通管理部门应当对下级公安机关交通管理部门的执法活动进行监督。

**第八十五条　【举报、投诉制度】** 公安机关交通管理部门及其交通警察执行职务，应当自觉接受社会和公民的监督。

任何单位和个人都有权对公安机关交通管理部门及其交通警察不严格执法以及违法违纪行为进行检举、控告。收到检举、控告的机关，应当依据职责及时查处。

**第八十六条　【交警执法保障】** 任何单位不得给公安机关交通管理部门下达或者变相下达罚款指标；公安机关交通管理部门不得以罚款数额作为考核交通警察的标准。

公安机关交通管理部门及其交通警察对超越法律、法规规定的指令，有权拒绝执行，并同时向上级机关报告。

# 第七章 法律责任

**第八十七条** 【交通管理部门的职权】公安机关交通管理部门及其交通警察对道路交通安全违法行为，应当及时纠正。

公安机关交通管理部门及其交通警察应当依据事实和本法的有关规定对道路交通安全违法行为予以处罚。对于情节轻微，未影响道路通行的，指出违法行为，给予口头警告后放行。

**第八十八条** 【处罚种类】对道路交通安全违法行为的处罚种类包括：警告、罚款、暂扣或者吊销机动车驾驶证、拘留。

**第八十九条** 【对违法行人、乘车人、非机动车驾驶人的处罚】行人、乘车人、非机动车驾驶人违反道路交通安全法律、法规关于道路通行规定的，处警告或者五元以上五十元以下罚款；非机动车驾驶人拒绝接受罚款处罚的，可以扣留其非机动车。

**第九十条** 【对违法机动车驾驶人的处罚】机动车驾驶人违反道路交通安全法律、法规关于道路通行规定的，处警告或者二十元以上二百元以下罚款。本法另有规定的，依照规定处罚。

**第九十一条** 【饮酒、醉酒驾车处罚】饮酒后驾驶机动车的，处暂扣六个月机动车驾驶证，并处一千元以上二千元以下罚款。因饮酒后驾驶机动车被处罚，再次饮酒后驾驶机动车的，处十日以下拘留，并处一千元以上二千元以下罚款，吊销机动车驾驶证。

醉酒驾驶机动车的，由公安机关交通管理部门约束至酒醒，吊销机动车驾驶证，依法追究刑事责任；五年内不得重新取得机动车驾驶证。

饮酒后驾驶营运机动车的，处十五日拘留，并处五千元罚款，吊销机动车驾驶证，五年内不得重新取得机动车驾驶证。

醉酒驾驶营运机动车的，由公安机关交通管理部门约束至酒醒，吊销机动车驾驶证，依法追究刑事责任；十年内不得重新取得机动车驾驶证，重新取得机动车驾驶证后，不得驾驶营运机动车。

饮酒后或者醉酒驾驶机动车发生重大交通事故，构成犯罪的，依法追究刑事责任，并由公安机关交通管理部门吊销机动车驾驶证，终生不得重新取得机动车驾驶证。

**第九十二条** 【超载行为处罚】公路客运车辆载客超过额定乘员

的，处二百元以上五百元以下罚款；超过额定乘员百分之二十或者违反规定载货的，处五百元以上二千元以下罚款。

货运机动车超过核定载质量的，处二百元以上五百元以下罚款；超过核定载质量百分之三十或者违反规定载客的，处五百元以上二千元以下罚款。

有前两款行为的，由公安机关交通管理部门扣留机动车至违法状态消除。

运输单位的车辆有本条第一款、第二款规定的情形，经处罚不改的，对直接负责的主管人员处二千元以上五千元以下罚款。

**第九十三条** 【对违法泊车的处理及拖车规则】对违反道路交通安全法律、法规关于机动车停放、临时停车规定的，可以指出违法行为，并予以口头警告，令其立即驶离。

机动车驾驶人不在现场或者虽在现场但拒绝立即驶离，妨碍其他车辆、行人通行的，处二十元以上二百元以下罚款，并可以将该机动车拖移至不妨碍交通的地点或者公安机关交通管理部门指定的地点停放。公安机关交通管理部门拖车不得向当事人收取费用，并应当及时告知当事人停放地点。

因采取不正确的方法拖车造成机动车损坏的，应当依法承担补偿责任。

**第九十四条** 【对机动车安检机构的管理】机动车安全技术检验机构实施机动车安全技术检验超过国务院价格主管部门核定的收费标准收取费用的，退还多收取的费用，并由价格主管部门依照《中华人民共和国价格法》的有关规定给予处罚。

机动车安全技术检验机构不按照机动车国家安全技术标准进行检验，出具虚假检验结果的，由公安机关交通管理部门处所收检验费用五倍以上十倍以下罚款，并依法撤销其检验资格；构成犯罪的，依法追究刑事责任。

**第九十五条** 【未悬挂号牌、未放置标志、未携带证件、未合理安放号牌的处理】上道路行驶的机动车未悬挂机动车号牌，未放置检验合格标志、保险标志，或者未随车携带行驶证、驾驶证的，公安机关交通管理部门应当扣留机动车，通知当事人提供相应的牌证、标志或者补办相应手续，并可以依照本法第九十条的规定予以处罚。当事人提供相应的牌证、标志或者补办相应手续的，应当及时退还机动车。

故意遮挡、污损或者不按规定安装机动车号牌的，依照本法第九十条的规定予以处罚。

**第九十六条** 【对伪造、变造行为的处罚】伪造、变造或者使用伪造、变造的机动车登记证书、号牌、行驶证、驾驶证的，由公安机关交通管理部门予以收缴，扣留该机动车，处十五日以下拘留，并处二千元以上五千元以下罚款；构成犯罪的，依法追究刑事责任。

伪造、变造或者使用伪造、变造的检验合格标志、保险标志的，由公安机关交通管理部门予以收缴，扣留该机动车，处十日以下拘留，并处一千元以上三千元以下罚款；构成犯罪的，依法追究刑事责任。

使用其他车辆的机动车登记证书、号牌、行驶证、检验合格标志、保险标志的，由公安机关交通管理部门予以收缴，扣留该机动车，处二千元以上五千元以下罚款。

当事人提供相应的合法证明或者补办相应手续的，应当及时退还机动车。

**第九十七条** 【对非法安装警报器、标志灯具的处罚】非法安装警报器、标志灯具的，由公安机关交通管理部门强制拆除，予以收缴，并处二百元以上二千元以下罚款。

**第九十八条** 【对未投保交强险的处罚】机动车所有人、管理人未按照国家规定投保机动车第三者责任强制保险的，由公安机关交通管理部门扣留车辆至依照规定投保后，并处依照规定投保最低责任限额应缴纳的保险费的二倍罚款。

依照前款缴纳的罚款全部纳入道路交通事故社会救助基金。具体办法由国务院规定。

**第九十九条** 【其他违法行为的处罚】有下列行为之一的，由公安机关交通管理部门处二百元以上二千元以下罚款：

（一）未取得机动车驾驶证、机动车驾驶证被吊销或者机动车驾驶证被暂扣期间驾驶机动车的；

（二）将机动车交由未取得机动车驾驶证或者机动车驾驶证被吊销、暂扣的人驾驶的；

（三）造成交通事故后逃逸，尚不构成犯罪的；

（四）机动车行驶超过规定时速百分之五十的；

（五）强迫机动车驾驶人违反道路交通安全法律、法规和机动车安全驾驶要求驾驶机动车，造成交通事故，尚不构成犯罪的；

（六）违反交通管制的规定强行通行，不听劝阻的；

（七）故意损毁、移动、涂改交通设施，造成危害后果，尚不构成犯罪的；

（八）非法拦截、扣留机动车辆，不听劝阻，造成交通严重阻塞或者较大财产损失的。

行为人有前款第二项、第四项情形之一的，可以并处吊销机动车驾驶证；有第一项、第三项、第五项至第八项情形之一的，可以并处十五日以下拘留。

**第一百条** 【驾驶拼装及应报废机动车的处理】驾驶拼装的机动车或者已达到报废标准的机动车上道路行驶的，公安机关交通管理部门应当予以收缴，强制报废。

对驾驶前款所列机动车上道路行驶的驾驶人，处二百元以上二千元以下罚款，并吊销机动车驾驶证。

出售已达到报废标准的机动车的，没收违法所得，处销售金额等额的罚款，对该机动车依照本条第一款的规定处理。

**第一百零一条** 【交通事故刑事责任及终生禁驾规定】违反道路交通安全法律、法规的规定，发生重大交通事故，构成犯罪的，依法追究刑事责任，并由公安机关交通管理部门吊销机动车驾驶证。

造成交通事故后逃逸的，由公安机关交通管理部门吊销机动车驾驶证，且终生不得重新取得机动车驾驶证。

**第一百零二条** 【对专业运输单位的管理】对六个月内发生二次以上特大交通事故负有主要责任或者全部责任的专业运输单位，由公安机关交通管理部门责令消除安全隐患，未消除安全隐患的机动车，禁止上道路行驶。

**第一百零三条** 【机动车的生产和销售管理】国家机动车产品主管部门未按照机动车国家安全技术标准严格审查，许可不合格机动车型投入生产的，对负有责任的主管人员和其他直接责任人员给予降级或者撤职的行政处分。

机动车生产企业经国家机动车产品主管部门许可生产的机动车型，不执行机动车国家安全技术标准或者不严格进行机动车成品质量检验，致使质量不合格的机动车出厂销售的，由质量技术监督部门依照《中华人民共和国产品质量法》的有关规定给予处罚。

擅自生产、销售未经国家机动车产品主管部门许可生产的机动车型的，没收非法生产、销售的机动车成品及配件，可以并处非法产品价值三倍以上五倍以下罚款；有营业执照的，由工商行政管理部门吊销营业执照，没有营业执照的，予以查封。

生产、销售拼装的机动车或者生产、销售擅自改装的机动车的，依照本条第三款的规定处罚。

有本条第二款、第三款、第四款所列违法行为，生产或者销售不符合机动车国家安全技术标准的机动车，构成犯罪的，依法追究刑事责任。

**第一百零四条** 【擅自挖掘、占用道路的处理】未经批准，擅自挖掘道路、占用道路施工或者从事其他影响道路交通安全活动的，由道路主管部门责令停止违法行为，并恢复原状，可以依法给予罚款；致使通行的人员、车辆及其他财产遭受损失的，依法承担赔偿责任。

有前款行为，影响道路交通安全活动的，公安机关交通管理部门可以责令停止违法行为，迅速恢复交通。

**第一百零五条** 【道路施工、管理单位未履行职责的责任】道路施工作业或者道路出现损毁，未及时设置警示标志、未采取防护措施，或者应当设置交通信号灯、交通标志、交通标线而没有设置或者应当及时变更交通信号灯、交通标志、交通标线而没有及时变更，致使通行的人员、车辆及其他财产遭受损失的，负有相关职责的单位应当依法承担赔偿责任。

**第一百零六条** 【对妨碍交通标志行为的管理】在道路两侧及隔离带上种植树木、其他植物或者设置广告牌、管线等，遮挡路灯、交通信号灯、交通标志，妨碍安全视距的，由公安机关交通管理部门责令行为人排除妨碍；拒不执行的，处二百元以上二千元以下罚款，并强制排除妨碍，所需费用由行为人负担。

**第一百零七条** 【当场处罚】对道路交通违法行为人予以警告、二百元以下罚款，交通警察可以当场作出行政处罚决定，并出具行政处罚决定书。

行政处罚决定书应当载明当事人的违法事实、行政处罚的依据、处罚内容、时间、地点以及处罚机关名称，并由执法人员签名或者盖章。

**第一百零八条** 【罚款的缴纳】当事人应当自收到罚款的行政处罚决定书之日起十五日内,到指定的银行缴纳罚款。

对行人、乘车人和非机动车驾驶人的罚款,当事人无异议的,可以当场予以收缴罚款。

罚款应当开具省、自治区、直辖市财政部门统一制发的罚款收据;不出具财政部门统一制发的罚款收据的,当事人有权拒绝缴纳罚款。

**第一百零九条** 【逾期不缴纳罚款的处理】当事人逾期不履行行政处罚决定的,作出行政处罚决定的行政机关可以采取下列措施:

(一) 到期不缴纳罚款的,每日按罚款数额的百分之三加处罚款;

(二) 申请人民法院强制执行。

**第一百一十条** 【扣留机动车驾驶证的规则】执行职务的交通警察认为应当对道路交通违法行为人给予暂扣或者吊销机动车驾驶证处罚的,可以先予扣留机动车驾驶证,并在二十四小时内将案件移交公安机关交通管理部门处理。

道路交通违法行为人应当在十五日内到公安机关交通管理部门接受处理。无正当理由逾期未接受处理的,吊销机动车驾驶证。

公安机关交通管理部门暂扣或者吊销机动车驾驶证的,应当出具行政处罚决定书。

**第一百一十一条** 【有权作出拘留裁决的机关】对违反本法规定予以拘留的行政处罚,由县、市公安局、公安分局或者相当于县一级的公安机关裁决。

**第一百一十二条** 【扣留车辆的规则】公安机关交通管理部门扣留机动车、非机动车,应当当场出具凭证,并告知当事人在规定期限内到公安机关交通管理部门接受处理。

公安机关交通管理部门对被扣留的车辆应当妥善保管,不得使用。

逾期不来接受处理,并且经公告三个月仍不来接受处理的,对扣留的车辆依法处理。

**第一百一十三条** 【暂扣、吊销的期限】暂扣机动车驾驶证的期限从处罚决定生效之日起计算;处罚决定生效前先予扣留机动车驾驶证的,扣留一日折抵暂扣期限一日。

吊销机动车驾驶证后重新申请领取机动车驾驶证的期限,按照机动车驾驶证管理规定办理。

**第一百一十四条　【根据技术监控记录进行的处罚】**公安机关交通管理部门根据交通技术监控记录资料，可以对违法的机动车所有人或者管理人依法予以处罚。对能够确定驾驶人的，可以依照本法的规定依法予以处罚。

**第一百一十五条　【对交警及交管部门违法行为的处理】**交通警察有下列行为之一的，依法给予行政处分：

（一）为不符合法定条件的机动车发放机动车登记证书、号牌、行驶证、检验合格标志的；

（二）批准不符合法定条件的机动车安装、使用警车、消防车、救护车、工程救险车的警报器、标志灯具，喷涂标志图案的；

（三）为不符合驾驶许可条件、未经考试或者考试不合格人员发放机动车驾驶证的；

（四）不执行罚款决定与罚款收缴分离制度或者不按规定将依法收取的费用、收缴的罚款及没收的违法所得全部上缴国库的；

（五）举办或者参与举办驾驶学校或者驾驶培训班、机动车修理厂或者收费停车场等经营活动的；

（六）利用职务上的便利收受他人财物或者谋取其他利益的；

（七）违法扣留车辆、机动车行驶证、驾驶证、车辆号牌的；

（八）使用依法扣留的车辆的；

（九）当场收取罚款不开具罚款收据或者不如实填写罚款额的；

（十）徇私舞弊，不公正处理交通事故的；

（十一）故意刁难，拖延办理机动车牌证的；

（十二）非执行紧急任务时使用警报器、标志灯具的；

（十三）违反规定拦截、检查正常行驶的车辆的；

（十四）非执行紧急公务时拦截搭乘机动车的；

（十五）不履行法定职责的。

公安机关交通管理部门有前款所列行为之一的，对直接负责的主管人员和其他直接责任人员给予相应的行政处分。

**第一百一十六条　【对违规交警的处分】**依照本法第一百一十五条的规定，给予交通警察行政处分的，在作出行政处分决定前，可以停止其执行职务；必要时，可以予以禁闭。

依照本法第一百一十五条的规定，交通警察受到降级或者撤职行政处分的，可以予以辞退。

交通警察受到开除处分或者被辞退的，应当取消警衔；受到撤职以下行政处分的交通警察，应当降低警衔。

**第一百一十七条　【对构成犯罪的交警追究刑事责任】**交通警察利用职权非法占有公共财物，索取、收受贿赂，或者滥用职权、玩忽职守，构成犯罪的，依法追究刑事责任。

**第一百一十八条　【公安交管部门、交警违法赔偿责任】**公安机关交通管理部门及其交通警察有本法第一百一十五条所列行为之一，给当事人造成损失的，应当依法承担赔偿责任。

## 第八章　附　则

**第一百一十九条　【本法用语含义】**本法中下列用语的含义：

（一）"道路"，是指公路、城市道路和虽在单位管辖范围但允许社会机动车通行的地方，包括广场、公共停车场等用于公众通行的场所。

（二）"车辆"，是指机动车和非机动车。

（三）"机动车"，是指以动力装置驱动或者牵引，上道路行驶的供人员乘用或者用于运送物品以及进行工程专项作业的轮式车辆。

（四）"非机动车"，是指以人力或者畜力驱动，上道路行驶的交通工具，以及虽有动力装置驱动但设计最高时速、空车质量、外形尺寸符合有关国家标准的残疾人机动轮椅车、电动自行车等交通工具。

（五）"交通事故"，是指车辆在道路上因过错或者意外造成的人身伤亡或者财产损失的事件。

**第一百二十条　【军警机动车管理】**中国人民解放军和中国人民武装警察部队在编机动车牌证、在编机动车检验以及机动车驾驶人考核工作，由中国人民解放军、中国人民武装警察部队有关部门负责。

**第一百二十一条　【拖拉机管理】**对上道路行驶的拖拉机，由农业（农业机械）主管部门行使本法第八条、第九条、第十三条、第十九条、第二十三条规定的公安机关交通管理部门的管理职权。

农业（农业机械）主管部门依照前款规定行使职权，应当遵守本法有关规定，并接受公安机关交通管理部门的监督；对违反规定的，依照本法有关规定追究法律责任。

本法施行前由农业（农业机械）主管部门发放的机动车牌证，在本法施行后继续有效。

**第一百二十二条** 【境外车辆入境管理】国家对入境的境外机动车的道路交通安全实施统一管理。

**第一百二十三条** 【授权制定执行具体标准】省、自治区、直辖市人民代表大会常务委员会可以根据本地区的实际情况，在本法规定的罚款幅度内，规定具体的执行标准。

**第一百二十四条** 【生效日期】本法自 2004 年 5 月 1 日起施行。

# 中华人民共和国道路交通安全法实施条例

· 2004 年 4 月 30 日中华人民共和国国务院令第 405 号公布
· 根据 2017 年 10 月 7 日《国务院关于修改部分行政法规的决定》修订

## 第一章 总 则

**第一条** 根据《中华人民共和国道路交通安全法》（以下简称道路交通安全法）的规定，制定本条例。

**第二条** 中华人民共和国境内的车辆驾驶人、行人、乘车人以及与道路交通活动有关的单位和个人，应当遵守道路交通安全法和本条例。

**第三条** 县级以上地方各级人民政府应当建立、健全道路交通安全工作协调机制，组织有关部门对城市建设项目进行交通影响评价，制定道路交通安全管理规划，确定管理目标，制定实施方案。

## 第二章 车辆和驾驶人

### 第一节 机动车

**第四条** 机动车的登记，分为注册登记、变更登记、转移登记、抵押登记和注销登记。

**第五条** 初次申领机动车号牌、行驶证的，应当向机动车所有人住所地的公安机关交通管理部门申请注册登记。

申请机动车注册登记,应当交验机动车,并提交以下证明、凭证:

（一）机动车所有人的身份证明;
（二）购车发票等机动车来历证明;
（三）机动车整车出厂合格证明或者进口机动车进口凭证;
（四）车辆购置税完税证明或者免税凭证;
（五）机动车第三者责任强制保险凭证;
（六）法律、行政法规规定应当在机动车注册登记时提交的其他证明、凭证。

不属于国务院机动车产品主管部门规定免予安全技术检验的车型的,还应当提供机动车安全技术检验合格证明。

**第六条** 已注册登记的机动车有下列情形之一的,机动车所有人应当向登记该机动车的公安机关交通管理部门申请变更登记:

（一）改变机动车车身颜色的;
（二）更换发动机的;
（三）更换车身或者车架的;
（四）因质量有问题,制造厂更换整车的;
（五）营运机动车改为非营运机动车或者非营运机动车改为营运机动车的;
（六）机动车所有人的住所迁出或者迁入公安机关交通管理部门管辖区域的。

申请机动车变更登记,应当提交下列证明、凭证,属于前款第（一）项、第（二）项、第（三）项、第（四）项、第（五）项情形之一的,还应当交验机动车;属于前款第（二）项、第（三）项情形之一的,还应当同时提交机动车安全技术检验合格证明:

（一）机动车所有人的身份证明;
（二）机动车登记证书;
（三）机动车行驶证。

机动车所有人的住所在公安机关交通管理部门管辖区域内迁移、机动车所有人的姓名（单位名称）或者联系方式变更的,应当向登记该机动车的公安机关交通管理部门备案。

**第七条** 已注册登记的机动车所有权发生转移的,应当及时办理转移登记。

申请机动车转移登记,当事人应当向登记该机动车的公安机关交通管理部门交验机动车,并提交以下证明、凭证:

(一)当事人的身份证明;
(二)机动车所有权转移的证明、凭证;
(三)机动车登记证书;
(四)机动车行驶证。

**第八条** 机动车所有人将机动车作为抵押物抵押的,机动车所有人应当向登记该机动车的公安机关交通管理部门申请抵押登记。

**第九条** 已注册登记的机动车达到国家规定的强制报废标准的,公安机关交通管理部门应当在报废期满的2个月前通知机动车所有人办理注销登记。机动车所有人应当在报废期满前将机动车交售给机动车回收企业,由机动车回收企业将报废的机动车登记证书、号牌、行驶证交公安机关交通管理部门注销。机动车所有人逾期不办理注销登记的,公安机关交通管理部门应当公告该机动车登记证书、号牌、行驶证作废。

因机动车灭失申请注销登记的,机动车所有人应当向公安机关交通管理部门提交本人身份证明,交回机动车登记证书。

**第十条** 办理机动车登记的申请人提交的证明、凭证齐全、有效的,公安机关交通管理部门应当场办理登记手续。

人民法院、人民检察院以及行政执法部门依法查封、扣押的机动车,公安机关交通管理部门不予办理机动车登记。

**第十一条** 机动车登记证书、号牌、行驶证丢失或者损毁,机动车所有人申请补发的,应当向公安机关交通管理部门提交本人身份证明和申请材料。公安机关交通管理部门经与机动车登记档案核实后,在收到申请之日起15日内补发。

**第十二条** 税务部门、保险机构可以在公安机关交通管理部门的办公场所集中办理与机动车有关的税费缴纳、保险合同订立等事项。

**第十三条** 机动车号牌应当悬挂在车前、车后指定位置,保持清晰、完整。重型、中型载货汽车及其挂车、拖拉机及其挂车的车身或者车厢后部应当喷涂放大的牌号,字样应当端正并保持清晰。

机动车检验合格标志、保险标志应当粘贴在机动车前窗右上角。

机动车喷涂、粘贴标识或者车身广告的,不得影响安全驾驶。

**第十四条** 用于公路营运的载客汽车、重型载货汽车、半挂牵引车应当安装、使用符合国家标准的行驶记录仪。交通警察可以对机动车行驶速度、连续驾驶时间以及其他行驶状态信息进行检查。安装行驶记录仪可以分步实施,实施步骤由国务院机动车产品主管部门会同有关部门规定。

**第十五条** 机动车安全技术检验由机动车安全技术检验机构实施。机动车安全技术检验机构应当按照国家机动车安全技术检验标准对机动车进行检验,对检验结果承担法律责任。

质量技术监督部门负责对机动车安全技术检验机构实行计量认证管理,对机动车安全技术检验设备进行检定,对执行国家机动车安全技术检验标准的情况进行监督。

机动车安全技术检验项目由国务院公安部门会同国务院质量技术监督部门规定。

**第十六条** 机动车应当从注册登记之日起,按照下列期限进行安全技术检验:

(一)营运载客汽车5年以内每年检验1次;超过5年的,每6个月检验1次;

(二)载货汽车和大型、中型非营运载客汽车10年以内每年检验1次;超过10年的,每6个月检验1次;

(三)小型、微型非营运载客汽车6年以内每2年检验1次;超过6年的,每年检验1次;超过15年的,每6个月检验1次;

(四)摩托车4年以内每2年检验1次;超过4年的,每年检验1次;

(五)拖拉机和其他机动车每年检验1次。

营运机动车在规定检验期限内经安全技术检验合格的,不再重复进行安全技术检验。

**第十七条** 已注册登记的机动车进行安全技术检验时,机动车行驶证记载的登记内容与该机动车的有关情况不符,或者未按照规定提供机动车第三者责任强制保险凭证的,不予通过检验。

**第十八条** 警车、消防车、救护车、工程救险车标志图案的喷涂以及警报器、标志灯具的安装、使用规定,由国务院公安部门制定。

## 第二节 机动车驾驶人

**第十九条** 符合国务院公安部门规定的驾驶许可条件的人,可以向公安机关交通管理部门申请机动车驾驶证。

机动车驾驶证由国务院公安部门规定式样并监制。

**第二十条** 学习机动车驾驶，应当先学习道路交通安全法律、法规和相关知识，考试合格后，再学习机动车驾驶技能。

在道路上学习驾驶，应当按照公安机关交通管理部门指定的路线、时间进行。在道路上学习机动车驾驶技能应当使用教练车，在教练员随车指导下进行，与教学无关的人员不得乘坐教练车。学员在学习驾驶中有道路交通安全违法行为或者造成交通事故的，由教练员承担责任。

**第二十一条** 公安机关交通管理部门应当对申请机动车驾驶证的人进行考试，对考试合格的，在5日内核发机动车驾驶证；对考试不合格的，书面说明理由。

**第二十二条** 机动车驾驶证的有效期为6年，本条例另有规定的除外。

机动车驾驶人初次申领机动车驾驶证后的12个月为实习期。在实习期内驾驶机动车的，应当在车身后部粘贴或者悬挂统一式样的实习标志。

机动车驾驶人在实习期内不得驾驶公共汽车、营运客车或者执行任务的警车、消防车、救护车、工程救险车以及载有爆炸物品、易燃易爆化学物品、剧毒或者放射性等危险物品的机动车；驾驶的机动车不得牵引挂车。

**第二十三条** 公安机关交通管理部门对机动车驾驶人的道路交通安全违法行为除给予行政处罚外，实行道路交通安全违法行为累积记分（以下简称记分）制度，记分周期为12个月。对在一个记分周期内记分达到12分的，由公安机关交通管理部门扣留其机动车驾驶证，该机动车驾驶人应当按照规定参加道路交通安全法律、法规的学习并接受考试。考试合格的，记分予以清除，发还机动车驾驶证；考试不合格的，继续参加学习和考试。

应当给予记分的道路交通安全违法行为及其分值，由国务院公安部门根据道路交通安全违法行为的危害程度规定。

公安机关交通管理部门应当提供记分查询方式供机动车驾驶人查询。

**第二十四条** 机动车驾驶人在一个记分周期内记分未达到12分，

所处罚款已经缴纳的,记分予以清除;记分虽未达到12分,但尚有罚款未缴纳的,记分转入下一记分周期。

机动车驾驶人在一个记分周期内记分2次以上达到12分的,除按照第二十三条的规定扣留机动车驾驶证、参加学习、接受考试外,还应当接受驾驶技能考试。考试合格的,记分予以清除,发还机动车驾驶证;考试不合格的,继续参加学习和考试。

接受驾驶技能考试的,按照本人机动车驾驶证载明的最高准驾车型考试。

**第二十五条** 机动车驾驶人记分达到12分,拒不参加公安机关交通管理部门通知的学习,也不接受考试的,由公安机关交通管理部门公告其机动车驾驶证停止使用。

**第二十六条** 机动车驾驶人在机动车驾驶证的6年有效期内,每个记分周期均未达到12分的,换发10年有效期的机动车驾驶证;在机动车驾驶证的10年有效期内,每个记分周期均未达到12分的,换发长期有效的机动车驾驶证。

换发机动车驾驶证时,公安机关交通管理部门应当对机动车驾驶证进行审验。

**第二十七条** 机动车驾驶证丢失、损毁,机动车驾驶人申请补发的,应当向公安机关交通管理部门提交本人身份证明和申请材料。公安机关交通管理部门经与机动车驾驶证档案核实后,在收到申请之日起3日内补发。

**第二十八条** 机动车驾驶人在机动车驾驶证丢失、损毁、超过有效期或者被依法扣留、暂扣期间以及记分达到12分的,不得驾驶机动车。

## 第三章 道路通行条件

**第二十九条** 交通信号灯分为:机动车信号灯、非机动车信号灯、人行横道信号灯、车道信号灯、方向指示信号灯、闪光警告信号灯、道路与铁路平面交叉道口信号灯。

**第三十条** 交通标志分为:指示标志、警告标志、禁令标志、指路标志、旅游区标志、道路施工安全标志和辅助标志。

道路交通标线分为:指示标线、警告标线、禁止标线。

**第三十一条** 交通警察的指挥分为：手势信号和使用器具的交通指挥信号。

**第三十二条** 道路交叉路口和行人横over道路较为集中的路段应当设置人行横道、过街天桥或者过街地下通道。

在盲人通行较为集中的路段，人行横道信号灯应当设置声响提示装置。

**第三十三条** 城市人民政府有关部门可以在不影响行人、车辆通行的情况下，在城市道路上施划停车泊位，并规定停车泊位的使用时间。

**第三十四条** 开辟或者调整公共汽车、长途汽车的行驶路线或者车站，应当符合交通规划和安全、畅通的要求。

**第三十五条** 道路养护施工单位在道路上进行养护、维修时，应当按照规定设置规范的安全警示标志和安全防护设施。道路养护施工作业车辆、机械应当安装示警灯，喷涂明显的标志图案，作业时应当开启示警灯和危险报警闪光灯。对未中断交通的施工作业道路，公安机关交通管理部门应当加强交通安全监督检查。发生交通阻塞时，及时做好分流、疏导，维护交通秩序。

道路施工需要车辆绕行的，施工单位应当在绕行处设置标志；不能绕行的，应当修建临时通道，保证车辆和行人通行。需要封闭道路中断交通的，除紧急情况外，应当提前5日向社会公告。

**第三十六条** 道路或者交通设施养护部门、管理部门应当在急弯、陡坡、临崖、临水等危险路段，按照国家标准设置警告标志和安全防护设施。

**第三十七条** 道路交通标志、标线不规范，机动车驾驶人容易发生辨认错误的，交通标志、标线的主管部门应当及时予以改善。

道路照明设施应当符合道路建设技术规范，保持照明功能完好。

## 第四章 道路通行规定

### 第一节 一般规定

**第三十八条** 机动车信号灯和非机动车信号灯表示：

（一）绿灯亮时，准许车辆通行，但转弯的车辆不得妨碍被放行

的直行车辆、行人通行;

（二）黄灯亮时,已越过停止线的车辆可以继续通行;

（三）红灯亮时,禁止车辆通行。

在未设置非机动车信号灯和人行横道信号灯的路口,非机动车和行人应当按照机动车信号灯的表示通行。

红灯亮时,右转弯的车辆在不妨碍被放行的车辆、行人通行的情况下,可以通行。

**第三十九条** 人行横道信号灯表示:

（一）绿灯亮时,准许行人通过人行横道;

（二）红灯亮时,禁止行人进入人行横道,但是已经进入人行横道的,可以继续通过或者在道路中心线处停留等候。

**第四十条** 车道信号灯表示:

（一）绿色箭头灯亮时,准许本车道车辆按指示方向通行;

（二）红色叉形灯或者箭头灯亮时,禁止本车道车辆通行。

**第四十一条** 方向指示信号灯的箭头方向向左、向上、向右分别表示左转、直行、右转。

**第四十二条** 闪光警告信号灯为持续闪烁的黄灯,提示车辆、行人通行时注意瞭望,确认安全后通过。

**第四十三条** 道路与铁路平面交叉道口有两个红灯交替闪烁或一个红灯亮时,表示禁止车辆、行人通行;红灯熄灭时,表示允许车辆、行人通行。

## 第二节 机动车通行规定

**第四十四条** 在道路同方向划有2条以上机动车道的,左侧为快速车道,右侧为慢速车道。在快速车道行驶的机动车应当按照快速车道规定的速度行驶,未达到快速车道规定的行驶速度的,应当在慢速车道行驶。摩托车应当在最右侧车道行驶。有交通标志标明行驶速度的,按照标明的行驶速度行驶。慢速车道内的机动车超越前车时,可以借用快速车道行驶。

在道路同方向划有2条以上机动车道的,变更车道的机动车不得影响相关车道内行驶的机动车的正常行驶。

**第四十五条** 机动车在道路上行驶不得超过限速标志、标线标明的速度。在没有限速标志、标线的道路上,机动车不得超过下列最高行驶速度：

（一）没有道路中心线的道路，城市道路为每小时30公里，公路为每小时40公里；

（二）同方向只有1条机动车道的道路，城市道路为每小时50公里，公路为每小时70公里。

第四十六条　机动车行驶中遇有下列情形之一的，最高行驶速度不得超过每小时30公里，其中拖拉机、电瓶车、轮式专用机械车不得超过每小时15公里：

（一）进出非机动车道，通过铁路道口、急弯路、窄路、窄桥时；

（二）掉头、转弯、下陡坡时；

（三）遇雾、雨、雪、沙尘、冰雹，能见度在50米以内时；

（四）在冰雪、泥泞的道路上行驶时；

（五）牵引发生故障的机动车时。

第四十七条　机动车超车时，应当提前开启左转向灯、变换使用远、近光灯或者鸣喇叭。在没有道路中心线或者同方向只有1条机动车道的道路上，前车遇后车发出超车信号时，在条件许可的情况下，应当降低速度、靠右让路。后车应当在确认有充足的安全距离后，从前车的左侧超越，在与被超车辆拉开必要的安全距离后，开启右转向灯，驶回原车道。

第四十八条　在没有中心隔离设施或者没有中心线的道路上，机动车遇相对方向来车时应当遵守下列规定：

（一）减速靠右行驶，并与其他车辆、行人保持必要的安全距离；

（二）在有障碍的路段，无障碍的一方先行；但有障碍的一方已驶入障碍路段而无障碍的一方未驶入时，有障碍的一方先行；

（三）在狭窄的坡路，上坡的一方先行；但下坡的一方已行至中途而上坡的一方未上坡时，下坡的一方先行；

（四）在狭窄的山路，不靠山体的一方先行；

（五）夜间会车应当在距相对方向来车150米以外改用近光灯，在窄路、窄桥与非机动车会车时应当使用近光灯。

第四十九条　机动车在有禁止掉头或者禁止左转弯标志、标线的地点以及在铁路道口、人行横道、桥梁、急弯、陡坡、隧道或者容易发生危险的路段，不得掉头。

机动车在没有禁止掉头或者没有禁止左转弯标志、标线的地点可以掉头，但不得妨碍正常行驶的其他车辆和行人的通行。

**第五十条** 机动车倒车时，应当察明车后情况，确认安全后倒车。不得在铁路道口、交叉路口、单行路、桥梁、急弯、陡坡或者隧道中倒车。

**第五十一条** 机动车通过有交通信号灯控制的交叉路口，应当按照下列规定通行：

（一）在划有导向车道的路口，按所需行进方向驶入导向车道；

（二）准备进入环形路口的让已在路口内的机动车先行；

（三）向左转弯时，靠路口中心点左侧转弯。转弯时开启转向灯，夜间行驶开启近光灯；

（四）遇放行信号时，依次通过；

（五）遇停止信号时，依次停在停止线以外。没有停止线的，停在路口以外；

（六）向右转弯遇有同车道前车正在等候放行信号时，依次停车等候；

（七）在没有方向指示信号灯的交叉路口，转弯的机动车让直行的车辆、行人先行。相对方向行驶的右转弯机动车让左转弯车辆先行。

**第五十二条** 机动车通过没有交通信号灯控制也没有交通警察指挥的交叉路口，除应当遵守第五十一条第（二）项、第（三）项的规定外，还应当遵守下列规定：

（一）有交通标志、标线控制的，让优先通行的一方先行；

（二）没有交通标志、标线控制的，在进入路口前停车瞭望，让右方道路的来车先行；

（三）转弯的机动车让直行的车辆先行；

（四）相对方向行驶的右转弯的机动车让左转弯的车辆先行。

**第五十三条** 机动车遇有前方交叉路口交通阻塞时，应当依次停在路口以外等候，不得进入路口。

机动车在遇有前方机动车停车排队等候或者缓慢行驶时，应当依次排队，不得从前方车辆两侧穿插或者超越行驶，不得在人行横道、网状线区域内停车等候。

机动车在车道减少的路口、路段，遇有前方机动车停车排队等候或者缓慢行驶的，应当每车道一辆依次交替驶入车道减少后的路口、路段。

**第五十四条** 机动车载物不得超过机动车行驶证上核定的载质量，装载长度、宽度不得超出车厢，并应当遵守下列规定：

（一）重型、中型载货汽车，半挂车载物，高度从地面起不得超过4米，载运集装箱的车辆不得超过4.2米；

（二）其他载货的机动车载物，高度从地面起不得超过2.5米；

（三）摩托车载物，高度从地面起不得超过1.5米，长度不得超出车身0.2米。两轮摩托车载物宽度左右各不得超出车把0.15米；三轮摩托车载物宽度不得超过车身。

载客汽车除车身外部的行李架和内置的行李箱外，不得载货。载客汽车行李架载货，从车顶起高度不得超过0.5米，从地面起高度不得超过4米。

**第五十五条** 机动车载人应当遵守下列规定：

（一）公路载客汽车不得超过核定的载客人数，但按照规定免票的儿童除外，在载客人数已满的情况下，按照规定免票的儿童不得超过核定载客人数的10%；

（二）载货汽车车厢不得载客。在城市道路上，货运机动车在留有安全位置的情况下，车厢内可以附载临时作业人员1人至5人；载物高度超过车厢栏板时，货物上不得载人；

（三）摩托车后座不得乘坐未满12周岁的未成年人，轻便摩托车不得载人。

**第五十六条** 机动车牵引挂车应当符合下列规定：

（一）载货汽车、半挂牵引车、拖拉机只允许牵引1辆挂车。挂车的灯光信号、制动、连接、安全防护等装置应当符合国家标准；

（二）小型载客汽车只允许牵引旅居挂车或者总质量700千克以下的挂车。挂车不得载人；

（三）载货汽车所牵引挂车的载质量不得超过载货汽车本身的载质量。

大型、中型载客汽车，低速载货汽车，三轮汽车以及其他机动车不得牵引挂车。

**第五十七条** 机动车应当按照下列规定使用转向灯：

（一）向左转弯、向左变更车道、准备超车、驶离停车地点或者掉头时，应当提前开启左转向灯；

129

（二）向右转弯、向右变更车道、超车完毕驶回原车道、靠路边停车时，应当提前开启右转向灯。

第五十八条　机动车在夜间没有路灯、照明不良或者遇有雾、雨、雪、沙尘、冰雹等低能见度情况下行驶时，应当开启前照灯、示廓灯和后位灯，但同方向行驶的后车与前车近距离行驶时，不得使用远光灯。机动车雾天行驶应当开启雾灯和危险报警闪光灯。

第五十九条　机动车在夜间通过急弯、坡路、拱桥、人行横道或者没有交通信号灯控制的路口时，应当交替使用远近光灯示意。

机动车驶近急弯、坡道顶端等影响安全视距的路段以及超车或者遇有紧急情况时，应当减速慢行，并鸣喇叭示意。

第六十条　机动车在道路上发生故障或者发生交通事故，妨碍交通又难以移动的，应当按照规定开启危险报警闪光灯并在车后50米至100米处设置警告标志，夜间还应当同时开启示廓灯和后位灯。

第六十一条　牵引故障机动车应当遵守下列规定：

（一）被牵引的机动车除驾驶人外不得载人，不得拖带挂车；

（二）被牵引的机动车宽度不得大于牵引机动车的宽度；

（三）使用软连接牵引装置时，牵引车与被牵引车之间的距离应当大于4米小于10米；

（四）对制动失效的被牵引车，应当使用硬连接牵引装置牵引；

（五）牵引车和被牵引车均应当开启危险报警闪光灯。

汽车吊车和轮式专用机械车不得牵引车辆。摩托车不得牵引车辆或者被其他车辆牵引。

转向或者照明、信号装置失效的故障机动车，应当使用专用清障车拖曳。

第六十二条　驾驶机动车不得有下列行为：

（一）在车门、车厢没有关好时行车；

（二）在机动车驾驶室的前后窗范围内悬挂、放置妨碍驾驶人视线的物品；

（三）拨打接听手持电话、观看电视等妨碍安全驾驶的行为；

（四）下陡坡时熄火或者空挡滑行；

（五）向道路上抛撒物品；

（六）驾驶摩托车手离方向把或者在车把上悬挂物品；

（七）连续驾驶机动车超过4小时未停车休息或者停车休息时间

少于20分钟；

（八）在禁止鸣喇叭的区域或者路段鸣喇叭。

**第六十三条** 机动车在道路上临时停车，应当遵守下列规定：

（一）在设有禁停标志、标线的路段，在机动车道与非机动车道、人行道之间设有隔离设施的路段以及人行横道、施工地段，不得停车；

（二）交叉路口、铁路道口、急弯路、宽度不足4米的窄路、桥梁、陡坡、隧道以及距离上述地点50米以内的路段，不得停车；

（三）公共汽车站、急救站、加油站、消防栓或者消防队（站）门前以及距离上述地点30米以内的路段，除使用上述设施的以外，不得停车；

（四）车辆停稳前不得开车门和上下人员，开关车门不得妨碍其他车辆和行人通行；

（五）路边停车应当紧靠道路右侧，机动车驾驶人不得离车，上下人员或者装卸物品后，立即驶离；

（六）城市公共汽车不得在站点以外的路段停车上下乘客。

**第六十四条** 机动车行经漫水路或者漫水桥时，应当停车察明水情，确认安全后，低速通过。

**第六十五条** 机动车载运超限物品行经铁路道口的，应当按照当地铁路部门指定的铁路道口、时间通过。

机动车行经渡口，应当服从渡口管理人员指挥，按照指定地点依次待渡。机动车上下渡船时，应当低速慢行。

**第六十六条** 警车、消防车、救护车、工程救险车在执行紧急任务遇交通受阻时，可以断续使用警报器，并遵守下列规定：

（一）不得在禁止使用警报器的区域或者路段使用警报器；

（二）夜间在市区不得使用警报器；

（三）列队行驶时，前车已经使用警报器的，后车不再使用警报器。

**第六十七条** 在单位院内、居民居住区内，机动车应当低速行驶，避让行人；有限速标志的，按照限速标志行驶。

## 第三节 非机动车通行规定

**第六十八条** 非机动车通过有交通信号灯控制的交叉路口，应当按照下列规定通行：

（一）转弯的非机动车让直行的车辆、行人优先通行；

（二）遇有前方路口交通阻塞时，不得进入路口；

（三）向左转弯时，靠路口中心点的右侧转弯；

（四）遇有停止信号时，应当依次停在路口停止线以外。没有停止线的，停在路口以外；

（五）向右转弯遇有同方向前车正在等候放行信号时，在本车道内能够转弯的，可以通行；不能转弯的，依次等候。

**第六十九条** 非机动车通过没有交通信号灯控制也没有交通警察指挥的交叉路口，除应当遵守第六十八条第（一）项、第（二）项和第（三）项的规定外，还应当遵守下列规定：

（一）有交通标志、标线控制的，让优先通行的一方先行；

（二）没有交通标志、标线控制的，在路口外慢行或者停车瞭望，让右方道路的来车先行；

（三）相对方向行驶的右转弯的非机动车让左转弯的车辆先行。

**第七十条** 驾驶自行车、电动自行车、三轮车在路段上横过机动车道，应当下车推行，有人行横道或者行人过街设施的，应当从人行横道或者行人过街设施通过；没有人行横道、没有行人过街设施或者不便使用行人过街设施的，在确认安全后直行通过。

因非机动车道被占用无法在本车道内行驶的非机动车，可以在受阻的路段借用相邻的机动车道行驶，并在驶过被占用路段后迅速驶回非机动车道。机动车遇此情况应当减速让行。

**第七十一条** 非机动车载物，应当遵守下列规定：

（一）自行车、电动自行车、残疾人机动轮椅车载物，高度从地面起不得超过1.5米，宽度左右各不得超出车把0.15米，长度前端不得超出车轮，后端不得超出车身0.3米；

（二）三轮车、人力车载物，高度从地面起不得超过2米，宽度左右各不得超出车身0.2米，长度不得超出车身1米；

（三）畜力车载物，高度从地面起不得超过2.5米，宽度左右各不得超出车身0.2米，长度前端不得超出车辕，后端不得超出车身1米。

自行车载人的规定，由省、自治区、直辖市人民政府根据当地实际情况制定。

**第七十二条** 在道路上驾驶自行车、三轮车、电动自行车、残疾人机动轮椅车应当遵守下列规定：

（一）驾驶自行车、三轮车必须年满12周岁；

（二）驾驶电动自行车和残疾人机动轮椅车必须年满16周岁；

（三）不得醉酒驾驶；

（四）转弯前应当减速慢行，伸手示意，不得突然猛拐，超越前车时不得妨碍被超越的车辆行驶；

（五）不得牵引、攀扶车辆或者被其他车辆牵引，不得双手离把或者手中持物；

（六）不得扶身并行、互相追逐或者曲折竞驶；

（七）不得在道路上骑独轮自行车或者2人以上骑行的自行车；

（八）非下肢残疾的人不得驾驶残疾人机动轮椅车；

（九）自行车、三轮车不得加装动力装置；

（十）不得在道路上学习驾驶非机动车。

**第七十三条** 在道路上驾驭畜力车应当年满16周岁，并遵守下列规定：

（一）不得醉酒驾驭；

（二）不得并行，驾驭人不得离开车辆；

（三）行经繁华路段、交叉路口、铁路道口、人行横道、急弯路、宽度不足4米的窄路或者窄桥、陡坡、隧道或者容易发生危险的路段，不得超车。驾驭两轮畜力车应当下车牵引牲畜；

（四）不得使用未经驯服的牲畜驾车，随车幼畜须拴系；

（五）停放车辆应当拉紧车闸，拴系牲畜。

### 第四节 行人和乘车人通行规定

**第七十四条** 行人不得有下列行为：

（一）在道路上使用滑板、旱冰鞋等滑行工具；

（二）在车行道内坐卧、停留、嬉闹；

（三）追车、抛物击车等妨碍道路交通安全的行为。

**第七十五条** 行人横过机动车道，应当从人行过街设施通过；没有人行过街设施的，应当从人行横道通过；没有人行横道的，应当观察来往车辆的情况，确认安全后直行通过，不得在车辆临近时突然加速横穿或者中途倒退、折返。

**第七十六条** 行人列队在道路上通行，每横列不得超过2人，但在已经实行交通管制的路段不受限制。

**第七十七条** 乘坐机动车应当遵守下列规定：

（一）不得在机动车道上拦乘机动车；

（二）在机动车道上不得从机动车左侧上下车；

（三）开关车门不得妨碍其他车辆和行人通行；

（四）机动车行驶中，不得干扰驾驶，不得将身体任何部分伸出车外，不得跳车；

（五）乘坐两轮摩托车应当正向骑坐。

## 第五节　高速公路的特别规定

**第七十八条** 高速公路应当标明车道的行驶速度，最高车速不得超过每小时120公里，最低车速不得低于每小时60公里。

在高速公路上行驶的小型载客汽车最高车速不得超过每小时120公里，其他机动车不得超过每小时100公里，摩托车不得超过每小时80公里。

同方向有2条车道的，左侧车道的最低车速为每小时100公里；同方向有3条以上车道的，最左侧车道的最低车速为每小时110公里，中间车道的最低车速为每小时90公里。道路限速标志标明的车速与上述车道行驶车速的规定不一致的，按照道路限速标志标明的车速行驶。

**第七十九条** 机动车从匝道驶入高速公路，应当开启左转向灯，在不妨碍已在高速公路内的机动车正常行驶的情况下驶入车道。

机动车驶离高速公路时，应当开启右转向灯，驶入减速车道，降低车速后驶离。

**第八十条** 机动车在高速公路上行驶，车速超过每小时100公里时，应当与同车道前车保持100米以上的距离，车速低于每小时100公里时，与同车道前车距离可以适当缩短，但最小距离不得少于50米。

**第八十一条** 机动车在高速公路上行驶，遇有雾、雨、雪、沙尘、冰雹等低能见度气象条件时，应当遵守下列规定：

（一）能见度小于200米时，开启雾灯、近光灯、示廓灯和前后位灯，车速不得超过每小时60公里，与同车道前车保持100米以上的距离；

（二）能见度小于100米时，开启雾灯、近光灯、示廓灯、前后位灯和危险报警闪光灯，车速不得超过每小时40公里，与同车道前车保持50米以上的距离；

（三）能见度小于50米时，开启雾灯、近光灯、示廓灯、前后位灯和危险报警闪光灯，车速不得超过每小时20公里，并从最近的出口尽快驶离高速公路。

遇有前款规定情形时，高速公路管理部门应当通过显示屏等方式发布速度限制、保持车距等提示信息。

**第八十二条** 机动车在高速公路上行驶，不得有下列行为：

（一）倒车、逆行、穿越中央分隔带掉头或者在车道内停车；

（二）在匝道、加速车道或者减速车道上超车；

（三）骑、轧车行道分界线或者在路肩上行驶；

（四）非紧急情况时在应急车道行驶或者停车；

（五）试车或者学习驾驶机动车。

**第八十三条** 在高速公路上行驶的载货汽车车厢不得载人。两轮摩托车在高速公路行驶时不得载人。

**第八十四条** 机动车通过施工作业路段时，应当注意警示标志，减速行驶。

**第八十五条** 城市快速路的道路交通安全管理，参照本节的规定执行。

高速公路、城市快速路的道路交通安全管理工作，省、自治区、直辖市人民政府公安机关交通管理部门可以指定设区的市人民政府公安机关交通管理部门或者相当于同级的公安机关交通管理部门承担。

# 第五章　交通事故处理

**第八十六条** 机动车与机动车、机动车与非机动车在道路上发生未造成人身伤亡的交通事故，当事人对事实及成因无争议的，在记录交通事故的时间、地点、对方当事人的姓名和联系方式、机动车牌号、驾驶证号、保险凭证号、碰撞部位，并共同签名后，撤离现场，自行协商损害赔偿事宜。当事人对交通事故事实及成因有争议的，应当迅速报警。

**第八十七条** 非机动车与非机动车或者行人在道路上发生交通事故，未造成人身伤亡，且基本事实及成因清楚的，当事人应当先撤离现场，再自行协商处理损害赔偿事宜。当事人对交通事故事实及成因有争议的，应当迅速报警。

**第八十八条** 机动车发生交通事故，造成道路、供电、通讯等设施损毁的，驾驶人应当报警等候处理，不得驶离。机动车可以移动的，应当将机动车移至不妨碍交通的地点。公安机关交通管理部门应当将事故有关情况通知有关部门。

**第八十九条** 公安机关交通管理部门或者交通警察接到交通事故报警，应当及时赶赴现场，对未造成人身伤亡、事实清楚、并且机动车可以移动的，应当在记录事故情况后责令当事人撤离现场，恢复交通。对拒不撤离现场的，予以强制撤离。

对属于前款规定情况的道路交通事故，交通警察可以适用简易程序处理，并当场出具事故认定书。当事人共同请求调解的，交通警察可以当场对损害赔偿争议进行调解。

对道路交通事故造成人员伤亡和财产损失需要勘验、检查现场的，公安机关交通管理部门应当按照勘查现场工作规范进行。现场勘查完毕，应当组织清理现场，恢复交通。

**第九十条** 投保机动车第三者责任强制保险的机动车发生交通事故，因抢救受伤人员需要保险公司支付抢救费用的，由公安机关交通管理部门通知保险公司。

抢救受伤人员需要道路交通事故救助基金垫付费用的，由公安机关交通管理部门通知道路交通事故社会救助基金管理机构。

**第九十一条** 公安机关交通管理部门应当根据交通事故当事人的行为对发生交通事故所起的作用以及过错的严重程度，确定当事人的责任。

**第九十二条** 发生交通事故后当事人逃逸的，逃逸的当事人承担全部责任。但是，有证据证明对方当事人也有过错的，可以减轻责任。

当事人故意破坏、伪造现场、毁灭证据的，承担全部责任。

**第九十三条** 公安机关交通管理部门对经过勘验、检查现场的交通事故应当在勘查现场之日起10日内制作交通事故认定书。对需要进行检验、鉴定的，应当在检验、鉴定结果确定之日起5日内制作交通事故认定书。

**第九十四条** 当事人对交通事故损害赔偿有争议,各方当事人一致请求公安机关交通管理部门调解的,应当在收到交通事故认定书之日起10日内提出书面调解申请。

对交通事故致死的,调解从办理丧葬事宜结束之日起开始;对交通事故致伤的,调解从治疗终结或者定残之日起开始;对交通事故造成财产损失的,调解从确定损失之日起开始。

**第九十五条** 公安机关交通管理部门调解交通事故损害赔偿争议的期限为10日。调解达成协议的,公安机关交通管理部门应当制作调解书送交各方当事人,调解书经各方当事人共同签字后生效;调解未达成协议的,公安机关交通管理部门应当制作调解终结书送交各方当事人。

交通事故损害赔偿项目和标准依照有关法律的规定执行。

**第九十六条** 对交通事故损害赔偿的争议,当事人向人民法院提起民事诉讼的,公安机关交通管理部门不再受理调解申请。

公安机关交通管理部门调解期间,当事人向人民法院提起民事诉讼的,调解终止。

**第九十七条** 车辆在道路以外发生交通事故,公安机关交通管理部门接到报案的,参照道路交通安全法和本条例的规定处理。

车辆、行人与火车发生的交通事故以及在渡口发生的交通事故,依照国家有关规定处理。

## 第六章 执法监督

**第九十八条** 公安机关交通管理部门应当公开办事制度、办事程序,建立警风警纪监督员制度,自觉接受社会和群众的监督。

**第九十九条** 公安机关交通管理部门及其交通警察办理机动车登记,发放号牌,对驾驶人考试、发证,处理道路交通安全违法行为,处理道路交通事故,应当严格遵守有关规定,不得越权执法,不得延迟履行职责,不得擅自改变处罚的种类和幅度。

**第一百条** 公安机关交通管理部门应当公布举报电话,受理群众举报投诉,并及时调查核实,反馈查处结果。

**第一百零一条** 公安机关交通管理部门应当建立执法质量考核评议、执法责任制和执法过错追究制度,防止和纠正道路交通安全执法

## 第七章　法律责任

**第一百零二条**　违反本条例规定的行为,依照道路交通安全法和本条例的规定处罚。

**第一百零三条**　以欺骗、贿赂等不正当手段取得机动车登记或者驾驶许可的,收缴机动车登记证书、号牌、行驶证或者机动车驾驶证,撤销机动车登记或者机动车驾驶许可;申请人在3年内不得申请机动车登记或者机动车驾驶许可。

**第一百零四条**　机动车驾驶人有下列行为之一,又无其他机动车驾驶人即时替代驾驶的,公安机关交通管理部门除依法给予处罚外,可以将其驾驶的机动车移至不妨碍交通的地点或者有关部门指定的地点停放:

(一) 不能出示本人有效驾驶证的;
(二) 驾驶的机动车与驾驶证载明的准驾车型不符的;
(三) 饮酒、服用国家管制的精神药品或者麻醉药品、患有妨碍安全驾驶的疾病,或者过度疲劳仍继续驾驶的;
(四) 学习驾驶人员没有教练人员随车指导单独驾驶的。

**第一百零五条**　机动车驾驶人有饮酒、醉酒、服用国家管制的精神药品或者麻醉药品嫌疑的,应当接受测试、检验。

**第一百零六条**　公路客运载客汽车超过核定乘员、载货汽车超过核定载质量的,公安机关交通管理部门依法扣留机动车后,驾驶人应当将超载的乘车人转运、将超载的货物卸载,费用由超载机动车的驾驶人或者所有人承担。

**第一百零七条**　依照道路交通安全法第九十二条、第九十五条、第九十六条、第九十八条的规定被扣留的机动车,驾驶人或者所有人、管理人30日内没有提供被扣留机动车的合法证明,没有补办相应手续,或者不前来接受处理,经公安机关交通管理部门通知并且经公告3个月仍不前来接受处理的,由公安机关交通管理部门将该机动车送交有资格的拍卖机构拍卖,所得价款上缴国库;非法拼装的机动车予以拆除;达到报废标准的机动车予以报废;机动车涉及其他违法犯罪行为的,移交有关部门处理。

第一百零八条　交通警察按照简易程序当场作出行政处罚的,应当告知当事人道路交通安全违法行为的事实、处罚的理由和依据,并将行政处罚决定书当场交付被处罚人。

第一百零九条　对道路交通安全违法行为人处以罚款或者暂扣驾驶证处罚的,由违法行为发生地的县级以上人民政府公安机关交通管理部门或者相当于同级的公安机关交通管理部门作出决定;对处以吊销机动车驾驶证处罚的,由设区的市人民政府公安机关交通管理部门或者相当于同级的公安机关交通管理部门作出决定。

公安机关交通管理部门对非本辖区机动车的道路交通安全违法行为没有当场处罚的,可以由机动车登记地的公安机关交通管理部门处罚。

第一百一十条　当事人对公安机关交通管理部门及其交通警察的处罚有权进行陈述和申辩,交通警察应当充分听取当事人的陈述和申辩,不得因当事人陈述、申辩而加重其处罚。

## 第八章　附　则

第一百一十一条　本条例所称上道路行驶的拖拉机,是指手扶拖拉机等最高设计行驶速度不超过每小时20公里的轮式拖拉机和最高设计行驶速度不超过每小时40公里、牵引挂车方可从事道路运输的轮式拖拉机。

第一百一十二条　农业（农业机械）主管部门应当定期向公安机关交通管理部门提供拖拉机登记、安全技术检验以及拖拉机驾驶证发放的资料、数据。公安机关交通管理部门对拖拉机驾驶人作出暂扣、吊销驾驶证处罚或者记分处理的,应当定期将处罚决定书和记分情况通报有关的农业（农业机械）主管部门。吊销驾驶证的,还应当将驾驶证送交有关的农业（农业机械）主管部门。

第一百一十三条　境外机动车入境行驶,应当向入境地的公安机关交通管理部门申请临时通行号牌、行驶证。临时通行号牌、行驶证应当根据行驶需要,载明有效日期和允许行驶的区域。

入境的境外机动车申请临时通行号牌、行驶证以及境外人员申请机动车驾驶许可的条件、考试办法由国务院公安部门规定。

第一百一十四条　机动车驾驶许可考试的收费标准,由国务院价格主管部门规定。

**第一百一十五条** 本条例自 2004 年 5 月 1 日起施行。1960 年 2 月 11 日国务院批准、交通部发布的《机动车管理办法》，1988 年 3 月 9 日国务院发布的《中华人民共和国道路交通管理条例》，1991 年 9 月 22 日国务院发布的《道路交通事故处理办法》，同时废止。

# 中华人民共和国公路法

- 1997 年 7 月 3 日第八届全国人民代表大会常务委员会第二十六次会议通过
- 根据 1999 年 10 月 31 日第九届全国人民代表大会常务委员会第十二次会议《关于修改〈中华人民共和国公路法〉的决定》第一次修正
- 根据 2004 年 8 月 28 日第十届全国人民代表大会常务委员会第十一次会议《关于修改〈中华人民共和国公路法〉的决定》第二次修正
- 根据 2009 年 8 月 27 日第十一届全国人民代表大会常务委员会第十次会议《关于修改部分法律的决定》第三次修正
- 根据 2016 年 11 月 7 日第十二届全国人民代表大会常务委员会第二十四次会议《关于修改〈中华人民共和国对外贸易法〉等十二部法律的决定》第四次修正
- 根据 2017 年 11 月 4 日第十二届全国人民代表大会常务委员会第三十次会议《关于修改〈中华人民共和国会计法〉等十一部法律的决定》第五次修正

## 第一章 总 则

**第一条** 为了加强公路的建设和管理，促进公路事业的发展，适应社会主义现代化建设和人民生活的需要，制定本法。

**第二条** 在中华人民共和国境内从事公路的规划、建设、养护、经营、使用和管理，适用本法。

本法所称公路，包括公路桥梁、公路隧道和公路渡口。

**第三条** 公路的发展应当遵循全面规划、合理布局、确保质量、保障畅通、保护环境、建设改造与养护并重的原则。

**第四条** 各级人民政府应当采取有力措施,扶持、促进公路建设。公路建设应当纳入国民经济和社会发展计划。

国家鼓励、引导国内外经济组织依法投资建设、经营公路。

**第五条** 国家帮助和扶持少数民族地区、边远地区和贫困地区发展公路建设。

**第六条** 公路按其在公路路网中的地位分为国道、省道、县道和乡道,并按技术等级分为高速公路、一级公路、二级公路、三级公路和四级公路。具体划分标准由国务院交通主管部门规定。

新建公路应当符合技术等级的要求。原有不符合最低技术等级要求的等外公路,应当采取措施,逐步改造为符合技术等级要求的公路。

**第七条** 公路受国家保护,任何单位和个人不得破坏、损坏或者非法占用公路、公路用地及公路附属设施。

任何单位和个人都有爱护公路、公路用地及公路附属设施的义务,有权检举和控告破坏、损坏公路、公路用地、公路附属设施和影响公路安全的行为。

**第八条** 国务院交通主管部门主管全国公路工作。

县级以上地方人民政府交通主管部门主管本行政区域内的公路工作;但是,县级以上地方人民政府交通主管部门对国道、省道的管理、监督职责,由省、自治区、直辖市人民政府确定。

乡、民族乡、镇人民政府负责本行政区域内的乡道的建设和养护工作。

县级以上地方人民政府交通主管部门可以决定由公路管理机构依照本法规定行使公路行政管理职责。

**第九条** 禁止任何单位和个人在公路上非法设卡、收费、罚款和拦截车辆。

**第十条** 国家鼓励公路工作方面的科学技术研究,对在公路科学技术研究和应用方面作出显著成绩的单位和个人给予奖励。

**第十一条** 本法对专用公路有规定的,适用于专用公路。

专用公路是指由企业或者其他单位建设、养护、管理,专为或者主要为本企业或者本单位提供运输服务的道路。

## 第二章 公路规划

**第十二条** 公路规划应当根据国民经济和社会发展以及国防建设的需要编制，与城市建设发展规划和其他方式的交通运输发展规划相协调。

**第十三条** 公路建设用地规划应当符合土地利用总体规划，当年建设用地应当纳入年度建设用地计划。

**第十四条** 国道规划由国务院交通主管部门会同国务院有关部门并商国道沿线省、自治区、直辖市人民政府编制，报国务院批准。

省道规划由省、自治区、直辖市人民政府交通主管部门会同同级有关部门并商省道沿线下一级人民政府编制，报省、自治区、直辖市人民政府批准，并报国务院交通主管部门备案。

县道规划由县级人民政府交通主管部门会同同级有关部门编制，经本级人民政府审定后，报上一级人民政府批准。

乡道规划由县级人民政府交通主管部门协助乡、民族乡、镇人民政府编制，报县级人民政府批准。

依照第三款、第四款规定批准的县道、乡道规划，应当报批准机关的上一级人民政府交通主管部门备案。

省道规划应当与国道规划相协调。县道规划应当与省道规划相协调。乡道规划应当与县道规划相协调。

**第十五条** 专用公路规划由专用公路的主管单位编制，经其上级主管部门审定后，报县级以上人民政府交通主管部门审核。

专用公路规划应当与公路规划相协调。县级以上人民政府交通主管部门发现专用公路规划与国道、省道、县道、乡道规划有不协调的地方，应当提出修改意见，专用公路主管部门和单位应当作出相应的修改。

**第十六条** 国道规划的局部调整由原编制机关决定。国道规划需要作重大修改的，由原编制机关提出修改方案，报国务院批准。

经批准的省道、县道、乡道公路规划需要修改的，由原编制机关提出修改方案，报原批准机关批准。

**第十七条** 国道的命名和编号，由国务院交通主管部门确定；省道、县道、乡道的命名和编号，由省、自治区、直辖市人民政府交通主管部门按照国务院交通主管部门的有关规定确定。

**第十八条** 规划和新建村镇、开发区,应当与公路保持规定的距离并避免在公路两侧对应进行,防止造成公路街道化,影响公路的运行安全与畅通。

**第十九条** 国家鼓励专用公路用于社会公共运输。专用公路主要用于社会公共运输时,由专用公路的主管单位申请,或者由有关方面申请,专用公路的主管单位同意,并经省、自治区、直辖市人民政府交通主管部门批准,可以改划为省道、县道或者乡道。

## 第三章 公路建设

**第二十条** 县级以上人民政府交通主管部门应当依据职责维护公路建设秩序,加强对公路建设的监督管理。

**第二十一条** 筹集公路建设资金,除各级人民政府的财政拨款,包括依法征税筹集的公路建设专项资金转为的财政拨款外,可以依法向国内外金融机构或者外国政府贷款。

国家鼓励国内外经济组织对公路建设进行投资。开发、经营公路的公司可以依照法律、行政法规的规定发行股票、公司债券筹集资金。

依照本法规定出让公路收费权的收入必须用于公路建设。

向企业和个人集资建设公路,必须根据需要与可能,坚持自愿原则,不得强行摊派,并符合国务院的有关规定。

公路建设资金还可以采取符合法律或者国务院规定的其他方式筹集。

**第二十二条** 公路建设应当按照国家规定的基本建设程序和有关规定进行。

**第二十三条** 公路建设项目应当按照国家有关规定实行法人负责制度、招标投标制度和工程监理制度。

**第二十四条** 公路建设单位应当根据公路建设工程的特点和技术要求,选择具有相应资格的勘查设计单位、施工单位和工程监理单位,并依照有关法律、法规、规章的规定和公路工程技术标准的要求,分别签订合同,明确双方的权利义务。

承担公路建设项目的可行性研究单位、勘查设计单位、施工单位和工程监理单位,必须持有国家规定的资质证书。

第二十五条 公路建设项目的施工,须按国务院交通主管部门的规定报请县级以上地方人民政府交通主管部门批准。

第二十六条 公路建设必须符合公路工程技术标准。

承担公路建设项目的设计单位、施工单位和工程监理单位,应当按照国家有关规定建立健全质量保证体系,落实岗位责任制,并依照有关法律、法规、规章以及公路工程技术标准的要求和合同约定进行设计、施工和监理,保证公路工程质量。

第二十七条 公路建设使用土地依照有关法律、行政法规的规定办理。

公路建设应当贯彻切实保护耕地、节约用地的原则。

第二十八条 公路建设需要使用国有荒山、荒地或者需要在国有荒山、荒地、河滩、滩涂上挖砂、采石、取土的,依照有关法律、行政法规的规定办理后,任何单位和个人不得阻挠或者非法收取费用。

第二十九条 地方各级人民政府对公路建设依法使用土地和搬迁居民,应当给予支持和协助。

第三十条 公路建设项目的设计和施工,应当符合依法保护环境、保护文物古迹和防止水土流失的要求。

公路规划中贯彻国防要求的公路建设项目,应当严格按照规划进行建设,以保证国防交通的需要。

第三十一条 因建设公路影响铁路、水利、电力、邮电设施和其他设施正常使用时,公路建设单位应当事先征得有关部门的同意;因公路建设对有关设施造成损坏的,公路建设单位应当按照不低于该设施原有的技术标准予以修复,或者给予相应的经济补偿。

第三十二条 改建公路时,施工单位应当在施工路段两端设置明显的施工标志、安全标志。需要车辆绕行的,应当在绕行路口设置标志;不能绕行的,必须修建临时道路,保证车辆和行人通行。

第三十三条 公路建设项目和公路修复项目竣工后,应当按照国家有关规定进行验收;未经验收或者验收不合格的,不得交付使用。

建成的公路,应当按照国务院交通主管部门的规定设置明显的标志、标线。

第三十四条 县级以上地方人民政府应当确定公路两侧边沟(截水沟、坡脚护坡道,下同)外缘起不少于一米的公路用地。

## 第四章 公路养护

**第三十五条** 公路管理机构应当按照国务院交通主管部门规定的技术规范和操作规程对公路进行养护，保证公路经常处于良好的技术状态。

**第三十六条** 国家采用依法征税的办法筹集公路养护资金，具体实施办法和步骤由国务院规定。

依法征税筹集的公路养护资金，必须专项用于公路的养护和改建。

**第三十七条** 县、乡级人民政府对公路养护需要的挖砂、采石、取土以及取水，应当给予支持和协助。

**第三十八条** 县、乡级人民政府应当在农村义务工的范围内，按照国家有关规定组织公路两侧的农村居民履行为公路建设和养护提供劳务的义务。

**第三十九条** 为保障公路养护人员的人身安全，公路养护人员进行养护作业时，应当穿着统一的安全标志服；利用车辆进行养护作业时，应当在公路作业车辆上设置明显的作业标志。

公路养护车辆进行作业时，在不影响过往车辆通行的前提下，其行驶路线和方向不受公路标志、标线限制；过往车辆对公路养护车辆和人员应当注意避让。

公路养护工程施工影响车辆、行人通行时，施工单位应当依照本法第三十二条的规定办理。

**第四十条** 因严重自然灾害致使国道、省道交通中断，公路管理机构应当及时修复；公路管理机构难以及时修复时，县级以上地方人民政府应当及时组织当地机关、团体、企业事业单位、城乡居民进行抢修，并可以请求当地驻军支援，尽快恢复交通。

**第四十一条** 公路用地范围内的山坡、荒地，由公路管理机构负责水土保持。

**第四十二条** 公路绿化工作，由公路管理机构按照公路工程技术标准组织实施。

公路用地上的树木，不得任意砍伐；需要更新砍伐的，应当经县级以上地方人民政府交通主管部门同意后，依照《中华人民共和国森林法》的规定办理审批手续,并完成更新补种任务。

## 第五章 路政管理

**第四十三条** 各级地方人民政府应当采取措施,加强对公路的保护。

县级以上地方人民政府交通主管部门应当认真履行职责,依法做好公路保护工作,并努力采用科学的管理方法和先进的技术手段,提高公路管理水平,逐步完善公路服务设施,保障公路的完好、安全和畅通。

**第四十四条** 任何单位和个人不得擅自占用、挖掘公路。

因修建铁路、机场、电站、通信设施、水利工程和进行其他建设工程需要占用、挖掘公路或者使公路改线的,建设单位应当事先征得有关交通主管部门的同意;影响交通安全的,还须征得有关公安机关的同意。占用、挖掘公路或者使公路改线的,建设单位应当按照不低于该段公路原有的技术标准予以修复、改建或者给予相应的经济补偿。

**第四十五条** 跨越、穿越公路修建桥梁、渡槽或者架设、埋设管线等设施的,以及在公路用地范围内架设、埋设管线、电缆等设施的,应当事先经有关交通主管部门同意,影响交通安全的,还须征得有关公安机关的同意;所修建、架设或者埋设的设施应当符合公路工程技术标准的要求。对公路造成损坏的,应当按照损坏程度给予补偿。

**第四十六条** 任何单位和个人不得在公路上及公路用地范围内摆摊设点、堆放物品、倾倒垃圾、设置障碍、挖沟引水、利用公路边沟排放污物或者进行其他损坏、污染公路和影响公路畅通的活动。

**第四十七条** 在大中型公路桥梁和渡口周围二百米、公路隧道上方和洞口外一百米范围内,以及在公路两侧一定距离内,不得挖砂、采石、取土、倾倒废弃物,不得进行爆破作业及其他危及公路、公路桥梁、公路隧道、公路渡口安全的活动。

在前款范围内因抢险、防汛需要修筑堤坝、压缩或者拓宽河床的,应当事先报经省、自治区、直辖市人民政府交通主管部门会同水行政主管部门批准,并采取有效的保护有关的公路、公路桥梁、公路隧道、公路渡口安全的措施。

**第四十八条** 铁轮车、履带车和其他可能损害公路路面的机具，不得在公路上行驶。

农业机械因当地田间作业需要在公路上短距离行驶或者军用车辆执行任务需要在公路上行驶的，可以不受前款限制，但是应当采取安全保护措施。对公路造成损坏的，应当按照损坏程度给予补偿。

**第四十九条** 在公路上行驶的车辆的轴载质量应当符合公路工程技术标准要求。

**第五十条** 超过公路、公路桥梁、公路隧道或者汽车渡船的限载、限高、限宽、限长标准的车辆，不得在有限定标准的公路、公路桥梁上或者公路隧道内行驶，不得使用汽车渡船。超过公路或者公路桥梁限载标准确需行驶的，必须经县级以上地方人民政府交通主管部门批准，并按要求采取有效的防护措施；运载不可解体的超限物品的，应当按照指定的时间、路线、时速行驶，并悬挂明显标志。

运输单位不能按照前款规定采取防护措施的，由交通主管部门帮助其采取防护措施，所需费用由运输单位承担。

**第五十一条** 机动车制造厂和其他单位不得将公路作为检验机动车制动性能的试车场地。

**第五十二条** 任何单位和个人不得损坏、擅自移动、涂改公路附属设施。

前款公路附属设施，是指为保护、养护公路和保障公路安全畅通所设置的公路防护、排水、养护、管理、服务、交通安全、渡运、监控、通信、收费等设施、设备以及专用建筑物、构筑物等。

**第五十三条** 造成公路损坏的，责任者应当及时报告公路管理机构，并接受公路管理机构的现场调查。

**第五十四条** 任何单位和个人未经县级以上地方人民政府交通主管部门批准，不得在公路用地范围内设置公路标志以外的其他标志。

**第五十五条** 在公路上增设平面交叉道口，必须按照国家有关规定经过批准，并按照国家规定的技术标准建设。

**第五十六条** 除公路防护、养护需要的以外，禁止在公路两侧的建筑控制区内修建建筑物和地面构筑物；需要在建筑控制区内埋设管线、电缆等设施的，应当事先经县级以上地方人民政府交通主管部门批准。

前款规定的建筑控制区的范围，由县级以上地方人民政府按照保障公路运行安全和节约用地的原则，依照国务院的规定划定。

建筑控制区范围经县级以上地方人民政府依照前款规定划定后，由县级以上地方人民政府交通主管部门设置标桩、界桩。任何单位和个人不得损坏、擅自挪动该标桩、界桩。

**第五十七条** 除本法第四十七条第二款的规定外，本章规定由交通主管部门行使的路政管理职责，可以依照本法第八条第四款的规定，由公路管理机构行使。

# 第六章 收费公路

**第五十八条** 国家允许依法设立收费公路，同时对收费公路的数量进行控制。

除本法第五十九条规定可以收取车辆通行费的公路外，禁止任何公路收取车辆通行费。

**第五十九条** 符合国务院交通主管部门规定的技术等级和规模的下列公路，可以依法收取车辆通行费：

（一）由县级以上地方人民政府交通主管部门利用贷款或者向企业、个人集资建成的公路；

（二）由国内外经济组织依法受让前项收费公路收费权的公路；

（三）由国内外经济组织依法投资建成的公路。

**第六十条** 县级以上地方人民政府交通主管部门利用贷款或者集资建成的收费公路的收费期限，按照收费偿还贷款、集资款的原则，由省、自治区、直辖市人民政府依照国务院交通主管部门的规定确定。

有偿转让公路收费权的公路，收费权转让后，由受让方收费经营。收费权的转让期限由出让、受让双方约定，最长不得超过国务院规定的年限。

国内外经济组织投资建设公路，必须按照国家有关规定办理审批手续；公路建成后，由投资者收费经营。收费经营期限按照收回投资并有合理回报的原则，由有关交通主管部门与投资者约定并按照国家有关规定办理审批手续，但最长不得超过国务院规定的年限。

**第六十一条** 本法第五十九条第一款第一项规定的公路中的国道

收费权的转让,应当在转让协议签订之日起三十个工作日内报国务院交通主管部门备案;国道以外的其他公路收费权的转让,应当在转让协议签订之日起三十个工作日内报省、自治区、直辖市人民政府备案。

前款规定的公路收费权出让的最低成交价,以国有资产评估机构评估的价值为依据确定。

**第六十二条** 受让公路收费权和投资建设公路的国内外经济组织应当依法成立开发、经营公路的企业(以下简称公路经营企业)。

**第六十三条** 收费公路车辆通行费的收费标准,由公路收费单位提出方案,报省、自治区、直辖市人民政府交通主管部门会同同级物价行政主管部门审查批准。

**第六十四条** 收费公路设置车辆通行费的收费站,应当报经省、自治区、直辖市人民政府审查批准。跨省、自治区、直辖市的收费公路设置车辆通行费的收费站,由有关省、自治区、直辖市人民政府协商确定;协商不成的,由国务院交通主管部门决定。同一收费公路由不同的交通主管部门组织建设或者由不同的公路经营企业经营的,应当按照"统一收费、按比例分成"的原则,统筹规划,合理设置收费站。

两个收费站之间的距离,不得小于国务院交通主管部门规定的标准。

**第六十五条** 有偿转让公路收费权的公路,转让收费权合同约定的期限届满,收费权由出让方收回。

由国内外经济组织依照本法规定投资建成并经营的收费公路,约定的经营期限届满,该公路由国家无偿收回,由有关交通主管部门管理。

**第六十六条** 依照本法第五十九条规定受让收费权或者由国内外经济组织投资建成经营的公路的养护工作,由各该公路经营企业负责。各该公路经营企业在经营期间应当按照国务院交通主管部门规定的技术规范和操作规程做好对公路的养护工作。在受让收费权的期限届满,或者经营期限届满时,公路应当处于良好的技术状态。

前款规定的公路的绿化和公路用地范围内的水土保持工作,由各该公路经营企业负责。

第一款规定的公路的路政管理,适用本法第五章的规定。该公路路政管理的职责由县级以上地方人民政府交通主管部门或者公路管理机构的派出机构、人员行使。

**第六十七条** 在收费公路上从事本法第四十四条第二款、第四十五条、第四十八条、第五十条所列活动的,除依照各该条的规定办理外,给公路经营企业造成损失的,应当给予相应的补偿。

**第六十八条** 收费公路的具体管理办法,由国务院依照本法制定。

## 第七章 监督检查

**第六十九条** 交通主管部门、公路管理机构依法对有关公路的法律、法规执行情况进行监督检查。

**第七十条** 交通主管部门、公路管理机构负有管理和保护公路的责任,有权检查、制止各种侵占、损坏公路、公路用地、公路附属设施及其他违反本法规定的行为。

**第七十一条** 公路监督检查人员依法在公路、建筑控制区、车辆停放场所、车辆所属单位等进行监督检查时,任何单位和个人不得阻挠。

公路经营者、使用者和其他有关单位、个人,应当接受公路监督检查人员依法实施的监督检查,并为其提供方便。

公路监督检查人员执行公务,应当佩戴标志,持证上岗。

**第七十二条** 交通主管部门、公路管理机构应当加强对所属公路监督检查人员的管理和教育,要求公路监督检查人员熟悉国家有关法律和规定,公正廉洁,热情服务,秉公执法,对公路监督检查人员的执法行为应当加强监督检查,对其违法行为应当及时纠正,依法处理。

**第七十三条** 用于公路监督检查的专用车辆,应当设置统一的标志和示警灯。

## 第八章 法律责任

**第七十四条** 违反法律或者国务院有关规定,擅自在公路上设卡、收费的,由交通主管部门责令停止违法行为,没收违法所得,可以处违法所得三倍以下的罚款,没有违法所得的,可以处二万元以下的罚款;对负有直接责任的主管人员和其他直接责任人员,依法给予行政处分。

**第七十五条** 违反本法第二十五条规定,未经有关交通主管部门批准擅自施工的,交通主管部门可以责令停止施工,并可以处五万元以下的罚款。

**第七十六条** 有下列违法行为之一的,由交通主管部门责令停止违法行为,可以处三万元以下的罚款:

(一)违反本法第四十四条第一款规定,擅自占用、挖掘公路的;

(二)违反本法第四十五条规定,未经同意或者未按照公路工程技术标准的要求修建桥梁、渡槽或者架设、埋设管线、电缆等设施的;

(三)违反本法第四十七条规定,从事危及公路安全的作业的;

(四)违反本法第四十八条规定,铁轮车、履带车和其他可能损害路面的机具擅自在公路上行驶的;

(五)违反本法第五十条规定,车辆超限使用汽车渡船或者在公路上擅自超限行驶的;

(六)违反本法第五十二条、第五十六条规定,损坏、移动、涂改公路附属设施或者损坏、挪动建筑控制区的标桩、界桩,可能危及公路安全的。

**第七十七条** 违反本法第四十六条的规定,造成公路路面损坏、污染或者影响公路畅通的,或者违反本法第五十一条规定,将公路作为试车场地的,由交通主管部门责令停止违法行为,可以处五千元以下的罚款。

**第七十八条** 违反本法第五十三条规定,造成公路损坏,未报告的,由交通主管部门处一千元以下的罚款。

**第七十九条** 违反本法第五十四条规定,在公路用地范围内设置公路标志以外的其他标志的,由交通主管部门责令限期拆除,可以处二万元以下的罚款;逾期不拆除的,由交通主管部门拆除,有关费用由设置者负担。

**第八十条** 违反本法第五十五条规定,未经批准在公路上增设平面交叉道口的,由交通主管部门责令恢复原状,处五万元以下的罚款。

**第八十一条** 违反本法第五十六条规定，在公路建筑控制区内修建建筑物、地面构筑物或者擅自埋设管线、电缆等设施的，由交通主管部门责令限期拆除，并可以处五万元以下的罚款。逾期不拆除的，由交通主管部门拆除，有关费用由建筑者、构筑者承担。

**第八十二条** 除本法第七十四条、第七十五条的规定外，本章规定由交通主管部门行使的行政处罚权和行政措施，可以依照本法第八条第四款的规定由公路管理机构行使。

**第八十三条** 阻碍公路建设或者公路抢修，致使公路建设或者抢修不能正常进行，尚未造成严重损失的，依照《中华人民共和国治安管理处罚法》的规定处罚。

损毁公路或者擅自移动公路标志，可能影响交通安全，尚不够刑事处罚的，适用《中华人民共和国道路交通安全法》第九十九条的处罚规定。

拒绝、阻碍公路监督检查人员依法执行职务未使用暴力、威胁方法的，依照《中华人民共和国治安管理处罚法》的规定处罚。

**第八十四条** 违反本法有关规定，构成犯罪的，依法追究刑事责任。

**第八十五条** 违反本法有关规定，对公路造成损害的，应当依法承担民事责任。

对公路造成较大损害的车辆，必须立即停车，保护现场，报告公路管理机构，接受公路管理机构的调查、处理后方得驶离。

**第八十六条** 交通主管部门、公路管理机构的工作人员玩忽职守、徇私舞弊、滥用职权，构成犯罪的，依法追究刑事责任；尚不构成犯罪的，依法给予行政处分。

# 第九章　附　则

**第八十七条** 本法自 1998 年 1 月 1 日起施行。

# 公路安全保护条例

- 2011年2月16日国务院第144次常务会议通过
- 2011年3月7日中华人民共和国国务院令第593号公布
- 自2011年7月1日起施行

## 第一章 总 则

**第一条** 为了加强公路保护,保障公路完好、安全和畅通,根据《中华人民共和国公路法》,制定本条例。

**第二条** 各级人民政府应当加强对公路保护工作的领导,依法履行公路保护职责。

**第三条** 国务院交通运输主管部门主管全国公路保护工作。

县级以上地方人民政府交通运输主管部门主管本行政区域的公路保护工作;但是,县级以上地方人民政府交通运输主管部门对国道、省道的保护职责,由省、自治区、直辖市人民政府确定。

公路管理机构依照本条例的规定具体负责公路保护的监督管理工作。

**第四条** 县级以上各级人民政府发展改革、工业和信息化、公安、工商、质检等部门按照职责分工,依法开展公路保护的相关工作。

**第五条** 县级以上各级人民政府应当将政府及其有关部门从事公路管理、养护所需经费以及公路管理机构行使公路行政管理职能所需经费纳入本级人民政府财政预算。但是,专用公路的公路保护经费除外。

**第六条** 县级以上各级人民政府交通运输主管部门应当综合考虑国家有关车辆技术标准、公路使用状况等因素,逐步提高公路建设、管理和养护水平,努力满足国民经济和社会发展以及人民群众生产、生活需要。

**第七条** 县级以上各级人民政府交通运输主管部门应当依照《中华人民共和国突发事件应对法》的规定,制定地震、泥石流、雨雪冰冻灾害等损毁公路的突发事件（以下简称公路突发事件）应急预案，报本级人民政府批准后实施。

公路管理机构、公路经营企业应当根据交通运输主管部门制定的公路突发事件应急预案，组建应急队伍，并定期组织应急演练。

**第八条** 国家建立健全公路突发事件应急物资储备保障制度，完善应急物资储备、调配体系，确保发生公路突发事件时能够满足应急处置工作的需要。

**第九条** 任何单位和个人不得破坏、损坏、非法占用或者非法利用公路、公路用地和公路附属设施。

## 第二章　公路线路

**第十条** 公路管理机构应当建立健全公路管理档案，对公路、公路用地和公路附属设施调查核实、登记造册。

**第十一条** 县级以上地方人民政府应当根据保障公路运行安全和节约用地的原则以及公路发展的需要，组织交通运输、国土资源等部门划定公路建筑控制区的范围。

公路建筑控制区的范围，从公路用地外缘起向外的距离标准为：

（一）国道不少于20米；
（二）省道不少于15米；
（三）县道不少于10米；
（四）乡道不少于5米。

属于高速公路的，公路建筑控制区的范围从公路用地外缘起向外的距离标准不少于30米。

公路弯道内侧、互通立交以及平面交叉道口的建筑控制区范围根据安全视距等要求确定。

**第十二条** 新建、改建公路的建筑控制区的范围，应当自公路初步设计批准之日起30日内，由公路沿线县级以上地方人民政府依照本条例划定并公告。

公路建筑控制区与铁路线路安全保护区、航道保护范围、河道管理范围或者水工程管理和保护范围重叠的，经公路管理机构和铁路管理机构、航道管理机构、水行政主管部门或者流域管理机构协商后划定。

**第十三条** 在公路建筑控制区内,除公路保护需要外,禁止修建建筑物和地面构筑物;公路建筑控制区划定前已经合法修建的不得扩建,因公路建设或者保障公路运行安全等原因需要拆除的应当依法给予补偿。

在公路建筑控制区外修建的建筑物、地面构筑物以及其他设施不得遮挡公路标志,不得妨碍安全视距。

**第十四条** 新建村镇、开发区、学校和货物集散地、大型商业网点、农贸市场等公共场所,与公路建筑控制区边界外缘的距离应当符合下列标准,并尽可能在公路一侧建设:

(一)国道、省道不少于 50 米;

(二)县道、乡道不少于 20 米。

**第十五条** 新建、改建公路与既有城市道路、铁路、通信等线路交叉或者新建、改建城市道路、铁路、通信等线路与既有公路交叉的,建设费用由新建、改建单位承担;城市道路、铁路、通信等线路的管理部门、单位或者公路管理机构要求提高既有建设标准而增加的费用,由提出要求的部门或者单位承担。

需要改变既有公路与城市道路、铁路、通信等线路交叉方式的,按照公平合理的原则分担建设费用。

**第十六条** 禁止将公路作为检验车辆制动性能的试车场地。

禁止在公路、公路用地范围内摆摊设点、堆放物品、倾倒垃圾、设置障碍、挖沟引水、打场晒粮、种植作物、放养牲畜、采石、取土、采空作业、焚烧物品、利用公路边沟排放污物或者进行其他损坏、污染公路和影响公路畅通的行为。

**第十七条** 禁止在下列范围内从事采矿、采石、取土、爆破作业等危及公路、公路桥梁、公路隧道、公路渡口安全的活动:

(一)国道、省道、县道的公路用地外缘起向外 100 米,乡道的公路用地外缘起向外 50 米;

(二)公路渡口和中型以上公路桥梁周围 200 米;

(三)公路隧道上方和洞口外 100 米。

在前款规定的范围内,因抢险、防汛需要修筑堤坝、压缩或者拓宽河床的,应当经省、自治区、直辖市人民政府交通运输主管部门会同水行政主管部门或者流域管理机构批准,并采取安全防护措施方可进行。

**第十八条** 除按照国家有关规定设立的为车辆补充燃料的场所、设施外,禁止在下列范围内设立生产、储存、销售易燃、易爆、剧毒、放射性等危险物品的场所、设施:

(一)公路用地外缘起向外100米;

(二)公路渡口和中型以上公路桥梁周围200米;

(三)公路隧道上方和洞口外100米。

**第十九条** 禁止擅自在中型以上公路桥梁跨越的河道上下游各1000米范围内抽取地下水、架设浮桥以及修建其他危及公路桥梁安全的设施。

在前款规定的范围内,确需进行抽取地下水、架设浮桥等活动的,应当经水行政主管部门、流域管理机构等有关单位会同公路管理机构批准,并采取安全防护措施方可进行。

**第二十条** 禁止在公路桥梁跨越的河道上下游的下列范围内采砂:

(一)特大型公路桥梁跨越的河道上游500米,下游3000米;

(二)大型公路桥梁跨越的河道上游500米,下游2000米;

(三)中小型公路桥梁跨越的河道上游500米,下游1000米。

**第二十一条** 在公路桥梁跨越的河道上下游各500米范围内依法进行疏浚作业的,应当符合公路桥梁安全要求,经公路管理机构确认安全方可作业。

**第二十二条** 禁止利用公路桥梁进行牵拉、吊装等危及公路桥梁安全的施工作业。

禁止利用公路桥梁(含桥下空间)、公路隧道、涵洞堆放物品,搭建设施以及铺设高压电线和输送易燃、易爆或者其他有毒有害气体、液体的管道。

**第二十三条** 公路桥梁跨越航道的,建设单位应当按照国家有关规定设置桥梁航标、桥柱标、桥梁水尺标,并按照国家标准、行业标准设置桥区水上航标和桥墩防撞装置。桥区水上航标由航标管理机构负责维护。

通过公路桥梁的船舶应当符合公路桥梁通航净空要求,严格遵守航行规则,不得在公路桥梁下停泊或者系缆。

**第二十四条** 重要的公路桥梁和公路隧道按照《中华人民共和国人民武装警察法》和国务院、中央军委的有关规定由中国人民武装警察部队守护。

**第二十五条** 禁止损坏、擅自移动、涂改、遮挡公路附属设施或者利用公路附属设施架设管道、悬挂物品。

**第二十六条** 禁止破坏公路、公路用地范围内的绿化物。需要更新采伐护路林的，应当向公路管理机构提出申请，经批准方可更新采伐，并及时补种；不能及时补种的，应当交纳补种所需费用，由公路管理机构代为补种。

**第二十七条** 进行下列涉路施工活动，建设单位应当向公路管理机构提出申请：

（一）因修建铁路、机场、供电、水利、通信等建设工程需要占用、挖掘公路、公路用地或者使公路改线；

（二）跨越、穿越公路修建桥梁、渡槽或者架设、埋设管道、电缆等设施；

（三）在公路用地范围内架设、埋设管道、电缆等设施；

（四）利用公路桥梁、公路隧道、涵洞铺设电缆等设施；

（五）利用跨越公路的设施悬挂非公路标志；

（六）在公路上增设或者改造平面交叉道口；

（七）在公路建筑控制区内埋设管道、电缆等设施。

**第二十八条** 申请进行涉路施工活动的建设单位应当向公路管理机构提交下列材料：

（一）符合有关技术标准、规范要求的设计和施工方案；

（二）保障公路、公路附属设施质量和安全的技术评价报告；

（三）处置施工险情和意外事故的应急方案。

公路管理机构应当自受理申请之日起 20 日内作出许可或者不予许可的决定；影响交通安全的，应当征得公安机关交通管理部门的同意；涉及经营性公路的，应当征求公路经营企业的意见；不予许可的，公路管理机构应当书面通知申请人并说明理由。

**第二十九条** 建设单位应当按照许可的设计和施工方案进行施工作业，并落实保障公路、公路附属设施质量和安全的防护措施。

涉路施工完毕，公路管理机构应当对公路、公路附属设施是否达到规定的技术标准以及施工是否符合保障公路、公路附属设施质量和安全的要求进行验收；影响交通安全的，还应当经公安机关交通管理部门验收。

涉路工程设施的所有人、管理人应当加强维护和管理，确保工程设施不影响公路的完好、安全和畅通。

## 第三章　公路通行

**第三十条**　车辆的外廓尺寸、轴荷和总质量应当符合国家有关车辆外廓尺寸、轴荷、质量限值等机动车安全技术标准，不符合标准的不得生产、销售。

**第三十一条**　公安机关交通管理部门办理车辆登记，应当当场查验，对不符合机动车国家安全技术标准的车辆不予登记。

**第三十二条**　运输不可解体物品需要改装车辆的，应当由具有相应资质的车辆生产企业按照规定的车型和技术参数进行改装。

**第三十三条**　超过公路、公路桥梁、公路隧道限载、限高、限宽、限长标准的车辆，不得在公路、公路桥梁或者公路隧道行驶；超过汽车渡船限载、限高、限宽、限长标准的车辆，不得使用汽车渡船。

公路、公路桥梁、公路隧道限载、限高、限宽、限长标准调整的，公路管理机构、公路经营企业应当及时变更限载、限高、限宽、限长标志；需要绕行的，还应当标明绕行路线。

**第三十四条**　县级人民政府交通运输主管部门或者乡级人民政府可以根据保护乡道、村道的需要，在乡道、村道的出入口设置必要的限高、限宽设施，但是不得影响消防和卫生急救等应急通行需要，不得向通行车辆收费。

**第三十五条**　车辆载运不可解体物品，车货总体的外廓尺寸或者总质量超过公路、公路桥梁、公路隧道的限载、限高、限宽、限长标准，确需在公路、公路桥梁、公路隧道行驶的，从事运输的单位和个人应当向公路管理机构申请公路超限运输许可。

**第三十六条**　申请公路超限运输许可按照下列规定办理：

（一）跨省、自治区、直辖市进行超限运输的，向公路沿线各省、自治区、直辖市公路管理机构提出申请，由起运地省、自治区、直辖市公路管理机构统一受理，并协调公路沿线各省、自治区、直辖市公路管理机构对超限运输申请进行审批，必要时可以由国务院交通运输主管部门统一协调处理；

（二）在省、自治区范围内跨设区的市进行超限运输，或者在直辖市范围内跨区、县进行超限运输的，向省、自治区、直辖市公路管理机构提出申请，由省、自治区、直辖市公路管理机构受理并审批；

（三）在设区的市范围内跨区、县进行超限运输的，向设区的市公路管理机构提出申请，由设区的市公路管理机构受理并审批；

（四）在区、县范围内进行超限运输的，向区、县公路管理机构提出申请，由区、县公路管理机构受理并审批。

公路超限运输影响交通安全的，公路管理机构在审批超限运输申请时，应当征求公安机关交通管理部门意见。

**第三十七条** 公路管理机构审批超限运输申请，应当根据实际情况勘测通行路线，需要采取加固、改造措施的，可以与申请人签订有关协议，制定相应的加固、改造方案。

公路管理机构应当根据其制定的加固、改造方案，对通行的公路桥梁、涵洞等设施进行加固、改造；必要时应当对超限运输车辆进行监管。

**第三十八条** 公路管理机构批准超限运输申请，应当为超限运输车辆配发国务院交通运输主管部门规定式样的超限运输车辆通行证。

经批准进行超限运输的车辆，应当随车携带超限运输车辆通行证，按照指定的时间、路线和速度行驶，并悬挂明显标志。

禁止租借、转让超限运输车辆通行证。禁止使用伪造、变造的超限运输车辆通行证。

**第三十九条** 经省、自治区、直辖市人民政府批准，有关交通运输主管部门可以设立固定超限检测站点，配备必要的设备和人员。

固定超限检测站点应当规范执法，并公布监督电话。公路管理机构应当加强对固定超限检测站点的管理。

**第四十条** 公路管理机构在监督检查中发现车辆超过公路、公路桥梁、公路隧道或者汽车渡船的限载、限高、限宽、限长标准的，应当就近引导至固定超限检测站点进行处理。

车辆应当按照超限检测指示标志或者公路管理机构监督检查人员的指挥接受超限检测，不得故意堵塞固定超限检测站点通行车道、强行通过固定超限检测站点或者以其他方式扰乱超限检测秩序，不得采取短途驳载等方式逃避超限检测。

禁止通过引路绕行等方式为不符合国家有关载运标准的车辆逃避超限检测提供便利。

**第四十一条** 煤炭、水泥等货物集散地以及货运站等场所的经营人、管理人应当采取有效措施，防止不符合国家有关载运标准的车辆出场（站）。

道路运输管理机构应当加强对煤炭、水泥等货物集散地以及货运站等场所的监督检查，制止不符合国家有关载运标准的车辆出场（站）。

任何单位和个人不得指使、强令车辆驾驶人超限运输货物，不得阻碍道路运输管理机构依法进行监督检查。

**第四十二条** 载运易燃、易爆、剧毒、放射性等危险物品的车辆，应当符合国家有关安全管理规定，并避免通过特大型公路桥梁或者特长公路隧道；确需通过特大型公路桥梁或者特长公路隧道的，负责审批易燃、易爆、剧毒、放射性等危险物品运输许可的机关应当提前将行驶时间、路线通知特大型公路桥梁或者特长公路隧道的管理单位，并对在特大型公路桥梁或者特长公路隧道行驶的车辆进行现场监管。

**第四十三条** 车辆应当规范装载，装载物不得触地拖行。车辆装载物易掉落、遗洒或者飘散的，应当采取厢式密闭等有效防护措施方可在公路上行驶。

公路上行驶车辆的装载物掉落、遗洒或者飘散的，车辆驾驶人、押运人员应当及时采取措施处理；无法处理的，应当在掉落、遗洒或者飘散物来车方向适当距离外设置警示标志，并迅速报告公路管理机构或者公安机关交通管理部门。其他人员发现公路上有影响交通安全的障碍物的，也应当及时报告公路管理机构或者公安机关交通管理部门。公安机关交通管理部门应当责令改正车辆装载物掉落、遗洒、飘散等违法行为；公路管理机构、公路经营企业应当及时清除掉落、遗洒、飘散在公路上的障碍物。

车辆装载物掉落、遗洒、飘散后，车辆驾驶人、押运人员未及时采取措施处理，造成他人人身、财产损害的，道路运输企业、车辆驾驶人应当依法承担赔偿责任。

# 第四章 公路养护

**第四十四条** 公路管理机构、公路经营企业应当加强公路养护，保证公路经常处于良好技术状态。

前款所称良好技术状态,是指公路自身的物理状态符合有关技术标准的要求,包括路面平整,路肩、边坡平顺,有关设施完好。

**第四十五条** 公路养护应当按照国务院交通运输主管部门规定的技术规范和操作规程实施作业。

**第四十六条** 从事公路养护作业的单位应当具备下列资质条件:

(一)有一定数量的符合要求的技术人员;

(二)有与公路养护作业相适应的技术设备;

(三)有与公路养护作业相适应的作业经历;

(四)国务院交通运输主管部门规定的其他条件。

公路养护作业单位资质管理办法由国务院交通运输主管部门另行制定。

**第四十七条** 公路管理机构、公路经营企业应当按照国务院交通运输主管部门的规定对公路进行巡查,并制作巡查记录;发现公路坍塌、坑槽、隆起等损毁的,应当及时设置警示标志,并采取措施修复。

公安机关交通管理部门发现公路坍塌、坑槽、隆起等损毁,危及交通安全的,应当及时采取措施,疏导交通,并通知公路管理机构或者公路经营企业。

其他人员发现公路坍塌、坑槽、隆起等损毁的,应当及时向公路管理机构、公安机关交通管理部门报告。

**第四十八条** 公路管理机构、公路经营企业应当定期对公路、公路桥梁、公路隧道进行检测和评定,保证其技术状态符合有关技术标准;对经检测发现不符合车辆通行安全要求的,应当进行维修,及时向社会公告,并通知公安机关交通管理部门。

**第四十九条** 公路管理机构、公路经营企业应当定期检查公路隧道的排水、通风、照明、监控、报警、消防、救助等设施,保持设施处于完好状态。

**第五十条** 公路管理机构应当统筹安排公路养护作业计划,避免集中进行公路养护作业造成交通堵塞。

在省、自治区、直辖市交界区域进行公路养护作业,可能造成交通堵塞的,有关公路管理机构、公安机关交通管理部门应当事先书面通报相邻的省、自治区、直辖市公路管理机构、公安机关交通管理部门,共同制定疏导预案,确定分流路线。

**第五十一条** 公路养护作业需要封闭公路的,或者占用半幅公路进行作业,作业路段长度在2公里以上,并且作业期限超过30日的,除紧急情况外,公路养护作业单位应当在作业开始之日前5日向社会公告,明确绕行路线,并在绕行处设置标志;不能绕行的,应当修建临时道路。

**第五十二条** 公路养护作业人员作业时,应当穿着统一的安全标志服。公路养护车辆、机械设备作业时,应当设置明显的作业标志,开启危险报警闪光灯。

**第五十三条** 发生公路突发事件影响通行的,公路管理机构、公路经营企业应当及时修复公路、恢复通行。设区的市级以上人民政府交通运输主管部门应当根据修复公路、恢复通行的需要,及时调集抢修力量,统筹安排有关作业计划,下达路网调度指令,配合有关部门组织绕行、分流。

设区的市级以上公路管理机构应当按照国务院交通运输主管部门的规定收集、汇总公路损毁、公路交通流量等信息,开展公路突发事件的监测、预报和预警工作,并利用多种方式及时向社会发布有关公路运行信息。

**第五十四条** 中国人民武装警察交通部队按照国家有关规定承担公路、公路桥梁、公路隧道等设施的抢修任务。

**第五十五条** 公路永久性停止使用的,应当按照国务院交通运输主管部门规定的程序核准后作报废处理,并向社会公告。

公路报废后的土地使用管理依照有关土地管理的法律、行政法规执行。

# 第五章　法律责任

**第五十六条** 违反本条例的规定,有下列情形之一的,由公路管理机构责令限期拆除,可以处5万元以下的罚款。逾期不拆除的,由公路管理机构拆除,有关费用由违法行为人承担:

(一)在公路建筑控制区内修建、扩建建筑物、地面构筑物或者未经许可埋设管道、电缆等设施的;

(二)在公路建筑控制区外修建的建筑物、地面构筑物以及其他设施遮挡公路标志或者妨碍安全视距的。

**第五十七条** 违反本条例第十八条、第十九条、第二十三条规定的,由安全生产监督管理部门、水行政主管部门、流域管理机构、海事管理机构等有关单位依法处理。

**第五十八条** 违反本条例第二十条规定的,由水行政主管部门或者流域管理机构责令改正,可以处3万元以下的罚款。

**第五十九条** 违反本条例第二十二条规定的,由公路管理机构责令改正,处2万元以上10万元以下的罚款。

**第六十条** 违反本条例的规定,有下列行为之一的,由公路管理机构责令改正,可以处3万元以下的罚款:

(一)损坏、擅自移动、涂改、遮挡公路附属设施或者利用公路附属设施架设管道、悬挂物品,可能危及公路安全的;

(二)涉路工程设施影响公路完好、安全和畅通的。

**第六十一条** 违反本条例的规定,未经批准更新采伐护路林的,由公路管理机构责令补种,没收违法所得,并处采伐林木价值3倍以上5倍以下的罚款。

**第六十二条** 违反本条例的规定,未经许可进行本条例第二十七条第一项至第五项规定的涉路施工活动的,由公路管理机构责令改正,可以处3万元以下的罚款;未经许可进行本条例第二十七条第六项规定的涉路施工活动的,由公路管理机构责令改正,处5万元以下的罚款。

**第六十三条** 违反本条例的规定,非法生产、销售外廓尺寸、轴荷、总质量不符合国家有关车辆外廓尺寸、轴荷、质量限值等机动车安全技术标准的车辆的,依照《中华人民共和国道路交通安全法》的有关规定处罚。

具有国家规定资质的车辆生产企业未按照规定车型和技术参数改装车辆的,由原发证机关责令改正,处4万元以上20万元以下的罚款;拒不改正的,吊销其资质证书。

**第六十四条** 违反本条例的规定,在公路上行驶的车辆,车货总体的外廓尺寸、轴荷或者总质量超过公路、公路桥梁、公路隧道、汽车渡船限定标准的,由公路管理机构责令改正,可以处3万元以下的罚款。

**第六十五条** 违反本条例的规定,经批准进行超限运输的车辆,未按照指定时间、路线和速度行驶的,由公路管理机构或者公安机关交通管理部门责令改正；拒不改正的，公路管理机构或者公安机关交通管理部门可以扣留车辆。

未随车携带超限运输车辆通行证的，由公路管理机构扣留车辆，责令车辆驾驶人提供超限运输车辆通行证或者相应的证明。

租借、转让超限运输车辆通行证的，由公路管理机构没收超限运输车辆通行证，处1000元以上5000元以下的罚款。使用伪造、变造的超限运输车辆通行证的，由公路管理机构没收伪造、变造的超限运输车辆通行证，处3万元以下的罚款。

第六十六条　对1年内违法超限运输超过3次的货运车辆，由道路运输管理机构吊销其车辆营运证；对1年内违法超限运输超过3次的货运车辆驾驶人，由道路运输管理机构责令其停止从事营业性运输；道路运输企业1年内违法超限运输的货运车辆超过本单位货运车辆总数10%的，由道路运输管理机构责令道路运输企业停业整顿；情节严重的，吊销其道路运输经营许可证，并向社会公告。

第六十七条　违反本条例的规定，有下列行为之一的，由公路管理机构强制拖离或者扣留车辆，处3万元以下的罚款：

（一）采取故意堵塞固定超限检测站点通行车道、强行通过固定超限检测站点等方式扰乱超限检测秩序的；

（二）采取短途驳载等方式逃避超限检测的。

第六十八条　违反本条例的规定，指使、强令车辆驾驶人超限运输货物的，由道路运输管理机构责令改正，处3万元以下的罚款。

第六十九条　车辆装载物触地拖行、掉落、遗洒或者飘散，造成公路路面损坏、污染的，由公路管理机构责令改正，处5000元以下的罚款。

第七十条　违反本条例的规定，公路养护作业单位未按照国务院交通运输主管部门规定的技术规范和操作规程进行公路养护作业的，由公路管理机构责令改正，处1万元以上5万元以下的罚款；拒不改正的，吊销其资质证书。

第七十一条　造成公路、公路附属设施损坏的单位和个人应当立即报告公路管理机构，接受公路管理机构的现场调查处理；危及交通安全的，还应当设置警示标志或者采取其他安全防护措施，并迅速报告公安机关交通管理部门。

发生交通事故造成公路、公路附属设施损坏的，公安机关交通管理部门在处理交通事故时应当及时通知有关公路管理机构到场调查处理。

**第七十二条** 造成公路、公路附属设施损坏,拒不接受公路管理机构现场调查处理的,公路管理机构可以扣留车辆、工具。

公路管理机构扣留车辆、工具的,应当当场出具凭证,并告知当事人在规定期限内到公路管理机构接受处理。逾期不接受处理,并且经公告 3 个月仍不来接受处理的,对扣留的车辆、工具,由公路管理机构依法处理。

公路管理机构对被扣留的车辆、工具应当妥善保管,不得使用。

**第七十三条** 违反本条例的规定,公路管理机构工作人员有下列行为之一的,依法给予处分:

(一)违法实施行政许可的;
(二)违反规定拦截、检查正常行驶的车辆的;
(三)未及时采取措施处理公路坍塌、坑槽、隆起等损毁的;
(四)违法扣留车辆、工具或者使用依法扣留的车辆、工具的;
(五)有其他玩忽职守、徇私舞弊、滥用职权行为的。

公路管理机构有前款所列行为之一的,对负有直接责任的主管人员和其他直接责任人员依法给予处分。

**第七十四条** 违反本条例的规定,构成违反治安管理行为的,由公安机关依法给予治安管理处罚;构成犯罪的,依法追究刑事责任。

# 第六章 附 则

**第七十五条** 村道的管理和养护工作,由乡级人民政府参照本条例的规定执行。

专用公路的保护不适用本条例。

**第七十六条** 军事运输使用公路按照国务院、中央军事委员会的有关规定执行。

**第七十七条** 本条例自 2011 年 7 月 1 日起施行。1987 年 10 月 13 日国务院发布的《中华人民共和国公路管理条例》同时废止。

# 二、相关解释

## 最高人民法院关于审理行政许可案件若干问题的规定

- 2009年11月9日最高人民法院审判委员会第1476次会议通过
- 2009年12月14日最高人民法院公告公布
- 自2010年1月4日起施行
- 法释〔2009〕20号

为规范行政许可案件的审理,根据《中华人民共和国行政许可法》(以下简称行政许可法)、《中华人民共和国行政诉讼法》及其他有关法律规定,结合行政审判实际,对有关问题作如下规定:

**第一条** 公民、法人或者其他组织认为行政机关作出的行政许可决定以及相应的不作为,或者行政机关就行政许可的变更、延续、撤回、注销、撤销等事项作出的有关具体行政行为及其相应的不作为侵犯其合法权益,提起行政诉讼的,人民法院应当依法受理。

**第二条** 公民、法人或者其他组织认为行政机关未公开行政许可决定或者未提供行政许可监督检查记录侵犯其合法权益,提起行政诉讼的,人民法院应当依法受理。

**第三条** 公民、法人或者其他组织仅就行政许可过程中的告知补正申请材料、听证等通知行为提起行政诉讼的,人民法院不予受理,但导致许可程序对上述主体事实上终止的除外。

**第四条** 当事人不服行政许可决定提起诉讼的,以作出行政许可决定的机关为被告;行政许可依法须经上级行政机关批准,当事人对批准或者不批准行为不服一并提起诉讼的,以上级行政机关为共同被告;行政许可依法须经下级行政机关或者管理公共事务的组织初步审并上报,当事人对不予初步审查或者不予上报不服提起诉讼的,以下级行政机关或者管理公共事务的组织为被告。

**第五条** 行政机关依据行政许可法第二十六条第二款规定统一办理行政许可的,当事人对行政许可行为不服提起诉讼,以对当事人作出具有实质影响的不利行为的机关为被告。

第六条　行政机关受理行政许可申请后,在法定期限内不予答复,公民、法人或者其他组织向人民法院起诉的,人民法院应当依法受理。

前款"法定期限"自行政许可申请受理之日起计算;以数据电文方式受理的,自数据电文进入行政机关指定的特定系统之日起计算;数据电文需要确认收讫的,自申请人收到行政机关的收讫确认之日起计算。

第七条　作为被诉行政许可行为基础的其他行政决定或者文书存在以下情形之一的,人民法院不予认可:

(一) 明显缺乏事实根据;

(二) 明显缺乏法律依据;

(三) 超越职权;

(四) 其他重大明显违法情形。

第八条　被告不提供或者无正当理由逾期提供证据的,与被诉行政许可行为有利害关系的第三人可以向人民法院提供;第三人对无法提供的证据,可以申请人民法院调取;人民法院在当事人无争议,但涉及国家利益、公共利益或者他人合法权益的情况下,也可以依职权调取证据。

第三人提供或者人民法院调取的证据能够证明行政许可行为合法的,人民法院应当判决驳回原告的诉讼请求。

第九条　人民法院审理行政许可案件,应当以申请人提出行政许可申请后实施的新的法律规范为依据;行政机关在旧的法律规范实施期间,无正当理由拖延审查行政许可申请至新的法律规范实施,适用新的法律规范不利于申请人的,以旧的法律规范为依据。

第十条　被诉准予行政许可决定违反当时的法律规范但符合新的法律规范的,判决确认该决定违法;准予行政许可决定不损害公共利益和利害关系人合法权益的,判决驳回原告的诉讼请求。

第十一条　人民法院审理不予行政许可决定案件,认为原告请求准予许可的理由成立,且被告没有裁量余地的,可以在判决理由写明,并判决撤销不予许可决定,责令被告重新作出决定。

第十二条　被告无正当理由拒绝原告查阅行政许可决定及有关档案材料或者监督检查记录的,人民法院可以判决被告在法定或者合理期限内准予原告查阅。

**第十三条** 被告在实施行政许可过程中,与他人恶意串通共同违法侵犯原告合法权益的,应当承担连带赔偿责任;被告与他人违法侵犯原告合法权益的,应当根据其违法行为在损害发生过程和结果中所起作用等因素,确定被告的行政赔偿责任;被告已经依照法定程序履行审慎合理的审查职责,因他人行为导致行政许可决定违法的,不承担赔偿责任。

在行政许可案件中,当事人请求一并解决有关民事赔偿问题的,人民法院可以合并审理。

**第十四条** 行政机关依据行政许可法第八条第二款规定变更或者撤回已经生效的行政许可,公民、法人或者其他组织仅主张行政补偿的,应当先向行政机关提出申请;行政机关在法定期限或者合理期限内不予答复或者对行政机关作出的补偿决定不服的,可以依法提起行政诉讼。

**第十五条** 法律、法规、规章或者规范性文件对变更或者撤回行政许可的补偿标准未作规定的,一般在实际损失范围内确定补偿数额;行政许可属于行政许可法第十二条第(二)项规定情形的,一般按照实际投入的损失确定补偿数额。

**第十六条** 行政许可补偿案件的调解,参照最高人民法院《关于审理行政赔偿案件若干问题的规定》的有关规定办理。

**第十七条** 最高人民法院以前所作的司法解释凡与本规定不一致的,按本规定执行。

# 最高人民法院关于适用
# 《中华人民共和国行政诉讼法》的解释

- 2017年11月13日最高人民法院审判委员会第1726次会议通过
- 2018年2月6日最高人民法院公告公布
- 自2018年2月8日起施行
- 法释〔2018〕1号

为正确适用《中华人民共和国行政诉讼法》(以下简称行政诉讼法),结合人民法院行政审判工作实际,制定本解释。

# 一、受案范围

**第一条** 公民、法人或者其他组织对行政机关及其工作人员的行政行为不服,依法提起诉讼的,属于人民法院行政诉讼的受案范围。

下列行为不属于人民法院行政诉讼的受案范围:

(一)公安、国家安全等机关依照刑事诉讼法的明确授权实施的行为;

(二)调解行为以及法律规定的仲裁行为;

(三)行政指导行为;

(四)驳回当事人对行政行为提起申诉的重复处理行为;

(五)行政机关作出的不产生外部法律效力的行为;

(六)行政机关为作出行政行为而实施的准备、论证、研究、层报、咨询等过程性行为;

(七)行政机关根据人民法院的生效裁判、协助执行通知书作出的执行行为,但行政机关扩大执行范围或者采取违法方式实施的除外;

(八)上级行政机关基于内部层级监督关系对下级行政机关作出的听取报告、执法检查、督促履责等行为;

(九)行政机关针对信访事项作出的登记、受理、交办、转送、复查、复核意见等行为;

(十)对公民、法人或者其他组织权利义务不产生实际影响的行为。

**第二条** 行政诉讼法第十三条第一项规定的"国家行为",是指国务院、中央军事委员会、国防部、外交部等根据宪法和法律的授权,以国家的名义实施的有关国防和外交事务的行为,以及经宪法和法律授权的国家机关宣布紧急状态等行为。

行政诉讼法第十三条第二项规定的"具有普遍约束力的决定、命令",是指行政机关针对不特定对象发布的能反复适用的规范性文件。

行政诉讼法第十三条第三项规定的"对行政机关工作人员的奖惩、任免等决定",是指行政机关作出的涉及行政机关工作人员公务员权利义务的决定。

行政诉讼法第十三条第四项规定的"法律规定由行政机关最终裁

决的行政行为"中的"法律",是指全国人民代表大会及其常务委员会制定、通过的规范性文件。

## 二、管　辖

**第三条**　各级人民法院行政审判庭审理行政案件和审查行政机关申请执行其行政行为的案件。

专门人民法院、人民法庭不审理行政案件,也不审查和执行行政机关申请执行其行政行为的案件。铁路运输法院等专门人民法院审理行政案件,应当执行行政诉讼法第十八条第二款的规定。

**第四条**　立案后,受诉人民法院的管辖权不受当事人住所地改变、追加被告等事实和法律状态变更的影响。

**第五条**　有下列情形之一的,属于行政诉讼法第十五条第三项规定的"本辖区内重大、复杂的案件":

（一）社会影响重大的共同诉讼案件;

（二）涉外或者涉及香港特别行政区、澳门特别行政区、台湾地区的案件;

（三）其他重大、复杂案件。

**第六条**　当事人以案件重大复杂为由,认为有管辖权的基层人民法院不宜行使管辖权或者根据行政诉讼法第五十二条的规定,向中级人民法院起诉,中级人民法院应当根据不同情况在七日内分别作出以下处理:

（一）决定自行审理;

（二）指定本辖区其他基层人民法院管辖;

（三）书面告知当事人向有管辖权的基层人民法院起诉。

**第七条**　基层人民法院对其管辖的第一审行政案件,认为需要由中级人民法院审理或者指定管辖的,可以报请中级人民法院决定。中级人民法院应当根据不同情况在七日内分别作出以下处理:

（一）决定自行审理;

（二）指定本辖区其他基层人民法院管辖;

（三）决定由报请的人民法院审理。

**第八条**　行政诉讼法第十九条规定的"原告所在地",包括原告的户籍所在地、经常居住地和被限制人身自由地。

对行政机关基于同一事实,既采取限制公民人身自由的行政强制措施,又采取其他行政强制措施或者行政处罚不服的,由被告所在地或者原告所在地的人民法院管辖。

**第九条** 行政诉讼法第二十条规定的"因不动产提起的行政诉讼"是指因行政行为导致不动产物权变动而提起的诉讼。

不动产已登记的,以不动产登记簿记载的所在地为不动产所在地;不动产未登记的,以不动产实际所在地为不动产所在地。

**第十条** 人民法院受理案件后,被告提出管辖异议的,应当在收到起诉状副本之日起十五日内提出。

对当事人提出的管辖异议,人民法院应当进行审查。异议成立的,裁定将案件移送有管辖权的人民法院;异议不成立的,裁定驳回。

人民法院对管辖异议审查后确定有管辖权的,不因当事人增加或者变更诉讼请求等改变管辖,但违反级别管辖、专属管辖规定的除外。

**第十一条** 有下列情形之一的,人民法院不予审查:

(一)人民法院发回重审或者按第一审程序再审的案件,当事人提出管辖异议的;

(二)当事人在第一审程序中未按照法律规定的期限和形式提出管辖异议,在第二审程序中提出的。

## 三、诉讼参加人

**第十二条** 有下列情形之一的,属于行政诉讼法第二十五条第一款规定的"与行政行为有利害关系":

(一)被诉的行政行为涉及其相邻权或者公平竞争权的;

(二)在行政复议等行政程序中被追加为第三人的;

(三)要求行政机关依法追究加害人法律责任的;

(四)撤销或者变更行政行为涉及其合法权益的;

(五)为维护自身合法权益向行政机关投诉,具有处理投诉职责的行政机关作出或者未作出处理的;

(六)其他与行政行为有利害关系的情形。

**第十三条** 债权人以行政机关对债务人所作的行政行为损害债权

实现为由提起行政诉讼的,人民法院应当告知其就民事争议提起民事诉讼,但行政机关作出行政行为时依法应予保护或者应予考虑的除外。

**第十四条** 行政诉讼法第二十五条第二款规定的"近亲属",包括配偶、父母、子女、兄弟姐妹、祖父母、外祖父母、孙子女、外孙子女和其他具有扶养、赡养关系的亲属。

公民因被限制人身自由而不能提起诉讼的,其近亲属可以依其口头或者书面委托以该公民的名义提起诉讼。近亲属起诉时无法与被限制人身自由的公民取得联系,近亲属可以先行起诉,并在诉讼中补充提交委托证明。

**第十五条** 合伙企业向人民法院提起诉讼的,应当以核准登记的字号为原告。未依法登记领取营业执照的个人合伙的全体合伙人为共同原告;全体合伙人可以推选代表人,被推选的代表人,应当由全体合伙人出具推选书。

个体工商户向人民法院提起诉讼的,以营业执照上登记的经营者为原告。有字号的,以营业执照上登记的字号为原告,并应当注明该字号经营者的基本信息。

**第十六条** 股份制企业的股东大会、股东会、董事会等认为行政机关作出的行政行为侵犯企业经营自主权的,可以企业名义提起诉讼。

联营企业、中外合资或者合作企业的联营、合资、合作各方,认为联营、合资、合作企业权益或者自己一方合法权益受行政行为侵害的,可以自己的名义提起诉讼。

非国有企业被行政机关注销、撤销、合并、强令兼并、出售、分立或者改变企业隶属关系的,该企业或者其法定代表人可以提起诉讼。

**第十七条** 事业单位、社会团体、基金会、社会服务机构等非营利法人的出资人、设立人认为行政行为损害法人合法权益的,可以自己的名义提起诉讼。

**第十八条** 业主委员会对于行政机关作出的涉及业主共有利益的行政行为,可以自己的名义提起诉讼。

业主委员会不起诉的,专有部分占建筑物总面积过半数或者占总户数过半数的业主可以提起诉讼。

**第十九条** 当事人不服经上级行政机关批准的行政行为,向人民法院提起诉讼的,以在对外发生法律效力的文书上署名的机关为被告。

**第二十条** 行政机关组建并赋予行政管理职能但不具有独立承担法律责任能力的机构,以自己的名义作出行政行为,当事人不服提起诉讼的,应当以组建该机构的行政机关为被告。

法律、法规或者规章授权行使行政职权的行政机关内设机构、派出机构或者其他组织,超出法定授权范围实施行政行为,当事人不服提起诉讼的,应当以实施该行为的机构或者组织为被告。

没有法律、法规或者规章规定,行政机关授权其内设机构、派出机构或者其他组织行使行政职权的,属于行政诉讼法第二十六条规定的委托。当事人不服提起诉讼的,应当以该行政机关为被告。

**第二十一条** 当事人对由国务院、省级人民政府批准设立的开发区管理机构作出的行政行为不服提起诉讼的,以该开发区管理机构为被告;对由国务院、省级人民政府批准设立的开发区管理机构所属职能部门作出的行政行为不服提起诉讼的,以其职能部门为被告;对其他开发区管理机构所属职能部门作出的行政行为不服提起诉讼的,以开发区管理机构为被告;开发区管理机构没有行政主体资格的,以设立该机构的地方人民政府为被告。

**第二十二条** 行政诉讼法第二十六条第二款规定的"复议机关改变原行政行为",是指复议机关改变原行政行为的处理结果。复议机关改变原行政行为所认定的主要事实和证据、改变原行政行为所适用的规范依据,但未改变原行政行为处理结果的,视为复议机关维持原行政行为。

复议机关确认原行政行为无效,属于改变原行政行为。

复议机关确认原行政行为违法,属于改变原行政行为,但复议机关以违反法定程序为由确认原行政行为违法的除外。

**第二十三条** 行政机关被撤销或者职权变更,没有继续行使其职权的行政机关的,以其所属的人民政府为被告;实行垂直领导的,以垂直领导的上一级行政机关为被告。

**第二十四条** 当事人对村民委员会或者居民委员会依据法律、法规、规章的授权履行行政管理职责的行为不服提起诉讼的,以村民委员会或者居民委员会为被告。

当事人对村民委员会、居民委员会受行政机关委托作出的行为不服提起诉讼的，以委托的行政机关为被告。

当事人对高等学校等事业单位以及律师协会、注册会计师协会等行业协会依据法律、法规、规章的授权实施的行政行为不服提起诉讼的，以该事业单位、行业协会为被告。

当事人对高等学校等事业单位以及律师协会、注册会计师协会等行业协会受行政机关委托作出的行为不服提起诉讼的，以委托的行政机关为被告。

第二十五条　市、县级人民政府确定的房屋征收部门组织实施房屋征收与补偿工作过程中作出行政行为，被征收人不服提起诉讼的，以房屋征收部门为被告。

征收实施单位受房屋征收部门委托，在委托范围内从事的行为，被征收人不服提起诉讼的，应当以房屋征收部门为被告。

第二十六条　原告所起诉的被告不适格，人民法院应当告知原告变更被告；原告不同意变更的，裁定驳回起诉。

应当追加被告而原告不同意追加的，人民法院应当通知其以第三人的身份参加诉讼，但行政复议机关作共同被告的除外。

第二十七条　必须共同进行诉讼的当事人没有参加诉讼的，人民法院应当依法通知其参加；当事人也可以向人民法院申请参加。

人民法院应当对当事人提出的申请进行审查，申请理由不成立的，裁定驳回；申请理由成立的，书面通知其参加诉讼。

前款所称的必须共同进行诉讼，是指按照行政诉讼法第二十七条的规定，当事人一方或者双方为两人以上，因同一行政行为发生行政争议，人民法院必须合并审理的诉讼。

第二十八条　人民法院追加共同诉讼的当事人时，应当通知其他当事人。应当追加的原告，已明确表示放弃实体权利的，可不予追加；既不愿意参加诉讼，又不放弃实体权利的，应追加为第三人，其不参加诉讼，不能阻碍人民法院对案件的审理和裁判。

第二十九条　行政诉讼法第二十八条规定的"人数众多"，一般指十人以上。

根据行政诉讼法第二十八条的规定，当事人一方人数众多的，由当事人推选代表人。当事人推选不出的，可以由人民法院在起诉的当事人中指定代表人。

行政诉讼法第二十八条规定的代表人为二至五人。代表人可以委托一至二人作为诉讼代理人。

**第三十条** 行政机关的同一行政行为涉及两个以上利害关系人，其中一部分利害关系人对行政行为不服提起诉讼，人民法院应当通知没有起诉的其他利害关系人作为第三人参加诉讼。

与行政案件处理结果有利害关系的第三人，可以申请参加诉讼，或者由人民法院通知其参加诉讼。人民法院判决其承担义务或者减损其权益的第三人，有权提出上诉或者申请再审。

行政诉讼法第二十九条规定的第三人，因不能归责于本人的事由未参加诉讼，但有证据证明发生法律效力的判决、裁定、调解书损害其合法权益的，可以依照行政诉讼法第九十条的规定，自知道或者应当知道其合法权益受到损害之日起六个月内，向上一级人民法院申请再审。

**第三十一条** 当事人委托诉讼代理人，应当向人民法院提交由委托人签名或者盖章的授权委托书。委托书应当载明委托事项和具体权限。公民在特殊情况下无法书面委托的，也可以由他人代书，并由自己捺印等方式确认，人民法院应当核实并记录在卷；被诉行政机关或者其他有义务协助的机关拒绝人民法院向被限制人身自由的公民核实的，视为委托成立。当事人解除或者变更委托的，应当书面报告人民法院。

**第三十二条** 依照行政诉讼法第三十一条第二款第二项规定，与当事人有合法劳动人事关系的职工，可以当事人工作人员的名义作为诉讼代理人。以当事人的工作人员身份参加诉讼活动，应当提交以下证据之一加以证明：

（一）缴纳社会保险记录凭证；

（二）领取工资凭证；

（三）其他能够证明其为当事人工作人员身份的证据。

**第三十三条** 根据行政诉讼法第三十一条第二款第三项规定，有关社会团体推荐公民担任诉讼代理人的，应当符合下列条件：

（一）社会团体属于依法登记设立或者依法免予登记设立的非营利性法人组织；

（二）被代理人属于该社会团体的成员，或者当事人一方住所地位于该社会团体的活动地域；

（三）代理事务属于该社会团体章程载明的业务范围；

（四）被推荐的公民是该社会团体的负责人或者与该社会团体有合法劳动人事关系的工作人员。

专利代理人经中华全国专利代理人协会推荐，可以在专利行政案件中担任诉讼代理人。

## 四、证　据

**第三十四条**　根据行政诉讼法第三十六条第一款的规定，被告申请延期提供证据的，应当在收到起诉状副本之日起十五日内以书面方式向人民法院提出。人民法院准许延期提供的，被告应当在正当事由消除后十五日内提供证据。逾期提供的，视为被诉行政行为没有相应的证据。

**第三十五条**　原告或者第三人应当在开庭审理前或者人民法院指定的交换证据清单之日提供证据。因正当事由申请延期提供证据的，经人民法院准许，可以在法庭调查中提供。逾期提供证据的，人民法院应当责令其说明理由；拒不说明理由或者理由不成立的，视为放弃举证权利。

原告或者第三人在第一审程序中无正当事由而未提供而在第二审程序中提供的证据，人民法院不予接纳。

**第三十六条**　当事人申请延长举证期限，应当在举证期限届满前向人民法院提出书面申请。

申请理由成立的，人民法院应当准许，适当延长举证期限，并通知其他当事人。申请理由不成立的，人民法院不予准许，并通知申请人。

**第三十七条**　根据行政诉讼法第三十九条的规定，对当事人无争议，但涉及国家利益、公共利益或者他人合法权益的事实，人民法院可以责令当事人提供或者补充有关证据。

**第三十八条**　对于案情比较复杂或者证据数量较多的案件，人民法院可以组织当事人在开庭前向对方出示或者交换证据，并将交换证据清单的情况记录在卷。

当事人在庭前证据交换过程中没有争议并记录在卷的证据，经审判人员在庭审中说明后，可以作为认定案件事实的依据。

**第三十九条** 当事人申请调查收集证据,但该证据与待证事实无关联、对证明待证事实无意义或者其他无调查收集必要的,人民法院不予准许。

**第四十条** 人民法院在证人出庭作证前应当告知其如实作证的义务以及作伪证的法律后果。

证人因履行出庭作证义务而支出的交通、住宿、就餐等必要费用以及误工损失,由败诉一方当事人承担。

**第四十一条** 有下列情形之一,原告或者第三人要求相关行政执法人员出庭说明的,人民法院可以准许:

(一)对现场笔录的合法性或者真实性有异议的;

(二)对扣押财产的品种或者数量有异议的;

(三)对检验的物品取样或者保管有异议的;

(四)对行政执法人员身份的合法性有异议的;

(五)需要出庭说明的其他情形。

**第四十二条** 能够反映案件真实情况、与待证事实相关联、来源和形式符合法律规定的证据,应当作为认定案件事实的根据。

**第四十三条** 有下列情形之一的,属于行政诉讼法第四十三条第三款规定的"以非法手段取得的证据":

(一)严重违反法定程序收集的证据材料;

(二)以违反法律强制性规定的手段获取且侵害他人合法权益的证据材料;

(三)以利诱、欺诈、胁迫、暴力等手段获取的证据材料。

**第四十四条** 人民法院认为有必要的,可以要求当事人本人或者行政机关执法人员到庭,就案件有关事实接受询问。在询问之前,可以要求其签署保证书。

保证书应当载明据实陈述、如有虚假陈述愿意接受处罚等内容。当事人或者行政机关执法人员应当在保证书上签名或者捺印。

负有举证责任的当事人拒绝到庭、拒绝接受询问或者拒绝签署保证书,待证事实又欠缺其他证据加以佐证的,人民法院对其主张的事实不予认定。

**第四十五条** 被告有证据证明其在行政程序中依照法定程序要求原告或者第三人提供证据,原告或者第三人依法应当提供而没有提供,在诉讼程序中提供的证据,人民法院一般不予采纳。

**第四十六条** 原告或者第三人确有证据证明被告持有的证据对原告或者第三人有利的,可以在开庭审理前书面申请人民法院责令行政机关提交。

申请理由成立的,人民法院应当责令行政机关提交,因提交证据所产生的费用,由申请人预付。行政机关无正当理由拒不提交的,人民法院可以推定原告或者第三人基于该证据主张的事实成立。

持有证据的当事人以妨碍对方当事人使用为目的,毁灭有关证据或者实施其他致使证据不能使用行为的,人民法院可以推定对方当事人基于该证据主张的事实成立,并可依照行政诉讼法第五十九条规定处理。

**第四十七条** 根据行政诉讼法第三十八条第二款的规定,在行政赔偿、补偿案件中,因被告的原因导致原告无法就损害情况举证的,应当由被告就该损害情况承担举证责任。

对于各方主张损失的价值无法认定的,应当由负有举证责任的一方当事人申请鉴定,但法律、法规、规章规定行政机关在作出行政行为时依法应当评估或者鉴定的除外;负有举证责任的当事人拒绝申请鉴定的,由其承担不利的法律后果。

当事人的损失因客观原因无法鉴定的,人民法院应当结合当事人的主张和在案证据,遵循法官职业道德,运用逻辑推理和生活经验、生活常识等,酌情确定赔偿数额。

## 五、期间、送达

**第四十八条** 期间包括法定期间和人民法院指定的期间。

期间以时、日、月、年计算。期间开始的时和日,不计算在期间内。

期间届满的最后一日是节假日的,以节假日后的第一日为期间届满的日期。

期间不包括在途时间,诉讼文书在期满前交邮的,视为在期限内发送。

**第四十九条** 行政诉讼法第五十一条第二款规定的立案期限,因起诉状内容欠缺或者有其他错误通知原告限期补正的,从补正后递交人民法院的次日起算。由上级人民法院转交下级人民法院立案的案件,从受诉人民法院收到起诉状的次日起算。

**第五十条** 行政诉讼法第八十一条、第八十三条、第八十八条规定的审理期限,是指从立案之日起至裁判宣告、调解书送达之日止的期间,但公告期间、鉴定期间、调解期间、中止诉讼期间、审理当事人提出的管辖异议以及处理人民法院之间的管辖争议期间不应计算在内。

再审案件按照第一审程序或者第二审程序审理的,适用行政诉讼法第八十一条、第八十八条规定的审理期限。审理期限自再审立案的次日起算。

基层人民法院申请延长审理期限,应当直接报请高级人民法院批准,同时报中级人民法院备案。

**第五十一条** 人民法院可以要求当事人签署送达地址确认书,当事人确认的送达地址为人民法院法律文书的送达地址。

当事人同意电子送达的,应当提供并确认传真号、电子信箱等电子送达地址。

当事人送达地址发生变更的,应当及时书面告知受理案件的人民法院;未及时告知的,人民法院按原地址送达,视为依法送达。

人民法院可以通过国家邮政机构以法院专递方式进行送达。

**第五十二条** 人民法院可以在当事人住所地以外向当事人直接送达诉讼文书。当事人拒绝签署送达回证的,采用拍照、录像等方式记录送达过程即视为送达。审判人员、书记员应当在送达回证上注明送达情况并签名。

# 六、起诉与受理

**第五十三条** 人民法院对符合起诉条件的案件应当立案,依法保障当事人行使诉讼权利。

对当事人依法提起的诉讼,人民法院应当根据行政诉讼法第五十一条的规定接收起诉状。能够判断符合起诉条件的,应当当场登记立案;当场不能判断是否符合起诉条件的,应当在接收起诉状后七日内决定是否立案;七日内仍不能作出判断的,应当先予立案。

**第五十四条** 依照行政诉讼法第四十九条的规定,公民、法人或者其他组织提起诉讼时应当提交以下起诉材料:

（一）原告的身份证明材料以及有效联系方式；
（二）被诉行政行为或者不作为存在的材料；
（三）原告与被诉行政行为具有利害关系的材料；
（四）人民法院认为需要提交的其他材料。

由法定代理人或者委托代理人代为起诉的，还应当在起诉状中写明或者在口头起诉时向人民法院说明法定代理人或者委托代理人的基本情况，并提交法定代理人或者委托代理人的身份证明和代理权限证明等材料。

**第五十五条** 依照行政诉讼法第五十一条的规定，人民法院应当就起诉状内容和材料是否完备以及是否符合行政诉讼法规定的起诉条件进行审查。

起诉状内容或者材料欠缺的，人民法院应当给予指导和释明，并一次性全面告知当事人需要补正的内容、补充的材料及期限。在指定期限内补正并符合起诉条件的，应当登记立案。当事人拒绝补正或者经补正仍不符合起诉条件的，退回诉状并记录在册；坚持起诉的，裁定不予立案，并载明不予立案的理由。

**第五十六条** 法律、法规规定应当先申请复议，公民、法人或者其他组织未申请复议直接提起诉讼的，人民法院裁定不予立案。

依照行政诉讼法第四十五条的规定，复议机关不受理复议申请或者在法定期限内不作出复议决定，公民、法人或者其他组织不服，依法向人民法院提起诉讼的，人民法院应当依法立案。

**第五十七条** 法律、法规未规定行政复议为提起行政诉讼必经程序，公民、法人或者其他组织既提起诉讼又申请行政复议的，由先立案的机关管辖；同时立案的，由公民、法人或者其他组织选择。公民、法人或者其他组织已经申请行政复议，在法定复议期间内又向人民法院提起诉讼的，人民法院裁定不予立案。

**第五十八条** 法律、法规未规定行政复议为提起行政诉讼必经程序，公民、法人或者其他组织向复议机关申请行政复议后，又经复议机关同意撤回复议申请，在法定起诉期限内对原行政行为提起诉讼的，人民法院应当依法立案。

**第五十九条** 公民、法人或者其他组织向复议机关申请行政复议后，复议机关作出维持决定的，应当以复议机关和原行为机关为共同被告，并以复议决定送达时间确定起诉期限。

**第六十条** 人民法院裁定准许原告撤诉后,原告以同一事实和理由重新起诉的,人民法院不予立案。

准予撤诉的裁定确有错误,原告申请再审的,人民法院应当通过审判监督程序撤销原准予撤诉的裁定,重新对案件进行审理。

**第六十一条** 原告或者上诉人未按规定的期限预交案件受理费,又不提出缓交、减交、免交申请,或者提出申请未获批准的,按自动撤诉处理。在按撤诉处理后,原告或者上诉人在法定期限内再次起诉或者上诉,并依法解决诉讼费预交问题的,人民法院应予立案。

**第六十二条** 人民法院判决撤销行政机关的行政行为后,公民、法人或者其他组织对行政机关重新作出的行政行为不服向人民法院起诉的,人民法院应当依法立案。

**第六十三条** 行政机关作出行政行为时,没有制作或者没有送达法律文书,公民、法人或者其他组织只要能证明行政行为存在,并在法定期限内起诉的,人民法院应当依法立案。

**第六十四条** 行政机关作出行政行为时,未告知公民、法人或者其他组织起诉期限的,起诉期限从公民、法人或者其他组织知道或者应当知道起诉期限之日起计算,但从知道或者应当知道行政行为内容之日起最长不得超过一年。

复议决定未告知公民、法人或者其他组织起诉期限的,适用前款规定。

**第六十五条** 公民、法人或者其他组织不知道行政机关作出的行政行为内容的,其起诉期限从知道或者应当知道该行政行为内容之日起计算,但最长不得超过行政诉讼法第四十六条第二款规定的起诉期限。

**第六十六条** 公民、法人或者其他组织依照行政诉讼法第四十七条第一款的规定,对行政机关不履行法定职责提起诉讼的,应当在行政机关履行法定职责期限届满之日起六个月内提出。

**第六十七条** 原告提供被告的名称等信息足以使被告与其他行政机关相区别的,可以认定为行政诉讼法第四十九条第二项规定的"有明确的被告"。

起诉状列写被告信息不足以认定明确的被告的,人民法院可以告知原告补正;原告补正后仍不能确定明确的被告的,人民法院裁定不予立案。

**第六十八条** 行政诉讼法第四十九条第三项规定的"有具体的诉讼请求"是指：
（一）请求判决撤销或者变更行政行为；
（二）请求判决行政机关履行特定法定职责或者给付义务；
（三）请求判决确认行政行为违法；
（四）请求判决确认行政行为无效；
（五）请求判决行政机关予以赔偿或者补偿；
（六）请求解决行政协议争议；
（七）请求一并审查规章以下规范性文件；
（八）请求一并解决相关民事争议；
（九）其他诉讼请求。
当事人单独或者一并提起行政赔偿、补偿诉讼的，应当有具体的赔偿、补偿事项以及数额；请求一并审查规章以下规范性文件的，应当提供明确的文件名称或者审查对象；请求一并解决相关民事争议的，应当有具体的民事诉讼请求。
当事人未能正确表达诉讼请求的，人民法院应当要求其明确诉讼请求。

**第六十九条** 有下列情形之一，已经立案的，应当裁定驳回起诉：
（一）不符合行政诉讼法第四十九条规定的；
（二）超过法定起诉期限且无行政诉讼法第四十八条规定情形的；
（三）错列被告且拒绝变更的；
（四）未按照法律规定由法定代理人、指定代理人、代表人为诉讼行为的；
（五）未按照法律、法规规定先向行政机关申请复议的；
（六）重复起诉的；
（七）撤回起诉后无正当理由再行起诉的；
（八）行政行为对其合法权益明显不产生实际影响的；
（九）诉讼标的已为生效裁判或者调解书所羁束的；
（十）其他不符合法定起诉条件的情形。
前款所列情形可以补正或者更正的，人民法院应当指定期间责令补正或者更正；在指定期间已经补正或者更正的，应当依法审理。
人民法院经过阅卷、调查或者询问当事人，认为不需要开庭审理的，可以迳行裁定驳回起诉。

**第七十条** 起诉状副本送达被告后，原告提出新的诉讼请求的，人民法院不予准许，但有正当理由的除外。

# 七、审理与判决

**第七十一条** 人民法院适用普通程序审理案件，应当在开庭三日前用传票传唤当事人。对证人、鉴定人、勘验人、翻译人员，应当用通知书通知其到庭。当事人或者其他诉讼参与人在外地的，应当留有必要的在途时间。

**第七十二条** 有下列情形之一的，可以延期开庭审理：

（一）应当到庭的当事人和其他诉讼参与人有正当理由没有到庭的；

（二）当事人临时提出回避申请且无法及时作出决定的；

（三）需要通知新的证人到庭，调取新的证据，重新鉴定、勘验，或者需要补充调查的；

（四）其他应当延期的情形。

**第七十三条** 根据行政诉讼法第二十七条的规定，有下列情形之一的，人民法院可以决定合并审理：

（一）两个以上行政机关分别对同一事实作出行政行为，公民、法人或者其他组织不服同一人民法院起诉的；

（二）行政机关就同一事实对若干公民、法人或者其他组织分别作出行政行为，公民、法人或者其他组织不服分别向同一人民法院起诉的；

（三）在诉讼过程中，被告对原告作出新的行政行为，原告不服向同一人民法院起诉的；

（四）人民法院认为可以合并审理的其他情形。

**第七十四条** 当事人申请回避，应当说明理由，在案件开始审理时提出；回避事由在案件开始审理后知道的，应当在法庭辩论终结前提出。

被申请回避的人员，在人民法院作出是否回避的决定前，应当暂停参与本案的工作，但案件需要采取紧急措施的除外。

对当事人提出的回避申请，人民法院应当在三日内以口头或者书面形式作出决定。对当事人提出的明显不属于法定回避事由的申请,法庭可以依法当庭驳回。

申请人对驳回回避申请决定不服的,可以向作出决定的人民法院申请复议一次。复议期间,被申请回避的人员不停止参与本案的工作。对申请人的复议申请,人民法院应当在三日内作出复议决定,并通知复议申请人。

**第七十五条** 在一个审判程序中参与过本案审判工作的审判人员,不得再参与该案其他程序的审判。

发回重审的案件,在一审法院作出裁判后又进入第二审程序的,原第二审程序中合议庭组成人员不受前款规定的限制。

**第七十六条** 人民法院对于因一方当事人的行为或者其他原因,可能使行政行为或者人民法院生效裁判不能或者难以执行的案件,根据对方当事人的申请,可以裁定对其财产进行保全、责令其作出一定行为或者禁止其作出一定行为;当事人没有提出申请,人民法院在必要时也可以裁定采取上述保全措施。

人民法院采取保全措施,可以责令申请人提供担保;申请人不提供担保的,裁定驳回申请。

人民法院接受申请后,对情况紧急的,必须在四十八小时内作出裁定;裁定采取保全措施的,应当立即开始执行。

当事人对保全的裁定不服的,可以申请复议;复议期间不停止裁定的执行。

**第七十七条** 利害关系人因情况紧急,不立即申请保全将会使其合法权益受到难以弥补的损害的,可以在提起诉讼前向被保全财产所在地、被申请人住所地或者对案件有管辖权的人民法院申请采取保全措施。申请人应当提供担保,不提供担保的,裁定驳回申请。

人民法院接受申请后,必须在四十八小时内作出裁定;裁定采取保全措施的,应当立即开始执行。

申请人在人民法院采取保全措施后三十日内不依法提起诉讼的,人民法院应当解除保全。

当事人对保全的裁定不服的,可以申请复议;复议期间不停止裁定的执行。

**第七十八条** 保全限于请求的范围,或者与本案有关的财物。

财产保全采取查封、扣押、冻结或者法律规定的其他方法。人民法院保全财产后,应当立即通知被保全人。

财产已被查封、冻结的,不得重复查封、冻结。

涉及财产的案件,被申请人提供担保的,人民法院应当裁定解除保全。

申请有错误的,申请人应当赔偿被申请人因保全所遭受的损失。

**第七十九条** 原告或者上诉人申请撤诉,人民法院裁定不予准许的,原告或者上诉人经传票传唤无正当理由拒不到庭,或者未经法庭许可中途退庭的,人民法院可以缺席判决。

第三人经传票传唤无正当理由拒不到庭,或者未经法庭许可中途退庭的,不发生阻止案件审理的效果。

根据行政诉讼法第五十八条的规定,被告经传票传唤无正当理由拒不到庭,或者未经法庭许可中途退庭的,人民法院可以按期开庭或者继续开庭审理,对到庭的当事人诉讼请求、双方的诉辩理由以及已经提交的证据及其他诉讼材料进行审理后,依法缺席判决。

**第八十条** 原告或者上诉人在庭审中明确拒绝陈述或者以其他方式拒绝陈述,导致庭审无法进行,经法庭释明法律后果后仍不陈述意见的,视为放弃陈述权利,由其承担不利的法律后果。

当事人申请撤诉或者依法可以按撤诉处理的案件,当事人有违反法律的行为需要依法处理的,人民法院可以不准许撤诉或不按撤诉处理。

法庭辩论终结后原告申请撤诉,人民法院可以准许,但涉及到国家利益和社会公共利益的除外。

**第八十一条** 被告在一审期间改变被诉行政行为的,应当书面告知人民法院。

原告或者第三人对改变后的行政行为不服提起诉讼的,人民法院应当就改变后的行政行为进行审理。

被告改变原违法行政行为,原告仍要求确认原行政行为违法的,人民法院应当依法作出确认判决。

原告起诉被告不作为,在诉讼中被告作出行政行为,原告不撤诉的,人民法院应当就不作为依法作出确认判决。

**第八十二条** 当事人之间恶意串通,企图通过诉讼等方式侵害国家利益、社会公共利益或者他人合法权益的,人民法院应当裁定驳回起诉或者判决驳回其请求,并根据情节轻重予以罚款、拘留;构成犯罪的,依法追究刑事责任。

**第八十三条** 行政诉讼法第五十九条规定的罚款、拘留可以单独适用,也可以合并适用。

对同一妨害行政诉讼行为的罚款、拘留不得连续适用。发生新的妨害行政诉讼行为的,人民法院可以重新予以罚款、拘留。

**第八十四条** 人民法院审理行政诉讼法第六十条第一款规定的行政案件,认为法律关系明确、事实清楚,在征得当事人双方同意后,可以迳行调解。

**第八十五条** 调解达成协议,人民法院应当制作调解书。调解书应当写明诉讼请求、案件的事实和调解结果。

调解书由审判人员、书记员署名,加盖人民法院印章,送达双方当事人。

调解书经双方当事人签收后,即具有法律效力。调解书生效日期根据最后收到调解书的当事人签收的日期确定。

**第八十六条** 人民法院审理行政案件,调解过程不公开,但当事人同意公开的除外。

经人民法院准许,第三人可以参加调解。人民法院认为有必要的,可以通知第三人参加调解。

调解协议内容不公开,但为保护国家利益、社会公共利益、他人合法权益,人民法院认为确有必要公开的除外。

当事人一方或者双方不愿调解、调解未达成协议的,人民法院应当及时判决。

当事人自行和解或者调解达成协议后,请求人民法院按照和解协议或者调解协议的内容制作判决书的,人民法院不予准许。

**第八十七条** 在诉讼过程中,有下列情形之一的,中止诉讼:

(一)原告死亡,须等待其近亲属表明是否参加诉讼的;

(二)原告丧失诉讼行为能力,尚未确定法定代理人的;

(三)作为一方当事人的行政机关、法人或者其他组织终止,尚未确定权利义务承受人的;

(四)一方当事人因不可抗力的事由不能参加诉讼的;

(五)案件涉及法律适用问题,需要送请有权机关作出解释或者确认的;

(六)案件的审判须以相关民事、刑事或者其他行政案件的审理

结果为依据,而相关案件尚未审结的;

(七)其他应当中止诉讼的情形。

中止诉讼的原因消除后,恢复诉讼。

**第八十八条** 在诉讼过程中,有下列情形之一的,终结诉讼:

(一)原告死亡,没有近亲属或者近亲属放弃诉讼权利的;

(二)作为原告的法人或者其他组织终止后,其权利义务的承受人放弃诉讼权利的。

因本解释第八十七条第一款第一、二、三项原因中止诉讼满九十日仍无人继续诉讼的,裁定终结诉讼,但有特殊情况的除外。

**第八十九条** 复议决定改变原行政行为错误,人民法院判决撤销复议决定时,可以一并责令复议机关重新作出复议决定或者判决恢复原行政行为的法律效力。

**第九十条** 人民法院判决被告重新作出行政行为,被告重新作出的行政行为与原行政行为的结果相同,但主要事实或者主要理由有改变的,不属于行政诉讼法第七十一条规定的情形。

人民法院以违反法定程序为由,判决撤销被诉行政行为的,行政机关重新作出行政行为不受行政诉讼法第七十一条规定的限制。

行政机关以同一事实和理由重新作出与原行政行为基本相同的行政行为,人民法院应当根据行政诉讼法第七十条、第七十一条的规定判决撤销或者部分撤销,并根据行政诉讼法第九十六条的规定处理。

**第九十一条** 原告请求被告履行法定职责的理由成立,被告违法拒绝履行或者无正当理由逾期不予答复的,人民法院可以根据行政诉讼法第七十二条的规定,判决被告在一定期限内依法履行原告请求的法定职责;尚需被告调查或者裁量的,应当判决被告针对原告的请求重新作出处理。

**第九十二条** 原告申请被告依法履行支付抚恤金、最低生活保障待遇或者社会保险待遇等给付义务的理由成立,被告依法负有给付义务而拒绝或者拖延履行义务的,人民法院可以根据行政诉讼法第七十三条的规定,判决被告在一定期限内履行相应的给付义务。

**第九十三条** 原告请求被告履行法定职责或者依法履行支付抚恤金、最低生活保障待遇或者社会保险待遇等给付义务,原告未先向行政机关提出申请的,人民法院裁定驳回起诉。

人民法院经审理认为原告所请求履行的法定职责或者给付义务明

显不属于行政机关权限范围的，可以裁定驳回起诉。

**第九十四条** 公民、法人或者其他组织起诉请求撤销行政行为，人民法院经审查认为行政行为无效的，应当作出确认无效的判决。

公民、法人或者其他组织起诉请求确认行政行为无效，人民法院审查认为行政行为不属于无效情形，经释明，原告请求撤销行政行为的，应当继续审理并依法作出相应判决；原告请求撤销行政行为但超过法定起诉期限的，裁定驳回起诉；原告拒绝变更诉讼请求的，判决驳回其诉讼请求。

**第九十五条** 人民法院经审理认为被诉行政行为违法或者无效，可能给原告造成损失，经释明，原告请求一并解决行政赔偿争议的，人民法院可以就赔偿事项进行调解；调解不成的，应当一并判决。人民法院也可以告知其就赔偿事项另行提起诉讼。

**第九十六条** 有下列情形之一，且对原告依法享有的听证、陈述、申辩等重要程序性权利不产生实质损害的，属于行政诉讼法第七十四条第一款第二项规定的"程序轻微违法"：

（一）处理期限轻微违法；
（二）通知、送达等程序轻微违法；
（三）其他程序轻微违法的情形。

**第九十七条** 原告或者第三人的损失系由其自身过错和行政机关的违法行政行为共同造成的，人民法院应当依据各方行为与损害结果之间有无因果关系以及在损害发生和结果中作用力的大小，确定行政机关相应的赔偿责任。

**第九十八条** 因行政机关不履行、拖延履行法定职责，致使公民、法人或者其他组织的合法权益遭受损害的，人民法院应当判决行政机关承担行政赔偿责任。在确定赔偿数额时，应当考虑该不履行、拖延履行法定职责的行为在损害发生过程和结果中所起的作用等因素。

**第九十九条** 有下列情形之一的，属于行政诉讼法第七十五条规定的"重大且明显违法"：

（一）行政行为实施主体不具有行政主体资格；
（二）减损权利或者增加义务的行政行为没有法律规范依据；
（三）行政行为的内容客观上不可能实施；
（四）其他重大且明显违法的情形。

**第一百条** 人民法院审理行政案件,适用最高人民法院司法解释的,应当在裁判文书中援引。

人民法院审理行政案件,可以在裁判文书中引用合法有效的规章及其他规范性文件。

**第一百零一条** 裁定适用于下列范围:

(一)不予立案;

(二)驳回起诉;

(三)管辖异议;

(四)终结诉讼;

(五)中止诉讼;

(六)移送或者指定管辖;

(七)诉讼期间停止行政行为的执行或者驳回停止执行的申请;

(八)财产保全;

(九)先予执行;

(十)准许或者不准许撤诉;

(十一)补正裁判文书中的笔误;

(十二)中止或者终结执行;

(十三)提审、指令再审或者发回重审;

(十四)准许或者不准许执行行政机关的行政行为;

(十五)其他需要裁定的事项。

对第一、二、三项裁定,当事人可以上诉。

裁定书应当写明裁定结果和作出该裁定的理由。裁定书由审判人员、书记员署名,加盖人民法院印章。口头裁定的,记入笔录。

**第一百零二条** 行政诉讼法第八十二条规定的行政案件中的"事实清楚",是指当事人对争议的事实陈述基本一致,并能提供相应的证据,无须人民法院调查收集证据即可查明事实;"权利义务关系明确",是指行政法律关系中权利和义务能够明确区分;"争议不大",是指当事人对行政行为的合法性、责任承担等没有实质分歧。

**第一百零三条** 适用简易程序审理的行政案件,人民法院可以用口头通知、电话、短信、传真、电子邮件等简便方式传唤当事人、通知证人、送达裁判文书以外的诉讼文书。

以简便方式送达的开庭通知,未经当事人确认或者没有其他证据证明当事人已经收到的,人民法院不得缺席判决。

**第一百零四条** 适用简易程序案件的举证期限由人民法院确定,也可以由当事人协商一致并经人民法院准许,但不得超过十五日。被告要求书面答辩的,人民法院可以确定合理的答辩期间。

人民法院应当将举证期限和开庭日期告知双方当事人,并向当事人说明逾期举证以及拒不到庭的法律后果,由双方当事人在笔录和开庭传票的送达回证上签名或者捺印。

当事人双方均表示同意立即开庭或者缩短举证期限、答辩期间的,人民法院可以立即开庭审理或者确定近期开庭。

**第一百零五条** 人民法院发现案情复杂,需要转为普通程序审理的,应当在审理期限届满前作出裁定并将合议庭组成人员及相关事项书面通知双方当事人。

案件转为普通程序审理的,审理期限自人民法院立案之日起计算。

**第一百零六条** 当事人就已经提起诉讼的事项在诉讼过程中或者裁判生效后再次起诉,同时具有下列情形的,构成重复起诉:

(一)后诉与前诉的当事人相同;

(二)后诉与前诉的诉讼标的相同;

(三)后诉与前诉的诉讼请求相同,或者后诉的诉讼请求被前诉裁判所包含。

**第一百零七条** 第一审人民法院作出判决和裁定后,当事人均提起上诉的,上诉各方均为上诉人。

诉讼当事人中的一部分人提出上诉,没有提出上诉的对方当事人为被上诉人,其他当事人依原审诉讼地位列明。

**第一百零八条** 当事人提出上诉,应当按照其他当事人或者诉讼代表人的人数提出上诉状副本。

原审人民法院收到上诉状,应当在五日内将上诉状副本发送其他当事人,对方当事人应当在收到上诉状副本之日起十五日内提出答辩状。

原审人民法院应当在收到答辩状之日起五日内将副本发送上诉人。对方当事人不提出答辩状的,不影响人民法院审理。

原审人民法院收到上诉状、答辩状,应当在五日内连同全部案卷和证据,报送第二审人民法院;已经预收的诉讼费用,一并报送。

**第一百零九条** 第二审人民法院经审理认为原审人民法院不予立

案或者驳回起诉的裁定确有错误且当事人的起诉符合起诉条件的，应当裁定撤销原审人民法院的裁定，指令原审人民法院依法立案或者继续审理。

第二审人民法院裁定发回原审人民法院重新审理的行政案件，原审人民法院应当另行组成合议庭进行审理。

原审判决遗漏了必须参加诉讼的当事人或者诉讼请求的，第二审人民法院应当裁定撤销原审判决，发回重审。

原审判决遗漏行政赔偿请求，第二审人民法院经审查认为依法不应当予以赔偿的，应当判决驳回行政赔偿请求。

原审判决遗漏行政赔偿请求，第二审人民法院经审理认为依法应当予以赔偿的，在确认被诉行政行为违法的同时，可以就行政赔偿问题进行调解；调解不成的，应当就行政赔偿部分发回重审。

当事人在第二审期间提出行政赔偿请求的，第二审人民法院可以进行调解；调解不成的，应当告知当事人另行起诉。

**第一百一十条** 当事人向上一级人民法院申请再审，应当在判决、裁定或者调解书发生法律效力后六个月内提出。有下列情形之一的，自知道或者应当知道之日起六个月内提出：

（一）有新的证据，足以推翻原判决、裁定的；

（二）原判决、裁定认定事实的主要证据是伪造的；

（三）据以作出原判决、裁定的法律文书被撤销或者变更的；

（四）审判人员审理该案件时有贪污受贿、徇私舞弊、枉法裁判行为的。

**第一百一十一条** 当事人申请再审的，应当提交再审申请书等材料。人民法院认为有必要的，可以自收到再审申请书之日起五日内将再审申请书副本发送对方当事人。对方当事人应当自收到再审申请书副本之日起十五日内提交书面意见。人民法院可以要求申请人和对方当事人补充有关材料，询问有关事项。

**第一百一十二条** 人民法院应当自再审申请案件立案之日起六个月内审查，有特殊情况需要延长的，由本院院长批准。

**第一百一十三条** 人民法院根据审查再审申请案件的需要决定是否询问当事人；新的证据可能推翻原判决、裁定的，人民法院应当询问当事人。

**第一百一十四条** 审查再审申请期间，被申请人及原审其他当事人依法提出再审申请的，人民法院应当将其列为再审申请人，对其再审事由一并审查，审查期限重新计算。经审查，其中一方再审申请人主张的再审事由成立的，应当裁定再审。各方再审申请人主张的再审事由均不成立的，一并裁定驳回再审申请。

**第一百一十五条** 审查再审申请期间，再审申请人申请人民法院委托鉴定、勘验的，人民法院不予准许。

审查再审申请期间，再审申请人撤回再审申请的，是否准许，由人民法院裁定。

再审申请人经传票传唤，无正当理由拒不接受询问的，按撤回再审申请处理。

人民法院准许撤回再审申请或者按撤回再审申请处理后，再审申请人再次申请再审的，不予立案，但有行政诉讼法第九十一条第二项、第三项、第七项、第八项规定情形，自知道或者应当知道之日起六个月内提出的除外。

**第一百一十六条** 当事人主张的再审事由成立，且符合行政诉讼法和本解释规定的申请再审条件的，人民法院应当裁定再审。

当事人主张的再审事由不成立，或者当事人申请再审超过法定申请再审期限、超出法定再审事由范围等不符合行政诉讼法和本解释规定的申请再审条件的，人民法院应当裁定驳回再审申请。

**第一百一十七条** 有下列情形之一的，当事人可以向人民检察院申请抗诉或者检察建议：

（一）人民法院驳回再审申请的；

（二）人民法院逾期未对再审申请作出裁定的；

（三）再审判决、裁定有明显错误的。

人民法院基于抗诉或者检察建议作出再审判决、裁定后，当事人申请再审的，人民法院不予立案。

**第一百一十八条** 按照审判监督程序决定再审的案件，裁定中止原判决、裁定、调解书的执行，但支付抚恤金、最低生活保障费或者社会保险待遇的案件，可以不中止执行。

上级人民法院决定提审或者指令下级人民法院再审的，应当作出裁定，裁定应当写明中止原判决的执行；情况紧急的，可以将中止执行的裁定口头通知负责执行的人民法院或者作出生效判决、裁定的人民法院，但应当在口头通知后十日内发出裁定书。

**第一百一十九条** 人民法院按照审判监督程序再审的案件,发生法律效力的判决、裁定是由第一审法院作出的,按照第一审程序审理,所作的判决、裁定,当事人可以上诉;发生法律效力的判决、裁定是由第二审法院作出的,按照第二审程序审理,所作的判决、裁定,是发生法律效力的判决、裁定;上级人民法院按照审判监督程序提审的,按照第二审程序审理,所作的判决、裁定是发生法律效力的判决、裁定。

人民法院审理再审案件,应当另行组成合议庭。

**第一百二十条** 人民法院审理再审案件应当围绕再审请求和被诉行政行为合法性进行。当事人的再审请求超出原审诉讼请求,符合另案诉讼条件的,告知当事人可以另行起诉。

被申请人及原审其他当事人在庭审辩论结束前提出的再审请求,符合本解释规定的申请期限的,人民法院应当一并审理。

人民法院经再审,发现已经发生法律效力的判决、裁定损害国家利益、社会公共利益、他人合法权益的,应当一并审理。

**第一百二十一条** 再审审理期间,有下列情形之一的,裁定终结再审程序:

(一)再审申请人在再审期间撤回再审请求,人民法院准许的;

(二)再审申请人经传票传唤,无正当理由拒不到庭的,或者未经法庭许可中途退庭,按撤回再审请求处理的;

(三)人民检察院撤回抗诉的;

(四)其他应当终结再审程序的情形。

因人民检察院提出抗诉裁定再审的案件,申请抗诉的当事人有前款规定的情形,且不损害国家利益、社会公共利益或者他人合法权益的,人民法院裁定终结再审程序。

再审程序终结后,人民法院裁定中止执行的原生效判决自动恢复执行。

**第一百二十二条** 人民法院审理再审案件,认为原生效判决、裁定确有错误,在撤销原生效判决或者裁定的同时,可以对生效判决、裁定的内容作出相应裁判,也可以裁定撤销生效判决或者裁定,发回作出生效判决、裁定的人民法院重新审理。

**第一百二十三条** 人民法院审理二审案件和再审案件,对原审法院立案、不予立案或者驳回起诉错误的,应当分别情况作如下处理:

（一）第一审人民法院作出实体判决后，第二审人民法院认为不应当立案的，在撤销第一审人民法院判决的同时，可以迳行驳回起诉；

（二）第二审人民法院维持第一审人民法院不予立案裁定错误的，再审法院应当撤销第一审、第二审人民法院裁定，指令第一审人民法院受理；

（三）第二审人民法院维持第一审人民法院驳回起诉裁定错误的，再审法院应当撤销第一审、第二审人民法院裁定，指令第一审人民法院审理。

**第一百二十四条** 人民检察院提出抗诉的案件，接受抗诉的人民法院应当自收到抗诉书之日起三十日内作出再审的裁定；有行政诉讼法第九十一条第二、三项规定情形之一的，可以指令下一级人民法院再审，但经该下一级人民法院再审过的除外。

人民法院在审查抗诉材料期间，当事人之间已经达成和解协议的，人民法院可以建议人民检察院撤回抗诉。

**第一百二十五条** 人民检察院提出抗诉的案件，人民法院再审开庭时，应当在开庭三日前通知人民检察院派员出庭。

**第一百二十六条** 人民法院收到再审检察建议后，应当组成合议庭，在三个月内进行审查，发现原判决、裁定、调解书确有错误，需要再审的，依照行政诉讼法第九十二条规定裁定再审，并通知当事人；经审查，决定不予再审的，应当书面回复人民检察院。

**第一百二十七条** 人民法院审理因人民检察院抗诉或者检察建议裁定再审的案件，不受此前已经作出的驳回当事人再审申请裁定的限制。

## 八、行政机关负责人出庭应诉

**第一百二十八条** 行政诉讼法第三条第三款规定的行政机关负责人，包括行政机关的正职、副职负责人以及其他参与分管的负责人。

行政机关负责人出庭应诉的，可以另行委托一至二名诉讼代理人。行政机关负责人不能出庭的，应当委托行政机关相应的工作人员出庭，不得仅委托律师出庭。

**第一百二十九条** 涉及重大公共利益、社会高度关注或者可能引发群体性事件等案件以及人民法院书面建议行政机关负责人出庭的案件，被诉行政机关负责人应当出庭。

被诉行政机关负责人出庭应诉的，应当在当事人及其诉讼代理人基本情况、案件由来部分予以列明。

行政机关负责人有正当理由不能出庭应诉的，应当向人民法院提交情况说明，并加盖行政机关印章或者由该机关主要负责人签字认可。

行政机关拒绝说明理由的，不发生阻止案件审理的效果，人民法院可以向监察机关、上一级行政机关提出司法建议。

第一百三十条　行政诉讼法第三条第三款规定的"行政机关相应的工作人员"，包括该行政机关具有国家行政编制身份的工作人员以及其他依法履行公职的人员。

被诉行政行为是地方人民政府作出的，地方人民政府法制工作机构的工作人员，以及被诉行政行为具体承办机关工作人员，可以视为被诉人民政府相应的工作人员。

第一百三十一条　行政机关负责人出庭应诉的，应当向人民法院提交能够证明该行政机关负责人职务的材料。

行政机关委托相应的工作人员出庭应诉的，应当向人民法院提交加盖行政机关印章的授权委托书，并载明工作人员的姓名、职务和代理权限。

第一百三十二条　行政机关负责人和行政机关相应的工作人员均不出庭，仅委托律师出庭的或者人民法院书面建议行政机关负责人出庭应诉，行政机关负责人不出庭应诉的，人民法院应当记录在案和在裁判文书中载明，并可以建议有关机关依法作出处理。

## 九、复议机关作共同被告

第一百三十三条　行政诉讼法第二十六条第二款规定的"复议机关决定维持原行政行为"，包括复议机关驳回复议申请或者复议请求的情形，但以复议申请不符合受理条件为由驳回的除外。

第一百三十四条　复议机关决定维持原行政行为的，作出原行政行为的行政机关和复议机关是共同被告。原告只起诉作出原行政行为的行政机关或者复议机关的，人民法院应当告知原告追加被告。原告不同意追加的,人民法院应当将另一机关列为共同被告。

行政复议决定既有维持原行政行为内容,又有改变原行政行为内容或者不予受理申请内容的,作出原行政行为的行政机关和复议机关为共同被告。

复议机关作共同被告的案件,以作出原行政行为的行政机关确定案件的级别管辖。

**第一百三十五条** 复议机关决定维持原行政行为的,人民法院应当在审查原行政行为合法性的同时,一并审查复议决定的合法性。

作出原行政行为的行政机关和复议机关对原行政行为合法性共同承担举证责任,可以由其中一个机关实施举证行为。复议机关对复议决定的合法性承担举证责任。

复议机关作共同被告的案件,复议机关在复议程序中依法收集和补充的证据,可以作为人民法院认定复议决定和原行政行为合法的依据。

**第一百三十六条** 人民法院对原行政行为作出判决的同时,应当对复议决定一并作出相应判决。

人民法院依职权追加作出原行政行为的行政机关或者复议机关为共同被告的,对原行政行为或者复议决定可以作出相应判决。

人民法院判决撤销原行政行为和复议决定的,可以判决作出原行政行为的行政机关重新作出行政行为。

人民法院判决作出原行政行为的行政机关履行法定职责或者给付义务的,应当同时判决撤销复议决定。

原行政行为合法、复议决定违法的,人民法院可以判决撤销复议决定或者确认复议决定违法,同时判决驳回原告针对原行政行为的诉讼请求。

原行政行为被撤销、确认违法或者无效,给原告造成损失的,应当由作出原行政行为的行政机关承担赔偿责任;因复议决定加重损害的,由复议机关对加重部分承担赔偿责任。

原行政行为不符合复议或者诉讼受案范围等受理条件,复议机关作出维持决定的,人民法院应当裁定一并驳回对原行政行为和复议决定的起诉。

# 十、相关民事争议的一并审理

**第一百三十七条** 公民、法人或者其他组织请求一并审理行政诉讼法第六十一条规定的相关民事争议,应当在第一审开庭审理前提出;有正当理由的,也可以在法庭调查中提出。

**第一百三十八条** 人民法院决定在行政诉讼中一并审理相关民事争议,或者案件当事人一致同意相关民事争议在行政诉讼中一并解决,人民法院准许的,由受理行政案件的人民法院管辖。

公民、法人或者其他组织请求一并审理相关民事争议,人民法院经审查发现行政案件已经超过起诉期限,民事案件尚未立案的,告知当事人另行提起民事诉讼;民事案件已经立案的,由原审判组织继续审理。

人民法院在审理行政案件中发现民事争议为解决行政争议的基础,当事人没有请求人民法院一并审理相关民事争议的,人民法院应当告知当事人依法申请一并解决民事争议。当事人就民事争议另行提起民事诉讼并已立案的,人民法院应当中止行政诉讼的审理。民事争议处理期间不计算在行政诉讼审理期限内。

**第一百三十九条** 有下列情形之一的,人民法院应当作出不予准许一并审理民事争议的决定,并告知当事人可以依法通过其他渠道主张权利:

(一)法律规定应当由行政机关先行处理的;
(二)违反民事诉讼法专属管辖规定或者协议管辖约定的;
(三)约定仲裁或者已经提起民事诉讼的;
(四)其他不宜一并审理民事争议的情形。

对不予准许的决定可以申请复议一次。

**第一百四十条** 人民法院在行政诉讼中一并审理相关民事争议的,民事争议应当单独立案,由同一审判组织审理。

人民法院审理行政机关对民事争议所作裁决的案件,一并审理民事争议的,不另行立案。

**第一百四十一条** 人民法院一并审理相关民事争议,适用民事法律规范的相关规定,法律另有规定的除外。

当事人在调解中对民事权益的处分,不能作为审查被诉行政行为合法性的根据。

第一百四十二条　对行政争议和民事争议应当分别裁判。

当事人仅对行政裁判或者民事裁判提出上诉的,未上诉的裁判在上诉期满后即发生法律效力。第一审人民法院应当将全部案卷一并移送第二审人民法院,由行政审判庭审理。第二审人民法院发现未上诉的生效裁判确有错误的,应当按照审判监督程序再审。

第一百四十三条　行政诉讼原告在宣判前申请撤诉的,是否准许由人民法院裁定。人民法院裁定准许行政诉讼原告撤诉,但其对已经提起的一并审理相关民事争议不撤诉的,人民法院应当继续审理。

第一百四十四条　人民法院一并审理相关民事争议,应当按行政案件、民事案件的标准分别收取诉讼费用。

## 十一、规范性文件的一并审查

第一百四十五条　公民、法人或者其他组织在对行政行为提起诉讼时一并请求对所依据的规范性文件审查的,由行政行为案件管辖法院一并审查。

第一百四十六条　公民、法人或者其他组织请求人民法院一并审查行政诉讼法第五十三条规定的规范性文件,应当在第一审开庭审理前提出;有正当理由的,也可以在法庭调查中提出。

第一百四十七条　人民法院在对规范性文件审查过程中,发现规范性文件可能不合法的,应当听取规范性文件制定机关的意见。

制定机关申请出庭陈述意见的,人民法院应当准许。

行政机关未陈述意见或者未提供相关证明材料的,不能阻止人民法院对规范性文件进行审查。

第一百四十八条　人民法院对规范性文件进行一并审查时,可以从规范性文件制定机关是否超越权限或者违反法定程序、作出行政行为所依据的条款以及相关条款等方面进行。

有下列情形之一的,属于行政诉讼法第六十四条规定的"规范性文件不合法":

（一）超越制定机关的法定职权或者超越法律、法规、规章的授权范围的;

（二）与法律、法规、规章等上位法的规定相抵触的;

（三）没有法律、法规、规章依据，违法增加公民、法人和其他组织义务或者减损公民、法人和其他组织合法权益的；

（四）未履行法定批准程序、公开发布程序，严重违反制定程序的；

（五）其他违反法律、法规以及规章规定的情形。

**第一百四十九条** 人民法院经审查认为行政行为所依据的规范性文件合法的，应当作为认定行政行为合法的依据；经审查认为规范性文件不合法的，不作为人民法院认定行政行为合法的依据，并在裁判理由中予以阐明。作出生效裁判的人民法院应当向规范性文件的制定机关提出处理建议，并可以抄送制定机关的同级人民政府、上一级行政机关、监察机关以及规范性文件的备案机关。

规范性文件不合法的，人民法院可以在裁判生效之日起三个月内，向规范性文件制定机关提出修改或者废止该规范性文件的司法建议。

规范性文件由多个部门联合制定的，人民法院可以向该规范性文件的主办机关或者共同上一级行政机关发送司法建议。

接收司法建议的行政机关应当在收到司法建议之日起六十日内予以书面答复。情况紧急的，人民法院可以建议制定机关或者其上一级行政机关立即停止执行该规范性文件。

**第一百五十条** 人民法院认为规范性文件不合法的，应当在裁判生效后报送上一级人民法院进行备案。涉及国务院部门、省级行政机关制定的规范性文件，司法建议还应当分别层报最高人民法院、高级人民法院备案。

**第一百五十一条** 各级人民法院院长对本院已经发生法律效力的判决、裁定，发现规范性文件合法性认定错误，认为需要再审的，应当提交审判委员会讨论。

最高人民法院对地方各级人民法院已经发生法律效力的判决、裁定，上级人民法院对下级人民法院已经发生法律效力的判决、裁定，发现规范性文件合法性认定错误的，有权提审或者指令下级人民法院再审。

## 十二、执　行

**第一百五十二条** 对发生法律效力的行政判决书、行政裁定书、行政赔偿判决书和行政调解书,负有义务的一方当事人拒绝履行的,对方当事人可以依法申请人民法院强制执行。

人民法院判决行政机关履行行政赔偿、行政补偿或者其他行政给付义务,行政机关拒不履行的,对方当事人可以依法向法院申请强制执行。

**第一百五十三条** 申请执行的期限为二年。申请执行时效的中止、中断,适用法律有关规定。

申请执行的期限从法律文书规定的履行期间最后一日起计算;法律文书规定分期履行的,从规定的每次履行期间的最后一日起计算;法律文书中没有规定履行期限的,从该法律文书送达当事人之日起计算。

逾期申请的,除有正当理由外,人民法院不予受理。

**第一百五十四条** 发生法律效力的行政判决书、行政裁定书、行政赔偿判决书和行政调解书,由第一审人民法院执行。

第一审人民法院认为情况特殊,需要由第二审人民法院执行的,可以报请第二审人民法院执行;第二审人民法院可以决定由其执行,也可以决定由第一审人民法院执行。

**第一百五十五条** 行政机关根据行政诉讼法第九十七条的规定申请执行其行政行为,应当具备以下条件:

(一)行政行为依法可以由人民法院执行;

(二)行政行为已经生效并具有可执行内容;

(三)申请人是作出该行政行为的行政机关或者法律、法规、规章授权的组织;

(四)被申请人是该行政行为所确定的义务人;

(五)被申请人在行政行为确定的期限内或者行政机关催告期限内未履行义务;

(六)申请人在法定期限内提出申请;

(七)被申请执行的行政案件属于受理执行申请的人民法院管辖。

行政机关申请人民法院执行,应当提交行政强制法第五十五条规定的相关材料。

人民法院对符合条件的申请,应当在五日内立案受理,并通知申请人;对不符合条件的申请,应当裁定不予受理。行政机关对不予受理裁定有异议,在十五日内向上一级人民法院申请复议的,上一级人民法院应当在收到复议申请之日起十五日内作出裁定。

**第一百五十六条** 没有强制执行权的行政机关申请人民法院强制执行其行政行为的,应当自被执行人的法定起诉期限届满之日起三个月内提出。逾期申请的,除有正当理由外,人民法院不予受理。

**第一百五十七条** 行政机关申请人民法院强制执行其行政行为的,由申请人所在地的基层人民法院受理;执行对象为不动产的,由不动产所在地的基层人民法院受理。

基层人民法院认为执行确有困难的,可以报请上级人民法院执行;上级人民法院可以决定由其执行,也可以决定由下级人民法院执行。

**第一百五十八条** 行政机关根据法律的授权对平等主体之间民事争议作出裁决后,当事人在法定期限内不起诉又不履行,作出裁决的行政机关在申请执行的期限内未申请人民法院强制执行的,生效行政裁决确定的权利人或者其继承人、权利承受人在六个月内可以申请人民法院强制执行。

享有权利的公民、法人或者其他组织申请人民法院强制执行生效行政裁决,参照行政机关申请人民法院强制执行行政行为的规定。

**第一百五十九条** 行政机关或者行政行为确定的权利人申请人民法院强制执行前,有充分理由认为被执行人可能逃避执行的,可以申请人民法院采取财产保全措施。后者申请强制执行的,应当提供相应的财产担保。

**第一百六十条** 人民法院受理行政机关申请执行其行政行为的案件后,应当在七日内由行政审判庭对行政行为的合法性进行审查,并作出是否准予执行的裁定。

人民法院在作出裁定前发现行政行为明显违法并损害被执行人合法权益的,应当听取被执行人和行政机关的意见,并自受理之日起三十日内作出是否准予执行的裁定。

需要采取强制执行措施的,由本院负责强制执行非诉行政行为的机构执行。

**第一百六十一条** 被申请执行的行政行为有下列情形之一的,人民法院应当裁定不准予执行:

(一)实施主体不具有行政主体资格的;
(二)明显缺乏事实根据的;

（三）明显缺乏法律、法规依据的；
（四）其他明显违法并损害被执行人合法权益的情形。

行政机关对不准予执行的裁定有异议，在十五日内向上一级人民法院申请复议的，上一级人民法院应当在收到复议申请之日起三十日内作出裁定。

## 十三、附　则

**第一百六十二条**　公民、法人或者其他组织对2015年5月1日之前作出的行政行为提起诉讼，请求确认行政行为无效的，人民法院不予立案。

**第一百六十三条**　本解释自2018年2月8日起施行。

本解释施行后，《最高人民法院关于执行〈中华人民共和国行政诉讼法〉若干问题的解释》（法释〔2000〕8号）、《最高人民法院关于适用〈中华人民共和国行政诉讼法〉若干问题的解释》（法释〔2015〕9号）同时废止。最高人民法院以前发布的司法解释与本解释不一致的，不再适用。

# 三、办案规范

## 交通行政许可实施程序规定

· 2004年11月22日交通部令第10号公布
· 自2005年1月1日起施行

**第一条**　为保证交通行政许可依法实施，维护交通行政许可各方当事人的合法权益，保障和规范交通行政机关依法实施行政管理，根据《中华人民共和国行政许可法》（以下简称《行政许可法》），制定本规定。

**第二条**　实施交通行政许可，应当遵守《行政许可法》和有关法律、法规及本规定规定的程序。

本规定所称交通行政许可，是指依据法律、法规、国务院决定、省级地方人民政府规章的设定,由本规定第三条规定的实施机关实施的行政许可。

第三条 交通行政许可由下列机关实施:

(一)交通部、地方人民政府交通主管部门、地方人民政府港口行政管理部门依据法定职权实施交通行政许可;

(二)海事管理机构、航标管理机关、县级以上道路运输管理机构在法律、法规授权范围内实施交通行政许可;

(三)交通部、地方人民政府交通主管部门、地方人民政府港口行政管理部门在其法定职权范围内,可以依据本规定,委托其他行政机关实施行政许可。

第四条 实施交通行政许可,应当遵循公开、公平、公正、便民、高效的原则。

第五条 实施交通行政许可,实施机关应当按照《行政许可法》的有关规定,将下列内容予以公示:

(一)交通行政许可的事项;

(二)交通行政许可的依据;

(三)交通行政许可的实施主体;

(四)受委托行政机关和受委托实施行政许可的内容;

(五)交通行政许可统一受理的机构;

(六)交通行政许可的条件;

(七)交通行政许可的数量;

(八)交通行政许可的程序和实施期限;

(九)依法需要举行听证的交通行政许可事项;

(十)需要申请人提交材料的目录;

(十一)申请书文本式样;

(十二)作出的准予交通行政许可的决定;

(十三)实施交通行政许可依法应当收费的法定项目和收费标准;

(十四)交通行政许可的监督部门和投诉渠道;

(十五)依法需要公示的其他事项。

已实行电子政务的实施机关应当公布网站地址。

第六条 交通行政许可的公示,可以采取下列方式:

(一)在实施机关的办公场所设置公示栏、电子显示屏或者将公示信息资料集中在实施机关的专门场所供公众查阅;

（二）在联合办理、集中办理行政许可的场所公示；
（三）在实施机关的网站上公示；
（四）法律、法规和规章规定的其他方式。

**第七条** 公民、法人或者其他组织，依法申请交通行政许可的，应当依法向交通行政许可实施机关提出。

申请人申请交通行政许可，应当如实向实施机关提交有关材料和反映真实情况，并对其申请材料实质内容的真实性负责。

**第八条** 申请人以书面方式提出交通行政许可申请的，应当填写本规定所规定的《交通行政许可申请书》（见附件1）。但是，法律、法规、规章对申请书格式文本已有规定的，从其规定。

依法使用申请书格式文本的，交通行政机关应当免费提供。

申请人可以通过信函、电报、电传、传真、电子数据交换和电子邮件等方式提交交通行政许可申请。

申请人以书面方式提出交通行政许可申请确有困难的，可以口头方式提出申请，交通行政机关应当记录申请人申请事项，并经申请人确认。

**第九条** 申请人可以委托代理人代为提出交通行政许可申请，但依法应当由申请人到实施机关办公场所提出行政许可申请的除外。

代理人代为提出申请的，应当出具载明委托事项和代理人权限的授权委托书，并出示能证明其身份的证件。

**第十条** 实施机关收到交通行政许可申请材料后，应当根据下列情况分别作出处理：

（一）申请事项依法不需要取得交通行政许可的，应当即时告知申请人不受理；

（二）申请事项依法不属于本实施机关职权范围的，应当即时作出不予受理的决定，并向申请人出具《交通行政许可申请不予受理决定书》（见附件2），同时告知申请人应当向有关行政机关提出申请；

（三）申请材料可以当场补全或者更正错误的，应当允许申请人当场补全或者更正错误；

（四）申请材料不齐全或者不符合法定形式，申请人当场不能补全或者更正的，应当当场或者在5日内向申请人出具《交通行政许可申请补正通知书》（见附件3），一次性告知申请人需要补正的全部内容；逾期不告知的，自收到申请材料之日起即为受理；

（五）申请事项属于本实施机关职权范围，申请材料齐全，符合法定形式，或者申请人已提交全部补正申请材料的，应当在收到完备的申请材料后受理交通行政许可申请，除当场作出交通行政许可决定的外，应当出具《交通行政许可申请受理通知书》（见附件4）。

《交通行政许可申请不予受理决定书》、《交通行政许可申请补正通知书》、《交通行政许可申请受理通知书》，应当加盖实施机关行政许可专用印章，注明日期。

**第十一条** 交通行政许可需要实施机关内设的多个机构办理的，该实施机关应当确定一个机构统一受理行政许可申请，并统一送达交通行政许可决定。

实施机关未确定统一受理内设机构的，由最先受理的内设机构作为统一受理内设机构。

**第十二条** 实施交通行政许可，应当实行责任制度。实施机关应当明确每一项交通行政许可申请的直接负责的主管人员和其他直接责任人员。

**第十三条** 实施机关受理交通行政许可申请后，应当对申请人提交的申请材料进行审查。

申请人提交的申请材料齐全、符合法定形式，实施机关能够当场作出决定的，应当当场作出交通行政许可决定，并向申请人出具《交通行政许可（当场）决定书》（见附件5）。

依照法律、法规和规章的规定，需要对申请材料的实质内容进行核实的，应当审查申请材料反映的情况是否与法定的行政许可条件相一致。

实施实质审查，应当指派两名以上工作人员进行。可以采用以下方式：

（一）当面询问申请人及申请材料内容有关的相关人员；
（二）根据申请人提交的材料之间的内容相互进行印证；
（三）根据行政机关掌握的有关信息与申请材料进行印证；
（四）请求其他行政机关协助审查申请材料的真实性；
（五）调取查阅有关材料，核实申请材料的真实性；
（六）对有关设备、设施、工具、场地进行实地核查；
（七）依法进行检验、勘验、监测；
（八）听取利害关系人意见；

（九）举行听证；
（十）召开专家评审会议审查申请材料的真实性。

依照法律、行政法规规定，实施交通行政许可应当通过招标、拍卖等公平竞争的方式作出决定的，从其规定。

**第十四条**  实施机关对交通行政许可申请进行审查时，发现行政许可事项直接关系他人重大利益的，应当告知利害关系人，向该利害关系人送达《交通行政许可征求意见通知书》（见附件6）及相关材料（不包括涉及申请人商业秘密的材料）。

利害关系人有权在接到上述通知之日起5日内提出意见，逾期未提出意见的视为放弃上述权利。

实施机关应当将利害关系人的意见及时反馈给申请人，申请人有权进行陈述和申辩。

实施机关作出行政许可决定应当听取申请人、利害关系人的意见。

**第十五条**  除当场作出交通行政许可决定外，实施机关应当自受理申请之日起20日内作出交通行政许可决定。20日内不能作出决定的，经实施机关负责人批准，可以延长10日，并应当向申请人送达《延长交通行政许可期限通知书》（见附件7），将延长期限的理由告知申请人。但是，法律、法规另有规定的，从其规定。

实施机关作出行政许可决定，依照法律、法规和规章的规定需要听证、招标、拍卖、检验、检测、检疫、鉴定和专家评审的，所需时间不计算在本条规定的期限内。实施机关应当向申请人送达《交通行政许可期限法定除外时间通知书》（见附件8），将所需时间书面告知申请人。

**第十六条**  申请人的申请符合法定条件、标准的，实施机关应当依法作出准予行政许可的决定，并出具《交通行政许可决定书》（见附件9）。

依照法律、法规规定实施交通行政许可，应当根据考试成绩、考核结果、检验、检测、检疫结果作出行政许可决定的，从其规定。

**第十七条**  实施机关依法作出不予行政许可的决定的，应当出具《不予交通行政许可决定书》（见附件10），说明理由，并告知申请人享有依法申请行政复议或者提起行政诉讼的权利。

**第十八条**  实施机关在作出准予或者不予许可决定后，应当在10

日内向申请人送达《交通行政许可决定书》或者《不予交通行政许可决定书》。

《交通行政许可（当场）决定书》、《交通行政许可决定书》、《不予交通行政许可决定书》，应当加盖实施机关印章，注明日期。

**第十九条** 实施机关作出准予交通行政许可决定的，应当在作出决定之日起10日内，向申请人颁发加盖实施机关印章的下列行政许可证件：

（一）交通行政许可批准文件或者证明文件；
（二）许可证、执照或者其他许可证书；
（三）资格证、资质证或者其他合格证书；
（四）法律、法规、规章规定的其他行政许可证件。

**第二十条** 法律、法规、规章规定实施交通行政许可应当听证的事项，或者交通行政许可实施机关认为需要听证的其他涉及公共利益的行政许可事项，实施机关应当在作出交通行政许可决定之前，向社会发布《交通行政许可听证公告》（见附件11），公告期限不少于10日。

**第二十一条** 交通行政许可直接涉及申请人与他人之间重大利益冲突的，实施机关在作出交通行政许可决定前，应当告知申请人、利害关系人享有要求听证的权利，并出具《交通行政许可告知听证权利书》（见附件12）。

申请人、利害关系人在被告知听证权利之日起5日内提出听证申请的，实施机关应当在20日内组织听证。

**第二十二条** 听证按照《行政许可法》第四十八条规定的程序进行。

听证应当制作听证笔录。听证笔录应当包括下列事项：

（一）事由；
（二）举行听证的时间、地点和方式；
（三）听证主持人、记录人等；
（四）申请人姓名或者名称、法定代理人及其委托代理人；
（五）利害关系人姓名或者名称、法定代理人及其委托代理人；
（六）审查该行政许可申请的工作人员；
（七）审查该行政许可申请的工作人员的审查意见及证据、依据、理由；

（八）申请人、利害关系人的陈述、申辩、质证的内容及提出的证据；

（九）其他需要载明的事项。

听证笔录应当由听证参加人确认无误后签字或者盖章。

**第二十三条** 交通行政许可实施机关及其工作人员违反本规定的，按照《行政许可法》和《交通行政许可监督检查及责任追究规定》查处。

**第二十四条** 实施机关应当建立健全交通行政许可档案制度，及时归档、妥善保管交通行政许可档案材料。

**第二十五条** 实施交通行政许可对交通行政许可文书格式有特殊要求的，其文书格式由交通部另行规定。

**第二十六条** 本规定自2005年1月1日起施行。

**附件1：**

## 交通行政许可申请书

| 申请人（及法定代表人）名称 |  | 申请人住址及邮政编码 |  |
|---|---|---|---|
| 申请人联系方式 |  |  |  |
| 委托代理人的姓名及联系方式 |  |  |  |
| 申请的交通行政许可事项及内容 |  |  |  |
| 申请材料目录 |  |  |  |
| 申请日期 | 年 月 日 | 申请人签字或盖章 |  |

注：1. 本申请书由交通行政许可的实施机关负责免费提供；

2. 申请人应当如实向实施机关提交有关材料和反映情况，并对申请材料实质内容的真实性负责。

附件2：

### 交通行政许可申请不予受理决定书

编号：

_____：

你于_____年___月___日提出_____的申请。

经审查，该申请事项不属于本行政机关职权范围，建议向_____提出申请。

根据《行政许可法》第32条规定，决定对你提出的申请不予受理。

申请人如对本决定不服，可以在收到本决定书之日起60日内向_____申请复议，也可以在收到本决定之日起3个月内直接向人民法院提起行政诉讼。

特此通知

（印章）

年　　月　　日

附件3：

### 交通行政许可申请补正通知书

编号：

_____：

你于_____年___月___日提出_____申请。

根据《行政许可法》第32条第1款第4项的规定，请你对申请材料作如下补正：

_____

_____

_____

_____

_____。

特此通知

(印章)

年　月　日

**附件4：**

### 交通行政许可申请受理通知书

编号：

_____：
　　你于_____年___月___日提出_____
_____申请。
　　经审查，该申请事项属于本机构职责范围，申请材料符合法定的要求和形式，根据《行政许可法》第32条的规定，决定予以受理。

(印章)

年　月　日

**附件5：**

### 交通行政许可（当场）决定书

编号：

_____：
　　你于_____年___月___日提出_____
_____申请。
　　经审查，你提交的申请材料齐全，符合_____
_____规定的形式，根据《行政许可法》第34条第2款的规定，决定准予交通行政许可，准予你依法从事下列活动：
_____
_____
_____

本机关将在作出本决定之日起10日内向你颁发、送达_____

_____证件。

(印章)

年　月　日

**附件6：**

### 交通行政许可征求意见通知书

编号：

_____：

申请人_____于_____年___月___日提出_____的申请。经审查，该申请事项可能与你（单位）有直接重大利益关系。根据《中华人民共和国行政许可法》第36条的规定，现将该申请事项告知你（单位）。请于接到该通知书之日起3日内提出意见。逾期未提出意见的，视为无意见。

本机关地址：_____。
联系人及联系方式：_____。

特此告知
附：申请书及必要的相关申请材料（复印件）

(印章)

年　月　日

**附件7：**

### 延长交通行政许可期限通知书

编号：

_____：
你于_____年___月___日提出_____

_____申请，已于_____年___月___日受理。由于_____原因，20日内不能作出行政许可的决定。根据《中华人民共和国行政许可法》第42条的规定，经本行政机关负责人批准，审查期限延长10日，将于_____年___月___日前作出决定。

特此通知

(印章)

年　　月　　日

**附件8：**

## 交通行政可期限法定除外时间通知书

编号：

_____：
你于_____年___月___日提出_____申请，已于_____年___月___日受理。根据_____的规定，需要：
(　) 1. 听证，所需时间为_____。
(　) 2. 招标，所需时间为_____。
(　) 3. 拍卖，所需时间为_____。
(　) 4. 检验，所需时间为_____。
(　) 5. 检测，所需时间为_____。
(　) 6. 检疫，所需时间为_____。
(　) 7. 鉴定，所需时间为_____。
(　) 8. 专家评审，所需时间为_____。
根据《中华人民共和国行政许可法》第45条的规定，上述所需时间不计算在规定的期限内。

特此通知

(印章)

年　月　日

注：根据上述8种不同情况，在符合的情形前的括号内划"√"

**附件9：**

## 交通行政许可决定书

编号：

_____：
　　你于_____年____月____日提出_____
_____申请。
　　经审查，你提交的申请材料齐全，符合_____
_____规定的条件、标准，根据《行政许可法》第34条第1款、第38条第1款的规定，决定准予交通行政许可，准予你依法从事下列活动：
_____
_____
_____
_____。
　　本机关将在作出本决定之日起10日内向你颁发、送达_____
_____证件。

(印章)

年　月　日

213

**附件 10：**

## 不予交通行政许可决定书

编号：

_____：
　　你于_____年___月___日提出_____
_____申请。
　　经审查，你的申请存在_____
_____
_____问题，
不符合_____
_____的规定，根据《行政许可法》第 38 条第 2
款的规定，决定不予交通行政许可。
　　申请人如对本决定不服，可以在收到本决定书之日起 60 日内向
_____申请复议，也
可以在收到本决定书之日起 3 个月内直接向人民法院提起行政诉讼。

（印章）

年　　月　　日

**附件 11：**

## 交通行政许可听证公告

编号：

_____
___于_____年___月___日提出_____
_____的申请。
　　经审查，该申请事项属于：
　　（　）1. 根据法律、法规、规章规定应当听证的事项；
　　（　）2. 本机关认为该申请事项涉及公共利益，需要听证。
　　根据《中华人民共和国行政许可法》第 46 条的规定，拟举行听
证，请要求听证的单位或者个人于_____年___月___日前向本机

关登记,并提供联系电话、通讯地址、邮政编码。逾期无人提出听证申请的,本机关将依法作出交通行政许可决定。

本机关地址:＿＿＿＿＿＿＿＿＿＿＿＿＿＿＿＿＿＿＿＿＿＿。
联系人及联系方式:＿＿＿＿＿＿＿＿＿＿＿＿＿＿＿＿＿＿。

特此公告

(印章)

年　　月　　日

注:根据上述两种不同情况,在符合的情形前的括号内划"√"

**附件 12:**

## 交通行政许可告知听证权利书

编号:

＿＿＿＿＿＿＿＿＿＿＿＿＿＿＿:

申请人＿＿＿＿＿＿＿＿＿＿＿＿＿＿于＿＿＿＿＿年＿＿月＿＿日提出＿＿＿＿＿＿＿＿＿＿＿＿＿＿＿＿＿＿＿＿的申请。经审查,该申请事项可能与你(单位)有重大利益关系。根据《中华人民共和国行政许可法》第47条的规定,现将该申请事项告知你(单位),你(单位)可以要求对此申请举行听证。接到该通知书之日起5日内如未提出听证申请的,视为放弃此权利。

本机关地址:＿＿＿＿＿＿＿＿＿＿＿＿＿＿＿＿＿＿＿＿＿＿。
联系人:＿＿＿＿＿＿＿＿＿＿＿＿＿＿＿＿＿＿＿＿＿＿＿＿。
联系方式:＿＿＿＿＿＿＿＿＿＿＿＿＿＿＿＿＿＿＿＿＿＿。

特此告知

(印章)

年　　月　　日

附:申请书及必要的相关申请材料(复印件)

# 交通行政许可监督检查及责任追究规定

· 2004 年 11 月 22 日交通部令 2004 年第 11 号公布
· 自 2005 年 1 月 1 日起施行

**第一条** 为加强交通行政许可实施工作的监督检查,及时纠正和查处交通行政许可实施过程中的违法、违纪行为,保证交通行政机关正确履行行政许可的法定职责,根据《中华人民共和国行政许可法》(以下简称《行政许可法》),制定本规定。

**第二条** 交通行政许可监督检查及其责任追究,应当遵守《行政许可法》和有关法律、法规及本规定。

**第三条** 实施交通行政许可监督检查及责任追究,应当遵守合法、公正、公平、及时的原则,坚持有错必纠、违法必究,保障有关法律、法规和规章的正确实施。

**第四条** 县级以上交通主管部门应当建立健全行政许可监督检查制度和责任追究制度,加强对交通行政许可的监督。

上级交通主管部门应当加强对下级交通主管部门实施行政许可的监督检查,及时纠正交通行政许可实施中的违法违纪行为。

**第五条** 交通主管部门应当加强对法律、法规授权的交通行政许可实施组织实施交通行政许可的监督检查,督促其及时纠正交通行政许可实施中的违法违纪行为。

**第六条** 交通主管部门委托其他行政机关实施交通行政许可的,委托机关应当加强对受委托的行政机关实施交通行政许可的行为的监督检查,并对受委托的行政机关实施交通行政许可的后果承担法律责任。

**第七条** 交通行政许可实施机关应当建立健全内部监督制度,加强对本机关实施行政许可工作人员的内部监督。

**第八条** 交通主管部门、交通行政许可实施机关的法制工作机构、监察机关按照职责分工具体负责行政许可监督检查责任追究工作。

**第九条** 交通行政许可实施机关实施行政许可,应当自觉接受社会和公民的监督。

任何单位和个人都有权对交通行政许可实施机关及其工作人员不严格执行有关行政许可的法律、法规、规章以及在实施交通行政许可中的违法违纪行为进行检举、控告。

**第十条** 交通行政许可实施机关应当建立交通行政许可举报制度，公开举报电话号码、通信地址或者电子邮件信箱。

交通行政许可实施机关收到举报后，应当依据职责及时处处。

**第十一条** 实施交通行政许可监督检查的主要内容包括：

（一）交通行政许可申请的受理情况；

（二）交通行政许可申请的审查和决定的情况；

（三）交通行政许可实施机关依法履行对被许可人的监督检查职责的情况；

（四）实施交通行政许可过程中的其他相关行为。

**第十二条** 有下列情形之一的，作出交通行政许可决定的交通行政许可实施机关或者其上级交通主管部门，根据利害关系人的请求或者依据职权，可以撤销交通行政许可：

（一）交通行政机关工作人员滥用职权、玩忽职守作出准予交通行政许可决定的；

（二）超越法定职权作出准予交通行政许可决定的；

（三）违反法定程序作出准予交通行政许可决定的；

（四）对不具备申请资格或者不符合法定条件的申请人准予交通行政许可的；

（五）依法可以撤销交通行政许可的其他情形。

**第十三条** 交通行政许可实施机关及其工作人员违反《行政许可法》的规定，有下列情形之一的，由交通行政许可实施机关或者其上级交通主管部门或者监察部门责令改正；情节严重的，对直接负责的主管人员和其他直接责任人员依法给予行政处分：

（一）对符合法定条件的交通行政许可申请不予受理的；

（二）不依法公示应当公示的材料的；

（三）在受理、审查、决定交通行政许可过程中，未向申请人、利害关系人履行法定告知义务的；

（四）申请人提交的申请材料不齐全、不符合法定形式，不一次告知申请人必须补正的全部内容的；

（五）未依法说明不受理交通行政许可申请或者不予交通行政许可的理由的；

（六）依法应当举行听证而不举行听证的。

**第十四条** 交通行政许可实施机关实施交通行政许可，有下列情形之一的，由其上级交通主管部门或者监察部门责令改正，对直接负责的主管人员和其他直接责任人员依法给予行政处分；构成犯罪的，依法追究刑事责任：

（一）对不符合法定条件的申请人准予行政许可或者超越法定职权作出准予交通行政许可决定的；

（二）对符合法定条件的申请人不予交通行政许可或者不在法定期限内作出准予交通行政许可决定的；

（三）依法应当根据招标、拍卖结果或者考试成绩择优作出准予交通行政许可决定，未经招标、拍卖或者考试，或者不根据招标、拍卖结果或者考试成绩择优作出准予交通行政许可决定的。

**第十五条** 交通行政许可实施机关在实施行政许可的过程中，擅自收费或者超出法定收费项目和收费标准收费的，由其上级交通主管部门或者监察部门责令退还非法收取的费用，对直接负责的主管人员和其他直接责任人员给予行政处分。

**第十六条** 交通行政许可实施机关及其工作人员，在实施行政许可的过程中，截留、挪用、私分或者变相私分依法收取的费用的，由其上级交通主管部门或者监察部门予以追缴，并对直接负责的主管人员和其他直接责任人员给予行政处分；构成犯罪的应当移交司法机关，依法追究刑事责任。

**第十七条** 交通行政许可实施机关工作人员办理行政许可、实施监督检查，索取或者收受他人钱物、谋取不正当利益的，应当直接负责的主管人员和其他直接责任人员给予行政处分；构成犯罪的应当移交司法机关，依法追究刑事责任。

**第十八条** 交通主管部门不依法履行对被许可人的监督职责或者监督不力，造成严重后果的，由其上级交通主管部门或者监察部门责令改正，对直接负责的主管人员和其他直接责任人员依法给予行政处分；构成犯罪的，依法追究刑事责任。

**第十九条** 交通行政许可的实施机关及其工作人员违法实施行政许可，给当事人的合法权益造成损害的，应当按照《国家赔偿法》的有关规定给予赔偿，并责令有故意或者重大过失的直接负责的主管人员和其他直接责任人员承担相应的赔偿费用。

**第二十条** 交通主管部门、交通行政许可实施机关的法制工作机构具体负责对本机关负责实施行政许可的内设机构，下级交通主管部门，法律、法规授权的交通行政许可实施组织，受委托实施交通行政许可的行政机关实施行政许可进行执法监督。

法制工作机构发现交通行政许可实施机关实施交通行政许可违法，应当向法制工作机构所在机关提出意见，经机关负责人同意后，按下列规定作出决定：

（一）依法应当撤销行政许可的，决定撤销；

（二）依法应当责令改正的，决定责令改正。

收到责令改正决定的机关应当在10日内以书面形式向作出责令改正决定的机关报告纠正情况。

**第二十一条** 监察机关依照有关法律、行政法规规定对交通行政许可实施机关及其工作人员实施监察，作出处理决定。

**第二十二条** 交通行政许可实施机关及其工作人员拒不接受交通行政许可监督检查，或者拒不执行交通行政许可监督检查决定，由其上级交通主管部门或者监察部门对直接负责的主管人员和其他直接责任人员依法给予行政处分。

**第二十三条** 本规定自2005年1月1日起施行。

# 交通运输行政复议规定

· 2000年6月27日交通部令第5号公布
· 根据2015年9月9日《交通运输部关于修改〈交通行政复议规定〉的决定》修正

**第一条** 为防止和纠正违法或者不当的具体行政行为，保护公民、法人和其他组织的合法权益，保障和监督交通运输行政机关依法行使职权，根据《中华人民共和国行政复议法》（以下简称《行政复议法》），制定本规定。

**第二条** 公民、法人或者其他组织认为具体行政行为侵犯其合法权益,向交通运输行政机关申请交通运输行政复议,交通运输行政机关受理交通运输行政复议申请、作出交通运输行政复议决定,适用《行政复议法》和本规定。

**第三条** 依照《行政复议法》和本规定履行交通运输行政复议职责的交通运输行政机关是交通运输行政复议机关,交通运输行政复议机关设置的法制工作机构,具体办理交通运输行政复议事项,履行《行政复议法》第三条规定的职责。

**第四条** 对县级以上地方人民政府交通运输主管部门的具体行政行为不服的,可以向本级人民政府申请行政复议,也可以向其上一级人民政府交通运输主管部门申请行政复议。

**第五条** 对县级以上地方人民政府交通运输主管部门依法设立的交通运输管理派出机构依照法律、法规或者规章规定,以自己的名义作出的具体行政行为不服的,向设立该派出机构的交通运输主管部门或者该交通运输主管部门的本级地方人民政府申请行政复议。

**第六条** 对县级以上地方人民政府交通运输主管部门依法设立的交通运输管理机构,依照法律、法规授权,以自己的名义作出的具体行政行为不服的,向设立该管理机构的交通运输主管部门申请行政复议。

**第七条** 对下列具体行政行为不服的,可以向交通运输部申请行政复议:

(一)省级人民政府交通运输主管部门的具体行政行为;
(二)交通运输部海事局的具体行政行为;
(三)长江航务管理局、珠江航务管理局的具体行政行为;
(四)交通运输部的具体行政行为。

对交通运输部直属海事管理机构的具体行政行为不服的,应当向交通运输部海事局申请行政复议。

**第八条** 公民、法人或者其他组织向交通运输行政复议机关申请交通运输行政复议,应当自知道该具体行政行为之日起六十日内提出行政复议申请;但是法律规定的申请期限超过六十日的除外。

因不可抗力或者其他正当理由耽误法定申请期限的,申请人应当在交通运输行政复议申请书中注明,或者向交通运输行政复议机关说明,并由交通运输行政复议机关记录在《交通运输行政复议申请笔录》(见附件1)中,经交通运输行政复议机关依法确认的,申请期限自障碍消除之日起继续计算。

**第九条** 申请人申请交通运输行政复议,可以书面申请,也可以口头申请。

申请人口头申请的,交通运输行政复议机关应当当场记录申请人、被申请人的基本情况,行政复议请求,主要事实、理由和时间;申请人应当在行政复议申请笔录上签名或者署印。

**第十条** 公民、法人或者其他组织向人民法院提起行政诉讼或者向本级人民政府申请行政复议,人民法院或者人民政府已经受理的,不得再向交通运输行政复议机关申请行政复议。

**第十一条** 交通运输行政复议机关收到交通运输行政复议申请后,应当在五日内进行审查。对符合《行政复议法》规定的行政复议申请,应当决定予以受理,并制作《交通运输行政复议申请受理通知书》(见附件2)送达申请人、被申请人;对不符合《行政复议法》规定的行政复议申请,决定不予受理,并制作《交通运输行政复议申请不予受理决定书》(见附件3)送达申请人;对符合《行政复议法》规定,但是不属于本机关受理的行政复议申请,应当告知申请人向有关行政复议机关提出。

除前款规定外,交通运输行政复议申请自交通运输行政复议机关设置的法制工作机构收到之日起即为受理。

**第十二条** 公民、法人或者其他组织依法提出交通运输行政复议申请,交通运输行政复议机关无正当理由不予受理的,上级交通运输行政机关应当制作《责令受理通知书》(见附件4)责令其受理;必要时,上级交通运输行政机关可以直接受理。

**第十三条** 交通运输行政复议原则上采取书面审查的办法,但是申请人提出要求或者交通运输行政复议机关设置的法制工作机构认为有必要时,可以向有关组织和个人调查情况,听取申请人、被申请人和第三人的意见。

复议人员调查情况、听取意见,应当制作《交通运输行政复议调查笔录》(见附件5)。

**第十四条** 交通运输行政复议机关设置的法制工作机构应当自行政复议申请受理之日起七日内,将交通运输行政复议申请书副本或者《交通运输行政复议申请笔录》复印件及《交通运输行政复议申请受理通知书》送达被申请人。

被申请人应当自收到前款通知之日起十日内向交通运输行政复议机关提交《交通运输行政复议答复意见书》（见附件6），并提交作出具体行政行为的证据、依据和其他有关材料。

**第十五条** 交通运输行政复议决定作出前，申请人要求撤回行政复议申请，经说明理由并由复议机关记录在案，可以撤回。申请人撤回行政复议申请，应当提交撤回交通运输行政复议的书面申请书或者在《撤回交通运输行政复议申请笔录》（见附件7）上签名或者署印。

撤回行政复议申请的，交通运输行政复议终止，交通运输行政复议机关应当制作《交通运输行政复议终止通知书》（见附件8）送达申请人、被申请人、第三人。

**第十六条** 申请人在申请交通运输行政复议时，对《行政复议法》第七条所列有关规定提出审查申请的，交通运输行政复议机关对该规定有权处理的，应当在三十日内依法处理；无权处理的，应当在七日内制作《规范性文件转送处理函》（见附件9），按照法定程序转送有权处理的行政机关依法处理。

交通运输行政复议机关对有关规定进行处理或者转送处理期间，中止对具体行政行为的审查。中止对具体行政行为审查的，应当制作《交通运输行政复议中止审查通知书》（见附件10）及时送达申请人、被申请人、第三人。

**第十七条** 交通运输行政复议机关在对被申请人作出的具体行政行为审查时，认为其依据不合法，本机关有权处理的，应当在三十日内依法处理；无权处理的，应当在七日内按照法定程序转送有权处理的国家机关依法处理。处理期间，中止对具体行政行为的审查。

交通运输行政复议机关中止对具体行政行为审查的，应当制作《交通运输行政复议中止审查通知书》送达申请人、被申请人、第三人。

**第十八条** 交通运输行政复议机关设置的法制工作机构应当对被申请人作出的具体行政行为进行审查，提出意见，经交通运输行政复议机关的负责人同意或者集体讨论通过后，按照下列规定作出交通运输行政复议决定：

（一）具体行政行为认定事实清楚，证据确凿，适用依据正确，程序合法，内容适当的，决定维持；

（二）被申请人不履行法定职责的，责令其在一定期限内履行；

（三）具体行政行为有下列情形之一的，决定撤销、变更或者确认该具体行政行为违法；决定撤销或者确认该具体行政行为违法的，可以责令被申请人在一定期限内重新作出具体行政行为：

1. 主要事实不清、证据不足的；
2. 适用依据错误的；
3. 违反法定程序的；
4. 超越或者滥用职权的；
5. 具体行政行为明显不当的。

（四）被申请人不按照《行政复议法》第二十三条的规定提出书面答复、提交当初作出具体行政行为的证据、依据和其他有关材料的，视为该具体行政行为没有证据、依据，决定撤销该具体行政行为。

交通运输行政复议机关责令被申请人重新作出具体行政行为的，被申请人不得以同一的事实和理由作出与原具体行政行为相同或者基本相同的具体行政行为。

**第十九条** 交通运输行政复议机关作出交通运输行政复议决定，应当制作《交通运输行政复议决定书》（见附件11），加盖交通运输行政复议机关印章，分别送达申请人、被申请人和第三人；交通运输行政复议决定书一经送达即发生法律效力。

交通运输行政复议机关向当事人送达《交通运输行政复议决定书》及其他交通运输行政复议文书（除邮寄、公告送达外）应当使用《送达回证》（见附件12），受送达人应当在送达回证上注明收到日期，并签名或者署印。

**第二十条** 交通运输行政复议机关应当自受理交通运输行政复议申请之日起六十日内作出交通运输行政复议决定；但是法律规定的行政复议期限少于六十日的除外。情况复杂，不能在规定期限内作出交通运输行政复议决定的，经交通运输行政复议机关的负责人批准，可以适当延长，并告知申请人、被申请人、第三人，但是延长期限最多不超过三十日。

交通运输行政复议机关延长复议期限的，应当制作《延长交通运输行政复议期限通知书》（见附件13）送达申请人、被申请人、第三人。

**第二十一条** 被申请人不履行或者无正当理由拖延履行交通运输行政复议决定的,交通运输行政复议机关或者有关上级交通运输行政机关应当责令其限期履行。

**第二十二条** 交通运输行政复议机关设置的法制工作机构发现有《行政复议法》第三十八条规定的违法行为的,应当制作《交通运输行政复议违法行为处理建议书》(见附件14)向有关行政机关提出建议,有关行政机关应当依照《行政复议法》和有关法律、行政法规的规定作出处理。

**第二十三条** 交通运输行政复议机关受理交通运输行政复议申请,不得向申请人收取任何费用。

交通运输行政复议活动所需经费应当在本机关的行政经费中单列支,不得挪作他用。

**第二十四条** 本规定由交通运输部负责解释。

**第二十五条** 本规定自发布之日起施行,1992年交通部第39号令发布的《交通行政复议管理规定》同时废止。

附件1

## 交通运输行政复议申请笔录

申 请 人:_____

被申请人:_____

复议请求:_____

_____

事实和理由:_____

_____
_____
_____
_____
_____

申请人:_____

记录人:_____

_____年___月___日

**附：证据**
**注：** 1. 申请人为公民的，应当写明姓名、年龄、性别、住址、电话号码、邮政编码；申请人为法人或者其他组织的，应当写明名称（全称）、地址、电话号码、邮政编码、法定代表人姓名、职务。
2. 有法定代表人或委托代理人的，应当写明基本情况。

**附件2**

## 交通运输行政复议申请受理通知书

（　　）字第　　号

申 请 人_____：
被申请人_____：
　申请人_____
不服被申请人作出的_____
_____
_____
提起复议申请，符合受理条件，决定予以受理。

　　　　　　　　　　　　　复议机关_____（盖章）
　　　　　　　　　　　　　　\_\_\_\_\_年\_\_\_月\_\_\_日

**注：** 被申请人应当自收到本通知之日起十日内向交通运输行政复议机关提出书面答复，并提交当初作出具体行政行为的证据、依据和其他有关材料。
**附：** 1. 复议申请书副本（复议申请笔录复印件）\_\_\_\_份；
2. 其他材料\_\_\_\_\_份。

**附件3**

**交通运输行政复议申请不予受理决定书**

（　　）字第　　号

申请人：_____：
　　你（单位）关于_____
_____
一案申请复议，经审查，因_____
_____

不符合《中华人民共和国行政复议法》规定的受理条件，决定不予受理。

　　如不服本决定，可以在收到本决定书之日起六十日内向人民法院提起诉讼。

复议机关_____（盖章）<br>____年___月___日

**附件4**

**责令受理通知书**

_____：
　　申请人_____对
被申请人_____的
_____
_____具体行政行为不服，依法向你机关申请交通行政复议，你机关无正当理由未受理。经审查，本机关认为，该行政复议申请符合《中华人民共和国行政复议法》规定的受理条件，现责令你机关依法受理。经责令受理，你仍不受理的，本机关将根据《中华人民共和国行政复议法》第二十条的规定直接受理。

　　　　　　　　　_____（交通运输主管部门盖章）
　　　　　　　　　_____年____月____日

**附件 5**

**交通运输行政复议调查笔录**

案　　由：_____
调查时间：_____
调查地点：_____
调 查 人：_____ 记录人：_____
被调查人：_____年龄_____性别_____电话号码：_____
工作单位：_____
住　　址：_____
问：_____
_____
_____
_____
_____
_____
_____
_____
_____
_____

**附件 6**

**交通运输行政复议答复意见书**

答复人：_____
　住所：_____
　法定代表人：_____职务：_____电话：_____

委托代理人：_____ 职务：_____ 电话：_____
　单位：_____
　地址：_____
　现就_____一案
提出以下答复意见：_____
_____
_____
事实与理由：_____
_____
_____
_____
_____
_____
_____
_____

　　此致
_____

　　　　　　　　　　　　答复人_____（盖章）
　　　　　　　　　　　　____年____月____日

**附**：作出具体行政行为的证据、证据材料____份。
**注**：答复的事实与理由应当写明作出具体行政行为的事实及有关的证据材料，作出具体行政行为所依据的法律、法规、规章和其他具有普遍约束力的命令、决定。

附件7

## 撤回交通运输行政复议申请笔录

申 请 人：_____
被申请人：_____
请求事项及理由：_____
_____

228

_____
_____
_____

申请人：_____
记录人：_____
_____年_____月_____日

**注：** 1. 申请人为公民的，应当写明姓名、年龄、性别、住址、电话号码、邮政编码；申请人为法人或者其他组织的，应当写明名称（全称）、地址、电话号码、邮政编码、法定代表人姓名、职务。
2. 有法定代理人和委托代理人的，应当写明基本情况。

**附件8**

## 交通运输行政复议终止通知书

（　　）　　字第　　号

申 请 人：_____
被申请人：_____
第 三 人：_____

　　申请人因对被申请人的具体行政行为不服向本机关申请行政复议。复议审查过程中，申请人以_____
_____
_____
_____
为由要求撤回复议申请。

　　根据《中华人民共和国行政复议法》第二十五条的规定，本机关决定终止对本案的审查。

复议机关_____（盖章）
_____年_____月_____日

附件9

## 规范性文件转送处理函

( )　　字第　　号

_____:
　　申请人_____因对
被申请人_____作出的_____
具体行政为不服向本机关申请行政复议。本案具体行政为所依据
的_____
_____
需要审查处理。
　　根据《中华人民共和国行政复议法》第七条、第二十六条、第二
十七条的规定，现将_____
_____
转送你单位审查处理，请将处理结果及时函告我单位。

　　　　　　　　　　　　　　复议机关_____（盖章）
　　　　　　　　　　　　　　　____年____月____日

附：相关材料____份

附件10

## 交通运输行政复议中止审查通知书

( )　　字第　　号

申 请 人:_____
被申请人:_____
第 三 人:_____
　　申请人_____因对被申请人_____的____
具体行政为不服向本机关申请行政复议。具体行政为所依据的__

230

_____
_____
_____
_____

需要审查处理，本机关现已对该规定依法进行处理。

根据《中华人民共和国行政复议法》第二十六条的规定，本机关决定从____年___月___日，对申请人不服被申请人具体行政行为的行政复议案件中止审查。

复议机关_____（盖章）
_____年___月___日

**附件 11**

## 交通运输行政复议决定书

（　　）　　字第　　号

申 请 人：_____

被申请人：_____

　　申请人_____对被申请人_____年___月___日的_____具体行政行为不服，依法向本机关申请行政复议，现已复议完毕。

　　主要请求事项和理由：_____
_____
_____

　　主要答复意见：_____
_____
_____

　　经审查查明：_____
_____
_____

　　本机关认为：_____

231

根据《中华人民共和国行政复议法》第二十八条的规定，本机关决定：_____

_____

_____

_____

_____

_____

_____

　　申请人对本复议决定不服的，可在收到本复议决定书之日起_____日内向人民法院起诉。逾期不起诉，又不履行本复议决定的，

_____可以申请人民法院强制执行。

复议机关_____（盖章）<br>____年___月___日

**注**：1. 申请人为公民的，应当写明姓名、年龄、性别、住址、电话号码、邮政编码；申请人为法人或者其他组织的，应当写明名称（全称）、地址、电话号码、邮政编码、法定代表人姓名、职务。
2. 有法定代理人和委托代理人的，应当写明基本情况。

附件 12

## 送 达 回 证

（　　）　　字第　　号

| 送达文书 | |
|---|---|
| 送 达 人 | |
| 受送达人 | |
| 送达时间 | 送达方式 |
| 送达地点 | |
| 受送达人<br>签　　收 | ＿＿＿＿年＿＿月＿＿日 |
| 代 收 人<br>签　　收 | ＿＿＿＿年＿＿月＿＿日 |
| 备　　注 | （印章） |

附件 13

## 交通运输行政复议案件
## 复议期限延长通知书

（　　）　　字第　　号

申 请 人：＿＿＿＿＿＿＿＿＿＿＿＿＿＿＿＿＿＿＿＿＿＿＿
被申请人：＿＿＿＿＿＿＿＿＿＿＿＿＿＿＿＿＿＿＿＿＿＿＿

第 三 人：_____
　　申请人因对被申请人作出的_____
_____
具体行政行为不服向本机关申请行政复议。因本案情况复杂，根据《中华人民共和国行政复议法》第三十一条的规定，本机关决定延长复议期限至____年___月___日。

　　　　　　　　　　　　　复议机关_____（盖章）
　　　　　　　　　　　　　　　　____年___月___日

**注：** 申请人为公民的，应当写明姓名、年龄、性别、住址、电话号码、邮政编码；申请人为法人或者其他组织的，应当写明名称（全称）、地址、电话号码、邮政编码、法定代表人姓名、职务。

**附件 14**

<h3 align="center">交通运输行政复议违法<br>行为处理建议书</h3>

　　　　　　　　　　　　　（　　）　　字第　　号

_____：
　　你单位在_____
_____
一案中，违反《中华人民共和国行政复议法》第_____条规定，具有_____
_____
行为。根据《中华人民共和国行政复议法》第三十八条的规定，建议你单位对_____依法给予处分，并将处理结果报本机关。

　　　　　　　　　　　　　复议机关_____（盖章）
　　　　　　　　　　　　　　　　____年___月___日

# 交通运输行政执法程序规定

- 2019 年 4 月 12 日交通运输部令 2019 年第 9 号公布
- 根据 2021 年 6 月 30 日《交通运输部关于修改〈交通运输行政执法程序规定〉的决定》修正

## 第一章 总 则

**第一条** 为规范交通运输行政执法行为,促进严格规范公正文明执法,保护公民、法人和其他组织的合法权益,根据《中华人民共和国行政处罚法》《中华人民共和国行政强制法》等法律、行政法规,制定本规定。

**第二条** 交通运输行政执法部门(以下简称执法部门)及其执法人员实施交通运输行政执法行为,适用本规定。

前款所称交通运输行政执法,包括公路、水路执法部门及其执法人员依法实施的行政检查、行政强制、行政处罚等执法行为。

**第三条** 执法部门应当全面推行行政执法公示制度、执法全过程记录制度、重大执法决定法制审核制度,加强执法信息化建设,推进执法信息共享,提高执法效率和规范化水平。

**第四条** 实施交通运输行政执法应当遵循以下原则:
(一)事实认定清楚,证据确凿;
(二)适用法律、法规、规章正确;
(三)严格执行法定程序;
(四)正确行使自由裁量权;
(五)依法公平公正履行职责;
(六)依法维护当事人合法权益;
(七)处罚与教育相结合。

**第五条** 执法部门应当建立健全执法监督制度。上级交通运输执法部门应当定期组织开展行政执法评议、考核,加强对行政执法的监督检查,规范行政执法。

执法部门应当主动接受社会监督。公民、法人或者其他组织对执法部门实施行政执法的行为,有权申诉或者检举;执法部门应当认真审查,发现有错误的,应当主动改正。

## 第二章 一般规定

### 第一节 管 辖

**第六条** 行政处罚由违法行为发生地的执法部门管辖。行政检查由执法部门在法定职权范围内实施。法律、行政法规、部门规章另有规定的,从其规定。

**第七条** 对当事人的同一违法行为,两个以上执法部门都有管辖权的,由最先立案的执法部门管辖。

**第八条** 两个以上执法部门因管辖权发生争议的,应当协商解决,协商不成的,报请共同的上一级部门指定管辖;也可以直接由共同的上一级部门指定管辖。

**第九条** 执法部门发现所查处的案件不属于本部门管辖的,应当移送有管辖权的其他部门。执法部门发现违法行为涉嫌犯罪的,应当及时依照《行政执法机关移送涉嫌犯罪案件的规定》将案件移送司法机关。

**第十条** 下级执法部门认为其管辖的案件属重大、疑难案件,或者由于特殊原因难以办理的,可以报请上一级部门指定管辖。

**第十一条** 跨行政区域的案件,相关执法部门应当相互配合。相关行政区域执法部门共同的上一级部门应当做好协调工作。

### 第二节 回 避

**第十二条** 执法人员有下列情形之一的,应当自行申请回避,当事人及其代理人有权用口头或者书面方式申请其回避:

(一)是本案当事人或者当事人、代理人近亲属的;

(二)本人或者其近亲属与本案有利害关系的;

(三)与本案当事人或者代理人有其他利害关系,可能影响案件公正处理的。

**第十三条** 申请回避,应当说明理由。执法部门应当对回避申请及时作出决定并通知申请人。

执法人员的回避,由其所属的执法部门负责人决定。

**第十四条** 执法部门作出回避决定前,执法人员不得停止对案件的调查;作出回避决定后,应当回避的执法人员不得再参与该案件的调查、决定、实施等工作。

**第十五条** 检测、检验及技术鉴定人员、翻译人员需要回避的,适用本节规定。

检测、检验及技术鉴定人员、翻译人员的回避,由指派或者聘请上述人员的执法部门负责人决定。

**第十六条** 被决定回避的执法人员、鉴定人员和翻译人员,在回避决定作出前进行的与执法有关的活动是否有效,由作出回避决定的执法部门根据其活动是否对执法公正性造成影响的实际情况决定。

### 第三节 期间与送达

**第十七条** 期间以时、日、月、年计算,期间开始当日或者当时不计算在内。期间届满的最后一日为节假日的,以节假日后的第一日为期间届满的日期。

**第十八条** 执法部门应当按照下列规定送达执法文书:

(一)直接送交受送达人,由受送达人记明收到日期,签名或者盖章,受送达人的签收日期为送达日期。受送达人是公民的,本人不在交其同住的成年家属签收;受送达人是法人或者其他组织的,应当由法人的法定代表人、该组织的主要负责人或者办公室、收发室、值班室等负责收件的人签收或者盖章;当事人指定代收人的,交代收人签收。受送达人的同住成年家属,法人或者其他组织的负责收件的人或者代收人在《送达回证》上签收的日期为送达日期;

(二)受送达人或者他的同住成年家属拒绝接收的,可以邀请受送达人住所地的居民委员会、村民委员会的工作人员或者受送达人所在单位的工作人员作见证人,说明情况,在《送达回证》上记明拒收事由和日期,由执法人员、见证人签名或者盖章,将执法文书留在受送达人的住所;也可以把执法文书留在受送达人的住所,并采取拍照、录像等方式记录送达过程,即视为送达;

(三)经受送达人同意,可以采用传真、电子邮件、移动通信等能够确认其即时收悉的特定系统作为送达媒介电子送达执法文书。受送达人同意采用电子方式送达的,应当在送达地址确认书中予以确认。采取电子送达方式送达的,以执法部门对应系统显示发送成功的日期为送达日期,但受送达人证明到达其确认的特定系统的日期与执法部门对应系统显示发送成功的日期不一致的,以受送达人证明到达其特定系统的日期为准;

(四)直接送达有困难的,可以邮寄送达或者委托其他执法部门代为送达。委托送达的,受委托的执法部门按照直接送达或者留置送达方式送达执法文书,并及时将《送达回证》交回委托的执法部门。邮寄送达的,以回执上注明的收件日期为送达日期。执法文书在期满前交邮的,不算过期;

(五)受送达人下落不明或者用上述方式无法送达的,采取公告方式送达,说明公告送达的原因,并在案卷中记明原因和经过。公告送达可以在执法部门的公告栏和受送达人住所地张贴公告,也可以在报纸、信息网络等媒体上刊登公告,发出公告日期以最后张贴或者刊登的日期为准,经过六十日,即视为送达。在受送达人住所地张贴公告的,应当采取拍照、录像等方式记录张贴过程。

## 第三章 行政检查

**第十九条** 执法部门在路面、水面、生产经营等场所实施现场检查,对行政相对人实施书面调查,通过技术系统、设备实施电子监控,应当符合法定职权,依照法律、法规、规章规定实施。

**第二十条** 执法部门应当建立随机抽取被检查对象、随机选派检查人员的抽查机制,健全随机抽查对象和执法检查人员名录库,合理确定抽查比例和抽查频次。随机抽查情况及查处结果除涉及国家秘密、商业秘密、个人隐私的,应当及时向社会公布。

海事执法部门根据履行国际公约要求的有关规定开展行政检查的,从其规定。

**第二十一条** 执法部门应当按照有关装备标准配备交通工具、通讯工具、交通管理器材、个人防护装备、办公设备等装备,加大科技装备的资金投入。

**第二十二条** 实施行政检查时,执法人员应当依据相关规定着制式服装,根据需要穿着多功能反光腰带、反光背心、救生衣,携带执法记录仪、对讲机、摄像机、照相机,配备发光指挥棒、反光锥筒、停车示意牌、警戒带等执法装备。

第二十三条 实施行政检查，执法人员不得少于两人，应当出示交通运输行政执法证件，表明执法身份，并说明检查事由。

第二十四条 实施行政检查，不得超越检查范围和权限，不得检查与执法活动无关的物品，避免对被检查的场所、设施和物品造成损坏。

第二十五条 实施路（水）面巡查时，应当保持执法车（船）清洁完好、标志清晰醒目、车（船）技术状况良好，遵守相关法律法规，安全驾驶。

第二十六条 实施路面巡查，应当遵守下列规定：

（一）根据道路条件和交通状况，选择不妨碍通行的地点进行，在来车方向设置分流或者避让标志，避免引发交通堵塞；

（二）依照有关规定，在距离检查现场安全距离范围摆放发光或者反光的示警灯、减速提示标牌、反光锥筒等警示标志；

（三）驾驶执法车辆巡查时，发现涉嫌违法车辆，待其行驶至视线良好、路面开阔地段时，发出停车检查信号，实施检查；

（四）对拒绝接受检查、恶意闯关冲卡逃逸、暴力抗法的涉嫌违法车辆，及时固定、保存、记录现场证据或线索，或者记下车号依法交由相关部门予以处理。

第二十七条 实施水面巡航，应当遵守下列规定：

（一）一般在船舶停泊或者作业期间实施行政检查；

（二）除在航船舶涉嫌有明显违法行为且如果不对其立即制止可能造成严重后果的情况外，不得随意截停在航船舶登临检查；

（三）不得危及船舶、人员和货物的安全，避免对环境造成污染。除法律法规定情形外，不得操纵或者调试船上仪器设备。

第二十八条 检查生产经营场所，应当遵守下列规定：

（一）有被检查人或者见证人在场；

（二）对涉及被检查人的商业秘密、个人隐私，应当为其保密；

（三）不得影响被检查人的正常生产经营活动；

（四）遵守被检查人有关安全生产的制度规定。

第二十九条 实施行政检查，应当制作检查记录，如实记录检查情况。对于行政检查过程中涉及到的证据材料，应当依法及时采集和保存。

# 第四章 调查取证

## 第一节 一般规定

**第三十条** 执法部门办理执法案件的证据包括:
(一) 书证;
(二) 物证;
(三) 视听资料;
(四) 电子数据;
(五) 证人证言;
(六) 当事人的陈述;
(七) 鉴定意见;
(八) 勘验笔录、现场笔录。

**第三十一条** 证据应当具有合法性、真实性、关联性。

**第三十二条** 证据必须查证属实,方可作为认定案件事实的根据。

## 第二节 证据收集

**第三十三条** 执法人员应当合法、及时、客观、全面地收集证据材料,依法履行保密义务,不得收集与案件无关的材料,不得将证据用于法定职责以外的其他用途。

**第三十四条** 执法部门可以通过下列方式收集证据:
(一) 询问当事人、利害关系人、其他有关单位或者个人,听取当事人或者有关人员的陈述、申辩;
(二) 向有关单位和个人调取证据;
(三) 通过技术系统、设备收集、固定证据;
(四) 委托有资质的机构对与违法行为有关的问题进行鉴定;
(五) 对案件相关的现场或者涉及的物品进行勘验、检查;
(六) 依法收集证据的其他方式。

**第三十五条** 收集、调取书证应当遵守下列规定:
(一) 收集书证原件。收集原件确有困难的,可以收集与原件核对无误的复制件、影印件或者节录本;

（二）收集书证复制件、影印件或者节录本的，标明"经核对与原件一致"，注明出具日期、证据来源，并由被调查对象或者证据提供人签名或者盖章；

（三）收集图纸、专业技术资料等书证的，应当附说明材料，明确证明对象；

（四）收集评估报告的，应当附有评估机构和评估人员的有效证件或者资质证明的复印件；

（五）取得书证原件的节录本的，应当保持文件内容的完整性，注明出处和节录地点、日期，并有节录人的签名；

（六）公安、税务、市场监督管理等有关部门出具的证明材料作为证据的，证明材料上应当加盖出具部门的印章并注明日期；

（七）被调查对象或者证据提供者拒绝在证据复制件、各式笔录及其他需要其确认的证据材料上签名或者盖章的，可以邀请有关基层组织、被调查对象所在单位、公证机构、法律服务机构或者公安机关代表到场见证，说明情况，在相关证据材料上记明拒绝确认事由和日期，由执法人员、见证人签名或者盖章。

**第三十六条** 收集、调取物证应当遵守下列规定：

（一）收集原物。收集原物确有困难的，可以收集与原物核对无误的复制件或者证明该物证的照片、录像等其他证据；

（二）原物为数量较多的种类物的，收集其中的一部分，也可以采用拍照、取样、摘要汇编等方式收集。拍照取证的，应当对物证的现场方位、全貌以及重点部位特征等进行拍照或者录像；抽样取证的，应当通知当事人到场，当事人拒不到场或者暂时难以确定当事人的，可以由在场的无利害关系人见证；

（三）收集物证，应当载明获取该物证的时间、原物存放地点、发现地点、发现过程以及该物证的主要特征，并对现场尽可能以照片、视频等方式予以同步记录；

（四）物证不能入卷的，应当采取妥善保管措施，并拍摄该物证的照片或者录像存入案卷。

**第三十七条** 收集视听资料应当遵守下列规定：

（一）收集有关资料的原始载体，并由证据提供人在原始载体或者说明文件上签名或者盖章确认；

（二）收集原始载体确有困难的，可以收集复制件。收集复制件的，应当由证据提供人出具由其签名或者盖章的说明文件，注明复制件与原始载体内容一致；

（三）原件、复制件均应当注明制作方法、制作时间、制作地点、制作人和证明对象等；

（四）复制视听资料的形式包括采用存储磁盘、存储光盘进行复制保存、对屏幕显示内容进行打印固定、对所载内容进行书面摘录与描述等。条件允许时，应当优先以书面形式对视听资料内容进行固定，由证据提供人注明"经核对与原件一致"，并签名或者盖章确认；

（五）视听资料的存储介质无法入卷的，可以转录入存储光盘存入案卷，并标明光盘序号、证据原始制作方法、制作时间、制作地点、制作人，及转录的制作人、制作时间、制作地点等。证据存储介质需要退还证据提供人的，应当要求证据提供人对转录的复制件进行确认。

第三十八条　收集电子数据应当遵守下列规定：

（一）收集电子数据的原始存储介质。收集电子数据原始存储介质确有困难的，可以收集电子数据复制件，但应当附有不能或者难以提取原始存储介质的原因、复制过程以及原始存储介质存放地点或者电子数据网络地址的说明，并由复制件制作人和原始存储介质持有人签名或者盖章，或者以公证等其他有效形式证明电子数据与原始存储介质的一致性和完整性；

（二）收集电子数据应当记载取证的参与人员、技术方法、步骤和过程，记录收集对象的事项名称、内容、规格、类别以及时间、地点等，或者将收集电子数据的过程拍照或者录像；

（三）收集的电子数据应当使用光盘或者其他数字存储介质备份；

（四）收集通过技术手段恢复或者破解的与案件有关的光盘或者其他数字存储介质，电子设备中被删除、隐藏或者加密的电子数据，应当附有恢复或者破解对象、过程、方法和结果的专业说明；

（五）依照法律、行政法规规定利用电子技术监控设备收集、固定违法事实的，应当经过法制和技术审核，确保电子技术监控设备符合标准、设置合理、标志明显，设置地点应当向社会公布。电子技术监控设备记录违法事实应当真实、清晰、完整、准确。执法部门应当审核记录内容是否符合要求；未经审核或者经审核不符合要求的，不得作为行政处罚的证据。执法部门应当及时告知当事人违法事实，并采取信息化手段或者其他措施，为当事人查询、陈述和申辩提供便利。不得限制或者变相限制当事人享有的陈述权、申辩权。

**第三十九条** 收集当事人陈述、证人证言应当遵守下列规定：

（一）询问当事人、证人，制作《询问笔录》或者由当事人、证人自行书写材料证明案件事实；

（二）询问应当个别进行，询问时可以全程录音、录像，并保持录音、录像资料的完整性；

（三）《询问笔录》应当客观、如实地记录询问过程和询问内容，对询问人提出的问题被询问人不回答或者拒绝回答的，应当注明；

（四）《询问笔录》应当交被询问人核对，对阅读有困难的，应当向其宣读。记录有误或者遗漏的，应当允许被询问人更正或者补充，并要求其在修改处签名或者盖章；

（五）被询问人确认执法人员制作的笔录无误的，应当在《询问笔录》上逐页签名或者盖章。被询问人确认自行书写的笔录无误的，应当在结尾处签名或者盖章。拒绝签名或者盖章的，执法人员应当在《询问笔录》中注明。

**第四十条** 对与案件事实有关的物品或者场所实施勘验的，应当遵守下列规定：

（一）制作《勘验笔录》；

（二）实施勘验，应当有当事人或者第三人在场。如当事人不在场且没有第三人的，执法人员应当在《勘验笔录》中注明；

（三）勘验应当限于与案件事实相关的物品和场所；

（四）根据实际情况进行音像记录。

**第四十一条** 执法人员抽样取证时，应当制作《抽样取证凭证》，对样品加贴封条，开具物品清单，由执法人员和当事人在封条和相关记录上签名或者盖章。

法律、法规、规章或者国家有关规定对抽样机构或者方式有规定的，执法部门应当委托相关机构或者按规定方式抽取样品。

**第四十二条** 为查明案情，需要对案件中专门事项进行鉴定的，执法部门应当委托具有法定鉴定资格的鉴定机构进行鉴定。没有法定鉴定机构的，可以委托其他具备鉴定条件的机构进行鉴定。

### 第三节 证据先行登记保存

**第四十三条** 在证据可能灭失或者以后难以取得的情况下，经执法部门负责人批准,可以对与涉嫌违法行为有关的证据采取先行登记保存措施。

**第四十四条** 先行登记保存有关证据,应当当场清点,制作《证据登记保存清单》,由当事人和执法人员签名或者盖章,当场交当事人一份。

先行登记保存期间,当事人或者有关人员不得销毁或者转移证据。

**第四十五条** 对先行登记保存的证据,执法部门应当于先行登记保存之日起七日内采取以下措施:

(一)及时采取记录、复制、拍照、录像等证据保全措施,不再需要采取登记保存措施的,及时解除登记保存措施,并作出《解除证据登记保存决定书》;

(二)需要鉴定的,及时送交有关部门鉴定;

(三)违法事实成立,应当依法予以没收的,作出行政处罚决定,没收违法物品。

执法部门逾期未作出处理决定的,先行登记保存措施自动解除。

### 第四节 证据审查与认定

**第四十六条** 执法部门应当对收集到的证据逐一审查,进行全面、客观和公正地分析判断,审查证据的合法性、真实性、关联性,判断证据有无证明力以及证明力的大小。

**第四十七条** 审查证据的合法性,应当审查下列事项:

(一)调查取证的执法人员是否具有相应的执法资格;

(二)证据的取得方式是否符合法律、法规和规章的规定;

(三)证据是否符合法定形式;

(四)是否有影响证据效力的其他违法情形。

**第四十八条** 审查证据的真实性,应当审查下列事项:

(一)证据形成的原因;

(二)发现证据时的客观环境;

(三)证据是否为原件、原物,复制件、复制品与原件、原物是否相符;

(四)提供证据的人或者证人与当事人是否具有利害关系;

(五)影响证据真实性的其他因素。

单个证据的部分内容不真实的,不真实部分不得采信。

**第四十九条** 审查证据的关联性,应当审查下列事项:

(一)证据的证明对象是否与案件事实有内在联系,以及关联程度;

(二)证据证明的事实对案件主要情节和案件性质的影响程度;

(三)证据之间是否互相印证,形成证据链。

**第五十条** 当事人对违法事实无异议,视听资料、电子数据足以认定案件事实的,视听资料、电子数据可以替代询问笔录、现场笔录,必要时,对视听资料、电子数据的关键内容和相应时间段等作文字说明。

**第五十一条** 下列证据材料不能作为定案依据:

(一)以非法手段取得的证据;

(二)被进行技术处理而无法辨明真伪的证据材料;

(三)不能正确表达意志的证人提供的证言;

(四)不具备合法性和真实性的其他证据材料。

## 第五章 行政强制措施

**第五十二条** 为制止违法行为、防止证据损毁、避免危害发生、控制危险扩大等情形,执法部门履行行政执法职能,可以依照法律、法规的规定,实施行政强制措施。

违法行为情节显著轻微或者没有明显社会危害的,可以不采取行政强制措施。

**第五十三条** 行政强制措施由执法部门在法定职权范围内实施。行政强制措施权不得委托。

**第五十四条** 执法部门实施行政强制措施应当遵守下列规定:

(一)实施前向执法部门负责人报告并经批准;

(二)由不少于两名执法人员实施,并出示行政执法证件;

(三)通知当事人到场;

(四)当场告知当事人采取行政强制措施的理由、依据以及当事人依法享有的权利、救济途径;

(五)听取当事人的陈述和申辩;

(六)制作《现场笔录》,由当事人和执法人员签名或者盖章,

当事人拒绝的,在笔录中予以注明;当事人不到场的,邀请见证人到场,由见证人和执法人员在现场笔录上签名或者盖章;

(七)制作并当场交付《行政强制措施决定书》;

(八)法律、法规规定的其他程序。

对查封、扣押的现场执法活动和执法办案场所,应当进行全程音像记录。

**第五十五条** 发生紧急情况,需要当场实施行政强制措施的,执法人员应当在二十四小时内向执法部门负责人报告,补办批准手续。执法部门负责人认为不应当采取行政强制措施的,应当立即解除。

**第五十六条** 实施查封、扣押的期限不得超过三十日;情况复杂需延长查封、扣押期限的,应当经执法部门负责人批准,可以延长,但是延长期限不得超过三十日。法律、行政法规另有规定的除外。

需要延长查封、扣押期限的,执法人员应当制作《延长行政强制措施期限通知书》,将延长查封、扣押的决定及时书面通知当事人,并说明理由。

对物品需要进行检测、检验或者技术鉴定的,应当明确检测、检验或者技术鉴定的期间,并书面告知当事人。查封、扣押的期间不包括检测、检验或者技术鉴定的期间。检测、检验或者技术鉴定的费用由执法部门承担。

**第五十七条** 执法部门采取查封、扣押措施后,应当及时查清事实,在本规定第五十六条规定的期限内作出处理决定。对违法事实清楚,依法应当没收的非法财物予以没收;法律、行政法规规定应当销毁的,依法销毁;应当解除查封、扣押的,作出解除的决定。

**第五十八条** 对查封、扣押的财物,执法部门应当妥善保管,不得使用或者损毁;造成损失的,应当承担赔偿责任。

**第五十九条** 有下列情形之一的,应当及时作出解除查封、扣押决定,制作《解除行政强制措施决定书》,并及时送达当事人,退还扣押财物:

(一)当事人没有违法行为;

(二)查封、扣押的场所、设施、财物与违法行为无关;

(三)对违法行为已经作出处理决定,不再需要查封、扣押;

(四)查封、扣押期限已经届满;

(五)其他不再需要采取查封、扣押措施的情形。

# 第六章 行政处罚

## 第一节 简易程序

**第六十条** 违法事实确凿并有法定依据，对公民处二百元以下、对法人或者其他组织处三千元以下罚款或者警告的行政处罚的，可以适用简易程序，当场作出行政处罚决定。法律另有规定的，从其规定。

**第六十一条** 执法人员适用简易程序当场作出行政处罚的，应当按照下列步骤实施：

（一）向当事人出示交通运输行政执法证件并查明对方身份；
（二）调查并收集必要的证据；
（三）口头告知当事人违法事实、处罚理由和依据；
（四）口头告知当事人享有的权利与义务；
（五）听取当事人的陈述和申辩并进行复核；当事人提出的事实、理由或者证据成立的，应当采纳；
（六）填写预定格式、编有号码的《当场行政处罚决定书》并当场交付当事人，《当场行政处罚决定书》应当载明当事人的违法行为，行政处罚的种类和依据、罚款数额、时间、地点，申请行政复议、提起行政诉讼的途径和期限以及执法部门名称，并由执法人员签名或者盖章；
（七）当事人在《当场行政处罚决定书》上签名或盖章，当事人拒绝签收的，应当在行政处罚决定书上注明；
（八）作出当场处罚决定之日起五日内，将《当场行政处罚决定书》副本提交所属执法部门备案。

## 第二节 普通程序

**第六十二条** 除依法可以当场作出的行政处罚外，执法部门实施行政检查或者通过举报、其他机关移送、上级机关交办等途径，发现公民、法人或者其他组织有依法应当给予行政处罚的交通运输违法行为的，应当及时决定是否立案。

**第六十三条** 立案应当填写《立案登记表》，同时附上与案件相关的材料，由执法部门负责人批准。

**第六十四条** 执法部门应当按照本规定第四章的规定全面、客观、公正地调查，收集相关证据。

**第六十五条** 委托其他单位协助调查、取证的，应当制作并出具协助调查函。

**第六十六条** 执法部门作出行政处罚决定的，应当责令当事人改正或者限期改正违法行为；构成违法行为、但依法不予行政处罚的，执法部门应当制作《责令改正违法行为通知书》，责令当事人改正或者限期改正违法行为。

**第六十七条** 执法人员在初步调查结束后，认为案件事实清楚，主要证据齐全的，应当制作案件调查报告，提出处理意见，报办案机构审核。

**第六十八条** 案件调查报告经办案机构负责人审查后，执法人员应当将案件调查报告、案卷报执法部门负责人审查批准。

**第六十九条** 执法部门负责人批准案件调查报告后，拟对当事人予以行政处罚的，执法人员应当制作《违法行为通知书》，告知当事人拟作出行政处罚的事实、理由、依据、处罚内容，并告知当事人依法享有陈述权、申辩权或者要求举行听证的权利。

**第七十条** 当事人要求陈述、申辩的，应当如实记录当事人的陈述、申辩意见。符合听证条件，当事人要求组织听证的，应当按照本章第三节的规定组织听证。

执法部门应当充分听取当事人的意见，对当事人提出的事实、理由、证据认真进行复核；当事人提出的事实、理由或者证据成立的，应当予以采纳。不得因当事人陈述、申辩而加重处罚。

**第七十一条** 有下列情形之一，在执法部门负责人作出行政处罚的决定之前，应当由从事行政处罚决定法制审核的人员进行法制审核：

（一）涉及重大公共利益的；
（二）直接关系当事人或者第三人重大权益，经过听证程序的；
（三）案件情况疑难复杂、涉及多个法律关系的；
（四）法律、法规规定应当进行法制审核的其他情形。

初次从事行政处罚决定法制审核的人员，应当通过国家统一法律职业资格考试取得法律职业资格。

**第七十二条** 从事行政处罚决定法制审核的人员主要从下列方面进行合法性审核,并提出书面审核意见:
（一）行政执法主体是否合法,行政执法人员是否具备执法资格;
（二）行政执法程序是否合法;
（三）案件事实是否清楚,证据是否合法充分;
（四）适用法律、法规、规章是否准确,裁量基准运用是否适当;
（五）执法是否超越执法部门的法定权限;
（六）行政执法文书是否完备、规范;
（七）违法行为是否涉嫌犯罪、需要移送司法机关。

**第七十三条** 执法部门负责人经审查,根据不同情况分别作出如下决定:
（一）确有应受行政处罚的违法行为的,根据情节轻重及具体情况,作出行政处罚决定;
（二）违法行为轻微,依法可以不予行政处罚的,不予行政处罚;
（三）违法事实不能成立的,不予行政处罚;
（四）违法行为涉嫌犯罪的,移送司法机关。

**第七十四条** 有下列情形之一的,依法不予行政处罚:
（一）违法行为轻微并及时改正,没有造成危害后果的,不予行政处罚;
（二）除法律、行政法规另有规定的情形外,当事人有证据足以证明没有主观过错的,不予行政处罚;
（三）精神病人、智力残疾人在不能辨认或者不能控制自己行为时有违法行为的,不予行政处罚,但应当责令其监护人严加看管和治疗;
（四）不满十四周岁的未成年人有违法行为的,不予行政处罚,但应责令监护人加以管教;
（五）其他依法不予行政处罚的情形。

初次违法且危害后果轻微并及时改正的,可以不予行政处罚。

违法行为在二年内未被处罚的,不再给予行政处罚;涉及公民生命健康安全、金融安全且有危害后果的,上述期限延长至五年。法律另有规定的除外。

对当事人的违法行为依法不予行政处罚的,执法部门应当对当事人进行教育。

**第七十五条** 作出行政处罚决定应当适用违法行为发生时的法

律、法规、规章的规定。但是，作出行政处罚决定时，法律、法规、规章已被修改或者废止，且新的规定处罚较轻或者不认为是违法的，适用新的规定。

**第七十六条** 行政处罚案件有下列情形之一的，应当提交执法部门重大案件集体讨论会议决定：

（一）拟作出降低资质等级、吊销许可证件、责令停产停业、责令关闭、限制从业、较大数额罚款、没收较大数额违法所得、没收较大价值非法财物的；

（二）认定事实和证据争议较大的，适用的法律、法规和规章有较大异议的，违法行为较恶劣或者危害较大的，或者复杂、疑难案件的执法管辖区域不明确或有争议的；

（三）对情节复杂或者重大违法行为给予较重的行政处罚的其他情形。

**第七十七条** 执法部门作出行政处罚决定，应当制作《行政处罚决定书》。行政处罚决定书的内容包括：

（一）当事人的姓名或者名称、地址等基本情况；

（二）违反法律、法规或者规章的事实和证据；

（三）行政处罚的种类和依据；

（四）行政处罚的履行方式和期限；

（五）不服行政处罚决定，申请行政复议或者提起行政诉讼的途径和期限；

（六）作出行政处罚决定的执法部门名称和作出决定的日期。

行政处罚决定书应当盖有作出行政处罚决定的执法部门的印章。

**第七十八条** 执法部门应当自行政处罚案件立案之日起九十日内作出行政处罚决定。案情复杂、期限届满不能终结的案件，可以经执法部门负责人批准延长三十日。

**第七十九条** 执法部门应当依法公开行政处罚决定信息，但法律、行政法规另有规定的除外。

公开的行政处罚决定被依法变更、撤销、确认违法或者确认无效的，执法部门应当在三日内撤回行政处罚决定信息并公开说明理由。

### 第三节 听证程序

**第八十条** 执法部门在作出下列行政处罚决定前，应当在送达

《违法行为通知书》时告知当事人有要求举行听证的权利：
（一）责令停产停业、责令关闭、限制从业；
（二）降低资质等级、吊销许可证件；
（三）较大数额罚款；
（四）没收较大数额违法所得、没收较大价值非法财物；
（五）其他较重的行政处罚；
（六）法律、法规、规章规定的其他情形。

前款第（三）、（四）项规定的较大数额，地方执法部门按照省级人大常委会或者人民政府规定或者其授权部门规定的标准执行。海事执法部门按照对自然人处 1 万元以上、对法人或者其他组织 10 万元以上的标准执行。

**第八十一条** 执法部门不得因当事人要求听证而加重处罚。

**第八十二条** 当事人要求听证的，应当自收到《违法行为通知书》之日起五日内以书面或者口头形式提出。当事人以口头形式提出的，执法部门应当将情况记入笔录，并由当事人在笔录上签名或者盖章。

**第八十三条** 执法部门应当在举行听证的七日前向当事人及有关人员送达《听证通知书》，将听证的时间、地点通知当事人和其他听证参加人。

**第八十四条** 听证设听证主持人一名，负责组织听证；记录员一名，具体承担听证准备和制作听证笔录工作。

听证主持人由执法部门负责人指定；记录员由听证主持人指定。

本案调查人员不得担任听证主持人或者记录员。

**第八十五条** 听证主持人在听证活动中履行下列职责：
（一）决定举行听证的时间、地点；
（二）决定听证是否公开举行；
（三）要求听证参加人到场参加听证、提供或者补充证据；
（四）就案件的事实、理由、证据、程序、处罚依据和行政处罚建议等相关内容组织质证和辩论；
（五）决定听证的延期、中止或者终止，宣布结束听证；
（六）维持听证秩序。对违反听证会场纪律的，应当警告制止；对不听制止，干扰听证正常进行的旁听人员，责令其退场；
（七）其他有关职责。

**第八十六条** 听证参加人包括：
（一）当事人及其代理人；
（二）本案执法人员；
（三）证人、检测、检验及技术鉴定人；
（四）翻译人员；
（五）其他有关人员。

**第八十七条** 要求举行听证的公民、法人或者其他组织是听证当事人。当事人在听证活动中享有下列权利：
（一）申请回避；
（二）参加听证，或者委托一至二人代理参加听证；
（三）进行陈述、申辩和质证；
（四）核对、补正听证笔录；
（五）依法享有的其他权利。

**第八十八条** 与听证案件处理结果有利害关系的其他公民、法人或者其他组织，作为第三人申请参加听证的，应当允许。为查明案情，必要时，听证主持人也可以通知其参加听证。

**第八十九条** 委托他人代为参加听证的，应当向执法部门提交由委托人签名或者盖章的授权委托书以及委托代理人的身份证明文件。

授权委托书应当载明委托事项及权限。委托代理人代为放弃行使陈述权、申辩权和质证权的，必须有委托人的明确授权。

**第九十条** 听证主持人有权决定与听证案件有关的证人、检测、检验及技术鉴定人等听证参加人到场参加听证。

**第九十一条** 听证应当公开举行，涉及国家秘密、商业秘密或者个人隐私依法予以保密的除外。

公开举行听证的，应当公告当事人姓名或者名称、案由以及举行听证的时间、地点等。

**第九十二条** 听证按下列程序进行：
（一）宣布案由和听证纪律；
（二）核对当事人或其代理人、执法人员、证人及其他有关人员是否到场，并核实听证参加人的身份；
（三）宣布听证员、记录员和翻译人员名单，告知当事人有申请主持人回避、申辩和质证的权利；对不公开听证的，宣布不公开听证的理由；

（四）宣布听证开始；

（五）执法人员陈述当事人违法的事实、证据，拟作出行政处罚的建议和法律依据；执法人员提出证据时，应当向听证会出示。证人证言、检测、检验及技术鉴定意见和其他作为证据的文书，应当当场宣读；

（六）当事人或其代理人对案件的事实、证据、适用法律、行政处罚意见等进行陈述、申辩和质证，并可以提供新的证据；第三人可以陈述事实，提供证据；

（七）听证主持人可以就案件的有关问题向当事人或其代理人、执法人员、证人询问；

（八）经听证主持人允许，当事人、执法人员就案件的有关问题可以向到场的证人发问。当事人有权申请通知新的证人到会作证，调取新的证据。当事人提出申请的，听证主持人应当当场作出是否同意的决定；申请重新检测、检验及技术鉴定的，按照有关规定办理；

（九）当事人、第三人和执法人员可以围绕案件所涉及的事实、证据、程序、适用法律、处罚种类和幅度等问题进行辩论；

（十）辩论结束后，听证主持人应当听取当事人或其代理人、第三人和执法人员的最后陈述意见；

（十一）中止听证的，听证主持人应当宣布再次听证的有关事宜；

（十二）听证主持人宣布听证结束，听证笔录交当事人或其代理人核对。当事人或其代理人认为听证笔录有错误的，有权要求补充或改正。当事人或其代理人核对无误后签名或者盖章；当事人或其代理人拒绝的，在听证笔录上写明情况。

**第九十三条** 有下列情形之一的，听证主持人可以决定延期举行听证：

（一）当事人因不可抗拒的事由无法到场的；

（二）当事人临时申请回避的；

（三）其他应当延期的情形。

延期听证，应当在听证笔录中写明情况，由听证主持人签名。

**第九十四条** 听证过程中，有下列情形之一的，应当中止听证：

（一）需要通知新的证人到会、调取新的证据或者证据需要重新检测、检验及技术鉴定的；

（二）当事人提出新的事实、理由和证据，需要由本案调查人员

调查核实的;

(三) 当事人死亡或者终止,尚未确定权利、义务承受人的;

(四) 当事人因不可抗拒的事由,不能继续参加听证的;

(五) 因回避致使听证不能继续进行的;

(六) 其他应当中止听证的情形。

中止听证,应当在听证笔录中写明情况,由听证主持人签名。

**第九十五条** 延期、中止听证的情形消失后,听证主持人应当及时恢复听证,并将听证的时间、地点通知听证参加人。

**第九十六条** 听证过程中,有下列情形之一的,应当终止听证:

(一) 当事人撤回听证申请的;

(二) 当事人或其代理人无正当理由不参加听证或者未经听证主持人允许,中途退出听证的;

(三) 当事人死亡或者终止,没有权利、义务承受人的;

(四) 听证过程中,当事人或其代理人扰乱听证秩序,不听劝阻,致使听证无法正常进行的;

(五) 其他应当终止听证的情形。

听证终止,应当在听证笔录中写明情况,由听证主持人签名。

**第九十七条** 记录员应当将举行听证的全部活动记入《听证笔录》,经听证参加人审核无误或者补正后,由听证参加人当场签名或者盖章。当事人或其代理人、证人拒绝签名或盖章的,由听证主持人在《听证笔录》中注明情况。

《听证笔录》经听证主持人审阅后,由听证主持人和记录员签名。

**第九十八条** 听证结束后,执法部门应当根据听证笔录,依照本规定第七十三条的规定,作出决定。

# 第七章 执 行

## 第一节 罚款的执行

**第九十九条** 执法部门对当事人作出罚款处罚的,当事人应当自收到处罚决定书之日起十五日内,到指定的银行缴纳罚款;具备条件的,也可以通过电子支付系统缴纳罚款。具有下列情形之一的,执法人员可以当场收缴罚款:

（一）依法当场作出行政处罚决定，处一百元以下的罚款或者不当场收缴事后难以执行的；

（二）在边远、水上、交通不便地区，当事人到指定的银行或者通过电子支付系统缴纳罚款确有困难，经当事人提出的。

当场收缴罚款的，应当向当事人出具国务院财政部门或者省、自治区、直辖市人民政府财政部门统一制发的专用票据。

**第一百条** 执法人员当场收缴的罚款，应当自收缴罚款之日起二日内，交至其所属执法部门。在水上当场收缴的罚款，应当自抵岸之日起二日内交至其所属执法部门。执法部门应当在二日内将罚款缴付指定的银行。

**第一百零一条** 当事人确有经济困难，经当事人申请和作出处罚决定的执法部门批准，可以暂缓或者分期缴纳罚款。执法人员应当制作并向当事人送达《分期（延期）缴纳罚款通知书》。

**第一百零二条** 罚款必须全部上缴国库，不得以任何形式截留、私分或者变相私分。

**第一百零三条** 当事人未在规定期限内缴纳罚款的，作出行政处罚决定的执法部门可以依法加处罚款。加处罚款的标准应当告知当事人。

加处罚款的数额不得超出原罚款的数额。

**第一百零四条** 执法部门实施加处罚款超过三十日，经催告当事人仍不履行的，作出行政处罚决定的执法部门应当依法向所在地有管辖权的人民法院申请强制执行。但是，当事人在法定期限内不申请行政复议或者提起行政诉讼，经催告仍不履行行政处罚决定、加处罚款决定的，在实施行政执法过程中已经采取扣押措施的执法部门，可以将扣押的财物依法拍卖抵缴罚款。

**第一百零五条** 依法拍卖财物，由执法部门委托拍卖机构依照《中华人民共和国拍卖法》的规定办理。

拍卖所得的款项应当上缴国库或者划入财政专户。任何单位或者个人不得以任何形式截留、私分或者变相私分。

### 第二节　行政强制执行

**第一百零六条** 执法部门依法作出行政决定后，当事人在执法部门决定的期限内不履行义务的，执法部门可以依法强制执行。

**第一百零七条** 法律规定具有行政强制执行权的执法部门依法作出强制执行决定前,应当制作《催告书》,事先以书面形式催告当事人履行义务。

**第一百零八条** 当事人收到催告书后有权进行陈述和申辩。执法部门应当充分听取并记录、复核。当事人提出的事实、理由或者证据成立的,执法部门应当采纳。

**第一百零九条** 经催告,当事人逾期仍不履行行政决定,且无正当理由的,执法部门可以依法作出强制执行决定,制作《行政强制执行决定书》,并送达当事人。

**第一百一十条** 有下列情形之一的,执法部门应当中止执行,制作《中止行政强制执行通知书》:

(一)当事人履行行政决定确有困难或者暂无履行能力的;

(二)第三人对执行标的主张权利,确有理由的;

(三)执行可能造成难以弥补的损失,且中止执行不损害公共利益的;

(四)执法部门认为需要中止执行的其他情形。

中止执行的情形消失后,执法部门应当恢复执行,制作《恢复行政强制执行通知书》。对没有明显社会危害,当事人确无能力履行,中止执行满三年未恢复执行的,执法部门不再执行。

**第一百一十一条** 有下列情形之一的,执法部门应当终结执行,制作《终结行政强制执行通知书》,并送达当事人:

(一)公民死亡,无遗产可供执行,又无义务承受人的;

(二)法人或者其他组织终止,无财产可供执行,又无义务承受人的;

(三)执行标的灭失的;

(四)据以执行的行政决定被撤销的;

(五)执法部门认为需要终结执行的其他情形。

**第一百一十二条** 在执行中或者执行完毕后,据以执行的行政决定被撤销、变更,或者执行错误的,应当恢复原状或者退还财物;不能恢复原状或者退还财物的,依法给予赔偿。

**第一百一十三条** 实施行政强制执行过程中,执法部门可以在不损害公共利益和他人合法权益的情况下,与当事人达成执行协议。执行协议可以约定分阶段履行;当事人采取补救措施的,可以减免加处的罚款或者滞纳金。

执行协议应当履行。当事人不履行执行协议的，执法部门应当恢复强制执行。

**第一百一十四条** 对违法的建筑物、构筑物、设施等需要强制拆除的，应当由执法部门发布《执行公告》，限期当事人自行拆除。当事人在法定期限内不申请行政复议或者提起行政诉讼，又不拆除的，执法部门可以依法强制拆除。

**第一百一十五条** 执法部门依法作出要求当事人履行排除妨碍、恢复原状等义务的行政决定，当事人逾期不履行，经催告仍不履行，其后果已经或者即将危害交通安全、造成环境污染或者破坏自然资源的，执法部门可以代履行，或者委托没有利害关系的第三人代履行。

**第一百一十六条** 代履行应当遵守下列规定：

（一）代履行前送达《代履行决定书》；

（二）代履行三日前催告当事人履行；当事人履行的，停止代履行；

（三）委托无利害关系的第三人代履行时，作出决定的执法部门应当派员到场监督；

（四）代履行完毕，执法部门到场监督的工作人员、代履行人、当事人或者见证人应当在执行文书上签名或者盖章。

代履行的费用按照成本合理确定，由当事人承担。但是，法律另有规定的除外。

**第一百一十七条** 需要立即清理道路、航道等的遗洒物、障碍物、污染物，当事人不能清除的，执法部门可以决定立即实施代履行；当事人不在场的，执法部门应当在事后立即通知当事人，并依法作出处理。

### 第三节 申请人民法院强制执行

**第一百一十八条** 当事人在法定期限内不申请行政复议或者提起行政诉讼，又不履行行政决定的，没有行政强制执行权的执法部门可以自期限届满之日起三个月内，依法向有管辖权的人民法院申请强制执行。

执法部门批准延期、分期缴纳罚款的，申请人民法院强制执行的期限，自暂缓或者分期缴纳罚款期限结束之日起计算。

强制执行的费用由被执行人承担。

**第一百一十九条** 申请人民法院强制执行前,执法部门应当制作《催告书》,催告当事人履行义务。催告书送达十日后当事人仍未履行义务的,执法部门可以向人民法院申请强制执行。

**第一百二十条** 执法部门向人民法院申请强制执行,应当提供下列材料:

(一)强制执行申请书;
(二)行政决定书及作出决定的事实、理由和依据;
(三)当事人的意见及执法部门催告情况;
(四)申请强制执行标的情况;
(五)法律、行政法规规定的其他材料。

强制执行申请书应当由作出处理决定的执法部门负责人签名,加盖执法部门印章,并注明日期。

**第一百二十一条** 执法部门对人民法院不予受理强制执行申请、不予强制执行的裁定有异议的,可以在十五日内向上一级人民法院申请复议。

## 第八章 案件终结

**第一百二十二条** 有下列情形之一的,执法人员应当制作《结案报告》,经执法部门负责人批准,予以结案:

(一)决定撤销立案的;
(二)作出不予行政处罚决定的;
(三)作出行政处罚等行政处理决定,且已执行完毕的;
(四)案件移送有管辖权的行政机关或者司法机关的;
(五)作出行政处理决定后,因执行标的灭失、被执行人死亡等客观原因导致无法执行或者无需执行的;
(六)其他应予结案的情形。

申请人民法院强制执行,人民法院受理的,按照结案处理。人民法院强制执行完毕后,执法部门应当及时将相关卷材料归档。

**第一百二十三条** 经过调查,有下列情形之一的,经执法部门负责人批准,终止调查:

(一)没有违法事实的;

（二）违法行为已过追究时效的；

（三）其他需要终止调查的情形。

终止调查时，当事人的财物已被采取行政强制措施的，应当立即解除。

## 第九章　涉案财物的管理

**第一百二十四条**　对于依法查封、扣押、抽样取证的财物以及由执法部门负责保管的先行证据登记保存的财物，执法部门应当妥善保管，不得使用、挪用、调换或者损毁。造成损失的，应当承担赔偿责任。

涉案财物的保管费用由作出决定的执法部门承担。

**第一百二十五条**　执法部门可以建立专门的涉案财物保管场所、账户，并指定内设机构或专门人员负责对办案机构的涉案财物集中统一管理。

**第一百二十六条**　执法部门应当建立台账，对涉案财物逐一编号登记，载明案由、来源、保管状态、场所和去向。

**第一百二十七条**　执法人员应当在依法提取涉案财物后的二十四小时内将财物移交涉案财物管理人员，并办理移交手续。对查封、扣押、先行证据登记保存的涉案财物，应当在采取措施后的二十四小时内，将执法文书复印件及涉案财物的情况送交涉案财物管理人员予以登记。

在异地或者偏远、交通不便地区提取涉案财物的，执法人员应当在返回单位后的二十四小时内移交。

对情况紧急，需要在提取涉案财物后的二十四小时内进行鉴定的，经办案机构负责人批准，可以在完成鉴定后的二十四小时内移交。

**第一百二十八条**　容易腐烂变质及其他不易保管的物品，经执法部门负责人批准，在拍照或者录像后依法变卖或者拍卖，变卖或者拍卖的价款暂予保存，待结案后按有关规定处理。

易燃、易爆、毒害性、放射性等危险物品应当存放在符合危险物品存放条件的专门场所。

**第一百二十九条**　当事人下落不明或者无法确定涉案物品所有人的，执法部门按照本规定第十八条第五项规定的公告送达方式告知领取。公告期满仍无人领取的，经执法部门负责人批准，将涉案物品上缴国库或者依法拍卖后将所得款项上缴国库。

# 第十章 附 则

**第一百三十条** 本规定所称以上、以下、以内,包括本数或者本级。

**第一百三十一条** 执法部门应当使用交通运输部统一制定的执法文书式样。交通运输部没有制定式样,执法工作中需要的其他执法文书,或者对已有执法文书式样需要调整细化的,省级交通运输主管部门可以制定式样。

直属海事执法部门的执法文书式样,由交通运输部海事局统一制定。

**第一百三十二条** 本规定自 2019 年 6 月 1 日起施行。交通部于 1996 年 9 月 25 日发布的《交通行政处罚程序规定》(交通部令 1996 年第 7 号)和交通运输部于 2008 年 12 月 30 日发布的《关于印发交通行政执法风纪等 5 个规范的通知》(交体法发〔2008〕562 号)中的《交通行政执法风纪》《交通行政执法用语规范》《交通行政执法检查行为规范》《交通行政处罚行为规范》《交通行政执法文书制作规范》同时废止。

**附件**

### 交通运输行政执法文书式样目录

(1) 立案登记表
(2) 询问笔录
(3) 勘验笔录
(4) 现场笔录
(5) 抽样取证凭证
(6) 证据登记保存清单
(7) 解除证据登记保存决定书
(8) 行政强制措施决定书
(9) 延长行政强制措施期限通知书
(10) 解除行政强制措施决定书
(11) 违法行为通知书

(12) 听证通知书
(13) 听证笔录
(14) 当场行政处罚决定书
(15) 行政处罚决定书
(16) 责令改正违法行为通知书
(17) 分期（延期）缴纳罚款通知书
(18) 执行公告
(19) 催告书
(20) 行政强制执行决定书
(21) 代履行决定书
(22) 中止（终结、恢复）行政强制执行通知书
(23) 送达回证
(24) 结案报告

**交通运输行政执法文书式样之一**

## 立案登记表

案号：

| 案件来源 | ☐1. 在行政检查中发现的；<br>☐2. 个人、法人及其他组织举报经核实的；<br>☐3. 上级机关_____ 交办的；<br>☐4. 下级机关_____ 报请查处的；<br>☐5. 有关部门_____ 移送的；<br>☐6. 其他途径发现的：_____ ||||
|---|---|---|---|---|
| 案由 |||||
| 受案时间 |||||
| 当事人基本情况 | 个人 | 姓名 | | 性别 | | 年龄 | |
| ^ | ^ | 住址 | | 身份证件号 | | 联系电话 | |
| ^ | 单位 | 名称 | | | 法定代表人 | |
| ^ | ^ | 地址 | | | 联系电话 | |
| ^ | ^ | 统一社会信用代码 | | | | |

261

续表

| 案件基本情况 | | | |
|---|---|---|---|
| 立案依据 | | 经办机构负责人意见 | 签名：<br>年 月 日 |
| 负责人审批意见 | | | 签名：<br>年 月 日 |
| 备注 | | | |

**交通运输行政执法文书式样之二**

## 询问笔录

案号：

时间：＿＿＿年＿＿月＿＿日＿＿＿时＿＿分至＿＿时＿＿＿分

第＿＿＿次询问

地点：＿＿＿＿＿＿＿＿＿＿＿＿＿＿＿＿＿＿＿＿＿＿＿＿＿＿＿

询问人：＿＿＿＿＿＿＿＿＿＿＿＿＿＿记录人：＿＿＿＿＿＿＿＿

被询问人：＿＿＿＿＿＿＿＿＿＿＿＿＿与案件关系：＿＿＿＿＿＿

性别：＿＿＿＿＿＿＿＿＿＿＿＿＿＿＿年龄：＿＿＿＿＿＿＿＿＿

身份证件号：＿＿＿＿＿＿＿＿＿＿＿＿联系电话：＿＿＿＿＿＿＿

工作单位及职务：＿＿＿＿＿＿＿＿＿＿＿＿＿＿＿＿＿＿＿＿＿＿

联系地址：＿＿＿＿＿＿＿＿＿＿＿＿＿＿＿＿＿＿＿＿＿＿＿＿＿

我们是＿＿＿＿＿＿＿的执法人员＿＿＿＿＿＿、＿＿＿＿＿＿，这是我们的执法证件，执法证号分别是＿＿＿＿＿＿＿＿＿＿、＿＿＿＿＿＿＿＿＿＿＿＿＿＿＿＿，请你确认。现依法向你询问，请如实回答所问问题。执法人员与你有直接利害关系的，你可以申请回避。

262

问：你是否申请回避？
答：_____
问：_____
_____
答：_____
_____

被询问人签名：　　　　　　　　　询问人签名：
_____　　　　　_____

**交通运输行政执法文书式样之三**
### 勘验笔录
案号：

案由：
勘验时间：____年__月__日__时__分至___日___时___分
勘验场所：_____ 天气情况：_____
勘验人：_____单位及职务：_____执法证号：____
勘验人：_____单位及职务：_____执法证号：____
当事人（当事人代理人）姓名：_____ 性别：___ 年龄：___
身份证件号：_____单位及职务：_____
住址：_____联系电话：_____
被邀请人：_____单位及职务：_____
记录人：_____单位及职务：_____
勘验情况及结果：_____

当事人或其代理人签名：_____　勘验人签名：_____

被邀请人签名：_____

　　　　　　　　　　　　　　　记录人签名：_____

**交通运输行政执法文书式样之四**

## 现场笔录

案号：

| 执法地点 | | | 执法时间 | 年　月　日<br>时　分至　时　分 |
|---|---|---|---|---|
| 执法人员 | | 执法证号 | | 记录人 |

| 现场人员基本情况 | 姓　名 | | 性　别 | |
|---|---|---|---|---|
| | 身份证件号 | | 与案件关系 | |
| | 单位及职务 | | 联系电话 | |
| | 联系地址 | | | |
| | 车（船）号 | | 车（船）型 | |

| 主要内容 | 现场情况：（如实施行政强制措施的，包括当场告知当事人采取行政强制措施的理由、依据以及当事人依法享有的权利、救济途径，听取当事人陈述、申辩情况。） |
|---|---|
| | |
| | □上述笔录我已看过 □或已向我宣读过，情况属实无误。<br>　　　　　　　　　　　　　　　现场人员签名：<br>　　　　　　　　　　　　　　　时间： |

| 备注： |
|---|
| 执法人员签名：　　　　　　　　时间： |

264

**交通运输行政执法文书式样之五**

## 抽样取证凭证

案号：

| 当事人 | 个人 | 姓　名 | | 身份证件号 | |
|---|---|---|---|---|---|
| | | 住　址 | | 联系电话 | |
| | 单位 | 名　称 | | | |
| | | 地　址 | | | |
| | | 联系电话 | | 法定代表人 | |
| | | 统一社会信用代码 | | | |

抽样取证时间：_____年_____月_____日_____时_____分至_____月_____日_____时_____分
抽样地点：_____
抽样取证机关：_____联系电话：_____

依据《中华人民共和国行政处罚法》第五十六条①规定，对你（单位）的下列物品进行抽样取证。

| 序号 | 被抽样物品名称 | 规格及批号 | 数量 | 被抽样物品地点 |
|---|---|---|---|---|
| | | | | |
| | | | | |
| | | | | |
| | | | | |

当事人或其代理人签名：　　　　　执法人员签名：

　　　　　　　　　　　　　　　　交通运输执法部门（印章）
　　　　　　　　　　　　　　　　　年　　　月　　　日

---

① 中华人民共和国行政处罚法 2021 年修订，现为第七十八条。

备注:
(本文书一式两份:一份存根,一份交被抽样取证人或其代理人。)

**交通运输行政执法文书式样之六**

## 证据登记保存清单

案号:

| 当事人 | 个人 | 姓　名 | | 身份证件号 | |
|---|---|---|---|---|---|
| | | 住　址 | | 联系电话 | |
| | 单位 | 名　称 | | | |
| | | 地　址 | | | |
| | | 联系电话 | | 法定代表人 | |
| | | 统一社会信用代码 | | | |

　　因调查_____一案,根据《中华人民共和国行政处罚法》第五十六条的规定,对你(单位)下列物品予以先行登记保存_____日(自_____年_____月_____日至_____年_____月_____日)。在此期间,当事人或有关人员不得销毁或转移证据。

| 序号 | 证据名称 | 规格 | 数量 | 登记保存地点 |
|---|---|---|---|---|
| | | | | |
| | | | | |

当事人或其代理人签名:　　　　　　执法人员签名:
_____

　　　　　　　　　　　　　　　交通运输执法部门(印章)
　　　　　　　　　　　　　　　　年　　月　　日

(本文书一式两份:一份存根,一份交当事人或其代理人。)

**交通运输行政执法文书式样之七**

### 解除证据登记保存决定书

案号：

当事人（个人姓名或单位名称）＿＿＿＿＿＿＿＿＿＿＿＿＿＿：
　　本机关依法于＿＿＿＿＿年＿＿＿＿月＿＿＿＿＿日对你（单位）采取了证据登记保存，《证据登记保存清单》案号为：＿＿＿＿＿＿＿＿＿＿＿＿＿。依照《中华人民共和国行政处罚法》第五十六条的规定，本机关决定自＿＿＿＿＿年＿＿＿＿＿月＿＿＿＿＿日起解除该证据登记保存。


　　　　　　　　　　　　　　　　　　交通运输执法部门（印章）
　　　　　　　　　　　　　　　　　　　　年　　　月　　　日


（本文书一式两份：一份存根，一份交当事人或其代理人。）

**交通运输行政执法文书式样之八**

### 行政强制措施决定书

案号：

| 当事人 | 个人 | 姓　　名 | | 身份证件号 | |
|---|---|---|---|---|---|
| | | 住　　址 | | 联系电话 | |
| | 单位 | 名　　称 | | | |
| | | 地　　址 | | | |
| | | 联系电话 | | 法定代表人 | |
| | | 统一社会信用代码 | | | |

　　＿＿＿＿年＿＿月＿＿日，你（单位）＿＿＿＿＿＿＿＿＿＿＿＿
＿＿＿＿＿＿＿＿＿＿＿＿＿＿＿＿＿＿。依据＿＿＿＿＿＿＿＿＿＿＿
的规定，本机关决定对你（单位）的＿＿＿＿＿＿＿＿＿＿＿＿（财物、设施或场所的名称及数量）实施＿＿＿＿＿＿＿的行政强制措施，期限为＿＿＿年＿＿月＿＿日至＿＿＿＿年＿＿月＿＿日。

如果不服本决定,可以依法在六十日内向_____
_____申请行政复议,或者在六个月内依法向
_____人民法院提起行
政诉讼,但本决定不停止执行,法律另有规定的除外。

          交通运输执法部门(印章)
           年  月  日

  查封、扣押场所、设施、财物清单如下:

| 序号 | 查封、扣押场所、设施、财物名称 | 规　格 | 数　量 | 备　注 |
| --- | --- | --- | --- | --- |
|  |  |  |  |  |
|  |  |  |  |  |
|  |  |  |  |  |
|  |  |  |  |  |
|  |  |  |  |  |

  其他说明:_____

(本文书一式两份:一份存根,一份交当事人或其代理人。)

**交通运输行政执法文书式样之九**

### 延长行政强制措施期限通知书

         案号:
当事人(个人姓名或单位名称)_____:
  因你(单位)_____,
本机关依法于_____年____月____日对你(单位)采取了
_____的行政强制措施,行政强制措施决定
书案号:_____。
现因_____,
依据《中华人民共和国行政强制法》第二十五条的规定,决定延长行

政强制措施期限至_____年_____月_____日。

交通运输执法部门（印章）<br>年　　　月　　　日

（本文书一式两份：一份存根，一份交当事人或其代理人。）

**交通运输行政执法文书式样之十**

**解除行政强制措施决定书**

案号：

当事人（个人姓名或单位名称）_____：
　　因你（单位）_____，本机关依法于_____年_____月_____日对你（单位）采取了_____的行政强制措施，行政强制措施决定书案号：_____。
　　依照《中华人民共和国行政强制法》第二十八条第一款第____项的规定，本机关决定自_____年_____月_____日起解除该行政强制措施。

交通运输执法部门（印章）<br>年　　　月　　　日

退还财物清单如下：

| 序号 | 退还财物名称 | 规　格 | 数　量 | 备　注 |
|---|---|---|---|---|
|  |  |  |  |  |
|  |  |  |  |  |
|  |  |  |  |  |
|  |  |  |  |  |

　　经当事人（代理人）查验，退还的财物与查封、扣押时一致，查封、扣押期间没有使用、丢失和损坏现象。

（本文书一式两份：一份存根，一份交当事人或其代理人。）

**交通运输行政执法文书式样之十一**

违法行为通知书

案号：

当事人（个人姓名或单位名称）_____：

　　经调查，本机关认为你（单位）_____行为，违反了_____的规定，依据_____的规定，本机关拟作出_____处罚决定。

　　□根据《中华人民共和国行政处罚法》第四十四条、第四十五条的规定，你（单位）如对该处罚意见有异议，可向本机关提出陈述申辩，本机关将依法予以核实。

　　□根据《中华人民共和国行政处罚法》第六十三条、第六十四条的规定，你（单位）有权在收到本通知书之日起五日内向本机关要求举行听证；逾期不要求举行听证的，视为你（单位）放弃听证的权利。

（注：在序号前□内打"√"的为当事人享有该权利。）

联系地址：_____邮编：_____
联系人：_____联系电话：_____

交通运输执法部门（印章）<br>年　　月　　日

（本文书一式两份：一份存根，一份交当事人或其代理人。）

**交通运输行政执法文书式样之十二**

听证通知书

案号：

当事人（个人姓名或单位名称）_____：

　　根据你（单位）申请，关于_____一案，现定于____年___月___日_____时在_____（公开、不公开）举行听证会议,请准_____时出席。
听证主持人姓名:_____职务:_____
听证员姓名:_____职务:_____
记录员姓名:_____职务:_____

根据《中华人民共和国行政处罚法》第六十四条规定,你(单位)可以申请听证主持人、听证员、记录员回避。

注意事项如下:

1. 请事先准备相关证据,通知证人和委托代理人准时参加。
2. 委托代理人参加听证的,应当在听证会前向本机关提交授权委托书等有关证明。
3. 申请延期举行的,应当在举行听证会前向本行政机关提出,由本机关决定是否延期。
4. 当事人及其代理人无正当理由拒不出席听证或者未经许可中途退出听证的,视为放弃听证权利。

特此通知。

联系地址:_____邮编:_____
联系人:_____联系电话:_____

交通运输执法部门(印章)<br>
年　　　月　　　日

(本文书一式两份:一份存根,一份交当事人或其代理人。)

## 交通运输行政执法文书式样之十三

### 听证笔录

### 案号:

案件名称:_____
主持听证机关:_____
听证地点:_____
听证时间:_____年_____月_____日_____时_____分至
　　　　　_____年_____月_____日_____时_____分
主持人:_____听证员:_____

记录员：_____
执法人员：_____ 执法证号：_____
　　　　　_____ 执法证号：_____
当事人：_____ 法定代表人：_____
联系电话：_____
委托代理人：_____ 性别：_____ 年龄：_____
工作单位及职务：_____
第三人：_____ 性别：_____ 年龄：_____
工作单位及职务：_____
其他参与人员：_____ 性别：_____ 年龄：_____
工作单位及职务：_____
听证记录：_____
_____
_____
_____
_____
_____
_____

当事人或其代理人签名：　　　主持人及听证员签名：_____

_____　　　记录员签名：_____

其他听证参加人签名：

_____

272

**交通运输行政执法文书式样之十四**

## 当场行政处罚决定书

案号：

<table>
<tr><td rowspan="5">当事人</td><td rowspan="2">个人</td><td>姓　　名</td><td></td><td>身份证件号</td><td></td></tr>
<tr><td>住　　址</td><td></td><td>联系电话</td><td></td></tr>
<tr><td rowspan="4">单位</td><td>名　　称</td><td colspan="3"></td></tr>
<tr><td>地　　址</td><td colspan="3"></td></tr>
<tr><td>联系电话</td><td></td><td>法定代表人</td><td></td></tr>
<tr><td>统一社会信用代码</td><td colspan="3"></td></tr>
</table>

违法事实及证据：_____
_____
_____

　　你（单位）的行为违反了_____的规定，依据_____
_____的规定，决定给予_____的行政处罚。

　　罚款的履行方式和期限（见打√处）：

□当场缴纳。

□自收到本决定书之日起十五日内缴至_____，账号
_____，到期不缴纳罚款的，本机关可以每日按罚款数额的百分之三加处罚款，加处罚款的数额不超过罚款本数。

　　如果不服本处罚决定，可以在六十日内依法向_____申请行政复议，或者在六个月内依法向_____人民法院提起行政诉讼，但本决定不停止执行，法律另有规定的除外。逾期不申请行政复议、不提起行政诉讼又不履行的，本机关将依法申请人民法院强制执行。

　　处罚前已口头告知当事人拟作出处罚的事实、理由和依据，并告知当事人依法享有的陈述权和申辩权。

当场行政处罚地点：_____

当事人或其代理人签名：　　　　　　执法人员签名：

　　　　　　　　　　　　　　　　　　　、

273

　　　　　　　　　　交通运输执法部门（印章）
　　　　　　　　　　　　年　　月　　日

（本文书一式两份：一份存根，一份交当事人或其代理人。）

**交通运输行政执法文书式样之十五**

### 行政处罚决定书

　　　　　　　　　　案号：

| 当事人 | 个人 | 姓　名 | | 身份证件号 | |
|---|---|---|---|---|---|
| | | 住　址 | | 联系电话 | |
| | 单位 | 名　称 | | | |
| | | 地　址 | | | |
| | | 联系电话 | | 法定代表人 | |
| | | 统一社会信用代码 | | | |

违法事实及证据：_____
_____
_____
_____

　　你（单位）的行为违反了_____的规定，依据_____的规定，决定给予_____的行政处罚。

　　处以罚款的，自收到本决定书之日起十五日内缴至_____，账号_____，到期不缴纳罚款的，本机关可以每日按罚款数额的百分之三加处罚款，加处罚款的数额不超过罚款本数。

　　其他执行方式和期限：_____
_____。

　　如果不服本处罚决定，可以在六十日内依法向_____申请行政复议，或者在六个月内依法向_____人民法院提起行政诉讼，但本决定不停止执行，法律另有规定的除外。逾期不申请行政复议、不提起行政诉讼又不履行的，本机关将依法申

274

请人民法院强制执行。

交通运输执法部门（印章）<br>
年　　月　　日

（本文书一式两份：一份存根，一份交当事人或其代理人。）

**交通运输行政执法文书式样之十六**

### 责令改正违法行为通知书

案号：

当事人（个人姓名或单位名称）＿＿＿＿＿＿＿＿＿＿＿＿＿：

　　经调查，你（单位）存在下列违法事实：
＿＿＿＿＿＿＿＿＿＿＿＿＿＿＿＿＿＿＿＿＿＿＿＿＿＿＿＿
＿＿＿＿＿＿＿＿＿＿＿＿＿＿＿＿＿＿＿＿＿＿＿＿＿＿＿＿。
　　根据＿＿＿＿＿＿＿＿＿＿＿＿＿＿的规定，现责令你（单位）
□立即予以改正。
□在＿＿＿＿年＿＿＿＿月＿＿＿＿日前改正或者整改完毕。
　　如果不服本决定，可以在六十日内依法向＿＿＿＿＿＿＿＿＿＿＿＿＿＿＿申请行政复议，或者在六个月内依法向＿＿＿＿＿＿＿＿＿＿＿＿＿＿＿人民法院提起行政诉讼。

当事人或其代理人签名：　　　　　　　　　　　　　　执法人员签名：
＿＿＿＿＿＿＿＿＿＿＿＿＿

　　　　　　　　　　　　　　＿＿＿＿＿＿＿＿＿＿＿＿＿

交通运输执法部门（印章）<br>
年　　月　　日

（本文书一式两份：一份存根，一份交当事人或其代理人。）

**交通运输行政执法文书式样之十七**

## 分期（延期）缴纳罚款通知书

案号：

当事人（个人姓名或单位名称）＿＿＿＿＿＿＿＿＿＿＿＿：
＿＿＿＿＿＿年＿＿＿＿月＿＿＿＿＿日，本机关对你（单位）送达了＿＿＿＿＿＿＿＿＿＿（案号）
《行政处罚决定书》，作出了对你（单位）罚款＿＿＿＿＿＿＿＿＿＿＿＿＿＿＿＿＿＿＿＿＿（大写）的行政处罚决定，根据你（单位）的申请，本机关依据《中华人民共和国行政处罚法》第六十六条的规定，现决定：

□同意你（单位）延期缴纳罚款。延长至＿＿＿＿＿年＿＿＿＿＿月＿＿＿＿＿日。

□同意你（单位）分期缴纳罚款。第＿＿＿＿＿期至＿＿＿＿＿年＿＿＿＿月＿＿＿＿＿日前，缴纳罚款＿＿＿＿＿＿＿元（大写）（每期均应当单独开具本文书）。此外，尚有未缴纳的罚款＿＿＿＿＿元（大写）。

□由于＿＿＿＿＿＿＿＿＿＿＿＿＿＿＿＿＿＿，因此，本机关认为你的申请不符合《中华人民共和国行政处罚法》第六十六条的规定，不同意你（单位）分期（延期）缴纳罚款。

代收机构以本通知书为据，办理收款手续。

交通运输执法部门（印章）
年　　　月　　　日

（本文书一式两份：一份存根，一份交当事人或其代理人。）

**交通运输行政执法文书式样之十八**

## 执行公告

案号：

＿＿＿＿＿一案，本机关于＿＿＿＿＿＿年＿＿＿＿＿月＿＿＿＿＿日依法作出了＿＿＿＿＿＿＿＿＿＿的决定，决定书案号为＿＿＿＿＿＿＿＿＿＿＿＿＿＿＿＿。

依据《中华人民共和国行政强制法》第四十四条的规定，现责令

当事人＿＿＿＿＿＿＿＿＿＿＿＿＿＿＿＿＿＿＿＿＿
＿＿＿＿＿＿＿＿＿＿＿＿＿＿＿＿＿＿＿＿＿立即停止违法行为并于＿＿＿＿＿＿年＿＿＿＿＿＿月＿＿＿＿＿＿日＿＿＿＿＿＿时前自行拆除违法的建筑物、构筑物、设施等。当事人在法定期限内不申请行政复议或者提起行政诉讼，又不拆除的，本机关将依法强制拆除。

特此公告。

              交通运输执法部门（印章）
                年    月    日

## 交通运输行政执法文书式样之十九

### 催告书

              案号：

当事人（个人姓名或单位名称）＿＿＿＿＿＿＿＿＿＿＿＿＿＿＿＿：

  因你（单位）＿＿＿，本机关于＿＿＿＿＿＿年＿＿＿＿＿＿月＿＿＿＿＿＿日作出了

＿＿＿＿＿＿的决定，决定书案号为＿＿＿＿＿＿＿＿＿＿＿＿＿＿＿＿。你（单位）逾期未履行义务，根据《中华人民共和国行政强制法》第三十五条和第五十四条的规定，现就有关事项催告如下，请你（单位）按要求履行：

1. 履行标的：＿＿＿＿＿＿＿＿＿＿＿＿＿＿＿＿＿＿＿＿＿＿＿
2. 履行期限：＿＿＿＿＿＿＿＿＿＿＿＿＿＿＿＿＿＿＿＿＿＿＿
3. 履行方式：＿＿＿＿＿＿＿＿＿＿＿＿＿＿＿＿＿＿＿＿＿＿＿
4. 履行要求：＿＿＿＿＿＿＿＿＿＿＿＿＿＿＿＿＿＿＿＿＿＿＿
5. 其他事项：＿＿＿＿＿＿＿＿＿＿＿＿＿＿＿＿＿＿＿＿＿＿＿

你（单位）逾期仍不履行的，本机关将依法采取以下措施：

☐1. 到期不缴纳罚款的，每日按罚款数额的百分之三加处罚款。
☐2. 根据法律规定，将查封、扣押的财物拍卖抵缴罚款。
☐3. 申请人民法院强制执行。
☐4. 依法代履行或者委托第三人：＿＿＿＿＿＿＿＿＿＿＿代履行。
☐5. 其他强制执行方式：＿＿＿＿＿＿＿＿＿＿＿＿＿＿＿＿＿＿。

你（单位）可向本机关进行陈述或申辩，本机关将依法核实。

　　　　　　　　　　　　　交通运输执法部门（印章）
　　　　　　　　　　　　　　　年　　月　　日

（本文书一式两份：一份存根，一份交当事人或其代理人。）

**交通运输行政执法文书式样之二十**

<h3 style="text-align:center">行政强制执行决定书</h3>

案号：

| 当事人 | 个人 | 姓　名 | | 身份证件号 | |
|---|---|---|---|---|---|
| | | 住　址 | | 联系电话 | |
| | 单位 | 名　称 | | | |
| | | 地　址 | | | |
| | | 联系电话 | | 法定代表人 | |
| | | 统一社会信用代码 | | | |

　　因你（单位）逾期未履行本机关于_____年___月___日作出的_____决定，决定书案号为_____。经本机关催告后，你（单位）在规定期限内仍未履行行政决定。依据_____的规定，本机关将立即于_____年_____月_____日强制执行：_____（强制执行方式）。

　　如不服本决定，可以在收到本决定书之日起六十日内向_____申请行政复议或者在六个月内依法向_____人民法院提起行政诉讼。

　　　　　　　　　　　　　交通运输执法部门（印章）
　　　　　　　　　　　　　　　年　　月　　日

（文书一式两份：一份存根，一份交当事人或其代理人。）

**交通运输行政执法文书式样之二十一**

## 代履行决定书

案号：

| 当事人 | 个人 | 姓　　名 | | 身份证件号 | |
|---|---|---|---|---|---|
| | | 住　　址 | | 联系电话 | |
| | 单位 | 名　　称 | | | |
| | | 地　　址 | | | |
| | | 联系电话 | | 法定代表人 | |
| | | 统一社会信用代码 | | | |

因你（单位）_____，
　　□1. 本机关于_____年_____月_____日作出了__决定，决定书案号为_____。经本机关催告后仍不履行，因其后果已经或者将危害交通安全、造成环境污染或者破坏自然资源。依据《中华人民共和国行政强制法》第五十条以及___的规定。
　　□2. 需要立即清除道路、河道、航道或者公共场所的遗洒物、障碍物或者污染物，因你（单位）不能清除，依据《中华人民共和国行政强制法》第五十二条以及_____的规定。
　　本机关依法作出代履行决定如下：
　　1. 代履行人：□本机关　　□第三人：_____
　　2. 代履行标的：_____
　　3. 代履行时间和方式：_____
　　4. 代履行费用（预算）：_____
请你（单位）在收到本决定书后_____日内预付代履行预算费用（开户行：_____账号：_____）。代履行费用据实算后，多退少补。
　　如不服本决定，可以在收到本决定书之日起六十日内向_____申请行政复议或者在六个月内依法向_____人民法院提起行政诉讼。

　　　　　　　　　　　　　　　交通运输执法部门（印章）
　　　　　　　　　　　　　　　　年　　　月　　　日

（本文书一式两份：一份存根，一份交当事人或其代理人。）

**交通运输行政执法文书式样之二十二**

### 中止（终结、恢复）行政强制执行通知书

案号：

当事人（个人姓名或单位名称）_____：
_____一案，本机关于_____
年_____月_____日依法作出了行政强制执行决定，并向你（单位）送达了《行政强制执行决定书》（案号：_____）。

□1. 现因_____，根据《中华人民共和国行政强制法》第三十九条第一款的规定，本机关决定自_____年_____月_____日起中止该行政强制执行。中止执行的情形消失后，本机关将恢复执行。

□2. 现因_____，根据《中华人民共和国行政强制法》第四十条的规定，本机关决定终结执行。

□3. 你（单位）_____一案，本机关于_____年_____月_____日决定中止执行，现中止执行的情形已消失，根据《中华人民共和国行政强制法》第三十九第二款的规定，决定从即日恢复强制执行。

□4. 本机关于_____年_____月_____日与你（单位）达成执行协议，因你（单位）不履行执行协议，根据《中华人民共和国行政强制法》第四十二条第二款的规定，决定从即日恢复强制执行。

特此通知。

交通运输执法部门（印章）
年    月    日

（本文书一式两份：一份存根，一份交当事人或其代理人。）

**交通运输行政执法文书样式之二十三**

## 送达回证

案号：

案由：_____

| 送达单位 | |
|---|---|
| 受送达人 | |
| 代收人 | |

| 送达文书名称、文号 | 收件人签名（盖章） | 送达地点 | 送达日期 | 送达方式 | 送达人 |
|---|---|---|---|---|---|
| | | | | | |
| | | | | | |
| | | | | | |
| | | | | | |
| | | | | | |
| | | | | | |
| | | | | | |

交通运输执法部门（印章）
年　　月　　日

备注：

**交通运输行政执法文书式样之二十四**

## 结案报告

案号：

案由：

| 当事人基本情况 | 个人 | | 年龄 | | 性别 | |
|---|---|---|---|---|---|---|
| | 所在单位 | | 联系地址 | | | |
| | 联系电话 | | 邮编 | | | |
| | 单 位 | | 地址 | | | |
| | 法定代表人 | | 职务 | | | |

| 处理结果 | |
|---|---|
| 执行情况 | |
| 经办机构负责人意见 | 签名：<br>　　年 月 日 |
| 负责人审批意见 | 签名：<br>　　年 月 日 |

# 交通运输行政执法评议考核规定

- 2010 年 7 月 27 日交通运输部令第 2 号公布
- 自 2010 年 10 月 1 日起施行

## 第一章 总 则

**第一条** 为了加强交通运输行政执法监督，落实执法责任，提高执法水平，规范交通运输行政执法评议考核工作，根据国务院《全面推进依法行政实施纲要》和国务院办公厅《关于推行行政执法责任制的若干意见》，制定本规定。

**第二条** 交通运输行政执法评议考核是指上级交通运输主管部门对下级交通运输主管部门、部直属系统上级管理机构对下级管理机构、各级交通运输主管部门对所属行政执法机构和行政执法人员行使行政执法职权、履行法定义务的情况进行评议考核。

**第三条** 交通运输部主管和指导全国执法评议考核工作。

地方各级交通运输主管部门在各自的职责范围内负责管理和组织本辖区的执法评议考核工作。

各级交通运输主管部门的法制工作机构负责具体组织实施本辖区的执法评议考核工作。

**第四条** 执法评议考核应当遵守严格依法、公开公正、有错必纠、奖罚分明的原则。

## 第二章 执法评议考核的内容与标准

**第五条** 执法评议考核的主要内容包括：

（一）在行政处罚过程中的执法情况；

（二）在行政强制过程中的执法情况；

（三）办理行政许可的情况；

（四）办理行政复议、行政诉讼、国家赔偿以及控告申诉案件的

情况;

(五) 开展执法监督和执法责任追究工作的情况。

**第六条** 执法评议考核的基本标准:

(一) 行政执法主体合法;

(二) 行政执法内容符合执法权限,适用执法依据适当;

(三) 行政执法行为公正、文明、规范;

(四) 行政执法决定的内容合法、适当;

(五) 行政执法程序合法、规范;

(六) 法律文书规范、完备;

(七) 依法制定有关行政执法工作的规范性文件,文件内容不与国家法律、行政法规、规章及上级规范性文件相抵触;

(八) 在登记、统计、上报各类执法情况的工作中,实事求是,严格遵守有关规定,无弄虚作假、隐瞒不报的情形。

**第七条** 行政处罚和行政强制工作应当达到以下标准:

(一) 行政执法主体合法,符合管辖规定;

(二) 行政执法符合执法权限,无越权处罚情形;

(三) 案件事实清楚,证据确实充分;

(四) 调查取证合法、及时、客观、全面,无篡改、伪造、隐瞒、毁灭证据以及因故意或者严重过失导致证据无法取得等情形;

(五) 定性及适用法规准确,处理适当;

(六) 行政执法程序合法;

(七) 对依法暂扣、罚没的财务妥善保管、依法处置,无截留、坐支、私分、挪用或者以其他方式侵吞等情形;

(八) 依法履行告知的义务,保障行政管理相对人的陈述、申辩和要求听证的权利;

(九) 法律文书规范、完备。

**第八条** 行政许可工作应当达到以下标准:

(一) 行政许可的实施主体合法,具有相应的行政许可权;

(二) 行政许可的实施主体已经按照有关规定,将行政许可事项、依据、条件以及受理要求等相关内容予以公示;

(三) 依法履行告知的义务,保障行政许可申请人和利害关系人要求听证的权利;

(四) 行政许可的受理、审查、决定和听证程序合法;

（五）法律文书规范、完备。

第九条 办理行政复议、行政诉讼、国家赔偿以及控告申诉案件应当达到以下标准：

（一）依法办理行政复议案件，无符合法定受理条件不依法受理、不依法作出复议决定或者复议决定被人民法院依法撤销等情形；

（二）对行政诉讼案件依法应诉，无拒不出庭、不提出诉讼证据和答辩意见等情形；

（三）依法进行国家赔偿，对违法行为无拖延确认、不予确认或不依法理赔等情形；

（四）依法、及时处理控告申诉，无推诿、拖延、敷衍等情形。

第十条 开展执法监督和执法责任追究工作应当达到以下标准：

（一）严格执行上级交通运输行政主管部门的监督决定和命令，无拒不执行、拖延执行等情形；

（二）对已经发现的错误案件及时纠正，无故意隐瞒、拒不纠正的情形；

（三）依法及时追究有关责任人的过错责任，无应当追究而不追究或者降格追究的情形。

## 第三章 执法评议考核的组织与实施

第十一条 交通运输部负责组织开展全国交通运输系统的执法评议考核工作。

部海事局、长江航务管理局应当组织开展对本系统的执法评议考核工作。

地方各级交通运输主管部门应当对下级交通运输主管部门及其所属执法机构的执法情况按照本规定开展日常执法评议考核和年度执法评议考核工作，并将年度执法评议考核结果报送上一级交通运输主管部门。

第十二条 交通运输部对省级交通运输主管部门执法评议考核结果予以通报。

部海事局、长江航务管理局对本系统执法评议考核结果予以通报。

省级交通运输主管部门应当将年度执法评议考核结果在本辖区内

予以通报。

**第十三条** 开展年度执法评议考核工作可以成立以本级交通运输主管部门相关负责人任组长,交通运输有关部门或者机构参加的考核领导小组。考核小组的日常工作可以由各级交通运输主管部门法制工作机构负责具体实施。

**第十四条** 执法评议考核实行百分制,根据考核的内容范围确定各项考核内容所占分数。省级交通运输主管部门、部直属系统应结合本地、本系统实际情况确定统一的考核项目和评分标准。

执法评议考核结果以年度计分为准,分为优秀、达标、不达标三档。

**第十五条** 行政执法机构具有下列情形之一的,该年度执法评议考核结果应当确定为不达标:

(一)违法执法导致行政相对人伤亡或者引发群体性事件,造成恶劣社会影响的;

(二)违法执法拒不纠正导致行政相对人长期赴京、到省上访的;

(三)违法执法导致媒体集中报道引起社会公众广泛关注、造成较为严重负面影响的;

(四)对上级指出的严重违法问题未予改正的;

(五)弄虚作假、对已生效的执法文书等执法卷宗材料进行事后加工、修改、完善的;

(六)拒绝接受或者不积极配合执法评议考核的。

**第十六条** 执法评议考核应当将内部评议与外部评议相结合。

内部执法评议考核的主要方法包括:

(一)审阅有关报告材料、听取情况汇报;

(二)组织现场检查或者暗访活动;

(三)评查执法案卷,调阅相关文件、资料;

(四)进行专项工作检查或者专案调查;

(五)对行政执法人员进行法律水平测试。

外部执法评议考核的主要方法包括:

(一)召开座谈会;

(二)发放执法评议卡;

(三)设立公众意见箱;

(四)开通执法评议专线电话;

（五）聘请监督评议员；
（六）发放问卷调查表；
（七）举行民意测验。

**第十七条** 有下列情形之一的，应当在执法评议考核结果中适当加分：

（一）在重大社会事件中行使行政执法职权或者履行法定义务及时、适当，在本地区或者本系统反响良好的；

（二）落实行政执法责任制工作扎实，总结典型经验，被上级主管部门推广的。

**第十八条** 对违法执法自查自纠，并依法追究执法过错责任的，可以减少扣分。

**第十九条** 上级交通运输主管部门可以对下级交通运输主管部门的执法评议考核结果进行复核。

**第二十条** 对执法评议考核结果有异议的，相关单位可以自结果通报之日起15日内向负责执法评议考核的交通运输主管部门提出书面申诉。负责执法评议考核的交通运输主管部门根据情况可以重新组织人员复查，并将复查结果书面通知申诉单位。

**第二十一条** 各级交通运输主管部门应当建立行政执法评议考核档案，如实记录日常执法评议考核情况，作为年度执法评议考核的重要依据。

**第二十二条** 各级地方交通运输主管部门要建立执法反馈制度，适时邀请执法相对人开展执法反馈工作，改进执法工作，提高行政执法水平。

## 第四章 奖 惩

**第二十三条** 执法评议考核结果是衡量交通运输主管部门及其所属执法机构工作实绩的重要指标。对考核结果为优秀的单位要予以通报表彰；连续三年被评为优秀的，对单位及主要领导给予嘉奖。

凡申报交通运输系统全国性荣誉的，执法评议考核结果应当为优秀。

**第二十四条** 对执法评议考核结果不达标的单位，应当予以通报批评，责令限期整改，并取消其当年评优受奖资格。

**第二十五条** 在执法评议考核过程中,发现已办结的案件或者执法活动确有错误或不适当的,应当依法及时纠正。需要追究有关领导或者直接责任人员执法责任的,依照相关规定予以追究。

**第二十六条** 上级交通运输主管部门应当根据执法评议考核结果及执法工作需要,向执法考核中未达标的执法机构派出执法督导组进行有针对性的执法指导,与基层执法机构共同执法,发现问题,及时纠正。

## 第五章 附 则

**第二十七条** 本办法自 2010 年 10 月 1 日施行。

# 交通运输突发事件应急管理规定

· 2011 年 11 月 14 日交通运输部令 2011 年第 9 号公布
· 自 2012 年 1 月 1 日起施行

## 第一章 总 则

**第一条** 为规范交通运输突发事件应对活动,控制、减轻和消除突发事件引起的危害,根据《中华人民共和国突发事件应对法》和有关法律、行政法规,制定本规定。

**第二条** 交通运输突发事件的应急准备、监测与预警、应急处置、终止与善后等活动,适用本规定。

本规定所称交通运输突发事件,是指突然发生,造成或者可能造成交通运输设施毁损,交通运输中断、阻塞,重大船舶污染及海上溢油应急处置等,需要采取应急处置措施,疏散或者救援人员,提供应急运输保障的自然灾害、事故灾难、公共卫生事件和社会安全事件。

**第三条** 国务院交通运输主管部门主管全国交通运输突发事件应急管理工作。

县级以上各级交通运输主管部门按照职责分工负责本辖区内交通运输突发事件应急管理工作。

**第四条** 交通运输突发事件应对活动应当遵循属地管理原则，在各级地方人民政府的统一领导下，建立分级负责、分类管理、协调联动的交通运输应急管理体制。

**第五条** 县级以上各级交通运输主管部门应当会同有关部门建立应急联动协作机制，共同加强交通运输突发事件应急管理工作。

## 第二章 应急准备

**第六条** 国务院交通运输主管部门负责编制并发布国家交通运输应急保障体系建设规划，统筹规划、建设国家级交通运输突发事件应急队伍、应急装备和应急物资保障基地，储备应急运力，相关内容纳入国家应急保障体系规划。

各省、自治区、直辖市交通运输主管部门负责编制并发布地方交通运输应急保障体系建设规划，统筹规划、建设本辖区应急队伍、应急装备和应急物资保障基地，储备应急运力，相关内容纳入地方应急保障体系规划。

**第七条** 国务院交通运输主管部门应当根据国家突发事件总体应急预案和相关专项应急预案，制定交通运输突发事件部门应急预案。

县级以上各级交通运输主管部门应当根据本地方人民政府和上级交通运输主管部门制定的相关突发事件应急预案，制定本部门交通运输突发事件应急预案。

交通运输企业应当按照所在地交通运输主管部门制定的交通运输突发事件应急预案，制定本单位交通运输突发事件应急预案。

**第八条** 应急预案应当根据有关法律、法规的规定，针对交通运输突发事件的性质、特点、社会危害程度以及可能需要提供的交通运输应急保障措施，明确应急管理的组织指挥体系与职责、监测与预警、处置程序、应急保障措施、恢复与重建、培训与演练等具体内容。

**第九条** 应急预案的制定、修订程序应当符合国家相关规定。应急预案涉及其他相关部门职能的，在制定过程中应当征求各相关部门的意见。

**第十条** 交通运输主管部门制定的应急预案应当与本级人民政府及上级交通运输主管部门制定的相关应急预案衔接一致。

**第十一条** 交通运输主管部门制定的应急预案应当报上级交通运输主管部门和本级人民政府备案。

公共交通工具、重点港口和场站的经营单位以及储运易燃易爆物品、危险化学品、放射性物品等危险物品的交通运输企业所制定的应急预案,应当向所属地交通运输主管部门备案。

**第十二条** 应急预案应当根据实际需要、情势变化和演练验证,适时修订。

**第十三条** 交通运输主管部门、交通运输企业应当按照有关规划和应急预案的要求,根据应急工作的实际需要,建立健全应急装备和应急物资储备、维护、管理和调拨制度,储备必需的应急物资和运力,配备必要的专用应急指挥交通工具和应急通信装备,并确保应急物资装备处于正常使用状态。

**第十四条** 交通运输主管部门可以根据交通运输突发事件应急处置的实际需要,统筹规划、建设交通运输专业应急队伍。

交通运输企业应当根据实际需要,建立由本单位职工组成的专职或者兼职应急队伍。

**第十五条** 交通运输主管部门应当加强应急队伍应急能力和人员素质建设,加强专业应急队伍与非专业应急队伍的合作、联合培训及演练,提高协同应急能力。

交通运输主管部门可以根据应急处置的需要,与其他应急力量提供单位建立必要的应急合作关系。

**第十六条** 交通运输主管部门应当将本辖区内应急装备、应急物资、运力储备和应急队伍的实时情况及时报上级交通运输主管部门和本级人民政府备案。

交通运输企业应当将本单位应急装备、应急物资、运力储备和应急队伍的实时情况及时报所在地交通运输主管部门备案。

**第十七条** 所有列入应急队伍的交通运输应急人员,其所属单位应当为其购买人身意外伤害保险,配备必要的防护装备和器材,减少应急人员的人身风险。

**第十八条** 交通运输主管部门可以根据应急处置实际需要鼓励志愿者参与交通运输突发事件应对活动。

**第十九条** 交通运输主管部门可以建立专家咨询制度,聘请专家或者专业机构,为交通运输突发事件应对活动提供相关意见和支持。

**第二十条** 交通运输主管部门应当建立健全交通运输突发事件应急培训制度,并结合交通运输的实际情况和需要,组织开展交通运输应急知识的宣传普及活动。

交通运输企业应当按照交通运输主管部门制定的应急预案的有关要求,制订年度应急培训计划,组织开展应急培训工作。

**第二十一条** 交通运输主管部门、交通运输企业应当根据本地区、本单位交通运输突发事件的类型和特点,制订应急演练计划,定期组织开展交通运输突发事件应急演练。

**第二十二条** 交通运输主管部门应当鼓励、扶持研究开发用于交通运输突发事件预防、监测、预警、应急处置和救援的新技术、新设备和新工具。

**第二十三条** 交通运输主管部门应当根据本级人民政府财政预算情况,编列应急资金年度预算,设立突发事件应急工作专项资金。

交通运输企业应当安排应急专项经费,保障交通运输突发事件应急工作的需要。

应急专项资金和经费主要用于应急预案编制及修订、应急培训演练、应急装备和队伍建设、日常应急管理、应急宣传以及应急处置措施等。

## 第三章 监测与预警

**第二十四条** 交通运输主管部门应当建立并完善交通运输突发事件信息管理制度,及时收集、统计、分析、报告交通运输突发事件信息。

交通运输主管部门应当与各有关部门建立信息共享机制,及时获取与交通运输有关的突发事件信息。

**第二十五条** 交通运输主管部门应当建立交通运输突发事件风险评估机制,对影响或者可能影响交通运输的相关信息及时进行汇总分析,必要时同相关部门进行会商,评估突发事件发生的可能性及可能造成的损害,研究确定应对措施,制定应对方案。对可能发生重大或者特别重大突发事件的,应当立即向本级人民政府及上一级交通运输主管部门报告相关信息。

**第二十六条** 交通运输主管部门负责本辖区内交通运输突发事件

危险源管理工作。对危险源、危险区域进行调查、登记、风险评估、组织检查、监控,并责令有关单位采取安全防范措施。

交通运输企业应当组织开展企业内交通运输突发事件危险源辨识、评估工作,采取相应安全防范措施,加强危险源监控与管理,并按规定及时向交通运输主管部门报告。

**第二十七条** 交通运输主管部门应当根据自然灾害、事故灾难、公共卫生事件和社会安全事件的种类和特点,建立健全交通运输突发事件基础信息数据库,配备必要的监测设备、设施和人员,对突发事件易发区域加强监测。

**第二十八条** 交通运输主管部门应当建立交通运输突发事件应急指挥通信系统。

**第二十九条** 交通运输主管部门、交通运输企业应当建立应急值班制度,根据交通运输突发事件的种类、特点和实际需要,配备必要值班设施和人员。

**第三十条** 县级以上地方人民政府宣布进入预警期后,交通运输主管部门应当根据预警级别和可能发生的交通运输突发事件的特点,采取下列措施:

(一)启动相应的交通运输突发事件应急预案;

(二)根据需要启动应急协作机制,加强与相关部门的协调沟通;

(三)按照所属地方人民政府和上级交通运输主管部门的要求,指导交通运输企业采取相关预防措施;

(四)加强对突发事件发生、发展情况的跟踪监测,加强值班和信息报告;

(五)按照地方人民政府的授权,发布相关信息,宣传避免、减轻危害的常识,提出采取特定措施避免或者减轻危害的建议、劝告;

(六)组织应急救援队伍和相关人员进入待命状态,调集应急处置所需的运力和装备,检测用于疏运转移的交通运输工具和应急通信设备,确保其处于良好状态;

(七)加强对交通运输枢纽、重点通航建筑物、重点场站、重点港口、码头、重点运输线路及航道的巡查维护;

(八)法律、法规或者所属地方人民政府提出的其他应急措施。

**第三十一条** 交通运输主管部门应当根据事态发展以及所属地方人民政府的决定,相应调整或者停止所采取的措施。

## 第四章 应急处置

**第三十二条** 交通运输突发事件的应急处置应当在各级人民政府的统一领导下进行。

**第三十三条** 交通运输突发事件发生后,发生地交通运输主管部门应当立即启动相应的应急预案,在本级人民政府的领导下,组织、部署交通运输突发事件的应急处置工作。

**第三十四条** 交通运输突发事件发生后,负责或者参与应急处置的交通运输主管部门应当根据有关规定和实际需要,采取以下措施:

(一)组织运力疏散、撤离受困人员,组织搜救突发事件中的遇险人员,组织应急物资运输;

(二)调集人员、物资、设备、工具,对受损的交通基础设施进行抢修、抢通或搭建临时性设施;

(三)对危险源和危险区域进行控制,设立警示标志;

(四)采取必要措施,防止次生、衍生灾害发生;

(五)必要时请求本级人民政府和上级交通运输主管部门协调有关部门,启动联合机制,开展联合应急行动;

(六)按照应急预案规定的程序报告突发事件信息以及应急处置的进展情况;

(七)建立新闻发言人制度,按照本级人民政府的委托或者授权及相关规定,统一、及时、准确的向社会和媒体发布应急处置信息;

(八)其他有利于控制、减轻和消除危害的必要措施。

**第三十五条** 交通运输突发事件超出本级交通运输主管部门处置能力或管辖范围的,交通运输主管部门可以采取以下措施:

(一)根据应急处置需要请求上级交通运输主管部门在资金、物资、设备设施、应急队伍等方面给予支持;

(二)请求上级交通运输主管部门协调突发事件发生地周边交通运输主管部门给予支持;

(三)请求上级交通运输主管部门派出现场工作组及有关专业技术人员给予指导;

(四)按照建立的应急协作机制,协调有关部门参与应急处置。

**第三十六条** 在需要组织开展大规模人员疏散、物资疏运的情况下，交通运输主管部门应当根据本级人民政府或者上级交通运输主管部门的指令，及时组织运力参与应急运输。

**第三十七条** 交通运输企业应当加强对本单位应急设备、设施、队伍的日常管理，保证应急处置工作及时、有效开展。

交通运输突发事件应急处置过程中，交通运输企业应当接受交通运输主管部门的组织、调度和指挥。

**第三十八条** 交通运输主管部门根据应急处置工作的需要，可以征用有关单位和个人的交通运输工具、相关设备和其他物资。有关单位和个人应当予以配合。

## 第五章 终止与善后

**第三十九条** 交通运输突发事件的威胁和危害得到控制或者消除后，负责应急处置的交通运输主管部门应当按照相关人民政府的决定停止执行应急处置措施，并按照有关要求采取必要措施，防止发生次生、衍生事件。

**第四十条** 交通运输突发事件应急处置结束后，负责应急处置工作的交通运输主管部门应当对应急处置工作进行评估，并向上级交通运输主管部门和本级人民政府报告。

**第四十一条** 交通运输突发事件应急处置结束后，交通运输主管部门应当根据国家有关扶持遭受突发事件影响行业和地区发展的政策规定以及本级人民政府的恢复重建规划，制定相应的交通运输恢复重建计划并组织实施，重建受损的交通基础设施，消除突发事件造成的破坏及影响。

**第四十二条** 因应急处置工作需要被征用的交通运输工具、装备和物资在使用完毕应当及时返还。交通运输工具、装备、物资被征用或者征用后毁损、灭失的，应当按照相关法律法规予以补偿。

## 第六章 监督检查

**第四十三条** 交通运输主管部门应当建立健全交通运输突发事件应急管理监督检查和考核机制。

监督检查应当包含以下内容：

（一）应急组织机构建立情况；
（二）应急预案制订及实施情况；
（三）应急物资储备情况；
（四）应急队伍建设情况；
（五）危险源监测情况；
（六）信息管理、报送、发布及宣传情况；
（七）应急培训及演练情况；
（八）应急专项资金和经费落实情况；
（九）突发事件应急处置评估情况。

**第四十四条** 交通运输主管部门应当加强对辖区内交通运输企业等单位应急工作的指导和监督。

**第四十五条** 违反本规定影响交通运输突发事件应对活动有效进行的，由其上级交通运输主管部门责令改正、通报批评；情节严重的，对直接负责的主管人员和其他直接责任人员按照有关规定给予相应处分；造成严重后果的，由有关部门依法给予处罚或追究相应责任。

## 第七章 附 则

**第四十六条** 海事管理机构及各级地方人民政府交通运输主管部门对水上交通安全和防治船舶污染等突发事件的应对活动，依照有关法律法规执行。

一般生产安全事故的应急处置，依照国家有关法律法规执行。

**第四十七条** 本规定自 2012 年 1 月 1 日起实施。

# 突发公共卫生事件交通应急规定

·2004 年 3 月 4 日卫生部、交通部令 2004 年第 2 号公布
·自 2004 年 5 月 1 日起施行

## 第一章 总 则

**第一条** 为了有效预防、及时控制和消除突发公共卫生事件的危

害，防止重大传染病疫情通过车辆、船舶及其乘运人员、货物传播流行，保障旅客身体健康与生命安全，保证突发公共卫生事件应急物资及时运输，维护正常的社会秩序，根据《中华人民共和国传染病防治法》、《中华人民共和国传染病防治法实施办法》、《突发公共卫生事件应急条例》、《国内交通卫生检疫条例》的有关规定，制定本规定。

**第二条** 本规定所称突发公共卫生事件（以下简称突发事件），是指突然发生，造成或者可能造成社会公众健康严重损害的重大传染病疫情、群体性不明原因疾病、重大食物和职业中毒以及其他严重影响公众健康的事件。

本规定所称重大传染病疫情，是指根据《突发公共卫生事件应急条例》有关规定确定的传染病疫情。

本规定所称交通卫生检疫，是指根据《国内交通卫生检疫条例》对车船、港站、乘运人员和货物等实施的卫生检验、紧急卫生处理、紧急控制、临时隔离、医学检查和留验以及其他应急卫生防范、控制、处置措施。

本规定所称检疫传染病病人、疑似检疫传染病病人，是指国务院确定并公布的检疫传染病的病人、疑似传染病病人。

本规定所称车船，是指从事道路运输、水路运输活动的客车、货车、客船（包括客渡船）和货船。

本规定所称港站，是指提供停靠车船、上下旅客、装卸货物的场所，包括汽车客运站、货运站、港口客运站、货运码头、港口堆场和仓库等。

本规定所称乘运人员，是指车船上的所有人员，包括车辆驾驶人员和乘务人员、船员、旅客等。

**第三条** 突发事件交通应急工作，应当遵循预防为主、常备不懈的方针，贯彻统一领导、分级负责、反应及时、措施果断、依靠科学、加强合作的原则，在确保控制重大传染病病源传播和蔓延的前提下，做到交通不中断、客流不中断、货流不中断。

**第四条** 交通部根据职责，依法负责全国突发事件交通应急工作。

县级以上地方人民政府交通行政主管部门在本部门的职责范围内，依法负责本行政区域内的突发事件交通应急工作。

突发事件发生后，县级以上地方人民政府交通行政主管部门设立突发事件应急处理指挥部，负责对突发事件交通应急处理工作的领导和指挥。

县级以上人民政府交通行政主管部门履行突发事件交通应急职责,应当与同级人民政府卫生行政主管部门密切配合,协调行动。

**第五条** 县级以上人民政府交通行政主管部门应当建立和完善突发事件交通防范和应急责任制,保证突发事件交通应急工作的顺利进行。

**第六条** 任何单位和个人有权对县级以上人民政府交通行政主管部门不履行突发事件交通应急处理职责,或者不按照规定履行职责的行为向其上级人民政府交通行政主管部门举报。

对报告在车船、港站发生的突发事件或者举报突发事件交通应急渎职行为有功的单位和个人,县级以上人民政府交通行政主管部门应当予以奖励。

## 第二章 预防和应急准备

**第七条** 县级以上人民政府交通行政主管部门应当结合本行政区域或者管辖范围内的交通实际情况,制定突发事件交通应急预案。

道路运输经营者、水路运输经营者应当按照有关规定,建立卫生责任制度,制定各自的突发事件应急预案。

**第八条** 制定突发事件交通应急预案,应当以突发事件的类别和快速反应的要求为依据,并征求同级人民政府卫生行政主管部门的意见。

为防范和处理重大传染病疫情突发事件制定的突发事件交通应急预案,应当包括以下主要内容:

(一)突发事件交通应急处理指挥部的组成和相关机构的职责;

(二)突发事件有关车船、港站重大传染病病人、疑似重大传染病病人和可能感染重大传染病病人的应急处理方案;

(三)突发事件有关污染车船、港站和污染物的应急处理方案;

(四)突发事件有关人员群体、防疫人员和救护人员的运输方案;

(五)突发事件有关药品、医疗救护设备器械等紧急物资的运输方案;

(六)突发事件有关车船、港站、道路、航道、船闸的应急维护和应急管理方案;

(七)突发事件有关交通应急信息的收集、分析、报告、通报、宣传方案；

（八）突发事件有关应急物资、运力储备与调度方案；

（九）突发事件交通应急处理执行机构及其任务；

（十）突发事件交通应急处理人员的组织和培训方案；

（十一）突发事件交通应急处理工作的检查监督方案；

（十二）突发事件交通应急处理其他有关工作方案。

为防范和处理其他突发事件制定的突发事件交通应急预案，应当包括本条前款除第（二）项、第（三）项和第（八）项规定以外的内容，并包括突发事件交通应急设施、设备以及其他有关物资的储备与调度方案。

突发事件交通应急预案应当根据突发事件的变化和实施中出现的问题及时进行修订、补充。

**第九条** 县级以上人民政府交通行政主管部门应当根据突发事件交通应急工作预案的要求，保证突发事件交通应急运力和有关物资储备。

**第十条** 道路运输经营者、水路运输经营者应当按照国家有关规定，使客车、客船、客运站保持良好的卫生状况，消除车船、港站的病媒昆虫和鼠类以及其他染疫动物的危害。

**第十一条** 县级以上人民政府交通行政主管部门应当开展突发事件交通应急知识的宣传教育，增强道路、水路运输从业人员和旅客对突发事件的防范意识和应对能力。

**第十二条** 在车船、港站发生突发事件，县级以上人民政府交通行政主管部门应当协助同级人民政府卫生行政主管部门组织专家对突发事件进行综合评估，初步判断突发事件的类型，按照有关规定向省级以上人民政府提出是否启动突发事件应急预案的建议。

**第十三条** 国务院或者省级人民政府决定突发事件应急预案启动后，突发事件发生地的县级以上人民政府交通行政主管部门应当根据突发事件的类别，立即启动相应的突发事件交通应急预案，并向社会公布有关突发事件交通应急预案。

## 第三章 应急信息报告

**第十四条** 县级以上人民政府交通行政主管部门应当建立突发事

件交通应急值班制度、应急报告制度和应急举报制度,公布统一的突发事件报告、举报电话,保证突发事件交通应急信息畅通。

**第十五条** 县级以上人民政府交通行政主管部门应当按有关规定向上级人民政府交通行政主管部门报告下列有关突发事件的情况:

(一) 突发事件的实际发生情况;

(二) 预防、控制和处理突发事件的情况;

(三) 运输突发事件紧急物资的情况;

(四) 保障交通畅通的情况;

(五) 突发事件应急的其他有关情况。

道路运输经营者、水路运输经营者应当按有关规定向所在地县级人民政府交通行政主管部门和卫生行政主管部门报告有关突发事件的预防、控制、处理和紧急物资运输的有关情况。

**第十六条** 县级以上人民政府交通行政主管部门接到有关突发事件的报告后,应当在接到报告后 1 小时内向上级人民政府交通行政主管部门和同级人民政府卫生行政主管部门报告,根据卫生行政主管部门的要求,立即采取有关预防和控制措施,并协助同级人民政府卫生行政主管部门组织有关人员对报告事项调查核实、确证,采取必要的控制措施。突发事件发生地的县级以上人民政府交通行政主管部门应当在首次初步调查结束后 2 小时内,向上一级人民政府交通行政主管部门报告突发事件的有关调查情况。上级人民政府交通行政主管部门接到下级人民政府交通行政主管部门有关突发事件的报告后 1 小时内,向本交通行政主管部门的上一级人民政府交通行政主管部门报告。

突发事件发生地的县级以上地方人民政府交通行政主管部门,应当及时向毗邻和其他有关县级以上人民政府交通行政主管部门通报突发事件的有关情况。

**第十七条** 任何单位和个人不得隐瞒、缓报、谎报或者授意他人隐瞒、缓报、谎报有关突发事件和突发事件交通应急情况。

## 第四章 疫情应急处理

**第十八条** 重大传染病疫情发生后,县级以上人民政府交通行政主管部门应当按照省级人民政府依法确定的检疫传染病疫区以及对出入检疫传染病疫区的交通工具及其乘运人员、物资实施交通应急处理的决定，和同级人民政府卫生行政主管部门在客运站、客运渡口、路口等设立交通卫生检疫站或者留验站，依法实施交通卫生检疫。

　　**第十九条**　重大传染病疫情发生后，县级以上人民政府交通行政主管部门应当及时将县级以上人民政府卫生行政主管部门通报的有关疫情通知有关道路运输经营者、水路运输经营者。县级以上人民政府交通行政主管部门应当及时会同同级人民政府卫生行政主管部门对道路运输经营者、水路运输经营者以及乘运人员进行相应的卫生防疫基本知识的宣传教育。

　　**第二十条**　重大传染病疫情发生后，道路运输经营者、水路运输经营者对车船、港站、货物应当按规定进行消毒或者进行其他必要的卫生处理，并经县级以上地方人民政府卫生行政主管部门疾病预防控制机构检疫合格，领取《交通卫生检疫合格证》后，方可投入营运或者进行运输。

　　《交通卫生检疫合格证》的印制、发放和使用，按照交通部与卫生部等国务院有关行政主管部门联合发布的《国内交通卫生检疫条例实施方案》的有关规定执行。

　　**第二十一条**　重大传染病疫情发生后，道路旅客运输经营者、水路旅客运输经营者应当组织对驾驶人员、乘务人员和船员进行健康检查，发现有检疫症状的，不得安排上车、上船。

　　**第二十二条**　重大传染病疫情发生后，道路运输经营者、水路运输经营者应当在车船、港站以及其他经营场所的显著位置张贴有关传染病预防和控制的宣传材料，并提醒旅客不得乘坐未取得《交通卫生检疫合格证》和道路旅客运输经营资格或者水路旅客运输经营资格的车辆、船舶，不得携带或者托运染疫行李和货物。

　　重大传染病疫情发生后，客车、客船应当在依法批准并符合突发事件交通应急预案要求的客运站、客运渡口上下旅客。

　　**第二十三条**　重大传染病疫情发生后，旅客购买车票、船票，应当事先填写交通部会同有关部门统一制定的《旅客健康申报卡》。旅客填写确有困难的，由港站工作人员帮助填写。

　　客运站出售客票时，应当对《旅客健康申报卡》所有事项进行核实。没有按规定填写《旅客健康申报卡》的旅客，客运站不得售票。

　　途中需要上下旅客的，客车、客船应当进入中转客运站，从始发客运站乘坐车船的旅客，不得再次被要求填写《旅客健康申报卡》。

**第二十四条** 重大传染病疫情发生后，旅客乘坐车船，应当接受交通卫生检疫，如被初验为检疫传染病病人或者疑似检疫传染病病人、可能感染检疫传染病病人以及国务院卫生行政主管部门规定需要采取应急控制措施的传染病病人、疑似传染病病人及其密切接触者，还应当接受留验站或者卫生行政主管部门疾病预防控制机构对其实施临时隔离、医学检查或者其他应急医学措施。

客运站应当认真查验《旅客健康申报卡》和客票。对不填报《旅客健康申报卡》的旅客，应当拒绝其乘坐客车、客船，并说明理由。

**第二十五条** 重大传染病疫情发生后，客运站应按车次或者航班将《旅客健康申报卡》交给旅客所乘坐车船的驾驶员或者船长、乘务员。

到达终点客运站后，驾驶员、船长或者乘务员应当将《旅客健康申报卡》交终点客运站，由终点客运站保存。

在中转客运站下车船的旅客，由该车船的驾驶员、船长或者乘务员将下车船旅客的《旅客健康申报卡》交中转客运站保存。

**第二十六条** 车船上发现检疫传染病病人或者疑似检疫传染病病人、可能感染检疫传染病病人以及国务院卫生行政主管部门规定需要采取应急控制措施的传染病病人、疑似传染病病人及其密切接触者时，驾驶员或者船长应当组织有关人员依法采取下列临时措施：

（一）以最快的方式通知前方停靠点，并向车船的所有人或者经营人和始发客运站报告；

（二）对检疫传染病病人、疑似检疫传染病病人、可能感染检疫传染病病人以及国务院卫生行政主管部门确定的其他重大传染病病人、疑似重大传染病病人、可能感染重大传染病病人及与其密切接触者实施紧急卫生处理和临时隔离；

（三）封闭已被污染或者可能被污染的区域，禁止向外排放污物；

（四）将车船迅速驶向指定的停靠点，并将《旅客健康申报卡》、乘运人员名单移交当地县级以上地方人民政府交通行政主管部门；

（五）对承运过检疫传染病病人、疑似检疫传染病病人、可能感染检疫传染病病人以及国务院卫生行政主管部门确定的其他重大传染病病人、疑似重大传染病病人、可能感染重大传染病病人及与其密切接触者的车船和可能被污染的停靠场所实施卫生处理。

车船的前方停靠点、车船的所有人或者经营人以及始发客运站接到有关报告后,应当立即向当地县级以上地方人民政府交通行政主管部门、卫生行政主管部门报告。

县级以上地方人民政府交通行政主管部门接到报告后,应当立即和同级人民政府卫生行政主管部门组织有关人员到达现场,采取相应的交通卫生检疫措施。

第二十七条 县级以上人民政府交通行政主管部门发现正在行驶的车船载有检疫传染病病人或者疑似检疫传染病病人、可能感染检疫传染病病人以及国务院卫生行政主管部门规定需要采取应急控制措施的传染病病人、疑似传染病病人及其密切接触者,应当立即通知该客车、客船的所有人或者经营人,并通报该车船行驶路线相关的县级人民政府交通行政主管部门。

第二十八条 对拒绝交通卫生检疫可能传播检疫传染病的车船、港站和其他停靠场所、乘运人员、运输货物,县级以上地方人民政府交通行政主管部门协助卫生主管部门,依法采取强制消毒或者其他必要的交通卫生检疫措施。

第二十九条 重大传染病疫情发生后,县级以上人民政府交通行政主管部门发现车船近期曾经载运过检疫传染病病人或者疑似检疫传染病病人、可能感染检疫传染病病人以及国务院卫生行政主管部门规定需要采取应急控制措施的传染病病人、疑似传染病病人及其密切接触者,应当立即将有关《旅客健康申报卡》送卫生行政主管部门或者其指定的疾病预防控制机构。

第三十条 参加重大传染病疫情交通应急处理的工作人员,应当按照有关突发事件交通应急预案的要求,采取卫生防护措施,并在专业卫生人员的指导下进行工作。

## 第五章 交通应急保障

第三十一条 突发事件交通应急预案启动后,县级以上人民政府交通行政主管部门应当加强对车船、港站、道路、航道、船闸、渡口的维护、检修,保证其经常处于良好的技术状态。

除因阻断检疫传染病传播途径需要或者其他法定事由并依照法定

程序可以中断交通外,任何单位和个人不得以任何方式中断交通。

县级以上人民政府交通行政主管部门发现交通中断或者紧急运输受阻,应当迅速报告上一级人民政府交通行政主管部门和当地人民政府,并采取措施恢复交通。如难以迅速恢复交通,应当提请当地人民政府予以解决,或者提请上一级人民政府交通行政主管部门协助解决。

第三十二条 在非检疫传染病疫区运行的车辆上发现检疫传染病病人、疑似检疫传染病病人、可能感染检疫传染病病人以及国务院卫生行政主管部门规定需要采取应急控制措施的传染病病人、疑似传染病病人及其密切接触者,由县级以上人民政府交通行政主管部门协助同级人民政府卫生行政主管部门依法决定对该车辆及其乘运人员、货物实施交通卫生检疫。

在非检疫传染病疫区运行船舶上发现检疫传染病病人、疑似检疫传染病病人、可能感染检疫传染病病人以及国务院卫生行政主管部门规定需要采取应急控制措施的传染病病人、疑似传染病病人及其密切接触者,由海事管理机构协助同级人民政府卫生行政主管部门依法对该船舶及其乘运人员、货物实施交通卫生检疫。

在非传染病疫区跨省、自治区、直辖市运行的船舶上发现检疫传染病病人、疑似检疫传染病病人、可能感染检疫传染病病人以及国务院卫生行政主管部门规定需要采取应急控制措施的传染病病人、疑似传染病病人及其密切接触者,交通部会同卫生部依法决定对该船舶实施交通卫生检疫,命令该船舶不得停靠或者通过港站。但是,因实施卫生检疫导致中断干线交通,报国务院决定。

## 第六章 紧急运输

第三十三条 突发事件发生后,县级以上地方人民政府交通行政主管部门应当采取措施保证突发事件应急处理所需运输的人员群体、防疫人员、医护人员以及突发事件应急处理所需的救治消毒药品、医疗救护设备器械等紧急物资及时运输。

第三十四条 依法负责处理突发事件的防疫人员、医护人员凭县级以上人民政府卫生行政主管部门出具的有关证明以及本人有效身份证件,可以优先购买客票;道路运输经营者、水路运输经营者应当保证其购得最近一次通往目的地的客票。

**第三十五条** 根据县级以上人民政府突发事件应急处理指挥部的命令，县级以上人民政府交通行政主管部门应当协助紧急调用有关人员、车船以及相关设施、设备。

被调用的单位和个人必须确保完成有关人员和紧急物资运输任务，不得延误和拒绝。

**第三十六条** 承担突发事件应急处理所需紧急运输的车船，应当使用《紧急运输通行证》。其中，跨省运送紧急物资的，应当使用交通部统一印制的《紧急运输通行证》；省内运送紧急物资的，可以使用省级交通行政主管部门统一印制的《紧急运输通行证》。使用《紧急运输通行证》的车船，按国家有关规定免交车辆通行费、船舶过闸费，并优先通行。

《紧急运输通行证》应当按照交通部的有关规定印制、发放和使用。

**第三十七条** 承担重大传染病疫情应急处理紧急运输任务的道路运输经营者、水路运输经营者应当遵守下列规定：

（一）车船在装卸货物前后根据需要进行清洗、消毒或者进行其他卫生处理；

（二）有关运输人员事前应当接受健康检查和有关防护知识培训，配备相应的安全防护用具；

（三）保证驾驶员休息充足，不得疲劳驾驶；

（四）进入疫区前，应当采取严格的防护措施；驶离疫区后，应当立即对车船和随行人员进行消毒或者采取其他必要卫生处理措施；

（五）紧急运输任务完成后，交回《紧急运输通行证》，对运输人员应当进行健康检查，并安排休息观察。

**第三十八条** 重大传染病疫情发生后，引航人员、理货人员上船引航、理货，应当事先体检，采取相应的有效防护措施，上船时应当主动出示健康合格证。

## 第七章　检查监督

**第三十九条** 县级以上人民政府交通行政主管部门应当加强对本行政区域内突发事件交通应急工作的指导和督察；上级人民政府交通行政主管部门对突发事件交通应急处理工作进行指导和督察，下级人民政府交通行政主管部门应当予以配合。

**第四十条** 县级以上地方人民政府交通行政主管部门的工作人员依法协助或者实施交通卫生检疫，应当携带证件，佩戴标志，热情服务，秉公执法，任何单位和个人应当予以配合，不得阻挠。

**第四十一条** 县级以上人民政府交通行政主管部门应当加强对《交通卫生检疫合格证》、《旅客健康申报卡》使用情况的监督检查；对已按规定使用《交通卫生检疫合格证》、《旅客健康申报卡》的车船，应当立即放行。

任何单位和个人不得擅自印制、伪造、变造、租借、转让《交通卫生检疫合格证》、《紧急运输通行证》。

任何单位和个人不得使用擅自印制、伪造、变造、租借、转让的《交通卫生检疫合格证》、《紧急运输通行证》。

## 第八章　法律责任

**第四十二条** 县级以上地方人民政府交通行政主管部门违反本规定，有下列行为之一的，对其主要负责人依法给予行政处分：

（一）未依照本规定履行报告职责，对突发事件隐瞒、缓报、谎报或者授意他人隐瞒、缓报、谎报的；

（二）未依照本规定，组织完成突发事件应急处理所需要的紧急物资的运输的；

（三）对上级人民政府交通行政主管部门进行有关调查不予配合，或者采取其他方式阻碍、干涉调查的。

县级以上人民政府交通行政主管部门违反有关规定，造成传染病传播、流行或者对社会公众健康造成其他严重危害后果的，对主要负责人、负有责任的主管人员和其他责任人员依法给予开除的行政处分；构成犯罪的，依法追究刑事责任。

**第四十三条** 县级以上人民政府交通行政主管部门违反本规定，有下列行为之一，由上级人民政府交通行政主管部门责令改正、通报批评、给予警告；对主要负责人、负有责任的主管人员和其他责任人员依法给予降级、撤职的行政处分：

（一）在突发事件调查、控制工作中玩忽职守、失职、渎职的；

（二）拒不履行突发事件交通应急处理职责的。

**第四十四条** 道路运输经营者、水路运输经营者违反本规定，对在车船上发现的检疫传染病病人、疑似检疫传染病病人，未按有关规定采取相应措施的，由县级以上地方人民政府卫生行政主管部门责令改正，给予警告，并处 1000 元以上 5000 元以下的罚款。

**第四十五条** 检疫传染病病人、疑似检疫传染病病人以及与其密切接触者隐瞒真实情况、逃避交通卫生检疫的，由县级以上地方人民政府卫生行政主管部门责令限期改正，给予警告，可以并处 1000 元以下的罚款；拒绝接受交通卫生检疫和必要的卫生处理的，给予警告，并处 1000 元以上 5000 元以下的罚款。

**第四十六条** 突发事件发生后，未取得相应的运输经营资格，擅自从事道路运输、水路运输；或者有其他违反有关道路运输、水路运输管理规定行为的，依照有关道路运输、水路运输管理法规、规章的规定从重给予行政处罚。

## 第九章 附 则

**第四十七条** 群体性不明原因疾病交通应急方案，参照重大传染病交通应急方案执行。

**第四十八条** 本规定自二〇〇四年五月一日起施行。

# 高速公路交通应急管理程序规定

· 2008 年 12 月 3 日
· 公通字〔2008〕54 号

## 第一章 总 则

**第一条** 为加强高速公路交通应急管理，切实保障高速公路交通安全畅通和人民生命财产安全，有效处置交通拥堵，根据《中华人民共和国道路交通安全法》及其实施条例、《中华人民共和国突发事件应对法》的有关规定，制定本规定。

**第二条** 因道路交通事故、危险化学品泄漏、恶劣天气、自然灾害以及其他突然发生影响安全畅通的事件,造成高速公路交通中断和车辆滞留,各级公安机关按照本规定进行应急处置。

**第三条** 高速公路交通应急管理工作应当坚持以人为本、统一领导、分工负责、协调联动、快速反应、依法实施的原则,将应急救援和交通疏导工作作为首要任务,确保人民群众生命财产安全和交通安全畅通。

**第四条** 各级公安机关要完善高速公路交通应急管理领导机构,建立统一指挥、分级负责、部门联动、协调有序、反应灵敏、运转高效的高速公路交通应急管理机制。

**第五条** 各级公安机关应当建立高速公路分级应急响应机制。公安部指导各级公安机关开展高速公路交通应急管理工作,省级公安机关指导或指挥本省(自治区、直辖市)公安机关开展高速公路交通应急管理工作,地市级以下公安机关根据职责负责辖区内高速公路交通应急管理工作。

**第六条** 各级公安机关应当结合实际,在本级人民政府统一领导下,会同环境保护、交通运输、卫生、安全监管、气象等部门和高速公路经营管理、医疗急救、抢险救援等单位,联合建立高速公路交通应急管理预警机制和协作机制。

**第七条** 省级公安机关应当建立完善相邻省(自治区、直辖市)高速公路交通应急管理协调工作机制,配合相邻省(自治区、直辖市)做好跨省际高速公路交通应急管理工作。

**第八条** 各级公安机关交通管理部门根据管理体制和管理职责,具体负责本辖区内高速公路交通应急管理工作。

## 第二章　应急准备

**第九条** 根据道路交通中断造成车辆滞留的影响范围和严重程度,高速公路应急响应从高到低分为一级、二级、三级和四级应急响应级别。各级公安机关应当完善高速公路交通管理应急预案体系,根据职权制定相应级别的应急预案,在应急预案中分别对交通事故、危险化学品泄漏、恶劣天气、自然灾害等不同突发情况做出具体规定。

**第十条** 各级公安机关应当根据高速公路交通应急管理实际需要,为高速公路公安交通管理部门配备应急处置的有关装备和设施,完善通讯、交通、救援、信息发布等装备器材及民警个人防护装备。

第十一条　公安部制定一级响应应急预案，每两年组织一次演练和培训。省级公安机关制定二级和三级响应应急预案，每年组织一次演练和培训。地市级公安机关制定四级响应应急预案，每半年组织一次演练和培训。

第十二条　跨省（自治区、直辖市）实施交通应急管理的应急预案应由省级公安机关制定，通报相关省级公安机关，并报公安部备案。

跨地市实施交通应急管理的应急预案应由地市级公安机关制定，通报相关地市级公安机关，并报省级公安机关备案。

## 第三章　应急响应

第十三条　道路交通中断 24 小时以上，造成车辆滞留严重影响相邻三个以上省（自治区、直辖市）高速公路通行的为一级响应；道路交通中断 24 小时以上，造成车辆滞留涉及相邻两个以上省（自治区、直辖市）高速公路通行的为二级响应；道路交通中断 24 小时以上，造成车辆滞留影响省（自治区、直辖市）内相邻三个以上地市辖区高速公路通行的为三级响应；道路交通中断 12 小时以上，造成车辆滞留影响两个以上地市辖区内高速公路通行的为四级响应。

第十四条　各级公安机关接到应急事件报警后，应当详细了解事件情况，对事件的处置时间和可能造成的影响及时作出研判。在确认高速公路交通应急管理响应级别后，应当立即启动相应级别的应急预案并明确向下一级公安机关宣布进入应急状态。各级公安机关在宣布或者接上级公安机关命令进入应急状态后，应当立即部署本级相关部门或相关下级公安机关执行。

第十五条　一级响应时，公安部启动一级响应应急预案，宣布进入一级应急状态，成立高速公路交通应急管理指挥部，指导、协调所涉及地区公安机关开展交通应急管理工作，必要时派员赴现场指导工作，相关省级公安机关成立相应领导机构，指导或指挥省（自治区、直辖市）内各级公安机关开展各项交通应急管理工作。

第十六条　二级响应时，由发生地省级公安机关联合被影响地省级公安机关启动二级响应应急预案，宣布进入二级应急状态，以发生地省级公安机关为主成立高速公路交通应急管理指挥部,协调被影响地省级公安机关开展交通应急管理工作。必要时由公安部协调开展工作。

**第十七条** 三级响应时,省级公安机关启动三级响应应急预案,宣布进入三级应急状态,成立高速公路交通应急管理指挥部,指挥本省(自治区、直辖市)内各级公安机关开展交通应急管理工作。

**第十八条** 四级响应时,由发生地地市级公安机关联合被影响地公安机关启动四级响应应急预案,宣布进入四级应急状态,以发生地地市级公安机关为主成立高速公路交通应急管理指挥部,指挥本地公安机关,协调被影响地公安机关开展交通应急管理工作。

**第十九条** 发生地和被影响地难以区分时,上级公安机关可以指令下级公安机关牵头成立临时领导机构,指挥、协调高速公路交通应急管理工作。

**第二十条** 各级公安机关要根据事态的发展和现场处置情况及时调整响应级别。响应级别需要提高的,应当在初步确定后30分钟内,宣布提高响应级别或报请上级公安机关提高响应级别,启动相应级别的应急预案。

## 第四章 应急处置

**第二十一条** 一级响应,需要采取封闭高速公路交通管理措施的,由公安部作出决定;二级以下响应,需要采取封闭高速公路交通管理措施的,应当由省级公安机关作出决定,封闭高速公路24小时以上的应报公安部备案;情况特别紧急,如不采取封闭高速公路交通管理措施,可能造成群死群伤重特大交通事故等情形的,可先行封闭高速公路,再按规定逐级上报批准或备案。

**第二十二条** 高速公路实施交通应急管理时,非紧急情况不得关闭省际入口,一级、二级响应时,本省(自治区、直辖市)范围内不能疏导交通,确需关闭高速公路省际入口的,按以下要求进行:

(一)采取关闭高速公路省际入口措施,应当事先征求相邻省级公安机关意见;

(二)一级响应时,需要关闭高速公路省际入口的,应当报公安部批准后实施;

（三）二级响应时，关闭高速公路省际入口可能在24小时以上的，由省级公安机关批准后实施，同时应当向公安部上报道路基本情况、处置措施、关闭高速公路省际入口后采取的应对措施以及征求相邻省级公安机关意见情况；24小时以内的，由省级公安机关批准后实施；

（四）具体实施关闭高速公路省际入口措施的公安机关，应当每小时向相邻省（自治区、直辖市）协助实施交通管理的公安机关通报一次处置突发事件工作进展情况；

（五）应急处置完毕，应当立即解除高速公路省际入口关闭措施，并通知相邻省级公安机关协助疏导交通，关闭高速公路省际入口24小时以上的，还应当同时上报公安部。

第二十三条　高速公路实施交通应急管理一级、二级响应时，实施远端分流，需组织车辆绕道相邻省（自治区、直辖市）公路通行的，按以下要求进行：

（一）跨省（自治区、直辖市）组织实施车辆绕道通行的，应当报省级公安机关同意，并与相邻省级公安机关就通行线路、通行组织等有关情况协商一致后报公安部批准；

（二）组织车辆绕道通行应当采取现场指挥、引导通行等措施确保安全；

（三）按照有关规定发布车辆绕道通行和路况等信息。

## 第五章　现场处置措施

第二十四条　重特大交通事故交通应急管理现场处置措施：

（一）启动高速公路交通应急管理协作机制，立即联系医疗急救机构，组织抢救受伤人员，上报事故现场基本情况，保护事故现场，维护现场秩序；

（二）划定警戒区，并在警戒区外按照"远疏近密"的要求，从距来车方向五百米以外开始设置警告标志。白天要指定交通警察负责警戒并指挥过往车辆减速、变更车道。夜间或者雨、雪、雾等天气情况造成能见度低于五百米时，需从来车方向一千米以外开始设置警告标志，并停放警车，打开警灯或电子显示屏示警；

（三）控制交通肇事人，疏散无关人员，视情采取临时性交通管制措施及其他控制措施，防止引发次生交通事故；

（四）在医疗急救机构人员到达现场之前，组织抢救受伤人员，对因抢救伤员需要移动车辆、物品的，应当先标明原始位置；

（五）确保应急车道畅通，引导医疗、施救等车辆、人员顺利出入事故现场，做好辅助性工作；救护车辆不足时，启用警车或征用过往车辆协助运送伤员到医疗急救机构。

第二十五条　危险化学品运输车辆交通事故交通应急管理现场处置措施：

（一）启动高速公路交通应急管理协作机制，及时向驾驶人、押运人员及其他有关人员了解运载的物品种类及可能导致的后果，迅速上报危险化学品种类、危害程度、是否泄漏、死伤人员及周边河流、村庄受害等情况；

（二）划定警戒区域，设置警戒线，清理、疏散无关车辆、人员，安排事故未受伤人员至现场上风口地带；在医疗急救机构人员到达现场之前，组织抢救受伤人员。控制、保护肇事者和当事人，防止逃逸和其他意外的发生；

（三）确保应急车道畅通，引导医疗、救援等车辆、人员顺利出入事故现场，做好辅助性工作；救护车辆不足时，启用警车或征用过往车辆协助运送伤员到医疗急救机构；

（四）严禁在事故现场吸烟、拨打手机或使用明火等可能引起燃烧、爆炸等严重后果的行为。经环境保护、安全监督等部门及公安消防机构监测可能发生重大险情的，要立即将现场警力和人员撤至安全区域；

（五）解救因车辆撞击、侧翻、失火、落水、坠落而被困的人员，排除可能存在的隐患和险情，防止发生次生交通事故。

第二十六条　恶劣天气交通应急管理现场处置措施：

（一）迅速上报路况信息，包括雾、雨、雪、冰等恶劣天气的区域范围及变化趋势、能见度、车流量等情况；

（二）根据路况和上级要求，采取分段通行、间断放行、绕道通行、引导通行等措施；

（三）加强巡逻，及时发现和处置交通事故现场，严防发生次生交通事故；

（四）采取封闭高速公路交通管理措施时，要通过设置绕行提示标志、电子显示屏或可变情报板、交通广播等方式发布提示信息，按照交通应急管理预案进行分流。

**第二十七条** 自然灾害交通应急管理现场处置措施：

（一）接到报警后，民警迅速赶往现场，了解现场具体情况；

（二）因自然灾害导致路面堵塞，及时采取封闭道路措施，对受影响路段入口实施交通管制；

（三）通过设置绕行提示标志、电子显示屏或可变情报板、交通广播等方式发布提示信息，按照交通分流预案进行分流；

（四）封闭道路分流后须立即采取带离的方式清理道路上的滞留车辆；

（五）根据现场情况调度施救力量，及时清理现场，确保尽早恢复交通。

**第二十八条** 公安机关接报应急情况后，应当采取以下措施：

（一）了解道路交通中断和车辆滞留的影响范围和严重程度，根据高速公路交通应急管理响应级别，启动相应的应急预案，启动高速公路交通应急管理协作机制；

（二）按照本规定要求及时上报有关信息；

（三）会同相关职能部门，组织实施交通管理措施，及时采取分段通行、间断放行、绕道通行、引导通行等措施疏导滞留车辆；

（四）依法及时发布交通预警、分流和诱导等交通管理信息。

**第二十九条** 公安机关接到危险化学品泄漏交通事故报警后，应当立即报告当地人民政府，通知有关部门到现场协助处理。

**第三十条** 各级公安机关应当在高速公路交通管理应急预案中详细规定交通警察现场处置操作规程。

**第三十一条** 交通警察在实施交通应急管理现场处置操作规程时，应当严格执行安全防护规定，注意自身安全。

## 第六章 信息报告与发布

**第三十二条** 需采取的应急措施超出公安机关职权范围的，事发地公安机关应当向当地人民政府报告，请求协调解决，同时向上级公安机关报告。

**第三十三条** 高速公路实施交通应急管理可能影响相邻省（自治区、直辖市）道路交通的，在及时处置的同时，要立即向相邻省（自治区、直辖市）的同级公安机关通报。

**第三十四条** 受邻省高速公路实施交通应急管理影响，造成本省（自治区、直辖市）道路交通中断和车辆滞留的，应当立即向邻省同级公安机关通报，同时向上级公安机关和当地人民政府报告。

**第三十五条** 信息上报的内容应当包括事件发生时间、地点、原因、目前道路交通状况、事件造成损失及危害、判定的响应级别、已经采取的措施、工作建议以及预计恢复交通的时间等情况，完整填写《高速公路交通应急管理信息上报表》。

**第三十六条** 信息上报可通过电话、传真、公安信息网传输等方式，紧急情况下，应当立即通过电话上报，遇有暂时无法查清的情况，待查清后续报。

**第三十七条** 高速公路实施交通应急管理需启动一级响应的，应当在初步确定启动一级响应1小时内将基本信息逐级上报至公安部；需启动二级响应的，应当在初步确定启动二级响应30分钟内将基本信息逐级上报至省级公安机关；需启动三级和四级响应的，应当及时将基本信息逐级上报至省级公安机关。公安部指令要求查报的，可由当地公安机关在规定时间内直接报告。

**第三十八条** 各级公安机关应当按照有关规定在第一时间向社会发布高速公路交通应急管理简要信息，随后发布初步核实情况、政府应对措施和公众防范措施等，并根据事件处置情况做好后续发布工作。对外发布的有关信息应当及时、准确、客观、全面。

**第三十九条** 本省（自治区、直辖市）或相邻省（自治区、直辖市）高速公路实施交通应急管理，需采取交通管制措施影响本省（自治区、直辖市）道路交通，应当采取现场接受采访、举行新闻发布会等形式通过本省（自治区、直辖市）电视、广播、报纸、网络等媒体及时公布信息。同时，协调高速公路经营管理单位在高速公路沿线电子显示屏滚动播放交通管制措施。

**第四十条** 应急处置完毕，应当迅速取消交通应急管理等措施，尽快恢复交通，待道路交通畅通后撤离现场，并及时向社会发布取消交通应急管理措施和恢复交通的信息。

## 第七章 评估总结

**第四十一条** 各级公安机关要对制定的应急预案定期组织评估，

并根据演练和启动预案的情况，适时调整应急预案内容。公安部每两年组织对一级响应应急预案进行一次评估，省级公安机关每年组织对二级和三级响应应急预案进行一次评估，地市级公安机关每半年对四级响应应急预案进行一次评估。

第四十二条 应急处置结束后，应急处置工作所涉及的公安机关应当对应急响应工作进行总结，并对应急预案进行修订完善。

## 第八章 附 则

第四十三条 违反本规定中关于关闭高速公路省际入口、组织车辆绕行分流和信息报告、发布等要求，影响应急事件处置的，给予有关人员相应纪律处分；造成严重后果的，依法追究有关人员法律责任。

第四十四条 本规定中所称"以上"、"以下"、"以内"、"以外"包含本数。

第四十五条 高速公路以外的其他道路交通应急管理参照本规定执行。

第四十六条 本规定自印发之日起实施。

附件：高速公路交通应急管理信息上报表（略）

# 交通运输部关于印发路政文明执法管理工作规范的通知

·2012 年 4 月 20 日
·交公路发〔2012〕171 号

各省、自治区、直辖市、新疆生产建设兵团交通运输厅（局、委），天津市市政公路管理局：

为贯彻落实《公路安全保护条例》，进一步规范路政执法管理行为，切实提高文明执法管理水平，更好地为社会公众服务，部组织制定了《路政文明执法管理工作规范》。现印发你们，请结合实际，遵照执行。执行中如有问题，请及时提出建议并反馈部公路局。

# 路政文明执法管理工作规范

## 第一章 总 则

**第一条** 为规范路政执法管理行为，提高文明执法管理水平，更好地为社会公众服务，根据《中华人民共和国公路法》、《公路安全保护条例》、《路政管理规定》、《交通运输行政执法评议考核规定》、《交通运输行政执法证件管理规定》等法律、法规、规章以及《交通行政执法风纪》、《交通行政执法禁令》等交通运输行政执法行为规范，制定本规范。

**第二条** 公路管理机构及其路政执法人员从事行政许可、行政检查、行政强制、行政处罚等执法活动，适用本规范。

法律、法规和规章对路政执法另有规定的，从其规定。

**第三条** 路政执法管理工作应当符合合法行政、合理行政、程序正当、高效便民、诚实守信、权责统一的基本要求，遵循公开、公平、公正的社会主义法治原则。

**第四条** 公路管理机构及其路政执法人员应当牢固树立以人为本、依法行政、执法为民的思想，不断提高规范执法和文明服务的能力与水平，坚决杜绝粗暴执法和随意执法行为。

公路管理机构应当加强路政执法队伍建设，定期举办业务培训和军事化训练，积极开展文明执法创建活动。路政执法人员从事执法活动，应当遵纪守法，遵守《交通行政执法职业道德基本规范》，增进服务意识，塑造文明形象。

**第五条** 路政执法人员须具备行政执法资格，持有交通运输部统一制式的交通运输行政执法证。严禁不具备行政执法资格的人员从事路政执法。

公路管理机构应当严格执行交通运输行政执法人员资格制度，加强对路政执法人员的资格、证件和执法风纪管理。

**第六条** 经营性收费公路的路政管理职责由公路管理机构的派出机构、人员行使。

**第七条** 公路管理机构应当加强路政管理信息化建设，推行网上办事和网上监督，推进政务信息公开、信息资源共享和公共信息服务,构建路政执法电子政务平台。

## 第二章 基本要求

**第八条** 路政执法人员应当着装整齐,保持风纪严整,并遵守下列要求:

(一)执法时佩戴统一规定的标志、胸卡、腰带、手套,上路必须加穿反光背心;

(二)不得在执法服装上挂胸花、胸针等装饰品,不得在外露的腰带上系挂钥匙等与执法无关的物件;

(三)不同季节的执法服装不得混穿;

(四)严禁歪戴帽、卷袖口、敞衣扣、披衣、穿拖鞋、打赤脚、卷裤腿等有损风纪的行为;

(五)非因公务需要严禁着执法服装出入酒店、娱乐场所。

**第九条** 路政执法人员应当保持仪表整洁,仪容端庄,并遵守下列要求:

(一)男性执法人员不得留长头发、长胡须、长鬓角,不得露光头;

(二)女性执法人员执法时不得头发披肩,不得染指甲、化浓妆、佩戴首饰。

**第十条** 路政执法人员应当做到举止文明,保持良好形象,并遵守下列要求:

(一)现场执法要保持端正、庄重,指挥车辆手势要明确、利索、规范,手势标准参照公安交通警察现行规定执行;

(二)2名以上路政执法人员着执法服装徒步巡查或者外出时,应当行列整齐、有序;

(三)外出时遵守社会公德、公共秩序和交通规则,维护路政执法人员的良好形象;

(四)遇有当事人情绪激动或者有过激言行的,要冷静处理,以理服人,不得针锋相对,激化矛盾;

(五)遇有暴力抗法的,要沉着应对,及时报警,注意自身安全,防止事态失控。

**第十一条** 路政执法人员应当做到言语热情诚恳,表述通俗易

懂,并遵守下列要求:
(一)使用规范的文明执法用语;
(二)提倡使用普通话;
(三)严格执行《交通行政执法忌语》规定,禁止使用讥讽性、歧视性、羞辱性、训斥性、威胁性语言和讲粗话、讲脏话。

第十二条 路政执法人员应当保持较高的政治、道德、知识、能力和身体素质,并做到:
(一)熟悉有关法律和基本业务知识,注重学习和实践,定期参加业务培训和军事化训练,努力提高文明执法技能;
(二)准确理解和执行法律、法规、规章以及公路管理机构作出的决定、命令,维护法令、政令的畅通和路政执法的公信力;
(三)忠于法律,忠于职守,有强烈的工作责任心,实事求是,公正执法,严格执法,依法保守国家秘密、商业秘密和个人隐私;
(四)不徇私情,勇于坚持原则,敢于抵制当事人利用各种社会关系进行说情;遇到与路政执法事项有利害关系的,应当主动回避。

第十三条 路政执法人员应当尊重当事人权利和人格,维护其合法权益,并遵守下列要求:
(一)查纠公路违法行为时应当先敬礼;
(二)受理行政许可申请、接待群众来访以及与当事人谈话时,应当礼貌待人、语言文明、态度和蔼,及时妥善处理受理事项,不得推诿或者拖延;
(三)严禁使用冷、硬、横、蛮及其他怠慢、蔑视性态度对待当事人。

第十四条 路政执法人员在执法活动中,严禁下列行为:
(一)未按照规定佩戴标志或者未持证上岗;
(二)辱骂、殴打当事人;
(三)酒后上岗执法;
(四)对同一违法行为重复罚款;
(五)当场收缴罚款不开具罚款收据或者不如实填写罚款数额;
(六)违法扣留车辆、物品或者擅自使用扣留车辆、私分扣留物品;
(七)从事与职权相关的经营活动;
(八)包庇、袒护和纵容违法行为;

（九）无法定依据执法或者滥用职权、超越职权执法；

（十）利用职务便利索取、收受他人财物或者谋取其他利益。

**第十五条** 公路管理机构应当建立健全路政执法信息公示制度，通过政府网站或者在办公场所设置公示栏、电子显示屏、公众查阅室等方式公示下列执法信息：

（一）执法主体，包括机构名称、执法类别、授权依据、执法人员信息（姓名、执法证件号码、照片等）；

（二）执法依据，包括公路管理法律、法规和规章的全文，相关法律、法规和规章的主要条款摘要；

（三）执法程序，包括行政许可的项目、依据、实施程序，行政处罚的简易程序、一般程序、听证程序；

（四）执法监督，包括本级交通运输主管部门或者上级公路管理机构的名称、监督部门、监督电话，聘请社会监督员的姓名、工作单位、联系方式，执法监督的措施与适用范围；

（五）执法结果，包括行政许可、行政检查、行政强制、行政处罚的实施结果与查询办法；

（六）当事人权利，包括当事人享有的陈述权、申辩权和听证权，不服行政许可和处罚决定时享有的提起行政复议和行政诉讼的权利，其合法权益受到损害时取得国家赔偿的权利。

前款规定"六公示"的具体内容和形式，由省、自治区、直辖市公路管理机构确定。

**第十六条** 路政执法装备，由公路管理机构按照下列种类予以配备，省、自治区、直辖市公路管理机构可以根据实际需要增加，但应当在全省（区、市）范围内做到统一规范：

（一）路政执法人员在公路上执法应当配备多功能反光腰带、反光背心、文书包、对讲机或者移动通信器材，可以选配录音、录像执法装备等；

（二）公路监督检查专用车辆应当配备发光指挥棒、反光锥筒、警示灯、停车示意牌、灭火器、防毒面罩、急救箱、牵引绳、卷尺、照相机或者摄像机等；

（三）公路超限检测站应当按照《公路超限检测站管理办法》的规定配备有关执法装备以及便民服务的必要设施和设备。

## 第三章 行政许可

**第十七条** 公路管理机构及其路政执法人员实施行政许可,应当依照法定的权限、范围、条件和程序,遵循平等对待、便民高效、信赖保护的原则,做到不偏私、不歧视,为申请人提供优质服务。

**第十八条** 行政许可的项目和法律依据,应当按照规范的内容格式予以公示并实施。

**第十九条** 公路管理机构应当按照下列权限实施行政许可:

(一)超限运输车辆行驶公路的许可权限按照《公路安全保护条例》、《超限运输车辆行驶公路管理规定》等有关规定执行;

(二)其他许可权限按照《公路安全保护条例》、《路政管理规定》等有关规定执行。

**第二十条** 实施行政许可的程序、文书和期限按照《中华人民共和国行政许可法》、《中华人民共和国公路法》、《公路安全保护条例》、《交通行政许可实施程序规定》、《路政管理规定》等有关规定执行。

**第二十一条** 公路管理机构应当在法定期限内办结行政许可手续,但依照法律、法规和规章的规定需要听证、检验、检测、鉴定和安全技术评价的,所需时间不计算在法定期限内,并将所需时间书面告知申请人。

公路管理机构应当通过优化工作流程,提高办事效率,使实际办结期限尽可能少于法定期限。

**第二十二条** 公路管理机构应当建立和推行行政许可首问负责制。对申请人提出的行政许可申请,应当根据下列情况分别作出处理:

(一)申请事项属于首问人职责范围的,应当按照规定及时办理;申请材料可以当场补全或者更正错误的,应当允许申请人当场补全或者更正错误;申请材料不齐全或者不符合法定形式且申请人当场不能补全或者更正的,应当当场或者在5日内一次告知申请人需要补正的全部内容;

(二)申请事项不属于首问人职责范围但属于本单位职责范围的,应当做好接待记录,向申请人说明情况,并及时移送有关责任部门和人员办理;

（三）申请事项属于上级单位职责范围的，可以代为转交，但应当向申请人说明代转时间不计算在法定期限内；

（四）申请事项不属于本单位职责范围的，应当即时作出不予受理的决定，并告知申请人向有关行政机关申请；

（五）申请事项依法不需要取得行政许可的，应当即时告知申请人不受理。

前款所称首问人，是指接待申请人咨询和办理许可手续的首位工作人员。

**第二十三条** 公路管理机构实施行政许可，应当提供以下便利或者服务：

（一）接受申请人通过书面、信函、电报、传真和电子邮件等方式提出的申请；

（二）免费提供许可申请书格式文本；

（三）在办公场所设立监督意见箱、办事指南卡，有条件的可以设置电子触摸屏、显示屏等设施提供服务指南，公布办理时间和咨询、监督电话；

（四）根据需要和条件，配备供申请人使用的桌椅、笔纸、饮水设施及其他相应的服务设施；

（五）申请人以书面方式提出申请确有困难的，可以口头方式提出申请，但应当记录申请事项，并经申请人确认无误后签字或者盖章；

（六）认真受理咨询，及时解答，为群众排忧解难。

## 第四章　行政检查

### 第一节　一般规定

**第二十四条** 路政执法人员依法在公路、建筑控制区、安全保护区、服务区、超限检测站点、收费站、车辆停放场所、车辆所属单位等进行检查时，应当做到：

（一）执法人员不得少于2人；

（二）出示执法证件，表明身份，说明来意和执法依据，要求当事人予以配合；

（三）检查物品、场所时应当尊重当事人物权，轻拿轻放物品，不得乱翻乱扔，不得损坏当事人财物；

（四）询问当事人时应当严肃认真，不得询问与检查无关的内容，不得采取诱导、压制、强迫的方式进行；

（五）询问或者检查应当制作笔录，笔录应当书写工整，表述准确，不得篡改；

（六）公正、平等对待所有被检查的当事人，不得有歧视和差别待遇；

（七）坚持整改、指导和服务相结合的原则，注意宣传教育，不得激化矛盾；

（八）检查完毕，应当感谢当事人给予配合，及时反馈检查结果。

## 第二节　许可检查

**第二十五条**　公路管理机构应当建立健全监督制度，依法履行对被许可人从事许可事项活动的监督检查职责。

**第二十六条**　路政执法人员应当对被许可人从事下列许可事项活动进行检查：

（一）由公路管理机构依法实施的行政许可；

（二）由省、自治区、直辖市人民政府交通运输主管部门会同水行政主管部门或者流域管理机构依法实施的在公路桥梁、公路隧道、公路渡口以及公路两侧规定范围内因抢险、防汛需要修筑堤坝、压缩或者拓宽河道的行政许可。

**第二十七条**　许可检查可以通过下列方式进行：

（一）核查反映被许可人从事许可事项活动的有关材料；

（二）对被许可人从事许可事项活动进行查验、检验、检测，对相关场所进行实地检查；

（三）法律、法规和规章规定的其他方式。

**第二十八条**　许可检查包括以下主要内容：

（一）行政许可证是否真实有效；

（二）被许可人从事许可事项活动是否符合准予许可时所确定的条件、标准和范围；

（三）被许可人从事许可事项活动是否落实保障公路、公路附属设施安全的防护措施以及应急处置措施；

（四）被许可人是否建立和执行对涉路工程设施的自检制度；

（五）经许可修建的涉路工程设施是否侵入公路建筑限界或者危及交通安全；

（六）法律、法规和规章规定的对被许可人检查的其他事项。

**第二十九条** 路政执法人员实施许可检查时，应当遵守下列要求：

（一）检查频率要适度合理；

（二）能够书面检查的，要优先通过书面检查的方式进行；

（三）通过书面检查难以达到监督效果，需依法进行查验、检验、检测与实地检查的，应当仅就被许可事项及与之相关的活动场所进行检查；

（四）不得超越检查范围和权限，妨碍被许可人正常的生产经营活动；

（五）不得索取或者收受被许可人的财物、谋取其他不当利益、刁难被许可人；

（六）检查时应当有当事人或者见证人在场；

（七）如实记录检查情况和处理结果，并允许公众查阅。

**第三十条** 路政执法人员实施许可检查时，应当根据下列情况分别作出处理：

（一）发现未按照许可条件、标准和范围从事许可事项活动的，责令改正；

（二）发现涉路工程设施影响公路完好、安全和畅通的，责令停止修建、使用，并责令有关责任单位立即改正；

（三）发现构成公路违法行为的，依法予以处理；

（四）发现许可事项存在法定撤销情形的，依法撤销相关行政许可；

（五）发现许可事项存在法定注销情形的，依法注销相关行政许可。

### 第三节 超限检查

**第三十一条** 路政执法人员实施超限检查时，应当按照规定对车辆进行超限检测，不得以目测情况作为判定依据。

公路管理机构应当建立健全固定检测和巡查检测相关的执法管理

制度，建立和完善车辆超限管理信息系统。

**第三十二条** 对车辆进行超限检测，应当遵守下列程序：

（一）提示或者引导车辆进入检测站点，注意维护好进出站口的交通秩序，尽量减少对交通的影响；

（二）对车辆进行检测，向驾驶员出具检测单；

（三）经检测发现车辆存在违法超限运输情形的，责令当事人采取卸载、分装等改正措施，消除违法状态，依法予以处罚；

（四）对车辆进行复检，合格后放行；

（五）将超限运输违法信息录入车辆超限管理信息系统。

**第三十三条** 路政执法人员实施超限检查时，应当根据下列情况分别作出处理：

（一）对符合规定未超限，或者运载不可解体大件物品且已办理超限运输许可手续的车辆，应当立即放行；

（二）对超限且构成公路违法行为的，依法予以处理；其中，对擅自运载不可解体大件物品的车辆在处理完毕后需要继续行驶公路的，应当告知当事人到有关部门申请办理超限运输许可手续。

### 第四节 监督巡查

**第三十四条** 公路管理机构应当按照有关规定对公路进行监督巡查。省、自治区、直辖市公路管理机构可以根据本地区交通特点、公路等级等因素，确定巡查频率。

公路管理机构可以采取举报奖励、目标责任考核等方式，充分调动和发挥公路沿线乡镇人民政府、村委会和群众的积极性，以弥补巡查力量的不足，共同做好公路保护工作。

**第三十五条** 公路监督检查专用车辆的使用和管理应当严格按照《公路监督检查专用车辆管理办法》执行，并遵守下列要求：

（一）保持车容整洁，车况良好，装备齐全；

（二）遵守交通法规，安全驾驶，文明行车；

（三）保持联络畅通，服从统一指挥和调度；

（四）严禁将车辆借给其他单位、个人使用以及公车私用；

（五）严禁恶意遮挡或者未悬挂车牌行车；

（六）非因公务需要严禁将车辆停放在酒店、娱乐场所。

**第三十六条** 车辆警示装置的使用应当以保障工作需要为准，尽

量不扰民,并遵守下列要求:

(一)非紧急任务不得使用警示灯、警报器;

(二)确需使用警示装置时,能使用警示灯即可完成任务的,不使用警报器;

(三)确需使用警报器时,应当以断续使用警报器为主;

(四)车队行驶时,前车已使用警报器的,后车无特殊情况不得使用警报器。

第三十七条　路政执法人员实施公路监督巡查时,应当根据下列情况分别作出处理:

(一)发现公路出现坍塌、坑槽、水毁等损毁,尚未设置警示标志的,设置临时警示标志,做好现场保护,同时报告公路管理机构或者通知公路经营企业及时补设警示标志并采取措施修复;

(二)发现公路上有遗洒物并能够自行处理的,在不影响交通情况下,可先自行处理;不能自行处理的,及时通知有关责任单位处理;遗洒物为遗失物的,按照《中华人民共和国物权法》的规定执行;

(三)发现公路进行养护作业的,指导和督促公路养护作业单位按照有关要求在作业现场设置警示标志,并根据需要维持养护作业现场秩序;公路养护作业造成交通堵塞时,及时启动疏导预案,会同公安交通警察依照各自职责,做好分流和疏导工作;

(四)发现群众遇到困难,需要紧急求助公安、消防、医疗等部门的,及时提供有关信息和帮助;

(五)发现属于紧急情况的,按照应急预案及相关处置制度执行;

(六)发现构成公路违法行为的,依法予以处理。

第三十八条　公路监督巡查完毕,路政执法人员应当按照规定制作巡查记录,并做好交接班。巡查记录应当记载巡查时段、巡查路段、巡查人员、巡查车牌号、巡查情况及处理时间和结果等信息。

巡查记录应当每周定期进行总结评议。巡查记录保存期限不得少于2年。

第三十九条　公路管理机构应当建立路政与养护联合巡查机制,降低巡查成本,提高管理效能。

### 第五节　拦车规定

第四十条　路政执法人员在执法活动中确需拦车的,应当以确保

安全为原则,并遵守下列程序:
(一)上路拦车前应当明确执法的任务、方法、要求和安全防护规定,检查安全防护装备;
(二)根据公路条件和交通状况,选择安全和不妨碍通行的地点进行拦车,避免引发交通堵塞;
(三)在距检查地点至少200米处开始摆放发光或者反光的警示标志,间隔设置减速提示标牌、反光锥筒等安全防护设备;
(四)拦车时使用停车示意牌和规范的指挥手势,严格执行安全防护规定,注意自身安全;
(五)指挥车辆停放在安全地点,再进行检查,并认真做好有关记录。

第四十一条 拦车安全防护规定包括以下主要内容:
(一)不得在同一地点双向同时拦截车辆;
(二)不得在行车道上拦截、检查车辆或者处罚当事人;
(三)遇有拒绝停车接受处理的,不得站在车辆前面强行拦截,或者采取脚踏车辆踏板、强行攀扒车辆等方式,强行责令驾驶人停车;
(四)遇有驾车逃跑的,除可能对公路设施安全有严重威胁以外,不得驾驶机动车追缉,可以采取通知前方收费站、超限检测站点或者执法人员进行截查,或者记下车牌号以便事后追究法律责任等方式予以处理。

第四十二条 公路管理机构应当定期对拦车情况进行总结讲评,及时发现和纠正存在的不足,明确改进措施。

## 第五章 行政强制

第四十三条 公路管理机构及其路政执法人员实施行政强制,应当依照法定的权限、范围、条件和程序,遵循比例原则,选择适当、必要的方式、强度,避免造成不必要的损失。

公路管理机构及其路政执法人员采用非强制手段可以达到行政管理目的的,不得实施有关行政强制。

第四十四条 实施行政强制的程序、文书和期限按照《中华人民共和国行政强制法》、《中华人民共和国公路法》、《公路安全保护条例》、《路政管理规定》等有关规定执行。

**第四十五条** 路政执法人员对侵占、损坏公路、公路用地、公路附属设施等违法行为，应当予以检查和制止。检查和制止时，不得损害当事人的合法权益。

**第四十六条** 有下列情形之一的，路政执法人员可以依法采取下列行政强制措施：

（一）造成公路、公路附属设施损坏，拒不接受现场调查处理的，扣留车辆或者进行违法活动的工具；

（二）经批准进行超限运输的车辆，未按照指定时间、路线和速度行驶且拒不改正，或者未随车携带超限运输车辆通行证的，扣留车辆；

（三）采取故意堵塞超限检测站点通行车道、强行通过超限检测站点等方式扰乱超限检测秩序，或者采取短途驳载等方式逃避超限检测的，强制拖离或者扣留车辆；

（四）法律、法规规定的其他情形。

**第四十七条** 路政执法人员扣留车辆、工具时，应当遵守下列要求：

（一）当场登记扣留车辆、工具的数量和品质；

（二）依法扣留车辆时，不得扣留车辆所载货物，并提醒当事人妥善处理车辆所载货物；

（三）妥善保管扣留车辆、工具，不得使用或者损毁，未经法定程序不得处置。

因扣留车辆、工具发生的保管费用由有关公路管理机构承担。

**第四十八条** 有下列情形之一的，路政执法人员可以依法责令限期拆除；逾期不拆除的，强制拆除：

（一）擅自在公路用地范围内设置非公路标志的；

（二）在公路建筑控制区内修建建筑物或者地面构筑物的；

（三）擅自在公路建筑控制区内埋设管道、电缆等设施的；

（四）法律规定的其他情形。

**第四十九条** 对违法的建筑物、地面构筑物、设施等需要强制拆除的，应当由有关公路管理机构予以公告，限期当事人自行拆除。当事人在法定期限内不申请行政复议或者提起行政诉讼，又不拆除的，有关公路管理机构可以依法强制拆除。

公路管理机构及其路政执法人员不得在夜间或者法定节假日实施强制拆除。但是，情况紧急的除外。

**第五十条** 公路管理机构向人民法院申请强制执行的，应当按照《中华人民共和国行政强制法》的规定提供相关材料，并注意以下事项：

（一）在法定期限内提出申请；

（二）向有管辖权的人民法院提出申请；

（三）在制作法律文书、立案、调查取证、告知当事人权利、内部审批、送达执行等环节要从严、从细、从实，避免因个别环节上的失误而导致申请中的被动。

# 第六章　行政处罚

**第五十一条** 路政执法人员实施行政处罚时，应当做到：

（一）符合法定的职责权限，事实清楚，证据确凿，适用法律准确；

（二）严格履行程序规定，不得违反法定程序；

（三）作出行政处罚决定前，应当告知当事人有关事实、理由、依据和依法享有的权利；

（四）认真、耐心听取当事人的陈述、申辩，吸收采纳合理意见；不予采纳的，应当说明理由；涉及多个当事人的，应当给予当事人各方平等陈述、申辩的机会；不得因当事人申辩而加重处罚；

（五）依法维护当事人享有的合法权利，不得拒绝当事人行使合法权利的请求；

（六）收取费用应当严格按照法定收费项目和标准执行，开具省、自治区、直辖市财政部门统一制发的罚款收据。

**第五十二条** 公路管理机构及其路政执法人员实施行政处罚时，应当注意预防和化解行政执法争议，并遵守下列要求：

（一）坚持教育与处罚相结合，先教育后处罚的原则；

（二）注重执法效果，既要依法予以处罚，也要纠正违法行为，不得以罚代管、以罚代纠；

（三）违法行为轻微，并能及时纠正，没有造成危害后果的，要以批评教育为主；

（四）案情复杂或者有重大违法行为需要给予较重行政处罚的，

应当由公路管理机构负责人集体讨论决定。

**第五十三条** 实施行政处罚的程序、文书和期限按照《中华人民共和国行政处罚法》、《中华人民共和国公路法》、《公路安全保护条例》、《交通行政处罚程序规定》等有关规定执行。

**第五十四条** 路政执法人员实施行政处罚，应当按照规范的案由格式认定公路违法行为并制作法律文书。

**第五十五条** 对于性质相同、情节相近、危害后果相当的公路违法行为，路政执法人员实施行政处罚时，处罚幅度应当基本相近。

省、自治区、直辖市公路管理机构可以结合本地情况，在法律、法规、规章规定的处罚幅度范围内，制定行政处罚自由裁量权基准制度，确保公平、公正、合理。

**第五十六条** 任何单位和个人不得给路政执法人员下达或者变相下达罚款指标，公路管理机构不得以罚款数额作为考核路政执法人员的标准。

**第五十七条** 对损坏公路、公路附属设施同时构成民事违法行为的，公路管理机构实施行政处罚时，应当配合民事责任的追究，不得以行政处罚代替对民事责任的追究。

**第五十八条** 公路管理机构在依法查处违法行为过程中，发现违法事实的情节、违法事实造成的后果等，根据《中华人民共和国刑法》以及相关司法解释的规定，涉嫌构成犯罪，依法需要追究刑事责任的，应当按照《行政执法机关移送涉嫌犯罪案件的规定》及时移送司法机关处理，不得以行政处罚代替刑事处罚。

## 第七章 奖 惩

**第五十九条** 交通运输主管部门、公路管理机构应当建立健全行政执法责任、执法过错责任追究、执法行为评议考核等制度，制定和完善执法程序，加强对各项执法行为的监督制约。

行政执法监督工作应当以事实为根据，以法律为准绳，遵循有功必奖、有错必纠、监督与指导相结合、教育与惩处相结合的原则。

**第六十条** 对模范遵守本规范，为路政文明执法做出突出贡献的公路管理机构及其路政执法人员，由交通运输主管部门予以表彰和奖励。

执行本规范，应当纳入交通运输文明执法创建考核范围。

**第六十一条** 交通运输主管部门、公路管理机构应当加强对路政执法人员的管理和教育。

对违反本规范有关执法纪律规定的，根据情节轻重给予批评教育、离岗培训、调离执法岗位、取消执法资格等处理；情节严重，造成严重后果的，依法给予行政处分；构成犯罪的，依法追究刑事责任。

**第六十二条** 交通运输主管部门、公路管理机构应当接受新闻舆论和群众的监督，公布举报电话，认真受理举报，及时查处路政执法人员违法违纪行为。

## 第八章 附 则

**第六十三条** 本规范自 2012 年 7 月 1 日起施行。

## 公共交通企业信息公开规定

· 2022 年 2 月 19 日交通运输部令 2022 年第 11 号公布
· 自 2022 年 4 月 1 日起施行

**第一条** 为了加强公共交通企业信息公开工作，提升公共交通企业服务水平，切实维护公民、法人和其他组织获取信息的合法权益，根据《中华人民共和国政府信息公开条例》等法规，制定本规定。

**第二条** 铁路、公路、水路、民航领域的公共交通企业信息公开及监督管理活动，适用本规定。

前款所称公共交通企业，是指为不特定社会公众提供出行服务并按照固定线路、时间、站点、班次运行的运输经营企业和港站经营企业。

公路、水路领域公共交通企业，包括从事城市公共交通、道路班车客运、道路客运站、水路旅客班轮、港口客运站运营的企业。

**第三条** 公共交通企业在提供公共服务过程中制作或者获取的、直接关系社会公众出行并以一定形式记录、保存的信息，应当按照本规定进行公开。

**第四条** 公共交通企业公开信息,应当采取主动公开的方式,坚持便民实用、及时全面的原则,满足社会公众信息需求。

**第五条** 交通运输部负责指导全国公路、水路领域公共交通企业的信息公开工作。

县级以上地方人民政府交通运输主管部门按照职责实施本行政区域内公路、水路领域公共交通企业的信息公开监督管理工作。

各级铁路、民航监管部门按照职责指导和监督铁路、民航领域公共交通企业的信息公开工作。

**第六条** 公共交通企业应当建立健全信息公开制度,明确信息发布流程、审核程序等。

**第七条** 公共交通企业应当主动公开运营服务、安全防范、应急处置、权益维护等信息。

鼓励公共交通企业主动公开有利于推动公共交通服务高质量发展、提升社会公众出行满意度的其他相关信息。

**第八条** 城市公共交通运营企业应当主动公开以下信息:

(一)运营线路、站点名称、服务时间、运行方向、票价、乘车(船)规则等运营服务信息;

(二)乘客安全须知、禁止携带的物品目录、安全警示标志等安全防范信息;

(三)安全锤、灭火器等应急救援设备设施使用方法,以及安全疏散标识等应急处置信息;

(四)企业服务监督电话、行业监督电话、投诉受理制度等权益维护信息。

城市轨道交通运营企业还应当主动公开运行间隔时间、周边换乘、路线指示标识、服务质量承诺,以及站台紧急停车按钮、车辆紧急解锁按钮使用方法等信息。

城市轮渡运营企业还应当主动公开载客定额、消防救生演示图、救生衣使用方法等信息。

**第九条** 道路班车客运、道路客运站运营企业应当主动公开以下信息:

(一)企业名称、驾驶员姓名和从业资格证号、票价、里程表、乘车规则等道路班车客运营服务信息,客车类型等级、运输线路、配客站点、班次、发车时间、票价等道路客运站运营服务信息;

（二）乘客安全须知、禁止及限制携带和托运的物品目录、安全警示标志等安全防范信息；

（三）安全锤、灭火器等应急救援设备设施使用方法，以及安全疏散标识等应急处置信息；

（四）企业服务监督电话、行业监督电话等权益维护信息。

**第十条** 水路旅客班轮、港口客运站运营企业应当主动公开以下信息：

（一）船舶名称、目的港、始发港、班期、班次、票价、乘船规则等运营服务信息；

（二）载客定额、乘船安全须知、禁止及限制携带和托运的物品目录、安全警示标志、救生衣使用方法等安全防范信息；

（三）灭火器等应急救援设备设施使用方法、安全疏散标识、消防救生演示图等应急处置信息；

（四）企业服务监督电话、行业监督电话等权益维护信息。

**第十一条** 综合客运枢纽内的公共交通企业应当做好枢纽内导向标识、换乘路径、集疏运路线图等信息的主动公开。

**第十二条** 公共交通企业对下列信息不予公开：

（一）涉及国家秘密的；

（二）公开后可能危及国家安全、公共安全、经济安全、社会稳定的；

（三）涉及商业秘密、个人隐私等公开会对第三方合法权益造成损害的；

（四）法律、法规禁止公开的其他信息。

公共交通企业内部管理信息可以不予公开。

**第十三条** 公共交通企业应当及时主动公开相关信息，并根据实际情况动态调整。

因运营线路、站点等信息发生变更影响社会公众出行的，公路、水路领域公共交通企业应当在实施之日3日前予以公开；因交通管制、重大公共活动、恶劣天气、突发事件等导致临时变更的，应当及时公开。

**第十四条** 公共交通企业应当设置信息公开咨询窗口，及时回复社会公众咨询，并针对不同群体优化咨询服务。

设置信息公开咨询窗口可以采取电话、网站、现场咨询等方式，并注重与客户服务热线、移动客户端等进行融合。

第十五条　公共交通企业可以通过文字、标识、图示、视频、音频等方式公开信息。公开方式应当便于社会公众知晓。

第十六条　公共交通企业可以通过以下一种或者几种渠道公开信息：

（一）交通运输场站；

（二）交通运输工具及其服务设施；

（三）网络平台；

（四）其他便于社会公众及时、准确获取信息的渠道。

公共交通企业通过交通运输场站、交通运输工具及其服务设施设置广告的，不得覆盖、遮挡应予公开的信息。

第十七条　城市公共交通运营企业未按照规定公开相关信息的，由城市人民政府交通运输主管部门或者城市人民政府指定的城市公共交通运营主管部门责令限期整改。

道路班车客运、道路客运站、水路旅客班轮、港口客运站运营企业未按照规定公开相关信息的，由县级以上人民政府交通运输主管部门责令限期整改。

铁路、民航领域公共交通企业未按照规定公开相关信息的，分别由铁路、民航监管部门责令限期整改。

第十八条　社会公众对公共交通企业信息公开内容、时限、渠道等事项有异议的，有权向相关交通运输主管部门、铁路、民航监管部门进行申诉。

相关交通运输主管部门、铁路、民航监管部门应当建立专门工作制度，明确处理时限，对社会公众的申诉予以受理登记，及时进行调查处理，并将处理结果告知申诉人。

第十九条　国家铁路局、中国民用航空局可以根据社会公众出行需要细化铁路、民航领域公共交通企业类别、具体公开内容和期限。

第二十条　法律、法规、规章对信息公开内容、公开期限以及信息保存期限等公共交通企业信息公开及监督管理活动另有规定的，从其规定。

第二十一条　从事道路客运站运营的事业单位信息公开依照本规定执行。

第二十二条　本规定自 2022 年 4 月 1 日起施行。

# 路政管理规定

- 2003年1月27日交通部令第2号发布
- 根据2016年12月10日交通运输部《关于修改〈路政管理规定〉的决定》修正

## 第一章 总 则

**第一条** 为加强公路管理,提高路政管理水平,保障公路的完好、安全和畅通,根据《中华人民共和国公路法》(以下简称《公路法》)及其他有关法律、行政法规,制定本规定。

**第二条** 本规定适用于中华人民共和国境内的国道、省道、县道、乡道的路政管理。

本规定所称路政管理,是指县级以上人民政府交通主管部门或者其设置的公路管理机构,为维护公路管理者、经营者、使用者的合法权益,根据《公路法》及其他有关法律、法规和规章的规定,实施保护公路、公路用地及公路附属设施(以下统称"路产")的行政管理。

**第三条** 路政管理工作应当遵循"统一管理、分级负责、依法行政"的原则。

**第四条** 交通部根据《公路法》及其他有关法律、行政法规的规定主管全国路政管理工作。

县级以上地方人民政府交通主管部门根据《公路法》及其他有关法律、法规、规章的规定主管本行政区域内路政管理工作。

县级以上地方人民政府交通主管部门设置的公路管理机构根据《公路法》的规定或者根据县级以上地方人民政府交通主管部门的委托负责路政管理的具体工作。

**第五条** 县级以上地方人民政府交通主管部门或者其设置的公路管理机构的路政管理职责如下:

(一)宣传、贯彻执行公路管理的法律、法规和规章;

(二)保护路产;

（三）实施路政巡查；

（四）管理公路两侧建筑控制区；

（五）维持公路养护作业现场秩序；

（六）参与公路工程交工、竣工验收；

（七）依法查处各种违反路政管理法律、法规、规章的案件；

（八）法律、法规规定的其他职责。

第六条 依照《公路法》的有关规定，受让公路收费权或者由国内外经济组织投资建成的收费公路的路政管理工作，由县级以上地方人民政府交通主管部门或者其设置的公路管理机构的派出机构、人员负责。

第七条 任何单位和个人不得破坏、损坏或者非法占用路产。

任何单位和个人都有爱护路产的义务，有检举破坏、损坏路产和影响公路安全行为的权利。

## 第二章 路政管理许可

第八条 除公路防护、养护外，占用、利用或者挖掘公路、公路用地、公路两侧建筑控制区，以及更新、砍伐公路用地上的树木，应当根据《公路法》和本规定，事先报经交通主管部门或者其设置的公路管理机构批准、同意。

第九条 因修建铁路、机场、电站、通信设施、水利工程和进行其他建设工程需要占用、挖掘公路或者使公路改线的，建设单位应当按照《公路法》第四十四条第二款的规定，事先向交通主管部门或者其设置的公路管理机构提交申请书和设计图。

本条前款规定的申请书包括以下主要内容：

（一）主要理由；

（二）地点（公路名称、桩号及与公路边坡外缘或者公路界桩的距离）；

（三）安全保障措施；

（四）施工期限；

（五）修复、改建公路的措施或者补偿数额。

第十条 跨越、穿越公路，修建桥梁、渡槽或者架设、埋设管线等设施，以及在公路用地范围内架设、埋设管（杆）线、电缆等设施,应当按照《公路法》第四十五条的规定,事先向交通主管部门或者其设置的公路管理机构提交申请书和设计图。

本条前款规定的申请书包括以下主要内容:
(一)主要理由;
(二)地点(公路名称、桩号及与公路边坡外缘或者公路界桩的距离);
(三)安全保障措施;
(四)施工期限;
(五)修复、改建公路的措施或者补偿数额。

**第十一条** 因抢险、防汛需要在大中型公路桥梁和渡口周围二百米范围内修筑堤坝、压缩或者拓宽河床,应当按照《公路法》第四十七条第二款的规定,事先向交通主管部门提交申请书和设计图。

本条前款规定的申请书包括以下主要内容:
(一)主要理由;
(二)地点(公路名称、桩号及与公路边坡外缘或者公路界桩的距离);
(三)安全保障措施;
(四)施工期限。

**第十二条** 铁轮车、履带车和其他可能损害公路路面的机具,不得在公路上行驶。

农业机械因当地田间作业需要在公路上短距离行驶或者军用车辆执行任务需要在公路上行驶的,可以不受前款限制,但是应当采取安全保护措施。对公路造成损坏的,应当按照损坏程度给予补偿。

**第十三条** 超过公路、公路桥梁、公路隧道或者汽车渡船的限载、限高、限宽、限长标准的车辆,确需在公路上行驶的,按照《公路法》第五十条和交通部制定的《超限运输车辆行驶公路管理规定》的规定办理。

**第十四条** 在公路用地范围内设置公路标志以外的其他标志,应当按照《公路法》第五十四条的规定,事先向交通主管部门或者其设置的公路管理机构提交申请书和设计图。

本条前款规定的申请书包括以下主要内容:
(一)主要理由;
(二)标志的内容;

（三）标志的颜色、外廓尺寸及结构；
（四）标志设置地点（公路名称、桩号）；
（五）标志设置时间及保持期限。

**第十五条** 在公路上增设平面交叉道口，应当按照《公路法》第五十五条的规定，事先向交通主管部门或者其设置的公路管理机构提交申请书和设计图或者平面布置图。

本条前款规定的申请书包括以下主要内容：
（一）主要理由；
（二）地点（公路名称、桩号）；
（三）施工期限；
（四）安全保障措施。

**第十六条** 在公路两侧的建筑控制区内埋设管（杆）线、电缆等设施，应当按照《公路法》第五十六条第一款的规定，事先向交通主管部门或者其设置的公路管理机构提交申请书和设计图。

本条前款规定的申请书包括以下主要内容：
（一）主要理由；
（二）地点（公路名称、桩号及与公路边坡外缘或公路界桩的距离）；
（三）安全保障措施；
（四）施工期限。

**第十七条** 更新砍伐公路用地上的树木，应当依照《公路法》第四十二条第二款的规定，事先向交通主管部门或者其设置的公路管理机构提交申请书。

本条前款规定的申请书包括以下主要内容：
（一）主要理由；
（二）地点（公路名称、桩号）；
（三）树木的种类和数量；
（四）安全保障措施；
（五）时间；
（六）补种措施。

**第十八条** 除省级人民政府根据《公路法》第八条第二款就国道、省道管理、监督职责作出决定外，路政管理许可的权限如下：
（一）属于国道、省道的，由省级人民政府交通主管部门或者其

设置的公路管理机构办理;

（二）属于县道的，由市（设区的市）级人民政府交通主管部门或者其设置的公路管理机构办理;

（三）属于乡道的，由县级人民政府交通主管部门或者其设置的公路管理机构办理。

路政管理许可事项涉及有关部门职责的，应当经交通主管部门或者其设置的公路管理机构批准或者同意后，依照有关法律、法规的规定，办理相关手续。其中，本规定第十一条规定的事项，由省级人民政府交通主管部门会同省级水行政主管部门办理。

**第十九条** 交通主管部门或者其设置的公路管理机构自接到申请书之日起15日内应当作出决定。作出批准或者同意的决定的，应当签发相应的许可证;作出不批准或者不同意的决定的，应当书面告知，并说明理由。

## 第三章 路政案件管辖

**第二十条** 路政案件由案件发生地的县人民政府交通主管部门或者其设置的公路管理机构管辖。

**第二十一条** 对管辖发生争议的，报请共同的上一级人民政府交通主管部门或者其设置的公路管理机构指定管辖。

下级人民政府交通主管部门或者其设置的公路管理机构对属于其管辖的案件，认为需要由上级人民政府交通主管部门或者其设置的公路管理机构处理的，可以报请上一级人民政府交通主管部门或者其设置的公路管理机构决定。

上一级人民政府交通主管部门或者其设置的公路管理机构认为必要的，可以直接处理属于下级人民政府交通主管部门或者其设置的公路管理机构管辖的案件。

**第二十二条** 报请上级人民政府交通主管部门或者其设置的公路管理机构处理的案件以及上级人民政府交通主管部门或者其设置的公路管理机构决定直接处理的案件，案件发生地的县级人民政府交通主管部门或者其设置的公路管理机构应当首先制止违法行为，并做好保护现场等工作，上级人民政府交通主管部门或者其设置的公路管理机构应当及时确定管辖权。

## 第四章 行政处罚

**第二十三条** 有下列违法行为之一的,依照《公路法》第七十六条的规定,责令停止违法行为,可处三万元以下的罚款:

(一)违反《公路法》第四十四条第一款规定,擅自占用、挖掘公路的;

(二)违反《公路法》第四十五条规定,未经同意或者未按照公路工程技术标准的要求修建跨越、穿越公路的桥梁、渡槽或者架设、埋设管线、电缆等设施的;

(三)违反《公路法》第四十七条规定,未经批准从事危及公路安全作业的;

(四)违反《公路法》第四十八条规定,铁轮车、履带车和其他可能损害路面的机具擅自在公路上超限行驶的;

(五)违反《公路法》第五十条规定,车辆超限使用汽车渡船或者在公路上擅自超限行驶的;

(六)违反《公路法》第五十二条、第五十六条规定,损坏、移动、涂改公路附属设施或者损坏、挪动建筑控制区的标桩、界桩,可能危及公路安全的。

**第二十四条** 有下列违法行为之一的,依照《公路法》第七十七条的规定,责令停止违法行为,可处五千元以下罚款:

(一)违反《公路法》第四十六条规定,造成公路路面损坏、污染或者影响公路畅通的;

(二)违反《公路法》第五十一条规定,将公路作为检验机动车辆制动性能的试车场地的。

**第二十五条** 违反《公路法》第五十三条规定,造成公路损坏,未报告的,依照《公路法》第七十八条的规定,处以一千元以下罚款。

**第二十六条** 违反《公路法》第五十四条规定,在公路用地范围内设置公路标志以外的其他标志的,依照《公路法》第七十九条的规定,责令限期拆除,可处二万元以下罚款。

**第二十七条** 违反《公路法》第五十五条规定,未经批准在公路上设置平面交叉道口的,依照《公路法》第八十条的规定,责令恢复原状，处五万元以下罚款。

**第二十八条** 违反《公路法》第五十六条规定，在公路建筑控制区内修建建筑物、地面构筑物或者擅自埋设管线、电缆等设施的，依照《公路法》第八十一条的规定，责令限期拆除，并处五万元以下罚款。

**第二十九条** 《公路法》第八章及本规定规定的行政处罚，由县级以上地方人民政府交通主管部门或者其设置的公路管理机构依照《公路法》有关规定实施。

**第三十条** 实施路政处罚的程序，按照《交通行政处罚程序规定》办理。

## 第五章　公路赔偿和补偿

**第三十一条** 公民、法人或者其他组织造成路产损坏的，应向公路管理机构缴纳路产损坏赔（补）偿费。

**第三十二条** 根据《公路法》第四十四条第二款，经批准占用、利用、挖掘公路或者使公路改线的，建设单位应当按照不低于该段公路原有技术标准予以修复、改建或者给予相应的补偿。

**第三十三条** 路产损坏事实清楚，证据确凿充分，赔偿数额较小，且当事人无争议的，可以当场处理。

当场处理公路赔（补）偿案件，应当制作、送达《公路赔（补）偿通知书》收取公路赔（补）偿费，出具收费凭证。

**第三十四条** 除本规定第三十三条规定可以当场处理的公路赔（补）偿案件外，处理公路赔（补）偿案件应当按照下列程序进行：

（一）立案；

（二）调查取证；

（三）听取当事人陈述和申辩或听证；

（四）制作并送达《公路赔（补）偿通知书》；

（五）收取公路赔（补）偿费；

（六）出具收费凭证；

（七）结案。

调查取证应当询问当事人及证人，制作调查笔录；需要进行现场勘验或者鉴定的，还应当制作现场勘验报告或者鉴定报告。

**第三十五条** 本规定对公路赔（补）偿案件处理程序的具体事项未作规定的，参照《交通行政处罚程序规定》办理。

办理公路赔（补）偿案件涉及路政处罚的，可以一并进行调查取证，分别进行处理。

**第三十六条** 当事人对《公路赔（补）偿通知书》认定的事实和赔（补）偿费数额有疑义的，可以向公路管理机构申请复核。

公路管理机构应当自收到公路赔（补）偿复核申请之日起15日内完成复核，并将复核结果书面通知当事人。

本条规定不影响当事人依法向人民法院提起民事诉讼的法定权利。

**第三十七条** 公路赔（补）偿费应当用于受损公路的修复，不得挪作他用。

## 第六章　行政强制措施

**第三十八条** 对公路造成较大损害、当场不能处理完毕的车辆，公路管理机构应当依据《公路法》第八十五条第二款的规定，签发《责令车辆停驶通知书》，责令该车辆停驶并停放于指定场所。调查、处理完毕后，应当立即放行车辆，有关费用由车辆所有人或者使用人承担。

**第三十九条** 违反《公路法》第五十四条规定，在公路用地范围内设置公路标志以外的其他标志，依法责令限期拆除，而设置者逾期不拆除的，依照《公路法》第七十九条的规定强行拆除。

**第四十条** 违反《公路法》第五十六条规定，在公路建筑控制区内修建建筑物、地面构筑物或者擅自埋设管（杆）线、电缆等设施，依法责令限期拆除，而建筑者、构筑者逾期不拆除的，依照《公路法》第八十一条的规定强行拆除。

**第四十一条** 依法实施强行拆除所发生的有关费用，由设置者、建筑者、构筑者负担。

**第四十二条** 依法实施路政强制措施，应当遵守下列程序：

（一）制作并送达路政强制措施告诫书，告知当事人作出拆除非法标志或者设施决定的事实、理由及依据，拆除非法标志或者设施的期限，不拆除非法标志或者设施的法律后果，并告知当事人依法享有

的权利;

（二）听取当事人陈述和申辩;

（三）复核当事人提出的事实、理由和依据;

（四）经督促告诫，当事人逾期不拆除非法标志或者设施的，制作并送达路政强制措施决定书;

（五）实施路政强制措施;

（六）制作路政强制措施笔录。

实施强行拆除涉及路政处罚的，可以一并进行调查取证，分别进行处理。

**第四十三条** 有下列情形之一的，可依法申请人民法院强制执行:

（一）当事人拒不履行公路行政处罚决定;

（二）依法强行拆除受到阻挠。

**第四十四条** 《公路法》第八章及本规定规定的行政强制措施，由县级以上地方人民政府交通主管部门或者其设置的公路管理机构依照《公路法》有关规定实施。

## 第七章　监督检查

**第四十五条** 交通主管部门、公路管理机构应当依法对有关公路管理的法律、法规、规章执行情况进行监督检查。

**第四十六条** 交通主管部门、公路管理机构应当加强路政巡查，认真查处各种侵占、损坏路产及其他违反公路管理法律、法规和本规定的行为。

**第四十七条** 路政管理人员依法在公路、建筑控制区、车辆停放场所、车辆所属单位等进行监督检查时，任何单位和个人不得阻挠。

**第四十八条** 公路养护人员发现破坏、损坏或者非法占用路产和影响公路安全的行为应当予以制止，并及时向公路管理机构报告，协助路政管理人员实施日常路政管理。

**第四十九条** 公路经营者、使用者和其他有关单位、个人，应当接受路政管理人员依法实施的监督检查，并为其提供方便。

**第五十条** 对公路造成较大损害的车辆，必须立即停车，保护现场，并向公路管理机构报告。

**第五十一条** 交通主管部门、公路管理机构应当对路政管理人员的执法行为加强监督检查，对其违法行为应当及时纠正，依法处理。

## 第八章 人员与装备

**第五十二条** 公路管理机构应当配备相应的专职路政管理人员，具体负责路政管理工作。

**第五十三条** 路政管理人员的配备标准由省级人民政府交通主管部门会同有关部门按照"精干高效"的原则，根据本辖区公路的行政等级、技术等级和当地经济发展水平等实际情况综合确定。

**第五十四条** 路政管理人员录用应具备以下条件：

（一）年龄在20周岁以上，但一线路政执法人员的年龄不得超过45岁；

（二）身体健康；

（三）大专毕业以上文化程度；

（四）持有符合交通部规定的岗位培训考试合格证书。

**第五十五条** 路政管理人员实行公开录用、竞争上岗，由市（设区的市）级公路管理机构组织实施，省级公路管理机构批准。

**第五十六条** 路政管理人员执行公务时，必须按规定统一着装，佩戴标志，持证上岗。

**第五十七条** 路政管理人员必须爱岗敬业，恪尽职守，熟悉业务，清正廉洁，文明服务、秉公执法。

**第五十八条** 交通主管部门、公路管理机构应当加强路政管理队伍建设，提高路政管理执法水平。

**第五十九条** 路政管理人员玩忽职守、徇私舞弊、滥用职权，依法给予行政处分；构成犯罪的，依法追究刑事责任。

**第六十条** 公路管理机构应当配备专门用于路政管理的交通、通信及其他必要的装备。

用于路政管理的交通、通讯及其他装备不得用于非路政管理活动。

**第六十一条** 用于路政管理的专用车辆，应当按照《公路法》第七十三条和交通部制定的《公路监督检查专用车辆管理办法》的规定，设置统一的标志和示警灯。

## 第九章 内务管理

**第六十二条** 公路管理机构应当建立健全路政内务管理制度,加强各项内务管理工作。

**第六十三条** 路政内务管理制度如下:
(一) 路政管理人员岗位职责;
(二) 路政管理人员行为规范;
(三) 路政管理人员执法考核、评议制度;
(四) 路政执法与办案程序;
(五) 路政巡查制度;
(六) 路政管理统计制度;
(七) 路政档案管理制度;
(八) 其他路政内务管理制度。

**第六十四条** 公路管理机构应当公开办事制度,自觉接受社会监督。

## 第十章 附 则

**第六十五条** 公路赔(补)偿费标准,由省、自治区、直辖市人民政府交通主管部门会同级财政、价格主管部门制定。

**第六十六条** 路政管理文书的格式,由交通部统一制定。

**第六十七条** 本规定由交通部负责解释。

**第六十八条** 本规定自 2003 年 4 月 1 日起施行。1990 年 9 月 24 日交通部发布的《公路路政管理规定(试行)》同时废止。

# 公路超限检测站管理办法

· 2011 年 6 月 24 日交通运输部令第 7 号公布
· 自 2011 年 8 月 1 日起施行

## 第一章 总 则

**第一条** 为加强和规范公路超限检测站管理,保障车辆超限治理工作依法有效进行,根据《中华人民共和国公路法》和《公路安全保护条例》,制定本办法。

**第二条** 本办法所称公路超限检测站,是指为保障公路完好、安全和畅通,在公路上设立的,对车辆实施超限检测,认定、查处和纠正违法行为的执法场所和设施。

**第三条** 公路超限检测站的管理,应当遵循统一领导、分级负责、规范运行、依法监管的原则。

交通运输部主管全国公路超限检测站的监督管理工作。

省、自治区、直辖市人民政府交通运输主管部门主管本行政区域内公路超限检测站的监督管理工作,并负责公路超限检测站的规划、验收等工作。

市、县级人民政府交通运输主管部门根据《中华人民共和国公路法》、《公路安全保护条例》等法律、法规、规章的规定主管本行政区域内公路超限检测站的监督管理工作。

公路超限检测站的建设、运行等具体监督管理工作,由公路管理机构负责。

**第四条** 公路超限检测站作为公路管理机构的派出机构,其主要职责是:

(一)宣传、贯彻、执行国家有关车辆超限治理的法律、法规、规章和政策;

(二)制定公路超限检测站的各项管理制度;

(三)依法对在公路上行驶的车辆进行超限检测,认定、查处和纠正违法行为;

(四)监督当事人对超限运输车辆采取卸载、分装等消除违法状态的改正措施;

(五)收集、整理、上报有关检测、执法等数据和动态信息;

(六)管理、维护公路超限检测站的设施、设备和信息系统;

(七)法律、法规规定的其他职责。

**第五条** 县级以上各级人民政府交通运输主管部门应当在经批准的公路管理经费预算中统筹安排公路超限检测站的建设和运行经费,并实行专款专用。任何单位和个人不得截留、挤占或者挪用。

**第六条** 县级以上地方人民政府交通运输主管部门可以结合本地区实际,在本级人民政府的统一领导下,会同有关部门组织路政管理、交通警察等执法人员依照各自职责,在公路超限检测站内对超限运输车辆实施联合执法。

## 第二章 规划建设

**第七条** 公路超限检测站按照布局和作用,分为Ⅰ类检测站和Ⅱ类检测站。

(一)Ⅰ类检测站主要用于监控国道或者省道的省界入口、多条国道或者省道的交汇点、跨省货物运输的主通道等全国性公路网的重要路段和节点;

(二)Ⅱ类检测站主要用于监控港口码头、厂矿等货物集散地、货运站的主要出入路段以及省内货物运输的主通道等区域性公路网的重要路段和节点。

**第八条** 公路超限检测站的设置,应当按照统一规划、合理布局、总量控制、适时调整的原则,由省、自治区、直辖市人民政府交通运输主管部门提出方案,报请本级人民政府批准;其中,Ⅰ类检测站的设置还应当符合交通运输部有关超限检测站的规划。

经批准设置的公路超限检测站,未经原批准机关同意,不得擅自撤销或者变更用途。

**第九条** 公路超限检测站的全称按照"公路管理机构名称+超限检测站所在地名称+超限检测站"的形式统一命名,其颜色、标识等外观要求应当符合附件1、附件2的规定。

**第十条** 公路超限检测站的建设,除符合有关技术规范的要求外,还应当遵循下列原则:

(一)选址优先考虑公路网的关键节点;

(二)尽量选择视线开阔,用水、用电方便,生活便利的地点;

(三)以港湾式的建设方式为主,因客观条件限制,确需远离公路主线建设的,应当修建连接公路主线与检测站区的辅道;

(四)统筹考虑公路网运行监测、公路突发事件应急物资储备等因素,充分利用公路沿线现有设施、设备、人力、信息等资源,增强检测站的综合功能,降低运行成本。

**第十一条** 建设公路超限检测站,应当根据车辆超限检测的需要,合理设置下列功能区域及设施:

（一）检测、执法处理、卸载、停车等车辆超限检测基本功能区；

（二）站区交通安全、交通导流、视频监控、网络通讯、照明和其他车辆超限检测辅助设施；

（三）必要的日常办公和生活设施。

对于交通流量较大、治理工作任务较重的公路超限检测站，可以在公路主线上设置不停车预检设施，对超限运输车辆进行预先识别。

**第十二条** 公路超限检测站应当在入口前方一定距离内按照附件3的规定设置检测站专用标志，对行驶车辆进行提示。

**第十三条** 公路超限检测站应当加强信息化建设，其信息系统应当符合交通运输部颁发的数据交换标准，并满足远程查询证照和违法记录信息、站内执法信息化以及部、省、站三级联网管理的需要。

**第十四条** 公路超限检测站建成后，省、自治区、直辖市人民政府交通运输主管部门应当按照国家有关规定和标准组织验收。验收合格后方可投入使用。

**第十五条** 新建、改建公路时，有经批准设置的公路超限检测站的，应当将其作为公路附属设施的组成部分，一并列入工程预算，与公路同步设计、同步建设、同步运行。

**第十六条** 省、自治区、直辖市人民政府交通运输主管部门应当组织有关部门定期对辖区内公路超限检测站的整体布局进行后评估，并可以根据交通流量、车辆超限变化情况等因素，适时对超限检测站进行合理调整。

## 第三章 运行管理

**第十七条** 公路超限检测站应当建立健全工作制度，参照附件4的规定规范检测、处罚、卸载等工作流程，并在显著位置设置公告栏，公示有关批准文书、工作流程、收费项目与标准、计量检测设备合格证等信息。

**第十八条** 公路超限检测站实行24小时工作制。因特殊情况确需暂停工作的，应当报经省、自治区、直辖市公路管理机构批准。

省、自治区、直辖市公路管理机构应当制定公路超限检测站运行管理办法，加强对公路超限检测站的组织管理和监督考核。

**第十九条** 公路超限检测站实行站长负责制。公路管理机构应当加强对站长、副站长的选拔和考核管理工作,实行站长定期轮岗交流制度。

**第二十条** 公路超限检测站应当根据检测执法工作流程,明确车辆引导、超限检测、行政处罚、卸载分装、流动检测、设备维护等不同岗位的工作职责,并结合当地实际,按照部颁Ⅰ类和Ⅱ类检测站的标准配备相应的路政执法人员。

**第二十一条** 公路超限检测站应当根据检测路段交通流量、车辆出行结构等因素合理配置下列超限检测执法设备:

(一)经依法定期检定合格的有关车辆计量检测设备;

(二)卸载、分装货物或者清除障碍的相关机械设备;

(三)执行公路监督检查任务的专用车辆;

(四)用于调查取证、执法文书处理、通讯对讲、安全防护等与超限检测执法有关的其他设备。

**第二十二条** 公路超限检测站应当在站区内设置监督意见箱、开水桶、急救箱、卫生间等便民服务设施,并保持站内外环境整洁。

**第二十三条** 公路超限检测站应当加强对站内设施、设备的保管和维护,确保设施、设备处于良好运行状态。

**第二十四条** 公路超限检测站应当加强站区交通疏导,引导车辆有序检测,避免造成公路主线车辆拥堵。要结合实际情况制定突发事件应急预案,及时做好应急处置与安全防范等工作。

## 第四章 执法管理

**第二十五条** 公路超限检测应当采取固定检测为主的工作方式。

对于检测站附近路网密度较大、故意绕行逃避检测或者短途超限运输情形严重的地区,公路超限检测站可以按照省、自治区、直辖市人民政府交通运输主管部门的有关规定,利用移动检测设备等流动检测方式进行监督检查。经流动检测认定的违法超限运输车辆,应当就近引导至公路超限检测站进行处理。

禁止在高速公路主线上开展流动检测。

**第二十六条** 车辆违法超限运输的认定,应当经过依法检定合格的有关计量检测设备检测。

禁止通过目测的方式认定车辆违法超限运输。

**第二十七条** 经检测认定车辆存在违法超限运输情形的，公路超限检测站执法人员应当按照以下要求进行处理：

（一）对运载可分装货物的，应当责令当事人采取卸载、分装等改正措施，消除违法状态；对整车运输鲜活农产品以及易燃、易爆危险品的，按照有关规定处理；

（二）对运载不可解体大件物品且未办理超限运输许可手续的，应当责令当事人停止违法行为，接受调查处理，并告知当事人到有关部门申请办理超限运输许可手续。

**第二十八条** 对经检测发现不存在违法超限运输情形的车辆，或者经复检确认消除违法状态并依法处理完毕的车辆，应当立即放行。

**第二十九条** 公路超限检测站执法人员对车辆进行超限检测时，不得收取检测费用；对停放在公路超限检测站内接受调查处理的超限运输车辆，不得收取停车费用。

需要协助卸载、分装超限货物或者保管卸载货物的，相关收费标准应当按照省、自治区、直辖市人民政府物价部门核定的标准执行。卸载货物超过保管期限经通知当事人仍不领取的，可以按照有关规定予以处理。

**第三十条** 公路超限检测站执法人员依法实施罚款处罚，应当依照有关法律、行政法规的规定，实行罚款决定与罚款收缴分离；收缴的罚款应当全部上缴国库。

公路超限检测站执法人员依法当场收缴罚款的，应当向当事人出具省、自治区、直辖市财政部门统一制发的罚款收据；未出具的，当事人有权拒绝缴纳罚款。

禁止任何单位和个人向公路超限检测站执法人员下达或者变相下达罚款指标。

**第三十一条** 公路超限检测站执法人员应当按照规定利用车辆超限管理信息系统开展检测、执法工作，并及时将有关数据上报公路管理机构。

省、自治区、直辖市公路管理机构应当定期对超限运输违法信息进行整理和汇总，并抄送相关部门，由其对道路运输企业、货运车辆及其驾驶人依法处理。

**第三十二条** 公路超限检测站执法人员进行超限检测和执法时应当严格遵守法定程序，实施行政处罚时应当由 2 名以上执法人员参加,并向当事人出示有效执法证件。

在公路超限检测站从事后勤保障等工作,不具有执法证件的人员不得参与拦截车辆、检查证件、实施行政处罚等执法活动。

第三十三条 路政管理、交通警察等执法人员在公路超限检测站对超限运输车辆实施联合执法时,应当各司其职,密切合作,信息共享,严格执法。

第三十四条 公路超限检测站执法人员应当按照国家有关规定佩戴标志、持证上岗,坚持依法行政、文明执法、行为规范,做到着装规范、风纪严整、举止端庄、热情服务。

第三十五条 公路超限检测站执法人员在工作中,严禁下列行为:

(一)未按照规定佩戴标志或者未持证上岗;
(二)辱骂、殴打当事人;
(三)当场收缴罚款不开具罚款收据或者不如实填写罚款数额;
(四)擅自使用扣留车辆、私自处理卸载货物;
(五)对未消除违法状态的超限运输车辆予以放行;
(六)接受与执法有关的吃请、馈赠;
(七)包庇、袒护和纵容违法行为;
(八)指使或者协助外部人员带车绕行、闯卡;
(九)从事与职权相关的经营活动;
(十)贪污、挪用经费、罚没款。

第三十六条 省、自治区、直辖市公路管理机构应当设立公开电话,及时受理群众的投诉举报。同时通过政府网站、公路超限检测站公告栏等方式公示有关信息,接受社会监督。

## 第五章 法律责任

第三十七条 公路超限检测站违反本办法有关规定的,由县级以上人民政府交通运输主管部门责令改正,对负有直接责任的主管人员和其他直接责任人员依法给予处分,并由省、自治区、直辖市人民政府交通运输主管部门予以通报;情节严重的,由交通运输部予以通报。

第三十八条 公路超限检测站执法人员违反本办法第三十五条规

定的，取消其行政执法资格，调离执法岗位；情节严重的，予以辞退或者开除公职；构成犯罪的，依法追究刑事责任。涉及驻站其他部门执法人员的，由交通运输主管部门向其主管部门予以通报。

第三十九条　公路超限检测站执法人员违法行使职权侵犯当事人的合法权益造成损害的，应当依照《中华人民共和国国家赔偿法》的有关规定给予赔偿。

第四十条　车辆所有人、驾驶人及其他人员采取故意堵塞公路超限检测站通行车道、强行通过公路超限检测站等方式扰乱超限检测秩序，或者采取短途驳载等方式逃避超限检测的，由公路管理机构强制拖离或者扣留车辆，处3万元以下的罚款；构成违反治安管理行为的，依法给予治安管理处罚；构成犯罪的，依法追究刑事责任。

## 第六章　附　则

第四十一条　本办法自2011年8月1日起施行。

# 车辆与驾驶员

# 一、法律法规

## 校车安全管理条例

- 2012年3月28日国务院第197次常务会议通过
- 2012年4月5日中华人民共和国国务院令第617号公布
- 自公布之日起施行

### 第一章 总 则

**第一条** 为了加强校车安全管理,保障乘坐校车学生的人身安全,制定本条例。

**第二条** 本条例所称校车,是指依照本条例取得使用许可,用于接送接受义务教育的学生上下学的7座以上的载客汽车。

接送小学生的校车应当是按照专用校车国家标准设计和制造的小学生专用校车。

**第三条** 县级以上地方人民政府应当根据本行政区域的学生数量和分布状况等因素,依法制定、调整学校设置规划,保障学生就近入学或者在寄宿制学校入学,减少学生上下学的交通风险。实施义务教育的学校及其教学点的设置、调整,应当充分听取学生家长等有关方面的意见。

县级以上地方人民政府应当采取措施,发展城市和农村的公共交通,合理规划、设置公共交通线路和站点,为需要乘车上下学的学生提供方便。

对确实难以保障就近入学,并且公共交通不能满足学生上下学需要的农村地区,县级以上地方人民政府应当采取措施,保障接受义务教育的学生获得校车服务。

国家建立多渠道筹措校车经费的机制,并通过财政资助、税收优惠、鼓励社会捐赠等多种方式,按照规定支持使用校车接送学生的服

351

务。支持校车服务所需的财政资金由中央财政和地方财政分担，具体办法由国务院财政部门制定。支持校车服务的税收优惠办法，依照法律、行政法规规定的税收管理权限制定。

**第四条** 国务院教育、公安、交通运输以及工业和信息化、质量监督检验检疫、安全生产监督管理等部门依照法律、行政法规和国务院的规定，负责校车安全管理的有关工作。国务院教育、公安部门会同国务院有关部门建立校车安全管理工作协调机制，统筹协调校车安全管理工作中的重大事项，共同做好校车安全管理工作。

**第五条** 县级以上地方人民政府对本行政区域的校车安全管理工作负总责，组织有关部门制定并实施与当地经济发展水平和校车服务需求相适应的校车服务方案，统一领导、组织、协调有关部门履行校车安全管理职责。

县级以上地方人民政府教育、公安、交通运输、安全生产监督管理等有关部门依照本条例以及本级人民政府的规定，履行校车安全管理的相关职责。有关部门应当建立健全校车安全管理信息共享机制。

**第六条** 国务院标准化主管部门会同国务院工业和信息化、公安、交通运输等部门，按照保障安全、经济适用的要求，制定并及时修订校车安全国家标准。

生产校车的企业应当建立健全产品质量保证体系，保证所生产（包括改装，下同）的校车符合校车安全国家标准；不符合标准的，不得出厂、销售。

**第七条** 保障学生上下学交通安全是政府、学校、社会和家庭的共同责任。社会各方面应当为校车通行提供便利，协助保障校车通行安全。

**第八条** 县级和设区的市级人民政府教育、公安、交通运输、安全生产监督管理部门应当设立并公布举报电话、举报网络平台，方便群众举报违反校车安全管理规定的行为。

接到举报的部门应当及时依法处理；对不属于本部门管理职责的举报，应当及时移送有关部门处理。

## 第二章 学校和校车服务提供者

**第九条** 学校可以配备校车。依法设立的道路旅客运输经营企业、城市公共交通企业，以及根据县级以上地方人民政府规定设立的校车运营单位，可以提供校车服务。

县级以上地方人民政府根据本地区实际情况，可以制定管理办法，组织依法取得道路旅客运输经营许可的个体经营者提供校车服务。

**第十条** 配备校车的学校和校车服务提供者应当建立健全校车安全管理制度，配备安全管理人员，加强校车的安全维护，定期对校车驾驶人进行安全教育，组织校车驾驶人学习道路交通安全法律法规以及安全防范、应急处置和应急救援知识，保障学生乘坐校车安全。

**第十一条** 由校车服务提供者提供校车服务的，学校应当与校车服务提供者签订校车安全管理责任书，明确各自的安全管理责任，落实校车运行安全管理措施。

学校应当将校车安全管理责任书报县级或者设区的市级人民政府教育行政部门备案。

**第十二条** 学校应当对教师、学生及其监护人进行交通安全教育，向学生讲解校车安全乘坐知识和校车安全事故应急处理技能，并定期组织校车安全事故应急处理演练。

学生的监护人应当履行监护义务，配合学校或者校车服务提供者的校车安全管理工作。学生的监护人应当拒绝使用不符合安全要求的车辆接送学生上下学。

**第十三条** 县级以上地方人民政府教育行政部门应当指导、监督学校建立健全校车安全管理制度，落实校车安全管理责任，组织学校开展交通安全教育。公安机关交通管理部门应当配合教育行政部门组织学校开展交通安全教育。

## 第三章　校车使用许可

**第十四条** 使用校车应当依照本条例的规定取得许可。

取得校车使用许可应当符合下列条件：

（一）车辆符合校车安全国家标准，取得机动车检验合格证明，并已经在公安机关交通管理部门办理注册登记；

（二）有取得校车驾驶资格的驾驶人；

（三）有包括行驶线路、开行时间和停靠站点的合理可行的校车运行方案；

（四）有健全的安全管理制度；

（五）已经投保机动车承运人责任保险。

**第十五条** 学校或者校车服务提供者申请取得校车使用许可，应当向县级或者设区的市级人民政府教育行政部门提交书面申请和证明其符合本条例第十四条规定条件的材料。教育行政部门应当自收到申请材料之日起3个工作日内，分别送同级公安机关交通管理部门、交通运输部门征求意见，公安机关交通管理部门和交通运输部门应当在3个工作日内回复意见。教育行政部门应当自收到回复意见之日起5个工作日内提出审查意见，报本级人民政府。本级人民政府决定批准的，由公安机关交通管理部门发给校车标牌，并在机动车行驶证上签注校车类型和核载人数；不予批准的，书面说明理由。

**第十六条** 校车标牌应当载明本车的号牌号码、车辆的所有人、驾驶人、行驶线路、开行时间、停靠站点以及校车标牌发牌单位、有效期等事项。

**第十七条** 取得校车标牌的车辆应当配备统一的校车标志灯和停车指示标志。

校车未运载学生上道路行驶的，不得使用校车标牌、校车标志灯和停车指示标志。

**第十八条** 禁止使用未取得校车标牌的车辆提供校车服务。

**第十九条** 取得校车标牌的车辆达到报废标准或者不再作为校车使用的，学校或者校车服务提供者应当将校车标牌交回公安机关交通管理部门。

**第二十条** 校车应当每半年进行一次机动车安全技术检验。

**第二十一条** 校车应当配备逃生锤、干粉灭火器、急救箱等安全设备。安全设备应当放置在便于取用的位置，并确保性能良好、有效适用。

校车应当按照规定配备具有行驶记录功能的卫星定位装置。

**第二十二条** 配备校车的学校和校车服务提供者应当按照国家规定做好校车的安全维护，建立安全维护档案，保证校车处于良好技术状态。不符合安全技术条件的校车，应当停运维修，消除安全隐患。

校车应当由依法取得相应资质的维修企业维修。承接校车维修业务的企业应当按照规定的维修技术规范维修校车，并按照国务院交通运输主管部门的规定对所维修的校车实行质量保证期制度,在质量保证期内对校车的维修质量负责。

## 第四章　校车驾驶人

**第二十三条**　校车驾驶人应当依照本条例的规定取得校车驾驶资格。

取得校车驾驶资格应当符合下列条件:

(一)取得相应准驾车型驾驶证并具有3年以上驾驶经历,年龄在25周岁以上、不超过60周岁;

(二)最近连续3个记分周期内没有被记满分记录;

(三)无致人死亡或者重伤的交通事故责任记录;

(四)无饮酒后驾驶或者醉酒驾驶机动车记录,最近1年内无驾驶客运车辆超员、超速等严重交通违法行为记录;

(五)无犯罪记录;

(六)身心健康,无传染性疾病,无癫痫、精神病等可能危及行车安全的疾病病史,无酗酒、吸毒行为记录。

**第二十四条**　机动车驾驶人申请取得校车驾驶资格,应当向县级或者设区的市级人民政府公安机关交通管理部门提交书面申请和证明其符合本条例第二十三条规定条件的材料。公安机关交通管理部门应当自收到申请材料之日起5个工作日内审查完毕,对符合条件的,在机动车驾驶证上签注准许驾驶校车;不符合条件的,书面说明理由。

**第二十五条**　机动车驾驶人未取得校车驾驶资格,不得驾驶校车。禁止聘用未取得校车驾驶资格的机动车驾驶人驾驶校车。

**第二十六条**　校车驾驶人应当每年接受公安机关交通管理部门的审验。

**第二十七条**　校车驾驶人应当遵守道路交通安全法律法规,严格按照机动车道路通行规则和驾驶操作规范安全驾驶、文明驾驶。

## 第五章　校车通行安全

**第二十八条**　校车行驶线路应当尽量避开急弯、陡坡、临崖、临水的危险路段;确实无法避开的,道路或者交通设施的管理、养护单位应当按照标准对上述危险路段设置安全防护设施、限速标志、警告标牌。

**第二十九条** 校车经过的道路出现不符合安全通行条件的状况或者存在交通安全隐患的,当地人民政府应当组织有关部门及时改善道路安全通行条件、消除安全隐患。

**第三十条** 校车运载学生,应当按照国务院公安部门规定的位置放置校车标牌,开启校车标志灯。

校车运载学生,应当按照经审核确定的线路行驶,遇有交通管制、道路施工以及自然灾害、恶劣气象条件或者重大交通事故等影响道路通行情形的除外。

**第三十一条** 公安机关交通管理部门应当加强对校车行驶线路的道路交通秩序管理。遇交通拥堵的,交通警察应当指挥疏导运载学生的校车优先通行。

校车运载学生,可以在公共交通专用车道以及其他禁止社会车辆通行但允许公共交通车辆通行的路段行驶。

**第三十二条** 校车上下学生,应当在校车停靠站点停靠;未设校车停靠站点的路段可以在公共交通站台停靠。

道路或者交通设施的管理、养护单位应当按照标准设置校车停靠站点预告标识和校车停靠站点标牌,施划校车停靠站点标线。

**第三十三条** 校车在道路上停车上下学生,应当靠道路右侧停靠,开启危险报警闪光灯,打开停车指示标志。校车在同方向只有一条机动车道的道路上停靠时,后方车辆应当停车等待,不得超越。校车在同方向有两条以上机动车道的道路上停靠时,校车停靠车道后方和相邻机动车道上的机动车应当停车等待,其他机动车道上的机动车应当减速通过。校车后方停车等待的机动车不得鸣喇叭或者使用灯光催促校车。

**第三十四条** 校车载人不得超过核定的人数,不得以任何理由超员。

学校和校车服务提供者不得要求校车驾驶人超员、超速驾驶校车。

**第三十五条** 载有学生的校车在高速公路上行驶的最高时速不得超过80公里,在其他道路上行驶的最高时速不得超过60公里。

道路交通安全法律法规规定或者道路上限速标志、标线标明的最高时速低于前款规定的,从其规定。

载有学生的校车在急弯、陡坡、窄路、窄桥以及冰雪、泥泞的道路上行驶,或者遇有雾、雨、雪、沙尘、冰雹等低能见度气象条件时,最高时速不得超过20公里。

**第三十六条** 交通警察对违反道路交通安全法律法规的校车,可以在消除违法行为的前提下先予放行,待校车完成接送学生任务后再对校车驾驶人进行处罚。

**第三十七条** 公安机关交通管理部门应当加强对校车运行情况的监督检查,依法查处校车道路交通安全违法行为,定期将校车驾驶人的道路交通安全违法行为和交通事故信息抄送其所属单位和教育行政部门。

## 第六章 校车乘车安全

**第三十八条** 配备校车的学校、校车服务提供者应当指派随车照管人员随校车全程照管乘车学生。校车服务提供者为学校提供校车服务的,双方可以约定由学校指派随车照管人员。

学校和校车服务提供者应当定期对随车照管人员进行安全教育,组织随车照管人员学习道路交通安全法律法规、应急处置和应急救援知识。

**第三十九条** 随车照管人员应当履行下列职责:

(一)学生上下车时,在车下引导、指挥,维护上下车秩序;

(二)发现驾驶人无校车驾驶资格,饮酒、醉酒后驾驶,或者身体严重不适以及校车超员等明显妨碍行车安全情形的,制止校车开行;

(三)清点乘车学生人数,帮助、指导学生安全落座、系好安全带,确认车门关闭后示意驾驶人启动校车;

(四)制止学生在校车行驶过程中离开座位等危险行为;

(五)核实学生下车人数,确认乘车学生已经全部离车后本人方可离车。

**第四十条** 校车的副驾驶座位不得安排学生乘坐。

校车运载学生过程中,禁止除驾驶人、随车照管人员以外的人员乘坐。

**第四十一条** 校车驾驶人驾驶校车上道路行驶前,应当对校车的制动、转向、外部照明、轮胎、安全门、座椅、安全带等车况是否符合安全技术要求进行检查,不得驾驶存在安全隐患的校车上道路行驶。

校车驾驶人不得在校车载有学生时给车辆加油,不得在校车发动机引擎熄灭前离开驾驶座位。

**第四十二条** 校车发生交通事故,驾驶人、随车照管人员应当立即报警,设置警示标志。乘车学生继续留在校车内有危险的,随车照管人员应当将学生撤离到安全区域,并及时与学校、校车服务提供者、学生的监护人联系处理后续事宜。

## 第七章 法律责任

**第四十三条** 生产、销售不符合校车安全国家标准的校车的,依照道路交通安全、产品质量管理的法律、行政法规的规定处罚。

**第四十四条** 使用拼装或者达到报废标准的机动车接送学生的,由公安机关交通管理部门收缴并强制报废机动车;对驾驶人处 2000 元以上 5000 元以下的罚款,吊销其机动车驾驶证;对车辆所有人处 8 万元以上 10 万元以下的罚款,有违法所得的予以没收。

**第四十五条** 使用未取得校车标牌的车辆提供校车服务,或者使用未取得校车驾驶资格的人员驾驶校车的,由公安机关交通管理部门扣留该机动车,处 1 万元以上 2 万元以下的罚款,有违法所得的予以没收。

取得道路运输经营许可的企业或者个体经营者有前款规定的违法行为,除依照前款规定处罚外,情节严重的,由交通运输主管部门吊销其经营许可证件。

伪造、变造或者使用伪造、变造的校车标牌的,由公安机关交通管理部门收缴伪造、变造的校车标牌,扣留该机动车,处 2000 元以上 5000 元以下的罚款。

**第四十六条** 不按照规定为校车配备安全设备,或者不按照规定对校车进行安全维护的,由公安机关交通管理部门责令改正,处 1000 元以上 3000 元以下的罚款。

**第四十七条** 机动车驾驶人未取得校车驾驶资格驾驶校车的,由公安机关交通管理部门处 1000 元以上 3000 元以下的罚款,情节严重的,可以并处吊销机动车驾驶证。

**第四十八条** 校车驾驶人有下列情形之一的,由公安机关交通管理部门责令改正,可以处 200 元罚款:

(一)驾驶校车运载学生,不按照规定放置校车标牌、开启校车标志灯,或者不按照经审核确定的线路行驶;

(二)校车上下学生,不按照规定在校车停靠站点停靠;

(三)校车未运载学生上道路行驶,使用校车标牌、校车标志灯和停车指示标志;

(四)驾驶校车上道路行驶前,未对校车车况是否符合安全技术要求进行检查,或者驾驶存在安全隐患的校车上道路行驶;

(五)在校车载有学生时给车辆加油,或者在校车发动机引擎熄灭前离开驾驶座位。

校车驾驶人违反道路交通安全法律法规关于道路通行规定的,由公安机关交通管理部门依法从重处罚。

**第四十九条** 校车驾驶人违反道路交通安全法律法规被依法处罚或者发生道路交通事故,不再符合本条例规定的校车驾驶人条件的,由公安机关交通管理部门取消校车驾驶资格,并在机动车驾驶证上签注。

**第五十条** 校车载人超过核定人数的,由公安机关交通管理部门扣留车辆至违法状态消除,并依照道路交通安全法律法规的规定从重处罚。

**第五十一条** 公安机关交通管理部门查处校车道路交通安全违法行为,依法扣留车辆的,应当通知相关学校或者校车服务提供者转运学生,并在违法状态消除后立即发还被扣留车辆。

**第五十二条** 机动车驾驶人违反本条例规定,不避让校车的,由公安机关交通管理部门处 200 元罚款。

**第五十三条** 未依照本条例规定指派照管人员随校车全程照管乘车学生的,由公安机关责令改正,可以处 500 元罚款。

随车照管人员未履行本条例规定的职责的,由学校或校车服务提供者责令改正;拒不改正的,给予处分或者予以解聘。

**第五十四条** 取得校车使用许可的学校、校车服务提供者违反本条例规定,情节严重的,原作出许可决定的地方人民政府可以吊销其校车使用许可,由公安机关交通管理部门收回校车标牌。

**第五十五条** 学校违反本条例规定的,除依照本条例有关规定予以处罚外,由教育行政部门给予通报批评;导致发生学生伤亡事故的,对政府举办的学校的负有责任的领导人员和直接责任人员依法给予处分;对民办学校由审批机关责令暂停招生,情节严重的,吊销其办学许可证,并由教育行政部门责令负有责任的领导人员和直接责任人员5年内不得从事学校管理事务。

**第五十六条** 县级以上地方人民政府不依法履行校车安全管理职责,致使本行政区域发生校车安全重大事故的,对负有责任的领导人员和直接责任人员依法给予处分。

**第五十七条** 教育、公安、交通运输、工业和信息化、质量监督检验检疫、安全生产监督管理等有关部门及其工作人员不依法履行校车安全管理职责的,对负有责任的领导人员和直接责任人员依法给予处分。

**第五十八条** 违反本条例的规定,构成违反治安管理行为的,由公安机关依法给予治安管理处罚;构成犯罪的,依法追究刑事责任。

**第五十九条** 发生校车安全事故,造成人身伤亡或者财产损失的,依法承担赔偿责任。

## 第八章 附 则

**第六十条** 县级以上地方人民政府应当合理规划幼儿园布局,方便幼儿就近入园。

入园幼儿应当由监护人或者其委托的成年人接送。对确因特殊情况不能由监护人或者其委托的成年人接送,需要使用车辆集中接送的,应当使用按照专用校车国家标准设计和制造的幼儿专用校车,遵守本条例校车安全管理的规定。

**第六十一条** 省、自治区、直辖市人民政府应当结合本地区实际情况,制定本条例的实施办法。

**第六十二条** 本条例自公布之日起施行。

本条例施行前已经配备校车的学校和校车服务提供者及其聘用的校车驾驶人应当自本条例施行之日起90日内,依照本条例的规定申请取得校车使用许可、校车驾驶资格。

本条例施行后,用于接送小学生、幼儿的专用校车不能满足需求的,在省、自治区、直辖市人民政府规定的过渡期限内可以使用取得校车标牌的其他载客汽车。

# 报废机动车回收管理办法

·2019年4月22日中华人民共和国国务院令第715号公布
·自2019年6月1日起施行

**第一条** 为了规范报废机动车回收活动,保护环境,促进循环经济发展,保障道路交通安全,制定本办法。

**第二条** 本办法所称报废机动车,是指根据《中华人民共和国道路交通安全法》的规定应当报废的机动车。

不属于《中华人民共和国道路交通安全法》规定的应当报废的机动车,机动车所有人自愿作报废处理的,依照本办法的规定执行。

**第三条** 国家鼓励特定领域的老旧机动车提前报废更新,具体办法由国务院有关部门另行制定。

**第四条** 国务院负责报废机动车回收管理的部门主管全国报废机动车回收(含拆解,下同)监督管理工作,国务院公安、生态环境、工业和信息化、交通运输、市场监督管理等部门在各自的职责范围内负责报废机动车回收有关的监督管理工作。

县级以上地方人民政府负责报废机动车回收管理的部门对本行政区域内报废机动车回收活动实施监督管理。县级以上地方人民政府公安、生态环境、工业和信息化、交通运输、市场监督管理等部门在各自的职责范围内对本行政区域内报废机动车回收活动实施有关的监督管理。

**第五条** 国家对报废机动车回收企业实行资质认定制度。未经资质认定,任何单位或者个人不得从事报废机动车回收活动。

国家鼓励机动车生产企业从事报废机动车回收活动。机动车生产企业按照国家有关规定承担生产者责任。

**第六条** 取得报废机动车回收资质认定,应当具备下列条件:

(一)具有企业法人资格;

（二）具有符合环境保护等有关法律、法规和强制性标准要求的存储、拆解场地，拆解设备、设施以及拆解操作规范；

（三）具有与报废机动车拆解活动相适应的专业技术人员。

**第七条** 拟从事报废机动车回收活动的，应当向省、自治区、直辖市人民政府负责报废机动车回收管理的部门提出申请。省、自治区、直辖市人民政府负责报废机动车回收管理的部门应当依法进行审查，对符合条件的，颁发资质认定书；对不符合条件的，不予资质认定并书面说明理由。

省、自治区、直辖市人民政府负责报废机动车回收管理的部门应当充分利用计算机网络等先进技术手段，推行网上申请、网上受理等方式，为申请人提供便利条件。申请人可以在网上提出申请。

省、自治区、直辖市人民政府负责报废机动车回收管理的部门应当将本行政区域内取得资质认定的报废机动车回收企业名单及时向社会公布。

**第八条** 任何单位或者个人不得要求机动车所有人将报废机动车交售给指定的报废机动车回收企业。

**第九条** 报废机动车回收企业对回收的报废机动车，应当向机动车所有人出具《报废机动车回收证明》，收回机动车登记证书、号牌、行驶证，并按照国家有关规定及时向公安机关交通管理部门办理注销登记，将注销证明转交机动车所有人。

《报废机动车回收证明》样式由国务院负责报废机动车回收管理的部门规定。任何单位或者个人不得买卖或者伪造、变造《报废机动车回收证明》。

**第十条** 报废机动车回收企业对回收的报废机动车，应当逐车登记机动车的型号、号牌号码、发动机号码、车辆识别代号等信息；发现回收的报废机动车疑似赃物或者用于盗窃、抢劫等犯罪活动的犯罪工具的，应当及时向公安机关报告。

报废机动车回收企业不得拆解、改装、拼装、倒卖疑似赃物或者犯罪工具的机动车或者其发动机、方向机、变速器、前后桥、车架（以下统称"五大总成"）和其他零部件。

**第十一条** 回收的报废机动车必须按照有关规定予以拆解；其中，回收的报废大型客车、货车等营运车辆和校车，应当在公安机关的监督下解体。

**第十二条** 拆解的报废机动车"五大总成"具备再制造条件的,可以按照国家有关规定出售给具有再制造能力的企业经过再制造予以循环利用;不具备再制造条件的,应当作为废金属,交售给钢铁企业作为冶炼原料。

拆解的报废机动车"五大总成"以外的零部件符合保障人身和财产安全等强制性国家标准,能够继续使用的,可以出售,但应当标明"报废机动车回用件"。

**第十三条** 国务院负责报废机动车回收管理的部门应当建立报废机动车回收信息系统。报废机动车回收企业应当如实记录本企业回收的报废机动车"五大总成"等主要部件的数量、型号、流向等信息,并上传至报废机动车回收信息系统。

负责报废机动车回收管理的部门、公安机关应当通过政务信息系统实现信息共享。

**第十四条** 拆解报废机动车,应当遵守环境保护法律、法规和强制性标准,采取有效措施保护环境,不得造成环境污染。

**第十五条** 禁止任何单位或者个人利用报废机动车"五大总成"和其他零部件拼装机动车,禁止拼装的机动车交易。

除机动车所有人将报废机动车依法交售给报废机动车回收企业外,禁止报废机动车整车交易。

**第十六条** 县级以上地方人民政府负责报废机动车回收管理的部门应当加强对报废机动车回收企业的监督检查,建立和完善以随机抽查为重点的日常监督检查制度,公布抽查事项目录,明确抽查的依据、频次、方式、内容和程序,随机抽取被检查企业,随机选派检查人员。抽查情况和查处结果应当及时向社会公布。

在监督检查中发现报废机动车回收企业不具备本办法规定的资质认定条件的,应当责令限期改正;拒不改正或者逾期未改正的,由原发证部门吊销资质认定书。

**第十七条** 县级以上地方人民政府负责报废机动车回收管理的部门应当向社会公布本部门的联系方式,方便公众举报违法行为。

县级以上地方人民政府负责报废机动车回收管理的部门接到举报的,应当及时依法调查处理,并为举报人保密;对实名举报的,负责报废机动车回收管理的部门应当将处理结果告知举报人。

**第十八条** 负责报废机动车回收管理的部门在监督管理工作中发

现不属于本部门处理权限的违法行为的,应当及时移交有权处理的部门;有权处理的部门应当及时依法调查处理,并将处理结果告知负责报废机动车回收管理的部门。

第十九条 未取得资质认定,擅自从事报废机动车回收活动的,由负责报废机动车回收管理的部门没收非法回收的报废机动车、报废机动车"五大总成"和其他零部件,没收违法所得;违法所得在5万元以上的,并处违法所得2倍以上5倍以下的罚款;违法所得不足5万元或者没有违法所得的,并处5万元以上10万元以下的罚款。对负责报废机动车回收管理的部门没收非法回收的报废机动车、报废机动车"五大总成"和其他零部件,必要时有关主管部门应当予以配合。

第二十条 有下列情形之一的,由公安机关依法给予治安管理处罚:

(一)买卖或者伪造、变造《报废机动车回收证明》;

(二)报废机动车回收企业明知或者应当知道回收的机动车为赃物或者用于盗窃、抢劫等犯罪活动的犯罪工具,未向公安机关报告,擅自拆解、改装、拼装、倒卖该机动车。

报废机动车回收企业有前款规定情形,情节严重的,由原发证部门吊销资质认定书。

第二十一条 报废机动车回收企业有下列情形之一的,由负责报废机动车回收管理的部门责令改正,没收报废机动车"五大总成"和其他零部件,没收违法所得;违法所得在5万元以上的,并处违法所得2倍以上5倍以下的罚款;违法所得不足5万元或者没有违法所得的,并处5万元以上10万元以下的罚款;情节严重的,责令停业整顿直至由原发证部门吊销资质认定书:

(一)出售不具备再制造条件的报废机动车"五大总成";

(二)出售不能继续使用的报废机动车"五大总成"以外的零部件;

(三)出售的报废机动车"五大总成"以外的零部件未标明"报废机动车回用件"。

第二十二条 报废机动车回收企业对回收的报废机动车,未按照国家有关规定及时向公安机关交通管理部门办理注销登记并将注销证明转交机动车所有人的,由负责报废机动车回收管理的部门责令改正,可以处 1 万元以上 5 万元以下的罚款。

利用报废机动车"五大总成"和其他零部件拼装机动车或者出售报废机动车整车、拼装的机动车的,依照《中华人民共和国道路交通安全法》的规定予以处罚。

**第二十三条** 报废机动车回收企业未如实记录本企业回收的报废机动车"五大总成"等主要部件的数量、型号、流向等信息并上传至报废机动车回收信息系统的,由负责报废机动车回收管理的部门责令改正,并处 1 万元以上 5 万元以下的罚款;情节严重的,责令停业整顿。

**第二十四条** 报废机动车回收企业违反环境保护法律、法规和强制性标准,污染环境的,由生态环境主管部门责令限期改正,并依法予以处罚;拒不改正或者逾期未改正的,由原发证部门吊销资质认定书。

**第二十五条** 负责报废机动车回收管理的部门和其他有关部门的工作人员在监督管理工作中滥用职权、玩忽职守、徇私舞弊的,依法给予处分。

**第二十六条** 违反本办法规定,构成犯罪的,依法追究刑事责任。

**第二十七条** 报废新能源机动车回收的特殊事项,另行制定管理规定。

军队报废机动车的回收管理,依照国家和军队有关规定执行。

**第二十八条** 本办法自 2019 年 6 月 1 日起施行。2001 年 6 月 16 日国务院公布的《报废汽车回收管理办法》同时废止。

## 缺陷汽车产品召回管理条例

· 2012 年 10 月 22 日中华人民共和国国务院令第 626 号公布
· 根据 2019 年 3 月 2 日《国务院关于修改部分行政法规的决定》修订

**第一条** 为了规范缺陷汽车产品召回,加强监督管理,保障人身、财产安全,制定本条例。

**第二条** 在中国境内生产、销售的汽车和汽车挂车（以下统称汽车产品）的召回及其监督管理，适用本条例。

**第三条** 本条例所称缺陷，是指由于设计、制造、标识等原因导致的在同一批次、型号或者类别的汽车产品中普遍存在的不符合保障人身、财产安全的国家标准、行业标准的情形或者其他危及人身、财产安全的不合理的危险。

本条例所称召回，是指汽车产品生产者对其已售出的汽车产品采取措施消除缺陷的活动。

**第四条** 国务院产品质量监督部门负责全国缺陷汽车产品召回的监督管理工作。

国务院有关部门在各自职责范围内负责缺陷汽车产品召回的相关监督管理工作。

**第五条** 国务院产品质量监督部门根据工作需要，可以委托省、自治区、直辖市人民政府产品质量监督部门负责缺陷汽车产品召回监督管理的部分工作。

国务院产品质量监督部门缺陷产品召回技术机构按照国务院产品质量监督部门的规定，承担缺陷汽车产品召回的具体技术工作。

**第六条** 任何单位和个人有权向产品质量监督部门投诉汽车产品可能存在的缺陷，国务院产品质量监督部门应当以便于公众知晓的方式向社会公布受理投诉的电话、电子邮箱和通信地址。

国务院产品质量监督部门应当建立缺陷汽车产品召回信息管理系统，收集汇总、分析处理有关缺陷汽车产品信息。

产品质量监督部门、汽车产品主管部门、商务主管部门、海关、公安机关交通管理部门、交通运输主管部门等有关部门应当建立汽车产品的生产、销售、进口、登记检验、维修、消费者投诉、召回等信息的共享机制。

**第七条** 产品质量监督部门和有关部门、机构及其工作人员对履行本条例规定职责所知悉的商业秘密和个人信息，不得泄露。

**第八条** 对缺陷汽车产品，生产者应当依照本条例全部召回；生产者未实施召回的，国务院产品质量监督部门应当依照本条例责令其召回。

本条例所称生产者，是指在中国境内依法设立的生产汽车产品并以其名义颁发产品合格证的企业。

从中国境外进口汽车产品到境内销售的企业，视为前款所称的生产者。

**第九条** 生产者应当建立并保存汽车产品设计、制造、标识、检验等方面的信息记录以及汽车产品初次销售的车主信息记录，保存期不得少于10年。

**第十条** 生产者应当将下列信息报国务院产品质量监督部门备案：

（一）生产者基本信息；

（二）汽车产品技术参数和汽车产品初次销售的车主信息；

（三）因汽车产品存在危及人身、财产安全的故障而发生修理、更换、退货的信息；

（四）汽车产品在中国境外实施召回的信息；

（五）国务院产品质量监督部门要求备案的其他信息。

**第十一条** 销售、租赁、维修汽车产品的经营者（以下统称经营者）应当按照国务院产品质量监督部门的规定建立并保存汽车产品相关信息记录，保存期不得少于5年。

经营者获知汽车产品存在缺陷的，应当立即停止销售、租赁、使用缺陷汽车产品，并协助生产者实施召回。

经营者应当向国务院产品质量监督部门报告和向生产者通报所获知的汽车产品可能存在缺陷的相关信息。

**第十二条** 生产者获知汽车产品可能存在缺陷的，应当立即组织调查分析，并如实向国务院产品质量监督部门报告调查分析结果。

生产者确认汽车产品存在缺陷的，应当立即停止生产、销售、进口缺陷汽车产品，并实施召回。

**第十三条** 国务院产品质量监督部门获知汽车产品可能存在缺陷的，应当立即通知生产者开展调查分析；生产者未按照通知开展调查分析的，国务院产品质量监督部门应当开展缺陷调查。

国务院产品质量监督部门认为汽车产品可能存在会造成严重后果的缺陷的，可以直接开展缺陷调查。

**第十四条** 国务院产品质量监督部门开展缺陷调查，可以进入生产者、经营者的生产经营场所进行现场调查，查阅、复制相关资料和记录，向相关单位和个人了解汽车产品可能存在缺陷的情况。

生产者应当配合缺陷调查，提供调查需要的有关资料、产品和专用设备。经营者应当配合缺陷调查,提供调查需要的有关资料。

国务院产品质量监督部门不得将生产者、经营者提供的资料、产品和专用设备用于缺陷调查所需的技术检测和鉴定以外的用途。

**第十五条** 国务院产品质量监督部门调查认为汽车产品存在缺陷的,应当通知生产者实施召回。

生产者认为其汽车产品不存在缺陷的,可以自收到通知之日起15个工作日内向国务院产品质量监督部门提出异议,并提供证明材料。国务院产品质量监督部门应当组织与生产者无利害关系的专家对证明材料进行论证,必要时对汽车产品进行技术检测或者鉴定。

生产者既不按照通知实施召回又不在本条第二款规定期限内提出异议的,或者经国务院产品质量监督部门依照本条第二款规定组织论证、技术检测、鉴定确认汽车产品存在缺陷的,国务院产品质量监督部门应当责令生产者实施召回;生产者应当立即停止生产、销售、进口缺陷汽车产品,并实施召回。

**第十六条** 生产者实施召回,应当按照国务院产品质量监督部门的规定制定召回计划,并报国务院产品质量监督部门备案。修改已备案的召回计划应当重新备案。

生产者应当按照召回计划实施召回。

**第十七条** 生产者应当将报国务院产品质量监督部门备案的召回计划同时通报销售者,销售者应当停止销售缺陷汽车产品。

**第十八条** 生产者实施召回,应当以便于公众知晓的方式发布信息,告知车主汽车产品存在的缺陷、避免损害发生的应急处置方法和生产者消除缺陷的措施等事项。

国务院产品质量监督部门应当及时向社会公布已经确认的缺陷汽车产品信息以及生产者实施召回的相关信息。

车主应当配合生产者实施召回。

**第十九条** 对实施召回的缺陷汽车产品,生产者应当及时采取修正或者补充标识、修理、更换、退货等措施消除缺陷。

生产者应当承担消除缺陷的费用和必要的运送缺陷汽车产品的费用。

**第二十条** 生产者应当按照国务院产品质量监督部门的规定提交召回阶段性报告和召回总结报告。

**第二十一条** 国务院产品质量监督部门应当对召回实施情况进行

监督，并组织与生产者无利害关系的专家对生产者消除缺陷的效果进行评估。

**第二十二条** 生产者违反本条例规定，有下列情形之一的，由产品质量监督部门责令改正；拒不改正的，处5万元以上20万元以下的罚款：

（一）未按照规定保存有关汽车产品、车主的信息记录；

（二）未按照规定备案有关信息、召回计划；

（三）未按照规定提交有关召回报告。

**第二十三条** 违反本条例规定，有下列情形之一的，由产品质量监督部门责令改正；拒不改正的，处50万元以上100万元以下的罚款；有违法所得的，并处没收违法所得；情节严重的，由许可机关吊销有关许可：

（一）生产者、经营者不配合产品质量监督部门缺陷调查；

（二）生产者未按照已备案的召回计划实施召回；

（三）生产者未将召回计划通报销售者。

**第二十四条** 生产者违反本条例规定，有下列情形之一的，由产品质量监督部门责令改正，处缺陷汽车产品货值金额1%以上10%以下的罚款；有违法所得的，并处没收违法所得；情节严重的，由许可机关吊销有关许可：

（一）未停止生产、销售或者进口缺陷汽车产品；

（二）隐瞒缺陷情况；

（三）经责令召回拒不召回。

**第二十五条** 违反本条例规定，从事缺陷汽车产品召回监督管理工作的人员有下列行为之一的，依法给予处分：

（一）将生产者、经营者提供的资料、产品和专用设备用于缺陷调查所需的技术检测和鉴定以外的用途；

（二）泄露当事人商业秘密或者个人信息；

（三）其他玩忽职守、徇私舞弊、滥用职权行为。

**第二十六条** 违反本条例规定，构成犯罪的，依法追究刑事责任。

**第二十七条** 汽车产品出厂时未随车装备的轮胎存在缺陷的，由轮胎的生产者负责召回。具体办法由国务院产品质量监督部门参照本条例制定。

**第二十八条** 生产者依照本条例召回缺陷汽车产品,不免除其依法应当承担的责任。

汽车产品存在本条例规定的缺陷以外的质量问题的,车主有权依照产品质量法、消费者权益保护法等法律、行政法规和国家有关规定以及合同约定,要求生产者、销售者承担修理、更换、退货、赔偿损失等相应的法律责任。

**第二十九条** 本条例自 2013 年 1 月 1 日起施行。

# 二、相关解释

## 最高人民法院关于公安交警部门能否以交通违章行为未处理为由不予核发机动车检验合格标志问题的答复

· 2008 年 11 月 17 日
· 〔2007〕行他字第 20 号

湖北省高级人民法院:

你院鄂高法〔2007〕鄂行他字第 3 号《关于公安交警部门能否以交通违章行为未处理为由不予核发机动车检验合格标志问题的请示》收悉。经研究答复如下:

《道路交通安全法》第十三条对机动车进行安全技术检验所需提交的单证及机动车安全技术检验合格标志的发放条件作了明确规定:"对提供机动车行驶证和机动车第三者责任强制保险单的,机动车安全技术检验机构应当予以检验,任何单位不得附加其他条件。对符合机动车国家安全技术标准的,公安机关交通管理部门应当发给检验合格标志。"法律的规定是清楚的,应当依照法律的规定执行。

此复。

# 三、办案规范

## 机动车登记规定

- 2021年12月17日公安部令第164号公布
- 自2022年5月1日起施行

## 第一章 总 则

**第一条** 为了规范机动车登记,保障道路交通安全,保护公民、法人和其他组织的合法权益,根据《中华人民共和国道路交通安全法》及其实施条例,制定本规定。

**第二条** 本规定由公安机关交通管理部门负责实施。

省级公安机关交通管理部门负责本省(自治区、直辖市)机动车登记工作的指导、检查和监督。直辖市公安机关交通管理部门车辆管理所、设区的市或者相当于同级的公安机关交通管理部门车辆管理所负责办理本行政区域内机动车登记业务。

县级公安机关交通管理部门车辆管理所可以办理本行政区域内除危险货物运输车、校车、中型以上载客汽车登记以外的其他机动车登记业务。具体业务范围和办理条件由省级公安机关交通管理部门确定。

警用车辆登记业务按照有关规定办理。

**第三条** 车辆管理所办理机动车登记业务,应当遵循依法、公开、公正、便民的原则。

车辆管理所办理机动车登记业务,应当依法受理申请人的申请,审查申请人提交的材料,按规定查验机动车。对符合条件的,按照规定的标准、程序和期限办理机动车登记。对申请材料不齐全或者不符合法定形式的,应当一次书面或者电子告知申请人需要补正的全部内容。对不符合规定的,应当书面或者电子告知不予受理、登记的理由。

车辆管理所应当将法律、行政法规和本规定的有关办理机动车登记的事项、条件、依据、程序、期限以及收费标准、需要提交的全部材料的目录和申请表示范文本等在办公场所公示。

省级、设区的市或者相当于同级的公安机关交通管理部门应当在互联网上发布信息，便于群众查阅办理机动车登记的有关规定，查询机动车登记、检验等情况，下载、使用有关表格。

**第四条** 车辆管理所办理机动车登记业务时，应当按照减环节、减材料、减时限的要求，积极推行一次办结、限时办结等制度，为申请人提供规范、便利、高效的服务。

公安机关交通管理部门应当积极推进与有关部门信息互联互通，对实现信息共享、网上核查的，申请人免予提交相关证明凭证。

公安机关交通管理部门应当按照就近办理、便捷办理的原则，推进在机动车销售企业、二手车交易市场等地设置服务站点，方便申请人办理机动车登记业务，并在办公场所和互联网公示辖区内的业务办理网点、地址、联系电话、办公时间和业务范围。

**第五条** 车辆管理所应当使用全国统一的计算机管理系统办理机动车登记、核发机动车登记证书、号牌、行驶证和检验合格标志。

计算机管理系统的数据库标准和软件全国统一，能够完整、准确地记录和存储机动车登记业务全过程和经办人员信息，并能够实时将有关信息传送到全国公安交通管理信息系统。

**第六条** 车辆管理所应当使用互联网交通安全综合服务管理平台受理申请人网上提交的申请，验证申请人身份，按规定办理机动车登记业务。

互联网交通安全综合服务管理平台信息管理系统数据库标准和软件全国统一。

**第七条** 申请办理机动车登记业务的，应当如实向车辆管理所提交规定的材料、交验机动车，如实申告规定的事项，并对其申请材料实质内容的真实性以及机动车的合法性负责。

**第八条** 公安机关交通管理部门应当建立机动车登记业务监督制度，加强对机动车登记、牌证生产制作和发放等监督管理。

**第九条** 车辆管理所办理机动车登记业务时可以依据相关法律法规认可、使用电子签名、电子印章、电子证照。

# 第二章 机动车登记

## 第一节 注册登记

**第十条** 初次申领机动车号牌、行驶证的,机动车所有人应当向住所地的车辆管理所申请注册登记。

**第十一条** 机动车所有人应当到机动车安全技术检验机构对机动车进行安全技术检验,取得机动车安全技术检验合格证明后申请注册登记。但经海关进口的机动车和国务院机动车产品主管部门认定免予安全技术检验的机动车除外。

免予安全技术检验的机动车有下列情形之一的,应当进行安全技术检验:

(一)国产机动车出厂后两年内未申请注册登记的;
(二)经海关进口的机动车进口后两年内未申请注册登记的;
(三)申请注册登记前发生交通事故的。

专用校车办理注册登记前,应当按照专用校车国家安全技术标准进行安全技术检验。

**第十二条** 申请注册登记的,机动车所有人应当交验机动车,确认申请信息,并提交以下证明、凭证:

(一)机动车所有人的身份证明;
(二)购车发票等机动车来历证明;
(三)机动车整车出厂合格证明或者进口机动车进口凭证;
(四)机动车交通事故责任强制保险凭证;
(五)车辆购置税、车船税完税证明或者免税凭证,但法律规定不属于征收范围的除外;
(六)法律、行政法规规定应当在机动车注册登记时提交的其他证明、凭证。

不属于经海关进口的机动车和国务院机动车产品主管部门规定免予安全技术检验的机动车,还应当提交机动车安全技术检验合格证明。

车辆管理所应当自受理申请之日起二日内,查验机动车,采集、核对车辆识别代号拓印膜或者电子资料,审查提交的证明、凭证,核发机动车登记证书、号牌、行驶证和检验合格标志。

机动车安全技术检验、税务、保险等信息实现与有关部门或者机构联网核查的,申请人免于提交相关证明、凭证,车辆管理所核对相关电子信息。

**第十三条** 车辆管理所办理消防车、救护车、工程救险车注册登记时,应当对车辆的使用性质、标志图案、标志灯具和警报器进行审查。

机动车所有人申请机动车使用性质登记为危险货物运输、公路客运、旅游客运的,应当具备相关道路运输许可;实现与有关部门联网核查道路运输许可信息、车辆使用性质信息的,车辆管理所应当核对相关电子信息。

申请危险货物运输车登记的,机动车所有人应当为单位。

车辆管理所办理注册登记时,应当对牵引车和挂车分别核发机动车登记证书、号牌、行驶证和检验合格标志。

**第十四条** 车辆管理所实现与机动车制造厂新车出厂查验信息联网的,机动车所有人申请小型、微型非营运载客汽车注册登记时,免予交验机动车。

车辆管理所应当会同有关部门在具备条件的摩托车销售企业推行摩托车带牌销售,方便机动车所有人购置车辆、投保保险、缴纳税款、注册登记一站式办理。

**第十五条** 有下列情形之一的,不予办理注册登记:

(一)机动车所有人提交的证明、凭证无效的;

(二)机动车来历证明被涂改或者机动车来历证明记载的机动车所有人与身份证明不符的;

(三)机动车所有人提交的证明、凭证与机动车不符的;

(四)机动车未经国务院机动车产品主管部门许可生产或者未经国家进口机动车主管部门许可进口的;

(五)机动车的型号或者有关技术参数与国务院机动车产品主管部门公告不符的;

(六)机动车的车辆识别代号或者有关技术参数不符合国家安全技术标准的;

(七)机动车达到国家规定的强制报废标准的;

(八)机动车被监察机关、人民法院、人民检察院、行政执法部门依法查封、扣押的；

（九）机动车属于被盗抢骗的；

（十）其他不符合法律、行政法规规定的情形。

## 第二节 变更登记

**第十六条** 已注册登记的机动车有下列情形之一的，机动车所有人应当向登记地车辆管理所申请变更登记：

（一）改变车身颜色的；

（二）更换发动机的；

（三）更换车身或者车架的；

（四）因质量问题更换整车的；

（五）机动车登记的使用性质改变的；

（六）机动车所有人的住所迁出、迁入车辆管理所管辖区域的。

属于第一款第一项至第三项规定的变更事项的，机动车所有人应当在变更后十日内向车辆管理所申请变更登记。

**第十七条** 申请变更登记的，机动车所有人应当交验机动车，确认申请信息，并提交以下证明、凭证：

（一）机动车所有人的身份证明；

（二）机动车登记证书；

（三）机动车行驶证；

（四）属于更换发动机、车身或者车架的，还应当提交机动车安全技术检验合格证明；

（五）属于因质量问题更换整车的，还应当按照第十二条的规定提交相关证明、凭证。

车辆管理所应当自受理之日起一日内，查验机动车，审查提交的证明、凭证，在机动车登记证书上签注变更事项，收回行驶证，重新核发行驶证。属于第十六条第一款第三项、第四项、第六项规定的变更登记事项的，还应当采集、核对车辆识别代号拓印膜或者电子资料。属于机动车使用性质变更为公路客运、旅游客运，实现与有关部门联网核查道路运输许可信息、车辆使用性质信息的，还应当核对相关电子信息。属于需要重新核发机动车号牌的，收回号牌、行驶证，核发号牌、行驶证和检验合格标志。

小型、微型载客汽车因改变车身颜色申请变更登记，车辆不在登记地的,可以向车辆所在地车辆管理所提出申请。车辆所在地车辆管理所应当按规定查验机动车,审查提交的证明、凭证,并将机动车查验电子资料转递至登记地车辆管理所,登记地车辆管理所按规定复核并核发行驶证。

**第十八条** 机动车所有人的住所迁出车辆管理所管辖区域的,转出地车辆管理所应当自受理之日起三日内,查验机动车,在机动车登记证书上签注变更事项,制作上传机动车电子档案资料。机动车所有人应当在三十日内到住所地车辆管理所申请机动车转入。属于小型、微型载客汽车或者摩托车机动车所有人的住所迁出车辆管理所管辖区域的,应当向转入地车辆管理所申请变更登记。

申请机动车转入的,机动车所有人应当确认申请信息,提交身份证明、机动车登记证书,并交验机动车。机动车在转入时已超过检验有效期的,应当按规定进行安全技术检验并提交机动车安全技术检验合格证明和交通事故责任强制保险凭证。车辆管理所应当自受理之日起三日内,查验机动车,采集、核对车辆识别代号拓印膜或者电子资料,审查相关证明、凭证和机动车电子档案资料,在机动车登记证书上签注转入信息,收回号牌、行驶证,确定新的机动车号牌号码,核发号牌、行驶证和检验合格标志。

机动车所有人申请转出、转入前,应当将涉及该车的道路交通安全违法行为和交通事故处理完毕。

**第十九条** 机动车所有人为两人以上,需要将登记的所有人姓名变更为其他共同所有人姓名的,可以向登记地车辆管理所申请变更登记。申请时,机动车所有人应当共同提出申请,确认申请信息,提交机动车登记证书、行驶证、变更前和变更后机动车所有人的身份证明和共同所有的公证证明,但属于夫妻双方共同所有的,可以提供结婚证或者证明夫妻关系的居民户口簿。

车辆管理所应当自受理之日起一日内,审查提交的证明、凭证,在机动车登记证书上签注变更事项,收回号牌、行驶证,确定新的机动车号牌号码,重新核发号牌、行驶证和检验合格标志。变更后机动车所有人的住所不在车辆管理所管辖区域内的,迁出地和迁入地车辆管理所应当按照第十八条的规定办理变更登记。

**第二十条** 同一机动车所有人名下机动车的号牌号码需要互换,符合以下情形的,可以向登记地车辆管理所申请变更登记:

（一）两辆机动车在同一辖区车辆管理所登记；

（二）两辆机动车属于同一号牌种类；

（三）两辆机动车使用性质为非营运。

机动车所有人应当确认申请信息，提交机动车所有人身份证明、两辆机动车的登记证书、行驶证、号牌。申请前，应当将两车的道路交通安全违法行为和交通事故处理完毕。

车辆管理所应当自受理之日起一日内，审查提交的证明、凭证，在机动车登记证书上签注变更事项，收回两车的号牌、行驶证，重新核发号牌、行驶证和检验合格标志。

同一机动车一年内可以互换变更一次机动车号牌号码。

**第二十一条** 有下列情形之一的，不予办理变更登记：

（一）改变机动车的品牌、型号和发动机型号的，但经国务院机动车产品主管部门许可选装的发动机除外；

（二）改变已登记的机动车外形和有关技术参数的，但法律、法规和国家强制性标准另有规定的除外；

（三）属于第十五条第一项、第七项、第八项、第九项规定情形的。

距机动车强制报废标准规定要求使用年限一年以内的机动车，不予办理第十六条第五项、第六项规定的变更事项。

**第二十二条** 有下列情形之一，在不影响安全和识别号牌的情况下，机动车所有人不需要办理变更登记：

（一）增加机动车车内装饰；

（二）小型、微型载客汽车加装出入口踏步件；

（三）货运机动车加装防风罩、水箱、工具箱、备胎架等。

属于第一款第二项、第三项规定变更事项的，加装的部件不得超出车辆宽度。

**第二十三条** 已注册登记的机动车有下列情形之一的，机动车所有人应当在信息或者事项变更后三十日内，向登记地车辆管理所申请变更备案：

（一）机动车所有人住所在车辆管理所管辖区域内迁移、机动车所有人姓名（单位名称）变更的；

（二）机动车所有人身份证明名称或者号码变更的；

（三）机动车所有人联系方式变更的；

（四）车辆识别代号因磨损、锈蚀、事故等原因辨认不清或者损坏的；

（五）小型、微型自动挡载客汽车加装、拆除、更换肢体残疾人操纵辅助装置的；

（六）载货汽车、挂车加装、拆除车用起重尾板的；

（七）小型、微型载客汽车在不改变车身主体结构且保证安全的情况下加装车顶行李架，换装不同式样散热器面罩、保险杠、轮毂的；属于换装轮毂的，不得改变轮胎规格。

第二十四条　申请变更备案的，机动车所有人应当确认申请信息，按照下列规定办理：

（一）属于第二十三条第一项规定情形的，机动车所有人应当提交身份证明、机动车登记证书、行驶证。车辆管理所应当自受理之日起一日内，在机动车登记证书上签注备案事项，收回并重新核发行驶证；

（二）属于第二十三条第二项规定情形的，机动车所有人应当提交身份证明、机动车登记证书；属于身份证明号码变更的，还应当提交相关变更证明。车辆管理所应当自受理之日起一日内，在机动车登记证书上签注备案事项；

（三）属于第二十三条第三项规定情形的，机动车所有人应当提交身份证明。车辆管理所应当自受理之日起一日内办理备案；

（四）属于第二十三条第四项规定情形的，机动车所有人应当提交身份证明、机动车登记证书、行驶证，交验机动车。车辆管理所应当自受理之日起一日内，查验机动车，监督重新打刻原车辆识别代号，采集、核对车辆识别代号拓印膜或者电子资料，在机动车登记证书上签注备案事项；

（五）属于第二十三条第五项、第六项规定情形的，机动车所有人应当提交身份证明、行驶证、机动车安全技术检验合格证明、操纵辅助装置或者尾板加装合格证明，交验机动车。车辆管理所应当自受理之日起一日内，查验机动车，收回并重新核发行驶证；

（六）属于第二十三条第七项规定情形的，机动车所有人应当提交身份证明、行驶证，交验机动车。车辆管理所应当自受理之日起一日内，查验机动车，收回并重新核发行驶证。

因第二十三条第五项、第六项、第七项申请变更备案，车辆不在登记地的，可以向车辆所在地车辆管理所提出申请。车辆所在地车辆管理所应当按规定查验机动车,审查提交的证明、凭证,并将机动车查验电子资料转递至登记地车辆管理所,登记地车辆管理所按规定复核并核发行驶证。

## 第三节 转让登记

**第二十五条** 已注册登记的机动车所有权发生转让的,现机动车所有人应当自机动车交付之日起三十日内向登记地车辆管理所申请转让登记。

机动车所有人申请转让登记前,应当将涉及该车的道路交通安全违法行为和交通事故处理完毕。

**第二十六条** 申请转让登记的,现机动车所有人应当交验机动车,确认申请信息,并提交以下证明、凭证:

(一)现机动车所有人的身份证明;
(二)机动车所有权转让的证明、凭证;
(三)机动车登记证书;
(四)机动车行驶证;
(五)属于海关监管的机动车,还应当提交海关监管车辆解除监管证明书或者海关批准的转让证明;
(六)属于超过检验有效期的机动车,还应当提交机动车安全技术检验合格证明和交通事故责任强制保险凭证。

车辆管理所应当自受理申请之日起一日内,查验机动车,核对车辆识别代号拓印膜或者电子资料,审查提交的证明、凭证,收回号牌、行驶证,确定新的机动车号牌号码,在机动车登记证书上签注转让事项,重新核发号牌、行驶证和检验合格标志。

在机动车抵押登记期间申请转让登记的,应当由原机动车所有人、现机动车所有人和抵押权人共同申请,车辆管理所一并办理新的抵押登记。

在机动车质押备案期间申请转让登记的,应当由原机动车所有人、现机动车所有人和质权人共同申请,车辆管理所一并办理新的质押备案。

**第二十七条** 车辆管理所办理转让登记时,现机动车所有人住所不在车辆管理所管辖区域内的,转出地车辆管理所应当自受理之日起三日内,查验机动车,核对车辆识别代号拓印膜或者电子资料,审查提交的证明、凭证，收回号牌、行驶证，在机动车登记证书上签注转让和变更事项，核发有效期为三十日的临时行驶车号牌，制作上传机动车电子档案资料。机动车所有人应当在临时行驶车号牌的有效期限内到转入地车辆管理所申请机动车转入。

申请机动车转入时，机动车所有人应当确认申请信息，提交身份证明、机动车登记证书，并交验机动车。机动车在转入时已超过检验有效期的，应当按规定进行安全技术检验并提交机动车安全技术检验合格证明和交通事故责任强制保险凭证。转入地车辆管理所应当自受理之日起三日内，查验机动车，采集、核对车辆识别代号拓印膜或者电子资料，审查相关证明、凭证和机动车电子档案资料，在机动车登记证书上签注转入信息，核发号牌、行驶证和检验合格标志。

小型、微型载客汽车或者摩托车在转入地交易的，现机动车所有人应当向转入地车辆管理所申请转让登记。

**第二十八条** 二手车出口企业收购机动车的，车辆管理所应当自受理之日起三日内，查验机动车，核对车辆识别代号拓印膜或者电子资料，审查提交的证明、凭证，在机动车登记证书上签注转让待出口事项，收回号牌、行驶证，核发有效期不超过六十日的临时行驶车号牌。

**第二十九条** 有下列情形之一的，不予办理转让登记：
（一）机动车与该车档案记载内容不一致的；
（二）属于海关监管的机动车，海关未解除监管或者批准转让的；
（三）距机动车强制报废标准规定要求使用年限一年以内的机动车；
（四）属于第十五条第一项、第二项、第七项、第八项、第九项规定情形的。

**第三十条** 被监察机关、人民法院、人民检察院、行政执法部门依法没收并拍卖，或者被仲裁机构依法仲裁裁决，或者被监察机关依法处理，或者被人民法院调解、裁定、判决机动车所有权转让时，原机动车所有人未向现机动车所有人提供机动车登记证书、号牌或者行驶证的，现机动车所有人在办理转让登记时，应当提交监察机关或者人民法院出具的未得到机动车登记证书、号牌或者行驶证的协助执行通知书，或者人民检察院、行政执法部门出具的未得到机动车登记证书、号牌或者行驶证的证明。车辆管理所应当公告原机动车登记证书、号牌或者行驶证作废,并在办理转让登记的同时,补发机动车登记证书。

## 第四节 抵押登记

**第三十一条** 机动车作为抵押物抵押的,机动车所有人和抵押权人应当向登记地车辆管理所申请抵押登记;抵押权消灭的,应当向登记地车辆管理所申请解除抵押登记。

**第三十二条** 申请抵押登记的,由机动车所有人和抵押权人共同申请,确认申请信息,并提交下列证明、凭证:

(一)机动车所有人和抵押权人的身份证明;

(二)机动车登记证书;

(三)机动车抵押合同。

车辆管理所应当自受理之日起一日内,审查提交的证明、凭证,在机动车登记证书上签注抵押登记的内容和日期。

在机动车抵押登记期间,申请因质量问题更换整车变更登记、机动车迁出迁入、共同所有人变更或者补领、换领机动车登记证书的,应当由机动车所有人和抵押权人共同申请。

**第三十三条** 申请解除抵押登记的,由机动车所有人和抵押权人共同申请,确认申请信息,并提交下列证明、凭证:

(一)机动车所有人和抵押权人的身份证明;

(二)机动车登记证书。

人民法院调解、裁定、判决解除抵押的,机动车所有人或者抵押权人应当确认申请信息,提交机动车登记证书、人民法院出具的已经生效的调解书、裁定书或者判决书,以及相应的协助执行通知书。

车辆管理所应当自受理之日起一日内,审查提交的证明、凭证,在机动车登记证书上签注解除抵押登记的内容和日期。

**第三十四条** 机动车作为质押物质押的,机动车所有人可以向登记地车辆管理所申请质押备案;质权消灭的,应当向登记地车辆管理所申请解除质押备案。

申请办理机动车质押备案或者解除质押备案的,由机动车所有人和质权人共同申请,确认申请信息,并提交以下证明、凭证:

(一)机动车所有人和质权人的身份证明;

(二)机动车登记证书。

车辆管理所应当自受理之日起一日内,审查提交的证明、凭证,在机动车登记证书上签注质押备案或者解除质押备案的内容和日期。

**第三十五条** 机动车抵押、解除抵押信息实现与有关部门或者金融机构等联网核查的,申请人免予提交相关证明、凭证。

机动车抵押登记日期、解除抵押登记日期可以供公众查询。

**第三十六条** 属于第十五条第一项、第七项、第八项、第九项或者第二十九条第二项规定情形的,不予办理抵押登记、质押备案。对机动车所有人、抵押权人、质权人提交的证明、凭证无效,或者机动车被监察机关、人民法院、人民检察院、行政执法部门依法查封、扣押的,不予办理解除抵押登记、质押备案。

### 第五节 注销登记

**第三十七条** 机动车有下列情形之一的,机动车所有人应当向登记地车辆管理所申请注销登记:

(一)机动车已达到国家强制报废标准的;

(二)机动车未达到国家强制报废标准,机动车所有人自愿报废的;

(三)因自然灾害、失火、交通事故等造成机动车灭失的;

(四)机动车因故不在我国境内使用的;

(五)因质量问题退车的。

属于第一款第四项、第五项规定情形的,机动车所有人申请注销登记前,应当将涉及该车的道路交通安全违法行为和交通事故处理完毕。

属于二手车出口符合第一款第四项规定情形的,二手车出口企业应当在机动车办理海关出口通关手续后二个月内申请注销登记。

**第三十八条** 属于第三十七条第一款第一项、第二项规定情形,机动车所有人申请注销登记的,应当向报废机动车回收企业交售机动车,确认申请信息,提交机动车登记证书、号牌和行驶证。

报废机动车回收企业应当确认机动车,向机动车所有人出具报废机动车回收证明,七日内将申请表、机动车登记证书、号牌、行驶证和报废机动车回收证明副本提交车辆管理所。属于报废校车、大型客车、重型货车及其他营运车辆的,申请注销登记时,还应当提交车辆识别代号拓印膜、车辆解体的照片或者电子资料。

车辆管理所应当自受理之日起一日内,审查提交的证明、凭证,收回机动车登记证书、号牌、行驶证,出具注销证明。

对车辆不在登记地的,机动车所有人可以向车辆所在地机动车回收企业交售报废机动车。报废机动车回收企业应当确认机动车,向机动车所有人出具报废机动车回收证明,七日内将申请表、机动车登记证书、号牌、行驶证、报废机动车回收证明副本以及车辆识别代号拓印膜或者电子资料提交报废地车辆管理所。属于报废校车、大型客车、重型货车及其他营运车辆的,还应当提交车辆解体的照片或者电子资料。

报废地车辆管理所应当自受理之日起一日内,审查提交的证明、凭证,收回机动车登记证书、号牌、行驶证,并通过计算机登记管理系统将机动车报废信息传递给登记地车辆管理所。登记地车辆管理所应当自接到机动车报废信息之日起一日内办理注销登记,并出具注销证明。

机动车报废信息实现与有关部门联网核查的,报废机动车回收企业免予提交相关证明、凭证,车辆管理所应当核对相关电子信息。

**第三十九条** 属于第三十七条第一款第三项、第四项、第五项规定情形,机动车所有人申请注销登记的,应当确认申请信息,并提交以下证明、凭证:

(一)机动车所有人身份证明;

(二)机动车登记证书;

(三)机动车行驶证;

(四)属于海关监管的机动车,因故不在我国境内使用的,还应当提交海关出具的海关监管车辆进(出)境领(销)牌照通知书;

(五)属于因质量问题退车的,还应当提交机动车制造厂或者经销商出具的退车证明。

申请人因机动车灭失办理注销登记的,应当书面承诺因自然灾害、失火、交通事故等导致机动车灭失,并承担不实承诺的法律责任。

二手车出口企业因二手车出口办理注销登记的,应当提交机动车所有人身份证明、机动车登记证书和机动车出口证明。

车辆管理所应当自受理之日起一日内,审查提交的证明、凭证,属于机动车因故不在我国境内使用的还应当核查机动车出境记录,收回机动车登记证书、号牌、行驶证,出具注销证明。

**第四十条** 已注册登记的机动车有下列情形之一的,登记地车辆管理所应当办理机动车注销:

(一)机动车登记被依法撤销的;

(二)达到国家强制报废标准的机动车被依法收缴并强制报废的。

**第四十一条** 已注册登记的机动车有下列情形之一的,车辆管理所应当公告机动车登记证书、号牌、行驶证作废:

(一)达到国家强制报废标准,机动车所有人逾期不办理注销登记的;

(二)机动车登记被依法撤销后,未收缴机动车登记证书、号牌、行驶证的;

(三)达到国家强制报废标准的机动车被依法收缴并强制报废的;

(四)机动车所有人办理注销登记时未交回机动车登记证书、号牌、行驶证的。

**第四十二条** 属于第十五条第一项、第八项、第九项或者第二十九条第一项规定情形的,不予办理注销登记。机动车在抵押登记、质押备案期间的,不予办理注销登记。

## 第三章　机动车牌证

### 第一节　牌证发放

**第四十三条** 机动车所有人可以通过计算机随机选取或者按照选号规则自行编排的方式确定机动车号牌号码。

公安机关交通管理部门应当使用统一的机动车号牌选号系统发放号牌号码,号牌号码公开向社会发放。

**第四十四条** 办理机动车变更登记、转让登记或者注销登记后,原机动车所有人申请机动车登记时,可以向车辆管理所申请使用原机动车号牌号码。

申请使用原机动车号牌号码应当符合下列条件:

(一)在办理机动车迁出、共同所有人变更、转让登记或者注销登记后两年内提出申请;

(二)机动车所有人拥有原机动车且使用原号牌号码一年以上;

（三）涉及原机动车的道路交通安全违法行为和交通事故处理完毕。

**第四十五条** 夫妻双方共同所有的机动车将登记的机动车所有人姓名变更为另一方姓名，婚姻关系存续期满一年且经夫妻双方共同申请的，可以使用原机动车号牌号码。

**第四十六条** 机动车具有下列情形之一，需要临时上道路行驶的，机动车所有人应当向车辆管理所申领临时行驶车号牌：

（一）未销售的；

（二）购买、调拨、赠予等方式获得机动车后尚未注册登记的；

（三）新车出口销售的；

（四）进行科研、定型试验的；

（五）因轴荷、总质量、外廓尺寸超出国家标准不予办理注册登记的特型机动车。

**第四十七条** 机动车所有人申领临时行驶车号牌应当提交以下证明、凭证：

（一）机动车所有人的身份证明；

（二）机动车交通事故责任强制保险凭证；

（三）属于第四十六条第一项、第五项规定情形的，还应当提交机动车整车出厂合格证明或者进口机动车进口凭证；

（四）属于第四十六条第二项规定情形的，还应当提交机动车来历证明，以及机动车整车出厂合格证明或者进口机动车进口凭证；

（五）属于第四十六条第三项规定情形的，还应当提交机动车制造厂出具的安全技术检验证明以及机动车出口证明；

（六）属于第四十六条第四项规定情形的，还应当提交书面申请，以及机动车安全技术检验合格证明或者机动车制造厂出具的安全技术检验证明。

车辆管理所应当自受理之日起一日内，审查提交的证明、凭证，属于第四十六条第一项、第二项、第三项规定情形，需要临时上道路行驶的，核发有效期不超过三十日的临时行驶车号牌。属于第四十六条第四项规定情形的，核发有效期不超过六个月的临时行驶车号牌。属于第四十六条第五项规定情形的，核发有效期不超过九十日的临时行驶车号牌。

因号牌制作的原因，无法在规定时限内核发号牌的，车辆管理所应当核发有效期不超过十五日的临时行驶车号牌。

对属于第四十六条第一项、第二项规定情形，机动车所有人需要多次申领临时行驶车号牌的，车辆管理所核发临时行驶车号牌不得超过三次。属于第四十六条第三项规定情形的，车辆管理所核发一次临时行驶车号牌。

临时行驶车号牌有效期不得超过机动车交通事故责任强制保险有效期。

机动车办理登记后，机动车所有人收到机动车号牌之日起三日后，临时行驶车号牌作废，不得继续使用。

**第四十八条** 对智能网联机动车进行道路测试、示范应用需要上道路行驶的，道路测试、示范应用单位应当向车辆管理所申领临时行驶车号牌，提交以下证明、凭证：

（一）道路测试、示范应用单位的身份证明；
（二）机动车交通事故责任强制保险凭证；
（三）经主管部门确认的道路测试、示范应用凭证；
（四）机动车安全技术检验合格证明。

车辆管理所应当自受理之日起一日内，审查提交的证明、凭证，核发临时行驶车号牌。临时行驶车号牌有效期应当与准予道路测试、示范应用凭证上签注的期限保持一致，但最长不得超过六个月。

**第四十九条** 对临时入境的机动车需要上道路行驶的，机动车所有人应当按规定向入境地或者始发地车辆管理所申领临时入境机动车号牌和行驶证。

**第五十条** 公安机关交通管理部门应当使用统一的号牌管理信息系统制作、发放、收回、销毁机动车号牌和临时行驶车号牌。

## 第二节　牌证补换领

**第五十一条** 机动车号牌灭失、丢失或者损毁的，机动车所有人应当向登记地车辆管理所申请补领、换领。申请时，机动车所有人应当确认申请信息并提交身份证明。

车辆管理所应当审查提交的证明、凭证，收回来灭失、丢失或者损毁的号牌，自受理之日起十五日内补发、换发号牌，原机动车号牌号码不变。

补发、换发号牌期间，申请人可以申领有效期不超过十五日的临时行驶车号牌。

补领、换领机动车号牌的，原机动车号牌作废，不得继续使用。

**第五十二条** 机动车登记证书、行驶证灭失、丢失或者损毁的，机动车所有人应当向登记地车辆管理所申请补领、换领。申请时，机动车所有人应当确认申请信息并提交身份证明。

车辆管理所应当审查提交的证明、凭证，收回损毁的登记证书、行驶证，自受理之日起一日内补发、换发登记证书、行驶证。

补领、换领机动车登记证书、行驶证的，原机动车登记证书、行驶证作废，不得继续使用。

**第五十三条** 机动车所有人发现登记内容有错误的，应当及时要求车辆管理所更正。车辆管理所应当自受理之日起五日内予以确认。确属登记错误的，在机动车登记证书上更正相关内容，换发行驶证。需要改变机动车号牌号码的，应当收回号牌、行驶证，确定新的机动车号牌号码，重新核发号牌、行驶证和检验合格标志。

## 第三节　检验合格标志核发

**第五十四条** 机动车所有人可以在机动车检验有效期满前三个月内向车辆管理所申请检验合格标志。除大型载客汽车、校车以外的机动车因故不能在登记地检验的，机动车所有人可以向车辆所在地车辆管理所申请检验合格标志。

申请前，机动车所有人应当将涉及该车的道路交通安全违法行为和交通事故处理完毕。申请时，机动车所有人应当确认申请信息并提交行驶证、机动车交通事故责任强制保险凭证、车船税纳税或者免税证明、机动车安全技术检验合格证明。

车辆管理所应当自受理之日起一日内，审查提交的证明、凭证，核发检验合格标志。

**第五十五条** 对免予到机动车安全技术检验机构检验的机动车，机动车所有人申请检验合格标志时，应当提交机动车所有人身份证明或者行驶证、机动车交通事故责任强制保险凭证、车船税纳税或者免税证明。

车辆管理所应当自受理之日起一日内，审查提交的证明、凭证、核发检验合格标志。

**第五十六条** 公安机关交通管理部门应当实行机动车检验合格

志电子化，在核发检验合格标志的同时，发放检验合格标志电子凭证。

检验合格标志电子凭证与纸质检验合格标志具有同等效力。

**第五十七条** 机动车检验合格标志灭失、丢失或者损毁，机动车所有人需要补领、换领的，可以持机动车所有人身份证明或者行驶证向车辆管理所申请补领或者换领。对机动车交通事故责任强制保险在有效期内的，车辆管理所应当自受理之日起一日内补发或者换发。

## 第四章 校车标牌核发

**第五十八条** 学校或者校车服务提供者申请校车使用许可，应当按照《校车安全管理条例》向县级或者设区的市级人民政府教育行政部门提出申请。公安机关交通管理部门收到教育行政部门送来的征求意见材料后，应当在一日内通知申请人交验机动车。

**第五十九条** 县级或者设区的市级公安机关交通管理部门应自申请人交验机动车之日起二日内确认机动车，查验校车标志灯、停车指示标志、卫星定位装置以及逃生锤、干粉灭火器、急救箱等安全设备，审核行驶线路、开行时间和停靠站点。属于专用校车的，还应当查验校车外观标识。审查以下证明、凭证：

（一）机动车所有人的身份证明；
（二）机动车行驶证；
（三）校车安全技术检验合格证明；
（四）包括行驶线路、开行时间和停靠站点的校车运行方案；
（五）校车驾驶人的机动车驾驶证。

公安机关交通管理部门应当自收到教育行政部门征求意见材料之日起三日内向教育行政部门回复意见，但申请人未按规定交验机动车的除外。

**第六十条** 学校或者校车服务提供者按照《校车安全管理条例》取得校车使用许可后，应当向县级或者设区的市级公安机关交通管理部门领取校车标牌。领取时应当确认表格信息，并提交以下证明、凭证：

（一）机动车所有人的身份证明；
（二）校车驾驶人的机动车驾驶证；

（三）机动车行驶证；

（四）县级或者设区的市级人民政府批准的校车使用许可；

（五）县级或者设区的市级人民政府批准的包括行驶线路、开行时间和停靠站点的校车运行方案。

公安机关交通管理部门应当在收到领取表之日起三日内核发校车标牌。对属于专用校车的，应当核对行驶证上记载的校车类型和核载人数；对不属于专用校车的，应当在行驶证副页上签注校车类型和核载人数。

**第六十一条** 校车标牌应当记载本车的号牌号码、机动车所有人、驾驶人、行驶线路、开行时间、停靠站点、发牌单位、有效期限等信息。校车标牌分前后两块，分别放置于前风窗玻璃右下角和后风窗玻璃适当位置。

校车标牌有效期的截止日期与校车安全技术检验有效期的截止日期一致，但不得超过校车使用许可有效期。

**第六十二条** 专用校车应当自注册登记之日起每半年进行一次安全技术检验，非专用校车应当自取得校车标牌后每半年进行一次安全技术检验。

学校或者校车服务提供者应当在校车检验有效期满前一个月内向公安机关交通管理部门申请检验合格标志。

公安机关交通管理部门应当自受理之日起一日内，审查提交的证明、凭证，核发检验合格标志，换发校车标牌。

**第六十三条** 已取得校车标牌的机动车达到报废标准或者不再作为校车使用的，学校或者校车服务提供者应当拆除校车标志灯、停车指示标志，消除校车外观标识，并将校车标牌交回核发的公安机关交通管理部门。

专用校车不得改变使用性质。

校车使用许可被吊销、注销或者撤销的，学校或者校车服务提供者应当拆除校车标志灯、停车指示标志，消除校车外观标识，并将校车标牌交回核发的公安机关交通管理部门。

**第六十四条** 校车行驶线路、开行时间、停靠站点或者车辆、所有人、驾驶人发生变化的，经县级或者设区的市级人民政府批准后，应当按照本规定重新领取校车标牌。

**第六十五条** 公安机关交通管理部门应当每月将校车标牌的发

放、变更、收回等信息报本级人民政府备案，并通报教育行政部门。

学校或者校车服务提供者应当自取得校车标牌之日起，每月查询校车道路交通安全违法行为记录，及时到公安机关交通管理部门接受处理。核发校车标牌的公安机关交通管理部门应当每月汇总辖区内校车道路交通安全违法和交通事故等情况，通知学校或者校车服务提供者，并通报教育行政部门。

**第六十六条** 校车标牌灭失、丢失或者损毁的，学校或者校车服务提供者应当向核发标牌的公安机关交通管理部门申请补领或者换领。申请时，应当提交机动车所有人的身份证明及机动车行驶证。公安机关交通管理部门应当自受理之日起三日内审核，补发或者换发校车标牌。

## 第五章　监督管理

**第六十七条** 公安机关交通管理部门应当建立业务监督管理中心，通过远程监控、数据分析、日常检查、档案抽查、业务回访等方式，对机动车登记及相关业务办理情况进行监督管理。

直辖市、设区的市或者相当于同级的公安机关交通管理部门应当通过监管系统每周对机动车登记及相关业务办理情况进行监控、分析，及时查处整改发现的问题。省级公安机关交通管理部门应当通过监管系统每月对机动车登记及相关业务办理情况进行监控、分析，及时查处、通报发现的问题。

车辆管理所存在严重违规办理机动车登记情形的，上级公安机关交通管理部门可以暂停该车辆管理所办理相关业务或者指派其他车辆管理所人员接管业务。

**第六十八条** 县级公安机关交通管理部门办理机动车登记及相关业务的，办公场所、设施设备、人员资质和信息系统等应当满足业务办理需求，并符合相关规定和标准要求。

直辖市、设区的市公安机关交通管理部门应当加强对县级公安机关交通管理部门办理机动车登记及相关业务的指导、培训和监督管理。

**第六十九条** 机动车销售企业、二手车交易市场、机动车安全技术检验机构、报废机动车回收企业和邮政、金融机构、保险机构等单位，经公安机关交通管理部门委托可以设立机动车登记服务站，在公安机关交通管理部门监督管理下协助办理机动车登记及相关业务。

机动车登记服务站应当规范设置名称和外观标识，公开业务范围、办理依据、办理程序、收费标准等事项。机动车登记服务站应当使用统一的计算机管理系统协助办理机动车登记及相关业务。

机动车登记服务站协助办理机动车登记的，可以提供办理保险和车辆购置税、机动车预查验、信息预录入等服务，便利机动车所有人一站式办理。

第七十条 公安机关交通管理部门应当建立机动车登记服务站监督管理制度，明确设立条件、业务范围、办理要求、信息系统安全等规定，签订协议及责任书，通过业务抽查、网上巡查、实地检查、业务回访等方式加强对机动车登记服务站协助办理业务情况的监督管理。

机动车登记服务站存在违反规定办理机动车登记及相关业务、违反信息安全管理规定等情形的，公安机关交通管理部门应当暂停委托其业务办理，限期整改；有严重违规情形的，终止委托其业务办理。机动车登记服务站违反规定办理业务给当事人造成经济损失的，应当依法承担赔偿责任；构成犯罪的，依法追究相关责任人员刑事责任。

第七十一条 公安机关交通管理部门应当建立号牌制作发放监管制度，加强对机动车号牌制作单位和号牌质量的监督管理。

机动车号牌制作单位存在违反规定制作和发放机动车号牌的，公安机关交通管理部门应当暂停其相关业务，限期整改；构成犯罪的，依法追究相关责任人员刑事责任。

第七十二条 机动车安全技术检验机构应当按照国家机动车安全技术检验标准对机动车进行检验，对检验结果承担法律责任。

公安机关交通管理部门在核发机动车检验合格标志时，发现机动车安全技术检验机构存在为未经检验的机动车出具检验合格证明、伪造或者篡改检验数据等出具虚假检验结果行为的，停止认可其出具的检验合格证明，依法进行处罚，并通报市场监督管理部门；构成犯罪的，依法追究相关责任人员刑事责任。

第七十三条 从事机动车查验工作的人员，应当持有公安机关交通管理部门颁发的资格证书。公安机关交通管理部门应当在公安民警、警务辅助人员中选拔足够数量的机动车查验员，从事查验工作。

机动车登记服务站工作人员可以在车辆管理所监督下承担机动车查验工作。

机动车查验员应当严格遵守查验工作纪律，不得减少查验项目、降低查验标准，不得参与、协助、纵容为违规机动车办理登记。公安民警、警务辅助人员不得参与或者变相参与机动车安全技术检验机构经营活动，不得收取机动车安全技术检验机构、机动车销售企业、二手车交易市场、报废机动车回收企业等相关企业、申请人的财物。

车辆管理所应当对机动车查验过程进行全程录像，并实时监控查验过程，没有使用录像设备的，不得进行查验。机动车查验中，查验员应当使用执勤执法记录仪记录查验过程。车辆管理所应当建立机动车查验音视频档案，存储录像设备和执勤执法记录仪记录的音像资料。

**第七十四条** 车辆管理所在办理机动车登记及相关业务过程中发现存在以下情形的，应当及时开展调查：

（一）机动车涉嫌走私、被盗抢骗、非法生产销售、拼（组）装、非法改装的；

（二）涉嫌提交虚假申请材料的；

（三）涉嫌使用伪造、变造机动车牌证的；

（四）涉嫌以欺骗、贿赂等不正当手段取得机动车登记的；

（五）存在短期内频繁补换领牌证、转让登记、转出转入等异常情形的；

（六）存在其他违法违规情形的。

车辆管理所发现申请人通过互联网办理机动车登记及相关业务存在第一款规定嫌疑情形的，应当转为现场办理，当场审查申请材料，及时开展调查。

**第七十五条** 车辆管理所开展调查时，可以通知申请人协助调查，询问嫌疑情况，记录调查内容，并可以采取检验鉴定、实地检查等方式进行核查。

对经调查发现涉及行政案件或者刑事案件的，应当依法采取必要的强制措施或者其他处置措施，移交有管辖权的公安机关按照《公安机关办理行政案件程序规定》《公安机关办理刑事案件程序规定》等规定办理。

对办理机动车登记时发现机动车涉嫌走私的，公安机关交通管理部门应当将机动车及相关资料移交海关依法处理。

第七十六条　已注册登记的机动车被盗抢骗的，车辆管理所应当根据刑侦部门提供的情况，在计算机登记系统内记录，停止办理该车的各项登记和业务。被盗抢骗机动车发还后，车辆管理所应当恢复办理该车的各项登记和业务。

机动车在被盗抢骗期间，发动机号码、车辆识别代号或者车身颜色被改变的，车辆管理所应当凭有关技术鉴定证明办理变更备案。

第七十七条　公安机关交通管理部门及其交通警察、警务辅助人员办理机动车登记工作，应当接受监察机关、公安机关督察审计部门等依法实施的监督。

公安机关交通管理部门及其交通警察、警务辅助人员办理机动车登记工作，应当自觉接受社会和公民的监督。

## 第六章　法律责任

第七十八条　有下列情形之一的，由公安机关交通管理部门处警告或者二百元以下罚款：

（一）重型、中型载货汽车、专项作业车、挂车及大型客车的车身或者车厢后部未按照规定喷涂放大的牌号或者放大的牌号不清晰的；

（二）机动车喷涂、粘贴标识或者车身广告，影响安全驾驶的；

（三）载货汽车、专项作业车及挂车未按照规定安装侧面及后下部防护装置、粘贴车身反光标识的；

（四）机动车未按照规定期限进行安全技术检验的；

（五）改变车身颜色、更换发动机、车身或者车架，未按照第十六条规定的时限办理变更登记的；

（六）机动车所有权转让后，现机动车所有人未按照第二十五条规定的时限办理转让登记的；

（七）机动车所有人办理变更登记、转让登记，未按照第十八条、第二十七条规定的时限到住所地车辆管理所申请机动车转入的；

（八）机动车所有人未按照第二十三条规定申请变更备案。

第七十九条　除第十六条、第二十二条、第二十三条规定的情形外，擅自改变机动车外形和已登记的有关技术参数的，由公安机关交通管理部门责令恢复原状,并处警告或者五百元以下罚款。

第八十条　隐瞒有关情况或者提供虚假材料申请机动车登记的,公安机关交通管理部门不予受理或者不予登记,处五百元以下罚款;申请人在一年内不得再次申请机动车登记。

对发现申请人通过机动车虚假交易、以合法形式掩盖非法目的等手段,在机动车登记业务中牟取不正当利益的,依照第一款的规定处理。

第八十一条　以欺骗、贿赂等不正当手段取得机动车登记的,由公安机关交通管理部门收缴机动车登记证书、号牌、行驶证,撤销机动车登记,处二千元以下罚款;申请人在三年内不得再次申请机动车登记。

以欺骗、贿赂等不正当手段办理补、换领机动车登记证书、号牌、行驶证和检验合格标志等业务的,由公安机关交通管理部门收缴机动车登记证书、号牌、行驶证和检验合格标志,未收缴的,公告作废,处二千元以下罚款。

组织、参与实施第八十条、本条前两款行为之一牟取经济利益的,由公安机关交通管理部门处违法所得三倍以上五倍以下罚款,但最高不超过十万元。

第八十二条　省、自治区、直辖市公安厅、局可以根据本地区的实际情况,在本规定的处罚幅度范围内,制定具体的执行标准。

对本规定的道路交通安全违法行为的处理程序按照《道路交通安全违法行为处理程序规定》执行。

第八十三条　交通警察有下列情形之一的,按照有关规定给予处分;对聘用人员予以解聘。构成犯罪的,依法追究刑事责任:

(一) 违反规定为被盗抢骗、走私、非法拼(组)装、达到国家强制报废标准的机动车办理登记的;

(二) 不按照规定查验机动车和审查证明、凭证的;

(三) 故意刁难,拖延或者拒绝办理机动车登记的;

(四) 违反本规定增加机动车登记条件或者提交的证明、凭证的;

(五) 违反第四十三条的规定,采用其他方式确定机动车号牌号码的;

(六) 违反规定跨行政辖区办理机动车登记和业务的;

(七) 与非法中介串通牟取经济利益的;

（八）超越职权进入计算机登记管理系统办理机动车登记和业务，或者不按规定使用计算机登记管理系统办理机动车登记和业务的；

（九）违反规定侵入计算机登记管理系统，泄漏、篡改、买卖系统数据，或者泄漏系统密码的；

（十）违反规定向他人出售或者提供机动车登记信息的；

（十一）参与或者变相参与机动车安全技术检验机构经营活动的；

（十二）利用职务上的便利索取、收受他人财物或者牟取其他利益的；

（十三）强令车辆管理所违反本规定办理机动车登记的。

交通警察未按照第七十三条第三款规定使用执法记录仪的，根据情节轻重，按照有关规定给予处分。

**第八十四条** 公安机关交通管理部门有第八十三条所列行为之一的，按照有关规定对直接负责的主管人员和其他直接责任人员给予相应的处分。

公安机关交通管理部门及其工作人员有第八十三条所列行为之一，给当事人造成损失的，应当依法承担赔偿责任。

## 第七章 附 则

**第八十五条** 机动车登记证书、号牌、行驶证、检验合格标志的式样由公安部统一制定并监制。

机动车登记证书、号牌、行驶证、检验合格标志的制作应当符合有关标准。

**第八十六条** 机动车所有人可以委托代理人代理申请各项机动车登记和业务，但共同所有人变更、申请补领机动车登记证书、机动车灭失注销的除外；对机动车所有人因死亡、出境、重病、伤残或者不可抗力等原因不能到场的，可以凭相关证明委托代理人代理申请，或者由继承人申请。

代理人申请机动车登记和业务时，应当提交代理人的身份证明和机动车所有人的委托书。

**第八十七条** 公安机关交通管理部门应当实行机动车登记档案电子化，机动车电子档案与纸质档案具有同等效力。车辆管理所对办理机动车登记时不需要留存原件的证明、凭证，应当以电子文件形式归档。

**第八十八条** 本规定所称进口机动车以及进口机动车的进口凭证是指：

（一）进口机动车：

1. 经国家限定口岸海关进口的汽车；
2. 经各口岸海关进口的其他机动车；
3. 海关监管的机动车；
4. 国家授权的执法部门没收的走私、无合法进口证明和利用进口关键件非法拼（组）装的机动车。

（二）进口机动车的进口凭证：

1. 进口汽车的进口凭证，是国家限定口岸海关签发的货物进口证明书；
2. 其他进口机动车的进口凭证，是各口岸海关签发的货物进口证明书；
3. 海关监管的机动车的进口凭证，是监管地海关出具的海关监管车辆进（出）境领（销）牌照通知书；
4. 国家授权的执法部门没收的走私、无进口证明和利用进口关键件非法拼（组）装的机动车的进口凭证，是该部门签发的没收走私汽车、摩托车证明书。

**第八十九条** 本规定所称机动车所有人、身份证明以及住所是指：

（一）机动车所有人包括拥有机动车的个人或者单位。

1. 个人是指我国内地的居民和军人（含武警）以及香港、澳门特别行政区、台湾地区居民、定居国外的中国公民和外国人；
2. 单位是指机关、企业、事业单位和社会团体以及外国驻华使馆、领馆和外国驻华办事机构、国际组织驻华代表机构。

（二）身份证明：

1. 机关、企业、事业单位、社会团体的身份证明，是该单位的统一社会信用代码证书、营业执照或者社会团体法人登记证书，以及加盖单位公章的委托书和被委托人的身份证明。机动车所有人为单位的内设机构，本身不具备领取统一社会信用代码证书条件的，可以使用上级单位的统一社会信用代码证书作为机动车所有人的身份证明。上述单位已注销、撤销或者破产，其机动车需要办理变更登记、转让登记、解除抵押登记、注销登记、解除质押备案和补、换领机动车登记证书、号牌、行驶证的，已注销的企业的身份证明，是市场监督管理部门出具的准予注销登记通知书；已撤销的机关、事业单位、社会团体的身份证明，是其上级主管机关出具的有关证明；已破产无有效营业执照的企业，其身份证明是依法成立的财产清算机构或者人民法院依法指定的破产管理人出具的有关证明。商业银行、汽车金融公司申请办理抵押登记业务的，其身份证明是营业执照或者加盖公章的营业执照复印件。

2. 外国驻华使馆、领馆和外国驻华办事机构、国际组织驻华代表机构的身份证明，是该使馆、领馆或者该办事机构、代表机构出具的证明；

3. 居民的身份证明，是居民身份证或者临时居民身份证。在户籍地以外居住的内地居民，其身份证明是居民身份证或者临时居民身份证，以及公安机关核发的居住证明或者居住登记证明；

4. 军人（含武警）的身份证明，是居民身份证或者临时居民身份证。在未办理居民身份证前，是军队有关部门核发的军官证、文职干部证、士兵证、离休证、退休证等有效军人身份证件，以及其所在的团级以上单位出具的本人住所证明；

5. 香港、澳门特别行政区居民的身份证明，是港澳居民居住证；或者是其所持有的港澳居民来往内地通行证或者外交部核发的中华人民共和国旅行证，以及公安机关出具的住宿登记证明；

6. 台湾地区居民的身份证明，是台湾居民居住证；或者是其所持有的公安机关核发的五年有效的台湾居民来往大陆通行证或者外交部核发的中华人民共和国旅行证，以及公安机关出具的住宿登记证明；

7. 定居国外的中国公民的身份证明，是中华人民共和国护照和公安机关出具的住宿登记证明；

8. 外国人的身份证明，是其所持有的有效护照或者其他国际旅行证件，停留期三个月以上的有效签证或者停留、居留许可，以及公安机关出具的住宿登记证明；或者是外国人永久居留身份证；

9. 外国驻华使馆、领馆人员、国际组织驻华代表机构人员的身份证明，是外交部核发的有效身份证件。

（三）住所：

1. 单位的住所是其主要办事机构所在地;

2. 个人的住所是户籍登记地或者其身份证明记载的住址。在户籍地以外居住的内地居民的住所是公安机关核发的居住证明或者居住登记证明记载的住址。

属于在户籍地以外办理除机动车注册登记、转让登记、住所迁入、共同所有人变更以外业务的,机动车所有人免予提交公安机关核发的居住证明或者居住登记证明。

属于在户籍地以外办理小型、微型非营运载客汽车注册登记的,机动车所有人免予提交公安机关核发的居住证明或者居住登记证明。

**第九十条** 本规定所称机动车来历证明以及机动车整车出厂合格证明是指:

(一)机动车来历证明:

1. 在国内购买的机动车,其来历证明是机动车销售统一发票或者二手车交易发票。在国外购买的机动车,其来历证明是该车销售单位开具的销售发票及其翻译文本,但海关监管的机动车不需提供来历证明;

2. 监察机关依法没收、追缴或者责令退赔的机动车,其来历证明是监察机关出具的法律文书,以及相应的协助执行通知书;

3. 人民法院调解、裁定或者判决转让的机动车,其来历证明是人民法院出具的已经生效的调解书、裁定书或者判决书,以及相应的协助执行通知书;

4. 仲裁机构仲裁裁决转让的机动车,其来历证明是仲裁裁决书和人民法院出具的协助执行通知书;

5. 继承、赠予、中奖、协议离婚和协议抵偿债务的机动车,其来历证明是继承、赠予、中奖、协议离婚、协议抵偿债务的相关文书和公证机关出具的公证书;

6. 资产重组或者资产整体买卖中包含的机动车,其来历证明是资产主管部门的批准文件;

7. 机关、企业、事业单位和社会团体统一采购并调拨到下属单位未注册登记的机动车,其来历证明是机动车销售统一发票和该部门出具的调拨证明;

8. 机关、企业、事业单位和社会团体已注册登记并调拨到下属单位的机动车,其来历证明是该单位出具的调拨证明。被上级单位调

回或者调拨到其他下属单位的机动车,其来历证明是上级单位出具的调拨证明;

9. 经公安机关破案发还的被盗抢骗且已向原机动车所有人理赔完毕的机动车,其来历证明是权益转让证明书。

(二)机动车整车出厂合格证明:

1. 机动车整车厂生产的汽车、摩托车、挂车,其出厂合格证明是该厂出具的机动车整车出厂合格证;

2. 使用国产或者进口底盘改装的机动车,其出厂合格证明是机动车底盘生产厂出具的机动车底盘出厂合格证或者进口机动车底盘的进口凭证和机动车改装厂出具的机动车整车出厂合格证;

3. 使用国产或者进口整车改装的机动车,其出厂合格证明是机动车生产厂出具的机动车整车出厂合格证或者进口机动车的进口凭证和机动车改装厂出具的机动车整车出厂合格证;

4. 监察机关、人民法院、人民检察院或者行政执法机关依法扣留、没收并拍卖的未注册登记的国产机动车,未能提供出厂合格证明的,可以凭监察机关、人民法院、人民检察院或者行政执法机关出具的证明替代。

第九十一条 本规定所称二手车出口企业是指经商务主管部门认定具备二手车出口资质的企业。

第九十二条 本规定所称"一日"、"二日"、"三日"、"五日"、"七日"、"十日"、"十五日",是指工作日,不包括节假日。

临时行驶车号牌的最长有效期"十五日"、"三十日"、"六十日"、"九十日"、"六个月",包括工作日和节假日。

本规定所称"以下"、"以上"、"以内",包括本数。

第九十三条 本规定自2022年5月1日起施行。2008年5月27日发布的《机动车登记规定》(公安部令第102号)和2012年9月12日发布的《公安部关于修改〈机动车登记规定〉的决定》(公安部令第124号)同时废止。本规定生效后,公安部以前制定的规定与本规定不一致的,以本规定为准。

# 机动车驾驶证申领和使用规定

- 2021年12月17日公安部令第162号公布
- 自2022年4月1日起施行

## 第一章 总 则

**第一条** 为了规范机动车驾驶证申领和使用，保障道路交通安全，保护公民、法人和其他组织的合法权益，根据《中华人民共和国道路交通安全法》及其实施条例、《中华人民共和国行政许可法》，制定本规定。

**第二条** 本规定由公安机关交通管理部门负责实施。

省级公安机关交通管理部门负责本省（自治区、直辖市）机动车驾驶证业务工作的指导、检查和监督。直辖市公安机关交通管理部门车辆管理所、设区的市或者相当于同级的公安机关交通管理部门车辆管理所负责办理本行政区域内机动车驾驶证业务。

县级公安机关交通管理部门车辆管理所可以办理本行政区域内除大型客车、重型牵引挂车、城市公交车、中型客车、大型货车场地驾驶技能、道路驾驶技能考试以外的其他机动车驾驶证业务。具体业务范围和办理条件由省级公安机关交通管理部门确定。

**第三条** 车辆管理所办理机动车驾驶证业务，应当遵循依法、公开、公正、便民的原则。

车辆管理所办理机动车驾驶证业务，应当依法受理申请人的申请，审查申请人提交的材料。对符合条件的，按照规定的标准、程序和期限办理机动车驾驶证。对申请材料不齐全或者不符合法定形式的，应当一次书面或者电子告知申请人需要补正的全部内容。对不符合条件的，应当书面或者电子告知理由。

车辆管理所应当将法律、行政法规和本规定的有关办理机动车驾驶证的事项、条件、依据、程序、期限以及收费标准、需要提交的全部材料的目录和申请表示范文本等在办公场所公示。

省级、设区的市或者相当于同级的公安机关交通管理部门应当在互联网上发布信息，便于群众查阅办理机动车驾驶证的有关规定，查询驾驶证使用状态、交通违法及记分等情况,下载、使用有关表格。

**第四条** 车辆管理所办理机动车驾驶证业务时,应当按照减环节、减材料、减时限的要求,积极推行一次办结、限时办结等制度,为申请人提供规范、便利、高效的服务。

公安机关交通管理部门应当积极推进与有关部门信息互联互通,对实现信息共享、网上核查的,申请人免予提交相关证明凭证。

公安机关交通管理部门应当按照就近办理、便捷办理的原则,推进在驾驶人考场、政务服务大厅等地设置服务站点,方便申请人办理机动车驾驶证业务,并在办公场所和互联网公示辖区内的业务办理网点、地址、联系电话、办公时间和业务范围。

**第五条** 车辆管理所应当使用全国统一的计算机管理系统办理机动车驾驶证业务、核发机动车驾驶证。

计算机管理系统的数据库标准和软件全国统一,能够完整、准确地记录和存储机动车驾驶证业务办理、驾驶人考试等全过程和经办人员信息,并能够实时将有关信息传送到全国公安交通管理信息系统。

**第六条** 车辆管理所应当使用互联网交通安全综合服务管理平台受理申请人网上提交的申请,验证申请人身份,按规定办理机动车驾驶证业务。

互联网交通安全综合服务管理平台信息管理系统数据库标准和软件全国统一。

**第七条** 申请办理机动车驾驶证业务的,应当如实向车辆管理所提交规定的材料,如实申告规定的事项,并对其申请材料实质内容的真实性负责。

**第八条** 公安机关交通管理部门应当建立机动车驾驶证业务监督制度,加强对驾驶人考试、驾驶证核发和使用的监督管理。

**第九条** 车辆管理所办理机动车驾驶证业务时可以依据相关法律法规认可、使用电子签名、电子印章、电子证照。

## 第二章 机动车驾驶证申请

### 第一节 机动车驾驶证

**第十条** 驾驶机动车,应当依法取得机动车驾驶证。

**第十一条** 机动车驾驶人准予驾驶的车型顺序依次分为：大型客车、重型牵引挂车、城市公交车、中型客车、大型货车、小型汽车、小型自动挡汽车、低速载货汽车、三轮汽车、残疾人专用小型自动挡载客汽车、轻型牵引挂车、普通三轮摩托车、普通二轮摩托车、轻便摩托车、轮式专用机械车、无轨电车和有轨电车（附件1）。

**第十二条** 机动车驾驶证记载和签注以下内容：

（一）机动车驾驶人信息：姓名、性别、出生日期、国籍、住址、身份证明号码（机动车驾驶证号码）、照片；

（二）车辆管理所签注内容：初次领证日期、准驾车型代号、有效期限、核发机关印章、档案编号、准予驾驶机动车听力辅助条件。

**第十三条** 机动车驾驶证有效期分为六年、十年和长期。

## 第二节 申 请

**第十四条** 申请机动车驾驶证的人，应当符合下列规定：

（一）年龄条件：

1. 申请小型汽车、小型自动挡汽车、残疾人专用小型自动挡载客汽车、轻便摩托车准驾车型的，在18周岁以上；

2. 申请低速载货汽车、三轮汽车、普通三轮摩托车、普通二轮摩托车或者轮式专用机械车准驾车型的，在18周岁以上，60周岁以下；

3. 申请城市公交车、中型客车、大型货车、轻型牵引挂车、无轨电车或者有轨电车准驾车型的，在20周岁以上，60周岁以下；

4. 申请大型客车、重型牵引挂车准驾车型的，在22周岁以上，60周岁以下；

5. 接受全日制驾驶职业教育的学生，申请大型客车、重型牵引挂车准驾车型的，在19周岁以上，60周岁以下。

（二）身体条件：

1. 身高：申请大型客车、重型牵引挂车、城市公交车、大型货车、无轨电车准驾车型的，身高为155厘米以上。申请中型客车准驾车型的，身高为150厘米以上；

2. 视力：申请大型客车、重型牵引挂车、城市公交车、中型客车、大型货车、无轨电车或者有轨电车准驾车型的，两眼裸视力或者矫正视力达到对数视力表5.0以上。申请其他准驾车型的，两眼裸视力或者矫正视力达到对数视力表4.9以上。单眼视力障碍，优眼裸视力或者矫正视力达到对数视力表5.0以上,且水平视野达到150度的,可以申请小型汽车、小型自动挡汽车、低速载货汽车、三轮汽车、残疾人专用小型自动挡载客汽车准驾车型的机动车驾驶证;

3. 辨色力:无红绿色盲;

4. 听力:两耳分别距音叉50厘米能辨别声源方向。有听力障碍但佩戴助听设备能够达到以上条件的,可以申请小型汽车、小型自动挡汽车准驾车型的机动车驾驶证;

5. 上肢:双手拇指健全,每只手其他手指必须有三指健全,肢体和手指运动功能正常。但手指末节残缺或者左手有三指健全,且双手手掌完整的,可以申请小型汽车、小型自动挡汽车、低速载货汽车、三轮汽车准驾车型的机动车驾驶证;

6. 下肢:双下肢健全且运动功能正常,不等长度不得大于5厘米。单独左下肢缺失或者丧失运动功能,但右下肢正常的,可以申请小型自动挡汽车准驾车型的机动车驾驶证;

7. 躯干、颈部:无运动功能障碍;

8. 右下肢、双下肢缺失或者丧失运动功能但能够自主坐立,且上肢符合本项第5目规定的,可以申请残疾人专用小型自动挡载客汽车准驾车型的机动车驾驶证。一只手掌缺失,另一只手拇指健全,其他手指有两指健全,上肢和手指运动功能正常,且下肢符合本项第6目规定的,可以申请残疾人专用小型自动挡载客汽车准驾车型的机动车驾驶证;

9. 年龄在70周岁以上能够通过记忆力、判断力、反应力等能力测试的,可以申请小型汽车、小型自动挡汽车、残疾人专用小型自动挡载客汽车、轻便摩托车准驾车型的机动车驾驶证。

**第十五条** 有下列情形之一的,不得申请机动车驾驶证:

(一)有器质性心脏病、癫痫病、美尼尔氏症、眩晕症、癔病、震颤麻痹、精神病、痴呆以及影响肢体活动的神经系统疾病等妨碍安全驾驶疾病的;

(二)三年内有吸食、注射毒品行为或者解除强制隔离戒毒措施未满三年,以及长期服用依赖性精神药品成瘾尚未戒除的;

(三)造成交通事故后逃逸构成犯罪的;

(四)饮酒后或者醉酒驾驶机动车发生重大交通事故构成犯罪的;

(五)醉酒驾驶机动车或者饮酒后驾驶营运机动车依法被吊销机

动车驾驶证未满五年的;

（六）醉酒驾驶营运机动车依法被吊销机动车驾驶证未满十年的;

（七）驾驶机动车追逐竞驶、超员、超速、违反危险化学品安全管理规定运输危险化学品构成犯罪依法被吊销机动车驾驶证未满五年的;

（八）因本款第四项以外的其他违反交通管理法律法规的行为发生重大交通事故构成犯罪依法被吊销机动车驾驶证未满十年的;

（九）因其他情形依法被吊销机动车驾驶证未满二年的;

（十）驾驶许可依法被撤销未满三年的;

（十一）未取得机动车驾驶证驾驶机动车，发生负同等以上责任交通事故造成人员重伤或者死亡未满十年的;

（十二）三年内有代替他人参加机动车驾驶人考试行为的;

（十三）法律、行政法规规定的其他情形。

未取得机动车驾驶证驾驶机动车，有第一款第五项至第八项行为之一的，在规定期限内不得申请机动车驾驶证。

**第十六条** 初次申领机动车驾驶证的，可以申请准驾车型为城市公交车、大型货车、小型汽车、小型自动挡汽车、低速载货汽车、三轮汽车、残疾人专用小型自动挡载客汽车、普通三轮摩托车、普通二轮摩托车、轻便摩托车、轮式专用机械车、无轨电车、有轨电车的机动车驾驶证。

已持有机动车驾驶证，申请增加准驾车型的，可以申请增加的准驾车型为大型客车、重型牵引挂车、城市公交车、中型客车、大型货车、小型汽车、小型自动挡汽车、低速载货汽车、三轮汽车、轻型牵引挂车、普通三轮摩托车、普通二轮摩托车、轻便摩托车、轮式专用机械车、无轨电车、有轨电车。

**第十七条** 已持有机动车驾驶证，申请增加准驾车型的，应当在本记分周期和申请前最近一个记分周期内没有记满12分记录。申请增加轻型牵引挂车、中型客车、重型牵引挂车、大型客车准驾车型的，还应当符合下列规定：

（一）申请增加轻型牵引挂车准驾车型的，已取得驾驶小型汽车、小型自动挡汽车准驾车型资格一年以上;

（二）申请增加中型客车准驾车型的，已取得驾驶城市公交车、大型货车、小型汽车、小型自动挡汽车、低速载货汽车或者三轮汽

准驾车型资格二年以上,并在申请前最近连续二个记分周期内没有记满12分记录;

(三)申请增加重型牵引挂车准驾车型的,已取得驾驶中型客车或者大型货车准驾车型资格二年以上,或者取得驾驶大型客车准驾车型资格一年以上,并在申请前最近连续二个记分周期内没有记满12分记录;

(四)申请增加大型客车准驾车型的,已取得驾驶城市公交车、中型客车准驾车型资格二年以上、已取得驾驶大型货车准驾车型资格三年以上,或者取得驾驶重型牵引挂车准驾车型资格一年以上,并在申请前最近连续三个记分周期内没有记满12分记录。

正在接受全日制驾驶职业教育的学生,已在校取得驾驶小型汽车准驾车型资格,并在本记分周期和申请前最近一个记分周期内没有记满12分记录的,可以申请增加大型客车、重型牵引挂车准驾车型。

**第十八条** 有下列情形之一的,不得申请大型客车、重型牵引挂车、城市公交车、中型客车、大型货车准驾车型:

(一)发生交通事故造成人员死亡,承担同等以上责任的;

(二)醉酒后驾驶机动车的;

(三)再次饮酒后驾驶机动车的;

(四)有吸食、注射毒品后驾驶机动车行为的,或者有执行社区戒毒、强制隔离戒毒、社区康复措施记录的;

(五)驾驶机动车追逐竞驶、超员、超速、违反危险化学品安全管理规定运输危险化学品构成犯罪的;

(六)被吊销或者撤销机动车驾驶证未满十年的;

(七)未取得机动车驾驶证驾驶机动车,发生负同等以上责任交通事故造成人员重伤或者死亡的。

**第十九条** 持有军队、武装警察部队机动车驾驶证,符合本规定的申请条件,可以申请对应准驾车型的机动车驾驶证。

**第二十条** 持有境外机动车驾驶证,符合本规定的申请条件,且取得该驾驶证时在核发国家或者地区一年内累计居留九十日以上的,可以申请对应准驾车型的机动车驾驶证。属于申请准驾车型为大型客车、重型牵引挂车、中型客车机动车驾驶证的,还应当取得境外相应准驾车型机动车驾驶证二年以上。

**第二十一条** 持有境外机动车驾驶证,需要临时驾驶机动车的,应当按规定向车辆管理所申领临时机动车驾驶许可。

对入境短期停留的,可以申领有效期为三个月的临时机动车驾驶许可;停留时间超过三个月的,有效期可以延长至一年。

临时入境机动车驾驶人的临时机动车驾驶许可在一个记分周期内累积记分达到12分,未按规定参加道路交通安全法律、法规和相关知识学习、考试的,不得申请机动车驾驶证或者再次申请临时机动车驾驶许可。

**第二十二条** 申领机动车驾驶证的人,按照下列规定向车辆管理所提出申请:

(一)在户籍所在地居住的,应当在户籍所在地提出申请;

(二)在户籍所在地以外居住的,可以在居住地提出申请;

(三)现役军人(含武警),应当在部队驻地提出申请;

(四)境外人员,应当在居留地或者居住地提出申请;

(五)申请增加准驾车型的,应当在所持机动车驾驶证核发地提出申请;

(六)接受全日制驾驶职业教育,申请增加大型客车、重型牵引挂车准驾车型的,应当在接受教育地提出申请。

**第二十三条** 申请机动车驾驶证,应当确认申请信息,并提交以下证明:

(一)申请人的身份证明;

(二)医疗机构出具的有关身体条件的证明。

**第二十四条** 持军队、武装警察部队机动车驾驶证的人申请机动车驾驶证,应当确认申请信息,并提交以下证明、凭证:

(一)申请人的身份证明。属于复员、转业、退伍的人员,还应当提交军队、武装警察部队核发的复员、转业、退伍证明;

(二)医疗机构出具的有关身体条件的证明;

(三)军队、武装警察部队机动车驾驶证。

**第二十五条** 持境外机动车驾驶证的人申请机动车驾驶证,应当确认申请信息,并提交以下证明、凭证:

(一)申请人的身份证明;

(二)医疗机构出具的有关身体条件的证明;

(三)所持机动车驾驶证。属于非中文表述的,还应当提供翻译机构出具或者公证机构公证的中文翻译文本。

属于外国驻华使馆、领馆人员及国际组织驻华代表机构人员申请的，按照外交对等原则执行。

属于内地居民申请的，还应当提交申请人的护照或者往来港澳通行证、往来台湾通行证。

**第二十六条** 实行小型汽车、小型自动挡汽车驾驶证自学直考的地方，申请人可以使用加装安全辅助装置的自备机动车，在具备安全驾驶经历等条件的人员随车指导下，按照公安机关交通管理部门指定的路线、时间学习驾驶技能，按照第二十三条的规定申请相应准驾车型的驾驶证。

小型汽车、小型自动挡汽车驾驶证自学直考管理制度由公安部另行规定。

**第二十七条** 申请机动车驾驶证的人，符合本规定要求的驾驶许可条件，有下列情形之一的，可以按照第十六条第一款和第二十三条的规定直接申请相应准驾车型的机动车驾驶证考试：

（一）原机动车驾驶证因超过有效期未换证被注销的；

（二）原机动车驾驶证因未提交身体条件证明被注销的；

（三）原机动车驾驶证由本人申请注销的；

（四）原机动车驾驶证因身体条件暂时不符合规定被注销的；

（五）原机动车驾驶证或者准驾车型资格因其他原因被注销的，但机动车驾驶证被吊销或者被撤销的除外；

（六）持有的军队、武装警察部队机动车驾驶证超过有效的；

（七）持有境外机动车驾驶证或者境外机动车驾驶证超过有效期的。

有前款第六项、第七项规定情形之一的，还应当提交机动车驾驶证。

**第二十八条** 申请人提交的证明、凭证齐全、符合法定形式的，车辆管理所应当受理，并按规定审查申请人的机动车驾驶证申请条件。属于第二十五条规定情形的，还应当核查申请人的出入境记录；属于第二十七条第一款第一项至第五项规定情形之一的，还应当核查申请人的驾驶经历；属于正在接受全日制驾驶职业教育的学生，申请增加大型客车、重型牵引挂车准驾车型的，还应当核查申请人的学籍。

公安机关交通管理部门已经实现与医疗机构等单位联网核查的，

申请人免予提交身体条件证明等证明、凭证。

对于符合申请条件的，车辆管理所应当按规定安排预约考试；不需要考试的，一日内核发机动车驾驶证。申请人属于复员、转业、退伍人员持军队、武装警察部队机动车驾驶证申请机动车驾驶证的，应当收回军队、武装警察部队机动车驾驶证。

**第二十九条** 车辆管理所对申请人的申请条件及提交的材料、申告的事项有疑义的，可以对实质内容进行调查核实。

调查时，应当询问申请人并制作询问笔录，向证明、凭证的核发机关核查。

经调查，申请人不符合申请条件的，不予办理；有违法行为的，依法予以处理。

# 第三章 机动车驾驶人考试

## 第一节 考试内容和合格标准

**第三十条** 机动车驾驶人考试内容分为道路交通安全法律、法规和相关知识考试科目（以下简称"科目一"）、场地驾驶技能考试科目（以下简称"科目二"）、道路驾驶技能和安全文明驾驶常识考试科目（以下简称"科目三"）。

已持有小型自动挡汽车准驾车型驾驶证申请增加小型汽车准驾车型的，应当考试科目二和科目三。

已持有大型客车、城市公交车、中型客车、大型货车、小型汽车、小型自动挡汽车准驾车型驾驶证申请增加轻型牵引挂车准驾车型的，应当考试科目二和科目三安全文明驾驶常识。

已持有轻便摩托车准驾车型驾驶证申请增加普通三轮摩托车、普通二轮摩托车准驾车型的，或者持有普通二轮摩托车驾驶证申请增加普通三轮摩托车准驾车型的，应当考试科目二和科目三。

已持有大型客车、重型牵引挂车、城市公交车、中型客车、大型货车、小型汽车、小型自动挡汽车准驾车型驾驶证的机动车驾驶人身体条件发生变化，不符合所持机动车驾驶证准驾车型的条件，但符合残疾人专用小型自动挡载客汽车准驾车型条件，申请变更的，应当考试科目二和科目三。

**第三十一条** 考试内容和合格标准全国统一,根据不同准驾车型规定相应的考试项目。

**第三十二条** 科目一考试内容包括:道路通行、交通信号、道路交通安全违法行为和交通事故处理、机动车驾驶证申领和使用、机动车登记等规定以及其他道路交通安全法律、法规和规章。

**第三十三条** 科目二考试内容包括:

(一)大型客车、重型牵引挂车、城市公交车、中型客车、大型货车考试桩考、坡道定点停车和起步、侧方停车、通过单边桥、曲线行驶、直角转弯、通过限宽门、窄路掉头,以及模拟高速公路、连续急弯山区、隧道、雨(雾)天、湿滑路、紧急情况处置;

(二)小型汽车、低速载货汽车考试倒车入库、坡道定点停车和起步、侧方停车、曲线行驶、直角转弯;

(三)小型自动挡汽车、残疾人专用小型自动挡载客汽车考试倒车入库、侧方停车、曲线行驶、直角转弯;

(四)轻型牵引挂车考试桩考、曲线行驶、直角转弯;

(五)三轮汽车、普通三轮摩托车、普通二轮摩托车和轻便摩托车考试桩考、坡道定点停车和起步、通过单边桥;

(六)轮式专用机械车、无轨电车、有轨电车的考试内容由省级公安机关交通管理部门确定。

对第一款第一项至第三项规定的准驾车型,省级公安机关交通管理部门可以根据实际增加考试内容。

**第三十四条** 科目三道路驾驶技能考试内容包括:大型客车、重型牵引挂车、城市公交车、中型客车、大型货车、小型汽车、小型自动挡汽车、低速载货汽车和残疾人专用小型自动挡载客汽车考试上车准备、起步、直线行驶、加减挡位操作、变更车道、靠边停车、直行通过路口、路口左转弯、路口右转弯、通过人行横道线、通过学校区域、通过公共汽车站、会车、超车、掉头、夜间行驶;其他准驾车型的考试内容,由省级公安机关交通管理部门确定。

大型客车、重型牵引挂车、城市公交车、中型客车、大型货车考试里程不少于10公里,其中初次申领城市公交车、大型货车准驾车型的,白天考试里程不少于5公里,夜间考试里程不少于3公里。小型汽车、小型自动挡汽车、低速载货汽车、残疾人专用小型自动挡载客汽车考试里程不少于3公里。不进行夜间考试的,应当进行模拟夜间灯光考试。

对大型客车、重型牵引挂车、城市公交车、中型客车、大型货车准驾车型，省级公安机关交通管理部门应当根据实际增加山区、隧道、陡坡等复杂道路驾驶考试内容。对其他汽车准驾车型，省级公安机关交通管理部门可以根据实际增加考试内容。

**第三十五条** 科目三安全文明驾驶常识考试内容包括：安全文明驾驶操作要求、恶劣气象和复杂道路条件下的安全驾驶知识、爆胎等紧急情况下的临危处置方法、防范次生事故处置知识、伤员急救知识等。

**第三十六条** 持军队、武装警察部队机动车驾驶证的人申请大型客车、重型牵引挂车、城市公交车、中型客车、大型货车准驾车型机动车驾驶证的，应当考试科目一和科目三；申请其他准驾车型机动车驾驶证的，免予考试核发机动车驾驶证。

**第三十七条** 持境外机动车驾驶证申请机动车驾驶证的，应当考试科目一。申请准驾车型为大型客车、重型牵引挂车、城市公交车、中型客车、大型货车机动车驾驶证的，应当考试科目一、科目二和科目三。

属于外国驻华使馆、领馆人员及国际组织驻华代表机构人员申请的，应当按照外交对等原则执行。

**第三十八条** 各科目考试的合格标准为：

（一）科目一考试满分为100分，成绩达到90分的为合格；

（二）科目二考试满分为100分，考试大型客车、重型牵引挂车、城市公交车、中型客车、大型货车、轻型牵引挂车准驾车型的，成绩达到90分的为合格，其他准驾车型的成绩达到80分的为合格；

（三）科目三道路驾驶技能和安全文明驾驶常识考试满分分别为100分，成绩分别达到90分的为合格。

## 第二节 考试要求

**第三十九条** 车辆管理所应当按照预约的考场和时间安排考试。申请人科目一考试合格后，可以预约科目二或者科目三道路驾驶技能考试。有条件的地方，申请人可以同时预约科目二、科目三道路驾驶技能考试，预约成功后可以连续进行考试。科目二、科目三道路驾驶技能考试均合格后，申请人可以当日参加科目三安全文明驾驶常识考试。

申请人申请大型客车、重型牵引挂车、城市公交车、中型客车、大型货车、轻型牵引挂车驾驶证，因当地尚未设立科目二考场的，可以选择省（自治区）内其他考场参加考试。

申请人申领小型汽车、小型自动挡汽车、低速载货汽车、三轮汽车、残疾人专用小型自动挡载客汽车、轻型牵引挂车驾驶证期间，已通过部分科目考试后，居住地发生变更的，可以申请变更考试地，在现居住地预约其他科目考试。申请变更考试地不得超过三次。

车辆管理所应当使用全国统一的考试预约系统，采用互联网、电话、服务窗口等方式供申请人预约考试。

**第四十条** 初次申请机动车驾驶证或者申请增加准驾车型的，科目一考试合格后，车辆管理所应当在一日内核发学习驾驶证明。

属于第三十条第二款至第四款规定申请增加准驾车型以及第五款规定申请变更准驾车型的，受理后直接核发学习驾驶证明。

属于自学直考的，车辆管理所还应当按规定发放学车专用标识（附件2）。

**第四十一条** 申请人在场地和道路上学习驾驶，应当按规定取得学习驾驶证明。学习驾驶证明的有效期为三年，但有效期截止日期不得超过申请年龄条件上限。申请人应当在有效期内完成科目二和科目三考试。未在有效期内完成考试的，已考试合格的科目成绩作废。

学习驾驶证明可以采用纸质或者电子形式，纸质学习驾驶证明和电子学习驾驶证明具有同等效力。申请人可以通过互联网交通安全综合服务管理平台打印或者下载学习驾驶证明。

**第四十二条** 申请人在道路上学习驾驶，应当随身携带学习驾驶证明，使用教练车或者学车专用标识签注的自学用车，在教练员或者学车专用标识签注的指导人员随车指导下，按照公安机关交通管理部门指定的路线、时间进行。

申请人为自学直考人员的，在道路上学习驾驶时，应当在自学用车上按规定放置、粘贴学车专用标识，自学用车不得搭载随车指导人员以外的其他人员。

**第四十三条** 初次申请机动车驾驶证或者申请增加准驾车型的，申请人预约考试科目二，应当符合下列规定：

（一）报考小型汽车、小型自动挡汽车、低速载货汽车、三轮汽车、残疾人专用小型自动挡载客汽车、轮式专用机械车、无轨电车、有轨电车准驾车型的，在取得学习驾驶证明满十日后预约考试；

（二）报考大型客车、重型牵引挂车、城市公交车、中型客车、大型货车、轻型牵引挂车准驾车型的，在取得学习驾驶证明满二十日后预约考试。

**第四十四条** 初次申请机动车驾驶证或者申请增加准驾车型的，申请人预约考试科目三，应当符合下列规定：

（一）报考小型自动挡汽车、残疾人专用小型自动挡载客汽车、低速载货汽车、三轮汽车准驾车型的，在取得学习驾驶证明满二十日后预约考试；

（二）报考小型汽车、轮式专用机械车、无轨电车、有轨电车准驾车型的，在取得学习驾驶证明满三十日后预约考试；

（三）报考大型客车、重型牵引挂车、城市公交车、中型客车、大型货车准驾车型的，在取得学习驾驶证明满四十日后预约考试。属于已经持有汽车类驾驶证，申请增加准驾车型的，在取得学习驾驶证明满三十日后预约考试。

**第四十五条** 持军队、武装警察部队或者境外机动车驾驶证申请机动车驾驶证的，应当自车辆管理所受理之日起三年内完成科目考试。

**第四十六条** 申请人因故不能按照预约时间参加考试的，应当提前一日申请取消预约。对申请人未按照预约考试时间参加考试的，判定该次考试不合格。

**第四十七条** 每个科目考试一次，考试不合格的，可以补考一次。不参加补考或者补考仍不合格的，本次考试终止，申请人应当重新预约考试，但科目二、科目三考试应当在十日后预约。科目三安全文明驾驶常识考试不合格的，已通过的道路驾驶技能考试成绩有效。

在学习驾驶证明有效期内，科目二和科目三道路驾驶技能考试预约考试的次数分别不得超过五次。第五次考试仍不合格的，已考试合格的其他科目成绩作废。

**第四十八条** 车辆管理所组织考试前应当使用全国统一的计算机管理系统当日随机选配考试员，随机安排考生分组，随机选取考试路线。

**第四十九条** 从事考试工作的人员，应当持有公安机关交通管理部门颁发的资格证书。公安机关交通管理部门应当在公安民警、警务辅助人员中选拔足够数量的考试员,从事考试工作。可以聘用运输企业驾驶人、警风警纪监督员等人员承担考试辅助工作和监督职责。

考试员应当认真履行考试职责,严格按照规定考试,接受社会监督。在考试前应当自我介绍,讲解考试要求,核实申请人身份;考试中应当严格执行考试程序,按照考试项目和考试标准评定考试成绩;考试后应当当场公布考试成绩,讲评考试不合格原因。

每个科目的考试成绩单应当有申请人和考试员的签名。未签名的不得核发机动车驾驶证。

**第五十条** 考试员、考试辅助人员及考场工作人员应当严格遵守考试工作纪律,不得为不符合机动车驾驶许可条件、未经考试、考试不合格人员签注合格考试成绩,不得减少考试项目、降低评判标准或者参与、协助、纵容考试作弊,不得参与或者变相参与驾驶培训机构、社会考场经营活动,不得收取驾驶培训机构、社会考场、教练员、申请人的财物。

**第五十一条** 直辖市、设区的市或者相当于同级的公安机关交通管理部门应当根据本地考试需求建设考场,配备足够数量的考试车辆。对考场布局、数量不能满足本地考试需求的,应当采取政府购买服务等方式使用社会考场,并按照公平竞争、择优选定的原则,依法通过公开招标等程序确定。对考试供给能力能够满足考试需求的,应当及时向社会公告,不再购买社会考场服务。

考试场地建设、路段设置、车辆配备、设施设备配置以及考试项目、评判要求应当符合相关标准。考试场地、考试设备和考试系统应当经省级公安机关交通管理部门验收合格后方可使用。公安机关交通管理部门应当加强对辖区考场的监督管理,定期开展考试场地、考试车辆、考试设备和考场管理情况的监督检查。

### 第三节 考试监督管理

**第五十二条** 车辆管理所应当在办事大厅、候考场所和互联网公开各考场的考试能力、预约计划、预约人数和约考结果等情况,公布考场布局、考试路线和流程。考试预约计划应当至少在考试前十日在互联网上公开。

车辆管理所应当在候考场所、办事大厅向群众直播考试视频,考生可以在考试结束后三日内查询自己的考试视频资料。

**第五十三条** 车辆管理所应当严格比对、核验考生身份，对考试过程进行全程录音、录像，并实时监控考试过程，没有使用录音、录像设备的，不得组织考试。严肃考试纪律，规范考场秩序，对考场秩序混乱的，应当中止考试。考试过程中，考试员应当使用执法记录仪记录监考过程。

车辆管理所应当建立音视频信息档案，存储录音、录像设备和执法记录仪记录的音像资料。建立考试质量抽查制度，每日抽查音视频信息档案，发现存在违反考试纪律、考场秩序混乱以及音视频信息缺失或者不完整的，应当进行调查处理。

省级公安机关交通管理部门应当定期抽查音视频信息档案，及时通报、纠正、查处发现的问题。

**第五十四条** 车辆管理所应当根据考试场地、考试设备、考试车辆、考试员数量等实际情况，核定每个考场、每个考试员每日最大考试量。

车辆管理所应当根据驾驶培训主管部门提供的信息对驾驶培训机构教练员、教练车、训练场地等情况进行备案。

**第五十五条** 公安机关交通管理部门应当建立业务监督管理中心，通过远程监控、数据分析、日常检查、档案抽查、业务回访等方式，对机动车驾驶人考试和机动车驾驶证业务办理情况进行监督管理。

直辖市、设区的市或者相当于同级的公安机关交通管理部门应当通过监管系统每周对机动车驾驶人考试情况进行监控、分析，及时查处整改发现的问题。省级公安机关交通管理部门应当通过监管系统每月对机动车驾驶人考试情况进行监控、分析，及时查处、通报发现的问题。

车辆管理所存在为未经考试或者考试不合格人员核发机动车驾驶证等严重违规办理机动车驾驶证业务情形的，上级公安机关交通管理部门可以暂停该车辆管理所办理相关业务或者指派其他车辆管理所人员接管业务。

**第五十六条** 县级公安机关交通管理部门办理机动车驾驶证业务的，办公场所、设施设备、人员资质和信息系统等应当满足业务办理需求，并符合相关规定和标准要求。

直辖市、设区的市公安机关交通管理部门应当加强对县级公安机关交通管理部门办理机动车驾驶证相关业务的指导、培训和监督管理。

**第五十七条** 公安机关交通管理部门应当对社会考场的场地设施、考试系统、考试工作等进行统一管理。

社会考场的考试系统应当接入机动车驾驶人考试管理系统,实时上传考试过程录音录像、考试成绩等信息。

**第五十八条** 直辖市、设区的市或者相当于同级的公安机关交通管理部门应当每月向社会公布车辆管理所考试员考试质量情况、三年内驾龄驾驶人交通违法率和交通肇事率等信息。

直辖市、设区的市或者相当于同级的公安机关交通管理部门应当每月向社会公布辖区内驾驶培训机构的考试合格率、三年内驾龄驾驶人交通违法率和交通肇事率等信息,按照考试合格率、三年内驾龄驾驶人交通违法率和交通肇事率对驾驶培训机构培训质量公开排名,并通报培训主管部门。

**第五十九条** 对三年内驾龄驾驶人发生一次死亡3人以上交通事故且负主要以上责任的,省级公安机关交通管理部门应当倒查车辆管理所考试、发证情况,向社会公布倒查结果。对三年内驾龄驾驶人发生一次死亡1至2人的交通事故且负主要以上责任的,直辖市、设区的市或者相当于同级的公安机关交通管理部门应当组织责任倒查。

直辖市、设区的市或者相当于同级的公安机关交通管理部门发现驾驶培训机构及其教练员存在缩短培训学时、减少培训项目以及贿赂考试员、以承诺考试合格等名义向学员索取财物、参与违规办理驾驶证或者考试舞弊行为的,应当通报培训主管部门,并向社会公布。

公安机关交通管理部门发现考场、考试设备生产销售企业及其工作人员存在组织或者参与考试舞弊、伪造或者篡改考试系统数据的,不得继续使用该考场或者采购该企业考试设备;构成犯罪的,依法追究刑事责任。

# 第四章　发证、换证、补证

**第六十条** 申请人考试合格后,应当接受不少于半小时的交通安全文明驾驶常识和交通事故案例警示教育,并参加领证宣誓仪式。

车辆管理所应当在申请人参加领证宣誓仪式的当日核发机动车驾驶证。

**第六十一条** 公安机关交通管理部门应当实行机动车驾驶证电子化,机动车驾驶人可以通过互联网交通安全综合服务管理平台申请机动车驾驶证电子版。

机动车驾驶证电子版与纸质版具有同等效力。

**第六十二条** 机动车驾驶人在机动车驾驶证的六年有效期内,每个记分周期均未记满12分的,换发十年有效期的机动车驾驶证;在机动车驾驶证的十年有效期内,每个记分周期均未记满12分的,换发长期有效的机动车驾驶证。

**第六十三条** 机动车驾驶人应当于机动车驾驶证有效期满前九十日内,向机动车驾驶证核发地或者核发地以外的车辆管理所申请换证。申请时应当确认申请信息,并提交以下证明、凭证:

(一)机动车驾驶人的身份证明;

(二)医疗机构出具的有关身体条件的证明。

**第六十四条** 机动车驾驶人户籍迁出原车辆管理所管辖区的,应当向迁入地车辆管理所申请换证。机动车驾驶人在核发地车辆管理所管辖区以外居住的,可以向居住地车辆管理所申请换证。申请时应当确认申请信息,提交机动车驾驶人的身份证明和机动车驾驶证,并申报身体条件情况。

**第六十五条** 年龄在60周岁以上的,不得驾驶大型客车、重型牵引挂车、城市公交车、中型客车、大型货车、轮式专用机械车、无轨电车和有轨电车。持有大型客车、重型牵引挂车、城市公交车、中型客车、大型货车驾驶证的,应当到机动车驾驶证核发地或者核发地以外的车辆管理所换领准驾车型为小型汽车或者小型自动挡汽车的机动车驾驶证,其中属于持有重型牵引挂车驾驶证的,还可以保留轻型牵引挂车准驾车型。

年龄在70周岁以上的,不得驾驶低速载货汽车、三轮汽车、轻型牵引挂车、普通三轮摩托车、普通二轮摩托车。持有普通三轮摩托车、普通二轮摩托车驾驶证的,应当到机动车驾驶证核发地或者核发地以外的车辆管理所换领准驾车型为轻便摩托车的机动车驾驶证;持有驾驶证包含轻型牵引挂车准驾车型的,应当到机动车驾驶证核发地或者核发地以外的车辆管理所换领准驾车型为小型汽车或者小型自动挡汽车的机动车驾驶证。

有前两款规定情形之一的,车辆管理所应当通知机动车驾驶人在三十日内办理换证业务。机动车驾驶人逾期未办理的,车辆管理所应当公告准驾车型驾驶资格作废。

申请时应当确认申请信息,并提交第六十三条规定的证明、凭证。

机动车驾驶人自愿降低准驾车型的,应当确认申请信息,并提交机动车驾驶人的身份证明和机动车驾驶证。

**第六十六条** 有下列情形之一的,机动车驾驶人应当在三十日内到机动车驾驶证核发地或者核发地以外的车辆管理所申请换证:

(一)在车辆管理所管辖区域内,机动车驾驶证记载的机动车驾驶人信息发生变化的;

(二)机动车驾驶证损毁无法辨认的。

申请时应当确认申请信息,并提交机动车驾驶人的身份证明;属于第一款第一项的,还应当提交机动车驾驶证;属于身份证明号码变更的,还应当提交相关变更证明。

**第六十七条** 机动车驾驶人身体条件发生变化,不符合所持机动车驾驶证准驾车型的条件,但符合准予驾驶的其他准驾车型条件的,应当在三十日内到机动车驾驶证核发地或者核发地以外的车辆管理所申请降低准驾车型。申请时应当确认申请信息,并提交机动车驾驶人的身份证明、医疗机构出具的有关身体条件的证明。

机动车驾驶人身体条件发生变化,不符合第十四条第二项规定或者具有第十五条规定情形之一,不适合驾驶机动车的,应当在三十日内到机动车驾驶证核发地车辆管理所申请注销。申请时应当确认申请信息,并提交机动车驾驶人的身份证明和机动车驾驶证。

机动车驾驶人身体条件不适合驾驶机动车的,不得驾驶机动车。

**第六十八条** 车辆管理所对符合第六十三条至第六十六条、第六十七条第一款规定的,应当在一日内换发机动车驾驶证。对符合第六十七条第二款规定的,应当在一日内注销机动车驾驶证。其中,对符合第六十四条、第六十五条、第六十六条第一款第一项、第六十七条规定的,还应当收回原机动车驾驶证。

**第六十九条** 机动车驾驶证遗失的,机动车驾驶人应当向机动车驾驶证核发地或者核发地以外的车辆管理所申请补发。申请时应当确认申请信息，并提交机动车驾驶人的身份证明。符合规定的，车辆管理所应当在一日内补发机动车驾驶证。

机动车驾驶人补领机动车驾驶证后，原机动车驾驶证作废，不得继续使用。

机动车驾驶证被依法扣押、扣留或者暂扣期间，机动车驾驶人不得申请补发。

第七十条 机动车驾驶人向核发地以外的车辆管理所申请办理第六十三条、第六十五条、第六十六条、第六十七条第一款、第六十九条规定的换证、补证业务时，应当同时按照第六十四条规定办理。

# 第五章 机动车驾驶人管理

## 第一节 审 验

第七十一条 公安机关交通管理部门对机动车驾驶人的道路交通安全违法行为，除依法给予行政处罚外，实行道路交通安全违法行为累积记分制度，记分周期为12个月，满分为12分。

机动车驾驶人在一个记分周期内记分达到12分的，应当按规定参加学习、考试。

第七十二条 机动车驾驶人应当按照法律、行政法规的规定，定期到公安机关交通管理部门接受审验。

机动车驾驶人按照本规定第六十三条、第六十四条换领机动车驾驶证时，应当接受公安机关交通管理部门的审验。

持有大型客车、重型牵引挂车、城市公交车、中型客车、大型货车驾驶证的驾驶人，应当在每个记分周期结束后三十日内到公安机关交通管理部门接受审验。但在一个记分周期内没有记分记录的，免于本记分周期审验。

持有第三款规定以外准驾车型驾驶证的驾驶人，发生交通事故造成人员死亡承担同等以上责任未被吊销机动车驾驶证的，应当在本记分周期结束后三十日内到公安机关交通管理部门接受审验。

年龄在70周岁以上的机动车驾驶人发生责任交通事故造成人员重伤或者死亡的，应当在本记分周期结束后三十日内到公安机关交通管理部门接受审验。

机动车驾驶人可以在机动车驾驶证核发地或者核发地以外的地方参加审验、提交身体条件证明。

**第七十三条** 机动车驾驶证审验内容包括：

（一）道路交通安全违法行为、交通事故处理情况；

（二）身体条件情况；

（三）道路交通安全违法行为记分及记满12分后参加学习和考试情况。

持有大型客车、重型牵引挂车、城市公交车、中型客车、大型货车驾驶证一个记分周期内有记分的，以及持有其他准驾车型驾驶证发生交通事故造成人员死亡承担同等以上责任未被吊销机动车驾驶证的驾驶人，审验时应当参加不少于三小时的道路交通安全法律法规、交通安全文明驾驶、应急处置等知识学习，并接受交通事故案例警示教育。

年龄在70周岁以上的机动车驾驶人审验时还应当按照规定进行记忆力、判断力、反应力等能力测试。

对道路交通安全违法行为或者交通事故未处理完毕的、身体条件不符合驾驶许可条件的、未按照规定参加学习、教育和考试的，不予通过审验。

**第七十四条** 年龄在70周岁以上的机动车驾驶人，应当每年进行一次身体检查，在记分周期结束后三十日内，提交医疗机构出具的有关身体条件的证明。

持有残疾人专用小型自动挡载客汽车驾驶证的机动车驾驶人，应当每三年进行一次身体检查，在记分周期结束后三十日内，提交医疗机构出具的有关身体条件的证明。

机动车驾驶人按照本规定第七十二条第三款、第四款规定参加审验时，应当申报身体条件情况。

**第七十五条** 机动车驾驶人因服兵役、出国（境）等原因，无法在规定时间内办理驾驶证期满换证、审验、提交身体条件证明的，可以在驾驶证有效期内或者有效期届满一年内向机动车驾驶证核发地车辆管理所申请延期办理。申请时应当确认申请信息，并提交机动车驾驶人的身份证明。

延期期限最长不超过三年。延期期间机动车驾驶人不得驾驶机动车。

## 第二节　监督管理

**第七十六条**　机动车驾驶人初次取得汽车类准驾车型或者初次取得摩托车类准驾车型后的12个月为实习期。

在实习期内驾驶机动车的，应当在车身后部粘贴或者悬挂统一式样的实习标志（附件3）。

**第七十七条**　机动车驾驶人在实习期内不得驾驶公共汽车、营运客车或者执行任务的警车、消防车、救护车、工程救险车以及载有爆炸物品、易燃易爆化学物品、剧毒或者放射性等危险物品的机动车；驾驶的机动车不得牵引挂车。

驾驶人在实习期内驾驶机动车上高速公路行驶，应当由持相应或者包含其准驾车型驾驶证三年以上的驾驶人陪同。其中，驾驶残疾人专用小型自动挡载客汽车的，可以由持有小型自动挡载客汽车以上准驾车型驾驶证的驾驶人陪同。

在增加准驾车型后的实习期内，驾驶原准驾车型的机动车时不受上述限制。

**第七十八条**　持有准驾车型为残疾人专用小型自动挡载客汽车的机动车驾驶人驾驶机动车时，应当按规定在车身设置残疾人机动车专用标志（附件4）。

有听力障碍的机动车驾驶人驾驶机动车时，应当佩戴助听设备。有视力矫正的机动车驾驶人驾驶机动车时，应当佩戴眼镜。

**第七十九条**　机动车驾驶人有下列情形之一的，车辆管理所应当注销其机动车驾驶证：

（一）死亡的；

（二）提出注销申请的；

（三）丧失民事行为能力，监护人提出注销申请的；

（四）身体条件不适合驾驶机动车的；

（五）有器质性心脏病、癫痫病、美尼尔氏症、眩晕症、癔病、震颤麻痹、精神病、痴呆以及影响肢体活动的神经系统疾病等妨碍安全驾驶疾病的；

（六）被查获有吸食、注射毒品后驾驶机动车行为，依法被责令社区戒毒、社区康复或者决定强制隔离戒毒，或者长期服用依赖性精神药品成瘾尚未戒除的；

（七）代替他人参加机动车驾驶人考试的；

（八）超过机动车驾驶证有效期一年以上未换证的；

（九）年龄在70周岁以上，在一个记分周期结束后一年内未提交身体条件证明的；或者持有残疾人专用小型自动挡载客汽车准驾车型，在三个记分周期结束后一年内未提交身体条件证明的；

（十）年龄在60周岁以上，所持机动车驾驶证只具有轮式专用机械车、无轨电车或者有轨电车准驾车型，或者年龄在70周岁以上，所持机动车驾驶证只具有低速载货汽车、三轮汽车准驾车型的；

（十一）机动车驾驶证依法被吊销或者驾驶许可依法被撤销的。

有第一款第二项至第十一项情形之一，未收回机动车驾驶证的，应当公告机动车驾驶证作废。

有第一款第八项情形被注销机动车驾驶证未超过二年的，机动车驾驶人参加道路交通安全法律、法规和相关知识考试合格后，可以恢复驾驶资格。申请人可以向机动车驾驶证核发地或者核发地以外的车辆管理所申请。

有第一款第九项情形被注销机动车驾驶证，机动车驾驶证在有效期内或者超过有效期不满一年的，机动车驾驶人提交身体条件证明后，可以恢复驾驶资格。申请人可以向机动车驾驶证核发地或者核发地以外的车辆管理所申请。

有第一款第二项至第九项情形之一，按照第二十七条规定申请机动车驾驶证，有道路交通安全违法行为或者交通事故未处理记录的，应当将道路交通安全违法行为、交通事故处理完毕。

**第八十条** 机动车驾驶人在实习期内发生的道路交通安全违法行为被记满12分的，注销其实习的准驾车型驾驶资格。

**第八十一条** 机动车驾驶人联系电话、联系地址等信息发生变化的，应当在信息变更后三十日内，向驾驶证核发地车辆管理所备案。

持有大型客车、重型牵引挂车、城市公交车、中型客车、大型货车驾驶证的驾驶人从业单位等信息发生变化的，应当在信息变更后三十日内，向从业单位所在地车辆管理所备案。

**第八十二条** 道路运输企业应当定期将聘用的机动车驾驶人向所在地公安机关交通管理部门备案，督促及时处理道路交通安全违法行为、交通事故和参加机动车驾驶证审验。

公安机关交通管理部门应当每月向辖区内交通运输主管部门、运输企业通报机动车驾驶人的道路交通安全违法行为、记分和交通事故等情况。

**第八十三条** 车辆管理所在办理驾驶证核发及相关业务过程中发现存在以下情形的，应当及时开展调查：

（一）涉嫌提交虚假申请材料的；

（二）涉嫌在考试过程中有贿赂、舞弊行为的；

（三）涉嫌以欺骗、贿赂等不正当手段取得机动车驾驶证的；

（四）涉嫌使用伪造、变造的机动车驾驶证的；

（五）存在短期内频繁补换领、转出转入驾驶证等异常情形的；

（六）存在其他违法违规情形的。

车辆管理所发现申请人通过互联网办理驾驶证补证、换证等业务存在前款规定嫌疑情形的，应当转为现场办理，当场审查申请材料，及时开展调查。

**第八十四条** 车辆管理所开展调查时，可以通知申请人协助调查，询问嫌疑情况，记录调查内容，并可以采取实地检查、调取档案、调取考试视频监控等方式进行核查。

对经调查发现涉及行政案件或者刑事案件的，应当依法采取必要的强制措施或者其他处置措施，移交有管辖权的公安机关按照《公安机关办理行政案件程序规定》《公安机关办理刑事案件程序规定》等规定办理。

**第八十五条** 办理残疾人专用小型自动挡载客汽车驾驶证业务时，提交的身体条件证明应当由经省级卫生健康行政部门认定的专门医疗机构出具。办理其他机动车驾驶证业务时，提交的身体条件证明应当由县级、部队团级以上医疗机构，或者经地市级以上卫生健康行政部门认定的具有健康体检资质的二级以上医院、乡镇卫生院、社区卫生服务中心、健康体检中心等医疗机构出具。

身体条件证明自出具之日起六个月内有效。

公安机关交通管理部门应当会同卫生健康行政部门在办公场所和互联网公示辖区内可以出具有关身体条件证明的医疗机构名称、地址及联系方式。

**第八十六条** 医疗机构出具虚假身体条件证明的，公安机关交通管理部门应当停止认可该医疗机构出具的证明，并通报卫生健康行政部门。

## 第三节 校车驾驶人管理

**第八十七条** 校车驾驶人应当依法取得校车驾驶资格。

取得校车驾驶资格应当符合下列条件：

（一）取得相应准驾车型驾驶证并具有三年以上驾驶经历，年龄在25周岁以上、不超过60周岁；

（二）最近连续三个记分周期内没有被记满12分记录；

（三）无致人死亡或者重伤的交通事故责任记录；

（四）无酒后驾驶或者醉酒驾驶机动车记录，最近一年内无驾驶客运车辆超员、超速等严重道路交通安全违法行为记录；

（五）无犯罪记录；

（六）身心健康，无传染性疾病，无癫痫病、精神病等可能危及行车安全的疾病病史，无酗酒、吸毒行为记录。

**第八十八条** 机动车驾驶人申请取得校车驾驶资格，应当向县级或者设区的市级公安机关交通管理部门提出申请，确认申请信息，并提交以下证明、凭证：

（一）申请人的身份证明；

（二）机动车驾驶证；

（三）医疗机构出具的有关身体条件的证明。

**第八十九条** 公安机关交通管理部门自受理申请之日起五日内审查提交的证明、凭证，并向所在地县级公安机关核查，确认申请人无犯罪、吸毒行为记录。对符合条件的，在机动车驾驶证上签注准许驾驶校车及相应车型，并通报教育行政部门；不符合条件的，应当书面说明理由。

**第九十条** 校车驾驶人应当在每个记分周期结束后三十日内到公安机关交通管理部门接受审验。审验时，应当提交医疗机构出具的有关身体条件的证明，参加不少于三小时的道路交通安全法律法规、交通安全文明驾驶、应急处置等知识学习，并接受交通事故案例警示教育。

**第九十一条** 公安机关交通管理部门应当与教育行政部门和学校建立校车驾驶人的信息交换机制，每月通报校车驾驶人的交通违法、交通事故和审验等情况。

**第九十二条** 校车驾驶人有下列情形之一的，公安机关交通管理

部门应当注销其校车驾驶资格,通知机动车驾驶人换领机动车驾驶证,并通报教育行政部门和学校:

（一）提出注销申请的；

（二）年龄超过60周岁的；

（三）在致人死亡或者重伤的交通事故负有责任的；

（四）有酒后驾驶或者醉酒驾驶机动车,以及驾驶客运车辆超员、超速等严重道路交通安全违法行为的；

（五）有记满12分或者犯罪记录的；

（六）有传染性疾病、癫痫病、精神病等可能危及行车安全的疾病,有酗酒、吸毒行为记录的。

未收回签注校车驾驶许可的机动车驾驶证的,应当公告其校车驾驶资格作废。

## 第六章　法律责任

**第九十三条**　申请人隐瞒有关情况或者提供虚假材料申领机动车驾驶证的,公安机关交通管理部门不予受理或者不予办理,处五百元以下罚款；申请人在一年内不得再次申领机动车驾驶证。

申请人在考试过程中有贿赂、舞弊行为的,取消考试资格,已经通过考试的其他科目成绩无效,公安机关交通管理部门处二千元以下罚款；申请人在一年内不得再次申领机动车驾驶证。

申请人以欺骗、贿赂等不正当手段取得机动车驾驶证的,公安机关交通管理部门收缴机动车驾驶证,撤销机动车驾驶许可,处二千元以下罚款；申请人在三年内不得再次申领机动车驾驶证。

组织、参与实施前三款行为之一牟取经济利益的,由公安机关交通管理部门处违法所得三倍以上五倍以下罚款,但最高不超过十万元。

申请人隐瞒有关情况或者提供虚假材料申请校车驾驶资格的,公安机关交通管理部门不予受理或者不予办理,处五百元以下罚款；申请人在一年内不得再次申请校车驾驶资格。申请人以欺骗、贿赂等不正当手段取得校车驾驶资格的,公安机关交通管理部门撤销校车驾驶资格,处二千元以下罚款；申请人在三年内不得再次申请校车驾驶资格。

**第九十四条** 申请人在教练员或者学车专用标识签注的指导人员随车指导下,使用符合规定的机动车学习驾驶中有道路交通安全违法行为或者发生交通事故的,按照《道路交通安全法实施条例》第二十条规定,由教练员或者随车指导人员承担责任。

**第九十五条** 申请人在道路上学习驾驶时,有下列情形之一的,由公安机关交通管理部门对教练员或者随车指导人员处二十元以上二百元以下罚款:

(一)未按照公安机关交通管理部门指定的路线、时间进行的;

(二)未按照本规定第四十二条规定放置、粘贴学车专用标识的。

**第九十六条** 申请人在道路上学习驾驶时,有下列情形之一的,由公安机关交通管理部门对教练员或者随车指导人员处二百元以上五百元以下罚款:

(一)未使用符合规定的机动车的;

(二)自学用车搭载随车指导人员以外的其他人员的。

**第九十七条** 申请人在道路上学习驾驶时,有下列情形之一的,由公安机关交通管理部门按照《道路交通安全法》第九十九条第一款第一项规定予以处罚:

(一)未取得学习驾驶证明的;

(二)没有教练员或者随车指导人员的;

(三)由不符合规定的人员随车指导的。

将机动车交由有前款规定情形之一的申请人驾驶的,由公安机关交通管理部门按照《道路交通安全法》第九十九条第一款第二项规定予以处罚。

**第九十八条** 机动车驾驶人有下列行为之一的,由公安机关交通管理部门处二十元以上二百元以下罚款:

(一)机动车驾驶人补换领机动车驾驶证后,继续使用原机动车驾驶证的;

(二)在实习期内驾驶机动车不符合第七十七条规定的;

(三)持有大型客车、重型牵引挂车、城市公交车、中型客车、大型货车驾驶证的驾驶人,未按照第八十一条规定申报变更信息的。

有第一款第一项规定情形的,由公安机关交通管理部门收回原机动车驾驶证。

**第九十九条** 机动车驾驶人有下列行为之一的,由公安机关交通管理部门处二百元以上五百元以下罚款：

（一）机动车驾驶证被依法扣押、扣留或者暂扣期间，采用隐瞒、欺骗手段补领机动车驾驶证的；

（二）机动车驾驶人身体条件发生变化不适合驾驶机动车，仍驾驶机动车的；

（三）逾期不参加审验仍驾驶机动车的。

有第一款第一项、第二项规定情形之一的，由公安机关交通管理部门收回机动车驾驶证。

**第一百条** 机动车驾驶人参加审验教育时在签注学习记录、学习过程中弄虚作假的，相应学习记录无效，重新参加审验学习，由公安机关交通管理部门处一千元以下罚款。

代替实际机动车驾驶人参加审验教育的，由公安机关交通管理部门处二千元以下罚款。

组织他人实施前两款行为之一，有违法所得的，由公安机关交通管理部门处违法所得三倍以下罚款，但最高不超过二万元；没有违法所得的，由公安机关交通管理部门处二万元以下罚款。

**第一百零一条** 省、自治区、直辖市公安厅、局可以根据本地区的实际情况，在本规定的处罚幅度范围内，制定具体的执行标准。

对本规定的道路交通安全违法行为的处理程序按照《道路交通安全违法行为处理程序规定》执行。

**第一百零二条** 公安机关交通管理部门及其交通警察、警务辅助人员办理机动车驾驶证业务、开展机动车驾驶人考试工作，应当接受监察机关、公安机关督察审计部门等依法实施的监督。

公安机关交通管理部门及其交通警察、警务辅助人员办理机动车驾驶证业务、开展机动车驾驶人考试工作，应当自觉接受社会和公民的监督。

**第一百零三条** 交通警察有下列情形之一的，按照有关规定给予处分；聘用人员有下列情形之一的予以解聘。构成犯罪的，依法追究刑事责任：

（一）为不符合机动车驾驶许可条件、未经考试、考试不合格人员签注合格考试成绩或者核发机动车驾驶证的；

（二）减少考试项目、降低评判标准或者参与、协助、纵容考试作弊的；

（三）为不符合规定的申请人发放学习驾驶证明、学车专用标识的；

（四）与非法中介串通牟取经济利益的；

（五）违反规定侵入机动车驾驶证管理系统，泄漏、篡改、买卖系统数据，或者泄漏系统密码的；

（六）违反规定向他人出售或者提供机动车驾驶证信息的；

（七）参与或者变相参与驾驶培训机构、社会考场、考试设备生产销售企业经营活动的；

（八）利用职务上的便利索取、收受他人财物或者牟取其他利益的。

交通警察未按照第五十三条第一款规定使用执法记录仪的，根据情节轻重，按照有关规定给予处分。

公安机关交通管理部门有第一款所列行为之一的，按照有关规定对直接负责的主管人员和其他直接责任人员给予相应的处分。

## 第七章 附 则

**第一百零四条** 国家之间对机动车驾驶证有互相认可协议的，按照协议办理。

国家之间签订有关协定涉及机动车驾驶证的，按照协定执行。

**第一百零五条** 机动车驾驶人可以委托代理人代理换证、补证、提交身体条件证明、提交审验材料、延期办理和注销业务。代理人申请机动车驾驶证业务时，应当提交代理人的身份证明和机动车驾驶人的委托书。

**第一百零六条** 公安机关交通管理部门应当实行驾驶人考试、驾驶证管理档案电子化。机动车驾驶证电子档案与纸质档案具有同等效力。

**第一百零七条** 机动车驾驶证、临时机动车驾驶许可和学习驾驶证明的式样由公安部统一制定并监制。

机动车驾驶证、临时机动车驾驶许可和学习驾驶证明的制作应当按照中华人民共和国公共安全行业标准《中华人民共和国机动车驾驶证件》执行。

**第一百零八条** 拖拉机驾驶证的申领和使用另行规定。拖拉机驾驶证式样、规格应当符合中华人民共和国公共安全行业标准《中华人民共和国机动车驾驶证件》的规定。

**第一百零九条** 本规定下列用语的含义：

（一）身份证明是指：

1. 居民的身份证明，是居民身份证或者临时居民身份证；

2. 现役军人（含武警）的身份证明，是居民身份证或者临时居民身份证。在未办理居民身份证前，是军队有关部门核发的军官证、文职干部证、士兵证、离休证、退休证等有效军人身份证件，以及其所在的团级以上单位出具的部队驻地住址证明；

3. 香港、澳门特别行政区居民的身份证明，是港澳居民居住证；或者是其所持有的港澳居民来往内地通行证或者外交部核发的中华人民共和国旅行证，以及公安机关出具的住宿登记证明；

4. 台湾地区居民的身份证明，是台湾居民居住证；或者是其所持有的公安机关核发的五年有效的台湾居民来往大陆通行证或者外交部核发的中华人民共和国旅行证，以及公安机关出具的住宿登记证明；

5. 定居国外的中国公民的身份证明，是中华人民共和国护照和公安机关出具的住宿登记证明；

6. 外国人的身份证明，是其所持有的有效护照或者其他国际旅行证件，停居留期三个月以上的有效签证或者停留、居留许可，以及公安机关出具的住宿登记证明；或者是外国人永久居留身份证；

7. 外国驻华使馆、领馆人员、国际组织驻华代表机构人员的身份证明，是外交部核发的有效身份证件。

（二）住址是指：

1. 居民的住址，是居民身份证或者临时居民身份证记载的住址；

2. 现役军人（含武警）的住址，是居民身份证或者临时居民身份证记载的住址。在未办理居民身份证前，是其所在的团级以上单位出具的部队驻地住址；

3. 境外人员的住址，是公安机关出具的住宿登记证明记载的地址；

4. 外国驻华使馆、领馆人员及国际组织驻华代表机构人员的住址，是外交部核发的有效身份证件记载的地址。

（三）境外机动车驾驶证是指外国、香港、澳门特别行政区、台湾地区核发的具有单独驾驶资格的正式机动车驾驶证，不包括学习驾驶证、临时驾驶证、实习驾驶证。

（四）汽车类驾驶证是指大型客车、重型牵引挂车、城市公交车、中型客车、大型货车、小型汽车、小型自动挡汽车、低速载货汽车、三轮汽车、残疾人专用小型自动挡汽车、轻型牵引挂车、轮式专用机械车、无轨电车、有轨电车准驾车型驾驶证。摩托车类驾驶证是指普通三轮摩托车、普通二轮摩托车、轻便摩托车准驾车型驾驶证。

**第一百一十条** 本规定所称"一日"、"三日"、"五日"，是指工作日，不包括节假日。

本规定所称"以上"、"以下"，包括本数。

**第一百一十一条** 本规定自2022年4月1日起施行。2012年9月12日发布的《机动车驾驶证申领和使用规定》（公安部令第123号）和2016年1月29日发布的《公安部关于修改〈机动车驾驶证申领和使用规定〉的决定》（公安部令第139号）同时废止。本规定生效后，公安部以前制定的规定与本规定不一致的，以本规定为准。

附件：（略）

# 报废机动车回收管理办法实施细则

· 2020年7月18日商务部、国家发展和改革委员会、工业和信息化部、公安部、生态环境部、交通运输部、国家市场监督管理总局令2020年第2号公布
· 自2020年9月1日起施行

## 第一章 总 则

**第一条** 为规范报废机动车回收拆解活动，加强报废机动车回收拆解行业管理，根据国务院《报废机动车回收管理办法》（以下简称《管理办法》），制定本细则。

**第二条** 在中华人民共和国境内从事报废机动车回收拆解活动，适用本细则。

**第三条** 国家鼓励报废机动车回收拆解行业市场化、专业化、集约化发展，推动完善报废机动车回收利用体系，提高回收利用效率和

服务水平。

**第四条** 商务部负责组织全国报废机动车回收拆解的监督管理工作，发展改革委、工业和信息化部、公安部、生态环境部、交通运输部、市场监管总局等部门在各自职责范围内负责报废机动车有关监督管理工作。

**第五条** 省级商务主管部门负责实施报废机动车回收拆解企业（以下简称回收拆解企业）资质认定工作。县级以上地方商务主管部门对本行政区域内报废机动车回收拆解活动实施监督管理，促进行业健康有序发展。

县级以上地方公安机关依据职责及相关法律法规的规定，对报废机动车回收拆解行业治安状况、买卖伪造票证等活动实施监督管理，并依法处置。

县级以上地方生态环境主管部门依据职责对回收拆解企业回收拆解活动的环境污染防治工作进行监督管理，防止造成环境污染，并依据相关法律法规处理。

县级以上地方发展改革、工业和信息化、交通运输、市场监管部门在各自的职责范围内负责本行政区域内报废机动车有关监督管理工作。

**第六条** 报废机动车回收拆解行业协会、商会等应当制定行业规范，提供信息咨询、培训等服务，开展行业监测和预警分析，加强行业自律。

## 第二章 资质认定和管理

**第七条** 国家对回收拆解企业实行资质认定制度。未经资质认定，任何单位或者个人不得从事报废机动车回收拆解活动。

国家鼓励机动车生产企业从事报废机动车回收拆解活动，机动车生产企业按照国家有关规定承担生产者责任，应当向回收拆解企业提供报废机动车拆解指导手册等相关技术信息。

**第八条** 取得报废机动车回收拆解资质认定，应当具备下列条件：

（一）具有企业法人资格；

（二）拆解经营场地符合所在地城市总体规划或者国土空间规划

及安全要求,不得建在居民区、商业区、饮用水水源保护区及其他环境敏感区内;

(三)符合国家标准《报废机动车回收拆解企业技术规范》(GB22128)的场地、设施设备、存储、拆解技术规范,以及相应的专业技术人员要求;

(四)符合环保标准《报废机动车拆解环境保护技术规范》(HJ348)要求;

(五)具有符合国家规定的生态环境保护制度,具备相应的污染防治措施,对拆解产生的固体废物有妥善处置方案。

**第九条** 申请资质认定的企业(以下简称申请企业)应当书面向拆解经营场地所在地省级商务主管部门或者通过商务部"全国汽车流通信息管理应用服务"系统提出申请,并提交下列书面材料:

(一)设立申请报告(应当载明申请企业的名称、法定代表人、注册资本、住所、拆解场所、统一社会信用代码等内容);

(二)申请企业《营业执照》;

(三)申请企业章程;

(四)申请企业法定代表人身份证或者其他有效身份证件;

(五)拆解经营场地土地使用权、房屋产权证明或者租期10年以上的土地租赁合同或者土地使用权出租合同及房屋租赁证明材料;

(六)申请企业购置或者以融资租赁方式获取的用于报废机动车拆解和污染防治的设施、设备清单,以及发票或者融资租赁合同等所有权证明文件;

(七)生态环境主管部门出具的建设项目环境影响评价文件的审批文件;

(八)申请企业高级管理和专业技术人员名单;

(九)申请企业拆解操作规范、安全规程和固体废物利用处置方案。

上述材料可以通过政府信息系统获取的,审核机关可不再要求申请企业提供。

**第十条** 省级商务主管部门应当对收到的资质认定申请材料进行审核,对材料齐全、符合法定形式的,应当受理申请;对材料不齐全或者不符合法定形式的,应当在收到申请之日起5个工作日内告知申请企业需要补正的内容。

省级商务主管部门可以委托拆解经营场地所在地地（市）级商务主管部门对申请材料是否齐全、符合法定形式进行审核。

**第十一条** 省级商务主管部门受理资质认定申请后，应当组织成立专家组对申请企业进行现场验收评审。

省级商务主管部门应当建立由报废机动车拆解、生态环境保护、财务等相关领域专业技术人员组成的专家库，专家库人数不少于20人。现场验收评审专家组由5人以上单数专家组成，从专家库中随机抽取专家产生，专家应当具有专业代表性。

专家组根据本细则规定的资质认定条件，实施现场验收评审，如实填写《现场验收评审意见表》。现场验收评审专家应当对现场验收评审意见负责。

省级商务主管部门应当参照商务部报废机动车回收拆解企业现场验收评审意见示范表，结合本地实际，制定本地区《现场验收评审意见表》。

**第十二条** 省级商务主管部门经审查资质认定申请材料、《现场验收评审意见表》等，认为申请符合资质认定条件的，在省级商务主管部门网站和"全国汽车流通信息管理应用服务"系统予以公示，公示期不少于5个工作日。公示期间，对申请有异议的，省级商务主管部门应当根据需要通过组织听证、专家复评复审等对异议进行核实；对申请无异议的，省级商务主管部门应当在"全国汽车流通信息管理应用服务"系统对申请予以通过，创建企业账户，并颁发《报废机动车回收拆解企业资质认定证书》（以下简称《资质认定书》）。对申请不符合资质认定条件的，省级商务主管部门应当作出不予资质认定的决定并书面说明理由。

省级商务主管部门应当及时将本行政区域内取得资质认定的回收拆解企业名单向社会公布。

**第十三条** 省级商务主管部门应当自受理资质认定申请之日起20个工作日内完成审查工作并作出相关决定。20个工作日内不能作出决定的，经省级商务主管部门负责人批准，可以延长10个工作日，并应当将延长期限的理由告知申请企业。

现场验收评审、听证等所需时间不计算在本条规定的期限内。省级商务主管部门应当将所需时间书面告知申请企业。

**第十四条** 回收拆解企业不得涂改、出租、出借《资质认定书》，或者以其他形式非法转让《资质认定书》。

**第十五条** 回收拆解企业设立分支机构的,应当在市场监管部门注册登记后30日内通过"全国汽车流通信息管理应用服务"系统向分支机构注册登记所在地省级商务主管部门备案,并上传下列材料的电子文档:

(一)分支机构《营业执照》;

(二)《报废机动车回收拆解企业分支机构备案信息表》。

回收拆解企业的分支机构不得拆解报废机动车。

**第十六条** 回收拆解企业名称、住所或者法定代表人发生变更的,回收拆解企业应当自信息变更之日起30日内通过"全国汽车流通信息管理应用服务"系统上传变更说明及变更后的《营业执照》,经拆解经营地所在地省级商务主管部门核准后换发《资质认定书》。

**第十七条** 回收拆解企业拆解经营场地发生迁建、改建、扩建的,应当依据本细则重新申请回收拆解企业资质认定。申请符合资质认定条件的,予以换发《资质认定书》;不符合资质认定条件的,由原发证机关注销其《资质认定书》。

## 第三章 回收拆解行为规范

**第十八条** 回收拆解企业在回收报废机动车时,应当核验机动车所有人有效身份证件,逐车登记机动车型号、号牌号码、车辆识别代号、发动机号等信息,并收回下列证牌:

(一)机动车登记证书原件;

(二)机动车行驶证原件;

(三)机动车号牌。

回收拆解企业应当核对报废机动车的车辆型号、号牌号码、车辆识别代号、发动机号等实车信息是否与机动车登记证书、机动车行驶证记载的信息一致。

无法提供本条第一款所列三项证牌中任意一项的,应当由机动车所有人出具书面情况说明,并对其真实性负责。

机动车所有人为自然人且委托他人代办的,还需提供受委托人有效证件及授权委托书;机动车所有人为机关、企业、事业单位、社会团体等的,需提供加盖单位公章的营业执照复印件、统一社会信用代码证书复印件或者社会团体法人登记证书复印件以及单位授权委托书、经办人身份证件。

**第十九条** 回收拆解企业在回收报废机动车后，应当通过"全国汽车流通信息管理应用服务"系统如实录入机动车信息，打印《报废机动车回收证明》，上传机动车拆解前照片，机动车拆解后，上传拆解后照片。上传的照片应当包括机动车拆解前整体外观、拆解后状况以及车辆识别代号等特征。对按照规定应当在公安机关监督下解体的报废机动车，回收拆解企业应当在机动车拆解后，打印《报废机动车回收证明》。

回收拆解企业应当按照国家有关规定及时向公安机关交通管理部门申请机动车注销登记，将注销证明及《报废机动车回收证明》交给机动车所有人。

**第二十条** 报废机动车"五大总成"和尾气后处理装置，以及新能源汽车动力蓄电池不齐全的，机动车所有人应当书面说明情况，并对其真实性负责。机动车车架（或者车身）或者发动机缺失的应当认定为车辆缺失，回收拆解企业不得出具《报废机动车回收证明》。

**第二十一条** 机动车存在抵押、质押情形的，回收拆解企业不得出具《报废机动车回收证明》。

发现回收的报废机动车疑似为赃物或者用于盗窃、抢劫等犯罪活动工具的，以及涉嫌伪造变造号牌、车辆识别代号、发动机号的，回收拆解企业应当向公安机关报告。已经打印的《报废机动车回收证明》应当予以作废。

**第二十二条** 《报废机动车回收证明》需要重新开具或者作废的，回收拆解企业应当收回已开具的《报废机动车回收证明》，并向拆解经营场地所在地地（市）级商务主管部门提出书面申请。地（市）级商务主管部门在"全国汽车流通信息管理应用服务"系统中对相关信息进行更改，并通报同级公安机关交通管理部门。

**第二十三条** 回收拆解企业必须在其资质认定的拆解经营场地内对回收的报废机动车予以拆解，禁止以任何方式交易报废机动车整车、拼装车。回收的报废大型客、货车等营运车辆和校车，应当在公安机关现场或者视频监督下解体。回收拆解企业应当积极配合报废机动车监督解体工作。

**第二十四条** 回收拆解企业拆解报废机动车应当符合国家标准

《报废机动车回收拆解企业技术规范》（GB22128）相关要求，并建立生产经营全覆盖的电子监控系统，录像保存至少1年。

第二十五条　回收拆解企业应当遵守环境保护法律、法规和强制性标准，建立固体废物管理台账，如实记录报废机动车拆解产物的种类、数量、流向、贮存、利用和处置等信息，并通过"全国固体废物管理信息系统"进行填报；制定危险废物管理计划，按照国家有关规定贮存、运输、转移和利用处置危险废物。

## 第四章　回收利用行为规范

第二十六条　回收拆解企业应当建立报废机动车零部件销售台账，如实记录报废机动车"五大总成"数量、型号、流向等信息，并录入"全国汽车流通信息管理应用服务"系统。

回收拆解企业应当对出售用于再制造的报废机动车"五大总成"按照商务部制定的标识规则编码，其中车架应当录入原车辆识别代号信息。

第二十七条　回收拆解企业应当按照国家对新能源汽车动力蓄电池回收利用管理有关要求，对报废新能源汽车的废旧动力蓄电池或者其他类型储能装置进行拆卸、收集、贮存、运输及回收利用，加强全过程安全管理。

回收拆解企业应当将报废新能源汽车车辆识别代号及动力蓄电池编码、数量、型号、流向等信息，录入"新能源汽车国家监测与动力蓄电池回收利用溯源综合管理平台"系统。

第二十八条　回收拆解企业拆解的报废机动车"五大总成"具备再制造条件的，可以按照国家有关规定出售给具有再制造能力的企业经过再制造予以循环利用；不具备再制造条件的，应当作为废金属，交售给冶炼或者破碎企业。

第二十九条　回收拆解企业拆解的报废机动车"五大总成"以外的零部件符合保障人身和财产安全等强制性国家标准，能够继续使用的，可以出售，但应当标明"报废机动车回用件"。

回收拆解企业拆解的尾气后处理装置、危险废物应当如实记录，并交由有处理资质的企业进行拆解处置，不得向其他企业出售和转卖。

回收拆解企业拆卸的动力蓄电池应当交售给新能源汽车生产企业建立的动力蓄电池回收服务网点,或者符合国家对动力蓄电池梯次利用管理有关要求的梯次利用企业,或者从事废旧动力蓄电池综合利用的企业。

**第三十条** 禁止任何单位或者个人利用报废机动车"五大总成"拼装机动车。

**第三十一条** 机动车维修经营者不得承修已报废的机动车。

## 第五章 监督管理

**第三十二条** 县级以上地方商务主管部门应当会同相关部门,采取"双随机、一公开"方式,对本行政区域内报废机动车回收拆解活动实施日常监督检查,重点检查以下方面:

(一)回收拆解企业符合资质认定条件情况;
(二)报废机动车回收拆解程序合规情况;
(三)《资质认定书》使用合规情况;
(四)出具《报废机动车回收证明》情况;
(五)"五大总成"及其他零部件处置情况。

**第三十三条** 县级以上地方商务主管部门可以会同相关部门采取下列措施进行监督检查:

(一)进入从事报废机动车回收拆解活动的有关场所进行检查;
(二)询问与监督检查事项有关的单位和个人,要求其说明情况;
(三)查阅、复制有关文件、资料,检查相关数据信息系统及复制相关信息数据;
(四)依据有关法律法规采取的其他措施。

**第三十四条** 县级以上地方商务主管部门发现回收拆解企业不再具备本细则第八条规定条件的,应当责令其限期整改;拒不改正或者逾期未改正的,由原发证机关撤销其《资质认定书》。

回收拆解企业停止报废机动车回收拆解业务 12 个月以上的,或者注销营业执照的,由原发证机关撤销其《资质认定书》。

省级商务主管部门应当将本行政区域内被撤销、吊销《资质认定书》的回收拆解企业名单及时向社会公布。

回收拆解企业因违反本细则受到被吊销《资质认定书》的行政处

罚，禁止该企业自行政处罚生效之日起三年内再次申请报废机动车回收拆解资质认定。

**第三十五条** 各级商务、发展改革、工业和信息化、公安、生态环境、交通运输、市场监管等部门应当加强回收拆解企业监管信息共享，及时分享资质认定、变更、撤销等信息，回收拆解企业行政处罚以及《报废机动车回收证明》和报废机动车照片等信息。

**第三十六条** 县级以上地方商务主管部门应当会同有关部门建立回收拆解企业信用档案，将企业相关违法违规行为依法作出的处理决定录入信用档案，并及时向社会公布。

**第三十七条** 《资质认定证书》《报废机动车回收证明》和《报废机动车回收拆解企业分支机构备案信息表》样式由商务部规定，省级商务主管部门负责印制发放，任何单位和个人不得买卖或者伪造、变造。

**第三十八条** 省级商务主管部门应当加强对现场验收评审专家库的管理，实施动态调整机制。专家在验收评审过程中出现违反独立、客观、公平、公正原则问题的，省级商务主管部门应当及时将有关专家调整出现场验收评审专家库，且不得再次选入。

**第三十九条** 县级以上地方商务主管部门应当向社会公布本部门的联系方式，方便公众举报报废机动车回收拆解相关的违法行为。

县级以上地方商务主管部门接到举报，应当及时依法调查处理，并为举报人保密；对实名举报的，应当将处理结果告知举报人。

# 第六章　法律责任

**第四十条** 违反本细则第七条第一款规定，未取得资质认定，擅自从事报废机动车回收拆解活动的，由县级以上地方商务主管部门会同有关部门按照《管理办法》第十九条规定没收非法回收拆解的报废机动车、报废机动车"五大总成"和其他零部件，没收违法所得；违法所得在5万元以上的，并处违法所得2倍以上5倍以下的罚款；违法所得不足5万元或者没有违法所得的，并处5万元以上10万元以下的罚款。

违反本细则第七条第二款规定，机动车生产企业未按照国家有关规定承担生产者责任向回收拆解企业提供相关技术支持的，由县级以上地方工业和信息化主管部门责令改正,并处1万元以上3万元以下的罚款。

**第四十一条** 违反本细则第十四条规定,回收拆解企业涂改、出租、出借或者以其他形式非法转让《资质认定书》的,由县级以上地方商务主管部门责令改正,并处1万元以上3万元以下的罚款。

**第四十二条** 违反本细则第十五条第一款规定,回收拆解企业未按照要求备案分支机构的,由分支机构注册登记所在地县级以上地方商务主管部门责令改正,并处1万元以上3万元以下的罚款。

违反本细则第十五条第二款规定,回收拆解企业的分支机构对报废机动车进行拆解的,由分支机构注册登记所在地县级以上地方商务主管部门责令改正,并处3万元罚款;拒不改正或者情节严重的,由原发证部门吊销回收拆解企业的《资质认定书》。

**第四十三条** 违反本细则第十九条第一款、第二十条、第二十一条的规定,回收拆解企业违规开具或者发放《报废机动车回收证明》,或者未按照规定对已出具《报废机动车回收证明》的报废机动车进行拆解的,由县级以上地方商务主管部门责令限期改正,整改期间暂停打印《报废机动车回收证明》;情节严重的,处1万元以上3万元以下的罚款。

回收拆解企业明知或者应当知道回收的机动车为赃物或者用于盗窃、抢劫等犯罪活动的犯罪工具,未向公安机关报告,擅自拆解、改装、拼装、倒卖该机动车的,由县级以上地方公安机关按照《治安管理处罚法》予以治安管理处罚,构成犯罪的,依法追究刑事责任。

因违反前款规定,被追究刑事责任或者两年内被治安管理处罚两次以上的,由原发证部门吊销《资质认定书》。

**第四十四条** 违反本细则第十九条第二款规定,回收拆解企业未按照国家有关规定及时向公安机关交通管理部门办理机动车注销登记,并将注销证明转交机动车所有人的,由县级以上地方商务主管部门按照《管理办法》第二十二条规定责令改正,可以处1万元以上5万元以下的罚款。

**第四十五条** 违反本细则第二十三条规定,回收拆解企业未在其资质认定的拆解经营场地内对回收的报废机动车予以拆解,或者交易报废机动车整车、拼装车的,由县级以上地方商务主管部门责令改正,并处3万元罚款;拒不改正或者情节严重的,由原发证部门吊销

《资质认定书》。

**第四十六条** 违反本细则第二十四条规定，回收拆解企业未建立生产经营全覆盖的电子监控系统，或者录像保存不足1年的，由县级以上地方商务主管部门责令限期改正，整改期间暂停打印《报废机动车回收证明》；情节严重的，处1万元以上3万元以下的罚款。

**第四十七条** 回收拆解企业违反环境保护法律、法规和强制性标准，污染环境的，由生态环境主管部门按照《管理办法》第二十四条规定责令限期改正，并依法予以处罚；拒不改正或者逾期未改正的，由原发证部门吊销《资质认定书》。

回收拆解企业不再符合本细则第八条规定有关环境保护相关认定条件的，由生态环境主管部门责令限期改正，并依法予以处罚；拒不改正或者逾期未改正的，由原发证部门撤销《资质认定书》。

回收拆解企业违反本细则第二十五条规定的，由生态环境主管部门依法予以处罚。

**第四十八条** 违反本细则第二十六条规定，回收拆解企业未按照要求建立报废机动车零部件销售台账并如实记录"五大总成"信息并上传信息系统的，由县级以上地方商务主管部门按照《管理办法》第二十三条规定责令改正，并处1万元以上5万元以下的罚款；情节严重的，责令停业整顿。

**第四十九条** 违反本细则第二十七条规定，回收拆解企业未按照国家有关标准和规定要求，对报废新能源汽车的废旧动力蓄电池或者其他类型储能设施进行拆卸、收集、贮存、运输及回收利用的，或者未将报废新能源汽车车辆识别代号及动力蓄电池编码、数量、型号、流向等信息录入有关平台的，由县级以上地方商务主管部门会同工业和信息化主管部门责令改正，并处1万元以上3万元以下的罚款。

**第五十条** 违反本细则第二十八条、第二十九条规定，回收拆解企业出售的报废机动车"五大总成"及其他零部件不符合相关要求的，由县级以上地方商务主管部门按照《管理办法》第二十一条规定责令改正，没收报废机动车"五大总成"和其他零部件，没收违法所得；违法所得在5万元以上的，并处违法所得2倍以上5倍以下的罚款；违法所得不足5万元或者没有违法所得的，并处5万元以上10万元以下的罚款；情节严重的，责令停业整顿直至由原发证部门吊销《资质认定书》。

回收拆解企业将报废机动车"五大总成"及其他零部件出售给或者交予本细则第二十八条、第二十九条规定以外企业处理的,由县级以上地方商务主管部门会同有关部门责令改正,并处1万元以上3万元以下的罚款。

**第五十一条** 违反本细则第三十一条规定,机动车维修经营者承修已报废的机动车的,由县级以上道路运输管理机构责令改正;有违法所得的,没收违法所得,处违法所得2倍以上10倍以下的罚款;没有违法所得或者违法所得不足1万元的,处2万元以上5万元以下的罚款,没收报废机动车;情节严重的,由县级以上道路运输管理机构责令停业整顿;构成犯罪的,依法追究刑事责任。

**第五十二条** 违反本细则第三十七条规定,买卖或者伪造、变造《资质认定书》的,由县级以上地方公安机关依法给予治安管理处罚。

买卖或者伪造、变造《报废机动车回收证明》的,由县级以上地方公安机关按照《治安管理处罚法》予以治安管理处罚。

**第五十三条** 发现在拆解或者处置过程中可能造成环境污染的电器电子等产品,设计使用列入国家禁止使用名录的有毒有害物质的,回收拆解企业有权向市场监管部门进行举报,有关部门应当及时通报市场监管部门。市场监管部门依据《循环经济促进法》第五十一条规定处理。

**第五十四条** 各级商务、发展改革、工业和信息化、公安、生态环境、交通运输、市场监管等部门及其工作人员应当按照《管理办法》和本细则规定履行职责。违反相关规定的,按照《管理办法》第二十五条规定追究责任。任何单位和个人有权对相关部门及其工作人员的违法违规行为进行举报。

## 第七章 附 则

**第五十五条** 省级商务主管部门可以结合本地实际情况制定本细则的实施办法,并报商务部备案。

**第五十六条** 本细则实施前已经取得报废机动车回收资质的企业,应当在本细则实施后两年内按照本细则的要求向省级商务主管部门申请重新进行资质认定。通过资质认定的,换发《资质认定书》;超过两年未通过资质认定的,由原发证部门注销其《资质认定书》。

第五十七条 县级以上地方商务主管部门涉及本细则有关商务执法职责发生调整的，有关商务执法职责由本级人民政府确定的承担相关职责的部门实施。

第五十八条 本细则由商务部会同发展改革委、工业和信息化部、公安部、生态环境部、交通运输部、市场监管总局负责解释。

第五十九条 本细则自 2020 年 9 月 1 日起施行。

# 道路运输从业人员管理规定

- 2006 年 11 月 23 日交通部发布
- 根据 2016 年 4 月 21 日《交通运输部关于修改〈道路运输从业人员管理规定〉的决定》第一次修正
- 根据 2019 年 6 月 21 日《交通运输部关于修改〈道路运输从业人员管理规定〉的决定》第二次修正
- 根据 2022 年 11 月 10 日《交通运输部关于修改〈道路运输从业人员管理规定〉的决定》第三次修正

## 第一章 总　则

第一条 为加强道路运输从业人员管理，提高道路运输从业人员职业素质，根据《中华人民共和国安全生产法》《中华人民共和国道路运输条例》《危险化学品安全管理条例》以及有关法律、行政法规，制定本规定。

第二条 本规定所称道路运输从业人员是指经营性道路客货运输驾驶员、道路危险货物运输从业人员、机动车维修技术技能人员、机动车驾驶培训教练员、道路运输企业主要负责人和安全生产管理人员、其他道路运输从业人员。

经营性道路客货运输驾驶员包括经营性道路旅客运输驾驶员和经营性道路货物运输驾驶员。

道路危险货物运输从业人员包括道路危险货物运输驾驶员、装卸管理人员和押运人员。

机动车维修技术技能人员包括机动车维修技术负责人员、质量检验人员以及从事机修、电器、钣金、涂漆、车辆技术评估（含检测）作业的技术技能人员。

机动车驾驶培训教练员包括理论教练员、驾驶操作教练员、道路客货运输驾驶员从业资格培训教练员和危险货物运输驾驶员从业资格培训教练员。

其他道路运输从业人员是指除上述人员以外的道路运输从业人员，包括道路客运乘务员、机动车驾驶员培训机构教学负责人及结业考核人员、机动车维修企业价格结算员及业务接待员。

**第三条** 道路运输从业人员应当依法经营，诚实信用，规范操作，文明从业。

**第四条** 道路运输从业人员管理工作应当公平、公正、公开和便民。

**第五条** 交通运输部负责全国道路运输从业人员管理工作。

县级以上地方交通运输主管部门负责本行政区域内的道路运输从业人员管理工作。

## 第二章 从业资格管理

**第六条** 国家对经营性道路客货运输驾驶员、道路危险货物运输从业人员实行从业资格考试制度。其他实施国家职业资格制度的道路运输从业人员，按照国家职业资格的有关规定执行。

从业资格是对道路运输从业人员所从事的特定岗位职业素质的基本评价。

经营性道路客货运输驾驶员和道路危险货物运输从业人员必须取得相应从业资格，方可从事相应的道路运输活动。

鼓励机动车维修企业、机动车驾驶员培训机构优先聘用取得国家职业资格证书或者职业技能等级证书的从业人员从事机动车维修和机动车驾驶员培训工作。

**第七条** 道路运输从业人员从业资格考试应当按照交通运输部编制的考试大纲、考试题库、考核标准、考试工作规范和程序组织实施。

**第八条** 经营性道路客货运输驾驶员从业资格考试由设区的市级交通运输主管部门组织实施。

道路危险货物运输从业人员从业资格考试由设区的市级交通运输主管部门组织实施。

**第九条** 经营性道路旅客运输驾驶员应当符合下列条件：

（一）取得相应的机动车驾驶证1年以上；

（二）年龄不超过60周岁；

（三）3年内无重大以上交通责任事故；

（四）掌握相关道路旅客运输法规、机动车维修和旅客急救基本知识；

（五）经考试合格，取得相应的从业资格证件。

**第十条** 经营性道路货物运输驾驶员应当符合下列条件：

（一）取得相应的机动车驾驶证；

（二）年龄不超过60周岁；

（三）掌握相关道路货物运输法规、机动车维修和货物装载保管基本知识；

（四）经考试合格，取得相应的从业资格证件。

**第十一条** 道路危险货物运输驾驶员应当符合下列条件：

（一）取得相应的机动车驾驶证；

（二）年龄不超过60周岁；

（三）3年内无重大以上交通责任事故；

（四）取得经营性道路旅客运输或者货物运输驾驶员从业资格2年以上或者接受全日制驾驶职业教育的；

（五）接受相关法规、安全知识、专业技术、职业卫生防护和应急救援知识的培训，了解危险货物性质、危害特征、包装容器的使用特性和发生意外时的应急措施；

（六）经考试合格，取得相应的从业资格证件。

从事4500千克及以下普通货运车辆运营活动的驾驶员，申请从事道路危险货物运输的，应当符合前款第（一）（二）（三）（五）（六）项规定的条件。

**第十二条** 道路危险货物运输装卸管理人员和押运人员应当符合下列条件：

（一）年龄不超过60周岁；

（二）初中以上学历；

（三）接受相关法规、安全知识、专业技术、职业卫生防护和应

急救援知识的培训,了解危险货物性质、危害特征、包装容器的使用特性和发生意外时的应急措施;

(四)经考试合格,取得相应的从业资格证件。

**第十三条** 机动车维修技术技能人员应当符合下列条件:

(一)技术负责人员

1. 具有机动车维修或者相关专业大专以上学历,或者具有机动车维修或相关专业中级以上专业技术职称;

2. 熟悉机动车维修业务,掌握机动车维修相关政策法规和技术规范。

(二)质量检验人员

1. 具有高中以上学历;

2. 熟悉机动车维修检测作业规范,掌握机动车维修故障诊断和质量检验的相关技术,熟悉机动车维修服务标准相关政策法规和技术规范。

(三)从事机修、电器、钣金、涂漆、车辆技术评估(含检测)作业的技术技能人员

1. 具有初中以上学历;

2. 熟悉所从事工种的维修技术和操作规范,并了解机动车维修相关政策法规。

**第十四条** 机动车驾驶培训教练员应当符合下列条件:

(一)理论教练员

1. 取得机动车驾驶证,具有 2 年以上安全驾驶经历;

2. 具有汽车及相关专业中专以上学历或者汽车及相关专业中级以上技术职称;

3. 掌握道路交通安全法规、驾驶理论、机动车构造、交通安全心理学、常用伤员急救等安全驾驶知识,了解车辆环保和节约能源的有关知识,了解教育学、教育心理学的基本教学知识,具备编写教案、规范讲解的授课能力。

(二)驾驶操作教练员

1. 取得相应的机动车驾驶证,符合安全驾驶经历和相应车型驾驶经历的要求;

2. 年龄不超过 60 周岁;

3. 熟悉道路交通安全法规、驾驶理论、机动车构造、交通安全心

理学和应急驾驶的基本知识,了解车辆维护和常见故障诊断等有关知识,具备驾驶要领讲解、驾驶动作示范、指导驾驶的教学能力。

(三) 道路客货运输驾驶员从业资格培训教练员

1. 具有汽车及相关专业大专以上学历或者汽车及相关专业高级以上技术职称;

2. 掌握道路旅客运输法规、货物运输法规以及机动车维修、货物装卸保管和旅客急救等相关知识,具备相应的授课能力;

3. 具有2年以上从事普通机动车驾驶员培训的教学经历,且近2年无不良的教学记录。

(四) 危险货物运输驾驶员从业资格培训教练员

1. 具有化工及相关专业大专以上学历或者化工及相关专业高级以上技术职称;

2. 掌握危险货物运输法规、危险化学品特性、包装容器使用方法、职业安全防护和应急救援等知识,具备相应的授课能力;

3. 具有2年以上化工及相关专业的教学经历,且近2年无不良的教学记录。

**第十五条** 申请参加经营性道路客货运输驾驶员从业资格考试的人员,应当向其户籍地或者暂住地设区的市级交通运输主管部门提出申请,填写《经营性道路客货运输驾驶员从业资格考试申请表》(式样见附件1),并提供下列材料:

(一) 身份证明;

(二) 机动车驾驶证;

(三) 申请参加道路旅客运输驾驶员从业资格考试的,还应当提供道路交通安全主管部门出具的3年内无重大以上交通责任事故记录证明。

**第十六条** 申请参加道路危险货物运输驾驶员从业资格考试的,应当向其户籍地或者暂住地设区的市级交通运输主管部门提出申请,填写《道路危险货物运输从业人员从业资格考试申请表》(式样见附件2),并提供下列材料:

(一) 身份证明;

(二) 机动车驾驶证;

(三) 道路旅客运输驾驶员从业资格证件或者道路货物运输驾驶员从业资格证件或者全日制驾驶职业教育学籍证明(从事4500千克

及以下普通货运车辆经营活动的驾驶员除外）；

（四）相关培训证明；

（五）道路交通安全主管部门出具的3年内无重大以上交通责任事故记录证明。

**第十七条** 申请参加道路危险货物运输装卸管理人员和押运人员从业资格考试的，应当向其户籍地或者暂住地设区的市级交通运输主管部门提出申请，填写《道路危险货物运输从业人员从业资格考试申请表》，并提供下列材料：

（一）身份证明；

（二）学历证明；

（三）相关培训证明。

**第十八条** 交通运输主管部门对符合申请条件的申请人应当在受理考试申请之日起30日内安排考试。

**第十九条** 交通运输主管部门应当在考试结束5日内公布考试成绩。实施计算机考试的，应当现场公布考试成绩。对考试合格人员，应当自公布考试成绩之日起5日内颁发相应的道路运输从业人员从业资格证件。

**第二十条** 道路运输从业人员从业资格考试成绩有效期为1年，考试成绩逾期作废。

**第二十一条** 申请人在从业资格考试中有舞弊行为的，取消当次考试资格，考试成绩无效。

**第二十二条** 交通运输主管部门应当建立道路运输从业人员从业资格管理档案，并推进档案电子化。

道路运输从业人员从业资格管理档案包括：从业资格考试申请材料，从业资格考试及从业资格证件记录，从业资格证件换发、补发、变更记录，违章、事故及诚信考核等。

**第二十三条** 交通运输主管部门应当向社会提供道路运输从业人员相关从业信息的查询服务。

## 第三章 从业资格证件管理

**第二十四条** 经营性道路客货运输驾驶员、道路危险货物运输从业人员经考试合格后，取得《中华人民共和国道路运输从业人员从业资格证》（纸质证件和电子证件式样见附件3）。

**第二十五条** 道路运输从业人员从业资格证件全国通用。

**第二十六条** 已获得从业资格证件的人员需要增加相应从业资格类别的，应当向原发证机关提出申请，并按照规定参加相应培训和考试。

**第二十七条** 道路运输从业人员从业资格证件由交通运输部统一印制并编号。

经营性道路客货运输驾驶员、道路危险货物运输从业人员从业资格证件由设区的市级交通运输主管部门发放和管理。

**第二十八条** 交通运输主管部门应当建立道路运输从业人员从业资格证件管理数据库，推广使用从业资格电子证件。

交通运输主管部门应当结合道路运输从业人员从业资格证件的管理工作，依托信息化系统，推进从业人员管理数据共享，实现异地稽查信息共享、动态资格管理和高频服务事项跨区域协同办理。

**第二十九条** 道路运输从业人员从业资格证件有效期为6年。道路运输从业人员应当在从业资格证件有效期届满30日前到原发证机关办理换证手续。

道路运输从业人员从业资格证件遗失、毁损的，应当到原发证机关办理证件补发手续。

道路运输从业人员服务单位等信息变更的，应当到交通运输主管部门办理从业资格证件变更手续。道路运输从业人员申请转籍的，受理地交通运输主管部门应当查询核实相应从业资格证件信息后，重新发放从业资格证件并建立档案，收回原证件并通报原发证机关注销原证件和归档。

**第三十条** 道路运输从业人员办理换证、补证和变更手续，应当填写《道路运输从业人员从业资格证件换发、补发、变更登记表》（式样见附件4）。

**第三十一条** 交通运输主管部门应当对符合要求的从业资格证件换发、补发、变更申请予以办理。

申请人违反相关从业资格管理规定且尚未接受处罚的，受理机关应当在其接受处罚后换发、补发、变更相应的从业资格证件。

**第三十二条** 道路运输从业人员有下列情形之一的，由发证机关注销其从业资格证件：

（一）持证人死亡的；

（二）持证人申请注销的；

（三）经营性道路客货运输驾驶员、道路危险货物运输从业人员年龄超过60周岁的；

（四）经营性道路客货运输驾驶员、道路危险货物运输驾驶员的机动车驾驶证被注销或者被吊销的；

（五）超过从业资格证件有效期180日未申请换证的。

凡被注销的从业资格证件，应当由发证机关予以收回，公告作废并登记归档；无法收回的，从业资格证件自行作废。

**第三十三条** 交通运输主管部门应当通过信息化手段记录、归集道路运输从业人员的交通运输违法违章等信息。尚未实现信息化管理的，应当将经营性道路客货运输驾驶员、道路危险货物运输从业人员的违章行为记录在《中华人民共和国道路运输从业人员从业资格证》的违章记录栏内，并通报发证机关。发证机关应当将相关信息作为道路运输从业人员诚信考核的依据。

**第三十四条** 道路运输从业人员诚信考核周期为12个月，从初次领取从业资格证件之日起计算。诚信考核等级分为优良、合格、基本合格和不合格，分别用AAA级、AA级、A级和B级表示。

省级交通运输主管部门应当将道路运输从业人员每年的诚信考核结果向社会公布，供公众查阅。

道路运输从业人员诚信考核具体办法另行制定。

## 第四章　从业行为规定

**第三十五条** 经营性道路客货运输驾驶员以及道路危险货物运输从业人员应当在从业资格证件许可的范围内从事道路运输活动。道路危险货物运输驾驶员除可以驾驶道路危险货物运输车辆外，还可以驾驶原从业资格证件许可的道路旅客运输车辆或者道路货物运输车辆。

**第三十六条** 道路运输从业人员在从事道路运输活动时，应当携带相应的从业资格证件，并应当遵守国家相关法规和道路运输安全操作规程，不得违法经营、违章作业。

**第三十七条** 道路运输从业人员应当按照规定参加国家相关法规、职业道德及业务知识培训。

经营性道路客货运输驾驶员和道路危险货物运输驾驶员诚信考核等级为不合格的,应当按照规定参加继续教育。

**第三十八条** 经营性道路客货运输驾驶员和道路危险货物运输驾驶员不得超限、超载运输,连续驾驶时间不得超过4个小时,不得超速行驶和疲劳驾驶。

**第三十九条** 经营性道路旅客运输驾驶员和道路危险货物运输驾驶员应当按照规定填写行车日志。行车日志式样由省级交通运输主管部门统一制定。

**第四十条** 经营性道路旅客运输驾驶员应当采取必要措施保证旅客的人身和财产安全,发生紧急情况时,应当积极进行救护。

经营性道路货物运输驾驶员应当采取必要措施防止货物脱落、扬撒等。

严禁驾驶道路货物运输车辆从事经营性道路旅客运输活动。

**第四十一条** 道路危险货物运输驾驶员应当按照道路交通安全主管部门指定的行车时间和路线运输危险货物。

道路危险货物运输装卸管理人员应当按照安全作业规程对道路危险货物装卸作业进行现场监督,确保装卸安全。

道路危险货物运输押运人员应当对道路危险货物运输进行全程监管。

道路危险货物运输从业人员应当严格按照道路危险货物运输有关标准进行操作,不得违章作业。

**第四十二条** 在道路危险货物运输过程中发生燃烧、爆炸、污染、中毒或者被盗、丢失、流散、泄漏等事故,道路危险货物运输驾驶员、押运人员应当立即向当地公安部门和所在运输企业或者单位报告,说明事故情况、危险货物品名和特性,并采取一切可能的警示措施和应急措施,积极配合有关部门进行处置。

**第四十三条** 机动车维修技术技能人员应当按照维修规范和程序作业,不得擅自扩大维修项目,不得使用假冒伪劣配件,不得擅自改装机动车,不得承修已报废的机动车,不得利用配件拼装机动车。

**第四十四条** 机动车驾驶培训教练员应当按照全国统一的教学大纲实施教学,规范填写教学日志和培训记录,不得擅自减少学时和培训内容。

**第四十五条** 道路运输企业主要负责人和安全生产管理人员必须

具备与本单位所从事的生产经营活动相应的安全生产知识和管理能力,由设区的市级交通运输主管部门对其安全生产知识和管理能力考核合格。考核不得收费。

道路运输企业主要负责人和安全生产管理人员考核管理办法另行制定。

## 第五章 法律责任

**第四十六条** 违反本规定,有下列行为之一的人员,由县级以上交通运输主管部门责令改正,处200元以上2000元以下的罚款:

(一)未取得相应从业资格证件,驾驶道路客运车辆的;

(二)使用失效、伪造、变造的从业资格证件,驾驶道路客运车辆的;

(三)超越从业资格证件核定范围,驾驶道路客运车辆的。

驾驶道路货运车辆违反前款规定的,由县级以上交通运输主管部门责令改正,处200元罚款。

**第四十七条** 违反本规定,有下列行为之一的人员,由设区的市级交通运输主管部门处5万元以上10万元以下的罚款:

(一)未取得相应从业资格证件,从事道路危险货物运输活动的;

(二)使用失效、伪造、变造的从业资格证件,从事道路危险货物运输活动的;

(三)超越从业资格证件核定范围,从事道路危险货物运输活动的。

**第四十八条** 道路运输从业人员有下列不具备安全条件情形之一的,由发证机关撤销其从业资格证件:

(一)经营性道路客货运输驾驶员、道路危险货物运输从业人员身体健康状况不符合有关机动车驾驶和相关从业要求且没有主动申请注销从业资格的;

(二)经营性道路客货运输驾驶员、道路危险货物运输驾驶员发生重大以上交通事故,且负主要责任的;

(三)发现重大事故隐患,不立即采取消除措施,继续作业的。

被撤销的从业资格证件应当由发证机关公告作废并登记归档。

**第四十九条** 道路运输企业主要负责人和安全生产管理人员未按

照规定经考核合格的,由所在地设区的市级交通运输主管部门依照《中华人民共和国安全生产法》第九十七条的规定进行处罚。

**第五十条** 违反本规定,交通运输主管部门工作人员有下列情形之一的,依法给予行政处分:

(一)不按规定的条件、程序和期限组织从业资格考试的;
(二)发现违法行为未及时查处的;
(三)索取、收受他人财物及谋取其他不正当利益的;
(四)其他违法行为。

## 第六章 附 则

**第五十一条** 从业资格考试收费标准和从业资格证件工本费由省级以上交通运输主管部门会同同级财政部门、物价部门核定。

**第五十二条** 使用总质量 4500 千克及以下普通货运车辆的驾驶人员,不适用本规定。

**第五十三条** 本规定自 2007 年 3 月 1 日起施行。2001 年 9 月 6 日公布的《营业性道路运输驾驶员职业培训管理规定》(交通部令 2001 年第 7 号)同时废止。

附件:1. 经营性道路客货运输驾驶员从业资格考试申请表
2. 道路危险货物运输从业人员从业资格考试申请表
3. 中华人民共和国道路运输从业人员从业资格证式样
4. 道路运输从业人员从业资格证件换发、补发、变更登记表

附件 1

### 经营性道路客货运输驾驶员从业资格考试申请表

| 姓 名 | | 性 别 | | 学 历 | | |
|---|---|---|---|---|---|---|
| 住 址 | (电话) | | | | | 照片 |
| 工作单位 | (电话) | | | | | |
| 身份证号 | | | | | | |
| 培训单位 | | | | | | |

续表

| 驾驶证准驾车型 |  | 初领驾驶证日期 | 年 月 日 |
|---|---|---|---|
| 申请种类 | 初领□ |  | 增加□ |
| 原从业资格证件号 |  |  |  |
| 申请类别 | 道路旅客运输□ |  | 道路货物运输□ |
| 材料清单 | 身份证明□ 驾驶证□<br>无重大以上责任事故记录证明□ |||
| 承诺 | 本人承诺上述所有内容真实、有效,并承担由此产生的法律责任。<br><br>本人签字: 日期: |||
| 考试记录 | 成绩 | 考核员 | 考核员 |
|  |  |  |  |
|  |  |  |  |
|  |  |  |  |
| 交通运输主管<br>部门意见 | (盖章)<br>年 月 日 |||
| 从业资格证件发放 | 发放人(签字) |  | 日期 |
|  | 领取人(签字) |  | 日期 |

附件2

## 道路危险货物运输从业人员从业资格考试申请表

| 姓 名 | | 性 别 | | 学 历 | | | |
|---|---|---|---|---|---|---|---|
| 住 址 | | | (电话) | | | 照 片 | |
| 工作单位 | | | (电话) | | | | |
| 身份证号 | | | | | | | |
| 培训单位 | | | | | | | |

| 原从业资格证件号 | |
|---|---|
| 驾驶证准驾车型 | 初领驾驶证日期　　　　　年　月　日 |
| 申请类别 | 道路危险货物运输驾驶员□　道路危险货物运输装卸管理人员□　道路危险货物运输押运人员□ |
| 材料清单 | 身份证明□　学历证明□　危险货物运输培训证明□<br>驾驶证□　道路旅客运输从业资格证□<br>道路货物运输从业资格证□　无重大以上责任事故记录证明□<br>全日制驾驶职业教育学籍证明□ |
| 承　诺 | 本人承诺上述所有内容真实、有效，并承担由此产生的法律责任。<br><br>　　　　　　　　　　　　本人签字：　　　　　日期： |
| 考试记录 | 成绩　　　考核员　　　考核员 |
| 交通运输主管部门意见 | （盖章）<br>　年　月　日 |
| 从业资格证件发放 | 发放人（签字）　　　　日期<br>领取人（签字）　　　　日期 |

附件3

## 中华人民共和国道路运输从业人员从业资格证式样

（一）纸质证件式样

| 姓名 |  | 性别 |  |
|---|---|---|---|
| 出生日期 |  | 国籍 |  |
| 住址 |  |  |  |
| 证号 |  |  |  |
| 准驾车型 |  |  |  |
| 二维码区 |  |  |  |

(第2页)

| 发证机关 | 从业资格<br>类别： |
|---|---|
|  | 初次领证日期　　年　月　日 |
|  | 有效起始日期　　年　月　日 |
|  | 有效期限　　　　　　（盖章） |
| 发证机关 | 从业资格<br>类别： |
|  | 初次领证日期　　年　月　日 |
|  | 有效起始日期　　年　月　日 |
|  | 有效期限　　　　　　（盖章） |
| 发证机关 | 从业资格<br>类别： |
|  | 初次领证日期　　年　月　日 |
|  | 有效起始日期　　年　月　日 |
|  | 有效期限　　　　　　（盖章） |

(第3页)

## 注册（登记）记录

| 从业资格类别 | 记录内容 |
|---|---|
|  |  |
|  |  |
|  |  |
|  |  |
|  |  |
|  |  |

(第4页)

## 继续教育记录

| 从业资格类别 | 记录内容 |
|---|---|
|  |  |
|  |  |
|  |  |
|  |  |
|  |  |
|  |  |

(第5页)

## 诚信（信誉）考核记录

| 从业资格类别 | 年度 | 考核结果 |
|---|---|---|
|  |  |  |
|  |  |  |
|  |  |  |
|  |  |  |
|  |  |  |
|  |  |  |

(第6页)

## 违章和计分记录

| 从业资格类别 | 记录内容 |
|---|---|
|  |  |
|  |  |
|  |  |
|  |  |
|  |  |
|  |  |
|  |  |

(第7页)

## 违章和计分记录

| 从业资格类别 | 记录内容 |
|---|---|
|  |  |
|  |  |
|  |  |
|  |  |
|  |  |
|  |  |
|  |  |

(第8页)

## 证书使用说明

1. 本证为道路运输从业资格的有效证件，在全国范围内通用，必须随身携带。

2. 本证有效期届满30日前需到原发证机关办理换证手续。本证遗失、毁损或变更的，需到原发证机关办理证件补发或变更手续。

3. 持证人员需按从业资格管理规定进行注册（登记），并按期进行继续教育、诚信（信誉）考核。

(第9页)

456

**说明：**

1. 封面

字体字号分别为：

"中华人民共和国道路运输从业人员"——17磅汉仪楷体简体，烫金压凹。

"从业资格证"——24磅汉仪楷体简体，烫金压凹。

"国徽"——宽33mm，高35mm，烫金压凹。

2. 封底

"中华人民共和国交通运输部制"——10磅汉仪楷体简体，压凹。

3. 成品尺寸：宽80mm，高115mm。

4. 第2、3页内容只能打印，禁止手写或者涂改。采用电子证件的，应当包含本式样所确定的相关信息。

5. 第3页发证机关栏中，每栏的从业资格类别打印1类从业资格类别汉字全称，示例：经营性道路旅客运输驾驶员。每证不超过3类从业资格类别，按取得从业资格的先后顺序由上到下依次打印。

6. 第4-8页注册（登记）、继续教育、诚信（信誉）考核、违章和计分等记录对应的从业资格类别栏打印从业资格类别汉字简称，示例：客运驾驶员。

(二）电子证件式样

注：关于电子证件的具体要求，参见《道路运输电子证照 从业资格证》（JT/T 1290）相关规定。

附件4

## 道路运输从业人员从业资格证件换发、补发、变更登记表

| 姓 名 | | 性 别 | | 学 历 | |
|---|---|---|---|---|---|
| 住 址 | | （电话） | | 照片 | |
| 工作单位 | | （电话） | | | |
| 身份证号 | | | | | |

| 驾驶证准驾车型 | | 初领驾驶证日期 | | |
|---|---|---|---|---|
| 原从业资格证件号 | | 初领从业资格证件日期 | | 年 月 日 |
| 申请种类 | 换发□ | 补发□ | | 变更□ |
| 申请理由 | | | | |
| 承 诺 | 本人承诺上述所有内容真实、有效，并承担由此产生的法律责任。<br><br>本人签字：　　　日期： | | | |
| 管理部门意见 | <br><br><br><br>（盖章）<br>年 月 日 | | | |
| 从业资格证件发放 | 发放人（签字） | | 日期 | |
| | 领取人（签字） | | 日期 | |

459

# 道路运输驾驶员诚信考核办法

- 2022 年 7 月 20 日
- 交运规〔2022〕6 号

## 第一章 总 则

**第一条** 为加强道路运输驾驶员动态管理,推进道路运输驾驶员诚信体系建设,引导道路运输驾驶员依法经营,诚实信用,根据《中华人民共和国道路运输条例》《危险化学品安全管理条例》《道路运输从业人员管理规定》等法规规章,制定本办法。

**第二条** 道路运输驾驶员的诚信考核,应当遵守本办法。

本办法所称的道路运输驾驶员,是指经营性道路客货运输驾驶员和道路危险货物运输驾驶员。

本办法所称的诚信考核,是指对道路运输驾驶员在道路运输活动中的安全生产、遵守法规和服务质量等情况进行的综合评价。

**第三条** 道路运输驾驶员诚信考核工作应当遵循公平、公正、公开和便民的原则。

**第四条** 道路运输驾驶员应当自觉遵守国家相关法律、行政法规及规章,诚实信用,文明从业,履行社会责任,为社会提供安全、优质的运输服务。

**第五条** 交通运输主管部门应当依托信息化方式组织开展道路运输驾驶员诚信考核,推动道路运输驾驶员高频服务事项"跨省通办"和道路运输从业资格电子证件应用,实现"电子建档、数据互联、系统归集、自动评价"。

**第六条** 交通运输部指导全国道路运输驾驶员诚信考核工作。

县级以上地方人民政府交通运输主管部门负责组织实施本行政区域内的道路运输驾驶员诚信考核工作。

## 第二章 诚信考核等级与计分

**第七条** 道路运输驾驶员诚信考核等级分为优良、合格、基本合格和不合格,分别用 AAA 级、AA 级、A 级和 B 级表示。

**第八条** 道路运输驾驶员诚信考核内容包括:

(一)安全生产情况:安全生产责任事故情况;

(二)遵守法规情况:违反道路运输相关法律、法规、规章的有关情况;

(三)服务质量情况:服务质量事件和有责投诉的有关情况。

**第九条** 道路运输驾驶员诚信考核实行计分制,考核周期为 12 个月,满分为 20 分,从道路运输驾驶员初次领取从业资格证件之日起计算。一个考核周期届满,经确定诚信考核等级后,该考核周期内的计分予以清除,不转入下一个考核周期。

根据道路运输驾驶员违反诚信考核指标的情况,一次计分的分值分别为:20 分、10 分、5 分、3 分、1 分五种。计分分值标准见附件。

**第十条** 对道路运输驾驶员的道路运输违法行为,处罚与计分同时执行。

道路运输驾驶员一次有两个以上违法行为的,计分时应当分别计算,累加分值。道路运输驾驶员同一违法行为同时符合两个以上计分情形的,按照较重情形予以计分。

**第十一条** 经依法变更或者撤销道路运输驾驶员违法行为处罚决定的,相应计分分值予以变更或者撤销,相应的诚信考核等级按规定予以调整。

**第十二条** 道路运输驾驶员诚信考核等级,由交通运输主管部门按照下列标准进行评定:

(一)道路运输驾驶员具备以下条件的,诚信考核等级为 AAA 级:

1. 上一考核周期的诚信考核等级为 AA 级及以上;
2. 考核周期内累计计分分值为 0 分。

(二)道路运输驾驶员具备以下条件的,诚信考核等级为 AA 级:

1. 未达到 AAA 级的考核条件;
2. 上一考核周期的诚信考核等级为 A 级及以上;
3. 考核周期内累计计分分值未达到 10 分。

(三)道路运输驾驶员具备以下条件的,诚信考核等级为 A 级:

1. 未达到 AA 级的考核条件;
2. 考核周期内累计计分分值未达到 20 分。

(四)道路运输驾驶员考核周期内累计计分有20分及以上记录的,诚信考核等级为B级。

(五)新取得道路运输从业资格证件或者初次参加诚信考核的道路运输驾驶员,其诚信考核初始等级为A级。

## 第三章 诚信考核实施与管理

**第十三条** 设区的市级交通运输主管部门应当建立道路运输驾驶员诚信档案,并及时将道路运输驾驶员的相关信息和材料存入其诚信档案。

根据道路运输驾驶员的从业资格类别,道路运输驾驶员诚信档案主要内容包括:

(一)基本情况,包括道路运输驾驶员的姓名、性别、身份证号、住址、联系电话、服务单位、初领驾驶证日期、准驾车型、从业资格证号、从业资格类别、从业资格证件领取时间和变更记录以及继续教育情况等;

(二)安全生产记录,包括有关部门抄告的以及交通运输主管部门掌握的责任事故的时间、地点、事故原因、事故经过、死伤人数、经济损失等事故概况以及责任认定和处理情况;

(三)遵守法规情况,包括本行政区域内查处的和本行政区域外共享或者抄告的道路运输驾驶员违反道路运输相关法律法规的情况;

(四)服务质量记录,包括经交通运输主管部门通报、行业协会组织公告、有关媒体曝光并经核实的服务质量事件的时间、社会影响等情况,以及有责投诉的投诉人、投诉内容、责任人、受理机关及处理情况;

(五)道路运输驾驶员历次诚信考核等级相关情况。

**第十四条** 道路运输驾驶员基本情况信息保存到从业资格证件注销或者撤销后3年。安全生产、遵守法规、服务质量信息保存期不少于3年。

**第十五条** 交通运输主管部门应当畅通投诉渠道,收集并汇总道路运输驾驶员的有关诚信信息,存入道路运输驾驶员诚信档案。

不具备法律效力的证据或者正在处理的涉及驾驶员违反道路运输法规的相关情况,不作为道路运输驾驶员诚信考核的依据。

**第十六条** 省级交通运输主管部门应当建立道路运输驾驶员信息共享机制，推动交通运输行政执法综合管理信息系统与道路运政管理信息系统业务协同，并依托交通运输部数据资源共享平台及时将本辖区查处的外省道路运输驾驶员的违法行为和计分情况，共享至相应的省级交通运输主管部门。

收到共享信息的省级交通运输主管部门应当及时将相关信息存入道路运输驾驶员诚信档案。

**第十七条** 道路运输驾驶员诚信考核信息应当真实、客观，信息采集应当确保全面、准确、及时，实现全过程记录和可追溯。交通运输主管部门应当在3日内将道路运输驾驶员违法行为和计分信息更新至诚信档案，并依托交通运输部互联网道路运输便民政务服务系统等将道路运输驾驶员计分情况、诚信考核等级等信息及时提供给道路运输驾驶员查询。

**第十八条** 道路运输驾驶员诚信考核周期届满后20日内，设区的市级交通运输主管部门应当根据道路运输驾驶员诚信考核计分情况及相关证明材料等确定诚信考核等级。

诚信考核周期内，发生较大以上道路交通事故尚未有责任认定结论的，交通运输主管部门应当待事故责任明确后，确定诚信考核等级。

**第十九条** 交通运输主管部门应当依法依规向社会公布本辖区内道路运输驾驶员历次考核周期的计分分值、诚信考核等级等信息查询方式，可通过交通运输部互联网道路运输便民政务服务系统等为道路运输驾驶员提供诚信考核等级查询、下载、打印等服务。

**第二十条** 单位和个人对公布的诚信考核信息有异议的，可以在公告之日起15日内，向交通运输主管部门进行书面举报或举证，并提供相关证明材料。

举报人应当如实签署姓名或者单位名称，并附联系方式。

交通运输主管部门应当为举报人保密，不得向其他单位或者个人泄漏举报人的姓名及有关情况。

## 第四章 奖惩措施

**第二十一条** 交通运输主管部门应当根据道路运输驾驶员诚信考

核等情况实施分级分类监管。对诚信考核等级为不合格的驾驶员，应当纳入行业重点监管对象，提高监督检查频次。

**第二十二条** 道路运输经营者应当及时掌握本单位道路运输驾驶员的诚信考核等级，并依法加强对诚信考核等级为不合格的道路运输驾驶员的教育和管理。

**第二十三条** 道路运输驾驶员诚信考核等级为不合格的，应当在诚信考核等级确定后 30 日内，按照《道路运输从业人员管理规定》要求，到道路运输企业或者从业资格培训机构接受不少于 18 个学时的道路运输法规、职业道德和安全知识的继续教育，完成规定的继续教育后，其诚信考核等级恢复为 A 级。

**第二十四条** 鼓励道路运输经营者以及其他相关的社团组织对诚信考核等级为 AAA 级的道路运输驾驶员进行表彰奖励。

交通运输主管部门对于道路运输经营者一年内所属诚信考核等级为 AAA 级的驾驶员比例达到 80%以上或者 AA 级、AAA 级驾驶员比例达到 90%以上，且均没有不合格驾驶员的，可以在行业表彰奖励方面建立激励机制。

**第二十五条** 鼓励道路运输经营者安排诚信考核等级为 A 级及以上的道路运输驾驶员，承担具有重大政治和国防战备意义、社会影响大、安全风险高的运输生产任务；安排其承担国家法定节假日期间的道路旅客运输任务。

**第二十六条** 道路运输经营者在一个年度内，所属取得从业资格证件的道路运输驾驶员累计有 20%以上诚信考核等级为 B 级的，交通运输主管部门应当向其下发整改通知书，并不得将其作为道路运输行业表彰评优的对象。

## 第五章 附 则

**第二十七条** 各省、自治区、直辖市交通运输主管部门可依据本办法制定实施细则。

**第二十八条** 省级交通运输主管部门可以参照本办法制定道路危险货物运输押运人员、装卸管理人员以及机动车驾驶培训教练员和机动车维修技术人员诚信考核办法。

**第二十九条** 本办法由中华人民共和国交通运输部负责解释。

**第三十条** 本办法自 2022 年 9 月 1 日起施行。《关于印发道路运输驾驶员诚信考核办法（试行）的通知》（交公路发〔2008〕280号）和《关于印发〈道路运输驾驶员继续教育办法〉的通知》（交运发〔2011〕106号）同时废止。

# 机动车驾驶员培训管理规定

· 2022 年 9 月 26 日交通运输部令 2022 年第 32 号公布
· 自 2022 年 11 月 1 日起施行

## 第一章 总　则

**第一条** 为规范机动车驾驶员培训经营活动，维护机动车驾驶员培训市场秩序，保护各方当事人的合法权益，根据《中华人民共和国道路交通安全法》《中华人民共和国道路运输条例》等有关法律、行政法规，制定本规定。

**第二条** 从事机动车驾驶员培训业务的，应当遵守本规定。

机动车驾驶员培训业务是指以培训学员的机动车驾驶能力或者以培训道路运输驾驶人员的从业能力为教学任务，为社会公众有偿提供驾驶培训服务的活动。包括对初学机动车驾驶人员、增加准驾车型的驾驶人员和道路运输驾驶人员所进行的驾驶培训、继续教育以及机动车驾驶员培训教练场经营等业务。

**第三条** 机动车驾驶员培训实行社会化，从事机动车驾驶员培训业务应当依法经营，诚实信用，公平竞争。

**第四条** 机动车驾驶员培训管理应当公平、公正、公开和便民。

**第五条** 交通运输部主管全国机动车驾驶员培训管理工作。

县级以上地方人民政府交通运输主管部门（以下简称交通运输主管部门）负责本行政区域内的机动车驾驶员培训管理工作。

## 第二章 经营备案

**第六条** 机动车驾驶员培训依据经营项目、培训能力和培训内容实行分类备案。

机动车驾驶员培训业务根据经营项目分为普通机动车驾驶员培训、道路运输驾驶员从业资格培训和机动车驾驶员培训教练场经营三类。

普通机动车驾驶员培训根据培训能力分为一级普通机动车驾驶员培训、二级普通机动车驾驶员培训和三级普通机动车驾驶员培训三类。

道路运输驾驶员从业资格培训根据培训内容分为道路客货运输驾驶员从业资格培训和危险货物运输驾驶员从业资格培训两类。

**第七条** 从事三类（含三类）以上车型普通机动车驾驶员培训业务的，备案为一级普通机动车驾驶员培训；从事两类车型普通机动车驾驶员培训业务的，备案为二级普通机动车驾驶员培训；只从事一类车型普通机动车驾驶员培训业务的，备案为三级普通机动车驾驶员培训。

**第八条** 从事经营性道路旅客运输驾驶员、经营性道路货物运输驾驶员从业资格培训业务的，备案为道路客货运输驾驶员从业资格培训；从事道路危险货物运输驾驶员从业资格培训业务的，备案为危险货物运输驾驶员从业资格培训。

**第九条** 从事机动车驾驶员培训教练场经营业务的，备案为机动车驾驶员培训教练场经营。

**第十条** 从事普通机动车驾驶员培训业务的，应当具备下列条件：

（一）取得企业法人资格。

（二）有健全的组织机构。

包括教学、教练员、学员、质量、安全、结业考核和设施设备管理等组织机构，并明确负责人、管理人员、教练员和其他人员的岗位职责。具体要求按照有关国家标准执行。

（三）有健全的管理制度。

包括安全管理制度、教练员管理制度、学员管理制度、培训质量管理制度、结业考核制度、教学车辆管理制度、教学设施设备管理制度、教练场地管理制度、档案管理制度等。具体要求按照有关国家标准执行。

（四）有与培训业务相适应的教学人员。

1. 有与培训业务相适应的理论教练员。机动车驾驶员培训机构聘用的理论教练员应当具备以下条件：

持有机动车驾驶证，具有汽车及相关专业中专以上学历或者汽车及相关专业中级以上技术职称，具有2年以上安全驾驶经历，掌握道路交通安全法规、驾驶理论、机动车构造、交通安全心理学、常用伤员急救等安全驾驶知识，了解车辆环保和节约能源的有关知识，了解教育学、教育心理学的基本教学知识，具备编写教案、规范讲解的授课能力。

2. 有与培训业务相适应的驾驶操作教练员。机动车驾驶员培训机构聘用的驾驶操作教练员应当具备以下条件：

持有相应的机动车驾驶证，年龄不超过60周岁，符合一定的安全驾驶经历和相应车型驾驶经历，熟悉道路交通安全法规、驾驶理论、机动车构造、交通安全心理学和应急驾驶的基本知识，了解车辆维护和常见故障诊断等有关知识，具备驾驶要领讲解、驾驶动作示范、指导驾驶的教学能力。

3. 所配备的理论教练员数量要求及每种车型所配备的驾驶操作教练员数量要求应当按照有关国家标准执行。

（五）有与培训业务相适应的管理人员。

管理人员包括理论教学负责人、驾驶操作训练负责人、教学车辆管理人员、结业考核人员和计算机管理人员等。具体要求按照有关国家标准执行。

（六）有必要的教学车辆。

1. 所配备的教学车辆应当符合国家有关技术标准要求，并装有副后视镜、副制动踏板、灭火器及其他安全防护装置。具体要求按照有关国家标准执行。

2. 从事一级普通机动车驾驶员培训的，所配备的教学车辆不少于80辆；从事二级普通机动车驾驶员培训的，所配备的教学车辆不少于40辆；从事三级普通机动车驾驶员培训的，所配备的教学车辆不少于20辆。具体要求按照有关国家标准执行。

（七）有必要的教学设施、设备和场地。

具体要求按照有关国家标准执行。租用教练场地的，还应当持有书面租赁合同和出租方土地使用证明，租赁期限不得少于3年。

**第十一条** 从事道路运输驾驶员从业资格培训业务的，应当具备下列条件：

（一）取得企业法人资格。

（二）有健全的组织机构。

包括教学、教练员、学员、质量、安全和设施设备管理等组织机构，并明确负责人、管理人员、教练员和其他人员的岗位职责。具体要求按照有关国家标准执行。

（三）有健全的管理制度。

包括安全管理制度、教练员管理制度、学员管理制度、培训质量管理制度、教学车辆管理制度、教学设施设备管理制度、教练场地管理制度、档案管理制度等。具体要求按照有关国家标准执行。

（四）有与培训业务相适应的教学车辆。

1. 从事道路客货运输驾驶员从业资格培训业务的，应当同时具备大型客车、城市公交车、中型客车、小型汽车、小型自动挡汽车等五种车型中至少一种车型的教学车辆和重型牵引挂车、大型货车等两种车型中至少一种车型的教学车辆。

2. 从事危险货物运输驾驶员从业资格培训业务的，应当具备重型牵引挂车、大型货车等两种车型中至少一种车型的教学车辆。

3. 所配备的教学车辆不少于 5 辆，且每种车型教学车辆不少于 2 辆。教学车辆具体要求按照有关国家标准执行。

（五）有与培训业务相适应的教学人员。

1. 从事道路客货运输驾驶员从业资格理论知识培训的，教练员应当持有机动车驾驶证，具有汽车及相关专业大专以上学历或者汽车及相关专业高级以上技术职称，具有 2 年以上安全驾驶经历，熟悉道路交通安全法规、驾驶理论、旅客运输法规、货物运输法规以及机动车维修、货物装卸保管和旅客急救等相关知识，了解教育学、教育心理学的基本教学知识，具备编写教案、规范讲解的授课能力，具有 2 年以上从事普通机动车驾驶员培训的教学经历，且近 2 年无不良的教学记录。从事应用能力教学的，还应当具有相应车型的驾驶经历，熟悉机动车安全检视、伤员急救、危险源辨识与防御性驾驶以及节能驾驶的相关知识，具备相应的教学能力。

2. 从事危险货物运输驾驶员从业资格理论知识培训的，教练员应当持有机动车驾驶证，具有化工及相关专业大专以上学历或者化工及相关专业高级以上技术职称，具有 2 年以上安全驾驶经历，熟悉道路交通安全法规、驾驶理论、危险货物运输法规、危险化学品特性、包装容器使用方法、职业安全防护和应急救援等知识，具备相应的授课能力，具有2年以上化工及相关专业的教学经历，且近2年无不良的教学记录。从事应用能力教学的，还应当具有相应车型的驾驶经历，熟悉机动车安全检视、伤员急救、危险源辨识与防御性驾驶以及节能驾驶的相关知识，具备相应的教学能力。

3. 所配备教练员的数量应不低于教学车辆的数量。

（六）有必要的教学设施、设备和场地。

1. 配备相应车型的教练场地，机动车构造、机动车维护、常见故障诊断和排除、货物装卸保管、医学救护、消防器材等教学设施、设备和专用场地。教练场地要求按照有关国家标准执行。

2. 从事危险货物运输驾驶员从业资格培训业务的，还应当同时配备常见危险化学品样本、包装容器、教学挂图、危险化学品实验室等设施、设备和专用场地。

**第十二条** 从事机动车驾驶员培训教练场经营业务的，应当具备下列条件：

（一）取得企业法人资格。

（二）有与经营业务相适应的教练场地。具体要求按照有关国家标准执行。

（三）有与经营业务相适应的场地设施、设备，办公、教学、生活设施以及维护服务设施。具体要求按照有关国家标准执行。

（四）具备相应的安全条件。包括场地封闭设施、训练区隔离设施、安全通道以及消防设施、设备等。具体要求按照有关国家标准执行。

（五）有相应的管理人员。包括教练场安全负责人、档案管理人员以及场地设施、设备管理人员。

（六）有健全的安全管理制度。包括安全检查制度、安全责任制度、教学车辆安全管理制度以及突发事件应急预案等。

**第十三条** 从事机动车驾驶员培训业务的，应当依法向市场监督管理部门办理有关登记手续后，最迟不晚于开始经营活动的15日内，向所在地县级交通运输主管部门办理备案，并提交以下材料，保证材料真实、完整、有效：

（一）《机动车驾驶员培训备案表》（式样见附件1）；

（二）企业法定代表人身份证明；
（三）经营场所使用权证明或者产权证明；
（四）教练场地使用权证明或者产权证明；
（五）教练场地技术条件说明；
（六）教学车辆技术条件、车型及数量证明（从事机动车驾驶员培训教练场经营的无需提交）；
（七）教学车辆购置证明（从事机动车驾驶员培训教练场经营的无需提交）；
（八）机构设置、岗位职责和管理制度材料；
（九）各类设施、设备清单；
（十）拟聘用人员名册、职称证明；
（十一）营业执照；
（十二）学时收费标准。

从事普通机动车驾驶员培训业务的，在提交备案材料时，应当同时提供由公安机关交通管理部门出具的相关人员安全驾驶经历证明，安全驾驶经历的起算时间自备案材料提交之日起倒计。

**第十四条** 县级交通运输主管部门收到备案材料后，对材料齐全且符合要求的，应当予以备案并编号归档；对材料不齐全或者不符合要求的，应当当场或者自收到备案材料之日起 5 日内一次性书面通知备案人需要补充的全部内容。

**第十五条** 机动车驾驶员培训机构变更培训能力、培训车型及数量、培训内容、教练场地等备案事项的，应当符合法定条件、标准，并在变更之日起 15 日内向原备案部门办理备案变更。

机动车驾驶员培训机构名称、法定代表人、经营场所等营业执照登记事项发生变化的，应当在完成营业执照变更登记后 15 日内向原备案部门办理变更手续。

**第十六条** 机动车驾驶员培训机构需要终止经营的，应当在终止经营前 30 日内书面告知原备案部门。

**第十七条** 县级交通运输主管部门应当向社会公布已备案的机动车驾驶员培训机构名称、法定代表人、经营场所、培训车型、教练场地等信息，并及时更新，供社会查询和监督。

# 第三章 教练员管理

**第十八条** 机动车驾驶培训教练员实行职业技能等级制度。鼓励机动车驾驶员培训机构优先聘用取得职业技能等级证书的人员担任教练员。鼓励教练员同时具备理论教练员和驾驶操作教练员的教学水平。

**第十九条** 机动车驾驶员培训机构应当建立健全教练员聘用管理制度,不得聘用最近连续3个记分周期内有交通违法记分满分记录或者发生交通死亡责任事故、组织或者参与考试舞弊、收受或者索取学员财物的人员担任教练员。

**第二十条** 教练员应当按照统一的教学大纲规范施教,并如实填写《教学日志》和《机动车驾驶员培训记录》(以下简称《培训记录》,式样见附件2)。

在教学过程中,教练员不得将教学车辆交给与教学无关人员驾驶。

**第二十一条** 机动车驾驶员培训机构应当对教练员进行道路交通安全法律法规、教学技能、应急处置等相关内容的岗前培训,加强对教练员职业道德教育和驾驶新知识、新技术的再教育,对教练员每年进行至少一周的培训,提高教练员的职业素质。

**第二十二条** 机动车驾驶员培训机构应当加强对教练员教学情况的监督检查,定期开展教练员教学质量信誉考核,公布考核结果,督促教练员提高教学质量。

**第二十三条** 省级交通运输主管部门应当制定教练员教学质量信誉考核办法,考核内容应当包括教练员的教学业绩、教学质量排行情况、参加再教育情况、不良记录等。

**第二十四条** 机动车驾驶员培训机构应当建立教练员档案,并将教练员档案主要信息按要求报送县级交通运输主管部门。

教练员档案包括教练员的基本情况、职业技能等级证书取得情况、参加岗前培训和再教育情况、教学质量信誉考核情况等。

县级交通运输主管部门应当建立教练员信息档案,并通过信息化手段对教练员信息档案进行动态管理。

## 第四章 经营管理

**第二十五条** 机动车驾驶员培训机构开展培训业务,应当与备案事项保持一致,并保持备案经营项目需具备的业务条件。

**第二十六条** 机动车驾驶员培训机构应当在经营场所的醒目位置公示其经营项目、培训能力、培训车型、培训内容、收费项目、收费标准、教练员、教学场地、投诉方式、学员满意度评价参与方式等情况。

**第二十七条** 机动车驾驶员培训机构应当与学员签订培训合同,明确双方权利义务,按照合同约定提供培训服务,保障学员自主选择教练员等合法权益。

**第二十八条** 机动车驾驶员培训机构应当在备案地开展培训业务,不得采取异地培训、恶意压价、欺骗学员等不正当手段开展经营活动,不得允许社会车辆以其名义开展机动车驾驶员培训经营活动。

**第二十九条** 机动车驾驶员培训实行学时制,按照学时合理收取费用。鼓励机动车驾驶员培训机构提供计时培训计时收费、先培训后付费服务模式。

对每个学员理论培训时间每天不得超过 6 个学时,实际操作培训时间每天不得超过 4 个学时。

**第三十条** 机动车驾驶员培训机构应当建立学时预约制度,并向社会公布联系电话和预约方式。

**第三十一条** 参加机动车驾驶员培训的人员,在报名时应当填写《机动车驾驶员培训学员登记表》(以下简称《学员登记表》,式样见附件3),并提供身份证明。参加道路运输驾驶员从业资格培训的人员,还应当同时提供相应的驾驶证。报名人员应当对所提供材料的真实性负责。

**第三十二条** 机动车驾驶员培训机构应当按照全国统一的教学大纲内容和学时要求,制定教学计划,开展培训教学活动。

培训教学活动结束后,机动车驾驶员培训机构应当组织学员结业考核,向考核合格的学员颁发《机动车驾驶员培训结业证书》(以下简称《结业证书》,式样见附件4)。

《结业证书》由省级交通运输主管部门按照全国统一式样监制并

编号。

**第三十三条** 机动车驾驶员培训机构应当建立学员档案。学员档案主要包括：《学员登记表》、《教学日志》、《培训记录》、《结业证书》复印件等。

学员档案保存期不少于4年。

**第三十四条** 机动车驾驶员培训机构应当使用符合标准并取得牌证、具有统一标识的教学车辆。

教学车辆的统一标识由省级交通运输主管部门负责制定，并组织实施。

**第三十五条** 机动车驾驶员培训机构应当按照国家有关规定对教学车辆进行定期维护和检测，保持教学车辆性能完好，满足教学和安全行车的要求，并按照国家有关规定及时更新。

禁止使用报废、检测不合格和其他不符合国家规定的车辆从事机动车驾驶员培训业务。不得随意改变教学车辆的用途。

**第三十六条** 机动车驾驶员培训机构应当建立教学车辆档案。教学车辆档案主要内容包括：车辆基本情况、维护和检测情况、技术等级记录、行驶里程记录等。

教学车辆档案应当保存至车辆报废后1年。

**第三十七条** 机动车驾驶员培训机构应当在其备案的教练场地开展基础和场地驾驶培训。

机动车驾驶员培训机构在道路上进行培训活动，应当遵守公安机关交通管理部门指定的路线和时间，并在教练员随车指导下进行，与教学无关的人员不得乘坐教学车辆。

**第三十八条** 机动车驾驶员培训机构应当保持教学设施、设备的完好，充分利用先进的科技手段，提高培训质量。

**第三十九条** 机动车驾驶员培训机构应当按照有关规定，向交通运输主管部门报送《培训记录》以及有关统计资料等信息。

《培训记录》应当经教练员签字、机动车驾驶员培训机构审核确认。

**第四十条** 交通运输主管部门应当根据机动车驾驶员培训机构执行教学大纲、颁发《结业证书》等情况，对《培训记录》及有关资料进行严格审查。

**第四十一条** 省级交通运输主管部门应当建立机动车驾驶员培训

机构质量信誉考评体系,制定机动车驾驶员培训监督管理的量化考核标准,并定期向社会公布对机动车驾驶员培训机构的考核结果。

机动车驾驶员培训机构质量信誉考评应当包括培训机构的基本情况、学员满意度评价情况、教学大纲执行情况、《结业证书》发放情况、《培训记录》填写情况、培训业绩、考试情况、不良记录、教练员教学质量信誉考核开展情况等内容。

机动车驾驶员培训机构的学员满意度评价应当包括教学质量、服务质量、教学环境、教学方式、教练员评价等内容,具体实施细则由省级交通运输主管部门确定。

## 第五章　监督检查

**第四十二条**　交通运输主管部门应当依法对机动车驾驶员培训经营活动进行监督检查,督促机动车驾驶员培训机构及时办理备案手续,加强对机动车驾驶员培训机构是否备案、是否保持备案经营项目需具备的业务条件、备案事项与实际从事业务是否一致等情况的检查。

监督检查活动原则上随机抽取检查对象、检查人员,严格遵守《交通运输行政执法程序规定》等相关规定,检查结果向社会公布。

**第四十三条**　机动车驾驶员培训机构、管理人员、教练员、学员以及其他相关人员应当积极配合执法检查人员的监督检查工作,如实反映情况,提供有关资料。

**第四十四条**　已经备案的机动车驾驶员培训机构未保持备案经营项目需具备的业务条件的,交通运输主管部门应当责令其限期整改,并将整改要求、整改结果等相关情况向社会公布。

**第四十五条**　交通运输主管部门应当健全信用管理制度,加强机动车驾驶员培训机构质量信誉考核结果的运用,强化对机动车驾驶员培训机构和教练员的信用监管。

**第四十六条**　交通运输主管部门应当与相关部门建立健全协同监管机制,及时向公安机关、市场监督管理等部门通报机动车驾驶员培训机构备案、停业、终止经营等信息,加强部门间信息共享和跨部门联合监管。

**第四十七条**　鼓励机动车驾驶员培训相关行业协会健全完善行业

规范,加强行业自律,促进行业持续健康发展。

## 第六章 法律责任

**第四十八条** 违反本规定,从事机动车驾驶员培训业务,有下列情形之一的,由交通运输主管部门责令改正;拒不改正的,处5000元以上2万元以下的罚款:

(一)从事机动车驾驶员培训业务未按规定办理备案的;

(二)未按规定办理备案变更的;

(三)提交虚假备案材料的。

有前款第三项行为且情节严重的,其直接负责的主管人员和其他直接责任人员5年内不得从事原备案的机动车驾驶员培训业务。

**第四十九条** 违反本规定,机动车驾驶员培训机构不严格按照规定进行培训或者在培训结业证书发放时弄虚作假,有下列情形之一的,由交通运输主管部门责令改正;拒不改正的,责令停业整顿:

(一)未按全国统一的教学大纲进行培训的;

(二)未在备案的教练场地开展基础和场地驾驶培训的;

(三)未按规定组织学员结业考核或者未向培训结业的人员颁发《结业证书》的;

(四)向未参加培训、未完成培训、未参加结业考核或者结业考核不合格的人员颁发《结业证书》的。

**第五十条** 违反本规定,机动车驾驶员培训机构有下列情形之一的,由交通运输主管部门责令限期整改,逾期整改不合格的,予以通报批评:

(一)未在经营场所的醒目位置公示其经营项目、培训能力、培训车型、培训内容、收费项目、收费标准、教练员、教学场地、投诉方式、学员满意度评价参与方式等情况的;

(二)未按规定聘用教学人员的;

(三)未按规定建立教练员档案、学员档案、教学车辆档案的;

(四)未按规定报送《培训记录》、教练员档案主要信息和有关统计资料等信息的;

(五)使用不符合规定的车辆及设施、设备从事教学活动的;

(六)存在索取、收受学员财物或者谋取其他利益等不良行为的;

（七）未按规定与学员签订培训合同的；
（八）未按规定开展教练员岗前培训或者再教育的；
（九）未定期开展教练员教学质量信誉考核或者未公布考核结果的。

**第五十一条** 违反本规定，教练员有下列情形之一的，由交通运输主管部门责令限期整改；逾期整改不合格的，予以通报批评：

（一）未按全国统一的教学大纲进行教学的；
（二）填写《教学日志》《培训记录》弄虚作假的；
（三）教学过程中有道路交通安全违法行为或者造成交通事故的；
（四）存在索取、收受学员财物或者谋取其他利益等不良行为的；
（五）未按规定参加岗前培训或者再教育的；
（六）在教学过程中将教学车辆交给与教学无关人员驾驶的。

**第五十二条** 违反本规定，交通运输主管部门的工作人员有下列情形之一的，依法给予处分；构成犯罪的，依法追究刑事责任：

（一）不按规定为机动车驾驶员培训机构办理备案的；
（二）参与或者变相参与机动车驾驶员培训业务的；
（三）发现违法行为不及时查处的；
（四）索取、收受他人财物或者谋取其他利益的；
（五）有其他违法违纪行为的。

# 第七章 附 则

**第五十三条** 本规定自 2022 年 11 月 1 日起施行。2006 年 1 月 12 日以交通部令 2006 年第 2 号公布的《机动车驾驶员培训管理规定》、2016 年 4 月 21 日以交通运输部令 2016 年第 51 号公布的《关于修改〈机动车驾驶员培训管理规定〉的决定》同时废止。

# 临时入境机动车和驾驶人管理规定

· 2006年12月1日公安部令第90号发布
· 自2007年1月1日起施行

**第一条** 根据《中华人民共和国道路交通安全法》及其实施条例,制定本规定。

**第二条** 本规定适用于下列临时进入中华人民共和国境内不超过三个月的机动车和机动车驾驶人:

(一)经国家主管部门批准,临时入境参加有组织的旅游、比赛以及其他交往活动的外国机动车和机动车驾驶人;

(二)临时入境后仅在边境地区一定范围内行驶的外国机动车和机动车驾驶人;

(三)临时入境后需驾驶租赁的中国机动车的外国机动车驾驶人。

与中国签订有双边或者多边过境运输协定的,按照协定办理。国家或者政府之间对机动车牌证和驾驶证有互相认可协议的,按照协议办理。

**第三条** 外国机动车临时入境行驶,应当向入境地或者始发地所在的直辖市或者设区的市公安机关交通管理部门申领临时入境机动车号牌和行驶证。

**第四条** 申请临时入境机动车号牌、行驶证的,应当用中文填写《临时入境机动车号牌、行驶证申请表》,交验机动车,并提交以下证明、凭证:

(一)境外主管部门核发的机动车登记证明,属于非中文表述的,还应当出具中文翻译文本;

(二)中国海关等部门出具的准许机动车入境的凭证;

(三)属于有组织的旅游、比赛以及其他交往活动的,还应当提交中国相关主管部门出具的证明;

(四)机动车安全技术检验合格证明,属于境外主管部门核发的,还应当出具中文翻译文本;

(五)不少于临时入境期限的中国机动车交通事故责任强制保险

凭证。

公安机关交通管理部门应当在收到申请材料之日起三日内审查提交的证明、凭证，查验机动车。符合规定的，核发临时入境机动车号牌和行驶证。

**第五条** 临时入境机动车号牌为纸质号牌，载明允许行驶的区域、线路和有效期。

临时入境机动车号牌背面为临时入境机动车行驶证，签注车辆类型、号牌号码、厂牌型号、行驶区域或者线路、有效期等信息。

**第六条** 临时入境机动车号牌和行驶证有效期应当与入境批准文件上签注的期限一致，但最长不得超过三个月。临时入境机动车号牌和行驶证有效期不得延期。

**第七条** 临时入境汽车号牌应当放置在前挡风玻璃内右侧。临时入境摩托车号牌应当随车携带，以备检查。

**第八条** 临时入境的外国机动车，可以凭入境凭证行驶至本规定第三条规定的临时入境机动车号牌和行驶证核发机关所在地，并于入境后二日内申请临时入境机动车号牌和行驶证。

**第九条** 临时入境的境外机动车驾驶人，可以驾驶其自带的临时入境的机动车或者租赁的中国机动车。

**第十条** 临时入境的机动车驾驶人在中国道路上驾驶自带临时入境的机动车，应当向入境地或者始发地所在的直辖市或者设区的市公安机关交通管理部门申领临时机动车驾驶许可。

**第十一条** 临时入境的机动车驾驶人驾驶租赁的中国机动车，应当向机动车租赁单位所在的直辖市或者设区的市公安机关交通管理部门申领临时机动车驾驶许可。

**第十二条** 临时机动车驾驶许可的准驾车型应当符合申请人所持境外机动车驾驶证的准驾车型。驾驶自带临时入境机动车的，临时机动车驾驶许可的准驾车型还应当与其自带机动车车型一致。驾驶租赁中国机动车的，临时机动车驾驶许可的准驾车型为小型汽车和小型自动挡汽车。

**第十三条** 申领临时机动车驾驶许可的，应当用中文填写《临时机动车驾驶许可申请表》，提交下列证明、凭证：

（一）入出境身份证件；

（二）境外机动车驾驶证，属于非中文表述的，还应当出具中文翻译文本；

（三）年龄、身体条件符合中国驾驶许可条件的证明文件；

（四）两张一寸彩色照片（近期半身免冠正面白底）；

（五）参加有组织的旅游、比赛以及其他交往活动的，还应当提交中国相关主管部门出具的证明。

公安机关交通管理部门应当在收到申请材料之日起三日内进行审查，符合规定的，组织道路交通安全法律、法规学习，核发临时机动车驾驶许可。

**第十四条** 临时机动车驾驶许可有效期截止日期应当与机动车驾驶人入出境身份证件上签注的准许入境期限的截止日期一致，但有效期最长不超过三个月。临时机动车驾驶许可有效期不得延期。

**第十五条** 临时机动车驾驶许可应当随身携带，并与所持境外机动车驾驶证及其中文翻译文本同时使用。

**第十六条** 临时入境的机动车驾驶人，可以凭所持境外机动车驾驶证和入境凭证，驾驶自带机动车行驶至本规定第十条规定的临时机动车驾驶许可核发机关所在地，并于入境后二日内申请临时机动车驾驶许可。

**第十七条** 公安机关交通管理部门核发临时入境机动车号牌、行驶证和临时机动车驾驶许可时，应当对境外机动车和机动车驾驶人以前的入境记录进行核查，发现有道路交通违法行为和交通事故未处理完毕，告知其处理完毕后再核发牌证；在中国境内有驾驶机动车交通肇事逃逸记录的，不予核发临时机动车驾驶许可。

**第十八条** 临时入境的机动车驾驶人应当按照下列规定驾驶机动车：

（一）遵守中国的道路交通安全法律、法规及规章；

（二）按照临时入境机动车号牌上签注的行驶区域或者路线行驶；

（三）遇有交通警察检查的，应当停车接受检查，出示入出境证件、临时机动车驾驶许可和所持境外机动车驾驶证及其中文翻译文本；

（四）违反道路交通安全法律、法规的，应当依法接受中国公安机关交通管理部门的处理；

（五）发生交通事故的，应当立即停车，保护现场，抢救受伤人员，并迅速报告执勤的交通警察或者公安机关交通管理部门，依法接受中国公安机关交通管理部门的处理。

第十九条　临时入境的机动车驾驶人有下列行为之一的，公安机关交通管理部门应当按照下列规定处理：

（一）未取得临时机动车驾驶许可驾驶机动车，或者临时机动车驾驶许可超过有效期驾驶机动车的，按照《中华人民共和国道路交通安全法》第九十九条处理；

（二）驾驶未取得临时入境机动车号牌和行驶证的机动车，或者驾驶临时入境机动车号牌和行驶证超过有效期的机动车的，按照《中华人民共和国道路交通安全法》第九十五条处理；

（三）驾驶临时入境的机动车超出行驶区域或者路线的，按照《中华人民共和国道路交通安全法》第九十条处理。

第二十条　边境地区因边贸活动、客货运输、边民往来或借道通行活动等频繁入出境，且入境后仅在边境地区一定范围内行驶的外国机动车和机动车驾驶人，申请临时入境机动车号牌和行驶证、临时机动车驾驶许可时，可以由省级公安机关结合本省实际制定实施意见。

"边境地区一定范围"的界限由省级公安机关确定。

第二十一条　香港特别行政区、澳门特别行政区和台湾地区机动车因参加有组织的旅游、比赛以及其他交往活动的，参照本规定执行。

持香港特别行政区、澳门特别行政区和台湾地区机动车驾驶证的人员临时进入内地需驾驶机动车的，参照本规定执行。

第二十二条　临时入境机动车号牌、行驶证和临时机动车驾驶许可由公安部统一印制。

第二十三条　本规定所称"临时入境的机动车"，是指在国外注册登记，需临时进入中国境内行驶的机动车。"临时入境的机动车驾驶人"，是指持有境外机动车驾驶证，需临时进入中国境内驾驶机动车的境外人员。

第二十四条　本规定所称"始发地"，是指有组织的旅游、比赛以及其他交往活动的出发地。

第二十五条　本规定自2007年1月1日起施行。1989年5月1日发布的《临时入境机动车辆与驾驶员管理办法》（公安部令第4号）同时废止。2007年1月1日前公安部发布的其他规定与本规定不一致的，以本规定为准。

附件：1. 临时入境机动车号牌、行驶证申请表（略）
2. 临时机动车驾驶许可申请表（略）
3. 临时入境机动车号牌、行驶证式样（略）
4. 临时机动车驾驶许可式样（略）

# 出租汽车驾驶员从业资格管理规定

· 2011 年 12 月 26 日交通运输部令 2011 年第 13 号发布
· 根据 2016 年 8 月 26 日《交通运输部关于修改〈出租汽车驾驶员从业资格管理规定〉的决定》第一次修正
· 根据 2021 年 8 月 11 日《交通运输部关于修改〈出租汽车驾驶员从业资格管理规定〉的决定》第二次修正

## 第一章 总 则

**第一条** 为了规范出租汽车驾驶员从业行为，提升出租汽车客运服务水平，根据国家有关规定，制定本规定。

**第二条** 出租汽车驾驶员的从业资格管理适用本规定。

**第三条** 国家对从事出租汽车客运服务的驾驶员实行从业资格制度。

出租汽车驾驶员从业资格包括巡游出租汽车驾驶员从业资格和网络预约出租汽车驾驶员从业资格等。

**第四条** 出租汽车驾驶员从业资格管理工作应当公平、公正、公开和便民。

**第五条** 出租汽车驾驶员应当依法经营、诚实守信、文明服务、保障安全。

**第六条** 交通运输部负责指导全国出租汽车驾驶员从业资格管理工作。

各省、自治区人民政府交通运输主管部门在本级人民政府领导下，负责指导本行政区域内出租汽车驾驶员从业资格管理工作。

直辖市、设区的市级或者县级交通运输主管部门或者人民政府指定的其他出租汽车行政主管部门（以下称出租汽车行政主管部门）在本级人民政府领导下,负责具体实施出租汽车驾驶员从业资格管理。

## 第二章 考 试

**第七条** 出租汽车驾驶员从业资格考试包括全国公共科目和区域科目考试。

全国公共科目考试是对国家出租汽车法律法规、职业道德、服务规范、安全运营等具有普遍规范要求的知识测试。

巡游出租汽车驾驶员从业资格区域科目考试是对地方出租汽车政策法规、经营区域人文地理和交通路线等具有区域服务特征的知识测试。

网络预约出租汽车驾驶员从业资格区域科目考试是对地方出租汽车政策法规等具有区域规范要求的知识测试。设区的市级以上地方人民政府出租汽车行政主管部门可以根据区域服务特征自行确定其他考试内容。

**第八条** 全国公共科目考试实行全国统一考试大纲。全国公共科目考试大纲、考试题库由交通运输部负责编制。

区域科目考试大纲和考试题库由设区的市级以上地方人民政府出租汽车行政主管部门负责编制。

出租汽车驾驶员从业资格考试由设区的市级以上地方人民政府出租汽车行政主管部门按照交通运输部编制的考试工作规范和程序组织实施。鼓励推广使用信息化方式和手段组织实施出租汽车驾驶员从业资格考试。

**第九条** 拟从事出租汽车客运服务的,应当填写《出租汽车驾驶员从业资格证申请表》(式样见附件1),向所在地设区的市级出租汽车行政主管部门申请参加出租汽车驾驶员从业资格考试。

**第十条** 申请参加出租汽车驾驶员从业资格考试的,应当符合下列条件:

(一)取得相应准驾车型机动车驾驶证并具有3年以上驾驶经历;

(二)无交通肇事犯罪、危险驾驶犯罪记录,无吸毒记录,无饮酒后驾驶记录,最近连续3个记分周期内没有记满12分记录;

(三)无暴力犯罪记录;

(四)城市人民政府规定的其他条件。

**第十一条** 申请参加出租汽车驾驶员从业资格考试的,应当提供符合第十条规定的证明或者承诺材料:

(一) 机动车驾驶证及复印件;

(二) 无交通肇事犯罪、危险驾驶犯罪记录,无吸毒记录,无饮酒后驾驶记录,最近连续3个记分周期内没有记满12分记录的材料;

(三) 无暴力犯罪记录的材料;

(四) 身份证明及复印件;

(五) 城市人民政府规定的其他材料。

**第十二条** 设区的市级出租汽车行政主管部门对符合申请条件的申请人,应当按照出租汽车驾驶员从业资格考试工作规范及时安排考试。

首次参加出租汽车驾驶员从业资格考试的申请人,全国公共科目和区域科目考试应当在首次申请考试的区域完成。

**第十三条** 设区的市级出租汽车行政主管部门应当在考试结束10日内公布考试成绩。考试合格成绩有效期为3年。

全国公共科目考试成绩在全国范围内有效,区域科目考试成绩在所在地行政区域内有效。

**第十四条** 出租汽车驾驶员从业资格考试全国公共科目和区域科目考试均合格的,设区的市级出租汽车行政主管部门应当自公布考试成绩之日起10日内向巡游出租汽车驾驶员核发《巡游出租汽车驾驶员证》、向网络预约出租汽车驾驶员核发《网络预约出租汽车驾驶员证》(《巡游出租汽车驾驶员证》和《网络预约出租汽车驾驶员证》以下统称从业资格证)。

从业资格证式样参照《中华人民共和国道路运输从业人员从业资格证》式样。

鼓励推广使用从业资格电子证件。采用电子证件的,应当包含证件式样所确定的相关信息。

**第十五条** 出租汽车驾驶员到从业资格证发证机关核定的范围外从事出租汽车客运服务的,应当参加当地的区域科目考试。区域科目考试合格的,由当地设区的市级出租汽车行政主管部门核发从业资格证。

## 第三章 注 册

**第十六条** 取得从业资格证的出租汽车驾驶员,应当经出租汽车行政主管部门从业资格注册后,方可从事出租汽车客运服务。

出租汽车驾驶员从业资格注册有效期为3年。

**第十七条** 出租汽车经营者应当聘用取得从业资格证的出租汽车驾驶员,并在出租汽车驾驶员办理从业资格注册后再安排上岗。

**第十八条** 巡游出租汽车驾驶员申请从业资格注册或者延续注册的,应当填写《巡游出租汽车驾驶员从业资格注册登记表》(式样见附件2),持其从业资格证及与出租汽车经营者签订的劳动合同或者经营合同,到发证机关所在地出租汽车行政主管部门申请注册。

个体巡游出租汽车经营者自己驾驶出租汽车从事经营活动的,持其从业资格证及车辆运营证申请注册。

**第十九条** 受理注册申请的出租汽车行政主管部门应当在5日内办理完结注册手续,并在从业资格证中加盖注册章。

**第二十条** 巡游出租汽车驾驶员注册有效期届满需继续从事出租汽车客运服务的,应当在有效期届满30日前,向所在地出租汽车行政主管部门申请延续注册。

**第二十一条** 出租汽车驾驶员不具有完全民事行为能力,或者受到刑事处罚且刑事处罚尚未执行完毕的,不予延续注册。

**第二十二条** 巡游出租汽车驾驶员在从业资格注册有效期内,与出租汽车经营者解除劳动合同或者经营合同的,应当在20日内向原注册机构报告,并申请注销注册。

巡游出租汽车驾驶员变更服务单位的,应当重新申请注册。

**第二十三条** 网络预约出租汽车驾驶员的注册,通过出租汽车经营者向发证机关所在地出租汽车行政主管部门报备完成,报备信息包括驾驶员从业资格证信息、与出租汽车经营者签订的劳动合同或者协议等。

网络预约出租汽车驾驶员与出租汽车经营者解除劳动合同或者协议的,通过出租汽车经营者向发证机关所在地出租汽车行政主管部门报备完成注销。

## 第四章　继续教育

**第二十四条**　出租汽车驾驶员在注册期内应当按规定完成继续教育。

取得从业资格证超过3年未申请注册的，注册后上岗前应当完成不少于27学时的继续教育。

**第二十五条**　交通运输部统一制定出租汽车驾驶员继续教育大纲并向社会公布。继续教育大纲内容包括出租汽车相关政策法规、社会责任和职业道德、服务规范、安全运营和节能减排知识等。

**第二十六条**　出租汽车驾驶员继续教育由出租汽车经营者组织实施。

**第二十七条**　出租汽车驾驶员完成继续教育后，应当由出租汽车经营者向所在地出租汽车行政主管部门报备，出租汽车行政主管部门在出租汽车驾驶员从业资格证中予以记录。

**第二十八条**　出租汽车行政主管部门应当加强对出租汽车经营者组织继续教育情况的监督检查。

**第二十九条**　出租汽车经营者应当建立学员培训档案，将继续教育计划、继续教育师资情况、参培学员登记表等纳入档案管理，并接受出租汽车行政主管部门的监督检查。

## 第五章　从业资格证件管理

**第三十条**　出租汽车驾驶员从业资格证由交通运输部统一制发并制定编号规则。设区的市级出租汽车行政主管部门负责从业资格证的发放和管理工作。

**第三十一条**　出租汽车驾驶员从业资格证遗失、毁损的，应当到原发证机关办理证件补（换）发手续。

**第三十二条**　出租汽车驾驶员办理从业资格证补（换）发手续，应当填写《出租汽车驾驶员从业资格证补（换）发登记表》（式样见附件3）。出租汽车行政主管部门应当对符合要求的从业资格证补（换）发申请予以办理。

**第三十三条**　出租汽车驾驶员在从事出租汽车客运服务时，应当携带从业资格证。

**第三十四条** 出租汽车驾驶员从业资格证不得转借、出租、涂改、伪造或者变造。

**第三十五条** 出租汽车经营者应当维护出租汽车驾驶员的合法权益，为出租汽车驾驶员从业资格注册、继续教育等提供便利。

**第三十六条** 出租汽车行政主管部门应当加强对出租汽车驾驶员的从业管理，将其违法行为记录作为服务质量信誉考核的依据。

**第三十七条** 出租汽车行政主管部门应当建立出租汽车驾驶员从业资格管理档案。

出租汽车驾驶员从业资格管理档案包括：从业资格考试申请材料、从业资格证申请、注册及补（换）发记录、违法行为记录、交通责任事故情况、继续教育记录和服务质量信誉考核结果等。

**第三十八条** 出租汽车驾驶员有下列情形之一的，由发证机关注销其从业资格证。从业资格证被注销的，应当及时收回；无法收回的，由发证机关公告作废。

（一）持证人死亡的；

（二）持证人申请注销的；

（三）持证人达到法定退休年龄的；

（四）持证人机动车驾驶证被注销或者被吊销的；

（五）因身体健康等其他原因不宜继续从事出租汽车客运服务的。

**第三十九条** 出租汽车驾驶员有下列不具备安全运营条件情形之一的，由发证机关撤销其从业资格证，并公告作废：

（一）持证人身体健康状况不再符合从业要求且没有主动申请注销从业资格证的；

（二）有交通肇事犯罪、危险驾驶犯罪记录，有吸毒记录，有饮酒后驾驶记录，有暴力犯罪记录，最近连续 3 个记分周期内记满 12 分记录。

**第四十条** 出租汽车驾驶员在运营过程中，应当遵守国家对驾驶员在法律法规、职业道德、服务规范、安全运营等方面的资格规定，文明行车、优质服务。出租汽车驾驶员不得有下列行为：

（一）途中甩客或者故意绕道行驶；

（二）不按照规定使用出租汽车相关设备；

（三）不按照规定使用文明用语，车容车貌不符合要求；

（四）未经乘客同意搭载其他乘客；
（五）不按照规定出具相应车费票据；
（六）网络预约出租汽车驾驶员违反规定巡游揽客、站点候客；
（七）巡游出租汽车驾驶员拒载，或者未经约车人或乘客同意、网络预约出租汽车驾驶员无正当理由未按承诺到达约定地点提供预约服务；
（八）巡游出租汽车驾驶员不按照规定使用计程计价设备、违规收费或者网络预约出租汽车驾驶员违规收费；
（九）对举报、投诉其服务质量或者对其服务作出不满意评价的乘客实施报复。

出租汽车驾驶员有本条前款违法行为的，应当加强继续教育；情节严重的，出租汽车行政主管部门应当对其延期注册。

# 第六章　法律责任

**第四十一条**　违反本规定，有下列行为之一的人员，由县级以上出租汽车行政主管部门责令改正，并处 200 元以上 2000 元以下的罚款；构成犯罪的，依法追究刑事责任：

（一）未取得从业资格证或者超越从业资格证核定范围，驾驶出租汽车从事经营活动的；
（二）使用失效、伪造、变造的从业资格证，驾驶出租汽车从事经营活动的；
（三）转借、出租、涂改从业资格证的。

**第四十二条**　出租汽车驾驶员违反第十六条、第四十条规定的，由县级以上出租汽车行政主管部门责令改正，并处 200 元以上 500 元以下的罚款。

**第四十三条**　违反本规定，聘用未取得从业资格证的人员，驾驶出租汽车从事经营活动的，由县级以上出租汽车行政主管部门责令改正，并处 3000 元以上 1 万元以下的罚款；情节严重的，处 1 万元以上 3 万元以下的罚款。

**第四十四条**　违反本规定，有下列行为之一的出租汽车经营者，由县级以上出租汽车行政主管部门责令改正，并处 1000 元以上 3000 元以下的罚款：

（一）聘用未按规定办理注册手续的人员，驾驶出租汽车从事经营活动的；

（二）不按照规定组织实施继续教育的。

**第四十五条** 违反本规定，出租汽车行政主管部门及工作人员有下列情形之一的，对直接负责的主管人员和其他直接责任人员，依法给予行政处分；构成犯罪的，依法追究刑事责任：

（一）未按规定的条件、程序和期限组织从业资格考试及核发从业资格证的；

（二）发现违法行为未及时查处的；

（三）索取、收受他人财物及谋取其他不正当利益的；

（四）其他违法行为。

**第四十六条** 地方性法规、政府规章对出租汽车驾驶员违法行为需要承担的法律责任与本规定有不同规定的，从其规定。

## 第七章 附　则

**第四十七条** 本规定施行前依法取得的从业资格证继续有效。可在原件有效期届满前申请延续注册时申请换发新的从业资格证，并按规定进行注册。

其他预约出租汽车驾驶员的从业资格参照巡游出租汽车驾驶员执行。

**第四十八条** 本规定自 2012 年 4 月 1 日起施行。

附件 1

### 出租汽车驾驶员从业资格证申请表

| 姓　名 | | 性　别 | | |
|---|---|---|---|---|
| 住　址 | | （电话） | | 照片 |
| 身份证号 | | | | |
| 培训单位 | | | | |
| 机动车驾驶证准驾车型 | | 初领机动车驾驶证日期 | | 年　月　日 |

续表

| 材料清单 | 申请材料清单：<br>□ 机动车驾驶证及复印件<br>□ 无交通肇事犯罪、危险驾驶犯罪记录，无吸毒记录，无饮酒后驾驶记录，最近连续 3 个记分周期内没有记满 12 分记录的材料<br>□ 无暴力犯罪记录的材料<br>□ 身份证明及复印件<br>□ 其他规定的材料<br>□ 近期 1 寸彩色照片 |||||
|---|---|---|---|---|---|
| 承　诺 | 本人承诺上述所有内容真实、有效，并承担由此产生的法律责任。<br>　　　　　　　　　　　　　　本人签字：　　　　　　日期： |||||
| 申请类别 | □ 巡游出租汽车驾驶员　　　□ 网络预约出租汽车驾驶员 |||||
| 考试记录 | 类　别 | 考试时间 | 成　绩 | 考核员 ||
| ^ | 全国公共科目考试 | | | ||
| ^ | 区域科目考试 | | | ||
| 管理部门<br>意见 | 经审核：<br>□ 同意发证（具备从业资格条件，且从业资格考试成绩合格）。<br>□ 不同意发证，理由：＿＿＿＿＿＿＿＿＿＿<br>　　　　　　　　　　　　　　　　（盖章）<br>　　　　　　　　　　　　　　年　月　日 |||||
| 从业资格证<br>发放 | 从业资格证号 | | | ||
| ^ | 发放人（签字） | | 日　期 | ||
| ^ | 领取人（签字） | | 日　期 | ||

注：1. 此表为申请核发从业资格证的原始记录，须存入从业资格管理档案。
　　2. 此表考试记录为考生参加从业资格证考试后的相关信息，可将考试成绩单等一并存入从业资格管理档案。

附件2

## 巡游出租汽车驾驶员从业资格注册登记表

| 姓　名 | | 性　别 | | 照　片 |
|---|---|---|---|---|
| 住　址 | (电话) | | |
| 注册服务单位 | (电话) | | |
| 身份证号 | | | | |
| 从业资格证号 | | | | |
| 申请种类 | □ 注册　　□ 延续注册 | | | |
| 材料清单 | 注册材料清单：<br>□ 从业资格证及复印件<br>□ 劳动合同或者经营合同原件及复印件　　　　延续注册材料清单：<br>□ 从业资格证及复印件<br>□ 劳动合同或者经营合同原件及复印件<br>□ 继续教育记录 | | | |
| 承　诺 | 本人承诺上述所有内容真实、有效，并承担由此产生的法律责任。<br><br>　　　　　　　　　　　　　　本人签字：　　　　日期： | | | |
| 管理部门意见 | 经审核：<br>　□ 同意注册；　　□ 不同意注册，理由：＿＿＿＿＿<br>　　　　　　　　　　　　　　　　　　　（盖章）<br>　　　　　　　　　　　　　　　　　　年　月　日 | | | |
| 从业资格证发放 | 从业资格证号 | | | |
| | 发放人（签字） | | 日　期 | |
| | 领取人（签字） | | 日　期 | |

注：此表为申请从业资格证注册的原始记录，须存入从业资格管理档案。

附件3

## 出租汽车驾驶员从业资格证补(换)发申请表

| 姓 名 | | 性 别 | | 照片 |
|---|---|---|---|---|
| 住 址 | (电话) | | | |
| 身份证号 | | | | |
| 机动车驾驶证准驾车型 | | 初领机动车驾驶证日期 | 年 月 日 | |
| 原从业资格证件号 | | 初领从业资格证件日期 | 年 月 日 | |
| 申请种类 | □补发　　□换发 | | | |
| 承 诺 | 本人承诺上述所有内容真实、有效,并承担由此产生的法律责任。<br><br>　　　　　　　　　　　　本人签字:　　　　日期: | | | |
| 管理部门意见 | 经审核,□ 同意补(换)发证件;<br>　　　　　□ 不同意补(换)发证件,理由:＿＿＿＿＿＿<br><br>　　　　　　　　　　　　　　　(盖章)<br>　　　　　　　　　　　　　　　年 月 日 | | | |
| 从业资格证发放 | 从业资格证号 | | | |
| | 发放人(签字) | | 日期 | |
| | 领取人(签字) | | 日期 | |

# 机动车强制报废标准规定

- 2012 年 12 月 27 日商务部、国家发展和改革委员会、公安部、环境保护部令第 12 号公布
- 自 2013 年 5 月 1 日起施行

**第一条** 为保障道路交通安全、鼓励技术进步、加快建设资源节约型、环境友好型社会,根据《中华人民共和国道路交通安全法》及其实施条例、《中华人民共和国大气污染防治法》、《中华人民共和国噪声污染防治法》,制定本规定。

**第二条** 根据机动车使用和安全技术、排放检验状况,国家对达到报废标准的机动车实施强制报废。

**第三条** 商务、公安、环境保护、发展改革等部门依据各自职责,负责报废机动车回收拆解监督管理、机动车强制报废标准执行有关工作。

**第四条** 已注册机动车有下列情形之一的应当强制报废,其所有人应当将机动车交售给报废机动车回收拆解企业,由报废机动车回收拆解企业按规定进行登记、拆解、销毁等处理,并将报废机动车登记证书、号牌、行驶证交公安机关交通管理部门注销:

(一)达到本规定第五条规定使用年限的;

(二)经修理和调整仍不符合机动车安全技术国家标准对在用车有关要求的;

(三)经修理和调整或者采用控制技术后,向大气排放污染物或者噪声仍不符合国家标准对在用车有关要求的;

(四)在检验有效期届满后连续 3 个机动车检验周期内未取得机动车检验合格标志的。

**第五条** 各类机动车使用年限分别如下:

(一)小、微型出租客运汽车使用 8 年,中型出租客运汽车使用 10 年,大型出租客运汽车使用 12 年;

(二)租赁载客汽车使用 15 年;

(三)小型教练载客汽车使用 10 年,中型教练载客汽车使用 12

年,大型教练载客汽车使用15年;

(四)公交客运汽车使用13年;

(五)其他小、微型营运载客汽车使用10年,大、中型营运载客汽车使用15年;

(六)专用校车使用15年;

(七)大、中型非营运载客汽车(大型轿车除外)使用20年;

(八)三轮汽车、装用单缸发动机的低速货车使用9年,装用多缸发动机的低速货车以及微型载货汽车使用12年,危险品运输载货汽车使用10年,其他载货汽车(包括半挂牵引车和全挂牵引车)使用15年;

(九)有载货功能的专项作业车使用15年,无载货功能的专项作业车使用30年;

(十)全挂车、危险品运输半挂车使用10年,集装箱半挂车20年,其他半挂车使用15年;

(十一)正三轮摩托车使用12年,其他摩托车使用13年。

对小、微型出租客运汽车(纯电动汽车除外)和摩托车,省、自治区、直辖市人民政府有关部门可结合本地实际情况,制定严于上述使用年限的规定,但小、微型出租客运汽车不得低于6年,正三轮摩托车不得低于10年,其他摩托车不得低于11年。

小、微型非营运载客汽车、大型非营运轿车、轮式专用机械车无使用年限限制。

机动车使用年限起始日期按照注册登记日期计算,但自出厂之日起超过2年未办理注册登记手续的,按照出厂日期计算。

第六条 变更使用性质或者转移登记的机动车应当按照下列有关要求确定使用年限和报废:

(一)营运载客汽车与非营运载客汽车相互转换的,按照营运载客汽车的规定报废,但小、微型非营运载客汽车和大型非营运轿车转为营运载客汽车的,应按照本规定附件1所列公式核算累计使用年限,且不得超过15年;

(二)不同类型的营运载客汽车相互转换,按照使用年限较严的规定报废;

(三)小、微型出租客运汽车和摩托车需要转出登记所属地省、自治区、直辖市范围的,按照使用年限较严的规定报废;

（四）危险品运输载货汽车、半挂车与其他载货汽车、半挂车相互转换的，按照危险品运输载货车、半挂车的规定报废。

距本规定要求使用年限1年以内（含1年）的机动车，不得变更使用性质、转移所有权或者转出登记地所属地市级行政区域。

第七条 国家对达到一定行驶里程的机动车引导报废。达到下列行驶里程的机动车，其所有人可以将机动车交售给报废机动车回收拆解企业，由报废机动车回收拆解企业按规定进行登记、拆解、销毁等处理，并将报废的机动车登记证书、号牌、行驶证交公安机关交通管理部门注销：

（一）小、微型出租客运汽车行驶60万千米，中型出租客运汽车行驶50万千米，大型出租客运汽车行驶60万千米；

（二）租赁载客汽车行驶60万千米；

（三）小型和中型教练载客汽车行驶50万千米，大型教练载客汽车行驶60万千米；

（四）公交客运汽车行驶40万千米；

（五）其他小、微型营运载客汽车行驶60万千米，中型营运载客汽车行驶50万千米，大型营运载客汽车行驶80万千米；

（六）专用校车行驶40万千米；

（七）小、微型非营运载客汽车和大型非营运载货轿车行驶60万千米，中型非营运载客汽车行驶50万千米，大型非营运载客汽车行驶60万千米；

（八）微型载货汽车行驶50万千米，中、轻型载货汽车行驶60万千米，重型载货汽车（包括半挂牵引车和全挂牵引车）行驶70万千米，危险品运输载货汽车行驶40万千米，装用多缸发动机的低速货车行驶30万千米；

（九）专项作业车、轮式专用机械车行驶50万千米；

（十）正三轮摩托车行驶10万千米，其他摩托车行驶12万千米。

第八条 本规定所称机动车是指上道路行驶的汽车、挂车、摩托车和轮式专用机械车；非营运载客汽车是指个人或者单位不以获取利润为目的的自用载客汽车；危险品运输载货汽车是指专门用于运输剧毒化学品、爆炸品、放射性物品、腐蚀性物品等危险品的车辆；变更使用性质是指使用性质由营运转为非营运或者由非营运转为营运，小、微型出租、租赁、教练等不同类型的营运载客汽车之间的相互转换,以及危险品运输载货汽车转为其他载货汽车。本规定所称检验周期是指《中华人民共和国道路交通安全法实施条例》规定的机动车安全技术检验周期。

**第九条** 省、自治区、直辖市人民政府有关部门依据本规定第五条制定的小、微型出租客运汽车或者摩托车使用年限标准,应当及时向社会公布,并报国务院商务、公安、环境保护等部门备案。

**第十条** 上道路行驶拖拉机的报废标准规定另行制定。

**第十一条** 本规定自2013年5月1日起施行。2013年5月1日前已达到本规定所列报废标准的,应当在2014年4月30日前予以报废。《关于发布〈汽车报废标准〉的通知》(国经贸经〔1997〕456号)、《关于调整轻型载货汽车报废标准的通知》(国经贸经〔1998〕407号)、《关于调整汽车报废标准若干规定的通知》(国经贸资源〔2000〕1202号)、《关于印发〈农用运输车报废标准〉的通知》(国经贸资源〔2001〕234号)、《摩托车报废标准暂行规定》(国家经贸委、发展计划委、公安部、环保总局令〔2002〕第33号)同时废止。

**附件1**

## 非营运小微型载客汽车和大型轿车变更
## 使用性质后累计使用年限计算公式

$$累计使用年限 = 原状态已使用年 + \left(1 - \frac{原状态已使用年}{原状态使用年限}\right) \times 状态改变后年限$$

备注:公式中原状态已使用年中不足一年的按一年计算,例如,已使用2.5年按照3年计算;原状态使用年限数值取定值为17;累计使用年限计算结果向下圆整为整数,且不超过15年。

附件2

## 机动车使用年限及行驶里程参考值汇总表

| 车辆类型与用途 ||||使用年限（年）|行驶里程参考值（万千米）|
|---|---|---|---|---|---|
| 汽车 | 载客 | 营运 | 出租客运 小、微型 | 8 | 60 |
| ||| 出租客运 中型 | 10 | 50 |
| ||| 出租客运 大型 | 12 | 60 |
| ||| 租赁 | 15 | 60 |
| ||| 教练 小型 | 10 | 50 |
| ||| 教练 中型 | 12 | 50 |
| ||| 教练 大型 | 15 | 60 |
| ||| 公交客运 | 13 | 40 |
| ||| 其他 小、微型 | 10 | 60 |
| ||| 其他 中型 | 15 | 50 |
| ||| 其他 大型 | 15 | 80 |
| || 非营运 | 专用校车 | 15 | 40 |
| ||| 小、微型客车、大型轿车* | 无 | 60 |
| ||| 中型客车 | 20 | 50 |
| ||| 大型客车 | 20 | 60 |
| | 载货 || 微型 | 12 | 50 |
| ||| 中、轻型 | 15 | 60 |
| ||| 重型 | 15 | 70 |
| ||| 危险品运输 | 10 | 40 |
| ||| 三轮汽车、装用单缸发动机的低速货车 | 9 | 无 |
| ||| 装用多缸发动机的低速货车 | 12 | 30 |
| | 专项作业 || 有载货功能 | 15 | 50 |
| ||| 无载货功能 | 30 | 50 |

496

| 车辆类型与用途 | | | 使用年限（年） | 行驶里程参考值（万千米） |
|---|---|---|---|---|
| 挂车 | 半挂车 | 集装箱 | 20 | 无 |
| | | 危险品运输 | 10 | 无 |
| | | 其他 | 15 | 无 |
| | 全挂车 | | 10 | 无 |
| 摩托车 | | 正三轮 | 12 | 10 |
| | | 其他 | 13 | 12 |
| 轮式专用机械车 | | | 无 | 50 |

注：1. 表中机动车主要依据《机动车类型术语和定义》（GA802—2008）进行分类；标注 * 车辆为乘用车。

2. 对小、微型出租客运汽车（纯电动汽车除外）和摩托车，省、自治区、直辖市人民政府有关部门可结合本地实际情况，制定严于表中使用年限的规定，但小、微型出租客运汽车不得低于 6 年，正三轮摩托车不得低于 10 年，其他摩托车不得低于 11 年。

# 机动车维修管理规定

- 2005 年 6 月 24 日交通部令 2005 年第 7 号发布
- 根据 2015 年 8 月 8 日《交通运输部关于修改〈机动车维修管理规定〉的决定》第一次修正
- 根据 2016 年 4 月 19 日《交通运输部关于修改〈机动车维修管理规定〉的决定》第二次修正
- 根据 2019 年 6 月 21 日《交通运输部关于修改〈机动车维修管理规定〉的决定》第三次修正
- 根据 2021 年 8 月 11 日《交通运输部关于修改〈机动车维修管理规定〉的决定》第四次修正

## 第一章 总 则

**第一条** 为规范机动车维修经营活动，维护机动车维修市场秩序，保护机动车维修各方当事人的合法权益，保障机动车运行安全，保护环境，节约能源，促进机动车维修业的健康发展，根据《中华人民共和国道路运输条例》及有关法律、行政法规的规定，制定本规定。

**第二条** 从事机动车维修经营的,应当遵守本规定。

本规定所称机动车维修经营,是指以维持或者恢复机动车技术状况和正常功能、延长机动车使用寿命为作业任务所进行的维护、修理以及维修救援等相关经营活动。

**第三条** 机动车维修经营者应当依法经营,诚实信用,公平竞争,优质服务,落实安全生产主体责任和维修质量主体责任。

**第四条** 机动车维修管理,应当公平、公正、公开和便民。

**第五条** 任何单位和个人不得封锁或者垄断机动车维修市场。

托修方有权自主选择维修经营者进行维修。除汽车生产厂家履行缺陷汽车产品召回、汽车质量"三包"责任外,任何单位和个人不得强制或者变相强制指定维修经营者。

鼓励机动车维修企业实行集约化、专业化、连锁经营,促进机动车维修业的合理分工和协调发展。

鼓励推广应用机动车维修环保、节能、不解体检测和故障诊断技术,推进行业信息化建设和救援、维修服务网络化建设,提高机动车维修行业整体素质,满足社会需要。

鼓励机动车维修企业优先选用具备机动车检测维修国家职业资格的人员,并加强技术培训,提升从业人员素质。

**第六条** 交通运输部主管全国机动车维修管理工作。

县级以上地方人民政府交通运输主管部门负责组织领导本行政区域的机动车维修管理工作。

县级以上道路运输管理机构负责具体实施本行政区域内的机动车维修管理工作。

## 第二章 经营备案

**第七条** 从事机动车维修经营业务的,应当在依法向市场监督管理机构办理有关登记手续后,向所在地县级道路运输管理机构进行备案。

道路运输管理机构应当按照《中华人民共和国道路运输条例》和本规定实施机动车维修经营备案。道路运输管理机构不得向机动车维修经营者收取备案相关费用。

**第八条** 机动车维修经营依据维修车型种类、服务能力和经营项目实行分类备案。

机动车维修经营业务根据维修对象分为汽车维修经营业务、危险货物运输车辆维修经营业务、摩托车维修经营业务和其他机动车维修经营业务四类。

汽车维修经营业务、其他机动车维修经营业务根据经营项目和服务能力分为一类维修经营业务、二类维修经营业务和三类维修经营业务。

摩托车维修经营业务根据经营项目和服务能力分为一类维修经营业务和二类维修经营业务。

**第九条** 一类、二类汽车维修经营业务或者其他机动车维修经营业务，可以从事相应车型的整车修理、总成修理、整车维护、小修、维修救援、专项修理和维修竣工检验工作；三类汽车维修经营业务（含汽车综合小修）、三类其他机动车维修经营业务，可以分别从事汽车综合小修或者发动机维修、车身维修、电气系统维修、自动变速器维修、轮胎动平衡及修补、四轮定位检测调整、汽车润滑与养护、喷油泵和喷油器维修、曲轴修磨、气缸镗磨、散热器维修、空调维修、汽车美容装潢、汽车玻璃安装及修复等汽车专项维修工作。具体有关经营项目按照《汽车维修业开业条件》（GB/T 16739）相关条款的规定执行。

**第十条** 一类摩托车维修经营业务，可以从事摩托车整车修理、总成修理、整车维护、小修、专项修理和竣工检验工作；二类摩托车维修经营业务，可以从事摩托车维护、小修和专项修理工作。

**第十一条** 危险货物运输车辆维修经营业务，除可以从事危险货物运输车辆维修经营业务外，还可以从事一类汽车维修经营业务。

**第十二条** 从事汽车维修经营业务或者其他机动车维修经营业务的，应当符合下列条件：

（一）有与其经营业务相适应的维修车辆停车场和生产厂房。租用的场地应当有书面的租赁合同，且租赁期限不得少于1年。停车场和生产厂房面积按照国家标准《汽车维修业开业条件》（GB/T 16739）相关条款的规定执行。

（二）有与其经营业务相适应的设备、设施。所配备的计量设备应当符合国家有关技术标准要求，并经法定检定机构检定合格。从事汽车维修经营业务的设备、设施的具体要求按照国家标准《汽车维业开业条件》（GB/T 16739）相关条款的规定执行；从事其他机动车维修经营业务的设备、设施的具体要求，参照国家标准《汽车维修业开业条件》（GB/T 16739）执行，但所配备设施、设备应与其维修车型相适应。

（三）有必要的技术人员：

1. 从事一类和二类维修业务的应当配备至少 1 名技术负责人员、质量检验人员、业务接待人员以及从事机修、电器、钣金、涂漆的维修技术人员。技术负责人员应当熟悉汽车或者其他机动车维修业务，并掌握汽车或者其他机动车维修及相关政策法规和技术规范；质量检验人员应当熟悉各类汽车或者其他机动车维修检测作业规范，掌握汽车或者其他机动车维修故障诊断和质量检验的相关技术，熟悉汽车或者其他机动车维修服务收费标准及相关政策法规和技术规范，并持有与承修车型种类相适应的机动车驾驶证；从事机修、电器、钣金、涂漆的维修技术人员应当熟悉所从事工种的维修技术和操作规范，并了解汽车或者其他机动车维修及相关政策法规。各类技术人员的配备要求按照《汽车维修业开业条件》（GB/T 16739）相关条款的规定执行。

2. 从事三类维修业务的，按照其经营项目分别配备相应的机修、电器、钣金、涂漆的维修技术人员；从事汽车综合小修、发动机维修、车身维修、电气系统维修、自动变速器维修的，还应当配备技术负责人员和质量检验人员。各类技术人员的配备要求按照国家标准《汽车维修业开业条件》（GB/T 16739）相关条款的规定执行。

（四）有健全的维修管理制度。包括质量管理制度、安全生产管理制度、车辆维修档案管理制度、人员培训制度、设备管理制度及配件管理制度。具体要求按照国家标准《汽车维修业开业条件》（GB/T 16739）相关条款的规定执行。

（五）有必要的环境保护措施。具体要求按照国家标准《汽车维修业开业条件》（GB/T 16739）相关条款的规定执行。

**第十三条** 从事危险货物运输车辆维修的汽车维修经营者，除具备汽车维修经营一类维修经营业务的条件外，还应当具备下列条件：

（一）有与其作业内容相适应的专用维修车间和设备、设施，并设置明显的指示性标志；

（二）有完善的突发事件应急预案，应急预案包括报告程序、应急指挥以及处置措施等内容；

（三）有相应的安全管理人员；

（四）有齐全的安全操作规程。

本规定所称危险货物运输车辆维修，是指对运输易燃、易爆、腐蚀、放射性、剧毒等性质货物的机动车维修，不包含对危险货物运输车辆罐体的维修。

**第十四条** 从事摩托车维修经营的，应当符合下列条件：

（一）有与其经营业务相适应的摩托车维修停车场和生产厂房。租用的场地应有书面的租赁合同，且租赁期限不得少于1年。停车场和生产厂房的面积按照国家标准《摩托车维修业开业条件》（GB/T 18189）相关条款的规定执行。

（二）有与其经营业务相适应的设备、设施。所配备的计量设备应符合国家有关技术标准要求，并经法定检定机构检定合格。具体要求按照国家标准《摩托车维修业开业条件》（GB/T 18189）相关条款的规定执行。

（三）有必要的技术人员：

1. 从事一类维修业务的应当至少有1名质量检验人员。质量检验人员应当熟悉各类摩托车维修检测作业规范，掌握摩托车维修故障诊断和质量检验的相关技术，熟悉摩托车维修服务收费标准及相关政策法规和技术规范。

2. 按照其经营业务分别配备相应的机修、电器、钣金、涂漆的维修技术人员。机修、电器、钣金、涂漆的维修技术人员应当熟悉所从事工种的维修技术和操作规范，并了解摩托车维修及相关政策法规。

（四）有健全的维修管理制度。包括质量管理制度、安全生产管理制度、摩托车维修档案管理制度、人员培训制度、设备管理制度及配件管理制度。具体要求按照国家标准《摩托车维修业开业条件》（GB/T 18189）相关条款的规定执行。

（五）有必要的环境保护措施。具体要求按照国家标准《摩托车维修业开业条件》（GB/T 18189）相关条款的规定执行。

**第十五条** 从事机动车维修经营的，应当向所在地的县级道路运输管理机构进行备案，提交《机动车维修经营备案表》（见附件1），并附送符合本规定第十二条、第十三条、第十四条规定条件的下列材料，保证材料真实完整：

（一）维修经营者的营业执照复印件；

（二）经营场地（含生产厂房和业务接待室）、停车场面积材料、土地使用权及产权证明等相关材料；

（三）技术人员汇总表，以及各相关人员的学历、技术职称或职业资格证明等相关材料；

（四）维修设备设施汇总表，维修检测设备及计量设备检定合格证明等相关材料；

（五）维修管理制度等相关材料；

（六）环境保护措施等相关材料。

**第十六条** 从事机动车维修连锁经营服务的，其机动车维修连锁经营企业总部应先完成备案。

机动车维修连锁经营服务网点可由机动车维修连锁经营企业总部向连锁经营服务网点所在地县级道路运输管理机构进行备案，提交《机动车维修经营备案表》，附送下列材料，并对材料真实性承担相应的法律责任：

（一）连锁经营协议书副本；

（二）连锁经营的作业标准和管理手册；

（三）连锁经营服务网点符合机动车维修经营相应条件的承诺书。

连锁经营服务网点的备案经营项目应当在机动车维修连锁经营企业总部备案经营项目范围内。

**第十七条** 道路运输管理机构收到备案材料后，对材料齐全且符合备案要求的应当予以备案，并编号归档；对材料不全或者不符合备案要求的，应当场或者自收到备案材料之日起 5 日内一次性书面通知备案人需要补充的全部内容。

**第十八条** 机动车维修经营者名称、法定代表人、经营范围、经营地址等备案事项发生变化的，应当向原办理备案的道路运输管理机构办理备案变更。

机动车维修经营者需要终止经营的，应当在终止经营前 30 日告知原备案机构。

**第十九条** 道路运输管理机构应当向社会公布已备案的机动车维修经营者名单并及时更新，便于社会查询和监督。

# 第三章 维修经营

**第二十条** 机动车维修经营者应当按照备案的经营范围开展维修服务。

**第二十一条** 机动车维修经营者应当将《机动车维修标志牌》（见附件2）悬挂在经营场所的醒目位置。

《机动车维修标志牌》由机动车维修经营者按照统一式样和要求自行制作。

**第二十二条** 机动车维修经营者不得擅自改装机动车，不得承修已报废的机动车，不得利用配件拼装机动车。

托修方要改变机动车车身颜色，更换发动机、车身和车架的，应当按照有关法律、法规的规定办理相关手续，机动车维修经营者在查看相关手续后方可承修。

**第二十三条** 机动车维修经营者应当加强对从业人员的安全教育和职业道德教育，确保安全生产。

机动车维修从业人员应当执行机动车维修安全生产操作规程，不得违章作业。

**第二十四条** 机动车维修产生的废弃物，应当按照国家的有关规定进行处理。

**第二十五条** 机动车维修经营者应当公布机动车维修工时定额和收费标准，合理收取费用。

机动车维修工时定额可按各省机动车维修协会等行业中介组织统一制定的标准执行，也可按机动车维修经营者报所在地道路运输管理机构备案后的标准执行，也可按机动车生产厂家公布的标准执行。当上述标准不一致时，优先适用机动车维修经营者备案的标准。

机动车维修经营者应当将其执行的机动车维修工时单价标准报所在地道路运输管理机构备案。

机动车生产、进口企业应当在新车型投放市场后六个月内，向社会公布其生产、进口机动车车型的维修技术信息和工时定额。具体要求按照国家有关部门关于汽车维修技术信息公开的规定执行。

**第二十六条** 机动车维修经营者应当使用规定的结算票据，并向托修方交付维修结算清单，作为托修方追责依据。维修结算清单中，工时费与材料费应当分项计算。维修结算清单应当符合交通运输部有关标准要求，维修结算清单内容应包括托修方信息、承修方信息、维修费用明细单等。

机动车维修经营者不出具规定的结算票据和结算清单的，托修方有权拒绝支付费用。

**第二十七条** 机动车维修经营者应当按照规定，向道路运输管理机构报送统计资料。

道路运输管理机构应当为机动车维修经营者保守商业秘密。

**第二十八条** 机动车维修连锁经营企业总部应当按照统一采购、统一配送、统一标识、统一经营方针、统一服务规范和价格的要求，建立连锁经营的作业标准和管理手册，加强对连锁经营服务网点经营行为的监管和约束，杜绝不规范的商业行为。

## 第四章　质量管理

**第二十九条** 机动车维修经营者应当按照国家、行业或者地方的维修标准规范和机动车生产、进口企业公开的维修技术信息进行维修。尚无标准或规范的，可参照机动车生产企业提供的维修手册、使用说明书和有关技术资料进行维修。

机动车维修经营者不得通过临时更换机动车污染控制装置、破坏机动车车载排放诊断系统等维修作业，使机动车通过排放检验。

**第三十条** 机动车维修经营者不得使用假冒伪劣配件维修机动车。

机动车维修配件实行追溯制度。机动车维修经营者应当记录配件采购、使用信息，查验产品合格证等相关证明，并按规定留存配件来源凭证。

托修方、维修经营者可以使用同质配件维修机动车。同质配件是指，产品质量等同或者高于装车零部件标准要求，且具有良好装车性能的配件。

机动车维修经营者对于换下的配件、总成，应当交托修方自行处理。

机动车维修经营者应当将原厂配件、同质配件和修复配件分别标识，明码标价，供用户选择。

**第三十一条** 机动车维修经营者对机动车进行二级维护、总成修理、整车修理的,应当实行维修前诊断检验、维修过程检验和竣工质量检验制度。

承担机动车维修竣工质量检验的机动车维修企业或机动车综合性能检测机构应当使用符合有关标准并在检定有效期内的设备,按照有关标准进行检测,如实提供检测结果证明,并对检测结果承担法律责任。

**第三十二条** 机动车维修竣工质量检验合格的,维修质量检验人员应当签发《机动车维修竣工出厂合格证》(见附件3);未签发机动车维修竣工出厂合格证的机动车,不得交付使用,车主可以拒绝交费或接车。

**第三十三条** 机动车维修经营者应当建立机动车维修档案,并实行档案电子化管理。维修档案应当包括:维修合同(托修单)、维修项目、维修人员及维修结算清单等。对机动车进行二级维护、总成修理、整车修理的,维修档案还应当包括:质量检验单、质量检验人员、竣工出厂合格证(副本)等。

机动车维修经营者应当按照规定如实填报、及时上传承修机动车的维修电子数据记录至国家有关汽车维修电子健康档案系统。机动车生产厂家或者第三方开发、提供机动车维修服务管理系统的,应当向汽车维修电子健康档案系统开放相应数据接口。

机动车托修方有权查阅机动车维修档案。

**第三十四条** 道路运输管理机构应当加强机动车维修从业人员管理,建立健全从业人员信用档案,加强从业人员诚信监管。

机动车维修经营者应当加强从业人员从业行为管理,促进从业人员诚信、规范从业维修。

**第三十五条** 道路运输管理机构应当加强对机动车维修经营的质量监督和管理,采用定期检查、随机抽样检测检验的方法,对机动车维修经营者维修质量进行监督。

道路运输管理机构可以委托具有法定资格的机动车维修质量监督检验单位,对机动车维修质量进行监督检验。

**第三十六条** 机动车维修实行竣工出厂质量保证期制度。

汽车和危险货物运输车辆整车修理或总成修理质量保证期为车辆行驶20000公里或者100日;二级维护质量保证期为车辆行驶5000公

里或者30日；一级维护、小修及专项修理质量保证期为车辆行驶2000公里或者10日。

摩托车整车修理或者总成修理质量保证期为摩托车行驶7000公里或者80日；维护、小修及专项修理质量保证期为摩托车行驶800公里或者10日。

其他机动车整车修理或者总成修理质量保证期为机动车行驶6000公里或者60日；维护、小修及专项修理质量保证期为机动车行驶700公里或者7日。

质量保证期中行驶里程和日期指标，以先达到者为准。

机动车维修质量保证期，从维修竣工出厂之日起计算。

**第三十七条** 在质量保证期和承诺的质量保证期内，因维修质量原因造成机动车无法正常使用，且承修方在3日内不能或者无法提供因非维修原因而造成机动车无法使用的相关证据的，机动车维修经营者应当及时无偿返修，不得故意拖延或者无理拒绝。

在质量保证期内，机动车因同一故障或维修项目经两次修理仍不能正常使用的，机动车维修经营者应当负责联系其他机动车维修经营者，并承担相应修理费用。

**第三十八条** 机动车维修经营者应当公示承诺的机动车维修质量保证期。所承诺的质量保证期不得低于第三十六条的规定。

**第三十九条** 道路运输管理机构应当受理机动车维修质量投诉，积极按照维修合同约定和相关规定调解维修质量纠纷。

**第四十条** 机动车维修质量纠纷双方当事人均有保护当事车辆原始状态的义务。必要时可拆检车辆有关部位，但双方当事人应同时在场，共同认可拆检情况。

**第四十一条** 对机动车维修质量的责任认定需要进行技术分析和鉴定，且承修方和托修方共同要求道路运输管理机构出面协调的，道路运输管理机构应当组织专家组或委托具有法定检测资格的检测机构作出技术分析和鉴定。鉴定费用由责任方承担。

**第四十二条** 对机动车维修经营者实行质量信誉考核制度。机动车维修质量信誉考核办法另行制定。

机动车维修质量信誉考核内容应当包括经营者基本情况、经营业绩（含奖励情况）、不良记录等。

**第四十三条** 道路运输管理机构应当采集机动车维修企业信用信

息,并建立机动车维修企业信用档案,除涉及国家秘密、商业秘密外,应当依法公开,供公众查阅。机动车维修质量信誉考核结果、汽车维修电子健康档案系统维修电子数据记录上传情况及车主评价、投诉和处理情况是机动车维修信用档案的重要组成部分。

**第四十四条** 建立机动车维修经营者和从业人员黑名单制度,县级道路运输管理机构负责认定机动车维修经营者和从业人员黑名单,具体办法由交通运输部另行制定。

## 第五章 监督检查

**第四十五条** 道路运输管理机构应当加强对机动车维修经营活动的监督检查。

道路运输管理机构应当依法履行对维修经营者的监管职责,对维修经营者是否依法备案或者备案事项是否属实进行监督检查。

道路运输管理机构的工作人员应当严格按照职责权限和程序进行监督检查,不得滥用职权、徇私舞弊,不得乱收费、乱罚款。

**第四十六条** 道路运输管理机构应当积极运用信息化技术手段,科学、高效地开展机动车维修管理工作。

**第四十七条** 道路运输管理机构的执法人员在机动车维修经营场所实施监督检查时,应当有2名以上人员参加,并向当事人出示交通运输部监制的交通行政执法证件。

道路运输管理机构实施监督检查时,可以采取下列措施:

(一)询问当事人或者有关人员,并要求其提供有关资料;

(二)查询、复制与违法行为有关的维修台帐、票据、凭证、文件及其他资料,核对与违法行为有关的技术资料;

(三)在违法行为发现场所进行摄影、摄像取证;

(四)检查与违法行为有关的维修设备及相关机具的有关情况。

检查的情况和处理结果应当记录,并按照规定归档。当事人有权查阅监督检查记录。

**第四十八条** 从事机动车维修经营活动的单位和个人,应当自觉接受道路运输管理机构及其工作人员的检查,如实反映情况,提供有关资料。

## 第六章 法律责任

**第四十九条** 违反本规定，从事机动车维修经营业务，未按规定进行备案的，由县级以上道路运输管理机构责令改正；拒不改正的，处5000元以上2万元以下的罚款。

**第五十条** 违反本规定，从事机动车维修经营业务不符合国务院交通运输主管部门制定的机动车维修经营业务标准的，由县级以上道路运输管理机构责令改正；情节严重的，由县级以上道路运输管理机构责令停业整顿。

**第五十一条** 违反本规定，机动车维修经营者使用假冒伪劣配件维修机动车，承修已报废的机动车或者擅自改装机动车的，由县级以上道路运输管理机构责令改正；有违法所得的，没收违法所得，处违法所得2倍以上10倍以下的罚款；没有违法所得或者违法所得不足1万元的，处2万元以上5万元以下的罚款，没收假冒伪劣配件及报废车辆；情节严重的，由县级以上道路运输管理机构责令停业整顿；构成犯罪的，依法追究刑事责任。

**第五十二条** 违反本规定，机动车维修经营者签发虚假机动车维修竣工出厂合格证的，由县级以上道路运输管理机构责令改正；有违法所得的，没收违法所得，处违法所得2倍以上10倍以下的罚款；没有违法所得或者违法所得不足3000元的，处5000元以上2万元以下的罚款；情节严重的，由县级以上道路运输管理机构责令停业整顿；构成犯罪的，依法追究刑事责任。

**第五十三条** 违反本规定，有下列行为之一的，由县级以上道路运输管理机构责令其限期整改：

（一）机动车维修经营者未按照规定执行机动车维修质量保证期制度的；

（二）机动车维修经营者未按照有关技术规范进行维修作业的；

（三）伪造、转借、倒卖机动车维修竣工出厂合格证的；

（四）机动车维修经营者只收费不维修或者虚列维修作业项目的；

（五）机动车维修经营者未在经营场所醒目位置悬挂机动车维修标志牌的；

（六）机动车维修经营者未在经营场所公布收费项目、工时定额和工时单价的；

（七）机动车维修经营者超出公布的结算工时定额、结算工时单价向托修方收费的；

（八）机动车维修经营者未按规定建立机动车维修档案并实行档案电子化管理，或者未及时上传维修电子数据记录至国家有关汽车维修电子健康档案系统的。

第五十四条　违反本规定，道路运输管理机构的工作人员有下列情形之一的，由同级地方人民政府交通运输主管部门依法给予行政处分；构成犯罪的，依法追究刑事责任：

（一）不按照规定实施备案和黑名单制度的；

（二）参与或者变相参与机动车维修经营业务的；

（三）发现违法行为不及时查处的；

（四）索取、收受他人财物或谋取其他利益的；

（五）其他违法违纪行为。

## 第七章　附　　则

第五十五条　本规定自2005年8月1日起施行。经商国家发展和改革委员会、国家工商行政管理总局同意，1986年12月12日交通部、原国家经委、原国家工商行政管理局发布的《汽车维修行业管理暂行办法》同时废止，1991年4月10日交通部颁布的《汽车维修质量管理办法》同时废止。

附件：1. 机动车维修经营备案表

2. 机动车维修标志牌

3. 机动车维修竣工出厂合格证

附件1：

## 机动车维修经营备案表

（□首次备案　□备案变更）

| 经营者名称 | （与营业执照名称一致） | | | | | | |
|---|---|---|---|---|---|---|---|
| 经营地址 | ××省（区、市）××市（州）××县（市、区）××街（镇、乡）××号 | | | | | | |
| 企业法定代表人<br>（个体不填写此项） | | | 统一社会信用代码 | | | | |
| 主要负责人<br>（个体填写经营者，企业填写法人任命的负责人） | 姓名 | | | 身份证号 | | | |
| | 联系电话 | | | 电子邮箱/传真 | | | |
| 企业性质 | □国有　□集体　□私营　□外资（国别　　） | | | | | | |
| 经营类型 | □综合修理　□机动车生产、进口企业授权维修　□其他（　　）　□连锁经营 | | | | | | |
| 经营范围 | 业务类型 | □汽车维修 | | □摩托车维修 | | □其他机动车维修 | |
| | 业户类别 | □一类　□二类　□三类 | | □一类　□二类 | | □一类　□二类　□三类 | |
| | 项目种类 | 一类 | □大中型客车维修　□大型货车维修　□小型车维修<br>□危险货物运输车辆维修（可多选） | | | | |
| | | 二类 | □大中型客车维修　□大型货车维修　□小型车维修（可多选） | | | | |
| | | 三类 | □综合小修　□发动机维修　□车身维修　□电气系统维修　□自动变速器维修　□轮胎动平衡及修补　□四轮定位检测调整　□汽车润滑与养护　□喷油泵和喷油器维修　□曲轴修磨　□气缸镗磨　□散热器维修　□空调维修　□汽车美容装潢　□汽车玻璃安装及修复（可多选） | | | | |

510

续表

| 其他备案材料 | 通用要求 | □ 1. 维修经营者的营业执照复印件<br>□ 2. 经营场地、停车场面积、土地使用权及产权证明等相关材料<br>□ 3. 技术人员汇总表,以及各相关人员的学历、技术职称或职业资格证明等相关材料<br>□ 4. 维修设备设施汇总表,维修检测设备及计量设备检定合格证明等相关材料<br>□ 5. 维修管理制度等相关材料<br>□ 6. 环境保护措施等相关材料 |
|---|---|---|
| | 特殊要求 | □ 7. 与其作业内容相适应的专用维修车间和设备、设施等相关材料(危险货物运输车辆维修经营者填写)<br>□ 8. 突发事件应急预案(危险货物运输车辆维修经营者填写)<br>□ 9. 安全管理人员汇总表(危险货物运输车辆维修经营者填写)<br>□ 10. 安全操作规程材料(危险货物运输车辆维修经营者填写)<br>□ 11. 连锁经营协议书副本(连锁维修经营者填写)<br>□ 12. 连锁经营的作业标准和管理手册(连锁维修经营者填写)<br>□ 13. 连锁经营服务网点符合机动车维修经营相应条件承诺书(连锁维修经营者填写) |

本经营者声明:
1. 已知晓《道路运输条例》《机动车维修管理规定》《汽车维业开业条件》(GB/T 16739)、《摩托车维修业开业条件》(GB/T 18189)等国家机动车维修有关法律法规及标准,知晓机动车维修开业条件要求和备案要求;
2. 所提供的备案材料信息内容真实、准确,不存在虚假记载、误导性陈述或者重大遗漏,所有文件的签名、印章真实有效。如有不实之处,愿承担相应的法律责任。

法定代表人或主要负责人(签字): 单位(盖章): 年 月 日

| □ 备案材料齐全<br>□ 备案材料不齐全,请补充: | 复核(签字):<br>备案编号: |
|---|---|
| 承办人(签字): 年 月 日 | 备案机关(盖章): 年 月 日 |

填写说明:

(1) 请根据《机动车维修管理规定》有关要求填写此表;

(2) 其他备案材料:维修经营者备案应依法提交第 1 至 6 项材料,危险货物运输车辆维修经营者还需提交第 7 至 10 项材料,维修连锁经营服务者还需提交第 11 至 13 项材料;

(3) 承办人是指备案机关受理备案并对备案材料依法进行审查的工作人员,复核是指备案机关对备案材料进行复核并备案编号的工作

人员;

(4) 办理备案变更的,仅需填写变更事项,并与原备案表一并存档。

**附件2**

## 机动车维修标志牌

1. "一、二类汽车及其他机动车维修企业标志牌"式样

**(A) 汽车 ⊘ 维修企业**

No. ×××××××

经 营 项 目　　(B)

备 案 部 门　××××××

监 督 电 话　××××××××

　　　　　×××××××　　监　制

注:1. 外轮廓尺寸为 750mm×500mm×25mm;"汽车维修企业"用 55mm×40mm 长黑体,蓝色徽标直径为 85mm,No. ××× ×××用高 20mm 黑体;"经营项目、许可部门、监督电话"用 32mm×27mm 长黑体;材质:铜牌材。

2. A 处根据许可项目,分别填写一类或二类。

3. B 处根据许可项目,分别填写小型车、大中型客车、大型货车维修。危险品运输车辆维修企业,还应增加危险货物运输车辆维修。用 23mm×30mm 扁体。

2. "专项（三类）汽车及其他机动车维修企业标志牌"式样

**专项(三类)汽车 ⊕ 维修企业(业户)**

No.××××××

经营项目　　(A)

备案部门　××××××

监督电话　××××××××

×××××× 监 制

注：1. 外轮廓尺寸为750mm×500mm×25mm；"专项（三类）汽车维修企业（业户）"用55mm×40mm长黑体；蓝色徽标直径为85mm；No.××××××用高20mm黑体，"经营项目、许可部门、监督电话"用32mm×27mm长黑体；材质：铜牌材。

2. A处根据许可项目，分别填写：汽车综合小修、发动机维修、车身维修、电气系统维修、自动变速器维修、轮胎动平衡及修补、四轮定位检测调整、汽车润滑与养护、喷油泵喷油器维修、曲轴修磨、气缸镗磨、散热器维修、空调维修、汽车美容装潢、汽车玻璃安装及修复等，用高23mm×28mm的扁黑体。

3. "摩托车维修企业标志牌"式样

(A) 摩托车 维修企业

No.××××××

经营项目　　　(B)

备案部门　××××××

监督电话　××××××××

××××××　监制

注：1. 外轮廓尺寸为750mm×500mm×25mm；"摩托车维修企业"用55mm×40mm长黑体；蓝色徽标直径为85mm；No.××××××用高20mm黑体；"经营项目、许可部门、监督电话"用32mm×27mm长黑体；材质：铜牌材。
2. A处根据许可项目，分别填写一类或二类，并与B相协调。
3. B处根据许可项目，分别填写摩托车整车修理、总成修理、整车维护、小修、竣工检验和专项修理。用高23mm×28mm扁体。

附件3

## 机动车维修竣工出厂合格证

1. "机动车维修竣工出厂合格证"式样（正面）

剪开线　　　空白　　　中折线

## 2."机动车维修竣工出厂合格证"内容

| No. 00000000 <br> 存根 | No. 00000000 <br> 车属单位保管 | No. 00000000 <br> 质量保证卡 |
|---|---|---|
| 托 修 方_____ <br> 车 牌 号 码_____ <br> 车      型_____ <br> 发动机型号/编号_____ <br> 底盘(车身)号_____ <br> 维 修 类 别_____ <br> 维修合同编号_____ <br> 出厂里程表示值_____ <br> 该车按维修合同维修,经检验合格,准予出厂。 <br> 质量检验员:(盖章) <br> 承修单位:(盖章) <br> 进厂日期: <br> 出厂日期: <br> 托修方接车人:(签字) <br> 接 车 日 期: | 托 修 方_____ <br> 车 牌 号 码_____ <br> 车      型_____ <br> 发动机型号/编号_____ <br> 底盘(车身)号_____ <br> 维 修 类 别_____ <br> 维修合同编号_____ <br> 出厂里程表示值_____ <br> 该车按维修合同维修,经检验合格,准予出厂。 <br> 质量检验员:(盖章) <br> 承修单位:(盖章) <br> 进厂日期: <br> 出厂日期: <br> 托修方接车人:(签字) <br> 接 车 日 期: | 该车按维修合同进行维修,本厂对维修竣工的车辆实行质量保证,质量保证期为车辆行驶_____万公里或者_____日。在托修单位严格执行走合期规定、合理使用、正常维护的情况下,出现的维修质量问题,凭此卡随竣工出厂合格证,由本厂负责包修,免返修工料费和工时费,在原维修类别期限内维修竣交托修方。 <br><br> 返修情况记录: <br><br> \| 次数 \| 返修项目 \| 返修日期 \| 修竣日期 \| 送修人 \| 质检员 \| <br> \|---\|---\|---\|---\|---\|---\| <br> \|  \|  \|  \|  \|  \|  \| <br> \|  \|  \|  \|  \|  \|  \| <br> \|  \|  \|  \|  \|  \|  \| <br><br> 维修发票号: <br> 维修竣工出厂日期: |
| (对应正面合格证面) | (对应正面合格证面) | (对应正面白底) |

注:1. 外廓尺寸为260mm×184mm。"存根"、"车属单位保管"字体为小四号仿宋;"质量保证卡"字体为五号仿宋。

 2. 材质:157克铜版纸。

# 警车管理规定

·2006年11月29日公安部令第89号公布
·自公布之日起施行

**第一条** 为了加强对警车使用的管理,保障公安机关、国家安全机关、监狱、劳动教养①管理机关的人民警察和人民法院、人民检察院的司法警察依法执行紧急职务,根据《中华人民共和国人民警察法》、《中华人民共和国道路交通安全法》及其实施条例,制定本规定。

**第二条** 本规定所称警车,是指公安机关、国家安全机关、监狱、劳动教养管理机关和人民法院、人民检察院用于执行紧急职务的机动车辆。警车包括:

(一)公安机关用于执行侦查、警卫、治安、交通管理的巡逻车、勘察车、护卫车、囚车以及其他执行职务的车辆;

(二)国家安全机关用于执行侦查任务和其他特殊职务的车辆;

(三)监狱、劳动教养管理机关用于押解罪犯、运送劳教人员的囚车和追缉逃犯的车辆;

(四)人民法院用于押解犯罪嫌疑人和罪犯的囚车、刑场指挥车、法医勘察车和死刑执行车;

(五)人民检察院用于侦查刑事犯罪案件的现场勘察车和押解犯罪嫌疑人的囚车。

**第三条** 警车车型由公安部统一确定。汽车为大、中、小、微型客车和执行紧急救援、现场处置等专门用途的车辆;摩托车为二轮摩托车和侧三轮摩托车。

**第四条** 警车应当采用全国统一的外观制式。

警车外观制式采用白底,由专用的图形、车徽、编号、汉字"警察"和部门的汉字简称以及英文"POLICE"等要素构成。各要素的

---

① 劳动教养制度已被2013年12月28日公布的《全国人民代表大会常务委员会关于废止有关劳动教养法律规定的决定》废止。

形状、颜色、规格、位置、字体、字号、材质等应当符合警车外观制式涂装规范和涂装用固定色漆等行业标准。

公安机关、国家安全机关、监狱、劳动教养管理机关和人民法院、人民检察院的部门汉字简称分别为"公安"、"国安"、"司法"和"法院"、"检察"。

**第五条** 警车应当安装固定式警用标志灯具。汽车的标志灯具安装在驾驶室顶部；摩托车的标志灯具安装在后轮右侧。警用标志灯具及安装应当符合特种车辆标志灯具的国家标准。

**第六条** 警车应当安装警用警报器。警车警报器应当符合车用电子警报器的国家标准。

**第七条** 警车号牌分为汽车、摩托车两种。均为铝质材，底色为白底反光。号牌应当符合《警车号牌式样》和机动车号牌的行业标准。

**第八条** 省、自治区、直辖市公安厅、局对警车实行定编管理，统一确定警车的编号，并建立管理档案。

**第九条** 公安机关、国家安全机关、监狱、劳动教养管理机关和人民法院、人民检察院申请办理警车注册登记，应当填写《警车号牌审批表》，提交法定证明、凭证，由本部门所在的设区的市或者相当于同级的主管机关汇总后送当地同级公安机关审查后，报省、自治区、直辖市公安厅、局审批。

**第十条** 省、自治区、直辖市公安厅、局交通管理部门负责办理警车登记业务，核发警车号牌、行驶证和登记证书。警车的登记信息应当进入全国公安交通管理信息系统。

领取警车牌证前，已有民用机动车牌证的，应当将民用机动车牌证交回原发证机关。

**第十一条** 警车号牌的安装应当符合民用机动车号牌的安装要求。其中，汽车号牌应当在车身前、后部各安装一面；摩托车号牌应当在车身后部安装一面。

**第十二条** 省、自治区、直辖市公安厅、局交通管理部门办理警车注册登记时，应当对申请警车号牌的机动车进行审查。审查内容除按民用机动车要求外，还应当审查警车车型、外观制式、标志灯具和警报器是否符合有关规范和标准。

**第十三条** 警车应当按照法律、法规规定进行机动车安全技术检验。省、自治区公安机关交通管理部门可以委托设区的市公安机关交通管理部门核发机动车检验合格标志。

**第十四条** 公安机关、国家安全机关、监狱、劳动教养管理机关和人民法院、人民检察院应当严格管理本部门的警车。警车除执行本规定第二条所列任务外，不得挪作他用。

警车应当由警车所属单位的人民警察驾驶，驾驶警车时应当按照规定着制式警服（驾驶汽车可不戴警帽，驾驶摩托车应当戴制式警用安全头盔），持有机动车驾驶证和人民警察证。驾驶实习期内的人民警察不得驾驶警车。

人民警察驾驶警车到异地执行职务的，应当遵守有关办案协作的规定。

**第十五条** 警车在道路上行驶应当遵守《中华人民共和国道路交通安全法》及其实施条例和其他有关法规的规定，服从交通警察的指挥和检查。

**第十六条** 警车执行下列任务时可以使用警用标志灯具、警报器：

（一）赶赴刑事案件、治安案件、交通事故及其他突发事件现场；

（二）追捕犯罪嫌疑人和在逃的罪犯、劳教人员；

（三）追缉交通肇事逃逸车辆和人员；

（四）押解犯罪嫌疑人、罪犯和劳教人员；

（五）执行警卫、警戒和治安、交通巡逻等任务。

**第十七条** 除护卫国宾车队、追捕现行犯罪嫌疑人、赶赴突发事件现场外，驾驶警车的人民警察在使用警用标志灯具、警报器时，应当遵守下列规定：

（一）一般情况下，只使用警用标志灯具；通过车辆、人员繁杂的路段、路口或者警告其他车辆让行时，可以断续使用警报器；

（二）两辆以上警车列队行驶时，前车如使用警报器，后车不得再使用警报器；

（三）在公安机关明令禁止鸣警报器的道路或者区域内不得使用警报器。

**第十八条** 警车执行紧急任务使用警用标志灯具、警报器时，享有优先通行权；警车及其护卫的车队，在确保安全的原则下，可以不受行驶路线、行驶方向、行驶速度和交通信号灯、交通标志标线的限制。

遇使用警用标志灯具、警报器的警车及其护卫的车队，其他车辆和人员应当立即避让；交通警察在保证交通安全的前提下，应当提供优先通行的便利。

**第十九条** 警车牌证遗失或者损坏的，应当及时按申办途径报告原发牌机关，申请补发。

警车转为民用机动车的，应当拆除警用标志灯具和警报器，清除车身警用外观制式，收回警车号牌，并办理相关变更、转移登记手续。

警车达到国家规定的强制报废标准的，应当按照法律、法规规定报废。

**第二十条** 严禁转借警车，严禁伪造、涂改、冒领、挪用警车牌证。

**第二十一条** 公安机关、国家安全机关、监狱、劳动教养管理机关和人民法院、人民检察院应当制定本部门警车的使用管理规定，并对本部门警车的管理和使用情况进行监督检查。

公安机关警务督察部门应当对公安机关警车的管理和使用情况进行监督检查。

公安机关交通管理部门在执勤执法、核发机动车检验合格标志等工作中，应当对警车外观制式的完整性进行检查，并对违反警车管理和使用规定的行为向有关部门报告。

**第二十二条** 对非法涂装警车外观制式，非法安装警用标志灯具、警报器，非法生产、买卖、使用以及伪造、涂改、冒领警车牌证的，依据《中华人民共和国人民警察法》、《中华人民共和国道路交通安全法》和《中华人民共和国治安管理处罚法》的有关规定处罚，强制拆除、收缴警用标志灯具、警报器和警车牌证，并予以治安处罚；构成犯罪的，依法追究当事人的刑事责任。

**第二十三条** 违反本规定，有下列情形之一的，依据《中华人民共和国人民警察法》和《中华人民共和国道路交通安全法》及相关规定，对有关人员给予处分：

（一）不按规定审批和核发警车牌证的；

（二）不按规定涂装全国统一的警车外观制式的；

（三）驾驶警车时不按规定着装、携带机动车驾驶证、人民警察证的；
　　（四）滥用警用标志灯具、警报器的；
　　（五）不按规定使用警车或者转借警车的；
　　（六）不按规定办理警车变更、转移登记手续的；
　　（七）挪用、转借警车牌证的；
　　（八）其他违反本规定的行为。
　　**第二十四条**　本规定自发布之日起施行。公安部1995年6月29日发布的《警车管理规定》（公安部令第27号）同时废止。公安部此前发布的其他规定与本规定不一致的，以本规定为准。

　　**附件**（略）

# 交通秩序

# 一、法律法规

## 中华人民共和国治安管理处罚法

- 2005年8月28日第十届全国人民代表大会常务委员会第十七次会议通过
- 根据2012年10月26日第十一届全国人民代表大会常务委员会第二十九次会议《关于修改〈中华人民共和国治安管理处罚法〉的决定》修正

### 第一章 总　则

**第一条** 【立法目的】为维护社会治安秩序，保障公共安全，保护公民、法人和其他组织的合法权益，规范和保障公安机关及其人民警察依法履行治安管理职责，制定本法。

**第二条** 【违反治安管理行为的性质和特征】扰乱公共秩序，妨害公共安全，侵犯人身权利、财产权利，妨害社会管理，具有社会危害性，依照《中华人民共和国刑法》的规定构成犯罪的，依法追究刑事责任；尚不够刑事处罚的，由公安机关依照本法给予治安管理处罚。

**第三条** 【处罚程序应适用的法律规范】治安管理处罚的程序，适用本法的规定；本法没有规定的，适用《中华人民共和国行政处罚法》的有关规定。

**第四条** 【适用范围】在中华人民共和国领域内发生的违反治安管理行为，除法律有特别规定的外，适用本法。

在中华人民共和国船舶和航空器内发生的违反治安管理行为，除法律有特别规定的外，适用本法。

**第五条** 【基本原则】治安管理处罚必须以事实为依据，与违反治安管理行为的性质、情节以及社会危害程度相当。

实施治安管理处罚,应当公开、公正,尊重和保障人权,保护公民的人格尊严。

办理治安案件应当坚持教育与处罚相结合的原则。

**第六条** 【社会治安综合治理】各级人民政府应当加强社会治安综合治理,采取有效措施,化解社会矛盾,增进社会和谐,维护社会稳定。

**第七条** 【主管和管辖】国务院公安部门负责全国的治安管理工作。县级以上地方各级人民政府公安机关负责本行政区域内的治安管理工作。

治安案件的管辖由国务院公安部门规定。

**第八条** 【民事责任】违反治安管理的行为对他人造成损害的,行为人或者其监护人应当依法承担民事责任。

**第九条** 【调解】对于因民间纠纷引起的打架斗殴或者损毁他人财物等违反治安管理行为,情节较轻的,公安机关可以调解处理。经公安机关调解,当事人达成协议的,不予处罚。经调解未达成协议或者达成协议后不履行的,公安机关应当依照本法的规定对违反治安管理行为人给予处罚,并告知当事人可以就民事争议依法向人民法院提起民事诉讼。

# 第二章 处罚的种类和适用

**第十条** 【处罚种类】治安管理处罚的种类分为:

(一) 警告;

(二) 罚款;

(三) 行政拘留;

(四) 吊销公安机关发放的许可证。

对违反治安管理的外国人,可以附加适用限期出境或者驱逐出境。

**第十一条** 【查获违禁品、工具和违法所得财物的处理】办理治安案件所查获的毒品、淫秽物品等违禁品,赌具、赌资,吸食、注射毒品的用具以及直接用于实施违反治安管理行为的本人所有的工具,应当收缴,按照规定处理。

违反治安管理所得的财物,追缴退还被侵害人;没有被侵害人的,登记造册,公开拍卖或者按照国家有关规定处理,所得款项上缴国库。

**第十二条　【未成年人违法的处罚】** 已满十四周岁不满十八周岁的人违反治安管理的,从轻或者减轻处罚;不满十四周岁的人违反治安管理的,不予处罚,但是应当责令其监护人严加管教。

**第十三条　【精神病人违法的处罚】** 精神病人在不能辨认或者不能控制自己行为的时候违反治安管理的,不予处罚,但是应当责令其监护人严加看管和治疗。间歇性的精神病人在精神正常的时候违反治安管理的,应当给予处罚。

**第十四条　【盲人或聋哑人违法的处罚】** 盲人或者又聋又哑的人违反治安管理的,可以从轻、减轻或者不予处罚。

**第十五条　【醉酒的人违法的处罚】** 醉酒的人违反治安管理的,应当给予处罚。

醉酒的人在醉酒状态中,对本人有危险或者对他人的人身、财产或者公共安全有威胁的,应当对其采取保护性措施约束至酒醒。

**第十六条　【有两种以上违法行为的处罚】** 有两种以上违反治安管理行为的,分别决定,合并执行。行政拘留处罚合并执行的,最长不超过二十日。

**第十七条　【共同违法行为的处罚】** 共同违反治安管理的,根据违反治安管理行为人在违反治安管理行为中所起的作用,分别处罚。

教唆、胁迫、诱骗他人违反治安管理的,按照其教唆、胁迫、诱骗的行为处罚。

**第十八条　【单位违法行为的处罚】** 单位违反治安管理的,对其直接负责的主管人员和其他直接责任人员依照本法的规定处罚。其他法律、行政法规对同一行为规定给予单位处罚的,依照其规定处罚。

**第十九条　【减轻处罚或不予处罚的情形】** 违反治安管理有下列情形之一的,减轻处罚或者不予处罚:

(一) 情节特别轻微的;

(二) 主动消除或者减轻违法后果,并取得被侵害人谅解的;

(三) 出于他人胁迫或者诱骗的;

(四) 主动投案,向公安机关如实陈述自己的违法行为的;

(五) 有立功表现的。

**第二十条　【从重处罚的情形】** 违反治安管理有下列情形之一

的,从重处罚:
（一）有较严重后果的;
（二）教唆、胁迫、诱骗他人违反治安管理的;
（三）对报案人、控告人、举报人、证人打击报复的;
（四）六个月内曾受过治安管理处罚的。

**第二十一条　【应给予行政拘留处罚而不予执行的情形】** 违反治安管理行为人有下列情形之一,依照本法应当给予行政拘留处罚的,不执行行政拘留处罚:
（一）已满十四周岁不满十六周岁的;
（二）已满十六周岁不满十八周岁,初次违反治安管理的;
（三）七十周岁以上的;
（四）怀孕或者哺乳自己不满一周岁婴儿的。

**第二十二条　【追究时效】** 违反治安管理行为在六个月内没有被公安机关发现的,不再处罚。

前款规定的期限,从违反治安管理行为发生之日起计算;违反治安管理行为有连续或者继续状态的,从行为终了之日起计算。

## 第三章　违反治安管理的行为和处罚

### 第一节　扰乱公共秩序的行为和处罚

**第二十三条　【对扰乱单位、公共场所、公共交通和选举秩序行为的处罚】** 有下列行为之一的,处警告或者二百元以下罚款;情节较重的,处五日以上十日以下拘留,可以并处五百元以下罚款:
（一）扰乱机关、团体、企业、事业单位秩序,致使工作、生产、营业、医疗、教学、科研不能正常进行,尚未造成严重损失的;
（二）扰乱车站、港口、码头、机场、商场、公园、展览馆或者其他公共场所秩序的;
（三）扰乱公共汽车、电车、火车、船舶、航空器或者其他公共交通工具上的秩序的;
（四）非法拦截或者强登、扒乘机动车、船舶、航空器以及其他交通工具,影响交通工具正常行驶的;
（五）破坏依法进行的选举秩序的。

525

聚众实施前款行为的,对首要分子处十日以上十五日以下拘留,可以并处一千元以下罚款。

**第二十四条 【对扰乱文化、体育等大型群众性活动秩序行为的处罚】** 有下列行为之一,扰乱文化、体育等大型群众性活动秩序的,处警告或者二百元以下罚款;情节严重的,处五日以上十日以下拘留,可以并处五百元以下罚款:

(一)强行进入场内的;
(二)违反规定,在场内燃放烟花爆竹或者其他物品的;
(三)展示侮辱性标语、条幅等物品的;
(四)围攻裁判员、运动员或者其他工作人员的;
(五)向场内投掷杂物,不听制止的;
(六)扰乱大型群众性活动秩序的其他行为。

因扰乱体育比赛秩序被处以拘留处罚的,可以同时责令其十二个月内不得进入体育场馆观看同类比赛;违反规定进入体育场馆的,强行带离现场。

**第二十五条 【对扰乱公共秩序行为的处罚】** 有下列行为之一的,处五日以上十日以下拘留,可以并处五百元以下罚款;情节较轻的,处五日以下拘留或者五百元以下罚款:

(一)散布谣言,谎报险情、疫情、警情或者以其他方法故意扰乱公共秩序的;
(二)投放虚假的爆炸性、毒害性、放射性、腐蚀性物质或者传染病病原体等危险物质扰乱公共秩序的;
(三)扬言实施放火、爆炸、投放危险物质扰乱公共秩序的。

**第二十六条 【对寻衅滋事行为的处罚】** 有下列行为之一的,处五日以上十日以下拘留,可以并处五百元以下罚款;情节较重的,处十日以上十五日以下拘留,可以并处一千元以下罚款:

(一)结伙斗殴的;
(二)追逐、拦截他人的;
(三)强拿硬要或者任意损毁、占用公私财物的;
(四)其他寻衅滋事行为。

**第二十七条 【对利用封建迷信、会道门进行非法活动行为的处罚】** 有下列行为之一的,处十日以上十五日以下拘留,可以并处一千元以下罚款;情节较轻的,处五日以上十日以下拘留,可以并处五百元以下罚款：

（一）组织、教唆、胁迫、诱骗、煽动他人从事邪教、会道门活动或者利用邪教、会道门、迷信活动，扰乱社会秩序、损害他人身体健康的；

（二）冒用宗教、气功名义进行扰乱社会秩序、损害他人身体健康活动的。

第二十八条 【对干扰无线电业务及无线电台（站）行为的处罚】违反国家规定，故意干扰无线电业务正常进行的，或者对正常运行的无线电台（站）产生有害干扰，经有关主管部门指出后，拒不采取有效措施消除的，处五日以上十日以下拘留；情节严重的，处十日以上十五日以下拘留。

第二十九条 【对侵入、破坏计算机信息系统行为的处罚】有下列行为之一的，处五日以下拘留；情节较重的，处五日以上十日以下拘留：

（一）违反国家规定，侵入计算机信息系统，造成危害的；

（二）违反国家规定，对计算机信息系统功能进行删除、修改、增加、干扰，造成计算机信息系统不能正常运行的；

（三）违反国家规定，对计算机信息系统中存储、处理、传输的数据和应用程序进行删除、修改、增加的；

（四）故意制作、传播计算机病毒等破坏性程序，影响计算机信息系统正常运行的。

## 第二节 妨害公共安全的行为和处罚

第三十条 【对违反危险物质管理行为的处罚】违反国家规定，制造、买卖、储存、运输、邮寄、携带、使用、提供、处置爆炸性、毒害性、放射性、腐蚀性物质或者传染病病原体等危险物质的，处十日以上十五日以下拘留；情节较轻的，处五日以上十日以下拘留。

第三十一条 【对危险物质被盗、被抢、丢失不报行为的处罚】爆炸性、毒害性、放射性、腐蚀性物质或者传染病病原体等危险物质被盗、被抢或者丢失，未按规定报告的，处五日以下拘留；故意隐瞒不报的，处五日以上十日以下拘留。

第三十二条 【对非法携带管制器具行为的处罚】非法携带枪支、弹药或者弩、匕首等国家规定的管制器具的，处五日以下拘留，可以并处五百元以下罚款;情节较轻的,处警告或者二百元以下罚款。

非法携带枪支、弹药或者弩、匕首等国家规定的管制器具进入公共场所或者公共交通工具的,处五日以上十日以下拘留,可以并处五百元以下罚款。

第三十三条 **【对盗窃、损毁公共设施行为的处罚】** 有下列行为之一的,处十日以上十五日以下拘留:

(一)盗窃、损毁油气管道设施、电力电信设施、广播电视设施、水利防汛工程设施或者水文监测、测量、气象测报、环境监测、地质监测、地震监测等公共设施的;

(二)移动、损毁国家边境的界碑、界桩以及其他边境标志、边境设施或者领土、领海标志设施的;

(三)非法进行影响国(边)界线走向的活动或者修建有碍国(边)境管理的设施的。

第三十四条 **【对妨害航空器飞行安全行为的处罚】** 盗窃、损坏、擅自移动使用中的航空设施,或者强行进入航空器驾驶舱的,处十日以上十五日以下拘留。

在使用中的航空器上使用可能影响导航系统正常功能的器具、工具,不听劝阻的,处五日以下拘留或者五百元以下罚款。

第三十五条 **【对妨害铁路运行安全行为的处罚】** 有下列行为之一的,处五日以上十日以下拘留,可以并处五百元以下罚款;情节较轻的,处五日以下拘留或者五百元以下罚款:

(一)盗窃、损毁或者擅自移动铁路设施、设备、机车车辆配件或者安全标志的;

(二)在铁路线路上放置障碍物,或者故意向列车投掷物品的;

(三)在铁路线路、桥梁、涵洞处挖掘坑穴、采石取沙的;

(四)在铁路线路上私设道口或者平交过道的。

第三十六条 **【对妨害列车行车安全行为的处罚】** 擅自进入铁路防护网或者火车来临时在铁路线路上行走坐卧、抢越铁路,影响行车安全的,处警告或者二百元以下罚款。

第三十七条 **【对妨害公共道路安全行为的处罚】** 有下列行为之一的,处五日以下拘留或者五百元以下罚款;情节严重的,处五日以上十日以下拘留,可以并处五百元以下罚款:

（一）未经批准，安装、使用电网的，或者安装、使用电网不符合安全规定的；

（二）在车辆、行人通行的地方施工，对沟井坎穴不设覆盖物、防围和警示标志的，或者故意损毁、移动覆盖物、防围和警示标志的；

（三）盗窃、损毁路面井盖、照明等公共设施的。

**第三十八条** 【对违反规定举办大型活动行为的处罚】举办文化、体育等大型群众性活动，违反有关规定，有发生安全事故危险的，责令停止活动，立即疏散；对组织者处五日以上十日以下拘留，并处二百元以上五百元以下罚款；情节较轻的，处五日以下拘留或者五百元以下罚款。

**第三十九条** 【对违反公共场所安全规定行为的处罚】旅馆、饭店、影剧院、娱乐场、运动场、展览馆或者其他供社会公众活动的场所的经营管理人员，违反安全规定，致使该场所有发生安全事故危险，经公安机关责令改正，拒不改正的，处五日以下拘留。

第三节 侵犯人身权利、财产权利的行为和处罚

**第四十条** 【对恐怖表演、强迫劳动、限制人身自由行为的处罚】有下列行为之一的，处十日以上十五日以下拘留，并处五百元以上一千元以下罚款；情节较轻的，处五日以上十日以下拘留，并处二百元以上五百元以下罚款：

（一）组织、胁迫、诱骗不满十六周岁的人或者残疾人进行恐怖、残忍表演的；

（二）以暴力、威胁或者其他手段强迫他人劳动的；

（三）非法限制他人人身自由、非法侵入他人住宅或者非法搜查他人身体的。

**第四十一条** 【对胁迫利用他人乞讨和滋扰乞讨行为的处罚】胁迫、诱骗或者利用他人乞讨的，处十日以上十五日以下拘留，可以并处一千元以下罚款。

反复纠缠、强行讨要或者以其他滋扰他人的方式乞讨的，处五日以下拘留或者警告。

**第四十二条** 【对侵犯人身权利六项行为的处罚】有下列行为之一的，处五日以下拘留或者五百元以下罚款；情节较重的，处五日以

上十日以下拘留，可以并处五百元以下罚款：

（一）写恐吓信或者以其他方法威胁他人人身安全的；

（二）公然侮辱他人或者捏造事实诽谤他人的；

（三）捏造事实诬告陷害他人，企图使他人受到刑事追究或者受到治安管理处罚的；

（四）对证人及其近亲属进行威胁、侮辱、殴打或者打击报复的；

（五）多次发送淫秽、侮辱、恐吓或者其他信息，干扰他人正常生活的；

（六）偷窥、偷拍、窃听、散布他人隐私的。

**第四十三条** 【对殴打或故意伤害他人身体行为的处罚】殴打他人的，或者故意伤害他人身体的，处五日以上十日以下拘留，并处二百元以上五百元以下罚款；情节较轻的，处五日以下拘留或者五百元以下罚款。

有下列情形之一的，处十日以上十五日以下拘留，并处五百元以上一千元以下罚款：

（一）结伙殴打、伤害他人的；

（二）殴打、伤害残疾人、孕妇、不满十四周岁的人或者六十周岁以上的人的；

（三）多次殴打、伤害他人或者一次殴打、伤害多人的。

**第四十四条** 【对猥亵他人和在公共场所裸露身体行为的处罚】猥亵他人的，或者在公共场所故意裸露身体，情节恶劣的，处五日以上十日以下拘留；猥亵智力残疾人、精神病人、不满十四周岁的人或者有其他严重情节的，处十日以上十五日以下拘留。

**第四十五条** 【对虐待家庭成员、遗弃被扶养人行为的处罚】有下列行为之一的，处五日以下拘留或者警告：

（一）虐待家庭成员，被虐待人要求处理的；

（二）遗弃没有独立生活能力的被扶养人的。

**第四十六条** 【对强迫交易行为的处罚】强买强卖商品，强迫他人提供服务或者强迫他人接受服务的，处五日以上十日以下拘留，并处二百元以上五百元以下罚款；情节较轻的，处五日以下拘留或者五百元以下罚款。

**第四十七条** 【对煽动民族仇恨、民族歧视行为的处罚】煽动民族仇恨、民族歧视，或者在出版物、计算机信息网络中刊载民族歧视、侮辱内容的,处十日以上十五日以下拘留,可以并处一千元以下罚款。

**第四十八条** 【对侵犯通信自由行为的处罚】冒领、隐匿、毁弃、私自开拆或者非法检查他人邮件的,处五日以下拘留或者五百元以下罚款。

**第四十九条** 【对盗窃、诈骗、哄抢、抢夺、敲诈勒索、损毁公私财物行为的处罚】盗窃、诈骗、哄抢、抢夺、敲诈勒索或者故意损毁公私财物的,处五日以上十日以下拘留,可以并处五百元以下罚款;情节较重的,处十日以上十五日以下拘留,可以并处一千元以下罚款。

### 第四节 妨害社会管理的行为和处罚

**第五十条** 【对拒不执行紧急状态决定、命令和阻碍执行公务的处罚】有下列行为之一的,处警告或者二百元以下罚款;情节严重的,处五日以上十日以下拘留,可以并处五百元以下罚款:

(一)拒不执行人民政府在紧急状态情况下依法发布的决定、命令的;

(二)阻碍国家机关工作人员依法执行职务的;

(三)阻碍执行紧急任务的消防车、救护车、工程抢险车、警车等车辆通行的;

(四)强行冲闯公安机关设置的警戒带、警戒区的。

阻碍人民警察依法执行职务的,从重处罚。

**第五十一条** 【对招摇撞骗行为的处罚】冒充国家机关工作人员或者以其他虚假身份招摇撞骗的,处五日以上十日以下拘留,可以并处五百元以下罚款;情节较轻的,处五日以下拘留或者五百元以下罚款。

冒充军警人员招摇撞骗的,从重处罚。

**第五十二条** 【对伪造、变造、买卖公文、证件、票证行为的处罚】有下列行为之一的,处十日以上十五日以下拘留,可以并处一千元以下罚款;情节较轻的,处五日以上十日以下拘留,可以并处五百元以下罚款:

(一)伪造、变造或者买卖国家机关、人民团体、企业、事业单位或者其他组织的公文、证件、证明文件、印章的;

(二）买卖或者使用伪造、变造的国家机关、人民团体、企业、事业单位或者其他组织的公文、证件、证明文件的；

（三）伪造、变造、倒卖车票、船票、航空客票、文艺演出票、体育比赛入场券或者其他有价票证、凭证的；

（四）伪造、变造船舶户牌，买卖或者使用伪造、变造的船舶户牌，或者涂改船舶发动机号码的。

**第五十三条　【对船舶擅自进入禁、限入水域或岛屿行为的处罚】**船舶擅自进入、停靠国家禁止、限制进入的水域或者岛屿的，对船舶负责人及有关责任人员处五百元以上一千元以下罚款；情节严重的，处五日以下拘留，并处五百元以上一千元以下罚款。

**第五十四条　【对违法设立社会团体行为的处罚】**有下列行为之一的，处十日以上十五日以下拘留，并处五百元以上一千元以下罚款；情节较轻的，处五日以下拘留或者五百元以下罚款：

（一）违反国家规定，未经注册登记，以社会团体名义进行活动，被取缔后，仍进行活动的；

（二）被依法撤销登记的社会团体，仍以社会团体名义进行活动的；

（三）未经许可，擅自经营按照国家规定需要由公安机关许可的行业的。

有前款第三项行为的，予以取缔。

取得公安机关许可的经营者，违反国家有关管理规定，情节严重的，公安机关可以吊销许可证。

**第五十五条　【对非法集会、游行、示威行为的处罚】**煽动、策划非法集会、游行、示威，不听劝阻的，处十日以上十五日以下拘留。

**第五十六条　【对旅馆工作人员违反规定行为的处罚】**旅馆业的工作人员对住宿的旅客不按规定登记姓名、身份证件种类和号码的，或者明知住宿的旅客将危险物质带入旅馆，不予制止的，处二百元以上五百元以下罚款。

旅馆业的工作人员明知住宿的旅客是犯罪嫌疑人员或者被公安机关通缉的人员，不向公安机关报告的，处二百元以上五百元以下罚款；情节严重的，处五日以下拘留，可以并处五百元以下罚款。

**第五十七条　【对违法出租房屋行为的处罚】**房屋出租人将房屋

出租给无身份证件的人居住的,或者不按规定登记承租人姓名、身份证件种类和号码的,处二百元以上五百元以下罚款。

房屋出租人明知承租人利用出租房屋进行犯罪活动,不向公安机关报告的,处二百元以上五百元以下罚款;情节严重的,处五日以下拘留,可以并处五百元以下罚款。

**第五十八条 【对制造噪声干扰他人生活行为的处罚】**违反关于社会生活噪声污染防治的法律规定,制造噪声干扰他人正常生活的,处警告;警告后不改正的,处二百元以上五百元以下罚款。

**第五十九条 【对违法典当、收购行为的处罚】**有下列行为之一的,处五百元以上一千元以下罚款;情节严重的,处五日以上十日以下拘留,并处五百元以上一千元以下罚款:

(一)典当业工作人员承接典当的物品,不查验有关证明、不履行登记手续,或者明知是违法犯罪嫌疑人、赃物,不向公安机关报告的;

(二)违反国家规定,收购铁路、油田、供电、电信、矿山、水利、测量和城市公用设施等废旧专用器材的;

(三)收购公安机关通报查寻的赃物或者有赃物嫌疑的物品的;

(四)收购国家禁止收购的其他物品的。

**第六十条 【对妨害执法秩序行为的处罚】**有下列行为之一的,处五日以上十日以下拘留,并处二百元以上五百元以下罚款:

(一)隐藏、转移、变卖或者损毁行政执法机关依法扣押、查封、冻结的财物的;

(二)伪造、隐匿、毁灭证据或者提供虚假证言、谎报案情,影响行政执法机关依法办案的;

(三)明知是赃物而窝藏、转移或者代为销售的;

(四)被依法执行管制、剥夺政治权利或者在缓刑、暂予监外执行中的罪犯或者被依法采取刑事强制措施的人,有违反法律、行政法规或者国务院有关部门的监督管理规定的行为。

**第六十一条 【对协助组织、运送他人偷越国(边)境行为的处罚】**协助组织或者运送他人偷越国(边)境的,处十日以上十五日以下拘留,并处一千元以上五千元以下罚款。

**第六十二条 【对偷越国(边)境行为的处罚】**为偷越国(边)境人员提供条件的,处五日以上十日以下拘留,并处五百元以上二千元以下罚款。

偷越国（边）境的，处五日以下拘留或者五百元以下罚款。

**第六十三条** 【对妨害文物管理行为的处罚】有下列行为之一的，处警告或者二百元以下罚款；情节较重的，处五日以上十日以下拘留，并处二百元以上五百元以下罚款：

（一）刻划、涂污或者以其他方式故意损坏国家保护的文物、名胜古迹的；

（二）违反国家规定，在文物保护单位附近进行爆破、挖掘等活动，危及文物安全的。

**第六十四条** 【对非法驾驶交通工具行为的处罚】有下列行为之一的，处五百元以上一千元以下罚款；情节严重的，处十日以上十五日以下拘留，并处五百元以上一千元以下罚款：

（一）偷开他人机动车的；

（二）未取得驾驶证驾驶或者偷开他人航空器、机动船舶的。

**第六十五条** 【对破坏他人坟墓、尸体和乱停放尸体行为的处罚】有下列行为之一的，处五日以上十日以下拘留；情节严重的，十日以上十五日以下拘留，可以并处一千元以下罚款：

（一）故意破坏、污损他人坟墓或者毁坏、丢弃他人尸骨、骨灰的；

（二）在公共场所停放尸体或者因停放尸体影响他人正常生活、工作秩序，不听劝阻的。

**第六十六条** 【对卖淫、嫖娼行为的处罚】卖淫、嫖娼的，处十日以上十五日以下拘留，可以并处五千元以下罚款；情节较轻的，处五日以下拘留或者五百元以下罚款。

在公共场所拉客招嫖的，处五日以下拘留或者五百元以下罚款。

**第六十七条** 【对引诱、容留、介绍卖淫行为的处罚】引诱、容留、介绍他人卖淫的，处十日以上十五日以下拘留，可以并处五千元以下罚款；情节较轻的，处五日以下拘留或者五百元以下罚款。

**第六十八条** 【对传播淫秽信息行为的处罚】制作、运输、复制、出售、出租淫秽的书刊、图片、影片、音像制品等淫秽物品或者利用计算机信息网络、电话以及其他通讯工具传播淫秽信息的，处十日以上十五日以下拘留，可以并处三千元以下罚款；情节较轻的，处五日以下拘留或者五百元以下罚款。

**第六十九条　【对组织、参与淫秽活动的处罚】**有下列行为之一的,处十日以上十五日以下拘留,并处五百元以上一千元以下罚款:
(一)组织播放淫秽音像的;
(二)组织或者进行淫秽表演的;
(三)参与聚众淫乱活动的。
明知他人从事前款活动,为其提供条件的,依照前款的规定处罚。

**第七十条　【对赌博行为的处罚】**以营利为目的,为赌博提供条件的,或者参与赌博赌资较大的,处五日以下拘留或者五百元以下罚款;情节严重的,处十日以上十五日以下拘留,并处五百元以上三千元以下罚款。

**第七十一条　【对涉及毒品原植物行为的处罚】**有下列行为之一的,处十日以上十五日以下拘留,可以并处三千元以下罚款;情节较轻的,处五日以下拘留或者五百元以下罚款:
(一)非法种植罂粟不满五百株或者其他少量毒品原植物的;
(二)非法买卖、运输、携带、持有少量未经灭活的罂粟等毒品原植物种子或者幼苗的;
(三)非法运输、买卖、储存、使用少量罂粟壳的。
有前款第一项行为,在成熟前自行铲除的,不予处罚。

**第七十二条　【对毒品违法行为的处罚】**有下列行为之一的,处十日以上十五日以下拘留,可以并处二千元以下罚款;情节较轻的,处五日以下拘留或者五百元以下罚款:
(一)非法持有鸦片不满二百克、海洛因或者甲基苯丙胺不满十克或者其他少量毒品的;
(二)向他人提供毒品的;
(三)吸食、注射毒品的;
(四)胁迫、欺骗医务人员开具麻醉药品、精神药品的。

**第七十三条　【对教唆、引诱、欺骗他人吸食、注射毒品行为的处罚】**教唆、引诱、欺骗他人吸食、注射毒品的,处十日以上十五日以下拘留,并处五百元以上二千元以下罚款。

**第七十四条　【对服务行业人员通风报信行为的处罚】**旅馆业、饮食服务业、文化娱乐业、出租汽车业等单位的人员,在公安机关查处吸毒、赌博、卖淫、嫖娼活动时,为违法犯罪行为人通风报信的,处十日以上十五日以下拘留。

**第七十五条** 【**对饲养动物违法行为的处罚**】饲养动物,干扰他人正常生活的,处警告;警告后不改正的,或者放任动物恐吓他人的,处二百元以上五百元以下罚款。

驱使动物伤害他人的,依照本法第四十三条第一款的规定处罚。

**第七十六条** 【**对屡教不改行为的处罚**】有本法第六十七条、第六十八条、第七十条的行为,屡教不改的,可以按照国家规定采取强制性教育措施。

# 第四章 处罚程序

## 第一节 调 查

**第七十七条** 【**受理治安案件须登记**】公安机关对报案、控告、举报或者违反治安管理行为人主动投案,以及其他行政主管部门、司法机关移送的违反治安管理案件,应当及时受理,并进行登记。

**第七十八条** 【**受理治安案件后的处理**】公安机关受理报案、控告、举报、投案后,认为属于违反治安管理行为的,应当立即进行调查;认为不属于违反治安管理行为的,应当告知报案人、控告人、举报人、投案人,并说明理由。

**第七十九条** 【**严禁非法取证**】公安机关及其人民警察对治安案件的调查,应当依法进行。严禁刑讯逼供或者采用威胁、引诱、欺骗等非法手段收集证据。

以非法手段收集的证据不得作为处罚的根据。

**第八十条** 【**公安机关的保密义务**】公安机关及其人民警察在办理治安案件时,对涉及的国家秘密、商业秘密或个人隐私,应当予以保密。

**第八十一条** 【**关于回避的规定**】人民警察在办理治安案件过程中,遇有下列情形之一的,应当回避;违反治安管理行为人、被侵害人或者其法定代理人也有权要求他们回避:

(一)是本案当事人或者当事人的近亲属的;
(二)本人或者其近亲属与本案有利害关系的;
(三)与本案当事人有其他关系,可能影响案件公正处理的。

人民警察的回避,由其所属的公安机关决定;公安机关负责人的回避,由上一级公安机关决定。

**第八十二条** 【关于传唤的规定】需要传唤违反治安管理行为人接受调查的,经公安机关办案部门负责人批准,使用传唤证传唤。对现场发现的违反治安管理行为人,人民警察经出示工作证件,可以口头传唤,但应当在询问笔录中注明。

公安机关应当将传唤的原因和依据告知被传唤人。对无正当理由不接受传唤或者逃避传唤的人,可以强制传唤。

**第八十三条** 【传唤后的询问期限与通知义务】对违反治安管理行为人,公安机关传唤后应当及时询问查证,询问查证的时间不得超过八小时;情况复杂,依照本法规定可能适用行政拘留处罚的,询问查证的时间不得超过二十四小时。

公安机关应当及时将传唤的原因和处所通知被传唤人家属。

**第八十四条** 【询问笔录、书面材料与询问不满十六周岁人的规定】询问笔录应当交被询问人核对;对没有阅读能力的,应当向其宣读。记载有遗漏或者差错的,被询问人可以提出补充或者更正。被询问人确认笔录无误后,应当签名或者盖章,询问的人民警察也应当在笔录上签名。

被询问人要求就被询问事项自行提供书面材料的,应当准许;必要时,人民警察也可以要求被询问人自行书写。

询问不满十六周岁的违反治安管理行为人,应当通知其父母或者其他监护人到场。

**第八十五条** 【询问被侵害人和其他证人的规定】人民警察询问被侵害人或者其他证人,可以到其所在单位或者住处进行;必要时,也可以通知其到公安机关提供证言。

人民警察在公安机关以外询问被侵害人或者其他证人,应当出示工作证件。

询问被侵害人或者其他证人,同时适用本法第八十四条的规定。

**第八十六条** 【询问中的语言帮助】询问聋哑的违反治安管理行为人、被侵害人或者其他证人,应当有通晓手语的人提供帮助,并在笔录上注明。

询问不通晓当地通用的语言文字的违反治安管理行为人、被侵害人或者其他证人,应当配备翻译人员,并在笔录上注明。

**第八十七条　【检查时应遵守的程序】**公安机关对与违反治安管理行为有关的场所、物品、人身可以进行检查。检查时，人民警察不得少于二人，并应当出示工作证件和县级以上人民政府公安机关开具的检查证明文件。对确有必要立即进行检查的，人民警察经出示工作证件，可以当场检查，但检查公民住所应当出示县级以上人民政府公安机关开具的检查证明文件。

检查妇女的身体，应当由女性工作人员进行。

**第八十八条　【检查笔录的制作】**检查的情况应当制作检查笔录，由检查人、被检查人和见证人签名或者盖章；被检查人拒绝签名的，人民警察应当在笔录上注明。

**第八十九条　【关于扣押物品的规定】**公安机关办理治安案件，对与案件有关的需要作为证据的物品，可以扣押；对被侵害人或者善意第三人合法占有的财产，不得扣押，应当予以登记。对与案件无关的物品，不得扣押。

对扣押的物品，应当会同在场见证人和被扣押物品持有人查点清楚，当场开列清单一式二份，由调查人员、见证人和持有人签名或者盖章，一份交给持有人，另一份附卷备查。

对扣押的物品，应当妥善保管，不得挪作他用；对不宜长期保存的物品，按照有关规定处理。经查明与案件无关的，应当及时退还；经核实属于他人合法财产的，应当登记后立即退还；满六个月无人对该财产主张权利或者无法查清权利人的，应当公开拍卖或者按照国家有关规定处理，所得款项上缴国库。

**第九十条　【关于鉴定的规定】**为了查明案情，需要解决案件中有争议的专门性问题的，应当指派或者聘请具有专门知识的人员进行鉴定；鉴定人鉴定后，应当写出鉴定意见，并且签名。

## 第二节　决　定

**第九十一条　【处罚的决定机关】**治安管理处罚由县级以上人民政府公安机关决定；其中警告、五百元以下的罚款可以由公安派出所决定。

**第九十二条　【行政拘留的折抵】**对决定给予行政拘留处罚的人，在处罚前已经采取强制措施限制人身自由的时间，应当折抵。限制人身自由一日，折抵行政拘留一日。

**第九十三条** 【违反治安管理行为人的陈述与其他证据的关系】公安机关查办治安案件,对没有本人陈述,但其他证据能够证明案件事实的,可以作出治安管理处罚决定。但是,只有本人陈述,没有其他证据证明的,不能作出治安管理处罚决定。

**第九十四条** 【陈述与申辩权】公安机关作出治安管理处罚决定前,应当告知违反治安管理行为人作出治安管理处罚的事实、理由及依据,并告知违反治安管理行为人依法享有的权利。

违反治安管理行为人有权陈述和申辩。公安机关必须充分听取违反治安管理行为人的意见,对违反治安管理行为人提出的事实、理由和证据,应当进行复核;违反治安管理行为人提出的事实、理由或者证据成立的,公安机关应当采纳。

公安机关不得因违反治安管理行为人的陈述、申辩而加重处罚。

**第九十五条** 【治安案件的处理】治安案件调查结束后,公安机关应当根据不同情况,分别作出以下处理:

(一)确有依法应当给予治安管理处罚的违法行为的,根据情节轻重及具体情况,作出处罚决定;

(二)依法不予处罚的,或者违法事实不能成立的,作出不予处罚决定;

(三)违法行为已涉嫌犯罪的,移送主管机关依法追究刑事责任;

(四)发现违反治安管理行为人有其他违法行为的,在对违反治安管理行为作出处罚决定的同时,通知有关行政主管部门处理。

**第九十六条** 【治安管理处罚决定书的内容】公安机关作出治安管理处罚决定的,应当制作治安管理处罚决定书。决定书应当载明下列内容:

(一)被处罚人的姓名、性别、年龄、身份证件的名称和号码、住址;

(二)违法事实和证据;

(三)处罚的种类和依据;

(四)处罚的执行方式和期限;

(五)对处罚决定不服,申请行政复议、提起行政诉讼的途径和期限;

(六)作出处罚决定的公安机关的名称和作出决定的日期。

决定书应当由作出处罚决定的公安机关加盖印章。

**第九十七条** 【宣告、送达、抄送】公安机关应当向被处罚人宣告治安管理处罚决定书,并当场交付被处罚人;无法当场向被处罚人宣告的,应当在二日内送达被处罚人。决定给予行政拘留处罚的,应当及时通知被处罚人的家属。

有被侵害人的,公安机关应当将决定书副本抄送被侵害人。

**第九十八条** 【听证】公安机关作出吊销许可证以及处二千元以上罚款的治安管理处罚决定前,应当告知违反治安管理行为人有权要求举行听证;违反治安管理行为人要求听证的,公安机关应当及时依法举行听证。

**第九十九条** 【期限】公安机关办理治安案件的期限,自受理之日起不得超过三十日;案情重大、复杂的,经上一级公安机关批准,可以延长三十日。

为了查明案情进行鉴定的期间,不计入办理治安案件的期限。

**第一百条** 【当场处罚】违反治安管理行为事实清楚,证据确凿,处警告或者二百元以下罚款的,可以当场作出治安管理处罚决定。

**第一百零一条** 【当场处罚决定程序】当场作出治安管理处罚决定的,人民警察应当向违反治安管理行为人出示工作证件,并填写处罚决定书。处罚决定书应当当场交付被处罚人;有被侵害人的,并将决定书副本抄送被侵害人。

前款规定的处罚决定书,应当载明被处罚人的姓名、违法行为、处罚依据、罚款数额、时间、地点以及公安机关名称,并由经办的人民警察签名或者盖章。

当场作出治安管理处罚决定的,经办的人民警察应当在二十四小时内报所属公安机关备案。

**第一百零二条** 【不服处罚提起的复议或诉讼】被处罚人对治安管理处罚决定不服的,可以依法申请行政复议或者提起行政诉讼。

### 第三节 执 行

**第一百零三条** 【行政拘留处罚的执行】对被决定给予行政拘留处罚的人,由作出决定的公安机关送达拘留所执行。

**第一百零四条** 【当场收缴罚款范围】受到罚款处罚的人应当自收到处罚决定书之日起十五日内,到指定的银行缴纳罚款。但是,有下列情形之一的，人民警察可以当场收缴罚款：

（一）被处五十元以下罚款，被处罚人对罚款无异议的；

（二）在边远、水上、交通不便地区，公安机关及其人民警察依照本法的规定作出罚款决定后，被处罚人向指定的银行缴纳罚款确有困难，经被处罚人提出的；

（三）被处罚人在当地没有固定住所，不当场收缴事后难以执行的。

**第一百零五条　【罚款交纳期限】**人民警察当场收缴的罚款，应当自收缴罚款之日起二日内，交至所属的公安机关；在水上、旅客列车上当场收缴的罚款，应当自抵岸或者到站之日起二日内，交至所属的公安机关；公安机关应当自收到罚款之日起二日内将罚款缴付指定的银行。

**第一百零六条　【罚款收据】**人民警察当场收缴罚款的，应当向被处罚人出具省、自治区、直辖市人民政府财政部门统一制发的罚款收据；不出具统一制发的罚款收据的，被处罚人有权拒绝缴纳罚款。

**第一百零七条　【暂缓执行行政拘留】**被处罚人不服行政拘留处罚决定，申请行政复议、提起行政诉讼的，可以向公安机关提出暂缓执行行政拘留的申请。公安机关认为暂缓执行行政拘留不致发生社会危险的，由被处罚人或者其近亲属提出符合本法第一百零八条规定条件的担保人，或者按每日行政拘留二百元的标准交纳保证金，行政拘留的处罚决定暂缓执行。

**第一百零八条　【担保人的条件】**担保人应当符合下列条件：

（一）与本案无牵连；

（二）享有政治权利，人身自由未受到限制；

（三）在当地有常住户口和固定住所；

（四）有能力履行担保义务。

**第一百零九条　【担保人的义务】**担保人应当保证被担保人不逃避行政拘留处罚的执行。

担保人不履行担保义务，致使被担保人逃避行政拘留处罚的执行的，由公安机关对其处三千元以下罚款。

**第一百一十条　【没收保证金】**被决定给予行政拘留处罚的人交纳保证金，暂缓行政拘留后，逃避行政拘留处罚的执行的，保证金予以没收并上缴国库，已经作出的行政拘留决定仍应执行。

**第一百一十一条** 【退还保证金】行政拘留的处罚决定被撤销,或者行政拘留处罚开始执行的,公安机关收取的保证金应当及时退还交纳人。

## 第五章 执法监督

**第一百一十二条** 【执法原则】公安机关及其人民警察应当依法、公正、严格、高效办理治安案件,文明执法,不得徇私舞弊。

**第一百一十三条** 【禁止行为】公安机关及其人民警察办理治安案件,禁止对违反治安管理行为人打骂、虐待或者侮辱。

**第一百一十四条** 【社会监督】公安机关及其人民警察办理治安案件,应当自觉接受社会和公民的监督。

公安机关及其人民警察办理治安案件,不严格执法或者有违法违纪行为的,任何单位和个人都有权向公安机关或人民检察院、行政监察机关检举、控告;收到检举、控告的机关,应当依据职责及时处理。

**第一百一十五条** 【罚缴分离原则】公安机关依法实施罚款处罚,应当依照有关法律、行政法规的规定,实行罚款决定与罚款收缴分离;收缴的罚款应当全部上缴国库。

**第一百一十六条** 【公安机关及其民警的行政责任和刑事责任】人民警察办理治安案件,有下列行为之一的,依法给予行政处分;构成犯罪的,依法追究刑事责任:

(一) 刑讯逼供、体罚、虐待、侮辱他人的;
(二) 超过询问查证的时间限制人身自由的;
(三) 不执行罚款决定与罚款收缴分离制度或者不按规定将罚没的财物上缴国库或者依法处理的;
(四) 私分、侵占、挪用、故意损毁收缴、扣押的财物的;
(五) 违反规定使用或者不及时返还被侵害人财物的;
(六) 违反规定不及时退还保证金的;
(七) 利用职务上的便利收受他人财物或者谋取其他利益的;
(八) 当场收缴罚款不出具罚款收据或者不如实填写罚款数额的;
(九) 接到要求制止违反治安管理行为的报警后,不及时出警的;
(十) 在查处违反治安管理活动时,为违法犯罪行为人通风报

信的;

(十一)有徇私舞弊、滥用职权,不依法履行法定职责的其他情形的。

办理治安案件的公安机关有前款所列行为的,对直接负责的主管人员和其他直接责任人员给予相应的行政处分。

**第一百一十七条** 【赔偿责任】公安机关及其人民警察违法行使职权,侵犯公民、法人和其他组织合法权益的,应当赔礼道歉;造成损害的,应当依法承担赔偿责任。

## 第六章 附 则

**第一百一十八条** 【"以上、以下、以内"的含义】本法所称以上、以下、以内,包括本数。

**第一百一十九条** 【生效日期】本法自 2006 年 3 月 1 日起施行。1986 年 9 月 5 日公布、1994 年 5 月 12 日修订公布的《中华人民共和国治安管理处罚条例》同时废止。

# 收费公路管理条例

· 2004 年 8 月 18 日国务院第 61 次常务会议通过
· 2004 年 9 月 13 日中华人民共和国国务院令第 417 号公布
· 自 2004 年 11 月 1 日起施行

## 第一章 总 则

**第一条** 为了加强对收费公路的管理,规范公路收费行为,维护收费公路的经营管理者和使用者的合法权益,促进公路事业的发展,根据《中华人民共和国公路法》(以下简称公路法),制定本条例。

**第二条** 本条例所称收费公路,是指符合公路法和本条例规定,经批准依法收取车辆通行费的公路(含桥梁和隧道)。

**第三条** 各级人民政府应当采取积极措施,支持、促进公路事业的发展。公路发展应当坚持非收费公路为主,适当发展收费公路。

**第四条** 全部由政府投资或者社会组织、个人捐资建设的公路,不得收取车辆通行费。

**第五条** 任何单位或者个人不得违反公路法和本条例的规定,在公路上设站(卡)收取车辆通行费。

**第六条** 对在公路上非法设立收费站(卡)收取车辆通行费的,任何单位和个人都有权拒绝缴纳。

任何单位或者个人对在公路上非法设立收费站(卡)、非法收取或者使用车辆通行费、非法转让收费公路权益或者非法延长收费期限等行为,都有权向交通、价格、财政等部门举报。收到举报的部门应当按照职责分工依法及时查处;无权查处的,应当及时移送有权查处的部门。受理的部门必须自收到举报或者移送材料之日起10日内进行查处。

**第七条** 收费公路的经营管理者,经依法批准有权向通行收费公路的车辆收取车辆通行费。

军队车辆、武警部队车辆,公安机关在辖区内收费公路上处理交通事故、执行正常巡逻任务和处置突发事件的统一标志的制式警车,以及经国务院交通主管部门或者省、自治区、直辖市人民政府批准执行抢险救灾任务的车辆,免交车辆通行费。

进行跨区作业的联合收割机、运输联合收割机(包括插秧机)的车辆,免交车辆通行费。联合收割机不得在高速公路上通行。

**第八条** 任何单位或者个人不得以任何形式非法干预收费公路的经营管理,挤占、挪用收费公路经营管理者依法收取的车辆通行费。

## 第二章 收费公路建设和收费站的设置

**第九条** 建设收费公路,应当符合国家和省、自治区、直辖市公路发展规划,符合本条例规定的收费公路的技术等级和规模。

**第十条** 县级以上地方人民政府交通主管部门利用贷款或者向企业、个人有偿集资建设的公路(以下简称政府还贷公路),国内外经济组织投资建设或者依照公路法的规定受让政府还贷公路收费权的公路(以下简称经营性公路),经依法批准后,方可收取车辆通行费。

**第十一条** 建设和管理政府还贷公路,应当按照政事分开的原则,依法设立专门的不以营利为目的的法人组织。

省、自治区、直辖市人民政府交通主管部门对本行政区域内的政府还贷公路,可以实行统一管理、统一贷款、统一还款。

经营性公路建设项目应当向社会公布,采用招标投标方式选择投资者。

经营性公路由依法成立的公路企业法人建设、经营和管理。

第十二条　收费公路收费站的设置,由省、自治区、直辖市人民政府按照下列规定审查批准:

(一)高速公路以及其他封闭式的收费公路,除两端出入口外,不得在主线上设置收费站。但是,省、自治区、直辖市之间确需设置收费站的除外。

(二)非封闭式的收费公路的同一主线上,相邻收费站的间距不得少于50公里。

第十三条　高速公路以及其他封闭式的收费公路,应当实行计算机联网收费,减少收费站点,提高通行效率。联网收费的具体办法由国务院交通主管部门会同国务院有关部门制定。

第十四条　收费公路的收费期限,由省、自治区、直辖市人民政府按照下列标准审查批准:

(一)政府还贷公路的收费期限,按照用收费偿还贷款、偿还有偿集资款的原则确定,最长不得超过15年。国家确定的中西部省、自治区、直辖市的政府还贷公路收费期限,最长不得超过20年。

(二)经营性公路的收费期限,按照收回投资并有合理回报的原则确定,最长不得超过25年。国家确定的中西部省、自治区、直辖市的经营性公路收费期限,最长不得超过30年。

第十五条　车辆通行费的收费标准,应当依照价格法律、行政法规的规定进行听证,并按照下列程序审查批准:

(一)政府还贷公路的收费标准,由省、自治区、直辖市人民政府交通主管部门会同同级价格主管部门、财政部门审核后,报本级人民政府审查批准。

(二)经营性公路的收费标准,由省、自治区、直辖市人民政府交通主管部门会同同级价格主管部门审核后,报本级人民政府审查批准。

第十六条　车辆通行费的收费标准,应当根据公路的技术等级、投资总额、当地物价指数、偿还贷款或者有偿集资款的期限和收回投资的期限以及交通量等因素计算确定。对在国家规定的绿色通道上运输鲜活农产品的车辆,可以适当降低车辆通行费的收费标准或者免交车辆通行费。

修建与收费公路经营管理无关的设施、超标准修建的收费公路经营管理设施和服务设施,其费用不得作为确定收费标准的因素。

车辆通行费的收费标准需要调整的,应当依照本条例第十五条规定的程序办理。

**第十七条** 依照本条例规定的程序审查批准的收费公路收费站、收费期限、车辆通行费收费标准或者收费标准的调整方案,审批机关应当自审查批准之日起10日内将有关文件向国务院交通主管部门和国务院价格主管部门备案;其中属于政府还贷公路的,还应当自审查批准之日起10日内向国务院财政部门备案。

**第十八条** 建设收费公路,应当符合下列技术等级和规模:

(一)高速公路连续里程30公里以上。但是,城市市区至本地机场的高速公路除外。

(二)一级公路连续里程50公里以上。

(三)二车道的独立桥梁、隧道,长度800米以上;四车道的独立桥梁、隧道,长度500米以上。

技术等级为二级以下(含二级)的公路不得收费。但是,在国家确定的中西部省、自治区、直辖市建设的二级公路,其连续里程60公里以上的,经依法批准,可以收取车辆通行费。

## 第三章 收费公路权益的转让

**第十九条** 依照本条例的规定转让收费公路权益的,应当向社会公布,采用招标投标的方式,公平、公正、公开地选择经营管理者,并依法订立转让协议。

**第二十条** 收费公路的权益,包括收费权、广告经营权、服务设施经营权。

转让收费公路权益的,应当依法保护投资者的合法利益。

**第二十一条** 转让政府还贷公路权益中的收费权,可以申请延长收费期限,但延长的期限不得超过5年。

转让经营性公路权益中的收费权,不得延长收费期限。

**第二十二条** 有下列情形之一的,收费公路权益中的收费权不得转让:
(一)长度小于1000米的二车道独立桥梁和隧道;
(二)二级公路;
(三)收费时间已超过批准收费期限2/3。

**第二十三条** 转让政府还贷公路权益的收入,必须缴入国库,除用于偿还贷款和有偿集资款外,必须用于公路建设。

**第二十四条** 收费公路权益转让的具体办法,由国务院交通主管部门会同国务院发展改革部门和财政部门制定。

## 第四章 收费公路的经营管理

**第二十五条** 收费公路建成后,应当按照国家有关规定进行验收;验收合格的,方可收取车辆通行费。

收费公路不得边建设边收费。

**第二十六条** 收费公路经营管理者应当按照国家规定的标准和规范,对收费公路及沿线设施进行日常检查、维护,保证收费公路处于良好的技术状态,为通行车辆及人员提供优质服务。

收费公路的养护应当严格按照工期施工、竣工,不得拖延工期,不得影响车辆安全通行。

**第二十七条** 收费公路经营管理者应当在收费站的显著位置,设置载有收费站名称、审批机关、收费单位、收费标准、收费起止年限和监督电话等内容的公告牌,接受社会监督。

**第二十八条** 收费公路经营管理者应当按照国家规定的标准,结合公路交通状况、沿线设施等情况,设置交通标志、标线。

交通标志、标线必须清晰、准确、易于识别。重要的通行信息应当重复提示。

**第二十九条** 收费道口的设置,应当符合车辆行驶安全的要求;收费道口的数量,应当符合车辆快速通过的需要,不得造成车辆堵塞。

**第三十条** 收费站工作人员的配备,应当与收费道口的数量、车流量相适应,不得随意增加人员。

收费公路经营管理者应当加强对收费站工作人员的业务培训和职

业道德教育，收费人员应当做到文明礼貌，规范服务。

**第三十一条** 遇有公路损坏、施工或者发生交通事故等影响车辆正常安全行驶的情形时，收费公路经营管理者应当在现场设置安全防护设施，并在收费公路出入口进行限速、警示提示，或者利用收费公路沿线可变信息板等设施予以公告；造成交通堵塞时，应当及时报告有关部门并协助疏导交通。

遇有公路严重损毁、恶劣气象条件或者重大交通事故等严重影响车辆安全通行的情形时，公安机关应当根据情况，依法采取限速通行、关闭公路等交通管制措施。收费公路经营管理者应当积极配合公安机关，及时将有关交通管制的信息向通行车辆进行提示。

**第三十二条** 收费公路经营管理者收取车辆通行费，必须向收费公路使用者开具收费票据。政府还贷公路的收费票据，由省、自治区、直辖市人民政府财政部门统一印（监）制。经营性公路的收费票据，由省、自治区、直辖市人民政府税务部门统一印（监）制。

**第三十三条** 收费公路经营管理者对依法应当交纳而拒交、逃交、少交车辆通行费的车辆，有权拒绝其通行，并要求其补交应交纳的车辆通行费。

任何人不得为拒交、逃交、少交车辆通行费而故意堵塞收费道口、强行冲卡、殴打收费公路管理人员、破坏收费设施或者从事其他扰乱收费公路经营管理秩序的活动。

发生前款规定的扰乱收费公路经营管理秩序行为时，收费公路经营管理者应当及时报告公安机关，由公安机关依法予以处理。

**第三十四条** 在收费公路上行驶的车辆不得超载。

发现车辆超载时，收费公路经营管理者应当及时报告公安机关，由公安机关依法予以处理。

**第三十五条** 收费公路经营管理者不得有下列行为：

（一）擅自提高车辆通行费收费标准；

（二）在车辆通行费收费标准之外加收或者代收任何其他费用；

（三）强行收取或者以其他不正当手段按车辆收取某一期间的车辆通行费；

（四）不开具收费票据，开具未经省、自治区、直辖市人民政府财政、税务部门统一印（监）制的收费票据或者开具已经过期失效的收费票据。

有前款所列行为之一的，通行车辆有权拒绝交纳车辆通行费。

**第三十六条** 政府还贷公路的管理者收取的车辆通行费收入，应当全部存入财政专户，严格实行收支两条线管理。

政府还贷公路的车辆通行费，除必要的管理、养护费用从财政部门批准的车辆通行费预算中列支外，必须全部用于偿还贷款和有偿集资款，不得挪作他用。

**第三十七条** 收费公路的收费期限届满，必须终止收费。

政府还贷公路在批准的收费期限届满前已经还清贷款、还清有偿集资款的，必须终止收费。

依照本条前两款的规定，收费公路终止收费的，有关省、自治区、直辖市人民政府应当向社会公告，明确规定终止收费的日期，接受社会监督。

**第三十八条** 收费公路终止收费前6个月，省、自治区、直辖市人民政府交通主管部门应当对收费公路进行鉴定和验收。经鉴定和验收，公路符合取得收费公路权益时核定的技术等级和标准的，收费公路经营管理者方可按照国家有关规定向交通主管部门办理公路移交手续；不符合取得收费公路权益时核定的技术等级和标准的，收费公路经营管理者应当在交通主管部门确定的期限内进行养护，达到要求后，方可按照规定办理公路移交手续。

**第三十九条** 收费公路终止收费后，收费公路经营管理者应当自终止收费之日起15日内拆除收费设施。

**第四十条** 任何单位或者个人不得通过封堵非收费公路或者在非收费公路上设卡收费等方式，强迫车辆通行收费公路。

**第四十一条** 收费公路经营管理者应当按照国务院交通主管部门和省、自治区、直辖市人民政府交通主管部门的要求，及时提供统计资料和有关情况。

**第四十二条** 收费公路的养护、绿化和公路用地范围内的水土保持及路政管理，依照公路法的有关规定执行。

**第四十三条** 国务院交通主管部门和省、自治区、直辖市人民政府交通主管部门应当对收费公路实施监督检查，督促收费公路经营管理者依法履行公路养护、绿化和公路用地范围内的水土保持义务。

**第四十四条** 审计机关应当依法加强收费公路的审计监督，对违法行为依法进行查处。

**第四十五条** 行政执法机关依法对收费公路实施监督检查时,不得向收费公路经营管理者收取任何费用。

**第四十六条** 省、自治区、直辖市人民政府应当将本行政区域内收费公路及收费站名称、收费单位、收费标准、收费期限等信息向社会公布,接受社会监督。

## 第五章　法律责任

**第四十七条** 违反本条例的规定,擅自批准收费公路建设、收费站、收费期限、车辆通行费收费标准或者收费公路权益转让的,由省、自治区、直辖市人民政府责令改正;对负有责任的主管人员和其他直接责任人员依法给予记大过直至开除的行政处分;构成犯罪的,依法追究刑事责任。

**第四十八条** 违反本条例的规定,地方人民政府或者有关部门及其工作人员非法干预收费公路经营管理,或者挤占、挪用收费公路经营管理者收取的车辆通行费的,由上级人民政府或者有关部门责令停止非法干预,退回挤占、挪用的车辆通行费;对负有责任的主管人员和其他直接责任人员依法给予记大过直至开除的行政处分;构成犯罪的,依法追究刑事责任。

**第四十九条** 违反本条例的规定,擅自在公路上设立收费站(卡)收取车辆通行费或者应当终止收费而不终止的,由国务院交通主管部门或者省、自治区、直辖市人民政府交通主管部门依据职权,责令改正,强制拆除收费设施;有违法所得的,没收违法所得,并处违法所得2倍以上5倍以下的罚款;没有违法所得的,处1万元以上5万元以下的罚款;负有责任的主管人员和其他直接责任人员属于国家工作人员的,依法给予记大过直至开除的行政处分。

**第五十条** 违反本条例的规定,有下列情形之一的,由国务院交通主管部门或者省、自治区、直辖市人民政府交通主管部门依据职权,责令改正,并根据情节轻重,处5万元以上20万元以下的罚款:

　　(一)收费站的设置不符合标准或者擅自变更收费站位置的;

　　(二)未按照国家规定的标准和规范对收费公路及沿线设施进行日常检查、维护的;

　　(三)未按照国家有关规定合理设置交通标志、标线的;

（四）道口设置不符合车辆行驶安全要求或者道口数量不符合车辆快速通过需要的；

（五）遇有公路损坏、施工或者发生交通事故等影响车辆正常安全行驶的情形，未按照规定设置安全防护设施或者未进行提示、公告，或者遇有交通堵塞不及时疏导交通的；

（六）应当公布有关限速通行或者关闭收费公路的信息而未及时公布的。

第五十一条　违反本条例的规定，收费公路经营管理者收费时不开具票据，开具未经省、自治区、直辖市人民政府财政、税务部门统一印（监）制的票据，或者开具已经过期失效的票据的，由财政部门或者税务部门责令改正，并根据情节轻重，处10万元以上50万元以下的罚款；负有责任的主管人员和其他直接责任人员属于国家工作人员的，依法给予记大过直至开除的行政处分；构成犯罪的，依法追究刑事责任。

第五十二条　违反本条例的规定，政府还贷公路的管理者未将车辆通行费足额存入财政专户或者未将转让政府还贷公路权益的收入全额缴入国库的，由财政部门予以追缴、补齐；对负有责任的主管人员和其他直接责任人员，依法给予记过直至开除的行政处分。

违反本条例的规定，财政部门未将政府还贷公路的车辆通行费或者转让政府还贷公路权益的收入用于偿还贷款、偿还有偿集资款，或者将车辆通行费、转让政府还贷公路权益的收入挪作他用的，由本级人民政府责令偿还贷款、偿还有偿集资款，或者责令退还挪用的车辆通行费和转让政府还贷公路权益的收入；对负有责任的主管人员和其他直接责任人员，依法给予记过直至开除的行政处分；构成犯罪的，依法追究刑事责任。

第五十三条　违反本条例的规定，收费公路终止收费后，收费公路经营管理者不及时拆除收费设施的，由省、自治区、直辖市人民政府交通主管部门责令限期拆除；逾期不拆除的，强制拆除，拆除费用由原收费公路经营管理者承担。

第五十四条　违反本条例的规定，收费公路经营管理者未按照国务院交通主管部门规定的技术规范和操作规程进行收费公路养护的，由省、自治区、直辖市人民政府交通主管部门责令改正；拒不改正的，责令停止收费。责令停止收费后30日内仍未履行公路养护义务的，由省、自治区、直辖市人民政府交通主管部门指定其他单位进行养护，养护费用由原收费公路经营管理者承担。拒不承担的，由省、自治区、直辖市人民政府交通主管部门申请人民法院强制执行。

**第五十五条** 违反本条例的规定，收费公路经营管理者未履行公路绿化和水土保持义务的，由省、自治区、直辖市人民政府交通主管部门责令改正，并可以对原收费公路经营管理者处履行绿化、水土保持义务所需费用1倍至2倍的罚款。

**第五十六条** 国务院价格主管部门或者县级以上地方人民政府价格主管部门对违反本条例的价格违法行为，应当依据价格管理的法律、法规和规章的规定予以处罚。

**第五十七条** 违反本条例的规定，为拒交、逃交、少交车辆通行费而故意堵塞收费道口、强行冲卡、殴打收费公路管理人员、破坏收费设施或者从事其他扰乱收费公路经营管理秩序活动，构成违反治安管理行为的，由公安机关依法予以处罚；构成犯罪的，依法追究刑事责任；给收费公路经营管理者造成损失或者造成人身损害的，依法承担民事赔偿责任。

**第五十八条** 违反本条例的规定，假冒军队车辆、武警部队车辆、公安机关统一标志的制式警车和抢险救灾车辆逃交车辆通行费的，由有关机关依法予以处理。

# 第六章 附 则

**第五十九条** 本条例施行前在建的和已投入运行的收费公路，由国务院交通主管部门会同国务院发展改革部门和财政部门依照本条例规定的原则进行规范。具体办法由国务院交通主管部门制定。

**第六十条** 本条例自2004年11月1日起施行。

# 城市道路管理条例

- 1996年6月4日中华人民共和国国务院令第198号发布
- 根据2011年1月8日《国务院关于废止和修改部分行政法规的决定》第一次修订
- 根据2017年3月1日《国务院关于修改和废止部分行政法规的决定》第二次修订
- 根据2019年3月24日《国务院关于修改部分行政法规的决定》第三次修订

## 第一章 总 则

**第一条** 为了加强城市道路管理,保障城市道路完好,充分发挥城市道路功能,促进城市经济和社会发展,制定本条例。

**第二条** 本条例所称城市道路,是指城市供车辆、行人通行的,具备一定技术条件的道路、桥梁及其附属设施。

**第三条** 本条例适用于城市道路规划、建设、养护、维修和路政管理。

**第四条** 城市道路管理实行统一规划、配套建设、协调发展和建设、养护、管理并重的原则。

**第五条** 国家鼓励和支持城市道路科学技术研究,推广先进技术,提高城市道路管理的科学技术水平。

**第六条** 国务院建设行政主管部门主管全国城市道路管理工作。

省、自治区人民政府城市建设行政主管部门主管本行政区域内的城市道路管理工作。

县级以上城市人民政府市政工程行政主管部门主管本行政区域内的城市道路管理工作。

## 第二章 规划和建设

**第七条** 县级以上城市人民政府应当组织市政工程、城市规划、公安交通等部门，根据城市总体规划编制城市道路发展规划。

市政工程行政主管部门应当根据城市道路发展规划，制定城市道路年度建设计划，经城市人民政府批准后实施。

**第八条** 城市道路建设资金可以按照国家有关规定，采取政府投资、集资、国内外贷款、国有土地有偿使用收入、发行债券等多种渠道筹集。

**第九条** 城市道路的建设应当符合城市道路技术规范。

**第十条** 政府投资建设城市道路的，应当根据城市道路发展规划和年度建设计划，由市政工程行政主管部门组织建设。

单位投资建设城市道路的，应当符合城市道路发展规划。

城市住宅小区、开发区内的道路建设，应当分别纳入住宅小区、开发区的开发建设计划配套建设。

**第十一条** 国家鼓励国内外企业和其他组织以及个人按照城市道路发展规划，投资建设城市道路。

**第十二条** 城市供水、排水、燃气、热力、供电、通信、消防等依附于城市道路的各种管线、杆线等设施的建设计划，应当与城市道路发展规划和年度建设计划相协调，坚持先地下、后地上的施工原则，与城市道路同步建设。

**第十三条** 新建的城市道路与铁路干线相交的，应当根据需要在城市规划中预留立体交通设施的建设位置。

城市道路与铁路相交的道口建设应当符合国家有关技术规范，并根据需要逐步建设立体交通设施。建设立体交通设施所需投资，按照国家规定由有关部门协商确定。

**第十四条** 建设跨越江河的桥梁和隧道，应当符合国家规定的防洪、通航标准和其他有关技术规范。

**第十五条** 县级以上城市人民政府应当有计划地按照城市道路技术规范改建、拓宽城市道路和公路的结合部，公路行政主管部门可以按照国家有关规定在资金上给予补助。

**第十六条** 承担城市道路设计、施工的单位，应当具有相应的资质等级，并按照资质等级承担相应的城市道路的设计、施工任务。

**第十七条** 城市道路的设计、施工，应当严格执行国家和地方规定的城市道路设计、施工的技术规范。

城市道路施工，实行工程质量监督制度。

城市道路工程竣工，经验收合格后，方可交付使用；未经验收或者验收不合格的，不得交付使用。

**第十八条** 城市道路实行工程质量保修制度。城市道路的保修期为1年，自交付使用之日起计算。保修期内出现工程质量问题，由有关责任单位负责保修。

**第十九条** 市政工程行政主管部门对利用贷款或者集资建设的大型桥梁、隧道等，可以在一定期限内向过往车辆（军用车辆除外）收取通行费，用于偿还贷款或者集资款，不得挪作他用。

收取通行费的范围和期限，由省、自治区、直辖市人民政府规定。

## 第三章 养护和维修

**第二十条** 市政工程行政主管部门对其组织建设和管理的城市道路，按照城市道路的等级、数量及养护和维修的定额，逐年核定养护、维修经费，统一安排养护、维修资金。

**第二十一条** 承担城市道路养护、维修的单位，应当严格执行城市道路养护、维修的技术规范，定期对城市道路进行养护、维修，确保养护、维修工程的质量。

市政工程行政主管部门负责对养护、维修工程的质量进行监督检查，保障城市道路完好。

**第二十二条** 市政工程行政主管部门组织建设和管理的道路，由其委托的城市道路养护、维修单位负责养护、维修。单位投资建设和管理的道路，由投资建设的单位或者其委托的单位负责养护、维修。城市住宅小区、开发区内的道路，由建设单位或者其委托的单位负责养护、维修。

**第二十三条** 设在城市道路上的各类管线的检查井、箱盖或者城市道路附属设施，应当符合城市道路养护规范。因缺损影响交通和安全时，有关产权单位应当及时补缺或者修复。

**第二十四条** 城市道路的养护、维修工程应当按照规定的期限修复竣工，并在养护、维修工程施工现场设置明显标志和安全防围设施，保障行人和交通车辆安全。

**第二十五条** 城市道路养护、维修的专用车辆应当使用统一标志；执行任务时，在保证交通安全畅通的情况下，不受行驶路线和行驶方向的限制。

## 第四章　路政管理

**第二十六条**　市政工程行政主管部门执行路政管理的人员执行公务，应当按照有关规定佩戴标志，持证上岗。

**第二十七条**　城市道路范围内禁止下列行为：

（一）擅自占用或者挖掘城市道路；

（二）履带车、铁轮车或者超重、超高、超长车辆擅自在城市道路上行驶；

（三）机动车在桥梁或者非指定的城市道路上试刹车；

（四）擅自在城市道路上建设建筑物、构筑物；

（五）在桥梁上架设压力在4公斤/平方厘米（0.4兆帕）以上的煤气管道、10千伏以上的高压电力线和其他易燃易爆管线；

（六）擅自在桥梁或者路灯设施上设置广告牌或者其他挂浮物；

（七）其他损害、侵占城市道路的行为。

**第二十八条**　履带车、铁轮车或者超重、超高、超长车辆需要在城市道路上行驶的，事先须征得市政工程行政主管部门同意，并按照公安交通管理部门指定的时间、路线行驶。

军用车辆执行任务需要在城市道路上行驶的，可以不受前款限制，但是应当按照规定采取安全保护措施。

**第二十九条**　依附于城市道路建设各种管线、杆线等设施的，应当经市政工程行政主管部门批准，方可建设。

**第三十条**　未经市政工程行政主管部门和公安交通管理部门批准，任何单位或者个人不得占用或者挖掘城市道路。

**第三十一条**　因特殊情况需要临时占用城市道路的，须经市政工程行政主管部门和公安交通管理部门批准，方可按照规定占用。

经批准临时占用城市道路的，不得损坏城市道路；占用期满后，应当及时清理占用现场，恢复城市道路原状；损坏城市道路的，应当修复或者给予赔偿。

**第三十二条**　城市人民政府应当严格控制占用城市道路作为集贸市场。

**第三十三条** 因工程建设需要挖掘城市道路的,应当提交城市规划部门批准签发的文件和有关设计文件,经市政工程行政主管部门和公安交通管理部门批准,方可按照规定挖掘。

新建、扩建、改建的城市道路交付使用后5年内、大修的城市道路竣工后3年内不得挖掘;因特殊情况需要挖掘的,须经县级以上城市人民政府批准。

**第三十四条** 埋设在城市道路下的管线发生故障需要紧急抢修的,可以先行破路抢修,并同时通知市政工程行政主管部门和公安交通管理部门,在24小时内按照规定补办批准手续。

**第三十五条** 经批准挖掘城市道路的,应当在施工现场设置明显标志和安全防围设施;竣工后,应当及时清理现场,通知市政工程行政主管部门检查验收。

**第三十六条** 经批准占用或者挖掘城市道路的,应当按照批准的位置、面积、期限占用或者挖掘。需要移动位置、扩大面积、延长时间的,应当提前办理变更审批手续。

**第三十七条** 占用或者挖掘由市政工程行政主管部门管理的城市道路的,应当向市政工程行政主管部门交纳城市道路占用费或者城市道路挖掘修复费。

城市道路占用费的收费标准,由省、自治区人民政府的建设行政主管部门、直辖市人民政府的市政工程行政主管部门拟订,报同级财政、物价主管部门核定;城市道路挖掘修复费的收费标准,由省、自治区人民政府的建设行政主管部门、直辖市人民政府的市政工程行政主管部门制定,报同级财政、物价主管部门备案。

**第三十八条** 根据城市建设或者其他特殊需要,市政工程行政主管部门可以对临时占用城市道路的单位或者个人决定缩小占用面积、缩短占用时间或者停止占用,并根据具体情况退还部分城市道路占用费。

## 第五章 罚 则

**第三十九条** 违反本条例的规定,有下列行为之一的,由市政工程行政主管部门责令停止设计、施工,限期改正,可以并处3万元以下的罚款;已经取得设计、施工资格证书,情节严重的,提请原发证机关吊销设计、施工资格证书:

（一）未取得设计、施工资格或者未按照资质等级承担城市道路的设计、施工任务的；

（二）未按照城市道路设计、施工技术规范设计、施工的；

（三）未按照设计图纸施工或者擅自修改图纸的。

**第四十条** 违反本条例第十七条规定，擅自使用未经验收或者验收不合格的城市道路的，由市政工程行政主管部门责令限期改正，给予警告，可以并处工程造价2%的罚款。

**第四十一条** 承担城市道路养护、维修的单位违反本条例的规定，未定期对城市道路进行养护、维修或者未按照规定的期限修复竣工，并拒绝接受市政工程行政主管部门监督、检查的，由市政工程行政主管部门责令限期改正，给予警告；对负有直接责任的主管人员和其他直接责任人员，依法给予行政处分。

**第四十二条** 违反本条例第二十七条规定，或者有下列行为之一的，由市政工程行政主管部门或者其他有关部门责令限期改正，可以处以2万元以下的罚款；造成损失的，应当依法承担赔偿责任：

（一）未对设在城市道路上的各种管线的检查井、箱盖或者城市道路附属设施的缺损及时补缺或者修复的；

（二）未在城市道路施工现场设置明显标志和安全防围设施的；

（三）占用城市道路期满或者挖掘城市道路后，不及时清理现场的；

（四）依附于城市道路建设各种管线、杆线等设施，不按照规定办理批准手续的；

（五）紧急抢修埋设在城市道路下的管线，不按照规定补办批准手续的；

（六）未按照批准的位置、面积、期限占用或者挖掘城市道路，或者需要移动位置、扩大面积、延长时间，未提前办理变更审批手续的。

**第四十三条** 违反本条例，构成犯罪的，由司法机关依法追究刑事责任；尚不构成犯罪，应当给予治安管理处罚的，依照治安管理处罚法的规定给予处罚。

**第四十四条** 市政工程行政主管部门人员玩忽职守、滥用职权、徇私舞弊，构成犯罪的，依法追究刑事责任；尚不构成犯罪的，依法给予行政处分。

# 第六章 附 则

**第四十五条** 本条例自 1996 年 10 月 1 日起施行。

# 国务院关于批转交通运输部等部门重大节假日免收小型客车通行费实施方案的通知

·2012 年 7 月 24 日
·国发〔2012〕37 号

国务院同意交通运输部、发展改革委、财政部、监察部、国务院纠风办制定的《重大节假日免收小型客车通行费实施方案》，现转发给你们，请认真贯彻执行。

## 重大节假日免收小型客车通行费实施方案

为进一步提升收费公路通行效率和服务水平，方便群众快捷出行，现就重大节假日期间免收 7 座及以下小型客车通行费有关问题制定如下实施方案：

**一、实施范围**

（一）免费通行的时间范围为春节、清明节、劳动节、国庆节等四个国家法定节假日，以及当年国务院办公厅文件确定的上述法定节假日连休日。免费时段从节假日第一天 00：00 开始，节假日最后一天 24：00 结束（普通公路以车辆通过收费站收费车道的时间为准，高速公路以车辆驶离出口收费车道的时间为准）。

（二）免费通行的车辆范围为行驶收费公路的 7 座以下（含 7 座）载客车辆，包括允许在普通收费公路行驶的摩托车。

（三）免费通行的收费公路范围为符合《中华人民共和国公路法》和《收费公路管理条例》规定，经依法批准设置的收费公路（含收费桥梁和隧道）。各地机场高速公路是否实行免费通行，由省（区、市）人民政府决定。

## 二、工作要求

（一）加强收费站免费通行管理。

为确保免费政策实施后车辆有序通行，各地区要对公路收费站现有车道进行全面调查，结合重大节假日期间 7 座及以下小型客车免费通行的要求，合理规划和利用现有收费车道和免费专用通道，确保过往车辆分类分车道有序通行。

（二）完善收费站应急处置预案。

地方各级交通运输主管部门和收费公路经营管理单位要全面分析本辖区公路收费站的运营管理状况，特别是交通拥堵等有关情况，督促收费站制定并完善重大节假日期间应对突发事件的应急预案。一旦出现突发事件，要迅速启动应急响应，及时采取有针对性的应对措施，确保收费站正常运行和车辆有序通行。

## 三、保障措施

在重大节假日期间免收 7 座及以下小型客车通行费是调整和完善收费公路政策的重要举措，对于提高重大节假日公路通行能力和服务水平，降低公众假日出行成本具有重要意义，各省（区、市）人民政府和国务院有关部门要高度重视，切实抓好贯彻落实。

（一）加强领导，明确责任。

重大节假日免收 7 座及以下小型客车通行费的具体工作，由各省（区、市）人民政府负责统一组织实施。各省级交通运输、发展改革（价格）、财政、监察、纠风等部门要在省级人民政府统一领导下，制定方案，落实责任，明确分工，密切配合，共同做好实施工作。交通运输部、发展改革委、财政部、监察部、国务院纠风办要成立联合工作小组，加强对各地区的指导、协调和督查，及时帮助解决出现的问题。

（二）深化研究，完善政策。

各省（区、市）人民政府及国务院各有关部门要深入研究分析、科学评估该政策实施效果及影响，不断完善相关措施，妥善解决实施过程中出现的问题；要切实做好与收费公路经营者的沟通，争取其理解和支持，确保各项工作顺利开展。同时，要加快研究完善收费公路管理、提高公路服务水平、促进收费公路健康发展的长效机制和政策措施，更好地服务经济社会发展。

（三）注重宣传，正面引导。

各地区要通过政府及部门网站、新闻媒体等多种渠道，加强舆论引导和政策宣传,及时发布相关信息,使社会公众及时、全面了解本方案的重大意义及具体内容,为公路交通健康持续发展创造良好的舆论氛围。

# 国务院办公厅关于交通部门在道路上设置检查站及高速公路管理问题的通知

·1992 年 3 月 31 日
·国办发〔1992〕16 号

各省、自治区、直辖市人民政府,国务院各部委、各直属机构:

《中华人民共和国公路管理条例》和《中华人民共和国道路交通管理条例》发布以来,各地认真贯彻执行,取得了成效,但在执行中也产生了一些分歧和矛盾。为了进一步加强道路交通管理,经国务院批准,现就交通部门在道路上设置检查站和高速公路管理问题通知如下:

一、今后交通部门在道路上设置检查站,统一由省级人民政府审批,各有关部门都要支持地方政府行使这一权力。

二、根据国务院有关规定,在高速公路管理中,公路及公路设施的修建、养护和路政、运政管理及稽征等,由交通部门负责;交通管理(维护交通秩序、保障交通安全和畅通等)由公安部门负责。目前,我国高速公路正在起步阶段,如何管好高速公路,需要有一个积累经验的过程。因此,各地对高速公路管理的组织机构形式,由省、自治区、直辖市人民政府根据当地实际情况确定,暂不作全国统一规定。公安、交通两部门要相互支持,大力协同,把高速公路管好。

# 二、相关解释

## 最高人民法院关于交通警察支队的下属大队能否作为行政处罚主体等问题的答复

- 2009 年 12 月 2 日
- 〔2009〕行他字第 9 号

山东省高级人民法院：

你院《关于郭玉文诉烟台市公安局交通警察支队第二大队道路交通行政处罚案适用法律问题的请示》收悉。经研究，答复如下：

一、根据《中华人民共和国道路交通安全法实施条例》第一百零九条第一款"对道路交通安全违法行为人处以罚款或者暂扣驾驶证处罚的，由违法行为发生地的县级以上人民政府公安机关交通管理部门或者相当于同级的公安机关交通管理部门作出决定"的规定，如果烟台市公安局交通警察支队下设的大队相当于县级公安机关交通管理部门，其可以以自己名义作出处罚决定。

二、《中华人民共和国道路交通安全法》第一百零七条的规定与《中华人民共和国行政处罚法》第三十三条的规定不一致。前者属于特别规定，后者属于一般规定。根据《立法法》第八十三条的规定，可以适用《中华人民共和国道路交通安全法》第一百零七条规定的简易程序作出行政处罚决定；

三、本案的行政处罚行为作出时间是在违法行为发生后将近一年，地点并不在违法行为发生地，故不属于当场处罚。

此复。

# 最高人民法院关于对人民法院审理公路交通行政案件如何适用法律问题的答复

- 2001年2月1日
- 〔1999〕行他字第29号

广西壮族自治区高级人民法院：

你院〔1999〕桂行请字第60号《关于张仕红不服隆林县交通局暂扣车辆一案适用法律问题的请示》收悉。经研究，答复如下：

人民法院审理公路交通行政案件涉及地方性法规对交通部门暂扣运输车辆的规定与《中华人民共和国公路法》有关规定不一致的，应当适用《中华人民共和国公路法》的有关规定。

# 三、办案规范

## 公路巡逻民警队警务工作规范

- 2011年4月9日公安部令第116号公布
- 自2011年7月1日起施行

### 第一章 总 则

**第一条** 为规范公路巡逻民警队警务工作，维护公路交通安全畅通和治安秩序，保障公路巡逻民警队依法履行职责，根据有关法律法规，制定本规范。

**第二条** 本规范适用于承担公路交通管理工作的交警大队、交警中队（含公路交警中队、乡镇交警中队）和高速公路交警大（中）队。

**第三条** 公路巡逻民警队警务工作应当遵循依法、科学、高效、规范、公开和便民的原则。

**第四条** 省级公安机关应当科学规划公路巡逻民警队的布局,按照所在地区交通安全状况、所管辖公路的通车里程等情况设置公路巡逻民警队,并根据公路通车里程、交通流量、人口、机动车和驾驶人数量、交通安全状况等综合因素配备警力。

具体配备标准由省级公安机关制定。

**第五条** 公路巡逻民警队实行等级评定制度,具体办法由公安部另行制定。

**第六条** 公路巡逻民警队可以根据需要配备交通协管员。

交通协管员的招录、培训、使用、考核等相关管理规定,由省级公安机关制定。

## 第二章　职责权限

**第七条** 公路巡逻民警队履行下列职责:

(一)指挥疏导交通,维护公路交通秩序;
(二)依法查处交通违法行为;
(三)预防和处理交通事故;
(四)依照有关规定办理或者受理机动车登记和驾驶证管理业务;
(五)开展交通安全宣传教育;
(六)排查公路交通安全隐患;
(七)先期处置公路上发生的治安、刑事案件;
(八)按照有关规定查缉违法犯罪嫌疑人员;
(九)接受群众求助;
(十)实施交通应急管理;
(十一)法律、行政法规规定应当履行的其他职责。

**第八条** 公路巡逻民警查处交通违法行为时,可以依法采取扣留车辆、扣留机动车驾驶证、拖移机动车、收缴物品以及检验机动车驾驶人体内酒精、国家管制的精神药品、麻醉药品含量等行政强制措施。

**第九条** 公路巡逻民警因抢救事故受伤人员、处置突发事件等紧急需要,可以优先使用公路上通行的车辆,用后应当及时归还,并支付适当费用;造成损失的,应当赔偿。

**第十条** 遇有自然灾害、恶劣天气或者交通事故等情形,严重影响交通安全的，公路巡逻民警队可以按照相关法律、法规规定和工作预案，实施交通管制。

实施交通管制，应当在现场设置警示标志、指示标志等，做好交通指挥疏导工作。

**第十一条** 公路巡逻民警队应当接受治安、刑侦等部门的业务指导，并与治安、刑侦等部门在案件移交、处置治安和刑事案件、打击违法犯罪等方面建立协作配合机制。

治安、刑侦等部门对公路巡逻民警队按规定移交的案件，应当及时受理。

## 第三章 公路勤务

**第十二条** 公路巡逻民警队实行巡逻执勤与定点执勤相结合的勤务方式，并可以依法使用交通技术监控设备对公路通行情况进行监控。

**第十三条** 公路巡逻民警应当严格执行勤务制度，不得脱岗、漏岗，不得随意改变勤务路线和执勤时间。

**第十四条** 相邻省、自治区、直辖市公安机关交通管理部门及公路巡逻民警队应当研究建立区域警务协作机制，实行联合勤务制度。

**第十五条** 公路巡逻民警执勤执法时应当执行下列任务：

（一）在驾驶警车巡逻执勤时，注意观察公路通行情况，检查交通信号灯、交通标志、交通标线、交通设施等是否完好；

（二）指挥、疏导交通，维护公路通行秩序；

（三）依法制止、纠正和处罚交通违法行为；

（四）受理公民求助和报警，先期处置公路上发生的治安、刑事案件，救助人身财产安全受到侵害的群众；

（五）控制被指控有犯罪行为或者现场作案嫌疑的人员，移交有管辖权的公安机关处理；

（六）根据上级指令处理其他情况。

在盘查可疑人员、机动车或者在先期处置公路上发生的治安、刑事案件过程中执行询问、检查、抓捕任务时，应当至少由两名民警进行，并明确警戒和检查任务分工，做好警戒，确保安全。

**第十六条** 公路巡逻民警驾驶警车巡逻执勤时，应当开启警灯，按规定保持车速和车距。执勤执法时应当穿着反光背心，遵守下列安全防护规定：

（一）除执行堵截严重暴力犯罪嫌疑人等特殊任务外，定点执勤以及拦截、检查车辆或者处理交通违法行为时，应当根据通行条件和交通流量，选择不妨碍其他车辆通行和不影响自身安全的地点进行，并在来车方向放置发光或者反光警告标志、警示灯、锥筒等安全防护装备；

（二）遇有机动车驾驶人拒绝停车的，应当通知前方执勤站点组织拦截，不得站在车辆前方强行拦截，或者攀扒车辆，强行责令机动车驾驶人停车；

（三）对暴力犯罪嫌疑人、交通肇事逃逸驾驶人、被公安机关通缉的人员等危险人员乘坐、驾驶机动车逃逸，可能对公共安全和他人生命安全有严重威胁的，可以驾驶机动车追缉，并应当及时请求支援。

**第十七条** 执行交通警卫任务时，公路巡逻民警队应当结合实际制定交通警卫工作方案，按照警卫级别采取相应警卫措施。

**第十八条** 公路巡逻民警队可以在省际、市际、县际交界处设置交通安全执法服务站（点），开展交通安全宣传，提供便民利民服务。

**第十九条** 公路巡逻民警队接到报警或者出警指令后，应当及时命令就近公路巡逻民警赶赴现场。接到事故报警后，交通事故处理岗位民警白天应当在5分钟内出警，夜间应当在10分钟内出警。

**第二十条** 盘查可疑人员时，应当遵守下列规定：

（一）与被盘查人保持1米以上的距离，尽量让其背对开阔面；

（二）对有一定危险性的违法犯罪嫌疑人员，先将其控制再进行检查，确认无危险后方可实施盘查；

（三）盘查时由一人主问，另一人负责警戒，防止被盘查人或者同伙的袭击；

（四）盘查过程中应保持高度警惕，注意被盘查人的身份、体貌、衣着、行为、携带物品等可疑之处，随时做好应对突发情况的准备；

（五）当盘查对象有异常举动时，民警应当及时发出警告，命令其停止动作并做好自身防范，可以依法视情使用警械予以制止。

**第二十一条** 对可疑机动车进行检查时，应当遵守下列规定：

（一）指挥驾驶人停车，责令机动车驾驶人熄灭发动机并打开车窗，拉紧手制动，开启危险报警闪光灯后将双手放在方向盘上，确认安全后责令其下车，必要时应当暂时存放车钥匙。如车上有其他人员，应当责令其下车等候。

（二）对人员进行检查并予以控制。

（三）查验身份证、机动车驾驶证、行驶证和号牌，并通过公安信息系统进行查询比对。

（四）查验机动车外观、锁具、发动机和车架号码等。

（五）检查车载货物和车内物品。

检查可疑机动车时，负责警戒的民警应当站在可以直接注视车内驾驶人和乘车人、保护负责检查的民警的位置，并保持高度警惕，密切注视驾驶人和乘车人，防范其突然袭击。

驾驶人逃逸的，应当立即向上级或者指挥中心报告，请求部署堵截、追缉。

**第二十二条** 公路巡逻民警队应当建立健全勤务监督制度，确保各项勤务有效实施。

**第二十三条** 高速公路交警大（中）队可以在高速公路收费站和服务区以及容易发生交通事故、交通拥堵的路段设置执勤岗位。

除依法执行紧急公务外，禁止在高速公路主线上采取摆放路障、锥筒、交通标志等方式，拦截正常行驶的车辆进行交通安全检查。

# 第四章　应急管理

**第二十四条** 公路巡逻民警队应当制定应对、处置自然灾害、恶劣天气、道路交通事故、交通拥堵、交通肇事逃逸、治安刑事案件以及盘查违法嫌疑人员、对可疑机动车进行检查等工作预案，定期组织民警开展培训和演练。

**第二十五条** 因自然灾害、恶劣天气或者道路交通事故等突发事件造成交通中断时，公路巡逻民警队应当根据应急预案分级启动应急机制，进入应急状态，采取相应处置措施。

**第二十六条** 公路巡逻民警队处置道路交通事故应当做到快速出警、快速施救、快速勘查现场、快速处理、快速恢复交通，事故现场必须按规定设置警示标志和现场防护设施。

**第二十七条** 除发生大范围雾霾、道路长距离结冰以及其他不具备安全通行条件的情形外，不得因天气原因实施封闭高速公路的交通管制措施。

实施封闭高速公路交通管制措施的，应当采取警车带道、限速行驶等方式,引导车辆从最近的出口驶离高速公路。

**第二十八条** 实施交通管制措施可能影响周边道路交通的,高速公路交警大(中)队应当及时向上级或者指挥中心报告,通报相邻公安机关交通管理部门和高速公路经营管理单位,并组织疏导、分流。

## 第五章 现场处置

**第二十九条** 公路巡逻民警执勤时应当携带警棍、催泪喷射器、手铐、警绳等驱逐、制服、约束性警用器械。按照上级指令执行查缉暴力犯罪嫌疑人及其驾驶、乘坐的车辆等任务时应当携带枪支、弹药等警用武器,并穿着防弹衣、佩戴防弹头盔。

**第三十条** 对公路上发生的治安、刑事案件,应当视现场情况采取下列先期处置措施:

(一)保护现场并设置警示标志,疏导交通,必要时使用警戒带划定警戒区域;

(二)查验居民身份证、机动车驾驶证等有关证照;

(三)检查有违法犯罪嫌疑的车辆、物品,配合组织追缉、堵截违法犯罪嫌疑人员;

(四)组织抢救受伤人员,疏散群众;

(五)对现行或者在逃的违法犯罪嫌疑人员,可以依法讯问或者采取强制措施;

(六)向上级公安机关报告案情;

(七)向治安、刑侦等部门或者案件发生地公安派出所移交涉嫌违法犯罪的人员和物品。

**第三十一条** 公路巡逻民警在先期处置治安、刑事案件过程中应当遵守下列规定:

(一)对违法犯罪嫌疑人员,应当先进行安全检查,发现管制刀具、武器、易燃易爆危险品的,应当立即予以扣押;

(二)对违法犯罪嫌疑人员携带的物品进行检查时,应当在确保违法犯罪嫌疑人员得到有效控制后实施;

(三)实施押解、讯问时,应当对违法犯罪嫌疑人员依法采取有效约束措施,防止其脱逃或者行凶。

**第三十二条** 对堵塞交通等群体性事件,应当视现场情况采取以下处置措施：

（一）迅速了解事件起因、规模及影响交通的程度，及时向上级或者指挥中心报告，同时劝告群众离开现场；

（二）向群众宣传有关法律规定，配合有关部门开展劝说工作；

（三）在现场外围设置警戒线，控制无关人员和车辆进入现场，必要时依法实行交通管制；

（四）在处置过程中，应当坚持慎用警力、慎用武器警械和慎用强制措施，注意防止误伤他人，保护民警自身安全。

第三十三条 对重特大道路交通事故，应当视现场情况采取以下先期处置措施：

（一）设置警戒区和警示标志，在安全距离位置放置发光或者反光锥筒和警告标志，确定专人负责现场交通指挥和疏导，维护公路通行秩序。因道路交通事故导致交通中断或者现场处置、勘查需要实施封闭道路等交通管制措施的，还应当在事故现场来车方向提前组织分流，放置绕行提示标志，避免发生交通拥堵。

（二）收集证据，寻找证人；对有人员伤亡、公路设施损坏的事故，应当立即向上级或者指挥中心报告，通知卫生行政、交通运输、安全监管以及公安消防等部门赶赴现场处置，及时实施封闭道路、疏散过往车辆、人员和控制现场等措施，并协助有关部门抢救受伤人员。因抢救伤员需要变动现场的，应当标明或者记录受伤人员的位置；受伤人员被送往医院的，应当记录医院名称、地址及受伤人员基本情况。

（三）在交通事故处理岗位民警到达现场前，指挥疏导车辆、人员绕行。

（四）控制交通肇事驾驶人，如有逃逸，及时向上级或者指挥中心报告布控查缉。

第三十四条 遇涉及易燃易爆化学物品以及毒害性、放射性、腐蚀性、传染病病原体等危险物品的事故，应当立即向上级或者指挥中心报告，通知卫生行政、交通运输、环境保护、安全监管以及公安消防等部门赶赴现场处置，实施封闭道路、疏散过往车辆、人员和控制现场等措施，禁止无关车辆、人员进入现场。在环境保护、安全监管以及公安消防等部门消除险情后，公路巡逻民警方可进入现场。

第三十五条 对自然灾害事故及其他意外事件，应当视现场情况采取以下处置措施：

（一）立即向上级或者指挥中心报告；
（二）维护现场秩序，指挥救灾车辆优先通行；
（三）抢救遇险群众，保护财产；
（四）对造成道路交通中断的，指挥疏导车辆、人员绕行。

## 第六章　执法监督

**第三十六条**　公路巡逻民警队应当建立民警执法考核制度，综合考核民警的执勤执法工作量、执法质量、执法效果以及执法纪律遵守等情况。

**第三十七条**　公路巡逻民警队应当配备专（兼）职法制员，审核案件、检查执法质量、评析执法效果，对发现的执法问题提出整改意见。

**第三十八条**　有条件的公路巡逻民警队应当为民警装备音像记录设备，对民警的执勤执法全过程进行录音或者录像记录。

**第三十九条**　公路巡逻民警队应当建立执法回访制度，定期回访交通事故当事人，听取意见和建议。

**第四十条**　公路巡逻民警队应当设置警务公开栏，公开民警姓名、照片、警号、职务、岗位职责、办事程序、处罚依据、收费标准及有关法律法规规定。

**第四十一条**　公路巡逻民警队应当定期开展警营开放活动，向公众介绍公安机关交通管理部门的工作，听取对公安交通管理工作的意见和建议。

**第四十二条**　公路巡逻民警在执勤执法时，严禁下列行为：
（一）擅离岗位；
（二）违反规定扣留车辆、机动车行驶证、驾驶证和车辆号牌；
（三）违反规定当场收缴罚款，当场收缴罚款不开具罚款收据、不开具简易程序处罚决定书或者不如实填写罚款单据；
（四）利用职务便利索取、收受他人财物，谋取不正当利益、干扰执法办案或者强令违法办案；
（五）不使用规范用语、态度蛮横、行为粗暴、故意刁难群众或者吃拿卡要；
（六）不消除交通违法状态即放行车辆。

对违反上述规定的公路巡逻民警给予相应的行政处分。

**第四十三条** 公路巡逻民警队及其上级公安机关,不得向民警下达或者变相下达罚款指标,不得隐瞒不报或者谎报应当上报的重特大道路交通事故、交通拥堵等情况。

违反上述规定的,对直接负责的主管人员和其他直接责任人员给予相应的行政处分。

**第四十四条** 公路巡逻民警队及其民警认真履行法定职责,工作表现突出,有显著成绩和贡献或者有其他突出事迹的,应当予以表彰奖励。

**第四十五条** 公路巡逻民警队应当建立社会监督机制,公布举报、投诉方式,聘请社会监督员,接受社会监督。

## 第七章 预防道路交通事故

**第四十六条** 县级公安机关应当提请政府成立交通安全领导机构、建立交通安全工作联席会议制度,组织领导本地区道路交通安全工作。

**第四十七条** 公路巡逻民警队应当定期分析研判本地区交通安全形势,根据道路交通事故时间、地点、主要原因以及交通违法行为发生的规律特点,科学制定预防道路交通事故的对策、措施和意见。

**第四十八条** 公路巡逻民警队应当协调本地区农村基层组织、机关、企事业单位建立健全内部交通安全宣传教育制度,开展交通安全宣传教育。

**第四十九条** 高速公路交警大(中)队可以聘请高速公路经营管理单位的收费、养护职工为交通安全员,协助开展交通安全宣传,劝阻和举报交通违法行为。

**第五十条** 公路巡逻民警队应当联合有关职能部门,定期排查本地区道路交通安全隐患,及时提出消除安全隐患、预防道路交通事故的建议。

**第五十一条** 公路巡逻民警队应当配合有关职能部门,督促本地区企事业单位落实交通安全责任制,加强对客运车辆、危险化学品运输车辆、校车等机动车及其驾驶人的交通安全监管。

## 第八章　科技信息化应用

**第五十二条**　省级公安机关交通管理部门应当在本地区公安信息化总体规划下，制定公路交通管理信息化建设的规划意见。

**第五十三条**　公路巡逻民警队应当掌握本地区道路、人口、机动车、驾驶人数据和村庄、学校、运输企业分布以及交通违法、交通事故等情况，并及时录入有关信息系统。

**第五十四条**　公路巡逻民警队应当建立交通信息发布制度，通过多种渠道发布道路交通管理信息，为公众提供交通出行信息服务。

**第五十五条**　有条件的公路巡逻民警队应当通过公安网络实行网上办公，配备可以实时查询、处理交通违法信息的无线移动执法终端设备。

**第五十六条**　在道路交通事故多发、交通安全隐患突出、交通违法行为多、机动车流量较大的路口、路段应当设置交通技术监控设备。

**第五十七条**　对具有计量功能的交通技术监控设备应当定期进行检验。

**第五十八条**　高速公路交警大（中）队应当与高速公路经营管理单位共享公路监控信息资源。

道路交通卡口监控信息应当与公安机关有关部门、警种共享。

## 第九章　警务保障与内务管理

**第五十九条**　公路巡逻民警队的经费应当纳入财政预算全额保障，编制应当纳入公安机关编制保障计划。

**第六十条**　公路巡逻民警队营房建设应当满足交通违法处理、道路交通事故处理、机动车和驾驶证管理、开展交通安全宣传等业务需要。

**第六十一条**　公安机关应按照标准为公路巡逻民警队配备必要的警用车辆、武器、警械、计算机、通信器材、反光背心、防护装备、交通事故现场勘查、测速仪、酒精检测仪等装备。

执勤警用汽车应当配备反光锥筒、警示灯、停车示意牌、警戒带、照相机、摄像机、灭火器、急救箱、牵引绳等装备；根据需要可以配备防弹衣、防弹头盔、简易破拆工具、防化服、拦车破胎器、酒精检测仪、测速仪等装备。

**第六十二条** 公路巡逻民警队应当建立政治学习、值班备勤、装备管理、档案管理等工作制度。

公路巡逻民警队应当建立岗位练兵制度，定期组织开展交通管理业务、科技应用、警务技能的学习训练。

**第六十三条** 公路巡逻民警队应当保持车辆车况良好、停放有序，装备齐全有效，通讯畅通。

非执行公务不得使用警用装备和警用车辆。

枪支、警械的管理、使用，按照有关规定执行。

**第六十四条** 公路巡逻民警队应当按照规定制作、设置统一的外观标识。办公场所保持整洁、有序。

## 第十章 附 则

**第六十五条** 各省、自治区、直辖市公安厅、局可以根据本规范，结合本地实际制定实施办法。

**第六十六条** 本规范自2011年7月1日起施行，2001年5月23日发布的《公路巡逻民警中队警务规范》（公安部令第58号）同时废止。

# 交通警察道路执勤执法工作规范

· 2008年11月15日
· 公通字〔2008〕58号

## 第一章 总 则

**第一条** 为了规范交通警察道路执勤执法行为，维护道路交通秩序，保障道路交通安全畅通，根据《中华人民共和国道路交通安全法》及其他有关规定，制定本规范。

**第二条** 交通警察在道路上执行维护交通秩序、实施交通管制、执行交通警卫任务、纠正和处理道路交通安全违法行为（以下简称"违法行为"）等任务，适用本规范。

**第三条** 交通警察执勤执法应当坚持合法、公正、文明、公开、及时，查处违法行为应当坚持教育与处罚相结合。

**第四条** 交通警察执勤执法应当遵守道路交通安全法律法规。对违法行为实施行政处罚或者采取行政强制措施，应当按照《道路交通安全法》、《道路交通安全法实施条例》、《道路交通安全违法行为处理程序规定》等法律、法规、规章执行。

**第五条** 交通协管员可以在交通警察指导下承担以下工作：

（一）维护道路交通秩序，劝阻违法行为；

（二）维护交通事故现场秩序，保护事故现场，抢救受伤人员；

（三）进行交通安全宣传；

（四）及时报告道路上的交通、治安情况和其他重要情况；

（五）接受群众求助。

交通协管员不得从事其他执法行为，不得对违法行为人作出行政处罚或者行政强制措施决定。

## 第二章 执勤执法用语

**第六条** 交通警察在执勤执法、接受群众求助时应当尊重当事人，使用文明、礼貌、规范的语言，语气庄重、平和。对当事人不理解的，应当耐心解释，不得呵斥、讽刺当事人。

**第七条** 检查涉嫌有违法行为的机动车驾驶人的机动车驾驶证、行驶证时，交通警察应当使用的规范用语是：你好！请出示驾驶证、行驶证。

**第八条** 纠正违法行为人（含机动车驾驶人、非机动车驾驶人、行人、乘车人，下同）的违法行为，对其进行警告、教育时，交通警察应当使用的规范用语是：你的（列举具体违法行为）违反了道路交通安全法律法规，请遵守交通法规。谢谢合作。

**第九条** 对行人、非机动车驾驶人的违法行为给予当场罚款时，交通警察应当使用的规范用语是：你的（列举具体违法行为）违反了道路交通安全法律法规，依据《道路交通安全法》第××条和《道路交通安全法实施条例》第××条（或××地方法规）的规定，对你当场处以××元的罚款。

非机动车驾驶人拒绝缴纳罚款时,交通警察应当使用的规范用语是:根据《道路交通安全法》第89条的规定,你拒接接受罚款处罚,可以扣留你的非机动车。

**第十条** 对机动车驾驶人给予当场罚款或者采取行政强制措施时,交通警察应当使用的规范用语是:你的(列举具体违法行为)违反了道路交通安全法律法规,依据《道路交通安全法》第××条和《道路交通安全法实施条例》第××条(或××地方法规)的规定,对你处以××元的罚款,记××分(或者扣留你的驾驶证/机动车)。

**第十一条** 实施行政处罚或者行政强制措施前,告知违法行为人应享有的权利时,交通警察应当使用的规范用语是:你有权陈述和申辩。

**第十二条** 要求违法行为人在行政处罚决定书(或行政强制措施凭证)上签字时,交通警察应当使用的规范用语是:请你认真阅读法律文书的这些内容,并在签名处签名。

**第十三条** 对违法行为人依法处理后,交通警察应当使用的规范用语是:请收好法律文书(和证件)。

对经检查未发现违法行为时,交通警察应当使用的规范用语是:谢谢合作。

**第十四条** 对于按规定应当向银行缴纳罚款的,机动车驾驶人提出当场缴纳罚款时,交通警察应当使用的规范用语是:依据法律规定,我们不能当场收缴罚款。请到×××银行缴纳罚款。

**第十五条** 对于机动车驾驶人拒绝签收处罚决定书或者行政强制措施凭证时,交通警察应当使用的规范用语是:依据法律规定,你拒绝签字或者拒收,法律文书同样生效并即为送达。

**第十六条** 实施交通管制、执行交通警卫任务、维护交通事故现场交通秩序,交通警察应当使用的规范用语是:前方正在实行交通管制(有交通警卫任务或者发生了交通事故),请你绕行×××道路(或者耐心等候)。

**第十七条** 要求当事人将机动车停至路边接受处理时,交通警察应当使用的规范用语是:请将机动车停在(指出停车位置)接受处理。

## 第三章　执勤执法行为举止

**第十八条**　交通警察在道路上执勤执法应当规范行为举止，做到举止端庄、精神饱满。

**第十九条**　站立时做到抬头、挺胸、收腹，双手下垂置于大腿外侧，双腿并拢、脚跟相靠，或者两腿分开与肩同宽，身体不得倚靠其他物体，不得摇摆晃动。

**第二十条**　行走时双肩及背部要保持平稳，双臂自然摆动，不得背手、袖手、搭肩、插兜。

**第二十一条**　敬礼时右手取捷径迅速抬起，五指并拢自然伸直，中指微接帽檐右角前，手心向下，微向外张，手腕不得弯曲。礼毕后手臂迅速放回原位。

**第二十二条**　交还被核查当事人的相关证件后时应当方便当事人接取。

**第二十三条**　使用手势信号指挥疏导时应当动作标准，正确有力，节奏分明。

手持指挥棒、示意牌等器具指挥疏导时，应当右手持器具，保持器具与右小臂始终处于同一条直线。

**第二十四条**　驾驶机动车巡逻间隙不得倚靠车身或者趴在摩托车把上休息。

## 第四章　着装和装备配备

**第二十五条**　交通警察在道路上执勤执法应当按照规定穿着制式服装，佩戴人民警察标志。

**第二十六条**　交通警察在道路上执勤执法应当配备多功能反光腰带、反光背心、发光指挥棒、警用文书包、对讲机或者移动通信工具等装备，可以选配警务通、录音录像执法装备等，必要时可以配备枪支、警棍、手铐、警绳等武器和警械。

**第二十七条**　执勤警用汽车应当配备反光锥筒、警示灯、停车示意牌、警戒带、照相机（或者摄像机）、灭火器、急救箱、牵引绳等装备；根据需要可以配备防弹衣、防弹头盔、简易破拆工具、防化服、拦车破胎器、酒精检测仪、测速仪等装备。

第二十八条 执勤警用摩托车应当配备制式头盔、停车示意牌、警戒带等装备。

第二十九条 执勤警车应当保持车容整洁、车况良好、装备齐全。

第三十条 交通警察执勤执法装备,省、自治区、直辖市公安机关可以根据实际需要增加,但应当在全省、自治区、直辖市范围内做到统一规范。

## 第五章 通行秩序管理

第三十一条 交通警察在道路上执勤时,应当采取定点指挥疏导和巡逻管控相结合的方式。

第三十二条 交通警察在指挥疏导交通时,应当注意观察道路的交通流量变化,指挥机动车、非机动车、行人有序通行。

在信号灯正常工作的路口,可以根据交通流量变化,合理使用交通警察手势信号,指挥机动车快速通过路口,提高通行效率,减少通行延误。

在无信号灯或者信号灯不能正常工作的路口,交通警察应当使用手势信号指挥疏导,提高车辆、行人通过速度,减少交通冲突,避免发生交通拥堵。

第三十三条 交通警察遇到交通堵塞应当立即指挥疏导;遇严重交通堵塞的,应当采取先期处置措施,查明原因,向上级报告。

接到疏导交通堵塞指令后,应当按照工作预案,选取分流点,并视情设置临时交通标志、提示牌等交通安全设施,指挥疏导车辆。

在疏导交通堵塞时,对违法行为人以提醒、教育为主,不处罚轻微违法行为。

第三十四条 交通警察在执勤时,应当定期检查道路及周边交通设施,包括信号灯、交通标志、交通标线、交通设施等是否完好,设置是否合理。发现异常,应当立即采取处置措施,无法当场有效处理的,应当先行做好应急处置工作,并立即向上级报告。

第三十五条 交通警察发现违反规定占道挖掘或者未经许可擅自在道路上从事非交通行为危及交通安全或者妨碍通行,尚未设置警示标志的，应当及时制止，并向上级报告，积极做好交通疏导工作。

**第三十六条** 在高速公路上执勤时应当以巡逻为主，通过巡逻和技术监控，实现交通监控和违法信息收集。必要时可以在收费站、服务区设置执勤点。

**第三十七条** 交通警察发现高速公路交通堵塞，应当立即进行疏导，并查明原因，向上级报告或者通报相关部门，采取应对措施。

造成交通堵塞，必须借用对向车道分流的，应当设置隔离设施，并在分流点安排交通警察指挥疏导。

**第三十八条** 交通警察执勤时遇交通事故应当按照《道路交通事故处理程序规定》（公安部令第104号）和《交通事故处理工作规范》的规定执行。

## 第六章 违法行为处理

### 第一节 一般规定

**第三十九条** 交通警察在道路上执勤，发现违法行为时，应当及时纠正。无法当场纠正的，可以通过交通技术监控设备记录，依据有关法律、法规、规章的规定予以处理。

**第四十条** 交通警察纠正违法行为时，应当选择不妨碍道路通行和安全的地点进行。

**第四十一条** 交通警察发现行人、非机动车驾驶人的违法行为，应当指挥当事人立即停靠路边或者在不影响道路通行和安全的地方接受处理，指出其违法行为，听取当事人的陈述和申辩，作出处理决定。

**第四十二条** 交通警察查处机动车驾驶人的违法行为，应当按下列程序执行：

（一）向机动车驾驶人敬礼；

（二）指挥机动车驾驶人立即靠边停车，可以视情要求机动车驾驶人熄灭发动机或者要求其下车；

（三）告知机动车驾驶人出示相关证件；

（四）检查机动车驾驶证，询问机动车驾驶人姓名、出生年月、住址，对持证人的相貌与驾驶证上的照片进行核对；检查机动车行驶证,对类型、颜色、号牌进行核对;检查检验合格标志、保险标志;查询机动车及机动车驾驶人的违法行为信息、机动车驾驶人记分情况;

(五)指出机动车驾驶人的违法行为;

(六)听取机动车驾驶人的陈述和申辩;

(七)给予口头警告、制作简易程序处罚决定书、违法处理通知书或者采取行政强制措施。

## 第二节　查处轻微违法行为

**第四十三条**　对《道路交通安全法》规定可以给予警告、无记分的违法行为、未造成影响道路通行和安全的后果且违法行为人已经消除违法状态的,可以认定为轻微违法行为。

**第四十四条**　对轻微违法行为,口头告知其违法行为的基本事实、依据,纠正违法行为并予以口头警告后放行。

**第四十五条**　交通警察在指挥交通、巡逻管控过程中发现的违法行为,在不具备违法车辆停车接受处理的条件或者交通堵塞时,可以通过手势、喊话等方式纠正违法行为。

**第四十六条**　对交通技术监控设备记录的轻微违法行为,可以通过手机短信、邮寄违法行为提示、通知车辆所属单位等方式,提醒机动车驾驶人遵守交通法律法规。

**第四十七条**　各省、自治区、直辖市公安机关可以根据本地实际,依照本规范第四十三条的规定确定轻微违法行为的具体范围。

## 第三节　现场处罚和采取强制措施

**第四十八条**　违法行为适用简易程序处罚的,交通警察对机动车驾驶人作出简易程序处罚决定后,应当立即交还机动车驾驶证、行驶证等证件,并予以放行。

制作简易程序处罚决定书、行政强制措施凭证时应当做到内容准确、字迹清晰。

**第四十九条**　违法行为需要适用一般程序处罚的,交通警察应当依照规定制作违法行为处理通知书或者依法采取行政强制措施,告知机动车驾驶人接受处理的时限、地点。

**第五十条**　当事人拒绝在法律文书上签字的,交通警察除应当在法律文书上注明有关情况外,还应当注明送达情况。

**第五十一条** 交通警察依法扣留车辆时,不得扣留车辆所载货物,并应当提醒机动车驾驶人妥善处置车辆所载货物。

当事人无法自行处理或者能够自行处理但拒绝自行处理的,交通警察应当在行政强制措施凭证上注明,登记货物明细并妥善保管。

货物明细应当由交通警察、机动车驾驶人签名,有见证人的,还应当由见证人签名。机动车驾驶人拒绝签名的,交通警察应当在货物登记明细上注明。

## 第七章 实施交通管制

**第五十二条** 遇有雾、雨、雪等恶劣天气、自然灾害性事故以及治安、刑事案件时,交通警察应当及时向上级报告,由上级根据工作预案决定实施限制通行的交通管制措施。

**第五十三条** 执行交通警卫任务以及具有本规范第五十二条规定情形的,需要临时在城市道路、国省道实施禁止机动车通行的交通管制措施的,应当由市(地)级以上公安机关交通管理部门决定。需要在高速公路上实施交通管制的,应当由省级公安机关交通管理部门决定。

**第五十四条** 实施交通管制,公安机关交通管理部门应当提前向社会公告车辆、行人绕行线路,并在现场设置警示标志、绕行引导标志等,做好交通指挥疏导工作。

无法提前公告的,交通警察应当做好交通指挥疏导工作,维护交通秩序。对机动车驾驶人提出异议或者不理解的,应当做好解释工作。

**第五十五条** 交通警察在道路上实施交通管制,应当严格按照相关法律、法规规定和工作预案进行。

**第五十六条** 在高速公路执勤遇恶劣天气时,交通警察应当采取以下措施:

(一)迅速上报路况信息,包括雾、雨、雪、冰等恶劣天气的区域范围、能见度、车流量等情况;

(二)根据路况和上级要求,采取发放警示卡、间隔放行、限制车速、巡逻喊话提醒、警车限速引导等措施;

（三）加强巡逻，及时发现和处置交通事故，严防发生次生交通事故；

（四）关闭高速公路时，要通过设置绕行提示标志、电子显示屏或者可变情报板、交通广播等方式发布提示信息。车辆分流应当在高速公路关闭区段前的站口进行，交通警察要在分流处指挥疏导。

**第五十七条** 交通警察遇到正在发生的治安、刑事案件或者根据指令赶赴治安、刑事案件现场时，应当通知治安、刑侦部门，并根据现场情况采取以下先期处置措施：

（一）制止违法犯罪行为，控制违法犯罪嫌疑人；

（二）组织抢救伤者，排除险情；

（三）划定警戒区域，疏散围观群众，保护现场，维护好中心现场及周边道路交通秩序，确保现场处置通道畅通；

（四）进行现场询问，及时组织追缉、堵截；

（五）及时向上级报告案件（事件）性质、事态发展情况。

**第五十八条** 交通警察发现因群体性事件而堵塞交通的，应当立即向上级报告，并维护现场交通秩序。

**第五十九条** 交通警察接受堵截任务后，应当迅速赶往指定地点，并按照预案实施堵截。

紧急情况下，可以使用拦车破胎器堵截车辆。

**第六十条** 交通警察发现有被通缉的犯罪嫌疑车辆，应当视情采取跟踪、堵截等措施，确保有效控制车辆和嫌疑人员，并向上级报告。

# 第八章　执行交通警卫任务

**第六十一条** 交通警察执行警卫任务，应当及时掌握任务的时间、地点、性质、规模以及行车路线等要求，掌握管制措施、安全措施。

按要求准时到达岗位，及时对路口、路段交通秩序进行管理，纠正各类违法行为，依法文明执勤。

**第六十二条** 交通警察执行交通警卫任务时，应当遵守交通警卫工作纪律，严格按照不同级别的交通警卫任务的要求，适时采取交通分流、交通控制、交通管制等安全措施。在确保警卫车辆安全畅通的前提下，尽量减少对社会车辆的影响。

警卫车队到来时，遇有车辆、行人强行冲击警卫车队等可能影响交通警卫任务的突发事件，应当及时采取有效措施控制车辆和人员，维护现场交通秩序，并迅速向上级报告。

警卫任务结束后，应当按照指令迅速解除交通管制，加强指挥疏导，尽快恢复道路交通。

**第六十三条** 交通警察在路口执行警卫任务时，负责指挥的交通警察应当用手势信号指挥车队通过路口，同时密切观察路口情况，防止车辆、行人突然进入路口。负责外围控制的交通警察，应当分别站在路口来车方向，控制各类车辆和行人进入路口。

**第六十四条** 交通警察在路段执行警卫任务时，应当站在警卫路线道路中心线对向机动车道一侧，指挥控制对向车辆靠右缓行，及时发现和制止违法行为，严禁对向车辆超车、左转、调头及行人横穿警卫路线。

## 第九章　接受群众求助

**第六十五条** 交通警察遇到属于《110接处警工作规则》受理范围的群众求助，应当做好先期处置，并报110派员处置。需要过往机动车提供帮助的，可以指挥机动车驾驶人停车，请其提供帮助。机动车驾驶人拒绝的，不得强制。

**第六十六条** 交通警察遇到职责范围以外但如不及时处置可能危及公共安全、国家财产安全和人民群众生命财产安全的紧急求助时，应当做好先期处置，并报请上级通报相关部门或者单位派员到现场处置，在相关部门或者单位进行处置时，可以予以必要的协助。

**第六十七条** 交通警察遇到职责范围以外的非紧急求助，应当告知求助人向所求助事项的主管部门或者单位求助，并视情予以必要的解释。

**第六十八条** 交通警察指挥疏导交通时不受理群众投诉，应当告知其到相关部门或者机构投诉。

## 第十章　执勤执法安全防护

**第六十九条** 交通警察在道路上执勤时应当遵守以下安全防护

规定：

（一）穿着统一的反光背心；

（二）驾驶警车巡逻执勤时，开启警灯，按规定保持车速和车距，保证安全。驾驶人、乘车人应当系安全带。驾驶摩托车巡逻时，应当戴制式头盔；

（三）保持信息畅通，服从统一指挥和调度。

**第七十条** 在城市快速路、主干道及公路上执勤应当由两名以上交通警察或者由一名交通警察带领两名以上交通协管员进行。需要设点执勤的，应当根据道路条件和交通状况，临时选择安全和不妨碍车辆通行的地点进行，放置要求驾驶人停车接受检查的提示标志，在距执勤点至少二百米处开始摆放发光或者反光的警告标志、警示灯，间隔设置减速提示标牌、反光锥筒等安全防护设备。

**第七十一条** 在执行公务时，警车需要临时停车或者停放的，应当开启警灯，并选择与处置地点同方向的安全地点，不得妨碍正常通行秩序。

警车在公路上执行公务时临时停车和停放应当开启警灯，并根据道路限速，将警车停在处置地点来车方向五十至二百米以外。在不影响周围群众生产生活的情况下，可以开启警报器。

**第七十二条** 交通警察在雾、雨、雪、冰冻及夜间等能见度低和道路通行条件恶劣的条件下设点执勤，应当遵守以下规定：

（一）在公路、城市快速路上执勤，应当由三名（含）以上交通警察或者两名交通警察和两名（含）以上交通协管员进行；

（二）需要在公路上设点执勤，应当在距执勤点至少五百米处开始摆放发光或者反光的警告标志、警示灯，间隔设置减速提示标牌、反光锥筒等安全防护设备，并确定专人对执勤区域进行巡控；在高速公路上应当将执勤点设在收费站或者服务区、停车区，并在至少两公里处开始摆放发光或者反光的警告标志、警示灯，间隔设置减速提示标牌、反光锥筒等安全防护设备。

**第七十三条** 查处违法行为应当遵守以下规定：

（一）除执行堵截严重暴力犯罪嫌疑人等特殊任务外，拦截、检查车辆或者处罚交通违法行为，应当选择不妨碍道路通行和安全的地点进行，并在来车方向设置分流或者避让标志；

（二）遇有机动车驾驶人拒绝停车的，不得站在车辆前面强行拦截，或者脚踏车辆踏板，将头、手臂等伸进车辆驾驶室或者攀扒车辆，强行责令机动车驾驶人停车；

（三）除机动车驾驶人驾车逃跑后可能对公共安全和他人生命安全有严重威胁以外，交通警察不得驾驶机动车追缉，可采取通知前方执勤交通警察堵截，或者记下车号，事后追究法律责任等方法进行处理；

（四）堵截车辆应采取设置交通设施、利用交通信号灯控制所拦截车辆前方车辆停车等非直接拦截方式，不得站立在被拦截车辆行进方向的行车道上拦截车辆。

第七十四条 在高速公路发现有不按规定车道行驶、超低速驶、遗洒载运物、客车严重超员、车身严重倾斜等危及道路通行安全的违法行为，可以通过喊话、鸣警报器、车载显示屏提示等方式，引导车辆到就近服务区或者驶出高速公路接受处理。情况紧急的，可以立即进行纠正。

第七十五条 公安机关交通管理部门应当定期检查交通警察安全防护装备配备和使用情况，发现和纠正存在的问题。

## 第十一章　执法监督与考核评价

第七十六条 公安机关督察部门和交通管理部门应当建立对交通警察道路执勤执法现场督察制度。

公安机关交通管理部门应当建立交通警察道路执勤执法检查和考核制度。

对模范遵守法纪、严格执法的交通警察，应当予以表彰和奖励。

对违反规定执勤执法的，应当批评教育；情节严重的，给予党纪、政纪处分；构成犯罪的，依法追究法律责任。

第七十七条 公安机关交通管理部门应当根据交通警察工作职责，结合辖区交通秩序、交通流量情况和交通事故的规律、特点，以及不同岗位管理的难易程度，安排勤务工作，确定执勤执法任务和目标，以执法形象、执法程序、执法效果、执法纪律、执勤执法工作量、执法质量、接处警等为重点，开展考核评价工作。

不得下达或者变相下达罚款指标，不得以处罚数量作为考核交通警察执法效果的唯一依据。

考核评价结果应当定期公布，记入交通警察个人执法档案，并与交通警察评先创优、记功、职级和职务晋升、公务员年度考核分配挂钩，兑现奖励措施。

**第七十八条** 省、市（地）、县级公安机关交通管理部门应当公开办事制度、办事程序，公布举报电话，自觉接受社会和群众的监督，认真受理群众的举报，坚决查处交通警察违法违纪问题。

**第七十九条** 公安机关交通管理部门应当建立和完善值日警官制度，通过接待群众及时发现交通警察在执法形象、执法纪律、执法程序、接处警中出现的偏差、失误，随时纠正，使执法监督工作动态化、日常化。

**第八十条** 公安机关交通管理部门应当建立本单位及其所属交通警察的执法档案，实施执法质量考评、执法责任制和执法过错追究。执法档案可以是电子档案或者纸质档案。

执法档案的具体内容，由省级公安机关交通管理部门商公安法制部门按照执法质量考评的要求统一制定。

**第八十一条** 公安机关交通管理部门通过执法档案应当定期分析交通警察的执法情况，发现、梳理带有共性的执法问题，制定整改措施。

**第八十二条** 交警大队应当设立专职法制员，交警中队应当设立兼职法制员。法制员应当重点审查交通警察执勤执法的事实依据、证据收集、程序适用、文书制作等，规范交通警察案卷、文书的填写、制作。

**第八十三条** 公安机关交通管理部门可以使用交通违法信息系统，实行执法办案网上流程管理、网上审批和网上监督，加强对交通警察执法情况的分析、研判。

**第八十四条** 交通警察在道路上执勤执法时，严禁下列行为：

（一）违法扣留车辆、机动车行驶证、驾驶证和机动车号牌；

（二）违反规定当场收缴罚款，当场收缴罚款不开具罚款收据、不开具简易程序处罚决定或者不如实填写罚款金额；

（三）利用职务便利索取、收受他人财物或者谋取其他利益；

（四）违法使用警报器、标志灯具；

（五）非执行紧急公务时拦截搭乘机动车；

（六）故意为难违法行为人；

（七）因自身的过错与违法行为人或者围观群众发生纠纷或者冲突；

（八）从事非职责范围内的活动。

## 第十二章　附　则

**第八十五条**　各省、自治区、直辖市公安机关可以根据本地实际，制定实施办法。

**第八十六条**　本规范自 2009 年 1 月 1 日起实施。2005 年 11 月 14 日公安部印发的《交通警察道路执勤执法工作规范》同时废止。

附件 1

### 查处酒后驾驶操作规程

一、查处机动车驾驶人酒后驾驶违法行为应当配备并按规定使用酒精检测仪、约束带、警绳等装备。

用于收集违法行为证据的酒精检测仪应当符合国家标准并依法检定合格，并保持功能有效。

二、查处机动车驾驶人酒后驾驶违法行为应当按照以下规定进行：

（一）发现有酒后驾驶嫌疑的，应当及时指挥机动车驾驶人立即靠路边停车，熄灭发动机，接受检查，并要求机动车驾驶人出示驾驶证、行驶证；

（二）对有酒后驾驶嫌疑的机动车驾驶人，要求其下车接受酒精检验。对确认没有酒后驾驶行为的机动车驾驶人，应当立即放行；

（三）使用酒精检测仪对有酒后驾驶嫌疑的机动车驾驶人进行检验，检验结束后，应当告知检验结果；当事人违反检验要求的，应当当场重新检验；

（四）检验结果确认为酒后驾驶的，应当依照《道路交通安全违法行为处理程序规定》对违法行为人进行处理；检验结果确认为非酒后驾驶的，应当立即放行；

（五）当事人对检验结果有异议或者饮酒后驾驶车辆发生交通事

故的,应当立即固定不少于两份的血液样本,或者由不少于两名交通警察或者一名交通警察带领两名协管员将当事人带至县级以上医院固定不少于两份的血液样本;

(六)固定当事人血液样本的,应当通知其家属或者当事人要求通知的人员。无法通知或者当事人拒绝的,可以不予通知,但应当在行政强制措施凭证上注明。

三、对醉酒的机动车驾驶人应当由不少于两名交通警察或者一名交通警察带领不少于两名协管员带至指定地点,强制约束至酒醒后依法处理。必要时可以使用约束性警械。

四、处理结束后,必须禁止饮酒后、醉酒的机动车驾驶人继续驾驶车辆,如现场无其他机动车驾驶人替代驾驶的,可以将其驾驶的机动车移至不妨碍交通的地点或者有关部门指定的地点,并将停车地点告知机动车驾驶人。

**附件 2**

### 查处违反装载规定违法行为操作规程

一、对有违反装载规定嫌疑的车辆,应当指挥机动车驾驶人立即停车,熄灭发动机,接受检查,并要求驾驶人出示机动车驾驶证、行驶证。

二、经检查,确认为载物超长、超宽、超高的,当场制作简易处罚程序决定书。

运输超限运输不可解体物品影响交通安全,未按照公安机关交通管理部门指定的时间、路线、速度行驶的,应当责令其按照公安机关交通管理部门指定的时间、路线、速度行驶。未悬挂明显标志的,责令驾驶人悬挂明显标志后立即放行。

三、对于有载物超载嫌疑,需要使用称重设备核定的,应当引导车辆到指定地点进行。

核定结果为超载,应当责令当事人消除违法行为。当事人表示可立即消除违法状态,依法处罚,待违法状态消除后放行车辆;当事人拒绝或者不能立即消除违法状态的,制作行政强制措施凭证,扣留车辆。

对于跨地区长途运输车辆超载的,依照公安部、交通运输部等部门的有关规定处理。

四、对于运送瓜果、蔬菜和鲜活产品的超载车辆,应当当场告知当事人违法行为的基本事实,依照有关规定处理,对未严重影响道路交通安全的,不采取扣留机动车等行政强制措施。对严重影响道路交通安全的,应当责令驾驶人按照规定转运,驾驶人拒绝转运的,依法扣留机动车。

五、对于货运机动车车厢载人、客运机动车超载或者违反规定载物的,当事人拒绝或者不能立即消除违法状态的,制作行政强制措施凭证,扣留车辆至违法状态消除。

对于其他违反装载规定的,在依法处罚之后,应当责令机动车驾驶人当场消除违法行为。

**附件 3**

## 查处超速行驶操作规程

一、查处机动车超速违法行为应当使用测速仪、摄录设备等装备。

用于收集违法行为证据的测速仪应当符合国家标准并依法检定合格,并保持功能有效。

二、现场查处超速违法行为,按照设点执勤的规范要求设置警示标志,测速点与查处点之间的距离不少于两公里,且不得影响其他车辆正常通行。

能够保存交通技术监控记录资料的,可以实施非现场处罚。

三、查处机动车超速违法行为应当按照以下规定进行:

(一)交通警察在测速点通过测速仪发现超速违法行为,应当及时通知查处点交通警察做好拦车准备;

(二)查处点交通警察接到超速车辆信息后,应当提前做好拦车准备,并在确保安全的前提下进行拦车;

(三)对超速低于百分之五十的,依照简易程序处罚;超过百分之五十的,采取扣留驾驶证强制措施,制作行政强制措施凭证。

四、当事人要求查看照片或者录像的,应当提供。

五、在高速公路查处超速违法行为，应当通过固定电子监控设备或者装有测速设备的制式警车进行流动测速。

## 附件4

### 查处违法停车操作规程

一、查处机动车违法停车行为应当使用照相、摄录设备、清障车等装备。

二、发现机动车违法停车行为，机动车驾驶人在现场的，应当责令其驶离。

机动车驾驶人不在现场的，应当在机动车侧门玻璃或摩托车座位上张贴违法停车告知单，并采取拍照或者录像方式固定相关证据。严重妨碍其他车辆、行人通行的，应当指派清障车将机动车拖移至指定地点。

机动车驾驶人虽在现场但拒绝立即驶离的，应当使用照相、摄录设备取证，依法对机动车驾驶人的违法行为进行处理。

公安机关交通管理部门应当公开拖移机动车查询电话，并通过设置拖移机动车专用标志牌明示或者以其他方式告知当事人。当事人可以通过电话查询接受处理的地点、期限和被拖移机动车的停放地点。

三、交通警察在高速公路上发现机动车违法停车的，应当责令机动车驾驶人立即驶离；机动车发生故障或者机动车驾驶人不在现场的，应当联系清障车将机动车拖移至指定地点并告知机动车驾驶人；无法拖移的，应当责令机动车驾驶人按照规定设置警告标志。

故障机动车可以在短时间内修复，且不占用行车道或者骑压车道分隔线停车的，可以不拖移机动车，但应当责令机动车驾驶人按照规定设置警告标志。

四、拖移违法停车机动车，应当保障交通安全，保证车辆不受损坏，并通过拍照、录像等方式固定证据。

附件5

## 查处涉牌涉证违法行为操作规程

一、发现无号牌机动车，交通警察应当指挥机动车驾驶人立即停车，熄灭发动机，并查验车辆合法证明和驾驶证。

二、对于未悬挂机动车号牌，机动车驾驶人有驾驶证，且能够提供车辆合法证明的，依法处罚，并告知其到有关部门办理移动证或临时号牌后放行；不能提供车辆合法证明的，应当制作行政强制措施凭证，依法扣留车辆。

三、对于有拼装或者报废嫌疑的，检查时应当按照行驶证上标注的厂牌型号、发动机号、车架号等内容与车辆进行核对，确认无违法行为的，立即放行；初步确认为拼装或者报废机动车的，应当制作行政强制措施凭证，依法扣留车辆。

四、对于有使用伪造、变造机动车号牌或者使用其他机动车号牌嫌疑的，检查时应当根据车辆情况进行核对、询问，确认无违法行为的，立即放行；初步确认有使用伪造、变造机动车牌证或者使用其他机动车牌证违法行为的，应当制作行政强制措施凭证，依法扣留车辆。

五、对于有被盗抢嫌疑的，检查时，应当运用查缉战术、分工协作进行检查，并与全国被盗抢机动车信息系统进行核对。

当场能够确认无违法行为的，立即放行；当场不能确认有无违法行为的，应当将人、车分离，将车辆移至指定地点，进一步核实。

六、发现不按规定安装号牌、遮挡污损号牌的，检查时应当按照行驶证上标注的厂牌型号、发动机号、车架号等内容与车辆进行核对。确认违法行为后依法予以处罚，同时责令机动车驾驶人纠正。

七、交通警察发现机动车驾驶人未携带机动车驾驶证、有使用伪造或者变造驾驶证嫌疑或者机动车驾驶人拒绝出示驾驶证接受检查的，依法扣留车辆。

八、交通警察发现机动车驾驶人所持驾驶证记满12分或者公告停止使用的，依法扣留机动车驾驶证。

九、交通警察发现机动车驾驶人驾驶车辆与准驾车型不符、所持驾驶证有伪造或者变造嫌疑、驾驶证超过有效期或者驾驶证处于注销状态的，根据《公安机关办理行政案件程序规定》将驾驶证作为证据扣押。

十、机动车驾驶人所持驾驶证无效，同时又无其他机动车驾驶人替代驾驶的，可以将其驾驶的机动车移至不妨碍交通的地点或者有关部门指定的地点。

## 附件6

### 查处运载危险化学品车辆操作规程

一、发现运载爆炸物品、易燃易爆化学物品以及剧毒、放射性等危险物品车辆有违法行为的，应当指挥机动车驾驶人停车接受检查，除查验机动车驾驶人出示驾驶证、车辆行驶证外，还应当查验其他相关证件及信息，并依法处理。

二、对于擅自进入危险化学品运输车辆禁止通行区域，或者不按指定的行车时间和路线行驶的，应当当场予以纠正，并依据《危险化学品安全管理条例》实施处罚。

三、对于未随车携带《剧毒化学品公路运输通行证》的，应当引导至安全地点停放，并禁止其继续行驶，及时调查取证，并责令提供已依法领取通行证的证明，依据《剧毒化学品购买和公路运输许可证件管理办法》实施处罚。

四、对于未申领《剧毒化学品公路运输通行证》，擅自通过公路运输剧毒化学品的，应当扣留运输车辆，调查取证，依据《危险化学品安全管理条例》实施处罚。

五、对于未按照《剧毒化学品公路运输通行证》注明的运输车辆、驾驶人、押运人员、装载数量和运输路线、时间等事项运输的，应当引导至安全地点停放，调查取证，责令其消除违法行为，依据《危险化学品安全管理条例》和《剧毒化学品购买和公路运输许可证件管理办法》实施处罚。

# 公路监督检查专用车辆管理办法

- 2002 年 11 月 16 日交通部令 2002 年第 6 号公布
- 自 2003 年 1 月 1 日起施行

**第一条** 为加强公路监督检查专用车辆的管理,规范公路监督检查车辆的车型、标志和示警灯,根据《中华人民共和国公路法》的有关规定,制定本办法。

**第二条** 公路监督检查专用车辆是县级以上地方人民政府交通主管部门及其所属的管理机构依法进行公路监督检查时使用的专用车辆,其标志包括车辆颜色和文字标识,示警灯包括顶灯和发声器等。

**第三条** 公路监督检查专用车辆的车型、标志和示警灯由国务院交通主管部门统一规范。公路监督检查专用车辆的管理工作由省、自治区、直辖市人民政府交通主管部门负责。

**第四条** 任何单位和个人不得违反本办法擅自喷印、安装、使用公路监督检查专用车辆的标志和示警灯。

**第五条** 公路监督检查专用车辆的车型包括轿车、越野车和轻型客车三类。

**第六条** 公路监督检查专用车辆的基本色为白色,沿车辆前保险杆水平环绕车身以下部分为橙黄色。车身两侧统一喷印"中国公路"文字标识,字体为黑体,文字颜色为黑色(式样见附件一)。

**第七条** 公路监督检查专用车辆的示警灯为红、黄、蓝三色固定式排灯,安装在车顶前部。示警灯中间装备圆形红底白色公路路徽(式样见附件一)。排灯颜色左右两侧对称分布,每侧从里向外依次为黄色、红色、蓝色。其中,红色占排灯单侧长度的二分之一,蓝色、黄色各占排灯单侧长度的四分之一。公路监督检查专用车辆的示警灯采用相同的呼话、音调、灯光、选择自动转换等技术功能的电子发声器。

**第八条** 凡安装示警灯的公路监督检查专用车辆,必须持有省、自治区、直辖市交通主管部门颁发的《公路监督检查专用车辆示警灯使用证》,并随车携带。

《公路监督检查专用车辆示警灯使用证》由交通部统一制式(式

样见附件二)。任何单位和个人不得伪造、涂改、转让和转借《公路监督检查专用车辆示警灯使用证》。

**第九条** 公路监督检查专用车辆在执行以下公务时方可使用示警灯：

（一）查处逃缴交通规费和车辆通行费的车辆；

（二）查处损坏公路的车辆；

（三）依法采取公路行政强制措施；

（四）执行其他紧急任务。

**第十条** 公路监督检查专用车辆、示警灯不得转借他人，也不得从事与公路监督检查无关的其他活动。

**第十一条** 省、自治区、直辖市交通主管部门应当加强对公路监督检查专用车辆使用情况的监督检查。《公路监督检查专用车辆示警灯使用证》由省、自治区、直辖市交通主管部门定期审验。

**第十二条** 公路监督检查专用车辆转让、报废或者改变用途的，原使用单位应当拆除示警灯，清除本办法规定的文字标识，并将《公路监督检查专用车辆示警灯使用证》交回省、自治区、直辖市交通主管部门。

**第十三条** 违反本办法喷印、安装、使用公路监督检查专用车辆标志和示警灯的，违反本办法转让和转借《公路监督检查专用车辆示警灯使用证》的，省、自治区、直辖市交通主管部门应当责令其改正或者收缴公路监督检查专用车辆的示警灯、销毁相关标志和证件，并对车辆单位予以通报批评，车辆所属单位应对责任人予以相应行政处分。

**第十四条** 违反本办法伪造、假冒使用公路监督检查专用车辆、标志、示警灯和《公路监督检查专用车辆示警灯使用证》的，由省、自治区、直辖市交通主管部门责令其拆除示警灯、销毁相关标志和证件，并处1万元罚款。

**第十五条** 公路监督检查专用车辆的配备标准与数量由省、自治区、直辖市交通主管部门会同同级财政部门根据各地实际需要确定。

**第十六条** 本办法自二零零三年一月一日起施行。

**附件一：**公路监督检查专用车辆式样（略）

**附件二：**公路监督检查专用车辆使用证式样（略）

# 中华人民共和国公安部关于发布交通警察手势信号的通告

· 2007 年 8 月 13 日
· 公通字〔2007〕53 号

为保障道路交通安全畅通，根据《中华人民共和国道路交通安全法》及其实施条例，现将修订后的交通警察手势信号通告如下：

一、交通警察指挥手势信号分为：停止信号、直行信号、左转弯信号、左转弯待转信号、右转弯信号、变道信号、减速慢行信号、示意车辆靠边停车信号。

（一）停止信号：左臂向前上方直伸，掌心向前，不准前方车辆通行。

（二）直行信号：左臂向左平伸，掌心向前；右臂向右平伸，掌心向前，向左摆动，准许右方直行的车辆通行。

（三）左转弯信号：右臂向前平伸，掌心向前；左臂与手掌平直向右前方摆动，掌心向右，准许车辆左转弯，在不妨碍被放行车辆通行的情况下可以掉头。

（四）左转弯待转信号：左臂向左下方平伸，掌心向下；左臂与手掌平直向下方摆动，准许左方左转弯的车辆进入路口，沿左转弯行驶方向靠近路口中心，等候左转弯信号。

（五）右转弯信号：左臂向前平伸，掌心向前；右臂与手掌平直向左前方摆动，手掌向左，准许右方的车辆右转弯。

（六）变道信号：右臂向前平伸，掌心向左；右臂向左水平摆动，车辆应当腾空指定的车道，减速慢行。

（七）减速慢行信号：右臂向右前方平伸，掌心向下；右臂与手掌平直向下方摆动，车辆应当减速慢行。

（八）示意车辆靠边停车信号：左臂向前上方平伸，掌心向前；右臂向前下方平伸，掌心向左；右臂向左水平摆动，车辆应当靠边停车。

交通警察在夜间没有路灯、照明不良或者遇有雨、雪、雾、沙

594

尘、冰雹等低能见度天气条件下执勤时，可以用右手持指挥棒，按照上述手势信号指挥。

二、车辆驾驶人员应当服从交通警察的指挥，按照手势信号的示意通行，违者按照《中华人民共和国道路交通安全法》及其实施条例的有关规定处理。

三、本通告自二〇〇七年十月一日起施行。

特此通告。

# 财政部、公安部、中国人民银行关于实施跨省异地缴纳非现场交通违法罚款工作的通知

· 2019 年 12 月 31 日
· 财库〔2019〕68 号

各省、自治区、直辖市、计划单列市财政厅（局）、新疆生产建设兵团财政局，各省、自治区、直辖市公安厅（局）、新疆生产建设兵团公安局，中国人民银行上海总部、各分行、营业管理部、省会（首府）城市中心支行、副省级城市中心支行，各中央财政非税收入收缴代理银行：

为提高执法效率，方便群众办事，自2020年5月1日起，对交通技术监控设备记录的道路交通安全违法行为形成的交通违法罚款（以下简称非现场交通违法罚款），在全国范围内实施跨省异地缴纳工作。现将有关事宜通知如下：

**一、跨省异地缴纳非现场交通违法罚款的内容**

（一）跨省异地缴纳非现场交通违法罚款。

1. 按照公安部《道路交通安全违法行为异地处理工作规范（试行）》（公交管〔2019〕543号），机动车驾驶人可在全国任意地公安机关交通管理部门处理非现场交通违法行为。违法行为发生地公安机关交通管理部门按照发生地处罚标准，对违法行为作出行政处罚决定。处理地公安机关交通管理部门可协助违法行为发生地公安机关交通管理部门调查违法事实、代为送达行政处罚决定书、代为履行处罚告知程序，行政处罚决定书应载明处理地所在省（自治区、直辖市，

以下称省)。

2. 违法行为发生地与处理地在同一省范围内的,机动车驾驶人或者其委托的代理人(以下简称缴款人)应当在收到行政处罚决定书后,在处理地所在省缴纳罚款,罚款收入按处理地省级财政部门规定及时缴入国库。

3. 缴款人在违法行为发生地以外的省接受处理的,可在处理地所在省缴纳罚款,也可按本通知规定跨省异地缴纳罚款,罚款收入按处理地省级财政部门规定及时缴入国库。

(二)在代理银行营业网点跨省异地缴纳非现场交通违法罚款。

1. 各省在同时具备中央和省级财政非税收入收缴代理资格的银行范围内,选定银行代收跨省异地缴纳的罚款。省级财政部门要与选定的代理银行总行或总行授权的分支机构签订协议,明确通过同行汇划清算系统接收罚款的银行账户、缴库方式、信息传递方式和要求等。

2. 在违法行为发生地以外的省接受处理后,缴款人可持行政处罚决定书或者出具行政处罚决定书编号,到处理地所在省选择的代理银行在全国任意地的营业网点缴纳罚款。代理银行营业网点通过行内系统访问全国省际交通违法处罚和缴款信息交换平台查询违法信息,与缴款人确认后收取罚款,并向缴款人出具缴款凭据。

3. 代理银行总行将收取罚款的电子信息及时传递至全国省际交通违法处罚和缴款信息交换平台,由公安机关交通管理部门根据罚款收缴信息及时将对应的违法记录变更为"已缴款"。

4. 代理银行按照与处理地省级财政部门签订的协议,通过同行汇划清算系统将罚款资金汇划至处理地省级财政部门指定银行账户,并将相关账户信息向当地人民银行报备。代理银行应按要求将罚款收缴信息传递到处理地省级财政部门指定银行,代理银行总行每日将收缴信息汇总后导入财政部。

5. 各省指定接收罚款资金的银行收到资金信息后,按规定将信息导入到本省的非税系统。各地财政部门按规定将资金及时缴入各级国库。

6. 各地财政部门、公安机关交通管理部门、人民银行、代理银行按规定进行对账。

(三)通过其他方式跨省异地缴纳非现场交通违法罚款。

缴款人使用代理银行的网上银行、手机银行、自助服务终端等方式缴款的,由缴款人自行使用计算机、手机、银行自助服务终端等登录缴款界面,录入行政处罚决定书编号,确认无误后缴款。后续业务流程与通过代理银行营业网点办理缴款的流程一致。

(四)收入退付。

因行政处罚被撤销、变更或者缴款人因疏忽出现多缴款、重复缴款、错误缴款等情形,需要按规定办理退付的,缴款人向处理地公安机关交通管理部门提出申请,按照处理地非税收入退付的有关规定办理。为进一步方便缴款人,退付流程应逐步做到网上申请、网上审核。

**二、工作要求**

(一)切实加强组织领导,确保完成实施工作。

各省要切实加强组织领导,建立财政部门、公安机关交通管理部门、人民银行、代理银行之间有效的工作协调机制,精心部署,周密安排,确保完成实施工作。

(二)有关方面要各负其责,保证业务畅通。

1. 省级财政部门要会同公安机关交通管理部门、人民银行,制定本省跨省异地缴纳罚款工作实施方案并组织落实;应逐步扩大代收跨省异地缴纳罚款的代理银行范围,拓展缴款渠道,方便缴款人缴纳罚款。

2. 公安部应确保全国省际交通违法处罚和缴款信息交换平台运行稳定,确保代理银行可实时查询到跨省异地处罚和应缴款信息,即时将罚款收缴信息传递到各地公安机关交通管理部门。各地公安机关交通管理部门要严格法律文书制作管理,按规定及时、准确地核对、录入、转递、变更交通违法信息,要会同财政部门共同建立公安交通管理系统与非税系统数据传递接口和对账机制,将已缴纳罚款的道路交通安全违法行为记录信息按日分地区传递给同级财政部门。

3. 人民银行要加强对代理银行代收交通违法罚款收入收缴汇划清算业务的监督管理。

4. 代理银行总行要建立健全业务操作规程,认真开展业务培训,在代收渠道、营业时间、服务设施、缴款手续等方面为群众缴款提供便利;积极配合相关部门按照统一口径向群众宣传;工作人员不得以各种理由对群众缴款不予受理或者推诿、搪塞,对造成不良影响的应按有关规定追责。

（三）严格履行保密义务，严禁泄露信息。

财政部门、公安机关交通管理部门、人民银行、代理银行，对实施交通违法罚款跨省异地缴纳工作中涉及的机动车驾驶人个人信息均负有保密责任，严禁将获得的机动车驾驶人姓名、驾驶证号、机动车牌号等信息泄露、出售或非法提供给他人，以及用于商业目的。

# 交通运输部办公厅、公安部办公厅关于整治冲卡逃费维护收费公路运营秩序的通知

·2017年5月17日
·交办公路〔2017〕73号

各省、自治区、直辖市、新疆生产建设兵团交通运输厅（局、委）、公安厅（局）：

收费公路是依法建设并运营的重要基础设施，为社会公众提供了高效安全优质的通行服务。但在收费公路运营中，冲卡逃费现象时有发生，严重干扰正常收费秩序，侵害国家、集体和个人的合法权益，破坏社会公平正义，必须坚决依法整治。为了维护收费公路运营秩序，根据《公路法》《治安管理处罚法》《公路安全保护条例》《收费公路管理条例》等有关规定，经交通运输部、公安部同意，现就冲卡逃费整治工作通知如下：

一、建立工作机制。各级交通运输、公安部门要结合本地区实际，迅速成立由有关负责同志牵头，公路管理机构、收费公路经营管理单位、公安部门相关警种负责同志参加的整治收费公路冲卡逃费工作机构，建立联勤联动工作机制，明确工作职责，加强信息互通，及时会商研判，制定有效防范措施，为整治冲卡逃费等工作提供相应保障。

二、细化工作分工。收费公路经营管理单位要在不影响正常车辆安全行驶的前提下，在重点收费站口增设加重横杆等拦截设施，提高对恶意冲卡车辆的拦截能力；必要时组建专职保安队伍，增加站口防控力量；在重点收费站口增设高清监控装置，保证现场视频证据的质量；加强车辆入站信息的录入和保存，确保准确锁定冲卡车辆。公路管理机构要依法查处冲卡逃费等扰乱收费秩序的行为，对涉嫌犯罪的

要移送公安部门处理。公安部门相关警种要加强与收费公路经营管理单位的协作配合,加强重点收费站口的治安巡逻,加大对涉嫌违反治安管理和道路交通管理行为的查处力度,有效防控冲卡逃费违法犯罪行为。

三、突出惩处重点。各级交通运输、公安部门在各自职责范围内,重点对以下偷逃收费公路车辆通行费的行为,严格实施处罚:

(一)组织、教唆他人多次偷逃车辆通行费的;
(二)造成收费设施、交通设施较大损失的;
(三)以暴力、威胁、侮辱等手段妨碍行政执法人员、收费人员履行职责的;
(四)造成收费公路堵塞或者管理工作不能正常进行的;
(五)伪造国家机关公文、印章或伪造事业单位、人民团体印章的;
(六)使用伪造、变造车辆通行卡通过收费站的;
(七)造成其他严重后果的。

四、提升管理服务水平。收费公路经营管理单位要严格执行《收费公路管理条例》有关规定,不能随意扩大通行费减免范围,杜绝特权车、人情车;规范收费管理工作,严格收费业务操作流程,健全车辆通行卡台账;处理违法违规行为时,做到事实准确、证据充分、程序合法、尺度统一;要积极研发应用新技术,治理偷逃通行费行为,提高查验偷逃通行费车辆的准确度和效率;研究建立收费公路诚信体系,对冲卡逃费等违法行为相关责任主体实施联合惩戒;加强收费人员教育,注意工作方式方法,既要依法依规收取车辆通行费,又要文明服务、态度友好,准确解释政策,避免激化矛盾。

五、加强政策宣传引导。各级交通运输、公安部门要加强宣传和舆论引导,借助广播、电视、互联网等多种媒体,加强收费公路政策宣传,要大力宣传对偷逃通行费车辆的处理规定,提高社会公众依法交费意识;大力报道典型案例,集中曝光一批冲卡逃费严重违法案件,广泛开展警示教育,营造良好的舆论氛围。

六、加强执法监督考核。各级交通运输、公安部门要严格规范执法行为,做到公正文明执法,避免因为执法不规范而造成不良影响。积极履行法定职责,主动接受社会监督,加强执法监督,建立健全工作责任倒查与追究制度,发现失职、渎职行为,依法依纪追究相关单位和人员的责任。

# 公路安全设施和交通秩序管理精细化提升行动方案

·2022 年 2 月 21 日
·交办公路〔2022〕14 号

"十三五"期间,按照国务院统一部署,全国实施了公路安全生命防护工程,有效提升了公路安全保障水平,持续加大交通安全整治力度,净化了道路通行秩序。"十四五"期,随着城乡一体化发展进程的快速推进、高密度公路网加速形成,机动车和驾驶人数量持续大幅度增长,多样化、高强度出行需求将给公路交通安全设施和交通秩序管理工作提出新的更高要求。为深入贯彻落实人民至上、生命至上理念,促进公路交通安全形势持续稳定向好,制定本方案。

## 一、总体目标

以习近平新时代中国特色社会主义思想为指导,全面贯彻落实党的十九大和十九届历次全会精神,坚持人民至上、生命至上,统筹发展和安全,树牢底线思维,增强忧患意识,构建"政府主导、部门联动、路警协同、多方共治"的工作格局,坚持"问题导向、系统思维、精准施策、标本兼治"的工作原则,推动公路交通安全设施从"有没有"向"好不好"转变,促进交通秩序管理从"粗放式"向"精细化"转变,力争到2025年底,实现公路"安全保障能力系统提升、安全管理水平显著提升、交通事故明显下降"的目标,为人民群众出行创造更加安全的公路交通环境。

## 二、职责分工

交通运输部门负责做好公路交通安全设施精细化提升工作。各地交通运输部门根据有关标准规范和规章制度,联合公安部门对事故易发多发点段进行评估,从人、车、路、环境、管理等方面运用各种技术手段详细分析事故成因,从完善交通安全设施、促进规范行车秩序等方面,研究制定优化公路安全通行环境的实施计划,并提请当地政府统筹解决整治工作遇到的问题。对情况较为复杂、治理难度较大的重点路段,组织专业技术力量实地勘察,实行"一点一方案"、"一路—设计",研究制定技术方案并予以实施。在整治实施之前,设置预警、提示等临时设施,及时告知社会,降低安全风险。

公安部门负责做好交通秩序管理精细化提升工作。各地公安部门加强对辖区公路交通事故情况的研判分析,梳理排查交通事故易发多发点段,建立健全道路交通事故信息通报制度,及时向当地政府报告,从加强公路通行秩序管理、强化重点交通违法整治、加大公安交管信息技术手段应用力度等方面,研究提出防范交通事故的治理措施并实施。重点加大对突出交通违法行为的查处力度,加强与交通运输部门联勤联动,协同开展突出问题集中整治。

### 三、主要任务

（一）高速公路。

1. 精细提升安全防护能力。加强护栏连接过渡。鼓励按照相关标准规范要求并结合交通安全实际,提升路侧护栏、出口分流端缓冲设施的防护能力,完善迎交通流护栏端头安全处理。对建成较早的高速公路开展针对性调查,结合交通事故数据及原因分析,科学评估中央分隔带护栏与现状交通运行、防护需求适应情况,特别是碰撞中央分隔带护栏事故多发、运营期交通运行状况变化较大、大型车辆交通量增长较快等路段。中央分隔带护栏适应性不足、确需升级改造的,要按照《公路交通安全设施设计规范》（JTG D81-2017）要求,科学合理制定护栏改造方案。要结合高速公路改扩建、养护工程,分类、分批、分期推进中央分隔带护栏提质升级。护栏改造期间,要切实做好高速公路交通分流和交通组织工作,对改造施工技术要求高、施工难度大的路段,必要时应开展研究论证,确保中央分隔带埋设管线及交通运行安全。（交通运输部门牵头负责）

2. 科学规范信息指引。总结推广公路交通标志标线优化提升专项工作经验成果,健全完善交通标志标线动态评估优化长效机制,根据运营期路网结构、交通运行状况变化情况,充分考虑驾驶人需求,动态评估优化互通立交及出入口、新旧公路并行交汇、多运输方式衔接、交通组织复杂等路段的指路标志信息指引、标线渠化诱导,确保标志、标线等设施布设合理、信息连续完整、路径指引准确、路网信息一致,提升驾驶人视认与诱导效果。（交通运输部门牵头负责）

3. 加强城际重要通道疏堵保畅。以京津冀、长三角、粤港澳大湾区、成渝地区双城经济圈为重点,在确保安全前提下,实施提速疏堵

工程，提升通行能力，降低因拥堵诱发交通事故风险。（交通运输部门、公安部门共同负责）

4. 加强恶劣天气动态管控。团雾、凝冻、冬季冰雪、沙尘暴等恶劣天气多发路段、养护作业区路段、容易发生交通拥堵路段、重载货车或危险货物运输车辆通行路段等，加强多元化的警示信息发布和安全诱导服务，强化分类分级动态通行管控，鼓励恶劣气象监测预警及保障装备体系建设应用。（公安部门牵头负责）

5. 改进完善通行管理措施。排查高速公路门架和交通技术监控设备补光灯眩光情况，进一步规范补光灯设置。（交通运输部门、公安部门共同负责）根据需要推进分车道通行管理，实施中重型货车右侧通行管控措施。探索拥堵易发路段硬路肩可动态调整、适当开放允许通行的控制措施，合理提升应急缓堵疏堵能力。鼓励各地开展危险货物运输车辆通行分类分级管控试点。（公安部门牵头负责）

（二）普通国省干线公路。

1. 重点提升穿城镇路段。根据实际交通需求与城镇化环境特点，优化沿线交通组织设计，在保障路侧居民有序安全穿越公路的前提下，调整和归并中央分隔带开口及路侧出入口设置，解决开口过多等导致的风险隐患。（交通运输部门牵头负责）具备条件的路段，公安部门、交通运输部门要联合向当地政府书面报告，推动当地政府根据交通状况增设辅道、机动车非机动车分隔、行人过街、照明等设施，整理优化路侧空间，实施路宅分离，改善行人、非机动车通行条件。要深入推进"一路多方"联动机制，严格管控新增平面交叉路口，严格公路用地、建筑控制区、非公路标志管理，厘清公路用地范围内各类窨井盖权属关系，监督权属单位落实管养责任。配合当地政府有序推动马路集市清除或移址，加大力度维护集市期间周边道路交通秩序，协同保障人民群众安全有序出行。（交通运输部门、公安部门共同负责）

2. 重点完善平面交叉路口。鼓励根据交通流量和交叉等级分类处置。清理通视三角区具备移除条件的障碍物，确保路口视线通透；明确并合理分配交叉路权，完善路权设施设置；优化进出口交通组织，鼓励左、右转弯专用道设置；优化标志、标线及渠化设施，规范车辆行驶轨迹，减少或分离交通冲突点，缩小冲突区域；鼓励具备条件的路段实施"微小改造工程"，采取局部改善线形、调整平面交叉角度、调整支路纵坡坡度、合并支路等措施，改善通行条件。（交通运输部门负责）近三年发生过一次死亡3人以上交通事故或死亡人数累计超过5人的平交路口增设或完善警告标志、标线、减速设施、示警桩、交通信号灯（含闪光警告信号灯）。严格查处闯红灯、不按规定车道行驶、随意横穿马路等突出交通违法行为，加强交通秩序管理，着力提升管控效能。（公安部门、交通运输部门共同负责）

3. 重点路段精细防护。公铁并行交汇地段完善防护设施。对大型货车比例高、交通流量大的急弯陡坡、重点桥隧特别是独柱墩桥梁等路段进一步加强安全保障。一级公路及双向四车道大流量二级公路，根据对向碰撞事故数量及公路功能、交通流量、设计速度等，按照相关标准规范要求逐步推进中央分隔带护栏或隔离设施设置。加强护栏连接过渡，优化完善迎交通流护栏端头安全处理。（交通运输部门牵头负责）近三年发生过冲出路面翻坠交通事故导致死亡人数超过3人的临水临崖等路段险要路段增设或完善警告标志、减速设施、路侧护栏。（公安部门、交通运输部门共同负责）

4. 加强通行安全管控。线形条件较好的路段以及学校路段、连续长陡下坡、急弯和出入口视距受限等路段加强速度管控与执法。重点路段设置测速取证设备和测速告知标志，相交道路较少的长路段可探索实施区间测速。流量较大、货车通行比例较高的路段，推行货车靠右通行的管理措施，至少每5公里增设一处货车靠右行标志。连续长陡下坡路段，在坡顶位置加强货车安全提示，引导货车及时调整制动性能或采取紧急避险措施。（公安部门牵头负责）

（三）农村公路。

1. 大力提升农村公路安全防护能力。继续推进农村公路安全生命防护工程建设，以村道为重点按轻重缓急制定分步治理规划，通行客运班线和接送学生车辆集中的村道，急弯陡坡、临水临崖等重点路段优先实施。鼓励具备条件的单车道公路按相关标准规范要求增设错车道。加强农村公路通视三角区和路侧净区的管理，优化改善视距，加强视线诱导。监督权属单位加强公路用地范围内窨井盖安全管理。（交通运输部门负责）深化农村公路"千灯万带"示范工程，混合交通流量大、事故多发的农村公路平交路口按要求增设信号灯、减速带（被交叉道路）等交通安全设施。近三年发生过一次死亡3人以上交通事故或死亡人数累计超过5人的平交路口、发生过冲出路面翻坠交通事故导致死亡人数超过3人的临水临崖等路侧险要路段，推动增设或完善警告标志、标线、减速带、示警桩、交通信号灯（含闪光警示信号灯）、路侧护栏等交通安全设施。（公安部门、交通运输部门共同负责）

2. 推进农村公路共治格局。严格落实新建、改建农村公路的交通安全设施与主体工程同时设计、同时施工、同时投入使用"三同时"制度。（交通运输部门牵头负责）联合开展违法涉路施工活动清理整治，重点是未经批准增设平面交叉路口、公路用地范围内修建建筑物、设置非公路标志等；联合开展路域环境整治，推动当地政府实施"路田分家、路宅分家"；对交通事故多发点段重点挂牌督办治理，督促县级人民政府主体责任落实。（交通运输部门、公安部门共同负责）

3. 加强农村公路管理与宣传。全面实施农村公路"路长制"。（交通运输部门负责）强化农村地区"两站两员""管护员"等管理队伍融合，不断充实农村公路交通秩序管理和养护管理力量。（公安部门、交通运输部门共同负责）强化交通安全宣传劝导，及时发现、劝导、制止严重超员、非法载人、酒后驾驶、非法改装、无牌无证上路行驶等交通违法行为，普及交通安全知识，着力增强群众安全意识、规则意识和法治意识。（公安部门负责）

## 四、时间安排

（一）启动实施（2022年3月中旬前）。

1. 交通运输部和公安部印发方案，部署公路安全设施和交通秩序管理精细化提升行动（以下简称精细化提升行动）。

2. 省级交通运输主管部门和公安部门联合成立领导小组，健全工作机制，制定本地区实施方案，明确任务分工和责任主体，提出实施要求，细化工作措施。

（二）排查评估（2022年5月底前）。

1. 2022年4月中旬前，省级公安部门牵头，省级交通运输主管部门配合，加强公路交通事故数据分析，形成公路交通事故多发路段清单及交通秩序管理精细化提升主要措施。

2. 省级交通运输主管部门牵头，省级公安部门配合，结合公路交通事故多发路段清单，通过现场联合排查方式确定公路交通安全设施提升路段清单及主要措施，于2022年5月底前报至"全国公路路网结构改造工程管理信息系统"。农村公路提升路段同步在"综合交通地理信息平台"中落图。结合动态排查结果,分轻重缓急制定分年度实施计划。

(三)全面实施。(2022年6月至2025年底前)

1. 交通运输部和公安部在全国范围内联合确定一条高速公路、若干条国省干线、若干条农村公路先行实施,组织专家组进行技术指导,跟踪研究解决实施过程中的技术问题。经评估达到目标的,交通运输部和公安部联合命名"公路安全精品路"。根据实施进展和成果,适时组织全国现场调研交流。各省(区、市)根据本地实际,分别确定省级精品路,同时报交通运输部和公安部。

2. 各省(区、市)总结推广精品路经验做法,以局部带动整体,推动本地区公路参照精品路标准进行精细化提升。省级交通运输主管部门和公安部门根据分工,分年度对本地区实施工作进行总结和评估,有序组织实施工作。

3. 交通运输部和公安部每年对全国实施工作进行总结和评估,发布每年度实施工作情况,并提出下一年度实施工作要求。

**五、工作要求**

(一)加强组织领导。省级交通运输主管部门和公安部门要精心谋划部署,加强统筹协调,构建部门协作分工及协同落实工作机制,共同研究制定本辖区实施方案。要扎实做好各项工作落实,明确任务目标和具体措施,将工作任务分解落实到责任单位、责任部门和责任人,按计划、有组织地推进实施。

(二)加强资金保障。对需要增设或改造公路交通安全设施和交通管理设施的,属地交通运输部门、公安部门要争取地方政府支持,推动将普通公路相关资金纳入一般公共预算予以安排。收费公路交通安全设施提升资金从车辆通行费中列支。各地要加强资金绩效管理,规范资金使用,确保资金投入的科学性和有效性。交通运输部将按规定通过现有资金渠道安排补助资金对普通公路交通安全设施提升予以支持。

(三)强化系统治理。公路交通安全提升是一项系统工程,各地交通运输部门、公安部门要深入理解并坚持系统观念,运用系统方法,更加突出依法治理、综合治理、源头治理。要按照"安全、有效、经济、实用"的原则,全面提高工程措施和管理措施的科学化、系统化、精细化水平。积极稳妥应用新技术、新材料、新工艺、新方法，遵从一致性原则，不提不切实际的要求，不搞标新立异的创新。推动农村地区自然村、农业生产场区通硬化路，落实交通安全隐患排查治理措施，为农村群众出行创造安全的道路交通环境。

（四）建立联动机制。推动交通运输、公安部门资源融合，共享供电、光纤、杆件等基础设施和监控、卡口的视频、交通流量等信息。公路危旧桥隧按要求及时采取管控措施，加强改造施工期间交通安全通行保障。完善交通应急指挥体系和协作机制，公安部门、交通运输部门、高速公路经营管理单位快速联动，实现"一点布控、全线响应、联动打击"。进一步规范治理车辆超限超载联合执法常态化制度化工作机制，坚决打击违法超限超载行为。定期公布公路交通安全情况，对"三同时"制度不落实、违法涉路施工活动、违法超限超载以及交通安全风险突出等实行联合挂牌督办，推动各相关部门落实交通安全责任，形成整治合力。

（五）强化动态跟踪。各地交通运输、公安部门要健全完善监督工作机制，动态掌握精细化提升行动实施情况，加强对重点工作推进情况的督促，及时将实施进展向当地政府报告。建立健全实施效果动态跟踪长效机制，对已命名"公路安全精品路"实行动态管理。交通运输部和公安部要根据各地工作实施进展，适时组织技术支持单位开展调研和指导，及时发现问题解决问题，确保工作任务落实到位。

（六）加强信息报送。建立精细化提升行动信息报送制度，明确专人负责信息报送工作。自2022年3月起至2025年底，省级交通运输主管部门、公安部门于每年3月、6月、9月、11月的25日分别向交通运输部、公安部报送工作推进情况；于每年12月10日前，分别向交通运输部、公安部报送年度工作总结；2025年12月10日前报送精细化提升行动总结报告。

# 交通事故处理

# 一、法律法规

## 中华人民共和国刑法（节录）

- 1979 年 7 月 1 日第五届全国人民代表大会第二次会议通过
- 1997 年 3 月 14 日第八届全国人民代表大会第五次会议修订
- 根据 1998 年 12 月 29 日第九届全国人民代表大会常务委员会第六次会议通过的《全国人民代表大会常务委员会关于惩治骗购外汇、逃汇和非法买卖外汇犯罪的决定》、1999 年 12 月 25 日第九届全国人民代表大会常务委员会第十三次会议通过的《中华人民共和国刑法修正案》、2001 年 8 月 31 日第九届全国人民代表大会常务委员会第二十三次会议通过的《中华人民共和国刑法修正案（二）》、2001 年 12 月 29 日第九届全国人民代表大会常务委员会第二十五次会议通过的《中华人民共和国刑法修正案（三）》、2002 年 12 月 28 日第九届全国人民代表大会常务委员会第三十一次会议通过的《中华人民共和国刑法修正案（四）》、2005 年 2 月 28 日第十届全国人民代表大会常务委员会第十四次会议通过的《中华人民共和国刑法修正案（五）》、2006 年 6 月 29 日第十届全国人民代表大会常务委员会第二十二次会议通过的《中华人民共和国刑法修正案（六）》、2009 年 2 月 28 日第十一届全国人民代表大会常务委员会第七次会议通过的《中华人民共和国刑法修正案（七）》、2009 年 8 月 27 日第十一届全国人民代表大会常务委员会第十次会议通过的《全国人民代表大会常务委员会关于修改部分法律的决定》、2011 年 2 月 25 日第十一届全国人民代表大会常务委员会第十九次会议通过的《中华人民共和国刑法修正案（八）》、2015 年 8 月 29 日第十二届全国人民代表大会常务委员会第十六次会议通过的《中华人民共和国刑法修正案（九）》、2017 年 11 月 4 日第十二届全国人民代表大会常务委员会第三十次会议通过的《中华人民共和国刑法修正案（十）》和 2020 年 12 月

26日第十三届全国人民代表大会常务委员会第二十四次会议通过的《中华人民共和国刑法修正案（十一）》修正)①

# 第一编 总 则

## 第一章 刑法的任务、基本原则和适用范围

**第一条** 【立法宗旨】为了惩罚犯罪，保护人民，根据宪法，结合我国同犯罪作斗争的具体经验及实际情况，制定本法。

**第二条** 【本法任务】中华人民共和国刑法的任务，是用刑罚同一切犯罪行为作斗争，以保卫国家安全，保卫人民民主专政的政权和社会主义制度，保护国有财产和劳动群众集体所有的财产，保护公民私人所有的财产，保护公民的人身权利、民主权利和其他权利，维护社会秩序、经济秩序，保障社会主义建设事业的顺利进行。

**第三条** 【罪刑法定】法律明文规定为犯罪行为的，依照法律定罪处刑；法律没有明文规定为犯罪行为的，不得定罪处刑。

**第四条** 【适用刑法人人平等】对任何人犯罪，在适用法律上一律平等。不允许任何人有超越法律的特权。

**第五条** 【罪责刑相适应】刑罚的轻重，应当与犯罪分子所犯罪行和承担的刑事责任相适应。

**第六条** 【属地管辖权】凡在中华人民共和国领域内犯罪的，除法律有特别规定的以外，都适用本法。

凡在中华人民共和国船舶或者航空器内犯罪的，也适用本法。

犯罪的行为或者结果有一项发生在中华人民共和国领域内的，就认为是在中华人民共和国领域内犯罪。

**第七条** 【属人管辖权】中华人民共和国公民在中华人民共和国领域外犯本法规定之罪的，适用本法，但是按本法规定的最高刑为三

---

① 刑法、历次刑法修正案、涉及修改刑法的决定的施行日期，分别依据各法律所规定的施行日期确定。

另，总则部分条文主旨为编者所加，分则部分条文主旨是根据司法解释确定罪名所加。

年以下有期徒刑的,可以不予追究。

中华人民共和国国家工作人员和军人在中华人民共和国领域外犯本法规定之罪的,适用本法。

**第八条** 【保护管辖权】外国人在中华人民共和国领域外对中华人民共和国国家或者公民犯罪,而按本法规定的最低刑为三年以上有期徒刑的,可以适用本法,但是按照犯罪地的法律不受处罚的除外。

**第九条** 【普遍管辖权】对于中华人民共和国缔结或者参加的国际条约所规定的罪行,中华人民共和国在所承担条约义务的范围内行使刑事管辖权的,适用本法。

**第十条** 【对外国刑事判决的消极承认】凡在中华人民共和国领域外犯罪,依照本法应当负刑事责任的,虽然经过外国审判,仍然可以依照本法追究,但是在外国已经受过刑罚处罚的,可以免除或者减轻处罚。

**第十一条** 【外交代表刑事管辖豁免】享有外交特权和豁免权的外国人的刑事责任,通过外交途径解决。

**第十二条** 【刑法溯及力】中华人民共和国成立以后本法施行以前的行为,如果当时的法律不认为是犯罪的,适用当时的法律;如果当时的法律认为是犯罪的,依照本法总则第四章第八节的规定应当追诉,按照当时的法律追究刑事责任,但是如果本法不认为是犯罪或者处刑较轻的,适用本法。

本法施行以前,依照当时的法律已经作出的生效判决,继续有效。

## 第二章 犯 罪

### 第一节 犯罪和刑事责任

**第十三条** 【犯罪概念】一切危害国家主权、领土完整和安全,分裂国家、颠覆人民民主专政的政权和推翻社会主义制度,破坏社会秩序和经济秩序,侵犯国有财产或者劳动群众集体所有的财产,侵犯公民私人所有的财产,侵犯公民的人身权利、民主权利和其他权利,以及其他危害社会的行为,依照法律应当受刑罚处罚的,都是犯罪,但是情节显著轻微危害不大的,不认为是犯罪。

**第十四条** 【故意犯罪】明知自己的行为会发生危害社会的结果,并且希望或者放任这种结果发生,因而构成犯罪的,是故意犯罪。

故意犯罪,应当负刑事责任。

**第十五条** 【过失犯罪】应当预见自己的行为可能发生危害社会的结果,因为疏忽大意而没有预见,或者已经预见而轻信能够避免,以致发生这种结果的,是过失犯罪。

过失犯罪,法律有规定的才负刑事责任。

**第十六条** 【不可抗力和意外事件】行为在客观上虽然造成了损害结果,但是不是出于故意或者过失,而是由于不能抗拒或者不能预见的原因所引起的,不是犯罪。

**第十七条** 【刑事责任年龄】已满十六周岁的人犯罪,应当负刑事责任。

已满十四周岁不满十六周岁的人,犯故意杀人、故意伤害致人重伤或者死亡、强奸、抢劫、贩卖毒品、放火、爆炸、投放危险物质罪的,应当负刑事责任。

已满十二周岁不满十四周岁的人,犯故意杀人、故意伤害罪,致人死亡或者以特别残忍手段致人重伤造成严重残疾,情节恶劣,经最高人民检察院核准追诉的,应当负刑事责任。

对依照前三款规定追究刑事责任的不满十八周岁的人,应当从轻或者减轻处罚。

因不满十六周岁不予刑事处罚的,责令其父母或者其他监护人加以管教;在必要的时候,依法进行专门矫治教育。①

**第十七条之一** 【已满七十五周岁的人的刑事责任】已满七十五

---

① 根据 2020 年 12 月 26 日《中华人民共和国刑法修正案(十一)》修改。原条文为:"已满十六周岁的人犯罪,应当负刑事责任。

"已满十四周岁不满十六周岁的人,犯故意杀人、故意伤害致人重伤或者死亡、强奸、抢劫、贩卖毒品、放火、爆炸、投毒罪的,应当负刑事责任。

"已满十四周岁不满十八周岁的人犯罪,应当从轻或者减轻处罚。

"因不满十六周岁不予刑事处罚的,责令他的家长或者监护人加以管教;在必要的时候,也可以由政府收容教养。"

周岁的人故意犯罪的,可以从轻或者减轻处罚;过失犯罪的,应当从轻或者减轻处罚。①

**第十八条** 【特殊人员的刑事责任能力】精神病人在不能辨认或者不能控制自己行为的时候造成危害结果,经法定程序鉴定确认的,不负刑事责任,但是应当责令他的家属或者监护人严加看管和医疗;在必要的时候,由政府强制医疗。

间歇性的精神病人在精神正常的时候犯罪,应当负刑事责任。

尚未完全丧失辨认或者控制自己行为能力的精神病人犯罪的,应当负刑事责任,但是可以从轻或者减轻处罚。

醉酒的人犯罪,应当负刑事责任。

**第十九条** 【又聋又哑的人或盲人犯罪的刑事责任】又聋又哑的人或者盲人犯罪,可以从轻、减轻或者免除处罚。

**第二十条** 【正当防卫】为了使国家、公共利益、本人或者他人的人身、财产和其他权利免受正在进行的不法侵害,而采取的制止不法侵害的行为,对不法侵害人造成损害的,属于正当防卫,不负刑事责任。

正当防卫明显超过必要限度造成重大损害的,应当负刑事责任,但是应当减轻或者免除处罚。

对正在进行行凶、杀人、抢劫、强奸、绑架以及其他严重危及人身安全的暴力犯罪,采取防卫行为,造成不法侵害人伤亡的,不属于防卫过当,不负刑事责任。

**第二十一条** 【紧急避险】为了使国家、公共利益、本人或者他人的人身、财产和其他权利免受正在发生的危险,不得已采取的紧急避险行为,造成损害的,不负刑事责任。

紧急避险超过必要限度造成不应有的损害的,应当负刑事责任,但是应当减轻或者免除处罚。

第一款中关于避免本人危险的规定,不适用于职务上、业务上负有特定责任的人。

## 第二节 犯罪的预备、未遂和中止

**第二十二条** 【犯罪预备】为了犯罪,准备工具、制造条件的,

---

① 根据2011年2月25日《中华人民共和国刑法修正案(八)》增加。

是犯罪预备。

对于预备犯,可以比照既遂犯从轻、减轻处罚或者免除处罚。

**第二十三条 【犯罪未遂】** 已经着手实行犯罪,由于犯罪分子意志以外的原因而未得逞的,是犯罪未遂。

对于未遂犯,可以比照既遂犯从轻或者减轻处罚。

**第二十四条 【犯罪中止】** 在犯罪过程中,自动放弃犯罪或者自动有效地防止犯罪结果发生的,是犯罪中止。

对于中止犯,没有造成损害的,应当免除处罚;造成损害的,应当减轻处罚。

### 第三节 共同犯罪

**第二十五条 【共同犯罪概念】** 共同犯罪是指二人以上共同故意犯罪。

二人以上共同过失犯罪,不以共同犯罪论处;应当负刑事责任的,按照他们所犯的罪分别处罚。

**第二十六条 【主犯】** 组织、领导犯罪集团进行犯罪活动的或者在共同犯罪中起主要作用的,是主犯。

三人以上为共同实施犯罪而组成的较为固定的犯罪组织,是犯罪集团。

对组织、领导犯罪集团的首要分子,按照集团所犯的全部罪行处罚。

对于第三款规定以外的主犯,应当按照其所参与的或者组织、指挥的全部犯罪处罚。

**第二十七条 【从犯】** 在共同犯罪中起次要或者辅助作用的,是从犯。

对于从犯,应当从轻、减轻处罚或者免除处罚。

**第二十八条 【胁从犯】** 对于被胁迫参加犯罪的,应当按照他的犯罪情节减轻处罚或者免除处罚。

**第二十九条 【教唆犯】** 教唆他人犯罪的,应当按照他在共同犯罪中所起的作用处罚。教唆不满十八周岁的人犯罪的,应当从重处罚。

如果被教唆的人没有犯被教唆的罪,对于教唆犯,可以从轻或者减轻处罚。

### 第四节 单位犯罪

**第三十条**① 【单位负刑事责任的范围】公司、企业、事业单位、机关、团体实施的危害社会的行为,法律规定为单位犯罪的,应当负刑事责任。

**第三十一条** 【单位犯罪的处罚原则】单位犯罪的,对单位判处罚金,并对其直接负责的主管人员和其他直接责任人员判处刑罚。本法分则和其他法律另有规定的,依照规定。

## 第三章 刑 罚

### 第一节 刑罚的种类

**第三十二条** 【主刑和附加刑】刑罚分为主刑和附加刑。

**第三十三条** 【主刑种类】主刑的种类如下:

(一) 管制;

(二) 拘役;

(三) 有期徒刑;

(四) 无期徒刑;

(五) 死刑。

**第三十四条** 【附加刑种类】附加刑的种类如下:

(一) 罚金;

(二) 剥夺政治权利;

---

① 根据 2014 年 4 月 24 日通过的《全国人民代表大会常务委员会关于〈中华人民共和国刑法〉第三十条的解释》:

"全国人民代表大会常务委员会根据司法实践中遇到的情况,讨论了刑法第三十条的含义及公司、企业、事业单位、机关、团体等单位实施刑法规定的危害社会的行为,法律未规定追究单位的刑事责任的,如何适用刑法有关规定的问题,解释如下:

"公司、企业、事业单位、机关、团体等单位实施刑法规定的危害社会的行为,刑法分则和其他法律未规定追究单位的刑事责任的,对组织、策划、实施该危害社会行为的人依法追究刑事责任。"

（三）没收财产。

附加刑也可以独立适用。

**第三十五条　【驱逐出境】**对于犯罪的外国人，可以独立适用或者附加适用驱逐出境。

**第三十六条　【赔偿经济损失与民事优先原则】**由于犯罪行为而使被害人遭受经济损失的，对犯罪分子除依法给予刑事处罚外，并应根据情况判处赔偿经济损失。

承担民事赔偿责任的犯罪分子，同时被判处罚金，其财产不足以全部支付的，或者被判处没收财产的，应当先承担对被害人的民事赔偿责任。

**第三十七条　【非刑罚性处置措施】**对于犯罪情节轻微不需要判处刑罚的，可以免予刑事处罚，但是可以根据案件的不同情况，予以训诫或者责令具结悔过、赔礼道歉、赔偿损失，或者由主管部门予以行政处罚或者行政处分。

**第三十七条之一　【利用职业便利实施犯罪的禁业限制】**因利用职业便利实施犯罪，或者实施违背职业要求的特定义务的犯罪被判处刑罚，人民法院可以根据犯罪情况和预防再犯罪的需要，禁止其自刑罚执行完毕之日或者假释之日起从事相关职业，期限为三年至五年。

被禁止从事相关职业的人违反人民法院依照前款规定作出的决定的，由公安机关依法给予处罚；情节严重的，依照本法第三百一十三条的规定定罪处罚。

其他法律、行政法规对其从事相关职业另有禁止或者限制性规定的，从其规定。①

## 第二节　管　制

**第三十八条　【管制的期限与执行机关】**管制的期限，为三个月以上二年以下。

判处管制，可以根据犯罪情况，同时禁止犯罪分子在执行期间从

---

①　根据 2015 年 8 月 29 日《中华人民共和国刑法修正案（九）》增加。

事特定活动，进入特定区域、场所，接触特定的人。①

对判处管制的犯罪分子，依法实行社区矫正。②

违反第二款规定的禁止令的，由公安机关依照《中华人民共和国治安管理处罚法》的规定处罚。③

**第三十九条　【被管制罪犯的义务与权利】** 被判处管制的犯罪分子，在执行期间，应当遵守下列规定：

（一）遵守法律、行政法规，服从监督；

（二）未经执行机关批准，不得行使言论、出版、集会、结社、游行、示威自由的权利；

（三）按照执行机关规定报告自己的活动情况；

（四）遵守执行机关关于会客的规定；

（五）离开所居住的市、县或者迁居，应当报经执行机关批准。

对于被判处管制的犯罪分子，在劳动中应同工同酬。

**第四十条　【管制期满解除】** 被判处管制的犯罪分子，管制期满，执行机关应即向本人和其所在单位或者居住地的群众宣布解除管制。

**第四十一条　【管制刑期的计算和折抵】** 管制的刑期，从判决执行之日起计算；判决执行以前先行羁押的，羁押一日折抵刑期二日。

## 第三节　拘　役

**第四十二条　【拘役的期限】** 拘役的期限，为一个月以上六个月以下。

**第四十三条　【拘役的执行】** 被判处拘役的犯罪分子，由公安机关就近执行。

在执行期间，被判处拘役的犯罪分子每月可以回家一天至两天；

---

① 根据2011年2月25日《中华人民共和国刑法修正案（八）》增加一款，作为第二款。

② 根据2011年2月25日《中华人民共和国刑法修正案（八）》修改。原条文为："被判处管制的犯罪分子，由公安机关执行。"

③ 根据2011年2月25日《中华人民共和国刑法修正案（八）》增加一款，作为第四款。

参加劳动的,可以酌量发给报酬。

**第四十四条** 【拘役刑期的计算和折抵】拘役的刑期,从判决执行之日起计算;判决执行以前先行羁押的,羁押一日折抵刑期一日。

### 第四节 有期徒刑、无期徒刑

**第四十五条** 【有期徒刑的期限】有期徒刑的期限,除本法第五十条、第六十九条规定外,为六个月以上十五年以下。

**第四十六条** 【有期徒刑与无期徒刑的执行】被判处有期徒刑、无期徒刑的犯罪分子,在监狱或者其他执行场所执行;凡有劳动能力的,都应当参加劳动,接受教育和改造。

**第四十七条** 【有期徒刑刑期的计算与折抵】有期徒刑的刑期,从判决执行之日起计算;判决执行以前先行羁押的,羁押一日折抵刑期一日。

### 第五节 死 刑

**第四十八条** 【死刑、死缓的适用对象及核准程序】死刑只适用于罪行极其严重的犯罪分子。对于应当判处死刑的犯罪分子,如果不是必须立即执行的,可以判处死刑同时宣告缓期二年执行。

死刑除依法由最高人民法院判决的以外,都应当报请最高人民法院核准。死刑缓期执行的,可以由高级人民法院判决或者核准。

**第四十九条** 【死刑适用对象的限制】犯罪的时候不满十八周岁的人和审判的时候怀孕的妇女,不适用死刑。

审判的时候已满七十五周岁的人,不适用死刑,但以特别残忍手段致人死亡的除外。①

**第五十条** 【死缓变更】判处死刑缓期执行的,在死刑缓期执行期间,如果没有故意犯罪,二年期满以后,减为无期徒刑;如果确有重大立功表现,二年期满以后,减为二十五年有期徒刑;如果故意犯罪,情节恶劣的,报请最高人民法院核准后执行死刑;对于故意犯罪

---

① 根据 2011 年 2 月 25 日《中华人民共和国刑法修正案(八)》增加一款,作为第二款。

未执行死刑的，死刑缓期执行的期间重新计算，并报最高人民法院备案。①

对被判处死刑缓期执行的累犯以及因故意杀人、强奸、抢劫、绑架、放火、爆炸、投放危险物质或者有组织的暴力性犯罪被判处死刑缓期执行的犯罪分子，人民法院根据犯罪情节等情况可以同时决定对其限制减刑。②

第五十一条　【死缓期间及减为有期徒刑的刑期计算】死刑缓期执行的期间，从判决确定之日起计算。死刑缓期执行减为有期徒刑的刑期，从死刑缓期执行期满之日起计算。

## 第六节　罚　金

第五十二条　【罚金数额的裁量】判处罚金，应当根据犯罪情节决定罚金数额。

第五十三条　【罚金的缴纳】罚金在判决指定的期限内一次或者分期缴纳。期满不缴纳的，强制缴纳。对于不能全部缴纳罚金的，人民法院在任何时候发现被执行人有可以执行的财产，应当随时追缴。

由于遭遇不能抗拒的灾祸等原因缴纳确实有困难的，经人民法院

---

① 根据 2011 年 2 月 25 日《中华人民共和国刑法修正案（八）》第一次修改。原条文为："判处死刑缓期执行的，在死刑缓期执行期间，如果没有故意犯罪，二年期满以后，减为无期徒刑；如果确有重大立功表现，二年期满以后，减为十五年以上二十年以下有期徒刑；如果故意犯罪，查证属实的，由最高人民法院核准，执行死刑。"

根据 2015 年 8 月 29 日《中华人民共和国刑法修正案（九）》第二次修改。原第一款条文为："判处死刑缓期执行的，在死刑缓期执行期间，如果没有故意犯罪，二年期满以后，减为无期徒刑；如果确有重大立功表现，二年期满以后，减为二十五年有期徒刑；如果故意犯罪，查证属实的，由最高人民法院核准，执行死刑。"

② 根据 2011 年 2 月 25 日《中华人民共和国刑法修正案（八）》增加。

裁定，可以延期缴纳、酌情减少或者免除。①

## 第七节　剥夺政治权利

**第五十四条**　【剥夺政治权利的含义】剥夺政治权利是剥夺下列权利：
（一）选举权和被选举权；
（二）言论、出版、集会、结社、游行、示威自由的权利；
（三）担任国家机关职务的权利；
（四）担任国有公司、企业、事业单位和人民团体领导职务的权利。

**第五十五条**　【剥夺政治权利的期限】剥夺政治权利的期限，除本法第五十七条规定外，为一年以上五年以下。

判处管制附加剥夺政治权利的，剥夺政治权利的期限与管制的期限相等，同时执行。

**第五十六条**　【剥夺政治权利的附加、独立适用】对于危害国家安全的犯罪分子应当附加剥夺政治权利；对于故意杀人、强奸、放火、爆炸、投毒、抢劫等严重破坏社会秩序的犯罪分子，可以附加剥夺政治权利。

独立适用剥夺政治权利的，依照本法分则的规定。

**第五十七条**　【对死刑、无期徒刑犯罪剥夺政治权利的适用】对于被判处死刑、无期徒刑的犯罪分子，应当剥夺政治权利终身。

在死刑缓期执行减为有期徒刑或者无期徒刑减为有期徒刑的时候，应当把附加剥夺政治权利的期限改为三年以上十年以下。

**第五十八条**　【剥夺政治权利的刑期计算、效力与执行】附加剥夺政治权利的刑期，从徒刑、拘役执行完毕之日或者从假释之日起计算；剥夺政治权利的效力当然施用于主刑执行期间。

---

①　根据 2015 年 8 月 29 日《中华人民共和国刑法修正案（九）》修改。原条文为："罚金在判决指定的期限内一次或者分期缴纳。期满不缴纳的，强制缴纳。对于不能全部缴纳罚金的，人民法院在任何时候发现被执行人有可以执行的财产，应当随时追缴。如果由于遭遇不能抗拒的灾祸缴纳确实有困难的，可以酌情减少或者免除。"

被剥夺政治权利的犯罪分子,在执行期间,应当遵守法律、行政法规和国务院公安部门有关监督管理的规定,服从监督;不得行使本法第五十四条规定的各项权利。

### 第八节 没收财产

**第五十九条** 【没收财产的范围】没收财产是没收犯罪分子个人所有财产的一部或者全部。没收全部财产的,应当对犯罪分子个人及其扶养的家属保留必需的生活费用。

在判处没收财产的时候,不得没收属于犯罪分子家属所有或者应有的财产。

**第六十条** 【以没收的财产偿还债务】没收财产以前犯罪分子所负的正当债务,需要以没收的财产偿还的,经债权人请求,应当偿还。

## 第四章 刑罚的具体运用

### 第一节 量 刑

**第六十一条** 【量刑的一般原则】对于犯罪分子决定刑罚的时候,应当根据犯罪的事实、犯罪的性质、情节和对于社会的危害程度,依照本法的有关规定判处。

**第六十二条** 【从重处罚与从轻处罚】犯罪分子具有本法规定的从重处罚、从轻处罚情节的,应当在法定刑的限度以内判处刑罚。

**第六十三条** 【减轻处罚】犯罪分子具有本法规定的减轻处罚情节的,应当在法定刑以下判处刑罚;本法规定有数个量刑幅度的,应当在法定量刑幅度的下一个量刑幅度内判处刑罚。①

犯罪分子虽然不具有本法规定的减轻处罚情节,但是根据案件的特殊情况,经最高人民法院核准,也可以在法定刑以下判处刑罚。

**第六十四条** 【犯罪物品的处理】犯罪分子违法所得的一切财

---

① 根据 2011 年 2 月 25 日《中华人民共和国刑法修正案(八)》修改。原第一款条文为:"犯罪分子具有本法规定的减轻处罚情节的,应当在法定刑以下判处刑罚。"

物,应当予以追缴或者责令退赔;对被害人的合法财产,应当及时返还;违禁品和供犯罪所用的本人财物,应当予以没收。没收的财物和罚金,一律上缴国库,不得挪用和自行处理。

## 第二节 累 犯

**第六十五条** 【一般累犯】被判处有期徒刑以上刑罚的犯罪分子,刑罚执行完毕或者赦免以后,在五年以内再犯应当判处有期徒刑以上刑罚之罪的,是累犯,应当从重处罚,但是过失犯罪和不满十八周岁的人犯罪的除外。①

前款规定的期限,对于被假释的犯罪分子,从假释期满之日起计算。

**第六十六条** 【特别累犯】危害国家安全犯罪、恐怖活动犯罪、黑社会性质的组织犯罪的犯罪分子,在刑罚执行完毕或者赦免以后,在任何时候再犯上述任一类罪的,都以累犯论处。②

## 第三节 自首和立功

**第六十七条** 【自首和坦白】犯罪以后自动投案,如实供述自己的罪行的,是自首。对于自首的犯罪分子,可以从轻或者减轻处罚。其中,犯罪较轻的,可以免除处罚。

被采取强制措施的犯罪嫌疑人、被告人和正在服刑的罪犯,如实供述司法机关还未掌握的本人其他罪行的,以自首论。

犯罪嫌疑人虽不具有前两款规定的自首情节,但是如实供述自己罪行的,可以从轻处罚;因其如实供述自己罪行,避免特别严重后果

---

① 根据 2011 年 2 月 25 日《中华人民共和国刑法修正案(八)》修改。原第一款条文为:"被判处有期徒刑以上刑罚的犯罪分子,刑罚执行完毕或者赦免以后,在五年以内再犯应当判处有期徒刑以上刑罚之罪的,是累犯,应当从重处罚,但是过失犯罪除外。"

② 根据 2011 年 2 月 25 日《中华人民共和国刑法修正案(八)》修改。原条文为:"危害国家安全的犯罪分子在刑罚执行完毕或者赦免以后,在任何时候再犯危害国家安全罪的,都以累犯论处。"

发生的,可以减轻处罚。①

**第六十八条　【立功】**犯罪分子有揭发他人犯罪行为,查证属实的,或者提供重要线索,从而得以侦破其他案件等立功表现的,可以从轻或者减轻处罚;有重大立功表现的,可以减轻或者免除处罚。②

## 第四节　数罪并罚

**第六十九条　【数罪并罚的一般原则】**判决宣告以前一人犯数罪的,除判处死刑和无期徒刑的以外,应当在总和刑期以下、数刑中最高刑期以上,酌情决定执行的刑期,但是管制最高不能超过三年,拘役最高不能超过一年,有期徒刑总和刑期不满三十五年的,最高不能超过二十年,总和刑期在三十五年以上的,最高不能超过二十五年。

数罪中有判处有期徒刑和拘役的,执行有期徒刑。数罪中有判处有期徒刑和管制,或者拘役和管制的,有期徒刑、拘役执行完毕后,管制仍须执行。③

数罪中有判处附加刑的,附加刑仍须执行,其中附加刑种类相同的,合并执行,种类不同的,分别执行。④

**第七十条　【判决宣告后发现漏罪的并罚】**判决宣告以后,刑罚执行完毕以前,发现被判刑的犯罪分子在判决宣告以前还有其他罪没有判决的,应当对新发现的罪作出判决,把前后两个判决所判处的刑

---

①　根据2011年2月25日《中华人民共和国刑法修正案(八)》增加一款,作为第三款。

②　根据2011年2月25日《中华人民共和国刑法修正案(八)》修改,删去本条第二款。原第二款条文为:"犯罪后自首又有重大立功表现的,应当减轻或者免除处罚。"

③　根据2015年8月29日《中华人民共和国刑法修正案(九)》增加一款,作为第二款。原第二款作为第三款。

④　根据2011年2月25日《中华人民共和国刑法修正案(八)》修改。原条文为:"判决宣告以前一人犯数罪的,除判处死刑和无期徒刑的以外,应当在总和刑期以下、数刑中最高刑期以上,酌情决定执行的刑期,但是管制最高不能超过三年,拘役最高不能超过一年,有期徒刑最高不能超过二十年。

"如果数罪中有判处附加刑的,附加刑仍须执行。"

罚，依照本法第六十九条的规定，决定执行的刑罚。已经执行的刑期，应当计算在新判决决定的刑期以内。

**第七十一条　【判决宣告后又犯新罪的并罚】**判决宣告以后，刑罚执行完毕以前，被判刑的犯罪分子又犯罪的，应当对新犯的罪作出判决，把前罪没有执行的刑罚和后罪所判处的刑罚，依照本法第六十九条的规定，决定执行的刑罚。

### 第五节　缓　刑

**第七十二条　【缓刑的适用条件】**对于被判处拘役、三年以下有期徒刑的犯罪分子，同时符合下列条件的，可以宣告缓刑，对其中不满十八周岁的人、怀孕的妇女和已满七十五周岁的人，应当宣告缓刑：

（一）犯罪情节较轻；

（二）有悔罪表现；

（三）没有再犯罪的危险；

（四）宣告缓刑对所居住社区没有重大不良影响。

宣告缓刑，可以根据犯罪情况，同时禁止犯罪分子在缓刑考验期限内从事特定活动，进入特定区域、场所，接触特定的人。

被宣告缓刑的犯罪分子，如果被判处附加刑，附加刑仍须执行。[①]

**第七十三条　【缓刑的考验期限】**拘役的缓刑考验期限为原判刑期以上一年以下，但是不能少于二个月。

有期徒刑的缓刑考验期限为原判刑期以上五年以下，但是不能少于一年。

缓刑考验期限，从判决确定之日起计算。

**第七十四条　【累犯不适用缓刑】**对于累犯和犯罪集团的首要分

---

① 根据2011年2月25日《中华人民共和国刑法修正案（八）》修改。原条文为："对于被判处拘役、三年以下有期徒刑的犯罪分子，根据犯罪分子的犯罪情节和悔罪表现，适用缓刑确实不致再危害社会的，可以宣告缓刑。

"被宣告缓刑的犯罪分子，如果被判处附加刑，附加刑仍须执行。"

子，不适用缓刑。①

**第七十五条** 【缓刑犯应遵守的规定】被宣告缓刑的犯罪分子，应当遵守下列规定：

（一）遵守法律、行政法规，服从监督；
（二）按照考察机关的规定报告自己的活动情况；
（三）遵守考察机关关于会客的规定；
（四）离开所居住的市、县或者迁居，应当报经考察机关批准。

**第七十六条** 【缓刑的考验及其积极后果】对宣告缓刑的犯罪分子，在缓刑考验期限内，依法实行社区矫正，如果没有本法第七十七条规定的情形，缓刑考验期满，原判的刑罚就不再执行，并公开予以宣告。②

**第七十七条** 【缓刑的撤销及其处理】被宣告缓刑的犯罪分子，在缓刑考验期限内犯新罪或者发现判决宣告以前还有其他罪没有判决的，应当撤销缓刑，对新犯的罪或者新发现的罪作出判决，把前罪和后罪所判处的刑罚，依照本法第六十九条的规定，决定执行的刑罚。

被宣告缓刑的犯罪分子，在缓刑考验期限内，违反法律、行政法规或者国务院有关部门关于缓刑的监督管理规定，或者违反人民法院判决中的禁止令，情节严重的，应当撤销缓刑，执行原判刑罚。③

## 第六节 减 刑

**第七十八条** 【减刑条件与限度】被判处管制、拘役、有期徒

---

① 根据2011年2月25日《中华人民共和国刑法修正案（八）》修改。原条文为："对于累犯，不适用缓刑。"

② 根据2011年2月25日《中华人民共和国刑法修正案（八）》修改。原条文为："被宣告缓刑的犯罪分子，在缓刑考验期限内，由公安机关考察，所在单位或者基层组织予以配合，如果没有本法第七十七条规定的情形，缓刑考验期满，原判的刑罚就不再执行，并公开予以宣告。"

③ 根据2011年2月25日《中华人民共和国刑法修正案（八）》修改。原第二款条文为："被宣告缓刑的犯罪分子，在缓刑考验期限内，违反法律、行政法规或者国务院公安部门有关缓刑的监督管理规定，情节严重的，应当撤销缓刑，执行原判刑罚。"

刑、无期徒刑的犯罪分子，在执行期间，如果认真遵守监规，接受教育改造，确有悔改表现的，或者有立功表现的，可以减刑；有下列重大立功表现之一的，应当减刑：

（一）阻止他人重大犯罪活动的；
（二）检举监狱内外重大犯罪活动，经查证属实的；
（三）有发明创造或者重大技术革新的；
（四）在日常生产、生活中舍己救人的；
（五）在抗御自然灾害或者排除重大事故中，有突出表现的；
（六）对国家和社会有其他重大贡献的。

减刑以后实际执行的刑期不能少于下列期限：

（一）判处管制、拘役、有期徒刑的，不能少于原判刑期的二分之一；
（二）判处无期徒刑的，不能少于十三年；
（三）人民法院依照本法第五十条第二款规定限制减刑的死刑缓期执行的犯罪分子，缓期执行期满后依法减为无期徒刑的，不能少于二十五年，缓期执行期满后依法减为二十五年有期徒刑的，不能少于二十年。①

**第七十九条　【减刑程序】** 对于犯罪分子的减刑，由执行机关向中级以上人民法院提出减刑建议书。人民法院应当组成合议庭进行审理，对确有悔改或者立功事实的，裁定予以减刑。非经法定程序不得减刑。

**第八十条　【无期徒刑减刑的刑期计算】** 无期徒刑减为有期徒刑的刑期，从裁定减刑之日起计算。

## 第七节　假　释

**第八十一条　【假释的适用条件】** 被判处有期徒刑的犯罪分子，执行原判刑期二分之一以上，被判处无期徒刑的犯罪分子，实际执行十三年以上，如果认真遵守监规，接受教育改造，确有悔改表现，没

---

① 根据 2011 年 2 月 25 日《中华人民共和国刑法修正案（八）》修改。原第二款条文为："减刑以后实际执行的刑期，判处管制、拘役、有期徒刑的，不能少于原判刑期的二分之一；判处无期徒刑的，不能少于十年。"

有再犯罪的危险的,可以假释。如果有特殊情况,经最高人民法院核准,可以不受上述执行刑期的限制。

对累犯以及因故意杀人、强奸、抢劫、绑架、放火、爆炸、投放危险物质或者有组织的暴力性犯罪被判处十年以上有期徒刑、无期徒刑的犯罪分子,不得假释。

对犯罪分子决定假释时,应当考虑其假释后对所居住社区的影响。①

**第八十二条 【假释的程序】** 对于犯罪分子的假释,依照本法第七十九条规定的程序进行。非经法定程序不得假释。

**第八十三条 【假释的考验期限】** 有期徒刑的假释考验期限,为没有执行完毕的刑期;无期徒刑的假释考验期限为十年。

假释考验期限,从假释之日起计算。

**第八十四条 【假释犯应遵守的规定】** 被宣告假释的犯罪分子,应当遵守下列规定:

(一)遵守法律、行政法规,服从监督;

(二)按照监督机关的规定报告自己的活动情况;

(三)遵守监督机关关于会客的规定;

(四)离开所居住的市、县或者迁居,应当报经监督机关批准。

**第八十五条 【假释考验及其积极后果】** 对假释的犯罪分子,在假释考验期限内,依法实行社区矫正,如果没有本法第八十六条规定的情形,假释考验期满,就认为原判刑罚已经执行完毕,并公开予以

---

① 根据2011年2月25日《中华人民共和国刑法修正案(八)》修改。原条文为:"被判处有期徒刑的犯罪分子,执行原判刑期二分之一以上,被判处无期徒刑的犯罪分子,实际执行十年以上,如果认真遵守监规,接受教育改造,确有悔改表现,假释后不致再危害社会的,可以假释。如果有特殊情况,经最高人民法院核准,可以不受上述执行刑期的限制。

"对累犯以及因杀人、爆炸、抢劫、强奸、绑架等暴力性犯罪被判处十年以上有期徒刑、无期徒刑的犯罪分子,不得假释。"

宣告。①

**第八十六条** 【假释的撤销及其处理】被假释的犯罪分子，在假释考验期限内犯新罪，应当撤销假释，依照本法第七十一条的规定实行数罪并罚。

在假释考验期限内，发现被假释的犯罪分子在判决宣告以前还有其他罪没有判决的，应当撤销假释，依照本法第七十条的规定实行数罪并罚。

被假释的犯罪分子，在假释考验期限内，有违反法律、行政法规或者国务院有关部门关于假释的监督管理规定的行为，尚未构成新的犯罪的，应当依照法定程序撤销假释，收监执行未执行完毕的刑罚。②

## 第八节 时 效

**第八十七条** 【追诉时效期限】犯罪经过下列期限不再追诉：

（一）法定最高刑为不满五年有期徒刑的，经过五年；

（二）法定最高刑为五年以上不满十年有期徒刑的，经过十年；

（三）法定最高刑为十年以上有期徒刑的，经过十五年；

（四）法定最高刑为无期徒刑、死刑的，经过二十年。如果二十年以后认为必须追诉的，须报请最高人民检察院核准。

**第八十八条** 【不受追诉时效限制】在人民检察院、公安机关、国家安全机关立案侦查或者在人民法院受理案件以后，逃避侦查或者审判的，不受追诉期限的限制。

被害人在追诉期限内提出控告，人民法院、人民检察院、公安机关应当立案而不予立案的，不受追诉期限的限制。

---

① 根据 2011 年 2 月 25 日《中华人民共和国刑法修正案（八）》修改。原条文为："被假释的犯罪分子，在假释考验期限内，由公安机关予以监督，如果没有本法第八十六条规定的情形，假释考验期满，就认为原判刑罚已经执行完毕，并公开予以宣告。"

② 根据 2011 年 2 月 25 日《中华人民共和国刑法修正案（八）》修改。原第三款条文为："被假释的犯罪分子，在假释考验期限内，有违反法律、行政法规或者国务院公安部门有关假释的监督管理规定的行为，尚未构成新的犯罪的，应当依照法定程序撤销假释，收监执行未执行完毕的刑罚。"

**第八十九条** 【追诉期限的计算与中断】追诉期限从犯罪之日起计算；犯罪行为有连续或者继续状态的，从犯罪行为终了之日起计算。

在追诉期限以内又犯罪的，前罪追诉的期限从犯后罪之日起计算。

## 第五章 其他规定

**第九十条** 【民族自治地方刑法适用的变通】民族自治地方不能全部适用本法规定的，可以由自治区或者省的人民代表大会根据当地民族的政治、经济、文化的特点和本法规定的基本原则，制定变通或者补充的规定，报请全国人民代表大会常务委员会批准施行。

**第九十一条** 【公共财产的范围】本法所称公共财产，是指下列财产：

（一）国有财产；

（二）劳动群众集体所有的财产；

（三）用于扶贫和其他公益事业的社会捐助或者专项基金的财产。

在国家机关、国有公司、企业、集体企业和人民团体管理、使用或者运输中的私人财产，以公共财产论。

**第九十二条** 【公民私人所有财产的范围】本法所称公民私人所有的财产，是指下列财产：

（一）公民的合法收入、储蓄、房屋和其他生活资料；

（二）依法归个人、家庭所有的生产资料；

（三）个体户和私营企业的合法财产；

（四）依法归个人所有的股份、股票、债券和其他财产。

**第九十三条**① 　**【国家工作人员的范围】**本法所称国家工作人员,是指国家机关中从事公务的人员。

国有公司、企业、事业单位、人民团体中从事公务的人员和国家机关、国有公司、企业、事业单位委派到非国有公司、企业、事业单位、社会团体从事公务的人员,以及其他依照法律从事公务的人员,以国家工作人员论。

**第九十四条**　**【司法工作人员的范围】**本法所称司法工作人员,是指有侦查、检察、审判、监管职责的工作人员。

**第九十五条**　**【重伤】**本法所称重伤,是指有下列情形之一的伤害:

（一）使人肢体残废或者毁人容貌的;

（二）使人丧失听觉、视觉或者其他器官机能的;

（三）其他对于人身健康有重大伤害的。

---

① 根据2009年8月27日修正的《全国人民代表大会常务委员会关于〈中华人民共和国刑法〉第九十三条第二款的解释》:

"全国人民代表大会常务委员会讨论了村民委员会等村基层组织人员在从事哪些工作时属于刑法第九十三条第二款规定的'其他依照法律从事公务的人员',解释如下:

"村民委员会等村基层组织人员协助人民政府从事下列行政管理工作,属于刑法第九十三条第二款规定的'其他依照法律从事公务的人员':

"（一）救灾、抢险、防汛、优抚、扶贫、移民、救济款物的管理;

"（二）社会捐助公益事业款物的管理;

"（三）国有土地的经营和管理;

"（四）土地征收、征用补偿费用的管理;

"（五）代征、代缴税款;

"（六）有关计划生育、户籍、征兵工作;

"（七）协助人民政府从事的其他行政管理工作。

"村民委员会等村基层组织人员从事前款规定的公务,利用职务上的便利,非法占有公共财物、挪用公款、索取他人财物或者非法收受他人财物,构成犯罪的,适用刑法第三百八十二条和第三百八十三条贪污罪、第三百八十四条挪用公款罪、第三百八十五条和第三百八十六条受贿罪的规定。"

第九十六条 【违反国家规定之含义】本法所称违反国家规定，是指违反全国人民代表大会及其常务委员会制定的法律和决定，国务院制定的行政法规、规定的行政措施、发布的决定和命令。

第九十七条 【首要分子的范围】本法所称首要分子，是指在犯罪集团或者聚众犯罪中起组织、策划、指挥作用的犯罪分子。

第九十八条 【告诉才处理的含义】本法所称告诉才处理，是指被害人告诉才处理。如果被害人因受强制、威吓无法告诉的，人民检察院和被害人的近亲属也可以告诉。

第九十九条 【以上、以下、以内之界定】本法所称以上、以下、以内，包括本数。

第一百条 【前科报告制度】依法受过刑事处罚的人，在入伍、就业的时候，应当如实向有关单位报告自己曾受过刑事处罚，不得隐瞒。

犯罪的时候不满十八周岁被判处五年有期徒刑以下刑罚的人，免除前款规定的报告义务。①

……

第一百一十六条 【破坏交通工具罪】破坏火车、汽车、电车、船只、航空器，足以使火车、汽车、电车、船只、航空器发生倾覆、毁坏危险，尚未造成严重后果的，处三年以上十年以下有期徒刑。

第一百一十七条 【破坏交通设施罪】破坏轨道、桥梁、隧道、公路、机场、航道、灯塔、标志或者进行其他破坏活动，足以使火车、汽车、电车、船只、航空器发生倾覆、毁坏危险，尚未造成严重后果的，处三年以上十年以下有期徒刑。

……

第一百一十九条 【破坏交通工具罪】【破坏交通设施罪】【破坏电力设备罪】【破坏易燃易爆设备罪】破坏交通工具、交通设施、电力设备、燃气设备、易燃易爆设备，造成严重后果的，处十年以上有期徒刑、无期徒刑或者死刑。

【过失损坏交通工具罪】【过失损坏交通设施罪】【过失损坏电力

---

① 根据 2011 年 2 月 25 日《中华人民共和国刑法修正案（八）》增加一款，作为第二款。

设备罪】【过失损坏易燃易爆设备罪】过失犯前款罪的,处三年以上七年以下有期徒刑;情节较轻的,处三年以下有期徒刑或者拘役。

……

**第一百三十三条** 【交通肇事罪】违反交通运输管理法规,因而发生重大事故,致人重伤、死亡或者使公私财产遭受重大损失的,处三年以下有期徒刑或者拘役;交通运输肇事后逃逸或者有其他特别恶劣情节的,处三年以上七年以下有期徒刑;因逃逸致人死亡的,处七年以上有期徒刑。

**第一百三十三条之一** 【危险驾驶罪】在道路上驾驶机动车,有下列情形之一的,处拘役,并处罚金:

(一)追逐竞驶,情节恶劣的;
(二)醉酒驾驶机动车的;
(三)从事校车业务或者旅客运输,严重超过额定乘员载客,或者严重超过规定时速行驶的;
(四)违反危险化学品安全管理规定运输危险化学品,危及公共安全的。

机动车所有人、管理人对前款第三项、第四项行为负有直接责任的,依照前款的规定处罚。

有前两款行为,同时构成其他犯罪的,依照处罚较重的规定定罪处罚。①

**第一百三十三条之二** 【妨害安全驾驶罪】对行驶中的公共交通工具的驾驶人员使用暴力或者抢控驾驶操纵装置,干扰公共交通工具正常行驶,危及公共安全的,处一年以下有期徒刑、拘役或者管制,并处或者单处罚金。

前款规定的驾驶人员在行驶的公共交通工具上擅离职守,与他人互殴或者殴打他人,危及公共安全的,依照前款的规定处罚。

---

① 根据 2011 年 2 月 25 日《中华人民共和国刑法修正案(八)》增加。根据 2015 年 8 月 29 日《中华人民共和国刑法修正案(九)》修改。原条文为:"在道路上驾驶机动车追逐竞驶,情节恶劣的,或者在道路上醉酒驾驶机动车的,处拘役,并处罚金。

"有前款行为,同时构成其他犯罪的,依照处罚较重的规定定罪处罚。"

有前两款行为,同时构成其他犯罪的,依照处罚较重的规定定罪处罚。①

……

**第一百三十六条** **【危险物品肇事罪】**违反爆炸性、易燃性、放射性、毒害性、腐蚀性物品的管理规定,在生产、储存、运输、使用中发生重大事故,造成严重后果的,处三年以下有期徒刑或者拘役;后果特别严重的,处三年以上七年以下有期徒刑。

……

# 中华人民共和国人民警察法

- 1995年2月28日第八届全国人民代表大会常务委员会第十二次会议通过
- 根据2012年10月26日第十一届全国人民代表大会常务委员会第二十九次会议《关于修改〈中华人民共和国人民警察法〉的决定》修正

## 第一章 总 则

**第一条** 为了维护国家安全和社会治安秩序,保护公民的合法权益,加强人民警察的队伍建设,从严治警,提高人民警察的素质,保障人民警察依法行使职权,保障改革开放和社会主义现代化建设的顺利进行,根据宪法,制定本法。

**第二条** 人民警察的任务是维护国家安全,维护社会治安秩序,保护公民的人身安全、人身自由和合法财产,保护公共财产,预防、制止和惩治违法犯罪活动。

人民警察包括公安机关、国家安全机关、监狱、劳动教养管理机关的人民警察和人民法院、人民检察院的司法警察。

**第三条** 人民警察必须依靠人民的支持,保持同人民的密切联

---

① 根据2020年12月26日《中华人民共和国刑法修正案(十一)》增加。

系，倾听人民的意见和建议，接受人民的监督，维护人民的利益，全心全意为人民服务。

**第四条** 人民警察必须以宪法和法律为活动准则，忠于职守，清正廉洁，纪律严明，服从命令，严格执法。

**第五条** 人民警察依法执行职务，受法律保护。

## 第二章 职 权

**第六条** 公安机关的人民警察按照职责分工，依法履行下列职责：

（一）预防、制止和侦查违法犯罪活动；

（二）维护社会治安秩序，制止危害社会治安秩序的行为；

（三）维护交通安全和交通秩序，处理交通事故；

（四）组织、实施消防工作，实行消防监督；

（五）管理枪支弹药、管制刀具和易燃易爆、剧毒、放射性等危险物品；

（六）对法律、法规规定的特种行业进行管理；

（七）警卫国家规定的特定人员，守卫重要的场所和设施；

（八）管理集会、游行、示威活动；

（九）管理户政、国籍、入境出境事务和外国人在中国境内居留、旅行的有关事务；

（十）维护国（边）境地区的治安秩序；

（十一）对被判处拘役、剥夺政治权利的罪犯执行刑罚；

（十二）监督管理计算机信息系统的安全保护工作；

（十三）指导和监督国家机关、社会团体、企业事业组织和重点建设工程的治安保卫工作，指导治安保卫委员会等群众性组织的治安防范工作；

（十四）法律、法规规定的其他职责。

**第七条** 公安机关的人民警察对违反治安管理或者其他公安行政管理法律、法规的个人或者组织，依法可以实施行政强制措施、行政处罚。

**第八条** 公安机关的人民警察对严重危害社会治安秩序或者威胁公共安全的人员，可以强行带离现场、依法予以拘留或者采取法律规定的其他措施。

**第九条** 为维护社会治安秩序，公安机关的人民警察对有违法犯罪嫌疑的人员，经出示相应证件，可以当场盘问、检查；经盘问、检查，有下列情形之一的，可以将其带至公安机关，经该公安机关批准，对其继续盘问：

（一）被指控有犯罪行为的；
（二）有现场作案嫌疑的；
（三）有作案嫌疑身份不明的；
（四）携带的物品有可能是赃物的。

对被盘问人的留置时间自带至公安机关之时起不超过二十四小时，在特殊情况下，经县级以上公安机关批准，可以延长至四十八小时，并应当留有盘问记录。对于批准继续盘问的，应当立即通知其家属或者其所在单位。对于不批准继续盘问的，应当立即释放被盘问人。

经继续盘问，公安机关认为对被盘问人需要依法采取拘留或者其他强制措施的，应当在前款规定的期间作出决定；在前款规定的期间不能作出上述决定的，应当立即释放被盘问人。

**第十条** 遇有拒捕、暴乱、越狱、抢夺枪支或者其他暴力行为的紧急情况，公安机关的人民警察依照国家有关规定可以使用武器。

**第十一条** 为制止严重违法犯罪活动的需要，公安机关的人民警察依照国家有关规定可以使用警械。

**第十二条** 为侦查犯罪活动的需要，公安机关的人民警察可以依法执行拘留、搜查、逮捕或者其他强制措施。

**第十三条** 公安机关的人民警察因履行职责的紧急需要，经出示相应证件，可以优先乘坐公共交通工具，遇交通阻碍时，优先通行。

公安机关因侦查犯罪的需要，必要时，按照国家有关规定，可以优先使用机关、团体、企业事业组织和个人的交通工具、通信工具、场地和建筑物，用后应当及时归还，并支付适当费用；造成损失的，应当赔偿。

**第十四条** 公安机关的人民警察对严重危害公共安全或者他人人身安全的精神病人，可以采取保护性约束措施。需要送往指定的单位、场所加以监护的，应当报请县级以上人民政府公安机关批准，并及时通知其监护人。

**第十五条** 县级以上人民政府公安机关,为预防和制止严重危害社会治安秩序的行为,可以在一定的区域和时间,限制人员、车辆的通行或者停留,必要时可以实行交通管制。

公安机关的人民警察依照前款规定,可以采取相应的交通管制措施。

**第十六条** 公安机关因侦查犯罪的需要,根据国家有关规定,经过严格的批准手续,可以采取技术侦察措施。

**第十七条** 县级以上人民政府公安机关,经上级公安机关和同级人民政府批准,对严重危害社会治安秩序的突发事件,可以根据情况实行现场管制。

公安机关的人民警察依照前款规定,可以采取必要手段强行驱散,并对拒不服从的人员强行带离现场或者立即予以拘留。

**第十八条** 国家安全机关、监狱、劳动教养管理机关的人民警察和人民法院、人民检察院的司法警察,分别依照有关法律、行政法规的规定履行职权。

**第十九条** 人民警察在非工作时间,遇有其职责范围内的紧急情况,应当履行职责。

## 第三章 义务和纪律

**第二十条** 人民警察必须做到:

(一)秉公执法,办事公道;

(二)模范遵守社会公德;

(三)礼貌待人,文明执勤;

(四)尊重人民群众的风俗习惯。

**第二十一条** 人民警察遇到公民人身、财产安全受到侵犯或者处于其他危难情形,应当立即救助;对公民提出解决纠纷的要求,应当给予帮助;对公民的报警案件,应当及时查处。

人民警察应当积极参加抢险救灾和社会公益工作。

**第二十二条** 人民警察不得有下列行为:

(一)散布有损国家声誉的言论,参加非法组织,参加旨在反对国家的集会、游行、示威等活动,参加罢工;

(二)泄露国家秘密、警务工作秘密;

（三）弄虚作假，隐瞒案情，包庇、纵容违法犯罪活动；
（四）刑讯逼供或者体罚、虐待人犯；
（五）非法剥夺、限制他人人身自由，非法搜查他人的身体、物品、住所或者场所；
（六）敲诈勒索或者索取、收受贿赂；
（七）殴打他人或者唆使他人打人；
（八）违法实施处罚或者收取费用；
（九）接受当事人及其代理人的请客送礼；
（十）从事营利性的经营活动或者受雇于任何个人或者组织；
（十一）玩忽职守，不履行法定义务；
（十二）其他违法乱纪的行为。

**第二十三条** 人民警察必须按照规定着装，佩带人民警察标志或者持有人民警察证件，保持警容严整，举止端庄。

## 第四章 组织管理

**第二十四条** 国家根据人民警察的工作性质、任务和特点，规定组织机构设置和职务序列。

**第二十五条** 人民警察依法实行警衔制度。

**第二十六条** 担任人民警察应当具备下列条件：
（一）年满十八岁的公民；
（二）拥护中华人民共和国宪法；
（三）有良好的政治、业务素质和良好的品行；
（四）身体健康；
（五）具有高中毕业以上文化程度；
（六）自愿从事人民警察工作。

有下列情形之一的，不得担任人民警察：
（一）曾因犯罪受过刑事处罚的；
（二）曾被开除公职的。

**第二十七条** 录用人民警察，必须按照国家规定，公开考试，严格考核，择优选用。

**第二十八条** 担任人民警察领导职务的人员，应当具备下列条件：

（一）具有法律专业知识；
（二）具有政法工作经验和一定的组织管理、指挥能力；
（三）具有大学专科以上学历；
（四）经人民警察院校培训，考试合格。

**第二十九条** 国家发展人民警察教育事业，对人民警察有计划地进行政治思想、法制、警务业务等教育培训。

**第三十条** 国家根据人民警察的工作性质、任务和特点，分别规定不同岗位的服务年限和不同职务的最高任职年龄。

**第三十一条** 人民警察个人或者集体在工作中表现突出，有显著成绩和特殊贡献的，给予奖励。奖励分为：嘉奖、三等功、二等功、一等功、授予荣誉称号。

对受奖励的人民警察，按照国家有关规定，可以提前晋升警衔，并给予一定的物质奖励。

## 第五章 警务保障

**第三十二条** 人民警察必须执行上级的决定和命令。

人民警察认为决定和命令有错误的，可以按照规定提出意见，但不得中止或者改变决定和命令的执行；提出的意见不被采纳时，必须服从决定和命令；执行决定和命令的后果由作出决定和命令的上级负责。

**第三十三条** 人民警察对超越法律、法规规定的人民警察职责范围的指令，有权拒绝执行，并同时向上级机关报告。

**第三十四条** 人民警察依法执行职务，公民和组织应当给予支持和协助。公民和组织协助人民警察依法执行职务的行为受法律保护。对协助人民警察执行职务有显著成绩的，给予表彰和奖励。

公民和组织因协助人民警察执行职务，造成人身伤亡或者财产损失的，应当按照国家有关规定给予抚恤或者补偿。

**第三十五条** 拒绝或者阻碍人民警察依法执行职务，有下列行为之一的，给予治安管理处罚：
（一）公然侮辱正在执行职务的人民警察的；
（二）阻碍人民警察调查取证的；
（三）拒绝或者阻碍人民警察执行追捕、搜查、救险等任务进入有关住所、场所的；

（四）对执行救人、救险、追捕、警卫等紧急任务的警车故意设置障碍的；

（五）有拒绝或者阻碍人民警察执行职务的其他行为的。

以暴力、威胁方法实施前款规定的行为，构成犯罪的，依法追究刑事责任。

**第三十六条** 人民警察的警用标志、制式服装和警械，由国务院公安部门统一监制，会同其他有关国家机关管理，其他个人和组织不得非法制造、贩卖。

人民警察的警用标志、制式服装、警械、证件为人民警察专用，其他个人和组织不得持有和使用。

违反前两款规定的，没收非法制造、贩卖、持有、使用的人民警察警用标志、制式服装、警械、证件，由公安机关处十五日以下拘留或者警告，可以并处违法所得五倍以下的罚款；构成犯罪的，依法追究刑事责任。

**第三十七条** 国家保障人民警察的经费。人民警察的经费，按照事权划分的原则，分别列入中央和地方的财政预算。

**第三十八条** 人民警察工作所必需的通讯、训练设施和交通、消防以及派出所、监管场所等基础设施建设，各级人民政府应当列入基本建设规划和城乡建设总体规划。

**第三十九条** 国家加强人民警察装备的现代化建设，努力推广、应用先进的科技成果。

**第四十条** 人民警察实行国家公务员的工资制度，并享受国家规定的警衔津贴和其他津贴、补贴以及保险福利待遇。

**第四十一条** 人民警察因公致残的，与因公致残的现役军人享受国家同样的抚恤和优待。

人民警察因公牺牲或者病故的，其家属与因公牺牲或者病故的现役军人家属享受国家同样的抚恤和优待。

## 第六章　执法监督

**第四十二条** 人民警察执行职务，依法接受人民检察院和行政监察机关的监督。

**第四十三条** 人民警察的上级机关对下级机关的执法活动进行监督,发现其作出的处理或者决定有错误的,应当予以撤销或者变更。

**第四十四条** 人民警察执行职务,必须自觉地接受社会和公民的监督。人民警察机关作出的与公众利益直接有关的规定,应当向公众公布。

**第四十五条** 人民警察在办理治安案件过程中,遇有下列情形之一的,应当回避,当事人或者其法定代理人也有权要求他们回避:

(一)是本案的当事人或者是当事人的近亲属的;

(二)本人或者其近亲属与本案有利害关系的;

(三)与本案当事人有其他关系,可能影响案件公正处理的。

前款规定的回避,由有关的公安机关决定。

人民警察在办理刑事案件过程中的回避,适用刑事诉讼法的规定。

**第四十六条** 公民或者组织对人民警察的违法、违纪行为,有权向人民警察机关或者人民检察院、行政监察机关检举、控告。受理检举、控告的机关应当及时查处,并将查处结果告知检举人、控告人。

对依法检举、控告的公民或者组织,任何人不得压制和打击报复。

**第四十七条** 公安机关建立督察制度,对公安机关的人民警察执行法律、法规、遵守纪律的情况进行监督。

## 第七章 法律责任

**第四十八条** 人民警察有本法第二十二条所列行为之一的,应当给予行政处分;构成犯罪的,依法追究刑事责任。

行政处分分为:警告、记过、记大过、降级、撤职、开除。对受行政处分的人民警察,按照国家有关规定,可以降低警衔、取消警衔。

对违反纪律的人民警察,必要时可以对其采取停止执行职务、禁闭的措施。

**第四十九条** 人民警察违反规定使用武器、警械,构成犯罪的,依法追究刑事责任;尚不构成犯罪的,应当依法给予行政处分。

**第五十条** 人民警察在执行职务中,侵犯公民或者组织的合法权益造成损害的,应当依照《中华人民共和国国家赔偿法》和其他有关法律、法规的规定给予赔偿。

## 第八章 附 则

**第五十一条** 中国人民武装警察部队执行国家赋予的安全保卫任务。

**第五十二条** 本法自公布之日起施行。1957年6月25日公布的《中华人民共和国人民警察条例》同时废止。

# 二、相关解释

## 最高人民法院关于审理交通肇事刑事案件具体应用法律若干问题的解释

- 2000年11月10日最高人民法院审判委员会第1136次会议通过
- 2000年11月15日最高人民法院公告公布
- 自2000年11月21日起施行
- 法释〔2000〕33号

为依法惩处交通肇事犯罪活动,根据刑法有关规定,现将审理交通肇事刑事案件具体应用法律的若干问题解释如下:

**第一条** 从事交通运输人员或者非交通运输人员,违反交通运输管理法规发生重大交通事故,在分清事故责任的基础上,对于构成犯罪的,依照刑法第一百三十三条的规定定罪处罚。

**第二条** 交通肇事具有下列情形之一的,处3年以下有期徒刑或者拘役:

(一)死亡1人或者重伤3人以上,负事故全部或者主要责任的;

(二)死亡3人以上,负事故同等责任的;

(三)造成公共财产或者他人财产直接损失,负事故全部或主要责任,无能力赔偿数额在30万元以上的。

交通肇事致1人以上重伤,负事故全部或者主要责任,并具有下

列情形之一的,以交通肇事罪定罪处罚:
（一）酒后、吸食毒品后驾驶机动车辆的;
（二）无驾驶资格驾驶机动车辆的;
（三）明知是安全装置不全或者安全机件失灵的机动车辆而驾驶的;
（四）明知是无牌证或者已报废的机动车辆而驾驶的;
（五）严重超载驾驶的;
（六）为逃避法律追究逃离事故现场的。

**第三条** "交通运输肇事后逃逸",是指行为人具有本解释第二条第一款规定和第二款第（一）至（五）项规定的情形之一,在发生交通事故后,为逃避法律追究而逃跑的行为。

**第四条** 交通肇事具有下列情形之一的,属于"有其他特别恶劣情节",处3年以上7年以下有期徒刑:
（一）死亡2人以上或者重伤5人以上,负事故全部或者主要责任的;
（二）死亡6人以上,负事故同等责任的;
（三）造成公共财产或者他人财产直接损失,负事故全部或者主要责任,无能力赔偿数额在60万元以上的。

**第五条** "因逃逸致人死亡",是指行为人在交通肇事后为逃避法律追究而逃跑,致使被害人因得不到救助而死亡的情形。

交通肇事后,单位主管人员、机动车辆所有人、承包人或者乘车人指使肇事人逃逸,致使被害人因得不到救助而死亡的,以交通肇事罪的共犯论处。

**第六条** 行为人在交通肇事后为逃避法律追究,将被害人带离事故现场后隐藏或者遗弃,致使被害人无法得到救助而死亡或者严重残疾的,应当分别依照刑法第二百三十二条、第二百三十四条第二款的规定,以故意杀人罪或者故意伤害罪定罪处罚。

**第七条** 单位主管人员、机动车辆所有人或者机动车辆承包人指使、强令他人违章驾驶造成重大交通事故,具有本解释第二条规定情形之一的,以交通肇事罪定罪处罚。

**第八条** 在实行公共交通管理的范围内发生重大交通事故的,依照刑法第一百三十三条和本解释的有关规定办理。

在公共交通管理的范围外,驾驶机动车辆或者使用其他交通工具致人伤亡或者致使公共财产或者他人财产遭受重大损失，构成犯罪的，分别依照刑法第一百三十四条、第一百三十五条、第二百三十三条等规定定罪处罚。

第九条 各省、自治区、直辖市高级人民法院可以根据本地实际情况，在30万元至60万元、60万元至100万元的幅度内，确定本地区执行本解释第二条第一款第（三）项、第四条第（三）项的起点数额标准，并报最高人民法院备案。

# 最高人民法院、最高人民检察院、公安部关于办理醉酒驾驶机动车刑事案件适用法律若干问题的意见

·2013年12月18日
·法发〔2013〕15号

为保障法律的正确、统一实施，依法惩处醉酒驾驶机动车犯罪，维护公共安全和人民群众生命财产安全，根据刑法、刑事诉讼法的有关规定，结合侦查、起诉、审判实践，制定本意见。

一、在道路上驾驶机动车，血液酒精含量达到80毫克/100毫升以上的，属于醉酒驾驶机动车，依照刑法第一百三十三条之一第一款的规定，以危险驾驶罪定罪处罚。

前款规定的"道路""机动车"，适用道路交通安全法的有关规定。

二、醉酒驾驶机动车，具有下列情形之一的，依照刑法第一百三十三条之一第一款的规定，从重处罚：

（一）造成交通事故且负事故全部或者主要责任，或者造成交通事故后逃逸，尚未构成其他犯罪的；

（二）血液酒精含量达到200毫克/100毫升以上的；

（三）在高速公路、城市快速路上驾驶的；

（四）驾驶载有乘客的营运机动车的；

（五）有严重超员、超载或者超速驾驶，无驾驶资格驾驶机动车，使用伪造或者变造的机动车牌证等严重违反道路交通安全法的行

为的；

（六）逃避公安机关依法检查，或者拒绝、阻碍公安机关依法检查尚未构成其他犯罪的；

（七）曾因酒后驾驶机动车受过行政处罚或者刑事追究的；

（八）其他可以从重处罚的情形。

三、醉酒驾驶机动车，以暴力、威胁方法阻碍公安机关依法检查，又构成妨害公务罪等其他犯罪的，依照数罪并罚的规定处罚。

四、对醉酒驾驶机动车的被告人判处罚金，应当根据被告人的醉酒程度、是否造成实际损害、认罪悔罪态度等情况，确定与主刑相适应的罚金数额。

五、公安机关在查处醉酒驾驶机动车的犯罪嫌疑人时，对查获经过、呼气酒精含量检验和抽取血样过程应当制作记录；有条件的，应当拍照、录音或者录像；有证人的，应当收集证人证言。

六、血液酒精含量检验鉴定意见是认定犯罪嫌疑人是否醉酒的依据。犯罪嫌疑人经呼气酒精含量检验达到本意见第一条规定的醉酒标准，在抽取血样之前脱逃的，可以以呼气酒精含量检验结果作为认定其醉酒的依据。

犯罪嫌疑人在公安机关依法检查时，为逃避法律追究，在呼气酒精含量检验或者抽取血样前又饮酒，经检验其血液酒精含量达到本意见第一条规定的醉酒标准的，应当认定为醉酒。

七、办理醉酒驾驶机动车刑事案件，应当严格执行刑事诉讼法的有关规定，切实保障犯罪嫌疑人、被告人的诉讼权利，在法定诉讼期限内及时侦查、起诉、审判。

对醉酒驾驶机动车的犯罪嫌疑人、被告人，根据案件情况，可以拘留或者取保候审。对符合取保候审条件，但犯罪嫌疑人、被告人不能提出保证人，也不交纳保证金的，可以监视居住。对违反取保候审、监视居住规定的犯罪嫌疑人、被告人，情节严重的，可以予以逮捕。

# 最高人民法院、最高人民检察院、公安部关于依法办理"碰瓷"违法犯罪案件的指导意见

· 2020 年 9 月 22 日
· 公通字〔2020〕12 号

各省、自治区、直辖市高级人民法院、人民检察院、公安厅（局），新疆维吾尔自治区高级人民法院生产建设兵团分院，新疆生产建设兵团人民检察院、公安局：

近年来，"碰瓷"现象时有发生。所谓"碰瓷"，是指行为人通过故意制造或者编造其被害假象，采取讹诈、敲诈勒索等方式非法索取财物的行为。实践中，一些不法分子有的通过"设局"制造或者捏造他人对其人身、财产造成损害来实施；有的通过自伤、造成同伙受伤或者利用自身原有损伤，诬告系被害人所致来实施；有的故意制造交通事故，利用被害人违反道路通行规定或者酒后驾驶、无证驾驶、机动车手续不全等违法违规行为，通过被害人害怕被查处的心理来实施；有的在"碰瓷"行为被识破后，直接对被害人实施抢劫、抢夺、故意伤害等违法犯罪活动等。此类违法犯罪行为性质恶劣，危害后果严重，败坏社会风气，且易滋生黑恶势力，人民群众反响强烈。为依法惩治"碰瓷"违法犯罪活动，保障人民群众合法权益，维护社会秩序，根据刑法、刑事诉讼法、治安管理处罚法等法律的规定，制定本意见。

一、实施"碰瓷"，虚构事实、隐瞒真相，骗取赔偿，符合刑法第二百六十六条规定的，以诈骗罪定罪处罚；骗取保险金，符合刑法第一百九十八条规定的，以保险诈骗罪定罪处罚。

实施"碰瓷"，捏造人身、财产权益受到侵害的事实，虚构民事纠纷，提起民事诉讼，符合刑法第三百零七条之一规定的，以虚假诉讼罪定罪处罚；同时构成其他犯罪的，依照处罚较重的规定定罪从重处罚。

二、实施"碰瓷"，具有下列行为之一，敲诈勒索他人财物，符合刑法第二百七十四条规定的，以敲诈勒索罪定罪处罚：

1. 实施撕扯、推搡等轻微暴力或者围困、阻拦、跟踪、贴靠、滋

扰、纠缠、哄闹、聚众造势、扣留财物等软暴力行为的;

2. 故意制造交通事故,进而利用被害人违反道路通行规定或者其他违法违规行为相要挟的;

3. 以揭露现场掌握的当事人隐私相要挟的;

4. 扬言对被害人及其近亲属人身、财产实施侵害的。

三、实施"碰瓷",当场使用暴力、胁迫或者其他方法,当场劫取他人财物,符合刑法第二百六十三条规定的,以抢劫罪定罪处罚。

四、实施"碰瓷",采取转移注意力、趁人不备等方式,窃取、夺取他人财物,符合刑法第二百六十四条、第二百六十七条规定的,分别以盗窃罪、抢夺罪定罪处罚。

五、实施"碰瓷",故意造成他人财物毁坏,符合刑法第二百七十五条规定的,以故意毁坏财物罪定罪处罚。

六、实施"碰瓷",驾驶机动车对其他机动车进行追逐、冲撞、挤别、拦截或者突然加减速、急刹车等可能影响交通安全的行为,因而发生重大事故,致人重伤、死亡或者使公私财物遭受重大损失,符合刑法第一百三十三条规定的,以交通肇事罪定罪处罚。

七、为实施"碰瓷"而故意杀害、伤害他人或者过失致人重伤、死亡,符合刑法第二百三十二条、第二百三十四条、第二百三十三条、第二百三十五条规定的,分别以故意杀人罪、故意伤害罪、过失致人死亡罪、过失致人重伤罪定罪处罚。

八、实施"碰瓷",为索取财物,采取非法拘禁等方法非法剥夺他人人身自由或者非法搜查他人身体,符合刑法第二百三十八条、第二百四十五条规定的,分别以非法拘禁罪、非法搜查罪定罪处罚。

九、共同故意实施"碰瓷"犯罪,起主要作用的,应当认定为主犯,对其参与或者组织、指挥的全部犯罪承担刑事责任;起次要或者辅助作用的,应当认定为从犯,依法予以从轻、减轻处罚或者免除处罚。

三人以上为共同故意实施"碰瓷"犯罪而组成的较为固定的犯罪组织,应当认定为犯罪集团。对首要分子应当按照集团所犯全部罪行处罚。

符合黑恶势力认定标准的,应当按照黑社会性质组织、恶势力或者恶势力犯罪集团侦查、起诉、审判。

十、对实施"碰瓷",尚不构成犯罪,但构成违反治安管理行为的,依法给予治安管理处罚。

各级人民法院、人民检察院和公安机关要严格依法办案，加强协作配合，对"碰瓷"违法犯罪行为予以快速处理、准确定性、依法严惩。一要依法及时开展调查处置、批捕、起诉、审判工作。公安机关接到报案、控告、举报后应当立即赶到现场，及时制止违法犯罪，妥善保护案发现场，控制行为人。对于符合立案条件的及时开展立案侦查，全面收集证据，调取案发现场监控视频，收集在场证人证言，核查涉案人员、车辆信息等，并及时串并案进行侦查。人民检察院对于公安机关提请批准逮捕、移送审查起诉的"碰瓷"案件，符合逮捕、起诉条件的，应当依法尽快予以批捕、起诉。对于"碰瓷"案件，人民法院应当依法及时审判，构成犯罪的，严格依法追究犯罪分子刑事责任。二要加强协作配合。公安机关、人民检察院要加强沟通协调，解决案件定性、管辖、证据标准等问题，确保案件顺利办理。对于疑难复杂案件，公安机关可以听取人民检察院意见。对于确需补充侦查的，人民检察院要制作明确、详细的补充侦查提纲，公安机关应当及时补充证据。人民法院要加强审判力量，严格依法公正审判。三要严格贯彻宽严相济的刑事政策，落实认罪认罚从宽制度。要综合考虑主观恶性大小、行为的手段、方式、危害后果以及在案件中所起作用等因素，切实做到区别对待。对于"碰瓷"犯罪集团的首要分子、积极参加的犯罪分子以及屡教不改的犯罪分子，应当作为打击重点依法予以严惩。对犯罪性质和危害后果特别严重、社会影响特别恶劣的犯罪分子，虽具有酌定从宽情节但不足以从宽处罚的，依法不予从宽处罚。具有自首、立功、坦白、认罪认罚等情节的，依法从宽处理。同时，应当准确把握法律尺度，注意区分"碰瓷"违法犯罪同普通民事纠纷、行政违法的界限，既防止出现"降格处理"，也要防止打击面过大等问题。四要强化宣传教育。人民法院、人民检察院、公安机关在依法惩处此类犯罪的过程中，要加大法制宣传教育力度，在依法办案的同时，视情通过新闻媒体、微信公众号、微博等形式，向社会公众揭露"碰瓷"违法犯罪的手段和方式，引导人民群众加强自我保护意识，遇到此类情形，应当及时报警，依法维护自身合法权益。要适时公开曝光一批典型案例，通过对案件解读，有效震慑违法犯罪分子，在全社会营造良好法治环境。

各地各相关部门要认真贯彻执行。执行中遇有问题，请及时上报各自上级机关。

# 三、办案规范

## 道路交通事故处理程序规定

- 2017年7月22日公安部令第146号公布
- 自2018年5月1日起施行

## 第一章 总 则

**第一条** 为了规范道路交通事故处理程序，保障公安机关交通管理部门依法履行职责，保护道路交通事故当事人的合法权益，根据《中华人民共和国道路交通安全法》及其实施条例等有关法律、行政法规，制定本规定。

**第二条** 处理道路交通事故，应当遵循合法、公正、公开、便民、效率的原则，尊重和保障人权，保护公民的人格尊严。

**第三条** 道路交通事故分为财产损失事故、伤人事故和死亡事故。

财产损失事故是指造成财产损失，尚未造成人员伤亡的道路交通事故。

伤人事故是指造成人员受伤，尚未造成人员死亡的道路交通事故。

死亡事故是指造成人员死亡的道路交通事故。

**第四条** 道路交通事故的调查处理应当由公安机关交通管理部门负责。

财产损失事故可以由当事人自行协商处理，但法律法规及本规定另有规定的除外。

**第五条** 交通警察经过培训并考试合格，可以处理适用简易程序的道路交通事故。

处理伤人事故，应当由具有道路交通事故处理初级以上资格的交通警察主办。

处理死亡事故，应当由具有道路交通事故处理中级以上资格的交通警察主办。

**第六条** 公安机关交通管理部门处理道路交通事故应当使用全国统一的交通管理信息系统。

鼓励应用先进的科技装备和先进技术处理道路交通事故。

**第七条** 交通警察处理道路交通事故，应当按照规定使用执法记录设备。

**第八条** 公安机关交通管理部门应当建立与司法机关、保险机构等有关部门间的数据信息共享机制，提高道路交通事故处理工作信息化水平。

## 第二章 管 辖

**第九条** 道路交通事故由事故发生地的县级公安机关交通管理部门管辖。未设立县级公安机关交通管理部门的，由设区的市公安机关交通管理部门管辖。

**第十条** 道路交通事故发生在两个以上管辖区域的，由事故起始点所在地公安机关交通管理部门管辖。

对管辖权有争议的，由共同的上一级公安机关交通管理部门指定管辖。指定管辖前，最先发现或者最先接到报警的公安机关交通管理部门应当先行处理。

**第十一条** 上级公安机关交通管理部门在必要的时候，可以处理下级公安机关交通管理部门管辖的道路交通事故，或者指定下级公安机关交通管理部门限时将案件移送其他下级公安机关交通管理部门处理。

案件管辖权发生转移的，处理时限从案件接收之日起计算。

**第十二条** 中国人民解放军、中国人民武装警察部队人员、车辆发生道路交通事故的，按照本规定处理。依法应当吊销、注销中国人民解放军、中国人民武装警察部队核发的机动车驾驶证以及对现役军人实施行政拘留或者追究刑事责任的，移送中国人民解放军、中国人民武装警察部队有关部门处理。

上道路行驶的拖拉机发生道路交通事故的，按照本规定处理。公安机关交通管理部门对拖拉机驾驶人依法暂扣、吊销、注销驾驶证或者记分处理的，应当将决定书和记分情况通报有关的农业（农业机械）主管部门。吊销、注销驾驶证的，还应当将驾驶证送交有关的农业（农业机械）主管部门。

# 第三章 报警和受案

**第十三条** 发生死亡事故、伤人事故的，或者发生财产损失事故且有下列情形之一的，当事人应当保护现场并立即报警：

（一）驾驶人无有效机动车驾驶证或者驾驶的机动车与驾驶证载明的准驾车型不符的；

（二）驾驶人有饮酒、服用国家管制的精神药品或者麻醉药品嫌疑的；

（三）驾驶人有从事校车业务或者旅客运输，严重超过额定乘员载客，或者严重超过规定时速行驶嫌疑的；

（四）机动车无号牌或者使用伪造、变造的号牌的；

（五）当事人不能自行移动车辆的；

（六）一方当事人离开现场的；

（七）有证据证明事故是由一方故意造成的。

驾驶人必须在确保安全的原则下，立即组织车上人员疏散到路外安全地点，避免发生次生事故。驾驶人已因道路交通事故死亡或者受伤无法行动的，车上其他人员应当自行组织疏散。

**第十四条** 发生财产损失事故且有下列情形之一，车辆可以移动的，当事人应当组织车上人员疏散到路外安全地点，在确保安全的原则下，采取现场拍照或者标划事故车辆现场位置等方式固定证据，将车辆移至不妨碍交通的地点后报警：

（一）机动车无检验合格标志或者无保险标志的；

（二）碰撞建筑物、公共设施或者其他设施的。

**第十五条** 载运爆炸性、易燃性、毒害性、放射性、腐蚀性、传染病病原体等危险物品车辆发生事故的，当事人应当立即报警，危险物品车辆驾驶人、押运人应当按照危险物品安全管理法律、法规、规章以及有关操作规程的规定，采取相应的应急处置措施。

**第十六条** 公安机关及其交通管理部门接到报警的，应当受理，制作受案登记表并记录下列内容：

（一）报警方式、时间，报警人姓名、联系方式，电话报警的，

还应当记录报警电话;

(二) 发生或者发现道路交通事故的时间、地点;

(三) 人员伤亡情况;

(四) 车辆类型、车辆号牌号码,是否载有危险物品以及危险物品的种类、是否发生泄漏等;

(五) 涉嫌交通肇事逃逸的,还应当询问并记录肇事车辆的车型、颜色、特征及其逃逸方向、逃逸驾驶人的体貌特征等有关情况。

报警人不报姓名的,应当记录在案。报警人不愿意公开姓名的,应当为其保密。

**第十七条** 接到道路交通事故报警后,需要派员到现场处置,或者接到出警指令的,公安机关交通管理部门应当立即派交通警察赶赴现场。

**第十八条** 发生道路交通事故后当事人未报警,在事故现场撤除后,当事人又报警请求公安机关交通管理部门处理的,公安机关交通管理部门应当按照本规定第十六条规定的记录内容予以记录,并在三日内作出是否接受案件的决定。

经核查道路交通事故事实存在的,公安机关交通管理部门应当受理,制作受案登记表;经核查无法证明道路交通事故事实存在,或者不属于公安机关交通管理部门管辖的,应当书面告知当事人,并说明理由。

## 第四章　自行协商

**第十九条** 机动车与机动车、机动车与非机动车发生财产损失事故,当事人应当在确保安全的原则下,采取现场拍照或者标划事故车辆现场位置等方式固定证据后,立即撤离现场,将车辆移至不妨碍交通的地点,再协商处理损害赔偿事宜,但有本规定第十三条第一款情形的除外。

非机动车与非机动车或者行人发生财产损失事故,当事人应当先撤离现场,再协商处理损害赔偿事宜。

对应当自行撤离现场而未撤离的,交通警察应当责令当事人撤离现场;造成交通堵塞的,对驾驶人处以200元罚款。

**第二十条** 发生可以自行协商处理的财产损失事故,当事人可以通过互联网在线自行协商处理；当事人对事实及成因有争议的，可以通过互联网共同申请公安机关交通管理部门在线确定当事人的责任。

当事人报警的，交通警察、警务辅助人员可以指导当事人自行协商处理。当事人要求交通警察到场处理的，应当指派交通警察到现场调查处理。

**第二十一条** 当事人自行协商达成协议的，制作道路交通事故自行协商协议书，并共同签名。道路交通事故自行协商协议书应当载明事故发生的时间、地点、天气、当事人姓名、驾驶证号或者身份证号、联系方式、机动车种类和号牌号码、保险公司、保险凭证号、事故形态、碰撞部位、当事人的责任等内容。

**第二十二条** 当事人自行协商达成协议的，可以按照下列方式履行道路交通事故损害赔偿：

（一）当事人自行赔偿；

（二）到投保的保险公司或者道路交通事故保险理赔服务场所办理损害赔偿事宜。

当事人自行协商达成协议后未履行的，可以申请人民调解委员会调解或者向人民法院提起民事诉讼。

## 第五章 简易程序

**第二十三条** 公安机关交通管理部门可以适用简易程序处理以下道路交通事故，但有交通肇事、危险驾驶犯罪嫌疑的除外：

（一）财产损失事故；

（二）受伤当事人伤势轻微，各方当事人一致同意适用简易程序处理的伤人事故。

适用简易程序的，可以由一名交通警察处理。

**第二十四条** 交通警察适用简易程序处理道路交通事故时，应当在固定现场证据后，责令当事人撤离现场，恢复交通。拒不撤离现场的，予以强制撤离。当事人无法及时移动车辆影响通行和交通安全的，交通警察应当将车辆移至不妨碍交通的地点。具有本规定第十三条第一款第一项、第二项情形之一的，按照《中华人民共和国道路交通安全法实施条例》第一百零四条规定处理。

撤离现场后，交通警察应当根据现场固定的证据和当事人、证人陈述等,认定并记录道路交通事故发生的时间、地点、天气、当事人姓名、驾驶证号或者身份证号、联系方式、机动车种类和号牌号码、保险公司、保险凭证号、道路交通事故形态、碰撞部位等,并根据本规定第六十条确定当事人的责任,当场制作道路交通事故认定书。不具备当场制作条件的,交通警察应当在三日内制作道路交通事故认定书。

道路交通事故认定书应当由当事人签名,并现场送达当事人。当事人拒绝签名或者接收的,交通警察应当在道路交通事故认定书上注明情况。

**第二十五条** 当事人共同请求调解的,交通警察应当场进行调解,并在道路交通事故认定书上记录调解结果,由当事人签名,送达当事人。

**第二十六条** 有下列情形之一的,不适用调解,交通警察可以在道路交通事故认定书上载明有关情况后,将道路交通事故认定书送达当事人:

(一)当事人对道路交通事故认定有异议的;
(二)当事人拒绝在道路交通事故认定书上签名的;
(三)当事人不同意调解的。

# 第六章 调 查

## 第一节 一般规定

**第二十七条** 除简易程序外,公安机关交通管理部门对道路交通事故进行调查时,交通警察不得少于二人。

交通警察调查时应当向被调查人员出示《人民警察证》,告知被调查人依法享有的权利和义务,向当事人发送联系卡。联系卡载明交通警察姓名、办公地址、联系方式、监督电话等内容。

**第二十八条** 交通警察调查道路交通事故时,应当合法、及时、客观、全面地收集证据。

**第二十九条** 对发生一次死亡三人以上道路交通事故的,公安机关交通管理部门应当开展深度调查;对造成其他严重后果或者存在严重安全问题的道路交通事故,可以开展深度调查。具体程序另行规定。

## 第二节 现场处置和调查

**第三十条** 交通警察到达事故现场后,应当立即进行下列工作:

(一)按照事故现场安全防护有关标准和规范的要求划定警戒区域,在安全距离位置放置发光或者反光锥筒和警告标志,确定专人负责现场交通指挥和疏导。因道路交通事故导致交通中断或者现场处置、勘查需要采取封闭道路等交通管制措施的,还应当视情在事故现场来车方向提前组织分流,放置绕行提示标志;

(二)组织抢救受伤人员;

(三)指挥救护、勘查等车辆停放在安全和便于抢救、勘查的位置,开启警灯,夜间还应当开启危险报警闪光灯和示廓灯;

(四)查找道路交通事故当事人和证人,控制肇事嫌疑人;

(五)其他需要立即开展的工作。

**第三十一条** 道路交通事故造成人员死亡的,应当经急救、医疗人员或者法医确认,并由具备资质的医疗机构出具死亡证明。尸体应当存放在殡葬服务单位或者医疗机构等有停尸条件的场所。

**第三十二条** 交通警察应当对事故现场开展下列调查工作:

(一)勘查事故现场,查明事故车辆、当事人、道路及其空间关系和事故发生时的天气情况;

(二)固定、提取或者保全现场证据材料;

(三)询问当事人、证人并制作询问笔录;现场不具备制作询问笔录条件的,可以通过录音、录像记录询问过程;

(四)其他调查工作。

**第三十三条** 交通警察勘查道路交通事故现场,应当按照有关法规和标准的规定,拍摄现场照片,绘制现场图,及时提取、采集与案件有关的痕迹、物证等,制作现场勘查笔录。现场勘查过程中发现当事人涉嫌利用交通工具实施其他犯罪的,应当妥善保护犯罪现场和证据,控制犯罪嫌疑人,并立即报告公安机关主管部门。

发生一次死亡三人以上事故的,应当进行现场摄像,必要时可以聘请具有专门知识的人参加现场勘验、检查。

现场图、现场勘查笔录应当由参加勘查的交通警察、当事人和见证人签名。当事人、见证人拒绝签名或者无法签名以及无见证人的,应当记录在案。

**第三十四条** 痕迹、物证等证据可能因时间、地点、气象等原因导致改变、毁损、灭失的，交通警察应当及时固定、提取或者保全。

对涉嫌饮酒或者服用国家管制的精神药品、麻醉药品驾驶车辆的人员，公安机关交通管理部门应当按照《道路交通安全违法行为处理程序规定》及时抽血或者提取尿样等检材，送交有检验鉴定资质的机构进行检验。

车辆驾驶人员当场死亡的，应当及时抽血检验。不具备抽血条件的，应当由医疗机构或者鉴定机构出具证明。

**第三十五条** 交通警察应当核查当事人的身份证件、机动车驾驶证、机动车行驶证、检验合格标志、保险标志等。

对交通肇事嫌疑人可以依法传唤。对在现场发现的交通肇事嫌疑人，经出示《人民警察证》，可以口头传唤，并在询问笔录中注明嫌疑人到案经过、到案时间和离开时间。

**第三十六条** 勘查事故现场完毕后，交通警察应当清点并登记现场遗留物品，迅速组织清理现场，尽快恢复交通。

现场遗留物品能够当场发还的，应当当场发还并做记录；当场无法确定所有人的，应当登记，并妥善保管，待所有人确定后，及时发还。

**第三十七条** 因调查需要，公安机关交通管理部门可以向有关单位、个人调取汽车行驶记录仪、卫星定位装置、技术监控设备的记录资料以及其他与事故有关的证据材料。

**第三十八条** 因调查需要，公安机关交通管理部门可以组织道路交通事故当事人、证人对肇事嫌疑人、嫌疑车辆等进行辨认。

辨认应当在交通警察的主持下进行。主持辨认的交通警察不得少于二人。多名辨认人对同一辨认对象进行辨认时，应当由辨认人个别进行。

辨认时，应当将辨认对象混杂在特征相类似的其他对象中，不得给辨认人任何暗示。辨认肇事嫌疑人时，被辨认的人数不得少于七人；对肇事嫌疑人照片进行辨认的，不得少于十人的照片。辨认嫌疑车辆时，同类车辆不得少于五辆；对肇事嫌疑车辆照片进行辨认时，不得少于十辆的照片。

对尸体等特定辨认对象进行辨认，或者辨认人能够准确描述肇事嫌疑人、嫌疑车辆独有特征的，不受数量的限制。

对肇事嫌疑人的辨认，辨认人不愿意公开进行时，可以在不暴露辨认人的情况下进行，并应当为其保守秘密。

对辨认经过和结果，应当制作辨认笔录，由交通警察、辨认人、见证人签名。必要时，应当对辨认过程进行录音或者录像。

**第三十九条** 因收集证据的需要，公安机关交通管理部门可以扣留事故车辆，并开具行政强制措施凭证。扣留的车辆应当妥善保管。

公安机关交通管理部门不得扣留事故车辆所载货物。对所载货物在核实重量、体积及货物损失后，通知机动车驾驶人或者货物所有人自行处理。无法通知当事人或者当事人不自行处理的，按照《公安机关办理行政案件程序规定》的有关规定办理。

严禁公安机关交通管理部门指定停车场停放扣留的事故车辆。

**第四十条** 当事人涉嫌犯罪的，因收集证据的需要，公安机关交通管理部门可以依据《中华人民共和国刑事诉讼法》《公安机关办理刑事案件程序规定》，扣押机动车驾驶证等与事故有关的物品、证件，并按照规定出具扣押法律文书。扣押的物品应当妥善保管。

对扣押的机动车驾驶证等物品、证件，作为证据使用的，应当随案移送，并制作随案移送清单一式两份，一份留存，一份交人民检察院。对于实物不宜移送的，应当将其清单、照片或者其他证明文件随案移送。待人民法院作出生效判决后，按照人民法院的通知，依法作出处理。

**第四十一条** 经过调查，不属于公安机关交通管理部门管辖的，应当将案件移送有关部门并书面通知当事人，或者告知当事人处理途径。

公安机关交通管理部门在调查过程中，发现当事人涉嫌交通肇事、危险驾驶犯罪的，应当按照《中华人民共和国刑事诉讼法》《公安机关办理刑事案件程序规定》立案侦查。发现当事人有其他违法犯罪嫌疑的，应当及时移送有关部门，移送不影响事故的调查和处理。

**第四十二条** 投保机动车交通事故责任强制保险的车辆发生道路交通事故，因抢救受伤人员需要保险公司支付抢救费用的，公安机关交通管理部门应当书面通知保险公司。

抢救受伤人员需要道路交通事故社会救助基金垫付费用的，公安机关交通管理部门应当书面通知道路交通事故社会救助基金管理机构。

道路交通事故造成人员死亡需要救助基金垫付丧葬费用的，公安机关交通管理部门应当在送达尸体处理通知书的同时，告知受害人亲属向道路交通事故社会救助基金管理机构提出书面垫付申请。

### 第三节 交通肇事逃逸查缉

**第四十三条** 公安机关交通管理部门应当根据管辖区域和道路情况，制定交通肇事逃逸案件查缉预案，并组织专门力量办理交通肇事逃逸案件。

发生交通肇事逃逸案件后，公安机关交通管理部门应当立即启动查缉预案，布置警力堵截，并通过全国机动车缉查布控系统查缉。

**第四十四条** 案发地公安机关交通管理部门可以通过发协查通报、向社会公告等方式要求协查、举报交通肇事逃逸车辆或者侦破线索。发出协查通报或者向社会公告时，应当提供交通肇事逃逸案件基本事实、交通肇事逃逸车辆情况、特征及逃逸方向等有关情况。

中国人民解放军和中国人民武装警察部队车辆涉嫌交通肇事逃逸的，公安机关交通管理部门应当通报中国人民解放军、中国人民武装警察部队有关部门。

**第四十五条** 接到协查通报的公安机关交通管理部门，应当立即布置堵截或者排查。发现交通肇事逃逸车辆或者嫌疑车辆的，应当予以扣留，依法传唤交通肇事逃逸人或者与协查通报相符的嫌疑人，并及时将有关情况通知案发地公安机关交通管理部门。案发地公安机关交通管理部门应当立即派交通警察前往办理移交。

**第四十六条** 公安机关交通管理部门查获交通肇事逃逸车辆或者交通肇事逃逸嫌疑人后，应当按原范围撤销协查通报，并通过全国机动车缉查布控系统撤销布控。

**第四十七条** 公安机关交通管理部门侦办交通肇事逃逸案件期间，交通肇事逃逸案件的受害人及其家属向公安机关交通管理部门询问案件侦办情况的，除依法不应当公开的内容外，公安机关交通管理部门应当告知并做好记录。

**第四十八条** 道路交通事故社会救助基金管理机构已经为受害人垫付抢救费用或者丧葬费用的，公安机关交通管理部门应当在交通肇事逃逸案件侦破后及时书面告知道路交通事故社会救助基金管理机构交通肇事逃逸驾驶人的有关情况。

## 第四节 检验、鉴定

**第四十九条** 需要进行检验、鉴定的，公安机关交通管理部门应当按照有关规定，自事故现场调查结束之日起三日内委托具备资质的鉴定机构进行检验、鉴定。

尸体检验应当在死亡之日起三日内委托。对交通肇事逃逸车辆的检验、鉴定自查获肇事嫌疑车辆之日起三日内委托。

对现场调查结束之日起三日后需要检验、鉴定的，应当报经上一级公安机关交通管理部门批准。

对精神疾病的鉴定，由具有精神鉴定资质的鉴定机构进行。

**第五十条** 检验、鉴定费用由公安机关交通管理部门承担，但法律法规另有规定或者当事人自行委托伤残评定、财产损失评估的除外。

**第五十一条** 公安机关交通管理部门应当与鉴定机构确定检验、鉴定完成的期限，确定的期限不得超过三十日。超过三十日的，应当报经上一级公安机关交通管理部门批准，但最长不得超过六十日。

**第五十二条** 尸体检验不得在公众场合进行。为了确定死因需要解剖尸体的，应当征得死者家属同意。死者家属不同意解剖尸体的，经县级以上公安机关或者上一级公安机关交通管理部门负责人批准，可以解剖尸体，并且通知死者家属到场，由其在解剖尸体通知书上签名。

死者家属无正当理由拒不到场或者拒绝签名的，交通警察应当在解剖尸体通知书上注明。对身份不明的尸体，无法通知死者家属的，应当记录在案。

**第五十三条** 尸体检验报告确定后，应当书面通知死者家属在十日内办理丧葬事宜。无正当理由逾期不办理的应记录在案，并经县级以上公安机关或者上一级公安机关交通管理部门负责人批准，由公安机关或者上一级公安机关交通管理部门处理尸体，逾期存放的费用由死者家属承担。

对于没有家属、家属不明或者因自然灾害等不可抗力导致无法通知或者通知后家属拒绝领回的，经县级以上公安机关或者上一级公安机关交通管理部门负责人批准，可以及时处理。

对身份不明的尸体,由法医提取人身识别检材,并对尸体拍照、采集相关信息后,由公安机关交通管理部门填写身份不明尸体信息登记表,并在设区的市级以上报纸刊登认尸启事。登报后三十日仍无人认领的,经县级以上公安机关或者上一级公安机关交通管理部门负责人批准,可以及时处理。

因宗教习俗等原因对尸体处理期限有特殊需要的,经县级以上公安机关或者上一级公安机关交通管理部门负责人批准,可以紧急处理。

**第五十四条** 鉴定机构应当在规定的期限内完成检验、鉴定,并出具书面检验报告、鉴定意见,由鉴定人签名,鉴定意见还应当加盖机构印章。检验报告、鉴定意见应当载明以下事项:

(一)委托人;
(二)委托日期和事项;
(三)提交的相关材料;
(四)检验、鉴定的时间;
(五)依据和结论性意见,通过分析得出结论性意见的,应当有分析证明过程。

检验报告、鉴定意见应当附有鉴定机构、鉴定人的资质证明或者其他证明文件。

**第五十五条** 公安机关交通管理部门应当对检验报告、鉴定意见进行审核,并在收到检验报告、鉴定意见之日起五日内,将检验报告、鉴定意见复印件送达当事人,但有下列情形之一的除外:

(一)检验、鉴定程序违法或者违反相关专业技术要求,可能影响检验报告、鉴定意见公正、客观的;
(二)鉴定机构、鉴定人不具备鉴定资质和条件的;
(三)检验报告、鉴定意见明显依据不足的;
(四)故意作虚假鉴定的;
(五)鉴定人应当回避而没有回避的;
(六)检材虚假或者检材被损坏、不具备鉴定条件的;
(七)其他可能影响检验报告、鉴定意见公正、客观的情形。

检验报告、鉴定意见有前款规定情形之一的,经县级以上公安机关交通管理部门负责人批准,应当在收到检验报告、鉴定意见之日起三日内重新委托检验、鉴定。

**第五十六条** 当事人对检验报告、鉴定意见有异议，申请重新检验、鉴定的，应当自公安机关交通管理部门送达之日起三日内提出书面申请，经县级以上公安机关交通管理部门负责人批准，原办案单位应当重新委托检验、鉴定。检验报告、鉴定意见不具有本规定第五十五条第一款情形的，经县级以上公安机关交通管理部门负责人批准，由原办案单位作出不准予重新检验、鉴定的决定，并在作出决定之日起三日内书面通知申请人。

同一交通事故的同一检验、鉴定事项，重新检验、鉴定以一次为限。

**第五十七条** 重新检验、鉴定应当另行委托鉴定机构。

**第五十八条** 自检验报告、鉴定意见确定之日起五日内，公安机关交通管理部门应当通知当事人领取扣留的事故车辆。

因扣留车辆发生的费用由作出决定的公安机关交通管理部门承担，但公安机关交通管理部门通知当事人领取，当事人逾期未领取产生的停车费用由当事人自行承担。

经通知当事人三十日后不领取的车辆，经公告三个月仍不领取的，对扣留的车辆依法处理。

## 第七章　认定与复核

### 第一节　道路交通事故认定

**第五十九条** 道路交通事故认定应当做到事实清楚、证据确实充分、适用法律正确、责任划分公正、程序合法。

**第六十条** 公安机关交通管理部门应当根据当事人的行为对发生道路交通事故所起的作用以及过错的严重程度，确定当事人的责任。

（一）因一方当事人的过错导致道路交通事故的，承担全部责任；

（二）因两方或者两方以上当事人的过错发生道路交通事故的，根据其行为对事故发生的作用以及过错的严重程度，分别承担主要责任、同等责任和次要责任；

（三）各方均无导致道路交通事故的过错，属于交通意外事故的，各方均无责任。

一方当事人故意造成道路交通事故的，他方无责任。

**第六十一条** 当事人有下列情形之一的,承担全部责任:
(一)发生道路交通事故后逃逸的;
(二)故意破坏、伪造现场、毁灭证据的。

为逃避法律责任追究,当事人弃车逃逸以及潜逃藏匿的,如有证据证明其他当事人也有过错,可以适当减轻责任,但同时有证据证明逃逸当事人有第一款第二项情形的,不予减轻。

**第六十二条** 公安机关交通管理部门应当自现场调查之日起十日内制作道路交通事故认定书。交通肇事逃逸案件在查获交通肇事车辆和驾驶人后十日内制作道路交通事故认定书。对需要进行检验、鉴定的,应当在检验报告、鉴定意见确定之日起五日内制作道路交通事故认定书。

有条件的地方公安机关交通管理部门可以试行在互联网公布道路交通事故认定书,但对涉及的国家秘密、商业秘密或者个人隐私,应当保密。

**第六十三条** 发生死亡事故以及复杂、疑难的伤人事故后,公安机关交通管理部门应当在制作道路交通事故认定书或者道路交通事故证明前,召集各方当事人到场,公开调查取得的证据。

证人要求保密或者涉及国家秘密、商业秘密以及个人隐私的,按照有关法律法规的规定执行。

当事人不到场的,公安机关交通管理部门应当予以记录。

**第六十四条** 道路交通事故认定书应当载明以下内容:
(一)道路交通事故当事人、车辆、道路和交通环境等基本情况;
(二)道路交通事故发生经过;
(三)道路交通事故证据及事故形成原因分析;
(四)当事人导致道路交通事故的过错及责任或者意外原因;
(五)作出道路交通事故认定的公安机关交通管理部门名称和日期。

道路交通事故认定书应当由交通警察签名或者盖章,加盖公安机关交通管理部门道路交通事故处理专用章。

**第六十五条** 道路交通事故认定书应当在制作后三日内分别送达当事人,并告知申请复核、调解和提起民事诉讼的权利、期限。

当事人收到道路交通事故认定书后,可以查阅、复制、摘录公安机关交通管理部门处理道路交通事故的证据材料,但证人要求保密或者涉及国家秘密、商业秘密以及个人隐私的，按照有关法律法规的规定执行。公安机关交通管理部门对当事人复制的证据材料应当加盖公安机关交通管理部门事故处理专用章。

**第六十六条** 交通肇事逃逸案件尚未侦破，受害一方当事人要求出具道路交通事故认定书的，公安机关交通管理部门应当在接到当事人书面申请后十日内，根据本规定第六十一条确定各方当事人责任，制作道路交通事故认定书，并送达受害方当事人。道路交通事故认定书应当载明事故发生的时间、地点、受害人情况及调查得到的事实，以及受害方当事人的责任。

交通肇事逃逸案件侦破后，已经按照前款规定制作道路交通事故认定书的，应当按照本规定第六十一条重新确定责任，制作道路交通事故认定书，分别送达当事人。重新制作的道路交通事故认定书除应当载明本规定第六十四条规定的内容外，还应当注明撤销原道路交通事故认定书。

**第六十七条** 道路交通事故基本事实无法查清、成因无法判定的，公安机关交通管理部门应当出具道路交通事故证明，载明道路交通事故发生的时间、地点、当事人情况及调查得到的事实，分别送达当事人，并告知申请复核、调解和提起民事诉讼的权利、期限。

**第六十八条** 由于事故当事人、关键证人处于抢救状态或者因其他客观原因导致无法及时取证，现有证据不足以认定案件基本事实的，经上一级公安机关交通管理部门批准，道路交通事故认定的时限可中止计算，并书面告知各方当事人或者其代理人，但中止的时间最长不得超过六十日。

当中止认定的原因消失，或者中止期满受伤人员仍然无法接受调查的，公安机关交通管理部门应当在五日内，根据已经调查取得的证据制作道路交通事故认定书或者出具道路交通事故证明。

**第六十九条** 伤人事故符合下列条件，各方当事人一致书面申请快速处理的，经县级以上公安机关交通管理部门负责人批准，可以根据已经取得的证据，自当事人申请之日起五日内制作道路交通事故认定书：

（一）当事人不涉嫌交通肇事、危险驾驶犯罪的；
（二）道路交通事故基本事实及成因清楚，当事人无异议的。

**第七十条** 对尚未查明身份的当事人，公安机关交通管理部门应当在道路交通事故认定书或者道路交通事故证明中予以注明,待身份信息查明以后,制作书面补充说明送达各方当事人。

## 第二节 复 核

**第七十一条** 当事人对道路交通事故认定或者出具道路交通事故证明有异议的,可以自道路交通事故认定书或者道路交通事故证明送达之日起三日内提出书面复核申请。当事人逾期提交复核申请的,不予受理,并书面通知申请人。

复核申请应当载明复核请求及其理由和主要证据。同一事故的复核以一次为限。

**第七十二条** 复核申请人通过作出道路交通事故认定的公安机关交通管理部门提出复核申请的,作出道路交通事故认定的公安机关交通管理部门应当自收到复核申请之日起二日内将复核申请连同道路交通事故有关材料移送上一级公安机关交通管理部门。

复核申请人直接向上一级公安机关交通管理部门提出复核申请的,上一级公安机关交通管理部门应当通知作出道路交通事故认定的公安机关交通管理部门自收到通知之日起五日内提交案卷材料。

**第七十三条** 除当事人逾期提交复核申请的情形外,上一级公安机关交通管理部门收到复核申请之日即为受理之日。

**第七十四条** 上一级公安机关交通管理部门自受理复核申请之日起三十日内,对下列内容进行审查,并作出复核结论:

(一) 道路交通事故认定的事实是否清楚、证据是否确实充分、适用法律是否正确、责任划分是否公正;

(二) 道路交通事故调查及认定程序是否合法;

(三) 出具道路交通事故证明是否符合规定。

复核原则上采取书面审查的形式,但当事人提出要求或者公安机关交通管理部门认为有必要时,可以召集各方当事人到场,听取各方意见。

办理复核案件的交通警察不得少于二人。

**第七十五条** 复核审查期间,申请人提出撤销复核申请的,公安机关交通管理部门应当终止复核,并书面通知各方当事人。

受理复核申请后,任何一方当事人就该事故向人民法院提起诉讼并经人民法院受理的,公安机关交通管理部门应当将受理当事人复核申请的有关情况告知相关人民法院。

受理复核申请后，人民检察院对交通肇事罪嫌疑人作出批准逮捕决定的，公安机关交通管理部门应当将受理当事人复核申请的有关情况告知相关人民检察院。

**第七十六条** 上一级公安机关交通管理部门认为原道路交通事故认定事实清楚、证据确实充分、适用法律正确、责任划分公正、程序合法的，应当作出维持原道路交通事故认定的复核结论。

上一级公安机关交通管理部门认为调查及认定程序存在瑕疵，但不影响道路交通事故认定的，在责令原办案单位补正或者作出合理解释后，可以作出维持原道路交通事故认定的复核结论。

上一级公安机关交通管理部门认为原道路交通事故认定有下列情形之一的，应当作出责令原办案单位重新调查、认定的复核结论：

（一）事实不清的；

（二）主要证据不足的；

（三）适用法律错误的；

（四）责任划分不公正的；

（五）调查及认定违反法定程序可能影响道路交通事故认定的。

**第七十七条** 上一级公安机关交通管理部门审查原道路交通事故证明后，按下列规定处理：

（一）认为事故成因确属无法查清，应当作出维持原道路交通事故证明的复核结论；

（二）认为事故成因仍需进一步调查的，应当作出责令原办案单位重新调查、认定的复核结论。

**第七十八条** 上一级公安机关交通管理部门应当在作出复核结论后三日内将复核结论送达各方当事人。公安机关交通管理部门认为必要的，应当召集各方当事人，当场宣布复核结论。

**第七十九条** 上一级公安机关交通管理部门作出责令重新调查、认定的复核结论后，原办案单位应当在十日内依照本规定重新调查、重新作出道路交通事故认定，撤销原道路交通事故认定书或者原道路交通事故证明。

重新调查需要检验、鉴定的，原办案单位应当在检验报告、鉴定意见确定之日起五日内，重新作出道路交通事故认定。

重新作出道路交通事故认定的，原办案单位应当送达各方当事人，并报上一级公安机关交通管理部门备案。
**第八十条** 上一级公安机关交通管理部门可以设立道路交通事故复核委员会，由办理复核案件的交通警察会同相关行业代表、社会专家学者等人员共同组成，负责案件复核，并以上一级公安机关交通管理部门的名义作出复核结论。

## 第八章 处罚执行

**第八十一条** 公安机关交通管理部门应当按照《道路交通安全违法行为处理程序规定》，对当事人的道路交通安全违法行为依法作出处罚。

**第八十二条** 对发生道路交通事故构成犯罪，依法应当吊销驾驶人机动车驾驶证的，应当在人民法院作出有罪判决后，由设区的市公安机关交通管理部门依法吊销机动车驾驶证。同时具有逃逸情形的，公安机关交通管理部门应当同时依法作出终生不得重新取得机动车驾驶证的决定。

**第八十三条** 专业运输单位六个月内两次发生一次死亡三人以上事故，且单位或者车辆驾驶人对事故承担全部责任或者主要责任的，专业运输单位所在地的公安机关交通管理部门应当报经设区的市公安机关交通管理部门批准后，作出责令限期消除安全隐患的决定，禁止未消除安全隐患的机动车上道路行驶，并通报道路交通事故发生地及运输单位所在地的人民政府有关行政管理部门。

## 第九章 损害赔偿调解

**第八十四条** 当事人可以采取以下方式解决道路交通事故损害赔偿争议：
（一）申请人民调解委员会调解；
（二）申请公安机关交通管理部门调解；
（三）向人民法院提起民事诉讼。

**第八十五条** 当事人申请人民调解委员会调解，达成调解协议后，双方当事人认为有必要的，可以根据《中华人民共和国人民调解法》共同向人民法院申请司法确认。

当事人申请人民调解委员会调解,调解未达成协议的,当事人可以直接向人民法院提起民事诉讼,或者自人民调解委员会作出终止调解之日起三日内,一致书面申请公安机关交通管理部门进行调解。

第八十六条 当事人申请公安机关交通管理部门调解,应当在收到道路交通事故认定书、道路交通事故证明或者上一级公安机关交通管理部门维持原道路交通事故认定的复核结论之日起十日内一致书面申请。

当事人申请公安机关交通管理部门调解,调解未达成协议的,当事人可以依法向人民法院提起民事诉讼,或者申请人民调解委员会进行调解。

第八十七条 公安机关交通管理部门应当按照合法、公正、自愿、及时的原则进行道路交通事故损害赔偿调解。

道路交通事故损害赔偿调解应当公开进行,但当事人申请不予公开的除外。

第八十八条 公安机关交通管理部门应当与当事人约定调解的时间、地点,并于调解时间三日前通知当事人。口头通知的,应当记入调解记录。

调解参加人因故不能按期参加调解的,应当在预定调解时间一日前通知承办的交通警察,请求变更调解时间。

第八十九条 参加损害赔偿调解的人员包括:
(一)道路交通事故当事人及其代理人;
(二)道路交通事故车辆所有人或者管理人;
(三)承保机动车保险的保险公司人员;
(四)公安机关交通管理部门认为有必要参加的其他人员。

委托代理人应当出具由委托人签名或者盖章的授权委托书。授权委托书应当载明委托事项和权限。

参加损害赔偿调解的人员每方不得超过三人。

第九十条 公安机关交通管理部门受理调解申请后,应当按照下列规定日期开始调解:
(一)造成人员死亡的,从规定的办理丧葬事宜时间结束之日起;
(二)造成人员受伤的,从治疗终结之日起;
(三)因伤致残的,从定残之日起;
(四)造成财产损失的,从确定损失之日起。

公安机关交通管理部门受理调解申请时已超过前款规定的时间,调解自受理调解申请之日起开始。

公安机关交通管理部门应当自调解开始之日起十日内制作道路交通事故损害赔偿调解书或者道路交通事故损害赔偿调解终结书。

**第九十一条** 交通警察调解道路交通事故损害赔偿,按照下列程序实施:

(一)告知各方当事人权利、义务;

(二)听取各方当事人的请求及理由;

(三)根据道路交通事故认定书认定的事实以及《中华人民共和国道路交通安全法》第七十六条的规定,确定当事人承担的损害赔偿责任;

(四)计算损害赔偿的数额,确定各方当事人承担的比例,人身损害赔偿的标准按照《中华人民共和国侵权责任法》《最高人民法院关于审理人身损害赔偿案件适用法律若干问题的解释》《最高人民法院关于审理道路交通事故损害赔偿案件适用法律若干问题的解释》等有关规定执行,财产损失的修复费用、折价赔偿费用按照实际价值或者评估机构的评估结论计算;

(五)确定赔偿履行方式及期限。

**第九十二条** 因确定损害赔偿的数额,需要进行伤残评定、财产损失评估的,由各方当事人协商确定有资质的机构进行,但财产损失数额巨大涉嫌刑事犯罪的,由公安机关交通管理部门委托。

当事人委托伤残评定、财产损失评估的费用,由当事人承担。

**第九十三条** 经调解达成协议的,公安机关交通管理部门应当当场制作道路交通事故损害赔偿调解书,由各方当事人签字,分别送达各方当事人。

调解书应当载明以下内容:

(一)调解依据;

(二)道路交通事故认定书认定的基本事实和损失情况;

(三)损害赔偿的项目和数额;

(四)各方的损害赔偿责任及比例;

(五)赔偿履行方式和期限;

(六)调解日期。

经调解各方当事人未达成协议的,公安机关交通管理部门应当终止调解,制作道路交通事故损害赔偿调解终结书,送达各方当事人。

**第九十四条** 有下列情形之一的,公安机关交通管理部门应当终止调解,并记录在案:

(一)调解期间有一方当事人向人民法院提起民事诉讼的;

(二)一方当事人无正当理由不参加调解的;

(三)一方当事人调解过程中退出调解的。

**第九十五条** 有条件的地方公安机关交通管理部门可以联合有关部门,设置道路交通事故保险理赔服务场所。

## 第十章 涉外道路交通事故处理

**第九十六条** 外国人在中华人民共和国境内发生道路交通事故的,除按照本规定执行外,还应当按照办理涉外案件的有关法律、法规、规章的规定执行。

公安机关交通管理部门处理外国人发生的道路交通事故,应当告知当事人我国法律、法规、规章规定的当事人在处理道路交通事故中的权利和义务。

**第九十七条** 外国人发生道路交通事故有下列情形之一的,不准其出境:

(一)涉嫌犯罪的;

(二)有未了结的道路交通事故损害赔偿案件,人民法院决定不准出境的;

(三)法律、行政法规规定不准出境的其他情形。

**第九十八条** 外国人发生道路交通事故并承担全部责任或者主要责任的,公安机关交通管理部门应当告知道路交通事故损害赔偿权利人可以向人民法院提出采取诉前保全措施的请求。

**第九十九条** 公安机关交通管理部门在处理道路交通事故过程中,使用中华人民共和国通用的语言文字。对不通晓我国语言文字的,应当为其提供翻译;当事人通晓我国语言文字而不需要他人翻译的,应当出具书面声明。

经公安机关交通管理部门批准,外国人可以自行聘请翻译,翻译费由当事人承担。

**第一百条** 享有外交特权与豁免的人员发生道路交通事故时,应当主动出示有效身份证件，交通警察认为应当给予暂扣或者吊销机动车驾驶证处罚的，可以扣留其机动车驾驶证。需要对享有外交特权与豁免的人员进行调查的，可以约谈，谈话时仅限于与道路交通事故有关的内容。需要检验、鉴定车辆的，公安机关交通管理部门应当征得其同意，并在检验、鉴定后立即发还。

公安机关交通管理部门应当根据收集的证据，制作道路交通事故认定书送达当事人，当事人拒绝接收的，送达至其所在机构；没有所在机构或者所在机构不明确的，由当事人所属国家的驻华使领馆转交送达。

享有外交特权与豁免的人员应当配合公安机关交通管理部门的调查和检验、鉴定。对于经核查确实享有外交特权与豁免但不同意接受调查或者检验、鉴定的，公安机关交通管理部门应当将有关情况记录在案，损害赔偿事宜通过外交途径解决。

**第一百零一条** 公安机关交通管理部门处理享有外交特权与豁免的外国人发生人员死亡事故的，应当将其身份、证件及事故经过、损害后果等基本情况记录在案，并将有关情况迅速通报省级人民政府外事部门和该外国人所属国家的驻华使馆或者领馆。

**第一百零二条** 外国驻华领事机构、国际组织、国际组织驻华代表机构享有特权与豁免的人员发生道路交通事故的，公安机关交通管理部门参照本规定第一百条、第一百零一条规定办理，但《中华人民共和国领事特权与豁免条例》、中国已参加的国际公约以及我国与有关国家或者国际组织缔结的协议有不同规定的除外。

## 第十一章　执法监督

**第一百零三条** 公安机关警务督察部门可以依法对公安机关交通管理部门及其交通警察处理道路交通事故工作进行现场督察，查处违纪违法行为。

上级公安机关交通管理部门对下级公安机关交通管理部门处理道路交通事故工作进行监督，发现错误应当及时纠正，造成严重后果的，依纪依法追究有关人员的责任。

**第一百零四条** 公安机关交通管理部门及其交通警察处理道路交通事故，应当公开办事制度、办事程序，建立警风警纪监督员制度，并自觉接受社会和群众的监督。

任何单位和个人都有权对公安机关交通管理部门及其交通警察不依法严格公正处理道路交通事故、利用职务上的便利收受他人财物或者谋取其他利益、徇私舞弊、滥用职权、玩忽职守以及其他违纪违法行为进行检举、控告。收到检举、控告的机关，应当依据职责及时查处。

**第一百零五条** 在调查处理道路交通事故时，交通警察或者公安机关检验、鉴定人员有下列情形之一的，应当回避：

（一）是本案的当事人或者是当事人的近亲属的；
（二）本人或者其近亲属与本案有利害关系的；
（三）与本案当事人有其他关系，可能影响案件公正处理的。

交通警察或者公安机关检验、鉴定人员需要回避的，由本级公安机关交通管理部门负责人或者检验、鉴定人员所属的公安机关决定。公安机关交通管理部门负责人需要回避的，由公安机关或者上一级公安机关交通管理部门负责人决定。

对当事人提出的回避申请，公安机关交通管理部门应当在二日内作出决定，并通知申请人。

**第一百零六条** 人民法院、人民检察院审理、审查道路交通事故案件，需要公安机关交通管理部门提供有关证据的，公安机关交通管理部门应当在接到调卷公函之日起三日内，或者按照其时限要求，将道路交通事故案件调查材料正本移送人民法院或者人民检察院。

**第一百零七条** 公安机关交通管理部门对查获交通肇事逃逸车辆及人员提供有效线索或者协助的人员、单位，应当给予表彰和奖励。

公安机关交通管理部门及其交通警察接到协查通报不配合协查并造成严重后果的，由公安机关或者上级公安机关交通管理部门追究有关人员和单位主管领导的责任。

## 第十二章 附 则

**第一百零八条** 道路交通事故处理资格等级管理规定由公安部另行制定，资格证书式样全国统一。

**第一百零九条** 公安机关交通管理部门应当在邻省、市（地）、县交界的国、省、县道上，以及辖区内交通流量集中的路段，设置标有管辖地公安机关交通管理部门名称及道路交通事故报警电话号码的提示牌。

**第一百一十条** 车辆在道路以外通行时发生的事故,公安机关交通管理部门接到报案的,参照本规定处理。涉嫌犯罪的,及时移送有关部门。

**第一百一十一条** 执行本规定所需要的法律文书式样,由公安部制定。公安部没有制定式样,执法工作中需要的其他法律文书,省级公安机关可以制定式样。

当事人自行协商处理损害赔偿事宜的,可以自行制作协议书,但应当符合本规定第二十一条关于协议书内容的规定。

**第一百一十二条** 本规定中下列用语的含义是:

(一)"交通肇事逃逸",是指发生道路交通事故后,当事人为逃避法律责任,驾驶或者遗弃车辆逃离道路交通事故现场以及潜逃藏匿的行为。

(二)"深度调查",是指以有效防范道路交通事故为目的,对道路交通事故发生的深层次原因以及道路交通安全相关因素开展延伸调查,分析查找安全隐患及管理漏洞,并提出从源头解决问题的意见和建议的活动。

(三)"检验报告、鉴定意见确定",是指检验报告、鉴定意见复印件送达当事人之日起三日内,当事人未申请重新检验、鉴定的,以及公安机关交通管理部门批准重新检验、鉴定,鉴定机构出具检验报告、鉴定意见的。

(四)"外国人",是指不具有中国国籍的人。

(五)本规定所称的"一日"、"二日"、"三日"、"五日"、"十日",是指工作日,不包括节假日。

(六)本规定所称的"以上"、"以下"均包括本数在内。

(七)"县级以上公安机关交通管理部门",是指县级以上人民政府公安机关交通管理部门或者相当于同级的公安机关交通管理部门。

(八)"设区的市公安机关交通管理部门",是指设区的市人民政府公安机关交通管理部门或者相当于同级的公安机关交通管理部门。

(九)"设区的市公安机关",是指设区的市人民政府公安机关或者相当于同级的公安机关。

**第一百一十三条** 本规定没有规定的道路交通事故案件办理程

序，依照《公安机关办理行政案件程序规定》《公安机关办理刑事案件程序规定》的有关规定执行。

**第一百一十四条** 本规定自 2018 年 5 月 1 日起施行。2008 年 8 月 17 日发布的《道路交通事故处理程序规定》（公安部令第 104 号）同时废止。

# 道路交通事故处理工作规范

· 2008 年 12 月 24 日
· 公交管〔2008〕277 号

## 第一章 总 则

**第一条** 为规范道路交通事故处理工作，保障公安机关交通管理部门及其交通警察依法公正处理道路交通事故，提高办案质量和效率，保护当事人的合法权益，根据《中华人民共和国道路交通安全法》（以下简称《道路交通安全法》）、《中华人民共和国道路交通安全法实施条例》（以下简称《实施条例》）和《道路交通事故处理程序规定》，制定本规范。

**第二条** 公安机关交通管理部门及其交通警察处理道路交通事故应当以事实为根据，以法律为准绳，遵循公正、公开、便民、效率的原则。

公安机关交通管理部门及其交通警察应当遵循事故处理与事故预防相结合的原则，加强事故统计分析和事故预防对策研究。

**第三条** 公安机关交通管理部门办理道路交通事故案件实行分级负责、专人办案、领导审批制度。对造成人员死亡的和其他疑难、复杂案件应当集体研究决定。

**第四条** 县级以上公安机关交通管理部门应当设置专门的道路交通事故处理机构，并按照道路交通事故处理岗位正规化建设要求，配置必需的人员、装备和办公场所。

道路交通事故处理岗位正规化建设标准由公安部交通管理局制定。

**第五条** 道路交通事故处理实行资格等级管理制度。

交通警察经过培训并考试合格,可以处理适用简易程序的道路交通事故。

取得初级资格,可以主办除造成人员死亡以外的其他道路交通事故,并可以协助取得中级以上资格的人员处理死亡事故。

取得中级或者高级资格,可以处理所有适用简易程序和一般程序的道路交通事故,并可以对道路交通事故案件进行复核。

设区市、县级公安机关交通管理部门分管事故处理工作的领导和事故处理机构负责人应当具有中级以上道路交通事故处理资格。

**第六条** 交通警察执勤巡逻时,警车应当配备警示标志、照相机、现场标划用具等对道路交通事故现场进行先期处置的必需装备,以及适用简易程序处理道路交通事故的法律文书等。

**第七条** 各级公安机关交通管理部门应当不断提高道路交通事故处理机构的科技装备和先进技术应用水平。

**第八条** 各级公安机关交通管理部门应当制定道路交通事故处理及追逃办案经费预算,保证办案所需经费。

**第九条** 各地公安机关交通管理部门应当制定群死群伤道路交通事故应急处置预案、载运危险品车辆交通事故应急处置预案、恶劣天气条件下交通事故现场应急处置预案、自然灾害造成的交通事故现场应急处置预案和交通肇事逃逸案件查缉等预案,并与相邻省、设区市、县级公安机关交通管理部门建立协作、查缉机制。

# 第二章 报警的受理与处理

**第十条** 设区市、县级公安机关交通管理部门事故处理机构应当建立24小时值班备勤制度,并根据辖区道路交通事故情况,确定值班备勤人数。值班备勤民警不得少于二人。

**第十一条** 交通警察执勤巡逻发现道路交通事故的,应当立即报告公安机关交通管理部门指挥中心或者值班室(以下简称指挥中心),并先期处置事故现场。

**第十二条** 指挥中心接到道路交通事故报警的,应当按照《道路交通事故处理程序规定》第十条规定的内容进行询问并作记录,指派就近的执勤民警立即赶赴现场进行先期处置,并根据情况进行以下处理：

（一）需要适用一般程序处理的，通知事故处理岗位民警和相关单位救援人员、车辆赶赴现场，并调派足够警力赶赴现场协助救援和维持秩序；

（二）属于上报范围的，立即报告上一级公安机关交通管理部门，并通过本级公安机关报告当地人民政府；

（三）需要堵截、查缉交通肇事逃逸车辆的，通知相关路段执勤民警或者通报相邻的公安机关交通管理部门布控、协查；

（四）运载爆炸物品、易燃易爆化学物品以及毒害性、放射性、腐蚀性、传染病病原体等危险物品的车辆发生事故的，立即通过本级公安机关报告当地人民政府，通报有关部门及时赶赴事故现场；

（五）营运车辆发生人员死亡事故的，通知当地人民政府有关行政管理部门；

（六）造成道路、供电、通讯等设施损毁的，通报有关部门及时处理。

涉及群死群伤道路交通事故、载运危险品车辆交通事故、恶劣天气条件下交通事故、自然灾害造成的交通事故和交通肇事逃逸案件等应急处置范围的，指挥中心应当立即报告公安机关交通管理部门负责人，并启动相应的应急处置机制。

**第十三条** 指挥中心处置道路交通事故警情时，应当记录下列内容：

（一）处警指令发出的时间；
（二）接受处警指令的人员姓名；
（三）处警指令的内容；
（四）通知联动单位的时间；
（五）向单位领导或上级部门报告的时间、方式；
（六）处警人员到达现场及现场处置结束后，向指挥中心报告的时间及内容。

**第十四条** 交通警察接到处警指令后，白天应当在 5 分钟内出警，夜间应当在 10 分钟内出警。

**第十五条** 交通警察赶赴现场处理道路交通事故，应当按照规定穿着反光背心，夜间佩戴发光或者反光器具，配备必要警用装备，携带道路交通事故现场勘查器材。

**第十六条** 交通警察到达道路交通事故现场后,应当及时向指挥中心报告到达时间和事故发生地点、事故形态、初查后果等现场简要情况,需要增加救援人员或者装备的,一并报告。现场处置结束后,应当再次报告。

**第十七条** 发生下列道路交通事故,公安机关交通管理部门应当立即通过本级公安机关报告当地人民政府,并逐级上报省级公安机关交通管理部门:

(一)一次死亡三人以上道路交通事故的;

(二)运载危险物品的车辆发生泄漏、爆炸、燃烧等道路交通事故的;

(三)发生外国人及港澳台人员死亡或者造成3名以上外国人及港澳台人员受伤的道路交通事故的;

(四)高速公路上发生五辆以上机动车连环相撞或者同向1公里以内发生3起以上多车相撞的道路交通事故的;

(五)公安民警因道路交通事故死亡或者公安民警交通肇事造成他人死亡的。

**第十八条** 发生下列道路交通事故,公安机关交通管理部门应当立即将道路交通事故基本情况逐级上报公安部交通管理局:

(一)一次死亡五人以上道路交通事故的;

(二)发生危险化学品泄漏、爆炸、燃烧的道路交通事故且造成严重后果的;

(三)发生外国人及港澳台人员死亡或者造成3名以上外国人及港澳台人员重伤的道路交通事故的;

(四)高速公路上发生十辆以上机动车连环相撞或者同向1公里以内发生5起多车相撞的道路交通事故的;

(五)交通民警在工作期间因道路交通事故死亡的。

**第十九条** 具有本规范第十七条第一项至第五项规定情形的,设区市公安机关交通管理部门负责人应当立即赶赴事故现场,组织交通警察并协调相关单位救援人员开展现场救援,组织、指挥交通警察开展事故调查取证,配合相关部门做好事故善后处理。

具有本规范第十八条第一项、第二项规定情形的,省级公安机关交通管理部门应当派人赶赴事故现场,指导现场救援和调查取证工作。

**第二十条** 当事人未在道路交通事故现场报警,事后请求公安机关交通管理部门处理的,公安机关交通管理部门应当在三日内根据当事人提供的证据或案件线索,对事故发生地点的道路情况、事故车辆情况等进行核查,查找并询问事故当事人和证人。

经核查道路交通事故事实存在的,公安机关交通管理部门应当受理,并告知当事人;经核查无法证明道路交通事故事实存在的,应当制作《道路交通事故处理(不受理)通知书》,注明理由,送达当事人;经核查不属于道路交通事故但属于公安机关管辖范围内的案件,应当移送公安机关相关部门,并书面告知当事人,说明理由;经核查不属于公安机关管辖的案件,应当告知当事人向相关部门报案,并通知相关部门。

## 第三章 简易程序

**第二十一条** 交通警察到达现场后,事故车辆可以移动的,交通警察对现场拍照或者采用其他方式固定现场证据后,应当责令当事人立即撤离现场,将车辆移至不妨碍交通的地点。拒不撤离的,予以强制撤离。事故车辆不能移动的,应当立即通知施救车辆。

**第二十二条** 撤离现场后,交通警察应当按照《道路交通事故处理程序规定》第十六条第二款的规定予以记录,并根据固定的现场证据和当事人、证人叙述,认定道路交通事故事实,确定当事人的责任,填写《道路交通事故认定书(简易程序)》,由当事人签名。

**第二十三条** 当事人共同请求调解的,交通警察应当当场进行调解,并在《道路交通事故认定书(简易程序)》上记录调解结果,由当事人签名,交付当事人。

**第二十四条** 当事人对道路交通事故认定有异议,或者拒绝在《道路交通事故认定书(简易程序)》上签名,或者不同意由交通警察调解的,交通警察应当在《道路交通事故认定书(简易程序)》上予以记录,交付当事人,并告知当事人可以向人民法院提起民事诉讼;当事人拒绝接收的,交通警察应当在《道路交通事故认定书(简易程序)》上予以记录。

## 第四章 现场处置

**第二十五条** 交通警察到达现场后,应当根据现场情况,划定警戒区域,白天在距离现场来车方向五十米至一百五十米外或者路口处放置发光或者反光锥筒和警告标志,指挥过往车辆、人员绕行,必要时可以封闭道路。夜间或雨、雪、雾、冰、沙尘等特殊气象条件下,应当增加发光或反光锥筒,延长警示距离。

高速公路应当停放警车示警,白天应当在距离现场来车方向二百米外,夜间或雨、雪、雾、冰、沙尘等特殊气象条件下,在距离现场来车方向五百米至一千米外,设置警告标志和减(限)速标志,并向事故现场方向连续放置发光或者反光锥筒。

因道路交通事故导致交通中断或者现场处置、勘查需要采取封闭道路等交通管制措施的,交通警察应当报告指挥中心,由指挥中心通知相关路段执勤民警在事故现场来车方向提前组织分流,并通过电子显示屏、绕行提示标志以及电台广播等方式,及时提醒其他车辆绕行。

**第二十六条** 发现有人员受伤的,应当立即组织施救。急救、医疗人员到达现场后,交通警察应当积极协助抢救受伤人员。因抢救伤员需要变动现场的,应当标明或记录受伤人员的位置。受伤人员被送往医院的,应当记录医院名称、地址及受伤人员基本情况。

**第二十七条** 道路交通事故涉及爆炸物品、易燃易爆化学物品以及毒害性、放射性、腐蚀性、传染病病原体等危险物品的,公安机关交通管理部门应当协同有关部门划定隔离区,封闭道路,疏散过往车辆、人员,禁止无关人员、车辆进入,待险情消除后方可勘查现场。

**第二十八条** 肇事车辆已逃逸且已初步确定逃逸车辆的车型、车号、车身特征或者逃逸路线、方向等信息的,交通警察应当立即报告指挥中心及时布置堵截和追缉。必要时,公安机关交通管理部门可以发布协查通报,请求有关公安机关交通管理部门协助查缉。

协查通报应当由事故发生地的县级公安机关交通管理部门向肇事车辆可能逃逸区域的同级公安机关交通管理部门发布;逃逸区域跨地(市)的,应当由设区市级公安机关交通管理部门向请求协查的同级公安机关交通管理部门发布;逃逸区域跨省(自治区、直辖市)的,应当由省级公安机关交通管理部门发布。相邻公安机关交通管理部门建立交通肇事逃逸案件协查工作机制的,协查通报按照协查工作机制所确定的形式发布。

**第二十九条** 交通警察应当根据现场情况,确认案件性质和管辖。对属于道路交通事故但不属于本单位管辖区域的,报告指挥中心通知有管辖权的公安机关交通管理部门赶赴现场;管辖权有争议的,报告共同的上一级公安机关交通管理部门指定管辖,上一级公安机关交通管理部门应当在接到报告的24小时内作出指定。管辖权确定之前,最先到达现场的交通警察不得中止或拖延对该事故的组织施救、现场处置及处理工作;管辖权确定后,移交案件有关材料,由有管辖权的单位继续处理。

不属于道路交通事故的,经请示单位负责人同意后,告知当事人,并报告指挥中心通知相关部门。

## 第五章 现场勘查

**第三十条** 交通警察在现场应当查验道路交通事故当事人身份证件、机动车驾驶证及机动车行驶证、保险标志等,并进行登记,依法传唤交通肇事嫌疑人。当事人不在现场的,应当立即查找。

**第三十一条** 交通警察在现场勘查过程中,可以使用呼气式酒精测试仪或者唾液试纸,对车辆驾驶人进行酒精含量检测,检测结果应当在现场勘查笔录中载明。

发现车辆驾驶人有饮酒或者服用国家管制的精神药品、麻醉药品嫌疑的,应当按照《道路交通事故处理程序规定》第二十五条的规定及时提取血样或者尿样。提取血样或者尿样应当留有备份。

**第三十二条** 交通警察应当按照有关法律、法规和《交通事故痕迹物证勘验》等标准的规定,客观、全面勘查现场,提取痕迹物证,通过照相、摄像、绘图、制作现场勘查笔录等方式固定现场证据。

因调查取证的需要,交通警察可以补充勘查道路交通事故现场或者进行模拟实验。进行模拟实验时,应当禁止一切足以造成危险的行为。

**第三十三条** 交通警察应当按照《交通事故勘验照相》等标准,拍摄、制作道路交通事故照片。当场死亡两人以上的,应当对尸体编号,逐一拍照,并记录尸体的位置、特征等。

**第三十四条** 交通警察应当按照《道路交通事故现场图绘制》、《道路交通事故现场图型符号》等标准,绘制道路交通事故现场图,并根据需要绘制现场断面图、现场立面图。经核对无误后,由勘查现场的交通警察、当事人或者见证人签名;当事人不在现场、无见证人以及当事人、见证人拒绝签名、无法签名的,应当在现场图上注明。

**第三十五条** 交通警察应当及时制作道路交通事故现场勘查笔录。现场勘查笔录应当按照与现场图、现场照片相互补充、印证的原则,主要载明下列内容:

(一)相关部门和人员到达现场时间、现场勘查开始时间、现场勘查结束时间;

(二)事故现场具体位置、天气、现场道路和周围环境情况;

(三)现场伤亡人员基本情况(人员位置在现场图中已有标注的,不再记录)及救援简要过程;

(四)现场事故车辆车型、牌号及车辆档位、转向、灯光、仪表指针位置等基本情况(车辆位置在现场图中已有标注的,不再记录);

(五)现场痕迹、物证采集和提取情况;

(六)通过呼气或唾液等方式对车辆驾驶人进行酒精测试的结果以及提取血样、尿样情况;

(七)现场勘查民警认为应当记录的其他情况。

现场勘查笔录经核对无误后,由勘查现场的交通警察、当事人或者见证人签名;当事人不在现场、无见证人以及当事人、见证人拒绝签名、无法签名的,应当在现场勘查笔录上注明。

补充勘查道路交通事故现场的,应当制作道路交通事故现场补充勘查笔录,经核对无误后,由勘查现场的交通警察和当事人签名;当事人拒绝签名的,应当在补充勘查笔录中注明。

**第三十六条** 对需要进一步核查、检验、鉴定的车辆、证件、物品等,交通警察应当依法扣留或者扣押,并出具行政强制措施凭证或者扣押物品清单等法律文书,当场送达当事人;当事人已经死亡或者不在现场的,应当在法律文书中注明。

**第三十七条** 交通警察在现场勘查过程中,应当注意查找现场证人,记录证人的家庭住址、工作单位、联系方法等。

交通警察可以在现场对道路交通事故当事人、现场证人针对事故现场需要确认的问题分别进行询问,并作记录,交由当事人、证人核对无误后签字确认,或者录音、录像保全。

第三十八条 现场勘查结束后,交通警察应当组织清理事故现场,清点、登记并按规定处理现场遗留物品。通知殡葬服务单位或者有停尸条件的医疗机构将尸体运走存放。能移动的事故车辆应当立即撤离,无法移动的,将事故车辆拖移至不妨碍交通的地点或停车场内;对暂时无法拖移的,应当开启事故车辆的危险报警灯并按规定在来车方向设置危险警告标志。现场清理完毕并恢复正常交通后,负责维护现场秩序的交通警察方可撤离现场。

第三十九条 因条件限制或者案情复杂,现场勘查有困难的,经县级公安机关交通管理部门负责人批准,可以保留部分或者全部事故现场,待条件具备后再继续勘查。保留全部现场的,原警戒线不得撤除;保留部分现场的,只对所保留部分进行警戒。

## 第六章 调 查

第四十条 道路交通事故有人员受伤并已被送往医院的,交通警察应当尽快赶赴医院了解伤情,记录伤者姓名、年龄、性别等基本情况;条件允许时,对伤者体表有特征性的损伤拍照固定;针对事故发生经过的主要情节对伤者进行简要询问,并作记录,交由伤者核对无误后签字确认或者录音、录像保全,伤者无法签字、拒绝签字的,由见证人签字或者记录在案;伤者因伤情严重无法接受询问的,应当记录在案,并告知其所就医疗机构的医护人员或者其陪护人员,及时将伤情变化情况通知办案交通警察,伤者伤情好转能够接受询问时,办案交通警察应当及时进行询问。

第四十一条 交通警察应当按照《全国道路交通事故处理信息系统使用管理规定》的要求,在道路交通事故现场勘查完毕后二十四小时内,将有关信息录入全国道路交通事故处理信息系统。

第四十二条 公安机关交通管理部门在调查道路交通事故过程中,认为当事人涉嫌交通肇事犯罪的,应当及时将道路交通事故处理程序转为办理刑事案件程序,按照《公安机关办理刑事案件程序规定》立案侦查。

交通肇事犯罪嫌疑人逃逸的,公安机关交通管理部门应当在刑事案件立案之日起1个月内将逃逸嫌疑人信息录入全国在逃人员信息系统，抓获犯罪嫌疑人后，予以撤销。必要时，可以发布协查通报或者通缉令。

公安机关交通管理部门发现当事人有其他违法犯罪嫌疑的，应当及时移送公安机关有关部门。

**第四十三条** 交通警察应当尽快核查道路交通事故当事人身份，并告知伤亡人员家属伤者就医的医疗机构或者尸体的存放单位。

道路交通事故造成人员死亡且身份无法确认的，公安机关交通管理部门应当在道路交通事故发生之日起七日后在设区的市级以上报纸刊登认尸启事。登报后三十日仍无人认领的，应当先由法医提取人身识别检material，对尸体按照《尸体辨认照相、录像方法规则》标准拍照，并采集相关信息后，由公安机关交通管理部门填写《未知名尸体信息登记表》，报设区市公安机关刑事侦查部门留存，再由县级以上公安机关负责人或者上一级公安机关交通管理部门负责人批准处理尸体。对未知名尸体的骨灰存放一年，存放证留档备查。一年后，公安机关交通管理部门通知殡葬部门处理骨灰。

**第四十四条** 交通警察应当在事故现场撤除后二十四小时内，按照《公安机关办理行政案件程序规定》对交通肇事嫌疑人、其他当事人进行询问，及时对证人进行询问，并制作询问笔录。当事人、证人提交自行书写的陈述材料时，交通警察应当查验是否确由本人书写，由他人代笔的，应当注明。

交通警察应当告知当事人、证人在询问中依法享有的权利和承担的义务。当事人、证人要求保密的，在询问笔录和自行书写的陈述材料上注明，公安机关交通管理部门应当为其保密。

**第四十五条** 交通警察应当及时复制提取接处警登记表等接警记录。

交通警察可以向有关机构调取汽车行驶记录仪、GPS、技术监控设备的记录资料等证据材料。

**第四十六条** 因调查需要，公安机关交通管理部门组织道路交通事故当事人、证人对肇事嫌疑人或者嫌疑车辆进行辨认时，交通警察不得给辨认人任何暗示。

辨认嫌疑人时，被辨认的人数不得少于七人；对嫌疑人照片进行辨认时，被辨认的照片不得少于十张；辨认嫌疑车辆时，被辨认的车辆不得少于七辆。

组织辨认应当按照有关规定制作辨认笔录。

# 第七章　检验、鉴定

**第四十七条**　对当事人生理、精神状况、人体损伤、尸体、车辆及其行驶速度、痕迹、物品以及现场的道路状况等需要检验、鉴定的，公安机关交通管理部门应当按照《道路交通事故处理程序规定》第三十七条规定的时限和要求办理。

对逃逸交通事故，公安机关交通管理部门应当自查获肇事嫌疑车辆之日起三日内对嫌疑车辆进行检验、鉴定。

**第四十八条**　尸体检验应当按照《道路交通事故尸体检验》有关标准进行，并出具道路交通事故尸体检验报告。道路交通事故已按刑事案件立案侦查的，尸体检验应当按照《公安机关办理刑事案件程序规定》进行。

**第四十九条**　尸体检验、鉴定结论确定后，应当制作《尸体处理通知书》，通知死者家属在十日内办理丧葬事宜。无正当理由逾期不办理的，经县级以上公安机关负责人批准，由公安机关处理尸体，逾期存放尸体的费用由死者家属承担。

**第五十条**　卫生行政主管部门许可的医疗机构具有执业资格的医生为道路交通事故受伤人员出具的诊断证明，公安机关交通管理部门可作为认定道路交通事故受伤人员的人身伤害程度的依据。但当事人涉嫌交通肇事犯罪的，应当委托具有资质的专门机构进行伤情鉴定。

**第五十一条**　公安机关交通管理部门应当对检验、鉴定报告进行审查：

（一）鉴定人或者鉴定机构是否具有资格；

（二）鉴定人及鉴定机构是否签名盖章；

（三）检验、鉴定报告是否存在其他错误。

对符合规定的可以作为证据使用；对不符合规定的，应当要求鉴定机构重新出具检验、鉴定报告，或者不予采信。

**第五十二条**　公安机关交通管理部门应当在收到检验、鉴定报告之日起二日内，将检验、鉴定报告复印件送达当事人。当事人涉嫌交通肇事犯罪并已立案侦查的,公安机关交通管理部门应当按照《公安机关办理刑事案件程序规定》,将用作证据的鉴定结论告知犯罪嫌疑人、被害人。

公安机关交通管理部门送达检验、鉴定报告之日起三日内,当事人提出重新检验、鉴定申请,并提供证据证明原鉴定结论存在下列情形之一的,县级公安机关交通管理部门负责人应当批准重新检验、鉴定:

(一)鉴定机构或者鉴定人不具有相应鉴定资格的;
(二)鉴定结论明显依据不足的;
(三)有证据证明鉴定结论存在错误的。

重新检验、鉴定以一次为限,结论以重新检验、鉴定结论为准。

第五十三条 伤残评定、财产损失评估由当事人自行委托有资格的机构进行评定、评估。公安机关交通管理部门可以向当事人介绍符合条件的评定、评估机构,由当事人自行选择。

财产损失数额巨大涉嫌刑事犯罪的,应当由公安机关交通管理部门委托。

## 第八章 交通肇事逃逸查缉

第五十四条 道路交通事故发生后,交通肇事嫌疑人逃逸的,公安机关交通管理部门应当及时查缉肇事嫌疑人和嫌疑车辆。

设区市公安机关交通管理部门应当组建专门的逃逸案件侦破队伍。

县级公安机关交通管理部门应当制作辖区警力部署、急救和医疗机构、修理厂、配件门市部、洗车场、加油站、视频监控点、道路收费站及主要出入口等重要信息的分布图,完善交通肇事逃逸案件查缉网络。

第五十五条 公安机关交通管理部门应当通过现场勘查、检验鉴定、询问当事人和证人、调取监控录像等,调查以下基本情况,确定查缉方案,开展查缉工作:

(一)交通事故发生的时间范围;
(二)交通事故发生地点的交通环境、交通流特征,以及事故发生时间段内通过该路段的车辆数量、型号等;

（三）肇事逃逸车辆的车型、车身颜色、车辆损坏部位、装载货物、车辆特征、车辆牌号、肇事车辆的逃逸方向等；
（四）肇事嫌疑人的体貌、衣着等特征。
第五十六条　公安机关交通管理部门接到交通肇事逃逸案件协查通报的，应当根据需要，组织开展以下工作：
（一）立即在可能通过的路段、路口部署警力，根据嫌疑车辆的特征，严格排查过往车辆，发现交通肇事逃逸车辆或者嫌疑车辆的，应当予以扣留；
（二）肇事逃逸车辆为本地车辆的，立即组织专人查扣；案发地公安机关交通管理部门已派人到达的，派专人配合查扣；
（三）肇事逃逸嫌疑人为本地人员的，依法传唤；案发地公安机关发布《通缉令》或上网通缉的，组织警力予以抓捕；案发地公安机关交通管理部门已派人到达的，派专人配合抓捕或传唤。
公安机关交通管理部门及其交通警察接到协查通报不配合协查并造成严重后果的，由公安机关或者上级公安机关交通管理部门追究有关人员和单位主管领导的责任。
第五十七条　公安机关交通管理部门侦破交通肇事逃逸案件时，应当做好工作记录。造成人员死亡的交通肇事逃逸案件发生后，公安机关交通管理部门应当在不泄露侦破工作秘密的前提下，定期主动向受害人家属通报已开展的侦破工作。
交通肇事逃逸案件的受害人及其家属向公安机关交通管理部门询问案件侦破情况的，公安机关交通管理部门应当在不泄露侦破工作秘密的前提下，告知其已开展的侦破工作。
第五十八条　公安机关交通管理部门应当建立交通肇事逃逸案件侦破奖励制度，对侦破交通肇事逃逸案件的有功人员及时表彰奖励。

# 第九章　道路交通事故认定

第五十九条　交通警察应当自现场调查之日起七日内，交通肇事逃逸案件在查获交通肇事车辆和驾驶人后七日内，需要进行检验、鉴定的在检验、鉴定结论确定之日起二日内，向道路交通事故处理机构负责人提交道路交通事故调查报告。调查报告应当载明以下内容：
（一）道路交通事故当事人、车辆、道路和交通环境等基本情况；

（二）道路交通事故发生经过；
（三）道路交通事故证据及事故形成原因的分析；
（四）适用法律、法规及责任划分意见；
（五）道路交通事故暴露出来的事故预防工作中存在的突出问题及预防对策建议。

道路交通事故处理机构负责人应当在接到调查报告之日起二日内对道路交通事故调查报告进行审批。

**第六十条** 对造成人员死亡的和其他疑难、复杂案件，道路交通事故处理机构负责人应当召集具有中级以上道路交通事故处理资格的民警对道路交通事故调查报告进行集体研究，并按照少数服从多数的原则，形成集体研究意见，并将不同意见记录在案，提交公安机关交通管理部门负责人进行审批。集体研究和公安机关交通管理部门负责人审批工作需在接到调查报告之日起二日内完成。

必要时，道路交通事故处理机构可以在前款规定的期限内组织专家进行会商。

**第六十一条** 道路交通事故调查报告经审批后，交通警察应当根据审批意见制作道路交通事故认定书。

**第六十二条** 发生死亡交通事故，公安机关交通管理部门应当在制作道路交通事故认定书前，召集各方当事人到场，公开调查取得的证据。证据公开的过程及各方当事人的意见应当予以记录。当事人无故不到场的，视为对证据没有异议。证人要求保密或者涉及国家秘密、商业秘密以及个人隐私的证据不得公开。

在证据公开过程中当事人提供新的证据的，交通警察报经公安机关交通管理部门负责人批准后，应当按照本规范有关要求开展补充调查。

**第六十三条** 逃逸交通事故尚未侦破，受害一方当事人要求出具道路交通事故认定书的，公安机关交通管理部门应当按照《道路交通事故处理程序规定》第四十九条的规定办理。

查获交通肇事逃逸车辆和驾驶人后，公安机关交通管理部门应当重新制作编号不同的道路交通事故认定书，分别送达当事人。重新制作的道路交通事故认定书应当注明对此前作出的道路交通事故认定书的内容进行更正、补充或者撤销。

**第六十四条** 由于案件主要当事人、关键证人处于抢救状态或者因其它客观原因导致无法及时取证,而现有证据不足以认定案件主要事实的,经上一级公安机关交通管理部门批准,道路交通事故认定的时限可中止计算,并书面告知当事人,但中止的时间最长不得超过六十日;当中止认定的原因消失,或者中止期满受伤人员仍然昏迷或者死亡的,公安机关交通管理部门应当在五日内,根据已经调查取得的证据制作道路交通事故认定书或者出具道路交通事故证明。

第六十五条 当事人及其代理人收到道路交通事故认定书后,要求查阅道路交通事故证据材料的,应当提交书面的查阅申请,明确查阅、复制、摘录的具体内容,除涉及国家秘密、商业秘密或者个人隐私,以及应当事人、证人要求保密的内容外,公安机关交通管理部门应当安排其在指定的地点按规定查阅。

当事人及其代理人可以自费复制证据材料,公安机关交通管理部门应当在当事人复制的材料上注明复制时间,并加盖交通事故处理专用章。

# 第十章 复 核

第六十六条 省级和设区市公安机关交通管理部门应当组织具有道路交通事故处理中级以上资格的交通警察负责道路交通事故认定的复核工作。对道路交通事故认定进行复核时,交通警察不得少于二人。

第六十七条 上一级公安机关交通管理部门收到当事人的复核申请后,应当及时向原办案单位了解案件有关情况,并在五日内作出是否受理的决定。受理复核的,通知原办案单位提交案卷材料,原办案单位应当在五日内提交。

第六十八条 上一级公安机关交通管理部门经复核后,应当作出复核结论。复核结论应当载明下列内容:

(一)复核申请人基本情况;
(二)申请复核的主要事项、理由和依据;
(三)复核意见。

复核结论应当加盖上一级公安机关交通管理部门道路交通事故处理复核专用章。

第六十九条 上一级公安机关交通管理部门作出责令重新认定的

复核结论后，原办案单位应当撤销原道路交通事故认定书，按照《道路交通事故处理程序规定》第五十六条的规定重新制作编号不同的道路交通事故认定书，并在重新制作的道路交通事故认定书中注明撤销原道路交通事故认定书。

**第七十条** 原办案单位拒不执行上一级公安机关交通管理部门复核结论的，上一级公安机关交通管理部门可以按照《公安机关内部执法监督规定》，对原办案单位作出的道路交通事故认定书予以撤销或者变更，同时按照《公安机关执法过错责任追究规定》进行错案追究。

## 第十一章 处罚执行

**第七十一条** 公安机关交通管理部门应当在作出道路交通事故认定书之日起五日内，按照《道路交通安全违法行为处理程序规定》，依法对当事人的道路交通安全违法行为作出处罚。

公安机关交通管理部门按照《道路交通事故处理程序规定》第二十九条规定扣押当事人机动车驾驶证，经调查确认需对当事人给予暂扣机动车驾驶证处罚的，扣押一日折抵暂扣期限一日。

**第七十二条** 公安机关交通管理部门扣押机动车驾驶证后，应当及时在全国公安交通管理信息系统内将其机动车驾驶证状态标注为扣押状态。扣押的机动车驾驶证发还的，应当自发还之日起三日内解除扣押状态标注。

**第七十三条** 公安机关交通管理部门收到人民法院对机动车驾驶人的有罪判决书或者证明机动车驾驶人有罪的司法建议函后，将判决书或者司法建议函、扣押的机动车驾驶证一并报送设区市公安机关交通管理部门，由设区市公安机关交通管理部门依法吊销其机动车驾驶证；同时具有逃逸情形的，公安机关交通管理部门还应当依照《道路交通安全法》第一百零一条第二款的规定，作出终生不得重新取得机动车驾驶证的决定。

对给予吊销当事人机动车驾驶证并终生不得重新取得机动车驾驶证处罚的，由作出处罚决定的公安机关交通管理部门将对其终生不得重新取得机动车驾驶证的决定录入全国公安交通管理信息系统，或者按照《道路交通安全违法行为处理程序规定》转递处罚决定书，由其驾驶证的发证机关将决定录入全国公安交通管理信息系统。

**第七十四条** 专业运输单位的车辆六个月内两次发生一次死亡三人以上的道路交通事故，且该单位或者车辆驾驶人对事故承担全部责任或者主要责任的，事故发生地的县级公安机关交通管理部门应当将专业运输单位车辆肇事情况录入全国公安交通管理信息系统，并将处理意见转递专业运输单位所在地县级公安机关交通管理部门，由专业运输单位所在地县级公安机关交通管理部门依法处理。

## 第十二章 损害赔偿调解

**第七十五条** 道路交通事故各方当事人一致请求公安机关交通管理部门调解的，公安机关交通管理部门应当在收到各方当事人的《道路交通事故损害赔偿调解申请书》后，审核下列事项：

（一）申请人是否具有道路交通事故损害赔偿权利人、义务人主体资格；

（二）申请书是否在收到道路交通事故认定书或者上一级公安机关交通管理部门维持原道路交通事故认定的复核结论之日起十日内提出。

符合前款规定的，公安机关交通管理部门应当予以受理，并指派具有相应事故处理资格的交通警察承办。

申请人资格不符的，公安机关交通管理部门应当告知当事人予以变更。当事人申请超过法定时限或者对道路交通事故认定有异议的，公安机关交通管理部门制作《道路交通事故处理（不调解）通知书》，说明公安机关交通管理部门不予调解的理由和依据，送达当事人并告知其可以向人民法院提起民事诉讼。

**第七十六条** 调解开始前，交通警察应当对调解参加人的资格进行审核：

（一）是否属于道路交通事故当事人或其代理人，委托代理人提供的授权委托书是否载明委托事项和委托权限，当事人、法定代理人或其遗产继承人是否在授权委托书上签名或盖章，必要时可以要求对授权委托书进行公证；

（二）是否是道路交通事故车辆所有人或者管理人；

（三）是否是经公安机关交通管理部门同意的其他人员。

对不具备资格的，交通警察应当告知其更换调解参加人或者退出调解。经审核，调解参加人资格和人数符合规定的，进行调解。

**第七十七条** 同一起道路交通事故中当事人为三方以上的，交通警察可以根据赔偿权利人和义务人的共同申请，分别组织调解。

**第七十八条** 交通警察应当按照《道路交通事故处理程序规定》第六十五条的有关规定主持调解，并制作调解记录，记录调解过程及当事人在调解过程中提出解决道路交通事故损害赔偿纠纷的意见。

**第七十九条** 道路交通事故造成人身伤亡的，交通警察应当按照《最高人民法院关于审理人身损害赔偿案件适用法律若干问题的解释》，并按照道路交通事故发生地省、自治区、直辖市以及经济特区和计划单列市政府统计部门公布的上一年度相关统计数据，及事故发生地国家机关一般工作人员的出差伙食补助标准，计算并提出对伤亡人员赔偿的项目和数额的调解建议，由当事各方协商。

赔偿权利人要求按照其住所地或者经常居住地的标准计算残疾赔偿金或者死亡赔偿金等赔偿数额的，公安机关交通管理部门应当要求其举证证明住所地或者经常居住地，以及所在省、自治区、直辖市以及经济特区和计划单列市政府统计部门公布的上一年度相关统计数据。

**第八十条** 道路交通事故造成伤亡人员的损害赔偿数额、财产损失，以及其他因道路交通事故造成的损失或产生的费用确定后，交通警察可以根据《道路交通安全法》第七十六条的规定，以及道路交通事故认定书中确定的当事各方的过错大小，提出各方承担赔偿责任的比例和数额建议，由赔偿权利人和义务人协商；或者赔偿权利人和义务人先自行协商，协商不成的，公安机关交通管理部门再针对双方争议的事项进行调解。

**第八十一条** 经调解达成协议的，公安机关交通管理部门应当按照《道路交通事故处理程序规定》第六十六条的规定，在规定的期限内制作《道路交通事故损害赔偿调解书》，由参加调解的各方当事人签字，主持调解的交通警察签名或盖章，并加盖公安机关交通管理部门交通事故处理专用章后，分别送达各方当事人。

经调解未达成协议的，公安机关交通管理部门应当制作《道路交通事故损害赔偿调解终结书》，由主持调解的交通警察签名或盖章，并加盖公安机关交通管理部门交通事故处理专用章后，分别送达各方当事人。

经调解未达成协议的,交通警察应当告知当事人可以向人民法院提起民事诉讼解决道路交通事故损害赔偿纠纷。

**第八十二条** 对未知名死者的人身损害赔偿,公安机关交通管理部门应当将其所得赔偿费交付有关部门保存,其损害赔偿权利人确认后,通知有关部门交付损害赔偿权利人。

# 第十三章 结案和档案管理

**第八十三条** 公安机关交通管理部门在办理道路交通事故案件过程中,有下列情形之一的,应当予以结案:

(一)道路交通事故认定书生效后,已对道路交通安全违法行为人行政处罚完毕,并且道路交通事故损害赔偿经调解达成协议、调解终结、终止调解,以及赔偿权利人和义务人在规定期限内未提出调解申请或者调解申请不予受理的;

(二)当事人涉嫌交通肇事犯罪,案件已移交检察机关审查起诉,并且公安机关交通管理部门已对交通肇事犯罪嫌疑人以外的其他道路交通安全违法行为人行政处罚完毕的;

(三)其他应当结案的情形。

**第八十四条** 公安机关交通管理部门应当按照《道路交通事故案卷文书》标准,制作交通事故案卷,建立交通事故档案。

**第八十五条** 适用一般程序处理的道路交通事故案卷分正卷、副卷,一案一档。同一起道路交通事故中涉及多人被追究法律责任的,不再分别立卷建档。

适用简易程序处理的道路交通事故,可以多案一卷,定期归档,但间隔期限最长不得超过三个月。

**第八十六条** 公安机关交通管理部门应当妥善保管道路交通事故案卷材料,非经法定审批程序不得销毁。

对损毁、丢失以及伪造或者擅自修改、抽取道路交通事故案卷材料的,应当依照《档案法》有关规定,对直接负责的主管人员或者其他直接责任人员依法给予行政处分;构成犯罪的,依法追究刑事责任。

**第八十七条** 人民法院、人民检察院审理、审查道路交通事故案件,需要调取案卷的,公安机关交通管理部门应当按规定的时间将道路交通事故正卷移交给人民法院或者人民检察院,并复制正卷形成副本，与副卷、调卷函一并存档。

当事人及其代理人查阅案卷材料的，应当将查阅申请与道路交通事故副卷一并存档。

## 第十四章　其他规定

**第八十八条**　外国人涉嫌交通肇事逃逸或者涉嫌交通肇事犯罪的，公安机关交通管理部门可以按照有关规定办理边控手续，依法不准其出境。

外国人可能承担道路交通事故民事赔偿责任的，公安机关交通管理部门应当告知赔偿权利人可以申请依法不准该外国人出境。赔偿权利人提交书面申请的，公安机关交通管理部门应当按照有关规定办理。

**第八十九条**　本规范中下列用语的含义：

（一）本规范所称的"一日"、"二日"、"三日"、"五日"、"七日"、"十日"，是指工作日，不包括节假日。

（二）本规范所称的"以上"、"以下"均包括本数在内。

**第九十条**　本规范从2009年1月1日起施行。法律、法规以及公安部的规章另有规定的，以法律、法规、规章为准。此前公安部发布的其他文件规定与本规范不一致的，以本规范为准。

# 道路交通安全违法行为处理程序规定

· 2008年12月20日公安部令第105号公布
· 根据2020年4月7日《公安部关于修改〈道路交通安全违法行为处理程序规定〉的决定》修正

## 第一章　总　　则

**第一条**　为了规范道路交通安全违法行为处理程序，保障公安机关交通管理部门正确履行职责，保护公民、法人和其他组织的合法权益，根据《中华人民共和国道路交通安全法》及其实施条例等法律、行政法规制定本规定。

**第二条** 公安机关交通管理部门及其交通警察对道路交通安全违法行为（以下简称违法行为）的处理程序，在法定职权范围内依照本规定实施。

**第三条** 对违法行为的处理应当遵循合法、公正、文明、公开、及时的原则，尊重和保障人权，保护公民的人格尊严。

对违法行为的处理应当坚持教育与处罚相结合的原则，教育公民、法人和其他组织自觉遵守道路交通安全法律法规。

对违法行为的处理，应当以事实为依据，与违法行为的事实、性质、情节以及社会危害程度相当。

## 第二章 管 辖

**第四条** 交通警察执勤执法中发现的违法行为由违法行为发生地的公安机关交通管理部门管辖。

对管辖权发生争议的，报请共同的上一级公安机关交通管理部门指定管辖。上一级公安机关交通管理部门应当及时确定管辖主体，并通知争议各方。

**第五条** 违法行为人可以在违法行为发生地、机动车登记地或者其他任意地公安机关交通管理部门处理交通技术监控设备记录的违法行为。

违法行为人在违法行为发生地以外的地方（以下简称处理地）处理交通技术监控设备记录的违法行为的，处理地公安机关交通管理部门可以协助违法行为发生地公安机关交通管理部门调查违法事实、代为送达法律文书、代为履行处罚告知程序，由违法行为发生地公安机关交通管理部门按照发生地标准作出处罚决定。

违法行为人或者机动车所有人、管理人对交通技术监控设备记录的违法行为事实有异议的，可以通过公安机关交通管理部门互联网站、移动互联网应用程序或者违法行为处理窗口向公安机关交通管理部门提出。处理地公安机关交通管理部门应当在收到当事人申请后当日，通过道路交通违法信息管理系统通知违法行为发生地公安机关交通管理部门。违法行为发生地公安机关交通管理部门应当在五日内予以审查，异议成立的，予以消除；异议不成立的，告知当事人。

**第六条** 对违法行为人处以警告、罚款或者暂扣机动车驾驶证处罚的，由县级以上公安机关交通管理部门作出处罚决定。

对违法行为人处以吊销机动车驾驶证处罚的，由设区的市公安机关交通管理部门作出处罚决定。

对违法行为人处以行政拘留处罚的，由县、市公安局、公安分局或者相当于县一级的公安机关作出处罚决定。

## 第三章 调查取证

### 第一节 一般规定

**第七条** 交通警察调查违法行为时，应当表明执法身份。

交通警察执勤执法应当严格执行安全防护规定，注意自身安全，在公路上执勤执法不得少于两人。

**第八条** 交通警察应当全面、及时、合法收集能够证实违法行为是否存在、违法情节轻重的证据。

**第九条** 交通警察调查违法行为时，应当查验机动车驾驶证、行驶证、机动车号牌、检验合格标志、保险标志等牌证以及机动车和驾驶人违法信息。对运载爆炸物品、易燃易爆化学物品以及剧毒、放射性等危险物品车辆驾驶人违法行为调查的，还应当查验其他相关证件及信息。

**第十条** 交通警察查验机动车驾驶证时，应当询问驾驶人姓名、住址、出生年月并与驾驶证上记录的内容进行核对；对持证人的相貌与驾驶证上的照片进行核对。必要时，可以要求驾驶人出示居民身份证进行核对。

**第十一条** 调查中需要采取行政强制措施的，依照法律、法规、本规定及国家其他有关规定实施。

**第十二条** 交通警察对机动车驾驶人不在现场的违法停放机动车行为，应当在机动车侧门玻璃或者摩托车座位上粘贴违法停车告知单，并采取拍照或者录像方式固定相关证据。

**第十三条** 调查中发现违法行为人有其他违法行为的，在依法对其道路交通安全违法行为作出处理决定的同时，按照有关规定移送有管辖权的单位处理。涉嫌构成犯罪的，转为刑事案件办理或者移送有权处理的主管机关、部门办理。

**第十四条** 公安机关交通管理部门对于控告、举报的违法行为以及其他行政主管部门移送的案件应当接受,并按规定处理。

## 第二节 交通技术监控

**第十五条** 公安机关交通管理部门可以利用交通技术监控设备、执法记录设备收集、固定违法行为证据。

交通技术监控设备、执法记录设备应当符合国家标准或者行业标准,需要认定、检定的交通技术监控设备应当经认定、检定合格后,方可用于收集、固定违法行为证据。

交通技术监控设备应当定期维护、保养、检测,保持功能完好。

**第十六条** 交通技术监控设备的设置应当遵循科学、规范、合理的原则,设置的地点应当有明确规范相应交通行为的交通信号。

固定式交通技术监控设备设置地点应当向社会公布。

**第十七条** 使用固定式交通技术监控设备测速的路段,应当设置测速警告标志。

使用移动测速设备测速的,应当由交通警察操作。使用车载移动测速设备的,还应当使用制式警车。

**第十八条** 作为处理依据的交通技术监控设备收集的违法行为记录资料,应当清晰、准确地反映机动车类型、号牌、外观等特征以及违法时间、地点、事实。

**第十九条** 交通技术监控设备收集违法行为记录资料后五日内,违法行为发生地公安机关交通管理部门应当对记录内容进行审核,经审核无误后录入道路交通违法信息管理系统,作为处罚违法行为的证据。

**第二十条** 交通技术监控设备记录的违法行为信息录入道路交通违法信息管理系统后当日,违法行为发生地和机动车登记地公安机关交通管理部门应当向社会提供查询。违法行为发生地公安机关交通管理部门应当在违法行为信息录入道路交通违法信息管理系统后五日内,按照机动车备案信息中的联系方式,通过移动互联网应用程序、手机短信或者邮寄等方式将违法时间、地点、事实通知违法行为人或者机动车所有人、管理人,并告知其在三十日内接受处理。

公安机关交通管理部门应当在违法行为人或者机动车所有人、管理人处理违法行为和交通事故、办理机动车或者驾驶证业务时,书面确认违法行为人或者机动车所有人、管理人的联系方式和法律文书送达方式,并告知其可以通过公安机关交通管理部门互联网站、移动互联网应用程序等方式备案或者变更联系方式、法律文书送达方式。

**第二十一条** 对交通技术监控设备记录的违法行为信息,经核查能够确定实际驾驶人的,公安机关交通管理部门可以在道路交通违法信息管理系统中将其记录为实际驾驶人的违法行为信息。

**第二十二条** 交通技术监控设备记录或者录入道路交通违法信息管理系统的违法行为信息,有下列情形之一并经核实的,违法行为发生地或者机动车登记地公安机关交通管理部门应当自核实之日起三日内予以消除:

(一)警车、消防救援车辆、救护车、工程救险车执行紧急任务期间交通技术监控设备记录的违法行为;

(二)机动车所有人或者管理人提供报案记录证明机动车被盗抢期间、机动车号牌被他人冒用期间交通技术监控设备记录的违法行为;

(三)违法行为人或者机动车所有人、管理人提供证据证明机动车因救助危难或者紧急避险造成的违法行为;

(四)已经在现场被交通警察处理的交通技术监控设备记录的违法行为;

(五)因交通信号指示不一致造成的违法行为;

(六)作为处理依据的交通技术监控设备收集的违法行为记录资料,不能清晰、准确地反映机动车类型、号牌、外观等特征以及违法时间、地点、事实的;

(七)经比对交通技术监控设备记录的违法行为照片、道路交通违法信息管理系统登记的机动车信息,确认记录的机动车号牌信息错误的;

(八)其他应当消除的情形。

**第二十三条** 经查证属实,单位或者个人提供的违法行为照片或者视频等资料可以作为处罚的证据。

对群众举报的违法行为照片或者视频资料的审核录入要求,参照本规定执行。

## 第四章　行政强制措施适用

**第二十四条** 公安机关交通管理部门及其交通警察在执法过程

中，依法可以采取下列行政强制措施：

（一）扣留车辆；

（二）扣留机动车驾驶证；

（三）拖移机动车；

（四）检验体内酒精、国家管制的精神药品、麻醉药品含量；

（五）收缴物品；

（六）法律、法规规定的其他行政强制措施。

**第二十五条** 采取本规定第二十四条第（一）、（二）、（四）、（五）项行政强制措施，应当按照下列程序实施：

（一）口头告知违法行为人或者机动车所有人、管理人违法行为的基本事实、拟作出行政强制措施的种类、依据及其依法享有的权利；

（二）听取当事人的陈述和申辩，当事人提出的事实、理由或者证据成立的，应当采纳；

（三）制作行政强制措施凭证，并告知当事人在十五日内到指定地点接受处理；

（四）行政强制措施凭证应当由当事人签名、交通警察签名或者盖章，并加盖公安机关交通管理部门印章；当事人拒绝签名的，交通警察应当在行政强制措施凭证上注明；

（五）行政强制措施凭证应当当场交付当事人；当事人拒收的，由交通警察在行政强制措施凭证上注明，即为送达。

现场采取行政强制措施的，交通警察应当在二十四小时内向所属公安机关交通管理部门负责人报告，并补办批准手续。公安机关交通管理部门负责人认为不应当采取行政强制措施的，应当立即解除。

**第二十六条** 行政强制措施凭证应当载明当事人的基本情况、车辆牌号、车辆类型、违法事实、采取行政强制措施种类和依据、接受处理的具体地点和期限、决定机关名称及当事人依法享有的行政复议、行政诉讼权利等内容。

**第二十七条** 有下列情形之一的，依法扣留车辆：

（一）上道路行驶的机动车未悬挂机动车号牌，未放置检验合格标志、保险标志，或者未随车携带机动车行驶证、驾驶证的；

（二）有伪造、变造或者使用伪造、变造的机动车登记证书、号牌、行驶证、检验合格标志、保险标志、驾驶证或者使用其他车辆的

机动车登记证书、号牌、行驶证、检验合格标志、保险标志嫌疑的;

(三)未按照国家规定投保机动车交通事故责任强制保险的;

(四)公路客运车辆或者货运机动车超载的;

(五)机动车有被盗抢嫌疑的;

(六)机动车有拼装或者达到报废标准嫌疑的;

(七)未申领《剧毒化学品公路运输通行证》通过公路运输剧毒化学品的;

(八)非机动车驾驶人拒绝接受罚款处罚的。

对发生道路交通事故,因收集证据需要的,可以依法扣留事故车辆。

第二十八条 交通警察应当在扣留车辆后二十四小时内,将被扣留车辆交所属公安机关交通管理部门。

公安机关交通管理部门扣留车辆的,不得扣留车辆所载货物。对车辆所载货物应当通知当事人自行处理,当事人无法自行处理或者不自行处理的,应当登记并妥善保管,对容易腐烂、损毁、灭失或者其他不具备保管条件的物品,经县级以上公安机关交通管理部门负责人批准,可以在拍照或者录像后变卖或者拍卖,变卖、拍卖所得按照有关规定处理。

第二十九条 对公路客运车辆载客超过核定乘员、货运机动车超过核定载质量的,公安机关交通管理部门应当按照下列规定消除违法状态:

(一)违法行为人可以自行消除违法状态的,应当在公安机关交通管理部门的监督下,自行将超载的乘车人转运、将超载的货物卸载;

(二)违法行为人无法自行消除违法状态的,对超载的乘车人,公安机关交通管理部门应当及时通知有关部门联系转运;对超载的货物,应当在指定的场地卸载,并由违法行为人与指定场地的保管方签订卸载货物的保管合同。

消除违法状态的费用由违法行为人承担。违法状态消除后,应当立即退还被扣留的机动车。

第三十条 对扣留的车辆,当事人接受处理或者提供、补办的相关证明或者手续经核实后,公安机关交通管理部门应当依法及时退还。

公安机关交通管理部门核实的时间不得超过十日;需要延长的,经县级以上公安机关交通管理部门负责人批准,可以延长至十五日。核实时间自车辆驾驶人或者所有人、管理人提供被扣留车辆合法来历证明,补办相应手续,或者接受处理之日起计算。

发生道路交通事故因收集证据需要扣留车辆的,扣留车辆时间依照《道路交通事故处理程序规定》有关规定执行。

**第三十一条** 有下列情形之一的,依法扣留机动车驾驶证:

(一)饮酒后驾驶机动车的;

(二)将机动车交由未取得机动车驾驶证或者机动车驾驶证被吊销、暂扣的人驾驶的;

(三)机动车行驶超过规定时速百分之五十的;

(四)驾驶有拼装或者达到报废标准嫌疑的机动车上道路行驶的;

(五)在一个记分周期内累积记分达到十二分的。

**第三十二条** 交通警察应当在扣留机动车驾驶证后二十四小时内,将被扣留机动车驾驶证交所属公安机关交通管理部门。

具有本规定第三十一条第(一)、(二)、(三)、(四)项所列情形之一的,扣留机动车驾驶证至作出处罚决定之日;处罚决定生效前先予扣留机动车驾驶证的,扣留一日折抵暂扣期限一日。只对违法行为人作出罚款处罚的,缴纳罚款完毕后,应当立即发还机动车驾驶证。具有本规定第三十一条第(五)项情形的,扣留机动车驾驶证至考试合格之日。

**第三十三条** 违反机动车停放、临时停车规定,驾驶人不在现场或者虽在现场但拒绝立即驶离,妨碍其他车辆、行人通行的,公安机关交通管理部门及其交通警察可以将机动车拖移至不妨碍交通的地点或者公安机关交通管理部门指定的地点。

拖移机动车的,现场交通警察应当通过拍照、录像等方式固定违法事实和证据。

**第三十四条** 公安机关交通管理部门应当公开拖移机动车查询电话,并通过设置拖移机动车专用标志牌明示或者以其他方式告知当事人。当事人可以通过电话查询接受处理的地点、期限和被拖移机动车的停放地点。

**第三十五条** 车辆驾驶人有下列情形之一的,应当对其检验体内酒精含量:

（一）对酒精呼气测试等方法测试的酒精含量结果有异议并当场提出的；

（二）涉嫌饮酒驾驶车辆发生交通事故的；

（三）涉嫌醉酒驾驶的；

（四）拒绝配合酒精呼气测试等方法测试的。

车辆驾驶人对酒精呼气测试结果无异议的，应当签字确认。事后提出异议的，不予采纳。

车辆驾驶人涉嫌吸食、注射毒品或者服用国家管制的精神药品、麻醉药品后驾驶车辆的，应当按照《吸毒检测程序规定》对车辆驾驶人进行吸毒检测，并通知其家属，但无法通知的除外。

对酒后、吸毒后行为失控或者拒绝配合检验、检测的，可以使用约束带或者警绳等约束性警械。

**第三十六条** 对车辆驾驶人进行体内酒精含量检验的，应当按照下列程序实施：

（一）由两名交通警察或者由一名交通警察带领警务辅助人员将车辆驾驶人带到医疗机构提取血样，或者现场由法医等具有相应资质的人员提取血样；

（二）公安机关交通管理部门应当在提取血样后五日内将血样送交有检验资格的单位或者机构进行检验，并在收到检验结果后五日内书面告知车辆驾驶人。

检验车辆驾驶人体内酒精含量的，应当通知其家属，但无法通知的除外。

车辆驾驶人对检验结果有异议的，可以在收到检验结果之日起三日内申请重新检验。

具有下列情形之一的，应当进行重新检验：

（一）检验程序违法或者违反相关专业技术要求，可能影响检验结果正确性的；

（二）检验单位或者机构、检验人不具备相应资质和条件的；

（三）检验结果明显依据不足的；

（四）检验人故意作虚假检验的；

（五）检验人应当回避而没有回避的；

（六）检材虚假或者被污染的；

（七）其他应当重新检验的情形。

不符合前款规定情形的,经县级以上公安机关交通管理部门负责人批准,作出不准予重新检验的决定,并在作出决定之日起的三日内书面通知申请人。

重新检验,公安机关应当另行指派或者聘请检验人。

**第三十七条** 对非法安装警报器、标志灯具或者自行车、三轮车加装动力装置的,公安机关交通管理部门应当强制拆除,予以收缴,并依法予以处罚。

交通警察现场收缴非法装置的,应当在二十四小时内,将收缴的物品交所属公安机关交通管理部门。

对收缴的物品,除作为证据保存外,经县级以上公安机关交通管理部门批准后,依法予以销毁。

**第三十八条** 公安机关交通管理部门对扣留的拼装或者已达到报废标准的机动车,经县级以上公安机关交通管理部门批准后,予以收缴,强制报废。

**第三十九条** 对伪造、变造或者使用伪造、变造的机动车登记证书、号牌、行驶证、检验合格标志、保险标志、驾驶证的,应当予以收缴,依法处罚后予以销毁。

对使用其他车辆的机动车登记证书、号牌、行驶证、检验合格标志、保险标志的,应当予以收缴,依法处罚后转至机动车登记地车辆管理所。

**第四十条** 对在道路两侧及隔离带上种植树木、其他植物或者设置广告牌、管线等,遮挡路灯、交通信号灯、交通标志,妨碍安全视距的,公安机关交通管理部门应当向违法行为人送达排除妨碍通知书,告知履行期限和不履行的后果。违法行为人在规定期限内拒不履行的,依法予以处罚并强制排除妨碍。

**第四十一条** 强制排除妨碍,公安机关交通管理部门及其交通警察可以当场实施。无法当场实施的,应当按照下列程序实施:

(一)经县级以上公安机关交通管理部门负责人批准,可以委托或者组织没有利害关系的单位予以强制排除妨碍;

(二)执行强制排除妨碍时,公安机关交通管理部门应当派员到场监督。

# 第五章 行政处罚

## 第一节 行政处罚的决定

**第四十二条** 交通警察对于当场发现的违法行为，认为情节轻微、未影响道路通行和安全的，口头告知其违法行为的基本事实、依据，向违法行为人提出口头警告，纠正违法行为后放行。

各省、自治区、直辖市公安机关交通管理部门可以根据实际确定适用口头警告的具体范围和实施办法。

**第四十三条** 对违法行为人处以警告或者二百元以下罚款的，可以适用简易程序。

对违法行为人处以二百元（不含）以上罚款、暂扣或者吊销机动车驾驶证的，应当适用一般程序。不需要采取行政强制措施的，现场交通警察应当收集、固定相关证据，并制作违法行为处理通知书。其中，对违法行为人单处二百元（不含）以上罚款的，可以通过简化取证方式和审核审批手续等措施快速办理。

对违法行为人处以行政拘留处罚的，按照《公安机关办理行政案件程序规定》实施。

**第四十四条** 适用简易程序处罚的，可以由一名交通警察作出，并应当按照下列程序实施：

（一）口头告知违法行为人违法行为的基本事实、拟作出的行政处罚、依据及其依法享有的权利；

（二）听取违法行为人的陈述和申辩，违法行为人提出的事实、理由或者证据成立的，应当采纳；

（三）制作简易程序处罚决定书；

（四）处罚决定书应当由被处罚人签名、交通警察签名或者盖章，并加盖公安机关交通管理部门印章；被处罚人拒绝签名的，交通警察应当在处罚决定书上注明；

（五）处罚决定书应当当场交付被处罚人；被处罚人拒收的，由交通警察在处罚决定书上注明，即为送达。

交通警察应当在二日内将简易程序处罚决定书报所属公安机关交通管理部门备案。

**第四十五条** 简易程序处罚决定书应当载明被处罚人的基本情况、车辆牌号、车辆类型、违法事实、处罚的依据、处罚的内容、履行方式、期限、处罚机关名称及被处罚人依法享有的行政复议、行政诉讼权利等内容。

**第四十六条** 制发违法行为处理通知书应当按照下列程序实施：

（一）口头告知违法行为人违法行为的基本事实；

（二）听取违法行为人的陈述和申辩，违法行为人提出的事实、理由或者证据成立的，应当采纳；

（三）制作违法行为处理通知书，并通知当事人在十五日内接受处理；

（四）违法行为处理通知书应当由违法行为人签名、交通警察签名或者盖章，并加盖公安机关交通管理部门印章；当事人拒绝签名的，交通警察应当在违法行为处理通知书上注明；

（五）违法行为处理通知书应当当场交付当事人；当事人拒收的，由交通警察在违法行为处理通知书上注明，即为送达。

交通警察应当在二十四小时内将违法行为处理通知书报所属公安机关交通管理部门备案。

**第四十七条** 违法行为处理通知书应当载明当事人的基本情况、车辆牌号、车辆类型、违法事实、接受处理的具体地点和时限、通知机关名称等内容。

**第四十八条** 适用一般程序作出处罚决定，应当由两名以上交通警察按照下列程序实施：

（一）对违法事实进行调查，询问当事人违法行为的基本情况，并制作笔录；当事人拒绝接受询问、签名或者盖章的，交通警察应当在询问笔录上注明；

（二）采用书面形式或者笔录形式告知当事人拟作出的行政处罚的事实、理由及依据，并告知其依法享有的权利；

（三）对当事人陈述、申辩进行复核，复核结果应当在笔录中注明；

（四）制作行政处罚决定书；

（五）行政处罚决定书应当由被处罚人签名，并加盖公安机关交通管理部门印章；被处罚人拒绝签名的，交通警察应当在处罚决定书上注明；

（六）行政处罚决定书应当当场交付被处罚人；被处罚人拒收的，由交通警察在处罚决定书上注明，即为送达；被处罚人不在场的，应当依照《公安机关办理行政案件程序规定》的有关规定送达。

**第四十九条** 行政处罚决定书应当载明被处罚人的基本情况、车辆牌号、车辆类型、违法事实和证据、处罚的依据、处罚的内容、履行方式、期限、处罚机关名称及被处罚人依法享有的行政复议、行政诉讼权利等内容。

**第五十条** 一人有两种以上违法行为，分别裁决，合并执行，可以制作一份行政处罚决定书。

一人只有一种违法行为，依法应当并处两个以上处罚种类且涉及两个处罚主体的，应当分别制作行政处罚决定书。

**第五十一条** 对违法行为事实清楚，需要按照一般程序处以罚款的，应当自违法行为人接受处理之时起二十四小时内作出处罚决定；处以暂扣机动车驾驶证的，应当自违法行为人接受处理之日起三日内作出处罚决定；处以吊销机动车驾驶证的，应当自违法行为人接受处理或者听证程序结束之日起七日内作出处罚决定，交通肇事构成犯罪的，应当在人民法院判决后及时作出处罚决定。

**第五十二条** 对交通技术监控设备记录的违法行为，当事人应当及时到公安机关交通管理部门接受处理，处以警告或者二百元以下罚款的，可以适用简易程序；处以二百元（不含）以上罚款、吊销机动车驾驶证的，应当适用一般程序。

**第五十三条** 违法行为人或者机动车所有人、管理人收到道路交通安全违法行为通知后，应当及时到公安机关交通管理部门接受处理。机动车所有人、管理人将机动车交由他人驾驶的，应当通知机动车驾驶人按照本规定第二十条规定期限接受处理。

违法行为人或者机动车所有人、管理人无法在三十日内接受处理的，可以申请延期处理。延长的期限最长不得超过三个月。

**第五十四条** 机动车有五起以上未处理的违法行为记录，违法行为人或者机动车所有人、管理人未在三十日内接受处理且未申请延期处理的，违法行为发生地公安机关交通管理部门应当按照备案信息中的联系方式，通过移动互联网应用程序、手机短信或者邮寄等方式将拟作出的行政处罚决定的事实、理由、依据以及依法享有的权利，告知违法行为人或者机动车所有人、管理人。违法行为人或者机动车所有人、管理人未在告知后三十日内接受处理的,可以采用公告方式告知拟作出的行政处罚决定的事实、理由、依据、依法享有的权利以及公告期届满后将依法作出行政处罚决定。公告期为七日。

违法行为人或者机动车所有人、管理人提出申辩或者接受处理的,应当按照本规定第四十四条或者第四十八条办理;违法行为人或者机动车所有人、管理人未提出申辩的,公安机关交通管理部门可以依法作出行政处罚决定,并制作行政处罚决定书。

**第五十五条** 行政处罚决定书可以邮寄或者电子送达。邮寄或电子送达不成功的,公安机关交通管理部门可以公告送达,公告期为六十日。

**第五十六条** 电子送达可以采用移动互联网应用程序、电子邮件、移动通信等能够确认受送达人收悉的特定系统作为送达媒介。送达日期为公安机关交通管理部门对应系统显示发送成功的日期。受送达人证明到达其特定系统的日期与公安机关交通管理部门对应系统显示发送成功的日期不一致的,以受送达人证明到达其特定系统的日期为准。

公告应当通过互联网交通安全综合服务管理平台、移动互联网应用程序等方式进行。公告期满,即为送达。

公告内容应当避免泄漏个人隐私。

**第五十七条** 交通警察在道路执勤执法时,发现违法行为人或者机动车所有人、管理人有交通技术监控设备记录的违法行为逾期未处理的,应当以口头或者书面方式告知违法行为人或者机动车所有人、管理人。

**第五十八条** 违法行为人可以通过公安机关交通管理部门自助处理平台自助处理违法行为。

## 第二节 行政处罚的执行

**第五十九条** 对行人、乘车人、非机动车驾驶人处以罚款,交通警察当场收缴的,交通警察应当在简易程序处罚决定书上注明,由被处罚人签名确认。被处罚人拒绝签名的,交通警察应当在处罚决定书上注明。

交通警察依法当场收缴罚款的,应当开具省、自治区、直辖市财政部门统一制发的罚款收据;不开具省、自治区、直辖市财政部门统一制发的罚款收据的,当事人有权拒绝缴纳罚款。

**第六十条** 当事人逾期不履行行政处罚决定的,作出行政处罚决定的公安机关交通管理部门可以采取下列措施:

(一)到期不缴纳罚款的,每日按罚款数额的百分之三加处罚款,加处罚款总额不得超出罚款数额;

(二)申请人民法院强制执行。

**第六十一条** 公安机关交通管理部门对非本辖区机动车驾驶人给予暂扣、吊销机动车驾驶证处罚的,应当在作出处罚决定之日起十五日内,将机动车驾驶证转至核发地公安机关交通管理部门。

违法行为人申请不将暂扣的机动车驾驶证转至核发地公安机关交通管理部门的,应当准许,并在行政处罚决定书上注明。

**第六十二条** 对违法行为人决定行政拘留并处罚款的,公安机关交通管理部门应当告知违法行为人可以委托他人代缴罚款。

## 第六章 执法监督

**第六十三条** 交通警察执勤执法时,应当按照规定着装,佩戴人民警察标志,随身携带人民警察证件,保持警容严整,举止端庄,指挥规范。

交通警察查处违法行为时应当使用规范、文明的执法用语。

**第六十四条** 公安机关交通管理部门所属的交警队、车管所及重点业务岗位应当建立值日警官和法制员制度,防止和纠正执法中的错误和不当行为。

**第六十五条** 各级公安机关交通管理部门应当加强执法监督,建立本单位及其所属民警的执法档案,实施执法质量考评、执法责任制和执法过错追究。

执法档案可以是电子档案或者纸质档案。

**第六十六条** 公安机关交通管理部门应当依法建立交通民警执勤执法考核评价标准,不得下达或者变相下达罚款指标,不得以处罚数量作为考核民警执法效果的依据。

## 第七章 其他规定

**第六十七条** 当事人对公安机关交通管理部门采取的行政强制措

施或者作出的行政处罚决定不服的,可以依法申请行政复议或者提起行政诉讼。

第六十八条 公安机关交通管理部门应当使用道路交通违法信息管理系统对违法行为信息进行管理。对记录和处理的交通违法行为信息应当及时录入道路交通违法信息管理系统。

第六十九条 公安机关交通管理部门对非本辖区机动车有违法行为记录的,应当在违法行为信息录入道路交通违法信息管理系统后,在规定时限内将违法行为信息转至机动车登记地公安机关交通管理部门。

第七十条 公安机关交通管理部门对非本辖区机动车驾驶人的违法行为给予记分或者暂扣、吊销机动车驾驶证以及扣留机动车驾驶证的,应当在违法行为信息录入道路交通违法信息管理系统后,在规定时限内将违法行为信息转至驾驶证核发地公安机关交通管理部门。

第七十一条 公安机关交通管理部门可以与保险监管机构建立违法行为与机动车交通事故责任强制保险费率联系浮动制度。

第七十二条 机动车所有人为单位的,公安机关交通管理部门可以将严重影响道路交通安全的违法行为通报机动车所有人。

第七十三条 对非本辖区机动车驾驶人申请在违法行为发生地、处理地参加满分学习、考试的,公安机关交通管理部门应当准许,考试合格后发还扣留的机动车驾驶证,并将考试合格的信息转至驾驶证核发地公安机关交通管理部门。

驾驶证核发地公安机关交通管理部门应当根据转递信息清除机动车驾驶人的累积记分。

第七十四条 以欺骗、贿赂等不正当手段取得机动车登记的,应当收缴机动车登记证书、号牌、行驶证,由机动车登记地公安机关交通管理部门撤销机动车登记。

以欺骗、贿赂等不正当手段取得驾驶许可的,应当收缴机动车驾驶证,由驾驶证核发地公安机关交通管理部门撤销机动车驾驶许可。

非本辖区机动车登记或者机动车驾驶许可需要撤销的,公安机关交通管理部门应当将收缴的机动车登记证书、号牌、行驶证或者机动车驾驶证以及相关证据材料,及时转至机动车登记地或者驾驶证核发地公安机关交通管理部门。

第七十五条 撤销机动车登记或者机动车驾驶许可的,应当按照

下列程序实施:
（一）经设区的市公安机关交通管理部门负责人批准，制作撤销决定书送达当事人；
（二）将收缴的机动车登记证书、号牌、行驶证或者机动车驾驶证以及撤销决定书转至机动车登记地或者驾驶证核发地车辆管理所予以注销；
（三）无法收缴的，公告作废。

**第七十六条** 简易程序案卷应当包括简易程序处罚决定书。一般程序案卷应当包括行政强制措施凭证或者违法行为处理通知书、证据材料、公安交通管理行政处罚决定书。

在处理违法行为过程中形成的其他文书应当一并存入案卷。

## 第八章 附 则

**第七十七条** 本规定中下列用语的含义：
（一）"违法行为人"，是指违反道路交通安全法律、行政法规规定的公民、法人及其他组织。
（二）"县级以上公安机关交通管理部门"，是指县级以上人民政府公安机关交通管理部门或者相当于同级的公安机关交通管理部门。"设区的市公安机关交通管理部门"，是指设区的市人民政府公安机关交通管理部门或者相当于同级的公安机关交通管理部门。

**第七十八条** 交通技术监控设备记录的非机动车、行人违法行为参照本规定关于机动车违法行为处理程序处理。

**第七十九条** 公安机关交通管理部门可以以电子案卷形式保存违法处理案卷。

**第八十条** 本规定未规定的违法行为处理程序，依照《公安机关办理行政案件程序规定》执行。

**第八十一条** 本规定所称"以上""以下"，除特别注明的外，包括本数在内。

本规定所称的"二日""三日""五日""七日""十日""十五日"，是指工作日，不包括节假日。

**第八十二条** 执行本规定所需要的法律文书式样，由公安部制定。公安部没有制定式样，执法工作中需要的其他法律文书，各省、自治区、直辖市公安机关交通管理部门可以制定式样。

**第八十三条** 本规定自2009年4月1日起施行。2004年4月30日发布的《道路交通安全违法行为处理程序规定》（公安部第69号令）同时废止。本规定生效后，以前有关规定与本规定不一致的，以本规定为准。

# 道路交通安全违法行为记分管理办法

· 2021年12月17日公安部令第163号公布
· 自2022年4月1日起施行

## 第一章 总 则

**第一条** 为充分发挥记分制度的管理、教育、引导功能，提升机动车驾驶人交通安全意识，减少道路交通安全违法行为（以下简称交通违法行为），预防和减少道路交通事故，根据《中华人民共和国道路交通安全法》及其实施条例，制定本办法。

**第二条** 公安机关交通管理部门对机动车驾驶人的交通违法行为，除依法给予行政处罚外，实行累积记分制度。

**第三条** 记分周期为十二个月，满分为12分。记分周期自机动车驾驶人初次领取机动车驾驶证之日起连续计算，或者自初次取得临时机动车驾驶许可之日起累积计算。

**第四条** 记分达到满分的，机动车驾驶人应当按照本办法规定参加满分学习、考试。

**第五条** 在记分达到满分前，符合条件的机动车驾驶人可以按照本办法规定减免部分记分。

**第六条** 公安机关交通管理部门应当通过互联网、公安机关交通管理部门业务窗口提供交通违法行为记录及记分查询。

## 第二章 记分分值

**第七条** 根据交通违法行为的严重程度，一次记分的分值为12

分、9分、6分、3分、1分。

**第八条** 机动车驾驶人有下列交通违法行为之一，一次记12分：

（一）饮酒后驾驶机动车的；

（二）造成致人轻伤以上或者死亡的交通事故后逃逸，尚不构成犯罪的；

（三）使用伪造、变造的机动车号牌、行驶证、驾驶证、校车标牌或者使用其他机动车号牌、行驶证的；

（四）驾驶校车、公路客运汽车、旅游客运汽车载人超过核定人数百分之二十以上，或者驾驶其他载客汽车载人超过核定人数百分之百以上的；

（五）驾驶校车、中型以上载客载货汽车、危险物品运输车辆在高速公路、城市快速路上行驶超过规定时速百分之二十以上，或者驾驶其他机动车在高速公路、城市快速路上行驶超过规定时速百分之五十以上的；

（六）驾驶机动车在高速公路、城市快速路上倒车、逆行、穿越中央分隔带掉头的；

（七）代替实际机动车驾驶人接受交通违法行为处罚和记分牟取经济利益的。

**第九条** 机动车驾驶人有下列交通违法行为之一，一次记9分：

（一）驾驶7座以上载客汽车载人超过核定人数百分之五十以上未达到百分之百的；

（二）驾驶校车、中型以上载客载货汽车、危险物品运输车辆在高速公路、城市快速路以外的道路上行驶超过规定时速百分之五十以上的；

（三）驾驶机动车在高速公路或者城市快速路上违法停车的；

（四）驾驶未悬挂机动车号牌或者故意遮挡、污损机动车号牌的机动车上道路行驶的；

（五）驾驶与准驾车型不符的机动车的；

（六）未取得校车驾驶资格驾驶校车的；

（七）连续驾驶中型以上载客汽车、危险物品运输车辆超过4小时未停车休息或者停车休息时间少于20分钟的。

**第十条** 机动车驾驶人有下列交通违法行为之一，一次记6分：

（一）驾驶校车、公路客运汽车、旅游客运汽车载人超过核定人数未达到百分之二十,或者驾驶7座以上载客汽车载人超过核定人数百分之二十以上未达到百分之五十,或者驾驶其他载客汽车载人超过核定人数百分之五十以上未达到百分之百的;

(二)驾驶校车、中型以上载客载货汽车、危险物品运输车辆在高速公路、城市快速路上行驶超过规定时速未达到百分之二十,或者在高速公路、城市快速路以外的道路上行驶超过规定时速百分之二十以上未达到百分之五十的;

(三)驾驶校车、中型以上载客载货汽车、危险物品运输车辆以外的机动车在高速公路、城市快速路上行驶超过规定时速百分之二十以上未达到百分之五十,或者在高速公路、城市快速路以外的道路上行驶超过规定时速百分之五十以上的;

(四)驾驶载货汽车载物超过最大允许总质量百分之五十以上的;

(五)驾驶机动车载运爆炸物品、易燃易爆化学物品以及剧毒、放射性等危险物品,未按指定的时间、路线、速度行驶或者未悬挂警示标志并采取必要的安全措施的;

(六)驾驶机动车运载超限的不可解体的物品,未按指定的时间、路线、速度行驶或者未悬挂警示标志的;

(七)驾驶机动车运输危险化学品,未经批准进入危险化学品运输车辆限制通行的区域的;

(八)驾驶机动车不按交通信号灯指示通行的;

(九)机动车驾驶证被暂扣或者扣留期间驾驶机动车的;

(十)造成致人轻微伤或者财产损失的交通事故后逃逸,尚不构成犯罪的;

(十一)驾驶机动车在高速公路或者城市快速路上违法占用应急车道行驶的。

**第十一条** 机动车驾驶人有下列交通违法行为之一,一次记3分:

(一)驾驶校车、公路客运汽车、旅游客运汽车、7座以上载客汽车以外的其他载客汽车载人超过核定人数百分之二十以上未达到百分之五十的;

(二)驾驶校车、中型以上载客载货汽车、危险物品运输车辆以外的机动车在高速公路、城市快速路以外的道路上行驶超过规定时速百分之二十以上未达到百分之五十的;

（三）驾驶机动车在高速公路或者城市快速路上不按规定车道行驶的；

（四）驾驶机动车不按规定超车、让行，或者在高速公路、城市快速路以外的道路上逆行的；

（五）驾驶机动车遇前方机动车停车排队或者缓慢行驶时，借道超车或者占用对面车道、穿插等候车辆的；

（六）驾驶机动车有拨打、接听手持电话等妨碍安全驾驶的行为的；

（七）驾驶机动车行经人行横道不按规定减速、停车、避让行人的；

（八）驾驶机动车不按规定避让校车的；

（九）驾驶载货汽车载物超过最大允许总质量百分之三十以上未达到百分之五十的，或者违反规定载客的；

（十）驾驶不按规定安装机动车号牌的机动车上道路行驶的；

（十一）在道路上车辆发生故障、事故停车后，不按规定使用灯光或者设置警告标志的；

（十二）驾驶未按规定定期进行安全技术检验的公路客运汽车、旅游客运汽车、危险物品运输车辆上道路行驶的；

（十三）驾驶校车上道路行驶前，未对校车车况是否符合安全技术要求进行检查，或者驾驶存在安全隐患的校车上道路行驶的；

（十四）连续驾驶载货汽车超过 4 小时未停车休息或者停车休息时间少于 20 分钟的；

（十五）驾驶机动车在高速公路上行驶低于规定最低时速的。

**第十二条** 机动车驾驶人有下列交通违法行为之一，一次记 1 分：

（一）驾驶校车、中型以上载客载货汽车、危险物品运输车辆在高速公路、城市快速路以外的道路上行驶超过规定时速百分之十以上未达到百分之二十的；

（二）驾驶机动车不按规定会车，或者在高速公路、城市快速路以外的道路上不按规定倒车、掉头的；

（三）驾驶机动车不按规定使用灯光的；

（四）驾驶机动车违反禁令标志、禁止标线指示的；

（五）驾驶机动车载货长度、宽度、高度超过规定的；

（六）驾驶载货汽车载物超过最大允许总质量未达到百分之三十的；

（七）驾驶未按规定定期进行安全技术检验的公路客运汽车、旅游客运汽车、危险物品运输车辆以外的机动车上道路行驶的；

（八）驾驶擅自改变已登记的结构、构造或者特征的载货汽车上道路行驶的；

（九）驾驶机动车在道路上行驶时，机动车驾驶人未按规定系安全带的；

（十）驾驶摩托车，不戴安全头盔的。

## 第三章 记分执行

**第十三条** 公安机关交通管理部门对机动车驾驶人的交通违法行为，在作出行政处罚决定的同时予以记分。

对机动车驾驶人作出处罚前，应当在告知拟作出的行政处罚决定的同时，告知该交通违法行为的记分分值，并在处罚决定书上载明。

**第十四条** 机动车驾驶人有二起以上交通违法行为应当予以记分的，记分分值累积计算。

机动车驾驶人可以一次性处理完毕同一辆机动车的多起交通违法行为记录，记分分值累积计算。累积记分未满12分的，可以处理驾驶的其他机动车的交通违法行为记录；累积记分满12分的，不得再处理其他机动车的交通违法行为记录。

**第十五条** 机动车驾驶人在一个记分周期期限届满，累积记分未满12分的，该记分周期内的记分予以清除；累积记分虽未满12分，但有罚款逾期未缴纳的，该记分周期内尚未缴纳罚款的交通违法行为记分分值转入下一记分周期。

**第十六条** 行政处罚决定被依法变更或者撤销的，相应记分应当变更或者撤销。

## 第四章 满分处理

**第十七条** 机动车驾驶人在一个记分周期内累积记分满12分的，公安机关交通管理部门应当扣留其机动车驾驶证，开具强制措施凭证,并送达满分教育通知书,通知机动车驾驶人参加满分学习、考试。

临时入境的机动车驾驶人在一个记分周期内累积记分满12分的,公安机关交通管理部门应当注销其临时机动车驾驶许可,并送达满分教育通知书。

**第十八条** 机动车驾驶人在一个记分周期内累积记分满12分的,应当参加为期七天的道路交通安全法律、法规和相关知识学习。其中,大型客车、重型牵引挂车、城市公交车、中型客车、大型货车驾驶人应当参加为期三十天的道路交通安全法律、法规和相关知识学习。

机动车驾驶人在一个记分周期内参加满分教育的次数每增加一次或者累积记分每增加12分,道路交通安全法律、法规和相关知识的学习时间增加七天,每次满分学习的天数最多六十天。其中,大型客车、重型牵引挂车、城市公交车、中型客车、大型货车驾驶人在一个记分周期内参加满分教育的次数每增加一次或者累积记分每增加12分,道路交通安全法律、法规和相关知识的学习时间增加三十天,每次满分学习的天数最多一百二十天。

**第十九条** 道路交通安全法律、法规和相关知识学习包括现场学习、网络学习和自主学习。网络学习应当通过公安机关交通管理部门互联网学习教育平台进行。

机动车驾驶人参加现场学习、网络学习的天数累计不得少于五天,其中,现场学习的天数不得少于二天。大型客车、重型牵引挂车、城市公交车、中型客车、大型货车驾驶人参加现场学习、网络学习的天数累计不得少于十天,其中,现场学习的天数不得少于五天。满分学习的剩余天数通过自主学习完成。

机动车驾驶人单日连续参加现场学习超过三小时或者参加网络学习时间累计超过三小时的,按照一天计入累计学习天数。同日既参加现场学习又参加网络学习的,学习天数不累积计算。

**第二十条** 机动车驾驶人可以在机动车驾驶证核发地或者交通违法行为发生地、处理地参加公安机关交通管理部门组织的道路交通安全法律、法规和相关知识学习,并在学习地参加考试。

**第二十一条** 机动车驾驶人在一个记分周期内累积记分满12分,符合本办法第十八条、第十九条第一款、第二款规定的,可以预约参加道路交通安全法律、法规和相关知识考试。考试不合格的，十日后预约重新考试。

**第二十二条** 机动车驾驶人在一个记分周期内二次累积记分满12分或者累积记分满24分未满36分的，应当在道路交通安全法律、法规和相关知识考试合格后，按照《机动车驾驶证申领和使用规定》第四十四条的规定预约参加道路驾驶技能考试。考试不合格的，十日后预约重新考试。

机动车驾驶人在一个记分周期内三次以上累积记分满12分或者累积记分满36分的，应当在道路交通安全法律、法规和相关知识考试合格后，按照《机动车驾驶证申领和使用规定》第四十三条和第四十四条的规定预约参加场地驾驶技能和道路驾驶技能考试。考试不合格的，十日后预约重新考试。

**第二十三条** 机动车驾驶人经满分学习、考试合格且罚款已缴纳的，记分予以清除，发还机动车驾驶证。机动车驾驶人同时被处以暂扣机动车驾驶证的，在暂扣期限届满后发还机动车驾驶证。

**第二十四条** 满分学习、考试内容应当按照机动车驾驶证载明的准驾车型确定。

## 第五章 记分减免

**第二十五条** 机动车驾驶人处理完交通违法行为记录后累积记分未满12分，参加公安机关交通管理部门组织的交通安全教育并达到规定要求的，可以申请在机动车驾驶人现有累积记分分值中扣减记分。在一个记分周期内累计最高扣减6分。

**第二十六条** 机动车驾驶人申请接受交通安全教育扣减交通违法行为记分的，公安机关交通管理部门应当受理。但有以下情形之一的，不予受理：

（一）在本记分周期内或者上一个记分周期内，机动车驾驶人有二次以上参加满分教育记录的；

（二）在最近三个记分周期内，机动车驾驶人因造成交通事故后逃逸，或者饮酒后驾驶机动车，或者使用伪造、变造的机动车号牌、行驶证、驾驶证、校车标牌，或者使用其他机动车号牌、行驶证，或者买分卖分受到过处罚的；

（三）机动车驾驶证在实习期内，或者机动车驾驶证逾期未审验，或者机动车驾驶证被扣留、暂扣期间的；

（四）机动车驾驶人名下有安全技术检验超过有效期或者未按规定办理注销登记的机动车的；

（五）在最近三个记分周期内，机动车驾驶人参加接受交通安全教育扣减交通违法行为记分或者机动车驾驶人满分教育、审验教育时，有弄虚作假、冒名顶替记录的。

**第二十七条** 参加公安机关交通管理部门组织的道路交通安全法律、法规和相关知识网上学习三日内累计满三十分钟且考试合格的，一次扣减1分。

参加公安机关交通管理部门组织的道路交通安全法律、法规和相关知识现场学习满一小时且考试合格的，一次扣减2分。

参加公安机关交通管理部门组织的交通安全公益活动的，满一小时为一次，一次扣减1分。

**第二十八条** 交通违法行为情节轻微，给予警告处罚的，免予记分。

## 第六章　法律责任

**第二十九条** 机动车驾驶人在一个记分周期内累积记分满12分，机动车驾驶证未被依法扣留或者收到满分教育通知书后三十日内拒不参加公安机关交通管理部门通知的满分学习、考试的，由公安机关交通管理部门公告其机动车驾驶证停止使用。

**第三十条** 机动车驾驶人请他人代为接受交通违法行为处罚和记分并支付经济利益的，由公安机关交通管理部门处所支付经济利益三倍以下罚款，但最高不超过五万元；同时，依法对原交通违法行为作出处罚。

代替实际机动车驾驶人接受交通违法行为处罚和记分牟取经济利益的，由公安机关交通管理部门处违法所得三倍以下罚款，但最高不超过五万元；同时，依法撤销原行政处罚决定。

组织他人实施前两款行为之一牟取经济利益的，由公安机关交通管理部门处违法所得五倍以下罚款，但最高不超过十万元；有扰乱单位秩序等行为，构成违反治安管理行为的，依法予以治安管理处罚。

**第三十一条** 机动车驾驶人参加满分教育时在签注学习记录、满分学习考试中弄虚作假的,相应学习记录、考试成绩无效,由公安机关交通管理部门处一千元以下罚款。

机动车驾驶人在参加接受交通安全教育扣减交通违法行为记分中弄虚作假的,由公安机关交通管理部门撤销相应记分扣减记录,恢复相应记分,处一千元以下罚款。

代替实际机动车驾驶人参加满分教育签注学习记录、满分学习考试或者接受交通安全教育扣减交通违法行为记分的,由公安机关交通管理部门处二千元以下罚款。

组织他人实施前三款行为之一,有违法所得的,由公安机关交通管理部门处违法所得三倍以下罚款,但最高不超过二万元;没有违法所得的,由公安机关交通管理部门处二万元以下罚款。

**第三十二条** 公安机关交通管理部门及其交通警察开展交通违法行为记分管理工作,应当接受监察机关、公安机关督察审计部门等依法实施的监督。

公安机关交通管理部门及其交通警察开展交通违法行为记分管理工作,应当自觉接受社会和公民的监督。

**第三十三条** 交通警察有下列情形之一的,按照有关规定给予处分;警务辅助人员有下列情形之一的,予以解聘;构成犯罪的,依法追究刑事责任:

(一)当事人对实施处罚和记分提出异议拒不核实,或者经核实属实但不纠正、整改的;

(二)为未经满分学习考试、考试不合格人员签注学习记录、合格考试成绩的;

(三)在满分考试时,减少考试项目、降低评判标准或者参与、协助、纵容考试舞弊的;

(四)为不符合记分扣减条件的机动车驾驶人扣减记分的;

(五)串通他人代替实际机动车驾驶人接受交通违法行为处罚和记分的;

(六)弄虚作假,将记分分值高的交通违法行为变更为记分分值低或者不记分的交通违法行为的;

(七)故意泄露、篡改系统记分数据的;

(八)根据交通技术监控设备记录资料处理交通违法行为时,未严格审核当事人提供的证据材料,导致他人代替实际机动车驾驶人接受交通违法行为处罚和记分,情节严重的。

## 第七章 附 则

**第三十四条** 公安机关交通管理部门对拖拉机驾驶人予以记分的,应当定期将记分情况通报农业农村主管部门。

**第三十五条** 省、自治区、直辖市公安厅、局可以根据本地区的实际情况,在本办法规定的处罚幅度范围内,制定具体的执行标准。

对本办法规定的交通违法行为的处理程序按照《道路交通安全违法行为处理程序规定》执行。

**第三十六条** 本办法所称"三日""十日""三十日",是指自然日。期间的最后一日为节假日的,以节假日期满后的第一个工作日为期间届满的日期。

**第三十七条** 本办法自2022年4月1日起施行。

# 车辆驾驶人员血液、呼气酒精含量阈值与检验(GB 19522-2010)

· 2017年2月28日
· 国家标准化管理委员会公告2017年第3号

## 前 言

本标准的第4章、5.2、5.3为强制性的,其余为推荐性的。

本标准按照GB/T 1.1—2009给出的规则起草。

本标准代替GB 19522—2004《车辆驾驶人员血液、呼气酒精含量阈值与检验》,与GB 19522—2004相比主要技术变化如下:

——删除了规范性引用文件中的GA 307,增加了GB/T 21254、GA/T 842和GA/T 843(见第2章,2004年版的第2章);

——删除了术语和定义中的"饮酒驾车"、"醉酒驾车"(2004年版的3.3、3.4);

——4.1 表1中的表述修改:"饮酒驾车"修改为:"饮酒后驾驶","醉酒驾车"修改为:"醉酒后驾驶"(见表1,2004年版的表1);

——在血液酒精含量检验中,增加了"检验结果应当出具书面报告"(见5.3.1);

——增加了血液酒精含量检验(见5.3.2);

——增加了唾液酒精检测(见5.4);

——修改了"呼出气体酒精含量探测器"的名称(见5.2,2004年版5.1、6.1)。

本标准由中华人民共和国公安部提出并归口。

本标准起草单位:重庆市公安局交通管理局。

本标准主要起草人:赵新才、蒋志全、曹峻华、万驰。

本标准所代替标准的历次版本发布情况为:

——GB 19522—2004。

## 车辆驾驶人员血液、呼气酒精含量阈值与检验

**1 范围**

本标准规定了车辆驾驶人员饮酒后及醉酒后驾车时血液、呼气中的酒精含量值和检验方法。本标准适用于驾车中的车辆驾驶人员。

**2 规范性引用文件**

下列文件对于本文件的应用是必不可少的。凡是注日期的引用文件,仅注日期的版本适用于本文件。凡是不注日期的引用文件,其最新版本(包括所有的修改单)适用于本文件。

GB/T 21254 呼出气体酒精含量检测仪

GA/T 1073 生物样品血液、尿液中乙醇、甲醇、正丙醇、乙醛、丙酮、异丙醇和正丁醇的顶空-气相色谱检验方法

GA/T 842 血液酒精含量的检验方法,GA/T 843 唾液酒精检测试纸条

**3 术语和定义**

下列术语和定义适用于本文件。

3.1 车辆驾驶人员 vehicle drivers

机动车驾驶人员和非机动车驾驶人员。

## 3.2 酒精含量 alcohol concentration
车辆驾驶人员血液或呼气中的酒精浓度。

## 4 酒精含量值

### 4.1 酒精含量阈值
车辆驾驶人员饮酒后或者醉酒后驾车血液中的酒精含量阈值见表1。

**表1 车辆驾驶人员血液酒精含量阈值**

| 驾驶行为类别 | 阈值<br>（mg/100mL） |
|---|---|
| 饮酒后驾车 | ≥20，<80 |
| 醉酒后驾车 | ≥80 |

### 4.2 血液与呼气酒精含量换算
车辆驾驶人员呼气酒精含量按1∶2 200的比例关系换算成血液酒精含量，即呼气酒精含量值乘以2 200等于血液酒精含量值。

## 5 检验方法

### 5.1 一般规定
车辆驾驶人员饮酒后或者醉酒后驾车时的酒精含量检验应进行呼气酒精含量检验或者血液酒精含量检验。对不具备呼气或者血液酒精含量检验条件的，可进行唾液酒精定性检测或者人体平衡试验评价驾驶能力。

### 5.2 呼气酒精含量检验
5.2.1 呼气酒精含量采用呼出气体酒精含量检测仪进行检验。检验结果应记录并签字。

5.2.2 呼出气体酒精含量检测仪的技术指标和性能应符合GB/T 21254的规定。

5.2.3 呼气酒精含量检验的具体操作步骤，按照呼出气体酒精含量检测仪的操作要求进行。

### 5.3 血液酒精含量检验
5.3.1 对需要检验血液中酒精含量的，应及时抽取血样。抽取血样应由专业人员按要求进行，不应采用醇类药品对皮肤进行消毒；抽出血样中应添加抗凝剂，防止血液凝固；装血样的容器应洁净、干燥，按检验规范封装，低温保存，及时送检。检验结果应当出具书面报告。

5.3.2 血液酒精含量检验方法按照 GA/T 1073 或者 GA/T 842 的规定

5.4 唾液酒精检测

5.4.1 唾液酒精检测采用唾液酒精检测试纸条进行定性检测。检测结果应记录并签字

5.4.2 唾液酒精检测试纸条的技术指标、性能应符合 GA/T 843 的规定。

5.4.3 唾液酒精检测的具体操作步骤按照唾液酒精检测试纸条的操作要求进行。

5.5 人体平衡试验

人体平衡试验采用步行回转试验或者单腿直立试验，评价驾驶能力。步行回转试验、单腿直立试验的具体方法、要求和评价标准，见附录 A。

## 附录 A
### （规范性附录）
### 人体平衡试验

A.1 平衡试验的要求

步行回转试验和单腿直立试验应在结实、干燥、不滑、照明良好的环境下进行。对年龄超过 60 岁、身体有缺陷影响自身平衡的人不进行此项试验。被试人员鞋后跟不应高于 5cm。在试验时，试验人员与被试人员应保持 1m 以上距离。

A.2 步行回转试验

A.2.1 步行回转试验即被试人员沿着一条直线行走九步，边走边大声数步数（1，2，3，…，9），然后转身按原样返回。试验时，分讲解和行走两个阶段进行。讲解阶段，被试人员按照脚跟对脚尖的方式站立在直线的一端，两手在身体两侧自然下垂，听试验人员的试验过程讲解；行走阶段，被试人员在得到试验人员行走指令后，开始行走。

A.2.2 试验中，试验人员观察以下八个指标，符合二个以上的，

视为暂时丧失驾驶能力:
a) 在讲解过程中,被试人员失去平衡(失去原来的脚跟对脚尖的姿态);
b) 讲解结束之前,开始行走;
c) 为保持自身平衡,在行走时停下来;
d) 行走时,脚跟与脚尖不能互相碰撞,至少间隔 1.5cm;
e) 行走时偏离直线;
f) 用手臂进行平衡(手臂离开原位置 15cm 以上);
g) 失去平衡或转弯不当;
h) 走错步数。

A.3 单腿直立试验

A.3.1 单腿直立试验即被试人员一只脚站立,向前提起另一只脚距地面 15cm 以上,脚趾向前,脚底平行地面,并大声用千位数计数(1001,1002,1003,…),持续 30s。试验时,分讲解、平衡与计数两个阶段。讲解阶段,被试人员双脚同时站立,两手在身体两侧自然下垂,听试验人员的试验过程讲解。平衡与计数阶段,被试人员一只脚站立并开始计数。

A.3.2 试验中,试验人员观察以下四个指标,符合二个以上的,视为暂时丧失驾驶能力:
1) 在平衡时发生摇晃,前后、左右摇摆 15cm 以上;
2) 用手臂进行平衡,手臂离开原位置 15cm 以上;
3) 为保持平衡单脚跳;
4) 放下提起的脚。

## 交通事故损害赔偿

## 一、法律法规

### 中华人民共和国民法典（节录）

· 2020 年 5 月 28 日第十三届全国人民代表大会第三次会议通过
· 2020 年 5 月 28 日中华人民共和国主席令第 45 号公布
· 自 2021 年 1 月 1 日起施行

……

## 第七编　侵权责任

### 第一章　一般规定

**第一千一百六十四条**　【侵权责任编的调整范围】本编调整因侵害民事权益产生的民事关系。

**第一千一百六十五条**　【过错责任原则与过错推定责任】行为人因过错侵害他人民事权益造成损害的，应当承担侵权责任。

依照法律规定推定行为人有过错，其不能证明自己没有过错的，应当承担侵权责任。

**第一千一百六十六条**　【无过错责任】行为人造成他人民事权益损害，不论行为人有无过错，法律规定应当承担侵权责任的，依照其规定。

**第一千一百六十七条**　【危及他人人身、财产安全的责任承担方式】侵权行为危及他人人身、财产安全的，被侵权人有权请求侵权人承担停止侵害、排除妨碍、消除危险等侵权责任。

**第一千一百六十八条**　【共同侵权】二人以上共同实施侵权行为，造成他人损害的，应当承担连带责任。

**第一千一百六十九条** 【教唆侵权、帮助侵权】教唆、帮助他人实施侵权行为的,应当与行为人承担连带责任。

教唆、帮助无民事行为能力人、限制民事行为能力人实施侵权行为的,应当承担侵权责任;该无民事行为能力人、限制民事行为能力人的监护人未尽到监护职责的,应当承担相应的责任。

**第一千一百七十条** 【共同危险行为】二人以上实施危及他人人身、财产安全的行为,其中一人或者数人的行为造成他人损害,能够确定具体侵权人的,由侵权人承担责任;不能确定具体侵权人的,行为人承担连带责任。

**第一千一百七十一条** 【分别侵权的连带责任】二人以上分别实施侵权行为造成同一损害,每个人的侵权行为都足以造成全部损害的,行为人承担连带责任。

**第一千一百七十二条** 【分别侵权的按份责任】二人以上分别实施侵权行为造成同一损害,能够确定责任大小的,各自承担相应的责任;难以确定责任大小的,平均承担责任。

**第一千一百七十三条** 【与有过错】被侵权人对同一损害的发生或者扩大有过错的,可以减轻侵权人的责任。

**第一千一百七十四条** 【受害人故意】损害是因受害人故意造成的,行为人不承担责任。

**第一千一百七十五条** 【第三人过错】损害是因第三人造成的,第三人应当承担侵权责任。

**第一千一百七十六条** 【自甘风险】自愿参加具有一定风险的文体活动,因其他参加者的行为受到损害的,受害人不得请求其他参加者承担侵权责任;但是,其他参加者对损害的发生有故意或者重大过失的除外。

活动组织者的责任适用本法第一千一百九十八条至第一千二百零一条的规定。

**第一千一百七十七条** 【自力救济】合法权益受到侵害,情况紧迫且不能及时获得国家机关保护,不立即采取措施将使其合法权益受到难以弥补的损害的,受害人可以在保护自己合法权益的必要范围内采取扣留侵权人的财物等合理措施;但是,应当立即请求有关国家机关处理。

受害人采取的措施不当造成他人损害的,应当承担侵权责任。

**第一千一百七十八条** 【特别规定优先适用】本法和其他法律对不承担责任或者减轻责任的情形另有规定的，依照其规定。

## 第二章 损害赔偿

**第一千一百七十九条** 【人身损害赔偿范围】侵害他人造成人身损害的，应当赔偿医疗费、护理费、交通费、营养费、住院伙食补助费等为治疗和康复支出的合理费用，以及因误工减少的收入。造成残疾的，还应当赔偿辅助器具费和残疾赔偿金；造成死亡的，还应当赔偿丧葬费和死亡赔偿金。

**第一千一百八十条** 【以相同数额确定死亡赔偿金】因同一侵权行为造成多人死亡的，可以以相同数额确定死亡赔偿金。

**第一千一百八十一条** 【被侵权人死亡时请求权主体的确定】被侵权人死亡的，其近亲属有权请求侵权人承担侵权责任。被侵权人为组织，该组织分立、合并的，承继权利的组织有权请求侵权人承担侵权责任。

被侵权人死亡的，支付被侵权人医疗费、丧葬费等合理费用的人有权请求侵权人赔偿费用，但是侵权人已经支付该费用的除外。

**第一千一百八十二条** 【侵害他人人身权益造成财产损失的赔偿计算方式】侵害他人人身权益造成财产损失的，按照被侵权人因此受到的损失或者侵权人因此获得的利益赔偿；被侵权人因此受到的损失以及侵权人因此获得的利益难以确定，被侵权人和侵权人就赔偿数额协商不一致，向人民法院提起诉讼的，由人民法院根据实际情况确定赔偿数额。

**第一千一百八十三条** 【精神损害赔偿】侵害自然人人身权益造成严重精神损害的，被侵权人有权请求精神损害赔偿。

因故意或者重大过失侵害自然人具有人身意义的特定物造成严重精神损害的，被侵权人有权请求精神损害赔偿。

**第一千一百八十四条** 【财产损失的计算】侵害他人财产的，财产损失按照损失发生时的市场价格或者其他合理方式计算。

**第一千一百八十五条** 【故意侵害知识产权的惩罚性赔偿责任】故意侵害他人知识产权，情节严重的，被侵权人有权请求相应的惩罚性赔偿。

**第一千一百八十六条** 【公平分担损失】受害人和行为人对损害的发生都没有过错的,依照法律的规定由双方分担损失。

**第一千一百八十七条** 【赔偿费用的支付方式】损害发生后,当事人可以协商赔偿费用的支付方式。协商不一致的,赔偿费用应当一次性支付;一次性支付确有困难的,可以分期支付,但是被侵权人有权请求提供相应的担保。

## 第四章　产品责任

**第一千二百零二条** 【产品生产者侵权责任】因产品存在缺陷造成他人损害的,生产者应当承担侵权责任。

……

## 第五章　机动车交通事故责任

**第一千二百零八条** 【机动车交通事故责任的法律适用】机动车发生交通事故造成损害的,依照道路交通安全法律和本法的有关规定承担赔偿责任。

**第一千二百零九条** 【租赁、借用机动车交通事故责任】因租赁、借用等情形机动车所有人、管理人与使用人不是同一人时,发生交通事故造成损害,属于该机动车一方责任的,由机动车使用人承担赔偿责任;机动车所有人、管理人对损害的发生有过错的,承担相应的赔偿责任。

**第一千二百一十条** 【转让并交付但未办理登记的机动车侵权责任】当事人之间已经以买卖或者其他方式转让并交付机动车但是未办理登记,发生交通事故造成损害,属于该机动车一方责任的,由受让人承担赔偿责任。

**第一千二百一十一条** 【挂靠机动车交通事故责任】以挂靠形式从事道路运输经营活动的机动车,发生交通事故造成损害,属于该机动车一方责任的,由挂靠人和被挂靠人承担连带责任。

**第一千二百一十二条** 【擅自驾驶他人机动车交通事故责任】未经允许驾驶他人机动车,发生交通事故造成损害,属于该机动车一方责任的,由机动车使用人承担赔偿责任;机动车所有人、管理人对损害的发生有过错的,承担相应的赔偿责任,但是本章另有规定的除外。

**第一千二百一十三条** 【交通事故侵权救济来源的支付顺序】机动车发生交通事故造成损害,属于该机动车一方责任的,先由承保机动车强制保险的保险人在强制保险责任限额范围内予以赔偿;不足部分,由承保机动车商业保险的保险人按照保险合同的约定予以赔偿;仍然不足或者没有投保机动车商业保险的,由侵权人赔偿。

**第一千二百一十四条** 【拼装车、报废车交通事故责任】以买卖或者其他方式转让拼装或已经达到报废标准的机动车,发生交通事故造成损害的,由转让人和受让人承担连带责任。

**第一千二百一十五条** 【盗抢机动车交通事故责任】盗窃、抢劫或者抢夺的机动车发生交通事故造成损害的,由盗窃人、抢劫人或者抢夺人承担赔偿责任。盗窃人、抢劫人或者抢夺人与机动车使用人不是同一人,发生交通事故造成损害,属于该机动车一方责任的,由盗窃人、抢劫人或者抢夺人与机动车使用人承担连带责任。

保险人在机动车强制保险责任限额范围内垫付抢救费用的,有权向交通事故责任人追偿。

**第一千二百一十六条** 【驾驶人逃逸责任承担规则】机动车驾驶人发生交通事故后逃逸,该机动车参加强制保险的,由保险人在机动车强制保险责任限额范围内予以赔偿;机动车不明、该机动车未参加强制保险或者抢救费用超过机动车强制保险责任限额,需要支付被侵权人人身伤亡的抢救、丧葬等费用的,由道路交通事故社会救助基金垫付。道路交通事故社会救助基金垫付后,其管理机构有权向交通事故责任人追偿。

**第一千二百一十七条** 【好意同乘规则】非营运机动车发生交通事故造成无偿搭乘人损害,属于该机动车一方责任的,应当减轻其赔偿责任,但是机动车使用人有故意或者重大过失的除外。

……

# 全国人民代表大会常务委员会
# 关于司法鉴定管理问题的决定

- 2005年2月28日第十届全国人民代表大会常务委员会第十四次会议通过
- 根据2015年4月24日第十二届全国人民代表大会常务委员会第十四次会议《关于修改〈中华人民共和国义务教育法〉等五部法律的决定》修正

为了加强对鉴定人和鉴定机构的管理，适应司法机关和公民、组织进行诉讼的需要，保障诉讼活动的顺利进行，特作如下决定：

一、司法鉴定是指在诉讼活动中鉴定人运用科学技术或者专门知识对诉讼涉及的专门性问题进行鉴别和判断并提供鉴定意见的活动。

二、国家对从事下列司法鉴定业务的鉴定人和鉴定机构实行登记管理制度：

（一）法医类鉴定；

（二）物证类鉴定；

（三）声像资料鉴定；

（四）根据诉讼需要由国务院司法行政部门商最高人民法院、最高人民检察院确定的其他应当对鉴定人和鉴定机构实行登记管理的鉴定事项。

法律对前款规定事项的鉴定人和鉴定机构的管理另有规定的，从其规定。

三、国务院司法行政部门主管全国鉴定人和鉴定机构的登记管理工作。省级人民政府司法行政部门依照本决定的规定，负责对鉴定人和鉴定机构的登记、名册编制和公告。

四、具备下列条件之一的人员，可以申请登记从事司法鉴定业务：

（一）具有与所申请从事的司法鉴定业务相关的高级专业技术职称；

（二）具有与所申请从事的司法鉴定业务相关的专业执业资格或

者高等院校相关专业本科以上学历，从事相关工作五年以上；

（三）具有与所申请从事的司法鉴定业务相关工作十年以上经历，具有较强的专业技能。

因故意犯罪或者职务过失犯罪受过刑事处罚的，受过开除公职处分的，以及被撤销鉴定人登记的人员，不得从事司法鉴定业务。

五、法人或者其他组织申请从事司法鉴定业务的，应当具备下列条件：

（一）有明确的业务范围；

（二）有在业务范围内进行司法鉴定所必需的仪器、设备；

（三）有在业务范围内进行司法鉴定所必需的依法通过计量认证或者实验室认可的检测实验室；

（四）每项司法鉴定业务有三名以上鉴定人。

六、申请从事司法鉴定业务的个人、法人或者其他组织，由省级人民政府司法行政部门审核，对符合条件的予以登记，编入鉴定人和鉴定机构名册并公告。

省级人民政府司法行政部门应当根据鉴定人或者鉴定机构的增加和撤销登记情况，定期更新所编制的鉴定人和鉴定机构名册并公告。

七、侦查机关根据侦查工作的需要设立的鉴定机构，不得面向社会接受委托从事司法鉴定业务。

人民法院和司法行政部门不得设立鉴定机构。

八、各鉴定机构之间没有隶属关系；鉴定机构接受委托从事司法鉴定业务，不受地域范围的限制。

鉴定人应当在一个鉴定机构中从事司法鉴定业务。

九、在诉讼中，对本决定第二条所规定的鉴定事项发生争议，需要鉴定的，应当委托列入鉴定人名册的鉴定人进行鉴定。鉴定人从事司法鉴定业务，由所在的鉴定机构统一接受委托。

鉴定人和鉴定机构应当在鉴定人和鉴定机构名册注明的业务范围内从事司法鉴定业务。

鉴定人应当依照诉讼法律规定实行回避。

十、司法鉴定实行鉴定人负责制度。鉴定人应当独立进行鉴定，对鉴定意见负责并在鉴定书上签名或者盖章。多人参加的鉴定，对鉴定意见有不同意见的，应当注明。

十一、在诉讼中，当事人对鉴定意见有异议的，经人民法院依法通知，鉴定人应当出庭作证。

十二、鉴定人和鉴定机构从事司法鉴定业务，应当遵守法律、法规，遵守职业道德和职业纪律，尊重科学，遵守技术操作规范。

十三、鉴定人或者鉴定机构有违反本决定规定行为的，由省级人民政府司法行政部门予以警告，责令改正。

鉴定人或者鉴定机构有下列情形之一的，由省级人民政府司法行政部门给予停止从事司法鉴定业务三个月以上一年以下的处罚；情节严重的，撤销登记：

（一）因严重不负责任给当事人合法权益造成重大损失的；
（二）提供虚假证明文件或者采取其他欺诈手段，骗取登记的；
（三）经人民法院依法通知，拒绝出庭作证的；
（四）法律、行政法规规定的其他情形。

鉴定人故意作虚假鉴定，构成犯罪的，依法追究刑事责任；尚不构成犯罪的，依照前款规定处罚。

十四、司法行政部门在鉴定人和鉴定机构的登记管理工作中，应当严格依法办事，积极推进司法鉴定的规范化、法制化。对于滥用职权、玩忽职守，造成严重后果的直接责任人员，应当追究相应的法律责任。

十五、司法鉴定的收费标准由省、自治区、直辖市人民政府价格主管部门会同同级司法行政部门制定。

十六、对鉴定人和鉴定机构进行登记、名册编制和公告的具体办法，由国务院司法行政部门制定，报国务院批准。

十七、本决定下列用语的含义是：

（一）法医类鉴定，包括法医病理鉴定、法医临床鉴定、法医精神病鉴定、法医物证鉴定和法医毒物鉴定。
（二）物证类鉴定，包括文书鉴定、痕迹鉴定和微量鉴定。
（三）声像资料鉴定，包括对录音带、录像带、磁盘、光盘、图片等载体上记录的声音、图像信息的真实性、完整性及其所反映的情况过程进行的鉴定和对记录的声音、图像中的语言、人体、物体作出种类或者同一认定。

十八、本决定自 2005 年 10 月 1 日起施行。

# 二、相关解释

## 最高人民法院关于审理道路交通事故损害赔偿案件适用法律若干问题的解释

- 2012年9月17日由最高人民法院审判委员会第1556次会议通过
- 根据2020年12月23日最高人民法院审判委员会第1823次会议通过的《最高人民法院关于修改〈最高人民法院关于在民事审判工作中适用《中华人民共和国工会法》若干问题的解释〉等二十七件民事类司法解释的决定》修正
- 2020年12月29日最高人民法院公告公布
- 自2021年1月1日起施行
- 法释〔2020〕17号

为正确审理道路交通事故损害赔偿案件,根据《中华人民共和国民法典》《中华人民共和国道路交通安全法》《中华人民共和国保险法》《中华人民共和国民事诉讼法》等法律的规定,结合审判实践,制定本解释。

## 一、关于主体责任的认定

**第一条** 机动车发生交通事故造成损害,机动车所有人或者管理人有下列情形之一,人民法院应当认定其对损害的发生有过错,并适用民法典第一千二百零九条的规定确定其相应的赔偿责任:

(一)知道或者应当知道机动车存在缺陷,且该缺陷是交通事故发生原因之一的;

(二)知道或者应当知道驾驶人无驾驶资格或者未取得相应驾驶资格的;

(三)知道或者应当知道驾驶人因饮酒、服用国家管制的精神药品或者麻醉药品,或者患有妨碍安全驾驶机动车的疾病等依法不能驾驶机动车的;

（四）其它应当认定机动车所有人或者管理人有过错的。

**第二条** 被多次转让但是未办理登记的机动车发生交通事故造成损害，属于该机动车一方责任，当事人请求由最后一次转让并交付的受让人承担赔偿责任的，人民法院应予支持。

**第三条** 套牌机动车发生交通事故造成损害，属于该机动车一方责任，当事人请求由套牌机动车的所有人或者管理人承担赔偿责任的，人民法院应予支持；被套牌机动车所有人或者管理人同意套牌的，应当与套牌机动车的所有人或者管理人承担连带责任。

**第四条** 拼装车、已达到报废标准的机动车或者依法禁止行驶的其他机动车被多次转让，并发生交通事故造成损害，当事人请求由所有的转让人和受让人承担连带责任的，人民法院应予支持。

**第五条** 接受机动车驾驶培训的人员，在培训活动中驾驶机动车发生交通事故造成损害，属于该机动车一方责任，当事人请求驾驶培训单位承担赔偿责任的，人民法院应予支持。

**第六条** 机动车试乘过程中发生交通事故造成试乘人损害，当事人请求提供试乘服务者承担赔偿责任的，人民法院应予支持。试乘人有过错的，应当减轻提供试乘服务者的赔偿责任。

**第七条** 因道路管理维护缺陷导致机动车发生交通事故造成损害，当事人请求道路管理者承担相应赔偿责任的，人民法院应予支持。但道路管理者能够证明已经依照法律、法规、规章的规定，或者按照国家标准、行业标准、地方标准的要求尽到安全防护、警示等管理维护义务的除外。

依法不得进入高速公路的车辆、行人，进入高速公路发生交通事故造成自身损害，当事人请求高速公路管理者承担赔偿责任的，适用民法典第一千二百四十三条的规定。

**第八条** 未按照法律、法规、规章或者国家标准、行业标准、地方标准的强制性规定设计、施工，致使道路存在缺陷并造成交通事故，当事人请求建设单位与施工单位承担相应赔偿责任的，人民法院应予支持。

**第九条** 机动车存在产品缺陷导致交通事故造成损害，当事人请求生产者或者销售者依照民法典第七编第四章的规定承担赔偿责任的，人民法院应予支持。

**第十条** 多辆机动车发生交通事故造成第三人损害，当事人请求多个侵权人承担赔偿责任的,人民法院应当区分不同情况,依照民法典第一千一百七十条、第一千一百七十一条、第一千一百七十二条的规定,确定侵权人承担连带责任或者按份责任。

## 二、关于赔偿范围的认定

**第十一条** 道路交通安全法第七十六条规定的"人身伤亡",是指机动车发生交通事故侵害被侵权人的生命权、身体权、健康权等人身权益所造成的损害,包括民法典第一千一百七十九条和第一千一百八十三条规定的各项损害。

道路交通安全法第七十六条规定的"财产损失",是指因机动车发生交通事故侵害被侵权人的财产权益所造成的损失。

**第十二条** 因道路交通事故造成下列财产损失,当事人请求侵权人赔偿的,人民法院应予支持:

(一)维修被损坏车辆所支出的费用、车辆所载物品的损失、车辆施救费用;

(二)因车辆灭失或者无法修复,为购买交通事故发生时与被损坏车辆价值相当的车辆重置费用;

(三)依法从事货物运输、旅客运输等经营性活动的车辆,因无法从事相应经营活动所产生的合理停运损失;

(四)非经营性车辆因无法继续使用,所产生的通常替代性交通工具的合理费用。

## 三、关于责任承担的认定

**第十三条** 同时投保机动车第三者责任强制保险(以下简称"交强险")和第三者责任商业保险(以下简称"商业三者险")的机动车发生交通事故造成损害,当事人同时起诉侵权人和保险公司的,人民法院应当依照民法典第一千二百一十三条的规定,确定赔偿责任。

被侵权人或者其近亲属请求承保交强险的保险公司优先赔偿精神损害的,人民法院应予支持。

**第十四条** 投保人允许的驾驶人驾驶机动车致使投保人遭受损

害，当事人请求承保交强险的保险公司在责任限额范围内予以赔偿的，人民法院应予支持，但投保人为本车上人员的除外。

**第十五条** 有下列情形之一导致第三人人身损害，当事人请求保险公司在交强险责任限额范围内予以赔偿的，人民法院应予支持：

（一）驾驶人未取得驾驶资格或者未取得相应驾驶资格的；

（二）醉酒、服用国家管制的精神药品或者麻醉药品后驾驶机动车发生交通事故的；

（三）驾驶人故意制造交通事故的。

保险公司在赔偿范围内向侵权人主张追偿权的，人民法院应予支持。追偿权的诉讼时效期间自保险公司实际赔偿之日起计算。

**第十六条** 未依法投保交强险的机动车发生交通事故造成损害，当事人请求投保义务人在交强险责任限额范围内予以赔偿的，人民法院应予支持。

投保义务人和侵权人不是同一人，当事人请求投保义务人和侵权人在交强险责任限额范围内承担相应责任的，人民法院应予支持。

**第十七条** 具有从事交强险业务资格的保险公司违法拒绝承保、拖延承保或者违法解除交强险合同，投保义务人在向第三人承担赔偿责任后，请求该保险公司在交强险责任限额范围内承担相应赔偿责任的，人民法院应予支持。

**第十八条** 多辆机动车发生交通事故造成第三人损害，损失超出各机动车交强险责任限额之和的，由各保险公司在各自责任限额范围内承担赔偿责任；损失未超出各机动车交强险责任限额之和，当事人请求由各保险公司按照其责任限额与责任限额之和的比例承担赔偿责任的，人民法院应予支持。

依法分别投保交强险的牵引车和挂车连接使用时发生交通事故造成第三人损害，当事人请求由各保险公司在各自的责任限额范围内平均赔偿的，人民法院应予支持。

多辆机动车发生交通事故造成第三人损害，其中部分机动车未投保交强险，当事人请求先由已承保交强险的保险公司在责任限额范围内予以赔偿的，人民法院应予支持。保险公司就超出其应承担的部分向未投保交强险的投保义务人或者侵权人行使追偿权的，人民法院应予支持。

**第十九条** 同一交通事故的多个被侵权人同时起诉的，人民法院应当按照各被侵权人的损失比例确定交强险的赔偿数额。

**第二十条** 机动车所有权在交强险合同有效期内发生变动,保险公司在交通事故发生后,以该机动车未办理交强险合同变更手续为由主张免除赔偿责任的,人民法院不予支持。

机动车在交强险合同有效期内发生改装、使用性质改变等导致危险程度增加的情形,发生交通事故后,当事人请求保险公司在责任限额范围内予以赔偿的,人民法院应予支持。

前款情形下,保险公司另行起诉请求投保义务人按照重新核定后的保险费标准补足当期保险费的,人民法院应予支持。

**第二十一条** 当事人主张交强险人身伤亡保险金请求权转让或者设定担保的行为无效的,人民法院应予支持。

## 四、关于诉讼程序的规定

**第二十二条** 人民法院审理道路交通事故损害赔偿案件,应当将承保交强险的保险公司列为共同被告。但该保险公司已经在交强险责任限额范围内予以赔偿且当事人无异议的除外。

人民法院审理道路交通事故损害赔偿案件,当事人请求将承保商业三者险的保险公司列为共同被告的,人民法院应予准许。

**第二十三条** 被侵权人因道路交通事故死亡,无近亲属或者近亲属不明,未经法律授权的机关或者有关组织向人民法院起诉主张死亡赔偿金的,人民法院不予受理。

侵权人以已向未经法律授权的机关或者有关组织支付死亡赔偿金为理由,请求保险公司在交强险责任限额范围内予以赔偿的,人民法院不予支持。

被侵权人因道路交通事故死亡,无近亲属或者近亲属不明,支付被侵权人医疗费、丧葬费等合理费用的单位或者个人,请求保险公司在交强险责任限额范围内予以赔偿的,人民法院应予支持。

**第二十四条** 公安机关交通管理部门制作的交通事故认定书,人民法院应依法审查并确认其相应的证明力,但有相反证据推翻的除外。

## 五、关于适用范围的规定

**第二十五条** 机动车在道路以外的地方通行时引发的损害赔偿案

件,可以参照适用本解释的规定。

**第二十六条** 本解释施行后尚未终审的案件,适用本解释;本解释施行前已经终审,当事人申请再审或者按照审判监督程序决定再审的案件,不适用本解释。

# 最高人民法院关于审理人身损害赔偿案件适用法律若干问题的解释

· 2003年12月4日最高人民法院审判委员会第1299次会议通过
· 根据2020年12月23日最高人民法院审判委员会第1823次会议通过的《最高人民法院关于修改〈最高人民法院关于在民事审判工作中适用《中华人民共和国工会法》若干问题的解释〉等二十七件民事类司法解释的决定》第一次修正
· 根据2022年2月15日最高人民法院审判委员会第1864次会议通过的《最高人民法院关于修改〈最高人民法院关于审理人身损害赔偿案件适用法律若干问题的解释〉的决定》第二次修正
· 2022年4月24日最高人民法院公告公布
· 自2022年5月1日起施行

为正确审理人身损害赔偿案件,依法保护当事人的合法权益,根据《中华人民共和国民法典》《中华人民共和国民事诉讼法》等有关法律规定,结合审判实践,制定本解释。

**第一条** 因生命、身体、健康遭受侵害,赔偿权利人起诉请求赔偿义务人赔偿物质损害和精神损害的,人民法院应予受理。

本条所称"赔偿权利人",是指因侵权行为或者其他致害原因直接遭受人身损害的受害人以及死亡受害人的近亲属。

本条所称"赔偿义务人",是指因自己或者他人的侵权行为以及其他致害原因依法应当承担民事责任的自然人、法人或者非法人组织。

**第二条** 赔偿权利人起诉部分共同侵权人的,人民法院应当追加其他共同侵权人作为共同被告。赔偿权利人在诉讼中放弃对部分共同侵权人的诉讼请求的,其他共同侵权人对被放弃诉讼请求的被告应当承担的赔偿份额不承担连带责任。责任范围难以确定的，推定各共同侵权人承担同等责任。

人民法院应当将放弃诉讼请求的法律后果告知赔偿权利人，并将放弃诉讼请求的情况在法律文书中叙明。

**第三条** 依法应当参加工伤保险统筹的用人单位的劳动者，因工伤事故遭受人身损害，劳动者或者其近亲属向人民法院起诉请求用人单位承担民事赔偿责任的，告知其按《工伤保险条例》的规定处理。

因用人单位以外的第三人侵权造成劳动者人身损害，赔偿权利人请求第三人承担民事赔偿责任的，人民法院应予支持。

**第四条** 无偿提供劳务的帮工人，在从事帮工活动中致人损害的，被帮工人应当承担赔偿责任。被帮工人承担赔偿责任后向有故意或者重大过失的帮工人追偿的，人民法院应予支持。被帮工人明确拒绝帮工的，不承担赔偿责任。

**第五条** 无偿提供劳务的帮工人因帮工活动遭受人身损害的，根据帮工人和被帮工人各自的过错承担相应的责任；被帮工人明确拒绝帮工的，被帮工人不承担赔偿责任，但可以在受益范围内予以适当补偿。

帮工人在帮工活动中因第三人的行为遭受人身损害的，有权请求第三人承担赔偿责任，也有权请求被帮工人予以适当补偿。被帮工人补偿后，可以向第三人追偿。

**第六条** 医疗费根据医疗机构出具的医药费、住院费等收款凭证，结合病历和诊断证明等相关证据确定。赔偿义务人对治疗的必要性和合理性有异议的，应当承担相应的举证责任。

医疗费的赔偿数额，按照一审法庭辩论终结前实际发生的数额确定。器官功能恢复训练所必要的康复费、适当的整容费以及其他后续治疗费，赔偿权利人可以待实际发生后另行起诉。但根据医疗证明或者鉴定结论确定必然发生的费用，可以与已经发生的医疗费一并予以赔偿。

**第七条** 误工费根据受害人的误工时间和收入状况确定。

误工时间根据受害人接受治疗的医疗机构出具的证明确定。受害人因伤致残持续误工的，误工时间可以计算至定残日前一天。

受害人有固定收入的，误工费按照实际减少的收入计算。受害人无固定收入的，按照其最近三年的平均收入计算；受害人不能举证证明其最近三年的平均收入状况的,可以参照受诉法院所在地相同或者相近行业上一年度职工的平均工资计算。

**第八条** 护理费根据护理人员的收入状况和护理人数、护理期限确定。

护理人员有收入的,参照误工费的规定计算;护理人员没有收入或者雇佣护工的,参照当地护工从事同等级别护理的劳务报酬标准计算。护理人员原则上为一人,但医疗机构或者鉴定机构有明确意见的,可以参照确定护理人员人数。

护理期限应计算至受害人恢复生活自理能力时止。受害人因残疾不能恢复生活自理能力的,可以根据其年龄、健康状况等因素确定合理的护理期限,但最长不超过二十年。

受害人定残后的护理,应当根据其护理依赖程度并结合配制残疾辅助器具的情况确定护理级别。

**第九条** 交通费根据受害人及其必要的陪护人员因就医或者转院治疗实际发生的费用计算。交通费应当以正式票据为凭;有关凭据应当与就医地点、时间、人数、次数相符合。

**第十条** 住院伙食补助费可以参照当地国家机关一般工作人员的出差伙食补助标准予以确定。

受害人确有必要到外地治疗,因客观原因不能住院,受害人本人及其陪护人员实际发生的住宿费和伙食费,其合理部分应予赔偿。

**第十一条** 营养费根据受害人伤残情况参照医疗机构的意见确定。

**第十二条** 残疾赔偿金根据受害人丧失劳动能力程度或者伤残等级,按照受诉法院所在地上一年度城镇居民人均可支配收入标准,自定残之日起按二十年计算。但六十周岁以上的,年龄每增加一岁减少一年;七十五周岁以上的,按五年计算。

受害人因伤致残但实际收入没有减少,或者伤残等级较轻但造成职业妨害严重影响其劳动就业的,可以对残疾赔偿金作相应调整。

**第十三条** 残疾辅助器具费按照普通适用器具的合理费用标准计算。伤情有特殊需要的,可以参照辅助器具配制机构的意见确定相应的合理费用标准。

辅助器具的更换周期和赔偿期限参照配制机构的意见确定。

**第十四条** 丧葬费按照受诉法院所在地上一年度职工月平均工资

标准,以六个月总额计算。

**第十五条** 死亡赔偿金按照受诉法院所在地上一年度城镇居民人均可支配收入标准,按二十年计算。但六十周岁以上的,年龄每增加一岁减少一年;七十五周岁以上的,按五年计算。

**第十六条** 被扶养人生活费计入残疾赔偿金或者死亡赔偿金。

**第十七条** 被扶养人生活费根据扶养人丧失劳动能力程度,按照受诉法院所在地上一年度城镇居民人均消费支出标准计算。被扶养人为未成年人的,计算至十八周岁;被扶养人无劳动能力又无其他生活来源的,计算二十年。但六十周岁以上的,年龄每增加一岁减少一年;七十五周岁以上的,按五年计算。

被扶养人是指受害人依法应当承担扶养义务的未成年人或者丧失劳动能力又无其他生活来源的成年近亲属。被扶养人还有其他扶养人的,赔偿义务人只赔偿受害人依法应当负担的部分。被扶养人有数人的,年赔偿总额累计不超过上一年度城镇居民人均消费支出额。

**第十八条** 赔偿权利人举证证明其住所地或者经常居住地城镇居民人均可支配收入高于受诉法院所在地标准的,残疾赔偿金或者死亡赔偿金可以按照其住所地或者经常居住地的相关标准计算。

被扶养人生活费的相关计算标准,依照前款原则确定。

**第十九条** 超过确定的护理期限、辅助器具费给付年限或者残疾赔偿金给付年限,赔偿权利人向人民法院起诉请求继续给付护理费、辅助器具费或者残疾赔偿金的,人民法院应予受理。赔偿权利人确需继续护理、配制辅助器具,或者没有劳动能力和生活来源的,人民法院应当判令赔偿义务人继续给付相关费用五至十年。

**第二十条** 赔偿义务人请求以定期金方式给付残疾赔偿金、辅助器具费的,应当提供相应的担保。人民法院可以根据赔偿义务人的给付能力和提供担保的情况,确定以定期金方式给付相关费用。但是,一审法庭辩论终结前已经发生的费用、死亡赔偿金以及精神损害抚慰金,应当一次性给付。

**第二十一条** 人民法院应当在法律文书中明确定期金的给付时间、方式以及每期给付标准。执行期间有关统计数据发生变化的,给付金额应当适时进行相应调整。

定期金按照赔偿权利人的实际生存年限给付,不受本解释有关赔偿期限的限制。

第二十二条 本解释所称"城镇居民人均可支配收入""城镇居民人均消费支出""职工平均工资",按照政府统计部门公布的各省、自治区、直辖市以及经济特区和计划单列市上一年度相关统计数据确定。

"上一年度",是指一审法庭辩论终结时的上一统计年度。

第二十三条 精神损害抚慰金适用《最高人民法院关于确定民事侵权精神损害赔偿责任若干问题的解释》予以确定。

第二十四条 本解释自2022年5月1日起施行。施行后发生的侵权行为引起的人身损害赔偿案件适用本解释。

本院以前发布的司法解释与本解释不一致的,以本解释为准。

# 最高人民法院关于确定民事侵权精神损害赔偿责任若干问题的解释

- 2001年2月26日由最高人民法院审判委员会第1161次会议通过
- 根据2020年12月23日最高人民法院审判委员会第1823次会议通过的《最高人民法院关于修改〈最高人民法院关于在民事审判工作中适用《中华人民共和国工会法》若干问题的解释〉等二十七件民事类司法解释的决定》修正
- 2020年12月29日最高人民法院公告公布
- 自2021年1月1日起施行
- 法释〔2020〕17号

为在审理民事侵权案件中正确确定精神损害赔偿责任,根据《中华人民共和国民法典》等有关法律规定,结合审判实践,制定本解释。

第一条 因人身权益或者具有人身意义的特定物受到侵害,自然人或者其近亲属向人民法院提起诉讼请求精神损害赔偿的,人民法院应当依法予以受理。

第二条 非法使被监护人脱离监护,导致亲子关系或者近亲属间的亲属关系遭受严重损害,监护人向人民法院起诉请求赔偿精神损害的,人民法院应当依法予以受理。

**第三条** 死者的姓名、肖像、名誉、荣誉、隐私、遗体、遗骨等受到侵害,其近亲属向人民法院提起诉讼请求精神损害赔偿的,人民法院应当依法予以支持。

**第四条** 法人或者非法人组织以名誉权、荣誉权、名称权遭受侵害为由,向人民法院起诉请求精神损害赔偿的,人民法院不予支持。

**第五条** 精神损害的赔偿数额根据以下因素确定:
(一)侵权人的过错程度,但是法律另有规定的除外;
(二)侵权行为的目的、方式、场合等具体情节;
(三)侵权行为所造成的后果;
(四)侵权人的获利情况;
(五)侵权人承担责任的经济能力;
(六)受理诉讼法院所在地的平均生活水平。

**第六条** 在本解释公布施行之前已经生效施行的司法解释,其内容有与本解释不一致的,以本解释为准。

# 三、办案规范

## 道路交通事故受伤人员临床诊疗指南(节录)

· 2007 年 5 月 31 日
· 卫医发〔2007〕175 号

## 第一篇

## 道路交通事故受伤人员创伤简介

### 一、创伤的基本含义与特点

根据《道路交通安全法》规定,道路是指公路、城市道路和虽在单位管辖范围但允许社会机动车通行的地方,包括广场、公共停车场等用于公众通行的场所。交通事故是指车辆在道路上因过错或者意外造成的人身伤亡或者财产损失的事件。

（一）道路交通事故创伤发生的特点：

1. 发生率高，在临床医学上属常见病、多发病；
2. 伤情复杂。往往是多发伤、复合伤并存，表现为多个部位损伤，或多种因素的损伤。
3. 发病突然，病情凶险，变化快。休克、昏迷等早期并发症发生率高；
4. 现场急救至关重要。往往影响着临床救治时机和创伤的转归；
5. 致残率高。

这些都要求现场急救人员、事故处理人员、医务人员等有关工作人员尽最大努力争取时间，抢救伤员生命，避免或减少并发症的发生。

道路交通事故人员创伤是特殊类型的损伤。由运动的车辆和人之间交互作用而形成。机制复杂，伤情多变。其中最多见的和最典型的是撞击伤。就撞击伤而言，由于受伤者所处的具体条件的不同，伤情可有很大差异。有关统计资料表明，受伤部位发生率较高的是头部和下肢，其次为体表和上肢。重伤的发生率较高，约占创伤的40%，多为多发伤。创伤的性质以挫伤、撕裂伤、辗压伤和闭合性骨折最为多见。

（二）不同受伤人员的伤情特点：

1. 机动车内人员伤情特点：

道路交通事故创伤中，司机与前排乘坐人员受伤发生率较后排人员为高。

机动车内人员受伤的基本机理是惯性作用所致，在车辆被撞击的瞬间，由于车辆的突然减速，司乘人员受惯性作用撞向车前部，甚至经前窗抛出而受伤。就受伤部位而言，司机较多发生头面部、上肢、其次是胸部、脊柱和股部的损伤；乘客较多发生锁骨和肱骨的损伤。

翻车事故时，乘客可被抛出致摔伤、减速伤、创伤性窒息、砸伤等；发生车辆追尾事故时，乘客可受挥鞭伤，出现颈髓、颅内损伤等；困在车内的乘客经多次抛投、撞击、挤压，造成严重多发伤。

2. 摩托车驾驶员的伤情特点：

摩托车驾驶员在驾车行驶时，上半身基本上没有保护，易受伤。在乘客座位上的人员，多数是在撞击时被抛出而致摔伤。摩托车创伤致死者中80%的摩托车驾驶员和90%的摩托车搭乘人员死于头颈部创伤。

3. 骑自行车人的伤情特点：

一般说，自行车速较慢，冲击力不大，因自身因素发生的创伤多较轻。当机动车与其相撞而发生创伤时，骑自行车人被撞倒，如头部先着地，则造成颅脑伤，其次是上肢和下肢损伤。或继发辗压伤，或在受第二次撞击造成腹部内脏损伤。

4. 行人的伤情特点：

在道路交通事故创伤中，行人的受伤多是由机动车辆撞伤，其受伤的作用力一是撞击力，二是摔伤或辗压。再者，行人因受撞击时所处的位置不同和车辆类型不同，伤情特点各异。小车正面撞击行人，直接碰撞行人的下肢或腰部，行人常被弹至车体上方，碰撞到挡风玻璃、车顶而致伤，继而，摔至地面，可发生头颅或软组织损伤，又可遭受辗压；若侧面撞击，先被抛出，后遭另外车辆辗压。大型车辆撞击，多撞击行人的头部或胸腹部，易造成两手、两膝和头面部损伤。

## 二、道路交通事故人员创伤的基本分类

创伤分类有几种方法，如按体表有无伤口分类，按人体的受伤部位分类，按致伤因素分类等。这里简单介绍按体表有无伤口常用的基本分类法，以供相关人员对创伤的性质和伤情有一个概括性了解和掌握。

依据体表结构的完整性是否受到破坏即体表有无开放的伤口将创伤分为开放性和闭合性两大类。一般来说，开放性创伤容易诊断，易发生伤口污染而继发感染；闭合性创伤诊断有时相当困难（如某些内脏伤），常需要一定时间的临床密切观察期或一定的检查手段才能排除或确诊。多数闭合性损伤可无明显感染，但某些情况下（如空腔脏器破裂）也可以造成严重的感染。

（一）开放性创伤

在交通事故人员创伤中按受伤机制不同一般可分为擦伤、撕裂伤、切割伤和刺伤：

1. 擦伤：是创伤中最轻的一种，是皮肤的浅表损伤，通常仅有受伤皮肤表面擦痕，有少数点状出血或渗血、渗液。

2. 撕裂伤：是由钝性暴力作用于人体造成皮肤和皮下组织的撕裂，多由行驶车辆的拖拉、碾挫所致。伤口呈碎裂状，创缘多不规则，污染多较严重。

740

3. 切割伤：为锐利物体切开体表所致，如破碎的玻璃、断裂的金属材料，塑料材料等，伤口创缘较整齐，伤口大小及深浅不一，严重者可伤及深部的血管、神经、肌肉，甚至脏器。出血较多。

4. 刺伤：由尖细的锐性物体刺入体内所致，刺伤的伤口多较小，但较深，有时会伤及内脏器官。

（二）闭合性创伤

闭合性损伤按受伤机制和表现形式的不同通常分为挫伤、挤压伤、扭伤、冲击伤和震荡伤：

1. 挫伤：系钝性暴力或重物打击所致的皮下软组织的损伤，多因车辆碰撞、颠覆、坠落造成，主要表现为伤部肿胀、皮下瘀血，严重者可有肌纤维的撕裂和深部形成血肿。如果作用力的方向为螺旋方向称为捻挫，其损伤更为严重。

2. 挤压伤：肢体或躯干大面积的、长时间的受到外部重物的挤压或固定体位的自压所造成的肌肉组织损伤。局部出现严重水肿，血管内可发生血栓形成，组织细胞可发生变性坏死，可发生挤压综合征。挤压伤与挫伤相似，但受力更大，接触面积大，受压时间长。对人体伤害较挫伤更重。

3. 扭伤：是关节部位一侧受到过大的牵张力，相关的韧带超过其正常活动范围而造成的损伤。关节可能会出现一过性的半脱位和韧带纤维部分撕裂，并有内出血、局部肿胀、皮肤青紫和活动障碍。严重的扭伤可伤及肌肉及肌腱，以至发生关节软骨损伤、骨撕脱等。

4. 震荡伤：是头部或身体某些部位受到钝力打击，造成暂时性的意识丧失或功能障碍，无明显的器质性改变。如脑震荡、脊髓震荡、视网膜震荡等。

5. 关节脱位和半脱位：不匀称的暴力作用于关节所致。按骨骼完全脱离或部分脱离关节面分为：关节脱位和半脱位。暴力同时造成关节囊损伤，重者复位后易复发。

6. 闭合型骨折：骨组织受到强暴力作用造成部分或全部断裂。虽然体表没有伤口，但有时造成邻近的神经血管损伤。

7. 闭合性内脏伤：人体受暴力损伤，体表完好无损但能量传入体内造成伤害。如头部受伤时，出现颅内出血、脑挫伤；腹部受撞击时，肝、脾破裂；汽车乘员的安全带伤时，出现内脏出血、脊柱骨折等。

此外，在道路交通事故中除机械性创伤外还可能发生由车辆损毁引发的火灾、爆炸、落水等所致的烧伤、冲击伤、溺水等损伤,其损伤的情况视部位、程度而不同。

### 三、道路交通事故创伤诊断与处理的基本原则

（一）诊断的基本原则

1. 做好伤情的早期判断

道路交通事故的人员创伤多为多部位、多脏器损伤,伤情多较严重,伤死率较高。首先根据伤员的伤情做出早期判断,对意识状态、有无伤口、受伤部位、肢体活动情况、出血情况等有一个全面掌握,尤其要注意威胁伤员生命的重要体征血压、脉搏、呼吸的变化,注意呼吸道是否通畅,呼吸运动是否有力,血压是否下降,脉搏是否快速、细弱等,以便快速急救。

2. 了解受伤史,分析受伤机制

道路交通事故创伤的伤员一般比较危重,在抢救的同时应尽可能采集受伤史,了解受伤的过程,通过对外伤机制的分析可以对创伤做出大致的判断。

（二）损伤的基本机制

1. 惯性作用

因车辆的突然加速或减速引起或因快速行进的车辆突然刹车停驶,车内乘员惯性向前,身体的某些部位与车体相撞而致伤,如司机前胸撞击到方向盘可引进胸部挫伤;头面部撞击汽车挡风玻璃造成颌面伤;颅颈交界处的韧带、关节、骨骼及脊髓和脑组织亦可发生损伤。

2. 撞击作用

车辆直接碰撞造成人员损伤,撞击力可以直接或间接作用人体,也可将人抛出而致摔伤。

3. 挤压作用

人体被车轮辗压,可以造成碾压部位变形,组织被牵拉撕裂,重者可造成骨折或内脏损伤。

4. 安全带伤

高速行驶的车辆突然减速或急刹车,通过座位安全带固定的人员,固定的部位由于减速力量、挤压力、传力力可致肠系膜根部、腹腔脏器、腰椎等损伤。

5. 烧伤

由于肇事车辆燃烧起火而伤及乘员。

（三）体格检查

创伤的检查要以首先观察伤员的生命体征、其次检查受伤部位和其他方面的变化的原则进行。

1. 伤情初步估计

重点观察伤员的呼吸、脉搏、血压、意识、体温等方面的变化，初步分析判断伤情。

2. 重点检查受伤部位

（1）头部创伤要注意检查颅骨、瞳孔、鼻腔、耳道、腱反射等。

（2）胸部创伤要注意检查胸廓形状，呼吸运动等。

（3）腹部创伤要检查压痛、肌紧张、移动性浊音等。

（4）四肢创伤要检查骨折、关节脱位、血肿等。

3. 伤口的检查

注意检查伤口的大小、深度、出血状况、外露组织、有无血管、神经损伤或可能伤及的脏器，伤口污染情况，有无异物存留等。

4. 闭合伤损伤的检查

除常规物理检查外，常需借助于辅助检查。

5. 辅助检查

（1）诊断性穿刺：包括胸腔穿刺和腹腔穿刺，用以判断有无内脏损伤，如血气胸、消化道损伤、腹腔内出血等。

（2）实验室检查：除按临床诊疗规范做的检查外，尤其要做血常规检查、血、凝血时间，对部分伤后全身改变或并发症的伤员，还要注意检查电解及相关项目。

（3）影像学检查：

1）X线检查：用于骨折、胸或腹部伤及异物存留等。

2）CT、MRI检查：有利于颅脑损伤的定位和腹部实质性脏器、脊髓及某些特殊部位的骨折损伤的诊断。

3）超声检查：主要用于心脏损伤的诊断。

4）血管造影：用以确定血管损伤。

5）肌电图及体表诱发电位检查对脊髓及周围神经损伤的诊断有辅助意义。

6）导管术检查：插入导尿管可有助于泌尿系损伤的诊断，胸、腹部创伤置入腔内导管可动态观察内脏出血或破裂情况。

6. 手术探查

手术探查是诊断和治疗的重要手段,既可明确诊断,更有利于抢救和进一步治疗。

(四)处理的基本原则

在道路交通事故伤中,对受伤比较轻微或简单的创伤处置自然容易,而对那些严重的损伤或复杂的复合伤处置起来就比较困难。在紧急情况下,由于伤情在不断变化,有些闭合性损伤诊断的明确还需一个临床过程,在这种情况下,要求医护人员边抢救、边诊断、边治疗,不失时机地救治伤员。

1. 急救:详见附件——创伤现场急救常识。

2. 治疗:

(1)局部处理:

1)闭合性创伤:处理原则是复位、局部制动。内脏损伤、血管损伤或神经损伤时,需手术治疗。

2)开放性创伤伤口处理:

道路交通事故人员创伤的伤口多有不同程度污染,或伤口中存留异物或失活组织、死腔大,或血管损伤影响血运等,受伤时间与伤口处理的时间间隔长短也影响伤口处置方法的选择,一般情况下在伤口清扩下行一期缝合,缝合时注意无菌操作,伤口冲洗、消毒,血凝块、异物和失活组织的清除,注意组织对合,消灭死腔。

必要时充分引流,延期或二期缝合。

(2)全身治疗:

1)维持有效呼吸

对胸外伤中多发性肋骨骨折、开放性气胸、张力性气胸和血胸采用胸腔闭式引流等胸科治疗,必要时采用呼吸机等措施。

2)维持循环功能

主要是止血、补充有效循环血容量和控制休克。

3)抗生素的应用

根据伤口污染程度和机体抗感染的能力决定抗生素的应用。

决定用药时,应根据污染或感染的可能致病菌种选择首选和递选的抗生素种类,谨防滥用抗生素造成的不良后果。(详见附件四,《抗菌药物临床应用指导原则》)

4)注射破伤风抗毒素及专科特用药物。

5)对症处理

止痛，镇静等。
6）体液的调整
维持水、电解质和酸碱平衡。
7）营养供给
对不能进食或消化吸收功能障碍的伤员要注意合理营养供应，供给营养时主要是满足热量消耗和纠正氮负平衡，也需要补充维生素和微量元素。营养补给的途径最安全的是胃肠道，对不能经口进食而胃肠功能基本正常的伤员可采用鼻饲或空肠造瘘。对肠吸收功能障碍的伤员可采用肠外营养疗法。
8）手术选择
对有开放性伤口、出血、穿刺伤伤及重要器官或闭合性内脏破裂以及骨折往往需要手术治疗。
对需手术止血防治休克的要立即手术，对闭合性内脏损伤需手术探查的也要立即行手术探查。
3. 并发症的治疗（见创伤早期并发症）。

# 第二篇

## 道路交通事故受伤人员医疗处置原则和认定

**第一条** 医疗机构对道路交通事故中的受伤人员应当及时抢救，不得因抢救费用未及时支付而拖延救治。

**第二条** 《道路交通事故受伤人员临床诊疗指南》明确道路交通事故中受伤人员的诊疗原则、方法和内容；规范医疗机构对道路交通事故受伤人员进行诊疗的行为；适用于评价对道路交通事故受伤人员以及其他原因造成的受伤人员实施的诊疗内容的必要性和合理性。

**第三条** 在对道路交通事故受伤人员进行临床诊疗的过程中，各项临床检查、治疗包括用药和使用医用材料，以及病房和病床等标准，在当地基本医疗保险规定的范围内选择。

**第四条** 处置原则和认定，只限于对道路交通事故人员创伤及其并发症、合并症的医疗处置，不包括伤者自身的既往伤病和并发病等的处置。后二者需考虑伤病的参与度，划分为完全、主要、同等、次要、轻微及无因果关系等六个等级。

**第五条** 各项临床处置,只有在相关医疗文书齐全时,方可认定。
(一)门诊病人的各种医疗费用正式票据,须附有:
(1)与费用相对应的药品处方、检查报告单、诊疗内容等;
(2)诊断证明书及对应诊断的病历。
(二)住院病人医疗费用正式票据,须附有:
(1)所有费用的明细清单;
(2)对应处置的医嘱单;
(3)诊断证明书、住院病历、出院记录等。

**第六条** 临床诊疗应达到临床医学一般原则所承认的治愈(即临床症状和体征消失)或体征固定。具体时限,可参照中华人民共和国公共安全行业标准《人身损害受伤人员误工损失日评定准则》(GA/T 521-2004),必要时申请司法鉴定。

**第七条** 因道路交通事故损伤所致的人体残废(伤残 impairment),包括:精神的、生理功能的和解剖结构的异常,及其导致的生活、工作和社会活动能力不同程度的丧失,参照中华人民共和国国家标准《道路交通事故受伤人员伤残评定》(GB 18667-2002)由相关司法鉴定机构进行鉴定。

# 第三篇

(略)

# 道路交通事故社会救助基金管理办法

- 2021年12月1日财政部、中国银行保险监督管理委员会、公安部、国家卫生健康委员会、农业农村部令第107号公布
- 自2022年1月1日起施行

## 第一章 总 则

**第一条** 为加强道路交通事故社会救助基金管理,对道路交通事

故中受害人依法进行救助，根据《中华人民共和国道路交通安全法》、《机动车交通事故责任强制保险条例》，制定本办法。

**第二条** 道路交通事故社会救助基金的筹集、使用和管理适用本办法。

本办法所称道路交通事故社会救助基金（以下简称救助基金），是指依法筹集用于垫付机动车道路交通事故中受害人人身伤亡的丧葬费用、部分或者全部抢救费用的社会专项基金。

**第三条** 救助基金实行统一政策、地方筹集、分级管理、分工负责。

救助基金管理应当坚持扶危救急、公开透明、便捷高效的原则，保障救助基金安全高效和可持续运行。

**第四条** 省、自治区、直辖市、计划单列市人民政府（以下统称省级人民政府）应当设立救助基金。

省级救助基金主管部门会同有关部门报省级人民政府确定省级以下救助基金的设立以及管理级次，并推进省级以下救助基金整合，逐步实现省级统筹。

**第五条** 财政部门是救助基金的主管部门。

财政部负责会同有关部门制定救助基金的有关政策，并对省级救助基金的筹集、使用和管理进行指导。

县级以上地方财政部门根据救助基金设立情况，依法监督检查救助基金的筹集、使用和管理，按照规定确定救助基金管理机构，并对其管理情况进行考核。

**第六条** 国务院保险监督管理机构的派出机构负责对保险公司缴纳救助基金情况实施监督检查。

县级以上地方公安机关交通管理部门负责通知救助基金管理机构垫付道路交通事故中受害人的抢救费用，并协助救助基金管理机构做好相关救助基金垫付费用的追偿工作。

县级以上地方农业机械化主管部门负责协助救助基金管理机构做好相关救助基金垫付费用的追偿工作。

县级以上地方卫生健康主管部门负责监督医疗机构按照道路交通事故受伤人员临床诊疗相关指南和规范及时抢救道路交通事故中的受害人以及依法申请救助基金垫付抢救费用。

**第七条** 县级以上财政部门、公安机关交通管理部门、卫生健康主管部门、农业机械化主管部门以及国务院保险监督管理机构及其派出机构,应当通过多种渠道加强救助基金有关政策的宣传和提示,为道路交通事故受害人及其亲属申请使用救助基金提供便利。

**第八条** 救助基金主管部门可以通过政府采购等方式依法确定救助基金管理机构。

保险公司或者其他能够独立承担民事责任的专业机构可以作为救助基金管理机构,具体负责救助基金运行管理。

## 第二章 救助基金筹集

**第九条** 救助基金的来源包括:

(一)按照机动车交通事故责任强制保险(以下简称交强险)的保险费的一定比例提取的资金;

(二)对未按照规定投保交强险的机动车的所有人、管理人的罚款;

(三)依法向机动车道路交通事故责任人追偿的资金;

(四)救助基金孳息;

(五)地方政府按照规定安排的财政临时补助;

(六)社会捐款;

(七)其他资金。

**第十条** 每年5月1日前,财政部会同国务院保险监督管理机构根据上一年度救助基金的收支情况,按照收支平衡的原则,合理确定当年从交强险保险费中提取救助基金的比例幅度。省级人民政府在幅度范围内确定本地区具体提取比例。

以省级为单位,救助基金累计结余达到上一年度支出金额3倍以上的,本年度暂停从交强险保险费中提取。

**第十一条** 办理交强险业务的保险公司应当按照确定的比例,从交强险保险费中提取资金,并在每季度结束后10个工作日内,通过银行转账方式足额转入省级救助基金账户。

**第十二条** 县级以上地方财政部门应当根据当年预算在每季度结束后10个工作日内,将未按照规定投保交强险的罚款全额划拨至省级救助基金账户。

**第十三条** 县级以上地方财政部门向救助基金安排临时补助的,

应当依照《中华人民共和国预算法》等预算管理法律法规的规定及时拨付。

## 第三章 救助基金使用

**第十四条** 有下列情形之一时,救助基金垫付道路交通事故中受害人人身伤亡的丧葬费用、部分或者全部抢救费用:
(一)抢救费用超过交强险责任限额的;
(二)肇事机动车未参加交强险的;
(三)机动车肇事后逃逸的。

救助基金一般垫付受害人自接受抢救之时起7日内的抢救费用,特殊情况下超过7日的抢救费用,由医疗机构书面说明理由。具体费用应当按照规定的收费标准核算。

**第十五条** 依法应当由救助基金垫付受害人丧葬费用、部分或者全部抢救费用的,由道路交通事故发生地的救助基金管理机构及时垫付。

**第十六条** 发生本办法第十四条所列情形之一需要救助基金垫付部分或者全部抢救费用的,公安机关交通管理部门应当在处理道路交通事故之日起3个工作日内书面通知救助基金管理机构。

**第十七条** 医疗机构在抢救受害人结束后,对尚未结算的抢救费用,可以向救助基金管理机构提出垫付申请,并提供需要垫付抢救费用的相关材料。

受害人或者其亲属对尚未支付的抢救费用,可以向救助基金管理机构提出垫付申请,医疗机构应当予以协助并提供需要垫付抢救费用的相关材料。

**第十八条** 救助基金管理机构收到公安机关交通管理部门的抢救费用垫付通知或者申请人的抢救费用垫付申请以及相关材料后,应当在3个工作日内按照本办法有关规定、道路交通事故受伤人员临床诊疗相关指南和规范,以及规定的收费标准,对下列内容进行审核,并将审核结果书面告知处理该道路交通事故的公安机关交通管理部门或者申请人:
(一)是否属于本办法第十四条规定的救助基金垫付情形;
(二)抢救费用是否真实、合理;

（三）救助基金管理机构认为需要审核的其他内容。

对符合垫付要求的，救助基金管理机构应当在2个工作日内将相关费用结算划入医疗机构账户。对不符合垫付要求的，不予垫付，并向处理该交通事故的公安机关交通管理部门或者申请人书面说明理由。

**第十九条** 发生本办法第十四条所列情形之一需要救助基金垫付丧葬费用的，由受害人亲属凭处理该道路交通事故的公安机关交通管理部门出具的《尸体处理通知书》向救助基金管理机构提出书面垫付申请。

对无主或者无法确认身份的遗体，由县级以上公安机关交通管理部门会同有关部门按照规定处理。

**第二十条** 救助基金管理机构收到丧葬费用垫付申请和相关材料后，对符合垫付要求的，应当在3个工作日内按照有关标准垫付丧葬费用；对不符合垫付要求的，不予垫付，并向申请人书面说明理由。救助基金管理机构应当同时将审核结果书面告知处理该道路交通事故的公安机关交通管理部门。

**第二十一条** 救助基金管理机构对抢救费用和丧葬费用的垫付申请进行审核时，可以向公安机关交通管理部门、医疗机构和保险公司等有关单位核实情况，有关单位应当予以配合。

**第二十二条** 救助基金管理机构与医疗机构或者其他单位就垫付抢救费用、丧葬费用问题发生争议时，由救助基金主管部门会同卫生健康主管部门或者其他有关部门协调解决。

## 第四章 救助基金管理

**第二十三条** 救助基金管理机构应当保持相对稳定，一经确定，除本办法另有规定外，3年内不得变更。

**第二十四条** 救助基金管理机构履行下列管理职责：

（一）接收救助基金资金；

（二）制作、发放宣传材料，积极宣传救助基金申请使用和管理有关政策；

（三）受理、审核垫付申请，并及时垫付；

（四）追偿垫付款，向人民法院、公安机关等单位通报拒不履行偿还义务的机动车道路交通事故责任人信息；

（五）如实报告救助基金业务事项；

（六）管理救助基金的其他职责。

**第二十五条** 救助基金管理机构应当建立符合救助基金筹集、使用和管理要求的信息系统，建立数据信息交互机制，规范救助基金网上申请和审核流程，提高救助基金使用和管理效率。

救助基金管理机构应当设立热线电话，建立24小时值班制度，确保能够及时受理、审核垫付申请。

**第二十六条** 救助基金管理机构应当公开以下信息：

（一）救助基金有关政策文件；

（二）救助基金管理机构的电话、地址和救助网点；

（三）救助基金申请流程以及所需提供的材料清单；

（四）救助基金筹集、使用、追偿和结余信息，但涉及国家秘密、商业秘密的除外；

（五）救助基金主管部门对救助基金管理机构的考核结果；

（六）救助基金主管部门规定的其他信息。

救助基金管理机构、有关部门及其工作人员对被救助人的个人隐私和个人信息，应当依法予以保密。

**第二十七条** 救助基金账户应当按照国家有关银行账户管理规定开立。

救助基金实行单独核算、专户管理，并按照本办法第十四条的规定使用，不得用于担保、出借、投资或者其他用途。

**第二十八条** 救助基金管理机构根据本办法垫付抢救费用和丧葬费用后，应当依法向机动车道路交通事故责任人进行追偿。

发生本办法第十四条第三项情形救助基金垫付丧葬费用、部分或者全部抢救费用的，道路交通事故案件侦破后，处理该道路交通事故的公安机关交通管理部门应当及时通知救助基金管理机构。

有关单位、受害人或者其继承人应当协助救助基金管理机构进行追偿。

**第二十九条** 道路交通事故受害人或者其继承人已经从机动车道路交通事故责任人或者通过其他方式获得赔偿的，应当退还救助基金垫付的相应费用。

对道路交通事故死亡人员身份无法确认或者其受益人不明的，救助基金管理机构可以在扣除垫付的抢救费用和丧葬费用后,代为保管死亡人员所得赔偿款,死亡人员身份或者其受益人身份确定后,应当依法处理。

第三十条　救助基金管理机构已经履行追偿程序和职责,但有下列情形之一导致追偿无果的,可以提请救助基金主管部门批准核销:

(一)肇事逃逸案件超过3年未侦破的;

(二)机动车道路交通事故责任人死亡(被宣告死亡)、被宣告失踪或者终止,依法认定无财产可供追偿的;

(三)机动车道路交通事故责任人、应当退还救助基金垫付费用的受害人或者其继承人家庭经济特别困难,依法认定无财产可供追偿或者退还的。

省级救助基金主管部门会同有关部门根据本省实际情况,遵循账销案存权存的原则,制定核销实施细则。

第三十一条　救助基金管理机构应当于每季度结束后15个工作日内,将上一季度的财务会计报告报送至救助基金主管部门;于每年2月1日前,将上一年度工作报告和财务会计报告报送至救助基金主管部门,并接受救助基金主管部门依法实施的年度考核、监督检查。

第三十二条　救助基金管理机构变更或者终止时,应当委托会计师事务所依法进行审计,并对救助基金进行清算。

第三十三条　救助基金主管部门应当每年向社会公告救助基金的筹集、使用、管理和追偿情况。

第三十四条　救助基金主管部门应当委托会计师事务所对救助基金年度财务会计报告依法进行审计,并将审计结果向社会公告。

第三十五条　救助基金主管部门应当根据救助基金管理机构年度服务数量和质量结算管理费用。

救助基金的管理费用列入本级预算,不得在救助基金中列支。

第三十六条　救助基金主管部门在确定救助基金管理机构时,应当书面约定有下列情形之一的,救助基金主管部门可以变更救助基金管理机构,并依法追究有关单位和人员的责任:

(一)未按照本办法规定受理、审核救助基金垫付申请并进行垫付的;

(二)提供虚假工作报告、财务会计报告的;

(三)违反本办法规定使用救助基金的;

（四）违规核销的；
（五）拒绝或者妨碍有关部门依法实施监督检查的；
（六）可能严重影响救助基金管理的其他情形。

**第三十七条** 省级救助基金主管部门应当于每年3月1日前，将本地区上一年度救助基金的筹集、使用、管理、追偿以及救助基金管理机构相关情况报送至财政部和国务院保险监督管理机构。

## 第五章 法律责任

**第三十八条** 办理交强险业务的保险公司未依法从交强险保险费中提取资金并及时足额转入救助基金账户的，由国务院保险监督管理机构的派出机构进行催缴，超过3个工作日仍未足额上缴的，给予警告，并予以公告。

**第三十九条** 医疗机构提供虚假抢救费用材料或者拒绝、推诿、拖延抢救道路交通事故受害人的，由卫生健康主管部门按照有关规定予以处理。

**第四十条** 救助基金主管部门和有关部门工作人员，在工作中滥用职权、玩忽职守、徇私舞弊的，依法给予处分；涉嫌犯罪的，依法追究刑事责任。

## 第六章 附 则

**第四十一条** 本办法所称受害人，是指机动车发生道路交通事故造成人身伤亡的人员。

**第四十二条** 本办法所称抢救费用，是指机动车发生道路交通事故导致人员受伤时，医疗机构按照道路交通事故受伤人员临床诊疗相关指南和规范，对生命体征不平稳和虽然生命体征平稳但如果不采取必要的救治措施会产生生命危险，或者导致残疾、器官功能障碍，或者导致病程明显延长的受伤人员，采取必要的救治措施所发生的医疗费用。

**第四十三条** 本办法所称丧葬费用，是指丧葬所必需的遗体接运、存放、火化、骨灰寄存和安葬等服务费用。具体垫付费用标准由救助基金主管部门会同有关部门结合当地实际，参考有关规定确定。

**第四十四条** 机动车在道路以外的地方通行时发生事故,造成人身伤亡的,参照适用本办法。

**第四十五条** 省级救助基金主管部门应当依据本办法有关规定,会同本地区有关部门制定实施细则,明确有关主体的职责,细化垫付等具体工作流程和规则,并将实施细则报财政部和有关部门备案。

**第四十六条** 本办法自 2022 年 1 月 1 日起施行。《道路交通事故社会救助基金管理试行办法》(财政部 保监会 公安部 卫生部 农业部令第 56 号)同时废止。

# 交通事故保险

# 一、法律法规

## 中华人民共和国保险法

- 1995年6月30日第八届全国人民代表大会常务委员会第十四次会议通过
- 根据2002年10月28日第九届全国人民代表大会常务委员会第三十次会议《关于修改〈中华人民共和国保险法〉的决定》第一次修正
- 2009年2月28日第十一届全国人民代表大会常务委员会第七次会议修订
- 根据2014年8月31日第十二届全国人民代表大会常务委员会第十次会议《关于修改〈中华人民共和国保险法〉等五部法律的决定》第二次修正
- 根据2015年4月24日第十二届全国人民代表大会常务委员会第十四次会议《关于修改〈中华人民共和国计量法〉等五部法律的决定》第三次修正

## 第一章 总 则

**第一条** 【立法目的】为了规范保险活动,保护保险活动当事人的合法权益,加强对保险业的监督管理,维护社会经济秩序和社会公共利益,促进保险事业的健康发展,制定本法。

**第二条** 【调整范围】本法所称保险,是指投保人根据合同约定,向保险人支付保险费,保险人对于合同约定的可能发生的事故因其发生所造成的财产损失承担赔偿保险金责任,或者当被保险人死亡、伤残、疾病或者达到合同约定的年龄、期限等条件时承担给付保险金责任的商业保险行为。

**第三条** 【适用范围】在中华人民共和国境内从事保险活动,适用本法。

**第四条　【从事保险活动的基本原则】**从事保险活动必须遵守法律、行政法规,尊重社会公德,不得损害社会公共利益。

**第五条　【诚实信用原则】**保险活动当事人行使权利、履行义务应当遵循诚实信用原则。

**第六条　【保险业务经营主体】**保险业务由依照本法设立的保险公司以及法律、行政法规规定的其他保险组织经营,其他单位和个人不得经营保险业务。

**第七条　【境内投保原则】**在中华人民共和国境内的法人和其他组织需要办理境内保险的,应当向中华人民共和国境内的保险公司投保。

**第八条　【分业经营原则】**保险业和银行业、证券业、信托业实行分业经营、分业管理,保险公司与银行、证券、信托业务机构分别设立。国家另有规定的除外。

**第九条　【保险监督管理机构】**国务院保险监督管理机构依法对保险业实施监督管理。

国务院保险监督管理机构根据履行职责的需要设立派出机构。派出机构按照国务院保险监督管理机构的授权履行监督管理职责。

## 第二章　保险合同

### 第一节　一般规定

**第十条　【保险合同及其主体】**保险合同是投保人与保险人约定保险权利义务关系的协议。

投保人是指与保险人订立保险合同,并按照合同约定负有支付保险费义务的人。

保险人是指与投保人订立保险合同,并按照合同约定承担赔偿或者给付保险金责任的保险公司。

**第十一条　【保险合同订立原则】**订立保险合同,应当协商一致,遵循公平原则确定各方的权利和义务。

除法律、行政法规规定必须保险的外,保险合同自愿订立。

**第十二条　【保险利益、保险标的】**人身保险的投保人在保险合同订立时,对被保险人应当具有保险利益。

财产保险的被保险人在保险事故发生时,对保险标的应当具有保险利益。

人身保险是以人的寿命和身体为保险标的的保险。

财产保险是以财产及其有关利益为保险标的的保险。

被保险人是指其财产或者人身受保险合同保障,享有保险金请求权的人。投保人可以为被保险人。

保险利益是指投保人或者被保险人对保险标的具有的法律上承认的利益。

**第十三条 【保险合同成立与生效】**投保人提出保险要求,经保险人同意承保,保险合同成立。保险人应当及时向投保人签发保险单或者其他保险凭证。

保险单或者其他保险凭证应当载明当事人双方约定的合同内容。当事人也可以约定采用其他书面形式载明合同内容。

依法成立的保险合同,自成立时生效。投保人和保险人可以对合同的效力约定附条件或者附期限。

**第十四条 【保险合同效力】**保险合同成立后,投保人按照约定交付保险费,保险人按照约定的时间开始承担保险责任。

**第十五条 【保险合同解除】**除本法另有规定或者保险合同另有约定外,保险合同成立后,投保人可以解除合同,保险人不得解除合同。

**第十六条 【投保人如实告知义务】**订立保险合同,保险人就保险标的或者被保险人的有关情况提出询问的,投保人应当如实告知。

投保人故意或者因重大过失未履行前款规定的如实告知义务,足以影响保险人决定是否同意承保或者提高保险费率的,保险人有权解除合同。

前款规定的合同解除权,自保险人知道有解除事由之日起,超过三十日不行使而消灭。自合同成立之日起超过二年的,保险人不得解除合同;发生保险事故的,保险人应当承担赔偿或者给付保险金的责任。

投保人故意不履行如实告知义务的,保险人对于合同解除前发生的保险事故,不承担赔偿或者给付保险金的责任,并不退还保险费。

投保人因重大过失未履行如实告知义务,对保险事故的发生有严重影响的,保险人对于合同解除前发生的保险事故,不承担赔偿或者给付保险金的责任,但应当退还保险费。

保险人在合同订立时已经知道投保人未如实告知的情况的,保险人不得解除合同;发生保险事故的,保险人应当承担赔偿或者给付保险金的责任。

保险事故是指保险合同约定的保险责任范围内的事故。

**第十七条　【保险人说明义务】**订立保险合同,采用保险人提供的格式条款的,保险人向投保人提供的投保单应当附格式条款,保险人应当向投保人说明合同的内容。

对保险合同中免除保险人责任的条款,保险人在订立合同时应当在投保单、保险单或者其他保险凭证上作出足以引起投保人注意的提示,并对该条款的内容以书面或者口头形式向投保人作出明确说明;未作提示或者明确说明的,该条款不产生效力。

**第十八条　【保险合同内容】**保险合同应当包括下列事项:

(一) 保险人的名称和住所;

(二) 投保人、被保险人的姓名或者名称、住所,以及人身保险的受益人的姓名或者名称、住所;

(三) 保险标的;

(四) 保险责任和责任免除;

(五) 保险期间和保险责任开始时间;

(六) 保险金额;

(七) 保险费以及支付办法;

(八) 保险金赔偿或者给付办法;

(九) 违约责任和争议处理;

(十) 订立合同的年、月、日。

投保人和保险人可以约定与保险有关的其他事项。

受益人是指人身保险合同中由被保险人或者投保人指定的享有保险金请求权的人。投保人、被保险人可以为受益人。

保险金额是指保险人承担赔偿或者给付保险金责任的最高限额。

**第十九条　【无效格式条款】**采用保险人提供的格式条款订立的保险合同中的下列条款无效:

(一) 免除保险人依法应承担的义务或者加重投保人、被保险人责任的;

(二)排除投保人、被保险人或者受益人依法享有的权利的。

**第二十条　【保险合同变更】**投保人和保险人可以协商变更合同内容。

变更保险合同的,应当由保险人在保险单或者其他保险凭证上批注或者附贴批单,或者由投保人和保险人订立变更的书面协议。

**第二十一条　【通知义务】**投保人、被保险人或者受益人知道保险事故发生后,应当及时通知保险人。故意或者因重大过失未及时通知,致使保险事故的性质、原因、损失程度等难以确定的,保险人对无法确定的部分,不承担赔偿或者给付保险金的责任,但保险人通过其他途径已经及时知道或者应当及时知道保险事故发生的除外。

**第二十二条　【协助义务】**保险事故发生后,按照保险合同请求保险人赔偿或者给付保险金时,投保人、被保险人或者受益人应当向保险人提供其所能提供的与确认保险事故的性质、原因、损失程度等有关的证明和资料。

保险人按照合同的约定,认为有关的证明和资料不完整的,应当及时一次性通知投保人、被保险人或者受益人补充提供。

**第二十三条　【理赔】**保险人收到被保险人或者受益人的赔偿或者给付保险金的请求后,应当及时作出核定;情形复杂的,应当在三十日内作出核定,但合同另有约定的除外。保险人应当将核定结果通知被保险人或者受益人;对属于保险责任的,在与被保险人或者受益人达成赔偿或者给付保险金的协议后十日内,履行赔偿或者给付保险金义务。保险合同对赔偿或者给付保险金的期限有约定的,保险人应当按照约定履行赔偿或者给付保险金义务。

保险人未及时履行前款规定义务的,除支付保险金外,应当赔偿被保险人或者受益人因此受到的损失。

任何单位和个人不得非法干预保险人履行赔偿或者给付保险金的义务,也不得限制被保险人或者受益人取得保险金的权利。

**第二十四条　【拒绝赔付通知】**保险人依照本法第二十三条的规定作出核定后,对不属于保险责任的,应当自作出核定之日起三日内向被保险人或者受益人发出拒绝赔偿或者拒绝给付保险金通知书,并说明理由。

**第二十五条　【先行赔付】**保险人自收到赔偿或者给付保险金的请求和有关证明、资料之日起六十日内,对其赔偿或者给付保险金的数额不能确定的,应当根据已有证明和资料可以确定的数额先予支付;保险人最终确定赔偿或者给付保险金的数额后,应当支付相应的差额。

**第二十六条 【诉讼时效】**人寿保险以外的其他保险的被保险人或者受益人,向保险人请求赔偿或者给付保险金的诉讼时效期间为二年,自其知道或者应当知道保险事故发生之日起计算。

人寿保险的被保险人或者受益人向保险人请求给付保险金的诉讼时效期间为五年,自其知道或者应当知道保险事故发生之日起计算。

**第二十七条 【保险欺诈】**未发生保险事故,被保险人或者受益人谎称发生了保险事故,向保险人提出赔偿或者给付保险金请求的,保险人有权解除合同,并不退还保险费。

投保人、被保险人故意制造保险事故的,保险人有权解除合同,不承担赔偿或者给付保险金的责任;除本法第四十三条规定外,不退还保险费。

保险事故发生后,投保人、被保险人或者受益人以伪造、变造的有关证明、资料或者其他证据,编造虚假的事故原因或者夸大损失程度的,保险人对其虚报的部分不承担赔偿或者给付保险金的责任。

投保人、被保险人或者受益人有前三款规定行为之一,致使保险人支付保险金或者支出费用的,应当退回或者赔偿。

**第二十八条 【再保险】**保险人将其承担的保险业务,以分保形式部分转移给其他保险人的,为再保险。

应再保险接受人的要求,再保险分出人应当将其自负责任及原保险的有关情况书面告知再保险接受人。

**第二十九条 【再保险的保费及赔付】**再保险接受人不得向原保险的投保人要求支付保险费。

原保险的被保险人或者受益人不得向再保险接受人提出赔偿或者给付保险金的请求。

再保险分出人不得以再保险接受人未履行再保险责任为由,拒绝履行或者迟延履行其原保险责任。

**第三十条 【争议条款解释】**采用保险人提供的格式条款订立的保险合同,保险人与投保人、被保险人或者受益人对合同条款有争议的,应当按照通常理解予以解释。对合同条款有两种以上解释的,人民法院或者仲裁机构应当作出有利于被保险人和受益人的解释。

## 第二节 人身保险合同

**第三十一条 【人身保险利益】** 投保人对下列人员具有保险利益：

（一）本人；

（二）配偶、子女、父母；

（三）前项以外与投保人有抚养、赡养或者扶养关系的家庭其他成员、近亲属；

（四）与投保人有劳动关系的劳动者。

除前款规定外，被保险人同意投保人为其订立合同的，视为投保人对被保险人具有保险利益。

订立合同时，投保人对被保险人不具有保险利益的，合同无效。

**第三十二条 【申报年龄不真实的处理】** 投保人申报的被保险人年龄不真实，并且其真实年龄不符合合同约定的年龄限制的，保险人可以解除合同，并按照合同约定退还保险单的现金价值。保险人行使合同解除权，适用本法第十六条第三款、第六款的规定。

投保人申报的被保险人年龄不真实，致使投保人支付的保险费少于应付保险费的，保险人有权更正并要求投保人补交保险费，或者在给付保险金时按照实付保险费与应付保险费的比例支付。

投保人申报的被保险人年龄不真实，致使投保人支付的保险费多于应付保险费的，保险人应当将多收的保险费退还投保人。

**第三十三条 【死亡保险的禁止】** 投保人不得为无民事行为能力人投保以死亡为给付保险金条件的人身保险，保险人也不得承保。

父母为其未成年子女投保的人身保险，不受前款规定限制。但是，因被保险人死亡给付的保险金总和不得超过国务院保险监督管理机构规定的限额。

**第三十四条 【死亡保险合同的效力】** 以死亡为给付保险金条件的合同，未经被保险人同意并认可保险金额的，合同无效。

按照以死亡为给付保险金条件的合同所签发的保险单，未经被保险人书面同意，不得转让或者质押。

父母为其未成年子女投保的人身保险，不受本条第一款规定限制。

**第三十五条 【保险费的支付】** 投保人可以按照合同约定向保

人一次支付全部保险费或者分期支付保险费。

第三十六条 【逾期支付保险费】合同约定分期支付保险费，投保人支付首期保险费后，除合同另有约定外，投保人自保险人催告之日起超过三十日未支付当期保险费，或者超过约定的期限六十日未支付当期保险费的，合同效力中止，或者由保险人按照合同约定的条件减少保险金额。

被保险人在前款规定期限内发生保险事故的，保险人应当按照合同约定给付保险金，但可以扣减欠交的保险费。

第三十七条 【合同效力的恢复】合同效力依照本法第三十六条规定中止的，经保险人与投保人协商并达成协议，在投保人补交保险费后，合同效力恢复。但是，自合同效力中止之日起满二年双方未达成协议的，保险人有权解除合同。

保险人依照前款规定解除合同的，应当按照合同约定退还保险单的现金价值。

第三十八条 【禁止通过诉讼要求支付保险费】保险人对人寿保险的保险费，不得用诉讼方式要求投保人支付。

第三十九条 【受益人的确定】人身保险的受益人由被保险人或者投保人指定。

投保人指定受益人时须经被保险人同意。投保人为与其有劳动关系的劳动者投保人身保险，不得指定被保险人及其近亲属以外的人为受益人。

被保险人为无民事行为能力人或者限制民事行为能力人的，可以由其监护人指定受益人。

第四十条 【受益顺序及份额】被保险人或者投保人可以指定一人或者数人为受益人。

受益人为数人的，被保险人或者投保人可以确定受益顺序和受益份额；未确定受益份额的，受益人按照相等份额享有受益权。

第四十一条 【受益人变更】被保险人或者投保人可以变更受益人并书面通知保险人。保险人收到变更受益人的书面通知后，应当在保险单或者其他保险凭证上批注或者附贴批单。

投保人变更受益人时须经被保险人同意。

第四十二条 【保险金作为遗产情形】被保险人死亡后，有下列情形之一的，保险金作为被保险人的遗产，由保险人依照《中华人民共和国继承法》的规定履行给付保险金的义务：

（一）没有指定受益人，或者受益人指定不明无法确定的；

（二）受益人先于被保险人死亡，没有其他受益人的；

（三）受益人依法丧失受益权或者放弃受益权，没有其他受益人的。

受益人与被保险人在同一事件中死亡，且不能确定死亡先后顺序的，推定受益人死亡在先。

**第四十三条　【受益权丧失】** 投保人故意造成被保险人死亡、伤残或者疾病的，保险人不承担给付保险金的责任。投保人已交足二年以上保险费的，保险人应当按照合同约定向其他权利人退还保险单的现金价值。

受益人故意造成被保险人死亡、伤残、疾病的，或者故意杀害被保险人未遂的，该受益人丧失受益权。

**第四十四条　【被保险人自杀处理】** 以被保险人死亡为给付保险金条件的合同，自合同成立或者合同效力恢复之日起二年内，被保险人自杀的，保险人不承担给付保险金的责任，但被保险人自杀时为无民事行为能力人的除外。

保险人依照前款规定不承担给付保险金责任的，应当按照合同约定退还保险单的现金价值。

**第四十五条　【免于赔付情形】** 因被保险人故意犯罪或者抗拒依法采取的刑事强制措施导致其伤残或者死亡的，保险人不承担给付保险金的责任。投保人已交足二年以上保险费的，保险人应当按照合同约定退还保险单的现金价值。

**第四十六条　【禁止追偿】** 被保险人因第三者的行为而发生死亡、伤残或者疾病等保险事故的，保险人向被保险人或者受益人给付保险金后，不享有向第三者追偿的权利，但被保险人或者受益人仍有权向第三者请求赔偿。

**第四十七条　【人身保险合同解除】** 投保人解除合同的，保险人应当自收到解除合同通知之日起三十日内，按照合同约定退还保险单的现金价值。

### 第三节　财产保险合同

**第四十八条　【财产保险利益】** 保险事故发生时，被保险人对保险标的不具有保险利益的,不得向保险人请求赔偿保险金。

第四十九条 【保险标的转让】保险标的转让的,保险标的的受让人承继被保险人的权利和义务。

保险标的转让的,被保险人或者受让人应当及时通知保险人,但货物运输保险合同和另有约定的合同除外。

因保险标的转让导致危险程度显著增加的,保险人自收到前款规定的通知之日起三十日内,可以按照合同约定增加保险费或者解除合同。保险人解除合同的,应当将已收取的保险费,按照合同约定扣除自保险责任开始之日至合同解除之日止应收的部分后,退还投保人。

被保险人、受让人未履行本条第二款规定的通知义务的,因转让导致保险标的危险程度显著增加而发生的保险事故,保险人不承担赔偿保险金的责任。

第五十条 【禁止解除合同】货物运输保险合同和运输工具航程保险合同,保险责任开始后,合同当事人不得解除合同。

第五十一条 【安全义务】被保险人应当遵守国家有关消防、安全、生产操作、劳动保护等方面的规定,维护保险标的的安全。

保险人可以按照合同约定对保险标的的安全状况进行检查,及时向投保人、被保险人提出消除不安全因素和隐患的书面建议。

投保人、被保险人未按照约定履行其对保险标的的安全应尽责任的,保险人有权要求增加保险费或者解除合同。

保险人为维护保险标的的安全,经被保险人同意,可以采取安全预防措施。

第五十二条 【危险增加通知义务】在合同有效期内,保险标的的危险程度显著增加的,被保险人应当按照合同约定及时通知保险人,保险人可以按照合同约定增加保险费或者解除合同。保险人解除合同的,应当将已收取的保险费,按照合同约定扣除自保险责任开始之日起至合同解除之日止应收的部分后,退还投保人。

被保险人未履行前款规定的通知义务的,因保险标的的危险程度显著增加而发生的保险事故,保险人不承担赔偿保险金的责任。

第五十三条 【降低保险费】有下列情形之一的,除合同另有约定外,保险人应当降低保险费,并按日计算退还相应的保险费:

(一)据以确定保险费率的有关情况发生变化,保险标的的危

程度明显减少的;

(二)保险标的的保险价值明显减少的。

**第五十四条** 【保费退还】保险责任开始前,投保人要求解除合同的,应当按照合同约定向保险人支付手续费,保险人应当退还保险费。保险责任开始后,投保人要求解除合同的,保险人应当将已收取的保险费,按照合同约定扣除自保险责任开始之日起至合同解除之日止应收的部分后,退还投保人。

**第五十五条** 【保险价值的确定】投保人和保险人约定保险标的的保险价值并在合同中载明的,保险标的发生损失时,以约定的保险价值为赔偿计算标准。

投保人和保险人未约定保险标的的保险价值的,保险标的发生损失时,以保险事故发生时保险标的的实际价值为赔偿计算标准。

保险金额不得超过保险价值。超过保险价值的,超过部分无效,保险人应当退还相应的保险费。

保险金额低于保险价值的,除合同另有约定外,保险人按照保险金额与保险价值的比例承担赔偿保险金的责任。

**第五十六条** 【重复保险】重复保险的投保人应当将重复保险的有关情况通知各保险人。

重复保险的各保险人赔偿保险金的总和不得超过保险价值。除合同另有约定外,各保险人按照其保险金额与保险金额总和的比例承担赔偿保险金的责任。

重复保险的投保人可以就保险金额总和超过保险价值的部分,请求各保险人按比例返还保险费。

重复保险是指投保人对同一保险标的、同一保险利益、同一保险事故分别与两个以上保险人订立保险合同,且保险金额总和超过保险价值的保险。

**第五十七条** 【防止或减少损失责任】保险事故发生时,被保险人应当尽力采取必要的措施,防止或者减少损失。

保险事故发生后,被保险人为防止或者减少保险标的的损失所支付的必要的、合理的费用,由保险人承担;保险人所承担的费用数额在保险标的的损失赔偿金额以外另行计算,最高不超过保险金额的数额。

**第五十八条** 【赔偿解除】保险标的发生部分损失的,自保险人赔偿之日起三十日内,投保人可以解除合同;除合同另有约定外,保险人也可以解除合同,但应当提前十五日通知投保人。

合同解除的,保险人应当将保险标的未发损失部分的保险费,按照合同约定扣除自保险责任开始之日起至合同解除之日止应收的部分后,退还投保人。

**第五十九条** 【保险标的残值权利归属】保险事故发生后,保险人已支付了全部保险金额,并且保险金额等于保险价值的,受损保险标的的全部权利归于保险人;保险金额低于保险价值的,保险人按照保险金额与保险价值的比例取得受损保险标的的部分权利。

**第六十条** 【代位求偿权】因第三者对保险标的的损害而造成保险事故的,保险人自向被保险人赔偿保险金之日起,在赔偿金额范围内代位行使被保险人对第三者请求赔偿的权利。

前款规定的保险事故发生后,被保险人已经从第三者取得损害赔偿的,保险人赔偿保险金时,可以相应扣减被保险人从第三者已取得的赔偿金额。

保险人依照本条第一款规定行使代位请求赔偿的权利,不影响被保险人就未取得赔偿的部分向第三者请求赔偿的权利。

**第六十一条** 【不能行使代位求偿权的法律后果】保险事故发生后,保险人未赔偿保险金之前,被保险人放弃对第三者请求赔偿的权利的,保险人不承担赔偿保险金的责任。

保险人向被保险人赔偿保险金后,被保险人未经保险人同意放弃对第三者请求赔偿的权利的,该行为无效。

被保险人故意或者因重大过失致使保险人不能行使代位请求赔偿的权利的,保险人可以扣减或者要求返还相应的保险金。

**第六十二条** 【代位求偿权行使限制】除被保险人的家庭成员或者其组成人员故意造成本法第六十条第一款规定的保险事故外,保险人不得对被保险人的家庭成员或者其组成人员行使代位请求赔偿的权利。

**第六十三条** 【协助行使代位求偿权】保险人向第三者行使代位请求赔偿的权利时,被保险人应当向保险人提供必要的文件和所知道的有关情况。

**第六十四条** 【勘险费用承担】保险人、被保险人为查明和确定保险事故的性质、原因和保险标的的损失程度所支付的必要的、合理的费用,由保险人承担。

**第六十五条** 【责任保险】保险人对责任保险的被保险人给第三者造成的损害,可以依照法律的规定或者合同的约定,直接向该第三者赔偿保险金。

责任保险的被保险人给第三者造成损害,被保险人对第三者应负的赔偿责任确定的,根据被保险人的请求,保险人应当直接向该第三者赔偿保险金。被保险人怠于请求的,第三者有权就其应获赔偿部分直接向保险人请求赔偿保险金。

责任保险的被保险人给第三者造成损害,被保险人未向该第三者赔偿的,保险人不得向被保险人赔偿保险金。

责任保险是指以被保险人对第三者依法应负的赔偿责任为保险标的的保险。

**第六十六条** 【责任保险相应费用承担】责任保险的被保险人因给第三者造成损害的保险事故而被提起仲裁或者诉讼的,被保险人支付的仲裁或者诉讼费用以及其他必要的、合理的费用,除合同另有约定外,由保险人承担。

## 第三章 保险公司

**第六十七条** 【设立须经批准】设立保险公司应当经国务院保险监督管理机构批准。

国务院保险监督管理机构审查保险公司的设立申请时,应当考虑保险业的发展和公平竞争的需要。

**第六十八条** 【设立条件】设立保险公司应当具备下列条件:

(一)主要股东具有持续盈利能力,信誉良好,最近三年内无重大违法违规记录,净资产不低于人民币二亿元;

(二)有符合本法和《中华人民共和国公司法》规定的章程;

(三)有符合本法规定的注册资本;

(四)有具备任职专业知识和业务工作经验的董事、监事和高级管理人员;

(五)有健全的组织机构和管理制度;

(六)有符合要求的营业场所和与经营业务有关的其他设施;

(七)法律、行政法规和国务院保险监督管理机构规定的其他条件。

第六十九条 【注册资本】设立保险公司,其注册资本的最低限额为人民币二亿元。

国务院保险监督管理机构根据保险公司的业务范围、经营规模,可以调整其注册资本的最低限额,但不得低于本条第一款规定的限额。

保险公司的注册资本必须为实缴货币资本。

第七十条 【申请文件、资料】申请设立保险公司,应当向国务院保险监督管理机构提出书面申请,并提交下列材料:

(一)设立申请书,申请书应当载明拟设立的保险公司的名称、注册资本、业务范围等;

(二)可行性研究报告;

(三)筹建方案;

(四)投资人的营业执照或者其他背景资料,经会计师事务所审计的上一年度财务会计报告;

(五)投资人认可的筹备组负责人和拟任董事长、经理名单及本人认可证明;

(六)国务院保险监督管理机构规定的其他材料。

第七十一条 【批准决定】国务院保险监督管理机构应当对设立保险公司的申请进行审查,自受理之日起六个月内作出批准或者不批准筹建的决定,并书面通知申请人。决定不批准的,应当书面说明理由。

第七十二条 【筹建期限和要求】申请人应当自收到批准筹建通知之日起一年内完成筹建工作;筹建期间不得从事保险经营活动。

第七十三条 【保险监督管理机构批准开业申请的期限和决定】筹建工作完成后,申请人具备本法第六十八条规定的设立条件的,可以向国务院保险监督管理机构提出开业申请。

国务院保险监督管理机构应当自受理开业申请之日起六十日内,作出批准或者不批准开业的决定。决定批准的,颁发经营保险业务许可证;决定不批准的,应当书面通知申请人并说明理由。

第七十四条 【设立分支机构】保险公司在中华人民共和国境内设立分支机构,应当经保险监督管理机构批准。

保险公司分支机构不具有法人资格,其民事责任由保险公司承担。

**第七十五条** 【设立分支机构提交的材料】保险公司申请设立分支机构,应当向保险监督管理机构提出书面申请,并提交下列材料:
(一)设立申请书;
(二)拟设机构三年业务发展规划和市场分析材料;
(三)拟任高级管理人员的简历及相关证明材料;
(四)国务院保险监督管理机构规定的其他材料。

**第七十六条** 【审批保险公司设立分支机构申请的期限】保险监督管理机构应当对保险公司设立分支机构的申请进行审查,自受理之日起六十日内作出批准或者不批准的决定。决定批准的,颁发分支机构经营保险业务许可证;决定不批准的,应当书面通知申请人并说明理由。

**第七十七条** 【工商登记】经批准设立的保险公司及其分支机构,凭经营保险业务许可证向工商行政管理机关办理登记,领取营业执照。

**第七十八条** 【工商登记期限】保险公司及其分支机构自取得经营保险业务许可证之日起六个月内,无正当理由未向工商行政管理机关办理登记的,其经营保险业务许可证失效。

**第七十九条** 【境外机构设立规定】保险公司在中华人民共和国境外设立子公司、分支机构,应当经国务院保险监督管理机构批准。

**第八十条** 【外国保险机构驻华代表机构设立的批准】外国保险机构在中华人民共和国境内设立代表机构,应当经国务院保险监督管理机构批准。代表机构不得从事保险经营活动。

**第八十一条** 【董事、监事和高级管理人员任职规定】保险公司的董事、监事和高级管理人员,应当品行良好,熟悉与保险相关的法律、行政法规,具有履行职责所需的经营管理能力,并在任职前取得保险监督管理机构核准的任职资格。

保险公司高级管理人员的范围由国务院保险监督管理机构规定。

**第八十二条** 【董事、高级管理人员的任职禁止】有《中华人民共和国公司法》第一百四十六条规定的情形或者下列情形之一的,不得担任保险公司的董事、监事、高级管理人员:
(一)因违法行为或者违纪行为被金融监督管理机构取消任职资格的金融机构的董事、监事、高级管理人员,自被取消任职资格之日起未逾五年的；

（二）因违法行为或者违纪行为被吊销执业资格的律师、注册会计师或者资产评估机构、验证机构等机构的专业人员，自被吊销执业资格之日起未逾五年的。

**第八十三条** 【董事、监事、高级管理人员的责任】保险公司的董事、监事、高级管理人员执行公司职务时违反法律、行政法规或者公司章程的规定，给公司造成损失的，应当承担赔偿责任。

**第八十四条** 【变更事项批准】保险公司有下列情形之一的，应当经保险监督管理机构批准：

（一）变更名称；

（二）变更注册资本；

（三）变更公司或者分支机构的营业场所；

（四）撤销分支机构；

（五）公司分立或者合并；

（六）修改公司章程；

（七）变更出资额占有限责任公司资本总额百分之五以上的股东，或者变更持有股份有限公司股份百分之五以上的股东；

（八）国务院保险监督管理机构规定的其他情形。

**第八十五条** 【精算报告制度和合规报告制度】保险公司应当聘用专业人员，建立精算报告制度和合规报告制度。

**第八十六条** 【如实报送报告、报表、文件和资料】保险公司应当按照保险监督管理机构的规定，报送有关报告、报表、文件和资料。

保险公司的偿付能力报告、财务会计报告、精算报告、合规报告及其他有关报告、报表、文件和资料必须如实记录保险业务事项，不得有虚假记载、误导性陈述和重大遗漏。

**第八十七条** 【账簿、原始凭证和有关资料的保管】保险公司应当按照国务院保险监督管理机构的规定妥善保管业务经营活动的完整账簿、原始凭证和有关资料。

前款规定的账簿、原始凭证和有关资料的保管期限，自保险合同终止之日起计算，保险期间在一年以下的不得少于五年，保险期间超过一年的不得少于十年。

**第八十八条** 【聘请或解聘中介服务机构】保险公司聘请或者解

聘会计师事务所、资产评估机构、资信评级机构等中介服务机构，应当向保险监督管理机构报告；解聘会计师事务所、资产评估机构、资信评级机构等中介服务机构，应当说明理由。

**第八十九条　【解散和清算】**保险公司因分立、合并需要解散，或者股东会、股东大会决议解散，或者公司章程规定的解散事由出现，经国务院保险监督管理机构批准后解散。

经营有人寿保险业务的保险公司，除因分立、合并或者被依法撤销外，不得解散。

保险公司解散，应当依法成立清算组进行清算。

**第九十条　【重整、和解和破产清算】**保险公司有《中华人民共和国企业破产法》第二条规定情形的，经国务院保险监督管理机构同意，保险公司或者其债权人可以依法向人民法院申请重整、和解或者破产清算；国务院保险监督管理机构也可以依法向人民法院申请对该保险公司进行重整或者破产清算。

**第九十一条　【破产财产的清偿顺序】**破产财产在优先清偿破产费用和共益债务后，按照下列顺序清偿：

（一）所欠职工工资和医疗、伤残补助、抚恤费用，所欠应当划入职工个人账户的基本养老保险、基本医疗保险费用，以及法律、行政法规规定应当支付给职工的补偿金；

（二）赔偿或者给付保险金；

（三）保险公司欠缴的除第（一）项规定以外的社会保险费用和所欠税款；

（四）普通破产债权。

破产财产不足以清偿同一顺序的清偿要求的，按照比例分配。

破产保险公司的董事、监事和高级管理人员的工资，按照该公司职工的平均工资计算。

**第九十二条　【人寿保险合同及责任准备金转让】**经营有人寿保险业务的保险公司被依法撤销或者被依法宣告破产的，其持有的人寿保险合同及责任准备金，必须转让给其他经营有人寿保险业务的保险公司；不能同其他保险公司达成转让协议的，由国务院保险监督管理机构指定经营有人寿保险业务的保险公司接受转让。

转让或者由国务院保险监督管理机构指定接受转让前款规定的人寿保险合同及责任准备金的，应当维护被保险人、受益人的合法权益。

第九十三条　【经营保险业务许可证的注销】保险公司依法终止其业务活动,应当注销其经营保险业务许可证。

第九十四条　【适用公司法的规定】保险公司,除本法另有规定外,适用《中华人民共和国公司法》的规定。

## 第四章　保险经营规则

第九十五条　【业务范围】保险公司的业务范围:

(一) 人身保险业务,包括人寿保险、健康保险、意外伤害保险等保险业务;

(二) 财产保险业务,包括财产损失保险、责任保险、信用保险、保证保险等保险业务;

(三) 国务院保险监督管理机构批准的与保险有关的其他业务。

保险人不得兼营人身保险业务和财产保险业务。但是,经营财产保险业务的保险公司经国务院保险监督管理机构批准,可以经营短期健康保险业务和意外伤害保险业务。

保险公司应当在国务院保险监督管理机构依法批准的业务范围内从事保险经营活动。

第九十六条　【再保险业务】经国务院保险监督管理机构批准,保险公司可以经营本法第九十五条规定的保险业务的下列再保险业务:

(一) 分出保险;

(二) 分入保险。

第九十七条　【保证金】保险公司应当按照其注册资本总额的百分之二十提取保证金,存入国务院保险监督管理机构指定的银行,除公司清算时用于清偿债务外,不得动用。

第九十八条　【责任准备金】保险公司应当根据保障被保险人利益、保证偿付能力的原则,提取各项责任准备金。

保险公司提取和结转责任准备金的具体办法,由国务院保险监督管理机构制定。

第九十九条　【公积金】保险公司应当依法提取公积金。

第一百条　【保险保障基金】保险公司应当缴纳保险保障基金。

保险保障基金应当集中管理，并在下列情形下统筹使用：

（一）在保险公司被撤销或者被宣告破产时，向投保人、被保险人或者受益人提供救济；

（二）在保险公司被撤销或者被宣告破产时，向依法接受其人寿保险合同的保险公司提供救济；

（三）国务院规定的其他情形。

保险保障基金筹集、管理和使用的具体办法，由国务院制定。

**第一百零一条　【最低偿付能力】**保险公司应当具有与其业务规模和风险程度相适应的最低偿付能力。保险公司的认可资产减去认可负债的差额不得低于国务院保险监督管理机构规定的数额；低于规定数额的，应当按照国务院保险监督管理机构的要求采取相应措施达到规定的数额。

**第一百零二条　【财产保险公司自留保险费】**经营财产保险业务的保险公司当年自留保险费，不得超过其实有资本金加公积金总和的四倍。

**第一百零三条　【最大损失责任的赔付要求】**保险公司对每一危险单位，即对一次保险事故可能造成的最大损失范围所承担的责任，不得超过其实有资本金加公积金总和的百分之十；超过的部分应当办理再保险。

保险公司对危险单位的划分应当符合国务院保险监督管理机构的规定。

**第一百零四条　【危险单位划分方法和巨灾风险安排方案】**保险公司对危险单位的划分方法和巨灾风险安排方案，应当报国务院保险监督管理机构备案。

**第一百零五条　【再保险】**保险公司应当按照国务院保险监督管理机构的规定办理再保险，并审慎选择再保险接受人。

**第一百零六条　【资金运用的原则和形式】**保险公司的资金运用必须稳健，遵循安全性原则。

保险公司的资金运用限于下列形式：

（一）银行存款；

（二）买卖债券、股票、证券投资基金份额等有价证券；

（三）投资不动产；

（四）国务院规定的其他资金运用形式。

保险公司资金运用的具体管理办法,由国务院保险监督管理机构依照前两款的规定制定。

**第一百零七条　【保险资产管理公司】**经国务院保险监督管理机构会同国务院证券监督管理机构批准,保险公司可以设立保险资产管理公司。

保险资产管理公司从事证券投资活动,应当遵守《中华人民共和国证券法》等法律、行政法规的规定。

保险资产管理公司的管理办法,由国务院保险监督管理机构会同国务院有关部门制定。

**第一百零八条　【关联交易管理和信息披露制度】**保险公司应当按照国务院保险监督管理机构的规定,建立对关联交易的管理和信息披露制度。

**第一百零九条　【关联交易的禁止】**保险公司的控股股东、实际控制人、董事、监事、高级管理人员不得利用关联交易损害公司的利益。

**第一百一十条　【重大事项披露】**保险公司应当按照国务院保险监督管理机构的规定,真实、准确、完整地披露财务会计报告、风险管理状况、保险产品经营情况等重大事项。

**第一百一十一条　【保险销售人员任职资格】**保险公司从事保险销售的人员应当品行良好,具有保险销售所需的专业能力。保险销售人员的行为规范和管理办法,由国务院保险监督管理机构规定。

**第一百一十二条　【保险代理人登记制度】**保险公司应当建立保险代理人登记管理制度,加强对保险代理人的培训和管理,不得唆使、诱导保险代理人进行违背诚信义务的活动。

**第一百一十三条　【依法使用经营保险业务许可证】**保险公司及其分支机构应当依法使用经营保险业务许可证,不得转让、出租、出借经营保险业务许可证。

**第一百一十四条　【公平合理拟订保险条款和保险费率并及时履行义务】**保险公司应当按照国务院保险监督管理机构的规定,公平、合理拟订保险条款和保险费率,不得损害投保人、被保险人和受益人的合法权益。

保险公司应当按照合同约定和本法规定,及时履行赔偿或者给付保险金义务。

**第一百一十五条** 【公平竞争原则】保险公司开展业务,应当遵循公平竞争的原则,不得从事不正当竞争。

**第一百一十六条** 【保险业务行为禁止】保险公司及其工作人员在保险业务活动中不得有下列行为:

(一) 欺骗投保人、被保险人或者受益人;

(二) 对投保人隐瞒与保险合同有关的重要情况;

(三) 阻碍投保人履行本法规定的如实告知义务,或者诱导其不履行本法规定的如实告知义务;

(四) 给予或者承诺给予投保人、被保险人、受益人保险合同约定以外的保险费回扣或者其他利益;

(五) 拒不依法履行保险合同约定的赔偿或者给付保险金义务;

(六) 故意编造未曾发生的保险事故、虚构保险合同或者故意夸大已经发生的保险事故的损失程度进行虚假理赔,骗取保险金或者牟取其他不正当利益;

(七) 挪用、截留、侵占保险费;

(八) 委托未取得合法资格的机构从事保险销售活动;

(九) 利用开展保险业务为其他机构或者个人牟取不正当利益;

(十) 利用保险代理人、保险经纪人或者保险评估机构,从事以虚构保险中介业务或者编造退保等方式套取费用等违法活动;

(十一) 以捏造、散布虚假事实等方式损害竞争对手的商业信誉,或者以其他不正当竞争行为扰乱保险市场秩序;

(十二) 泄露在业务活动中知悉的投保人、被保险人的商业秘密;

(十三) 违反法律、行政法规和国务院保险监督管理机构规定的其他行为。

# 第五章 保险代理人和保险经纪人

**第一百一十七条** 【保险代理人】保险代理人是根据保险人的委托,向保险人收取佣金,并在保险人授权的范围内代为办理保险业务的机构或者个人。

保险代理机构包括专门从事保险代理业务的保险专业代理机构和兼营保险代理业务的保险兼业代理机构。

**第一百一十八条** 【保险经纪人】保险经纪人是基于投保人的利

益,为投保人与保险人订立保险合同提供中介服务,并依法收取佣金的机构。

第一百一十九条 【保险代理机构、保险经纪人的资格条件及以业务许可管理】保险代理机构、保险经纪人应当具备国务院保险监督管理机构规定的条件,取得保险监督管理机构颁发的经营保险代理业务许可证、保险经纪业务许可证。

第一百二十条 【以公司形式设立的保险专业代理机构、保险经纪人的注册资本】以公司形式设立保险专业代理机构、保险经纪人,其注册资本最低限额适用《中华人民共和国公司法》的规定。

国务院保险监督管理机构根据保险专业代理机构、保险经纪人的业务范围和经营规模,可以调整其注册资本的最低限额,但不得低于《中华人民共和国公司法》规定的限额。

保险专业代理机构、保险经纪人的注册资本或者出资额必须为实缴货币资本。

第一百二十一条 【保险专业代理机构、保险经纪人的高级管理人员的经营管理能力与任职资格】保险专业代理机构、保险经纪人的高级管理人员,应当品行良好,熟悉保险法律、行政法规,具有履行职责所需的经营管理能力,并在任职前取得保险监督管理机构核准的任职资格。

第一百二十二条 【个人保险代理人、保险代理机构的代理从业人员、保险经纪人的经纪从业人员的任职资格】个人保险代理人、保险代理机构的代理从业人员、保险经纪人的经纪从业人员,应当品行良好,具有从事保险代理业务或者保险经纪业务所需的专业能力。

第一百二十三条 【经营场所与账簿记载】保险代理机构、保险经纪人应当有自己的经营场所,设立专门账簿记载保险代理业务、经纪业务的收支情况。

第一百二十四条 【保险代理机构、保险经纪人缴存保证金或者投保职业责任保险】保险代理机构、保险经纪人应当按照国务院保险监督管理机构的规定缴存保证金或者投保职业责任保险。

第一百二十五条 【个人保险代理人代为办理人寿保险业务接受委托的限制】个人保险代理人在代为办理人寿保险业务时,不得同时接受两个以上保险人的委托。

第一百二十六条 【保险业务委托代理协议】保险人委托保险代

理人代为办理保险业务,应当与保险代理人签订委托代理协议,依法约定双方的权利和义务。

第一百二十七条 **【保险代理责任承担】**保险代理人根据保险人的授权代为办理保险业务的行为,由保险人承担责任。

保险代理人没有代理权、超越代理权或者代理权终止后以保险人名义订立合同,使投保人有理由相信其有代理权的,该代理行为有效。保险人可以依法追究越权的保险代理人的责任。

第一百二十八条 **【保险经纪人的赔偿责任】**保险经纪人因过错给投保人、被保险人造成损失的,依法承担赔偿责任。

第一百二十九条 **【保险事故的评估和鉴定】**保险活动当事人可以委托保险公估机构等依法设立的独立评估机构或者具有相关专业知识的人员,对保险事故进行评估和鉴定。

接受委托对保险事故进行评估和鉴定的机构和人员,应当依法、独立、客观、公正地进行评估和鉴定,任何单位和个人不得干涉。

前款规定的机构和人员,因故意或者过失给保险人或者被保险人造成损失的,依法承担赔偿责任。

第一百三十条 **【保险佣金的支付】**保险佣金只限于向保险代理人、保险经纪人支付,不得向其他人支付。

第一百三十一条 **【保险代理人、保险经纪人及其从业人员的禁止行为】**保险代理人、保险经纪人及其从业人员在办理保险业务活动中不得有下列行为:

(一)欺骗保险人、投保人、被保险人或者受益人;

(二)隐瞒与保险合同有关的重要情况;

(三)阻碍投保人履行本法规定的如实告知义务,或者诱导其不履行本法规定的如实告知义务;

(四)给予或者承诺给予投保人、被保险人或者受益人保险合同约定以外的利益;

(五)利用行政权力、职务或者职业便利以及其他不正当手段强迫、引诱或者限制投保人订立保险合同;

(六)伪造、擅自变更保险合同,或者为保险合同当事人提供虚假证明材料;

(七)挪用、截留、侵占保险费或者保险金;

(八)利用业务便利为其他机构或个人牟取不正当利益;

（九）串通投保人、被保险人或者受益人，骗取保险金；

（十）泄露在业务活动中知悉的保险人、投保人、被保险人的商业秘密。

**第一百三十二条　【准用条款】**本法第八十六条第一款、第一百一十三条的规定，适用于保险代理机构和保险经纪人。

## 第六章　保险业监督管理

**第一百三十三条　【保险监督管理机构职责】**保险监督管理机构依照本法和国务院规定的职责，遵循依法、公开、公正的原则，对保险业实施监督管理，维护保险市场秩序，保护投保人、被保险人和受益人的合法权益。

**第一百三十四条　【国务院保险监督管理机构立法权限】**国务院保险监督管理机构依照法律、行政法规制定并发布有关保险业监督管理的规章。

**第一百三十五条　【保险条款与保险费率的审批与备案】**关系社会公众利益的保险险种、依法实行强制保险的险种和新开发的人寿保险险种等的保险条款和保险费率，应当报国务院保险监督管理机构批准。国务院保险监督管理机构审批时，应当遵循保护社会公众利益和防止不正当竞争的原则。其他保险险种的保险条款和保险费率，应当报保险监督管理机构备案。

保险条款和保险费率审批、备案的具体办法，由国务院保险监督管理机构依照前款规定制定。

**第一百三十六条　【对违法、违规保险条款和费率采取的措施】**保险公司使用的保险条款和保险费率违反法律、行政法规或者国务院保险监督管理机构的有关规定的，由保险监督管理机构责令停止使用，限期修改；情节严重的，可以在一定期限内禁止申报新的保险条款和保险费率。

**第一百三十七条　【对保险公司偿付能力的监控】**国务院保险监督管理机构应当建立健全保险公司偿付能力监管体系，对保险公司的偿付能力实施监控。

**第一百三十八条　【对偿付能力不足的保险公司采取的措施】**对偿付能力不足的保险公司，国务院保险监督管理机构应当将其列为重

点监管对象,并可以根据具体情况采取下列措施:
（一）责令增加资本金、办理再保险;
（二）限制业务范围;
（三）限制向股东分红;
（四）限制固定资产购置或者经营费用规模;
（五）限制资金运用的形式、比例;
（六）限制增设分支机构;
（七）责令拍卖不良资产、转让保险业务;
（八）限制董事、监事、高级管理人员的薪酬水平;
（九）限制商业性广告;
（十）责令停止接受新业务。

**第一百三十九条** 【**责令保险公司改正违法行为**】保险公司未依照本法规定提取或者结转各项责任准备金,或者未依照本法规定办理再保险,或者严重违反本法关于资金运用的规定的,由保险监督管理机构责令限期改正,并可以责令调整负责人及有关管理人员。

**第一百四十条** 【**保险公司整顿**】保险监督管理机构依照本法第一百三十九条的规定作出限期改正的决定后,保险公司逾期未改正的,国务院保险监督管理机构可以决定选派保险专业人员和指定该保险公司的有关人员组成整顿组,对公司进行整顿。

整顿决定应当载明被整顿公司的名称、整顿理由、整顿组成员和整顿期限,并予以公告。

**第一百四十一条** 【**整顿组职权**】整顿组有权监督被整顿保险公司的日常业务。被整顿公司的负责人及有关管理人员应当在整顿组的监督下行使职权。

**第一百四十二条** 【**被整顿保险公司的业务运作**】整顿过程中,被整顿保险公司的原有业务继续进行。但是,国务院保险监督管理机构可以责令被整顿公司停止部分原有业务、停止接受新业务,调整资金运用。

**第一百四十三条** 【**保险公司结束整顿**】被整顿保险公司经整顿已纠正其违反本法规定的行为,恢复正常经营状况的,由整顿组提出报告,经国务院保险监督管理机构批准,结束整顿,并由国务院保险监督管理机构予以公告。

**第一百四十四条** 【**保险公司接管**】保险公司有下列情形之一

的,国务院保险监督管理机构可以对其实行接管:

(一)公司的偿付能力严重不足的;

(二)违反本法规定,损害社会公共利益,可能严重危及或者已经严重危及公司的偿付能力的。

被接管的保险公司的债权债务关系不因接管而变化。

**第一百四十五条 【国务院保险监管机构决定接管实施办法】** 接管组的组成和接管的实施办法,由国务院保险监督管理机构决定,并予以公告。

**第一百四十六条 【接管保险公司期限】** 接管期限届满,国务院保险监督管理机构可以决定延长接管期限,但接管期限最长不得超过二年。

**第一百四十七条 【终止接管】** 接管期限届满,被接管的保险公司已恢复正常经营能力的,由国务院保险监督管理机构决定终止接管,并予以公告。

**第一百四十八条 【被整顿、被接管的保险公司的重整及破产清算】** 被整顿、被接管的保险公司有《中华人民共和国企业破产法》第二条规定情形的,国务院保险监督管理机构可以依法向人民法院申请对该保险公司进行重整或者破产清算。

**第一百四十九条 【保险公司的撤销及清算】** 保险公司因违法经营被依法吊销经营保险业务许可证的,或者偿付能力低于国务院保险监督管理机构规定标准,不予撤销将严重危害保险市场秩序、损害公共利益的,由国务院保险监督管理机构予以撤销并公告,依法及时组织清算组进行清算。

**第一百五十条 【提供信息资料】** 国务院保险监督管理机构有权要求保险公司股东、实际控制人在指定的期限内提供有关信息和资料。

**第一百五十一条 【股东利用关联交易严重损害公司利益,危及公司偿付能力的处理措施】** 保险公司的股东利用关联交易严重损害公司利益,危及公司偿付能力的,由国务院保险监督管理机构责令改正。在按照要求改正前,国务院保险监督管理机构可以限制其股东权利;拒不改正的,可以责令其转让所持的保险公司股权。

**第一百五十二条 【保险公司业务活动和风险管理重大事项说明】** 保险监督管理机构根据履行监督管理职责的需要,可以与保险公司董事、监事和高级管理人员进行监督管理谈话,要求其就公司的业务活动和风险管理的重大事项作出说明。

第一百五十三条 【保险公司被整顿、接管、撤销清算期间及出现重大风险时对直接责任人员采取的措施】保险公司在整顿、接管、撤销清算期间,或者出现重大风险时,国务院保险监督管理机构可以对该公司直接负责的董事、监事、高级管理人员和其他直接责任人员采取以下措施:

(一)通知出境管理机关依法阻止其出境;

(二)申请司法机关禁止其转移、转让或者以其他方式处分财产,或者在财产上设定其他权利。

第一百五十四条 【保险监督管理机构的履职措施及程序】保险监督管理机构依法履行职责,可以采取下列措施:

(一)对保险公司、保险代理人、保险经纪人、保险资产管理公司、外国保险机构的代表机构进行现场检查;

(二)进入涉嫌违法行为发生场所调查取证;

(三)询问当事人及与被调查事件有关的单位和个人,要求其对与被调查事件有关的事项作出说明;

(四)查阅、复制与被调查事件有关的财产权登记等资料;

(五)查阅、复制保险公司、保险代理人、保险经纪人、保险资产管理公司、外国保险机构的代表机构以及与被调查事件有关的单位和个人的财务会计资料及其他相关文件和资料;对可能被转移、隐匿或者毁损的文件和资料予以封存;

(六)查询涉嫌违法经营的保险公司、保险代理人、保险经纪人、保险资产管理公司、外国保险机构的代表机构以及与涉嫌违法事项有关的单位和个人的银行账户;

(七)对有证据证明已经或者可能转移、隐匿违法资金等涉案财产或者隐匿、伪造、毁损重要证据的,经保险监督管理机构主要负责人批准,申请人民法院予以冻结或者查封。

保险监督管理机构采取前款第(一)项、第(二)项、第(五)项措施的,应当经保险监督管理机构负责人批准;采取第(六)项措施的,应当经国务院保险监督管理机构负责人批准。

保险监督管理机构依法进行监督检查或者调查,其监督检查、调查的人员不得少于二人,并应当出示合法证件和监督检查、调查通知书；监督检查、调查的人员少于二人或者未出示合法证件和监督检查、调查通知书的，被检查、调查的单位和个人有权拒绝。

**第一百五十五条　【配合检查、调查】** 保险监督管理机构依法履行职责，被检查、调查的单位和个人应当配合。

**第一百五十六条　【保险监督管理机构工作人员行为准则】** 保险监督管理机构工作人员应当忠于职守，依法办事，公正廉洁，不得利用职务便利牟取不正当利益，不得泄露所知悉的有关单位和个人的商业秘密。

**第一百五十七条　【金融监督管理机构监督管理信息共享机制】** 国务院保险监督管理机构应当与中国人民银行、国务院其他金融监督管理机构建立监督管理信息共享机制。

保险监督管理机构依法履行职责，进行监督检查、调查时，有关部门应当予以配合。

## 第七章　法律责任

**第一百五十八条　【擅自设立保险公司、保险资产管理公司或非法经营商业保险业务的法律责任】** 违反本法规定，擅自设立保险公司、保险资产管理公司或者非法经营商业保险业务的，由保险监督管理机构予以取缔，没收违法所得，并处违法所得一倍以上五倍以下的罚款；没有违法所得或者违法所得不足二十万元的，处二十万元以上一百万元以下的罚款。

**第一百五十九条　【擅自设立保险代理机构、保险经纪人或者未取得许可从事保险业务的法律责任】** 违反本法规定，擅自设立保险专业代理机构、保险经纪人，或者未取得经营保险代理业务许可证、保险经纪业务许可证从事保险代理业务、保险经纪业务的，由保险监督管理机构予以取缔，没收违法所得，并处违法所得一倍以上五倍以下的罚款；没有违法所得或者违法所得不足五万元的，处五万元以上三十万元以下的罚款。

**第一百六十条　【保险公司超出业务范围经营的法律责任】** 保险公司违反本法规定，超出批准的业务范围经营的，由保险监督管理机构责令限期改正，没收违法所得，并处违法所得一倍以上五倍以下的罚款；没有违法所得或者违法所得不足十万元的，处十万元以上五十万元以下的罚款。逾期不改正或者造成严重后果的,责令停业整顿或者吊销业务许可证。

第一百六十一条　【保险公司在保险业务活动中从事禁止性行为的法律责任】保险公司有本法第一百一十六条规定行为之一的,由保险监督管理机构责令改正,处五万元以上三十万元以下的罚款;情节严重的,限制其业务范围、责令停止接受新业务或者吊销业务许可证。

第一百六十二条　【保险公司未经批准变更公司登记事项的法律责任】保险公司违反本法第八十四条规定的,由保险监督管理机构责令改正,处一万元以上十万元以下的罚款。

第一百六十三条　【超额承保及为无民事行为能力人承保以死亡为给付保险金条件的保险的法律责任】保险公司违反本法规定,有下列行为之一的,由保险监督管理机构责令改正,处五万元以上三十万元以下的罚款:

(一) 超额承保,情节严重的;

(二) 为无民事行为能力人承保以死亡为给付保险金条件的保险的。

第一百六十四条　【违反保险业务规则和保险组织机构管理规定的法律责任】违反本法规定,有下列行为之一的,由保险监督管理机构责令改正,处五万元以上三十万元以下的罚款;情节严重的,可以限制其业务范围、责令停止接受新业务或者吊销业务许可证:

(一) 未按照规定提存保证金或者违反规定动用保证金的;

(二) 未按照规定提取或者结转各项责任准备金的;

(三) 未按照规定缴纳保险保障基金或者提取公积金的;

(四) 未按照规定办理再保险的;

(五) 未按照规定运用保险公司资金的;

(六) 未经批准设立分支机构的;

(七) 未按照规定申请批准保险条款、保险费率的。

第一百六十五条　【保险代理机构、保险经纪人违反诚信原则办理保险业务的法律责任】保险代理机构、保险经纪人有本法第一百三十一条规定行为之一的,由保险监督管理机构责令改正,处五万元以上三十万元以下的罚款;情节严重的,吊销业务许可证。

第一百六十六条　【不按规定缴存保证金或者投保职业责任保

险、设立收支财簿的法律责任】保险代理机构、保险经纪人违反本法规定,有下列行为之一的,由保险监督管理机构责令改正,处二万元以上十万元以下的罚款;情节严重的,责令停业整顿或者吊销业务许可证:

(一) 未按照规定缴存保证金或者投保职业责任保险的;

(二) 未按照规定设立专门账簿记载业务收支情况的。

第一百六十七条 【违法聘任不具有任职资格的人员的法律责任】违反本法规定,聘任不具有任职资格的人员的,由保险监督管理机构责令改正,处二万元以上十万元以下的罚款。

第一百六十八条 【违法转让、出租、出借业务许可证的法律责任】违反本法规定,转让、出租、出借业务许可证的,由保险监督管理机构处一万元以上十万元以下的罚款;情节严重的,责令停业整顿或者吊销业务许可证。

第一百六十九条 【不按规定披露保险业务相关信息的法律责任】违反本法规定,有下列行为之一的,由保险监督管理机构责令限期改正;逾期不改正的,处一万元以上十万元以下的罚款:

(一) 未按照规定报送或者保管报告、报表、文件、资料的,或者未按照规定提供有关信息、资料的;

(二) 未按照规定报送保险条款、保险费率备案的;

(三) 未按照规定披露信息的。

第一百七十条 【提供保险业务相关信息不实、拒绝或者妨碍监督检查、不按规定使用保险条款、保险费率的法律责任】违反本法规定,有下列行为之一的,由保险监督管理机构责令改正,处十万元以上五十万元以下的罚款;情节严重的,可以限制其业务范围、责令停止接受新业务或者吊销业务许可证:

(一) 编制或者提供虚假的报告、报表、文件、资料的;

(二) 拒绝或者妨碍依法监督检查的;

(三) 未按照规定使用经批准或者备案的保险条款、保险费率的。

第一百七十一条 【董事、监事、高级管理人员的法律责任】保险公司、保险资产管理公司、保险专业代理机构、保险经纪人违反本法规定的,保险监督管理机构除分别依照本法第一百六十条至第一百七十条的规定对该单位给予处罚外,对其直接负责的主管人员和其他直接责任人员给予警告,并处一万元以上十万元以下的罚款;情节严重的,撤销任职资格。

**第一百七十二条 【个人保险代理人的法律责任】**个人保险代理人违反本法规定的,由保险监督管理机构给予警告,可以并处二万元以下的罚款;情节严重的,处二万元以上十万元以下的罚款。

**第一百七十三条 【外国保险机构违法从事保险活动的法律责任】**外国保险机构未经国务院保险监督管理机构批准,擅自在中华人民共和国境内设立代表机构的,由国务院保险监督管理机构予以取缔,处五万元以上三十万元以下的罚款。

外国保险机构在中华人民共和国境内设立的代表机构从事保险经营活动的,由保险监督管理机构责令改正,没收违法所得,并处违法所得一倍以上五倍以下的罚款;没有违法所得或者违法所得不足二十万元的,处二十万元以上一百万元以下的罚款;对其首席代表可以责令撤换;情节严重的,撤销其代表机构。

**第一百七十四条 【投保人、被保险人或受益人进行保险诈骗活动的法律责任】**投保人、被保险人或者受益人有下列行为之一,进行保险诈骗活动,尚不构成犯罪的,依法给予行政处罚:

(一)投保人故意虚构保险标的,骗取保险金的;

(二)编造未曾发生的保险事故,或者编造虚假的事故原因或者夸大损失程度,骗取保险金的;

(三)故意造成保险事故,骗取保险金的。

保险事故的鉴定人、评估人、证明人故意提供虚假的证明文件,为投保人、被保险人或者受益人进行保险诈骗提供条件的,依照前款规定给予处罚。

**第一百七十五条 【侵权民事责任的规定】**违反本法规定,给他人造成损害的,依法承担民事责任。

**第一百七十六条 【拒绝、阻碍监督检查、调查职权的行政责任】**拒绝、阻碍保险监督管理机构及其工作人员依法行使监督检查、调查职权,未使用暴力、威胁方法的,依法给予治安管理处罚。

**第一百七十七条 【禁止从业的规定】**违反法律、行政法规的规定,情节严重的,国务院保险监督管理机构可以禁止有关责任人员一定期限直至终身进入保险业。

**第一百七十八条 【保险监督人员的法律责任】**保险监督管理机构从事监督管理工作的人员有下列情形之一,依法给予处分:

（一）违反规定批准机构的设立的；
（二）违反规定进行保险条款、保险费率审批的；
（三）违反规定进行现场检查的；
（四）违反规定查询账户或者冻结资金的；
（五）泄露其知悉的有关单位和个人的商业秘密的；
（六）违反规定实施行政处罚的；
（七）滥用职权、玩忽职守的其他行为。

**第一百七十九条　【刑事责任的规定】**违反本法规定，构成犯罪的，依法追究刑事责任。

## 第八章　附　　则

**第一百八十条　【保险行业协会的规定】**保险公司应当加入保险行业协会。保险代理人、保险经纪人、保险公估机构可以加入保险行业协会。

保险行业协会是保险业的自律性组织，是社会团体法人。

**第一百八十一条　【其他保险组织的商业保险业务适用本法】**保险公司以外的其他依法设立的保险组织经营的商业保险业务，适用本法。

**第一百八十二条　【海上保险的法律适用】**海上保险适用《中华人民共和国海商法》的有关规定；《中华人民共和国海商法》未规定的，适用本法的有关规定。

**第一百八十三条　【合资保险公司、外资公司法律适用规定】**中外合资保险公司、外资独资保险公司、外国保险公司分公司适用本法规定；法律、行政法规另有规定的，适用其规定。

**第一百八十四条　【农业保险的规定】**国家支持发展为农业生产服务的保险事业。农业保险由法律、行政法规另行规定。

强制保险，法律、行政法规另有规定的，适用其规定。

**第一百八十五条　【施行日期】**本法自 2009 年 10 月 1 日起施行。

# 机动车交通事故责任强制保险条例

- 2006年3月21日中华人民共和国国务院令第462号公布
- 根据2012年3月30日《国务院关于修改〈机动车交通事故责任强制保险条例〉的决定》第一次修订
- 根据2012年12月17日《国务院关于修改〈机动车交通事故责任强制保险条例〉的决定》第二次修订
- 根据2016年2月6日《国务院关于修改部分行政法规的决定》第三次修订
- 根据2019年3月2日《国务院关于修改部分行政法规的决定》第四次修订

## 第一章 总 则

**第一条** 为了保障机动车道路交通事故受害人依法得到赔偿,促进道路交通安全,根据《中华人民共和国道路交通安全法》、《中华人民共和国保险法》,制定本条例。

**第二条** 在中华人民共和国境内道路上行驶的机动车的所有人或者管理人,应当依照《中华人民共和国道路交通安全法》的规定投保机动车交通事故责任强制保险。

机动车交通事故责任强制保险的投保、赔偿和监督管理,适用本条例。

**第三条** 本条例所称机动车交通事故责任强制保险,是指由保险公司对被保险机动车发生道路交通事故造成本车人员、被保险人以外的受害人的人身伤亡、财产损失,在责任限额内予以赔偿的强制性责任保险。

**第四条** 国务院保险监督管理机构依法对保险公司的机动车交通事故责任强制保险业务实施监督管理。

公安机关交通管理部门、农业(农业机械)主管部门(以下统称机动车管理部门)应当依法对机动车参加机动车交通事故责任强制保险的情况实施监督检查。对未参加机动车交通事故责任强制保险的机动车,机动车管理部门不得予以登记,机动车安全技术检验机构不得予以检验。

公安机关交通管理部门及其交通警察在调查处理道路交通安全违法行为和道路交通事故时,应当依法检查机动车交通事故责任强制保险的保险标志。

## 第二章 投　保

**第五条**　保险公司可以从事机动车交通事故责任强制保险业务。

为了保证机动车交通事故责任强制保险制度的实行,国务院保险监督管理机构有权要求保险公司从事机动车交通事故责任强制保险业务。

除保险公司外,任何单位或者个人不得从事机动车交通事故责任强制保险业务。

**第六条**　机动车交通事故责任强制保险实行统一的保险条款和基础保险费率。国务院保险监督管理机构按照机动车交通事故责任强制保险业务总体上不盈利不亏损的原则审批保险费率。

国务院保险监督管理机构在审批保险费率时,可以聘请有关专业机构进行评估,可以举行听证会听取公众意见。

**第七条**　保险公司的机动车交通事故责任强制保险业务,应当与其他保险业务分开管理,单独核算。

国务院保险监督管理机构应当每年对保险公司的机动车交通事故责任强制保险业务情况进行核查,并向社会公布;根据保险公司机动车交通事故责任强制保险业务的总体盈利或者亏损情况,可以要求或者允许保险公司相应调整保险费率。

调整保险费率的幅度较大的,国务院保险监督管理机构应当进行听证。

**第八条**　被保险机动车没有发生道路交通安全违法行为和道路交通事故的,保险公司应当在下一年度降低其保险费率。在此后的年度内,被保险机动车仍然没有发生道路交通安全违法行为和道路交通事故的,保险公司应当继续降低其保险费率,直至最低标准。被保险机动车发生道路交通安全违法行为或者道路交通事故的,保险公司应当在下一年度提高其保险费率。多次发生道路交通安全违法行为、道路交通事故，或者发生重大道路交通事故的，保险公司应当加大提高其保险费率的幅度。在道路交通事故中被保险人没有过错的，不提高其保险费率。降低或者提高保险费率的标准，由国务院保险监督管理机构会同国务院公安部门制定。

**第九条** 国务院保险监督管理机构、国务院公安部门、国务院农业主管部门以及其他有关部门应当逐步建立有关机动车交通事故责任强制保险、道路交通安全违法行为和道路交通事故的信息共享机制。

**第十条** 投保人在投保时应当选择从事机动车交通事故责任强制保险业务的保险公司，被选择的保险公司不得拒绝或者拖延承保。

国务院保险监督管理机构应当将从事机动车交通事故责任强制保险业务的保险公司向社会公示。

**第十一条** 投保人投保时，应当向保险公司如实告知重要事项。

重要事项包括机动车的种类、厂牌型号、识别代码、牌照号码、使用性质和机动车所有人或者管理人的姓名（名称）、性别、年龄、住所、身份证或者驾驶证号码（组织机构代码）、续保前该机动车发生事故的情况以及国务院保险监督管理机构规定的其他事项。

**第十二条** 签订机动车交通事故责任强制保险合同时，投保人应当一次支付全部保险费；保险公司应当向投保人签发保险单、保险标志。保险单、保险标志应当注明保险单号码、车牌号码、保险期限、保险公司的名称、地址和理赔电话号码。

被保险人应当在被保险机动车上放置保险标志。

保险标志式样全国统一。保险单、保险标志由国务院保险监督管理机构监制。任何单位或者个人不得伪造、变造或者使用伪造、变造的保险单、保险标志。

**第十三条** 签订机动车交通事故责任强制保险合同时，投保人不得在保险条款和保险费率之外，向保险公司提出附加其他条件的要求。

签订机动车交通事故责任强制保险合同时，保险公司不得强制投保人订立商业保险合同以及提出附加其他条件的要求。

**第十四条** 保险公司不得解除机动车交通事故责任强制保险合同；但是，投保人对重要事项未履行如实告知义务的除外。

投保人对重要事项未履行如实告知义务，保险公司解除合同前，应当书面通知投保人，投保人应当自收到通知之日起5日内履行如实告知义务；投保人在上述期限内履行如实告知义务的，保险公司不得解除合同。

**第十五条** 保险公司解除机动车交通事故责任强制保险合同的，应当收回保险单和保险标志，并书面通知机动车管理部门。

**第十六条** 投保人不得解除机动车交通事故责任强制保险合同，但有下列情形之一的除外：

（一）被保险机动车被依法注销登记的；
（二）被保险机动车办理停驶的；
（三）被保险机动车经公安机关证实丢失的。

**第十七条** 机动车交通事故责任强制保险合同解除前，保险公司应当按照合同承担保险责任。

合同解除时，保险公司可以收取自保险责任开始之日起至合同解除之日止的保险费，剩余部分的保险费退还投保人。

**第十八条** 被保险机动车所有权转移的，应当办理机动车交通事故责任强制保险合同变更手续。

**第十九条** 机动车交通事故责任强制保险合同期满，投保人应当及时续保，并提供上一年度的保险单。

**第二十条** 机动车交通事故责任强制保险的保险期间为1年，但有下列情形之一的，投保人可以投保短期机动车交通事故责任强制保险：

（一）境外机动车临时入境的；
（二）机动车临时上道路行驶的；
（三）机动车距规定的报废期限不足1年的；
（四）国务院保险监督管理机构规定的其他情形。

## 第三章 赔 偿

**第二十一条** 被保险机动车发生道路交通事故造成本车人员、被保险人以外的受害人人身伤亡、财产损失的，由保险公司依法在机动车交通事故责任强制保险责任限额范围内予以赔偿。

道路交通事故的损失是由受害人故意造成的，保险公司不予赔偿。

**第二十二条** 有下列情形之一的，保险公司在机动车交通事故责

任强制保险责任限额范围内垫付抢救费用,并有权向致害人追偿:
（一）驾驶人未取得驾驶资格或者醉酒的;
（二）被保险机动车被盗抢期间肇事的;
（三）被保险人故意制造道路交通事故的。

有前款所列情形之一,发生道路交通事故的,造成受害人的财产损失,保险公司不承担赔偿责任。

**第二十三条** 机动车交通事故责任强制保险在全国范围内实行统一的责任限额。责任限额分为死亡伤残赔偿限额、医疗费用赔偿限额、财产损失赔偿限额以及被保险人在道路交通事故中无责任的赔偿限额。

机动车交通事故责任强制保险责任限额由国务院保险监督管理机构会同国务院公安部门、国务院卫生主管部门、国务院农业主管部门规定。

**第二十四条** 国家设立道路交通事故社会救助基金（以下简称救助基金）。有下列情形之一时,道路交通事故中受害人人身伤亡的丧葬费用、部分或者全部抢救费用,由救助基金先行垫付,救助基金管理机构有权向道路交通事故责任人追偿:
（一）抢救费用超过机动车交通事故责任强制保险责任限额的;
（二）肇事机动车未参加机动车交通事故责任强制保险的;
（三）机动车肇事后逃逸的。

**第二十五条** 救助基金的来源包括:
（一）按照机动车交通事故责任强制保险的保险费的一定比例提取的资金;
（二）对未按照规定投保机动车交通事故责任强制保险的机动车的所有人、管理人的罚款;
（三）救助基金管理机构依法向道路交通事故责任人追偿的资金;
（四）救助基金孳息;
（五）其他资金。

**第二十六条** 救助基金的具体管理办法,由国务院财政部门会同国务院保险监督管理机构、国务院公安部门、国务院卫生主管部门、国务院农业主管部门制定试行。

**第二十七条** 被保险机动车发生道路交通事故,被保险人或者受害人通知保险公司的,保险公司应当立即给予答复,告知被保险人或者受害人具体的赔偿程序等有关事项。

**第二十八条** 被保险机动车发生道路交通事故的,由被保险人向保险公司申请赔偿保险金。保险公司应当自收到赔偿申请之日起1日内,书面告知被保险人需要向保险公司提供的与赔偿有关的证明和资料。

**第二十九条** 保险公司应当自收到被保险人提供的证明和资料之日起5日内,对是否属于保险责任作出核定,并将结果通知被保险人;对不属于保险责任的,应当书面说明理由;对属于保险责任的,在与被保险人达成赔偿保险金的协议后10日内,赔偿保险金。

**第三十条** 被保险人与保险公司对赔偿有争议的,可以依法申请仲裁或者向人民法院提起诉讼。

**第三十一条** 保险公司可以向被保险人赔偿保险金,也可以直接向受害人赔偿保险金。但是,因抢救受伤人员需要保险公司支付或者垫付抢救费用的,保险公司在接到公安机关交通管理部门通知后,经核对应当及时向医疗机构支付或者垫付抢救费用。

因抢救受伤人员需要救助基金管理机构垫付抢救费用的,救助基金管理机构在接到公安机关交通管理部门通知后,经核对应当及时向医疗机构垫付抢救费用。

**第三十二条** 医疗机构应当参照国务院卫生主管部门组织制定的有关临床诊疗指南,抢救、治疗道路交通事故中的受伤人员。

**第三十三条** 保险公司赔偿保险金或者垫付抢救费用,救助基金管理机构垫付抢救费用,需要向有关部门、医疗机构核实有关情况的,有关部门、医疗机构应当予以配合。

**第三十四条** 保险公司、救助基金管理机构的工作人员对当事人的个人隐私应当保密。

**第三十五条** 道路交通事故损害赔偿项目和标准依照有关法律的规定执行。

## 第四章 罚 则

**第三十六条** 保险公司以外的单位或者个人,非法从事机动车交通事故责任强制保险业务的,由国务院保险监督管理机构予以取缔;构成犯罪的,依法追究刑事责任;尚不构成犯罪的,由国务院保险监督管理机构没收违法所得，违法所得20万元以上的，并处违法所得1倍以上5倍以下罚款；没有违法所得或者违法所得不足20万元的，处20万元以上100万元以下罚款。

**第三十七条** 保险公司违反本条例规定，有下列行为之一的，由国务院保险监督管理机构责令改正，处5万元以上30万元以下罚款；情节严重的，可以限制业务范围、责令停止接受新业务或者吊销经营保险业务许可证：

（一）拒绝或者拖延承保机动车交通事故责任强制保险的；

（二）未按照统一的保险条款和基础保险费率从事机动车交通事故责任强制保险业务的；

（三）未将机动车交通事故责任强制保险业务和其他保险业务分开管理，单独核算的；

（四）强制投保人订立商业保险合同的；

（五）违反规定解除机动车交通事故责任强制保险合同的；

（六）拒不履行约定的赔偿保险金义务的；

（七）未按照规定及时支付或者垫付抢救费用的。

**第三十八条** 机动车所有人、管理人未按照规定投保机动车交通事故责任强制保险的，由公安机关交通管理部门扣留机动车，通知机动车所有人、管理人依照规定投保，处依照规定投保最低责任限额应缴纳的保险费的2倍罚款。

机动车所有人、管理人依照规定补办机动车交通事故责任强制保险的，应当及时退还机动车。

**第三十九条** 上道路行驶的机动车未放置保险标志的，公安机关交通管理部门应当扣留机动车，通知当事人提供保险标志或者补办相应手续，可以处警告或者20元以上200元以下罚款。

当事人提供保险标志或者补办相应手续的，应当及时退还机动车。

**第四十条** 伪造、变造或者使用伪造、变造的保险标志，或者使用其他机动车的保险标志，由公安机关交通管理部门予以收缴，扣留该机动车，处200元以上2000元以下罚款；构成犯罪的，依法追究刑事责任。

当事人提供相应的合法证明或者补办相应手续的，应当及时退还机动车。

# 第五章 附 则

**第四十一条** 本条例下列用语的含义：

（一）投保人，是指与保险公司订立机动车交通事故责任强制保险合同，并按照合同负有支付保险费义务的机动车的所有人、管理人。

（二）被保险人，是指投保人及其允许的合法驾驶人。

（三）抢救费用，是指机动车发生道路交通事故导致人员受伤时，医疗机构参照国务院卫生主管部门组织制定的有关临床诊疗指南，对生命体征不平稳和虽然生命体征平稳但如果不采取处理措施会产生生命危险，或者导致残疾、器官功能障碍，或者导致病程明显延长的受伤人员，采取必要的处理措施所发生的医疗费用。

**第四十二条** 挂车不投保机动车交通事故责任强制保险。发生道路交通事故造成人身伤亡、财产损失的，由牵引车投保的保险公司在机动车交通事故责任强制保险责任限额范围内予以赔偿；不足的部分，由牵引车方和挂车方依照法律规定承担赔偿责任。

**第四十三条** 机动车在道路以外的地方通行时发生事故，造成人身伤亡、财产损失的赔偿，比照适用本条例。

**第四十四条** 中国人民解放军和中国人民武装警察部队在编机动车参加机动车交通事故责任强制保险的办法，由中国人民解放军和中国人民武装警察部队另行规定。

**第四十五条** 机动车所有人、管理人自本条例施行之日起3个月内投保机动车交通事故责任强制保险；本条例施行前已经投保商业性机动车第三者责任保险的，保险期满，应当投保机动车交通事故责任强制保险。

**第四十六条** 本条例自2006年7月1日起施行。

# 二、相关解释

## 最高人民法院关于适用《中华人民共和国保险法》若干问题的解释（二）

- 2013年5月6日最高人民法院审判委员会第1577次会议通过
- 根据2020年12月23日最高人民法院审判委员会第1823次会议通过的《最高人民法院关于修改〈最高人民法院关于破产企业国有划拨土地使用权应否列入破产财产等问题的批复〉等二十九件商事类司法解释的决定》修正
- 2020年12月29日最高人民法院公告公布
- 自2021年1月1日起施行
- 法释〔2020〕18号

为正确审理保险合同纠纷案件，切实维护当事人的合法权益，根据《中华人民共和国民法典》《中华人民共和国保险法》《中华人民共和国民事诉讼法》等法律规定，结合审判实践，就保险法中关于保险合同一般规定部分有关法律适用问题解释如下：

**第一条** 财产保险中，不同投保人就同一保险标的分别投保，保险事故发生后，被保险人在其保险利益范围内依据保险合同主张保险赔偿的，人民法院应予支持。

**第二条** 人身保险中，因投保人对被保险人不具有保险利益导致保险合同无效，投保人主张保险人退还扣减相应手续费后的保险费的，人民法院应予支持。

**第三条** 投保人或者投保人的代理人订立保险合同时没有亲自签字或者盖章，而由保险人或者保险人的代理人代为签字或者盖章的，对投保人不生效。但投保人已经交纳保险费的，视为其对代签字或者盖章行为的追认。

保险人或者保险人的代理人代为填写保险单证后经投保人签字或者盖章确认的，代为填写的内容视为投保人的真实意思表示。但有证据证明保险人或者保险人的代理人存在保险法第一百一十六条、第一百三十一条相关规定情形的除外。

**第四条** 保险人接受了投保人提交的投保单并收取了保险费,尚未作出是否承保的意思表示,发生保险事故,被保险人或者受益人请求保险人按照保险合同承担赔偿或者给付保险金责任,符合承保条件的,人民法院应予支持;不符合承保条件的,保险人不承担保险责任,但应当退还已经收取的保险费。

保险人主张不符合承保条件的,应承担举证责任。

**第五条** 保险合同订立时,投保人明知的与保险标的或者被保险人有关的情况,属于保险法第十六条第一款规定的投保人"应当如实告知"的内容。

**第六条** 投保人的告知义务限于保险人询问的范围和内容。当事人对询问范围及内容有争议,保险人负举证责任。

保险人以投保人违反了对投保询问表中所列概括性条款的如实告知义务为由请求解除合同的,人民法院不予支持。但该概括性条款有具体内容的除外。

**第七条** 保险人在保险合同成立后知道或者应当知道投保人未履行如实告知义务,仍然收取保险费,又依照保险法第十六条第二款的规定主张解除合同的,人民法院不予支持。

**第八条** 保险人未行使合同解除权,直接以存在保险法第十六条第四款、第五款规定的情形为由拒绝赔偿的,人民法院不予支持。但当事人就拒绝赔偿事宜及保险合同存续另行达成一致的情况除外。

**第九条** 保险人提供的格式合同文本中的责任免除条款、免赔额、免赔率、比例赔付或者给付等免除或者减轻保险人责任的条款,可以认定为保险法第十七条第二款规定的"免除保险人责任的条款"。

保险人因投保人、被保险人违反法定或者约定义务,享有解除合同权利的条款,不属于保险法第十七条第二款规定的"免除保险人责任的条款"。

**第十条** 保险人将法律、行政法规中的禁止性规定情形作为保险合同免责条款的免责事由,保险人对该条款作出提示后,投保人、被保险人或者受益人以保险人未履行明确说明义务为由主张该条款不成为合同内容的,人民法院不予支持。

**第十一条** 保险合同订立时,保险人在投保单或者保险单等其他保险凭证上,对保险合同中免除保险人责任的条款,以足以引起投保人注意的文字、字体、符号或者其他明显标志作出提示的,人民法院应当认定其履行了保险法第十七条第二款规定的提示义务。

保险人对保险合同中有关免除保险人责任条款的概念、内容及其法律后果以书面或者口头形式向投保人作出常人能够理解的解释说明的,人民法院应当认定保险人履行了保险法第十七条第二款规定的明确说明义务。

**第十二条** 通过网络、电话等方式订立的保险合同,保险人以网页、音频、视频等形式对免除保险人责任条款予以提示和明确说明的,人民法院可以认定其履行了提示和明确说明义务。

**第十三条** 保险人对其履行了明确说明义务负举证责任。

投保人对保险人履行了符合本解释第十一条第二款要求的明确说明义务在相关文书上签字、盖章或者以其他形式予以确认的,应当认定保险人履行了该项义务。但另有证据证明保险人未履行明确说明义务的除外。

**第十四条** 保险合同中记载的内容不一致的,按照下列规则认定:

(一)投保单与保险单或者其他保险凭证不一致的,以投保单为准。但不一致的情形系经保险人说明并经投保人同意的,以投保人签收的保险单或者其他保险凭证载明的内容为准;

(二)非格式条款与格式条款不一致的,以非格式条款为准;

(三)保险凭证记载的时间不同的,以形成时间在后的为准;

(四)保险凭证存在手写和打印两种方式的,以双方签字、盖章的手写部分的内容为准。

**第十五条** 保险法第二十三条规定的三十日核定期间,应自保险人初次收到索赔请求及投保人、被保险人或者受益人提供的有关证明和资料之日起算。

保险人主张扣除投保人、被保险人或者受益人补充提供有关证明和资料期间的,人民法院应予支持。扣除期间自保险人根据保险法第二十二条规定作出的通知到达投保人、被保险人或者受益人之日起,至投保人、被保险人或者受益人按照通知要求补充提供的有关证明和资料到达保险人之日止。

**第十六条** 保险人应以自己的名义行使保险代位求偿权。

根据保险法第六十条第一款的规定,保险人代位求偿权的诉讼时效期间应自其取得代位求偿权之日起算。

**第十七条** 保险人在其提供的保险合同格式条款中对非保险术语所作的解释符合专业意义，或者虽不符合专业意义，但有利于投保人、被保险人或者受益人的，人民法院应予认可。

**第十八条** 行政管理部门依据法律规定制作的交通事故认定书、火灾事故认定书等，人民法院应当依法审查并确认其相应的证明力，但有相反证据能够推翻的除外。

**第十九条** 保险事故发生后，被保险人或者受益人起诉保险人，保险人以被保险人或者受益人未要求第三者承担责任为由抗辩不承担保险责任的，人民法院不予支持。

财产保险事故发生后，被保险人就其所受损失从第三者取得赔偿后的不足部分提起诉讼，请求保险人赔偿的，人民法院应予依法受理。

**第二十条** 保险公司依法设立并取得营业执照的分支机构属于《中华人民共和国民事诉讼法》第四十八条规定的其他组织，可以作为保险合同纠纷案件的当事人参加诉讼。

**第二十一条** 本解释施行后尚未终审的保险合同纠纷案件，适用本解释；本解释施行前已经终审，当事人申请再审或者按照审判监督程序决定再审的案件，不适用本解释。

# 三、办案规范

## 机动车辆保险理赔管理指引

·2012年2月21日
·保监发〔2012〕15号

### 第一章 总 则

**第一条** 为维护被保险人合法权益，规范财产保险公司（以下简称"公司"）机动车辆保险（以下简称"车险"）经营行为，控制经营风险，提升行业理赔管理服务水平，促进行业诚信建设，根据

《中华人民共和国保险法》及相关法律法规制订《机动车辆保险理赔管理指引》(以下简称《指引》)。

**第二条** 本《指引》所称公司,是指在中华人民共和国境内依法经营车险的财产保险公司,包括中资保险公司、中外合资保险公司、外商独资保险公司以及外资保险公司在华设立的分公司。

**第三条** 本《指引》中的车险理赔是指公司收到被保险人出险通知后,依据法律法规和保险合同,对有关事故损失事实调查核实,核定保险责任并赔偿保险金的行为,是保险人履行保险合同义务的体现。

**第四条** 车险理赔一般应包括报案受理、调度、查勘、立案、定损(估损)、人身伤亡跟踪(调查)、报核价、核损、医疗审核、资料收集、理算、核赔、结销案、赔款支付、追偿及损余物资处理、客户回访、投诉处理以及特殊案件处理等环节。

**第五条** 公司应制定完整统一的车险理赔组织管理、赔案管理、数据管理、运行保障管理等制度,搭建与业务规模、风险控制、客户服务相适应的理赔管理、流程控制、运行管理及服务体系。

**第六条** 公司车险理赔管理及服务应遵循以下原则:

(一)强化总公司集中统一的管理、控制和监督;

(二)逐步实现全过程流程化、信息化、规范化、标准化、一致性的理赔管理服务模式;

(三)建立健全符合合规管理及风险防范控制措施的理赔管理、风险控制、客户服务信息管理系统;

(四)确保各级理赔机构人员合理分工、职责明确、责任清晰、监督到位、考核落实;

(五)理赔资源配置要兼顾成本控制、风险防范、服务质量和效率。

**第七条** 本《指引》明确了公司在车险理赔管理中应达到的管理与服务的基本要求。公司与客户之间的权利义务关系应以《保险法》及相关法律法规和保险合同条款为准。

**第八条** 中国保险监督管理委员会及其派出机构依法对公司车险理赔实施监督检查,并可向社会公开《指引》的有关执行情况。

# 第二章 理赔管理

## 第一节 组织管理和资源配置

**第九条** 公司应建立健全车险理赔组织管理制度。明确理赔管理架构、管理机制、工作流程及各环节操作规范,明确各类理赔机构和人员的工作职责及权限、考核指标、标准及办法。明确理赔关键环节管理机制、关键岗位人员管理方式。明确理赔岗位各相关人员资格条件,建立理赔人员培训考试及考核评级制度,制订与业务规模、理赔管理和客户服务需要相适应的理赔资源配置办法等。

**第十条** 公司应按照车险理赔集中统一管理原则,建立完整合理的车险理赔组织架构,有效满足业务发展、理赔管理及客户服务需要。

(一)集中统一管理原则是指总公司统一制定理赔管理制度、规范理赔服务流程及标准,完善监督考核机制,应实现全国或区域接报案集中,以及对核损、核价、医疗审核、核赔等理赔流程关键环节和关键数据修改的总公司集中管控。

(二)完整合理的理赔组织架构,应将理赔管理职能、理赔操作职能以及客户服务职能分开设置,形成相互协作、相互监督的有效管理机制。

鼓励总公司对理赔线实行人、财、物全部垂直化管理。

**第十一条** 公司应制定严格管控措施和IT系统管控手段,强化关键岗位和关键环节的集中统一管理、监督和控制。

对核损、核价、医疗审核、核赔等关键岗位人员,应逐步实行总公司自上而下垂直管理,统一负责聘用、下派、任命、考核、薪酬发放、职务变动以及理赔审核管理权限授予等。

**第十二条** 对分支机构实行分类授权理赔管理,应充分考虑公司业务规模、经营效益、管理水平、区域条件等,可以选择"从人授权"和"从机构授权"方式。从机构授权只限于总公司对省级分公司的授权。

"从人授权"应根据理赔人员专业技能、考试评级结果授予不同金额、不同类型案件的审核权限;"从机构授权"应根据分支机构的经营管理水平、风险控制能力、经营效益以及服务需求授予不同理赔环节和内容的管理权限。

鼓励公司采取"从人授权"方式，加强专业化管理。

**第十三条** 公司应针对不同理赔岗位风险特性，制订严格岗位互掣制度。

核保岗位不得与核损、核价、核赔岗位兼任。同一赔案中，查勘、定损与核赔岗位，核损与核赔岗位之间不得兼任。在一定授权金额内，查勘、定损与核损岗位，理算与核赔岗位可兼任，但应制定严格有效的事中、事后抽查监督机制。

**第十四条** 公司应根据理赔管理、客户服务和业务发展需要，充分考虑业务规模、发展速度及地域特点，拟定理赔资源配置方案，明确理赔资源和业务资源配比。保证理赔服务场所、理赔服务工具、理赔信息系统、理赔人员等资源配备充足。

（一）在设有营销服务部以上经营机构地区

1. 应设立固定理赔服务场所或在营业场所内设立相对独立理赔服务区域，接受客户上门查勘定损、提交索赔材料。理赔服务场所数量应根据业务规模、案件数量以及服务半径合理设置、科学布局。理赔服务场所应保证交通便利、标识醒目。公司应对外公布理赔服务场所地址、电话。

2. 各地保险行业协会应根据本地区地域、自然环境、道路交通情况等因素确定各理赔环节的基本服务效率标准，各公司应保证各岗位理赔人员、理赔服务工具的配备满足上述标准要求。

（二）在未设分支机构地区

公司应制定切实可行的理赔服务方案，保证报案电话畅通，采取委托第三方等便捷方式为客户提供及时查勘、定损和救援等服务。在承保时，应向客户明确说明上述情况，并告知理赔服务流程。

不能满足上述要求的，公司应暂缓业务发展速度，控制业务规模。

**第十五条** 公司应建立各理赔岗位职责、上岗条件、培训、考核、评级、监督等管理制度和机制，建立理赔人员技术培训档案及服务投诉档案，如实记录理赔人员技能等级、培训考核情况和服务标准执行情况。

鼓励保险行业协会逐步探索实施行业统一的理赔人员从业资格、培训考试、考核评级等制度，建立理赔人员信息库。

**第十六条** 公司应对理赔人员进行岗前、岗中、晋级培训并考试。制定详实可行的培训计划和考核方案,保证基本培训时间、质量和效果。

(一)岗前培训:各岗位人员上岗前应参加岗前培训和考核,培训时间不应少于 60 小时,考试合格后可上岗工作;

(二)岗中培训:公司应通过集中面对面授课、视频授课等形式,对各岗位人员进行培训。核损、核价、医疗审核、核赔人员每年参加培训时间不应少于 100 小时,其他岗位人员每年参加培训时间不应少于 50 小时;

(三)晋级培训:各岗位人员晋级或非核损、核价、医疗审核、核赔岗位人员拟从事核损、核价、医疗审核、核赔岗位的,应经过统一培训和考试,合格后可晋级。

## 第二节 赔案管理

**第十七条** 公司应制定覆盖车险理赔全过程的管理制度和操作规范。按照精简高效原则,对接报案、调度、查勘、立案、定损(估损)、人身伤亡跟踪(调查)、报核价、核损、医疗审核、资料收集、理算、核赔、结销案、赔款支付、追偿及损余物资处理、客户回访、投诉处理以及特殊案件处理等各环节的工作流程和操作办法进行统一规范,逐步实现标准化、一致性的理赔管理和客户服务。

为防范风险,提高工作质量和效率,理赔处理各环节衔接点要严格规范,前后各环节间应形成必要的相互监督控制机制。

**第十八条** 公司应建立严格的未决赔案管理制度。规范未决赔案管理流程,准确掌握未决赔案数量及处理进度;监督促进提升理赔处理时效。根据未决赔案估损及估损调整管理规则确定估损金额,确保未决赔款准备金准确计提,真实反映负债和经营结果。

**第十九条** 公司应制订报核价管理制度。建立或采用科学合理的汽车零配件价格标准,做好零配件价格信息维护和本地化工作。

行业协会应积极推动保险行业与汽车产业链相关行业共同研究建立科学、合理的维修配件和工时系数标准化体系。

**第二十条** 公司应建立特殊案件管理制度。对案件注销、注销恢复、重开赔案、通融赔案、拒赔案件、预付赔款、规定范围内的诉讼案件、追偿赔案及其他特殊案件的审核和流程进行规范,并将审批权限上收到总公司。

**第二十一条** 公司应建立反欺诈管理制度。总公司及分支机构应建立自上而下、内外部合作、信息共享的反欺诈专职团队。对重点领域和环节通过在理赔信息系统中设立欺诈案件和可疑赔案筛查功能加大反欺诈预防查处力度。建立投诉、举报、信访处理机制和反欺诈奖励制度，向社会公布理赔投诉电话。

有条件的地区应建立本地区保险行业内联合反欺诈处理（或信息共享）机制或保险行业与当地公安机关联合反欺诈处理（或信息共享）机制。

**第二十二条** 公司应建立异地理赔管理制度和考核奖惩办法。按照"异地出险，就地理赔"原则，建立信息管理系统和网络，搭建省间代查勘、代定损、代赔付操作平台，规范实务流程和操作规则，做好跨省间客户投诉管理工作，确保全国理赔服务标准规范统一。

## 第三节 数据管理

**第二十三条** 公司应建立支撑车险理赔管理、风险控制及客户服务全流程化业务处理及信息管理系统。系统间实现无缝连接，无人工干预，实时数据传送处理，避免数据漏失、人工调整及时滞差异。

**第二十四条** 公司应制定数据质量管理制度。加强理赔与承保、财务间数据规范性、准确性和及时性的管理监督，使业务、财务数据归集、统计口径保持一致。公司应对数据质量定期监控与考评，对疑问数据及时通报。

**第二十五条** 公司应规范理赔各环节间数据管理。明确数据间勾稽关系，做到历史数据可追溯，对日常数据日清日结。应确定数据维护流程、使用性质和查询范围。应制定数据标准化推行制度。对异常（风险）数据设立基础考察观测项目，根据管理控制的重点适时调整考察观测项目。

疑问数据修改应依法合规，严格修改规范。疑问数据应及时整改，整改时应充分考虑整改方案是否合理以及是否会引发其他数据质量问题，严禁随意修改。

**第二十六条** 公司应建立内部各部门、各地区间必要的信息交流沟通机制。根据理赔数据管理情况，实现理赔部门与产品、承保、财务、精算、法律和客户服务等相关部门间沟通及信息反馈。

建立信息平台地区，公司应及时向信息平台上传理赔信息，确保上传信息与核心业务系统信息完整一致。

## 第四节 运行保障

**第二十七条** 公司应建立理赔费用管理制度，严格按照会计制度规定，规范直接理赔费用和间接理赔费用管理。理赔费用分摊应科学、合理并符合相关规定。

直接理赔费用要严格按照列支项目和原始凭证、材料，如实列支，审批权应集中到省级或以上机构，并按照直接理赔费用占赔款的一定比例监控；间接理赔费用要制定严格的间接理赔费用预算管理、计提标准、列支项目、列支审核以及执行监督制度，间接理赔费用的列支项目和单笔大额支出应规定严格的审批流程等。

公司应将理赔费用纳入考核政策，对各级机构形成约束。

**第二十八条** 公司应制定未决赔款准备金管理制度。根据未决赔款数据准确估算未决赔款准备金，建立理赔与精算的联合估算规则，要真实、准确、及时反映车险经营状况，有效预警经营风险，保证经营稳定。

**第二十九条** 公司应加强对合作单位管理，包括合作修理厂、合作医疗机构、医疗评残机构、公估机构以及其他保险中介机构的管理。

（一）公司在选择合作单位时，应保证公正、公平、公开原则，维护被保险人、受害人以及保险人的合法权益，依法选择，严格管理，建立准入、考核、监督及退出机制。

（二）公司应保证客户自由选择维修单位的权利，不得强制指定或变相强制指定车辆维修单位。

公司选择合作修理厂，应与经过规定程序产生的车辆维修单位签订维修合作协议。承修方要保证维修质量、维修时间达到客户满意，保险公司应协助客户跟踪维修质量与进度。

保险行业协会应积极协调组织公司就保险理赔服务有关工作与汽车修理厂、医疗机构、医疗评残机构、公估机构等相关单位沟通协调，加强行业间协作。

（三）*严格理赔权限管理*

1. 公司严禁将核损、核价、医疗审核、核赔等关键岗位理赔权限授予合作单位等非本公司系统内的各类机构或人员。

2. 原则上不允许合作单位代客户报案,代保险公司查勘、定损(专业公估机构除外),代客户领取赔款。

**第三十条** 公司应制定防灾防损制度,包括控制保险标的风险,抗御灾害及应对突发事件办法,降低保险事故发生频率和减少事故损失程度技能,增强为客户服务能力。

**第三十一条** 公司应建立客户投诉管理制度。对客户投诉渠道、投诉信息、投诉受理人、建议解决措施、投诉结果反馈、投诉结果归档、投诉处理的监督考核等规范管理。

**第三十二条** 公司应建立客户回访制度,对出险客户回访量、回访类型、回访内容、问题处置流程、解决问题比率、回访统计分析与反馈、回访结果归档,回访质量监督考核办法等进行规范管理。

**第三十三条** 公司应建立绩效考核机制。科学设计理赔质量指标体系,制定绩效考核管理办法。

理赔质量指标体系应包括客户服务满意度、投诉率、投诉处理满意度等客户服务类指标,案均结案时长、结案率等理赔效率类指标,估损偏差率、限时立案率、未决发展偏差率、服务质量、数据质量等理赔管理类指标以及赔付率、案均赔款、理赔费用等理赔成本类指标。公司应加强对理赔质量整体考核监管,不得单纯考核赔付率,不合理压低赔偿金额,损害消费者权益,影响理赔服务质量。

**第三十四条** 公司应定期或不定期开展理赔质量现场或非现场专项检查,包括对理赔服务、理赔关键举措、赔案质量、特殊案件处理、理赔费用列支等问题专项检查或评估。在日常赔案管理中,总公司应加强对分支机构理赔质量的常规检查和远程非现场检查监督,必要时可进行理赔效能专项检查。

**第三十五条** 公司应严格遵守各项法律法规,忠实履行保险合同义务。诚实守信、合法经营,禁止下列行为:

(一)理赔人员"吃、拿、卡、要"、故意刁难客户,或利用权力谋取个人私利;

(二)利用赔案强制被保险人提前续保;

(三)冒用被保险人名义缮制虚假赔案;

(四)无正当理由注销赔案;

(五)错赔、惜赔、拖赔、滥赔;

（六）理赔人员与客户内外勾结采取人为扩大损失等非法手段骗取赔款，损害公司利益的行为；

（七）其他侵犯客户合法权益的失信或违法违规行为。

## 第三章　流程控制

### 第一节　理赔信息系统

**第三十六条**　公司应以支持公司理赔全过程、流程化、规范化、标准化运行管控为目标，统一规划、开发、管理和维护理赔信息系统。

**第三十七条**　理赔流程中关键风险点的合规管控要求，应内嵌入理赔信息系统，并通过信息系统控制得以实现。

理赔信息系统操作应与理赔实务相一致，并严格规范指导实际操作。

**第三十八条**　公司应保证所有理赔案件处理通过理赔信息系统，实现全流程运行管控。严禁系统外处理赔案。

**第三十九条**　理赔信息系统数据库应建立在总公司。总公司不得授权省级分公司程序修改权和数据修改权。所有程序、数据的修改应保存审批及操作记录。

严禁将理赔信息系统数据库建立在省级及省级以下分支机构。

**第四十条**　公司理赔信息系统的功能设置应满足内控制度各项要求，至少应包括以下内容：

（一）理赔信息系统应与接报案系统、承保系统、再保险系统、财务系统数据实现集成管理，无缝对接。通过公司行政审批系统审批的案件信息应该自动对接到理赔系统，如果不能自动对接，应将行政审批意见扫描并上传至理赔系统中。

（二）理赔信息系统应实现理赔全流程管控，至少包括接报案、调度、查勘、立案、定损（估损）、人身伤亡跟踪（调查）、报核价、核损、医疗审核、资料收集、理算、核赔、结销案、赔款支付、追偿及损余物资处理、客户回访、投诉处理以及特殊案件处理等必要环节及完整的业务处理信息。理赔信息系统应实时准确反映各理赔环节、岗位的工作时效。

（三）理赔信息系统应能对核损、报核价、医疗审核、核赔等重要环节实现分级授权设置，系统按照授权规则自动提交上级审核；未经最终核损人审核同意，理赔系统不能打印损失确认书。未经最终核赔人审核同意，理赔系统不得核赔通过，财务系统不得支付赔款。

（四）理赔信息系统应按法律法规及条款约定设定理算标准及公式。

（五）理赔信息系统中不得单方面强制设置保险条款以外的责任免除、赔款扣除等内容。

（六）理赔信息系统数据应保证完整、真实并不能篡改。

（七）理赔信息系统应设置反欺诈识别提醒功能，对出险时间与起保或终止时间接近、保险年度内索赔次数异常等情况进行提示。

（八）理赔信息系统可在各环节对采集到的客户信息进行补充修正，确保客户信息真实、准确、详实。

（九）理赔信息系统应具备影像存储传输功能，逐步实现全程电子化单证，推行无纸化操作；鼓励公司使用远程视频传输系统功能。

（十）理赔信息系统可对符合快速处理条件的赔案适当简化流程。

（十一）理赔信息系统应加强对一人多岗的监控，严禁使用他人工号。

**第四十一条** 公司应制订应急处理机制，保证系统故障时接报案等理赔服务工作及时有序进行。

## 第二节 接报案

**第四十二条** 公司应实行接报案全国或区域统一管理模式，不得将接报案统一集中到省级或以下机构管理。所有车险理赔案件必须通过系统接报案环节录入并生成编号后方可继续下一流程。

**第四十三条** 公司应建立有效报案甄别机制，通过接报案人员采用标准话术详细询问、接报案受理后及时回访等方法，逐步减少无效报案。

**第四十四条** 报案时间超过出险时间48小时的，公司应在理赔信息系统中设定警示标志，并应录入具体原因。公司应对报案时间超过出险时间15天的案件建立监督审核机制。

**第四十五条** 接报案时，理赔信息系统应自动查询并提示同一保单下或同一车辆的以往报案记录，包括标的车辆作为第三者车辆的案件记录。对30天内多次报案的应设警示标志，防止重复报案并降低道德风险。

**第四十六条** 公司应积极引导被保险人或肇事司机直接向保险公司报案。对由修理单位等机构或个人代被保险人报案的，公司应要求其提供被保险人真实联系方式，并向被保险人核实。同时，公司应在后续理赔环节中通过查验被保险人有效身份证件或与被保险人见面方式对案件进行核实。

**第四十七条** 公司接报案受理人员应仔细询问并记录报案信息，报案记录应尽可能详尽，至少应包括以下内容：保单信息、出险车辆信息、被保险人信息、报案人信息、驾驶员信息、出险情况、损失情况、事故处理及施救等情况。

完成报案记录后，接报案人员或查勘人员要及时向报案人或被保险人详细明确说明理赔处理流程和所需证明材料等有关事项。

为方便客户了解赔偿程序和索赔要领，公司应向客户提供多渠道、多方式解释说明。

## 第三节 调 度

**第四十八条** 公司应建立完善、科学的调度体系，利用信息化手段准确调度，提高效率。

**第四十九条** 公司应通过调度系统实时掌握理赔人员、理赔车辆、理赔任务的工作状态。

## 第四节 查 勘

**第五十条** 公司应通过移动终端、远程控制或双人查勘等方式确保现场查勘信息真实。对重大、可疑赔案，应双人、多人查勘。

公司应加大对疑难重大案件复勘力度，并对第一现场、复勘现场、无现场查勘方式进行统计。

公司应建立查勘应急处理机制，防范并妥善处理突发大案或案件高峰期可能出现的查勘资源配置不到位。

**第五十一条** 理赔案件查勘报告应真实客观反映查勘情况，查勘报告重要项目应填写完整规范。重要项目至少应包括：出险车辆信息、驾驶员信息、事故成因、经过和性质、查勘时间、地点、内容、人员伤亡情况、事故车辆损失部位、程度等情况、查勘人员签名等。

现场照片应清楚反映事故全貌和损失情况。公司应采取技术手段防止或识别数码相片的修改。

查勘信息应及时录入理赔系统,超过规定时限的,应提交上级管理人员,对查勘人员进行考核处罚。

**第五十二条** 查勘人员应详细记录客户信息,了解事故情况,进行调查取证。

查勘人员应向客户递交书面"索赔须知",并进行必要讲解,提示客户及时提出索赔申请。"索赔须知"至少应包括:索赔程序指引、索赔需提供的资料、理赔时效承诺、理赔投诉电话、理赔人员信息、理赔信息客户自主查询方式方法以及其他注意事项等。

**第五十三条** 公司查勘人员应在查勘环节收集真实完整的客户信息,并在后续环节中不断完善补充。

**第五十四条** 公司应对委托外部机构查勘严格管理。公司应制定外部合作机构资质标准,并与委托查勘机构签订合作协议。分支机构委托外部机构查勘的,应经总公司审批授权。

**第五十五条** 鼓励公司印制防伪易碎贴或防伪易碎封签(标签),加贴于特定部位,防止损坏配件被恶意替换,并加强配件残值管理处置。主要用于以下方面:

(一)第一现场估损符合自动核价条件的,对需要回收残值的配件加贴。

(二)第一现场不能估损的案件,对外表损坏配件加贴,对易产生替换和可能损坏的配件加贴;对需监督拆解车辆,在拆解关键点加贴。

(三)水损事故中对损失与否不能确认的配件,如电脑板等加贴。

**第五十六条** 公司应严格按照《保险法》及相关法律法规和保险合同的约定,在法律规定时限内,核定事故是否属于保险责任。情形复杂的,应在 30 日内作出核定,但合同另有约定的除外。不属于保险责任的,应自作出核定之日起 3 日内向被保险人发出拒绝赔偿通知书并说明理由,将索赔证扫描存入系统后,退还相关索赔单证,并办理签收手续。

## 第五节 立 案

**第五十七条** 公司应加强立案过程管理,确保立案时估损金额尽量准确。公司原则上应实行报案即立案。接到报案后应及时在理赔信

809

息系统中进行立案处理。系统应设置超过3日尚未立案则强制自动立案功能。

**第五十八条** 公司应及时充足准确录入估损金额,对自动立案并通过理赔系统对案件进行自动估损赋值的,应本着充分原则,赋值金额参考历史同类案件的案均赔款或其他合理统计量确定。公司应根据险别、有无人伤等不同情况明确赋值规则。

### 第六节 定损（估损）

**第五十九条** 公司定损人员应准确记录损失部位和项目,提出修理、更换建议,及时录入理赔信息系统。并请客户签字确认损失部位和项目。

**第六十条** 定损人员应及时向客户说明损失情况,并就定损项目、修复方式、配件类型、维修金额等向客户耐心细致解释。核损通过后的损失确认书,应由客户签字确认。对客户自行承担的损失,应明确告知客户并做好解释说明。

定损项目和金额需要调整的,定损人员应征得客户同意并签字确认。

**第六十一条** 公司应对委托外部机构定损严格管控。

### 第七节 报核价

**第六十二条** 公司应建立专业报核价队伍,在理赔信息系统中设置报核价模块,逐步实现常用配件自动报价。

**第六十三条** 公司应维护更新零部件价格信息,推行价格信息本地化,保证价格信息与区域市场匹配。

公司应采用经国家有关部门批准和认证的正规配件企业生产、符合原厂技术规范和配件性能标准、有合法商标、质量检验合格的配件。

### 第八节 核 损

**第六十四条** 公司应高度重视核损环节管理,加强核损队伍建设,提高核损人员专业技能。

**第六十五条** 核损人员应认真核对查勘、定损人员提交的事故现场查勘情况,与客户填报的事故经过是否一致,确定事故真伪及是否属于保险责任。

鼓励公司核损人员对拟提供给客户的"索赔须知"内容进行审核,确保对需提供的索赔材料说明准确。

**第六十六条** 核损人员应对定损人员提交的标的损失项目、修复方式、估损金额,根据报核价环节提供的配件价格信息进行远程在线审核或现场审核,并提出审核意见。

**第六十七条** 理赔信息系统应自动按照核损通过数值调整未决赔款金额。对于未决赔款金额波动较大的,应在系统中设置提醒标志。

### 第九节 人伤跟踪和医疗审核

**第六十八条** 总公司应建立人身伤亡案件(以下简称为"人伤")审核专业管理团队,省级及以下理赔部门设置专职人伤跟踪(调查)和医疗审核团队或岗位,参与人伤损失的事故查勘、损伤调查、处理跟踪、协助和解、参与诉讼、资料收集、单证审核和费用核定等工作。公司应制订人伤跟踪、审核实务,应实现提前介入、过程跟踪、全程协助、加强管控的目标。

公司原则上应设置专线电话,安排人伤专业人员,为被保险人或受害人提供人伤处理全程咨询服务。

公司应加大人伤调查力度,制订人伤调查要求、具体内容和调查时效。

人伤审核人员应主动参与被保险人与事故受害人之间的损害赔偿和解工作,促成双方达成满意的和解结果。

在被保险人与受害人之间发生诉讼纠纷时,公司应积极主动协助被保险人做好诉讼案件处理工作。

**第六十九条** 公司在人伤跟踪过程中,应及时就诊疗方案、用药标准、后续治疗费用、残疾器具使用等问题向医疗单位、被保险人或受害人进行了解,并及时修正未决赔案估损金额。

**第七十条** 公司应根据相关法律法规和保险合同,按照以人为本和有利及时救治原则,进行人伤费用审核和支付。

**第七十一条** 公司对需进行伤残鉴定的人伤案件,应优先推荐和引导伤者到当地公信力较高的伤残鉴定机构进行评定,确保评残公正、客观。公司应跟踪评残过程及鉴定结果,发现疑义的应及时向鉴定机构反馈或要求复评。

公司应将"低残高评"、"疑义伤残"等记录在案,向有关主管部门反馈。

### 第十节 资料收集

**第七十二条** 公司接收、记录客户送达的索赔资料时,应按照"索赔须知"当场查验索赔资料是否齐全,及时出具接收回执。回执上应注明公司接收人、接收时间和公司咨询电话。

**第七十三条** 公司认为有关证明和资料不完整的,应当及时一次性书面通知投保人、被保险人或者受益人补充提供。

### 第十一节 理 算

**第七十四条** 公司对索赔资料齐全、无异议的案件,应及时完成理算工作。

### 第十二节 核 赔

**第七十五条** 公司理赔时效标准不得低于法律法规以及行业关于理赔时效的规定。

公司自收到索赔请求和有关证明、资料之日起60日内,对其赔偿数额不能确定的,应根据已有证明和资料可以确定的数额先予支付。最终确定赔偿数额后,支付相应差额。

**第七十六条** 公司应对疑难案件会商,在充分尊重事实,准确适用法律,综合评定各方利益,并与客户有效沟通后,做出最终结论,并将结果及时反馈。

### 第十三节 结销案

**第七十七条** 公司应当在全部损失标的核赔通过后自动或人工结案。结案后的重开赔案权限应通过理赔信息系统上收至总公司。

**第七十八条** 公司应明确规定赔案注销、零结案和拒赔条件,严格注销案件、零结案和拒赔管理。

注销恢复案件处理权限应通过理赔信息系统上收至总公司。

### 第十四节 赔款支付

**第七十九条** 公司应在与客户达成赔偿协议后10日内赔付。公司应及时通知客户领取保险赔款,定期清理已决未支付赔案。不得通过预付赔款方式支付已达成协议的赔款。

鼓励公司建立快速理赔机制。

**第八十条** 公司应在理赔信息系统中设定赔款收款人姓名、账号和开户银行名称,赔款支付时应遵守反洗钱的相关规定。

在赔款成功支付后,公司应通过电话、短信或书面等方式告知客户。

鼓励公司在客户投保时,积极引导客户约定赔款支付方式、明确赔款支付对象、开户行、账号等信息。

**第八十一条** 被保险人为个人的,公司应积极引导被保险人通过银行转账方式领取保险赔款。保险赔款金额超过一定金额的,要通过非现金方式支付,且支付到与被保险人、道路交通事故受害人等符合法律法规规定的人员名称相一致的银行账户。

各地区、各公司可根据实际情况,制订现金支付的最高限额。

**第八十二条** 被保险人为单位的,公司应严格按照有关支付结算规定,对1000元以上的保险赔款要通过非现金方式支付,且支付到与被保险人、道路交通事故受害人等符合法律法规规定的人员名称相一致的银行账户。

各地区、各公司可根据实际情况,进一步限定采取汇款、网上银行等无背书功能的转账支付方式。

鼓励公司采取无现金支付方式支付赔款。

**第八十三条** 公司应严格管控代领保险赔款风险。

(一) 严格"直赔"修理厂管理

公司对签订"直赔"协议的修理单位(以下简称"直赔厂"),必须严格管理监督。

1. 不得将代报案、代查勘权限授予直赔厂。

2. 直赔厂在代客户索赔时,应提供维修发票、维修清单以及被保险人出具的授权书原件、身份证明等材料。

3. 公司应通过银行采用无背书功能的转账支付方式将保险赔款划入以承修事故车辆的修理单位为户名的银行账户,并通过电话回访或书面方式告知被保险人。

4. 对于不能提供被保险人真实联系方式、授权书的修理单位,公司不应与其签订或续签"直赔"协议。

（二）严格管控其他单位或个人代领保险赔款

对于直赔厂之外的其他单位或个人代被保险人或道路交通事故受害人领取保险赔款的，必须提供被保险人或道路交通事故受害人有效身份证明原件、授权书原件以及代领赔款人身份证明原件。

赔款支付方式按照第八十一条和第八十二条的规定执行。

**第八十四条** 被保险人给第三者造成损害，被保险人对第三者应负的赔偿责任确定的，根据被保险人的请求，公司应直接向该第三者赔偿保险金。被保险人怠于请求的，第三者有权就其应获赔偿部分直接向公司请求赔偿，公司应受理。

### 第十五节 追偿及损余物资处理

**第八十五条** 公司应加强代位追偿案件管理，制订制度规范以及追偿案件的业务、财务处理方式及流程。

**第八十六条** 公司应制订损余物资管理办法。损余物资折归被保险人的，应与被保险人协商同意，确保公平合理。

公司回收损余物资的，应在理赔信息系统中准确录入损余物资管理信息和处置情况，统计损余物资处置金额。处理款项应及时冲减赔款。

对于盗抢险追回车辆、推定全损车辆的损余处理，应上收到省级或以上机构统一处理。

# 第四章 理赔服务

### 第一节 服务标准

**第八十七条** 理赔服务应贯彻于理赔全过程，包括风险管理、客户回访、投诉处理等内容。

**第八十八条** 公司应制订理赔服务规范，确保流程控制中各环节理赔手续简便、服务时效明确、服务标准一致。

**第八十九条** 公司应建立"首问负责制"，保证流程顺畅，不互相推诿。

最先受理客户咨询、投诉的人员作为首问责任人，负责处理或督促相关部门解决客户提出的各类问题，并跟踪至问题解决。

**第九十条** 公司应设立全国统一的服务电话号码,并向社会公示,24小时×365天接受报案和咨询。公司应保证报案电话畅通,接通率不低于85%。

公司应提供24小时×365天查勘定损服务。

各地保险行业协会应根据本地实际情况,规定理赔人员到达事故现场时限,并向社会公布。

**第九十一条** 公司应建立理赔服务指标体系。理赔服务指标至少应包括:报案电话接通率、到达现场时长、平均结案周期、小额赔案结案周期、赔付时效、客户有效投诉率等。

各地保险行业协会应根据本地实际情况,制定理赔服务指标参考标准,并向社会公布。

**第九十二条** 公司应统一查勘定损员服装样式,统一制作并悬挂胸牌,按照公司视觉识别标识统一进行查勘车辆的外观喷涂和编号,便于各级理赔服务工作管理监督,提升理赔服务形象。

**第九十三条** 公司应制订理赔标准用语规范,涵盖理赔全流程。理赔人员在服务过程中应体现出良好的保险职业道德和精神风貌,主动迅速准确为客户提供优质服务。

**第九十四条** 异地理赔服务、委托外部机构理赔服务不得低于规定的理赔服务时效、理赔标准。

## 第二节 服务内容

**第九十五条** 公司应高度重视车险理赔服务工作,进一步强化理赔服务意识、增强理赔服务能力、提高理赔服务质量。

公司应积极协助被保险人向责任对方(责任对方是指在事故中对被保险人负有赔偿责任的当事人)进行索赔;当被保险人选择直接向投保保险公司索赔,并将向责任对方请求赔偿的权利转让给保险公司时,保险公司应该认真履行赔付义务。

各公司之间应进一步加强沟通协调。对于涉及多家保险公司的赔案,各公司均应积极参与处理,不得推诿。

为提高运行效率,各省级行业协会应逐步依托行业车险信息平台尽快实现数据及时传递和共享,应组织保险公司逐步建立行业间定损标准、赔付标准和追偿实务标准,积极解决保险理赔服务问题,提高客户满意度。

**第九十六条** 公司应根据赔案类型、客户分类和赔付数据建立差异化理赔服务机制。

公司应建立小额赔案理赔快速处理机制,不断提高小额案件理赔时效和服务质量。小额赔案的标准和赔付时限由各省级行业协会根据情况确定。

**第九十七条** 公司可在合理成本范围内为客户提供车辆救援、风险管理等增值服务。

**第九十八条** 公司应提供多渠道的理赔信息反馈服务。公司应按照相关规定,提供理赔信息自助查询服务。公司应在与理赔相关的营业场所或服务场所,张贴统一印制的索赔指引或索赔流程图,在保险凭证和保险宣传资料上明示服务电话,制订并对外公布理赔服务承诺。

公司应逐步实施电话、短信通知提醒、网络平台上传资料等服务内容。

### 第三节 服务保证

**第九十九条** 公司应建立客户回访制度,应设专职人员在赔款支付 15 个工作日内进行客户回访,各公司应根据案件量确保一定回访比例。

建立客户回访台账或留存回访电话录音,内容至少应包括:案件情况真实性、理赔服务质量、赔款领取情况等。回访记录应妥善保存,自保险合同终止之日起计算,保管期限不得少于 5 年。

**第一百条** 公司应建立投诉信访处理机制,设立客户服务部门或者咨询投诉岗位,向社会公布理赔投诉电话,接受社会监督。

(一)公司应设专职人员负责受理客户理赔投诉工作。建立客户投诉登记台帐,台帐内容至少应包括:投诉编号、投诉日期、投诉人及联系方式、被投诉人、涉及保单或赔案号、投诉原因、投诉具体内容、处理结果、答复客户日期等。

(二)对保险监管部门按照规定转办的涉及理赔服务方面的信访事项,不得推诿、敷衍、拖延、弄虚作假,由公司分管领导负责并按照监管部门要求报告受理情况和办理结果。

(三)上门投诉的客户,有专人负责接待,尽最大努力即时解决。无法即时解决的,明确答复时限。其他形式(如电话、传真、信访和电子邮件等)的一般性投诉,承办部门应在 3 个工作日内答复;重大、疑难类投诉,应在 5 个工作日内答复。

对信访投诉情况定期分析,并采取改进措施。

**第一百零一条** 公司应建立并不断完善重大突发性事件、群体性投诉和媒体曝光事件的应急机制。

**第一百零二条** 公司应建立对理赔服务的内部稽核检查机制。

公司应通过客户服务暗访、客户满意度调查制度等多种方式对理赔服务质量监督检查,确保理赔服务水平。

**第一百零三条** 公司在加强理赔管理的同时,应不断提升理赔服务水平,落实理赔服务承诺,不得以打击车险骗赔等各种理由为名,降低车险理赔服务质量。

## 第五章 附 则

**第一百零四条** 车险电销专用产品业务的理赔及后续管理等原则上在保险标的所在地进行,并实行属地管理。

**第一百零五条** 交强险案件的理赔,应严格遵照监管部门及行业协会的有关规定执行。

**第一百零六条** 公司在与保险公估机构建立业务合作关系时,双方签订的合作协议中应明确规定保险公估机构提供的相关服务不低于本《指引》要求的管理与服务质量水平。

**第一百零七条** 本《指引》自下发之日起实施。

# 机动车交通事故责任强制保险费率浮动暂行办法

· 2007 年 6 月 27 日保监发〔2007〕52 号发布
· 根据 2020 年 9 月 9 日《中国银保监会关于调整交强险责任限额和费率浮动系数的公告》修改

一、根据国务院《机动车交通事故责任强制保险条例》第八条①的有关规定,制定本办法。

---

① 新交强险限额和费率浮动系数从 2020 年 9 月 19 日零时起实行。

二、从 2007 年 7 月 1 日起签发的机动车交通事故责任强制保险（以下简称交强险）保单，按照本办法，实行交强险费率与道路交通事故相联系浮动。

三、交强险费率浮动因素及比率如下：

1. 内蒙古、海南、青海、西藏 4 个地区实行以下费率调整方案 A：

|  | 浮动因素 | 浮动比率 |
| --- | --- | --- |
| 与道路交通事故相联系的浮动方案 A | A1. 上一个年度未发生有责任道路交通事故 | -30% |
|  | A2. 上两个年度未发生有责任道路交通事故 | -40% |
|  | A3. 上三个及以上年度未发生有责任道路交通事故 | -50% |
|  | A4. 上一个年度发生一次有责任不涉及死亡的道路交通事故 | 0% |
|  | A5. 上一个年度发生两次及两次以上有责任道路交通事故 | 10% |
|  | A6. 上一个年度发生有责任道路交通死亡事故 | 30% |

2. 陕西、云南、广西 3 个地区实行以下费率调整方案 B：

|  | 浮动因素 | 浮动比率 |
| --- | --- | --- |
| 与道路交通事故相联系的浮动方案 A | B1. 上一个年度未发生有责任道路交通事故 | -25% |
|  | B2. 上两个年度未发生有责任道路交通事故 | -35% |
|  | B3. 上三个及以上年度未发生有责任道路交通事故 | -45% |
|  | B4. 上一个年度发生一次有责任不涉及死亡的道路交通事故 | 0% |
|  | B5. 上一个年度发生两次及两次以上有责任道路交通事故 | 10% |
|  | B6. 上一个年度发生有责任道路交通死亡事故 | 30% |

**3. 甘肃、吉林、山西、黑龙江、新疆 5 个地区实行以下费率调整方案 C：**

| | 浮动因素 | 浮动比率 |
|---|---|---|
| 与道路交通事故相联系的浮动方案 C | C1. 上一个年度未发生有责任道路交通事故 | -20% |
| | C2. 上两个年度未发生有责任道路交通事故 | -30% |
| | C3. 上三个及以上年度未发生有责任道路交通事故 | -40% |
| | C4. 上一个年度发生一次有责任不涉及死亡的道路交通事故 | 0% |
| | C5. 上一个年度发生两次及两次以上有责任道路交通事故 | 10% |
| | C6. 上一个年度发生有责任道路交通死亡事故 | 30% |

**4. 北京、天津、河北、宁夏 4 个地区实行以下费率调整方案 D：**

| | 浮动因素 | 浮动比率 |
|---|---|---|
| 与道路交通事故相联系的浮动方案 D | D1. 上一个年度未发生有责任道路交通事故 | -15% |
| | D2. 上两个年度未发生有责任道路交通事故 | -25% |
| | D3. 上三个及以上年度未发生有责任道路交通事故 | -35% |
| | D4. 上一个年度发生一次有责任不涉及死亡的道路交通事故 | 0% |
| | D5. 上一个年度发生两次及两次以上有责任道路交通事故 | 10% |
| | D6. 上一个年度发生有责任道路交通死亡事故 | 30% |

5. 江苏、浙江、安徽、上海、湖南、湖北、江西、辽宁、河南、福建、重庆、山东、广东、深圳、厦门、四川、贵州、大连、青岛、宁波20个地区实行以下费率调整方案E：

|  | 浮动因素 | 浮动比率 |
|---|---|---|
| 与道路交通事故相联系的浮动方案E | E1. 上一个年度未发生有责任道路交通事故 | -10% |
|  | E2. 上两个年度未发生有责任道路交通事故 | -20% |
|  | E3. 上三个及以上年度未发生有责任道路交通事故 | -30% |
|  | E4. 上一个年度发生一次有责任不涉及死亡的道路交通事故 | 0% |
|  | E5. 上一个年度发生两次及两次以上有责任道路交通事故 | 10% |
|  | E6. 上一个年度发生有责任道路交通死亡事故 | 30% |

四、交强险最终保险费计算方法是：交强险最终保险费＝交强险基础保险费×（1+与道路交通事故相联系的浮动比率X，X取ABCDE方案其中之一对应的值）。

五、交强险基础保险费根据中国保监会批复中国保险行业协会《关于中国保险行业协会制定机动交通事故责任强制保险行业协会条款费率的批复》（保监产险〔2006〕638号）执行。

六、交强险费率浮动标准根据被保险机动车所发生的道路交通事故计算。摩托车和拖拉机暂不浮动。

七、与道路交通事故相联系的浮动比率X为X1至X6其中之一，不累加。同时满足多个浮动因素，按照向上浮动或者向下浮动比率的高者计算。

八、仅发生无责任道路交通事故的，交强险费率仍可享受向下浮动。

九、浮动因素计算区间为上期保单出单日至本期保单出单日之间。

十、与道路交通事故相联系浮动时，应根据上年度交强险已赔付的赔案浮动。上年度发生赔案但还未赔付的，本期交强险费率不浮动，直至赔付后的下一年度交强险费率向上浮动。

十一、几种特殊情况的交强险费率浮动方法

（一）首次投保交强险的机动车费率不浮动。

（二）在保险期限内，被保险机动车所有权转移，应当办理交强险合同变更手续，且交强险费率不浮动。

（三）机动车临时上道路行驶或境外机动车临时入境投保短期交强险的，交强险费率不浮动。其他投保短期交强险的情况下，根据交强险短期基准保险费并按照上述标准浮动。

（四）被保险机动车经公安机关证实丢失后追回的，根据投保人提供的公安机关证明，在丢失期间发生道路交通事故的，交强险费率不向上浮动。

（五）机动车上一期交强险保单满期后未及时续保的，浮动因素计算区间仍为上期保单出单日至本期保单出单日之间。

（六）在全国车险信息平台联网或全国信息交换前，机动车跨省变更投保地时，如投保人能提供相关证明文件的，可享受交强险费率向下浮动。不能提供的，交强险费率不浮动。

**十二、**交强险保单出单日距离保单起期最长不能超过三个月。

**十三、**除投保人明确表示不需要的，保险公司应当在完成保险费计算后、出具保险单以前，向投保人出具《机动车交通事故责任强制保险费率浮动告知书》（附件），经投保人签章确认后，再出具交强险保单、保险标志。投保人有异议的，应告知其有关道路交通事故的查询方式。

**十四、**已经建立车险联合信息平台的地区，通过车险联合信息平台实现交强险费率浮动。除当地保险监管部门认可的特殊情形以外，《机动车交通事故责任强制保险费率浮动告知书》和交强险保单必须通过车险信息平台出具。

未建立车险信息平台的地区，通过保险公司之间相互报盘、简易理赔共享查询系统或者手工方式等，实现交强险费率浮动。

**十五、**本办法适用于从2007年7月1日起签发的交强险保单。2007年7月1日前已签发的交强险保单不适用本办法。

**附件：**

## 机动车交通事故责任强制保险费率浮动告知单

尊敬的投保人：

您的机动车投保基本信息如下：
车牌号码： 　　　号牌种类：
发动机号： 　　　识别代码（车架号）：
浮动因素计算区间：__年__月__日零时至__年__月__日二十四时

根据中国保险监督管理委员会批准的机动车交通事故责任强制保险（以下简称交强险）费率，您的机动车交强险基础保险费是：人民币_____元。

您的机动车从上年度投保以来至今，发生的有责任道路交通事故记录如下：

| 序号 | 赔付时间 | 是否造成受害人死亡 |
|---|---|---|
|  |  |  |
|  |  |  |
|  |  |  |
|  |  |  |
|  |  |  |

或者：您的机动车在上__个年度内未发生道路交通事故。

根据中国保险监督管理委员会公布的《机动车交通事故责任强制保险费率浮动暂行办法》，与道路交通事故相联系的费率浮动比率为：___%。

交强险最终保险费=交强险基础保险费×（1+与道路交通事故相联系的浮动比率）

本次投保的应交保险费：人民币___元（大写：___）
以上告知，如无异议，请您签字（签章）确认。
投保人签字（盖章）：_____
日期：_____年___月___日

# 道路运输

# 一、法律法规

## 中华人民共和国道路运输条例

- 2004年4月30日中华人民共和国国务院令第406号公布
- 根据2012年11月9日《国务院关于修改和废止部分行政法规的决定》第一次修订
- 根据2016年2月6日《国务院关于修改部分行政法规的决定》第二次修订
- 根据2019年3月2日《国务院关于修改部分行政法规的决定》第三次修订
- 根据2022年3月29日《国务院关于修改和废止部分行政法规的决定》第四次修订

### 第一章 总 则

**第一条** 为了维护道路运输市场秩序，保障道路运输安全，保护道路运输有关各方当事人的合法权益，促进道路运输业的健康发展，制定本条例。

**第二条** 从事道路运输经营以及道路运输相关业务的，应当遵守本条例。

前款所称道路运输经营包括道路旅客运输经营（以下简称客运经营）和道路货物运输经营（以下简称货运经营）；道路运输相关业务包括站（场）经营、机动车维修经营、机动车驾驶员培训。

**第三条** 从事道路运输经营以及道路运输相关业务，应当依法经营，诚实信用，公平竞争。

**第四条** 道路运输管理，应当公平、公正、公开和便民。

**第五条** 国家鼓励发展乡村道路运输，并采取必要的措施提高乡镇和行政村的通班车率，满足广大农民的生活和生产需要。

**第六条** 国家鼓励道路运输企业实行规模化、集约化经营。任何单位和个人不得封锁或者垄断道路运输市场。

**第七条** 国务院交通运输主管部门主管全国道路运输管理工作。

县级以上地方人民政府交通运输主管部门负责本行政区域的道路运输管理工作。

## 第二章 道路运输经营

### 第一节 客 运

**第八条** 申请从事客运经营的,应当具备下列条件:

(一) 有与其经营业务相适应并经检测合格的车辆;

(二) 有符合本条例第九条规定条件的驾驶人员;

(三) 有健全的安全生产管理制度。

申请从事班线客运经营的,还应当有明确的线路和站点方案。

**第九条** 从事客运经营的驾驶人员,应当符合下列条件:

(一) 取得相应的机动车驾驶证;

(二) 年龄不超过60周岁;

(三) 3年内无重大以上交通责任事故记录;

(四) 经设区的市级人民政府交通运输主管部门对有关客运法律法规、机动车维修和旅客急救基本知识考试合格。

**第十条** 申请从事客运经营的,应当依法向市场监督管理部门办理有关登记手续后,按照下列规定提出申请并提交符合本条例第八条规定条件的相关材料:

(一) 从事县级行政区域内和毗邻县行政区域间客运经营的,向所在地县级人民政府交通运输主管部门提出申请;

(二) 从事省际、市际、县际(除毗邻县行政区域间外)客运经营的,向所在地设区的市级人民政府交通运输主管部门提出申请;

(三) 在直辖市申请从事客运经营的,向所在地直辖市人民政府确定的交通运输主管部门提出申请。

依照前款规定收到申请的交通运输主管部门,应当自受理申请之日起20日内审查完毕,作出许可或者不予许可的决定。予以许可的,向申请人颁发道路运输经营许可证,并向申请人投入运输的车辆配发车辆营运证;不予许可的,应当书面通知申请人并说明理由。

对从事省际和市际客运经营的申请,收到申请的交通运输主管部门依照本条第二款规定颁发道路运输经营许可证前,应当与运输线路目的地的相应交通运输主管部门协商,协商不成的,应当按程序报省、自治区、直辖市人民政府交通运输主管部门协商决定。对从事设区的市内毗邻县客运经营的申请,有关交通运输主管部门应当进行协商,协商不成的,报所在地市级人民政府交通运输主管部门决定。

**第十一条** 取得道路运输经营许可证的客运经营者,需要增加客运班线的,应当依照本条例第十条的规定办理有关手续。

**第十二条** 县级以上地方人民政府交通运输主管部门在审查客运申请时,应当考虑客运市场的供求状况、普遍服务和方便群众等因素。

同一线路有3个以上申请人时,可以通过招标的形式作出许可决定。

**第十三条** 县级以上地方人民政府交通运输主管部门应当定期公布客运市场供求状况。

**第十四条** 客运班线的经营期限为4年到8年。经营期限届满需要延续客运班线经营许可的,应当重新提出申请。

**第十五条** 客运经营者需要终止客运经营的,应当在终止前30日内告知原许可机关。

**第十六条** 客运经营者应当为旅客提供良好的乘车环境,保持车辆清洁、卫生,并采取必要的措施防止在运输过程中发生侵害旅客人身、财产安全的违法行为。

**第十七条** 旅客应当持有效客票乘车,遵守乘车秩序,讲究文明卫生,不得携带国家规定的危险物品及其他禁止携带的物品乘车。

**第十八条** 班线客运经营者取得道路运输经营许可证后,应当向公众连续提供运输服务,不得擅自暂停、终止或者转让班线运输。

**第十九条** 从事包车客运的,应当按照约定的起始地、目的地和线路运输。

从事旅游客运的,应当在旅游区域按照旅游线路运输。

**第二十条** 客运经营者不得强迫旅客乘车,不得甩客、敲诈旅客;不得擅自更换运输车辆。

825

## 第二节 货 运

**第二十一条** 申请从事货运经营的,应当具备下列条件:
(一)有与其经营业务相适应并经检测合格的车辆;
(二)有符合本条例第二十二条规定条件的驾驶人员;
(三)有健全的安全生产管理制度。

**第二十二条** 从事货运经营的驾驶人员,应当符合下列条件:
(一)取得相应的机动车驾驶证;
(二)年龄不超过60周岁;
(三)经设区的市级人民政府交通运输主管部门对有关货运法律法规、机动车维修和货物装载保管基本知识考试合格(使用总质量4500千克及以下普通货运车辆的驾驶人员除外)。

**第二十三条** 申请从事危险货物运输经营的,还应当具备下列条件:
(一)有5辆以上经检测合格的危险货物运输专用车辆、设备;
(二)有经所在地设区的市级人民政府交通运输主管部门考试合格,取得上岗资格证的驾驶人员、装卸管理人员、押运人员;
(三)危险货物运输专用车辆配有必要的通讯工具;
(四)有健全的安全生产管理制度。

**第二十四条** 从事货运经营的,应当依法向市场监督管理部门办理有关登记手续后,按照下列规定提出申请并分别提交符合本条例第二十一条、第二十三条规定条件的相关材料:
(一)从事危险货物运输经营以外的货运经营的,向县级人民政府交通运输主管部门提出申请;
(二)从事危险货物运输经营的,向设区的市级人民政府交通运输主管部门提出申请。

依照前款规定收到申请的交通运输主管部门,应当自受理申请之日起20日内审查完毕,作出许可或者不予许可的决定。予以许可的,向申请人颁发道路运输经营许可证,并向申请人投入运输的车辆配发车辆营运证;不予许可的,应当书面通知申请人并说明理由。

使用总质量4500千克及以下普通货运车辆从事普通货运经营的,无需按照本条规定申请取得道路运输经营许可证及车辆营运证。

**第二十五条** 货运经营者不得运输法律、行政法规禁止运输的货物。

法律、行政法规规定必须办理有关手续后方可运输的货物，货运经营者应当查验有关手续。

**第二十六条** 国家鼓励货运经营者实行封闭式运输，保证环境卫生和货物运输安全。

货运经营者应当采取必要措施，防止货物脱落、扬撒等。

运输危险货物应当采取必要措施，防止危险货物燃烧、爆炸、辐射、泄漏等。

**第二十七条** 运输危险货物应当配备必要的押运人员，保证危险货物处于押运人员的监管之下，并悬挂明显的危险货物运输标志。

托运危险货物的，应当向货运经营者说明危险货物的品名、性质、应急处置方法等情况，并严格按照国家有关规定包装，设置明显标志。

### 第三节 客运和货运的共同规定

**第二十八条** 客运经营者、货运经营者应当加强对从业人员的安全教育、职业道德教育，确保道路运输安全。

道路运输从业人员应当遵守道路运输操作规程，不得违章作业。驾驶人员连续驾驶时间不得超过4个小时。

**第二十九条** 生产（改装）客运车辆、货运车辆的企业应当按照国家规定标定车辆的核定人数或者载重量，严禁多标或者少标车辆的核定人数或者载重量。

客运经营者、货运经营者应当使用符合国家规定标准的车辆从事道路运输经营。

**第三十条** 客运经营者、货运经营者应当加强对车辆的维护和检测，确保车辆符合国家规定的技术标准；不得使用报废的、擅自改装的和其他不符合国家规定的车辆从事道路运输经营。

**第三十一条** 客运经营者、货运经营者应当制定有关交通事故、自然灾害以及其他突发事件的道路运输应急预案。应急预案应当包括报告程序、应急指挥、应急车辆和设备的储备以及处置措施等内容。

**第三十二条** 发生交通事故、自然灾害以及其他突发事件，客运经营者和货运经营者应当服从县级以上人民政府或者有关部门的统一调度、指挥。

**第三十三条** 道路运输车辆应当随车携带车辆营运证,不得转让、出租。

**第三十四条** 道路运输车辆运输旅客的,不得超过核定的人数,不得违反规定载货;运输货物的,不得运输旅客,运输的货物应当符合核定的载重量,严禁超载;载物的长、宽、高不得违反装载要求。

违反前款规定的,由公安机关交通管理部门依照《中华人民共和国道路交通安全法》的有关规定进行处罚。

**第三十五条** 客运经营者、危险货物运输经营者应当分别为旅客或者危险货物投保承运人责任险。

## 第三章 道路运输相关业务

**第三十六条** 从事道路运输站(场)经营的,应当具备下列条件:

(一)有经验收合格的运输站(场);
(二)有相应的专业人员和管理人员;
(三)有相应的设备、设施;
(四)有健全的业务操作规程和安全管理制度。

**第三十七条** 从事机动车维修经营的,应当具备下列条件:

(一)有相应的机动车维修场地;
(二)有必要的设备、设施和技术人员;
(三)有健全的机动车维修管理制度;
(四)有必要的环境保护措施。

国务院交通运输主管部门根据前款规定的条件,制定机动车维修经营业务标准。

**第三十八条** 从事机动车驾驶员培训的,应当具备下列条件:

(一)取得企业法人资格;
(二)有健全的培训机构和管理制度;
(三)有与培训业务相适应的教学人员、管理人员;
(四)有必要的教学车辆和其他教学设施、设备、场地。

**第三十九条** 申请从事道路旅客运输站(场)经营业务的,应当在依法向市场监督管理部门办理有关登记手续后,向所在地县级人民政府交通运输主管部门提出申请,并附送符合本条例第三十六条规定条件的相关材料。县级人民政府交通运输主管部门应当自受理申请之日起15日内审查完毕,作出许可或者不予许可的决定,并书面通知申请人。

从事道路货物运输站(场)经营、机动车维修经营和机动车驾驶员培训业务的,应当在依法向市场监督管理部门办理有关登记手续后,向所在地县级人民政府交通运输主管部门进行备案,并分别附送符合本条例第三十六条、第三十七条、第三十八条规定条件的相关材料。

**第四十条** 道路运输站(场)经营者应当对出站的车辆进行安全检查,禁止无证经营的车辆进站从事经营活动,防止超载车辆或者未经安全检查的车辆出站。

道路运输站(场)经营者应当公平对待使用站(场)的客运经营者和货运经营者,无正当理由不得拒绝道路运输车辆进站从事经营活动。

道路运输站(场)经营者应当向旅客和货主提供安全、便捷、优质的服务;保持站(场)卫生、清洁;不得随意改变站(场)用途和服务功能。

**第四十一条** 道路旅客运输站(场)经营者应当为客运经营者合理安排班次,公布其运输线路、起止停靠站点、运输班次、始发时间、票价,调度车辆进站、发车,疏导旅客,维持上下车秩序。

道路旅客运输站(场)经营者应当设置旅客购票、候车、行李寄存和托运等服务设施,按照车辆核定载客限额售票,并采取措施防止携带危险品的人员进站乘车。

**第四十二条** 道路货物运输站(场)经营者应当按照国务院交通运输主管部门规定的业务操作规程装卸、储存、保管货物。

**第四十三条** 机动车维修经营者应当按照国家有关技术规范对机动车进行维修,保证维修质量,不得使用假冒伪劣配件维修机动车。

机动车维修经营者应当公布机动车维修工时定额和收费标准,合理收取费用,维修服务完成后应当提供维修费用明细单。

**第四十四条** 机动车维修经营者对机动车进行二级维护、总成修理或者整车修理的,应当进行维修质量检验。检验合格的,维修质量检验人员应当签发机动车维修合格证。

机动车维修实行质量保证期制度。质量保证期内因维修质量原因造成机动车无法正常使用的,机动车维修经营者应当无偿返修。

机动车维修质量保证期制度的具体办法,由国务院交通运输主管部门制定。

**第四十五条** 机动车维修经营者不得承修已报废的机动车,不得擅自改装机动车。

**第四十六条** 机动车驾驶员培训机构应当按照国务院交通运输主管部门规定的教学大纲进行培训,确保培训质量。培训结业的,应当向参加培训的人员颁发培训结业证书。

## 第四章 国际道路运输

**第四十七条** 国务院交通运输主管部门应当及时向社会公布中国政府与有关国家政府签署的双边或者多边道路运输协定确定的国际道路运输线路。

**第四十八条** 从事国际道路运输经营的,应当具备下列条件:

(一) 依照本条例第十条、第二十四条规定取得道路运输经营许可证的企业法人;

(二) 在国内从事道路运输经营满3年,且未发生重大以上道路交通责任事故。

**第四十九条** 申请从事国际道路旅客运输经营的,应当向省、自治区、直辖市人民政府交通运输主管部门提出申请并提交符合本条例第四十八条规定条件的相关材料。省、自治区、直辖市人民政府交通运输主管部门应当自受理申请之日起20日内审查完毕,作出批准或者不予批准的决定。予以批准的,应当向国务院交通运输主管部门备案;不予批准的,应当向当事人说明理由。

从事国际道路货物运输经营的,应当向省、自治区、直辖市人民政府交通运输主管部门进行备案,并附送符合本条例第四十八条规定条件的相关材料。

国际道路运输经营者应当持有关文件依法向有关部门办理相关手续。

**第五十条** 中国国际道路运输经营者应当在其投入运输车辆的显著位置,标明中国国籍识别标志。

外国国际道路运输经营者的车辆在中国境内运输,应当标明本国国籍识别标志，并按照规定的运输线路行驶；不得擅自改变运输线路，不得从事起止地都在中国境内的道路运输经营。

**第五十一条** 在口岸设立的国际道路运输管理机构应当加强对出入口岸的国际道路运输的监督管理。

**第五十二条** 外国国际道路运输经营者依法在中国境内设立的常驻代表机构不得从事经营活动。

## 第五章 执法监督

**第五十三条** 县级以上地方人民政府交通运输、公安、市场监督管理等部门应当建立信息共享和协同监管机制，按照职责分工加强对道路运输及相关业务的监督管理。

**第五十四条** 县级以上人民政府交通运输主管部门应当加强执法队伍建设，提高其工作人员的法制、业务素质。

县级以上人民政府交通运输主管部门的工作人员应接受法制和道路运输管理业务培训、考核，考核不合格的，不得上岗执行职务。

**第五十五条** 上级交通运输主管部门应当对下级交通运输主管部门的执法活动进行监督。

县级以上人民政府交通运输主管部门应当建立健全内部监督制度，对其工作人员执法情况进行监督检查。

**第五十六条** 县级以上人民政府交通运输主管部门及其工作人员执行职务时，应当自觉接受社会和公民的监督。

**第五十七条** 县级以上人民政府交通运输主管部门应当建立道路运输举报制度，公开举报电话号码、通信地址或者电子邮件信箱。

任何单位和个人都有权对县级以上人民政府交通运输主管部门的工作人员滥用职权、徇私舞弊的行为进行举报。县级以上人民政府交通运输主管部门及其他有关部门收到举报后，应当依法及时查处。

**第五十八条** 县级以上人民政府交通运输主管部门的工作人员应当严格按照职责权限和程序进行监督检查，不得乱设卡、乱收费、乱罚款。

县级以上人民政府交通运输主管部门的工作人员应当重点在道路运输及相关业务经营场所、客货集散地进行监督检查。

县级以上人民政府交通运输主管部门的工作人员在公路路口进行

监督检查时,不得随意拦截正常行驶的道路运输车辆。

**第五十九条** 县级以上人民政府交通运输主管部门的工作人员实施监督检查时,应当有 2 名以上人员参加,并向当事人出示执法证件。

**第六十条** 县级以上人民政府交通运输主管部门的工作人员实施监督检查时,可以向有关单位和个人了解情况,查阅、复制有关资料。但是,应当保守被调查单位和个人的商业秘密。

被监督检查的单位和个人应当接受依法实施的监督检查,如实提供有关资料或者情况。

**第六十一条** 县级以上人民政府交通运输主管部门的工作人员在实施道路运输监督检查过程中,发现车辆超载行为的,应当立即予以制止,并采取相应措施安排旅客改乘或者强制卸货。

**第六十二条** 县级以上人民政府交通运输主管部门的工作人员在实施道路运输监督检查过程中,对没有车辆营运证又无法当场提供其他有效证明的车辆予以暂扣的,应当妥善保管,不得使用,不得收取或者变相收取保管费用。

## 第六章　　法律责任

**第六十三条** 违反本条例的规定,未取得道路运输经营许可,擅自从事道路运输经营的,由县级以上地方人民政府交通运输主管部门责令停止经营;有违法所得的,没收违法所得,处违法所得 2 倍以上 10 倍以下的罚款;没有违法所得或者违法所得不足 2 万元的,处 3 万元以上 10 万元以下的罚款;构成犯罪的,依法追究刑事责任。

**第六十四条** 不符合本条例第九条、第二十二条规定条件的人员驾驶道路运输经营车辆的,由县级以上地方人民政府交通运输主管部门责令改正,处 200 元以上 2000 元以下的罚款;构成犯罪的,依法追究刑事责任。

**第六十五条** 违反本条例的规定,未经许可擅自从事道路旅客运输站(场)经营的,由县级以上地方人民政府交通运输主管部门责令停止经营;有违法所得的,没收违法所得,处违法所得 2 倍以上 10 倍以下的罚款;没有违法所得或者违法所得不足 1 万元的,处 2 万元以上 5 万元以下的罚款;构成犯罪的,依法追究刑事责任。

从事机动车维修经营业务不符合国务院交通运输主管部门制定的机动车维修经营业务标准的,由县级以上地方人民政府交通运输主管部门责令改正;情节严重的,由县级以上地方人民政府交通运输主管部门责令停业整顿。

从事道路货物运输站(场)经营、机动车维修经营和机动车驾驶员培训业务,未按规定进行备案的,由县级以上地方人民政府交通运输主管部门责令改正;拒不改正的,处5000元以上2万元以下的罚款。备案时提供虚假材料情节严重的,其直接负责的主管人员和其他直接责任人员5年内不得从事原备案的业务。

**第六十六条** 违反本条例的规定,客运经营者、货运经营者、道路运输相关业务经营者非法转让、出租道路运输许可证件的,由县级以上地方人民政府交通运输主管部门责令停止违法行为,收缴有关证件,处2000元以上1万元以下的罚款;有违法所得的,没收违法所得。

**第六十七条** 违反本条例的规定,客运经营者、危险货物运输经营者未按规定投保承运人责任险的,由县级以上地方人民政府交通运输主管部门责令限期投保;拒不投保的,由原许可机关吊销道路运输经营许可证。

**第六十八条** 违反本条例的规定,客运经营者、货运经营者不按照规定携带车辆营运证的,由县级以上地方人民政府交通运输主管部门责令改正,处警告或者20元以上200元以下的罚款。

**第六十九条** 违反本条例的规定,客运经营者、货运经营者有下列情形之一的,由县级以上地方人民政府交通运输主管部门责令改正,处1000元以上3000元以下的罚款;情节严重的,由原许可机关吊销道路运输经营许可证:

(一)不按批准的客运站点停靠或者不按规定的线路、公布的班次行驶的;

(二)强行招揽旅客、货物的;

(三)在旅客运输途中擅自变更运输车辆或者将旅客移交他人运输的;

(四)未报告原许可机关,擅自终止客运经营的;

(五)没有采取必要措施防止货物脱落、扬撒等的。

**第七十条** 违反本条例的规定,客运经营者、货运经营者不按规定维护和检测运输车辆的,由县级以上地方人民政府交通运输主管部门责令改正,处 1000 元以上 5000 元以下的罚款。

违反本条例的规定,客运经营者、货运经营者擅自改装已取得车辆营运证的车辆的,由县级以上地方人民政府交通运输主管部门责令改正,处 5000 元以上 2 万元以下的罚款。

**第七十一条** 违反本条例的规定,道路运输站(场)经营者允许无证经营的车辆进站从事经营活动以及超载车辆、未经安全检查的车辆出站或者无正当理由拒绝道路运输车辆进站从事经营活动的,由县级以上地方人民政府交通运输主管部门责令改正,处 1 万元以上 3 万元以下的罚款。

违反本条例的规定,道路运输站(场)经营者擅自改变道路运输站(场)的用途和服务功能,或者不公布运输线路、起止经停站点、运输班次、始发时间、票价的,由县级以上地方人民政府交通运输主管部门责令改正;拒不改正的,处 3000 元的罚款;有违法所得的,没收违法所得。

**第七十二条** 违反本条例的规定,机动车维修经营者使用假冒伪劣配件维修机动车,承修已报废的机动车或者擅自改装机动车的,由县级以上地方人民政府交通运输主管部门责令改正;有违法所得的,没收违法所得,处违法所得 2 倍以上 10 倍以下的罚款;没有违法所得或者违法所得不足 1 万元的,处 2 万元以上 5 万元以下的罚款,没收假冒伪劣配件及报废车辆;情节严重的,由县级以上地方人民政府交通运输主管部门责令停业整顿;构成犯罪的,依法追究刑事责任。

**第七十三条** 违反本条例的规定,机动车维修经营者签发虚假的机动车维修合格证,由县级以上地方人民政府交通运输主管部门责令改正;有违法所得的,没收违法所得,处违法所得 2 倍以上 10 倍以下的罚款;没有违法所得或者违法所得不足 3000 元的,处 5000 元以上 2 万元以下的罚款;情节严重的,由县级以上地方人民政府交通运输主管部门责令停业整顿;构成犯罪的,依法追究刑事责任。

**第七十四条** 违反本条例的规定,机动车驾驶员培训机构不严格按照规定进行培训或者在培训结业证书发放时弄虚作假的,由县级以上地方人民政府交通运输主管部门责令改正;拒不改正的,责令停业整顿。

**第七十五条** 违反本条例的规定,外国国际道路运输经营者未按照规定的线路运输,擅自从事中国境内道路运输或者未标明国籍识别标志的,由省、自治区、直辖市人民政府交通运输主管部门责令停止运输;有违法所得的,没收违法所得,处违法所得2倍以上10倍以下的罚款;没有违法所得或者违法所得不足1万元的,处3万元以上6万元以下的罚款。

从事国际道路货物运输经营,未按规定进行备案的,由省、自治区、直辖市人民政府交通运输主管部门责令改正;拒不改正的,处5000元以上2万元以下的罚款。

**第七十六条** 县级以上人民政府交通运输主管部门应当将道路运输及其相关业务经营者和从业人员的违法行为记入信用记录,并依照有关法律、行政法规的规定予以公示。

**第七十七条** 违反本条例的规定,县级以上人民政府交通运输主管部门的工作人员有下列情形之一的,依法给予行政处分;构成犯罪的,依法追究刑事责任:

(一)不依照本条例规定的条件、程序和期限实施行政许可的;
(二)参与或者变相参与道路运输经营以及道路运输相关业务的;
(三)发现违法行为不及时查处的;
(四)违反规定拦截、检查正常行驶的道路运输车辆的;
(五)违法扣留运输车辆、车辆营运证的;
(六)索取、收受他人财物,或者谋取其他利益的;
(七)其他违法行为。

# 第七章 附 则

**第七十八条** 内地与香港特别行政区、澳门特别行政区之间的道路运输,参照本条例的有关规定执行。

**第七十九条** 外商可以依照有关法律、行政法规和国家有关规定,在中华人民共和国境内采用中外合资、中外合作、独资形式投资有关的道路运输经营以及道路运输相关业务。

**第八十条** 从事非经营性危险货物运输的,应当遵守本条例有关规定。

**第八十一条** 县级以上地方人民政府交通运输主管部门依照本条例发放经营许可证件和车辆营运证,可以收取工本费。工本费的具体收费标准由省、自治区、直辖市人民政府财政部门、价格主管部门会同同级交通运输主管部门核定。

**第八十二条** 出租车客运和城市公共汽车客运的管理办法由国务院另行规定。

**第八十三条** 本条例自 2004 年 7 月 1 日起施行。

# 放射性物品运输安全管理条例

· 2009 年 9 月 7 日国务院第 80 次常务会议通过
· 2009 年 9 月 14 日中华人民共和国国务院令第 562 号公布
· 自 2010 年 1 月 1 日起施行

## 第一章 总 则

**第一条** 为了加强对放射性物品运输的安全管理，保障人体健康，保护环境，促进核能、核技术的开发与和平利用，根据《中华人民共和国放射性污染防治法》，制定本条例。

**第二条** 放射性物品的运输和放射性物品运输容器的设计、制造等活动，适用本条例。

本条例所称放射性物品，是指含有放射性核素，并且其活度和比活度均高于国家规定的豁免值的物品。

**第三条** 根据放射性物品的特性及其对人体健康和环境的潜在危害程度，将放射性物品分为一类、二类和三类。

一类放射性物品，是指Ⅰ类放射源、高水平放射性废物、乏燃料等释放到环境后对人体健康和环境产生重大辐射影响的放射性物品。

二类放射性物品，是指Ⅱ类和Ⅲ类放射源、中等水平放射性废物等释放到环境后对人体健康和环境产生一般辐射影响的放射性物品。

三类放射性物品，是指Ⅳ类和Ⅴ类放射源、低水平放射性废物、放射性药品等释放到环境后对人体健康和环境产生较小辐射影响的放射性物品。

放射性物品的具体分类和名录，由国务院核安全监管部门会同国务院公安、卫生、海关、交通运输、铁路、民航、核工业行业主管部门制定。

**第四条** 国务院核安全监管部门对放射性物品运输的核与辐射安全实施监督管理。

国务院公安、交通运输、铁路、民航等有关主管部门依照本条例规定和各自的职责,负责放射性物品运输安全的有关监督管理工作。

县级以上地方人民政府环境保护主管部门和公安、交通运输等有关主管部门,依照本条例规定和各自的职责,负责本行政区域放射性物品运输安全的有关监督管理工作。

**第五条** 运输放射性物品,应当使用专用的放射性物品运输包装容器(以下简称运输容器)。

放射性物品的运输和放射性物品运输容器的设计、制造,应当符合国家放射性物品运输安全标准。

国家放射性物品运输安全标准,由国务院核安全监管部门制定,由国务院核安全监管部门和国务院标准化主管部门联合发布。国务院核安全监管部门制定国家放射性物品运输安全标准,应当征求国务院公安、卫生、交通运输、铁路、民航、核工业行业主管部门的意见。

**第六条** 放射性物品运输容器的设计、制造单位应当建立健全责任制度,加强质量管理,并对所从事的放射性物品运输容器的设计、制造活动负责。

放射性物品的托运人(以下简称托运人)应当制定核与辐射事故应急方案,在放射性物品运输中采取有效的辐射防护和安全保卫措施,并对放射性物品运输中的核与辐射安全负责。

**第七条** 任何单位和个人对违反本条例规定的行为,有权向国务院核安全监管部门或者其他依法履行放射性物品运输安全监督管理职责的部门举报。

接到举报的部门应当依法调查处理,并为举报人保密。

## 第二章 放射性物品运输容器的设计

**第八条** 放射性物品运输容器设计单位应当建立健全和有效实施质量保证体系,按照国家放射性物品运输安全标准进行设计,并通过试验验证或者分析论证等方式,对设计的放射性物品运输容器的安全性能进行评价。

**第九条** 放射性物品运输容器设计单位应当建立健全档案制度，按照质量保证体系的要求，如实记录放射性物品运输容器的设计和安全性能评价过程。

进行一类放射性物品运输容器设计，应当编制设计安全评价报告书；进行二类放射性物品运输容器设计，应当编制设计安全评价报告表。

**第十条** 一类放射性物品运输容器的设计，应当在首次用于制造前报国务院核安全监管部门审查批准。

申请批准一类放射性物品运输容器的设计，设计单位应当向国务院核安全监管部门提出书面申请，并提交下列材料：

（一）设计总图及其设计说明书；

（二）设计安全评价报告书；

（三）质量保证大纲。

**第十一条** 国务院核安全监管部门应当自受理申请之日起45个工作日内完成审查，对符合国家放射性物品运输安全标准的，颁发一类放射性物品运输容器设计批准书，并公告批准文号；对不符合国家放射性物品运输安全标准的，书面通知申请单位并说明理由。

**第十二条** 设计单位修改已批准的一类放射性物品运输容器设计中有关安全内容的，应当按照原申请程序向国务院核安全监管部门重新申请领取一类放射性物品运输容器设计批准书。

**第十三条** 二类放射性物品运输容器的设计，设计单位应当在首次用于制造前，将设计总图及其设计说明书、设计安全评价报告表报国务院核安全监管部门备案。

**第十四条** 三类放射性物品运输容器的设计，设计单位应当编制设计符合国家放射性物品运输安全标准的证明文件并存档备查。

## 第三章　放射性物品运输容器的制造与使用

**第十五条** 放射性物品运输容器制造单位，应当按照设计要求和国家放射性物品运输安全标准，对制造的放射性物品运输容器进行质量检验，编制质量检验报告。

未经质量检验或者经检验不合格的放射性物品运输容器，不得交付使用。

**第十六条** 从事一类放射性物品运输容器制造活动的单位,应当具备下列条件:

(一)有与所从事的制造活动相适应的专业技术人员;

(二)有与所从事的制造活动相适应的生产条件和检测手段;

(三)有健全的管理制度和完善的质量保证体系。

**第十七条** 从事一类放射性物品运输容器制造活动的单位,应当申请领取一类放射性物品运输容器制造许可证(以下简称制造许可证)。

申请领取制造许可证的单位,应当向国务院核安全监管部门提出书面申请,并提交其符合本条例第十六条规定条件的证明材料和申请制造的运输容器型号。

禁止无制造许可证或者超出制造许可证规定的范围从事一类放射性物品运输容器的制造活动。

**第十八条** 国务院核安全监管部门应当自受理申请之日起45个工作日内完成审查,对符合条件的,颁发制造许可证,并予以公告;对不符合条件的,书面通知申请单位并说明理由。

**第十九条** 制造许可证应当载明下列内容:

(一)制造单位名称、住所和法定代表人;

(二)许可制造的运输容器的型号;

(三)有效期限;

(四)发证机关、发证日期和证书编号。

**第二十条** 一类放射性物品运输容器制造单位变更单位名称、住所或者法定代表人的,应当自工商变更登记之日起20日内,向国务院核安全监管部门办理制造许可证变更手续。

一类放射性物品运输容器制造单位变更制造的运输容器型号的,应当按照原申请程序向国务院核安全监管部门重新申请领取制造许可证。

**第二十一条** 制造许可证有效期为5年。

制造许可证有效期届满,需要延续的,一类放射性物品运输容器制造单位应当于制造许可证有效期届满6个月前,向国务院核安全监管部门提出延续申请。

国务院核安全监管部门应当在制造许可证有效期届满前作出是否准予延续的决定。

**第二十二条** 从事二类放射性物品运输容器制造活动的单位,应当在首次制造活动开始30日前,将其具备与所从事的制造活动相适应的专业技术人员、生产条件、检测手段,以及具有健全的管理制度和完善的质量保证体系的证明材料,报国务院核安全监管部门备案。

**第二十三条** 一类、二类放射性物品运输容器制造单位,应当按照国务院核安全监管部门制定的编码规则,对其制造的一类、二类放射性物品运输容器统一编码,并于每年1月31日前将上一年度的运输容器编码清单报国务院核安全监管部门备案。

**第二十四条** 从事三类放射性物品运输容器制造活动的单位,应当于每年1月31日前将上一年度制造的运输容器的型号和数量报国务院核安全监管部门备案。

**第二十五条** 放射性物品运输容器使用单位应当对其使用的放射性物品运输容器定期进行保养和维护,并建立保养和维护档案;放射性物品运输容器达到设计使用年限,或者发现放射性物品运输容器存在安全隐患的,应当停止使用,进行处理。

一类放射性物品运输容器使用单位还应当对其使用的一类放射性物品运输容器每两年进行一次安全性能评价,并将评价结果报国务院核安全监管部门备案。

**第二十六条** 使用境外单位制造的一类放射性物品运输容器的,应当在首次使用前报国务院核安全监管部门审查批准。

申请使用境外单位制造的一类放射性物品运输容器的单位,应当向国务院核安全监管部门提出书面申请,并提交下列材料:

(一)设计单位所在国核安全监管部门颁发的设计批准文件的复印件;

(二)设计安全评价报告书;

(三)制造单位相关业绩的证明材料;

(四)质量合格证明;

(五)符合中华人民共和国法律、行政法规规定,以及国家放射性物品运输安全标准或者经国务院核安全监管部门认可的标准的说明材料。

国务院核安全监管部门应当自受理申请之日起45个工作日内完成审查,对符合国家放射性物品运输安全标准的,颁发使用批准书;对不符合国家放射性物品运输安全标准的,书面通知申请单位并说明理由。

**第二十七条** 使用境外单位制造的二类放射性物品运输容器的，应当在首次使用前将运输容器质量合格证明和符合中华人民共和国法律、行政法规规定，以及国家放射性物品运输安全标准或者经国务院核安全监管部门认可的标准的说明材料，报国务院核安全监管部门备案。

**第二十八条** 国务院核安全监管部门办理使用境外单位制造的一类、二类放射性物品运输容器审查批准和备案手续，应当同时为运输容器确定编码。

## 第四章 放射性物品的运输

**第二十九条** 托运放射性物品的，托运人应当持有生产、销售、使用或者处置放射性物品的有效证明，使用与所托运的放射性物品类别相适应的运输容器进行包装，配备必要的辐射监测设备、防护用品和防盗、防破坏设备，并编制运输说明书、核与辐射事故应急响应指南、装卸作业方法、安全防护指南。

运输说明书应当包括放射性物品的品名、数量、物理化学形态、危害风险等内容。

**第三十条** 托运一类放射性物品的，托运人应当委托有资质的辐射监测机构对其表面污染和辐射水平实施监测，辐射监测机构应当出具辐射监测报告。

托运二类、三类放射性物品的，托运人应当对其表面污染和辐射水平实施监测，并编制辐射监测报告。

监测结果不符合国家放射性物品运输安全标准的，不得托运。

**第三十一条** 承运放射性物品应当取得国家规定的运输资质。承运人的资质管理，依照有关法律、行政法规和国务院交通运输、铁路、民航、邮政主管部门的规定执行。

**第三十二条** 托运人和承运人应当对直接从事放射性物品运输的工作人员进行运输安全和应急响应知识的培训，并进行考核；考核不合格的，不得从事相关工作。

托运人和承运人应当按照国家放射性物品运输安全标准和国家有关规定，在放射性物品运输容器和运输工具上设置警示标志。

国家利用卫星定位系统对一类、二类放射性物品运输工具的运输过程实行在线监控。具体办法由国务院核安全监管部门会同国务院有关部门制定。

**第三十三条** 托运人和承运人应当按照国家职业病防治的有关规定，对直接从事放射性物品运输的工作人员进行个人剂量监测，建立个人剂量档案和职业健康监护档案。

**第三十四条** 托运人应当向承运人提交运输说明书、辐射监测报告、核与辐射事故应急响应指南、装卸作业方法、安全防护指南，承运人应当查验、收存。托运人提交文件不齐全的，承运人不得承运。

**第三十五条** 托运一类放射性物品的，托运人应当编制放射性物品运输的核与辐射安全分析报告书，报国务院核安全监管部门审查批准。

放射性物品运输的核与辐射安全分析报告书应当包括放射性物品的品名、数量、运输容器型号、运输方式、辐射防护措施、应急措施等内容。

国务院核安全监管部门应当自受理申请之日起45个工作日内完成审查，对符合国家放射性物品运输安全标准的，颁发核与辐射安全分析报告批准书；对不符合国家放射性物品运输安全标准的，书面通知申请单位并说明理由。

**第三十六条** 放射性物品运输的核与辐射安全分析报告批准书应当载明下列主要内容：

（一）托运人的名称、地址、法定代表人；
（二）运输放射性物品的品名、数量；
（三）运输放射性物品的运输容器型号和运输方式；
（四）批准日期和有效期限。

**第三十七条** 一类放射性物品启运前，托运人应当将放射性物品运输的核与辐射安全分析报告批准书、辐射监测报告，报启运地的省、自治区、直辖市人民政府环境保护主管部门备案。

收到备案材料的环境保护主管部门应当及时将有关情况通报放射性物品运输的途经地和抵达地的省、自治区、直辖市人民政府环境保护主管部门。

**第三十八条** 通过道路运输放射性物品的，应当经公安机关批准，按照指定的时间、路线、速度行驶，并悬挂警示标志，配备押运人员，使放射性物品处于押运人员的监管之下。

通过道路运输核反应堆乏燃料的，托运人应当报国务院公安部门批准。通过道路运输其他放射性物品的，托运人应当报启运地县级以上人民政府公安机关批准。具体办法由国务院公安部门商国务院核安全监管部门制定。

**第三十九条** 通过水路运输放射性物品的，按照水路危险货物运输的法律、行政法规和规章的有关规定执行。

通过铁路、航空运输放射性物品的，按照国务院铁路、民航主管部门的有关规定执行。

禁止邮寄一类、二类放射性物品。邮寄三类放射性物品的，按照国务院邮政管理部门的有关规定执行。

**第四十条** 生产、销售、使用或者处置放射性物品的单位，可以依照《中华人民共和国道路运输条例》的规定，向设区的市级人民政府道路运输管理机构申请非营业性道路危险货物运输资质，运输本单位的放射性物品，并承担本条例规定的托运人和承运人的义务。

申请放射性物品非营业性道路危险货物运输资质的单位，应当具备下列条件：

（一）持有生产、销售、使用或者处置放射性物品的有效证明；

（二）有符合本条例规定要求的放射性物品运输容器；

（三）有具备辐射防护与安全防护知识的专业技术人员和经考试合格的驾驶人员；

（四）有符合放射性物品运输安全防护要求，并经检测合格的运输工具、设施和设备；

（五）配备必要的防护用品和依法经定期检定合格的监测仪器；

（六）有运输安全和辐射防护管理规章制度以及核与辐射事故应急措施。

放射性物品非营业性道路危险货物运输资质的具体条件，由国务院交通运输主管部门会同国务院核安全监管部门制定。

**第四十一条** 一类放射性物品从境外运抵中华人民共和国境内，或者途经中华人民共和国境内运输的，托运人应当编制放射性物品运输的核与辐射安全分析报告书，报国务院核安全监管部门审查批准。审查批准程序依照本条例第三十五条第三款的规定执行。

二类、三类放射性物品从境外运抵中华人民共和国境内，或者途经中华人民共和国境内运输的,托运人应当编制放射性物品运输的辐射监测报告,报国务院核安全监管部门备案。

托运人、承运人或者其代理人向海关办理有关手续,应当提交国务院核安全监管部门颁发的放射性物品运输的核与辐射安全分析报告批准书或者放射性物品运输的辐射监测报告备案证明。

**第四十二条** 县级以上人民政府组织编制的突发环境事件应急预案,应当包括放射性物品运输中可能发生的核与辐射事故应急响应的内容。

**第四十三条** 放射性物品运输中发生核与辐射事故的,承运人、托运人应当按照核与辐射事故应急响应指南的要求,做好事故应急工作,并立即报告事故发生地的县级以上人民政府环境保护主管部门。接到报告的环境保护主管部门应当立即派人赶赴现场,进行现场调查,采取有效措施控制事故影响,并及时向本级人民政府报告,通报同级公安、卫生、交通运输等有关主管部门。

接到报告的县级以上人民政府及其有关主管部门应当按照应急预案做好应急工作,并按照国家突发事件分级报告的规定及时上报核与辐射事故信息。

核反应堆乏燃料运输的核事故应急准备与响应,还应当遵守国家核应急的有关规定。

## 第五章　监督检查

**第四十四条** 国务院核安全监管部门和其他依法履行放射性物品运输安全监督管理职责的部门,应当依据各自职责对放射性物品运输安全实施监督检查。

国务院核安全监管部门应当将其已批准或者备案的一类、二类、三类放射性物品运输容器的设计、制造情况和放射性物品运输情况通报设计、制造单位所在地和运输途经地的省、自治区、直辖市人民政府环境保护主管部门。省、自治区、直辖市人民政府环境保护主管部门应当加强对本行政区域放射性物品运输安全的监督检查和监督性监测。

被检查单位应当予以配合,如实反映情况,提供必要的资料,不得拒绝和阻碍。

**第四十五条** 国务院核安全监管部门和省、自治区、直辖市人民政府环境保护主管部门以及其他依法履行放射性物品运输安全监督管理职责的部门进行监督检查，监督检查人员不得少于2人，并应当出示有效的行政执法证件。

国务院核安全监管部门和省、自治区、直辖市人民政府环境保护主管部门以及其他依法履行放射性物品运输安全监督管理职责的部门的工作人员，对监督检查中知悉的商业秘密负有保密义务。

**第四十六条** 监督检查中发现经批准的一类放射性物品运输容器设计确有重大设计安全缺陷的，由国务院核安全监管部门责令停止该型号运输容器的制造或者使用，撤销一类放射性物品运输容器设计批准书。

**第四十七条** 监督检查中发现放射性物品运输活动有不符合国家放射性物品运输安全标准情形的，或者一类放射性物品运输容器制造单位有不符合制造许可证规定条件情形的，应当责令限期整改；发现放射性物品运输活动可能对人体健康和环境造成核与辐射危害的，应当责令停止运输。

**第四十八条** 国务院核安全监管部门和省、自治区、直辖市人民政府环境保护主管部门以及其他依法履行放射性物品运输安全监督管理职责的部门，对放射性物品运输活动实施监测，不得收取监测费用。

国务院核安全监管部门和省、自治区、直辖市人民政府环境保护主管部门以及其他依法履行放射性物品运输安全监督管理职责的部门，应当加强对监督管理人员辐射防护与安全防护知识的培训。

# 第六章　法律责任

**第四十九条** 国务院核安全监管部门和省、自治区、直辖市人民政府环境保护主管部门或者其他依法履行放射性物品运输安全监督管理职责的部门有下列行为之一的，对直接负责的主管人员和其他直接责任人员依法给予处分；直接负责的主管人员和其他直接责任人员构成犯罪的，依法追究刑事责任：

（一）未依照本条例规定作出行政许可或者办理批准文件的；

（二）发现违反本条例规定的行为不予查处，或者接到举报不依

法处理的;

(三) 未依法履行放射性物品运输核与辐射事故应急职责的;

(四) 对放射性物品运输活动实施监测收取监测费用的;

(五) 其他不依法履行监督管理职责的行为。

**第五十条** 放射性物品运输容器设计、制造单位有下列行为之一的,由国务院核安全监管部门责令停止违法行为,处 50 万元以上 100 万元以下的罚款;有违法所得的,没收违法所得:

(一) 将未取得设计批准书的一类放射性物品运输容器设计用于制造的;

(二) 修改已批准的一类放射性物品运输容器设计中有关安全内容,未重新取得设计批准书即用于制造的。

**第五十一条** 放射性物品运输容器设计、制造单位有下列行为之一的,由国务院核安全监管部门责令停止违法行为,处 5 万元以上 10 万元以下的罚款;有违法所得的,没收违法所得:

(一) 将不符合国家放射性物品运输安全标准的二类、三类放射性物品运输容器设计用于制造的;

(二) 将未备案的二类放射性物品运输容器设计用于制造的。

**第五十二条** 放射性物品运输容器设计单位有下列行为之一的,由国务院核安全监管部门责令限期改正;逾期不改正的,处 1 万元以上 5 万元以下的罚款:

(一) 未对二类、三类放射性物品运输容器的设计进行安全性能评价的;

(二) 未如实记录二类、三类放射性物品运输容器设计和安全性能评价过程的;

(三) 未编制三类放射性物品运输容器设计符合国家放射性物品运输安全标准的证明文件并存档备查的。

**第五十三条** 放射性物品运输容器制造单位有下列行为之一的,由国务院核安全监管部门责令停止违法行为,处 50 万元以上 100 万元以下的罚款;有违法所得的,没收违法所得:

(一) 未取得制造许可证从事一类放射性物品运输容器制造活动的;

(二) 制造许可证有效期届满,未按照规定办理延续手续,继续从事一类放射性物品运输容器制造活动的;

（三）超出制造许可证规定的范围从事一类放射性物品运输容器制造活动的；

（四）变更制造的一类放射性物品运输容器型号，未按照规定重新领取制造许可证的；

（五）将未经质量检验或者经检验不合格的一类放射性物品运输容器交付使用的。

有前款第（三）项、第（四）项和第（五）项行为之一，情节严重的，吊销制造许可证。

**第五十四条** 一类放射性物品运输容器制造单位变更单位名称、住所或者法定代表人，未依法办理制造许可证变更手续的，由国务院核安全监管部门责令限期改正；逾期不改正的，处2万元的罚款。

**第五十五条** 放射性物品运输容器制造单位有下列行为之一的，由国务院核安全监管部门责令停止违法行为，处5万元以上10万元以下的罚款；有违法所得的，没收违法所得：

（一）在二类放射性物品运输容器首次制造活动开始前，未按照规定将有关证明材料报国务院核安全监管部门备案的；

（二）将未经质量检验或者经检验不合格的二类、三类放射性物品运输容器交付使用的。

**第五十六条** 放射性物品运输容器制造单位有下列行为之一的，由国务院核安全监管部门责令限期改正；逾期不改正的，处1万元以上5万元以下的罚款：

（一）未按照规定对制造的一类、二类放射性物品运输容器统一编码的；

（二）未按照规定将制造的一类、二类放射性物品运输容器编码清单报国务院核安全监管部门备案的；

（三）未按照规定将制造的三类放射性物品运输容器的型号和数量报国务院核安全监管部门备案的。

**第五十七条** 放射性物品运输容器使用单位未按照规定对使用的一类放射性物品运输容器进行安全性能评价，或者未将评价结果报国务院核安全监管部门备案的，由国务院核安全监管部门责令限期改正；逾期不改正的，处1万元以上5万元以下的罚款。

**第五十八条** 未按照规定取得使用批准书使用境外单位制造的一类放射性物品运输容器的，由国务院核安全监管部门责令停止违法行为，处 50 万元以上 100 万元以下的罚款。

未按照规定办理备案手续使用境外单位制造的二类放射性物品运输容器的，由国务院核安全监管部门责令停止违法行为，处 5 万元以上 10 万元以下的罚款。

**第五十九条** 托运人未按照规定编制放射性物品运输说明书、核与辐射事故应急响应指南、装卸作业方法、安全防护指南的，由国务院核安全监管部门责令限期改正；逾期不改正的，处 1 万元以上 5 万元以下的罚款。

托运人未按照规定将放射性物品运输的核与辐射安全分析报告批准书、辐射监测报告备案的，由启运地的省、自治区、直辖市人民政府环境保护主管部门责令限期改正；逾期不改正的，处 1 万元以上 5 万元以下的罚款。

**第六十条** 托运人或者承运人在放射性物品运输活动中，有违反有关法律、行政法规关于危险货物运输管理规定行为的，由交通运输、铁路、民航等有关主管部门依法予以处罚。

违反有关法律、行政法规规定邮寄放射性物品的，由公安机关和邮政管理部门依法予以处罚。在邮寄进境物品中发现放射性物品的，由海关依照有关法律、行政法规的规定处理。

**第六十一条** 托运人未取得放射性物品运输的核与辐射安全分析报告批准书托运一类放射性物品的，由国务院核安全监管部门责令停止违法行为，处 50 万元以上 100 万元以下的罚款。

**第六十二条** 通过道路运输放射性物品，有下列行为之一的，由公安机关责令限期改正，处 2 万元以上 10 万元以下的罚款；构成犯罪的，依法追究刑事责任：

（一）未经公安机关批准通过道路运输放射性物品的；

（二）运输车辆未按照指定的时间、路线、速度行驶或者未悬挂警示标志的；

（三）未配备押运人员或者放射性物品脱离押运人员监管的。

**第六十三条** 托运人有下列行为之一的，由启运地的省、自治区、直辖市人民政府环境保护主管部门责令停止违法行为，处 5 万元以上 20 万元以下的罚款：

（一）未按照规定对托运的放射性物品表面污染和辐射水平实施监测的；

（二）将经监测不符合国家放射性物品运输安全标准的放射性物品交付托运的；

（三）出具虚假辐射监测报告的。

**第六十四条** 未取得放射性物品运输的核与辐射安全分析报告批准书或者放射性物品运输的辐射监测报告备案证明，将境外的放射性物品运抵中华人民共和国境内，或者途经中华人民共和国境内运输的，由海关责令托运人退运该放射性物品，并依照海关法律、行政法规给予处罚；构成犯罪的，依法追究刑事责任。托运人不明的，由承运人承担退运该放射性物品的责任，或者承担该放射性物品的处置费用。

**第六十五条** 违反本条例规定，在放射性物品运输中造成核与辐射事故的，由县级以上地方人民政府环境保护主管部门处以罚款，罚款数额按照核与辐射事故造成的直接损失的20%计算；构成犯罪的，依法追究刑事责任。

托运人、承运人未按照核与辐射事故应急响应指南的要求，做好事故应急工作并报告事故的，由县级以上地方人民政府环境保护主管部门处5万元以上20万元以下的罚款。

因核与辐射事故造成他人损害的，依法承担民事责任。

**第六十六条** 拒绝、阻碍国务院核安全监管部门或者其他依法履行放射性物品运输安全监督管理职责的部门进行监督检查，或者在接受监督检查时弄虚作假的，由监督检查部门责令改正，处1万元以上2万元以下的罚款；构成违反治安管理行为的，由公安机关依法给予治安管理处罚；构成犯罪的，依法追究刑事责任。

## 第七章 附 则

**第六十七条** 军用放射性物品运输安全的监督管理，依照《中华人民共和国放射性污染防治法》第六十条的规定执行。

**第六十八条** 本条例自2010年1月1日起施行。

# 二、办案规范

## 道路运输车辆技术管理规定

- 2016 年 1 月 22 日交通运输部公布
- 根据 2019 年 6 月 21 日《交通运输部关于修改〈道路运输车辆技术管理规定〉的决定》第一次修正
- 根据 2022 年 9 月 26 日《交通运输部关于修改〈道路运输车辆技术管理规定〉的决定》第二次修正

## 第一章 总 则

**第一条** 为加强道路运输车辆技术管理,保持车辆技术状况良好,保障运输安全,发挥车辆效能,促进节能减排,根据《中华人民共和国安全生产法》《中华人民共和国节约能源法》《中华人民共和国道路运输条例》等法律、行政法规,制定本规定。

**第二条** 道路运输车辆技术管理适用本规定。

本规定所称道路运输车辆包括道路旅客运输车辆(以下简称客车)、道路普通货物运输车辆(以下简称货车)、道路危险货物运输车辆(以下简称危货运输车)。

本规定所称道路运输车辆技术管理,是指对道路运输车辆在保证符合规定的技术条件和按要求进行维护、修理、综合性能检测方面所做的技术性管理。

**第三条** 道路运输车辆技术管理应当坚持分类管理、预防为主、安全高效、节能环保的原则。

**第四条** 道路运输经营者是道路运输车辆技术管理的责任主体,负责对道路运输车辆实行择优选配、正确使用、周期维护、视情修理、定期检测和适时更新,保证投入道路运输经营的车辆符合技术要求。

**第五条** 鼓励道路运输经营者使用安全、节能、环保型车辆,促进标准化车型推广运用,加强科技应用,不断提高车辆的管理水平和技术水平。

**第六条** 交通运输部主管全国道路运输车辆技术管理监督。

县级以上地方人民政府交通运输主管部门（以下简称交通运输主管部门）负责本行政区域内道路运输车辆技术管理监督。

## 第二章 车辆基本技术条件

**第七条** 从事道路运输经营的车辆应当符合下列技术要求：

（一）车辆的外廓尺寸、轴荷和最大允许总质量应当符合《汽车、挂车及汽车列车外廓尺寸、轴荷及质量限值》（GB 1589）的要求；

（二）车辆的技术性能应当符合《机动车安全技术检验项目和方法》（GB 38900）的要求；

（三）车型的燃料消耗量限值应当符合《营运客车燃料消耗量限值及测量方法》（JT 711）、《营运货车燃料消耗量限值及测量方法》（JT 719）的要求；

（四）车辆技术等级应当达到二级以上。危货运输车、国际道路运输车辆、从事高速公路客运以及营运线路长度在 800 公里以上的客车，技术等级应当达到一级。技术等级评定方法应当符合国家有关道路运输车辆技术等级划分和评定的要求；

（五）从事高速公路客运、包车客运、国际道路旅客运输，以及营运线路长度在 800 公里以上客车的类型等级应当达到中级以上。其类型划分和等级评定应当符合国家有关营运客车类型划分及等级评定的要求；

（六）危货运输车应当符合《汽车运输危险货物规则》（JT 617）的要求。

**第八条** 交通运输主管部门应当加强从事道路运输经营车辆的管理，对不符合本规定的车辆不得配发道路运输证。

在对挂车配发道路运输证和年度审验时，应当查验挂车是否具有有效行驶证件。

**第九条** 禁止使用报废、擅自改装、拼装、检测不合格以及其他不符合国家规定的车辆从事道路运输经营活动。

## 第三章 技术管理的一般要求

**第十条** 道路运输经营者应当遵守有关法律法规、标准和规范，认真履行车辆技术管理的主体责任，建立健全管理制度，加强车辆技术管理。

**第十一条** 鼓励道路运输经营者设置相应的部门负责车辆技术管理工作，并根据车辆数量和经营类别配备车辆技术管理人员，对车辆实施有效的技术管理。

**第十二条** 道路运输经营者应当加强车辆维护、使用、安全和节能等方面的业务培训，提升从业人员的业务素质和技能，确保车辆处于良好的技术状况。

**第十三条** 道路运输经营者应当根据有关道路运输企业车辆技术管理标准，结合车辆技术状况和运行条件，正确使用车辆。

鼓励道路运输经营者依据相关标准要求，制定车辆使用技术管理规范，科学设置车辆经济、技术定额指标并定期考核，提升车辆技术管理水平。

**第十四条** 道路运输经营者应当建立车辆技术档案制度，实行一车一档。档案内容应当主要包括：车辆基本信息，车辆技术等级评定、客车类型等级评定或者年度类型等级评定复核、车辆维护和修理（含《机动车维修竣工出厂合格证》）、车辆主要零部件更换、车辆变更、行驶里程、对车辆造成损伤的交通事故等记录。档案内容应当准确、详实。

车辆所有权转移、转籍时，车辆技术档案应当随车移交。

道路运输经营者应当运用信息化技术做好道路运输车辆技术档案管理工作。

## 第四章 车辆维护与修理

**第十五条** 道路运输经营者应当建立车辆维护制度。

车辆维护分为日常维护、一级维护和二级维护。日常维护由驾驶员实施，一级维护和二级维护由道路运输经营者组织实施，并做好记录。

**第十六条** 道路运输经营者应当依据国家有关标准和车辆维修手册、使用说明书等,结合车辆类别、车辆运行状况、行驶里程、道路条件、使用年限等因素,自行确定车辆维护周期,确保车辆正常维护。

车辆维护作业项目应当按照国家关于汽车维护的技术规范要求确定。

道路运输经营者可以对自有车辆进行二级维护作业,保证投入运营的车辆符合技术管理要求,无需进行二级维护竣工质量检测。

道路运输经营者不具备二级维护作业能力的,可以委托二类以上机动车维修经营者进行二级维护作业。机动车维修经营者完成二级维护作业后,应当向委托方出具二级维护出厂合格证。

**第十七条** 道路运输经营者应当遵循视情修理的原则,根据实际情况对车辆进行及时修理。

**第十八条** 道路运输经营者用于运输剧毒化学品、爆炸品的专用车辆及罐式专用车辆(含罐式挂车),应当到具备道路危险货物运输车辆维修条件的企业进行维修。

前款规定专用车辆的牵引车和其他运输危险货物的车辆由道路运输经营者消除危险货物的危害后,可以到具备一般车辆维修条件的企业进行维修。

## 第五章 车辆检测管理

**第十九条** 道路运输经营者应当定期到机动车综合性能检测机构,对道路运输车辆进行综合性能检测。

**第二十条** 道路运输经营者应当自道路运输车辆首次取得道路运输证当月起,按照下列周期和频次,委托汽车综合性能检测机构进行综合性能检测和技术等级评定:

(一)客车、危货运输车自首次经国家机动车辆注册登记主管部门登记注册不满60个月的,每12个月进行1次检测和评定;超过60个月的,每6个月进行1次检测和评定。

(二)其它运输车辆自首次经国家机动车辆注册登记主管部门登记注册的,每12个月进行1次检测和评定。

**第二十一条** 客车、危货运输车的综合性能检测应当委托车籍所在地汽车综合性能检测机构进行。

货车的综合性能检测可以委托运输驻在地汽车综合性能检测机构进行。

**第二十二条** 道路运输经营者应当选择通过市场监督管理部门的计量认证、取得计量认证证书并符合《汽车综合性能检测站能力的通用要求》（GB 17993）等国家相关标准的检测机构进行车辆的综合性能检测。

**第二十三条** 汽车综合性能检测机构对新进入道路运输市场车辆应当按照《道路运输车辆燃料消耗量达标车型表》进行比对。对达标的新车和在用车辆，应当按照《机动车安全技术检验项目和方法》（GB 38900）实施检测和评定，出具全国统一式样的道路运输车辆综合性能检测报告，评定车辆技术等级，并在报告单上标注。车籍所在地交通运输主管部门应当将车辆技术等级在道路运输证上标明。

汽车综合性能检测机构应当确保检测和评定结果客观、公正、准确，对检测和评定结果承担法律责任。

**第二十四条** 交通运输主管部门和受其委托承担客车类型等级评定工作的汽车综合性能检测机构，应当按照《营运客车类型划分及等级评定》（JT/T 325）进行营运客车类型等级评定或者年度类型等级评定复核，出具统一式样的客车类型等级评定报告。

**第二十五条** 汽车综合性能检测机构应当建立车辆检测档案，档案内容主要包括：车辆综合性能检测报告（含车辆基本信息、车辆技术等级）、客车类型等级评定记录。

车辆检测档案保存期不少于两年。

## 第六章 监督检查

**第二十六条** 交通运输主管部门应当按照职责权限对道路运输车辆的技术管理进行监督检查。

道路运输经营者应当对交通运输主管部门的监督检查予以配合，如实反映情况，提供有关资料。

**第二十七条** 交通运输主管部门应当将车辆技术状况纳入道路运输车辆年度审验内容，查验以下相应证明材料：

（一）车辆技术等级评定结论；

（二）客车类型等级评定证明。

**第二十八条** 交通运输主管部门应当建立车辆管理档案制度。档案内容主要包括：车辆基本情况、车辆技术等级评定、客车类型等级评定或年度类型等级评定复核、车辆变更等记录。

**第二十九条** 交通运输主管部门应当将运输车辆的技术管理情况纳入道路运输企业质量信誉考核和诚信管理体系。

**第三十条** 交通运输主管部门应当积极推广使用现代信息技术，逐步实现道路运输车辆技术管理信息资源共享。

## 第七章　法律责任

**第三十一条** 违反本规定，道路运输经营者有下列行为之一的，交通运输主管部门应当责令改正，给予警告；情节严重的，处以1000元以上5000元以下罚款：

（一）道路运输车辆技术状况未达到《机动车安全技术检验项目和方法》（GB 38900）的；

（二）使用报废、擅自改装、拼装、检测不合格以及其他不符合国家规定的车辆从事道路运输经营活动的；

（三）未按照规定的周期和频次进行车辆综合性能检测和技术等级评定的。

**第三十二条** 违反本规定，道路运输车辆综合性能检测机构有下列行为之一的，交通运输主管部门不予采信其检测报告，并抄报同级市场监督管理部门处理。

（一）不按技术规范对道路运输车辆进行检测的；

（二）未经检测出具道路运输车辆检测结果的；

（三）不如实出具检测结果的。

**第三十三条** 交通运输主管部门工作人员在监督管理工作中滥用职权、玩忽职守、徇私舞弊的，依法给予行政处分；构成犯罪的，由司法机关依法处理。

## 第八章　附　　则

**第三十四条** 从事普通货运经营的总质量4500千克及以下普通

货运车辆，不适用本规定。

**第三十五条** 本规定自2016年3月1日起施行。原交通部发布的《汽车运输业车辆技术管理规定》（交通部令1990年第13号）、《道路运输车辆维护管理规定》（交通部令2001年第4号）同时废止。

# 道路运输车辆动态监督管理办法

- 2014年1月28日交通运输部、公安部、国家安全生产监督管理总局发布
- 根据2016年4月20日《交通运输部、公安部、国家安全生产监督管理总局关于修改〈道路运输车辆动态监督管理办法〉的决定》第一次修正
- 根据2022年2月14日《交通运输部、公安部、应急管理部关于修改〈道路运输车辆动态监督管理办法〉的决定》第二次修正

## 第一章 总 则

**第一条** 为加强道路运输车辆动态监督管理，预防和减少道路交通事故，依据《中华人民共和国安全生产法》《中华人民共和国道路交通安全法实施条例》《中华人民共和国道路运输条例》等有关法律法规，制定本办法。

**第二条** 道路运输车辆安装、使用具有行驶记录功能的卫星定位装置（以下简称卫星定位装置）以及相关安全监督管理活动，适用本办法。

**第三条** 本办法所称道路运输车辆，包括用于公路营运的载客汽车、危险货物运输车辆、半挂牵引车以及重型载货汽车（总质量为12吨及以上的普通货运车辆）。

**第四条** 道路运输车辆动态监督管理应当遵循企业监控、政府监管、联网联控的原则。

**第五条** 道路运输管理机构、公安机关交通管理部门、应急管理部门依据法定职责，对道路运输车辆动态监控工作实施联合监督管理。

## 第二章 系统建设

**第六条** 道路运输车辆卫星定位系统平台应当符合以下标准要求：

（一）《道路运输车辆卫星定位系统平台技术要求》（GB/T 35658）；

（二）《道路运输车辆卫星定位系统终端通信协议及数据格式》（JT/T 808）；

（三）《道路运输车辆卫星定位系统平台数据交换》（JT/T 809）。

**第七条** 在道路运输车辆上安装的卫星定位装置应符合以下标准要求：

（一）《道路运输车辆卫星定位系统车载终端技术要求》（JT/T 794）；

（二）《道路运输车辆卫星定位系统终端通信协议及数据格式》（JT/T 808）；

（三）《机动车运行安全技术条件》（GB 7258）；

（四）《汽车行驶记录仪》（GB/T 19056）。

**第八条** 道路旅客运输企业、道路危险货物运输企业和拥有50辆及以上重型载货汽车或者牵引车的道路货物运输企业应当按照标准建设道路运输车辆动态监控平台，或者使用符合条件的社会化卫星定位系统监控平台（以下统称监控平台），对所属道路运输车辆和驾驶员运行过程进行实时监控和管理。

**第九条** 道路运输企业新建或者变更监控平台，在投入使用前应当向原发放《道路运输经营许可证》的道路运输管理机构备案。

**第十条** 提供道路运输车辆动态监控社会化服务的，应当向省级道路运输管理机构备案，并提供以下材料：

（一）营业执照；

（二）服务格式条款、服务承诺；

（三）履行服务能力的相关证明材料。

**第十一条** 旅游客车、包车客车、三类以上班线客车和危险货物运输车辆在出厂前应当安装符合标准的卫星定位装置。重型载货汽车和半挂牵引车在出厂前应当安装符合标准的卫星定位装置，并接入全国道路货运车辆公共监管与服务平台（以下简称道路货运车辆公共平台）。

车辆制造企业为道路运输车辆安装符合标准的卫星定位装置后，应当随车附带相关安装证明材料。

**第十二条** 道路运输经营者应当选购安装符合标准的卫星定位装置的车辆，并接入符合要求的监控平台。

**第十三条** 道路运输企业应当在监控平台中完整、准确地录入所属道路运输车辆和驾驶人员的基础资料等信息，并及时更新。

**第十四条** 道路旅客运输企业和道路危险货物运输企业监控平台应当接入全国重点营运车辆联网联控系统（以下简称联网联控系统），并按照要求将车辆行驶的动态信息和企业、驾驶人员、车辆的相关信息逐级上传至全国道路运输车辆动态信息公共交换平台。

道路货运企业监控平台应当与道路货运车辆公共平台对接，按照要求将企业、驾驶人员、车辆的相关信息上传至道路货运车辆公共平台，并接收道路货运车辆公共平台转发的货运车辆行驶的动态信息。

**第十五条** 道路运输管理机构在办理营运手续时，应当对道路运输车辆安装卫星定位装置及接入系统平台的情况进行审核。

**第十六条** 对新出厂车辆已安装的卫星定位装置，任何单位和个人不得随意拆卸。除危险货物运输车辆接入联网联控系统监控平台时按照有关标准要求进行相应设置以外，不得改变货运车辆车载终端监控中心的域名设置。

**第十七条** 道路运输管理机构负责建设和维护道路运输车辆动态信息公共服务平台，落实维护经费，向地方人民政府争取纳入年度预算。道路运输管理机构应当建立逐级考核和通报制度，保证联网联控系统长期稳定运行。

**第十八条** 道路运输管理机构、公安机关交通管理部门、应急管理部门间应当建立信息共享机制。

公安机关交通管理部门、应急管理部门根据需要可以通过道路运输车辆动态信息公共服务平台，随时或者定期调取系统中的全国道路运输车辆动态监控数据。

**第十九条** 任何单位、个人不得擅自泄露、删除、篡改卫星定位系统平台的历史和实时动态数据。

## 第三章 车辆监控

**第二十条** 道路运输企业是道路运输车辆动态监控的责任主体。

**第二十一条** 道路旅客运输企业、道路危险货物运输企业和拥有50辆及以上重型载货汽车或牵引车的道路货物运输企业应当配备专职监控人员。专职监控人员配置原则上按照监控平台每接入100辆车设1人的标准配备，最低不少于2人。

监控人员应当掌握国家相关法规和政策，经运输企业培训、考试合格后上岗。

**第二十二条** 道路货运车辆公共平台负责对个体货运车辆和小型道路货物运输企业（拥有50辆以下重型载货汽车或牵引车）的货运车辆进行动态监控。道路货运车辆公共平台设置监控超速行驶和疲劳驾驶的限值，自动提醒驾驶员纠正超速行驶、疲劳驾驶等违法行为。

**第二十三条** 道路运输企业应当建立健全并严格落实动态监控管理相关制度，规范动态监控工作：

（一）系统平台的建设、维护及管理制度；
（二）车载终端安装、使用及维护制度；
（三）监控人员岗位职责及管理制度；
（四）交通违法动态信息处理和统计分析制度；
（五）其他需要建立的制度。

**第二十四条** 道路运输企业应当根据法律法规的相关规定以及车辆行驶道路的实际情况，按照规定设置监控超速行驶和疲劳驾驶的限值，以及核定运营线路、区域及夜间行驶时间等，在所属车辆运行期间对车辆和驾驶员进行实时监控和管理。

设置超速行驶和疲劳驾驶的限值，应当符合客运驾驶员24小时累计驾驶时间原则上不超过8小时，日间连续驾驶不超过4小时，夜间连续驾驶不超过2小时，每次停车休息时间不少于20分钟，客运车辆夜间行驶速度不得超过日间限速80%的要求。

**第二十五条** 监控人员应当实时分析、处理车辆行驶动态信息，及时提醒驾驶员纠正超速行驶、疲劳驾驶等违法行为，并记录存档至动态监控台账；对经提醒仍然继续违法驾驶的驾驶员，应当及时向企业安全管理机构报告，安全管理机构应当立即采取措施制止；对拒不执行制止措施仍然继续违法驾驶的,道路运输企业应当及时报告公安机关交通管理部门,并在事后解聘驾驶员。

动态监控数据应当至少保存 6 个月,违法驾驶信息及处理情况应当至少保存 3 年。对存在交通违法信息的驾驶员,道路运输企业在事后应当及时给予处理。

**第二十六条** 道路运输经营者应当确保卫星定位装置正常使用,保持车辆运行实时在线。

卫星定位装置出现故障不能保持在线的道路运输车辆,道路运输经营者不得安排其从事道路运输经营活动。

**第二十七条** 任何单位和个人不得破坏卫星定位装置以及恶意人为干扰、屏蔽卫星定位装置信号,不得篡改卫星定位装置数据。

**第二十八条** 卫星定位系统平台应当提供持续、可靠的技术服务,保证车辆动态监控数据真实、准确,确保提供监控服务的系统平台安全、稳定运行。

## 第四章 监督检查

**第二十九条** 道路运输管理机构应当充分发挥监控平台的作用,定期对道路运输企业动态监控工作的情况进行监督考核,并将其纳入企业质量信誉考核的内容,作为运输企业班线招标和年度审验的重要依据。

**第三十条** 公安机关交通管理部门可以将道路运输车辆动态监控系统记录的交通违法信息作为执法依据,依法查处。

**第三十一条** 应急管理部门应当按照有关规定认真开展事故调查工作,严肃查处违反本办法规定的责任单位和人员。

**第三十二条** 道路运输管理机构、公安机关交通管理部门、应急管理部门监督检查人员可以向被检查单位和个人了解情况,查阅和复制有关材料。被监督检查的单位和个人应当积极配合监督检查,如实提供有关资料和说明情况。

道路运输车辆发生交通事故的,道路运输企业或者道路货运车辆公共平台负责单位应当在接到事故信息后立即封存车辆动态监控数据,配合事故调查,如实提供肇事车辆动态监控数据;肇事车辆安装车载视频装置的,还应当提供视频资料。

第三十三条　鼓励各地利用卫星定位装置,对营运驾驶员安全行驶里程进行统计分析,开展安全行车驾驶员竞赛活动。

## 第五章　法律责任

第三十四条　道路运输管理机构对未按照要求安装卫星定位装置,或者已安装卫星定位装置但未能在联网联控系统(重型载货汽车和半挂牵引车未能在道路货运车辆公共平台)正常显示的车辆,不予发放或者审验《道路运输证》。

第三十五条　违反本办法的规定,道路运输企业有下列情形之一的,由县级以上道路运输管理机构责令改正。拒不改正的,处1000元以上3000元以下罚款:

(一)道路运输企业未使用符合标准的监控平台、监控平台未接入联网联控系统、未按规定上传道路运输车辆动态信息的;

(二)未建立或者未有效执行交通违法动态信息处理制度、对驾驶员交通违法处理率低于90%的;

(三)未按规定配备专职监控人员,或者监控人员未有效履行监控职责的。

第三十六条　违反本办法的规定,道路运输经营者使用卫星定位装置不能保持在线的运输车辆从事经营活动的,由县级以上道路运输管理机构对其进行教育并责令改正,拒不改正或者改正后再次发生同类违反规定情形的,处200元以上800元以下罚款。

第三十七条　违反本办法的规定,道路运输企业或者提供道路运输车辆动态监控社会化服务的单位伪造、篡改、删除车辆动态监控数据的,由县级以上道路运输管理机构责令改正,处500元以上2000元以下罚款。

第三十八条　违反本办法的规定,发生道路交通事故的,具有第三十五条、第三十六条、第三十七条情形之一的,依法追究相关人员的责任;构成犯罪的,依法追究刑事责任。

第三十九条　道路运输管理机构、公安机关交通管理部门、应急管理部门工作人员执行本办法过程中玩忽职守、滥用职权、徇私舞弊的,给予行政处分;构成犯罪的,依法追究刑事责任。

# 第六章 附　则

**第四十条**　在本办法实施前已经进入运输市场的重型载货汽车和半挂牵引车，应当于2015年12月31日前全部安装、使用卫星定位装置，并接入道路货运车辆公共平台。

农村客运车辆动态监督管理可参照本办法执行。

**第四十一条**　本办法自2014年7月1日起施行。

# 道路旅客运输及客运站管理规定

·2020年7月6日交通运输部公布
·根据2022年9月26日《交通运输部关于修改〈道路旅客运输及客运站管理规定〉的决定》修正

# 第一章　总　则

**第一条**　为规范道路旅客运输及道路旅客运输站经营活动，维护道路旅客运输市场秩序，保障道路旅客运输安全，保护旅客和经营者的合法权益，依据《中华人民共和国道路运输条例》及有关法律、行政法规的规定，制定本规定。

**第二条**　从事道路旅客运输（以下简称道路客运）经营以及道路旅客运输站（以下简称客运站）经营的，应当遵守本规定。

**第三条**　本规定所称道路客运经营，是指使用客车运送旅客、为社会公众提供服务、具有商业性质的道路客运活动，包括班车（加班车）客运、包车客运、旅游客运。

（一）班车客运是指客车在城乡道路上按照固定的线路、时间、站点、班次运行的一种客运方式。加班车客运是班车客运的一种补充形式，是在客运班车不能满足需要或者无法正常运营时，临时增加或者调配客车按客运班车的线路、站点运行的方式。

（二）包车客运是指以运送团体旅客为目的，将客车包租给用户安排使用，提供驾驶劳务，按照约定的起始地、目的地和路线行驶，由包车用户统一支付费用的一种客运方式。

（三）旅游客运是指以运送旅游观光的旅客为目的，在旅游景区内运营或者其线路至少有一端在旅游景区（点）的一种客运方式。

本规定所称客运站经营，是指以站场设施为依托，为道路客运经营者和旅客提供有关运输服务的经营活动。

**第四条** 道路客运和客运站管理应当坚持以人为本、安全第一的宗旨，遵循公平、公正、公开、便民的原则，打破地区封锁和垄断，促进道路运输市场的统一、开放、竞争、有序，满足广大人民群众的美好出行需求。

道路客运及客运站经营者应当依法经营，诚实信用，公平竞争，优质服务。

鼓励道路客运和客运站相关行业协会加强行业自律。

**第五条** 国家实行道路客运企业质量信誉考核制度，鼓励道路客运经营者实行规模化、集约化、公司化经营，禁止挂靠经营。

**第六条** 交通运输部主管全国道路客运及客运站管理工作。

县级以上地方人民政府交通运输主管部门（以下简称交通运输主管部门）负责本行政区域的道路客运及客运站管理工作。

**第七条** 道路客运应当与铁路、水路、民航等其他运输方式协调发展、有效衔接，与信息技术、旅游、邮政等关联产业融合发展。

农村道路客运具有公益属性。国家推进城乡道路客运服务一体化，提升公共服务均等化水平。

## 第二章　经营许可

**第八条** 班车客运的线路按照经营区域分为以下四种类型：

一类客运班线：跨省级行政区域（毗邻县之间除外）的客运班线。

二类客运班线：在省级行政区域内，跨设区的市级行政区域（毗邻县之间除外）的客运班线。

三类客运班线：在设区的市级行政区域内，跨县级行政区域（毗邻县之间除外）的客运班线。

四类客运班线：县级行政区域内的客运班线或者毗邻县之间的客运班线。

本规定所称毗邻县,包括相互毗邻的县、旗、县级市、下辖乡镇的区。

**第九条** 包车客运按照经营区域分为省际包车客运和省内包车客运。

省级人民政府交通运输主管部门可以根据实际需要,将省内包车客运分为市际包车客运、县际包车客运和县内包车客运并实行分类管理。

包车客运经营者可以向下兼容包车客运业务。

**第十条** 旅游客运按照营运方式分为定线旅游客运和非定线旅游客运。

定线旅游客运按照班车客运管理,非定线旅游客运按照包车客运管理。

**第十一条** 申请从事道路客运经营的,应当具备下列条件:

(一)有与其经营业务相适应并经检测合格的客车:

1. 客车技术要求应当符合《道路运输车辆技术管理规定》有关规定。

2. 客车类型等级要求:

从事一类、二类客运班线和包车客运的客车,其类型等级应当达到中级以上。

3. 客车数量要求:

(1)经营一类客运班线的班车客运经营者应当自有营运客车100辆以上,其中高级客车30辆以上;或者自有高级营运客车40辆以上;

(2)经营二类客运班线的班车客运经营者应当自有营运客车50辆以上,其中中高级客车15辆以上;或者自有高级营运客车20辆以上;

(3)经营三类客运班线的班车客运经营者应当自有营运客车10辆以上;

(4)经营四类客运班线的班车客运经营者应当自有营运客车1辆以上;

(5)经营省际包车客运的经营者,应当自有中高级营运客车20辆以上;

(6)经营省内包车客运的经营者,应当自有营运客车10辆以上。

（二）从事客运经营的驾驶员，应当符合《道路运输从业人员管理规定》有关规定。

（三）有健全的安全生产管理制度，包括安全生产操作规程、安全生产责任制、安全生产监督检查、驾驶员和车辆安全生产管理的制度。

申请从事道路客运班线经营，还应当有明确的线路和站点方案。

**第十二条** 申请从事道路客运经营的，应当依法向市场监督管理部门办理有关登记手续后，按照下列规定提出申请：

（一）从事一类、二类、三类客运班线经营或者包车客运经营的，向所在地设区的市级交通运输主管部门提出申请；

（二）从事四类客运班线经营的，向所在地县级交通运输主管部门提出申请。

在直辖市申请从事道路客运经营的，应当向直辖市人民政府确定的交通运输主管部门提出申请。

省级人民政府交通运输主管部门对省内包车客运实行分类管理的，对从事市际包车客运、县际包车客运经营的，向所在地设区的市级交通运输主管部门提出申请；对从事县内包车客运经营的，向所在地县级交通运输主管部门提出申请。

**第十三条** 申请从事道路客运经营的，应当提供下列材料：

（一）《道路旅客运输经营申请表》（见附件1）；

（二）企业法定代表人或者个体经营者身份证件，经办人的身份证件和委托书；

（三）安全生产管理制度文本；

（四）拟投入车辆和聘用驾驶员承诺，包括客车数量、类型等级、技术等级，聘用的驾驶员具备从业资格。

申请道路客运班线经营的，还应当提供下列材料：

（一）《道路旅客运输班线经营申请表》（见附件2）；

（二）承诺在投入运营前，与起讫地客运站和中途停靠地客运站签订进站协议（农村道路客运班线在乡村一端无客运站的，不作此端的进站承诺）；

（三）运输服务质量承诺书。

**第十四条** 已获得相应道路客运班线经营许可的经营者，申请新增客运班线时，应当按照本规定第十二条的规定进行申请，并提供第

865

十三条第一款第（四）项、第二款规定的材料以及经办人的身份证件和委托书。

**第十五条** 申请从事客运站经营的，应当具备下列条件：

（一）客运站经验收合格；

（二）有与业务量相适应的专业人员和管理人员；

（三）有相应的设备、设施；

（四）有健全的业务操作规程和安全管理制度，包括服务规范、安全生产操作规程、车辆发车前例检、安全生产责任制，以及国家规定的危险物品及其他禁止携带的物品（以下统称违禁物品）查堵、人员和车辆进出站安全管理等安全生产监督检查的制度。

**第十六条** 申请从事客运站经营的，应当依法向市场监督管理部门办理有关登记手续后，向所在地县级交通运输主管部门提出申请。

**第十七条** 申请从事客运站经营的，应当提供下列材料：

（一）《道路旅客运输站经营申请表》（见附件3）；

（二）企业法定代表人或者个体经营者身份证件，经办人的身份证件和委托书；

（三）承诺已具备本规定第十五条规定的条件。

**第十八条** 交通运输主管部门应当定期向社会公布本行政区域内的客运运力投放、客运线路布局、主要客流流向和流量等情况。

交通运输主管部门在审查客运申请时，应当考虑客运市场的供求状况、普遍服务和方便群众等因素；在审查营运线路长度在800公里以上的客运班线申请时，还应当进行安全风险评估。

**第十九条** 交通运输主管部门应当按照《中华人民共和国道路运输条例》和《交通行政许可实施程序规定》以及本规定规范的程序实施道路客运经营、道路客运班线经营和客运站经营的行政许可。

**第二十条** 交通运输主管部门对道路客运经营申请、道路客运班线经营申请予以受理的，应当通过部门间信息共享、内部核查等方式获取营业执照、申请人已取得的其他道路客运经营许可、现有车辆等信息，并自受理之日起20日内作出许可或者不予许可的决定。

交通运输主管部门对符合法定条件的道路客运经营申请作出准予行政许可决定的，应当出具《道路客运经营行政许可决定书》（见附件4），明确经营主体、经营范围、车辆数量及要求等许可事项，在作出准予行政许可决定之日起10日内向被许可人发放《道路运输经营许可证》，并告知被许可人所在地交通运输主管部门。

交通运输主管部门对符合法定条件的道路客运班线经营申请作出准予行政许可决定的，还应当出具《道路客运班线经营行政许可决定书》（见附件5），明确起讫地、中途停靠地客运站点、日发班次下限、车辆数量及要求、经营期限等许可事项，并告知班线起讫地同级交通运输主管部门；对成立线路公司的道路客运班线或者农村道路客运班线，中途停靠地客运站点可以由其经营者自行决定，并告知原许可机关。

属于一类、二类客运班线的，许可机关应当将《道路客运班线经营行政许可决定书》抄告中途停靠地同级交通运输主管部门。

第二十一条　客运站经营许可实行告知承诺制。申请人承诺具备经营许可条件并提交本规定第十七条规定的相关材料的，交通运输主管部门应当经形式审查后当场作出许可或者不予许可的决定。作出准予行政许可决定的，应当出具《道路旅客运输站经营行政许可决定书》（见附件6），明确经营主体、客运站名称、站场地址、站场级别和经营范围等许可事项，并在10日内向被许可人发放《道路运输经营许可证》。

第二十二条　交通运输主管部门对不符合法定条件的申请作出不予行政许可决定的，应当向申请人出具《不予交通行政许可决定书》，并说明理由。

第二十三条　受理一类、二类客运班线和四类中的毗邻县间客运班线经营申请的，交通运输主管部门应当在受理申请后7日内征求中途停靠地和目的地同级交通运输主管部门意见；同级交通运输主管部门应当在收到之日起10日内反馈，不予同意的，应当依法注明理由，逾期不予答复的，视为同意。

相关交通运输主管部门对设区的市内毗邻县间客运班线经营申请持不同意见且协商不成的，由受理申请的交通运输主管部门报设区的市级交通运输主管部门决定，并书面通知申请人。相关交通运输主管部门对省际、市际毗邻县间客运班线经营申请持不同意见且协商不成的，由受理申请的交通运输主管部门报设区的市级交通运输主管部门协商，仍协商不成的，报省级交通运输主管部门（协商）决定，并书面通知申请人。相关交通运输主管部门对一类、二类客运班线经营申请持不同意见且协商不成的，由受理申请的交通运输主管部门报省级交通运输主管部门（协商）决定，并书面通知申请人。

上级交通运输主管部门作出的决定应当书面通知受理申请的交通运输主管部门，由受理申请的交通运输主管部门为申请人办理有关手续。

因客运班线经营期限届满，班车客运经营者重新提出申请的，受理申请的交通运输主管部门不需向中途停靠地和目的地交通运输主管部门再次征求意见。

**第二十四条** 班车客运经营者应当持进站协议向原许可机关备案起讫地客运站点、途经路线。营运线路长度在800公里以上的客运班线还应当备案车辆号牌。交通运输主管部门应当按照该客运班线车辆数量同时配发班车客运标志牌（见附件7）和《道路客运班线经营信息表》（见附件8）。

**第二十五条** 客运经营者应当按照确定的时间落实拟投入车辆和聘用驾驶员等承诺。交通运输主管部门核实后，应当为投入运输的客车配发《道路运输证》，注明经营范围。营运线路长度在800公里以上的客运班线还应当注明客运班线和班车客运标志牌编号等信息。

**第二十六条** 因拟从事不同类型客运经营需向不同层级交通运输主管部门申请的，应当向相应层级的交通运输主管部门许可，由最高一级交通运输主管部门核发《道路运输经营许可证》，并注明各级交通运输主管部门许可的经营范围，下级交通运输主管部门不再核发。下级交通运输主管部门已向被许可人发放《道路运输经营许可证》的，上级交通运输主管部门应当予以换发。

**第二十七条** 道路客运经营者设立子公司的，应当按照规定向设立地交通运输主管部门申请经营许可；设立分公司的，应当向设立地交通运输主管部门备案。

**第二十八条** 客运班线经营许可可以通过服务质量招投标的方式实施，并签订经营服务协议。申请人数量达不到招投标要求的，交通运输主管部门应当按照许可条件择优确定客运经营者。

相关交通运输主管部门协商确定通过服务质量招投标方式，实施跨省客运班线经营许可的，可以采取联合招标、各自分别招标等方式进行。一方不实行招投标的，不影响另外一方进行招投标。

道路客运班线经营服务质量招投标管理办法另行制定。

**第二十九条** 在道路客运班线经营许可过程中，任何单位和个人不得以对等投放运力等不正当理由拒绝、阻挠实施客运班线经营许可。

第三十条　客运经营者、客运站经营者需要变更许可事项，应当向原许可机关提出申请，按本章有关规定办理。班车客运经营者变更起讫地客运站点、途经路线的，应当重新备案。

客运班线的经营主体、起讫地和日发班次下限变更和客运经营主体、站址变更应当按照重新许可办理。

客运班线许可事项或者备案事项发生变更的，交通运输主管部门应当换发《道路客运班线经营信息表》。

客运经营者和客运站经营者在取得全部经营许可证件后无正当理由超过 180 日不投入运营，或者运营后连续 180 日以上停运的，视为自动终止经营。

第三十一条　客运班线的经营期限由其许可机关按照《中华人民共和国道路运输条例》的有关规定确定。

第三十二条　客运班线经营者在经营期限内暂停、终止班线经营的，应当提前 30 日告知原许可机关。经营期限届满，客运班线经营者应当按照本规定第十二条重新提出申请。许可机关应当依据本章有关规定作出许可或者不予许可的决定。予以许可的，重新办理有关手续。

客运经营者终止经营，应当在终止经营后 10 日内，将相关的《道路运输经营许可证》和《道路运输证》、客运标志牌交回原发放机关。

第三十三条　客运站经营者终止经营的，应当提前 30 日告知原许可机关和进站经营者。原许可机关发现关闭客运站可能对社会公众利益造成重大影响的，应当采取措施对进站车辆进行分流，并在终止经营前 15 日向社会公告。客运站经营者应当在终止经营后 10 日内将《道路运输经营许可证》交回原发放机关。

## 第三章　客运经营管理

第三十四条　客运经营者应当按照交通运输主管部门决定的许可事项从事客运经营活动，不得转让、出租道路运输经营许可证件。

第三十五条　道路客运班线属于国家所有的公共资源。班车客运经营者取得经营许可后,应当向公众提供连续运输服务,不得擅自暂停、终止或者转让班线运输。

**第三十六条** 在重大活动、节假日、春运期间、旅游旺季等特殊时段或者发生突发事件,客运经营者不能满足运力需求的,交通运输主管部门可以临时调用车辆技术等级不低于二级的营运客车和社会非营运客车开行包车或者加班车。非营运客车凭交通运输主管部门开具的证明运行。

**第三十七条** 客运班车应当按照许可的起讫地、日发班次下限和备案的途经路线运行,在起讫地客运站点和中途停靠地客运站点(以下统称配客站点)上下旅客。

客运班车不得在规定的配客站点外上客或者沿途揽客,无正当理由不得改变途经路线。客运班车在遵守道路交通安全、城市管理相关法规的前提下,可以在起讫地、中途停靠地所在的城市市区、县城城区沿途下客。

重大活动期间,客运班车应当按照相关交通运输主管部门指定的配客站点上下旅客。

**第三十八条** 一类、二类客运班线的经营者或者其委托的售票单位、配客站点,应当实行实名售票和实名查验(以下统称实名制管理),免票儿童除外。其他客运班线及客运站实行实名制管理的范围,由省级人民政府交通运输主管部门确定。

实行实名制管理的,购票人购票时应当提供有效身份证件原件(有效身份证件类别见附件9),并由售票人在客票上记载旅客的身份信息。通过网络、电话等方式实名购票的,购票人应当提供有效的身份证件信息,并在取票时提供有效身份证件原件。

旅客遗失客票的,经核实其身份信息后,售票人应当免费为其补办客票。

**第三十九条** 客运经营者不得强迫旅客乘车,不得将旅客交给他人运输,不得甩客,不得敲诈旅客,不得使用低于规定的类型等级营运客车承运,不得阻碍其他经营者的正常经营活动。

**第四十条** 严禁营运客车超载运行,在载客人数已满的情况下,允许再搭乘不超过核定载客人数10%的免票儿童。

**第四十一条** 客车不得违反规定载货。客运站经营者受理客运班车行李舱载货运输业务的,应当对托运人有效身份信息进行登记,并对托运物品进行安全检查或者开封验视，不得受理有关法律法规禁止运送、可能危及运输安全和托运人拒绝安全检查的托运物品。

客运班车行李舱装载托运物品时，应当不超过行李舱内径尺寸、不大于客车允许最大总质量与整备质量和核定载客质量之差，并合理均衡配重；对于容易在舱内滚动、滑动的物品应当采取有效的固定措施。

**第四十二条** 客运经营者应当遵守有关运价规定，使用规定的票证，不得乱涨价、恶意压价、乱收费。

**第四十三条** 客运经营者应当在客运车辆外部的适当位置喷印企业名称或者标识，在车厢内醒目位置公示驾驶员姓名和从业资格证号、交通运输服务监督电话、票价和里程表。

**第四十四条** 客运经营者应当为旅客提供良好的乘车环境，确保车辆设备、设施齐全有效，保持车辆清洁、卫生，并采取必要的措施防止在运输过程中发生侵害旅客人身、财产安全的违法行为。

客运经营者应当按照有关规定在发车前进行旅客系固安全带等安全事项告知，运输过程中发生侵害旅客人身、财产安全的治安违法行为时，应当及时向公安机关报告并配合公安机关处理治安违法行为。

客运经营者不得在客运车辆上从事播放淫秽录像等不健康的活动，不得传播、使用破坏社会安定、危害国家安全、煽动民族分裂等非法出版物。

**第四十五条** 鼓励客运经营者使用配下置行李舱的客车从事道路客运。没有下置行李舱或者行李舱容积不能满足需要的客车，可以在车厢内设立专门的行李堆放区，但行李堆放区和座位区必须隔离，并采取相应的安全措施。严禁行李堆放区载客。

**第四十六条** 客运经营者应当为旅客投保承运人责任险。

**第四十七条** 客运经营者应当加强车辆技术管理，建立客运车辆技术状况检查制度，加强对从业人员的安全、职业道德教育和业务知识、操作规程培训，并采取有效措施，防止驾驶员连续驾驶时间超过4个小时。

客运车辆驾驶员应当遵守道路运输法规和道路运输驾驶员操作规程，安全驾驶，文明服务。

**第四十八条** 客运经营者应当制定突发事件应急预案。应急预案应当包括报告程序、应急指挥、应急车辆和设备的储备以及处置措施等内容。

发生突发事件时,客运经营者应当服从县级以上人民政府或者有关部门的统一调度、指挥。

**第四十九条** 客运经营者应当建立和完善各类台账和档案,并按照要求及时报送有关资料和信息。

**第五十条** 旅客应当持有效客票乘车,配合行李物品安全检查,按照规定使用安全带,遵守乘车秩序,文明礼貌;不得携带违禁物品乘车,不得干扰驾驶员安全驾驶。

实行实名制管理的客运班线及客运站,旅客还应当持有本人有效身份证件原件,配合工作人员查验。旅客乘车前,客运站经营者应当对客票记载的身份信息与旅客及其有效身份证件原件(以下简称票、人、证)进行一致性核对并记录有关信息。

对旅客拒不配合行李物品安全检查或者坚持携带违禁物品、乘坐实名制管理的客运班线拒不提供本人有效身份证件原件或者票、人、证不一致的,班车客运经营者和客运站经营者不得允许其乘车。

**第五十一条** 实行实名制管理的班车客运经营者及客运站经营者应当配备必要的设施设备,并加强实名制管理相关人员的培训和相关系统及设施设备的管理,确保符合国家相关法律法规规定。

**第五十二条** 班车客运经营者及客运站经营者对实行实名制管理所登记采集的旅客身份信息及乘车信息,除应当依公安机关的要求向其如实提供外,应当予以保密。对旅客身份信息及乘车信息自采集之日起保存期限不得少于1年,涉及视频图像信息的,自采集之日起保存期限不得少于90日。

**第五十三条** 班车客运经营者或者其委托的售票单位、配客站点应当针对客流高峰、恶劣天气及设备系统故障、重大活动等特殊情况下实名制管理的特点,制定有效的应急预案。

**第五十四条** 客运车辆驾驶员应当随车携带《道路运输证》、从业资格证等有关证件,在规定位置放置客运标志牌。

**第五十五条** 有下列情形之一的,客运车辆可以凭临时班车客运标志牌运行:

(一)在特殊时段或者发生突发事件,客运经营者不能满足运力需求,使用其他客运经营者的客车开行加班车的;

(二)因车辆故障、维护等原因,需要调用其他客运经营者的客

车接驳或者顶班的;

（三）班车客运标志牌正在制作或者不慎灭失，等待领取的。

第五十六条　凭临时班车客运标志牌运营的客车应当按正班车的线路和站点运行。属于加班或者顶班的，还应当持有始发站签章并注明事由的当班行车路单；班车客运标志牌正在制作或灭失的，还应当持有该条班线的《道路客运班线经营信息表》或者《道路客运班线经营行政许可决定书》的复印件。

第五十七条　客运包车应当凭车籍所在地交通运输主管部门配发的包车客运标志牌，按照约定的时间、起始地、目的地和线路运行，并持有包车合同，不得招揽包车合同外的旅客乘车。

客运包车除执行交通运输主管部门下达的紧急包车任务外，其线路一端应当在车籍所在的设区的市，单个运次不超过15日。

第五十八条　省际临时班车客运标志牌（见附件10）、省际包车客运标志牌（见附件11）由设区的市级交通运输主管部门按照交通运输部的统一式样印制，交由当地交通运输主管部门向客运经营者配发。省际临时班车客运标志牌和省际包车客运标志牌在一个运次所需的时间内有效。因班车客运标志牌正在制作或者灭失而使用的省际临时班车客运标志牌，有效期不得超过30日。

从事省际包车客运的企业应当按照交通运输部的统一要求，通过运政管理信息系统向车籍地交通运输主管部门备案。

省内临时班车客运标志牌、省内包车客运标志牌式样及管理要求由各省级人民政府交通运输主管部门自行规定。

## 第四章　班车客运定制服务

第五十九条　国家鼓励开展班车客运定制服务（以下简称定制客运）。

前款所称定制客运，是指已经取得道路客运班线经营许可的经营者依托电子商务平台发布道路客运班线起讫地等信息、开展线上售票，按照旅客需求灵活确定发车时间、上下旅客地点并提供运输服务的班车客运运营方式。

第六十条　开展定制客运的营运客车（以下简称定制客运车辆）核定载客人数应当在7人及以上。

**第六十一条** 提供定制客运网络信息服务的电子商务平台（以下简称网络平台），应当依照国家有关法规办理市场主体登记、互联网信息服务许可或者备案等有关手续。

**第六十二条** 网络平台应当建立班车客运经营者、驾驶员、车辆档案，并确保班车客运经营者已取得相应的道路客运班线经营许可，驾驶员具备相应的机动车驾驶证和从业资格并受班车客运经营者合法聘用，车辆具备有效的《道路运输证》、按规定投保承运人责任险。

**第六十三条** 班车客运经营者开展定制客运的，应当向原许可机关备案，并提供以下材料：

（一）《班车客运定制服务信息表》（见附件12）；

（二）与网络平台签订的合作协议或者相关证明。

网络平台由班车客运经营者自营的，免于提交前款第（二）项材料。

《班车客运定制服务信息表》记载信息发生变更的，班车客运经营者应当重新备案。

**第六十四条** 班车客运经营者应当在定制客运车辆随车携带的班车客运标志牌显著位置粘贴"定制客运"标识（见附件7）。

**第六十五条** 班车客运经营者可以自行决定定制客运日发班次。

定制客运车辆在遵守道路交通安全、城市管理相关法规的前提下，可以在道路客运班线起讫地、中途停靠地的城市市区、县城城区按乘客需求停靠。

网络平台不得超出班车客运经营者的许可范围开展定制客运服务。

**第六十六条** 班车客运经营者应当为定制客运车辆随车配备便携式安检设备，并由驾驶员或者其他工作人员对旅客行李物品进行安全检查。

**第六十七条** 网络平台应当提前向旅客提供班车客运经营者、联系方式、车辆品牌、号牌等车辆信息以及乘车地点、时间，并确保发布的提供服务的经营者、车辆和驾驶员与实际提供服务的经营者、车辆和驾驶员一致。

实行实名制管理的客运班线开展定制客运的，班车客运经营者和网络平台应当落实实名制管理相关要求。网络平台应当采取安全保护措施，妥善保存采集的个人信息和生成的业务数据，保存期限应当不少于 3 年，并不得用于定制客运以外的业务。

网络平台应当按照交通运输主管部门的要求，如实提供其接入的经营者、车辆、驾驶员信息和相关业务数据。

**第六十八条** 网络平台发现车辆存在超速、驾驶员疲劳驾驶、未按照规定的线路行驶等违法违规行为的，应当及时通报班车客运经营者。班车客运经营者应当及时纠正。

网络平台使用不符合规定的经营者、车辆或者驾驶员开展定制客运，造成旅客合法权益受到侵害的，应当依法承担相应的责任。

## 第五章　客运站经营

**第六十九条** 客运站经营者应当按照交通运输主管部门决定的许可事项从事客运站经营活动，不得转让、出租客运站经营许可证件，不得改变客运站基本用途和服务功能。

客运站经营者应当维护好各种设施、设备，保持其正常使用。

**第七十条** 客运站经营者和进站发车的客运经营者应当依法自愿签订服务合同，双方按照合同的规定履行各自的权利和义务。

**第七十一条** 客运站经营者应当依法加强安全管理，完善安全生产条件，健全和落实安全生产责任制。

客运站经营者应当对出站客车进行安全检查，采取措施防止违禁物品进站上车，按照车辆核定载客限额售票，严禁超载车辆或者未经安全检查的车辆出站，保证安全生产。

**第七十二条** 客运站经营者应当将客运线路、班次等基础信息接入省域道路客运联网售票系统。

鼓励客运站经营者为旅客提供网络售票、自助终端售票等多元化售票服务。鼓励电子客票在道路客运行业的推广应用。

**第七十三条** 鼓励客运站经营者在客运站所在城市市区、县城城区的客运班线主要途经地点设立停靠点，提供售检票、行李物品安全检查和营运客车停靠服务。

客运站经营者设立停靠点的，应当向原许可机关备案，并在停靠点显著位置公示客运站《道路运输经营许可证》等信息。

**第七十四条** 客运站经营者应当禁止无证经营的车辆进站从事经营活动，无正当理由不得拒绝合法客运车辆进站经营。

客运站经营者应当坚持公平、公正原则,合理安排发车时间,公平售票。

客运经营者在发车时间安排上发生纠纷,客运站经营者协调无效时,由当地交通运输主管部门裁定。

**第七十五条** 客运站经营者应当公布进站客车的类型等级、运输线路、配客站点、班次、发车时间、票价等信息,调度车辆进站发车,疏导旅客,维持秩序。

**第七十六条** 进站客运经营者应当在发车 30 分钟前备齐相关证件进站并按时发车;进站客运经营者因故不能发班的,应当提前 1 日告知客运站经营者,双方要协商调度车辆顶班。

对无故停班达 7 日以上的进站班车,客运站经营者应当报告当地交通运输主管部门。

**第七十七条** 客运站经营者应当设置旅客购票、候车、乘车指示、行李寄存和托运、公共卫生等服务设施,按照有关规定为军人、消防救援人员等提供优先购票乘车服务,并建立老幼病残孕等特殊旅客服务保障制度,向旅客提供安全、便捷、优质的服务,加强宣传,保持站场卫生、清洁。

客运站经营者在不改变客运站基本服务功能的前提下,可以根据客流变化和市场需要,拓展旅游集散、邮政、物流等服务功能。

客运站经营者从事前款经营活动的,应当遵守相应的法律、行政法规的规定。

**第七十八条** 客运站经营者应当严格执行价格管理规定,在经营场所公示收费项目和标准,严禁乱收费。

**第七十九条** 客运站经营者应当按照规定的业务操作规程装卸、储存、保管行包。

**第八十条** 客运站经营者应当制定突发事件应急预案。应急预案应当包括报告程序、应急指挥、应急设备的储备以及处置措施等内容。

**第八十一条** 客运站经营者应当建立和完善各类台账和档案,并按照要求报送有关信息。

## 第六章 监督检查

**第八十二条** 交通运输主管部门应当加强对道路客运和客运站经

营活动的监督检查。

交通运输主管部门工作人员应当严格按照法定职责权限和程序,原则上采取随机抽取检查对象、随机选派执法检查人员的方式进行监督检查,监督检查结果应当及时向社会公布。

**第八十三条** 交通运输主管部门应当每年对客运车辆进行一次审验。审验内容包括:

(一)车辆违法违章记录;

(二)车辆技术等级评定情况;

(三)车辆类型等级评定情况;

(四)按照规定安装、使用符合标准的具有行驶记录功能的卫星定位装置情况;

(五)客运经营者为客运车辆投保承运人责任险情况。

审验符合要求的,交通运输主管部门在《道路运输证》中注明;不符合要求的,应当责令限期改正或者办理变更手续。

**第八十四条** 交通运输主管部门及其工作人员应当重点在客运站、旅客集散地对道路客运、客运站经营活动实施监督检查。此外,根据管理需要,可以在公路路口实施监督检查,但不得随意拦截正常行驶的道路运输车辆,不得双向拦截车辆进行检查。

**第八十五条** 交通运输主管部门的工作人员实施监督检查时,应当有 2 名以上人员参加,并向当事人出示合法有效的交通运输行政执法证件。

**第八十六条** 交通运输主管部门的工作人员可以向被检查单位和个人了解情况,查阅和复制有关材料,但应当保守被调查单位和个人的商业秘密。

被监督检查的单位和个人应当接受交通运输主管部门及其工作人员依法实施的监督检查,如实提供有关资料或者说明情况。

**第八十七条** 交通运输主管部门的工作人员在实施道路运输监督检查过程中,发现客运车辆有超载行为的,应当立即予以制止,移交相关部门处理,并采取相应措施安排旅客改乘。

**第八十八条** 交通运输主管部门应当对客运经营者拟投入车辆和聘用驾驶员承诺、进站承诺履行情况开展检查。

客运经营者未按照许可要求落实拟投入车辆承诺或者聘用驾驶员承诺的,原许可机关可以依法撤销相应的行政许可决定;班车客运经营者未按照许可要求提供进站协议的,原许可机关应当责令限期整改,拒不整改的,可以依法撤销相应的行政许可决定。

原许可机关应当在客运站经营者获得经营许可60日内,对其告知承诺情况进行核查。客运站经营者应当按照要求提供相关证明材料。客运站经营者承诺内容与实际情况不符的,原许可机关应当责令限期整改;拒不整改或者整改后仍达不到要求的,原许可机关可以依法撤销相应的行政许可决定。

**第八十九条** 客运经营者在许可的交通运输主管部门管辖区域外违法从事经营活动的,违法行为发生地的交通运输主管部门应当依法将当事人的违法事实、处罚结果记录到《道路运输证》上,并抄告作出道路客运经营许可的交通运输主管部门。

**第九十条** 交通运输主管部门作出行政处罚决定后,客运经营者拒不履行的,作出行政处罚决定的交通运输主管部门可以将其拒不履行行政处罚决定的事实抄告违法车辆车籍所在地交通运输主管部门,作为能否通过车辆年度审验和决定质量信誉考核结果的重要依据。

**第九十一条** 交通运输主管部门的工作人员在实施道路运输监督检查过程中,对没有合法有效《道路运输证》又无法当场提供其他有效证明的客运车辆可以予以暂扣,并出具《道路运输车辆暂扣凭证》(见附件14),对暂扣车辆应当妥善保管,不得使用,不得收取或者变相收取保管费用。

违法当事人应当在暂扣凭证规定的时间内到指定地点接受处理。逾期不接受处理的,交通运输主管部门可以依法作出处罚决定,并将处罚决定书送达当事人。当事人无正当理由逾期不履行处罚决定的,交通运输主管部门可以申请人民法院强制执行。

**第九十二条** 交通运输主管部门应当在道路运政管理信息系统中如实记录道路客运经营者、客运站经营者、网络平台、从业人员的违法行为信息,并按照有关规定将违法行为纳入有关信用信息共享平台。

# 第七章　　法律责任

**第九十三条** 违反本规定,有下列行为之一的,由交通运输主管部门责令停止经营;有违法所得的,没收违法所得,处违法所得2倍以上 10 倍以下的罚款；没有违法所得或者违法所得不足 2 万元的，处 3 万元以上 10 万元以下的罚款；构成犯罪的，依法追究刑事责任：

（一）未取得道路客运经营许可，擅自从事道路客运经营的；

（二）未取得道路客运班线经营许可，擅自从事班车客运经营的；

（三）使用失效、伪造、变造、被注销等无效的道路客运许可证件从事道路客运经营的；

（四）超越许可事项，从事道路客运经营的。

**第九十四条** 违反本规定，有下列行为之一的，由交通运输主管部门责令停止经营；有违法所得的，没收违法所得，处违法所得 2 倍以上 10 倍以下的罚款；没有违法所得或者违法所得不足 1 万元的，处 2 万元以上 5 万元以下的罚款；构成犯罪的，依法追究刑事责任：

（一）未取得客运站经营许可，擅自从事客运站经营的；

（二）使用失效、伪造、变造、被注销等无效的客运站许可证件从事客运站经营的；

（三）超越许可事项，从事客运站经营的。

**第九十五条** 违反本规定，客运经营者、客运站经营者非法转让、出租道路运输经营许可证件的，由交通运输主管部门责令停止违法行为，收缴有关证件，处 2000 元以上 1 万元以下的罚款；有违法所得的，没收违法所得。

**第九十六条** 违反本规定，客运经营者有下列行为之一的，由交通运输主管部门责令限期投保；拒不投保的，由原许可机关吊销相应许可：

（一）未为旅客投保承运人责任险的；

（二）未按照最低投保限额投保的；

（三）投保的承运人责任险已过期，未继续投保的。

**第九十七条** 违反本规定，客运经营者使用未持合法有效《道路运输证》的车辆参加客运经营的，或者聘用不具备从业资格的驾驶员参加客运经营的，由交通运输主管部门责令改正，处 3000 元以上 1 万元以下的罚款。

违反本规定，客运经营者不按照规定随车携带《道路运输证》的，由交通运输主管部门责令改正，处警告或者 20 元以上 200 元以下的罚款。

**第九十八条** 一类、二类客运班线的经营者或者其委托的售票单位、客运站经营者未按照规定对旅客身份进行查验,或者对身份不明、拒绝提供身份信息的旅客提供服务的,由交通运输主管部门处 10 万元以上 50 万元以下的罚款,并对其直接负责的主管人员和其他直接责任人员处 10 万元以下的罚款;情节严重的,由交通运输主管部门责令其停止从事相关道路旅客运输或者客运站经营业务;造成严重后果的,由原许可机关吊销有关道路旅客运输或者客运站经营许可证件。

**第九十九条** 违反本规定,客运经营者有下列情形之一的,由交通运输主管部门责令改正,处 1000 元以上 3000 元以下的罚款:

(一)客运班车不按照批准的配客站点停靠或者不按照规定的线路、日发班次下限行驶的;

(二)加班车、顶班车、接驳车无正当理由不按照规定的线路、站点运行的;

(三)以欺骗、暴力等手段招揽旅客的;

(四)擅自将旅客移交他人运输的;

(五)在旅客运输途中擅自变更运输车辆的;

(六)未报告原许可机关,擅自终止道路客运经营的;

(七)客运包车未持有效的包车客运标志牌进行经营的,不按照包车客运标志牌载明的事项运行的,线路两端均不在车籍所在地的,招揽包车合同以外的旅客乘车的;

(八)开展定制客运未按照规定备案的;

(九)未按照规定在发车前对旅客进行安全事项告知的。

违反前款第(一)至(六)项规定,情节严重的,由原许可机关吊销相应许可。

**第一百条** 违反本规定,客运经营者、客运站经营者存在重大运输安全隐患等情形,导致不具备安全生产条件,经停产停业整顿仍不具备安全生产条件的,由交通运输主管部门依法吊销相应许可。

**第一百零一条** 违反本规定,客运站经营者有下列情形之一的,由交通运输主管部门责令改正,处 1 万元以上 3 万元以下的罚款:

(一)允许无经营证件的车辆进站从事经营活动的;

(二)允许超载车辆出站的;

(三)允许未经安全检查或者安全检查不合格的车辆发车的;

(四)无正当理由拒绝客运车辆进站从事经营活动的;

（五）设立的停靠点未按照规定备案的。

**第一百零二条** 违反本规定，客运站经营者有下列情形之一的，由交通运输主管部门责令改正；拒不改正的，处 3000 元的罚款；有违法所得的，没收违法所得：

（一）擅自改变客运站的用途和服务功能的；

（二）不公布运输线路、配客站点、班次、发车时间、票价的。

**第一百零三条** 违反本规定，网络平台有下列情形之一的，由交通运输主管部门责令改正，处 3000 元以上 1 万元以下的罚款：

（一）发布的提供服务班车客运经营者与实际提供服务班车客运经营者不一致的；

（二）发布的提供服务车辆与实际提供服务车辆不一致的；

（三）发布的提供服务驾驶员与实际提供服务驾驶员不一致的；

（四）超出班车客运经营者许可范围开展定制客运的。

网络平台接入或者使用不符合规定的班车客运经营者、车辆或者驾驶员开展定制客运的，由交通运输主管部门责令改正，处 1 万元以上 3 万元以下的罚款。

# 第八章　附　则

**第一百零四条** 本规定所称农村道路客运，是指县级行政区域内或者毗邻县间，起讫地至少有一端在乡村且主要服务于农村居民的旅客运输。

**第一百零五条** 出租汽车客运、城市公共汽车客运管理根据国家有关规定执行。

**第一百零六条** 客运经营者从事国际道路旅客运输经营活动，除遵守本规定外，有关从业条件等特殊要求还应当适用交通运输部制定的《国际道路运输管理规定》。

**第一百零七条** 交通运输主管部门依照本规定发放的道路运输经营许可证件和《道路运输证》，可以收取工本费。工本费的具体收费标准由省、自治区、直辖市人民政府财政、价格主管部门会同同级交通运输主管部门核定。

**第一百零八条** 本规定自 2020 年 9 月 1 日起施行。2005 年 7 月 12 日以交通部令 2005 年第 10 号公布的《道路旅客运输及客运站管理规定》、2008年7月23日以交通运输部令2008年第10号公布的《关于修改〈道路旅客运输及客运站管理规定〉的决定》、2009年4月20日以交通运输部令2009年第4号公布的《关于修改〈道路旅客运输及客运站管理规定〉的决定》、2012年3月14日以交通运输部令2012年第2号公布的《关于修改〈道路旅客运输及客运站管理规定〉的决定》、2012年12月11日以交通运输部令2012年第8号公布的《关于修改〈道路旅客运输及客运站管理规定〉的决定》、2016年4月11日以交通运输部令2016年第34号公布的《关于修改〈道路旅客运输及客运站管理规定〉的决定》、2016年12月6日以交通运输部令2016年第82号公布的《关于修改〈道路旅客运输及客运站管理规定〉的决定》同时废止。

# 城市公共汽车和电车客运管理规定

· 2017年3月7日交通运输部令第5号公布
· 自2017年5月1日起施行

## 第一章 总 则

**第一条** 为规范城市公共汽车和电车客运活动,保障运营安全,提高服务质量,促进城市公共汽车和电车客运事业健康有序发展,依据《国务院关于城市优先发展公共交通的指导意见》(国发〔2012〕64号),制定本规定。

**第二条** 从事城市公共汽车和电车(以下简称城市公共汽电车)客运的服务提供、运营管理、设施设备维护、安全保障等活动,应当遵守本规定。

本规定所称城市公共汽电车客运,是指在城市人民政府确定的区域内,运用符合国家有关标准和规定的公共汽电车车辆和城市公共汽电车客运服务设施,按照核准的线路、站点、时间和票价运营,为社会公众提供基本出行服务的活动。

本规定所称城市公共汽电车客运服务设施,是指保障城市公共汽电车客运服务的停车场、保养场、站务用房、候车亭、站台、站牌以及加油（气）站、电车触线网、整流站和电动公交车充电设施等相关设施。

**第三条** 交通运输部负责指导全国城市公共汽电车客运管理工作。

省、自治区人民政府交通运输主管部门负责指导本行政区域内城市公共汽电车客运管理工作。

城市人民政府交通运输主管部门或者城市人民政府指定的城市公共交通运营主管部门（以下简称城市公共交通主管部门）具体承担本行政区域内城市公共汽电车客运管理工作。

**第四条** 城市公共汽电车客运是城市公共交通的重要组成部分，具有公益属性。

省、自治区人民政府交通运输主管部门和城市公共交通主管部门应当在本级人民政府的领导下，会同有关部门，根据国家优先发展公共交通战略，落实在城市规划、财政政策、用地供给、设施建设、路权分配等方面优先保障城市公共汽电车客运事业发展的政策措施。

**第五条** 城市公共汽电车客运的发展，应当遵循安全可靠、便捷高效、经济适用、节能环保的原则。

**第六条** 国家鼓励城市公共汽电车客运运营企业实行规模化、集约化经营。

**第七条** 国家鼓励推广新技术、新能源、新装备，加强城市公共交通智能化建设，推进物联网、大数据、移动互联网等现代信息技术在城市公共汽电车客运运营、服务和管理方面的应用。

## 第二章 规划与建设

**第八条** 城市公共交通主管部门应当统筹考虑城市发展和社会公众基本出行需求，会同有关部门组织编制、修改城市公共汽电车线网规划。

编制、修改城市公共汽电车线网规划，应当科学设计城市公共汽电车线网、场站布局、换乘枢纽和重要交通节点设置，注重城市公共汽电车与其他出行方式的衔接和协调，并广泛征求相关部门和社会各方的意见。

**第九条** 城市公共交通主管部门应当依据城市公共汽电车线网规

划,结合城市发展和社会公众出行需求,科学论证、适时开辟或者调整城市公共汽电车线路和站点,并征求社会公众意见。

新建、改建、扩建城市公共汽电车客运服务设施,应当符合城市公共汽电车线网规划。

**第十条** 城市公共交通主管部门应当按照城市公共汽电车线网规划,对城市道路等市政设施以及规模居住区、交通枢纽、商业中心、工业园区等大型建设项目配套建设城市公共汽电车客运服务设施制定相关标准。

**第十一条** 城市公共交通主管部门应当会同有关部门,按照相关标准要求,科学设置公交专用道、公交优先通行信号系统、港湾式停靠站等,提高城市公共汽电车的通行效率。

**第十二条** 城市公共交通主管部门应当定期开展社会公众出行调查,充分利用移动互联网、大数据、云计算等现代信息技术收集、分析社会公众出行时间、方式、频率、空间分布等信息,作为优化城市公共交通线网的依据。

**第十三条** 城市公共交通主管部门应当按照有关标准对城市公共汽电车线路、站点进行统一命名,方便乘客出行及换乘。

## 第三章 运营管理

**第十四条** 城市公共汽电车客运按照国家相关规定实行特许经营,城市公共交通主管部门应当根据规模经营、适度竞争的原则,综合考虑运力配置、社会公众需求、社会公众安全等因素,通过服务质量招投标的方式选择运营企业,授予城市公共汽电车线路运营权;不符合招投标条件的,由城市公共交通主管部门择优选择取得线路运营权的运营企业。城市公共交通主管部门应当与取得线路运营权的运营企业签订线路特许经营协议。

城市公共汽电车线路运营权实行无偿授予,城市公共交通主管部门不得拍卖城市公共汽电车线路运营权。运营企业不得转让、出租或者变相转让、出租城市公共汽电车线路运营权。

**第十五条** 申请城市公共汽电车线路运营权应当符合下列条件:

(一)具有企业法人营业执照;

(二)具有符合运营线路要求的运营车辆或者提供保证符合国家

有关标准和规定车辆的承诺书；

（三）具有合理可行、符合安全运营要求的线路运营方案；

（四）具有健全的经营服务管理制度、安全生产管理制度和服务质量保障制度；

（五）具有相应的管理人员和与运营业务相适应的从业人员；

（六）有关法律、法规规定的其他条件。

**第十六条** 城市公共汽电车线路运营权实行期限制，同一城市公共汽电车线路运营权实行统一的期限。

**第十七条** 城市公共汽电车线路特许经营协议应当明确以下内容：

（一）运营线路、站点设置、配置车辆数及车型、首末班次时间、运营间隔、线路运营权期限等；

（二）运营服务标准；

（三）安全保障制度、措施和责任；

（四）执行的票制、票价；

（五）线路运营权的变更、延续、暂停、终止的条件和方式；

（六）履约担保；

（七）运营期限内的风险分担；

（八）应急预案和临时接管预案；

（九）运营企业相关运营数据上报要求；

（十）违约责任；

（十一）争议调解方式；

（十二）双方的其他权利和义务；

（十三）双方认为应当约定的其他事项。

在线路特许经营协议有效期限内，确需变更协议内容的，协议双方应当在共同协商的基础上签订补充协议。

**第十八条** 城市公共汽电车线路运营权期限届满，由城市公共交通主管部门按照第十四条规定重新选择取得该线路运营权的运营企业。

**第十九条** 获得城市公共汽电车线路运营权的运营企业，应当按照线路特许经营协议要求提供连续服务，不得擅自停止运营。

运营企业需要暂停城市公共汽电车线路运营的，应当提前3个月向城市公共交通主管部门提出报告。运营企业应当按照城市公共交通主管部门的要求,自拟暂停之日7日前向社会公告;城市公共交通主管部门应当根据需要,采取临时指定运营企业、调配车辆等应对措施,保障社会公众出行需求。

第二十条　在线路运营权期限内,运营企业因破产、解散、被撤销线路运营权以及不可抗力等原因不能运营时,应当及时书面告知城市公共交通主管部门。城市公共交通主管部门应当按照国家相关规定重新选择线路运营企业。

在线路运营权期限内,运营企业合并、分立的,应当向城市公共交通主管部门申请终止其原有线路运营权。合并、分立后的运营企业符合本规定第十五条规定条件的,城市公共交通主管部门可以与其就运营企业原有的线路运营权重新签订线路特许经营协议;不符合相关要求的,城市公共交通主管部门应当按照国家相关规定重新选择线路运营企业。

第二十一条　城市公共交通主管部门应当配合有关部门依法做好票制票价的制定和调整,依据成本票价,并按照鼓励社会公众优先选择城市公共交通出行的原则,统筹考虑社会公众承受能力、政府财政状况和出行距离等因素,确定票制票价。

运营企业应当执行城市人民政府确定的城市公共汽电车票制票价。

第二十二条　运营企业应当按照企业会计准则等有关规定,加强财务管理,规范会计核算,并按规定向城市公共交通主管部门报送运营信息、统计报表和年度会计报告等信息。年度会计报告内容应当包括运营企业实际执行票价低于运营成本的部分,执行政府乘车优惠政策减少的收入,以及执行抢险救灾等政府指令性任务发生的支出等。

第二十三条　城市公共交通主管部门应当配合有关部门建立运营企业的运营成本核算制度和补偿、补贴制度。

对于运营企业执行票价低于成本票价等所减少的运营收入,执行政府乘车优惠政策减少的收入,以及因承担政府指令性任务所造成的政策性亏损,城市公共交通主管部门应当建议有关部门按规定予以补偿、补贴。

## 第四章　运营服务

第二十四条　运营企业应当按照线路特许经营协议确定的数量、

车型配备符合有关标准规定的城市公共汽电车车辆,并报城市公共交通主管部门备案。

**第二十五条** 运营企业应当按照有关标准及城市公共交通主管部门的要求,在投入运营的车辆上配置符合以下要求的相关服务设施和运营标识:

(一)在规定位置公布运营线路图、价格表;

(二)在规定位置张贴统一制作的乘车规则和投诉电话;

(三)在规定位置设置特需乘客专用座位;

(四)在无人售票车辆上配置符合规定的投币箱、电子读卡器等服务设施;

(五)规定的其他车辆服务设施和标识。

**第二十六条** 运营企业应当按照有关标准及城市公共交通主管部门的要求,在城市公共汽电车客运首末站和中途站配置符合以下要求的相关服务设施和运营标识:

(一)在规定位置公布线路票价、站点名称和服务时间;

(二)在规定位置张贴投诉电话;

(三)规定的其他站点服务设施和标识配置要求。

**第二十七条** 运营企业聘用的从事城市公共汽电车客运的驾驶员、乘务员,应当具备以下条件:

(一)具有履行岗位职责的能力;

(二)身心健康,无可能危及运营安全的疾病或者病史;

(三)无吸毒或者暴力犯罪记录。

从事城市公共汽电车客运的驾驶员还应当符合以下条件:

(一)取得与准驾车型相符的机动车驾驶证且实习期满;

(二)最近连续3个记分周期内没有记满12分违规记录;

(三)无交通肇事犯罪、危险驾驶犯罪记录,无饮酒后驾驶记录。

**第二十八条** 运营企业应当按照有关规范和标准对城市公共汽电车客运驾驶员、乘务员进行有关法律法规、岗位职责、操作规程、服务规范、安全防范和应急处置等基本知识与技能的培训和考核,安排培训、考核合格人员上岗。运营企业应当将相关培训、考核情况建档备查,并报城市公共交通主管部门备案。

**第二十九条** 从事城市公共汽电车客运的驾驶员、乘务员,应当遵守以下规定:

（一）履行相关服务标准；
（二）按照规定的时段、线路和站点运营，不得追抢客源、滞站揽客；
（三）按照价格主管部门核准的票价收费，并执行有关优惠乘车的规定；
（四）维护城市公共汽电车场站和车厢内的正常运营秩序，播报线路名称、走向和停靠站，提示安全注意事项；
（五）为老、幼、病、残、孕乘客提供必要的帮助；
（六）发生突发事件时应当及时处置，保护乘客安全，不得先于乘客弃车逃离；
（七）遵守城市公共交通主管部门制定的其他服务规范。

**第三十条** 运营企业应当按照线路特许经营协议规定的线路、站点、运营间隔、首末班次时间、车辆数、车型等组织运营。未经城市公共交通主管部门同意，运营企业不得擅自改变线路特许经营协议内容。按照第十七条规定变更协议内容签订补充协议的，应当向社会公示。

**第三十一条** 运营企业应当依据城市公共汽电车线路特许经营协议制定行车作业计划，并报城市公共交通主管部门备案。运营企业应当履行约定的服务承诺，保证服务质量，按照行车作业计划调度车辆，并如实记录、保存线路运营情况和数据。

**第三十二条** 运营企业应当及时向城市公共交通主管部门上报相关信息和数据，主要包括运营企业人员、资产等信息，场站、车辆等设施设备相关数据，运营线路、客运量及乘客出行特征、运营成本等相关数据，公共汽电车调查数据，企业政策与制度信息等。

**第三十三条** 由于交通管制、城市建设、重大公共活动、公共突发事件等影响城市公共汽电车线路正常运营的，城市公共交通主管部门和运营企业应当及时向社会公告相关线路运营的变更、暂停情况，并采取相应措施，保障社会公众出行需求。

**第三十四条** 城市公共交通主管部门应当根据社会公众出行便利、城市公共汽电车线网优化等需要，组织运营企业提供社区公交、定制公交、夜间公交等多样化服务。

**第三十五条** 发生下列情形之一的，运营企业应当按照城市公共交通主管部门的要求，按照应急预案采取应急运输措施：

（一）抢险救灾；
（二）主要客流集散点运力严重不足；
（三）举行重大公共活动；
（四）其他需要及时组织运力对人员进行疏运的突发事件。

**第三十六条** 城市公共汽电车客运场站等服务设施的日常管理单位应当按照有关标准和规定，对场站等服务设施进行日常管理，定期进行维修、保养，保持其技术状况、安全性能符合国家标准，维护场站的正常运营秩序。

**第三十七条** 运营企业应当按照国家有关标准，定期对城市公共电车触线网、馈线网、整流站等供配电设施进行维护，保证其正常使用，并按照国家有关规定设立保护标识。

**第三十八条** 乘客应当遵守乘车规则，文明乘车，不得在城市公共汽电车客运车辆或者场站内饮酒、吸烟、乞讨或者乱扔废弃物。

乘客有违反前款行为时，运营企业从业人员应当对乘客进行劝止，劝阻无效的，运营企业从业人员有权拒绝为其提供服务。

**第三十九条** 乘客应当按照规定票价支付车费，未按规定票价支付的，运营企业从业人员有权要求乘客补交车费，并按照有关规定加收票款。

符合当地优惠乘车条件的乘客，应当按规定出示有效乘车凭证，不能出示的，运营企业从业人员有权要求其按照普通乘客支付车费。

**第四十条** 有下列情形之一的，乘客可以拒绝支付车费：
（一）运营车辆未按规定公布运营收费标准的；
（二）无法提供车票凭证或者车票凭证不符合规定的；
（三）不按核准的收费标准收费的。

**第四十一条** 城市公共汽电车客运车辆在运营途中发生故障不能继续运营时，驾驶员、乘务员应当向乘客说明原因，安排改乘同线路后序车辆或者采取其他有效措施疏导乘客，并及时报告运营企业。

**第四十二条** 进入城市公共汽电车客运场站等服务设施的单位和个人，应当遵守城市公共汽电车场站等服务设施运营管理制度。

**第四十三条** 运营企业利用城市公共汽电车客运服务设施和车辆设置广告的，应当遵守有关广告管理的法律、法规及标准。广告设置不得有覆盖场站牌标识和车辆运营标识、妨碍车辆行驶安全视线等影响运营安全的情形。

# 第五章 运营安全

**第四十四条** 运营企业是城市公共汽电车客运安全生产的责任主体。运营企业应当建立健全企业安全生产管理制度,设置安全生产管理机构或者配备专职安全生产管理人员,保障安全生产经费投入,增强突发事件防范和应急处置能力,定期开展安全检查和隐患排查,加强安全乘车和应急知识宣传。

**第四十五条** 运营企业应当制定城市公共汽电车客运运营安全操作规程,加强对驾驶员、乘务员等从业人员的安全管理和教育培训。驾驶员、乘务员等从业人员在运营过程中应当执行安全操作规程。

**第四十六条** 运营企业应当对城市公共汽电车客运服务设施设备建立安全生产管理制度,落实责任制,加强对有关设施设备的管理和维护。

**第四十七条** 运营企业应当建立城市公共汽电车车辆安全管理制度,定期对运营车辆及附属设备进行检测、维护、更新,保证其处于良好状态。不得将存在安全隐患的车辆投入运营。

**第四十八条** 运营企业应当在城市公共汽电车车辆和场站醒目位置设置安全警示标志、安全疏散示意图等,并为车辆配备灭火器、安全锤等安全应急设备,保证安全应急设备处于良好状态。

**第四十九条** 禁止携带违禁物品乘车。运营企业应当在城市公共汽电车主要站点的醒目位置公布禁止携带的违禁物品目录。有条件的,应当在城市公共汽电车车辆上张贴禁止携带违禁物品乘车的提示。

**第五十条** 运营企业应当依照规定配备安保人员和相应设备设施,加强安全检查和保卫工作。乘客应当自觉接受、配合安全检查。对于拒绝接受安全检查或者携带违禁物品的乘客,运营企业从业人员应当制止其乘车;制止无效的,及时报告公安部门处理。

**第五十一条** 城市公共交通主管部门应当会同有关部门,定期进行安全检查,督促运营企业及时采取措施消除各种安全隐患。

**第五十二条** 城市公共交通主管部门应当会同有关部门制定城市公共汽电车客运突发事件应急预案,报城市人民政府批准。

运营企业应当根据城市公共汽电车客运突发事件应急预案,制定本企业的应急预案,并定期演练。

发生安全事故或者影响城市公共汽电车客运营运安全的突发事件时,城市公共交通主管部门、运营企业等应当按照应急预案及时采取应急处置措施。

**第五十三条** 禁止从事下列危害城市公共汽电车运营安全、扰乱乘车秩序的行为:

(一)非法拦截或者强行上下城市公共汽电车车辆;

(二)在城市公共汽电车场站及其出入口通道擅自停放非城市公共汽电车车辆、堆放杂物或者摆摊设点等;

(三)妨碍驾驶员的正常驾驶;

(四)违反规定进入公交专用道;

(五)擅自操作有警示标志的城市公共汽电车按钮、开关装置,非紧急状态下动用紧急或安全装置;

(六)妨碍乘客正常上下车;

(七)其他危害城市公共汽电车运营安全、扰乱乘车秩序的行为。

运营企业从业人员接到报告或者发现上述行为应当及时制止;制止无效的,及时报告公安部门处理。

**第五十四条** 任何单位和个人都有保护城市公共汽电车客运服务设施的义务,不得有下列行为:

(一)破坏、盗窃城市公共汽电车车辆、设施设备;

(二)擅自关闭、侵占、拆除城市公共汽电车客运服务设施或者挪作他用;

(三)损坏、覆盖电车供电设施及其保护标识,在电车架线杆、馈线安全保护范围内修建建筑物、构筑物或者堆放、悬挂物品,搭设管线、电(光)缆等;

(四)擅自覆盖、涂改、污损、毁坏或者迁移、拆除站牌;

(五)其他影响城市公共汽电车客运服务设施功能和安全的行为。

## 第六章 监督检查

**第五十五条** 城市公共交通主管部门应当建立"双随机"抽查制度,并定期对城市公共汽电车客运进行监督检查,维护正常的运营秩序,保障运营服务质量。

**第五十六条** 城市公共交通主管部门有权行使以下监督检查职责:

(一)向运营企业了解情况,要求其提供有关凭证、票据、账簿、文件及其他相关材料;

(二)进入运营企业进行检查,调阅、复制相关材料;

(三)向有关单位和人员了解情况。

城市公共交通主管部门对检查中发现的违法行为,应当当场予以纠正或者要求限期改正;对依法应当给予行政处罚、采取强制措施的行为,应当依法予以处理。

有关单位和个人应当接受城市公共交通主管部门及其工作人员依法实施的监督检查,如实提供有关材料或者说明情况。

**第五十七条** 城市公共交通主管部门应当建立运营企业服务质量评价制度,定期对运营企业的服务质量进行评价并向社会公布,评价结果作为衡量运营企业运营绩效、发放政府补贴和线路运营权管理等的依据。

对服务质量评价不合格的线路,城市公共交通主管部门应当责令相关运营企业整改。整改不合格,严重危害公共利益,或者造成重大安全事故的,城市公共交通主管部门可以终止其部分或者全部线路运营权的协议内容。

**第五十八条** 城市公共交通主管部门和运营企业应当分别建立城市公共交通服务投诉受理制度并向社会公布,及时核查和处理投诉事项,并将处理结果及时告知投诉人。

**第五十九条** 城市公共交通主管部门应当对完成政府指令性运输任务成绩突出,文明服务成绩显著,有救死扶伤、见义勇为等先进事迹的运营企业和相关从业人员予以表彰。

## 第七章 法律责任

**第六十条** 未取得线路运营权、未与城市公共交通主管部门签订城市公共汽电车线路特许经营协议,擅自从事城市公共汽电车客运线路运营的,由城市公共交通主管部门责令停止运营,并处 2 万元以上 3 万元以下的罚款。

**第六十一条** 运营企业违反本规定第二十五条、第二十六条规定,未配置符合要求的服务设施和运营标识的,由城市公共交通主管部门责令限期改正;逾期不改正的,处5000元以下的罚款。

**第六十二条** 运营企业有下列行为之一的,由城市公共交通主管部门责令限期改正;逾期未改正的,处5000元以上1万元以下的罚款:

(一)未定期对城市公共汽电车车辆及其安全设施设备进行检测、维护、更新的;

(二)未在城市公共汽电车车辆和场站醒目位置设置安全警示标志、安全疏散示意图和安全应急设备的;

(三)使用不具备本规定第二十七条规定条件的人员担任驾驶员、乘务员的;

(四)未对拟担任驾驶员、乘务员的人员进行培训、考核的。

**第六十三条** 运营企业未制定应急预案并组织演练的,由城市公共交通主管部门责令限期改正,并处1万元以下的罚款。

发生影响运营安全的突发事件时,运营企业未按照应急预案的规定采取应急处置措施,造成严重后果的,由城市公共交通主管部门处2万元以上3万元以下的罚款。

**第六十四条** 城市公共汽电车客运场站和服务设施的日常管理单位未按照规定对有关场站设施进行管理和维护的,由城市公共交通主管部门责令限期改正;逾期未改正的,处1万元以下的罚款。

**第六十五条** 违法携带违禁物品进站乘车的,或者有本规定第五十三条危害运营安全行为的,运营企业应当报当地公安部门依法处理。

**第六十六条** 违反本规定第五十四条,有危害城市公共汽电车客运服务设施行为的,由城市公共交通主管部门责令改正,对损坏的设施依法赔偿,并对个人处1000元以下的罚款,对单位处5000元以下的罚款。构成犯罪的,依法追究刑事责任。

**第六十七条** 城市公共交通主管部门不履行本规定职责、造成严重后果的,或者有其他滥用职权、玩忽职守、徇私舞弊行为的,对负有责任的领导人员和直接责任人员依法给予处分;构成犯罪的,依法追究刑事责任。

**第六十八条** 地方性法规、政府规章对城市公共汽电车客运违法行为需要承担的法律责任与本规定有不同规定的,从其规定。

## 第八章 附 则

**第六十九条** 县（自治县、旗、自治旗、团场）开通公共汽电车客运的，参照适用本规定。

**第七十条** 经相关城市人民政府协商开通的毗邻城市间公共汽电车客运，参照适用本规定。

**第七十一条** 本规定自2017年5月1日起施行。

# 道路运输服务质量投诉管理规定

- 1999年10月11日交通部发布
- 根据2016年9月2日《交通运输部关于修改〈道路运输服务质量投诉管理规定〉的决定》修正

## 第一章 总 则

**第一条** 为了保护道路运输服务对象的合法权益，及时、公正处理服务质量投诉，加强对道路运输服务质量的监督和管理，维护道路运输市场的正常秩序，依据《中华人民共和国消费者权益保护法》及其他有关法律、法规制定本规定。

**第二条** 县级以上（含县级，下同）人民政府交通行政主管部门负责本辖区道路运输服务质量投诉管理工作，其所属的道路运政管理机构（以下简称运政机构）是道路运输服务质量投诉（以下简称服务质量投诉）的受理机构，负责本规定的具体实施。

**第三条** 各级运政机构受理服务质量投诉应遵循合法、公正、高效、便民的原则。

## 第二章 投诉受理机构

**第四条** 县级以上运政机构应当向社会公布投诉地址及投诉电话，及时受理本辖区的服务质量投诉案件。

**第五条** 运政机构受理服务质量投诉的主要职责是：

（一）贯彻执行国家有关服务质量投诉处理的法律、法规和规章制度；

（二）及时调查处理（或批转下一级运政机构调查处理）被投诉对象注册地为本辖区的服务质量投诉案件；报请上一级运政机构将本单位收到的被投诉对象注册地为非本辖区的投诉案件批转其辖区运政机构办理；

（三）协助上一级运政机构调查处理涉及本辖区的服务质量投诉案件；

（四）受理上一级运政机构转来的投诉案件，并报告投诉的调查处理情况和结果；

（五）建立健全本辖区服务质量投诉受理工作通报表彰、统计分析和投诉档案管理以及信息反馈等制度；

（六）督促、检查本辖区道路运输经营者制定和实施服务质量纠纷处理制度。

## 第三章 投诉受理条件和范围

**第六条** 投诉受理条件：

（一）投诉人必须是权益受到损害的道路运输服务对象或他们的代理人；

（二）有明确的投诉对象、具体事实及有关证明材料或证明人。

**第七条** 投诉受理范围：

（一）道路运输经营者未履行合同或协议而又拒不承担违约责任的；

（二）道路运输经营者未执行国家有关价格政策或未提供与其价格相符的服务的；

（三）道路运输经营者故意或过失造成投诉人人身伤害，货物灭失、短少、变质、污染、损坏、误期等而又拒绝赔偿损失的；

（四）道路运输经营者有欺诈行为的；

（五）道路运输经营者在经营活动中违反有关法律、法规或规章导致道路运输服务对象权益受到损害的；

（六）道路运输经营者未按规定提供与其经营内容相适应的服务

设施、服务项目或服务质量标准的;

（七）道路运输经营者其他侵犯投诉人权益、损害投诉人利益的行为。

**第八条** 下列投诉不属于本受理范围：

（一）法院、仲裁机构或者有关行政机关已经受理的案件；

（二）由于不可抗力造成道路运输服务对象权益受到损害的投诉；

（三）治安和刑事案件投诉；

（四）交通事故投诉；

（五）国家法律、法规已经明确规定由其他机构受理的投诉。

## 第四章 投诉人与被投诉人

**第九条** 投诉可采用书面投诉、电话投诉或当面投诉三种形式。投诉人应在书面投诉材料上阐明或在电话投诉、当面投诉时说明下列事项：

（一）投诉人的名称或姓名及联系方式；

（二）被投诉人的名称或车辆牌照号码；

（三）投诉案件发生的时间、地点、经过及有关证明材料或证明人；

（四）投诉请求（包括停止侵害、惩治违法、违章经营，赔礼道歉，赔偿损失等）。

**第十条** 投诉人有权了解投诉的处理情况；有权与被投诉人自行和解；有权放弃或变更投诉请求。

**第十一条** 被投诉人有就被投诉案件进行陈述和申辩的权利。

**第十二条** 被投诉人不得妨碍运政机构对投诉案件进行的调查、核实工作，不得销毁、灭失有关证据。

## 第五章 投诉受理程序

**第十三条** 运政机构接到投诉时，应当根据第七条、第八条的规定，确定是否受理，不予受理的，要说明理由。电话投诉和当面投诉的要做好投诉记录（《道路运输服务质量投诉记录》式样见附件1），也可通知其递交书面投诉材料。

**第十四条** 运政机构受理投诉后,应当在 5 日内通知被投诉人。被投诉人应当在接到投诉通知之日起 10 日内作出书面答复意见。书面答复应当载明以下事项:

(一)对投诉内容及投诉请求表明态度;
(二)陈述事实,申辩举证;
(三)提出解决意见。

**第十五条** 运政机构应依法对投诉案件进行核实。经调查核实后,依据有关法律、法规或规章,分清责任,在投诉受理之日起 30 日内,做出相应的投诉处理决定,并通知双方当事人。

# 第六章 投诉处理

**第十六条** 根据投诉事实的性质,对投诉案件的处理决定可采取调解或行政处罚两种处理方式。

**第十七条** 投诉案件的责任认定主要依据是投诉事实和有关法律、法规及规章:

(一)《中华人民共和国合同法》及其他有关道路运输或合同的法律、法规;

(二)《道路旅客运输及客运站管理规定》《道路货物运输及站场管理规定》《道路运输车辆技术管理规定》等道路运输管理规章。

**第十八条** 根据责任认定结果,可做出以下调解意见,并应说明理由:

(一)被投诉人过错的,由被投诉人向投诉人赔礼道歉或赔偿损失;

(二)投诉人与被投诉人共同过错的,由双方分别承担相应责任;

(三)投诉人自身过错的,责任自负。

**第十九条** 运政机构对投诉案件进行调解,应制作《道路运输服务质量投诉调解书》(式样见附件 2),一式 3 份。由投诉人、被投诉人双方(或其代表)签字,并经运政管理机构盖章确认后,分别交投诉人和被投诉人各 1 份,运政机构存档 1 份。

**第二十条** 有关汽车维修质量纠纷的调解依照《汽车维修质量纠纷调解办法》(交公路发〔1998〕349 号)办理。

**第二十一条** 由于道路运输经营者经营活动违反有关法律、法规及规章导致道路运输服务对象权益受到侵害的投诉案件,运政机构应责令其停止侵害,并依照有关道路运输的法律、法规及规章给予行政处罚。

**第二十二条** 运政机构工作人员在处理投诉案件过程中玩忽职守、推诿拖拉、徇私枉法的,应给予行政处分,构成犯罪的追究法律责任。

## 第七章 附 则

**第二十三条** 道路运输经营者被投诉的责任频率、对投诉案件调解工作是否配合等情况,是考核企业服务质量、评定企业资质等级等方面的主要依据之一,应作为年度审验的重要内容,并在涉及审批事项等方面作为先决条件。

**第二十四条** 本规定自 2000 年 1 月 1 日起实施。

附件1

### 道路运输服务质量投诉记录

(式样)

日期:　　　　　　编号:#运诉记[＊＊＊＊]第%%号

| 投诉人 | | 记录人 | |
|---|---|---|---|
| 被投诉人名称或车辆牌照号码 | | | |
| 案件发生时间 | | 发生地点 | |
| 投诉案件梗概<br>(填写不下,可另附纸) ||||
| 证明材料或证明人 ||||

续表

| 投诉请求 |||||
|---|---|---|---|---|
| | | | | |
| 联系人 | | 联系电话 | |

注：#—代表受理机构所在行政区划简称；\*\*\*\*—代表年份；%%—代表当年受理投诉案件的序号。

## 附件2

# 道路运输服务质量投诉调解书
## （式样）

日期：　　　　　编号：#运诉调［\*\*\*\*］第%%号

| 投诉人名称<br>或姓名（甲方） | |
|---|---|
| 被投诉人名称<br>或姓名（乙方） | |
| 投诉受理机构名称 | |
| 投诉案件梗概<br>（填写不下，可另附纸） ||
| | |
| 证明材料或证明人 ||
| | |

续表

|  | 调解意见 |  |
|---|---|---|
|  | 投诉受理机构：(盖章) | 经办人：(签字) |
| 甲方意见 |  | 甲方或其代表签字 |
| 乙方意见 |  | 乙方或其代表签字 |

注：#—代表受理机构所在行政区划简称；＊＊＊＊—代表年份；%%—代表当年调解投诉案件的序号。

# 国际道路运输管理规定

· 2022 年 9 月 21 日交通运输部第 22 次部务会议通过
· 2022 年 9 月 26 日交通运输部令 2022 年第 31 号公布
· 自公布之日起施行

## 第一章 总 则

**第一条** 为规范国际道路运输经营活动，维护国际道路运输市场秩序，保护国际道路运输各方当事人的合法权益，促进国际道路运输业发展，根据《中华人民共和国道路运输条例》和我国政府与有关国家政府签署的汽车运输协定，制定本规定。

**第二条** 从事中华人民共和国与相关国家间的国际道路运输经营活动的，应当遵守本规定。

本规定所称国际道路运输，包括国际道路旅客运输、国际道路货物运输。

**第三条** 国际道路运输应当坚持平等互利、公平竞争、共同发展的原则。

国际道路运输管理应当公平、公正、公开和便民。

**第四条** 交通运输部主管全国国际道路运输工作。

省级人民政府交通运输主管部门按照有关规定，负责组织领导本行政区域内的国际道路运输工作。

# 第二章　经营许可和备案

**第五条**　从事国际道路运输经营活动的，应当具备下列条件：

（一）已经取得国内道路运输经营许可证的企业法人；

（二）从事国内道路运输经营满3年，且近3年内未发生重大以上道路交通责任事故；

道路交通责任事故是指驾驶人员负同等或者以上责任的交通事故。

（三）驾驶人员和从事危险货物运输的装卸管理人员、押运员应当符合《道路运输从业人员管理规定》有关规定；

（四）拟投入国际道路运输经营的运输车辆技术要求应当符合《道路运输车辆技术管理规定》有关规定；

（五）有健全的安全生产管理制度。

**第六条**　申请从事国际道路旅客运输经营的，应当向所在地省级人民政府交通运输主管部门提出申请，并提交以下材料：

（一）国际道路旅客运输经营许可申请表（式样见附件1）；

（二）企业近3年内无重大以上道路交通责任事故证明或者承诺书；

（三）拟投入国际道路旅客运输经营的车辆的道路运输证和拟购置车辆承诺书，承诺书包括车辆数量、类型、技术性能、购车时间等内容；

（四）拟聘用驾驶员的机动车驾驶证、从业资格证；

（五）国际道路运输的安全管理制度：包括安全生产责任制度、安全生产业务操作规程、安全生产监督检查制度、驾驶员和车辆安全生产管理制度、道路运输应急预案等。

从事定期国际道路旅客运输的，还应当提交定期国际道路旅客班线运输的线路、站点、班次方案。

**第七条**　已取得国际道路旅客运输经营许可，申请新增定期国际旅客运输班线的，应当向所在地省级人民政府交通运输主管部门提出申请，提交下列材料：

（一）拟新增定期国际道路旅客班线运输的线路、站点、班次方案；

（二）拟投入国际道路旅客运输营运的车辆的道路运输证和拟购置车辆承诺书；

（三）拟聘用驾驶员的机动车驾驶证、从业资格证。

**第八条** 省级人民政府交通运输主管部门收到申请后，应当按照《交通行政许可实施程序规定》要求的程序、期限，对申请材料进行审查，并通过部门间信息共享、内部核查等方式获取申请人营业执照、已取得的道路客运经营许可、现有车辆等信息，作出许可或者不予许可的决定。

省级人民政府交通运输主管部门对符合法定条件的国际道路旅客运输经营申请作出准予行政许可决定的，应当出具《国际道路旅客运输经营行政许可决定书》（式样见附件2），明确经营主体、经营范围、车辆数量及要求等许可事项，在作出准予行政许可决定之日起10日内向被许可人发放《道路运输经营许可证》。对符合法定条件的国际道路旅客运输班线经营申请作出准予行政许可决定的，还应当出具《国际道路旅客运输班线经营行政许可决定书》（式样见附件3）。

《道路运输经营许可证》应当注明经营范围；《国际道路旅客运输班线经营行政许可决定书》应当注明班线起讫地、线路、停靠站点、经营期限以及班次。

省级人民政府交通运输主管部门予以许可的，应当向交通运输部备案。

对国际道路旅客运输经营申请决定不予许可的，应当在受理之日起20日内向申请人送达《不予交通行政许可决定书》，并说明理由，告知申请人享有依法申请行政复议或者提起行政诉讼的权利。

**第九条** 从事国际道路货物运输经营的，最迟不晚于开始国际道路货物运输经营活动的15日内向所在地省级人民政府交通运输主管部门备案，提交《国际道路货物运输经营备案表》（式样见附件4），并附送符合本规定第五条规定条件的材料，保证材料真实、完整、有效。

**第十条** 省级人民政府交通运输主管部门收到国际道路货物运输经营备案材料后，对材料齐全且符合要求的，应当予以备案并编号归档；对材料不全或者不符合要求的，应当场或自收到备案材料之日起5日内一次性书面通知备案人需要补充的全部内容。

省级人民政府交通运输主管部门应当向社会公布并及时更新已备案的国际道路货物运输经营者名单，便于社会查询和监督。

**第十一条** 非边境省、自治区、直辖市的申请人拟从事国际道路旅客运输经营的,应当向所在地省级人民政府交通运输主管部门提出申请。受理该申请的省级人民政府交通运输主管部门在作出许可决定前,应当与运输线路拟通过边境口岸所在地的省级人民政府交通运输主管部门协商;协商不成的,报交通运输部决定。交通运输部按照第八条第一款规定的程序作出许可或者不予许可的决定,通知所在地省级人民政府交通运输主管部门,并由所在地省级人民政府交通运输主管部门按照第八条第二款、第五款的规定颁发许可证件或者《不予交通行政许可决定书》。

**第十二条** 从事国际道路旅客运输的经营者应当按照承诺书的要求购置运输车辆。购置的车辆和已有的车辆经省级人民政府交通运输主管部门核实符合条件的,省级人民政府交通运输主管部门向拟投入运输的车辆配发《道路运输证》。

**第十三条** 从事国际道路运输的经营者凭《道路运输经营许可证》等许可文件或者备案文件到外事、海关、边防检查等部门办理有关运输车辆、人员的出入境手续。

**第十四条** 国际道路旅客运输经营者变更许可事项、扩大经营范围的,应当按照本规定办理许可申请。

国际道路旅客运输经营者变更名称、地址等,应当向原许可机关备案。

国际道路货物运输经营者名称、经营地址、主要负责人和货物运输车辆等事项发生变化的,应当向原办理备案的交通运输主管部门办理备案变更。

**第十五条** 国际道路旅客运输经营者在取得经营许可后,应当在180日内履行被许可的事项。有正当理由在180日内未经营或者停业时间超过180日的,应当告知省级人民政府交通运输主管部门。

国际道路运输经营者需要终止经营的,应当在终止经营之日30日前告知省级人民政府交通运输主管部门,并按照规定办理有关注销手续。

## 第三章 运营管理

**第十六条** 国际道路运输线路由起讫地、途经地国家交通运输主管部门协商确定。

交通运输部及时向社会公布中国政府与有关国家政府确定的国际道路运输线路。

**第十七条** 从事国际道路运输的车辆应当按照规定的口岸通过,进入对方国家境内后,应当按照规定的线路运行。

从事定期国际道路旅客运输的车辆,应当按照规定的行车路线、班次及停靠站点运行。

**第十八条** 外国国际道路运输经营者的车辆在中国境内运输,应当具有本国的车辆登记牌照、登记证件。驾驶人员应当持有与其驾驶的车辆类别相符的本国或国际驾驶证件。

**第十九条** 从事国际道路运输的车辆应当标明本国的国际道路运输国籍识别标志。

省级人民政府交通运输主管部门按照交通运输部规定的《国际道路运输国籍识别标志》式样(见附件5),负责《国际道路运输国籍识别标志》的印制、发放、管理和监督使用。

**第二十条** 进入我国境内从事国际道路运输的外国运输车辆,应当符合我国有关运输车辆外廓尺寸、轴荷以及载质量的规定。

我国与外国签署有关运输车辆外廓尺寸、轴荷以及载质量具体协议的,按协议执行。

**第二十一条** 我国从事国际道路旅客运输的经营者,应当使用《国际道路旅客运输行车路单》(见附件6)。

我国从事国际道路货物运输的经营者,应当使用《国际道路货物运单》(见附件7)。

**第二十二条** 进入我国境内运载不可解体大型物件的外国国际道路运输经营者,车辆超限的,应当遵守我国超限运输车辆行驶公路的相关规定,办理相关手续后,方可运输。

**第二十三条** 进入我国境内运输危险货物的外国国际道路运输经营者,应当遵守我国危险货物运输有关法律、法规和规章的规定。

**第二十四条** 禁止外国国际道路运输经营者从事我国国内道路旅客和货物运输经营。

外国国际道路运输经营者在我国境内应当在批准的站点上下旅客或者按照运输合同商定的地点装卸货物。运输车辆要按照我国交通运输主管部门指定的停靠站(场)停放。

禁止外国国际道路运输经营者在我国境内自行承揽货物或者招揽旅客。

外国国际道路运输经营者依法在我国境内设立的常驻代表机构不得从事经营活动。

**第二十五条** 国际道路运输经营者应当使用符合国家规定标准的车辆从事国际道路运输经营，并按照国家有关规定进行运输车辆维护和定期检测。

国际道路运输经营者应当对所聘用的道路运输从业人员开展有关国际道路运输法规、外事规定、业务知识、操作规程的培训。

**第二十六条** 国际道路运输经营者应当制定境外突发事件的道路运输应急预案。应急预案应当包括报告程序、应急指挥、应急车辆和设备的储备以及处置措施等内容。

**第二十七条** 国际道路旅客运输的价格，按边境口岸所在地的省级人民政府交通运输主管部门与相关国家政府交通运输主管部门签订的协议执行。没有协议的，按边境口岸所在地省级物价部门核定的运价执行。

国际道路货物运输的价格，由国际道路货物运输的经营者自行确定。

**第二十八条** 对进出我国境内从事国际道路运输的外国运输车辆的费收，应当按照我国与相关国家政府签署的有关协定执行。

## 第四章 行车许可证管理

**第二十九条** 国际道路运输实行行车许可证制度。

行车许可证是国际道路运输经营者在相关国家境内从事国际道路运输经营时行驶的通行凭证。

我国从事国际道路运输的车辆进出相关国家，应当持有相关国家的国际汽车运输行车许可证。

外国从事国际道路运输的车辆进出我国，应当持有我国国际汽车运输行车许可证。

**第三十条** 我国国际汽车运输行车许可证分为《国际汽车运输行车许可证》和《国际汽车运输特别行车许可证》。

在我国境内从事国际道路旅客运输经营和普通货物运输经营的外

国经营者，使用《国际汽车运输行车许可证》。

在我国境内从事国际道路危险货物运输经营的外国经营者，应当向拟通过边境口岸所在地的省级人民政府交通运输主管部门提出申请，由省级人民政府交通运输主管部门商有关部门批准后，向外国经营者的运输车辆发放《国际汽车运输特别行车许可证》。

**第三十一条** 《国际汽车运输行车许可证》《国际汽车运输特别行车许可证》的式样，由交通运输部与相关国家政府交通运输主管部门商定。边境口岸所在地的省级人民政府交通运输主管部门按照商定的式样，负责行车许可证的统一印制，并负责与相关国家交换。

交换过来的相关国家《国际汽车运输行车许可证》，由边境口岸所在地的省级人民政府交通运输主管部门负责发放和管理。

我国从事国际道路运输的经营者，向拟通过边境口岸所在地的省级人民政府交通运输主管部门申领《国际汽车运输行车许可证》。

**第三十二条** 《国际汽车运输行车许可证》《国际汽车运输特别行车许可证》实行一车一证，应当在有效期内使用。运输车辆为半挂汽车列车、中置轴挂车列车、全挂汽车列车时，仅向牵引车辆发放行车许可证。

**第三十三条** 禁止伪造、变造、倒卖、转让、出租《国际汽车运输行车许可证》《国际汽车运输特别行车许可证》。

## 第五章 监督检查

**第三十四条** 县级以上地方人民政府交通运输主管部门在本行政区域内依法实施国际道路运输监督检查工作。

口岸国际道路运输管理机构负责口岸地包括口岸查验现场的国际道路运输管理及监督检查工作。

口岸国际道路运输管理机构应当悬挂"中华人民共和国 XX 口岸国际道路运输管理站"标识牌；在口岸查验现场悬挂"中国运输管理"的标识，并实行统一的国际道路运输验签章（式样见附件8）。

县级以上地方人民政府交通运输主管部门和口岸国际道路运输管理机构工作人员在实施国际道路运输监督检查时，应当出示行政执法证件。

**第三十五条** 口岸国际道路运输管理机构在口岸具体负责如下

工作:

(一)查验《国际汽车运输行车许可证》《国际汽车运输特别行车许可证》《国际道路运输国籍识别标志》和国际道路运输有关牌证等;

(二)记录、统计出入口岸的车辆、旅客、货物运输量以及《国际汽车运输行车许可证》《国际汽车运输特别行车许可证》,定期向省级人民政府交通运输主管部门报送有关统计资料;

(三)监督检查国际道路运输的经营活动;

(四)协调出入口岸运输车辆的通关事宜。

第三十六条 国际道路运输经营者应当接受当地县级以上地方人民政府交通运输主管部门和口岸国际道路运输管理机构的检查。

交通运输主管部门应当依据有关法规加强对失信企业和失信人员的监督管理,督促国际道路运输经营者落实安全生产主体责任。

## 第六章 法律责任

第三十七条 违反本规定,有下列行为之一的,由县级以上地方人民政府交通运输主管部门或者口岸国际道路运输管理机构责令停止经营;有违法所得的,没收违法所得,处违法所得2倍以上10倍以下的罚款;没有违法所得或者违法所得不足2万元的,处3万元以上10万元以下的罚款;构成犯罪的,依法追究刑事责任:

(一)未取得国际道路旅客运输经营许可,擅自从事国际道路旅客运输经营的;

(二)使用失效、伪造、变造、被注销等无效国际道路旅客运输经营许可证件从事国际道路旅客运输经营的;

(三)超越许可的事项,非法从事国际道路旅客运输经营的。

第三十八条 从事国际道路货物运输经营,未按规定进行备案的,由省级人民政府交通运输主管部门责令改正;拒不改正的,处5000元以上2万元以下的罚款。

第三十九条 违反本规定,非法转让、出租国际道路运输经营许可证件的,由县级以上地方人民政府交通运输主管部门或者口岸国际道路运输管理机构责令停止违法行为,收缴有关证件,处2000元以上1万元以下的罚款;有违法所得的,没收违法所得。

**第四十条** 违反本规定，非法转让、出租、伪造《国际汽车运输行车许可证》《国际汽车运输特别行车许可证》《国际道路运输国籍识别标志》的，由县级以上地方人民政府交通运输主管部门或者口岸国际道路运输管理机构责令停止违法行为，收缴有关证件，处500元以上1000元以下的罚款；有违法所得的，没收违法所得。

**第四十一条** 违反本规定，国际道路旅客运输经营者有下列情形之一的，由县级以上地方人民政府交通运输主管部门或者口岸国际道路运输管理机构责令改正，处1000元以上3000元以下的罚款；情节严重的，由原许可机关吊销道路运输经营许可证：

（一）不按批准的国际道路运输线路、站点、班次运输的；

（二）在旅客运输途中擅自变更运输车辆或者将旅客移交他人运输的；

（三）未报告原许可机关，擅自终止国际道路旅客运输经营的。

**第四十二条** 国际道路运输经营者违反道路旅客、货物运输有关规定的，按照相关规定予以处罚。

**第四十三条** 外国国际道路运输经营者有下列行为之一，由县级以上地方人民政府交通运输主管部门或者口岸国际道路运输管理机构责令改正；拒不改正的，责令停止运输，有违法所得的，没收违法所得，处违法所得2倍以上10倍以下的罚款，没有违法所得或者违法所得不足1万元的，处3万元以上6万元以下的罚款：

（一）未取得我国有效的《国际汽车运输行车许可证》或者《国际汽车运输特别行车许可证》，擅自进入我国境内从事国际道路运输经营或者运输危险货物的；

（二）从事我国国内道路旅客或货物运输的；

（三）在我国境内自行承揽货源或招揽旅客的；

（四）未按规定的运输线路、站点、班次、停靠站（场）运行的；

（五）未标明本国《国际道路运输国籍识别标志》的。

**第四十四条** 县级以上地方人民政府交通运输主管部门以及口岸国际道路运输管理机构有下列行为之一的，对负有责任的主管人员和责任人员，视情节轻重，依法给予行政处分；造成严重后果、构成犯罪的，依法追究其刑事责任：

（一）不按照本规定规定的条件、程序和期限实施国际道路运

行政许可或者备案的;
（二）参与或者变相参与国际道路运输经营的;
（三）发现未经批准的单位和个人擅自从事国际道路运输经营活动，或者发现国际道路运输经营者有违法行为不及时查处的;
（四）违反规定拦截、检查正常行驶的道路运输车辆的;
（五）违法扣留运输车辆、车辆营运证的;
（六）索取、收受他人财物，或者谋取其他利益的;
（七）违法实施行政处罚的;
（八）其他违法行为。

## 第七章　附　则

**第四十五条**　本规定自公布之日起施行。2005年4月13日以交通部令2005年第3号公布的《国际道路运输管理规定》同时废止。

## 农村道路旅客运输班线通行条件审核规则

·2014年12月24日
·交运发〔2014〕258号

**第一条**　为进一步规范农村道路旅客运输（以下简称"农村客运"）发展，保障农村客运安全，根据《中华人民共和国公路法》、《中华人民共和国道路交通安全法》和《中华人民共和国道路运输条例》及相关标准规范，制定本规则。

**第二条**　本规则适用于新增农村客运班线通行条件审核工作。

**第三条**　开通农村客运班线，应当符合《道路旅客运输及站场管理规定》规定的条件，并开展农村客运班线通行条件审核工作，确保安全运行。

农村客运班线通行条件主要包括农村客运班线途经公路的技术条件、公路安全设施状况、中途停靠站点情况、车辆技术要求及相互匹配情况。

**第四条**　各县级交通运输部门应当报请同级人民政府同意，联合有关部门建立农村客运班线通行条件审核机制,共同制定农村客运班线通行条件审核细则,联合开展农村客运班线通行条件审核工作,科学设置中途停靠站点,公布农村客运班线信息,并明确配套支持政策,确保农村客运班线安全运行、持续服务。

对需途径等外公路的农村客运班线,还应当征求等外公路所在地乡镇人民政府的意见,对途经的客车车型、载客人数、通行时间、运行限速等提出限制性要求。

**第五条** 经竣(交)工验收合格,有合格的工程验收档案,路线技术指标符合行业标准规范要求的等级公路,可通行符合《营运车辆综合性能要求和检验方法》(GB18565) 要求的对应车长的营运客车。

(一)二级及以上公路,可通行各系列营运客车。

(二)设计速度为40公里/小时的三级公路,可通行车长不超过12米的营运客车。

(三)设计速度为30公里/小时的三级公路和双车道四级公路,可通行车长不超过7米的营运客车。

(四)单车道四级公路,可通行车长不超过6米的营运客车。

**第六条** 对等外公路确需开通农村客运班线或农村客运班线需途经等外公路的,营运客车应当为符合《营运车辆综合性能要求和检验方法》(GB18565) 和《乡村公路营运客车结构和性能通用要求》(JT/T 616) 要求且车长小于6米的车辆,途经的农村公路应当满足《交通运输部关于印发农村公路建设指导意见的通知》(交公路发〔2004〕372号)中《农村公路建设暂行技术要求》的规定。

**第七条** 农村客运线路途径的受限路段单车道隧道净高不应当小于3.5米,行车道宽度不应当小于4.0米;与单车道路基连接时,洞口两端应按规定设置错车道。

**第八条** 农村客运线路途径的桥梁技术状况不得低于《公路桥梁技术状况评定标准》(JTG/T H21) 规定的三类桥梁。

**第九条** 农村客运线路途径的农村公路受限路段尤其是起始点,应当增设必要的警示、警告等公路安全设施。

**第十条** 本规则要求的农村公路的有关技术指标由县级交通运输主管部门依据公路工程竣(交)工资料或施工图认定。

**第十一条** 本规则由交通运输部运输司负责解释。

**第十二条** 本规则自2015年1月1日施行。

# 巡游出租汽车经营服务管理规定

- 2014年9月30日交通运输部令2014年第16号发布
- 根据2016年8月26日《交通运输部关于修改〈出租汽车经营服务管理规定〉的决定》第一次修正
- 根据2021年8月11日《交通运输部关于修改〈巡游出租汽车经营服务管理规定〉的决定》第二次修正

## 第一章 总 则

**第一条** 为规范巡游出租汽车经营服务行为,保障乘客、驾驶员和巡游出租汽车经营者的合法权益,促进出租汽车行业健康发展,根据国家有关法律、行政法规,制定本规定。

**第二条** 从事巡游出租汽车经营服务,应当遵守本规定。

**第三条** 出租汽车是城市综合交通运输体系的组成部分,是城市公共交通的补充,为社会公众提供个性化运输服务。优先发展城市公共交通,适度发展出租汽车。

巡游出租汽车发展应当与城市经济社会发展相适应,与公共交通等客运服务方式协调发展。

**第四条** 巡游出租汽车应当依法经营,诚实守信,公平竞争,优质服务。

**第五条** 国家鼓励巡游出租汽车实行规模化、集约化、公司化经营。

**第六条** 交通运输部负责指导全国巡游出租汽车管理工作。

各省、自治区人民政府交通运输主管部门在本级人民政府领导下,负责指导本行政区域内巡游出租汽车管理工作。

直辖市、设区的市级或者县级交通运输主管部门或者人民政府指定的其他出租汽车行政主管部门(以下称出租汽车行政主管部门)在本级人民政府领导下,负责具体实施巡游出租汽车管理。

**第七条** 县级以上地方人民政府出租汽车行政主管部门应当根据经济社会发展和人民群众出行需要,按照巡游出租汽车功能定位,制定巡游出租汽车发展规划,并报经同级人民政府批准后实施。

## 第二章 经营许可

**第八条** 申请巡游出租汽车经营的,应当根据经营区域向相应的县级以上地方人民政府出租汽车行政主管部门提出申请,并符合下列条件:

(一)有符合机动车管理要求并满足以下条件的车辆或者提供保证满足以下条件的车辆承诺书:

1. 符合国家、地方规定的巡游出租汽车技术条件;
2. 有按照第十三条规定取得的巡游出租汽车车辆经营权。

(二)有取得符合要求的从业资格证件的驾驶人员;

(三)有健全的经营管理制度、安全生产管理制度和服务质量保障制度;

(四)有固定的经营场所和停车场地。

**第九条** 申请人申请巡游出租汽车经营时,应当提交以下材料:

(一)《巡游出租汽车经营申请表》(见附件1);

(二)投资人、负责人身份、资信证明及其复印件,经办人的身份证明及其复印件和委托书;

(三)巡游出租汽车车辆经营权证明及拟投入车辆承诺书(见附件2),包括车辆数量、座位数、类型及等级、技术等级;

(四)聘用或者拟聘用驾驶员从业资格证及其复印件;

(五)巡游出租汽车经营管理制度、安全生产管理制度和服务质量保障制度文本;

(六)经营场所、停车场地有关使用证明等。

**第十条** 县级以上地方人民政府出租汽车行政主管部门对巡游出租汽车经营申请予以受理的,应当自受理之日起20日内作出许可或者不予许可的决定。

**第十一条** 县级以上地方人民政府出租汽车行政主管部门对巡游出租汽车经营申请作出行政许可决定的,应当出具《巡游出租汽车经营行政许可决定书》(见附件3),明确经营范围、经营区域、车辆数量及要求、巡游出租汽车车辆经营权期限等事项,并在10日内向被许可人发放《道路运输经营许可证》。

县级以上地方人民政府出租汽车行政主管部门对不符合规定条件的申请作出不予行政许可决定的,应当向申请人出具《不予行政许可决定书》。

**第十二条** 县级以上地方人民政府出租汽车行政主管部门应当按照当地巡游出租汽车发展规划,综合考虑市场实际供需状况、巡游出租汽车运营效率等因素,科学确定巡游出租汽车运力规模,合理配置巡游出租汽车的车辆经营权。

**第十三条** 国家鼓励通过服务质量招投标方式配置巡游出租汽车的车辆经营权。

县级以上地方人民政府出租汽车行政主管部门应当根据投标人提供的运营方案、服务质量状况或者服务质量承诺、车辆设备和安全保障措施等因素,择优配置巡游出租汽车的车辆经营权,向中标人发放车辆经营权证明,并与中标人签订经营协议。

**第十四条** 巡游出租汽车车辆经营权的经营协议应当包括以下内容:

(一)巡游出租汽车车辆经营权的数量、使用方式、期限等;
(二)巡游出租汽车经营服务标准;
(三)巡游出租汽车车辆经营权的变更、终止和延续等;
(四)履约担保;
(五)违约责任;
(六)争议解决方式;
(七)双方认为应当约定的其他事项。

在协议有效期限内,确需变更协议内容的,协议双方应当在共同协商的基础上签订补充协议。

**第十五条** 被许可人应当按照《巡游出租汽车经营行政许可决定书》和经营协议,投入符合规定数量、座位数、类型及等级、技术等级等要求的车辆。原许可机关核实符合要求后,为车辆核发《道路运输证》。

投入运营的巡游出租汽车车辆应当安装符合规定的计程计价设备、具有行驶记录功能的车辆卫星定位装置、应急报警装置,按照要求喷涂车身颜色和标识,设置有中英文"出租汽车"字样的顶灯和能显示空车、暂停运营、电召等运营状态的标志,按照规定在车辆醒目位置标明运价标准、乘客须知、经营者名称和服务监督电话。

**第十六条** 巡游出租汽车车辆经营权不得超过规定的期限,具体期限由县级以上地方人民政府出租汽车行政主管部门报本级人民政府根据投入车辆的车型和报废周期等因素确定。

**第十七条** 巡游出租汽车车辆经营权因故不能继续经营的,授予车辆经营权的出租汽车行政主管部门可优先收回。在车辆经营权有效期限内,需要变更车辆经营权经营主体的,应当到原许可机关办理变更许可手续。出租汽车行政主管部门在办理车辆经营权变更许可手续时,应当按照第八条的规定,审查新的车辆经营权经营主体的条件,提示车辆经营权期限等相关风险,并重新签订经营协议,经营期限为该车辆经营权的剩余期限。

**第十八条** 巡游出租汽车经营者在车辆经营权期限内,不得擅自暂停或者终止经营。需要变更许可事项或者暂停、终止经营的,应当提前30日向原许可机关提出申请,依法办理相关手续。巡游出租汽车经营者终止经营的,应当将相关的《道路运输经营许可证》和《道路运输证》等交回原许可机关。

巡游出租汽车经营者取得经营许可后无正当理由超过180天不投入符合要求的车辆运营或者运营后连续180天以上停运的,视为自动终止经营,由原许可机关收回相应的巡游出租汽车车辆经营权。

巡游出租汽车经营者合并、分立或者变更经营主体名称的,应当到原许可机关办理变更许可手续。

**第十九条** 巡游出租汽车车辆经营权到期后,巡游出租汽车经营者拟继续从事经营的,应当在车辆经营权有效期届满60日前,向原许可机关提出申请。原许可机关应当根据《出租汽车服务质量信誉考核办法》规定的出租汽车经营者服务质量信誉考核等级,审核巡游出租汽车经营者的服务质量信誉考核结果,并按照以下规定处理:

(一)考核等级在经营期限内均为AA级及以上的,应当批准其继续经营;

(二)考核等级在经营期限内有A级的,应当督促其加强内部管理,整改合格后准许其继续经营;

(三)考核等级在经营期限内有B级或者一半以上为A级的,可视情适当核减车辆经营权;

(四)考核等级在经营期限内有一半以上为B级的,应当收回车辆经营权,并按照第十三条的规定重新配置车辆经营权。

## 第三章 运营服务

**第二十条** 巡游出租汽车经营者应当为乘客提供安全、便捷、舒适的出租汽车服务。

鼓励巡游出租汽车经营者使用节能环保车辆和为残疾人提供服务的无障碍车辆。

**第二十一条** 巡游出租汽车经营者应当遵守下列规定：

（一）在许可的经营区域内从事经营活动，超出许可的经营区域的，起讫点一端应当在许可的经营区域内；

（二）保证营运车辆性能良好；

（三）按照国家相关标准运营服务；

（四）保障聘用人员合法权益，依法与其签订劳动合同或者经营合同；

（五）加强从业人员管理和培训教育；

（六）不得将巡游出租汽车交给未经从业资格注册的人员运营。

**第二十二条** 巡游出租汽车运营时，车容车貌、设施设备应当符合以下要求：

（一）车身外观整洁完好，车厢内整洁、卫生，无异味；

（二）车门功能正常，车窗玻璃密闭良好，无遮蔽物，升降功能有效；

（三）座椅牢固无塌陷，前排座椅可前后移动，靠背倾度可调，安全带和锁扣齐全、有效；

（四）座套、头枕套、脚垫齐全；

（五）计程计价设备、顶灯、运营标志、服务监督卡（牌）、车载信息化设备等完好有效。

**第二十三条** 巡游出租汽车驾驶员应当按照国家出租汽车服务标准提供服务，并遵守下列规定：

（一）做好运营前例行检查，保持车辆设施、设备完好，车容整洁，备齐发票、备足零钱；

（二）衣着整洁，语言文明，主动问候，提醒乘客系好安全带；

（三）根据乘客意愿升降车窗玻璃及使用空调、音响、视频等服务设备；

（四）乘客携带行李时，主动帮助乘客取放行李；

（五）主动协助老、幼、病、残、孕等乘客上下车；

（六）不得在车内吸烟，忌食有异味的食物；

（七）随车携带道路运输证、从业资格证，并按规定摆放、粘贴有关证件和标志；

（八）按照乘客指定的目的地选择合理路线行驶，不得拒载、议价、途中甩客、故意绕道行驶；

（九）在机场、火车站、汽车客运站、港口、公共交通枢纽等客流集散地载客时应当文明排队，服从调度，不得违反规定在非指定区域揽客；

（十）未经乘客同意不得搭载其他乘客；

（十一）按规定使用计程计价设备，执行收费标准并主动出具有效车费票据；

（十二）遵守道路交通安全法规，文明礼让行车。

**第二十四条** 巡游出租汽车驾驶员遇有下列特殊情形时，应当按照下列方式办理：

（一）乘客对服务不满意时，虚心听取批评意见；

（二）发现乘客遗失财物，设法及时归还失主。无法找到失主的，及时上交巡游出租汽车企业或者有关部门处理，不得私自留存；

（三）发现乘客遗留可疑危险物品的，立即报警。

**第二十五条** 巡游出租汽车乘客应当遵守下列规定：

（一）不得携带易燃、易爆、有毒等危害公共安全的物品乘车；

（二）不得携带宠物和影响车内卫生的物品乘车；

（三）不得向驾驶员提出违反道路交通安全法规的要求；

（四）不得向车外抛洒物品，不得破坏车内设施设备；

（五）醉酒者或者精神病患者乘车的，应当有陪同（监护）人员；

（六）遵守电召服务规定，按照约定的时间和地点乘车；

（七）按照规定支付车费。

**第二十六条** 乘客要求去偏远、冷僻地区或者夜间要求驶出城区的，驾驶员可以要求乘客随同到就近的有关部门办理验证登记手续；乘客不予配合的，驾驶员有权拒绝提供服务。

**第二十七条** 巡游出租汽车运营过程中有下列情形之一的，乘客有权拒绝支付费用：

（一）驾驶员不按照规定使用计程计价设备，或者计程计价设备发生故障时继续运营的；

（二）驾驶员不按照规定向乘客出具相应车费票据的；

（三）驾驶员因发生道路交通安全违法行为接受处理，不能将乘客及时送达目的地的；

（四）驾驶员拒绝按规定接受刷卡付费的。

**第二十八条** 巡游出租汽车电召服务应当符合下列要求：

（一）根据乘客通过电信、互联网等方式提出的服务需求，按照约定时间和地点提供巡游出租汽车运营服务；

（二）巡游出租汽车电召服务平台应当提供 24 小时不间断服务；

（三）电召服务人员接到乘客服务需求后，应当按照乘客需求及时调派巡游出租汽车；

（四）巡游出租汽车驾驶员接受电召任务后，应当按照约定时间到达约定地点。乘客未按约定候车时，驾驶员应当与乘客或者电召服务人员联系确认；

（五）乘客上车后，驾驶员应当向电召服务人员发送乘客上车确认信息。

**第二十九条** 巡游出租汽车经营者应当自觉接受社会监督，公布服务监督电话，指定部门或者人员受理投诉。

巡游出租汽车经营者应当建立 24 小时服务投诉值班制度，接到乘客投诉后，应当及时受理，10 日内处理完毕，并将处理结果告知乘客。

## 第四章 运营保障

**第三十条** 县级以上地方人民政府出租汽车行政主管部门应当在本级人民政府的领导下，会同有关部门合理规划、建设巡游出租汽车综合服务区、停车场、停靠点等，并设置明显标识。

巡游出租汽车综合服务区应当为进入服务区的巡游出租汽车驾驶员提供餐饮、休息等服务。

**第三十一条** 县级以上地方人民政府出租汽车行政主管部门应当配合有关部门，按照有关规定，并综合考虑巡游出租汽车行业定位、运营成本、经济发展水平等因素合理制定运价标准,并适时进行调整。

县级以上地方人民政府出租汽车行政主管部门应当配合有关部门合理确定巡游出租汽车电召服务收费标准,并纳入出租汽车专用收费项目。

**第三十二条** 巡游出租汽车经营者应当建立健全和落实安全生产管理制度,依法加强管理,履行管理责任,提升运营服务水平。

**第三十三条** 巡游出租汽车经营者应当按照有关法律法规的规定保障驾驶员的合法权益,规范与驾驶员签订的劳动合同或者经营合同。

巡游出租汽车经营者应当通过建立替班驾驶员队伍、减免驾驶员休息日经营承包费用等方式保障巡游出租汽车驾驶员休息权。

**第三十四条** 巡游出租汽车经营者应当合理确定承包、管理费用,不得向驾驶员转嫁投资和经营风险。

巡游出租汽车经营者应当根据经营成本、运价变化等因素及时调整承包费标准或者定额任务等。

**第三十五条** 巡游出租汽车经营者应当建立车辆技术管理制度,按照车辆维护标准定期维护车辆。

**第三十六条** 巡游出租汽车经营者应当按照《出租汽车驾驶员从业资格管理规定》,对驾驶员等从业人员进行培训教育和监督管理,按照规范提供服务。驾驶员有私自转包经营等违法行为的,应当予以纠正;情节严重的,可按照约定解除合同。

**第三十七条** 巡游出租汽车经营者应当制定包括报告程序、应急指挥、应急车辆以及处置措施等内容的突发公共事件应急预案。

**第三十八条** 巡游出租汽车经营者应当按照县级以上地方人民政府出租汽车行政主管部门要求,及时完成抢险救灾等指令性运输任务。

**第三十九条** 各地应当根据实际情况发展巡游出租汽车电召服务,采取多种方式建设巡游出租汽车电召服务平台,推广人工电话召车、手机软件召车等巡游出租汽车电召服务,建立完善电召服务管理制度。

巡游出租汽车经营者应当根据实际情况建设或者接入巡游出租汽车电召服务平台,提供巡游出租汽车电召服务。

## 第五章 监督管理

**第四十条** 县级以上地方人民政府出租汽车行政主管部门应当加强对巡游出租汽车经营行为的监督检查,会同有关部门纠正、制止非法从事巡游出租汽车经营及其他违法行为,维护出租汽车市场秩序。

**第四十一条** 县级以上地方人民政府出租汽车行政主管部门应当对巡游出租汽车经营者履行经营协议情况进行监督检查,并按照规定对巡游出租汽车经营者和驾驶员进行服务质量信誉考核。

**第四十二条** 巡游出租汽车不再用于经营的,县级以上地方人民政府出租汽车行政主管部门应当组织对巡游出租汽车配备的运营标志和专用设备进行回收处置。

**第四十三条** 县级以上地方人民政府出租汽车行政主管部门应当建立投诉举报制度,公开投诉电话、通信地址或者电子邮箱,接受乘客、驾驶员以及经营者的投诉和社会监督。

县级以上地方人民政府出租汽车行政主管部门受理的投诉,应当在10日内办结;情况复杂的,应当在30日内办结。

**第四十四条** 县级以上地方人民政府出租汽车行政主管部门应当对完成政府指令性运输任务成绩突出、经营管理、品牌建设、文明服务成绩显著,有拾金不昧、救死扶伤、见义勇为等先进事迹的出租汽车经营者和驾驶员,予以表彰和奖励。

## 第六章 法律责任

**第四十五条** 违反本规定,未取得巡游出租汽车经营许可,擅自从事巡游出租汽车经营活动的,由县级以上地方人民政府出租汽车行政主管部门责令改正,并处以5000元以上2万元以下罚款。构成犯罪的,依法追究刑事责任。

**第四十六条** 违反本规定,有下列行为之一的,由县级以上地方人民政府出租汽车行政主管部门责令改正,并处以3000元以上1万元以下罚款。构成犯罪的,依法追究刑事责任:

(一)起讫点均不在许可的经营区域从事巡游出租汽车经营活动的;

（二）使用未取得道路运输证的车辆，擅自从事巡游出租汽车经营活动的；

（三）使用失效、伪造、变造、被注销等无效道路运输证的车辆从事巡游出租汽车经营活动的。

**第四十七条** 巡游出租汽车经营者违反本规定，有下列行为之一的，由县级以上地方人民政府出租汽车行政主管部门责令改正，并处以 5000 元以上 1 万元以下罚款。构成犯罪的，依法追究刑事责任：

（一）擅自暂停、终止全部或者部分巡游出租汽车经营的；

（二）出租或者擅自转让巡游出租汽车车辆经营权的；

（三）巡游出租汽车驾驶员转包经营未及时纠正的；

（四）不按照规定保证车辆技术状况良好的；

（五）不按照规定配置巡游出租汽车相关设备的；

（六）不按照规定建立并落实投诉举报制度的。

**第四十八条** 巡游出租汽车驾驶员违反本规定，有下列情形之一的，由县级以上地方人民政府出租汽车行政主管部门责令改正，并处以 200 元以上 500 元以下罚款：

（一）拒载、议价、途中甩客或者故意绕道行驶的；

（二）未经乘客同意搭载其他乘客的；

（三）不按照规定使用计程计价设备、违规收费的；

（四）不按照规定出具相应车费票据的；

（五）不按照规定使用巡游出租汽车相关设备的；

（六）接受巡游出租汽车电召任务后未履行约定的；

（七）不按照规定使用文明用语，车容车貌不符合要求的；

（八）在机场、火车站、汽车客运站、港口、公共交通枢纽等客流集散地不服从调度私自揽客的；

（九）转让、倒卖、伪造巡游出租汽车相关票据的。

**第四十九条** 出租汽车行政主管部门的工作人员违反本规定，有下列情形之一的，依照有关规定给予行政处分；构成犯罪的，依法追究刑事责任：

（一）未按规定的条件、程序和期限实施行政许可的；

（二）参与或者变相参与巡游出租汽车经营的；

（三）发现违法行为不及时查处的；

（四）索取、收受他人财物，或者谋取其他利益的；

（五）其他违法行为。

**第五十条** 地方性法规、政府规章对巡游出租汽车经营违法行为需要承担的法律责任与本规定有不同规定的，从其规定。

## 第七章 附　则

**第五十一条** 网络预约出租汽车以外的其他预约出租汽车经营服务参照本规定执行。

**第五十二条** 本规定中下列用语的含义：

（一）"巡游出租汽车经营服务"，是指可在道路上巡游揽客、站点候客、喷涂、安装出租汽车标识，以七座及以下乘用车和驾驶劳务为乘客提供出行服务，并按照乘客意愿行驶，根据行驶里程和时间计费的经营活动；

（二）"预约出租汽车经营服务"，是指以符合条件的七座及以下乘用车通过预约方式承揽乘客，并按照乘客意愿行驶、提供驾驶劳务，根据行驶里程、时间或者约定计费的经营活动；

（三）"网络预约出租汽车经营服务"，是指以互联网技术为依托构建服务平台，整合供需信息，使用符合条件的车辆和驾驶员，提供非巡游的预约出租汽车服务的经营活动；

（四）"巡游出租汽车电召服务"，是指根据乘客通过电信、互联网等方式提出的服务需求，按照约定时间和地点提供巡游出租汽车运营服务；

（五）"拒载"，是指在道路上空车待租状态下，巡游出租汽车驾驶员在得知乘客去向后，拒绝提供服务的行为；或者巡游出租汽车驾驶员未按承诺提供电召服务的行为；

（六）"绕道行驶"，是指巡游出租汽车驾驶员未按合理路线行驶的行为；

（七）"议价"，是指巡游出租汽车驾驶员与乘客协商确定车费的行为；

（八）"甩客"，是指在运营途中，巡游出租汽车驾驶员无正当理由擅自中断载客服务的行为。

**第五十三条** 本规定自 2015 年 1 月 1 日起施行。

附件1

第1页 共4页

|  |
|---|
| 受理申请机关专用 |

# 巡游出租汽车经营申请表

说明

1. 本表根据《巡游出租汽车经营服务管理规定》制作，申请从事巡游出租汽车经营应当按照《巡游出租汽车经营服务管理规定》第二章的有关规定向相应出租汽车行政主管部门提出申请，填写本表，并同时提交其他相关材料（材料要求见第4页）。

2. 本表可向各级出租汽车行政主管部门免费索取，也可自行从交通运输部网站（www.mot.gov.cn）下载打印。

3. 本表需用钢笔填写或者计算机打印，请用正楷，要求字迹工整。

## 申请人基本信息

申请人名称 _____

要求填写企业（公司）全称或者企业预先核准全称、个体经营者姓名

负责人姓名 _____ 经办人姓名 _____

通信地址 _____

邮　编 _____ 电　话 _____

手　机 _____ 电子邮箱 _____

## 营运车辆信息

### 拟购置营运车辆情况

| 序号 | 厂牌型号 | 数量 | 座位数（个） | 车辆类型及等级 | 车辆技术等级 | 备注 |
|------|---------|------|-------------|---------------|-------------|------|
| 1 | | | | | | |
| 2 | | | | | | |
| 3 | | | | | | |
| 4 | | | | | | |
| 5 | | | | | | |
| 合计 | | | | | | |

表格不够，可另附表填写

如申请扩大经营范围，请填写"现有营运车辆情况"表

### 现有营运车辆情况

| 序号 | 道路运输证号 | 厂牌型号 | 座位数（个） | 车辆类型及等级 | 车辆技术等级 | 购置时间 |
|------|-------------|---------|-------------|---------------|-------------|---------|
| 1 | | | | | | |
| 2 | | | | | | |
| 3 | | | | | | |
| 4 | | | | | | |
| 5 | | | | | | |
| 合计 | | | | | | |

表格不够，可另附表填写

## 聘用或者拟聘用巡游出租汽车驾驶员情况

| 序号 | 姓名 | 性别 | 年龄 | 取得相应驾驶证时间 | 从业资格证类型 | 从业资格证号 |
|---|---|---|---|---|---|---|
| 1 | | | | | | |
| 2 | | | | | | |
| 3 | | | | | | |
| 4 | | | | | | |
| 5 | | | | | | |
| 6 | | | | | | |
| 7 | | | | | | |
| 8 | | | | | | |
| 9 | | | | | | |
| 10 | | | | | | |
| 11 | | | | | | |
| 12 | | | | | | |
| 13 | | | | | | |
| 14 | | | | | | |
| 15 | | | | | | |
| 16 | | | | | | |
| 17 | | | | | | |
| 18 | | | | | | |
| 19 | | | | | | |
| 20 | | | | | | |
| 21 | | | | | | |
| 22 | | | | | | |
| 23 | | | | | | |
| 24 | | | | | | |
| 25 | | | | | | |
| 26 | | | | | | |
| 27 | | | | | | |
| 28 | | | | | | |
| 29 | | | | | | |
| 30 | | | | | | |

表格不够,可另附表填写

## 申请材料核对表          请在□内划√

1. 《巡游出租汽车经营申请表》(本表) □
2. 投资人、负责人身份、资信证明及其复印件,经办人的身份证明及其复印件和委托书 □
3. 拟投入车辆承诺书,包括车辆数量、座位数、类型及等级、技术等级 □
4. 聘用或者拟聘用驾驶员从业资格证及其复印件 □
5. 巡游出租汽车经营管理制度文本 □
6. 安全生产管理制度文本 □
7. 服务质量保障制度文本 □
8. 经营场所、停车场地有关使用证明 □

只有上述材料齐全有效后,你的申请才能受理

## 声明

我声明本表及其他相关材料中提供的信息均真实可靠

我知悉如此表中有故意填写的虚假信息,我取得的巡游出租汽车经营许可将被撤销

我承诺将遵守国家有关法律、行政法规及其他相关规章的规定

负责人签名_____      日期 _____

负责人职位_____

附件 2

## 拟投入车辆承诺书

_____:

按照《巡游出租汽车经营服务管理规定》要求,_____计划从事巡游出租汽车经营,现承诺如该申请获得许可,将按附表填报的数量、座位数、类型及等级、技术等级等要求,在 180 天内购置车辆并投入运营。如违反承诺,将自愿放弃巡游出租汽车车辆经营权。

承诺人印章(签字):<br>年　月　日

附表:拟投入车辆情况

| 序号 | 厂牌型号 | 数量 | 座位数(个) | 车辆类型及等级 | 车辆技术等级 | 备注 |
|---|---|---|---|---|---|---|
| 1 | | | | | | |
| 2 | | | | | | |
| 3 | | | | | | |
| 4 | | | | | | |
| 5 | | | | | | |
| 合计 | | | | | | |

附件 3

## 巡游出租汽车经营行政许可决定书

编号:

_____:

你于　年　月　日提出_____申请。

经审查,你的申请符合_____的规定,决定准予巡游出租汽车经营行政许可。请按下列要求从事巡游出租汽车经营活动:

经营范围:_____

经营区域：_____

车辆数量及要求：_____

巡游出租汽车车辆经营权期限：_____

请于　　年　月　日去　　　　　领取《道路运输经营许可证》，并于　　年　月　日前按上述要求落实拟投入车辆承诺书，然后办理相关手续。在确定的时间内未按经营协议及本许可要求落实拟投入车辆承诺书的，将撤销本经营许可。

（印章）

年　月　日

# 网络预约出租汽车经营服务管理暂行办法

- 2016 年 7 月 27 日交通运输部、工业和信息化部、公安部、商务部、工商总局、质检总局、国家网信办发布
- 根据 2019 年 12 月 28 日《交通运输部、工业和信息化部、公安部、商务部、市场监管总局、国家网信办关于修改〈网络预约出租汽车经营服务管理暂行办法〉的决定》第一次修正
- 根据 2022 年 11 月 30 日《交通运输部、工业和信息化部、公安部、商务部、市场监管总局、国家网信办关于修改〈网络预约出租汽车经营服务管理暂行办法〉的决定》第二次修正

## 第一章　总　则

**第一条**　为更好地满足社会公众多样化出行需求，促进出租汽车行业和互联网融合发展，规范网络预约出租汽车经营服务行为，保障运营安全和乘客合法权益，根据国家有关法律、行政法规，制定本办法。

**第二条**　从事网络预约出租汽车（以下简称网约车）经营服务，应当遵守本办法。

本办法所称网约车经营服务，是指以互联网技术为依托构建服务平台，整合供需信息，使用符合条件的车辆和驾驶员，提供非巡游的

预约出租汽车服务的经营活动。

本办法所称网络预约出租汽车经营者（以下称网约车平台公司），是指构建网络服务平台，从事网约车经营服务的企业法人。

**第三条** 坚持优先发展城市公共交通、适度发展出租汽车，按照高品质服务、差异化经营的原则，有序发展网约车。

网约车运价实行市场调节价，城市人民政府认为有必要实行政府指导价的除外。

**第四条** 国务院交通运输主管部门负责指导全国网约车管理工作。

各省、自治区人民政府交通运输主管部门在本级人民政府领导下，负责指导本行政区域内网约车管理工作。

直辖市、设区的市级或者县级交通运输主管部门或人民政府指定的其他出租汽车行政主管部门（以下称出租汽车行政主管部门）在本级人民政府领导下，负责具体实施网约车管理。

其他有关部门依据法定职责，对网约车实施相关监督管理。

## 第二章　网约车平台公司

**第五条** 申请从事网约车经营的，应当具备线上线下服务能力，符合下列条件：

（一）具有企业法人资格；

（二）具备开展网约车经营的互联网平台和与拟开展业务相适应的信息数据交互及处理能力，具备供交通、通信、公安、税务、网信等相关监管部门依法调取查询相关网络数据信息的条件，网络服务平台数据库接入出租汽车行政主管部门监管平台，服务器设置在中国内地，有符合规定的网络安全管理制度和安全保护技术措施；

（三）使用电子支付的，应当与银行、非银行支付机构签订提供支付结算服务的协议；

（四）有健全的经营管理制度、安全生产管理制度和服务质量保障制度；

（五）在服务所在地有相应服务机构及服务能力；

（六）法律法规规定的其他条件。

外商投资网约车经营的，除符合上述条件外，还应当符合外商投资相关法律法规的规定。

**第六条** 申请从事网约车经营的,应当根据经营区域向相应的出租汽车行政主管部门提出申请,并提交以下材料:

(一)网络预约出租汽车经营申请表(见附件);

(二)投资人、负责人身份、资信证明及其复印件,经办人的身份证明及其复印件和委托书;

(三)企业法人营业执照,属于分支机构的还应当提交营业执照;

(四)服务所在地办公场所、负责人员和管理人员等信息;

(五)具备互联网平台和信息数据交互及处理能力的证明材料,具备供交通、通信、公安、税务、网信等相关监管部门依法调取查询相关网络数据信息条件的证明材料,数据库接入情况说明,服务器设置在中国内地的情况说明,依法建立并落实网络安全管理制度和安全保护技术措施的证明材料;

(六)使用电子支付的,应当提供与银行、非银行支付机构签订的支付结算服务协议;

(七)经营管理制度、安全生产管理制度和服务质量保障制度文本;

(八)法律法规要求提供的其他材料。

首次从事网约车经营的,应当向企业注册地相应出租汽车行政主管部门提出申请,前款第(五)、第(六)项有关线上服务能力材料由网约车平台公司注册地省级交通运输主管部门商同级通信、公安、税务、网信、人民银行等部门审核认定,并提供相应认定结果,认定结果全国有效。网约车平台公司在注册地以外申请从事网约车经营的,应当提交前款第(五)、第(六)项有关线上服务能力认定结果。

其他线下服务能力材料,由受理申请的出租汽车行政主管部门进行审核。

**第七条** 出租汽车行政主管部门应当自受理之日起20日内作出许可或者不予许可的决定。20日内不能作出决定的,经实施机关负责人批准,可以延长10日,并应当将延长期限的理由告知申请人。

**第八条** 出租汽车行政主管部门对于网约车经营申请作出行政许可决定的,应当明确经营范围、经营区域、经营期限等,并发放《网络预约出租汽车经营许可证》。

**第九条** 出租汽车行政主管部门对不符合规定条件的申请作出不予行政许可决定的，应当向申请人出具《不予行政许可决定书》。

**第十条** 网约车平台公司应当在取得相应《网络预约出租汽车经营许可证》并向企业注册地省级通信主管部门申请互联网信息服务备案后，方可开展相关业务。备案内容包括经营者真实身份信息、接入信息、出租汽车行政主管部门核发的《网络预约出租汽车经营许可证》等。涉及经营电信业务的，还应当符合电信管理的相关规定。

网约车平台公司应当自网络正式联通之日起30日内，到网约车平台公司管理运营机构所在地的省级人民政府公安机关指定的受理机关办理备案手续。

**第十一条** 网约车平台公司暂停或者终止运营的，应当提前30日向服务所在地出租汽车行政主管部门书面报告，说明有关情况，通告提供服务的车辆所有人和驾驶员，并向社会公告。终止经营的，应当将相应《网络预约出租汽车经营许可证》交回原许可机关。

## 第三章　网约车车辆和驾驶员

**第十二条** 拟从事网约车经营的车辆，应当符合以下条件：
（一）7座及以下乘用车；
（二）安装具有行驶记录功能的车辆卫星定位装置、应急报警装置；
（三）车辆技术性能符合运营安全相关标准要求。

车辆的具体标准和营运要求，由相应的出租汽车行政主管部门，按照高品质服务、差异化经营的发展原则，结合本地实际情况确定。

**第十三条** 服务所在地出租汽车行政主管部门依车辆所有人或者网约车平台公司申请，按第十二条规定的条件审核后，对符合条件并登记为预约出租客运的车辆，发放《网络预约出租汽车运输证》。

城市人民政府对网约车发放《网络预约出租汽车运输证》另有规定的，从其规定。

**第十四条** 从事网约车服务的驾驶员，应当符合以下条件：
（一）取得相应准驾车型机动车驾驶证并具有3年以上驾驶经历；
（二）无交通肇事犯罪、危险驾驶犯罪记录，无吸毒记录，无饮酒后驾驶记录，最近连续3个记分周期内没有记满12分记录；

（三）无暴力犯罪记录；
（四）城市人民政府规定的其他条件。

**第十五条** 服务所在地设区的市级出租汽车行政主管部门依驾驶员或者网约车平台公司申请，按第十四条规定的条件核查并按规定考核后，为符合条件且考核合格的驾驶员，发放《网络预约出租汽车驾驶员证》。

## 第四章 网约车经营行为

**第十六条** 网约车平台公司承担承运人责任，应当保证运营安全，保障乘客合法权益。

**第十七条** 网约车平台公司应当保证提供服务车辆具备合法营运资质，技术状况良好，安全性能可靠，具有营运车辆相关保险，保证线上提供服务的车辆与线下实际提供服务的车辆一致，并将车辆相关信息向服务所在地出租汽车行政主管部门报备。

**第十八条** 网约车平台公司应当保证提供服务的驾驶员具有合法从业资格，按照有关法律法规规定，根据工作时长、服务频次等特点，与驾驶员签订多种形式的劳动合同或者协议，明确双方的权利和义务。网约车平台公司应当维护和保障驾驶员合法权益，开展有关法律法规、职业道德、服务规范、安全运营等方面的岗前培训和日常教育，保证线上提供服务的驾驶员与线下实际提供服务的驾驶员一致，并将驾驶员相关信息向服务所在地出租汽车行政主管部门报备。

网约车平台公司应当记录驾驶员、约车人在其服务平台发布的信息内容、用户注册信息、身份认证信息、订单日志、上网日志、网上交易日志、行驶轨迹日志等数据并备份。

**第十九条** 网约车平台公司应当公布确定符合国家有关规定的计程计价方式，明确服务项目和质量承诺，建立服务评价体系和乘客投诉处理制度，如实采集与记录驾驶员服务信息。在提供网约车服务时，提供驾驶员姓名、照片、手机号码和服务评价结果，以及车辆牌照等信息。

**第二十条** 网约车平台公司应当合理确定网约车运价，实行明码标价，并向乘客提供相应的出租汽车发票。

**第二十一条** 网约车平台公司不得妨碍市场公平竞争，不得侵害乘客合法权益和社会公共利益。

网约车平台公司不得有为排挤竞争对手或者独占市场,以低于成本的价格运营扰乱正常市场秩序,损害国家利益或者其他经营者合法权益等不正当价格行为,不得有价格违法行为。

**第二十二条** 网约车应当在许可的经营区域内从事经营活动,超出许可的经营区域的,起讫点一端应当在许可的经营区域内。

**第二十三条** 网约车平台公司应当依法纳税,为乘客购买承运人责任险等相关保险,充分保障乘客权益。

**第二十四条** 网约车平台公司应当加强安全管理,落实运营、网络等安全防范措施,严格数据安全保护和管理,提高安全防范和抗风险能力,支持配合有关部门开展相关工作。

**第二十五条** 网约车平台公司和驾驶员提供经营服务应当符合国家有关运营服务标准,不得途中甩客或者故意绕道行驶,不得违规收费,不得对举报、投诉其服务质量或者对其服务作出不满意评价的乘客实施报复行为。

**第二十六条** 网约车平台公司应当通过其服务平台以显著方式将驾驶员、约车人和乘客等个人信息的采集和使用的目的、方式和范围进行告知。未经信息主体明示同意,网约车平台公司不得使用前述个人信息用于开展其他业务。

网约车平台公司采集驾驶员、约车人和乘客的个人信息,不得超越提供网约车业务所必需的范围。

除配合国家机关依法行使监督检查权或者刑事侦查权外,网约车平台公司不得向任何第三方提供驾驶员、约车人和乘客的姓名、联系方式、家庭住址、银行账户或者支付账户、地理位置、出行线路等个人信息,不得泄露地理坐标、地理标志物等涉及国家安全的敏感信息。发生信息泄露后,网约车平台公司应当及时向相关主管部门报告,并采取及时有效的补救措施。

**第二十七条** 网约车平台公司应当遵守国家网络和信息安全有关规定,所采集的个人信息和生成的业务数据,应当在中国内地存储和使用,保存期限不少于 2 年,除法律法规另有规定外,上述信息和数据不得外流。

网约车平台公司不得利用其服务平台发布法律法规禁止传播的信息,不得为企业、个人及其他团体、组织发布有害信息提供便利,并采取有效措施过滤阻断有害信息传播。发现他人利用其网络服务平台传播有害信息的，应当立即停止传输，保存有关记录，并向国家有关机关报告。

网约车平台公司应当依照法律规定，为公安机关依法开展国家安全工作，防范、调查违法犯罪活动提供必要的技术支持与协助。

第二十八条　任何企业和个人不得向未取得合法资质的车辆、驾驶员提供信息对接开展网约车经营服务。不得以私人小客车合乘名义提供网约车经营服务。

网约车车辆和驾驶员不得通过未取得经营许可的网络服务平台提供运营服务。

## 第五章　监督检查

第二十九条　出租汽车行政主管部门应当建设和完善政府监管平台，实现与网约车平台信息共享。共享信息应当包括车辆和驾驶员基本信息、服务质量以及乘客评价信息等。

出租汽车行政主管部门应当加强对网约车市场监管，加强对网约车平台公司、车辆和驾驶员的资质审查与证件核发管理。

出租汽车行政主管部门应当定期组织开展网约车服务质量测评，并及时向社会公布本地区网约车平台公司基本信息、服务质量测评结果、乘客投诉处理情况等信息。

出租汽车行政主管、公安等部门有权根据管理需要依法调取查阅管辖范围内网约车平台公司的登记、运营和交易等相关数据信息。

第三十条　通信主管部门和公安、网信部门应当按照各自职责，对网约车平台公司非法收集、存储、处理和利用有关个人信息、违反互联网信息服务有关规定、危害网络和信息安全、应用网约车服务平台发布有害信息或者为企业、个人及其他团体组织发布有害信息提供便利的行为，依法进行查处，并配合出租汽车行政主管部门对认定存在违法违规行为的网约车平台公司进行依法处置。

公安机关、网信部门应当按照各自职责监督检查网络安全管理制度和安全保护技术措施的落实情况，防范、查处有关违法犯罪活动。

第三十一条　发展改革、价格、通信、公安、人力资源社会保障、商务、人民银行、税务、市场监管、网信等部门按照各自职责，对网约车经营行为实施相关监督检查,并对违法行为依法处理。

**第三十二条** 各有关部门应当按照职责建立网约车平台公司和驾驶员信用记录,并纳入全国信用信息共享平台。同时将网约车平台公司行政许可和行政处罚等信用信息在国家企业信用信息公示系统上予以公示。

**第三十三条** 出租汽车行业协会组织应当建立网约车平台公司和驾驶员不良记录名单制度,加强行业自律。

# 第六章 法律责任

**第三十四条** 违反本规定,擅自从事或者变相从事网约车经营活动,有下列行为之一的,由县级以上出租汽车行政主管部门责令改正,予以警告,并按照以下规定分别予以罚款;构成犯罪的,依法追究刑事责任:

(一)未取得《网络预约出租汽车经营许可证》的,对网约车平台公司处以 10000 元以上 30000 元以下罚款;

(二)未取得《网络预约出租汽车运输证》的,对当事人处以 3000 元以上 10000 元以下罚款;

(三)未取得《网络预约出租汽车驾驶员证》的,对当事人处以 200 元以上 2000 元以下罚款。

伪造、变造或者使用伪造、变造、失效的《网络预约出租汽车运输证》《网络预约出租汽车驾驶员证》从事网约车经营活动的,分别按照前款第(二)项、第(三)项的规定予以罚款。

**第三十五条** 网约车平台公司违反本规定,有下列行为之一的,由县级以上出租汽车行政主管部门和价格主管部门按照职责责令改正,对每次违法行为处以 5000 元以上 10000 元以下罚款;情节严重的,处以 10000 元以上 30000 元以下罚款:

(一)提供服务车辆未取得《网络预约出租汽车运输证》,或者线上提供服务车辆与线下实际提供服务车辆不一致的;

(二)提供服务驾驶员未取得《网络预约出租汽车驾驶员证》,或者线上提供服务驾驶员与线下实际提供服务驾驶员不一致的;

(三)未按照规定保证车辆技术状况良好的;

(四)起讫点均不在许可的经营区域从事网约车经营活动的;

（五）未按照规定将提供服务的车辆、驾驶员相关信息向服务所在地出租汽车行政主管部门报备的；

（六）未按照规定制定服务质量标准、建立并落实投诉举报制度的；

（七）未按照规定提供共享信息，或者不配合出租汽车行政主管部门调取查阅相关数据信息的；

（八）未履行管理责任，出现甩客、故意绕道、违规收费等严重违反国家相关运营服务标准行为的。

网约车平台公司不再具备线上线下服务能力或者有严重违法行为的，由县级以上出租汽车行政主管部门依据相关法律法规的有关规定责令停业整顿、吊销相关许可证件。

第三十六条  网约车驾驶员违反本规定，有下列情形之一的，由县级以上出租汽车行政主管部门和价格主管部门按照职责责令改正，对每次违法行为处以50元以上200元以下罚款：

（一）途中甩客或者故意绕道行驶的；

（二）违规收费的；

（三）对举报、投诉其服务质量或者对其服务作出不满意评价的乘客实施报复行为的。

网约车驾驶员不再具备从业条件或者有严重违法行为的，由县级以上出租汽车行政主管部门依据相关法律法规的有关规定撤销或者吊销从业资格证件。

对网约车驾驶员的行政处罚信息计入驾驶员和网约车平台公司信用记录。

第三十七条  网约车平台公司违反本规定第十、十八、二十六、二十七条有关规定的，由网信部门、公安机关和通信主管部门按各自职责依照相关法律法规规定给予处罚；给信息主体造成损失的，依法承担民事责任；涉嫌犯罪的，依法追究刑事责任。

网约车平台公司及网约车驾驶员违法使用或者泄露约车人、乘客个人信息的，由公安、网信等部门依照各自职责处以2000元以上10000元以下罚款；给信息主体造成损失的，依法承担民事责任；涉嫌犯罪的，依法追究刑事责任。

网约车平台公司拒不履行或者拒不按要求为公安机关依法开展国家安全工作，防范、调查违法犯罪活动提供技术支持与协助的，由公安机关依法予以处罚;构成犯罪的,依法追究刑事责任。

# 第七章 附 则

**第三十八条** 私人小客车合乘,也称为拼车、顺风车,按城市人民政府有关规定执行。

**第三十九条** 网约车行驶里程达到 60 万千米时强制报废。行驶里程未达到 60 万千米但使用年限达到 8 年时,退出网约车经营。

小、微型非营运载客汽车登记为预约出租客运的,按照网约车报废标准报废。其他小、微型营运载客汽车登记为预约出租客运的,按照该类型营运载客汽车报废标准和网约车报废标准中先行达到的标准报废。

省、自治区、直辖市人民政府有关部门要结合本地实际情况,制定网约车报废标准的具体规定,并报国务院商务、公安、交通运输等部门备案。

**第四十条** 本办法自 2016 年 11 月 1 日起实施。各地可根据本办法结合本地实际制定具体实施细则。

**附件**

| 网络预约出租汽车经营申请表 | 受理申请机关专用 |
| --- | --- |

说明

1. 申请从事网络预约出租汽车经营应当按照《网络预约出租汽车经营服务管理暂行办法》的有关规定向相应出租汽车行政主管部门提出申请,填写本表,并同时提交其他相关材料。

2. 本表可向各级出租汽车行政主管部门免费索取,也可自行从交通运输部网站(www.mot.gov.cn)下载打印。

3. 本表需用钢笔填写或者计算机打印,请用正楷,要求字迹工整。

续表

## 申请人基本信息

申请人名称 _____

　　　　要求填写企业（公司）全称

负责人姓名 _____　经办人姓名 _____

通信地址 _____

　　　　_____

邮　　编 _____　电　　话 _____

手　　机 _____　电子邮箱 _____

## 申请材料核对表　　　　　　请在□内划√

1. 网络预约出租汽车经营申请表（本表）　　　　　　　　　　　　　□
2. 投资人、负责人身份、资信证明及其复印件　　　　　　　　　　　□
   经办人的身份证明及其复印件和委托书　　　　　　　　　　　　　□
3. 企业法人营业执照　　　　　　　　　　　　　　　　　　　　　　□
   属于分支机构的应当提供营业执照　　　　　　　　　　　　　　　□
4. 具备互联网平台和信息数据交互及处理能力的证明材料　　　　　　□
5. 具备供相关监管部门依法调取查询相关网络数据信息条件的证明材料　□
6. 数据库接入情况　　　　　　　　　　　　　　　　　　　　　　　□
7. 服务器设置在中国内地的情况说明　　　　　　　　　　　　　　　□
8. 网络安全管理制度和安全保护技术措施文本　　　　　　　　　　　□
9. 提供支付结算服务的银行或者非银行支付机构签订的协议范本　　　□
10. 服务所在地办公场所、管理人员等信息　　　　　　　　　　　　□
11. 经营管理制度、安全生产管理制度和服务质量保障制度文本　　　□
12. 法律法规要求提供的其他材料　　　　　　　　　　　　　　　　□

937

续表

> 只有上述材料齐全有效后,你的申请才能受理
>
> 声明
>
> 我声明本表及其他相关材料中提供的信息均真实可靠。
>
> 我知悉如此表中有故意填写的虚假信息,我取得的经营许可将被撤销。
>
> 我承诺将遵守国家有关法律、行政法规及其他相关规章的规定。
>
> 负责人签名＿＿＿＿＿＿＿　　日期　＿＿＿＿＿＿＿
>
> 负责人职位＿＿＿＿＿＿＿

# 网络预约出租汽车监管信息交互平台运行管理办法

· 2022 年 5 月 24 日
· 交运规〔2022〕1 号

## 第一章　总　则

**第一条**　为加强网络预约出租汽车监管信息交互平台(简称网约车监管信息交互平台)的运行管理工作,规范数据传输,提高网约车行业监管效能,营造良好的营商环境,根据《网络预约出租汽车经营服务管理暂行办法》(交通运输部 工业和信息化部 公安部 商务部 市场监管总局 国家网信办令 2019 年第 46 号)等相关规定,制定本办法。

**第二条**　本办法所称网约车监管信息交互平台,包括全行业层面

的网约车监管信息交互平台(简称行业平台),省级层面的网约车监管信息交互平台(简称省级平台),城市层面的网约车监管信息交互平台(简称城市平台)。

**第三条** 网约车监管信息交互平台数据传输、运行维护、数据质量测评等工作,适用本办法。

**第四条** 交通运输部指导各级网约车监管信息交互平台的运行管理等工作。

各省、自治区交通运输主管部门负责省级平台运行管理,并指导和监督本行政区域内的城市平台运行管理工作。

直辖市、设区的市级交通运输主管部门(简称城市交通运输主管部门)负责本城市平台的使用、运行和维护管理工作。

各网约车平台公司(包括依托互联网技术提供信息服务,与网约车平台公司共同提供网络预约出租汽车服务的平台)按照相关规定,负责规范本平台的运行管理和数据传输工作。

## 第二章 数据传输

**第五条** 各城市交通运输主管部门应通过运政信息系统实时传输网约车平台公司、车辆、驾驶员相关许可信息,供行业平台实时共享。未能实时共享的,应通过行业平台及时录入上传网约车平台公司、车辆、驾驶员相关许可信息,原则上每周至少更新一次。

**第六条** 网约车平台公司在取得相应《网络预约出租汽车经营许可证》后,应自次日零时起向行业平台传输网约车平台公司、车辆、驾驶员等基础静态数据以及订单信息、经营信息、定位信息、服务质量信息等动态数据。

**第七条** 网约车平台公司应加强对数据信息的规范化管理,所传输的网约车运营服务相关数据,应直接接入行业平台,不得通过第三方平台或系统传输。

**第八条** 网约车平台公司数据传输至行业平台后,由行业平台将数据实时转发至相关省级平台及城市平台,各地交通运输主管部门不得要求网约车平台公司向省级平台或城市平台重复传输相同数据。

**第九条** 行业平台所接收的运营信息数据,保存期限不少于2年。

**第十条** 网约车平台公司应建立健全数据传输工作机制,指定专人负责数据传输工作,明确与行业平台对接工作的责任人、业务人员和系统技术人员,并告知行业平台。上述人员信息发生变动的,应及时告知。

**第十一条** 网约车平台公司因系统改造、服务器迁移等可预见原因,需要暂停网约车平台运行的,应提前72小时告知行业平台。

**第十二条** 因自然灾害、安全生产事故等不可预见的突发事件造成系统故障,无法正常传输数据的,网约车平台公司应及时告知行业平台,并采取有效处置措施,尽快恢复系统正常运行。系统故障排除后,网约车平台公司应及时将漏传数据补传,并提交处理情况书面报告。

**第十三条** 网约车平台公司在技术接入和数据传输过程中,存在可能危害行业平台系统安全的,行业平台有权暂停技术接入和数据传输;造成损失的,依法追究相关责任。

## 第三章 传输质量要求

**第十四条** 网约车平台公司应保证传输数据的完整性、规范性、及时性、真实性等,确保数据传输质量。

**第十五条** 传输数据质量满足以下方面要求:

(一)数据完整性:网约车平台公司传输的数据应符合《网络预约出租汽车监管信息交互平台总体技术要求(暂行)》相关要求,确保其基础静态数据、动态数据字段内容齐全完整,确保全量数据传输,不遗漏信息及字段。

(二)数据规范性:网约车平台公司传输的数据字段内容在元素名称、字段名称、数据类型、字段长度、取值范围、数据精度、编码规则等方面应符合《网络预约出租汽车监管信息交互平台总体技术要求(暂行)》相关要求。

(三)数据及时性:网约车平台公司基础静态数据变更的,应于变更后24小时内将数据传输至行业平台;订单信息、经营信息、服务质量信息等应实时传输,延迟不得超过300秒;定位信息应实时传输,延迟不得超过60秒。

(四)数据真实性:网约车平台公司传输的数据内容应真实有效,

基础静态数据、动态数据间应相互关联,相关数据之间的逻辑关系应正确、真实和完整。

## 第四章　传输质量测评

**第十六条**　行业平台对网约车平台公司数据传输质量情况定期开展测评,测评内容包括数据完整性、规范性、及时性、真实性等方面。网络预约出租汽车监管信息交互平台数据传输质量测评指标及计算方式见附件,具体测评指标和计算方式将根据行业发展情况予以更新。

**第十七条**　数据传输质量测评工作分为月度、年度测评,月度、年度测评周期为每自然月、自然年。

**第十八条**　网约车平台公司数据传输质量测评结果由行业平台定期公布,年度测评结果纳入出租汽车企业服务质量信誉考核内容。行业平台定期向社会公布全国网约车行业基本运行情况、未按规定向行业平台传输数据的网约车平台公司等情况。

鼓励各级交通运输主管部门充分利用各级网约车监管信息交互平台,加强网约车行业运行监测分析并公开发布分析结果,接受社会监督。鼓励各地交通运输主管部门依托各级网约车监管信息交互平台,提高执法效能,提升监管执法精准化、智能化水平。

## 第五章　运行维护

**第十九条**　各地交通运输主管部门应明确行业平台使用的责任人及联系人,并告知行业平台;要加强行业平台登录账号的申请开通管理,并督促使用人员妥善保管账号信息,定期更换密码。

**第二十条**　各级交通运输主管部门应按照国家相关法律法规要求,加强网约车监管信息交互平台网络安全、数据安全和个人信息保护管理,实施网络安全等级保护,加强数据传输追踪,定期开展安全排查,对于发现的安全风险和漏洞,要及时整改,建立健全全流程数据安全管理制度,采取必要措施防止数据遭到篡改、破坏、泄漏或者非法获取、非法利用,不得将数据用于商业性经营活动。

**第二十一条**　各级网约车监管信息交互平台应建立平台系统运行

管理和故障应急处理机制,对本系统的运行情况进行 7×24 小时实时监测,发现系统故障及时处理。

**第二十二条** 各地交通运输主管部门可根据网约车行业联合监管的需要,与其他管理部门相关信息系统进行技术对接,实现信息共享。

**第二十三条** 网络链路维护按照分级管理的原则,由各级网约车监管信息交互平台共同开展。部、省(自治区、直辖市)间的网络链路由行业平台、省级平台或直辖市城市平台共同维护;省(自治区)内网络链路由省级平台、城市平台负责维护。

## 第六章 附 则

**第二十四条** 开展私人小客车合乘业务的,按照各地有关规定传输数据信息。

**第二十五条** 负责行业平台运行维护的单位要做好运行维护、数据传输管理、数据安全等工作,确保平台系统安全稳定运行,不得擅自对外提供、加工使用有关数据信息。

**第二十六条** 本办法自 2022 年 7 月 1 日起施行。

# 出租汽车服务质量信誉考核办法

·2022 年 5 月 27 日
·交运规〔2022〕2 号

## 第一章 总 则

**第一条** 为规范出租汽车经营行为,建立完善出租汽车行业信用体系,提升出租汽车服务水平,根据《国务院办公厅关于深化改革推进出租汽车行业健康发展的指导意见》(国办发〔2016〕58 号)等有关规定,制定本办法。

**第二条** 出租汽车服务质量信誉考核,应当遵守本办法。

出租汽车服务质量信誉考核,包括对出租汽车企业(含巡游出租汽车企业和网络预约出租汽车经营者）、驾驶员（含巡游出租汽车驾驶员和网络预约出租汽车驾驶员）的服务质量信誉考核。

**第三条** 出租汽车服务质量信誉考核工作应当遵循公开、公平、公正的原则。

**第四条** 交通运输部负责指导全国出租汽车服务质量信誉考核工作。

各省、自治区人民政府交通运输主管部门负责组织领导本行政区域内出租汽车服务质量信誉考核工作。

直辖市、设区的市级或者县级出租汽车行政主管部门（以下称出租汽车行政主管部门）具体实施本行政区域内的出租汽车服务质量信誉考核工作。

## 第二章　出租汽车企业服务质量信誉考核等级划分

**第五条** 出租汽车企业服务质量信誉考核等级分为AAAAA级、AAAA级、AAA级、AA级、A级和B级。

**第六条** 巡游出租汽车企业（简称巡游车企业）服务质量信誉考核指标包括：

（一）企业管理指标：管理制度、驾驶员权益保障、信息化管理、服务质量信誉档案、驾驶员聘用、培训教育等情况；

（二）安全运营指标：安全责任落实、交通责任事故死亡率、交通违法行为等情况；

（三）运营服务指标：运营违规行为、车容车貌、驾驶员仪容和行为举止、服务评价、媒体曝光等情况；

（四）社会责任指标：维护行业稳定情况；

（五）加分项目：政府及部门表彰奖励、社会公益、新能源车辆使用等情况。

**第七条** 网络预约出租汽车经营者（以下称网约车平台公司）服务质量信誉考核指标包括：

（一）企业管理指标：线下服务能力、驾驶员权益保障、信息报备、车辆安装卫星定位装置等情况；

（二）信息数据指标：数据接入、数据查阅等情况，由部级网约车监管信息交互平台在每年1月底前完成测评。设区的市级以上出租汽车行政主管部门登录部级网约车监管信息交互平台查看本辖区内有关测评结果；

（三）安全运营指标：安全责任落实、交通责任事故死亡率、交通违法行为等情况；

（四）运营服务指标：运营违规行为、车辆及驾驶员资质、服务评价、信息公开、媒体曝光等情况；

（五）社会责任指标：维护行业稳定情况；

（六）加分项目：政府及部门表彰奖励、社会公益、新能源车辆使用等情况。

**第八条** 出租汽车企业服务质量信誉考核实行基准分值为1000分的计分制，另外加分分值为100分。考核周期为每年的1月1日至12月31日。已取得《网络预约出租汽车经营许可证》，但未开展网约车经营业务的，不参加服务质量信誉考核。

**第九条** 出租汽车企业服务质量信誉等级按照下列标准进行评定：

（一）考核周期内综合得分在850分及以上（其中加分项目得分为100分），且其出租汽车驾驶员服务质量信誉考核等级为AA级及以上的比例不少于85%的，为AAAAA级；

（二）考核周期内综合得分在850分及以上（其中加分项目得分80~99分），且其出租汽车驾驶员服务质量信誉考核等级为AA级及以上的比例不少于85%的，为AAAA级；

（三）考核周期内综合得分在850分及以上（其中加分项目得分在79分及以下），且其出租汽车驾驶员服务质量信誉考核等级为AA级及以上的比例不少于85%的，为AAA级；

（四）考核周期内综合得分在700~849分的，或者综合得分在850分以上，但其出租汽车驾驶员服务质量信誉考核等级为AA级及以上的比例低于85%的，为AA级；

（五）考核周期内综合得分在600~699分的，为A级；

（六）考核周期内有下列情形之一的，考核等级为B级：

1. 综合得分在600分以下的；
2. 出租汽车驾驶员有10%以上服务质量信誉考核等级为B级的；
3. 发生一次死亡3人以上交通事故且负同等、主要或全部责任的；

4. 发生一次重特大恶性服务质量事件的;

5. 违反法律法规,组织或引发影响社会公共秩序、损害社会公共利益等群体性事件的;

6. 严重损害出租汽车驾驶员合法权益,造成严重后果或引起重大信访事件发生的;

7. 不参加服务质量信誉考核工作的。

出租汽车企业在考核周期内经营时间少于 6 个月的,其服务质量信誉考核等级最高为 AA 级。

# 第三章　出租汽车驾驶员服务质量信誉考核等级划分

**第十条**　出租汽车驾驶员服务质量信誉考核等级分为 AAA 级、AA 级、A 级和 B 级。

**第十一条**　出租汽车驾驶员服务质量信誉考核内容包括:

(一) 遵守法规:遵守相关法律、法规、规章等情况;

(二) 安全生产:参加教育培训和发生交通责任事故等情况;

(三) 经营行为:发生交通违法行为、经营违法行为等情况;

(四) 运营服务:文明优质服务、维护乘客权益、乘客投诉等情况。

**第十二条**　出租汽车驾驶员服务质量信誉考核实行基准分值为 20 分的计分制,另外加分分值为 10 分。考核周期为每年的 1 月 1 日至 12 月 31 日。取得从业资格证件但在考核周期内未注册在岗的,不参加服务质量信誉考核。

违反服务质量信誉考核指标的,一次扣分分值分别为:1 分、3 分、5 分、10 分、20 分五种。扣至 0 分为止。

出租汽车驾驶员服务质量信誉考核加分累计不得超过 10 分。

**第十三条**　出租汽车驾驶员服务质量信誉考核等级按照下列标准进行评定:

(一) 考核周期内综合得分为 20 分及以上的,考核等级为 AAA 级;

(二) 考核周期内综合得分为 11~19 分的,考核等级为 AA 级;

(三) 考核周期内综合得分为 4~10 分的,考核等级为 A 级;

(四) 考核周期内综合得分为 0~3 分的,考核等级为 B 级。

出租汽车驾驶员在考核周期内注册在岗时间少于6个月的,其服务质量信誉考核等级最高为AA级。

第十四条　出租汽车驾驶员有见义勇为、救死扶伤、拾金不昧等先进事迹的,出租汽车行政主管部门应给予相应加分奖励。

## 第四章　出租汽车企业服务质量信誉考核

第十五条　出租汽车行政主管部门应每年组织开展本地区出租汽车企业的服务质量信誉考核工作,并在考核周期次年的4月底前完成。

第十六条　出租汽车企业应在每年的2月底前,向服务所在地出租汽车行政主管部门申请上一年度服务质量信誉考核,并如实报送出租汽车企业服务质量信誉档案等材料。

第十七条　巡游车企业服务质量信誉档案应当包括下列内容:

(一)企业基本情况,包括出租汽车经营许可证、营业执照以及从业人员、车辆台账等情况;

(二)企业管理情况,包括管理制度、劳动合同或经营合同、安装卫星定位系统、培训教育等情况;

(三)安全运营情况,包括安全责任制度、交通事故责任认定书、交通事故处理、对驾驶员交通违法行为的行政处罚等情况;

(四)运营服务情况,包括企业和驾驶员经营违规行为被行政处罚的情况、服务投诉、媒体曝光、核查处理和整改等情况;

(五)社会责任情况,包括影响社会稳定事件的时间、主要原因、事件经过、参加人数、社会影响和处理等情况;

(六)加分项目情况,包括获得政府和部门表彰、社会公益、新能源车辆使用等情况。

第十八条　网约车平台公司服务质量信誉档案应当包括下列内容:

(一)企业基本情况,包括企业经营许可证、营业执照以及从业人员、车辆台账等情况;

(二)企业管理情况,包括管理制度、劳动合同或协议、安装车辆卫星定位装置、培训教育等情况;

(三)信息管理情况,包括数据接入、数据查询等情况;

（四）安全运营情况，包括安全责任落实情况、交通责任事故死亡率等情况；

（五）运营服务情况，包括运营违规行为、服务评价、信息公开、媒体曝光等情况；

（六）社会责任情况，包括维护行业稳定情况；

（七）加分项目情况，包括政府及部门表彰奖励、社会公益、新能源车辆使用等情况。

第十九条  出租汽车行政主管部门应当对出租汽车企业报送的材料进行核实。发现不一致的，应当组织核查，要求出租汽车企业进行说明。

出租汽车企业报送虚假材料的，一经查实，该周期其服务质量信誉考核等级最高评定为 A 级，情节严重的，可直接评定为 B 级。

第二十条  出租汽车行政主管部门应当根据《巡游出租汽车企业服务质量信誉考核评分标准》（见附件 1）、《网络预约出租汽车经营者服务质量信誉考核评分标准》（见附件 2）组织对出租汽车企业服务质量信誉等级进行初评。

出租汽车行政主管部门应当在当地主要新闻媒体或本机构网站上对初评结果进行为期 10 日的公示。对公示结果有异议的，可在公示期内向出租汽车行政主管部门反映。出租汽车行政主管部门应对反映情况及时处理。

第二十一条  出租汽车行政主管部门应当在公示结束后，对申诉和举报情况进行调查核实，根据各项指标的考核结果对出租汽车企业的服务质量信誉等级进行评定并逐级上报。

出租汽车企业服务质量信誉等级为 A 级及以下的，由出租汽车企业服务质量信誉考核实施主体核定；出租汽车企业服务质量信誉考核等级为 AA 级的，由设区的市级出租汽车行政主管部门核定；考核等级为 AAAAA 级、AAAA 级、AAA 级的，由省级交通运输主管部门核定、公布，并将 AAAA 级、AAAAA 级的核定结果报送交通运输部。

第二十二条  出租汽车行政主管部门、出租汽车企业应当分别建立出租汽车企业服务质量信誉档案，并加强对服务质量信誉档案的管理，及时将相关内容和材料记入服务质量信誉档案。

## 第五章　驾驶员服务质量信誉考核

**第二十三条**　出租汽车驾驶员服务质量信誉考核工作每年进行一次。

出租汽车驾驶员应当在服务质量信誉考核周期届满后 30 日内，持本人的从业资格证件到当地出租汽车行政主管部门签注服务质量信誉考核等级。鼓励出租汽车行政主管部门对出租汽车驾驶员服务质量信誉考核等级实施网上签注。

**第二十四条**　出租汽车行政主管部门应当按照《巡游出租汽车驾驶员服务质量信誉考核评分标准》（见附件3）、《网络预约出租汽车驾驶员服务质量信誉考核评分标准》（见附件4）计分，分数发生变化的，应及时告知驾驶员；根据出租汽车驾驶员考核周期内综合得分情况评定服务质量信誉考核等级，并提供查询服务。

**第二十五条**　出租汽车驾驶员一个考核周期届满，经签注服务质量信誉考核等级后，该考核周期内的扣分与加分予以清除，不转入下一个考核周期。

**第二十六条**　出租汽车驾驶员在考核周期内综合得分计至 3 分及以下的，应当在计至 3 分及以下之日起 15 日内，按有关规定接受培训，并到出租汽车行政主管部门办理清除计分手续。

出租汽车行政主管部门应将有关信息录入出租汽车驾驶员数据库，清除培训前的扣分和加分。在本次服务质量信誉考核周期内，出租汽车驾驶员服务质量信誉考核等级为 B 级。

**第二十七条**　对出租汽车驾驶员服务质量信誉考核信息有异议的，可以向出租汽车行政主管部门进行申诉或者举报。经调查核实申诉和举报属实的，应对驾驶员服务质量信誉考核信息予以更正。

**第二十八条**　出租汽车行政主管部门、出租汽车企业应当按照相关规定，分别建立出租汽车驾驶员服务质量信誉档案。

出租汽车驾驶员服务质量信誉档案应当包括下列内容：

（一）基本情况，包括出租汽车驾驶员的姓名、性别、身份证号、住址、联系电话、服务单位、初领驾驶证日期、准驾车型、从业资格证号以及从业资格证件领取、注册和变更记录、培训教育等情况；

（二）遵守法规情况，包括查处出租汽车驾驶员违法行为等情况；

（三）安全生产情况，包括交通责任事故的时间、地点、死伤人数、经济损失、交通事故责任认定和处理等情况；

（四）经营服务情况，包括乘客投诉、媒体曝光的服务质量事件等情况。

## 第六章　奖惩措施

**第二十九条**　出租汽车行政主管部门应当建立完善出租汽车服务质量信誉公共信息平台，并通过本部门网站或其他方式及时公布出租汽车企业和驾驶员服务质量信誉考核结果以及下一次签注驾驶员服务质量信誉考核时间等信息，方便社会各界查询。

省级交通运输主管部门应当通过本部门网站、"信用交通"网站或其他方式公布上一年度出租汽车企业服务质量信誉考核结果，并建立查询系统。

**第三十条**　出租汽车行政主管部门应当加强出租汽车市场监管，充分利用12328、12345等热线电话等多种途径，建立出租汽车企业、驾驶员服务质量信誉信息收集制度。

出租汽车行政主管部门应当通过信息系统及时记录和更新企业、驾驶员服务质量信誉信息，并建立与其他部门的信息共享机制。

**第三十一条**　出租汽车行政主管部门应当将出租汽车企业服务质量信誉考核结果作为配置巡游车经营权指标或延续出租汽车企业经营许可的重要依据，并按以下规定执行：

（一）对近三年服务质量信誉考核等级连续被评为AAA级及以上的巡游车企业，在申请新增巡游车经营权指标时，可优先考虑，或在巡游车经营权服务质量招投标时予以加分；

（二）对近三年服务质量信誉考核等级连续被评为AA级及以上的出租汽车企业，在申请巡游车经营权延续经营，或申请延续网约车经营许可时，在符合法定条件下，可优先予以批准；

（三）对服务质量信誉考核等级连续两年被评为A级的出租汽车企业，应当督促其加强内部管理；

（四）对服务质量信誉考核等级被评为B级的出租汽车企业，出租汽车行政主管部门应当责令其限期整改，将企业法人及主要经营人信息向社会公布，并可作为巡游车企业在整改年度内参加巡游车经营权服务质量招投标的审慎性参考依据。

第三十二条　省级、设区的市级出租汽车行政主管部门可分别对服务质量信誉考核等级 AA 级及以上的出租汽车企业，颁发证书、标牌（式样见附件 5）。AA 级及以上出租汽车企业，可在巡游车顶灯、车门外侧等显著位置或移动互联网应用程序客户端上标示企业服务质量信誉考核等级。

第三十三条　出租汽车企业有下列情形之一的，设区的市级以上出租汽车行政主管部门应当按照职责分工，视不同情形，将其已评定考核等级降级，并报上级交通运输管理部门备案：

（一）发生一次死亡 3 人以上交通事故且负同等、主要或全部责任的；

（二）发生一次重特大恶性服务质量事件的；

（三）组织或引发影响社会公共秩序、损害社会公共利益的停运等群体性事件的。

第三十四条　出租汽车行政主管部门应当在巡游车服务监督卡上标注巡游车驾驶员服务质量信誉考核等级。鼓励通过车载智能终端或电子监督卡等形式标注巡游车驾驶员服务质量信誉考核等级。网约车驾驶员服务质量信誉考核等级由网约车平台公司在移动互联网应用程序客户端上标注。

鼓励出租汽车行政主管部门、出租汽车企业以及相关社团组织对服务质量信誉考核等级为 AAA 级的出租汽车驾驶员进行表彰奖励。

出租汽车行政主管部门应当引导出租汽车企业优先聘用服务质量信誉考核等级高的出租汽车驾驶员，鼓励将出租汽车驾驶员信誉考核等级与其薪资待遇、晋升、培训、辞退挂钩。

第三十五条　出租汽车企业应当加强对服务质量信誉考核等级为 B 级的出租汽车驾驶员的教育和管理。

第三十六条　出租汽车驾驶员有下列情形之一的，出租汽车行政主管部门应当将其列入不良记录驾驶员名单：

（一）在考核周期内服务质量信誉考核综合得分为 0 分，且未按照规定参加培训的；

（二）连续两个考核周期服务质量信誉考核等级均为 B 级的；

（三）在一个考核周期内累计综合得分有两次以上被计至 3 分及以下的；

（四）无正当理由超过规定时间，未签注服务质量信誉考核等级的；

（五）发生其他严重违法行为或服务质量事故的。

出租汽车行政主管部门应当建立不良记录驾驶员名单数据库，为出租汽车企业提供查询服务，并加强对不良记录驾驶员的培训教育和管理。

## 第七章　附　则

**第三十七条**　本办法中下列用语的含义是指：

（一）出租汽车驾驶员，是指取得出租汽车从业资格并在考核周期内从事出租汽车服务的驾驶人员。

（二）出租汽车企业服务质量信誉考核，是指在考核周期内，对出租汽车企业的管理制度、安全运营、运营服务和社会责任等方面的综合评价。

（三）出租汽车驾驶员服务质量信誉考核，是指在考核周期内，对驾驶员在出租汽车服务中遵纪守法、安全生产、经营行为和运营服务等方面的综合评价。

（四）重大恶性服务质量事件，是指由于出租汽车企业或其出租汽车驾驶员的原因，造成严重人身伤害或重大财产损失，或造成恶劣社会影响的服务质量事件。

**第三十八条**　上级出租汽车行政主管部门应当对下级出租汽车行政主管部门组织开展的服务质量信誉考核工作进行监督检查。

**第三十九条**　各地对于驾驶员在巡游车和网约车之间身份转换的，应统筹考虑其服务质量信誉考核工作。

**第四十条**　鼓励出租汽车行政主管部门和出租汽车企业建立出租汽车企业和驾驶员服务质量信誉电子档案。鼓励行业协会等第三方机构参与出租汽车服务质量信誉考核工作。服务质量信誉纸质档案保存时间不得低于3年，电子档案保存时间不得低于10年。

**第四十一条**　设区的市级以上出租汽车行政主管部门可根据实际，以驾驶员服务质量信誉考核情况为基本依据，制定本地区巡游车单车服务质量信誉考核办法，并组织实施。

**第四十二条**　个体巡游出租汽车经营的服务质量信誉考核，重点考核驾驶员的服务质量信誉。经营者的服务质量信誉考核及奖惩措施,由省级交通运输主管部门参照本办法制定。

**第四十三条** 省、市交通运输主管部门可依据本办法细化考核标准、考核方式及奖惩措施等。

**第四十四条** 本办法自2022年7月1日起施行。

**附件:** 1. 巡游出租汽车企业服务质量信誉考核评分标准(略)
2. 网络预约出租汽车经营者服务质量信誉考核评分标准(略)
3. 巡游出租汽车驾驶员服务质量信誉考核评分标准(略)
4. 网络预约出租汽车驾驶员服务质量信誉考核评分标准(略)
5. 出租汽车企业服务质量信誉考核等级证书式样(略)

# 小微型客车租赁经营服务管理办法

· 2020年12月20日交通运输部令2020年第22号发布
· 根据2021年8月11日《交通运输部关于修改〈小微型客车租赁经营服务管理办法〉的决定》修正

## 第一章 总　则

**第一条** 为规范小微型客车租赁经营服务行为,保护经营者和承租人合法权益,制定本办法。

**第二条** 从事小微型客车租赁经营服务,应当遵守本办法。

本办法所称小微型客车租赁经营服务,是指小微型客车租赁经营者与承租人订立租赁合同,将9座及以下的小微型客车交付承租人使用,收取租赁费用的经营活动。

**第三条** 交通运输部负责指导全国小微型客车租赁管理工作。

县级以上地方人民政府负责小微型客车租赁管理的行政主管部门(以下统称小微型客车租赁行政主管部门)负责本行政区域内小微型客车租赁管理工作。

**第四条** 小微型客车租赁经营者应当依法经营,诚实守信,优质服务,公平竞争。

**第五条** 国家鼓励小微型客车租赁实行规模化、网络化经营,鼓励使用新能源汽车开展小微型客车租赁。

## 第二章　经营服务

**第六条**　从事小微型客车租赁经营的，应当具备下列条件：

（一）取得企业法人资格；

（二）投入经营的小微型客车应当经检验合格且登记的使用性质为租赁（以下称租赁小微型客车）；

（三）有与租赁业务相适应的经营场所、管理人员；

（四）在经营所在地有相应服务机构及服务能力；

（五）有健全的经营管理制度、服务规程、安全管理制度和应急救援预案。

从事分时租赁经营的，还应当具备以下服务能力：

（一）有与开展分时租赁业务相适应的信息数据交互及处理能力，保证服务平台运行可靠；

（二）有相应服务人员负责调配租赁小微型客车。

**第七条**　从事小微型客车租赁经营的，应当在向市场监督管理部门办理有关登记手续或者新设服务机构开展经营活动后 60 日内，就近向经营所在地市级或者县级小微型客车租赁行政主管部门办理备案，并附送本办法第六条相应的材料。

备案材料不完备或者不符合要求的，受理备案的小微型客车租赁行政主管部门应当书面通知备案人补充完善。

**第八条**　小微型客车租赁行政主管部门受理备案后，应当将小微型客车租赁经营者的企业名称、经营范围、企业注册地址、服务机构地址和联系方式，以及租赁小微型客车号牌号码、车辆类型、所有人、使用性质、品牌型号、注册日期、核定载人数等备案信息进行建档管理。

**第九条**　备案事项发生变更的，小微型客车租赁经营者应当在变更之日起 15 日内到原备案机构办理变更备案。

小微型客车租赁经营者暂停或者终止经营的，应当在暂停或者终止经营之日起 15 日内，向原备案机构书面报告。

暂停或者终止分时租赁经营的，应当提前 30 日向社会公告，并同时向原备案机构书面报告。

**第十条** 小微型客车租赁经营者和接受委托提供小微型客车租赁交易撮合、信息发布等服务的电子商务平台经营者，应当遵守国家网络安全、个人信息保护、数据安全、电子商务等方面的法律法规，依法收集相关信息和数据，严格保护个人信息和重要数据，维护网络数据安全，支持配合有关部门开展相关监管工作。

**第十一条** 小微型客车租赁经营者应当按照国家有关标准规范为承租人提供安全便利优质的小微型客车租赁服务，确保车辆安全、卫生状况良好。

小微型客车租赁经营者不得随车提供驾驶劳务。

**第十二条** 小微型客车租赁经营者还应当遵守下列规定：

（一）在经营场所或者服务平台以显著方式明示服务项目、租赁流程、租赁车辆类型、收费标准、押金收取与退还、客服与监督电话等事项；

（二）按照合同约定将租赁小微型客车交付承租人，交付的租赁小微型客车在租赁期间应当符合《中华人民共和国道路交通安全法》规定的上路行驶条件，车内设施设备功能齐全正常，外观内饰完好整洁；

（三）随车配备租赁小微型客车机动车行驶证；

（四）按照国家有关规定对租赁小微型客车进行检测、维护，确保技术性能良好；

（五）建立救援服务体系，租赁小微型客车在租赁期间出现故障或者发生事故时，按照合同约定提供救援、换车服务；

（六）建立租赁经营管理档案，保存租赁经营信息，并按照要求报送相关数据信息；

（七）从事分时租赁经营的，应当按照国家有关规定计程计时，收取承租人押金和预付资金的，还应当按照国家有关规定管理押金和预付资金。

**第十三条** 承租人应当遵守下列规定：

（一）承租人为自然人的，应当持其机动车驾驶证租赁小微型客车；承租人为法人或者其他组织的，应当持实际驾驶人的机动车驾驶证租赁小微型客车；

（二）上路行驶期间，随车携带租赁小微型客车机动车行驶证；

（三）按照操作规范驾驶租赁小微型客车，遵守道路交通安全相关法律法规；

（四）按照合同约定使用租赁小微型客车，不得携带易燃、易爆、毒害性、放射性、腐蚀性物质或者传染病病原体等危害公共安全的危险物质，不得利用租赁小微型客车从事违法犯罪活动；

（五）妥善保管租赁小微型客车，未经小微型客车租赁经营者同意，不得改动租赁小微型客车部件、设施和变更机动车使用性质，不得将租赁小微型客车抵押、变卖、转租；

（六）租赁期间租赁小微型客车发生交通违法、交通事故的，按照相关法律、行政法规接受处理。

**第十四条** 小微型客车租赁经营者应当与承租人订立租赁合同。在订立租赁合同前，小微型客车租赁经营者应当对承租人身份进行查验，并留存有关信息。承租人为自然人的，应当查验其身份证件。承租人为企业法人或者其他组织的，应当查验企业法人营业执照或者其他有效登记证件、授权委托书、经办人身份证件。

租赁小微型客车应当交付给经过身份查验的承租人，对身份不明、拒绝身份查验的，不得提供租赁服务。

**第十五条** 小微型客车租赁经营者应当按照安全生产相关法律法规，落实安全生产责任，完善安全生产规章制度，加强安全生产管理。

**第十六条** 鼓励小微型客车租赁经营者办理车上人员责任险等保险。

**第十七条** 小微型客车租赁经营者应当建立服务投诉制度，公布服务监督电话，指定部门或者人员受理投诉。接到投诉后，应当及时受理，于10日内处理完毕并告知投诉人处理结果。

**第十八条** 机动车使用性质登记为租赁的小微型客车不得擅自用于道路运输经营。利用租赁小微型客车从事道路运输经营的，应当先按照道路运输经营相关管理规定办理行政许可和机动车使用性质变更手续。

**第十九条** 租赁小微型客车按照租赁载客汽车使用年限执行报废管理。租赁小微型客车使用性质由租赁变更为营运的，应当按照小微型营运载客汽车使用年限执行报废管理。

## 第三章 监督管理

**第二十条** 小微型客车租赁行政主管部门应当在小微型客车租赁

经营者办理备案后 2 个工作日内，通过政府监管平台或者相关政府网站向社会公布本办法第八条规定的建档信息，并传送至全国互联网道路运输便民政务服务系统。

鼓励小微型客车租赁经营者运营系统与政府监管平台实现信息对接。

**第二十一条** 小微型客车租赁行政主管部门应当依法加强市场监管和企业信用管理，定期组织开展小微型客车租赁服务质量信誉考核并及时公布考核情况。

**第二十二条** 小微型客车租赁行政主管部门应当按照法定职责督促指导小微型客车租赁经营者落实承租人身份查验要求。

**第二十三条** 小微型客车租赁行政主管部门应当建立投诉举报制度，公开投诉电话、通信地址或者电子邮箱，明确投诉办结时限，接受小微型客车租赁相关投诉和社会监督。

**第二十四条** 汽车租赁行业协会应当加强行业自律，建立完善行业自律性管理约束机制，规范会员行为，维护公平竞争的市场环境。

## 第四章　　法律责任

**第二十五条** 小微型客车租赁经营者违反本办法，有下列行为之一的，由小微型客车租赁行政主管部门责令改正，并处 3000 元以上 1 万元以下罚款：

（一）未按照规定办理备案或者变更备案的；

（二）提供的租赁小微型客车不符合《中华人民共和国道路交通安全法》规定的上路行驶条件的；

（三）未建立小微型客车租赁经营管理档案或者未按照规定报送相关数据信息的；

（四）未在经营场所或者服务平台以显著方式明示服务项目、租赁流程、租赁车辆类型、收费标准、押金收取与退还、客服与监督电话等事项的。

小微型客车租赁经营者未取得道路运输经营许可或者出租汽车经营许可，随车提供驾驶劳务的，按照《中华人民共和国道路运输条例》《巡游出租汽车经营服务管理规定》《网络预约出租汽车经营服务管理暂行办法》中关于从事非法营运的规定进行处罚。

**第二十六条** 小微型客车租赁经营者和受委托的电子商务平台经营者,违反国家反恐怖、道路运输经营、网络安全、个人信息保护、数据安全、电子商务等方面的法律法规,按照相关规定进行处罚。

## 第五章 附 则

**第二十七条** 本办法所称分时租赁,是指利用移动互联网、卫星定位等信息技术构建服务平台,以分钟或者小时等为计时单位,为承租人提供自助式小微型客车预定和取还、费用结算等服务的租赁经营方式。

**第二十八条** 本办法自2021年4月1日起施行。

# 道路货物运输及站场管理规定

- 2005年6月16日交通部发布
- 根据2008年7月23日《交通运输部关于修改〈道路货物运输及站场管理规定〉的决定》第一次修正
- 根据2009年4月20日《交通运输部关于修改〈道路货物运输及站场管理规定〉的决定》第二次修正
- 根据2012年3月14日《交通运输部关于修改〈道路货物运输及站场管理规定〉的决定》第三次修正
- 根据2016年4月11日《交通运输部关于修改〈道路货物运输及站场管理规定〉的决定》第四次修正
- 根据2019年6月20日《交通运输部关于修改〈道路货物运输及站场管理规定〉的决定》第五次修正
- 根据2022年9月26日《交通运输部关于修改〈道路货物运输及站场管理规定〉的决定》第六次修正

## 第一章 总 则

**第一条** 为规范道路货物运输和道路货物运输站(场)经营活动,维护道路货物运输市场秩序,保障道路货物运输安全,保护道路货物运输和道路货物运输站（场）有关各方当事人的合法权益，根据《中华人民共和国道路运输条例》及有关法律、行政法规的规定，制定本规定。

**第二条** 从事道路货物运输经营和道路货物运输站（场）经营的，应当遵守本规定。

本规定所称道路货物运输经营，是指为社会提供公共服务、具有商业性质的道路货物运输活动。道路货物运输包括道路普通货运、道路货物专用运输、道路大型物件运输和道路危险货物运输。

本规定所称道路货物专用运输，是指使用集装箱、冷藏保鲜设备、罐式容器等专用车辆进行的货物运输。

本规定所称道路货物运输站（场）（以下简称货运站），是指以场地设施为依托，为社会提供有偿服务的具有仓储、保管、配载、信息服务、装卸、理货等功能的综合货运站（场）、零担货运站、集装箱中转站、物流中心等经营场所。

**第三条** 道路货物运输和货运站经营者应当依法经营，诚实信用，公平竞争。

道路货物运输管理应当公平、公正、公开和便民。

**第四条** 鼓励道路货物运输实行集约化、网络化经营。鼓励采用集装箱、封闭厢式车和多轴重型车运输。

**第五条** 交通运输部主管全国道路货物运输和货运站管理工作。

县级以上地方人民政府交通运输主管部门（以下简称交通运输主管部门）负责本行政区域的道路货物运输和货运站管理工作。

## 第二章 经营许可和备案

**第六条** 申请从事道路货物运输经营的，应当具备下列条件：

（一）有与其经营业务相适应并经检测合格的运输车辆：

1. 车辆技术要求应当符合《道路运输车辆技术管理规定》有关规定。

2. 车辆其他要求：

（1）从事大型物件运输经营的，应当具有与所运输大型物件相适应的超重型车组；

（2）从事冷藏保鲜、罐式容器等专用运输的，应当具有与运输货

物相适应的专用容器、设备、设施,并固定在专用车辆上;

(3) 从事集装箱运输的,车辆还应当有固定集装箱的转锁装置。

(二) 有符合规定条件的驾驶人员:

1. 取得与驾驶车辆相应的机动车驾驶证;

2. 年龄不超过 60 周岁;

3. 经设区的市级交通运输主管部门对有关道路货物运输法规、机动车维修和货物及装载保管基本知识考试合格,并取得从业资格证(使用总质量 4500 千克及以下普通货运车辆的驾驶人员除外)。

(三) 有健全的安全生产管理制度,包括安全生产责任制度、安全生产业务操作规程、安全生产监督检查制度、驾驶员和车辆安全生产管理制度等。

**第七条** 从事货运站经营的,应当具备下列条件:

(一) 有与其经营规模相适应的货运站房、生产调度办公室、信息管理中心、仓库、仓储库棚、场地和道路等设施,并经有关部门组织的工程竣工验收合格;

(二) 有与其经营规模相适应的安全、消防、装卸、通讯、计量等设备;

(三) 有与其经营规模、经营类别相适应的管理人员和专业技术人员;

(四) 有健全的业务操作规程和安全生产管理制度。

**第八条** 申请从事道路货物运输经营的,应当依法向市场监督管理部门办理有关登记手续后,向县级交通运输主管部门提出申请,并提供以下材料:

(一)《道路货物运输经营申请表》(见附件1);

(二) 负责人身份证明,经办人的身份证明和委托书;

(三) 机动车辆行驶证、车辆技术等级评定结论复印件;拟投入运输车辆的承诺书,承诺书应当包括车辆数量、类型、技术性能、投入时间等内容;

(四) 聘用或者拟聘用驾驶员的机动车驾驶证、从业资格证及其复印件;

(五) 安全生产管理制度文本;

(六) 法律、法规规定的其他材料。

**第九条** 从事货运站经营的,应当依法向市场监督管理部门办有关登记手续后,最迟不晚于开始货运站经营活动的 15 日内,向所在地县级交通运输主管部门备案,并提供以下材料,保证材料真实、完整、有效:

(一)《道路货物运输站(场)经营备案表》(见附件2);

(二)负责人身份证明,经办人的身份证明和委托书;

(三)经营货运站的土地、房屋的合法证明;

(四)货运站竣工验收证明;

(五)与业务相适应的专业人员和管理人员的身份证明、专业证书;

(六)业务操作规程和安全生产管理制度文本。

**第十条** 交通运输主管部门应当按照《中华人民共和国道路运输条例》《交通行政许可实施程序规定》和本规定规范的程序实施道路货物运输经营的行政许可。

**第十一条** 交通运输主管部门对道路货运经营申请予以受理的,应当自受理之日起 20 日内作出许可或者不予许可的决定。

**第十二条** 交通运输主管部门对符合法定条件的道路货物运输经营申请作出准予行政许可决定的,应当出具《道路货物运输经营行政许可决定书》(见附件3),明确许可事项。在 10 日内向被许可人颁发《道路运输经营许可证》,在《道路运输经营许可证》上注明经营范围。

对道路货物运输经营不予许可的,应当向申请人出具《不予交通行政许可决定书》。

**第十三条** 交通运输主管部门收到货运站经营备案材料后,对材料齐全且符合要求的,应当予以备案并编号归档;对材料不全或者不符合要求的,应当场或者自收到备案材料之日起 5 日内一次性书面通知备案人需要补充的全部内容。

交通运输主管部门应当向社会公布并及时更新已备案的货运站名单,便于社会查询和监督。

**第十四条** 被许可人应当按照承诺书的要求投入运输车辆。购置车辆或者已有车辆经交通运输主管部门核实并符合条件的,交通运输主管部门向投入运输的车辆配发《道路运输证》。

**第十五条** 使用总质量 4500 千克及以下普通货运车辆从事普通货运经营的,无需按照本规定申请取得《道路运输经营许可证》及

《道路运输证》。

**第十六条** 道路货物运输经营者设立子公司的,应当向设立地的交通运输主管部门申请经营许可;设立分公司的,应当向设立地的交通运输主管部门报备。

**第十七条** 从事货运代理(代办)等货运相关服务的经营者,应当依法到市场监督管理部门办理有关登记手续,并持有关登记证件到设立地的交通运输主管部门备案。

**第十八条** 道路货物运输和货运站经营者需要终止经营的,应当在终止经营之日30日前告知原许可或者备案的交通运输主管部门,并按照规定办理有关注销手续。

**第十九条** 道路货物运输经营者变更许可事项、扩大经营范围的,按本章有关许可规定办理。

道路货物运输经营者变更名称、地址等,应当向作出原许可决定的交通运输主管部门备案。

货运站名称、经营场所等备案事项发生变化的,应当向原办理备案的交通运输主管部门办理备案变更。

## 第三章 货运经营管理

**第二十条** 道路货物运输经营者应当按照《道路运输经营许可证》核定的经营范围从事货物运输经营,不得转让、出租道路运输经营许可证件。

**第二十一条** 道路货物运输经营者应当对从业人员进行经常性的安全、职业道德教育和业务知识、操作规程培训。

**第二十二条** 道路货物运输经营者应当按照国家有关规定在其重型货运车辆、牵引车上安装、使用行驶记录仪,并采取有效措施,防止驾驶人员连续驾驶时间超过4个小时。

**第二十三条** 道路货物运输经营者应当要求其聘用的车辆驾驶员随车携带按照规定要求取得的《道路运输证》。

《道路运输证》不得转让、出租、涂改、伪造。

**第二十四条** 道路货物运输经营者应当聘用按照规定要求持有从业资格证的驾驶人员。

**第二十五条** 营运驾驶员应当按照规定驾驶与其从业资格类别相

符的车辆。驾驶营运车辆时,应当随身携带按照规定要求取得的从业资格证。

**第二十六条** 运输的货物应当符合货运车辆核定的载质量,载物的长、宽、高不得违反装载要求。禁止货运车辆违反国家有关规定超限、超载运输。

禁止使用货运车辆运输旅客。

**第二十七条** 道路货物运输经营者运输大型物件,应当制定道路运输组织方案。涉及超限运输的应当按照交通运输部颁布的《超限运输车辆行驶公路管理规定》办理相应的审批手续。

**第二十八条** 从事大型物件运输的车辆,应当按照规定装置统一的标志和悬挂标志旗;夜间行驶和停车休息时应当设置标志灯。

**第二十九条** 道路货物运输经营者不得运输法律、行政法规禁止运输的货物。

道路货物运输经营者在受理法律、行政法规规定限运、凭证运输的货物时,应当查验并确认有关手续齐全有效后方可运输。

货物托运人应当按照有关法律、行政法规的规定办理限运、凭证运输手续。

**第三十条** 道路货物运输经营者不得采取不正当手段招揽货物、垄断货源。不得阻碍其他货运经营者开展正常的运输经营活动。

道路货物运输经营者应当采取有效措施,防止货物变质、腐烂、短少或者损失。

**第三十一条** 道路货物运输经营者和货物托运人应当按照《中华人民共和国民法典》的要求,订立道路货物运输合同。

鼓励道路货物运输经营者采用电子合同、电子运单等信息化技术,提升运输管理水平。

**第三十二条** 国家鼓励实行封闭式运输。道路货物运输经营者应当采取有效的措施,防止货物脱落、扬撒等情况发生。

**第三十三条** 道路货物运输经营者应当制定有关交通事故、自然灾害、公共卫生以及其他突发公共事件的道路运输应急预案。应急预案应当包括报告程序、应急指挥、应急车辆和设备的储备以及处置措施等内容。

**第三十四条** 发生交通事故、自然灾害、公共卫生以及其他突发公共事件,道路货物运输经营者应当服从县级以上人民政府或者有关部门的统一调度、指挥。

第三十五条　道路货物运输经营者应当严格遵守国家有关价格法律、法规和规章的规定，不得恶意压价竞争。

## 第四章　货运站经营管理

第三十六条　货运站经营者应当按照国家有关标准运营，不得随意改变货运站用途和服务功能。

第三十七条　货运站经营者应当依法加强安全管理，完善安全生产条件，健全和落实安全生产责任制。

货运站经营者应当对出站车辆进行安全检查，防止超载车辆或者未经安全检查的车辆出站，保证安全生产。

第三十八条　货运站经营者应当按照货物的性质、保管要求进行分类存放，保证货物完好无损，不得违规存放危险货物。

第三十九条　货物运输包装应当按照国家规定的货物运输包装标准作业，包装物和包装技术、质量要符合运输要求。

第四十条　货运站经营者应当按照规定的业务操作规程进行货物的搬运装卸。搬运装卸作业应当轻装、轻卸，堆放整齐，防止混杂、撒漏、破损，严禁有毒、易污染物品与食品混装。

第四十一条　货运站经营者应当严格执行价格规定，在经营场所公布收费项目和收费标准。严禁乱收费。

第四十二条　进入货运站经营的经营业户及车辆，经营手续必须齐全。

货运站经营者应当公平对待使用货运站的道路货物运输经营者，禁止无证经营的车辆进站从事经营活动，无正当理由不得拒绝道路货物运输经营者进站从事经营活动。

第四十三条　货运站经营者不得垄断货源、抢装货物、扣押货物。

第四十四条　货运站要保持清洁卫生，各项服务标志醒目。

第四十五条　货运站经营者经营配载服务应当坚持自愿原则，提供的货源信息和运力信息应当真实、准确。

第四十六条　货运站经营者不得超限、超载配货，不得为无道路运输经营许可证或证照不全者提供服务；不得违反国家有关规定，为运输车辆装卸国家禁运、限运的物品。

**第四十七条** 货运站经营者应当制定有关突发公共事件的应急预案。应急预案应当包括报告程序、应急指挥、应急车辆和设备的储备以及处置措施等内容。

**第四十八条** 货运站经营者应当建立和完善各类台账和档案，并按要求报送有关信息。

## 第五章 监督检查

**第四十九条** 交通运输主管部门应当加强对道路货物运输经营和货运站经营活动的监督检查。

交通运输主管部门工作人员应当严格按照职责权限和法定程序进行监督检查。

**第五十条** 交通运输主管部门应当定期对配发《道路运输证》的货运车辆进行审验，每年审验一次。审验内容包括车辆技术等级评定情况、车辆结构及尺寸变动情况和违章记录等。

审验符合要求的，交通运输主管部门在《道路运输证》上做好审验记录；不符合要求的，应当责令限期改正或者办理变更手续。

**第五十一条** 交通运输主管部门及其工作人员应当重点在货运站、货物集散地对道路货物运输、货运站经营活动实施监督检查。此外，根据管理需要，可以在公路路口实施监督检查，但不得随意拦截正常行驶的道路运输车辆，不得双向拦截车辆进行检查。

**第五十二条** 交通运输主管部门的工作人员实施监督检查时，应当有2名以上人员参加，并向当事人出示行政执法证件。

**第五十三条** 交通运输主管部门的工作人员可以向被检查单位和个人了解情况，查阅和复制有关材料。但是，应当保守被调查单位和个人的商业秘密。

被监督检查的单位和个人应当接受交通运输主管部门及其工作人员依法实施的监督检查，如实提供有关情况或者资料。

**第五十四条** 交通运输主管部门的工作人员在货运站、货物集散地实施监督检查过程中，发现货运车辆有超载行为的，应当立即予以制止，装载符合标准后方可放行。

**第五十五条** 取得道路货物运输经营许可的道路货物运输经营者

在许可的交通运输主管部门管辖区域外违法从事经营活动的，违法行为发生地的交通运输主管部门应当依法将当事人的违法事实、处罚结果记录到《道路运输证》上，并抄告作出道路运输经营许可的交通运输主管部门。

**第五十六条** 道路货物运输经营者违反本规定的，交通运输主管部门在作出行政处罚决定过程中，可以按照《中华人民共和国行政处罚法》的规定将其违法证据先行登记保存。作出行政处罚决定后，道路货物运输经营者拒不履行的，作出行政处罚决定的交通运输主管部门可以将其拒不履行行政处罚决定的事实通知违法车辆车籍所在地交通运输主管部门，作为能否通过车辆年度审验和决定质量信誉考核结果的重要依据。

**第五十七条** 交通运输主管部门的工作人员在实施道路运输监督检查过程中，对没有《道路运输证》又无法当场提供其他有效证明的货运车辆可以予以暂扣，并出具《道路运输车辆暂扣凭证》（见附件4）。对暂扣车辆应当妥善保管，不得使用，不得收取或者变相收取保管费用。

违法当事人应当在暂扣凭证规定时间内到指定地点接受处理。逾期不接受处理的，交通运输主管部门可依法作出处罚决定，并将处罚决定书送达当事人。当事人无正当理由逾期不履行处罚决定的，交通运输主管部门可申请人民法院强制执行。

**第五十八条** 交通运输主管部门在实施道路运输监督检查过程中，发现取得道路货物运输经营许可的道路货物运输经营者不再具备开业要求的安全生产条件的，应当由原许可机关撤销原许可。

**第五十九条** 有下列行为之一的，由交通运输主管部门责令限期整改，整改不合格的，予以公示：

（一）没有按照国家有关规定在货运车辆上安装符合标准的具有行驶记录功能的卫星定位装置的；

（二）大型物件运输车辆不按规定悬挂、标明运输标志的；

（三）发生公共突发性事件，不接受当地政府统一调度安排的；

（四）因配载造成超限、超载的；

（五）运输没有限运证明物资的；

（六）未查验禁运、限运物资证明，配载禁运、限运物资的。

**第六十条** 交通运输主管部门应当将道路货物运输及货运站经营

者和从业人员的违法行为记入信用记录,并依照有关法律、行政法规的规定予以公示。

## 第六章　法律责任

**第六十一条**　违反本规定,有下列行为之一的,由交通运输主管部门责令停止经营;有违法所得的,没收违法所得,处违法所得2倍以上10倍以下的罚款;没有违法所得或者违法所得不足2万元的,处3万元以上10万元以下的罚款;构成犯罪的,依法追究刑事责任:

(一)未按规定取得道路货物运输经营许可,擅自从事道路货物运输经营的;

(二)使用失效、伪造、变造、被注销等无效的道路运输经营许可证件从事道路货物运输经营的;

(三)超越许可的事项,从事道路货物运输经营的。

**第六十二条**　违反本规定,道路货物运输经营者非法转让、出租道路运输经营许可证件的,由交通运输主管部门责令停止违法行为,收缴有关证件,处2000元以上1万元以下的罚款;有违法所得的,没收违法所得。

**第六十三条**　违反本规定,取得道路货物运输经营许可的道路货物运输经营者使用无《道路运输证》的车辆参加普通货物运输的,由交通运输主管部门责令改正,处1000元以上3000元以下的罚款。

违反前款规定使用无《道路运输证》的车辆参加危险货物运输的,由交通运输主管部门责令改正,处3000元以上1万元以下的罚款。

违反本规定,道路货物运输经营者不按照规定携带《道路运输证》的,由交通运输主管部门责令改正,处警告或者20元以上200元以下的罚款。

**第六十四条**　违反本规定,道路货物运输经营者有下列情形之一的,由交通运输主管部门责令改正,处1000元以上3000元以下的罚款;情节严重的,由原许可机关吊销道路运输经营许可证或者吊销其相应的经营范围:

(一)强行招揽货物的;

(二)没有采取必要措施防止货物脱落、扬撒的。

**第六十五条** 从事货运站经营，未按规定进行备案的，由交通运输主管部门责令改正；拒不改正的，处5000元以上2万元以下的罚款。备案时提供虚假材料情节严重的，其直接负责的主管人员和其他直接责任人员5年内不得从事原备案的业务。

**第六十六条** 违反本规定，货运站经营者允许无证经营的车辆进站从事经营活动以及超载车辆、未经安全检查的车辆出站或者无正当理由拒绝道路运输车辆进站从事经营活动的，由交通运输主管部门责令改正，处1万元以上3万元以下的罚款。

**第六十七条** 违反本规定，货运站经营者擅自改变货运站的用途和服务功能，由交通运输主管部门责令改正；拒不改正的，处3000元的罚款；有违法所得的，没收违法所得。

**第六十八条** 交通运输主管部门的工作人员违反本规定，有下列情形之一的，依法给予相应的行政处分；构成犯罪的，依法追究刑事责任：

（一）不依照本规定规定的条件、程序和期限实施行政许可或者备案的；

（二）参与或者变相参与道路货物运输和货运站经营的；

（三）发现违法行为不及时查处的；

（四）违反规定拦截、检查正常行驶的道路运输车辆的；

（五）违法扣留运输车辆、《道路运输证》的；

（六）索取、收受他人财物，或者谋取其他利益的；

（七）其他违法行为。

# 第七章　附　则

**第六十九条** 道路货物运输经营者从事国际道路货物运输经营、危险货物运输活动，除一般行为规范适用本规定外，有关从业条件等特殊要求应当适用交通运输部制定的《国际道路运输管理规定》《道路危险货物运输管理规定》。

**第七十条** 交通运输主管部门依照规定发放道路货物运输经营许可证件和《道路运输证》，可以收取工本费。工本费的具体收费标准由省级人民政府财政、价格主管部门会同同级交通运输主管部门核定。

第七十一条 本规定自2005年8月1日起施行。交通部1993年5月19日发布的《道路货物运输业户开业技术经济条件（试行）》（交运发〔1993〕531号）、1996年12月2日发布的《道路零担货物运输管理办法》（交公路发〔1996〕1039号）、1997年5月22日发布的《道路货物运单使用和管理办法》（交通部令1997年第4号）、2001年4月5日发布的《道路货物运输企业经营资质管理规定（试行）》（交公路发〔2001〕154号）同时废止。

# 道路普通货物运输车辆网上年度审验工作规范

· 2022年3月22日
· 交办运〔2022〕18号

第一条 为规范道路普通货物运输车辆（以下简称普通货运车辆）网上年度审验（以下简称网上年审）业务办理工作，根据《道路运输车辆技术管理规定》《道路货物运输及站场管理规定》《道路运输车辆动态监督管理办法》及相关规定，制定本规范。

第二条 本规范适用于普通货运车辆（不含总质量4.5吨及以下从事道路普通货运经营的普通货运车辆）网上年审工作。

第三条 网上年审应坚持依法依规、便民利民、程序公开、服务高效的原则。网上年审与原有车籍所在地窗口年审效力等同。鼓励道路货物运输经营者通过网上办理普通货运车辆年审。

第四条 网上年审不改变普通货运车辆审验机关、审验内容与责任主体。

开展道路运输车辆检验检测业务的机构对所出具的道路运输车辆检验检测报告、车辆技术等级评定结论负责，审验机关对审验结果负责。

第五条 车籍所在地交通运输主管部门为车辆网上年审的审验机关，审验内容如下：

（一）对于总质量4.5吨（不含）以上、12吨（不含）以下普通货运车辆，审验内容为车辆技术等级评定情况、车辆结构及尺寸变动情况、车辆违章记录情况。

（二）对于总质量12吨及以上普通货运车辆、半挂牵引车，审验内容为车辆技术等级评定情况、车辆结构及尺寸变动情况、按规定使用符合标准的具有行驶记录功能的卫星定位装置并接入全国道路货运车辆公共监管与服务平台情况、车辆违章记录情况。

（三）对于挂车，审验内容为行驶证是否在检验有效期内。

**第六条** 道路货物运输经营者可通过全国互联网道路运输便民政务服务系统办理普通货运车辆网上年审业务。

道路货物运输经营者在非车籍所在地窗口办理网上年审业务的，窗口办事人员应协助办理。

**第七条** 道路货物运输经营者按照本规范第五条要求提交相应车辆年审材料，相关材料由全国互联网道路运输便民政务服务系统共享给车籍所在地道路运政管理信息系统。

总质量12吨及以上普通货运车辆、半挂牵引车按规定使用符合标准的具有行驶记录功能的卫星定位装置并接入全国道路货运车辆公共监管与服务平台情况，车辆技术等级评定情况等能够自动归集的信息，无需重复提交。

道路货物运输经营者对所提交材料的真实性、有效性与合法性负责。

**第八条** 鼓励开展道路运输车辆检验检测业务的机构协助道路货物运输经营者办理网上年审。

**第九条** 审验机关收到网上年审材料起3个工作日内，通过本省道路运政管理信息系统对车辆年审材料完成审验。

车辆结构及尺寸变动情况、车辆技术等级评定情况以车籍所在地省级道路运输车辆检验检测信息系统共享给道路运政管理信息系统的车辆技术等级评定结论为依据。

总质量12吨及以上普通货运车辆、半挂牵引车使用符合标准的具有行驶记录功能的卫星定位装置并接入全国道路货运车辆公共监管与服务平台情况，以全国道路货运车辆公共监管与服务平台共享给全国互联网道路运输便民政务服务系统的数据信息为依据。

车辆违章记录情况以车籍所在地道路运政管理信息系统和交通综合执法系统的记录为依据。

**第十条** 对于道路运输经营者逾期办理网上年审业务的，审验机关本着便利道路货物运输经营者的原则遵照有关规定执行。

**第十一条** 审验机关通过全国互联网道路运输便民政务服务系统告知道路货物运输经营者年审结果,也可通过短信推送方式告知。

审验符合要求的,道路货物运输经营者可通过全国互联网道路运输便民政务服务系统下载《普通货运车辆网上年审凭证》(参考样式见附件1)并留存。电子印章(参考样式见附件1)标注在《普通货运车辆网上年审凭证》上,由审验机关加盖。

审验不符合要求的,审验机关应将不符合审验要求的具体事项告知道路货物运输经营者。道路货物运输经营者可通过全国互联网道路运输便民政务服务系统补充提交车辆年审材料。

**第十二条** 鼓励具备条件的省份优化审验程序,通过信息化手段实现车辆年审材料的自动判断和审验结果的自动告知。

**第十三条** 交通运输主管部门可通过扫描《普通货运车辆网上年审凭证》中的二维码对车辆年审情况进行核查,道路货物运输经营者或者驾驶员出示《普通货运车辆网上年审凭证》予以配合。

交通运输主管部门可通过全国互联网道路运输便民政务服务系统查验车辆年审结果。

**第十四条** 车籍所在地省份已开通网上年审服务系统的也可通过本省系统办理。

**第十五条** 本规范由交通运输部运输服务司负责解释。

**第十六条** 本规范自2022年5月1日起施行。

**附件:** 1. 普通货运车辆网上年审凭证
   2. 普通货运车辆网上年审流程

**附件1**

## 普通货运车辆网上年审凭证

年审凭证编号：
车辆号牌：
车辆识别代号/VIN：
道路运输证号：
技术等级评定结论：

审验有效期至　　年　　月

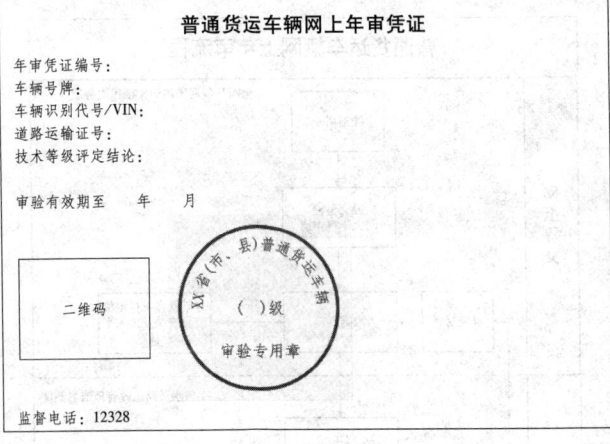

监督电话：12328

附件2

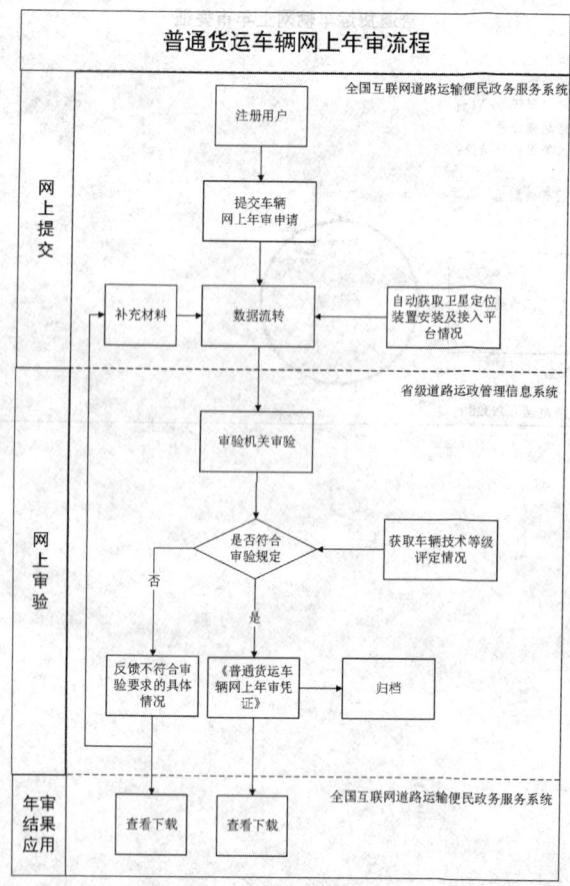

# 超限运输车辆行驶公路管理规定

· 2016 年 8 月 19 日交通运输部发布
· 根据 2021 年 8 月 11 日交通运输部《关于修改〈超限运输车辆行驶公路管理规定〉的决定》修正

## 第一章 总 则

**第一条** 为加强超限运输车辆行驶公路管理,保障公路设施和人民生命财产安全,根据《公路法》《公路安全保护条例》等法律、行政法规,制定本规定。

**第二条** 超限运输车辆通过公路进行货物运输,应当遵守本规定。

**第三条** 本规定所称超限运输车辆,是指有下列情形之一的货物运输车辆:

(一) 车货总高度从地面算起超过 4 米;
(二) 车货总宽度超过 2.55 米;
(三) 车货总长度超过 18.1 米;
(四) 二轴货车,其车货总质量超过 18000 千克;
(五) 三轴货车,其车货总质量超过 25000 千克;三轴汽车列车,其车货总质量超过 27000 千克;
(六) 四轴货车,其车货总质量超过 31000 千克;四轴汽车列车,其车货总质量超过 36000 千克;
(七) 五轴汽车列车,其车货总质量超过 43000 千克;
(八) 六轴及六轴以上汽车列车,其车货总质量超过 49000 千克,其中牵引车驱动轴为单轴的,其车货总质量超过 46000 千克。

前款规定的限定标准的认定,还应当遵守下列要求:

(一) 二轴组按照二个轴计算,三轴组按照三个轴计算;
(二) 除驱动轴外,二轴组、三轴组以及半挂车和全挂车的车轴每侧轮胎按照双轮胎计算,若每轴每侧轮胎为单轮胎,限定标准减少 3000 千克,但安装符合国家有关标准的加宽轮胎的除外;

（三）车辆最大允许总质量不应超过各车轴最大允许轴荷之和；

（四）拖拉机、农用车、低速货车，以行驶证核定的总质量为限定标准；

（五）符合《汽车、挂车及汽车列车外廓尺寸、轴荷及质量限值》（GB1589）规定的冷藏车、汽车列车、安装空气悬架的车辆，以及专用作业车，不认定为超限运输车辆。

**第四条** 交通运输部负责全国超限运输车辆行驶公路的管理工作。

县级以上地方人民政府交通运输主管部门负责本行政区域内超限运输车辆行驶公路的管理工作。

公路管理机构具体承担超限运输车辆行驶公路的监督管理。

县级以上人民政府相关主管部门按照职责分工，依法负责或者参与、配合超限运输车辆行驶公路的监督管理。交通运输主管部门应当在本级人民政府统一领导下，与相关主管部门建立治理超限运输联动工作机制。

**第五条** 各级交通运输主管部门应当组织公路管理机构、道路运输管理机构建立相关管理信息系统，推行车辆超限管理信息系统、道路运政管理信息系统联网，实现数据交换与共享。

# 第二章　大件运输许可管理

**第六条** 载运不可解体物品的超限运输（以下称大件运输）车辆，应当依法办理有关许可手续，采取有效措施后，按照指定的时间、路线、速度行驶公路。未经许可，不得擅自行驶公路。

**第七条** 大件运输的托运人应当委托具有大型物件运输经营资质的道路运输经营者承运，并在运单上如实填写托运货物的名称、规格、重量等相关信息。

**第八条** 大件运输车辆行驶公路前，承运人应当按下列规定向公路管理机构申请公路超限运输许可：

（一）跨省、自治区、直辖市进行运输的，向起运地省级公路管理机构递交申请书，申请机关需要列明超限运输途经公路沿线各省级公路管理机构，由起运地省级公路管理机构统一受理并组织协调沿线各省级公路管理机构联合审批，必要时可由交通运输部统一组织协调

处理;

(二)在省、自治区范围内跨设区的市进行运输,或者在直辖市范围内跨区、县进行运输的,向该省级公路管理机构提出申请,由其受理并审批;

(三)在设区的市范围内跨区、县进行运输的,向该市级公路管理机构提出申请,由其受理并审批;

(四)在区、县范围内进行运输的,向该县级公路管理机构提出申请,由其受理并审批。

**第九条** 各级交通运输主管部门、公路管理机构应当利用信息化手段,建立公路超限运输许可管理平台,实行网上办理许可手续,并及时公开相关信息。

**第十条** 申请公路超限运输许可的,承运人应当提交下列材料:

(一)公路超限运输申请表,主要内容包括货物的名称、外廓尺寸和质量,车辆的厂牌型号、整备质量、轴数、轴距和轮胎数,载货时车货总体的外廓尺寸、总质量、各车轴轴荷,拟运输的起讫点、通行路线和行驶时间;

(二)承运人的道路运输经营许可证,经办人的身份证件和授权委托书;

(三)车辆行驶证或者临时行驶车号牌。

车货总高度从地面算起超过 4.5 米,或者总宽度超过 3.75 米,或者总长度超过 28 米,或者总质量超过 100000 千克,以及其他可能严重影响公路完好、安全、畅通情形的,还应当提交记录载货时车货总体外廓尺寸信息的轮廓图和护送方案。

护送方案应当包含护送车辆配置方案、护送人员配备方案、护送路线情况说明、护送操作细则、异常情况处理等相关内容。

**第十一条** 承运人提出的公路超限运输许可申请有下列情形之一的,公路管理机构不予受理:

(一)货物属于可分载物品的;

(二)承运人所持有的道路运输经营许可证记载的经营资质不包括大件运输的;

(三)承运人被依法限制申请公路超限运输许可未满限制期限的;

(四)法律、行政法规规定的其他情形。

载运单个不可解体物品的大件运输车辆,在不改变原超限情形的前提下,加装多个品种相同的不可解体物品的,视为载运不可解体物品。

第十二条 公路管理机构受理公路超限运输许可申请后,应当对承运人提交的申请材料进行审查。属于第十条第二款规定情形的,公路管理机构应当对车货总体外廓尺寸、总质量、轴荷等数据和护送方案进行核查,并征求同级公安机关交通管理部门意见。

属于统一受理、集中办理跨省、自治区、直辖市进行运输的,由起运地省级公路管理机构负责审查。

第十三条 公路管理机构审批公路超限运输申请,应当根据实际情况组织人员勘测通行路线。需要采取加固、改造措施的,承运人应当按照规定要求采取有效的加固、改造措施。公路管理机构应当对承运人提出的加固、改造措施方案进行审查,并组织验收。

承运人不具备加固、改造措施的条件和能力的,可以通过签订协议的方式,委托公路管理机构制定相应的加固、改造方案,由公路管理机构进行加固、改造,或者由公路管理机构通过市场化方式选择具有相应资质的单位进行加固、改造。

采取加固、改造措施所需的费用由承运人承担。相关收费标准应当公开、透明。

第十四条 采取加固、改造措施应当满足公路设施安全需要,并遵循下列原则:

(一)优先采取临时措施,便于实施、拆除和可回收利用;

(二)采取永久性或者半永久性措施,可以考虑与公路设施的技术改造同步实施;

(三)对公路设施采取加固、改造措施仍无法满足大件运输车辆通行的,可以考虑采取修建临时便桥或者便道的改造措施;

(四)有多条路线可供选择的,优先选取桥梁技术状况评定等级高和采取加固、改造措施所需费用低的路线通行;

(五)同一时期,不同的超限运输申请,涉及对同一公路设施采取加固、改造措施的,由各承运人按照公平、自愿的原则分担有关费用。

第十五条 公路管理机构应当在下列期限内作出行政许可决定:

(一)车货总高度从地面算起未超过4.2米、总宽度未超过3米、总长度未超过20米且车货总质量、轴荷未超过本规定第三条、

第十七条规定标准的,自受理申请之日起 2 个工作日内作出,属于统一受理、集中办理跨省、自治区、直辖市大件运输的,办理的时间最长不得超过 5 个工作日;

(二)车货总高度从地面算起未超过 4.5 米、总宽度未超过 3.75 米、总长度未超过 28 米且总质量未超过 100000 千克的,属于本辖区内大件运输的,自受理申请之日起 5 个工作日内作出,属于统一受理、集中办理跨省、自治区、直辖市大件运输的,办理的时间最长不得超过 10 个工作日;

(三)车货总高度从地面算起超过 4.5 米,或者总宽度超过 3.75 米,或者总长度超过 28 米,或者总质量超过 100000 千克的,属于本辖区内大件运输的,自受理申请之日起 15 个工作日内作出,属于统一受理、集中办理跨省、自治区、直辖市大件运输的,办理的时间最长不得超过 20 个工作日。

采取加固、改造措施所需时间不计算在前款规定的期限内。

**第十六条** 受理跨省、自治区、直辖市公路超限运输申请后,起运地省级公路管理机构应当在 2 个工作日内向途经公路沿线各省级公路管理机构转送其受理的申请资料。

属于第十五条第一款第二项规定的情形的,途经公路沿线各省级公路管理机构应当在收到转送的申请材料起 5 个工作日内作出行政许可决定;属于第十五条第一款第三项规定的情形的,应当在收到转送的申请材料起 15 个工作日内作出行政许可决定,并向起运地省级公路管理机构反馈。需要采取加固、改造措施的,由相关省级公路管理机构按照本规定第十三条执行;上下游省、自治区、直辖市范围内路线或者行驶时间调整的,应当及时告知承运人和起运地省级公路管理机构,由起运地省级公路管理机构组织协调处理。

**第十七条** 有下列情形之一的,公路管理机构应当依法作出不予行政许可的决定:

(一)采用普通平板车运输,车辆单轴的平均轴荷超过 10000 千克或者最大轴荷超过 13000 千克的;

(二)采用多轴多轮液压平板车运输,车辆每轴线(一线两轴 8 轮胎)的平均轴荷超过 18000 千克或者最大轴荷超过 20000 千克的;

(三)承运人不履行加固、改造义务的;

(四)法律、行政法规规定的其他情形。

**第十八条** 公路管理机构批准公路超限运输申请的,根据大件运输的具体情况,指定行驶公路的时间、路线和速度,并颁发《超限运输车辆通行证》。其中,批准跨省、自治区、直辖市运输的,由起运地省级公路管理机构颁发。

《超限运输车辆通行证》的式样由交通运输部统一制定,各省级公路管理机构负责印制和管理。申请人可到许可窗口领取或者通过网上自助方式打印。

**第十九条** 同一大件运输车辆短期内多次通行固定路线、装载方式、装载物品相同,且不需要采取加固、改造措施的,承运人可以根据运输计划向公路管理机构申请办理行驶期限不超过 6 个月的《超限运输车辆通行证》。运输计划发生变化的,需按原许可机关的有关规定办理变更手续。

**第二十条** 经批准进行大件运输的车辆,行驶公路时应当遵守下列规定:

(一)采取有效措施固定货物,按照有关要求在车辆上悬挂明显标志,保证运输安全;

(二)按照指定的时间、路线和速度行驶;

(三)车货总质量超限的车辆通行公路桥梁,应当匀速居中行驶,避免在桥上制动、变速或者停驶;

(四)需要在公路上临时停车的,除遵守有关道路交通安全规定外,还应当在车辆周围设置警告标志,并采取相应的安全防范措施;需要较长时间停车或者遇有恶劣天气的,应当驶离公路,就近选择安全区域停靠;

(五)通行采取加固、改造措施的公路设施,承运人应当提前通知该公路设施的养护管理单位,由其加强现场管理和指导;

(六)因自然灾害或者其他不可预见因素而出现公路通行状况异常致使大件运输车辆无法继续行驶的,承运人应当服从现场管理并及时告知作出行政许可决定的公路管理机构,由其协调当地公路管理机构采取相关措施后继续行驶。

**第二十一条** 大件运输车辆应当随车携带有效的《超限运输车辆通行证》,主动接受公路管理机构的监督检查。

大件运输车辆及装载物品的有关情况应当与《超限运输车辆通行证》记载的内容一致。

任何单位和个人不得租借、转让《超限运输车辆通行证》,不得使用伪造、变造的《超限运输车辆通行证》。

**第二十二条** 对于本规定第十条第二款规定的大件运输车辆,承运人应当按照护送方案组织护送。

承运人无法采取护送措施的,可以委托作出行政许可决定的公路管理机构协调公路沿线的公路管理机构进行护送,并承担所需费用。护送收费标准由省级交通运输主管部门会同同级财政、价格主管部门按规定制定,并予以公示。

**第二十三条** 行驶过程中,护送车辆应当与大件运输车辆形成整体车队,并保持实时、畅通的通讯联系。

**第二十四条** 经批准的大件运输车辆途经实行计重收费的收费公路时,对其按照基本费率标准收取车辆通行费,但车辆及装载物品的有关情况与《超限运输车辆通行证》记载的内容不一致的除外。

**第二十五条** 公路管理机构应当加强与辖区内重大装备制造、运输企业的联系,了解其制造、运输计划,加强服务,为重大装备运输提供便利条件。

大件运输需求量大的地区,可以统筹考虑建设成本、运输需求等因素,适当提高通行路段的技术条件。

**第二十六条** 公路管理机构、公路经营企业应当按照有关规定,定期对公路、公路桥梁、公路隧道等设施进行检测和评定,并为社会公众查询其技术状况信息提供便利。

公路收费站应当按照有关要求设置超宽车道。

## 第三章 违法超限运输管理

**第二十七条** 载运可分载物品的超限运输(以下称违法超限运输)车辆,禁止行驶公路。

在公路上行驶的车辆,其车货总体的外廓尺寸或者总质量未超过本规定第三条规定的限定标准,但超过相关公路、公路桥梁、公路隧道限载、限高、限宽、限长标准的,不得在该公路、公路桥梁或者公路隧道行驶。

**第二十八条** 煤炭、钢材、水泥、砂石、商品车等货物集散地以及货运站等场所的经营人、管理人(以下统称货运源头单位),应当在货物装运场（站）安装合格的检测设备，对出场（站）货运车辆进行检测，确保出场（站）货运车辆合法装载。

第二十九条 货运源头单位、道路运输企业应当加强对货运车辆驾驶人的教育和管理，督促其合法运输。

道路运输企业是防止违法超限运输的责任主体，应当按照有关规定加强对车辆装载及运行全过程监控，防止驾驶人违法超限运输。

任何单位和个人不得指使、强令货运车辆驾驶人违法超限运输。

第三十条 货运车辆驾驶人不得驾驶违法超限运输车辆。

第三十一条 道路运输管理机构应当加强对政府公布的重点货运源头单位的监督检查。通过巡查、技术监控等方式督促其落实监督车辆合法装载的责任，制止违法超限运输车辆出场（站）。

第三十二条 公路管理机构、道路运输管理机构应当建立执法联动工作机制，将违法超限运输行为纳入道路运输企业质量信誉考核和驾驶人诚信考核，实行违法超限运输"黑名单"管理制度，依法追究违法超限运输的货运车辆、车辆驾驶人、道路运输企业、货运源头单位的责任。

第三十三条 公路管理机构应当对货运车辆进行超限检测。超限检测可以采取固定站点检测、流动检测、技术监控等方式。

第三十四条 采取固定站点检测的，应当在经省级人民政府批准设置的公路超限检测站进行。

第三十五条 公路管理机构可以利用移动检测设备，开展流动检测。经流动检测认定的违法超限运输车辆，应当就近引导至公路超限检测站进行处理。

流动检测点远离公路超限检测站的，应当就近引导至县级以上地方交通运输主管部门指定并公布的执法站所、停车场、卸载场等具有停放车辆及卸载条件的地点或者场所进行处理。

第三十六条 经检测认定违法超限运输的，公路管理机构应当责令当事人自行采取卸载等措施，消除违法状态；当事人自行消除违法状态确有困难的，可以委托第三人或者公路管理机构协助消除违法状态。

属于载运不可解体物品，在接受调查处理完毕后，需要继续行驶公路的，应当依法申请公路超限运输许可。

第三十七条 公路管理机构对车辆进行超限检测，不得收取检费用。对依法扣留或者停放接受调查处理的超限运输车辆，不得收取停车保管费用。由公路管理机构协助卸载、分装或者保管卸载货物的，超过保管期限经通知当事人仍不领取的，可以按照有关规定予以处理。

**第三十八条** 公路管理机构应当使用经国家有关部门检定合格的检测设备对车辆进行超限检测；未定期检定或者检定不合格的，其检测数据不得作为执法依据。

**第三十九条** 收费高速公路入口应当按照规定设置检测设备，对货运车辆进行检测，不得放行违法超限运输车辆驶入高速公路。其他收费公路实行计重收费的，利用检测设备发现违法超限运输车辆时，有权拒绝其通行。收费公路经营管理者应当将违法超限运输车辆及时报告公路管理机构或者公安机关交通管理部门依法处理。

公路管理机构有权查阅和调取公路收费站车辆称重数据、照片、视频监控等有关资料。

**第四十条** 公路管理机构应当根据保护公路的需要，在货物运输主通道、重要桥梁入口处等普通公路以及开放式高速公路的重要路段和节点，设置车辆检测等技术监控设备，依法查处违法超限运输行为。

**第四十一条** 新建、改建公路时，应当按照规划，将超限检测站点、车辆检测等技术监控设备作为公路附属设施一并列入工程预算，与公路主体工程同步设计、同步建设、同步验收运行。

# 第四章　法律责任

**第四十二条** 违反本规定，依照《公路法》《公路安全保护条例》《道路运输条例》和本规定予以处理。

**第四十三条** 车辆违法超限运输的，由公路管理机构根据违法行为的性质、情节和危害程度，按下列规定给予处罚：

（一）车货总高度从地面算起未超过4.2米、总宽度未超过3米且总长度未超过20米的，可以处200元以下罚款；车货总高度从地面算起未超过4.5米、总宽度未超过3.75米且总长度未超过28米的，处200元以上1000元以下罚款；车货总高度从地面算起超过4.5米、总宽度超过3.75米或者总长度超过28米的，处1000元以上

3000元以下的罚款;

(二)车货总质量超过本规定第三条第一款第四项至第八项规定的限定标准,但未超过1000千克的,予以警告;超过1000千克的,每超1000千克罚款500元,最高不得超过30000元。

有前款所列多项违法行为的,相应违法行为的罚款数额应当累计,但累计罚款数额最高不得超过30000元。

**第四十四条** 公路管理机构在违法超限运输案件处理完毕后7个工作日内,应当将与案件相关的下列信息通过车辆超限管理信息系统抄告车籍所在地道路运输管理机构:

(一)车辆的号牌号码、车型、车辆所属企业、道路运输证号信息;

(二)驾驶人的姓名、驾驶人从业资格证编号、驾驶人所属企业信息;

(三)货运源头单位、货物装载单信息;

(四)行政处罚决定书信息;

(五)与案件相关的其他资料信息。

**第四十五条** 公路管理机构在监督检查中发现违法超限运输车辆不符合《汽车、挂车及汽车列车外廓尺寸、轴荷及质量限值》(GB1589),或者与行驶证记载的登记内容不符的,应当予以记录,定期抄告车籍所在地的公安机关交通管理部门等单位。

**第四十六条** 对1年内违法超限运输超过3次的货运车辆和驾驶人,以及违法超限运输的货运车辆超过本单位货运车辆总数10%的道路运输企业,由道路运输管理机构依照《公路安全保护条例》第六十六条予以处理。

前款规定的违法超限运输记录累计计算周期,从初次领取《道路运输证》、道路运输从业人员从业资格证、道路运输经营许可证之日算起,可跨自然年度。

**第四十七条** 大件运输车辆有下列情形之一的,视为违法超限运输:

(一)未经许可擅自行驶公路的;

(二)车辆及装载物品的有关情况与《超限运输车辆通行证》记载的内容不一致的;

(三)未按许可的时间、路线、速度行驶公路的;

（四）未按许可的护送方案采取护送措施的。

**第四十八条** 承运人隐瞒有关情况或者提供虚假材料申请公路超限运输许可的，除依法给予处理外，并1年内不准申请公路超限运输许可。

**第四十九条** 违反本规定，指使、强令车辆驾驶人超限运输货物的，由道路运输管理机构责令改正，处30000元以下罚款。

**第五十条** 违法行为地或者车籍所在地公路管理机构可以依照相关法律行政法规的规定利用技术监控设备记录资料，对违法超限运输车辆依法给予处罚，并提供适当方式，供社会公众查询违法超限运输记录。

**第五十一条** 公路管理机构、道路运输管理机构工作人员有玩忽职守、徇私舞弊、滥用职权的，依法给予行政处分；涉嫌犯罪的，移送司法机关依法查处。

**第五十二条** 对违法超限运输车辆行驶公路现象严重，造成公路桥梁垮塌等重大安全事故，或者公路受损严重、通行能力明显下降的，交通运输部、省级交通运输主管部门可以按照职责权限，在1年内停止审批该地区申报的地方性公路工程建设项目。

**第五十三条** 相关单位和个人拒绝、阻碍公路管理机构、道路运输管理机构工作人员依法执行职务，构成违反治安管理行为的，由公安机关依法给予治安管理处罚；构成犯罪的，依法追究刑事责任。

# 第五章　附　则

**第五十四条** 因军事和国防科研需要，载运保密物品的大件运输车辆确需行驶公路的，参照本规定执行；国家另有规定的，从其规定。

**第五十五条** 本规定自2016年9月21日起施行。原交通部发布的《超限运输车辆行驶公路管理规定》（交通部令2000年第2号）同时废止。

# 危险货物道路运输安全管理办法

·2019 年 11 月 10 日交通运输部令第 29 号公布
·自 2020 年 1 月 1 日起施行

## 第一章 总 则

**第一条** 为了加强危险货物道路运输安全管理，预防危险货物道路运输事故，保障人民群众生命、财产安全，保护环境，依据《中华人民共和国安全生产法》《中华人民共和国道路运输条例》《危险化学品安全管理条例》《公路安全保护条例》等有关法律、行政法规，制定本办法。

**第二条** 对使用道路运输车辆从事危险货物运输及相关活动的安全管理，适用本办法。

**第三条** 危险货物道路运输应当坚持安全第一、预防为主、综合治理、便利运输的原则。

**第四条** 国务院交通运输主管部门主管全国危险货物道路运输管理工作。

县级以上地方人民政府交通运输主管部门负责组织领导本行政区域的危险货物道路运输管理工作。

工业和信息化、公安、生态环境、应急管理、市场监督管理等部门按照各自职责，负责对危险货物道路运输相关活动进行监督检查。

**第五条** 国家建立危险化学品监管信息共享平台，加强危险货物道路运输安全管理。

**第六条** 不得托运、承运法律、行政法规禁止运输的危险货物。

**第七条** 托运人、承运人、装货人应当制定危险货物道路运输作业查验、记录制度，以及人员安全教育培训、设备管理和岗位操作规程等安全生产管理制度。

托运人、承运人、装货人应当按照相关法律法规和《危险货物道路运输规则》（JT/T 617）要求，对本单位相关从业人员进行岗前安全教育培训和定期安全教育。未经岗前安全教育培训考核合格的人员,不得上岗作业。

托运人、承运人、装货人应当妥善保存安全教育培训及考核记录。岗前安全教育培训及考核记录保存至相关从业人员离职后 12 个月;定期安全教育记录保存期限不得少于 12 个月。

第八条 国家鼓励危险货物道路运输企业应用先进技术和装备,实行专业化、集约化经营。

禁止危险货物运输车辆挂靠经营。

## 第二章 危险货物托运

第九条 危险货物托运人应当委托具有相应危险货物道路运输资质的企业承运危险货物。托运民用爆炸物品、烟花爆竹的,应当委托具有第一类爆炸品或者第一类爆炸品中相应项别运输资质的企业承运。

第十条 托运人应当按照《危险货物道路运输规则》(JT/T 617)确定危险货物的类别、项别、品名、编号,遵守相关特殊规定要求。需要添加抑制剂或者稳定剂的,托运人应当按照规定添加,并将有关情况告知承运人。

第十一条 托运人不得在托运的普通货物中违规夹带危险货物,或者将危险货物匿报、谎报为普通货物托运。

第十二条 托运人应当按照《危险货物道路运输规则》(JT/T 617)妥善包装危险货物,并在外包装设置相应的危险货物标志。

第十三条 托运人在托运危险货物时,应当向承运人提交电子或者纸质形式的危险货物托运清单。

危险货物托运清单应当载明危险货物的托运人、承运人、收货人、装货人、始发地、目的地、危险货物的类别、项别、品名、编号、包装及规格、数量、应急联系电话等信息,以及危险货物危险特性、运输注意事项、急救措施、消防措施、泄漏应急处置、次生环境污染处置措施等信息。

托运人应当妥善保存危险货物托运清单,保存期限不得少于 12 个月。

第十四条 托运人应当在危险货物运输期间保持应急联系电话畅通。

第十五条 托运人托运剧毒化学品、民用爆炸物品、烟花爆竹或者放射性物品的，应当向承运人相应提供公安机关核发的剧毒化学品道路运输通行证、民用爆炸物品运输许可证、烟花爆竹道路运输许可证、放射性物品道路运输许可证明或者文件。

托运人托运第一类放射性物品的，应当向承运人提供国务院核安全监管部门批准的放射性物品运输核与辐射安全分析报告。

托运人托运危险废物（包括医疗废物，下同）的，应当向承运人提供生态环境主管部门发放的电子或者纸质形式的危险废物转移联单。

## 第三章 例外数量与有限数量危险货物运输的特别规定

第十六条 例外数量危险货物的包装、标记、包件测试，以及每个内容器和外容器可运输危险货物的最大数量，应当符合《危险货物道路运输规则》（JT/T 617）要求。

第十七条 有限数量危险货物的包装、标记，以及每个内容器或者物品所装的最大数量、总质量（含包装），应当符合《危险货物道路运输规则》（JT/T 617）要求。

第十八条 托运人托运例外数量危险货物的，应当向承运人书面声明危险货物符合《危险货物道路运输规则》（JT/T 617）包装要求。承运人应当要求驾驶人随车携带书面声明。

托运人应当在托运清单中注明例外数量危险货物以及包件的数量。

第十九条 托运人托运有限数量危险货物的，应当向承运人提供包装性能测试报告或者书面声明危险货物符合《危险货物道路运输规则》（JT/T 617）包装要求。承运人应当要求驾驶人随车携带测试报告或者书面声明。

托运人应当在托运清单中注明有限数量危险货物以及包件的数量、总质量（含包装）。

第二十条 例外数量、有限数量危险货物包件可以与其他危险货物、普通货物混合装载，但有限数量危险货物包件不得与爆炸品混合装载。

第二十一条 运输车辆载运例外数量危险货物包件数不超过1000

个或者有限数量危险货物总质量（含包装）不超过8000千克的，可以按照普通货物运输。

## 第四章　危险货物承运

**第二十二条**　危险货物承运人应当按照交通运输主管部门许可的经营范围内承运危险货物。

**第二十三条**　危险货物承运人应当使用安全技术条件符合国家标准要求且与承运危险货物性质、重量相匹配的车辆、设备进行运输。

危险货物承运人使用常压液体危险货物罐式车辆运输危险货物的，应当在罐式车辆罐体的适装介质列表范围内承运；使用移动式压力容器运输危险货物的，应当按照移动式压力容器使用登记证上限定的介质承运。

危险货物承运人应当按照运输车辆的核定载质量装载危险货物，不得超载。

**第二十四条**　危险货物承运人应当制作危险货物运单，并交由驾驶人随车携带。危险货物运单应当妥善保存，保存期限不得少于12个月。

危险货物运单格式由国务院交通运输主管部门统一制定。危险货物运单可以是电子或者纸质形式。

运输危险废物的企业还应当填写并随车携带电子或者纸质形式的危险废物转移联单。

**第二十五条**　危险货物承运人在运输前，应当对运输车辆、罐式车辆罐体、可移动罐柜、罐式集装箱（以下简称罐箱）及相关设备的技术状况，以及卫星定位装置进行检查并做好记录，对驾驶人、押运人员进行运输安全告知。

**第二十六条**　危险货物道路运输车辆驾驶人、押运人员在起运前，应当对承运危险货物的运输车辆、罐式车辆罐体、可移动罐柜、罐箱进行外观检查，确保没有影响运输安全的缺陷。

危险货物道路运输车辆驾驶人、押运人员在起运前，应当检查确认危险货物运输车辆按照《道路运输危险货物车辆标志》（GB 13392）要求安装、悬挂标志。运输爆炸品和剧毒化学品的，还应当检查确认车辆安装、粘贴符合《道路运输爆炸品和剧毒化学品车辆安全技术条件》(GB 20300) 要求的安全标示牌。

**第二十七条** 危险货物承运人除遵守本办法规定外，还应当遵守《道路危险货物运输管理规定》有关运输行为的要求。

## 第五章 危险货物装卸

**第二十八条** 装货人应当在充装或者装载货物前查验以下事项；不符合要求的，不得充装或者装载：

（一）车辆是否具有有效行驶证和营运证；

（二）驾驶人、押运人员是否具有有效资质证件；

（三）运输车辆、罐式车辆罐体、可移动罐柜、罐箱是否在检验合格有效期内；

（四）所充装或者装载的危险货物是否与危险货物运单载明的事项相一致；

（五）所充装的危险货物是否在罐式车辆罐体的适装介质列表范围内，或者满足可移动罐柜导则、罐箱适用代码的要求。

充装或者装载剧毒化学品、民用爆炸物品、烟花爆竹、放射性物品或者危险废物时，还应当查验本办法第十五条规定的单证报告。

**第二十九条** 装货人应当按照相关标准进行装载作业。装载货物不得超过运输车辆的核定载质量，不得超出罐式车辆罐体、可移动罐柜、罐箱的允许充装量。

**第三十条** 危险货物交付运输时，装货人应当确保危险货物运输车辆按照《道路运输危险货物车辆标志》(GB 13392) 要求安装、悬挂标志，确保包装容器没有损坏或者泄漏，罐式车辆罐体、可移动罐柜、罐箱的关闭装置处于关闭状态。

爆炸品和剧毒化学品交付运输时，装货人还应当确保车辆安装、粘贴符合《道路运输爆炸品和剧毒化学品车辆安全技术条件》(GB 20300) 要求的安全标示牌。

**第三十一条** 装货人应当建立危险货物装货记录制度，记录所充装或者装载的危险货物类别、品名、数量、运单编号和托运人、承运人、运输车辆及驾驶人等相关信息并妥善保存，保存期限不得少于12个月。

**第三十二条** 充装或者装载危险化学品的生产、储存、运输、使用和经营企业,应当按照本办法要求建立健全并严格执行充装或者装载查验、记录制度。

**第三十三条** 收货人应当及时收货,并按照安全操作规程进行卸货作业。

**第三十四条** 禁止危险货物运输车辆在卸货后直接实施排空作业等活动。

## 第六章 危险货物运输车辆与罐式车辆罐体、可移动罐柜、罐箱

**第三十五条** 工业和信息化主管部门应当通过《道路机动车辆生产企业及产品公告》公布产品型号,并按照《危险货物运输车辆结构要求》(GB 21668)公布危险货物运输车辆类型。

**第三十六条** 危险货物运输车辆生产企业应当按照工业和信息化主管部门公布的产品型号进行生产。危险货物运输车辆应当获得国家强制性产品认证证书。

**第三十七条** 危险货物运输车辆生产企业应当按照《危险货物运输车辆结构要求》(GB 21668)标注危险货物运输车辆的类型。

**第三十八条** 液体危险化学品常压罐式车辆罐体生产企业应当取得工业产品生产许可证,生产的罐体应当符合《道路运输液体危险物罐式车辆》(GB 18564)要求。

检验机构应当严格按照国家标准、行业标准及国家统一发布的检验业务规则,开展液体危险化学品常压罐式车辆罐体检验,对检验合格的罐体出具检验合格证书。检验合格证书包括罐体载质量、罐体容积、罐体编号、适装介质列表和下次检验日期等内容。

检验机构名录及检验业务规则由国务院市场监督管理部门、国务院交通运输主管部门共同公布。

**第三十九条** 常压罐式车辆罐体生产企业应当按照要求为罐体分配并标注唯一性编码。

**第四十条** 罐式车辆罐体应当在检验有效期内装载危险货物。

检验有效期届满后,罐式车辆罐体应当经具有专业资质的检验机构重新检验合格,方可投入使用。

**第四十一条** 装载危险货物的常压罐式车辆罐体的重大维修、改

造，应当委托具备罐体生产资质的企业实施，并通过具有专业资质的检验机构维修、改造检验，取得检验合格证书，方可重新投入使用。

**第四十二条** 运输危险货物的可移动罐柜、罐箱应当经具有专业资质的检验机构检验合格，取得检验合格证书，并取得相应的安全合格标志，按照规定用途使用。

**第四十三条** 危险货物包装容器属于移动式压力容器或者气瓶的，还应当满足特种设备相关法律法规、安全技术规范以及国际条约的要求。

## 第七章 危险货物运输车辆运行管理

**第四十四条** 在危险货物道路运输过程中，除驾驶人外，还应当在专用车辆上配备必要的押运人员，确保危险货物处于押运人员监管之下。

运输车辆应当安装、悬挂符合《道路运输危险货物车辆标志》（GB 13392）要求的警示标志，随车携带防护用品、应急救援器材和危险货物道路运输安全卡，严格遵守道路交通安全法律法规规定，保障道路运输安全。

运输爆炸品和剧毒化学品车辆还应当安装、粘贴符合《道路运输爆炸品和剧毒化学品车辆安全技术条件》（GB 20300）要求的安全标示牌。

运输剧毒化学品、民用爆炸物品、烟花爆竹、放射性物品或者危险废物时，还应当随车携带本办法第十五条规定的单证报告。

**第四十五条** 危险货物承运人应当按照《中华人民共和国反恐怖主义法》和《道路运输车辆动态监督管理办法》要求，在车辆运行期间通过定位系统对车辆和驾驶人进行监控管理。

**第四十六条** 危险货物运输车辆在高速公路上行驶速度不得超过每小时80公里，在其他道路上行驶速度不得超过每小时60公里。道路限速标志、标线标明的速度低于上述规定速度的，车辆行驶速度不得高于限速标志、标线标明的速度。

**第四十七条** 驾驶人应当确保罐式车辆罐体、可移动罐柜、罐箱的关闭装置在运输过程中处于关闭状态。

**第四十八条** 运输民用爆炸物品、烟花爆竹和剧毒、放射性等危险物品时,应当按照公安机关批准的路线、时间行驶。

**第四十九条** 有下列情形之一的,公安机关可以依法采取措施,限制危险货物运输车辆通行:

(一)城市(含县城)重点地区、重点单位、人流密集场所、居民生活区;

(二)饮用水水源保护区、重点景区、自然保护区;

(三)特大桥梁、特长隧道、隧道群、桥隧相连路段及水下公路隧道;

(四)坡长坡陡、临水临崖等通行条件差的山区公路;

(五)法律、行政法规规定的其他可以限制通行的情形。

除法律、行政法规另有规定外,公安机关综合考虑相关因素,确需对通过高速公路运输危险化学品依法采取限制通行措施的,限制通行时段应当在0时至6时之间确定。

公安机关采取限制危险货物运输车辆通行措施的,应当提前向社会公布,并会同交通运输主管部门确定合理的绕行路线,设置明显的绕行提示标志。

**第五十条** 遇恶劣天气、重大活动、重要节假日、交通事故、突发事件等,公安机关可以临时限制危险货物运输车辆通行,并做好告知提示。

**第五十一条** 危险货物运输车辆需在高速公路服务区停车的,驾驶人、押运人员应当按照有关规定采取相应的安全防范措施。

# 第八章 监督检查

**第五十二条** 对危险货物道路运输负有安全监督管理职责的部门,应当依照下列规定加强监督检查:

(一)交通运输主管部门负责核发危险货物道路运输经营许可证,定期对危险货物道路运输企业动态监控工作的情况进行考核,依法对危险货物道路运输企业进行监督检查,负责对运输环节充装查验、核准、记录等进行监管。

(二)工业和信息化主管部门应当依法对《道路机动车辆生产企业及产品公告》内的危险货物运输车辆生产企业进行监督检查,依法查处违法违规生产企业及产品。

（三）公安机关负责核发剧毒化学品道路运输通行证、民用爆炸物品运输许可证、烟花爆竹道路运输许可证和放射性物品运输许可证明或者文件，并负责危险货物运输车辆的通行秩序管理。

（四）生态环境主管部门应当依法对放射性物品运输容器的设计、制造和使用等进行监督检查，负责监督核设施营运单位、核技术利用单位建立健全并执行托运及充装管理制度规程。

（五）应急管理部门和其他负有安全生产监督管理职责的部门依法负责危险化学品生产、储存、使用和经营环节的监管，按照职责分工督促企业建立健全充装管理制度规程。

（六）市场监督管理部门负责依法查处危险化学品及常压罐式车辆罐体质量违法行为和常压罐式车辆罐体检验机构出具虚假检验合格证书的行为。

**第五十三条** 对危险货物道路运输负有安全监督管理职责的部门，应当建立联合执法协作机制。

**第五十四条** 对危险货物道路运输负有安全监督管理职责的部门发现危险货物托运、承运或者装载过程中存在重大隐患，有可能发生安全事故的，应当要求其停止作业并消除隐患。

**第五十五条** 对危险货物道路运输负有安全监督管理职责的部门监督检查时，发现需由其他负有安全监督管理职责的部门处理的违法行为，应当及时移交。

其他负有安全监督管理职责的部门应当接收，依法处理，并将处理结果反馈移交部门。

## 第九章　法律责任

**第五十六条** 交通运输主管部门对危险货物承运人违反本办法第七条，未对从业人员进行安全教育和培训的，应当责令限期改正，可以处 5 万元以下的罚款；逾期未改正的，责令停产停业整顿，并处 5 万元以上 10 万元以下的罚款，对其直接负责的主管人员和其他直接责任人员处 1 万元以上 2 万元以下的罚款。

**第五十七条** 交通运输主管部门对危险化学品托运人有下列情形之一的，应当责令改正，处 10 万元以上 20 万元以下的罚款，有违法所得的，没收违法所得；拒不改正的，责令停产停业整顿：

（一）违反本办法第九条，委托未依法取得危险货物道路运输资质的企业承运危险化学品的；

（二）违反本办法第十一条，在托运的普通货物中违规夹带危险化学品，或者将危险化学品匿报或者谎报为普通货物托运的。

有前款第（二）项情形，构成违反治安管理行为的，由公安机关依法给予治安管理处罚。

**第五十八条** 交通运输主管部门对危险货物托运人违反本办法第十条，危险货物的类别、项别、品名、编号不符合相关标准要求的，应当责令改正，属于非经营性的，处1000元以下的罚款；属于经营性的，处1万元以上3万元以下的罚款。

**第五十九条** 交通运输主管部门对危险化学品托运人有下列情形之一的，应当责令改正，处5万元以上10万元以下的罚款；拒不改正的，责令停产停业整顿：

（一）违反本办法第十条，运输危险化学品需要添加抑制剂或者稳定剂，托运人未添加或者未将有关情况告知承运人的；

（二）违反本办法第十二条，未按照要求对所托运的危险化学品妥善包装并在外包装设置相应标志的。

**第六十条** 交通运输主管部门对危险货物承运人有下列情形之一的，应当责令改正，处2000元以上5000元以下的罚款：

（一）违反本办法第二十三条，未在罐式车辆罐体的适装介质列表范围内或者移动式压力容器使用登记证上限定的介质承运危险货物的；

（二）违反本办法第二十四条，未按照规定制作危险货物运单或者保存期限不符合要求的；

（三）违反本办法第二十五条，未按照要求对运输车辆、罐式车辆罐体、可移动罐柜、罐箱及设备进行检查和记录的。

**第六十一条** 交通运输主管部门对危险货物道路运输车辆驾驶人具有下列情形之一的，应当责令改正，处1000元以上3000元以下的罚款：

（一）违反本办法第二十四条、第四十四条，未按照规定随车携带危险货物运单、安全卡的；

（二）违反本办法第四十七条，罐式车辆罐体、可移动罐柜、罐箱的关闭装置在运输过程中未处于关闭状态的。

**第六十二条** 交通运输主管部门对危险货物承运人违反本办法第四十条、第四十一条、第四十二条,使用未经检验合格或者超出检验有效期的罐式车辆罐体、可移动罐柜、罐箱从事危险货物运输的,应当责令限期改正,可以处5万元以下的罚款;逾期未改正的,处5万元以上20万元以下的罚款,对其直接负责的主管人员和其他直接责任人员处1万元以上2万元以下的罚款;情节严重的,责令停产停业整顿。

**第六十三条** 交通运输主管部门对危险货物承运人违反本办法第四十五条,未按照要求对运营中的危险化学品、民用爆炸物品、核与放射性物品的运输车辆通过定位系统实行监控的,应当给予警告,并责令改正;拒不改正的,处10万元以下的罚款,并对其直接负责的主管人员和其他直接责任人员处1万元以下的罚款。

**第六十四条** 工业和信息化主管部门对作为装货人的民用爆炸物品生产、销售企业违反本办法第七条、第二十八条、第三十一条,未建立健全并严格执行充装或者装载查验、记录制度的,应当责令改正,处1万元以上3万元以下的罚款。

生态环境主管部门对核设施营运单位、核技术利用单位违反本办法第七条、第二十八条、第三十一条,未建立健全并严格执行充装或者装载查验、记录制度的,应当责令改正,处1万元以上3万元以下的罚款。

**第六十五条** 交通运输主管部门、应急管理部门和其他负有安全监督管理职责的部门对危险化学品生产、储存、运输、使用和经营企业违反本办法第三十二条,未建立健全并严格执行充装或者装载查验、记录制度的,应当按照职责分工责令改正,处1万元以上3万元以下的罚款。

**第六十六条** 对装货人违反本办法第四十三条,未按照规定实施移动式压力容器、气瓶充装查验、记录制度,或者对不符合安全技术规范要求的移动式压力容器、气瓶进行充装的,依照特种设备相关法律法规进行处罚。

**第六十七条** 公安机关对有关企业、单位或者个人违反本办法第十五条,未经许可擅自通过道路运输危险货物的,应当责令停止非法运输活动,并予以处罚:

(一)擅自运输剧毒化学品的,处5万元以上10万元以下的罚款；

（二）擅自运输民用爆炸物品的，处5万元以上20万元以下的罚款，并没收非法运输的民用爆炸物品及违法所得；

（三）擅自运输烟花爆竹的，处1万元以上5万元以下的罚款，并没收非法运输的物品及违法所得；

（四）擅自运输放射性物品的，处2万元以上10万元以下的罚款。

第六十八条　公安机关对危险货物承运人有下列行为之一的，应当责令改正，处5万元以上10万元以下的罚款；构成违反治安管理行为的，依法给予治安管理处罚：

（一）违反本办法第二十三条，使用安全技术条件不符合国家标准要求的车辆运输危险化学品的；

（二）违反本办法第二十三条，超过车辆核定载质量运输危险化学品的。

第六十九条　公安机关对危险货物承运人违反本办法第四十四条，通过道路运输危险化学品不配备押运人员的，应当责令改正，处1万元以上5万元以下的罚款；构成违反治安管理行为的，依法给予治安管理处罚。

第七十条　公安机关对危险货物运输车辆违反本办法第四十四条，未按照要求安装、悬挂警示标志的，应当责令改正，并对承运人予以处罚：

（一）运输危险化学品的，处1万元以上5万元以下的罚款；

（二）运输民用爆炸物品的，处5万元以上20万元以下的罚款；

（三）运输烟花爆竹的，处200元以上2000元以下的罚款；

（四）运输放射性物品的，处2万元以上10万元以下的罚款。

第七十一条　公安机关对危险货物承运人违反本办法第四十四条，运输剧毒化学品、民用爆炸物品、烟花爆竹或者放射性物品未随车携带相应单证报告的，应当责令改正，并予以处罚：

（一）运输剧毒化学品未随车携带剧毒化学品道路运输通行证的，处500元以上1000元以下的罚款；

（二）运输民用爆炸物品未随车携带民用爆炸物品运输许可证的，处5万元以上20万元以下的罚款；

（三）运输烟花爆竹未随车携带烟花爆竹道路运输许可证的，处

200元以上2000元以下的罚款；

（四）运输放射性物品未随车携带放射性物品道路运输许可证明或者文件的，有违法所得的，处违法所得3倍以下且不超过3万元的罚款；没有违法所得的，处1万元以下的罚款。

**第七十二条** 公安机关对危险货物运输车辆违反本办法第四十八条，未依照批准路线等行驶的，应当责令改正，并对承运人予以处罚：

（一）运输剧毒化学品的，处1000元以上1万元以下的罚款；

（二）运输民用爆炸物品的，处5万元以上20万元以下的罚款；

（三）运输烟花爆竹的，处200元以上2000元以下的罚款；

（四）运输放射性物品的，处2万元以上10万元以下的罚款。

**第七十三条** 危险化学品常压罐式车辆罐体检验机构违反本办法第三十八条，为不符合相关法规和标准要求的危险化学品常压罐式车辆罐体出具检验合格证书的，按照有关法律法规的规定进行处罚。

**第七十四条** 交通运输、工业和信息化、公安、生态环境、应急管理、市场监督管理等部门应当相互通报有关处罚情况，并将涉企行政处罚信息及时归集至国家企业信用信息公示系统，依法向社会公示。

**第七十五条** 对危险货物道路运输负有安全监督管理职责的部门工作人员在危险货物道路运输监管工作中滥用职权、玩忽职守、徇私舞弊的，依法进行处理；构成犯罪的，依法追究刑事责任。

# 第十章 附 则

**第七十六条** 军用车辆运输危险货物的安全管理，不适用本办法。

**第七十七条** 未列入《危险货物道路运输规则》（JT/T 617）的危险化学品、《国家危险废物名录》中明确的在转移和运输环节实行豁免管理的危险废物、诊断用放射性药品的道路运输安全管理，不适用本办法，由国务院交通运输、生态环境等主管部门分别依据各自职责另行规定。

**第七十八条** 本办法下列用语的含义是：

（一）危险货物，是指列入《危险货物道路运输规则》（JT/T

617），具有爆炸、易燃、毒害、感染、腐蚀、放射性等危险特性的物质或者物品。

（二）例外数量危险货物，是列入《危险货物道路运输规则》（JT/T 617），通过包装、包件测试、单证等特别要求，消除或者降低其运输危险性并免除相关运输条件的危险货物。

（三）有限数量危险货物，是列入《危险货物道路运输规则》（JT/T 617），通过数量限制、包装、标记等特别要求，消除或者降低其运输危险性并免除相关运输条件的危险货物。

（四）装货人，是指受托运人委托将危险货物装进危险货物车辆、罐式车辆罐体、可移动罐柜、集装箱、散装容器，或者将装有危险货物的包装容器装载到车辆上的企业或者单位。

**第七十九条** 本办法自2020年1月1日起施行。

## 道路危险货物运输管理规定

· 2013年1月23日交通运输部令2013年第2号公布
· 根据2016年4月11日《交通运输部关于修改〈道路危险货物运输管理规定〉的决定》第一次修订
· 根据2019年11月28日《交通运输部关于修改〈道路危险货物运输管理规定〉的决定》第二次修订

## 第一章 总 则

**第一条** 为规范道路危险货物运输市场秩序，保障人民生命财产安全，保护环境，维护道路危险货物运输各方当事人的合法权益，根据《中华人民共和国道路运输条例》和《危险化学品安全管理条例》等有关法律、行政法规，制定本规定。

**第二条** 从事道路危险货物运输活动，应当遵守本规定。军事危险货物运输除外。

法律、行政法规对民用爆炸物品、烟花爆竹、放射性物品等特定种类危险货物的道路运输另有规定的，从其规定。

**第三条** 本规定所称危险货物，是指具有爆炸、易燃、毒害、感染、腐蚀等危险特性,在生产、经营、运输、储存、使用和处置中,容易造成人身伤亡、财产损毁或者环境污染而需要特别防护的物质和物品。危险货物以列入国家标准《危险货物品名表》(GB12268)的为准,未列入《危险货物品名表》的,以有关法律、行政法规的规定或者国务院有关部门公布的结果为准。

本规定所称道路危险货物运输,是指使用载货汽车通过道路运输危险货物的作业全过程。

本规定所称道路危险货物运输车辆,是指满足特定技术条件和要求,从事道路危险货物运输的载货汽车(以下简称专用车辆)。

第四条 危险货物的分类、分项、品名和品名编号应当按照国家标准《危险货物分类和品名编号》(GB6944)、《危险货物品名表》(GB12268)执行。危险货物的危险程度依据国家标准《危险货物运输包装通用技术条件》(GB12463),分为Ⅰ、Ⅱ、Ⅲ等级。

第五条 从事道路危险货物运输应当保障安全,依法运输,诚实信用。

第六条 国家鼓励技术力量雄厚、设备和运输条件好的大型专业危险化学品生产企业从事道路危险货物运输,鼓励道路危险货物运输企业实行集约化、专业化经营,鼓励使用厢式、罐式和集装箱等专用车辆运输危险货物。

第七条 交通运输部主管全国道路危险货物运输管理工作。

县级以上地方人民政府交通运输主管部门负责组织领导本行政区域的道路危险货物运输管理工作。

县级以上道路运输管理机构负责具体实施道路危险货物运输管理工作。

## 第二章 道路危险货物运输许可

第八条 申请从事道路危险货物运输经营,应当具备下列条件:

(一)有符合下列要求的专用车辆及设备:

1. 自有专用车辆(挂车除外)5辆以上;运输剧毒化学品、爆炸品的,自有专用车辆(挂车除外)10辆以上。

2. 专用车辆的技术要求应当符合《道路运输车辆技术管理规定》有关规定。

3. 配备有效的通讯工具。

4. 专用车辆应当安装具有行驶记录功能的卫星定位装置。

5. 运输剧毒化学品、爆炸品、易制爆危险化学品的,应当配备罐式、厢式专用车辆或者压力容器等专用容器。

6. 罐式专用车辆的罐体应当经质量检验部门检验合格,且罐体载货后总质量与专用车辆核定载质量相匹配。运输爆炸品、强腐蚀性危险货物的罐式专用车辆的罐体容积不得超过 20 立方米,运输剧毒化学品的罐式专用车辆的罐体容积不得超过 10 立方米,但符合国家有关标准的罐式集装箱除外。

7. 运输剧毒化学品、爆炸品、强腐蚀性危险货物的非罐式专用车辆,核定载质量不得超过 10 吨,但符合国家有关标准的集装箱运输专用车辆除外。

8. 配备与运输的危险货物性质相适应的安全防护、环境保护和消防设施设备。

(二) 有符合下列要求的停车场地:

1. 自有或者租借期限为 3 年以上,且与经营范围、规模相适应的停车场地,停车场地应当位于企业注册地市级行政区域内。

2. 运输剧毒化学品、爆炸品专用车辆以及罐式专用车辆,数量为 20 辆(含)以下的,停车场地面积不低于车辆正投影面积的 1.5 倍,数量为 20 辆以上的,超过部分,每辆车的停车场地面积不低于车辆正投影面积;运输其他危险货物的,专用车辆数量为 10 辆(含)以下的,停车场地面积不低于车辆正投影面积的 1.5 倍;数量为 10 辆以上的,超过部分,每辆车的停车场地面积不低于车辆正投影面积。

3. 停车场地应当封闭并设立明显标志,不得妨碍居民生活和威胁公共安全。

(三) 有符合下列要求的从业人员和安全管理人员:

1. 专用车辆的驾驶人员取得相应机动车驾驶证,年龄不超过 60 周岁。

2. 从事道路危险货物运输的驾驶人员、装卸管理人员、押运人员应当经所在地设区的市级人民政府交通运输主管部门考试合格,并取得相应的从业资格证;从事剧毒化学品、爆炸品道路运输的驾驶人员、装卸管理人员、押运人员,应当经考试合格,取得注明为"剧毒化学品运输"或者"爆炸品运输"类别的从业资格证。

3. 企业应当配备专职安全管理人员。

（四）有健全的安全生产管理制度：

1. 企业主要负责人、安全管理部门负责人、专职安全管理人员安全生产责任制度。

2. 从业人员安全生产责任制度。

3. 安全生产监督检查制度。

4. 安全生产教育培训制度。

5. 从业人员、专用车辆、设备及停车场地安全管理制度。

6. 应急救援预案制度。

7. 安全生产作业规程。

8. 安全生产考核与奖惩制度。

9. 安全事故报告、统计与处理制度。

**第九条** 符合下列条件的企事业单位，可以使用自备专用车辆从事为本单位服务的非经营性道路危险货物运输：

（一）属于下列企事业单位之一：

1. 省级以上安全生产监督管理部门批准设立的生产、使用、储存危险化学品的企业。

2. 有特殊需求的科研、军工等企事业单位。

（二）具备第八条规定的条件，但自有专用车辆（挂车除外）的数量可以少于5辆。

**第十条** 申请从事道路危险货物运输经营的企业，应当依法向工商行政管理机关办理有关登记手续后，向所在地区县的市级道路运输管理机构提出申请，并提交以下材料：

（一）《道路危险货物运输经营申请表》，包括申请人基本信息、申请运输的危险货物范围（类别、项别或品名，如果为剧毒化学品应当标注"剧毒"）等内容。

（二）拟担任企业法定代表人的投资人或者负责人的身份证明及其复印件，经办人身份证明及其复印件和书面委托书。

（三）企业章程文本。

（四）证明专用车辆、设备情况的材料，包括：

1. 未购置专用车辆、设备的，应当提交拟投入专用车辆、设备承诺书。承诺书内容应当包括车辆数量、类型、技术等级、总质量、核定载质量、车轴数以及车辆外廓尺寸；通讯工具和卫星定位装置配备情况；罐式专用车辆的罐体容积；罐式专用车辆罐体载货后的总质量与车辆核定载质量相匹配情况；运输剧毒化学品、爆炸品、易制爆危险化学品的专用车辆核定载质量等有关情况。承诺期限不得超过1年。

2. 已购置专用车辆、设备的，应当提供车辆行驶证、车辆技术等级评定结论；通讯工具和卫星定位装置配备；罐式专用车辆的罐体检测合格证或者检测报告及复印件等有关材料。

（五）拟聘用专职安全管理人员、驾驶人员、装卸管理人员、押运人员的，应当提交拟聘用承诺书，承诺期限不得超过1年；已聘用的应当提交从业资格证及其复印件以及驾驶证及其复印件。

（六）停车场地的土地使用证、租借合同、场地平面图等材料。

（七）相关安全防护、环境保护、消防设施设备的配备情况清单。

（八）有关安全生产管理制度文本。

**第十一条** 申请从事非经营性道路危险货物运输的单位，向所在地设区的市级道路运输管理机构提出申请时，除提交第十条第（四）项至第（八）项规定的材料外，还应当提交以下材料：

（一）《道路危险货物运输申请表》，包括申请人基本信息、申请运输的物品范围（类别、项别或品名，如果为剧毒化学品应当标注"剧毒"）等内容。

（二）下列形式之一的单位基本情况证明：

1. 省级以上安全生产监督管理部门颁发的危险化学品生产、使用等证明。

2. 能证明科研、军工等企事业单位性质或者业务范围的有关材料。

（三）特殊运输需求的说明材料。

（四）经办人的身份证明及其复印件以及书面委托书。

**第十二条** 设区的市级道路运输管理机构应当按照《中华人民共和国道路运输条例》和《交通行政许可实施程序规定》，以及本规定所明确的程序和时限实施道路危险货物运输行政许可，并进行实地核查。

决定准予许可的，应当向被许可人出具《道路危险货物运输行政许可决定书》，注明许可事项，具体内容应当包括运输危险货物的范

1001

围（类别、项别或品名，如果为剧毒化学品应当标注"剧毒"），专用车辆数量、要求以及运输性质，并在10日内向道路危险货物运输经营申请人发放《道路运输经营许可证》，向非经营性道路危险货物运输申请人发放《道路危险货物运输许可证》。

市级道路运输管理机构应当将准予许可的企业或单位的许可事项等，及时以书面形式告知县级道路运输管理机构。

决定不予许可的，应当向申请人出具《不予交通行政许可决定书》。

**第十三条** 被许可人已获得其他道路运输经营许可的，设区的市级道路运输管理机构应当为其换发《道路运输经营许可证》，并在经营范围中加注新许可的事项。如果原《道路运输经营许可证》是由省级道路运输管理机构发放的，由原许可机关按照上述要求予以换发。

**第十四条** 被许可人应当按照承诺期限落实拟投入的专用车辆、设备。

原许可机关应当对被许可人落实的专用车辆、设备予以核实，对符合许可条件的专用车辆配发《道路运输证》，并在《道路运输证》经营范围栏内注明允许运输的危险货物类别、项别或者品名，如果为剧毒化学品应标注"剧毒"；对从事非经营性道路危险货物运输的车辆，还应当加盖"非经营性危险货物运输专用章"。

被许可人未在承诺期限内落实专用车辆、设备的，原许可机关应当撤销许可决定，并收回已核发的许可证明文件。

**第十五条** 被许可人应当按照承诺期限落实拟聘用的专职安全管理人员、驾驶人员、装卸管理人员和押运人员。

被许可人未在承诺期限内按照承诺聘用专职安全管理人员、驾驶人员、装卸管理人员和押运人员的，原许可机关应当撤销许可决定，并收回已核发的许可证明文件。

**第十六条** 道路运输管理机构不得许可一次性、临时性的道路危险货物运输。

**第十七条** 道路危险货物运输企业设立子公司从事道路危险货物运输的，应当向子公司注册地设区的市级道路运输管理机构申请运输许可。设立分公司的，应当向分公司注册地设区的市级道路运输管理机构备案。

**第十八条** 道路危险货物运输企业或者单位需要变更许可事项

的,应当向原许可机关提出申请,按照本章有关许可的规定办理。

道路危险货物运输企业或者单位变更法定代表人、名称、地址等工商登记事项的,应当在30日内向原许可机关备案。

**第十九条** 道路危险货物运输企业或者单位终止危险货物运输业务的,应当在终止之日的30日前告知原许可机关,并在停业后10日内将《道路运输经营许可证》或者《道路危险货物运输许可证》以及《道路运输证》交回原许可机关。

## 第三章 专用车辆、设备管理

**第二十条** 道路危险货物运输企业或单位应当按照《道路运输车辆技术管理规定》中有关车辆管理的规定,维护、检测、使用和管理专用车辆,确保专用车辆技术状况良好。

**第二十一条** 设区的市级道路运输管理机构应当定期对专用车辆进行审验,每年审验一次。审验按照《道路运输车辆技术管理规定》进行,并增加以下审验项目:

(一)专用车辆投保危险货物承运人责任险情况;

(二)必需的应急处理器材、安全防护设施设备和专用车辆标志的配备情况;

(三)具有行驶记录功能的卫星定位装置的配备情况。

**第二十二条** 禁止使用报废的、擅自改装的、检测不合格的、车辆技术等级达不到一级的和其他不符合国家规定的车辆从事道路危险货物运输。

除铰接列车、具有特殊装置的大型物件运输专用车辆外,严禁使用货车列车从事危险货物运输;倾卸式车辆只能运输散装硫磺、萘饼、粗蒽、煤焦沥青等危险货物。

禁止使用移动罐体(罐式集装箱除外)从事危险货物运输。

**第二十三条** 用于装卸危险货物的机械及工具的技术状况应当符合行业标准《汽车运输危险货物规则》(JT617)规定的技术要求。

**第二十四条** 罐式专用车辆的常压罐体应当符合国家标准《道路运输液体危险货物罐式车辆第1部分:金属常压罐体技术要求》(GB18564.1)、《道路运输液体危险货物罐式车辆第2部分:非金属常压罐体技术要求》(GB18564.2)等有关技术要求。

使用压力容器运输危险货物的,应当符合国家特种设备安全监督管理部门制订并公布的《移动式压力容器安全技术监察规程》(TSG R0005)等有关技术要求。

压力容器和罐式专用车辆应当在质量检验部门出具的压力容器或者罐体检验合格的有效期内承运危险货物。

**第二十五条** 道路危险货物运输企业或者单位对重复使用的危险货物包装物、容器,在重复使用前应当进行检查;发现存在安全隐患的,应当维修或者更换。

道路危险货物运输企业或者单位应当对检查情况作出记录,记录的保存期限不得少于2年。

**第二十六条** 道路危险货物运输企业或者单位应当到具有污染物处理能力的机构对常压罐体进行清洗(置换)作业,将废气、污水等污染物集中收集,消除污染,不得随意排放,污染环境。

## 第四章 道路危险货物运输

**第二十七条** 道路危险货物运输企业或者单位应当严格按照道路运输管理机构决定的许可事项从事道路危险货物运输活动,不得转让、出租道路危险货物运输许可证件。

严禁非经营性道路危险货物运输单位从事道路危险货物运输经营活动。

**第二十八条** 危险货物托运人应当委托具有道路危险货物运输资质的企业承运。

危险货物托运人应当对托运的危险货物种类、数量和承运人等相关信息予以记录,记录的保存期限不得少于1年。

**第二十九条** 危险货物托运人应当严格按照国家有关规定妥善包装并在外包装设置标志,并向承运人说明危险货物的品名、数量、危害、应急措施等情况。需要添加抑制剂或者稳定剂的,托运人应当按照规定添加,并告知承运人相关注意事项。

危险货物托运人托运危险化学品的,还应当提交与托运的危险化学品完全一致的安全技术说明书和安全标签。

**第三十条** 不得使用罐式专用车辆或者运输有毒、感染性、腐蚀性危险货物的专用车辆运输普通货物。

1004

其他专用车辆可以从事食品、生活用品、药品、医疗器具以外的普通货物运输，但应当由运输企业对专用车辆进行消除危害处理，确保不对普通货物造成污染、损害。

不得将危险货物与普通货物混装运输。

**第三十一条** 专用车辆应当按照国家标准《道路运输危险货物车辆标志》（GB13392）的要求悬挂标志。

**第三十二条** 运输剧毒化学品、爆炸品的企业或者单位，应当配备专用停车区域，并设立明显的警示标牌。

**第三十三条** 专用车辆应当配备符合有关国家标准以及与所载运的危险货物相适应的应急处理器材和安全防护设备。

**第三十四条** 道路危险货物运输企业或者单位不得运输法律、行政法规禁止运输的货物。

法律、行政法规规定的限运、凭证运输货物，道路危险货物运输企业或者单位应当按照有关规定办理相关运输手续。

法律、行政法规规定托运人必须办理有关手续后方可运输的危险货物，道路危险货物运输企业应当查验有关手续齐全有效后方可承运。

**第三十五条** 道路危险货物运输企业或者单位应当采取必要措施，防止危险货物脱落、扬散、丢失以及燃烧、爆炸、泄漏等。

**第三十六条** 驾驶人员应当随车携带《道路运输证》。驾驶人员或者押运人员应当按照《汽车运输危险货物规则》（JT617）的要求，随车携带《道路运输危险货物安全卡》。

**第三十七条** 在道路危险货物运输过程中，除驾驶人员外，还应当在专用车辆上配备押运人员，确保危险货物处于押运人员监管之下。

**第三十八条** 道路危险货物运输途中，驾驶人员不得随意停车。

因住宿或者发生影响正常运输的情况需要较长时间停车的，驾驶人员、押运人员应当设置警戒带，并采取相应的安全防范措施。

运输剧毒化学品或者易制爆危险化学品需要较长时间停车的，驾驶人员或者押运人员应当向当地公安机关报告。

**第三十九条** 危险货物的装卸作业应当遵守安全作业标准、规程和制度，并在装卸管理人员的现场指挥或者监控下进行。

危险货物运输托运人和承运人应当按照合同约定指派装卸管理人

员;若合同未予约定,则由负责装卸作业的一方指派装卸管理人员。

**第四十条** 驾驶人员、装卸管理人员和押运人员上岗时应当随身携带从业资格证。

**第四十一条** 严禁专用车辆违反国家有关规定超载、超限运输。

道路危险货物运输企业或者单位使用罐式专用车辆运输货物时,罐体载货后的总质量应当和专用车辆核定载质量相匹配;使用牵引车运输货物时,挂车载货后的总质量应当与牵引车的准牵引总质量相匹配。

**第四十二条** 道路危险货物运输企业或者单位应当要求驾驶人员和押运人员在运输危险货物时,严格遵守有关部门关于危险货物运输线路、时间、速度方面的有关规定,并遵守有关部门关于剧毒、爆炸危险品道路运输车辆在重大节假日通行高速公路的相关规定。

**第四十三条** 道路危险货物运输企业或者单位应当通过卫星定位监控平台或者监控终端及时纠正和处理超速行驶、疲劳驾驶、不按规定线路行驶等违法违规驾驶行为。

监控数据应当至少保存3个月,违法驾驶信息及处理情况应当至少保存3年。

**第四十四条** 道路危险货物运输从业人员必须熟悉有关安全生产的法规、技术标准和安全生产规章制度、安全操作规程,了解所装运危险货物的性质、危害特性、包装物或者容器的使用要求和发生意外事故时的处置措施,并严格执行《汽车运输危险货物规则》(JT617)、《汽车运输、装卸危险货物作业规程》(JT618)等标准,不得违章作业。

**第四十五条** 道路危险货物运输企业或者单位应当通过岗前培训、例会、定期学习等方式,对从业人员进行经常性安全生产、职业道德、业务知识和操作规程的教育培训。

**第四十六条** 道路危险货物运输企业或者单位应当加强安全生产管理,制定突发事件应急预案,配备应急救援人员和必要的应急救援器材、设备,并定期组织应急救援演练,严格落实各项安全制度。

**第四十七条** 道路危险货物运输企业或者单位应当委托具备资质条件的机构,对本企业或单位的安全管理情况每3年至少进行一次安全评估,出具安全评估报告。

**第四十八条** 在危险货物运输过程中发生燃烧、爆炸、污染、中毒或者被盗、丢失、流散、泄漏等事故，驾驶人员、押运人员应当立即根据应急预案和《道路运输危险货物安全卡》的要求采取应急处置措施，并向事故发生地公安部门、交通运输主管部门和本运输企业或者单位报告。运输企业或者单位接到事故报告后，应当按照本单位危险货物应急预案组织救援，并向事故发生地安全生产监督管理部门和环境保护、卫生主管部门报告。

道路危险货物运输管理机构应当公布事故报告电话。

**第四十九条** 在危险货物装卸过程中，应当根据危险货物的性质，轻装轻卸，堆码整齐，防止混杂、撒漏、破损，不得与普通货物混合堆放。

**第五十条** 道路危险货物运输企业或者单位应当为其承运的危险货物投保承运人责任险。

**第五十一条** 道路危险货物运输企业异地经营（运输线路起讫点均不在企业注册地市域内）累计3个月以上的，应当向经营地设区的市级道路运输管理机构备案并接受其监管。

## 第五章 监督检查

**第五十二条** 道路危险货物运输监督检查按照《道路货物运输及站场管理规定》执行。

道路运输管理机构工作人员应当定期或者不定期对道路危险货物运输企业或者单位进行现场检查。

**第五十三条** 道路运输管理机构工作人员对在异地取得从业资格的人员监督检查时，可以向原发证机关申请提供相应的从业资格档案资料，原发证机关应当予以配合。

**第五十四条** 道路运输管理机构在实施监督检查过程中，经本部门主要负责人批准，可以对没有随车携带《道路运输证》又无法当场提供其他有效证明文件的危险货物运输专用车辆予以扣押。

**第五十五条** 任何单位和个人对违反本规定的行为，有权向道路危险货物运输管理机构举报。

道路危险货物运输管理机构应当公布举报电话，并在接到举报后及时依法处理；对不属于本部门职责的，应当及时移送有关部门处理。

# 第六章 法律责任

**第五十六条** 违反本规定，有下列情形之一的，由县级以上道路运输管理机构责令停止运输经营，有违法所得的，没收违法所得，处违法所得2倍以上10倍以下的罚款；没有违法所得或者违法所得不足2万元的，处3万元以上10万元以下的罚款；构成犯罪的，依法追究刑事责任：

（一）未取得道路危险货物运输许可，擅自从事道路危险货物运输的；

（二）使用失效、伪造、变造、被注销等无效道路危险货物运输许可证件从事道路危险货物运输的；

（三）超越许可事项，从事道路危险货物运输的；

（四）非经营性道路危险货物运输单位从事道路危险货物运输经营的。

**第五十七条** 违反本规定，道路危险货物运输企业或者单位非法转让、出租道路危险货物运输许可证件的，由县级以上道路运输管理机构责令停止违法行为，收缴有关证件，处2000元以上1万元以下的罚款；有违法所得的，没收违法所得。

**第五十八条** 违反本规定，道路危险货物运输企业或者单位有下列行为之一，由县级以上道路运输管理机构责令限期投保；拒不投保的，由原许可机关吊销《道路运输经营许可证》或者《道路危险货物运输许可证》，或者吊销相应的经营范围：

（一）未投保危险货物承运人责任险的；

（二）投保的危险货物承运人责任险已过期，未继续投保的。

**第五十九条** 违反本规定，道路危险货物运输企业或者单位不按照规定随车携带《道路运输证》的，由县级以上道路运输管理机构责令改正，处警告或者20元以上200元以下的罚款。

**第六十条** 违反本规定，道路危险货物运输企业或者单位以及托运人有下列情形之一的，由县级以上道路运输管理机构责令改正，并处5万元以上10万元以下的罚款，拒不改正的，责令停产停业整顿；构成犯罪的，依法追究刑事责任：

（一）驾驶人员、装卸管理人员、押运人员未取得从业资格上岗作业的；

（二）托运人不向承运人说明所托运的危险化学品的种类、数量、危险特性以及发生危险情况的应急处置措施，或者未按照国家有关规定对所托运的危险化学品妥善包装并在外包装上设置相应标志的；

（三）未根据危险化学品的危险特性采取相应的安全防护措施，或者未配备必要的防护用品和应急救援器材的；

（四）运输危险化学品需要添加抑制剂或者稳定剂，托运人未添加或者未将有关情况告知承运人的。

第六十一条 违反本规定，道路危险货物运输企业或者单位未配备专职安全管理人员的，由县级以上道路运输管理机构责令改正，可以处1万元以下的罚款；拒不改正的，对危险化学品运输企业或单位处1万元以上5万元以下的罚款，对运输危险化学品以外其他危险货物的企业或单位处1万元以上2万元以下的罚款。

第六十二条 违反本规定，道路危险化学品运输托运人有下列行为之一的，由县级以上道路运输管理机构责令改正，处10万元以上20万元以下的罚款，有违法所得的，没收违法所得；拒不改正的，责令停产停业整顿；构成犯罪的，依法追究刑事责任：

（一）委托未依法取得危险货物道路运输许可的企业承运危险化学品的；

（二）在托运的普通货物中夹带危险化学品，或者将危险化学品谎报或者匿报为普通货物托运的。

第六十三条 违反本规定，道路危险货物运输企业擅自改装已取得《道路运输证》的专用车辆及罐式专用车辆罐体的，由县级以上道路运输管理机构责令改正，并处5000元以上2万元以下的罚款。

## 第七章 附 则

第六十四条 本规定对道路危险货物运输经营未作规定的，按照《道路货物运输及站场管理规定》执行；对非经营性道路危险货物运输未作规定的，参照《道路货物运输及站场管理规定》执行。

第六十五条 道路危险货物运输许可证件和《道路运输证》工本费的具体收费标准由省、自治区、直辖市人民政府财政、价格主管部门会同同级交通运输主管部门核定。

**第六十六条** 交通运输部可以根据相关行业协会的申请,经组织专家论证后,统一公布可以按照普通货物实施道路运输管理的危险货物。

**第六十七条** 本规定自 2013 年 7 月 1 日起施行。交通部 2005 年发布的《道路危险货物运输管理规定》(交通部令 2005 年第 9 号)及交通运输部 2010 年发布的《关于修改〈道路危险货物运输管理规定〉的决定》(交通运输部令 2010 年第 5 号)同时废止。

# 放射性物品道路运输管理规定

- 2010 年 10 月 27 日交通运输部发布
- 根据 2016 年 9 月 2 日《交通运输部关于修改〈放射性物品道路运输管理规定〉的决定》修正

## 第一章 总 则

**第一条** 为了规范放射性物品道路运输活动,保障人民生命财产安全,保护环境,根据《道路运输条例》和《放射性物品运输安全管理条例》,制定本规定。

**第二条** 从事放射性物品道路运输活动的,应当遵守本规定。

**第三条** 本规定所称放射性物品,是指含有放射性核素,并且其活度和比活度均高于国家规定的豁免值的物品。

本规定所称放射性物品道路运输专用车辆(以下简称专用车辆),是指满足特定技术条件和要求,用于放射性物品道路运输的载货汽车。

本规定所称放射性物品道路运输,是指使用专用车辆通过道路运输放射性物品的作业过程。

**第四条** 根据放射性物品的特性及其对人体健康和环境的潜在危害程度,将放射性物品分为一类、二类和三类。

一类放射性物品,是指Ⅰ类放射源、高水平放射性废物、乏燃料等释放到环境后对人体健康和环境产生重大辐射影响的放射性物品。

二类放射性物品,是指Ⅱ类和Ⅲ类放射源、中等水平放射性废物等释放到环境后对人体健康和环境产生一般辐射影响的放射性物品。

三类放射性物品，是指Ⅳ类和Ⅴ类放射源、低水平放射性废物、放射性药品等释放到环境后对人体健康和环境产生较小辐射影响的放射性物品。

放射性物品的具体分类和名录，按照国务院核安全监管部门会同国务院公安、卫生、海关、交通运输、铁路、民航、核工业行业主管部门制定的放射性物品具体分类和名录执行。

**第五条** 从事放射性物品道路运输应当保障安全，依法运输，诚实信用。

**第六条** 国务院交通运输主管部门主管全国放射性物品道路运输管理工作。

县级以上地方人民政府交通运输主管部门负责组织领导本行政区域放射性物品道路运输管理工作。

县级以上道路运输管理机构负责具体实施本行政区域放射性物品道路运输管理工作。

## 第二章 运输资质许可

**第七条** 申请从事放射性物品道路运输经营的，应当具备下列条件：

（一）有符合要求的专用车辆和设备。

1. 专用车辆要求。

（1）专用车辆的技术要求应当符合《道路运输车辆技术管理规定》有关规定；

（2）车辆为企业自有，且数量为5辆以上；

（3）核定载质量在1吨及以下的车辆为厢式或者封闭货车；

（4）车辆配备满足在线监控要求，且具有行驶记录仪功能的卫星定位系统。

2. 设备要求。

（1）配备有效的通讯工具；

（2）配备必要的辐射防护用品和依法经定期检定合格的监测仪器。

（二）有符合要求的从业人员。

1. 专用车辆的驾驶人员取得相应机动车驾驶证,年龄不超过60周岁;

2. 从事放射性物品道路运输的驾驶人员、装卸管理人员、押运人员经所在地设区的市级人民政府交通运输主管部门考试合格,取得注明从业资格类别为"放射性物品道路运输"的道路运输从业资格证(以下简称道路运输从业资格证);

3. 有具备辐射防护与相关安全知识的安全管理人员。

(三)有健全的安全生产管理制度。

1. 有关安全生产应急预案;

2. 从业人员、车辆、设备及停车场地安全管理制度;

3. 安全生产作业规程和辐射防护管理措施;

4. 安全生产监督检查和责任制度。

**第八条** 生产、销售、使用或者处置放射性物品的单位(含在放射性废物收贮过程中的从事放射性物品运输的省、自治区、直辖市城市放射性废物库营运单位),符合下列条件的,可以使用自备专用车辆从事为本单位服务的非经营性放射性物品道路运输活动:

(一)持有有关部门依法批准的生产、销售、使用、处置放射性物品的有效证明;

(二)有符合国家规定要求的放射性物品运输容器;

(三)有具备辐射防护与安全防护知识的专业技术人员;

(四)具备满足第七条规定条件的驾驶人员、专用车辆、设备和安全生产管理制度,但专用车辆的数量可以少于5辆。

**第九条** 国家鼓励技术力量雄厚、设备和运输条件好的生产、销售、使用或者处置放射性物品的单位按照第八条规定的条件申请从事非经营性放射性物品道路运输。

**第十条** 申请从事放射性物品道路运输经营的企业,应当向所在地设区的市级道路运输管理机构提出申请,并提交下列材料:

(一)《放射性物品道路运输经营申请表》,包括申请人基本信息、拟申请运输的放射性物品范围(类别或者品名)等内容;

(二)企业负责人身份证明及复印件,经办人身份证明及复印件和委托书;

(三)证明专用车辆、设备情况的材料,包括:

1. 未购置车辆的,应当提交拟投入车辆承诺书。内容包括拟购车

辆数量、类型、技术等级、总质量、核定载质量、车轴数以及车辆外廓尺寸等有关情况;

2. 已购置车辆的,应当提供车辆行驶证、车辆技术等级评定结论及复印件等有关材料;

3. 对辐射防护用品、监测仪器等设备配置情况的说明材料。

(四)有关驾驶人员、装卸管理人员、押运人员的道路运输从业资格证及复印件,驾驶人员的驾驶证及复印件,安全管理人员的工作证明;

(五)企业经营方案及相关安全生产管理制度文本。

**第十一条** 申请从事非经营性放射性物品道路运输的单位,向所在地设区的市级道路运输管理机构提出申请时,除提交第十条第(三)项、第(五)项规定的材料外,还应当提交下列材料:

(一)《放射性物品道路运输申请表》,包括申请人基本信息、拟申请运输的放射性物品范围(类别或者品名)等内容;

(二)单位负责人身份证明及复印件,经办人身份证明及复印件和委托书;

(三)有关部门依法批准生产、销售、使用或者处置放射性物品的有效证明;

(四)放射性物品运输容器、监测仪器检测合格证明;

(五)对放射性物品运输需求的说明材料;

(六)有关驾驶人员的驾驶证、道路运输从业资格证及复印件;

(七)有关专业技术人员的工作证明,依法应当取得相关从业资格证件的,还应当提交有效的从业资格证件及复印件。

**第十二条** 设区的市级道路运输管理机构应当按照《道路运输条例》和《交通运输行政许可实施程序规定》以及本规定规范的程序实施行政许可。

决定准予许可的,应当向被许可人作出准予行政许可的书面决定,并在10日内向放射性物品道路运输经营申请人发放《道路运输经营许可证》,向非经营性放射性物品道路运输申请人颁发《放射性物品道路运输许可证》。决定不予许可的,应当书面通知申请人并说明理由。

**第十三条** 对申请时未购置专用车辆,但提交拟投入车辆承诺书的,被许可人应当自收到《道路运输经营许可证》或者《放射性物品道路运输许可证》之日起半年内落实拟投入车辆承诺书。做出许可决定的道路运输管理机构对被许可人落实拟投入车辆承诺书的落实情况进行核实，符合许可要求的，应当为专用车辆配发《道路运输证》。

对申请时已购置专用车辆，且按照第十条、第十一条规定提交了专用车辆有关材料的，做出许可决定的道路运输管理机构应当对专用车辆情况进行核实，符合许可要求的，应当在向被许可人颁发《道路运输经营许可证》或者《放射性物品道路运输许可证》的同时，为专用车辆配发《道路运输证》。

做出许可决定的道路运输管理机构应当在《道路运输证》有关栏目内注明允许运输放射性物品的范围（类别或者品名）。对从事非经营性放射性物品道路运输的，还应当在《道路运输证》上加盖"非经营性放射性物品道路运输专用章"。

**第十四条** 放射性物品道路运输企业或者单位终止放射性物品运输业务的，应当在终止之日 30 日前书面告知做出原许可决定的道路运输管理机构。属于经营性放射性物品道路运输业务的，做出原许可决定的道路运输管理机构应当在接到书面告知之日起 10 日内将放射性道路运输企业终止放射性物品运输业务的有关情况向社会公布。

放射性物品道路运输企业或者单位应当在终止放射性物品运输业务之日起 10 日内将相关许可证件缴回原发证机关。

## 第三章 专用车辆、设备管理

**第十五条** 放射性物品道路运输企业或者单位应当按照有关车辆及设备管理的标准和规定，维护、检测、使用和管理专用车辆和设备，确保专用车辆和设备技术状况良好。

**第十六条** 设区的市级道路运输管理机构应当按照《道路运输车辆技术管理规定》的规定定期对专用车辆是否符合第七条、第八条规定的许可条件进行审验，每年审验一次。

**第十七条** 设区的市级道路运输管理机构应当对监测仪器定期检定合格证明和专用车辆投保危险货物承运人责任险情况进行检查。检查可以结合专用车辆定期审验的频率一并进行。

**第十八条** 禁止使用报废的、擅自改装的、检测不合格的或者其他不符合国家规定要求的车辆、设备从事放射性物品道路运输活动。

**第十九条** 禁止专用车辆用于非放射性物品运输，但集装箱运输车（包括牵引车、挂车）、甩挂运输的牵引车以及运输放射性药品的专用车辆除外。

按照本条第一款规定使用专用车辆运输非放射性物品的，不得将放射性物品与非放射性物品混装。

## 第四章 放射性物品运输

**第二十条** 道路运输放射性物品的托运人（以下简称托运人）应当制定核与辐射事故应急方案，在放射性物品运输中采取有效的辐射防护和安全保卫措施，并对放射性物品运输中的核与辐射安全负责。

**第二十一条** 道路运输放射性物品的承运人（以下简称承运人）应当取得相应的放射性物品道路运输资质，并对承运事项是否符合本企业或者本单位放射性物品运输资质许可的运输范围负责。

**第二十二条** 非经营性放射性物品道路运输单位应当按照《放射性物品运输安全管理条例》《道路运输条例》和本规定的要求履行托运人和承运人的义务，并负相应责任。

非经营性放射性物品道路运输单位不得从事放射性物品道路运输经营活动。

**第二十三条** 承运人与托运人订立放射性物品道路运输合同前，应当查验、收存托运人提交的下列材料：

（一）运输说明书，包括放射性物品的品名、数量、物理化学形态、危害风险等内容；

（二）辐射监测报告，其中一类放射性物品的辐射监测报告由托运人委托有资质的辐射监测机构出具；二、三类放射性物品的辐射监测报告由托运人出具；

（三）核与辐射事故应急响应指南；

（四）装卸作业方法指南；

（五）安全防护指南。

托运人将本条第一款第（四）项、第（五）项要求的内容在运输说明书中一并作出说明的，可以不提交第（四）项、第（五）项要求的材料。

托运人提交材料不齐全的，或者托运的物品经监测不符合国家放射性物品运输安全标准的,承运人不得与托运人订立放射性物品道路运输合同。

**第二十四条** 一类放射性物品启运前,承运人应当向托运人查验国务院核安全主管部门关于核与辐射安全分析报告书的审批文件以及公安部门关于准予道路运输放射性物品的审批文件。

二、三类放射性物品启运前,承运人应当向托运人查验公安部门关于准予道路运输放射性物品的审批文件。

**第二十五条** 托运人应当按照《放射性物质安全运输规程》(GB11806)等有关国家标准和规定,在放射性物品运输容器上设置警示标志。

**第二十六条** 专用车辆运输放射性物品过程中,应当悬挂符合国家标准《道路危险货物运输车辆标志》(GB13392)要求的警示标志。

**第二十七条** 专用车辆不得违反国家有关规定超载、超限运输放射性物品。

**第二十八条** 在放射性物品道路运输过程中,除驾驶人员外,还应当在专用车辆上配备押运人员,确保放射性物品处于押运人员监管之下。运输一类放射性物品的,承运人必要时可以要求托运人随车提供技术指导。

**第二十九条** 驾驶人员、装卸管理人员和押运人员上岗时应当随身携带道路运输从业资格证,专用车辆驾驶人员还应当随车携带《道路运输证》。

**第三十条** 驾驶人员、装卸管理人员和押运人员应当按照托运人所提供的资料了解所运输的放射性物品的性质、危害特性、包装物或者容器的使用要求、装卸要求以及发生突发事件时的处置措施。

**第三十一条** 放射性物品运输中发生核与辐射事故的,承运人、托运人应当按照核与辐射事故应急响应指南的要求,结合本企业安全生产应急预案的有关内容,做好事故应急工作,并立即报告事故发生地的县级以上人民政府环境保护主管部门。

**第三十二条** 放射性物品道路运输企业或者单位应当聘用具有相应道路运输从业资格证的驾驶人员、装卸管理人员和押运人员,并定期对驾驶人员、装卸管理人员和押运人员进行运输安全生产和基本应急知识等方面的培训,确保驾驶人员、装卸管理人员和押运人员熟悉有关安全生产法规、标准以及相关操作规程等业务知识和技能。

放射性物品道路运输企业或者单位应当对驾驶人员、装卸管理人员和押运人员进行运输安全生产和基本应急知识等方面的考核；考核不合格的，不得从事相关工作。

**第三十三条** 放射性物品道路运输企业或者单位应当按照国家职业病防治的有关规定，对驾驶人员、装卸管理人员和押运人员进行个人剂量监测，建立个人剂量档案和职业健康监护档案。

**第三十四条** 放射性物品道路运输企业或者单位应当投保危险货物承运人责任险。

**第三十五条** 放射性物品道路运输企业或者单位不得转让、出租、出借放射性物品道路运输许可证件。

**第三十六条** 县级以上道路运输管理机构应当督促放射性物品道路运输企业或者单位对专用车辆、设备及安全生产制度等安全条件建立相应的自检制度，并加强监督检查。

县级以上道路运输管理机构工作人员依法对放射性物品道路运输活动进行监督检查的，应当按照劳动保护规定配备必要的安全防护设备。

## 第五章　法律责任

**第三十七条** 拒绝、阻碍道路运输管理机构依法履行放射性物品运输安全监督检查，或者在接受监督检查时弄虚作假的，由县级以上道路运输管理机构责令改正，处1万元以上2万元以下的罚款；构成违反治安管理行为的，交由公安机关依法给予治安管理处罚；构成犯罪的，依法追究刑事责任。

**第三十八条** 违反本规定，未取得有关放射性物品道路运输资质许可，有下列情形之一的，由县级以上道路运输管理机构责令停止运输，有违法所得的，没收违法所得，处违法所得2倍以上10倍以下的罚款；没有违法所得或者违法所得不足2万元的，处3万元以上10万元以下的罚款。构成犯罪的，依法追究刑事责任：

（一）无资质许可擅自从事放射性物品道路运输的；

（二）使用失效、伪造、变造、被注销等无效放射性物品道路运输许可证件从事放射性物品道路运输的；

（三）超越资质许可事项，从事放射性物品道路运输的；

（四）非经营性放射性物品道路运输单位从事放射性物品道路运输经营的。

**第三十九条** 违反本规定，放射性物品道路运输企业或者单位擅自改装已取得《道路运输证》的专用车辆的，由县级以上道路运输管理机构责令改正，处5000元以上2万元以下的罚款。

**第四十条** 违反本规定，未随车携带《道路运输证》的，由县级以上道路运输管理机构责令改正，对放射性物品道路运输企业或者单位处警告或者20元以上200元以下的罚款。

**第四十一条** 放射性物品道路运输活动中，由不符合本规定第七条、第八条规定条件的人员驾驶专用车辆的，由县级以上道路运输管理机构责令改正，处200元以上2000元以下的罚款；构成犯罪的，依法追究刑事责任。

**第四十二条** 违反本规定，放射性物品道路运输企业或者单位有下列行为之一的，由县级以上道路运输管理机构责令限期投保；拒不投保的，由原许可的设区的市级道路运输管理机构吊销《道路运输经营许可证》或者《放射性物品道路运输许可证》，或者在许可证件上注销相应的许可范围：

（一）未投保危险货物承运人责任险的；

（二）投保的危险货物承运人责任险已过期，未继续投保的。

**第四十三条** 违反本规定，放射性物品道路运输企业或者单位非法转让、出租放射性物品道路运输许可证件的，由县级以上道路运输管理机构责令停止违法行为，收缴有关证件，处2000元以上1万元以下的罚款；有违法所得的，没收违法所得。

**第四十四条** 违反本规定，放射性物品道路运输企业或者单位已不具备许可要求的有关安全条件，存在重大运输安全隐患的，由县级以上道路运输管理机构责令限期改正；在规定时间内不能按要求改正且情节严重的，由原许可机关吊销《道路运输经营许可证》或者《放射性物品道路运输许可证》，或者在许可证件上注销相应的许可范围。

**第四十五条** 县级以上道路运输管理机构工作人员在实施道路运输监督检查过程中，发现放射性物品道路运输企业或者单位有违规情形，且按照《放射性物品运输安全管理条例》等有关法律法规的规定，应当由公安部门、核安全监管部门或者环境保护等部门处罚情形的，应当通报有关部门依法处理。

## 第六章 附 则

**第四十六条** 军用放射性物品道路运输不适用于本规定。
**第四十七条** 本规定自2011年1月1日起施行。

# 交通运输标准化管理办法

· 2019年5月13日交通运输部令第12号公布
· 自2019年7月1日起施行

## 第一章 总 则

**第一条** 为规范交通运输标准化工作，提升产品和服务质量，促进交通运输行业高质量发展，依据《中华人民共和国标准化法》，制定本办法。

**第二条** 在中华人民共和国境内从事综合交通运输、铁路、公路、水路、民航、邮政领域的标准（统称为交通运输标准）制定、实施、监督等相关活动，除遵守相关法律、行政法规外，还应当遵守本办法。

**第三条** 交通运输标准包括国家标准、行业标准、地方标准、团体标准和企业标准。国家标准分为强制性标准、推荐性标准，行业标准、地方标准是推荐性标准。

**第四条** 涉及铁路、公路、水路、民航、邮政两种及以上领域需要协调衔接和共同使用的技术要求，应当制定综合交通运输标准。

铁路、公路、水路、民航、邮政领域的标准应当与综合交通运输标准协调衔接。

**第五条** 国家对标准化工作实行国务院标准化行政主管部门统一管理与国务院有关行政主管部门分工管理相结合的工作机制。

交通运输部负责综合交通运输和公路、水路领域标准化相关管理工作。

国家铁路局、中国民用航空局、国家邮政局按照各自职责分别负责铁路、民航、邮政领域标准化相关管理工作。

县级以上地方人民政府标准化行政主管部门会同交通运输主管部门按照职责负责本行政区域内交通运输标准化相关管理工作。

**第六条** 交通运输部标准化管理委员会负责指导交通运输标准技术体系建设，统筹协调衔接综合交通运输、铁路、公路、水路、民航、邮政领域标准，研究审核交通运输标准化发展重大政策和重要事项等工作。

**第七条** 鼓励组织和参与制定国际标准，持续推进交通运输标准的外文翻译和出版工作，加强与世界各国在交通运输标准方面的交流与合作。

## 第二章 标准化规划

**第八条** 交通运输标准化规划应当符合国家标准化体系建设规划、交通运输行业规划，充分考虑新技术、新业态发展趋势，经交通运输部标准化管理委员会审核后，报请交通运输部发布。

**第九条** 交通运输标准体系应当依据交通运输标准化规划制定，由交通运输部发布。

综合交通运输标准体系应当经交通运输部标准化管理委员会审核后，报请交通运输部发布。

标准体系实行动态管理，根据需要及时进行调整。

**第十条** 交通运输标准化年度计划应当依据标准体系并结合行业发展需要制定，由交通运输部发布。

**第十一条** 国家铁路局、中国民用航空局、国家邮政局可以根据工作需要制定本领域标准化规划、标准体系和年度计划。

## 第三章 标准制定

**第十二条** 拟制定交通运输国家标准的项目，应当按照有关规定报国务院标准化行政主管部门立项；拟制定交通运输行业标准的项目，由交通运输部立项，其中铁路、民航、邮政领域的行业标准分别由国家铁路局、中国民用航空局、国家邮政局立项。

有关单位和个人可以向前款规定的立项单位提出标准项目立项建议。

**第十三条** 交通运输国家或者行业推荐性标准的起草、技术审查工作，应当由专业标准化技术委员会（以下简称标委会）承担；强制性标准的起草、技术审查工作，可以委托标委会承担。

标委会可以由生产者、经营者、使用者、消费者以及有关行政主管部门、科研院所、检测机构、社会团体等相关方组成。

未成立标委会的，应当成立专家组承担国家标准、行业标准的起草、技术审查工作。标委会和专家组的组成应当具有广泛代表性。

**第十四条** 标委会或者专家组应当在广泛调研、深入研讨、试验论证的基础上，起草标准征求意见稿。

标委会或者专家组可以组织科研机构、大专院校、社会团体和企业具体参与或者承担标准起草的相关工作，并全过程跟踪指导。

**第十五条** 交通运输标准应当采取多种方式征求行业内外有关部门、协会、企业以及相关生产、使用、管理、科研和检测等单位的意见。综合交通运输标准涉及铁路、民航、邮政领域的标准，还应当征求国家铁路局、中国民用航空局、国家邮政局意见。

**第十六条** 标委会或者专家组根据意见征集情况对标准征求意见稿及时进行修改完善，形成标准送审稿，并按照标准审查有关规定对标准送审稿及时进行技术审查。

技术审查可以采用会议审查、书面审查或者网络电子投票审查方式。强制性标准应当采用会议审查。对技术、经济和社会意义重大以及涉及面广、分歧意见多的推荐性标准，原则上应当采用会议审查。

**第十七条** 交通运输国家标准报国务院标准化行政主管部门按照有关规定发布；行业标准由交通运输部编号、发布，其中铁路、民航、邮政领域的行业标准分别由国家铁路局、中国民用航空局、国家邮政局编号、发布，报国务院标准化行政主管部门备案。

交通运输国家标准、行业标准按照国务院标准化行政主管部门制定的编号规则进行编号。

**第十八条** 交通运输国家标准、行业标准发布后，县级以上人民政府交通运输主管部门、相关标委会应当积极组织开展标准宣传实施等工作，传播标准化理念，推广标准化经验，推动全行业运用标准化方式组织生产、经营、管理和服务。

**第十九条** 交通运输国家标准、行业标准制定过程中形成的有关资料,应当按照标准档案管理相关规定的要求归档。

**第二十条** 交通运输地方标准、团体标准、企业标准的制定按照国务院标准化行政主管部门有关规定执行。

## 第四章 标准实施与监督

**第二十一条** 交通运输强制性标准应当严格执行。鼓励积极采用交通运输推荐性标准。

不符合交通运输强制性标准的产品、服务,不得生产、销售、进口或者提供。

**第二十二条** 交通运输强制性标准应当免费向社会公开。推动交通运输推荐性标准免费向社会公开。鼓励团体标准、企业标准通过标准信息公开服务平台向社会公开。

**第二十三条** 企业应当依法公开其执行的交通运输标准的编号和名称,并按照标准组织生产经营活动;执行自行制定的企业标准的,还应当公开产品、服务的功能指标和产品的性能指标。企业研制新产品、改进产品或者进行技术改造,应当符合标准化要求。

**第二十四条** 县级以上人民政府交通运输主管部门应当依据法定职责,对交通运输标准实施情况进行监督检查。强制性标准实施情况应当作为监督检查的重点。

**第二十五条** 县级以上人民政府交通运输主管部门应当建立举报投诉制度,公开举报投诉方式。接到举报投诉的,应当按照规定及时处理。

**第二十六条** 交通运输部应当建立交通运输标准实施信息反馈和评估机制,根据技术进步情况和行业发展需要适时进行实施效果评估,并对其制定的标准进行复审。复审结果应当作为修订、废止相关标准的依据。复审周期一般不超过 5 年。

铁路、民航、邮政领域的标准实施信息反馈和评估机制分别由国家铁路局、中国民用航空局、国家邮政局依据前款规定执行。

鼓励有关单位和个人向县级以上地方人民政府交通运输主管部门或者标准化行政主管部门反馈标准实施情况。

**第二十七条** 县级以上人民政府交通运输主管部门应当加强计

量、检验检测、认证认可基础能力建设,完善相关制度,提升技术水平,增强标准化工作监督检查及服务能力。

**第二十八条** 交通运输企事业单位违反本办法有关规定的,依照有关法律、行政法规的规定予以处罚。

## 第五章 附 则

**第二十九条** 国家铁路局、中国民用航空局、国家邮政局可以依据本办法制定铁路、民航、邮政领域标准化具体管理规定。

**第三十条** 法律、行政法规和国务院决定对工程建设强制性标准的制定另有规定的,从其规定。

**第三十一条** 本办法自 2019 年 7 月 1 日起施行。

# 交通运输政务数据共享管理办法

·2021 年 4 月 6 日
·交科技发〔2021〕33 号

## 第一章 总 则

**第一条** 为规范交通运输政务数据共享,推动交通运输数字政府建设,加快建设交通强国,依据国务院关于政务数据共享管理要求,制定本办法。

**第二条** 本办法所称交通运输政务部门(以下简称政务部门),是指交通运输主管部门及法律、法规授权行使交通运输行政管理职能的事业单位和社会组织。

本办法所称交通运输政务数据,是指政务部门在履行职责过程中直接或通过第三方依法采集、产生、获取的,以电子形式记录、保存的各类非涉密数据、文件、资料和图表等。

本办法所称提供部门,是指产生和提供政务数据的政务部门。本办法所称使用部门,是指因履行职责需要使用政务数据的政务部门。

**第三条** 本办法用于规范交通运输部及部际、部省相关政务部门因履行职责需要提供和使用政务数据的行为。

**第四条** 部科技主管部门负责管理、监督和评估政务数据共享工作，组织管理交通运输政务数据目录编制工作，组织推进部数据共享交换平台（以下简称部共享平台）政务数据接入，组织开展相关制度文件、标准规范的制修订和宣贯实施，监督部共享平台的运行。

综合交通运输大数据应用技术支持部门（以下简称技术支持部门）受部科技主管部门委托，负责部共享平台的建设运维、部共享平台政务数据目录和政务数据维护管理，并为政务数据共享和开发利用等工作提供技术支持。

提供部门负责组织开展本部门政务数据目录编制、政务数据提供和授权等相关工作，并对所提供政务数据质量负责。

使用部门依据政务数据目录申请使用政务数据、安全合规使用政务数据，并反馈使用情况。

**第五条** 政务数据共享应遵循以下原则：

（一）以共享为原则，不共享为例外。政务数据原则上均应共享，国家相关法律法规或政策制度明确不得共享的除外。

（二）需求导向，无偿使用。使用部门提出明确的共享需求和政务数据使用用途，提供部门应及时响应并无偿提供共享服务。

（三）统一标准，平台交换。按照国家及行业相关标准规范进行政务数据的编目、采集、存储、交换和共享工作。政务部门应基于部、省两级共享平台开展政务数据共享。

（四）建立机制，保障安全。建立健全政务数据共享管理机制。加强对政务数据共享全过程的身份鉴别、授权管理和安全保障，确保政务数据安全。

## 第二章  分类与要求

**第六条** 政务数据按共享类型分为无条件共享、有条件共享、不予共享三种类型。

可提供给所有政务部门共享使用的政务数据属于无条件共享类。

可提供给部分政务部门共享使用或仅部分内容能够提供给政务部门共享使用的政务数据属于有条件共享类。

不宜提供给其他政务部门共享使用的政务数据属于不予共享类。

**第七条** 政务数据共享类型划分应遵循以下要求：

（一）经脱密处理的交通运输基础设施空间和属性信息，以及运载工具基本信息、从业企业基本信息、从业人员基本信息、行政许可信息、执法案件结果信息、信用信息等基础数据是政务部门履行职责的共同需要，必须接入部共享平台实现集中汇聚、统筹管理、及时更新，供政务部门无条件共享使用。

（二）列入有条件共享类的政务数据，提供部门应明确共享条件。

（三）列入不予共享类的政务数据，提供部门应出具国家相关法律法规或政策制度依据。

## 第三章 目录编制与管理

**第八条** 政务数据目录是实现政务数据共享和业务协同的基础，是政务部门间政务数据共享的依据。

政务数据目录核心元数据包括分类、名称、提供部门、格式、信息项信息、更新周期、共享类型、共享条件、共享范围、共享方式、来源系统、安全分级等内容。政务数据目录应按照版本进行管理。

**第九条** 提供部门应依据相关技术规范在部共享平台编制政务数据目录，确保政务数据目录准确完整。通过合规性检测的政务数据目录方可在部共享平台发布。

政务数据目录一经发布，不得随意更改。因信息系统升级改造等原因造成数据变更，确需更改政务数据目录的，提供部门应及时在部共享平台上更新目录。数据正被使用的，提供部门应至少在数据变更前3个月进行登记。

## 第四章 提供与使用

**第十条** 凡涉及交通运输部的政务数据共享均应通过部共享平台实施，部共享平台提供联机查询、数据订阅、数据下载等共享服务。

**第十一条** 新建的部级信息系统、部省联网运行的信息系统，须通过部共享平台实现政务数据共享。原有跨部门、跨层级的行业政务数据共享交换系统在升级改造时，须迁移到部共享平台。

**第十二条** 使用部门申请共享政务数据时应明确使用用途。

申请无条件共享类政务数据的,经部共享平台身份验证通过后可自动获得授权。

申请有条件共享类政务数据的,技术支持部门应在3个工作日内完成申请信息初审;通过初审的,提供部门须在7个工作日内完成审核。拒绝共享的,提供部门应提供法律法规或政策制度依据。需提供其他证明材料的,提供部门应在共享条件中说明。

对于不予共享的政务数据,使用部门因履行职责确需使用的,由使用部门与提供部门协商解决。

**第十三条** 已接入部共享平台的行业外政务数据,由部科技主管部门授权使用。未接入部共享平台的行业外政务数据,使用部门向部科技主管部门提交申请,由部科技主管部门协调接入。

**第十四条** 提供部门可委托技术支持部门对政务数据申请进行审核,技术支持部门定期向提供部门反馈审核情况。

**第十五条** 提供部门应保障所提供政务数据的完整性、准确性、时效性和可用性。对使用部门反馈的政务数据质量问题,提供部门应及时予以校核并反馈。

**第十六条** 使用部门应依法依规使用政务数据,按照申请的使用用途将政务数据用于本部门履职需要,不得滥用、非授权使用、未经许可扩散或泄露所获取的政务数据,不得直接或以改变数据形式等方式提供给第三方,也不得用于或变相用于其他目的。需改变使用用途的,应重新申请并获得授权。

**第十七条** 使用部门应在部共享平台上反馈共享政务数据使用情况,包括满足需求情况、数据质量以及使用效果。对于已授权但3个月内未使用的政务数据,授权部门可撤销授权。

## 第五章 监督与保障

**第十八条** 部科技主管部门负责建立政务数据共享监督评估制度,组织开展政务数据检查和共享评估工作。

**第十九条** 政务部门应遵循国家和行业网络安全管理法规、政策和制度,按照"谁管理、谁负责"和"谁使用、谁负责"的原则,建立健全政务数据安全保障机制,落实安全管理责任和数据分类分级要求,加强本部门政务数据提供渠道和使用环境的安全防护,切实保障政务数据采集、存储、传输、共享和使用安全。

**第二十条** 部级信息系统应在立项阶段通过部共享平台预编政务数据目录,上线试运行前在部共享平台上编制正式政务数据目录,并在试运行6个月内接入政务数据。

部共享平台提供的编目回执将作为项目立项审批、上线试运行及验收等环节重要依据。通过政务数据预编目录合规性检测的,方可下载预编目回执;通过政务数据目录合规性检测并接入数据的,方可下载正式编目回执。

申请部补助资金的省级信息化建设项目,应按照部印发的建设指南、标准规范等指导性文件,落实政务数据共享要求。

**第二十一条** 政务部门应保障信息资源共享工作经费,将政务数据目录编制、共享平台建设及运行维护等工作经费纳入本部门年度预算。

**第二十二条** 政务部门主要负责人是本部门政务数据共享工作的第一责任人。政务部门应明确本部门实施机构和工作人员。

**第二十三条** 政务部门有下列情形之一的,由部科技主管部门通知整改:

(一)未按要求编制和更新政务数据目录的。

(二)未向部共享平台及时提供、更新政务数据的。

(三)向部共享平台提供的政务数据和实际掌握数据不一致的,或提供的政务数据不符合有关规范、无法使用的。

(四)对已发现不一致或有明显错误的政务数据,不及时校核。

(五)对共享获取的政务数据管理失控,致使出现滥用、非授权使用、未经许可扩散或泄漏的。

(六)未经提供部门授权,擅自将政务数据提供给第三方或用于其他目的的。

(七)违反本办法规定的其他行为。

**第二十四条** 不按本办法要求执行且通报后拒不整改的,不予安排运行维护经费,不予提供硬件资源,不予审批新建、改建、扩建项目。

## 第六章 附 则

**第二十五条** 本办法由部科技主管部门负责解释。

**第二十六条** 本办法自 2021 年 4 月 15 日起施行。2017 年 4 月 27 日交通运输部印发的《交通运输政务信息资源共享管理办法（试行）》（交科技发〔2017〕58 号）同时废止。涉及政务内网数据共享有关规定另行制定。

附件 1. 政务数据提供与更新流程（略）
附件 2. 政务数据申请与授权流程（略）

# 道路运输车辆燃料消耗量检测和监督管理办法

· 2009 年 6 月 26 日交通运输部令第 11 号公布
· 自 2009 年 11 月 1 日起施行

## 第一章 总 则

**第一条** 为加强道路运输车辆节能降耗管理，根据《中华人民共和国节约能源法》和《中华人民共和国道路运输条例》，制定本办法。

**第二条** 道路运输车辆燃料消耗量检测和监督管理适用本办法。

本办法所称道路运输车辆，是指拟进入道路运输市场从事道路旅客运输、货物运输经营活动，以汽油或者柴油为单一燃料的国产和进口车辆。

**第三条** 总质量超过 3500 千克的道路旅客运输车辆和货物运输车辆的燃料消耗量应当分别满足交通行业标准《营运客车燃料消耗量限值及测量方法》（JT711，以下简称 JT711）和《营运货车燃料消耗量限值及测量方法》（JT719，以下简称 JT719）的要求。

不符合道路运输车辆燃料消耗量限值标准的车辆，不得用于营运。

**第四条** 交通运输部主管全国道路运输车辆燃料消耗量检测和监督管理工作。交通运输部汽车运输节能技术服务中心（以下简称节能中心）作为交通运输部开展道路运输车辆燃料消耗量检测和监督管理工作的技术支持单位。

县级以上地方人民政府交通运输主管部门负责组织领导本行政区域内道路运输车辆燃料消耗量达标车型的监督管理工作。

县级以上道路运输管理机构按照本办法规定的职责负责具体实施

本行政区域内道路运输车辆燃料消耗量达标车型的监督管理工作。

**第五条** 道路运输车辆燃料消耗量检测和监督管理工作应当遵循公平、公正、公开和便民的原则。

## 第二章 检测管理

**第六条** 交通运输部组织专家评审，选择符合下列条件的检测机构从事道路运输车辆燃料消耗量检测业务，并且向社会公布检测机构名单：

（一）取得相应的实验室资质认定（计量认证）和实验室认可证书，并且认可的技术能力范围涵盖本办法规定的相关技术标准；

（二）具有实施道路运输车辆燃料消耗量检测工作的检验员、试验车辆驾驶员和技术负责人等专业人员，以及仪器设备管理员、质量负责人等管理人员；

（三）具有符合道路运输车辆燃料消耗量检测规范要求的燃油流量计、速度分析仪、车辆称重设备。相关设备应当通过计量检定或者校准；

（四）具有符合道路运输车辆燃料消耗量检测规范要求的试验道路。试验道路应当为平直路，用沥青或者混凝土铺装，长度不小于2公里，宽度不小于8米，纵向坡度在0.1%以内，且路面应当清洁、平坦。租用试验道路的，还应当持有书面租赁合同和出租方使用证明，租赁期限不得少于3年；

（五）具有健全的道路运输车辆燃料消耗量检测工作管理制度，包括检测质量控制制度、文件资料管理制度、检测人员管理制度、仪器设备管理制度等。

道路运输车辆燃料消耗量检测机构专家评审组由节能中心的专家、汽车产业主管部门委派的专家、有关科研单位和高等院校的专家以及检测机构所在地省级交通运输部门的专家组成，专家评审组不得少于5人。

**第七条** 车辆生产企业可以自愿选择经交通运输部公布的检测机构进行车辆燃料消耗量检测。

**第八条** 检测机构应当严格按照规定程序和相关技术标准的要求开展车辆燃料消耗量检测工作，提供科学、公正、及时、有效的检测服务。

**第九条** 检测机构不得将道路运输车辆燃料消耗量检测业务委托至第三方。

**第十条** 检测机构应当如实记录检测结果和车辆核查结果,据实出具统一要求的道路运输车辆燃料消耗量检测报告。

**第十一条** 检测机构应当将道路运输车辆燃料消耗量检测过程的原始记录和检测报告存档,档案保存期不少于4年。

**第十二条** 检测机构应当对所出具的道路运输车辆燃料消耗量检测报告的真实性和准确性负责,并承担相应的法律责任。

## 第三章 车型管理

**第十三条** 燃料消耗量检测合格并且符合本办法第十五条规定条件的车型,方可进入道路运输市场。

**第十四条** 对道路运输车辆实行燃料消耗量达标车型管理制度。交通运输部对经车辆生产企业自愿申请,并且经节能中心技术审查通过的车型以《道路运输车辆燃料消耗量达标车型表》(以下简称《燃料消耗量达标车型表》)的形式向社会公布。

《燃料消耗量达标车型表》车型可与《车辆生产企业及产品公告》(以下简称《公告》)车型同时申请。

**第十五条** 《燃料消耗量达标车型表》所列车型应当符合下列条件:

(一)已经列入《公告》的国产车辆或者已经获得国家强制性产品认证的进口车辆;

(二)各项技术参数和主要配置与《公告》或者国家强制性产品认证的车辆一致性证书保持一致;

(三)经交通运输部公布的检测机构检测,符合道路运输车辆燃料消耗量限值标准的要求。

**第十六条** 拟列入《燃料消耗量达标车型表》的车型,由车辆生产企业向节能中心提交下列材料:

(一)道路运输车辆燃料消耗量达标车型申请表一式两份(式样见附件1);

(二)《公告》技术参数表或者国家强制性产品认证的车辆一致性证书复印件一份;

（三）检测机构出具的道路运输车辆燃料消耗量检测报告原件一份。

**第十七条** 节能中心应当依据第十五条的规定，自收到车辆生产企业的材料之日起20个工作日内完成对相关车型的技术审查。经技术审查，不符合条件的，节能中心应当书面告知车辆生产企业，并说明理由；符合条件的，应当将车型及相关信息汇总整理后报交通运输部。

**第十八条** 未通过技术审查的车辆生产企业对技术审查结果有异议的，可以在收到书面告知材料的5个工作日内向交通运输部要求复核。交通运输部应当组织专家对技术审查结果进行复核。

**第十九条** 交通运输部应当及时对通过技术审查的车型在互联网上予以公示，公示期为5个工作日。

**第二十条** 对经公示后无异议的车型，交通运输部应当及时向社会公布。对公示后有异议且经查实不符合条件的车型，不予发布，并且告知车辆生产企业。

《燃料消耗量达标车型表》至少每季度发布一次。

**第二十一条** 已经列入《燃料消耗量达标车型表》的车型发生产品扩展、变更后，存在下列情况之一的，车辆生产企业应当按规定程序重新申请：

（一）车长、车宽或者车高超过原参数值1%的；

（二）整车整备质量超过原参数值3%的；

（三）换装发动机的；

（四）变速器最高挡或者次高挡速比，主减速器速比发生变化的；

（五）子午线轮胎变为斜交轮胎、轮胎横断面增加或者轮胎尺寸变小的。

已经列入《燃料消耗量达标车型表》的车型发生其他扩展、变更的，车辆生产企业应当将相关信息及时告知节能中心，并提交发生扩展、变更后的车辆仍能满足道路运输车辆燃料消耗量限值要求的承诺书。节能中心应当将相关车型的扩展、变更信息及时报交通运输部。

**第二十二条** 对于同一车辆生产企业生产的不同型号的车型，同时满足下列条件的，在申报《燃料消耗量达标车型表》时，可以只提交其中一个车型的燃料消耗量检测报告，相关车型一并审查发布：

（一）底盘相同；

（二）整车整备质量相差不超过3%；

（三）车身外形无明显差异；

1031

（四）车长、车宽、车高相差不超过1%。

**第二十三条** 车辆生产企业对已经列入《燃料消耗量达标车型表》的车辆，应当在随车文件中明示其车辆燃料消耗量参数（式样见附件2）。

**第二十四条** 县级以上道路运输管理机构在配发《道路运输证》时，应当按照《燃料消耗量达标车型表》对车辆配置及参数进行核查。相关核查工作可委托汽车综合性能检测机构实施。

经核查，未列入《燃料消耗量达标车型表》或者与《燃料消耗量达标车型表》所列装备和指标要求不一致的，不得配发《道路运输证》。

**第二十五条** 交通运输部建立道路运输车辆燃料消耗量达标车型查询网络及数据库。省级道路运输管理机构应当将相关数据库纳入本行政区域道路运输信息系统。

## 第四章  监督管理

**第二十六条** 交通运输部应当加强对公布的道路运输车辆燃料消耗量检测机构从事相应检测业务的监督管理工作，建立、完善监督检查制度，不定期派员现场监督检测机构燃料消耗量的检测工作，根据技术审查需要组织专家对车辆燃料消耗量检测结果进行抽查。

**第二十七条** 检测机构有下列情形之一的，交通运输部应当责令其限期整改。经整改仍达不到要求的，交通运输部应当将其从公布的检测机构名单中撤除：

（一）未按照规定程序、技术标准开展检测工作；

（二）伪造检测结论或者出具虚假检测报告；

（三）未经检测就出具检测报告；

（四）违反法律、行政法规的其他行为。

**第二十八条** 交通运输部对列入《燃料消耗量达标车型表》的车型实施动态管理。车辆生产企业弄虚作假，骗取列入《燃料消耗量达标车型表》资格的，交通运输部应当将其从《燃料消耗量达标车型表》中删除，并向社会公布。

节能中心在交通运输部公布违规车型之日起3个月内不得受理该企业车辆列入《燃料消耗量达标车型表》的申请。

**第二十九条** 省级道路运输管理机构应当加强对本行政区域内道

路运输车辆燃料消耗量达标车型的监督管理,督促各地道路运输管理机构严格执行道路运输车辆燃料消耗量达标车型管理的相关制度。

第三十条 已进入道路运输市场车辆的燃料消耗量指标应当符合《营运车辆综合性能要求和检验方法》(GB18565)的有关要求。

道路运输管理机构应当加强对已进入道路运输市场车辆的燃料消耗量指标的监督管理。对于达到国家规定的报废标准或者经检测不符合标准要求的车辆,不得允许其继续从事道路运输经营活动。

第三十一条 从事道路运输车辆燃料消耗量检测和监督管理工作的人员在检测和监督管理工作中有滥用职权、玩忽职守、徇私舞弊等情形的,依法给予行政处分;构成犯罪的,依法移交司法机关处理。

## 第五章 附 则

第三十二条 城市公共汽车、出租车及总质量不超过3500千克的客运、货运车辆的燃料消耗量限值标准和监督管理的实施步骤另行规定。

第三十三条 本办法自2009年11月1日起施行。道路运输管理机构自2010年3月1日起,在配发《道路运输证》时,应当将燃料消耗量作为必要指标,对照《燃料消耗量达标车型表》进行核查。

附件1(略)
附件2(略)

# 交通运输部关于加强危险品运输安全监督管理的若干意见

·2014年10月13日

各省、自治区、直辖市、新疆生产建设兵团交通运输厅(局、委),中远、中海、招商局、中交建设、中外运长航集团,部属各单位:

近年来,危险品运输安全生产重特大事故时有发生,特别是山西"3·1"特别重大道路交通危化品燃爆事故、浙江杭州桐庐县境内化学品泄漏事故以及湖南"7·19"特别重大道路交通运输事故,引起了党中央国务院高度重视和社会广泛关注。为坚决遏制危险品运输安

全生产事故的发生,现就加强危险品运输安全监督管理提出以下意见:

**一、严格危险品运输市场准入**

(一)严格企业准入管理。严格危险品运输资质许可,认真审核申请企业的安全生产和经营条件。一是2015年底前,暂停审批道路危险品运输企业。做好"挂而不管、以包代管、包而不管"安全责任不落实车辆的清理,实现道路危险品运输企业全部车辆公司化经营。二是2017年底前,暂停审批内河水路油品、化学品运输单船公司。三是严格新建、改建、扩建的港口危险品罐区(储罐)、库(堆)场、危险品码头和输送管线项目的安全设施设计审查和验收,凡未通过安全生产条件审查的,一律不得开工;未通过项目验收、取得危险品码头作业附证的,一律不得运营生产。落实工程质量安全终身责任制。四是危险品运输企业未取得安全生产标准化达标证书的,限期予以整改,并根据相关法律、法规规定对仍未达标的企业不得新增运力和扩大经营范围;水路危险品运输企业未按规定取得DOC证书的,不得从事运输经营。

(二)严格运输工具准入管理。一是严格道路危险品运输车辆准入前材料审核和年度审验,禁止不合格车辆准入。二是自2015年1月1日起,无紧急切断装置且无安全技术检验合格证明的液体危险品罐车,根据相关法律、法规规定不予通过年审,并注销其道路运输证。三是加强危险品运输船舶准入,严格船舶检验,未取得船舶检验证书的,不得从事运输经营。四是逐步淘汰"两横一纵两网十八线"的内河单壳散装液体危险品运输船舶,自2016年1月1日起,长江干线全面禁止单壳化学品船、600载重吨以上的单壳油船进入,危险品运输船舶船型标准化率达到70%。

(三)严格从业人员准入管理。一是严把道路水路危险品运输从业人员考试与证件发放关,严禁考试和发证过程中弄虚作假、徇私舞弊等行为,一经发现严肃处理。二是从事道路危险品运输的驾驶员、押运员,从事水路危险品运输的船员、装卸管理人员、申报人员、集装箱装箱检查员必须持相应的资格证上岗。三是按照有关规定建立和落实道路运输(危险品)经理人从业资格制度和专职安全管理人员制度。四是严格驾驶员从业资格管理,及时掌握驾驶员的违章、事故记录及诚信考核、继续教育等情况,对于记分周期内扣满12分的驾驶员,要根据相关法律、法规规定吊销其从业资格证件,三年内不予重新核发。

## 二、强化危险品运输安全监督管理

（四）加强危险品运输作业过程监督管理。一是严格危险货物车辆联网联控系统的接入管理，凡应接入而尚未接入的车辆、已装监控系统但不能正常使用的车辆以及故意损毁、屏蔽系统的，责令其整顿，未按要求进行整改的，按照《安全生产法》和《道路运输车辆动态监督管理办法》的相关规定予以从严处罚。二是港口危险品罐区（储罐）、库（堆）场、危险品码头应按相关规定配备消防、防雷电、防静电、防污染等相关设施设备，并做到监测监控全覆盖，安排专人实时监控。三是加强船舶载运危险品进出港口申报管理，加强对进入船舶交通管理中心控制水域的载运危险品船舶的跟踪监管。严格按照国家规定禁止通过内河封闭水域运输剧毒化学品以及国家规定禁止通过内河运输的其他危险品；除上述以外的内河水域，禁止运输国家规定禁止通过内河运输的剧毒化学品以及其他危险品。四是从事危险品运输的企业要严格执行相关法律法规，按照运输车船的核定载质量（重量）装载危险品，不得超载、谎报和瞒报。

（五）加强危险品运输督查检查。一是定期深入企业、深入基层、深入现场开展督查检查，重点检查企业安全生产主体责任和基层一线安全生产措施落实等情况。二是严格查处危险货物托运人未依法将危险货物委托具备危险货物运输资质的企业（车船）承运危险货物的行为。三是严格按照相关法律法规和交通运输安全生产约谈、重点监管名单、挂牌督办等相关规定，严厉查处违法违规从事危险品运输的企业、车船和从业人员，对未按约谈、挂牌督办要求整改的或纳入重点监管名单仍然违法违规运输的应依法依规严肃处理并从严追究责任。

（六）深化危险品运输安全专项整治行动。针对道路水路危险品运输、港口危险品罐区和油气输送管线等重点领域，开展危险品专项整治行动，建立健全隐患排查治理体系，对重大隐患实行挂牌督办，凡整改仍达不到要求的，根据相关法律、法规规定停产停业整顿。严厉打击危险品运输非法违规行为，重点打击无证经营、越范围经营、超速超载、疲劳驾驶、非法改装和非法夹带危险品运输等行为。

## 三、推进危险品运输安全生产风险管控

（七）开展危险品运输风险防控。一是建立安全生产风险管理制度，开展风险源辨识、评估，确定风险等级，制定具体控制措施。二是细化落实重大风险源安全管控责任制，建立风险源数据库，并按照

1035

有关规定做好重大风险源报备工作,实时掌握重大风险源变化情况,采取有针对性的管控措施,实现全过程控制。

(八)加强危险品运输事故应急处置。一是各级交通运输管理部门要完善道路水路危险品运输事故应急预案,纳入地方政府事故应急处置体系,建立应急联动机制,并按规定开展应急演练。二是危险品运输企业要编制具体的危险品运输事故应急预案和操作手册,并发放到相关车船和一线从业人员。三是加强应急救援能力建设,配备应急装备设施和物资,加强专兼职应急救援力量建设,有条件的应建立专业应急救援队伍。

### 四、加强从业人员培训和监管队伍建设

(九)强化从业人员教育培训。一是督促企业健全并落实安全教育培训制度,切实抓好从业人员岗前培训、在岗培训和继续教育。二是重点要强化危险品运输企业主要负责人、安全管理人员、驾驶员(船员)、装卸管理人员、押运人员等人员的教育培训。三是各级交通运输管理部门要严格执行考培分离制度,严把考试发证质量关,凡符合考试条件要求的可不通过培训直接考试。

(十)加强危险品运输安全监管队伍建设。一是各级交通运输管理部门,特别是负有港口危险品罐区监管职责的管理部门,要加强危险品运输安全监管队伍建设,配备具有专业知识的监管人员。二是部、省交通运输管理部门要建立危险品运输安全生产专家库,让专家参与技术咨询、督促检查和参谋决策等工作。

### 五、严肃危险品运输安全生产事故调查处理

(十一)加大事故处力度。一是切实做好水上危险品运输安全生产事故调查处理工作,依法严格追究相关责任单位、责任人的责任。加强对事故调查设置情况的监督,确保事故调查处理从严、据实、及时结案。二是积极主动参与和协助公安、安监等部门做好危险品道路运输、港口储运和装卸作业等安全生产事故的调查处理工作。

(十二)加强事故的警示教育。一是按时上报危险品运输事故信息,及时发布事故警示通报。二是加强事故统计、分析,深度剖析典型事故案例,总结事故教训;举一反三,制定有效措施,防范类似事故再次发生。

### 六、建立危险品运输安全生产长效机制

(十三)加强危险品运输安全生产法规建设。一是认真梳理并进

一步完善危险品运输安全生产法规制度，及时废止不必要的法规。二是各地交通运输管理部门和海事管理机构要结合当地的实际情况，加强与地方人大、政府及相关部门的沟通协调，加快危险品运输相关法规的制修订工作。

（十四）加强危险品运输安全生产技术和信息化应用。一是充分发挥全国道路危险品运输联网联控信息系统的管控作用，提高联网联控系统在过程管理、监管执法、信息共享等方面的应用水平。二是加快推进长江危险品运输、港口危险品码头和港口危险品罐区监测监控等信息系统建设和完善。三是加强物联网、车联网、船联网等关键技术在危险品运输安全监督管理工作中的应用，加大危险品运输防泄漏、应急处置等关键技术研发和应用力度，积极引导使用安全技术性能高的运输工具和设施装备。四是建设全国重点监管企业、车船、人员信息数据库；积极推进道路水路危险品运输重要信息与路网、通航信息以及相关重要监督管理信息跨区域、跨部门的共享。

（十五）加强区域和相关部门协作配合。加强与公安、安监、环保、海关、质检等相关部门和周边地区的沟通协作、密切配合，进一步建立健全协调联动工作机制和应急反应机制，特别要在当地政府统一领导下，加强对港口危险品罐区、库（堆）场和油气输送管线，道路危化品和烟花爆竹等易燃易爆物品以及剧毒和放射性物质运输等领域的联合执法，切实解决危险品运输安全生产方面存在的深层次问题。

# 工业和信息化部关于加强车联网网络安全和数据安全工作的通知

·2021年9月15日
·工信部网安〔2021〕134号

各省、自治区、直辖市及新疆生产建设兵团工业和信息化主管部门，各省、自治区、直辖市通信管理局，中国电信集团有限公司、中国移动通信集团有限公司、中国联合网络通信集团有限公司，有关智能网联汽车生产企业、车联网服务平台运营企业，有关标准化技术组织：

车联网是新一代网络通信技术与汽车、电子、道路交通运输等领域深度融合的新兴产业形态。智能网联汽车是搭载先进的车载传感器、控制器、执行器等装置，并融合现代通信与网络技术，实现车与车、路、人、云端等智能信息交换、共享，具备复杂环境感知、智能决策、协同控制等功能，可实现"安全、高效、舒适、节能"行驶的新一代汽车。在产业快速发展的同时，车联网安全风险日益凸显，车联网安全保障体系亟须健全完善。为推进实施《新能源汽车产业发展规划（2021-2035年）》，加强车联网网络安全和数据安全管理工作，现将有关事项通知如下：

**一、网络安全和数据安全基本要求**

（一）落实安全主体责任。各相关企业要建立网络安全和数据安全管理制度，明确负责人和管理机构，落实网络安全和数据安全保护责任。强化企业内部监督管理，加大资源保障力度，及时发现并解决安全隐患。加强网络安全和数据安全宣传、教育和培训。

（二）全面加强安全保护。各相关企业要采取管理和技术措施，按照车联网网络安全和数据安全相关标准要求，加强汽车、网络、平台、数据等安全保护，监测、防范、及时处置网络安全风险和威胁，确保数据处于有效保护和合法利用状态，保障车联网安全稳定运行。

**二、加强智能网联汽车安全防护**

（三）保障车辆网络安全。智能网联汽车生产企业要加强整车网络安全架构设计。加强车内系统通信安全保障，强化安全认证、分域隔离、访问控制等措施，防范伪装、重放、注入、拒绝服务等攻击。加强车载信息交互系统、汽车网关、电子控制单元等关键设备和部件安全防护和安全检测。加强诊断接口（OBD）、通用串行总线（USB）端口、充电端口等的访问和权限管理。

（四）落实安全漏洞管理责任。智能网联汽车生产企业要落实《网络产品安全漏洞管理规定》有关要求，明确本企业漏洞发现、验证、分析、修补、报告等工作程序。发现或获知汽车产品存在漏洞后，应立即采取补救措施，并向工业和信息化部网络安全威胁和漏洞信息共享平台报送漏洞信息。对需用户采取软件、固件升级等措施修补漏洞的，应当及时将漏洞风险及修补方式告知可能受影响的用户，并提供必要技术支持。

### 三、加强车联网网络安全防护

（五）加强车联网网络设施和网络系统安全防护能力。各相关企业要严格落实网络安全分级防护要求，加强网络设施和网络系统资产管理，合理划分网络安全域，加强访问控制管理，做好网络边界安全防护，采取防范木马病毒和网络攻击、网络侵入等危害车联网安全行为的技术措施。自行或者委托检测机构定期开展网络安全符合性评测和风险评估，及时消除风险隐患。

（六）保障车联网通信安全。各相关企业要建立车联网身份认证和安全信任机制，强化车载通信设备、路侧通信设备、服务平台等安全通信能力，采取身份认证、加密传输等必要的技术措施，防范通信信息伪造、数据篡改、重放攻击等安全风险，保障车与车、车与路、车与云、车与设备等场景通信安全。鼓励相关企业、机构接入工业和信息化部车联网安全信任根管理平台，协同推动跨车型、跨设施、跨企业互联互认互通。

（七）开展车联网安全监测预警。国家加强车联网网络安全监测平台建设，开展网络安全威胁、事件的监测预警通报和安全保障服务。各相关企业要建立网络安全监测预警机制和技术手段，对智能网联汽车、车联网服务平台及联网系统开展网络安全相关监测，及时发现网络安全事件或异常行为，并按照规定留存相关的网络日志不少于6个月。

（八）做好车联网安全应急处置。智能网联汽车生产企业、车联网服务平台运营企业要建立网络安全应急响应机制，制定网络安全事件应急预案，定期开展应急演练，及时处置安全威胁、网络攻击、网络侵入等网络安全风险。在发生危害网络安全的事件时，立即启动应急预案，采取相应的补救措施，并按照《公共互联网网络安全突发事件应急预案》等规定向有关主管部门报告。

（九）做好车联网网络安全防护定级备案。智能网联汽车生产企业、车联网服务平台运营企业要按照车联网网络安全防护相关标准，对所属网络设施和系统开展网络安全防护定级工作，并向所在省（区、市）通信管理局备案。对新建网络设施和系统，应当在规划设计阶段确定网络安全防护等级。各省（区、市）通信管理局会同工业和信息化主管部门做好定级备案审核工作。

**四、加强车联网服务平台安全防护**

（十）加强平台网络安全管理。车联网服务平台运营企业要采取必要的安全技术措施，加强智能网联汽车、路侧设备等平台接入安全，主机、数据存储系统等平台设施安全，以及资源管理、服务访问接口等平台应用安全防护能力，防范网络侵入、数据窃取、远程控制等安全风险。涉及在线数据处理与交易处理、信息服务业务等电信业务的，应依法取得电信业务经营许可。认定为关键信息基础设施的，要落实《关键信息基础设施安全保护条例》有关规定，并按照国家有关标准使用商用密码进行保护，自行或者委托商用密码检测机构开展商用密码应用安全性评估。

（十一）加强在线升级服务（OTA）安全和漏洞检测评估。智能网联汽车生产企业要建立在线升级服务软件包安全验证机制，采用安全可信的软件。开展在线升级软件包网络安全检测，及时发现产品安全漏洞。加强在线升级服务安全校验能力，采取身份认证、加密传输等技术措施，保障传输环境和执行环境的网络安全。加强在线升级服务全过程的网络安全监测和应急响应，定期评估网络安全状况，防范软件被伪造、篡改、损毁、泄露和病毒感染等网络安全风险。

（十二）强化应用程序安全管理。智能网联汽车生产企业、车联网服务平台运营企业要建立车联网应用程序开发、上线、使用、升级等安全管理制度，提升应用程序身份鉴别、通信安全、数据保护等安全能力。加强车联网应用程序安全检测，及时处置安全风险，防范恶意应用程序攻击和传播。

**五、加强数据安全保护**

（十三）加强数据分类分级管理。按照"谁主管、谁负责，谁运营、谁负责"的原则，智能网联汽车生产企业、车联网服务平台运营企业要建立数据管理台账，实施数据分类分级管理，加强个人信息与重要数据保护。定期开展数据安全风险评估，强化隐患排查整改，并向所在省（区、市）通信管理局、工业和信息化主管部门报备。所在省（区、市）通信管理局、工业和信息化主管部门要对企业履行数据安全保护义务进行监督检查。

（十四）提升数据安全技术保障能力。智能网联汽车生产企业、车联网服务平台运营企业要采取合法、正当方式收集数据，针对数据全生命周期采取有效技术保护措施，防范数据泄露、毁损、丢失、篡改、误用、滥用等风险。各相关企业要强化数据安全监测预警和应急处置能力建设,提升异常流动分析、违规跨境传输监测、安全事件追踪溯源等水平;及时处置数据安全事件,向所在省(区、市)通信管理局、工业和信息化主管部门报告较大及以上数据安全事件,并配合开展相关监督检查,提供必要技术支持。

(十五)规范数据开发利用和共享使用。智能网联汽车生产企业、车联网服务平台运营企业要合理开发利用数据资源,防范在使用自动化决策技术处理数据时,侵犯用户隐私权和知情权。明确数据共享和开发利用的安全管理和责任要求,对数据合作方数据安全保护能力进行审核评估,对数据共享使用情况进行监督管理。

(十六)强化数据出境安全管理。智能网联汽车生产企业、车联网服务平台运营企业需向境外提供在中华人民共和国境内收集和产生的重要数据的,应当依法依规进行数据出境安全评估并向所在省(区、市)通信管理局、工业和信息化主管部门报备。各省(区、市)通信管理局会同工业和信息化主管部门做好数据出境备案、安全评估等工作。

**六、健全安全标准体系**

(十七)加快车联网安全标准建设。加快编制车联网网络安全和数据安全标准体系建设指南。全国通信标准化技术委员会、全国汽车标准化技术委员会等要加快组织制定车联网防护定级、服务平台防护、汽车漏洞分类分级、通信交互认证、数据分类分级、事件应急响应等标准规范及相关检测评估、认证标准。鼓励各相关企业、社会团体制定高于国家标准或行业标准相关技术要求的企业标准、团体标准。

特此通知。

# 实用附录

## 1. 机动车交通事故责任强制保险基础费率表

(2008 版)

金额单位：人民币元

| 车辆大类 | 序号 | 车辆明细分类 | 保费 |
|---|---|---|---|
| 一、家庭自用车 | 1 | 家庭自用汽车 6 座以下 | 950 |
| | 2 | 家庭自用汽车 6 座及以上 | 1,100 |
| 二、非营业客车 | 3 | 企业非营业汽车 6 座以下 | 1,000 |
| | 4 | 企业非营业汽车 6-10 座 | 1,130 |
| | 5 | 企业非营业汽车 10-20 座 | 1,220 |
| | 6 | 企业非营业汽车 20 座以上 | 1,270 |
| | 7 | 机关非营业汽车 6 座以下 | 950 |
| | 8 | 机关非营业汽车 6-10 座 | 1,070 |
| | 9 | 机关非营业汽车 10-20 座 | 1,140 |
| | 10 | 机关非营业汽车 20 座以上 | 1,320 |
| 三、营业客车 | 11 | 营业出租租赁 6 座以下 | 1,800 |
| | 12 | 营业出租租赁 6-10 座 | 2,360 |
| | 13 | 营业出租租赁 10-20 座 | 2,400 |
| | 14 | 营业出租租赁 20-36 座 | 2,560 |
| | 15 | 营业出租租赁 36 座以上 | 3,530 |
| | 16 | 营业城市公交 6-10 座 | 2,250 |
| | 17 | 营业城市公交 10-20 座 | 2,520 |
| | 18 | 营业城市公交 20-36 座 | 3,020 |
| | 19 | 营业城市公交 36 座以上 | 3,140 |
| | 20 | 营业公路客运 6-10 座 | 2,350 |
| | 21 | 营业公路客运 10-20 座 | 2,620 |
| | 22 | 营业公路客运 20-36 座 | 3,420 |
| | 23 | 营业公路客运 36 座以上 | 4,690 |
| 车辆大类 | 序号 | 车辆明细分类 | 保费 |
| 四、非营业货车 | 24 | 非营业货车 2 吨以下 | 1,200 |
| | 25 | 非营业货车 2-5 吨 | 1,470 |
| | 26 | 非营业货车 5-10 吨 | 1,650 |
| | 27 | 非营业货车 10 吨以上 | 2,220 |

续表

| | | | |
|---|---|---|---|
| 五、营业货车 | 28 | 营业货车 2 吨以下 | 1,850 |
| | 29 | 营业货车 2-5 吨 | 3,070 |
| | 30 | 营业货车 5-10 吨 | 3,450 |
| | 31 | 营业货车 10 吨以上 | 4,480 |
| 六、特种车 | 32 | 特种车一 | 3,710 |
| | 33 | 特种车二 | 2,430 |
| | 34 | 特种车三 | 1,080 |
| | 35 | 特种车四 | 3,980 |
| 七、摩托车 | 36 | 摩托车 50CC 及以下 | 80 |
| | 37 | 摩托车 50CC-250CC（含） | 120 |
| | 38 | 摩托车 250CC 以上及侧三轮 | 400 |
| 八、拖拉机 | 39 | 兼用型拖拉机 14.7KW 及以下 | 按保监产险[2007]53号实行地区别费率 |
| | 40 | 兼用型拖拉机 14.7KW 以上 | |
| | 41 | 运输型拖拉机 14.7KW 及以下 | |
| | 42 | 运输型拖拉机 14.7KW 以上 | |

1. 座位和吨位的分类都按照"含起点不含终点"的原则来解释。
2. 特种车一：油罐车、汽罐车、液罐车；特种车二：专用净水车、特种车一以外的罐式货车，以及用于清障、清扫、清洁、起重、装卸、升降、搅拌、挖掘、推土、冷藏、保温等的各种专用机动车；特种车三：装有固定专用仪器设备从事专业工作的监测、消防、运钞、医疗、电视转播等的各种专用机动车；特种车四：集装箱拖头。
3. 挂车根据实际的使用性质并按照对应吨位货车的30%计算。
4. 低速载货汽车参照运输型拖拉机 14.7kw 以上的费率执行。

## 2. 准驾车型及代号

| 准驾车型 | 代号 | 准驾的车辆 | 准予驾驶的其他准驾车型 |
|---|---|---|---|
| 大型客车 | A1 | 大型载客汽车 | A3、B1、B2、C1、C2、C3、C4、M |
| 重型牵引挂车 | A2 | 总质量大于4500kg的汽车列车 | B1、B2、C1、C2、C3、C4、C6、M |
| 城市公交车 | A3 | 核载10人以上的城市公共汽车 | C1、C2、C3、C4 |
| 中型客车 | B1 | 中型载客汽车（含核载10人以上、19人以下的城市公共汽车） | C1、C2、C3、C4、M |
| 大型货车 | B2 | 重型、中型载货汽车；重型、中型专项作业车 | |
| 小型汽车 | C1 | 小型、微型载客汽车以及轻型、微型载货汽车；轻型、微型专项作业车 | C2、C3、C4 |
| 小型自动挡汽车 | C2 | 小型、微型自动挡载客汽车以及轻型、微型自动挡载货汽车；轻型、微型自动挡专项作业车；上肢残疾人专用小型自动挡载客汽车 | |
| 低速载货汽车 | C3 | 低速载货汽车 | C4 |
| 三轮汽车 | C4 | 三轮汽车 | |
| 残疾人专用小型自动挡汽车 | C5 | 残疾人专用小型、微型自动挡载客汽车（允许上肢、右下肢或者双下肢残疾人驾驶） | |
| 轻型牵引挂车 | C6 | 总质量小于（不包含等于）4500kg的汽车列车 | |
| 普通三轮摩托车 | D | 发动机排量大于50ml或者最大设计车速大于50km/h的三轮摩托车 | E、F |
| 普通二轮摩托车 | E | 发动机排量大于50ml或者最大设计车速大于50km/h的二轮摩托车 | F |

续表

| 轻便摩托车 | F | 发动机排量小于等于50ml,最大设计车速小于等于50km/h的摩托车 | |
| --- | --- | --- | --- |
| 轮式专用机械车 | M | 轮式专用机械车 | |
| 无轨电车 | N | 无轨电车 | |
| 有轨电车 | P | 有轨电车 | |

## 3. 机动车交通事故责任强制保险责任限额

一、被保险机动车在道路交通事故中有责任的赔偿限额为：
　　死亡伤残赔偿限额：180000 元人民币。
　　医疗费用赔偿限额：18000 元人民币。
　　财产损失赔偿限额：2000 元人民币。
二、被保险机动车在道路交通事故中无责任的赔偿限额为：
　　死亡伤残赔偿限额：18000 元人民币。
　　医疗费用赔偿限额：1800 元人民币。
　　财产损失赔偿限额：100 元人民币。

## 4. 道路交通事故索赔流程图[1]

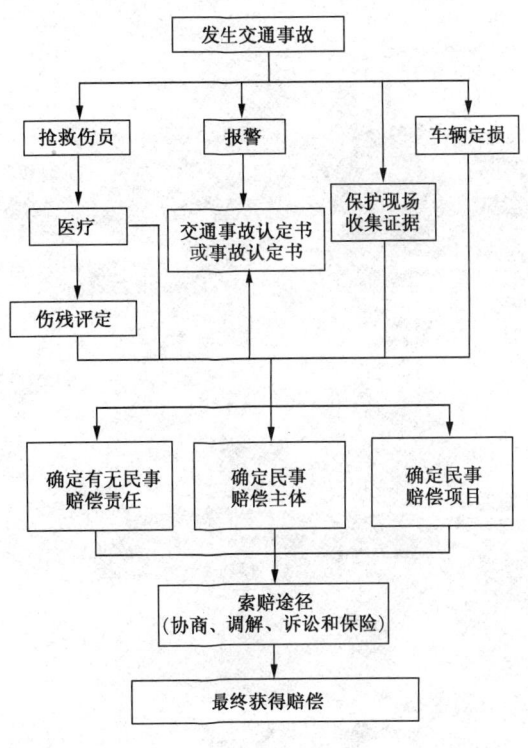

---

[1] 仅供参考。